# 사례중심 EXCEL 활용 회계실무

정용기 저

pnc
publishing and culture
피앤씨미디어

# *머리말

진정한 고수는 도구를 탓하지 않는 법이라고 했는데…

물론 옛말이다.

좋은 도구를 가지고 잘 사용할 줄 알아야 전쟁에서도, 사업에서도, 직장생활에서도 남보다 앞서 나갈 수 있다. 국경을 초월하고 속도와 정확성이 요구되는 4차원 정보시대에는 정보도구에의 숙달 정도가 곧 경쟁력이다. 어쩌면 우리는 도구나 수단이 목적까지도 지배하게 되는 역전의 시대에 살고 있는지도 모른다.

컴퓨터나 인터넷, 스마트폰 등은 분명 업무나 소통을 위한 도구로 개발되었다. 그런데 이젠 이러한 도구 없이는 아무런 일도 하기 어려운 시대가 되었다. 장인일수록 더 좋은 연장을 가지고 있고, 이름 있는 화가들은 보다 질 좋은 캔버스와 물감을 사용한다. 잘 나가는 요리사일수록 질 좋은 재료와 칼을 사용하고, 프로그램 개발자들에게는 좋은 소프트웨어를 사용하는 것이 보다 완벽한 프로그램을 만드는 지름길이다.

회계업무를 수행하거나 기업정보자료를 분석하여 의사결정에 사용하는 사람들의 손에도 이젠 주판과 종이장부 대신에 ERP나 Excel 소프트웨어가 쥐어져 있다. 시대 변천에 따라 사용 도구도 바뀌게 마련이다. ERP가 주어진 정형적인 업무를 수행하는데 적격이라면, 새로운 프로세스를 만들어 처리하거나 여러 가지 변수들을 고려한 의사결정에는 Excel이 제격이다.

아직도 Excel을 단순한 수치연산이나 차트작성에 사용하는 도구 정도로 쉽게 생각하는 사람들이 많다. 그러나 Excel은 우리들의 일반적인 상상 이상으로, 소위 화이트칼라들이 수행하는 모든 업무영역에 두루 적용될 수 있는 만물상자이다. 더구나 Excel에 내장된 Macro 기능을 조금만 사용할 줄 알아도 제법 복잡한 프로그램까지도 손쉽게 만들어 사용할 수 있는 전형적인 엔드유저 컴퓨팅 도구이다. Excel 기능이 모두 완벽하다고 보기는 어렵지만, 이제 남은 것은 많은 회계업무 수행자들이 Excel의 기능을 보다 잘 익혀서 다양한 의사결정이나 업무처리에 유용하게 활용하는 일이다.

수치연산을 기반으로 하는 회계업무에 Excel만큼 유용한 도구가 없어 보임에도 불구하고, 안타깝게도 많은 Excel 관련 도서 중에서도 회계실무 영역에 지침서가 될 만한 참고자료가 많지 않다. 이에 오랫동안 회계실무에 대한 강의를 진행해 오면서 개발하여 사용해왔던 사례자료들을 모아 정리하고, 실제 기업 현장에서의 업무수행과 의사결정 상황 등을 검증받아 사례중심의 학습서를 만들어보고자 하였다. 특히 이 책에서는 대부분의 Excel 관련 서적들이 채용하고 있는 기능 중심의 설명을 지양하고, 기업의 각 실무현장에서의 의사결정 상황에 직면할 수 있는 문제들을 Case 형태로 정리한 후, Excel을 통해 이 문제를 해결해나가는 과정을 [따라하기] 형식으로 비교적 구체적으로 기술하고 있다. 또한 단지 [따라하기] 형식으로만 학습한 내용은 자칫 응용능력이 결여될 수도 있다고 생각되어, 각 의사결정문제에 대한 유사사례를 제시하고 이를 [혼자 해보기] 형식으로 자율적으로 해결해보도록 함으로써 응용능력 배양에도 도움이 될 수 있도록 하였다. 다만, [혼자 해보기] 사례에 대해서는 개괄적인 과정이나 결과 화면이 Tip 형식으로 제시되어 있으므로, 이를 강의나 토론을 통해 함께 방법을 모색해볼 수 있도록 하는 부분도 고려하였다.

이 책은 분명 회계학이나 Excel에 대한 기초 서적은 아니다. 즉, 회계원리나 Excel의 기초지식 정도는 알고 있는 사람들을 대상으로 고려하였다. 따라서 회계학이나 Excel에 대한 기본적인 설명은 생략하고, 처음부터 실무현장의 사례문제를 소개하고 이를 해결해나가는 과정으로 구성하였다. 다만, [따라하기]의 설명 과정에서 꼭 필요한 Excel 기능이나 기본적인 회계지식에 대해서도 비교적 자세한 설명을 추가함으로써, Excel이나 회계업무를 처음 대하는 사람들도 충분히 이해하여 적용해 볼 수 있도록 고려하였다.

이 책의 전체적인 구성은 다음과 같다.

제Ⅰ장 [영업실적분석과 장부관리]에서는 Excel에 회계업무를 가장 쉽게 적용해 볼 수 있는 영업실적분석, 재무분석 및 차트보고서 작성 등의 사례와 기본적인 회계장부를 설계하고 관리하는 문제들로 구성되어 있다.

제Ⅱ장 [의사결정과 함수 활용]에서는 할부금 계산, 급여계산서 작성, 투자안 평가, 매출액 분석 등 주요 회계 의사결정에 Excel 함수를 어떻게 적용할 수 있을 것인지에 대한 사례문제들로 구성되어 있다.

제Ⅲ장 [추정재무제표와 추세분석]에서는 Excel 수식과 셀 참조 기능을 이용한 민감도 분석과 판매 추세예측 등의 사례에 Excel을 적용하는 방법과 절차에 대해 기술하고 있다.

제Ⅳ장 [매크로와 업무 자동화]에서는 Excel Macro의 기본 사용법과 Macro Code 및 사용자정의 폼에 대한 이해를 통해 매입매출 거래 및 재고관리업무 사례 등에 적용하는 방법에 대해 기술하고 있다.

제Ⅴ장 [Excel 재무회계 프로그래밍]에서는 지금까지 학습한 내용을 종합하여 기본적인 회계처리업무를 수행할 수 있는 재무회계 프로그램을 직접 만들어 보는 절차를 [따라하기] 형식으로 구성하였다. 여기서는 회계처리의 순환과정에 따라 각 과정에서 필요한 장부서식과 결산서류들을 직접 설계하고, 각 서식에 입력 및 응용통제와 보호 기능을 추가함으로써, 회계 고유의 기능에 충실한 Prototype 형태의 완성도 높은 회계프로그램을 직접 만들어볼 수 있도록 하였다.

이 한 권의 책에 Excel을 적용하여 효율화할 수 있는 회계업무의 모든 사례를 담기는 어렵다. 또한 사례문제 해결을 위해 [따라하기]에서 제시되고 있는 하나의 방법만이 존재하는 것도 결코 아니다. 중요한 것은 [따라하기]를 수행하는 과정에서 독자 스스로가 또 다른 해결방법은 없을지, 이 방법을 적용할 수 있는 또 다른 응용분야는 어떤 것일지를 꾸준히 함께 고민해 보아야 한다는 것이다. 이러한 고민을 통해 독자들이 보다 넓은 응용능력을 가질 수 있게 되기를 기대해 본다. 물론 저자도 독자들의 의견과 기대를 반영하여 보다 나은 학습서가 되도록 계속 노력할 것이다.

2018년 여름의 초입에

저자 정 용 기

# 차 례

## Part 1

## 영업실적분석과 장부관리


Chapter 1 영업실적분석과 성과배분 ···· 3

Case 01 따라하기 (주)우성전자의 개인별 영업실적 분석표 ···· 4
Case 02 혼자해보기 (주)한성체인의 영업사원 실적분석 ···· 29
Case 03 따라하기 (주)Autonara의 영업사원 개인별 성과평가 ···· 33
Case 04 혼자해보기 (주)안심유통의 영업사원 성과배분 ···· 68

Chapter 2 재무제표 작성과 재무분석 ···· 71

Case 05 따라하기 (주)새롬의 결산절차 수행과 재무제표 작성 ···· 72
Case 06 혼자해보기 (주)청암의 결산과 재무제표 작성 ···· 94
Case 07 따라하기 (주)남화엔지니어링의 재무제표 양식 표시 ···· 97
Case 08 혼자해보기 (주)남화엔지니어링의 재무제표 분석 ···· 124

Chapter 3 장부의 설계와 관리 ···· 127

Case 09 따라하기 (주)모다모아의 견적서 작성 ···· 128
Case 10 혼자해보기 (주)새날중공업의 자재출고전표 작성 ···· 147
Case 11 따라하기 (주)한얼체인의 매입매출장 작성 ···· 150
Case 12 혼자해보기 (주)중흥통상의 간편장부 기록 ···· 165

Chapter 4 동적차트를 활용한 재무보고 ..... 169

Case 13 따라하기 인천상사의 영업소별 동적 매출차트 작성 ..... 170
Case 14 혼자해보기 (사)경영전략연구소 프로젝트 추진일정표 ..... 182
Case 15 따라하기 Buy24 Mart의 동적 기간별 실적차트 ..... 185
Case 16 혼자해보기 (주)아리랑25의 동적 기간별 판매실적차트 ..... 196
Case 17 혼자해보기 영진물산의 상품별 판매추세 동적차트 ..... 199

Part 2

# 의사결정과 함수 활용

Chapter 5 재무함수를 사용한 보고와 의사결정 ..... 205

Case 18 따라하기 (주)ALLSUV의 자동차 할부금 자동계산 ..... 206
Case 19 혼자해보기 (주)AnyCar의 자동차 할부금 계산 ..... 223
Case 20 혼자해보기 얼라리부동산의 오피스텔 분양 할부금 계산 ..... 226
Case 21 따라하기 (주)아다마다의 급여계산서 작성 ..... 232
Case 22 혼자해보기 행복어린이집 급여대장 만들기 ..... 249
Case 23 따라하기 (주)한성의 투자안 평가 ..... 254
Case 24 혼자해보기 (주)한천의 영업소별 판매 통계 ..... 260
Case 25 혼자해보기 (주)PNK사의 광고비와 매출액 관계 분석 ..... 263
Case 26 혼자해보기 (주)일성의 법인세 계산 ..... 266
Case 27 혼자해보기 (주)영영의 차입금 이자지급액 계산 ..... 268

Part 3

# 추정재무제표와 추세분석


Chapter 6 추정재무제표 작성과 민감도 분석 ······ 273

보 론 추정재무제표 작성 요령 ······ 274

Case 28 따라하기 (주)완도의 추정손익계산서 작성 및 민감도분석 ······ 280

Case 29 혼자해보기 (주)춘양의 추정손익계산서 작성 및 민감도분석 ······ 296

Case 30 혼자해보기 (주)빠른자동차의 추정재무제표 작성 ······ 301

Chapter 7 판매 추세 예측과 피벗분석 ······ 311

Case 31 따라하기 (주)미래로의 판매 추세 예측 ······ 312

Case 32 혼자해보기 (주)파라의 자동차 판매 피벗분석 ······ 323

Case 33 혼자해보기 (주)러블리의 수입자동차 판매 피벗분석 ······ 327


Part 4

# 매크로와 업무 자동화


Chapter 8 Macro 장부관리와 사용자정의 폼 사용 ······ 339

Case 34 따라하기 (주)영성의 매출집계표 자동매크로 작성 ······ 340

Case 35 혼자해보기 (주)해피청과 일일판매 자동집계 매크로 ······ 362

Case 36 따라하기 (주)우리유통의 매출장부 작성 및 관리 ······ 367

Case 37 따라하기 (주)해당의 상품매매거래장 기록과 재고관리 ······ 388

Case 38 혼자해보기 (주)해당의 재고관리 프로시저 확장 ······ 422

Case 39 혼자해보기 (주)각화의 매입매출대장과 보조장부 관리 ······ 429

Part 5

# EXCEL 재무회계 프로그래밍

Chapter 9 EXCEL로 만드는 재무회계프로그램 ······ 441

⊙ 재무회계프로그램 작성 목표 ······ 442
⊙ 회계업무의 수행 절차 ······ 442
⊙ 회계프로그램 개발 절차 ······ 443

Step 1 문서화와 분개장 설계 ······ 445

1. 문서화(Documentation) 445
2. 분개장 설계 447
3. 설계된 분개장 체크 457

Step 2 거래자료의 입력통제기능 설계 ······ 461

1. 분개장 입력통제 설계 461
2. 분개장 응용통제 설계 475
3. 분개장 양식의 수식 보호 480
4. 분개장 검사 485

Step 3 매입매출장과 시산표 설계 ······ 490

1. 매입매출장 설계 490
2. 분개장에 일반거래 입력 502
3. 시산표(Trial Balance) 설계 505

Step 4 결산정리와 재무제표 작성 ······ 516

1. 수정분개장 설계 516
2. 정산표(worksheet) 설계 520
3. 손익계산서(Income Statement) 표시하기 528
4. 재무상태표(Balance Sheet) 표시하기 536

Step 5 재무제표 분석과 그래픽 보고서 ······ 541

1. 재무제표 분석 541
2. 손익 자료의 미래예측 547
3. 주요 재무지표 대시보드(Dashboard) 556

Step 6 회계장부 및 보고서 최종 검토 ······ 561

찾아보기 ······ 565

# Part 01

# 영업실적분석과 장부관리

EXCEL

CHAPTER

# 01

# 영업실적분석과 성과배분

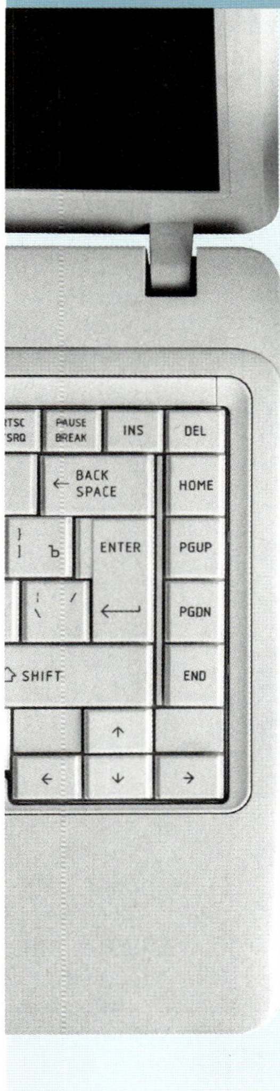

Case 01 따라하기

# 01 (주)우성전자의 개인별 영업실적 분석표

현황

(주)우성전자는 전국의 제과점과 커피숍만을 대상으로 (주)아리랑전자에서 생산하고 있는 A냉장고와 H에어컨만을 독점으로 판매하고 있는 유통전문회사이다. 취급하고 있는 제품수가 한정되어 있으므로 총 4명의 영업사원만을 두고 있으며, 각 영업사원으로 하여금 거래처 발굴 및 관리를 자체적으로 수행하도록 하고 있다. (주)우성전자에서는 분기별로 각 영업사원의 **영업실적**을 집계하고, 그 실적에 따라 상여금을 차등지급하는 부분 **성과급제**를 도입하고 있다.

연말 현재 각 영업사원별/분기별/제품별로 판매대수를 기록한 실적표는 다음과 같다(단, 이 집계자료는 워드(한글) 파일로 작성되어 있다고 가정한다).

참고로, (주)우성전자는 각 상품에 대해 균일가격제를 적용하고 있으며, 냉장고의 경우 대당 ₩1,000,000, 에어컨의 경우 ₩890,000의 판매가격을 적용하고 있다.

✹ 영업사원 개인별 판매실적 자료 (단위: 대수)

| 사원 | 분기 | 판매실적 |
|---|---|---|
| 이기자 | 1/4분기<br>2/4분기<br>3/4분기<br>4/4분기 | 냉장고:22, 에어컨:14<br>냉장고:25, 에어컨:19<br>냉장고:36, 에어컨:27<br>냉장고:17, 에어컨:11 |
| 고슬혜 | 1/4분기<br>2/4분기<br>3/4분기<br>4/4분기 | 냉장고:14, 에어컨:10<br>냉장고:20, 에어컨:12<br>냉장고:23, 에어컨:19<br>냉장고:10, 에어컨: 8 |
| 한가한 | 1/4분기<br>2/4분기<br>3/4분기<br>4/4분기 | 냉장고:26, 에어컨:12<br>냉장고:23, 에어컨:24<br>냉장고:33, 에어컨:18<br>냉장고:17, 에어컨:11 |
| 설익훈 | 1/4분기<br>2/4분기<br>3/4분기<br>4/4분기 | 냉장고:13, 에어컨:24<br>냉장고:15, 에어컨:31<br>냉장고:18, 에어컨:33<br>냉장고:17, 에어컨:20 |

요구사항

1. 위의 워드파일 집계자료를 Excel로 가져와서, Excel에서 아래와 같은 요건에 맞는 형식의 **영업실적표**로 재구성하시오.
   - 영업실적표는 품목별/분기별/사원별 집계가 하나의 표로 요약, 표시되도록 구성한다.
   - 영업실적표는 판매대수를 기준으로 하되, 합계란은 최소의 작업으로 수행되도록 한다.
   - 영업사원은 성명 오름차순으로 정렬되도록 한다.

### ✹ 영업사원 개인별 영업실적표

(단위: 대수)

| | | 고슬혜 | 설익훈 | 이기자 | 한가한 | 계 |
|---|---|---|---|---|---|---|
| 냉장고 | 1/4분기 | | | | | |
| | 2/4분기 | | | | | |
| | 3/4분기 | | | | | |
| | 4/4분기 | | | | | |
| | 계 | | | | | |
| 에어컨 | 1/4분기 | | | | | |
| | 2/4분기 | | | | | |
| | 3/4분기 | | | | | |
| | 4/4분기 | | | | | |
| | 계 | | | | | |
| 분기별 총판매량 | 1/4분기 | | | | | |
| | 2/4분기 | | | | | |
| | 3/4분기 | | | | | |
| | 4/4분기 | | | | | |
| 개인별 총판매량 | | | | | | |

2. 위의 영업실적표를 기초로 하여 〈판매대수〉 대신 〈판매금액〉으로 표시하는 별도의 영업실적금액표를 작성하시오.

3. (주)우성전자의 사장은 연말 판매장려금 ₩5,000,000을 각 영업사원의 판매금액에 비례하여 지급하고자 한다. 사장의 계획대로라면 각 영업사원에게 각각 얼마씩의 판매장려금이 지급될 것인가?

4. 사원들은 사장의 **판매장려금** 지급기준에 문제가 있다고 인식하고, 단순한 판매금액기준 대신에 판매금액 60%, 총판매수량 40%의 가중치를 사용하는 배부기준 수정안을 제시하고 있다. 이 수정안이 적용되는 경우, 사장의 **배부기준** 적용에 비해 가장 손해를 많이 보게 되는 사원은 누구인가?

## Case 01 따라하기

이 예제는 자료가 처음부터 Excel 형식으로 입력되어 있지 않고, Excel 이외의 다른 **편집기**(예컨대 Word, 한글 등)를 통해 입력된 자료를 Excel sheet로 가져와서 분석을 수행하는 방법과 절차를 학습하기 위한 목적으로 구성되었다. 물론 다른 편집기를 통해 입력된 자료를 보고 Excel sheet에 Excel 형식으로 일일이 구분하여 재입력하는 것도 하나의 방법이긴 하겠지만, 재입력 과정에서 문자나 숫자를 잘못 입력하게 되는 경우도 있을 수 있으며, 특히 대량의 자료로 구성되어 있는 경우 모든 자료를 일일이 재입력한다는 것은 시간낭비를 초래할 가능성도 있다.

따라서 본 예에서는 본격적인 분석기능을 수행하기 전에, 다른 편집기(한글워드)에 입력되어 있는 자료를 복사하여 Excel로 가져온 후 Excel 자료 형식으로 재구성하는 절차를 먼저 수행해 보기로 한다.

**참고**

- Excel에서의 분석자료 구성은 수치 또는 수치로 변환가능한 자료의 형태로 하나의 셀에 하나의 수치자료만 입력되도록 배열되어야 한다.
- 따라서 수치자료의 연산이 가능한 상태로 배열하기 위해서는 해당 레이블(문자)과 수치가 각각 별도의 셀에 분리되어 입력되도록 해야 한다.
- 이러한 준비를 위해 마련된 기능이 [데이터]-[텍스트나누기] 기능이다.

### 1단계 워드 파일로부터 텍스트 자료 가져오기

① 먼저 원시자료가 입력되어 있는 [한글] 파일을 열고, 가져오고자 하는 표의 내부를 모두 선택하여 [복사하기]를 수행한다.

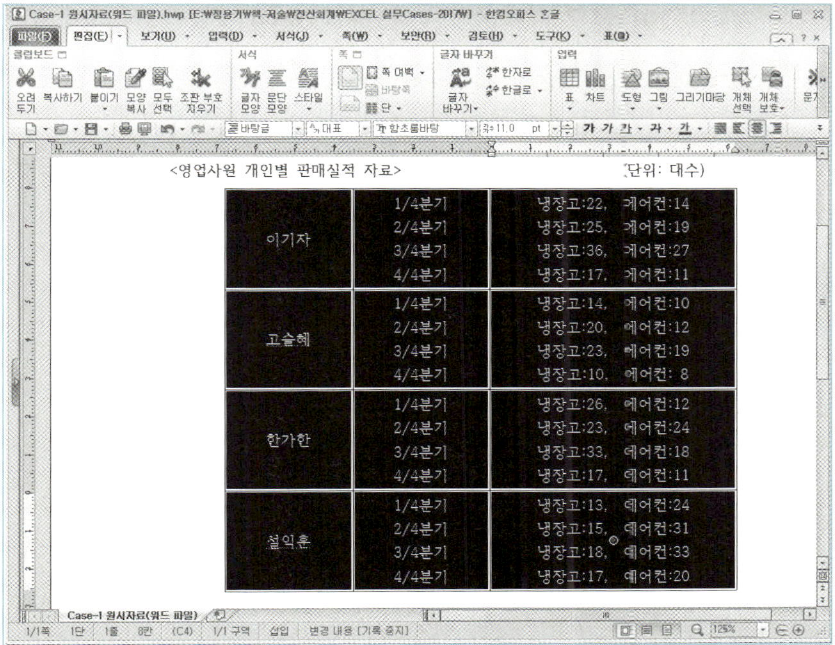

② Excel에서 [파일]-[새로 만들기]-[새 통합문서]를 선택하고, 열린 새 통합문서의 B2 셀을 클릭한 후 [붙여넣기]한다.

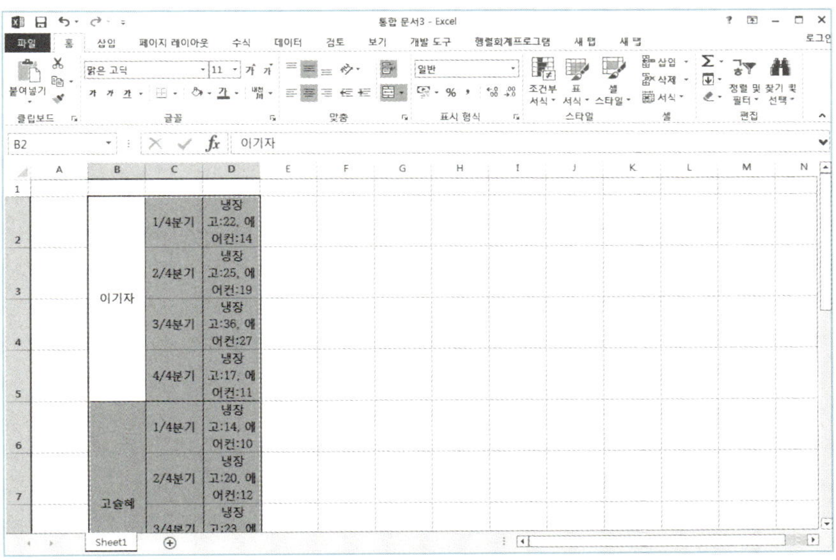

③ D열의 너비를 충분히 조정한 후, 자료가 입력 표시된 행들(2행~17행)의 높이를 조정해 본다.

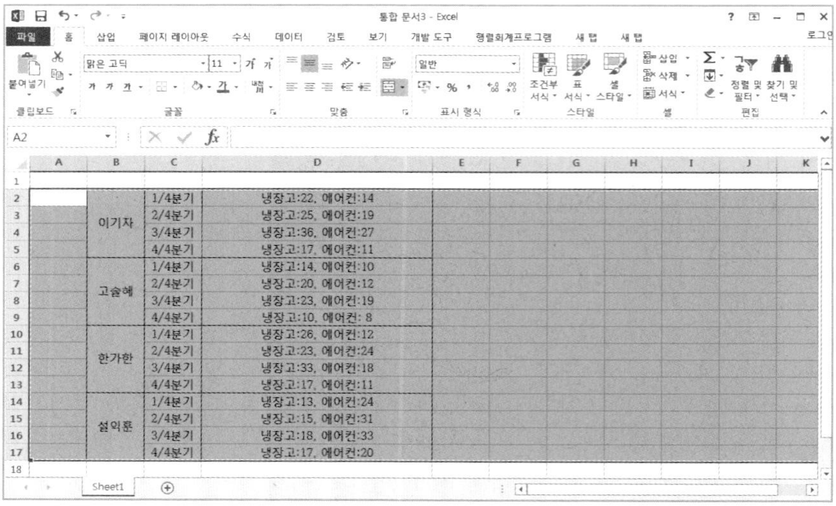

④ B열과 C열에 표시된 자료는 Excel 형식으로 하나의 셀에 하나의 데이터가 표시되고 있지만, D열의 자료는 다른 편집기에서 입력된 대로 한 줄의 표시내용(예; '냉장고:22, 에어컨:14')이 하나의 셀에 모두 표시되고 있다. 이러한 D열의 표시내용은 ExceL 자료형식이 아니므로 해당 수치에 대한 연산기능을 수행할 수 없다. 따라서 이 D열의 자료에 대해 [**텍스트 나누기**] 기능을 수행해야 한다.

⑤ [텍스트 나누기] 기능을 적용해야 할 대상 범위(D2:D17)를 선택한 후, [데이터] 탭의 [텍스트 나누기]를 선택한다. [**텍스트 마법사**] 대화상자에서 [구분 기호로 분리됨]을 클릭하고 [다음] 버튼을 누른다.

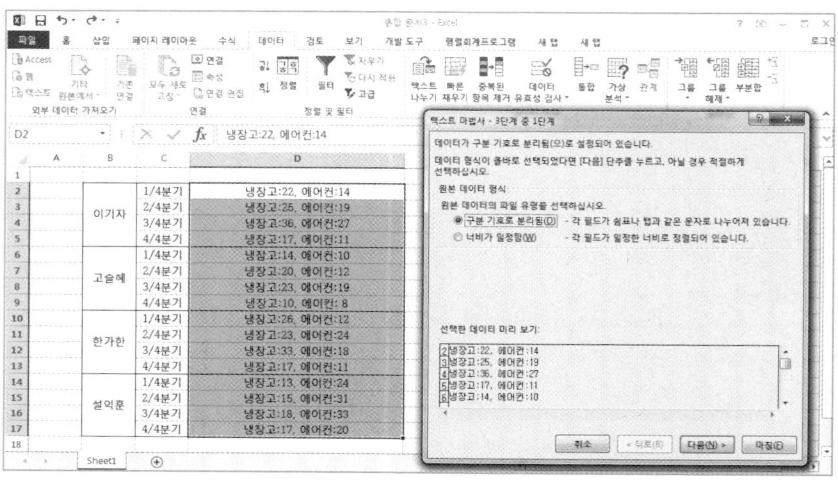

⑥ [텍스트 마법사-2단계]의 [구분 기호]에서, D열의 자료 형식에 적용되고 있는 모든 기호가 포함되도록 선택한다. 즉, [쉽표]와 [공백], [기타]를 선택하고, [기타]의 난에 콜론(:)을 입력한다. 그리고 아래의 [미리보기]에서 원하는 대로 구분선이 적용되고 있는지를 확인한 후, [다음]을 선택한다.

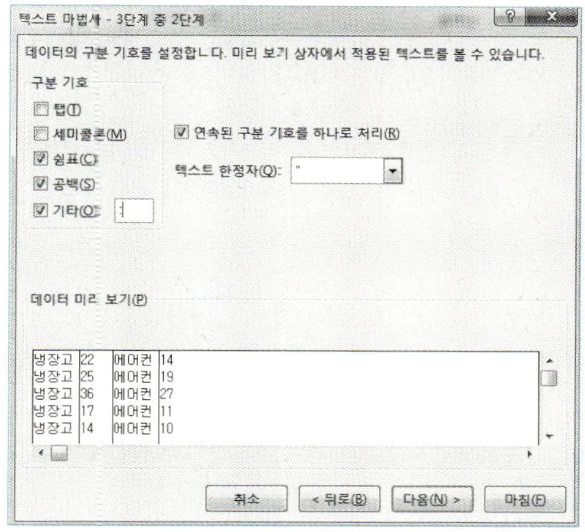


⑦ [텍스트 마법사-3단계]에서 [열 데이터 서식]으로 [일반]을 선택하고 [마침]을 누른다.

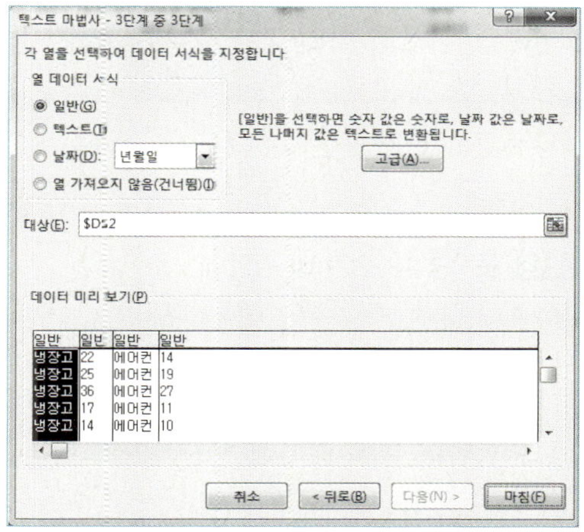


⑧ 이제 이전의 Sheet에서 D열에 한꺼번에 표시되었던 데이터들이 D열과 E, F, G열로 각각 구분되어 [텍스트 나누기]가 수행되었다.

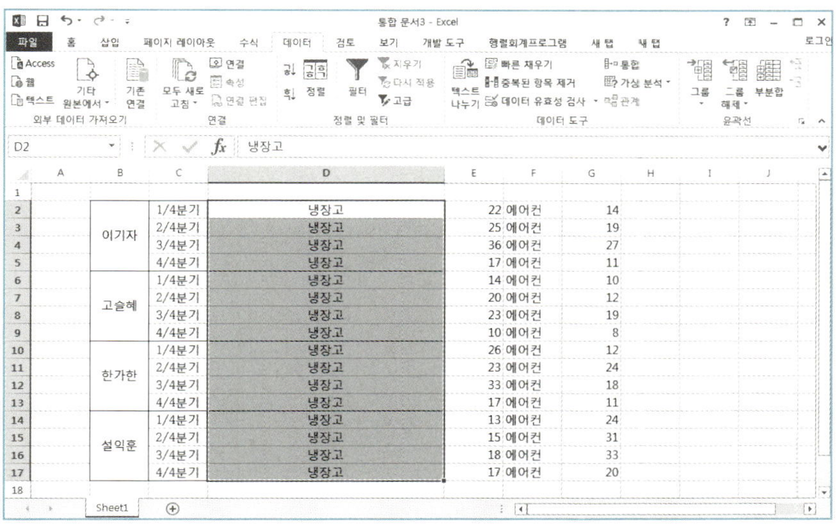

⑨ E열에 냉장고 판매대수, G열에 에어컨 판매대수가 표시되고 있으니, E1 셀에 '냉장고', G1 셀에 '에어컨'을 입력한 후, 불필요한 D열과 F열을 삭제한다. 이제 D1:E17 셀 범위를 선택하고, [홈] 탭의 [글꼴]-[테두리]에서 [모든 테두리]를 선택하여 전체를 표 형식으로 정리한다. 이로써 다른 편집기로부터 데이터를 가져오는 일련의 절차가 마무리되었다.

| | A | B | C | D | E |
|---|---|---|---|---|---|
| 1 | | | | 냉장고 | 에어컨 |
| 2 | | 이기자 | 1/4분기 | 22 | 14 |
| 3 | | | 2/4분기 | 25 | 19 |
| 4 | | | 3/4분기 | 36 | 27 |
| 5 | | | 4/4분기 | 17 | 11 |
| 6 | | 고슬혜 | 1/4분기 | 14 | 10 |
| 7 | | | 2/4분기 | 20 | 12 |
| 8 | | | 3/4분기 | 23 | 19 |
| 9 | | | 4/4분기 | 10 | 8 |
| 10 | | 한가한 | 1/4분기 | 26 | 12 |
| 11 | | | 2/4분기 | 23 | 24 |
| 12 | | | 3/4분기 | 33 | 18 |
| 13 | | | 4/4분기 | 17 | 11 |
| 14 | | 설익훈 | 1/4분기 | 13 | 24 |
| 15 | | | 2/4분기 | 15 | 31 |
| 16 | | | 3/4분기 | 18 | 33 |
| 17 | | | 4/4분기 | 17 | 20 |
| 18 | | | | | |

Sheet1

## 2단계 영업실적표 작성

이제 [가져오기]한 자료를 토대로 하여 〈영업사원 개인별 영업실적표〉를 작성하기로 한다. 그런데 위에서 [가져오기]한 자료의 배열구조는 작성하고자 하는 〈**영업실적표**〉의 배열과는 다르다. 따라서 위의 표 아래쪽에 작성하고자 하는 〈영업사원 개인별 영업실적표〉 양식을 먼저 작성해둔 후, 필요한 자료를 위에서 복사, 또는 연결하여 표시하도록 한다.

① C20 셀에 표의 제목 〈영업사원 개인별 영업실적표〉를 입력하고, G20 셀에는 '(단위: 대수)'를 입력한다.

② B22:H37 셀 범위에 '영업실적표'의 양식을 입력하고, 테두리를 포함하여 표 양식으로 준비해둔다.

| | | 냉장고 | 에어컨 |
|---|---|---|---|
| 이기자 | 1/4분기 | 22 | 14 |
| | 2/4분기 | 25 | 19 |
| | 3/4분기 | 36 | 27 |
| | 4/4분기 | 17 | 11 |
| 고슬혜 | 1/4분기 | 14 | 10 |
| | 2/4분기 | 20 | 12 |
| | 3/4분기 | 23 | 19 |
| | 4/4분기 | 10 | 8 |
| 한가한 | 1/4분기 | 26 | 12 |
| | 2/4분기 | 23 | 24 |
| | 3/4분기 | 33 | 18 |
| | 4/4분기 | 17 | 11 |
| 설익훈 | 1/4분기 | 13 | 24 |
| | 2/4분기 | 15 | 31 |
| | 3/4분기 | 18 | 33 |
| | 4/4분기 | 17 | 20 |

<영업사원 개인별 영업실적표> (단위 : 대수)

| | | 고슬혜 | 설익훈 | 이기자 | 한가한 | 계 |
|---|---|---|---|---|---|---|
| 냉장고 | 1/4분기 | | | | | |
| | 2/4분기 | | | | | |
| | 3/4분기 | | | | | |
| | 4/4분기 | | | | | |
| | 계 | | | | | |
| 에어컨 | 1/4분기 | | | | | |
| | 2/4분기 | | | | | |
| | 3/4분기 | | | | | |
| | 4/4분기 | | | | | |
| | 계 | | | | | |
| 분기별 총판매량 | 1/4분기 | | | | | |
| | 2/4분기 | | | | | |
| | 3/4분기 | | | | | |
| | 4/4분기 | | | | | |
| 개인별 총판매량 | | | | | | |

③ 위쪽 표의 해당 데이터를 아래쪽 〈영업실적표〉 해당란에 옮겨 적는다. 이때 위쪽 표에서 영업사원 이름 배열이 아래쪽 표와 다르다는 점에 유의해야 한다.

④ 옮겨 적고자 하는 자료의 구조가 표시되어야 할 영역의 자료구조와 같을 경우에, 자료를 옮겨 적는 방법에는 크게 두 가지가 있다. 그 첫 번째는 옮겨 적고자 하는 자료 영역을 선택하여 [복사하기]한 후 표시하고자 하는 영역의 첫 번째 셀에 [붙여넣기]하는 방법이다. 또 다른 방법은 표시하고자 하는 첫 번째 셀에 옮겨오고자 하는 셀 주소를 수식 형식으로 입력(예; '=E2')하여 표시하고 이를 인접 셀에도 복사하여 표시하는 방법이다. 이 중 두 번쩌 방법은 **'상대셀 참조'**를 이용하는 방법으로, 이 경우 원본 데이터가 변화되면 언제든 따라서 변하는 특성을 갖게 된다. 그러나 전자의 방식인 복사하여 붙여넣기 방법에서는 원본 자료가 변화하더라도 다른 영역에 복제된 데이터에는 영향을 미치지 않으므로 독립성을 갖게 된다. 따라서 옮겨 적고자 하는 자료가 다른 영역에 표시되는 자료와 어떤 연관성을 갖게 할 것인가에 따라 옮겨 적기 방법을 선택하여 적용해야 한다. 다만, 여기서는 위쪽 표와 아래의 〈영업실적표〉가 직접적인 연관성을 갖게 할 필요는 굳이 없지만, 이들 방법의 차이를 비교하는 차원에서 각각의 방법을 적용해 보기로 한다.

⑤ 먼저 고슬혜 사원의 냉장고 판매실적을 기록하기 위한 난(D23:D26 셀 범위)에는 위쪽 표의 D6:D9 셀 범위에 기록된 자료가 표시되어야 한다. 따라서 위의 첫 번째 방법을 사용하여, 마

우스로 위쪽 표의 D6:D9 셀 범위를 선택한 후 [복사하기]하고 이어서 아래쪽 표의 D23 셀을 선택한 후 [붙여넣기]하면 D23:D26 셀 범위에 선택자료가 모두 표시되어진다. 마찬가지로 설익훈 사원의 냉장고 판매실적(E23:E26)은 마우스로 D14:D17 셀 범위를 선택하고 복사한 후 E23 셀을 선택하고 붙여넣기 하면 된다. 이기자 사원의 경우에는 D2:D5 셀 범위를 복사하여 F23 셀에 붙여넣기 하고, 한가한 사원의 경우에는 D10:D13 셀 범위를 복사하여 G23 셀에 붙여넣기 한다.

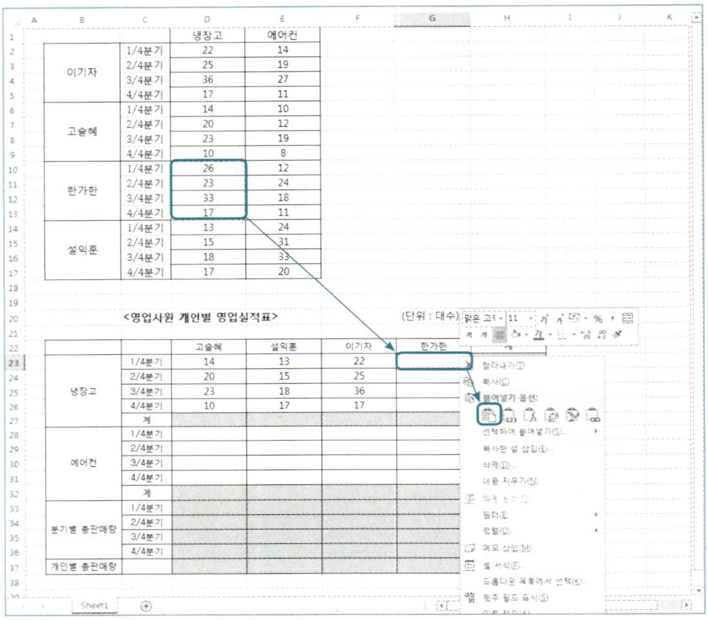

⑥ 이번에는 에어컨 판매실적에 대해 위의 두 번째 방법을 적용하여 옮겨 적기로 한다. 고슬혜 사원의 1/4분기 에어컨 판매실적(D28 셀)은 위쪽 표의 E6 셀의 값을 옮겨오면 되므로, D28 셀을 클릭하고 여기에 등호('=')를 입력한 후 마우스로 E6 셀을 클릭하고 Enter 키를 누르면 E6 셀과 같이 값 '10'이 표시된다(물론 D28 셀에 '=E6'라고 직접 입력할 수도 있다). 다시 D28 셀을 클릭하고 선택 셀의 오른쪽 하단 **자동채우기 핸들**(+)을 끌기하여 D31 셀까지 끌어다 놓으면 고슬혜 사원의 다른 분기 자료도 한꺼번에 표시된다. 이번에는 설익훈, 이기자, 한가한 사원의 에어컨 판매실적 자료를 한꺼번에 표시하기 위해, 먼저 E28 셀에 '=E14', F28 셀에 '=E2', G28 셀에 '=E10'을 각각 입력한 후, 마우스로 E28:G28 셀 범위를 선택하고 오른쪽 하단 자동채우기 핸들(+)을 끌기하여 G31 셀까지 끌어다 놓으면 E28:G31 셀 범위에의 자료가 한꺼번에 표시된다(이때 F29, F30, F31 셀을 각각 클릭해보면 F28에 입력해둔 수식 '=E2'가 각각 '=E3', '=E4', '=E5'로 변경되어 있음을 알 수 있다).

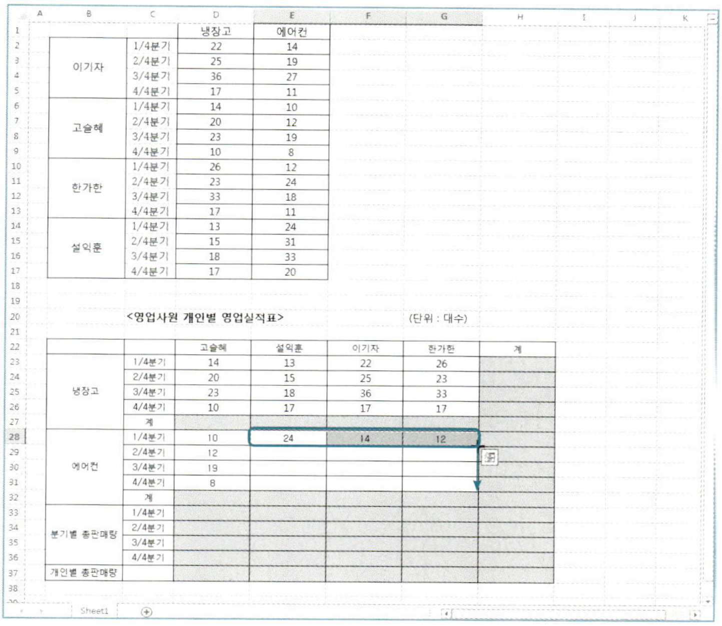

| | | 냉장고 | 에어컨 |
|---|---|---|---|
| 이기자 | 1/4분기 | 22 | 14 |
| | 2/4분기 | 25 | 19 |
| | 3/4분기 | 36 | 27 |
| | 4/4분기 | 17 | 11 |
| 고슬혜 | 1/4분기 | 14 | 10 |
| | 2/4분기 | 20 | 12 |
| | 3/4분기 | 23 | 19 |
| | 4/4분기 | 10 | 8 |
| 한가한 | 1/4분기 | 26 | 12 |
| | 2/4분기 | 23 | 24 |
| | 3/4분기 | 33 | 18 |
| | 4/4분기 | 17 | 11 |
| 설익훈 | 1/4분기 | 13 | 24 |
| | 2/4분기 | 15 | 31 |
| | 3/4분기 | 18 | 33 |
| | 4/4분기 | 17 | 20 |

<영업사원 개인별 영업실적표> (단위 : 대수)

| | | 고슬혜 | 설익훈 | 이기자 | 한가한 | 계 |
|---|---|---|---|---|---|---|
| 냉장고 | 1/4분기 | 14 | 13 | 22 | 26 | |
| | 2/4분기 | 20 | 15 | 25 | 23 | |
| | 3/4분기 | 23 | 18 | 36 | 33 | |
| | 4/4분기 | 10 | 17 | 17 | 17 | |
| | 계 | | | | | |
| 에어컨 | 1/4분기 | 10 | 24 | 14 | 12 | |
| | 2/4분기 | 12 | | | | |
| | 3/4분기 | 19 | | | | |
| | 4/4분기 | 8 | | | | |
| | 계 | | | | | |
| 분기별 총판매량 | 1/4분기 | | | | | |
| | 2/4분기 | | | | | |
| | 3/4분기 | | | | | |
| | 4/4분기 | | | | | |
| 개인별 총판매량 | | | | | | |

**참고**

### 상대셀 참조

수식 형태로 입력되어 있는 F28 셀을 복사하여 F29:F31 셀 영역에 붙여넣기 하면(또는 자동채우기 핸들을 적용하여 표시하면), F28 셀에서 분명히 '=E2'로 입력하였던 수식이 F29 셀에서는 '=E3'으로, 그리고 F30과 F31 셀에서는 각각 '=E4'와 '=E5' 등으로 수식이 자동 변경되어 있음을 알 수 있다. 이처럼 특정 셀을 복사하여 붙여넣기 하면 그 셀의 계산구조, 즉 셀 참조방식이 동일하게 적용되도록 원래의 수식이 변경, 적용되는 것을 '상대셀 참조'라고 한다. 이는 엑셀에서 특정 셀을 복사하는 것은 해당 셀의 결과값을 복사하는 것이 아니라 그 셀의 계산구조(셀참조 형식) 자체를 복제하도록 약속되어 있기 때문이다. 예컨대 F28 셀에 입력된 '=E2'는 '현재 위치(F28)로부터 왼쪽으로 한 칸, 위쪽으로 26칸 떨어져 있는 위치(즉 E2)를 참조하여 표시하라'는 의미이다. 따라서 이 상대참조 의미가 F29에서는 E3, F30에서는 E4를 각각 참조하여 표시하게 된다. 만일 수식이 적용된 결과값을 복제하여 사용해야 하는 경우에는 해당 셀을 '복사'한 후 붙여넣기 하기 위한 대상 셀에서 오른쪽 마우스 [붙여넣기 옵션]-[값]을 선택해야 한다.

**참고**

### 복사하려는 자료구조가 행과 열로 서로 다르게 배열되어 있는 경우

위의 옮겨 적기(복사) 사례에서는 원본 자료 배열구조와 표시하려는 위치의 자료 배열구조가 위에서 아래로 동일한 열배열 형식으로 구성되어 있어서 그대로 복사하여 붙여넣기 하면 된다. 그러나 경우에 따라서는 원본 자료구조는 열로 배열되어 있지만 표시하려는 영역의 자료구조는 행으로 구성되어 있는 경우도 있다. 예컨대 분기별 냉장고 판매실적 자료가 위/아래 열로 배열되어 있는 데이터를 왼쪽/오른쪽의 행 배열로 변경하거나 복사하여 붙여넣기 해야 하는 경우가 발생한다. 이때에는 [선택하여 붙여넣기]-[**행/열 바꿈**] 기능을 이용해서 쉽게 변환할 수 있다.

| | A | B | C | D | E | F | G | H |
|---|---|---|---|---|---|---|---|---|
| 1 | | | | 냉장고 | | | | |
| 2 | | | 1/4분기 | 22 | | | | |
| 3 | | | 2/4분기 | 25 | | | | |
| 4 | | | 3/4분기 | 36 | | | | |
| 5 | | | 4/4분기 | 17 | | | | |
| 6 | | | | | | | | |
| 7 | | | | | | | | |
| 8 | | | | 1/4분기 | 2/4분기 | 3/4분기 | 4/4분기 | |
| 9 | | | 냉장고 | 22 | 25 | 36 | 17 | |
| 10 | | | | | | | | |

예컨대 C1:D5 셀 범위를 복사하여, C8 셀을 클릭하고 오른쪽 마우스 [선택하여 붙여넣기]-[선택하여 붙여넣기]에서 [행/열 바꿈]을 선택하고 [확인]을 누르면 아래 C8:G9 셀처럼 행 배열 자료 형식으로 표시되게 된다. 이러한 자료 배열구조를 잘 이용하면 표 작성 및 연산기능 수행에 매우 유용하게 적용할 수 있다.

## 3단계 영업실적표의 완성-합계 표시

지금까지 작성된 〈영업실적표〉는 기초자료로만 구성된 것이며, 이를 통해 다양한 분석을 수행할 수 있도록 하기 위해서는 행/열 기준의 다양한 집계작업이 필요하다.

| | A | B | C | D | E | F | G | H | I |
|---|---|---|---|---|---|---|---|---|---|
| 19 | | | | | | | | | |
| 20 | | | <영업사원 개인별 영업실적표> | | | | (단위 : 대수) | | |
| 21 | | | | | | | | | |
| 22 | | | | 고슬혜 | 설익훈 | 이기자 | 한가한 | 계 | |
| 23 | | 냉장고 | 1/4분기 | 14 | 13 | 22 | 26 | | |
| 24 | | | 2/4분기 | 20 | 15 | 25 | 23 | | |
| 25 | | | 3/4분기 | 23 | 18 | 36 | 33 | | |
| 26 | | | 4/4분기 | 10 | 17 | 17 | 17 | | |
| 27 | | | 계 | | | | | | |
| 28 | | 에어컨 | 1/4분기 | 10 | 24 | 14 | 12 | | |
| 29 | | | 2/4분기 | 12 | 31 | 19 | 24 | | |
| 30 | | | 3/4분기 | 19 | 33 | 27 | 18 | | |
| 31 | | | 4/4분기 | 8 | 20 | 11 | 11 | | |
| 32 | | | 계 | | | | | | |
| 33 | | 분기별 총판매량 | 1/4분기 | | | | | | |
| 34 | | | 2/4분기 | | | | | | |
| 35 | | | 3/4분기 | | | | | | |
| 36 | | | 4/4분기 | | | | | | |
| 37 | | 개인별 총판매량 | | | | | | | |
| 38 | | | | | | | | | |

Sheet1

① 인접한 셀 영역에 대한 **합계**를 수행하는 방법에는 크게 3가지 방법이 있다. 가장 초보적인 방법은 기본적인 수식을 이용하는 방법으로, 등호('=')를 포함하여 합산하고자 하는 셀주소를 일일이 더하여 표시하는 방법이다. 예컨대 D27 셀에 고슬혜 사원의 연간 냉장고 판매대수를 합산하여 표시하고자 하는 경우 '=D23+D24+D25+D26'과 같이 합산 대상 셀들을 일일이 입력하여 합계하도록 하는 방법이다. 물론 인접 셀인 E27 셀에도 같은 합산논리(위쪽 4개의 수치

합계)가 적용되므로, 위에서와 같이 E27 셀에도 '=E23−E24+E25+E26'이라고 입력해도 되지만, D27 셀의 수식을 복사하여 E27, F27, G27 셀에 각각 붙여넣기 하면 상대셀 참조가 적용되어 원하는 합계를 쉽게 도출할 수 있다. 그러나 Excel 왕초보자가 아닌 이상 이러한 초보적인 합산방법은 거의 사용되지 않는다.

② 합계를 위한 두 번째 방법은 **합계 함수**('=sum()')를 사용하는 방법이다. 예컨대 D27 셀에 합계를 표시하고자 하는 경우, D27 셀에 '=sum(D23:D26)'과 같이 입력하면 된다. 물론 인접 셀인 E27, F27, G27 셀에도 D27 셀의 합계함수를 복사하여 붙여넣기 하면 된다(**자동채우기 핸들**을 이용하면 더 빠르게 수행할 수 있다).

③ 합계를 위한 세 번째 방법은 **자동합계 버튼**(Σ)을 이용하는 방법이다. 예컨대 D27 셀에 고슬혜 사원의 연간 냉장고 판매대수 합계를 표시하고자 하는 경우, 합계를 표시하고자 하는 빈 셀(D27)까지를 포함하여 합산할 데이터 영역(D23:D27)을 마우스로 선택한 후 [홈] 탭의 [편집]-[자동합계(Σ)]를 누르기만 하면 된다. 물론 인접하는 셀 범위의 경우에도 같은 논리이므로, 이를 하나씩 수행하기보다는 D23:G27 셀 범위를 한꺼번에 선택하여 한 번의 자동합계 버튼(Σ)을 누름으로 영업사원 4사람의 냉장고 판매대수 합계를 쉽게 표시할 수 있다. 물론 표의 오른쪽 분기별 합계를 구하는 경우에도 D23:H27 셀 범위를 한꺼번에 선택하여 자동합계 버튼으로 손쉽게 구할 수 있다.

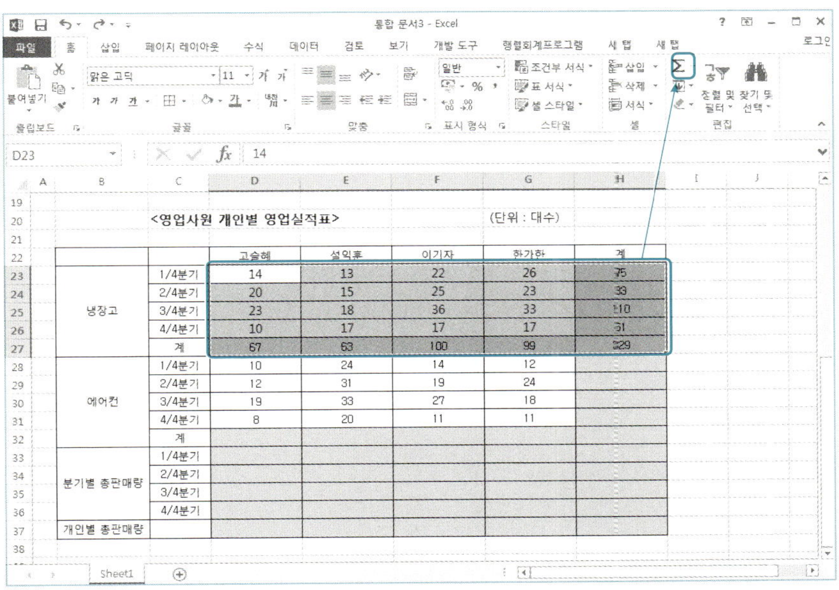


④ 같은 방법(세 번째 방법)으로 D32:G32와 H28:H32의 합계부분도 완성한다.

<영업사원 개인별 영업실적표> (단위 : 대수)

| | | 고슬혜 | 설익훈 | 이기자 | 한가한 | 계 |
|---|---|---|---|---|---|---|
| 냉장고 | 1/4분기 | 14 | 13 | 22 | 26 | 75 |
| | 2/4분기 | 20 | 15 | 25 | 23 | 83 |
| | 3/4분기 | 23 | 18 | 36 | 33 | 110 |
| | 4/4분기 | 10 | 17 | 17 | 17 | 61 |
| | 계 | 67 | 63 | 100 | 99 | 329 |
| 에어컨 | 1/4분기 | 10 | 24 | 14 | 12 | 60 |
| | 2/4분기 | 12 | 31 | 19 | 24 | 86 |
| | 3/4분기 | 19 | 33 | 27 | 18 | 97 |
| | 4/4분기 | 8 | 20 | 11 | 11 | 50 |
| | 계 | 49 | 108 | 71 | 65 | 293 |
| 분기별 총판매량 | 1/4분기 | | | | | |
| | 2/4분기 | | | | | |
| | 3/4분기 | | | | | |
| | 4/4분기 | | | | | |
| 개인별 총판매량 | | | | | | |

⑤ '분기별 총판매량' 중 고슬혜 사원의 '1/4분기' 판매량(D33 셀)은 D23 셀과 D28 셀을 합하여 구한다('=D23+D28'). 고슬혜 사원의 2/4분기, 3/4분기, 4/4분기 총판매량(D34, D35, D36)도 같은 논리(현재 셀에서 위쪽 10번째 셀과 5번째 셀의 합계)가 적용되므로 수식을 반복하여 입력할 필요 없이 D33 셀에 입력되어 있는 수식을 자동채우기 핸들을 통해 D36 셀까지 끌어다 놓으면 된다.

⑥ 오른쪽 설익훈, 이기자, 한가한 사원의 분기별 총판매량 합계를 구하는 부분도 결국 고슬혜 사원의 경우와 동일한 합산 구조이므로, 이미 수식이 입력되어 있는 D33:D36 셀 범위를 함께 선택한 후 **자동채우기 핸들**을 통해 G36 셀까지 끌어놓기를 하면 된다.

⑦ D37:G37 셀 범위와 H33:H38 셀 범위의 합계란도 위의 ③(세 번째 합계 방법)에 의해 구한다. 이로써 필요한 합산 과정은 모두 끝났지만, 마지막으로 그동안 수행한 합산절차에 오류는 없었는지를 확인해보기 위해서 D38 셀에 수식 '=D27+D32'을, 그리고 H38 셀에 수식 '=H27+H32'을 입력하여 각각 D37 셀과 H37 셀의 값과 일치하는지의 여부를 확인하는 것이 좋다. 일치가 확인되면 D38 셀과 H38 셀의 수식은 지운다.

<영업사원 개인별 영업실적표> (단위 : 대수)

| | | 고슬혜 | 설익훈 | 이기자 | 한가한 | 계 |
|---|---|---|---|---|---|---|
| 냉장고 | 1/4분기 | 14 | 13 | 22 | 26 | 75 |
| | 2/4분기 | 20 | 15 | 25 | 23 | 83 |
| | 3/4분기 | 23 | 18 | 36 | 33 | 110 |
| | 4/4분기 | 10 | 17 | 17 | 17 | 61 |
| | 계 | 67 | 63 | 100 | 99 | 329 |
| 에어컨 | 1/4분기 | 10 | 24 | 14 | 12 | 60 |
| | 2/4분기 | 12 | 31 | 19 | 24 | 86 |
| | 3/4분기 | 19 | 33 | 27 | 18 | 97 |
| | 4/4분기 | 8 | 20 | 11 | 11 | 50 |
| | 계 | 49 | 108 | 71 | 65 | 293 |
| 분기별 총판매량 | 1/4분기 | 24 | 37 | 36 | 38 | **135** |
| | 2/4분기 | 32 | 46 | 44 | 47 | **169** |
| | 3/4분기 | 42 | 51 | 63 | 51 | **207** |
| | 4/4분기 | 18 | 37 | 28 | 28 | **111** |
| 개인별 총판매량 | | **116** | **171** | **171** | **164** | **622** |
| | | 116 | | | | 622 |

⑧ 이로써 〈영업사원 개인별 영업실적표〉가 완성되었다.

**<영업사원 개인별 영업실적표>** (단위 : 대수)

| | | 고슬혜 | 설익훈 | 이기자 | 한가한 | 계 |
|---|---|---|---|---|---|---|
| 냉장고 | 1/4분기 | 14 | 13 | 22 | 26 | 75 |
| | 2/4분기 | 20 | 15 | 25 | 23 | 83 |
| | 3/4분기 | 23 | 18 | 36 | 33 | 110 |
| | 4/4분기 | 10 | 17 | 17 | 17 | 61 |
| | 계 | 67 | 63 | 100 | 99 | 329 |
| 에어컨 | 1/4분기 | 10 | 24 | 14 | 12 | 60 |
| | 2/4분기 | 12 | 31 | 19 | 24 | 86 |
| | 3/4분기 | 19 | 33 | 27 | 18 | 97 |
| | 4/4분기 | 8 | 20 | 11 | 11 | 50 |
| | 계 | 49 | 108 | 71 | 65 | 293 |
| 분기별 총판매량 | 1/4분기 | 24 | 37 | 36 | 38 | **135** |
| | 2/4분기 | 32 | 46 | 44 | 47 | **169** |
| | 3/4분기 | 42 | 51 | 63 | 51 | **207** |
| | 4/4분기 | 18 | 37 | 28 | 28 | **111** |
| 개인별 총판매량 | | **116** | **171** | **171** | **164** | **622** |

Sheet1

## 4단계 〈요구사항 2〉 **영업실적금액표** 작성 – 판매금액으로 표시하기

지금까지 작성한 〈영업실적표〉는 판매대수를 기준으로 한 집계표이다. 그런데 이 집계표는 영업사원별로 누가 더 많은 상품을 판매하였는지에 대한 실적분석은 가능하지만, 궁극적으로 누가 더 회사에 많은 공헌을 하였는지는 판단하기 어렵다. 예컨대 보다 비싼 제품이 부가가치가 더 높다면, 판매가격이 낮은 제품을 보다 많이 판매한 사원보다는 판매가격이 높은 제품을 더 많이 판매한 사원이 회사의 매출액이나 부가가치에 더 많은 공헌을 한 것으로 볼 수 있기 때문이다. 따라서 이와 같이 판매대수를 기준으로 한 영업실적표를 작성한 목적은 오히려 판매가격을 고려한 영업실적금액을 계산하기 위한 기초자료였다고 생각할 수 있다.

① 위에서 작성된 영업실적표를 보존하고 다른 위치에서 작업을 수행하기 위해 영업실적표 양식 부분(B20:H37)을 복사하여 B42 셀에 붙여넣기 한다. 그리고 합계부분을 제외한 개인별 판매대수가 기록된 영역(D45:G48, D50:G53)의 자료를 선택하여 지운다. C42 셀의 표 제목도 '〈영업사원별 영업실적금액표〉 (단위: 천원)'으로 수정한다(이때 합계란에는 합계 수식이 기록되어 있으며, 합계 대상이 되는 셀이 모두 지워졌으므로 '0'으로 표시되고 있다).

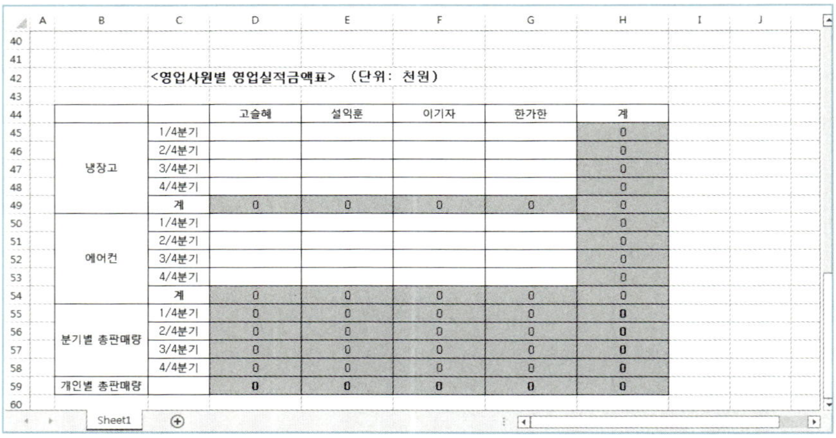

<영업사원별 영업실적금액표> (단위: 천원)

| | | 고슬혜 | 설익훈 | 이기자 | 한가한 | 계 |
|---|---|---|---|---|---|---|
| 냉장고 | 1/4분기 | | | | | 0 |
| | 2/4분기 | | | | | 0 |
| | 3/4분기 | | | | | 0 |
| | 4/4분기 | | | | | 0 |
| | 계 | 0 | 0 | 0 | 0 | 0 |
| 에어컨 | 1/4분기 | | | | | 0 |
| | 2/4분기 | | | | | 0 |
| | 3/4분기 | | | | | 0 |
| | 4/4분기 | | | | | 0 |
| | 계 | 0 | 0 | 0 | 0 | 0 |
| 분기별 총판매량 | 1/4분기 | 0 | 0 | 0 | 0 | 0 |
| | 2/4분기 | 0 | 0 | 0 | 0 | 0 |
| | 3/4분기 | 0 | 0 | 0 | 0 | 0 |
| | 4/4분기 | 0 | 0 | 0 | 0 | 0 |
| 개인별 총판매량 | | 0 | 0 | 0 | 0 | 0 |

② G41:H42 셀 범위에 품목별 판매가격 정보(냉장고 판매가격 대당 ₩1,000,000, 에어컨 ₩890,000)를 기록해 둔다. 다만, 여기서 영업실적금액표의 표시단위를 '천원'으로 표시해 놓고 있으므로, 각각 1,000과 890으로 입력한다. 또한 표시내용을 고려하여 B55 셀의 '분기별 총판매량'을 '분기별 총매출액', B59 셀의 '개인별 총판매량'을 '개인별 총매출액'으로 각각 수정해 둔다.

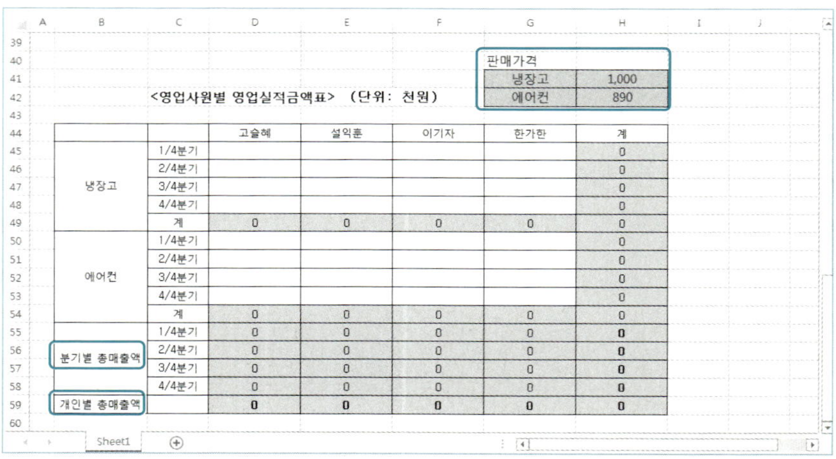

| 판매가격 | |
|---|---|
| 냉장고 | 1,000 |
| 에어컨 | 890 |

<영업사원별 영업실적금액표> (단위: 천원)

| | | 고슬혜 | 설익훈 | 이기자 | 한가한 | 계 |
|---|---|---|---|---|---|---|
| 냉장고 | 1/4분기 | | | | | 0 |
| | 2/4분기 | | | | | 0 |
| | 3/4분기 | | | | | 0 |
| | 4/4분기 | | | | | 0 |
| | 계 | 0 | 0 | 0 | 0 | 0 |
| 에어컨 | 1/4분기 | | | | | 0 |
| | 2/4분기 | | | | | 0 |
| | 3/4분기 | | | | | 0 |
| | 4/4분기 | | | | | 0 |
| | 계 | 0 | 0 | 0 | 0 | 0 |
| 분기별 총매출액 | 1/4분기 | 0 | 0 | 0 | 0 | 0 |
| | 2/4분기 | 0 | 0 | 0 | 0 | 0 |
| | 3/4분기 | 0 | 0 | 0 | 0 | 0 |
| | 4/4분기 | 0 | 0 | 0 | 0 | 0 |
| 개인별 총매출액 | | 0 | 0 | 0 | 0 | 0 |

③ **판매금액**은 '판매수량×판매가격'으로 계산된다. 여기서 **판매수량**은 위의 영업실적표에서 품목별로 구분 표시되어 있는 자료를 사용하면 되고, 품목별 판매가격은 G41:H42 셀범위에 표시되어 있다. 따라서 고슬혜 사원의 1/4분기 냉장고 판매금액을 표시하기 위해 D45 셀에 '판매수량×판매가격'을 의미하는 수식 '=D23×H41'을 입력한다.

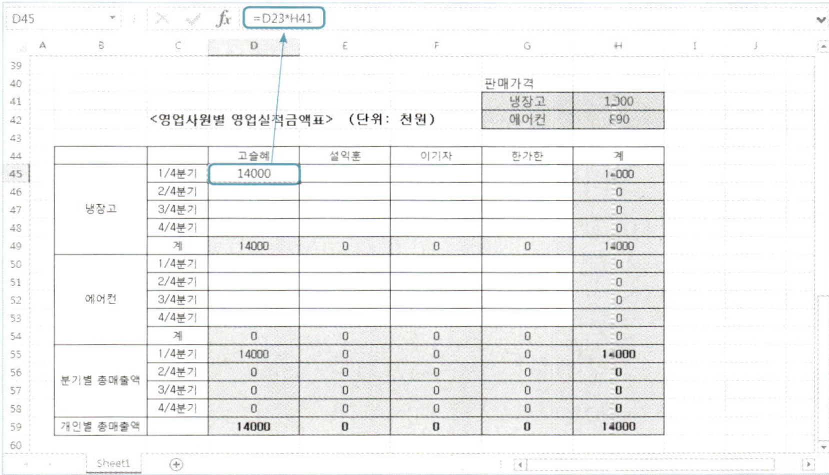

D45 =D23*H41

| | | 판매가격 | |
|---|---|---|---|
| | | 냉장고 | 1,000 |
| <영업사원별 영업실적금액표> (단위: 천원) | | 에어컨 | 890 |

| | | 고슬혜 | 설익훈 | 이기자 | 한가한 | 계 |
|---|---|---|---|---|---|---|
| 냉장고 | 1/4분기 | 14000 | | | | 14000 |
| | 2/4분기 | | | | | 0 |
| | 3/4분기 | | | | | 0 |
| | 4/4분기 | | | | | 0 |
| | 계 | 14000 | 0 | 0 | 0 | 14000 |
| 에어컨 | 1/4분기 | | | | | 0 |
| | 2/4분기 | | | | | 0 |
| | 3/4분기 | | | | | 0 |
| | 4/4분기 | | | | | 0 |
| | 계 | 0 | 0 | 0 | 0 | 0 |
| 분기별 총매출액 | 1/4분기 | 14000 | 0 | 0 | 0 | 14000 |
| | 2/4분기 | 0 | 0 | 0 | 0 | 0 |
| | 3/4분기 | 0 | 0 | 0 | 0 | 0 |
| | 4/4분기 | 0 | 0 | 0 | 0 | 0 |
| 개인별 총매출액 | | 14000 | 0 | 0 | 0 | 14000 |

④ 고슬혜 사원의 2/4분기, 3/4분기, 4/4분기 판매금액 계산에도 같은 논리가 적용될 수 있을 것이므로, 1/4분기에 적용했던 D45 셀의 수식을 자동채우기 핸들을 통해 D48 셀까지 끌기 하여 놓는다(D45 셀을 복사하여 D46:D48 셀 영역에 붙여넣기 해도 같은 결과이다).

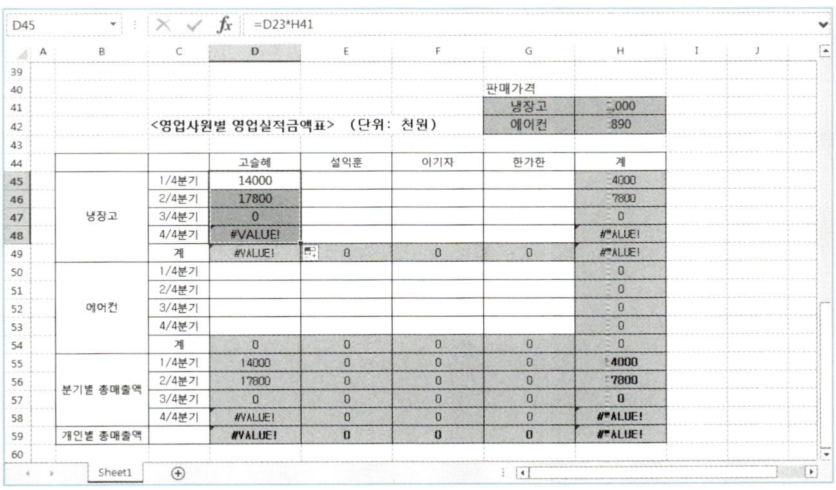

D45 =D23*H41

| | | 판매가격 | |
|---|---|---|---|
| | | 냉장고 | 1,000 |
| <영업사원별 영업실적금액표> (단위: 천원) | | 에어컨 | 890 |

| | | 고슬혜 | 설익훈 | 이기자 | 한가한 | 계 |
|---|---|---|---|---|---|---|
| 냉장고 | 1/4분기 | 14000 | | | | 14000 |
| | 2/4분기 | 17800 | | | | 17800 |
| | 3/4분기 | 0 | | | | 0 |
| | 4/4분기 | #VALUE! | | | | #VALUE! |
| | 계 | #VALUE! | 0 | 0 | 0 | #VALUE! |
| 에어컨 | 1/4분기 | | | | | 0 |
| | 2/4분기 | | | | | 0 |
| | 3/4분기 | | | | | 0 |
| | 4/4분기 | | | | | 0 |
| | 계 | 0 | 0 | 0 | 0 | 0 |
| 분기별 총매출액 | 1/4분기 | 14000 | 0 | 0 | 0 | 14000 |
| | 2/4분기 | 17800 | 0 | 0 | 0 | 17800 |
| | 3/4분기 | 0 | 0 | 0 | 0 | 0 |
| | 4/4분기 | #VALUE! | 0 | 0 | 0 | #VALUE! |
| 개인별 총매출액 | | #VALUE! | 0 | 0 | 0 | #VALUE! |

⑤ 그런데 이번에는 붙여넣기 한 셀들(D46:D48)의 값이 기대와는 달리 다른 값을 표시하거나 **계산불능(#VALUE!)**이라는 결과를 표시하고 있다. 이를 확인해보기 위해 D47 셀을 클릭해보니 수식 '=D25*H43'으로 표시되고 있다. D25 셀(고슬혜 사원의 3/4분기 냉장고 판매대수)을 참조하는 것은 맞지만, 냉장고 판매단가를 의미하는 H41 셀을 참조하지 않고 대신 H43 셀(빈 칸)을 잘못 참조하고 있으니 계산결과가 '0'으로 표시되고 있는 것이다. 특히 아래 D48 셀에서는 H41

셀 대신 H44 셀('계')의 텍스트와 D26 셀의 수치('10')를 곱하는 형태가 되고 있으므로 계산불능(#VALUE!)이라는 결과를 표시하고 있는 것이다.

⑥ 이 경우에는 '판매수량x판매가격'의 수식에서 **'판매수량'** 부분은 위의 〈영업실적표〉 자료를 상대참조하도록 하는 것은 맞지만, **'판매가격'** 부분은 참조 셀을 H41 셀에 고정시켜 두어야 할 일이다. 이와 같이 해당 수식을 다른 셀에 복사하거나 이동하더라도 상대셀 참조처럼 변화하지 않고 특정 셀만을 고정하여 참조하도록 하는 방식을 **'절대셀 참조'**라고 한다. 셀 참조를 '절대셀 참조' 형식으로 변경하기 위해서는 참조하는 셀주소에 '$H$41'과 같이 '$' 표시를 붙이면 된다. 따라서 이 경우 D45 셀의 수식 '=D23×H41'은 '=D23×$H$41'과 같이 부분적으로 절대셀 참조를 사용하는 방법으로 변경하면 된다.

참고

### 절대셀 참조

엑셀에서 특정 셀을 참조하는 형식으로 표현된 수식을 포함하고 있는 셀 내용을 다른 셀에 복제하여 사용하는 경우, 복제 대상 셀로부터의 위치 변화만큼 참조되는 셀의 위치 또한 변화되는 것이 일반적이며, 이를 **'상대셀 참조'**라고 부른다. 그러나 경우에 따라서는 위치가 변화된다 하더라도 원래 참조의 대상이 되었던 셀의 위치가 변동되지 않고, 해당 특정 셀이나 영역만을 계속적으로 참조하도록 고정시켜 둘 필요가 있다. 이러한 셀 참조 형식을 **'절대셀 참조'**라고 한다.

'절대셀 참조'를 표현하는 방법은, 수식을 입력할 때 참조하는 대상 셀의 주소(예컨대 'H41')를 열('H')과 행('41')으로 나누어 각각을 열쇄($)로 고정시키는 방법이다. 따라서 해당 셀의 열만을 고정시키고자 하는 경우 '=$H48'과 같이 열에만 고정부호($)를 붙이고, 해당 셀의 행만을 고정시키고자 하는 경우 '=H$41'과 같이 행번호에만 고장부호($)를 붙이면 된다. 또한 행과 열 모두를 고정시키고자 하는 경우 '=$H$41'과 같이 열과 행번호 앞에 모두 고정부호($)를 붙여 사용한다. 이 때 열만을 고정시킨 경우('=$H41')에는 해당 셀을 좌우(열단위)로 복사, 이동하는 경우 참조영역이 변하지 않으나, 해당 셀을 위아래(행단위)로 복사 이동하는 경우에는 '=$H42', '=$H43', '=$H44'와 같이 참조영역이 부분적으로 따라 변하게 된다. 마찬가지로 행만을 고정시킨 경우(예컨대 '=H$41')에는 이와 반대되는 것으로 이해하면 되며, 행과 열을 모두 고정시킨 경우에는 어느 위치로 복사하여 사용하더라도 원래 참조하고자 했던 셀의 위치가 전혀 변화되지 않게 된다.

수식 입력시 '절대셀 참조'를 표시하고자 할 때 해당 셀에 '$'를 포함하여 참조셀 주소를 키보드를 통해 직접 입력하는 방법도 있지만, 보다 손쉬운 방법은 일반적인 상대셀 주소 표현방법('=H41')으로 입력한 후 기능 키 'F4'를 누를 때마다 변화하는 절대셀 참조방식('=$I$48'▶'=I$48'▶'=$I48'▶'=I48') 중에서 원하는 표현방식을 선택하여 적용하도록 하는 방법도 있다.

⑦ 이제 D45 셀의 수정된 수식('=D23×$H$41')을 복사하여 D46:D48 셀범위에 붙여넣기 하면 고슬혜 사원의 나머지 분기 냉장고 판매금액도 바로 계산할 수 있게 된다.

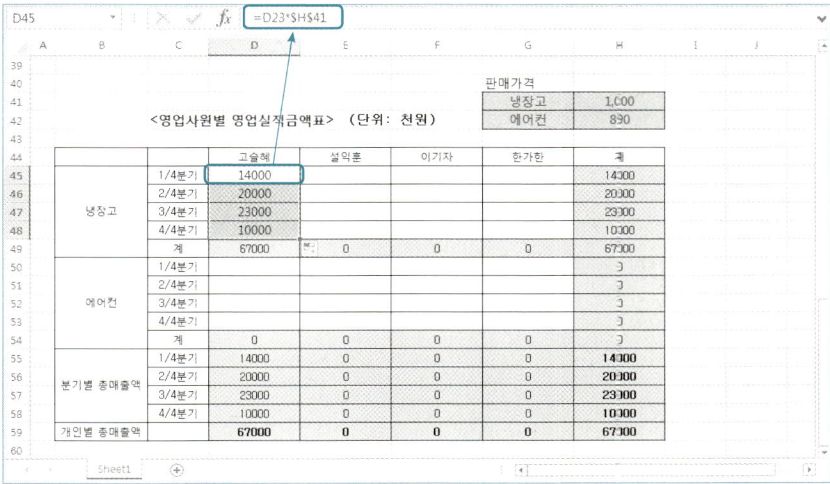


⑧ 설익훈, 이기자, 한가한 사원의 분기별 냉장고 판매금액의 계산에도 D45:D48 셀 영역의 절대셀 참조 형식의 수식 논리가 동일하게 적용될 수 있다. 따라서 D45:D48 셀 영역을 선택한 후 자동채우기 핸들을 통해 G48 셀까지 끌어놓기 하여 나머지 냉장고 판매금액 계산을 완성할 수 있다.

⑨ D50 셀의 고슬혜 사원 1/4분기 에어컨 판매금액의 계산에도 동일한 절대셀 참조 형식의 수식을 사용한다. 즉, D50 셀에 관련 수식 '=D28×H42'를 입력하고, 마우스로 수식 중 'H42' 부분을 클릭한 후 기능 키 F4를 눌러 'H42'가 '$H$42'로 변하도록 하여 Enter 키를 누르면 D50 셀의 수식은 '=D28×$H$42'과 같이 표시되고, 해당 셀에는 계산 값 '8,900'이 표시된다(D열만 고려하는 경우 '$H$42' 대신 'H$42'로 표기되어도 결과는 같지만, 이를 E, F, G열에도 복사하여 사용할 예정이므로 열과 행을 모두 고정하는 '$H$42' 형식으로 설정한다).

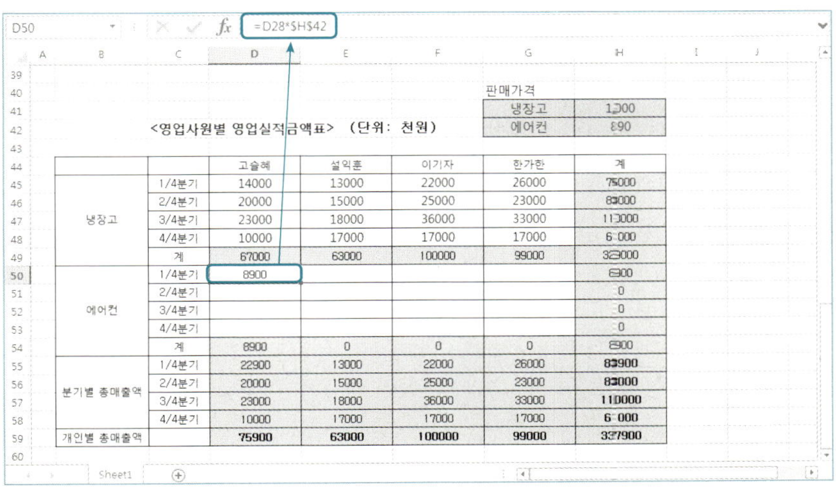

⑩ 위의 ⑦, ⑧에서와 같이, D50 셀을 선택하여 **자동채우기 핸들**로 D53까지, 그리고 D50:D53 셀 영역을 선택하고 자동채우기 핸들로 G53 셀까지 채워넣기 하여 나머지 표 부분의 계산을 완료한다.

⑪ 합계 부분에는 이미 앞에서 입력해 둔 합계 함수가 있으며, 새로 작성된 표에서도 동일한 합계 논리가 적용될 수 있으므로 그대로 두어도 된다. 다만, 전체적으로 표시금액에 천원 구분기호(,)가 필요할 것이므로, D45:H59 셀 영역을 선택한 후, [홈] 탭의 [표시형식]에서 [쉼표 스타일](,)을 적용한다.

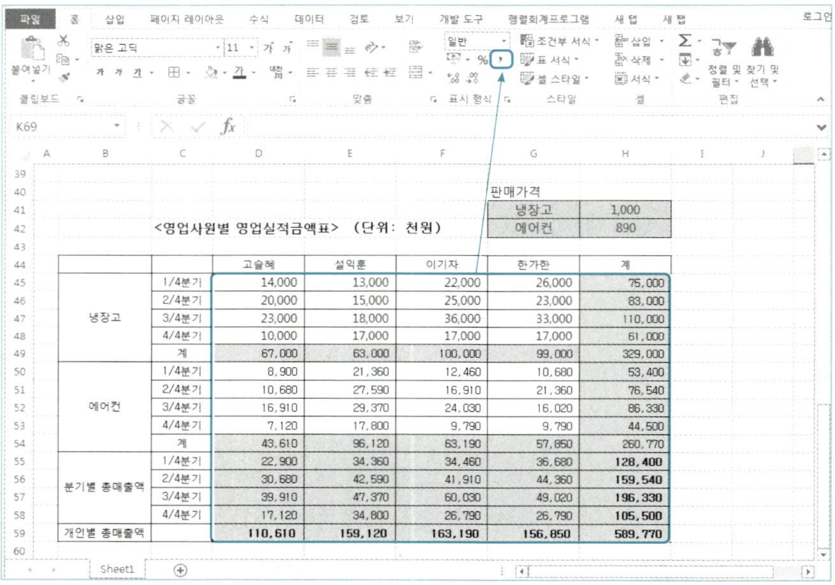

판매가격

| | |
|---|---|
| 냉장고 | 1,000 |
| 에어컨 | 890 |

<영업사원별 영업실적금액표> (단위: 천원)

| | | 고슬혜 | 설익훈 | 이기자 | 한가한 | 계 |
|---|---|---|---|---|---|---|
| 냉장고 | 1/4분기 | 14,000 | 13,000 | 22,000 | 26,000 | 75,000 |
| | 2/4분기 | 20,000 | 15,000 | 25,000 | 23,000 | 83,000 |
| | 3/4분기 | 23,000 | 18,000 | 36,000 | 33,000 | 110,000 |
| | 4/4분기 | 10,000 | 17,000 | 17,000 | 17,000 | 61,000 |
| | 계 | 67,000 | 63,000 | 100,000 | 99,000 | 329,000 |
| 에어컨 | 1/4분기 | 8,900 | 21,360 | 12,460 | 10,680 | 53,400 |
| | 2/4분기 | 10,680 | 27,590 | 16,910 | 21,360 | 76,540 |
| | 3/4분기 | 16,910 | 29,370 | 24,030 | 16,020 | 86,330 |
| | 4/4분기 | 7,120 | 17,800 | 9,790 | 9,790 | 44,500 |
| | 계 | 43,610 | 96,120 | 63,190 | 57,850 | 260,770 |
| 분기별 총매출액 | 1/4분기 | 22,900 | 34,360 | 34,460 | 36,680 | **128,400** |
| | 2/4분기 | 30,680 | 42,590 | 41,910 | 44,360 | **159,540** |
| | 3/4분기 | 39,910 | 47,370 | 60,030 | 49,020 | **196,330** |
| | 4/4분기 | 17,120 | 34,800 | 26,790 | 26,790 | **105,500** |
| 개인별 총매출액 | | **110,610** | **159,120** | **163,190** | **156,850** | **589,770** |

⑫ 이로써 〈영업사원별 영업실적금액표〉가 완성되었다.

## 5단계 〈요구사항 3〉 판매장려금 영업사원별 배부

**판매장려금**은 영업사원의 판매실적에 비례하여 지급하는 급여 이외의 상여금 성격의 수당이다. 비록 상여금 성격의 지급이지만 **성과급제**를 적용하기로 한 것이므로, 사원별로 회사에의 기여 정도에 따라 배분되어야 할 것이다. 성과, 즉 기여의 정도는 사원별 판매대수보다는 판매금액을 기준으로 평가하는 것이 보다 적절할 것이다. 이제 개인별 판매금액을 기준으로 하여 판매장려금을 배분하기 위한 계산을 수행해 본다.

① 위에서 작성된 〈영업사원별 영업실적금액표〉를 기준으로 계산을 수행할 것이므로, 위의 표 아래쪽 B64:H65 셀 영역에 배부표를 작성해 둔다. B65 셀에 '판매장려금 배부액'을 입력한 후,

B65:C65 셀 영역을 선택하고 [홈] 탭의 [맞춤]에서 [병합하고 가운데 맞춤]을 선택한다.

② C62 셀에 표의 제목인 '〈판매장려금 배부표〉'를 입력하고, G62 셀과 G63 셀에 각각 '판매장려금', '5,000,000'을 입력해 둔다.

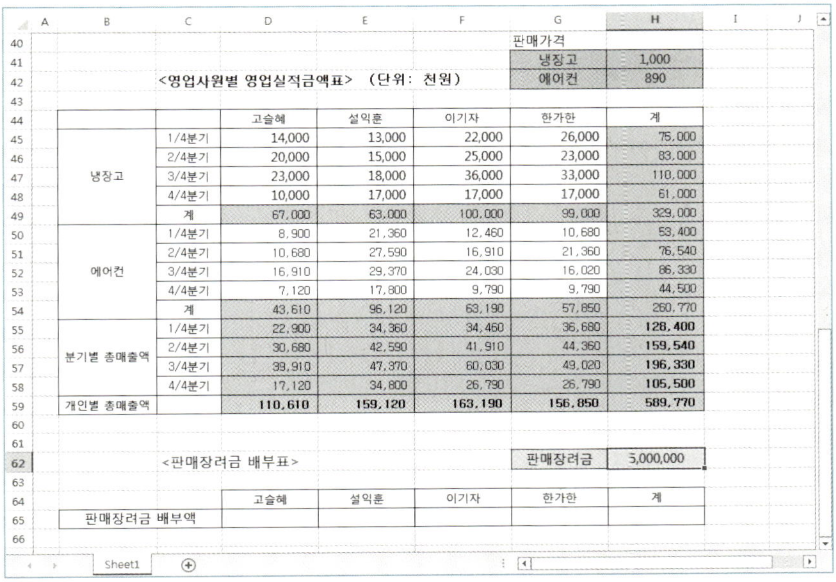

| | B | C | D | E | F | G | H |
|---|---|---|---|---|---|---|---|
| 40 | | | | | | 판매가격 | |
| 41 | | | | | | 냉장고 | 1,000 |
| 42 | | <영업사원별 영업실적금액표> (단위: 천원) | | | | 에어컨 | 890 |
| 43 | | | | | | | |
| 44 | | | 고슬혜 | 설익훈 | 이기자 | 한가한 | 계 |
| 45 | 냉장고 | 1/4분기 | 14,000 | 13,000 | 22,000 | 26,000 | 75,000 |
| 46 | | 2/4분기 | 20,000 | 15,000 | 25,000 | 23,000 | 83,000 |
| 47 | | 3/4분기 | 23,000 | 18,000 | 36,000 | 33,000 | 110,000 |
| 48 | | 4/4분기 | 10,000 | 17,000 | 17,000 | 17,000 | 61,000 |
| 49 | | 계 | 67,000 | 63,000 | 100,000 | 99,000 | 329,000 |
| 50 | 에어컨 | 1/4분기 | 8,900 | 21,360 | 12,460 | 10,680 | 53,400 |
| 51 | | 2/4분기 | 10,680 | 27,590 | 16,910 | 21,360 | 76,540 |
| 52 | | 3/4분기 | 16,910 | 29,370 | 24,030 | 16,020 | 86,330 |
| 53 | | 4/4분기 | 7,120 | 17,800 | 9,790 | 9,790 | 44,500 |
| 54 | | 계 | 43,610 | 96,120 | 63,190 | 57,850 | 260,770 |
| 55 | 분기별 총매출액 | 1/4분기 | 22,900 | 34,360 | 34,460 | 36,680 | **128,400** |
| 56 | | 2/4분기 | 30,680 | 42,590 | 41,910 | 44,360 | **159,540** |
| 57 | | 3/4분기 | 39,910 | 47,370 | 60,030 | 49,020 | **196,330** |
| 58 | | 4/4분기 | 17,120 | 34,800 | 26,790 | 26,790 | **105,500** |
| 59 | 개인별 총매출액 | | **110,610** | **159,120** | **163,190** | **156,850** | **589,770** |
| 60 | | | | | | | |
| 61 | | | | | | | |
| 62 | | <판매장려금 배부표> | | | | 판매장려금 | 5,000,000 |
| 63 | | | | | | | |
| 64 | | | 고슬혜 | 설익훈 | 이기자 | 한가한 | 계 |
| 65 | 판매장려금 배부액 | | | | | | |
| 66 | | | | | | | |

Sheet1

③ 판매장려금의 개인별 배부액 계산은 '총 판매장려금×(개인별 판매총액 / 판매총액)'의 산식으로 계산된다. 따라서 먼저 고슬혜 사원에게 배부될 판매장려금을 계산하기 위해 D65 셀에 수식 '=$H$62×(D59/$H$59)'를 입력한다. 이 수식에서 참조 셀(D62)을 절대셀 형식($H$62)으로 표시한 것은, 이 고슬혜의 배부액 계산식을 다른 사원들의 배부액 계산에도 동일하게 적용하기 위해, 이 수식을 복사여 사용하더라도 참조 영역에 변화가 없도록 하기 위한 것이다. 참조 셀 D59는 설익훈 사원의 경우에는 E59로, 이기자 사원의 경우에는 F59로 각각 변화 적용되어야 할 것이므로 상대셀 참조 형식(D59)으로 표시한 것이며, 판매총액을 의미하는 H59 셀은 절대셀 참조형식($H$59) 또는 부분 절대셀 참조형식($H59)으로 표시해도 결과는 같게 된다. 이는 '판매장려금 배부액'이 계산되는 셀의 구조가 위의 '개인별 총매출액'이 표시되고 있는 셀의 구조와 동일한 행 구조 내에서 이루어지고 있어서 행 번호의 변화는 의미가 없기 때문이다.

④ 고슬혜 사원에 대한 배부액 계산에 적용된 수식(D59)을 다른 사원의 경우(E59:H59)에도 동일하게 적용하기 위해 D65 셀을 클릭하고 자동채우기 핸들(+)을 통해 H65 셀까지 채워넣기 한다.

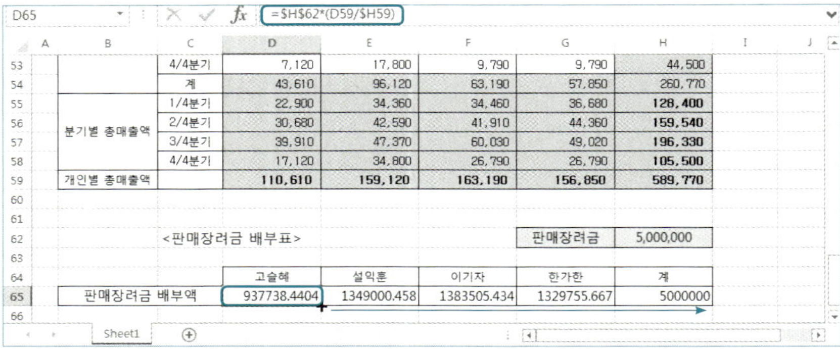


⑤ 계산된 배부액을 원 단위로 표시하고 천원 구분 표시(,)를 하기 위해 G65:H65 셀 영역을 선택한 후 [홈] 탭에서 [표시형식]-[쉼표 스타일]을 클릭한다.

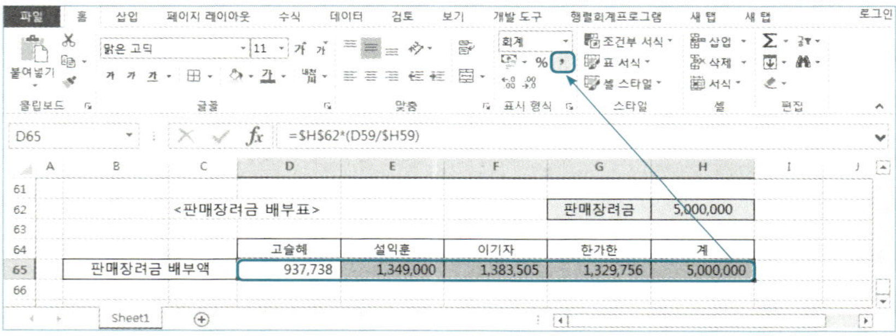


⑥ 이때 H65 셀의 합계금액은 위의 H59 셀을 참조하여 계산된 것이므로 당연히 H62의 금액과 동일한 금액으로 표시되고 있다. 그런데 위 네 사람의 배부금액을 대충 합산하여 보면 마지막 자리의 합계가 맞지 않음을 알 수 있다(4,999,999). 그렇다면 배부액 계산이 맞게 이루어졌는지를 다시 확인해 보기 위해 H68 셀에 '=sum(D65:G65)'를 입력해 본다. 그런데 이 계산 값은 역시 H65 셀의 금액과 일치하고 있다.

⑦ 이러한 현상이 발생하는 이유는, 위의 ④에서 계산된 값에서는 각각 소수점 이하의 자릿수까지 계산하여 표시되고 있지만, 위의 ⑤에서 원 단위까지만 표시되도록 하는 과정에서 화면표시만 원 미만의 금액을 반올림하는 형태로 표시되고 있기 때문이다. 즉, D65:G65 셀 범위의 숫자들은 화면상으로는 원 단위까지만 표시되고 있어도 실제로는 소수점 이하의 숫자들까지 가지고 있어서, 이들을 합계하는 경우에는 이 소수점 이하의 숫자들도 계산에 고려되고 있는 것이다.

⑧ 이러한 숫자의 **화면표시** 문제 외에도, 배부금액을 각 사원들에게 현금으로 지급할 때 원 단위까지 세어서 지급하는 것보다는, 백원 단위로 반올림하여 지급하는 것이 실무상으로도 편리할 수 있다. 따라서 D65:G65 셀 범위의 배부액을 백원 단위로 **반올림**하여 표시해보도록 한다.

⑨ D65 셀을 클릭하고, 위의 수식 표시줄에서 수식 '=D69$H$62*(D59/$H59)'에 **ROUND 함수**를 적용하여 '=ROUND(D69$H$62*(D59/$H59), -2)'와 같이 수정한다. 여기서 ROUND 함수는 계산된 숫자('D69$H$62*(D59/$H59')에 대해 지정한 자릿수('-2')에서 **반올림**하여 백원 단위까지만 표시하기 위한 것이다. 이 수정된 수식을 적용한 결과는 D65 셀에서 '937,700'으로 표시되고 있다.

**참고**

### ROUND 함수

엑셀에서 표시되는 숫자데이터 또는 계산된 결과 값이 소수점까지 포함하여 길게 나타나는 경우가 있는데, 이러한 숫자데이터를 자신이 원하는 자릿수만큼으로 반올림하여 표시하고자 할 때 적용되는 함수가 ROUND 함수이다. ROUND 함수를 표시하는 일반적인 형식(구문)은 다음과 같다.

=ROUND(number, num_digits)

여기서 'number'는 반올림할 대상 숫자를 의미하며, 'num_digits'는 반올림하기 위한 자릿수를 의미한다. 이때 자릿수는 흔히 '소수점에서의 몇 번째 위치'를 의미하므로, 자릿수가 클수록 더 많은 숫자 형식으로 표시된다. 만일 소수점 이상의 자릿수(예: 백, 천 등)에서 반올림하고자 하는 경우에는, 소수점 이하와 반대되는 개념이므로 '-2', '-3'과 같은 형태로 표시한다.

예컨대, 반올림을 적용하기 위한 숫자가 '52634.62784'이라고 하면, 이 숫자를 소수점 3자리까지 표시하고자 하는 경우 '=round(52634.62784, 3)'으로 표시하면 결과 값은 '52634.628'로 표시되고, 이 숫자를 소수점 1자리까지만 표시하고자 하는 경우 '=round(52634.62784, 1)'로 표시하면 결과 값은 '52634.6'으로 표시된다. 만일 백원 단위로 표시하고자 하는 경우 '=round(52634.62784,-2)'와 같이 표시하면 결과 값은 '52600'으로 표시된다.

⑩ 이제 수정된 D65 셀에서 자동채우기 핸들을 통해 G65 셀까지 채워넣기 한다. 이로써 각 사원의 배부액 계산이 백원 단위로 조정되었다. 이 계산에 맞게 수행되었는지 확인해 보기 위해, 먼저 H65 셀의 값을 지우고, 셀 범위 G65:H65를 선택하여 [홈] 탭의 [편집]-[합계](Σ)를 누른다. 계산된 합계금액이 H62 셀의 금액과 일치하는지를 확인한다.

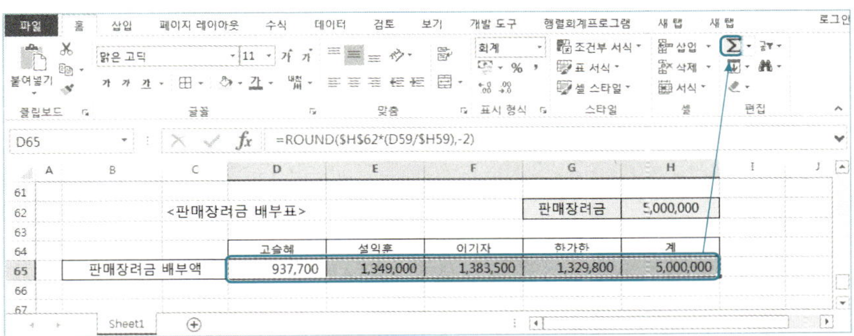

⑪ 이로써 영업사원 개인별 판매실적금액을 기준으로 한 판매장려금은 각각 '937,700', '1,349,000', '1,383,500', '1,329,800'원으로 지급될 것이다.

## 6단계 〈요구사항 4〉 가중치가 적용된 판매장려금 배부

사원들이 제시한 수정안도 설득력이 있어 보인다. 실제로 냉장고와 에어컨의 판매가격에는 차이가 있으며, 그 판매가격의 차이만큼 회사에 남는 이익도 차이가 있을 수 있기 때문이다. 그럼에도 불구하고 판매상품의 종류나 가격에 관계없이 총판매금액만을 기준으로 판매장려금을 배부하는 경우, 영업사원들은 가능한 한 판매금액이 큰 상품의 판매에만 열을 올리게 될 가능성이 있다. 따라서 이 경우 총판매금액 외에도 총판매수량이나 상품별 판매수량 등을 동시에 고려하여 일정한 **가중치**에 따라 판매장려금을 배부하는 방법이 그 회사의 여러 가지 상품을 골고루 판매하도록 배려하는 정책일 수도 있다. 이제 사원들이 수정안으로 제시한 '판매금액 60%, 총판매수량 40%의 가중치를 사용하는 **배부기준**'을 적용하여 계산해 보기로 한다.

① 위의 〈판매장려금 배부표〉의 아래쪽 D68 셀에 새로운 표의 제목 '〈판매장려금 가중치 배부표〉'를 입력하고, 적용할 가중치를 G69:H70 셀 영역에 입력해 둔다.

② 앞의 **배부표** 양식을 그대로 적용하기 위해 B64:H65 셀 영역을 복사하여 B72 셀에 붙여넣기 한다. 다만 D73:H73 셀 영역의 계산식은 의미가 없으므로 지운다.

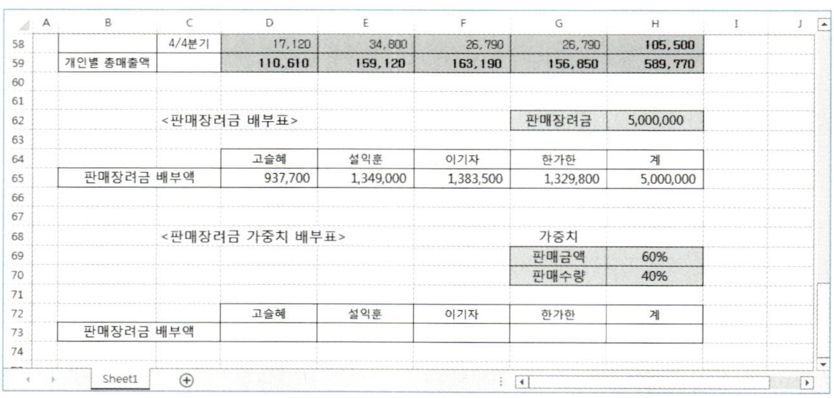

| | A | B | C | D | E | F | G | H | I | J |
|---|---|---|---|---|---|---|---|---|---|---|
| 58 | | | 4/4분기 | 17,120 | 34,800 | 26,790 | 26,790 | 105,500 | | |
| 59 | | 개인별 총매출액 | | 110,610 | 159,120 | 163,190 | 156,850 | 589,770 | | |
| 60 | | | | | | | | | | |
| 61 | | | | | | | | | | |
| 62 | | | <판매장려금 배부표> | | | | 판매장려금 | 5,000,000 | | |
| 63 | | | | | | | | | | |
| 64 | | | | 고슬혜 | 설익훈 | 이기자 | 한가한 | 계 | | |
| 65 | | 판매장려금 배부액 | | 937,700 | 1,349,000 | 1,383,500 | 1,329,800 | 5,000,000 | | |
| 66 | | | | | | | | | | |
| 67 | | | | | | | | | | |
| 68 | | | <판매장려금 가중치 배부표> | | | | 가중치 | | | |
| 69 | | | | | | | 판매금액 | 60% | | |
| 70 | | | | | | | 판매수량 | 40% | | |
| 71 | | | | | | | | | | |
| 72 | | | | 고슬혜 | 설익훈 | 이기자 | 한가한 | 계 | | |
| 73 | | 판매장려금 배부액 | | | | | | | | |
| 74 | | | | | | | | | | |

③ D73:G73 셀 영역에 가중치를 적용하는 배부액 계산식을 입력한다. 가중치를 적용하는 경우 개인별 배부액은 '총 판매장려금×[(개인별 판매금액 구성비×판매금액 가중치)+(개인별 판매수량 구성비×판매수량 가중치)]'로 계산될 수 있다. 따라서 고슬혜 사원에 대한 가중치 배부액 계산을 표시하기 위해 D73 셀에 수식 '=$H$62*((D59/$H$59)*$H$69+(D37/$H$37)*$H$70)'을 입력한다.

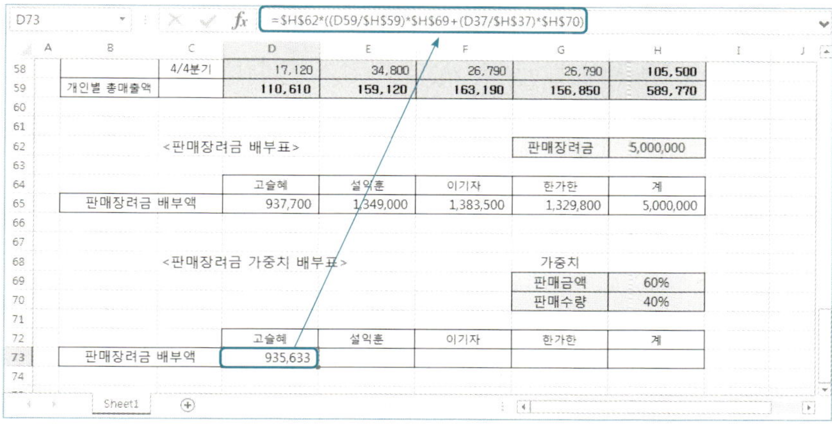


④ D73 셀에서 자동채우기 핸들을 통해 G73 셀까지 채워넣기 한다. 그리고 D73:H73 셀 범위를 선택하고 **자동합계(Σ)** 버튼을 이용하여 H73 셀에 합계액을 표시한다. 이 합계액(H73)이 판매장려금 총액(H62)과도 일치하는지를 확인한다.

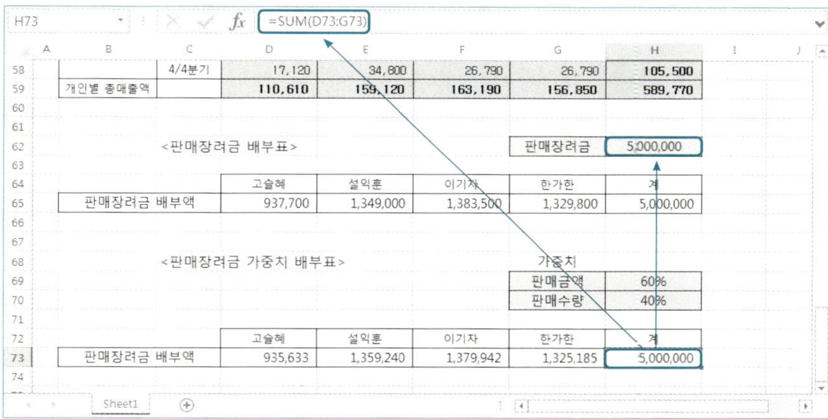


⑤ 그런데 앞의 〈판매장려금 배부표〉 계산에서 ROUND 함수를 이용하여 백원 단위로 표시하는 방법을 사용하였으므로 여기서도 배부액을 백원 단위로 반올림하여 표시해보기로 한다. D73 셀을 클릭하고, 위의 수식 표시줄에서 수식 '=$H$62*((D59/$H$59)*$H$69+(D37/$H$37)*$H$70)'에 ROUND 함수를 적용하여 '=ROUND($H$62*((D59/$H$59)*$H$69+(D37/$H$37)*$H$70),-2)'와 같이 수정한다. 수정된 수식을 적용한 결과는 D73 셀에서 '935,600'으로 표시되고 있다.

⑥ 다시 D73 셀을 선택하고 **자동채우기 핸들**을 이용하여 G73 셀까지 채워넣기 한다(H73 셀에는 이미 합계수식이 입력되어 있으므로 그대로 적용한다).

그런데 이번에는 각 사원에 대한 가중치 배부액의 합계(H73 셀, 4,999,900)가 판매장려금 총액(H62 셀, 5,000,000)과 정확하게 일치하지 않고 있다(차이금액 100). 위 ④의 결과에서는 분명 합계액이 5,000,000으로 일치하는 결과를 보이고 있었는데, 백원 단위로 반올림(ROUND)한 결과에서는 반올림 과정에서 절사된 금액이 상대적으로 많았기 때문인 것으로 이해된다. 여기서는 그 차이를 인위적으로 조정하지 않고 그대로 사용하기로 한다.

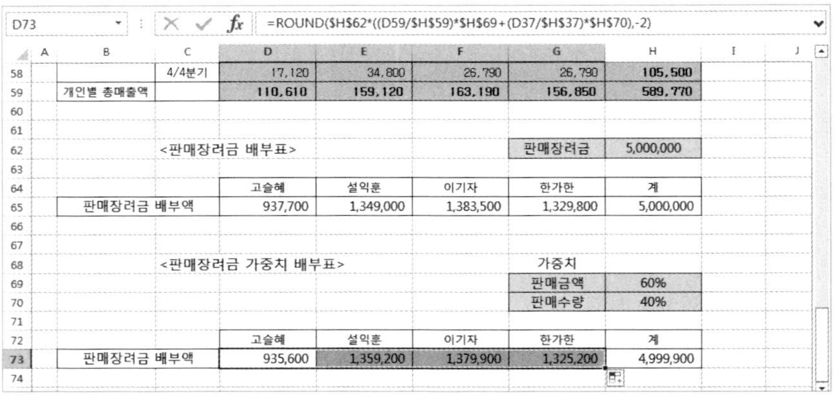
D73 =ROUND($H$62*((D59/$H$59)*$H$69+(D37/$H$37)*$H$70),-2)

| | A | B | C | D | E | F | G | H |
|---|---|---|---|---|---|---|---|---|
| 58 | | | 4/4분기 | 17,120 | 34,800 | 26,790 | 26,790 | 105,500 |
| 59 | | 개인별 총매출액 | | 110,610 | 159,120 | 163,190 | 156,850 | 589,770 |
| 62 | | | <판매장려금 배부표> | | | | 판매장려금 | 5,000,000 |
| 64 | | | | 고슬혜 | 설익훈 | 이기자 | 한가한 | 계 |
| 65 | | 판매장려금 배부액 | | 937,700 | 1,349,000 | 1,383,500 | 1,329,800 | 5,000,000 |
| 68 | | | <판매장려금 가중치 배부표> | | | | 가중치 | |
| 69 | | | | | | | 판매금액 | 60% |
| 70 | | | | | | | 판매수량 | 40% |
| 72 | | | | 고슬혜 | 설익훈 | 이기자 | 한가한 | 계 |
| 73 | | 판매장려금 배부액 | | 935,600 | 1,359,200 | 1,379,900 | 1,325,200 | 4,999,900 |

⑦ 이제 위의 〈5단계〉에서 판매금액만을 기준으로 한 개인별 배부금액과 〈6단계〉에서의 가중치를 적용한 배부금액 간에 누가 유리하고 누가 불리하게 되었는지를 판단해 보기로 한다. 이를 확인해 보기 위해 D75 셀에 수식 '=D73-D65'을 입력하고, 자동채우기 핸들을 통해 H75 셀까지 채워넣기 한다.

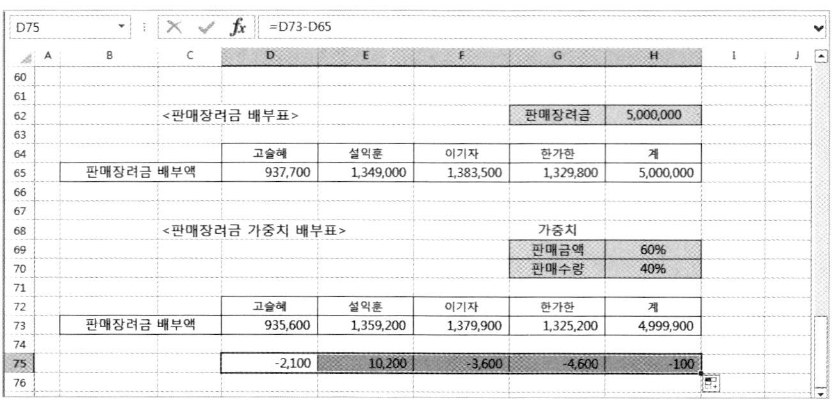
D75 =D73-D65

| | A | B | C | D | E | F | G | H |
|---|---|---|---|---|---|---|---|---|
| 62 | | | <판매장려금 배부표> | | | | 판매장려금 | 5,000,000 |
| 64 | | | | 고슬혜 | 설익훈 | 이기자 | 한가한 | 계 |
| 65 | | 판매장려금 배부액 | | 937,700 | 1,349,000 | 1,383,500 | 1,329,800 | 5,000,000 |
| 68 | | | <판매장려금 가중치 배부표> | | | | 가중치 | |
| 69 | | | | | | | 판매금액 | 60% |
| 70 | | | | | | | 판매수량 | 40% |
| 72 | | | | 고슬혜 | 설익훈 | 이기자 | 한가한 | 계 |
| 73 | | 판매장려금 배부액 | | 935,600 | 1,359,200 | 1,379,900 | 1,325,200 | 4,999,900 |
| 75 | | | | -2,100 | 10,200 | -3,600 | -4,600 | -100 |

⑧ 위의 계산 결과에 의하면, 사원들이 제시한 수정안에 따라 계산하는 경우 설익훈 사원이 배부받게 될 판매장려금이 가장 많이 증가(+10,200)하고, 한가한 사원이 가장 많이 손해(-4,600) 보게 되는 것으로 나타났다. H75 셀의 차이금액(-100)은 반올림(ROUND)으로 인한 잔차이다.

Case 02 혼자해보기

# (주)한성체인의 영업사원 실적분석

02

현황

(주)한성체인은 전국의 커피숍을 대상으로 이탈리아에서 직수입한 커피머신, 커피그라인더, 원두커피(박스) 각각 단일 품목 3종류만을 독점 공급하는 **유통회사**이다. 5명의 영업사원이 전국의 커피숍을 대상으로 독점 영업하여 제품을 판매하고 있으며, 회사는 이들 영업사원의 **영업실적**을 매주 주말에 보고받고, 이들 실적을 월별로 합계하여 실적에 따른 성과급 형태로 수당을 지급하고 있다.

(주)한성체인의 영업이사 한심해는 매주 주말에 영업실적을 파악하기 위해 각 영업사원별로 보고된 품목별 판매전표를 집계하여 워드프로세서에서 표로 정리하고 있다. 한심해 이사가 정리한 5월의 영업사원별 판매실적과 실적분석을 위한 기초자료는 다음과 같다.

✹ 영업사원 개인별 판매실적 자료 (단위: 개, 박스)

| | | |
|---|---|---|
| 고득수 | 1주<br>2주<br>3주<br>4주 | 커피머신: 13, 커피그라인더: 11, 원두커피: 22<br>커피머신: 12, 커피그라인더: 11, 원두커피: 20<br>커피머신: 8, 커피그라인더: 8, 원두커피: 13<br>커피머신: 18, 커피그라인더: 17, 원두커피: 9 |
| 기남용 | 1주<br>2주<br>3주<br>4주 | 커피머신: 9, 커피그라인더: 8, 원두커피: 13<br>커피머신: 13, 커피그라인더: 11, 원두커피: 8<br>커피머신: 15, 커피그라인더: 9, 원두커피: 9<br>커피머신: 11, 커피그라인더: 12, 원두커피: 13 |
| 류진웅 | 1주<br>2주<br>3주<br>4주 | 커피머신: 11, 커피그라인더: 9, 원두커피: 16<br>커피머신: 21, 커피그라인더: 17, 원두커피: 21<br>커피머신: 7, 커피그라인더: 15, 원두커피: 10<br>커피머신: 10, 커피그라인더: 9, 원두커피: 12 |
| 박시현 | 1주<br>2주<br>3주<br>4주 | 커피머신: 21, 커피그라인더: 17, 원두커피: 16<br>커피머신: 9, 커피그라인더: 20, 원두커피: 12<br>커피머신: 12, 커피그라인더: 7, 원두커피: 9<br>커피머신: 14, 커피그라인더: 12, 원두커피: 16 |
| 한병곤 | 1주<br>2주<br>3주<br>4주 | 커피머신: 13, 커피그라인더: 13, 원두커피: 21<br>커피머신: 6, 커피그라인더: 6, 원두커피: 16<br>커피머신: 12, 커피그라인더: 9, 원두커피: 18<br>커피머신: 11, 커피그라인더: 16, 원두커피: 20 |

### 실적분석을 위한 내부 기초자료

| 품목 | 커피머신 | 커피그라인더 | 원두커피 |
|---|---|---|---|
| 판매가격(개, 박스) | 2,200,000 | 1,300,000 | 200,000 |
| 구입원가(개, 박스) | 1,300,000 | 900,000 | 120,000 |
| 영업사원 판매수당(건당) | 50,000 | 60,000 | 30,000 |

**요구사항**

한심해 영업이사로부터 5월의 실적자료를 전달받은 박식한 부장은 다음 사항을 분석, 검토하여 보고하라는 요구를 받았다.

1. 작성된 5월 실적자료(워드)를 Excel 시트로 가져와 영업사원별, 월별, 품목별로 집계표를 작성한다.
2. 작성된 집계표를 판매금액단위로 표시한다.
3. 영업사원별로 지급받게 될 **판매수당표**를 작성한다.
4. 회사 전체 차원에서 5월의 손익계산서를 작성하되, 각 영업사원이 회사의 영업이익에 어느 정도의 공헌을 하였는지 분석해 본다. 단, 판매수당 이외의 비용은 없는 것으로 가정한다.
5. 이달의 영업실적이 다른 달에 비해 매우 만족할 만한 수준이어서, 한심해 이사는 영업사원들에게 규정에 의한 판매수당 이외에 **특별상여금** 지급을 고려하고 있다. 이를 위해 ₩20,000,000의 특별보너스 예산을 설정하고 어느 기준에 따라 배분하는 것이 좋을지 고심하고 있다.
   1) 품목에 관계없이 판매수량을 기준으로 하는 경우
   2) 품목에 관계없이 판매금액을 기준으로 하는 경우
   3) 판매금액 60%, 판매수량 40%의 가중치로 배분하는 경우

# Case 02 혼자해보기

Tips & 풀이 요약

## ▷ [워드]에서 자료 가져오기

| | B | C | D |
|---|---|---|---|
| 2 | 고득수 | 1주 | 커피머신:13, 커피그라인더:11, 원두커피:22 |
| 3 | | 2주 | 커피머신:12, 커피그라인더:11, 원두커피:20 |
| 4 | | 3주 | 커피머신: 8, 커피그라인더: 8, 원두커피:13 |
| 5 | | 4주 | 커피머신:18, 커피그라인더:17, 원두커피: 9 |
| 6 | 기남용 | 1주 | 커피머신: 9, 커피그라인더: 8, 원두커피:13 |
| 7 | | 2주 | 커피머신:13, 커피그라인더:11, 원두커피: 8 |
| 8 | | 3주 | 커피머신:15, 커피그라인더: 9, 원두커피: 9 |
| 9 | | 4주 | 커피머신:11, 커피그라인더:12, 원두커피:13 |
| 10 | 류진웅 | 1주 | 커피머신:11, 커피그라인더: 9, 원두커피:16 |
| 11 | | 2주 | 커피머신:21, 커피그라인더:17, 원두커피:21 |
| 12 | | 3주 | 커피머신: 7, 커피그라인더:15, 원두커피:10 |
| 13 | | 4주 | 커피머신:10, 커피그라인더: 9, 원두커피:12 |
| 14 | 박시현 | 1주 | 커피머신:21, 커피그라인더:17, 원두커피:16 |
| 15 | | 2주 | 커피머신: 9, 커피그라인더:20, 원두커피:12 |
| 16 | | 3주 | 커피머신:12, 커피그라인더: 7, 원두커피: 9 |
| 17 | | 4주 | 커피머신:14, 커피그라인더:12, 원두커피:16 |
| 18 | 한병곤 | 1주 | 커피머신:13, 커피그라인더:13, 원두커피:21 |
| 19 | | 2주 | 커피머신: 6, 커피그라인더: 6, 원두커피:16 |
| 20 | | 3주 | 커피머신:12, 커피그라인더: 9, 원두커피:18 |
| 21 | | 4주 | 커피머신:11, 커피그라인더:16, 원두커피:20 |

워드자료 가져오기 | (주)한성체인 풀이

## ▷ [요구사항] 해결

1. 영업사원별/주별/품목별 집계표

| | B | C | D | E | F | G | H | I | J |
|---|---|---|---|---|---|---|---|---|---|
| 3 | 고득수 | 1주 | 커피머신 | 13 | 커피그라인더 | 11 | 원두커피 | 22 | 46 |
| 4 | | 2주 | 커피머신 | 12 | 커피그라인더 | 11 | 원두커피 | 20 | 43 |
| 5 | | 3주 | 커피머신 | 8 | 커피그라인더 | 8 | 원두커피 | 13 | 29 |
| 6 | | 4주 | 커피머신 | 18 | 커피그라인더 | 17 | 원두커피 | 9 | 44 |
| 7 | | | | 51 | | 47 | | 64 | 162 |
| 8 | 기남용 | 1주 | 커피머신 | 9 | 커피그라인더 | 8 | 원두커피 | 13 | 30 |
| 9 | | 2주 | 커피머신 | 13 | 커피그라인더 | 11 | 원두커피 | 8 | 32 |
| 10 | | 3주 | 커피머신 | 15 | 커피그라인더 | 9 | 원두커피 | 9 | 33 |
| 11 | | 4주 | 커피머신 | 11 | 커피그라인더 | 12 | 원두커피 | 13 | 36 |
| 12 | | | | 48 | | 40 | | 43 | 131 |
| 13 | 류진웅 | 1주 | 커피머신 | 11 | 커피그라인더 | 9 | 원두커피 | 16 | 36 |
| 14 | | 2주 | 커피머신 | 21 | 커피그라인더 | 17 | 원두커피 | 21 | 59 |
| 15 | | 3주 | 커피머신 | 7 | 커피그라인더 | 15 | 원두커피 | 10 | 32 |
| 16 | | 4주 | 커피머신 | 10 | 커피그라인더 | 9 | 원두커피 | 12 | 31 |
| 17 | | | | 49 | | 50 | | 59 | 158 |
| 18 | 박시현 | 1주 | 커피머신 | 21 | 커피그라인더 | 17 | 원두커피 | 16 | 54 |
| 19 | | 2주 | 커피머신 | 9 | 커피그라인더 | 20 | 원두커피 | 12 | 41 |
| 20 | | 3주 | 커피머신 | 12 | 커피그라인더 | 7 | 원두커피 | 9 | 28 |
| 21 | | 4주 | 커피머신 | 14 | 커피그라인더 | 12 | 원두커피 | 16 | 42 |
| 22 | | | | 56 | | 56 | | 53 | 165 |
| 23 | 한병곤 | 1주 | 커피머신 | 13 | 커피그라인더 | 13 | 원두커피 | 21 | 47 |
| 24 | | 2주 | 커피머신 | 6 | 커피그라인더 | 6 | 원두커피 | 16 | 28 |
| 25 | | 3주 | 커피머신 | 12 | 커피그라인더 | 9 | 원두커피 | 18 | 39 |
| 26 | | 4주 | 커피머신 | 11 | 커피그라인더 | 16 | 원두커피 | 20 | 47 |
| 27 | | | | 42 | | 44 | | 75 | 161 |
| 28 | | | | | | | | | 777 |

워드자료 가져오기 | (주)한성체인 풀이

* <내부 기초자료>

| 품목 | 커피머신 | 커피그라인더 | 원두커피 |
|---|---|---|---|
| 판매가격(개, 박스) | 2,200,000 | 1,300,000 | 200,000 |
| 구입원가(개, 박스) | 1,300,000 | 900,000 | 120,000 |
| 영업사원 판매수당(건 | 50,000 | 60,000 | 30,000 |

2. 판매금액 단위 집계표

| | | | | | | | | |
|---|---|---|---|---|---|---|---|---|
| 고득수 | 1주 | 커피머신 | 28,600,000 | 커피그라인더 | 14,300,000 | 원두커피 | 4,400,000 | 47,300,000 |
| | 2주 | 커피머신 | 26,400,000 | 커피그라인더 | 14,300,000 | 원두커피 | 4,000,000 | 44,700,000 |
| | 3주 | 커피머신 | 17,600,000 | 커피그라인더 | 10,400,000 | 원두커피 | 2,600,000 | 30,600,000 |
| | 4주 | 커피머신 | 39,600,000 | 커피그라인더 | 22,100,000 | 원두커피 | 1,800,000 | 63,500,000 |
| | | | 112,200,000 | | 61,100,000 | | 12,800,000 | 186,100,000 |
| 기남용 | 1주 | 커피머신 | 19,800,000 | 커피그라인더 | 10,400,000 | 원두커피 | 2,600,000 | 32,800,000 |
| | 2주 | 커피머신 | 28,600,000 | 커피그라인더 | 14,300,000 | 원두커피 | 1,600,000 | 44,500,000 |
| | 3주 | 커피머신 | 33,000,000 | 커피그라인더 | 11,700,000 | 원두커피 | 1,800,000 | 46,500,000 |
| | 4주 | 커피머신 | 24,200,000 | 커피그라인더 | 15,600,000 | 원두커피 | 2,600,000 | 42,400,000 |
| | | | 105,600,000 | | 52,000,000 | | 8,600,000 | 166,200,000 |
| 류진웅 | 1주 | 커피머신 | 24,200,000 | 커피그라인더 | 11,700,000 | 원두커피 | 3,200,000 | 39,100,000 |
| | 2주 | 커피머신 | 46,200,000 | 커피그라인더 | 22,100,000 | 원두커피 | 4,200,000 | 72,500,000 |
| | 3주 | 커피머신 | 15,400,000 | 커피그라인더 | 19,500,000 | 원두커피 | 2,000,000 | 36,900,000 |
| | 4주 | 커피머신 | 22,000,000 | 커피그라인더 | 11,700,000 | 원두커피 | 2,400,000 | 36,100,000 |
| | | | 107,800,000 | | 65,000,000 | | 11,800,000 | 184,600,000 |
| 박시현 | 1주 | 커피머신 | 46,200,000 | 커피그라인더 | 22,100,000 | 원두커피 | 3,200,000 | 71,500,000 |
| | 2주 | 커피머신 | 19,800,000 | 커피그라인더 | 26,000,000 | 원두커피 | 2,400,000 | 48,200,000 |
| | 3주 | 커피머신 | 26,400,000 | 커피그라인더 | 9,100,000 | 원두커피 | 1,800,000 | 37,300,000 |
| | 4주 | 커피머신 | 30,800,000 | 커피그라인더 | 15,600,000 | 원두커피 | 3,200,000 | 49,600,000 |
| | | | 123,200,000 | | 72,800,000 | | 10,600,000 | 206,600,000 |
| 한병곤 | 1주 | 커피머신 | 28,600,000 | 커피그라인더 | 16,900,000 | 원두커피 | 4,200,000 | 49,700,000 |
| | 2주 | 커피머신 | 13,200,000 | 커피그라인더 | 7,800,000 | 원두커피 | 3,200,000 | 24,200,000 |
| | 3주 | 커피머신 | 26,400,000 | 커피그라인더 | 11,700,000 | 원두커피 | 3,600,000 | 41,700,000 |
| | 4주 | 커피머신 | 24,200,000 | 커피그라인더 | 20,800,000 | 원두커피 | 4,000,000 | 49,000,000 |
| | | | 92,400,000 | | 57,200,000 | | 15,000,000 | 164,600,000 |
| | | | | | | | | 908,100,000 |

워드자료 가져오기 | (주)한성체인 풀이

3. 영업사원별 판매수당표

| | 커피머신 | 커피그라인더 | 원두커피 | 판매수당 |
|---|---|---|---|---|
| 고득수 | 2,550,000 | 2,820,000 | 1,920,000 | 7,290,000 |
| 기남용 | 2,400,000 | 2,400,000 | 1,290,000 | 6,090,000 |
| 류진웅 | 2,450,000 | 3,000,000 | 1,770,000 | 7,220,000 |
| 박시현 | 2,800,000 | 3,360,000 | 1,590,000 | 7,750,000 |
| 한병곤 | 2,100,000 | 2,640,000 | 2,250,000 | 6,990,000 |
| 계 | 12,300,000 | 14,220,000 | 8,820,000 | 35,340,000 |

4. 5월의 손익계산서

| | 매출액 | 매출원가 | 매출총이익 | 판매수당 | 영업이익 | 공헌도 |
|---|---|---|---|---|---|---|
| 고득수 | 186,100,000 | 116,280,000 | 69,820,000 | 7,290,000 | 62,530,000 | 20.5% |
| 기남용 | 166,200,000 | 103,560,000 | 62,640,000 | 6,090,000 | 56,550,000 | 18.6% |
| 류진웅 | 184,600,000 | 115,780,000 | 68,820,000 | 7,220,000 | 61,600,000 | 20.2% |
| 박시현 | 206,600,000 | 129,560,000 | 77,040,000 | 7,750,000 | 69,290,000 | 22.8% |
| 한병곤 | 164,600,000 | 103,200,000 | 61,400,000 | 6,990,000 | 54,410,000 | 17.9% |
| 계 | 908,100,000 | 568,380,000 | 339,720,000 | 35,340,000 | 304,380,000 | 100.0% |

5. 특별보너스 배분

| | | |
|---|---|---|
| 예산: | 20,000,000 | |
| 가중치: | 60% | 40% |

| | 판매수량 기준 | 판매금액기준 | 가중치배분 |
|---|---|---|---|
| 고득수 | 4,169,884 | 4,098,668 | 4,127,154 |
| 기남용 | 3,371,943 | 3,660,390 | 3,545,011 |
| 류진웅 | 4,066,924 | 4,065,632 | 4,066,149 |
| 박시현 | 4,247,104 | 4,550,160 | 4,428,938 |
| 한병곤 | 4,144,144 | 3,625,151 | 3,832,749 |
| 계 | 20,000,000 | 20,000,000 | 20,000,000 |

워드자료 가져오기 | (주)한성체인 풀이

Case 03 따라하기

# (주)Autonara의 영업사원 개인별 성과평가

03

현황

(주)Autonara는 (주)현대자동차에서 생산하는 자동차만을 전문으로 판매하는 판매대행 회사로, 8명의 영업전담사원이 자동차 판매업무를 수행하고 있다. (주)Autonara는 2017년 한 해 동안 각 영업사원들이 수행한 **영업실적**을 다각적으로 분석하여 영업전략에도 반영하고, 판매촉진을 위한 수당배분 기준으로도 활용할 계획이다. 참고로 (주)Autonara는 영업사원들에게 기본급여 없이 판매수당만을 전액 **성과급제** 형식으로 지급하고 있다.

2017년도의 영업사원별/차종별 판매실적은 아래와 같으며, 분석을 위해 사용할 자동차 종류별 가격구조 및 수당 지급계획 기준표는 연초에 이미 전 영업사원들에게 공지되어 있다고 가정한다.

### ✹ 2017 영업사원별 / 차종별 판매실적

| | 이길래 | 한가한 | 강아지 | 오기로 | 양재기 | 김우치 | 손자비 | 박수로 |
|---|---|---|---|---|---|---|---|---|
| 아토스 | 8 | 5 | | 21 | 1 | | 11 | |
| 아반떼 | | 13 | 8 | | | 5 | 23 | 5 |
| 티뷰론 | 12 | | 3 | 2 | 4 | 4 | 9 | 3 |
| 소나타 | 3 | 15 | 5 | 6 | | 2 | | 12 |
| 그랜져 | 5 | 2 | 1 | | 8 | 5 | 1 | 4 |
| 에쿠스 | 1 | 3 | 5 | | 13 | 2 | 2 | 1 |

### ✹ 2017 차종별 판매가, 구입가, 수당 기준표

| 차종 | 아토스 | 아반떼 | 티뷰론 | 소나타 | 그랜져 | 에쿠스 |
|---|---|---|---|---|---|---|
| 판매가 | 4,630,000 | 8,500,000 | 10,930,000 | 14,680,000 | 23,050,000 | 66,500,000 |
| 원가(구입가) | 3,600,000 | 7,200,000 | 8,800,000 | 11,800,000 | 18,750,000 | 56,000,000 |
| 수당(건당) | 200,000 | 250,000 | 300,000 | 370,000 | 550,000 | 850,000 |

요구사항

: 위의 자료를 토대로,

1. 2017년 자동차 판매실적(영업사원별/차종별)을 금액기준(판매가)으로 표시하시오.
2. 영업사원들이 받게 될 **판매수당**을 각각 얼마인가?
3. 회사 전체차원에서는 차종별로 각각 얼마의 **영업이익**을 올리고 있는가?
4. 영업사원별/차종별 판매실적을 판매대수와 판매금액을 기준으로 각각 비교차트로 표시하시오(최우수 영업사원 표시).
5. 차종별 영업이익을 3차원 백분율 **파이차트**로 표시해 보자.
6. 한가한 사원이 받게 될 판매수당 차트를 해당 차종 그래픽으로 표시해 보자.

# Case 03 따라하기

## 상황분석

- 이 예제는 주어진 자료를 통해 기대하는 분석표를 보다 쉽고 정확하게 작성할 수 있는 능력을 갖도록 하는 데 목표가 있다. 이를 위해 먼저 요구사항에 대한 정확한 인식이 전제되어야 한다.
- 또한 분석자료를 다양한 형태의 **차트**를 이용하여 표시함으로써 분석 및 의사결정에 도움을 줄 수 있도록 해야 한다. 이를 위해 기본적인 차트작성 기법 외에도 상황에 적합한 차트를 선택하는 것이 관건이다.
- 참조 표 간의 연산에서는 상대셀/절대셀 참조의 적용 판단이 중요하다.

## 1. 자동차 판매실적표 – 영업사원별/차종별 금액기준

① 먼저 제시된 자료를 원본 형식과 같이 입력한다.

**Case-2 따라하기**

< 2017 영업사원별/차종별 판매실적 >

| | 이길래 | 한가한 | 강아지 | 오기로 | 양재기 | 김우치 | 손자비 | 박수르 |
|---|---|---|---|---|---|---|---|---|
| 아토스 | 8 | 5 | | 21 | 1 | | 11 | |
| 아반떼 | | 13 | 8 | | | 5 | 23 | 5 |
| 티뷰론 | 12 | | 3 | 2 | 4 | 4 | 9 | 3 |
| 소나타 | 3 | 15 | 5 | 6 | | 2 | | 12 |
| 그랜져 | 5 | 2 | 1 | | 8 | 5 | 1 | 4 |
| 에쿠스 | 1 | 3 | 5 | | 13 | 2 | 2 | 1 |

< 2017 차종별 판매가, 구입가, 수당 기준표 >

| 차종 | 아토스 | 아반떼 | 티뷰론 | 소나타 | 그랜져 | 에쿠스 |
|---|---|---|---|---|---|---|
| 판매가 | 4,630,000 | 8,500,000 | 10,930,000 | 14,680,000 | 23,050,000 | 66,500,000 |
| 원가(구입가) | 3,600,000 | 7,200,000 | 8,800,000 | 11,800,000 | 18,750,000 | 56,000,000 |
| 수당(건당) | 200,000 | 250,000 | 300,000 | 370,000 | 550,000 | 850,000 |

Case-2 따라하기

② 원하는 연산작업을 수행하기 위해 제시된 자료의 구조나 배열을 그대로 사용할 것인지, 아니면 변경할 것인지를 판단한다. 제시된 자료에서는 〈판매실적〉 자료와 〈기준표〉 자료의 공통분모는 '차종'인데, 〈판매실적〉 자료에서는 차종이 **열기준**으로, 그리고 〈기준표〉 자료에서는 **행기준**으로 배열되어 있어 연산작업이 복잡해질 수 있다. 따라서 먼저 〈판매실적〉 자료의 구조를 〈기준표〉 자료의 **배열구조**로 전환하는 절차가 필요하다.

③ B3 셀에 입력되어 있는 〈판매실적〉 자료의 표제목을 복사하여 B18 셀에 붙여넣기 하고, '〈2017 영업사원별/차종별 판매실적–재구성〉'으로 변경해 둔다.

④ 〈판매실적〉 자료가 입력되어 있는 B4:J10 셀 영역을 선택하여 복사하고, B19 셀을 클릭한 후 오른쪽 마우스 [붙여넣기 옵션]-[바꾸기](또는 [선택하여 붙여넣기]-[선택하여 붙여넣기]-[**행/열 바꿈**])를 선택한다. 여기서 '(행/열)바꾸기'를 선택한 것은 〈판매실적〉 자료의 배열을 〈기준표〉 자료의 배열과 같이 차종이 동일한 열구조 배열로 전환해 두는 것이 향후의 연산작업에 편리할 수 있기 때문이다.

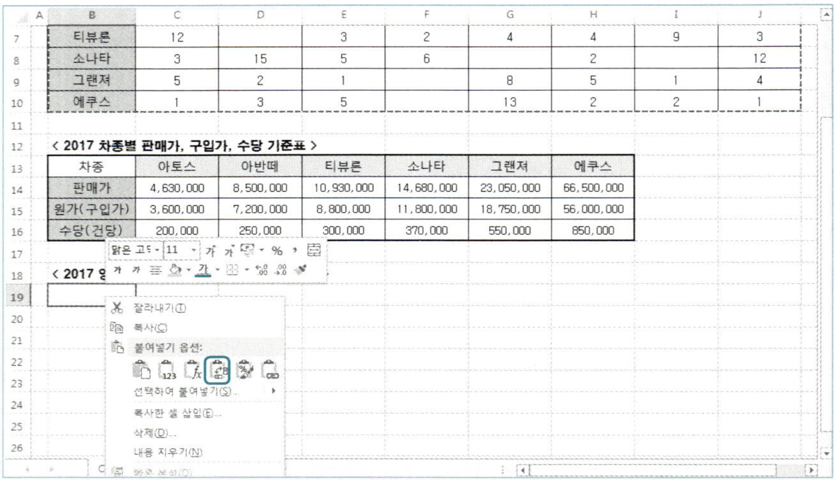


⑤ 행/열이 전환된 〈판매실적-재구성〉 표 영역(B19:H27)을 선택하고 [홈] 탭의 [글꼴]-[테두리]-[모든 테두리]를 적용하여 표 모양을 재정리한다.

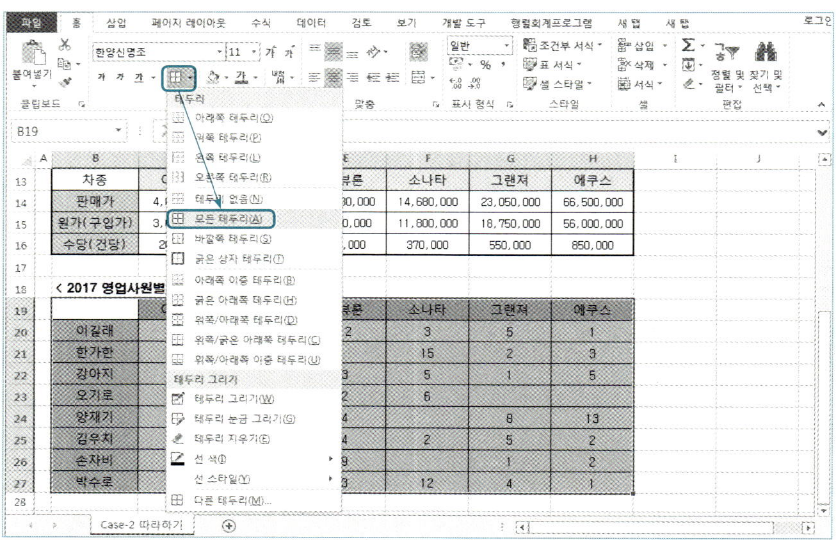

⑥ 그런데 〈판매실적-재구성〉 표에서 '차종'은 판매가격 순으로 배열되어 있지만, 사원 이름의 배열은 특별한 기준에 의해 배열되어 있는 것 같지는 않으므로, 이 경우에는 이름 오름차순으로 재배열해 두는 것이 좋을 것이다. 따라서 B19:H27 셀 범위를 선택한 후, [데이터] 탭의 [정렬 및 필터]에서 [정렬]을 선택하고 [정렬기준]을 '(열B)'로, [정렬]을 '오름차순'으로 지정하여 [확인]을 누른다.

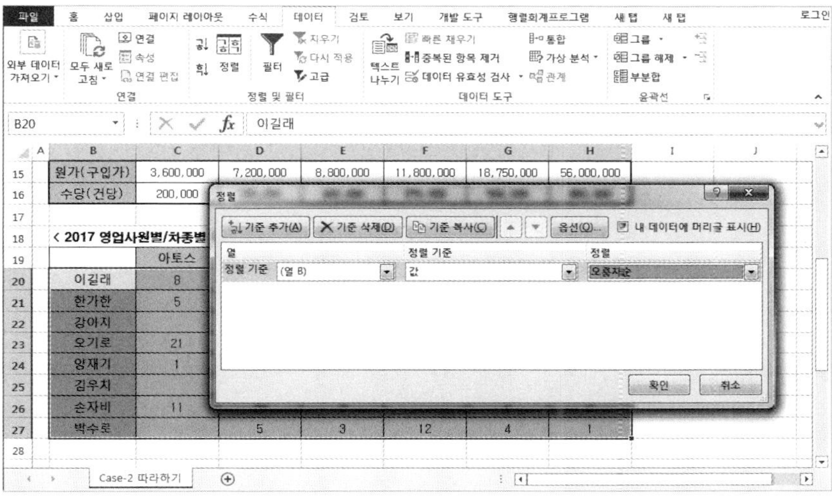


⑦ 이제 〈판매실적-재구성〉 표에서 사원 이름이 오름차순으로 정렬되었다. 다시 B18 셀의 표제목을 복사하여 B29 셀에 붙여넣기 한 후, '〈2017 영업사원별/차종별 판매실적-금액기준〉'으로 변경해 둔다. 그리고 B19:H27 셀 범위를 복사하여 B30 셀에 붙여넣기 한 후, 표 내부의 C31:H38 셀 범위를 선택하여 입력되어 있는 데이터를 지운다. 이는 위의 〈판매실적-재구성〉 표를 복제하여 사용하되 그 양식만을 가져오기 위한 것이다.

⑧ 이제 판매실적금액을 계산하기 위한 준비가 다 된 셈이므로 필요한 계산식을 입력한다. 판매금액은 '판매수량×판매가'로 계산된다. 따라서 강아지 사원의 아토스 판매금액을 계산하기 위해 C31 셀에 수식 '=C20×C$14'를 입력한다. 여기서 판매가격 참조('C$14')를 **부분 절대셀 참조형식**으로 표기한 것은 이 수식('=C20×C$14')을 표 오른쪽과 아래쪽의 다른 셀에도 복사하여 동일하게 적용하기 위한 것이다. 수식을 적용한 결과는 강아지 사원의 경우 '아토스' 판매실적이 없기 때문에 '0'으로 표시되고 있다.

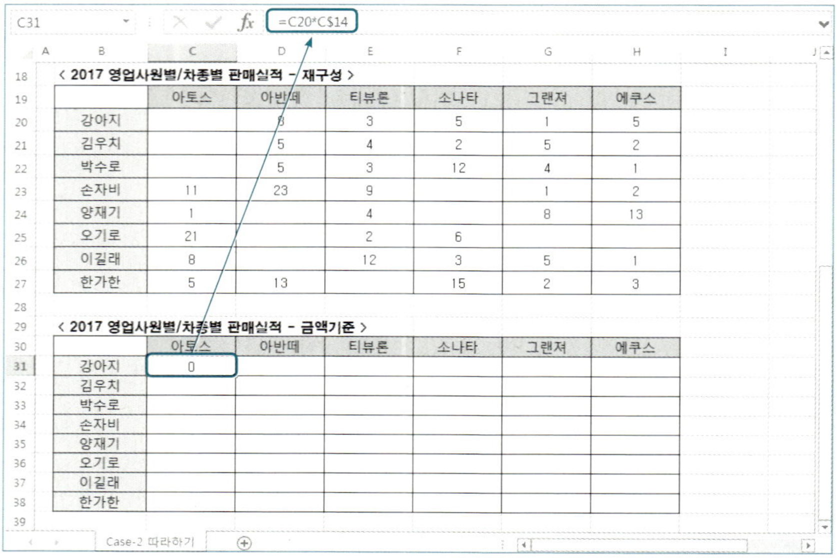

C31 | =C20*C$14

< 2017 영업사원별/차종별 판매실적 - 재구성 >

| | 아토스 | 아반떼 | 티뷰론 | 소나타 | 그랜저 | 에쿠스 |
|---|---|---|---|---|---|---|
| 강아지 | | 8 | 3 | 5 | 1 | 5 |
| 김우치 | | 5 | 4 | 2 | 5 | 2 |
| 박수로 | | 5 | 3 | 12 | 4 | 1 |
| 손자비 | 11 | 23 | 9 | | 1 | 2 |
| 양재기 | 1 | | 4 | | 8 | 13 |
| 오기로 | 21 | | 2 | 6 | | |
| 이길래 | 8 | | 12 | 3 | 5 | 1 |
| 한가한 | 5 | 13 | | 15 | 2 | 3 |

< 2017 영업사원별/차종별 판매실적 - 금액기준 >

| | 아토스 | 아반떼 | 티뷰론 | 소나타 | 그랜저 | 에쿠스 |
|---|---|---|---|---|---|---|
| 강아지 | 0 | | | | | |
| 김우치 | | | | | | |
| 박수로 | | | | | | |
| 손자비 | | | | | | |
| 양재기 | | | | | | |
| 오기로 | | | | | | |
| 이길래 | | | | | | |
| 한가한 | | | | | | |

Case-2 따라하기

⑨ C31 셀을 복제하여 사용하기 위해 C31에서 **자동채우기 핸들**(+)을 통해 먼저 H31까지 끌기 하고, 이어서 C31:H31의 자동채우기 핸들로 H38까지 끌기 하여 표를 완성한다. 그리고 임의의 셀(예컨대 F37 셀)을 클릭하여 위의 수식입력줄에 원하는 수식 형태(예컨대 '=F26*F$14')로 상대셀 참조와 절대셀 참조가 적용되어 올바르게 표시되고 있는지를 확인한다. 물론 〈판매실적-재구성〉 표에서 판매실적의 기록이 없는 경우에는 금액이 표시되지 않는다.

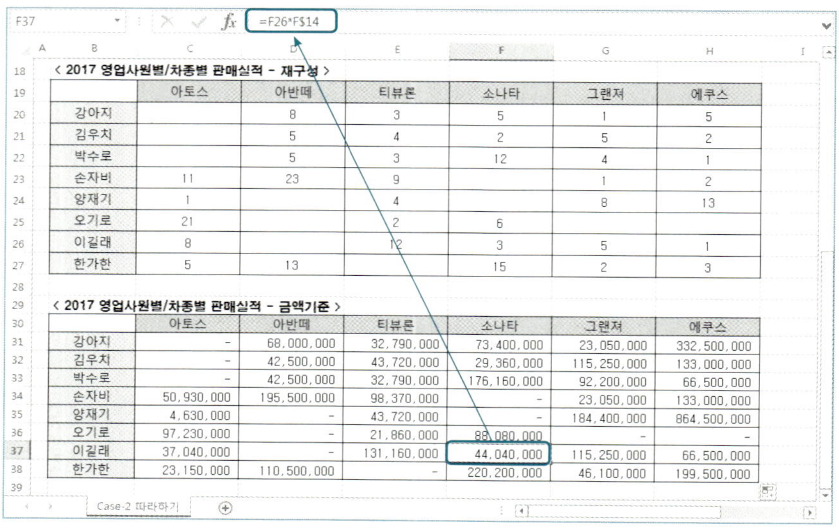

F37 | =F26*F$14

< 2017 영업사원별/차종별 판매실적 - 재구성 >

| | 아토스 | 아반떼 | 티뷰론 | 소나타 | 그랜저 | 에쿠스 |
|---|---|---|---|---|---|---|
| 강아지 | | 8 | 3 | 5 | 1 | 5 |
| 김우치 | | 5 | 4 | 2 | 5 | 2 |
| 박수로 | | 5 | 3 | 12 | 4 | 1 |
| 손자비 | 11 | 23 | 9 | | 1 | 2 |
| 양재기 | 1 | | 4 | | 8 | 13 |
| 오기로 | 21 | | 2 | 6 | | |
| 이길래 | 8 | | 12 | 3 | 5 | 1 |
| 한가한 | 5 | 13 | | 15 | 2 | 3 |

< 2017 영업사원별/차종별 판매실적 - 금액기준 >

| | 아토스 | 아반떼 | 티뷰론 | 소나타 | 그랜저 | 에쿠스 |
|---|---|---|---|---|---|---|
| 강아지 | - | 68,000,000 | 32,790,000 | 73,400,000 | 23,050,000 | 332,500,000 |
| 김우치 | - | 42,500,000 | 43,720,000 | 29,360,000 | 115,250,000 | 133,000,000 |
| 박수로 | - | 42,500,000 | 32,790,000 | 176,160,000 | 92,200,000 | 66,500,000 |
| 손자비 | 50,930,000 | 195,500,000 | 98,370,000 | - | 23,050,000 | 133,000,000 |
| 양재기 | 4,630,000 | - | 43,720,000 | - | 184,400,000 | 864,500,000 |
| 오기로 | 97,230,000 | - | 21,860,000 | 88,080,000 | - | - |
| 이길래 | 37,040,000 | - | 131,160,000 | 44,040,000 | 115,250,000 | 66,500,000 |
| 한가한 | 23,150,000 | 110,500,000 | - | 220,200,000 | 46,100,000 | 199,500,000 |

Case-2 따라하기

⑩ 이로써 첫 번째 원하는 결과를 하나의 수식 입력과 두 번의 자동채우기 과정을 통해 손쉽게 얻은 셈이지만, 결과표에서 차종별/사원별로 각각의 합계를 표시해 둘 필요가 있다. 먼저 영업사원별로 행으로 배열된 차종별 판매금액의 합계를 계산하기 위해 I열의 합계란까지 포함하여 C31:I38 셀 범위를 마우스로 함께 선택한 후 [홈] 탭의 [편집]에서 **자동합계**(Σ) 버튼을 누른다. 또한 차종별로 열로 배열된 각 영업사원의 판매금액 합계를 계산하기 위해 39행의 합계란까지 포함하여 C31:I39 셀 범위를 마우스로 함께 선택한 후 [홈] 탭의 [편집]에서 자동합계(Σ) 버튼을 누른다.

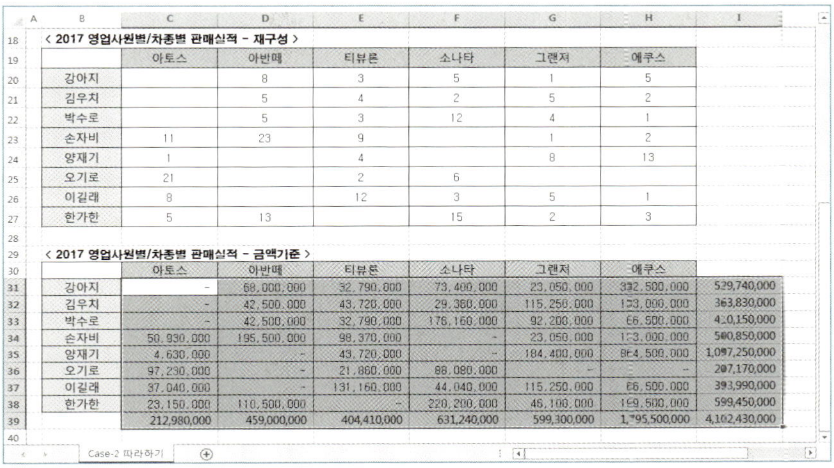

< 2017 영업사원별/차종별 판매실적 - 재구성 >

| | 아토스 | 아반떼 | 티뷰론 | 소나타 | 그랜져 | 에쿠스 |
|---|---|---|---|---|---|---|
| 강아지 | | 8 | 3 | 5 | 1 | 5 |
| 김우치 | | 5 | 4 | 2 | 5 | 2 |
| 박수로 | | 5 | 3 | 12 | 4 | 1 |
| 손자비 | 11 | 23 | 9 | | 1 | 2 |
| 양재기 | 1 | | 4 | | 8 | 13 |
| 오기로 | 21 | | 2 | 6 | | |
| 이길래 | 8 | | 12 | 3 | 5 | 1 |
| 한가한 | 5 | 13 | | 15 | 2 | 3 |

< 2017 영업사원별/차종별 판매실적 - 금액기준 >

| | 아토스 | 아반떼 | 티뷰론 | 소나타 | 그랜져 | 에쿠스 | |
|---|---|---|---|---|---|---|---|
| 강아지 | - | 68,000,000 | 32,790,000 | 73,400,000 | 23,050,000 | 332,500,000 | 529,740,000 |
| 김우치 | - | 42,500,000 | 43,720,000 | 29,360,000 | 115,250,000 | 133,000,000 | 363,830,000 |
| 박수로 | - | 42,500,000 | 32,790,000 | 176,160,000 | 92,200,000 | 66,500,000 | 410,150,000 |
| 손자비 | 50,930,000 | 195,500,000 | 98,370,000 | - | 23,050,000 | 133,000,000 | 500,850,000 |
| 양재기 | 4,630,000 | - | 43,720,000 | - | 184,400,000 | 864,500,000 | 1,097,250,000 |
| 오기로 | 97,230,000 | - | 21,860,000 | 88,080,000 | - | - | 207,170,000 |
| 이길래 | 37,040,000 | - | 131,160,000 | 44,040,000 | 115,250,000 | 66,500,000 | 393,990,000 |
| 한가한 | 23,150,000 | 110,500,000 | - | 220,200,000 | 46,100,000 | 199,500,000 | 599,450,000 |
| | 212,980,000 | 459,000,000 | 404,410,000 | 631,240,000 | 599,300,000 | 1,795,500,000 | 4,102,430,000 |

⑪ I30 셀과 B39 셀에 각각 '합계'라고 입력하고, B30:I39 셀 범위를 선택하여 [홈] 탭의 [글꼴]-[테두리]에서 [모든 테두리]를 선택하여 표의 양식을 정리한다. 합계란의 셀 영역을 선택하여 [홈] 탭의 [글꼴]-[**채우기 색**]에서 적절한 테마색을 지정함으로써 합계란의 수치들을 따로 구분표시 해 둘 필요가 있다.

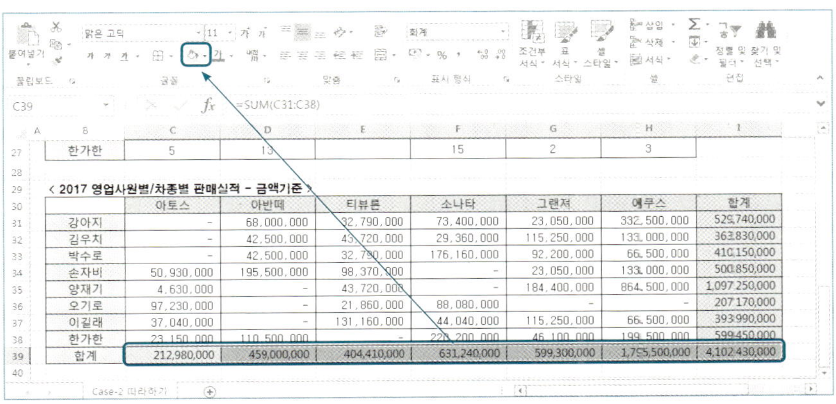


< 2017 영업사원별/차종별 판매실적 - 금액기준 >

| | 아토스 | 아반떼 | 티뷰론 | 소나타 | 그랜져 | 에쿠스 | 합계 |
|---|---|---|---|---|---|---|---|
| 강아지 | - | 68,000,000 | 32,790,000 | 73,400,000 | 23,050,000 | 332,500,000 | 529,740,000 |
| 김우치 | - | 42,500,000 | 43,720,000 | 29,360,000 | 115,250,000 | 133,000,000 | 363,830,000 |
| 박수로 | - | 42,500,000 | 32,790,000 | 176,160,000 | 92,200,000 | 66,500,000 | 410,150,000 |
| 손자비 | 50,930,000 | 195,500,000 | 98,370,000 | - | 23,050,000 | 133,000,000 | 500,850,000 |
| 양재기 | 4,630,000 | - | 43,720,000 | - | 184,400,000 | 864,500,000 | 1,097,250,000 |
| 오기로 | 97,230,000 | - | 21,860,000 | 88,080,000 | - | - | 207,170,000 |
| 이길래 | 37,040,000 | - | 131,160,000 | 44,040,000 | 115,250,000 | 66,500,000 | 393,990,000 |
| 한가한 | 23,150,000 | 110,500,000 | - | 220,200,000 | 46,100,000 | 199,500,000 | 599,450,000 |
| 합계 | 212,980,000 | 459,000,000 | 404,410,000 | 631,240,000 | 599,300,000 | 1,795,500,000 | 4,102,430,000 |

## 2. 영업사원별 판매수당 계산

각 영업사원이 자동차 판매를 통해 받게 될 **판매수당**은 '차종별 판매대수×차종별 수당' 산식에 의해 계산될 수 있다. 이 계산 역시 앞에서 사용한 〈판매실적-금액기준〉 표 양식을 그대로 사용하는 것으로 한다.

① 먼저 B29 셀을 선택하여 복사하고, B42 셀에 붙여넣기 한 후, 표 제목을 '〈 2017 영업사원별 판매수당 계산 〉'으로 수정한다.

② 앞에서 사용한 표 양식을 그대로 사용할 것이므로, 마우스로 B30:I39 셀 범위를 선택하여 복사한 후 B43 셀에 붙여넣기 한다. 그리고 표의 내부인 C44:H51 셀 범위를 선택하고 입력된 데이터를 모두 지운다(Del 키). 이때 행/열 합계 영역(C52:I52와 I44:I51)에 이미 입력되어 있는 수식은 재사용할 것이므로 지우지 않고 둔다.

| | B | C | D | E | F | G | H | I |
|---|---|---|---|---|---|---|---|---|
| 37 | 이길래 | 37,040,000 | - | 131,160,000 | 44,040,000 | 115,250,000 | 66,500,000 | 393,990,000 |
| 38 | 한가한 | 23,150,000 | 110,500,000 | - | 220,200,000 | 46,100,000 | 199,500,000 | 599,450,000 |
| 39 | 합계 | 212,980,000 | 459,000,000 | 404,410,000 | 631,240,000 | 599,300,000 | 1,795,500,000 | 4,102,430,000 |
| 40 | | | | | | | | |
| 41 | | | | | | | | |
| 42 | 〈 2017 영업사원별 판매수당 계산 〉 | | | | | | | |
| 43 | | 아토스 | 아반떼 | 티뷰론 | 소나타 | 그랜저 | 에쿠스 | 합계 |
| 44 | 강아지 | | | | | | | - |
| 45 | 김우치 | | | | | | | - |
| 46 | 박수로 | | | | | | | - |
| 47 | 손자비 | | | | | | | - |
| 48 | 양재기 | | | | | | | - |
| 49 | 오기로 | | | | | | | - |
| 50 | 이길래 | | | | | | | - |
| 51 | 한가한 | | | | | | | - |
| 52 | 합계 | - | - | - | - | - | - | - |
| 53 | | | | | | | | |

Case-2 따라하기

③ C44 셀에 강아지 사원이 아토스를 판매함으로써 받게 될 수당액을 계산하기 위해 수식 '=C20*C$16'을 입력한다. 이는 강아지 사원이 아토스를 판매한 수량(C20)과 아토스 판매 1대당 받기로 되어 있는 수당(C16)을 곱하여 계산하도록 한 것이다. 이때 이 수식을 다른 사원, 다른 차종의 경우에도 복사하여 사용하기 위해 판매대수는 상대셀, 차종별 수당은 **절대셀 참조**형식을 사용하고 있다.

④ C44 셀을 클릭하고 자동채우기 핸들을 통해 H44 셀까지 채워 넣는다. 그리고 다시 C44:H44 셀 영역이 선택된 상태에서 자동채우기 핸들을 통해 H51 셀까지 끌기 하여 나머지 표 영역의 계산도 자동으로 수행되도록 한다. 이때 행과 열의 합계란은 이미 수식이 입력되어 있는 상태이므로 자동으로 계산되어 표시된다.

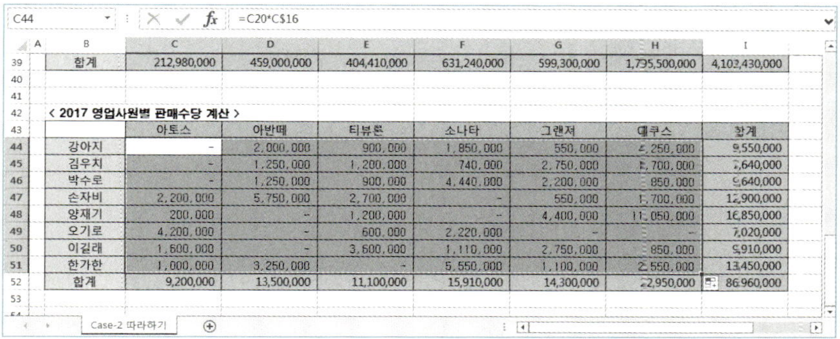
C44 =C20*C$16

|  | A | B | C | D | E | F | G | H | I |
|---|---|---|---|---|---|---|---|---|---|
| 39 |  | 합계 | 212,980,000 | 459,000,000 | 404,410,000 | 631,240,000 | 599,300,000 | 1,795,500,000 | 4,102,430,000 |
| 40 |  |  |  |  |  |  |  |  |  |
| 41 |  |  |  |  |  |  |  |  |  |
| 42 |  | < 2017 영업사원별 판매수당 계산 > |  |  |  |  |  |  |  |
| 43 |  |  | 아토스 | 아반떼 | 티뷰론 | 소나타 | 그랜저 | 에쿠스 | 합계 |
| 44 |  | 강아지 | - | 2,000,000 | 900,000 | 1,850,000 | 550,000 | 4,250,000 | 9,550,000 |
| 45 |  | 김우치 | - | 1,250,000 | 1,200,000 | 740,000 | 2,750,000 | 1,700,000 | 7,640,000 |
| 46 |  | 박수로 | - | 1,250,000 | 900,000 | 4,440,000 | 2,200,000 | 850,000 | 9,640,000 |
| 47 |  | 손자비 | 2,200,000 | 5,750,000 | 2,700,000 | - | 550,000 | 1,700,000 | 12,900,000 |
| 48 |  | 양재기 | 200,000 | - | 1,200,000 | - | 4,400,000 | 11,050,000 | 16,850,000 |
| 49 |  | 오기로 | 4,200,000 | - | 600,000 | 2,220,000 | - | - | 7,020,000 |
| 50 |  | 이길래 | 1,600,000 | - | 3,600,000 | 1,110,000 | 2,750,000 | 850,000 | 9,910,000 |
| 51 |  | 한가한 | 1,000,000 | 3,250,000 | - | 5,550,000 | 1,100,000 | 2,550,000 | 13,450,000 |
| 52 |  | 합계 | 9,200,000 | 13,500,000 | 11,100,000 | 15,910,000 | 14,300,000 | 22,950,000 | 86,960,000 |



⑤ 계산 결과에 의하면, 양재기 사원이 받게 될 수당총액은 ₩16,850,000으로 가장 많으며, 오기로 사원은 가장 적은 금액인 ₩7,020,000을 받는 것으로 나타났다.

## 3. 차종별 영업이익 계산

① **영업이익**을 계산하기 위해서는 먼저 영업이익 개념에 대한 이해가 선행되어야 한다. 흔히 영업이익은 매출액에서 매출원가와 판매관리비를 차감한 잔액으로 정의되고 있다. 여기서 매출액은 '판매대수×판매가격'으로 위의 1.의 절차에서 이미 계산되어 있고, **매출원가**는 '판매대수×구입원가'로 새롭게 계산되어져야 할 항목이다. **판매관리비**는 영업활동이나 일반관리를 위해 지출한 모든 비용을 의미하지만, 여기서는 영업사원에게 지급되는 수당이 이에 포함되는 유일한 항목이다.

참고

### 손익계산서와 이익 구조

기업의 이익을 표시하는 데는 여러 가지 이익 개념이 사용되고 있으며, 이러한 다양한 이익 개념을 체계적으로 표시하고 있는 것이 **손익계산서**이다. 즉, 손익계산서는 여러 가지 이익 개념을 단계적으로 계산하는 과정을 표시하고 있는 것이다. 손익계산서의 기본 구조는 다음과 같다.

|  |  |
|---|---|
|  | 매출액 |
| − | 매출원가 |
|  | 매출총이익 |
| − | 판매관리비 |
|  | 영업이익 |
| + | 영업외수익 |
| − | 영업외비용 |
|  | 법인세차감전순이익 |
| − | 법인세 |
|  | 당기순이익 |

> 즉, 매출총이익은 매출액에서 매출원가를 차감하여 계산하며, 이 매출총이익에서 판매관리비를 차감한 잔액이 곧 영업이익이다. 매출총이익이 순수하게 상품을 판매하여 얻은 이익이라고 한다면, 영업이익은 영업활동을 위해 지출된 모든 비용항목까지를 차감하여 계산되는 이익 개념이라고 할 수 있다.

② 따라서 영업이익을 계산하기 위한 절차를 단계적으로 수행하기 위해 필요한 항목들을 정의한 새로운 '〈2017 차종별 영업이익 계산표〉'를 다음과 같이 작성해 둔다.

| | A | B | C | D | E | F | G | H | I |
|---|---|---|---|---|---|---|---|---|---|
| 50 | | 이길래 | 1,600,000 | - | 3,600,000 | 1,110,000 | 2,750,000 | 850,000 | 9,910,000 |
| 51 | | 한가한 | 1,000,000 | 3,250,000 | - | 5,550,000 | 1,100,000 | 2,550,000 | 13,450,000 |
| 52 | | 합계 | 9,200,000 | 13,500,000 | 11,100,000 | 15,910,000 | 14,300,000 | 22,950,000 | 86,960,000 |
| 53 | | | | | | | | | |
| 54 | | | | | | | | | |
| 55 | | < 2017 차종별 영업이익 계산표 > | | | | | | | |
| 56 | | | 아토스 | 아반떼 | 티뷰론 | 소나타 | 그랜져 | 에쿠스 | 합계 |
| 57 | | 매출액 | | | | | | | |
| 58 | | 매출원가 | | | | | | | |
| 59 | | 매출총이익 | | | | | | | |
| 60 | | 판매수당 | | | | | | | |
| 61 | | 영업이익 | | | | | | | |
| 62 | | | | | | | | | |

Case-2 따라하기

③ 매출액은 위의 〈판매실적-금액기준〉 표에서 이미 계산되어 있는 금액을 참조 표시 형식으로 기록한다. 즉, C57 셀에 수식 '=C39'를 입력하고, C57 셀의 자동채우기 핸들을 통해 I57 셀까지 채워넣기 한다. 이때 수식 '=C39'의 복사는 해당 행에서만 적용될 것이므로 '=C$39'와 같이 표시해도 결과는 같다.

| | A | B | C | D | E | F | G | H | I |
|---|---|---|---|---|---|---|---|---|---|
| 54 | | | | | | | | | |
| 55 | | < 2017 차종별 영업이익 계산표 > | | | | | | | |
| 56 | | | 아토스 | 아반떼 | 티뷰론 | 소나타 | 그랜져 | 에쿠스 | 합계 |
| 57 | | 매출액 | 212,980,000 | 459,000,000 | 404,410,000 | 631,240,000 | 599,300,000 | 1,795,500,000 | 4,102,430,000 |
| 58 | | 매출원가 | | | | | | | |
| 59 | | 매출총이익 | | | | | | | |
| 60 | | 판매수당 | | | | | | | |
| 61 | | 영업이익 | | | | | | | |
| 62 | | | | | | | | | |
| 63 | | | | | | | | | |

Case-2 따라하기

④ 문제는 매출원가를 계산하는 것이다. **매출원가**는 '차종별 판매대수×구입원가'로 계산되어야 하는데, 이때 필요한 '차종별 판매대수 합계'가 계산되어 있지 않기 때문이다. 위의 〈판매실적-재구성〉 표를 정리할 때 표의 아래쪽 28행에 '차종별 판매대수 합계'를 미리 계산해 놓았더라면 좋았을 것이다. 그렇다고 이제 와서 앞의 표 구성을 변경하기보다는, 함수를 적용하여 계산하는 방법을 생각해 보자.

⑤ '차종별 판매대수 합계'는 '=sum(C20:C27)'로 표현할 수 있으므로, C58 셀에 수식 '=sum(C20:C27)×C15'와 같이 입력한다. 여기서 C15 셀은 차종별 구입원가를 참조하라는 의미이므로, 결국 C58 셀의 수식은 판매된 아토스의 매출원가 합계를 의미한다. 그리고 C58 셀의

수식을 복사하여 D58:H58 셀 범위에 붙여넣기 한다(자동채우기 핸들을 이용해도 좋다). 매출원가의 합계부분(I58)은 C58:I58 셀 영역을 함께 선택한 후 자동합계 버튼(Σ)을 통해 계산한다.

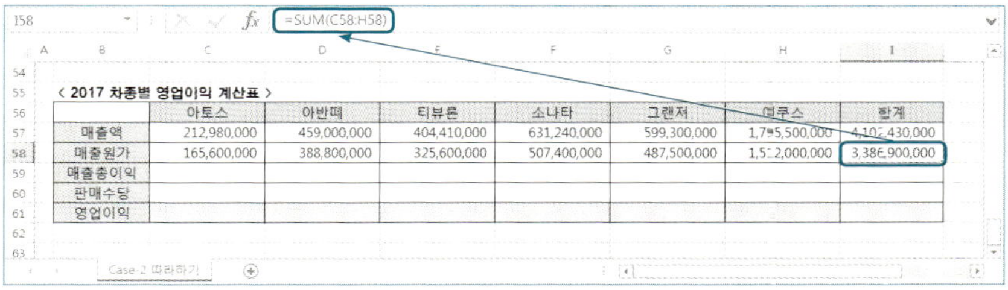


< 2017 차종별 영업이익 계산표 >

| | 아토스 | 아반떼 | 티뷰론 | 소나타 | 그랜저 | 에쿠스 | 합계 |
|---|---|---|---|---|---|---|---|
| 매출액 | 212,980,000 | 459,000,000 | 404,410,000 | 631,240,000 | 599,300,000 | 1,795,500,000 | 4,102,430,000 |
| 매출원가 | 165,600,000 | 388,800,000 | 325,600,000 | 507,400,000 | 487,500,000 | 1,512,000,000 | 3,386,900,000 |
| 매출총이익 | | | | | | | |
| 판매수당 | | | | | | | |
| 영업이익 | | | | | | | |

⑥ C59 셀의 매출총이익은 매출액에서 매출원가를 차감하여 구하므로 수식 '=C57-C58'을 입력한다.

⑦ C60 셀의 판매수당은 이미 위의 〈판매수당 계산〉 표에 집계(C52:I52)되어 있으므로, C60 셀에 수식 '=C52'로 연결표시를 한다.

⑧ C61 셀의 영업이익은 '매출총이익-판매관리비'로 정의된다. 다만, 이 예제의 경우에는 판매관리비 항목으로 판매수당만 정의되어 있으므로 '매출총이익-판매수당'으로 계산하기 위해 C61 셀에 수식 '=C59-C60'으로 입력한다.

⑨ 이들 세 셀(C59:C61)의 수식은 각각 참조되는 셀 범위의 바 열이 차종별로 동일하므로 다른 차종의 경우에도 모두 함께 적용될 수 있다. 따라서 C59:C61 셀 영역을 선택하고 자동채우기 핸들을 통해 I61 셀까지 끌기 하여 다른 차종의 경우에도 C59:C61 셀의 수식이 동일하게 적용되도록 한다.

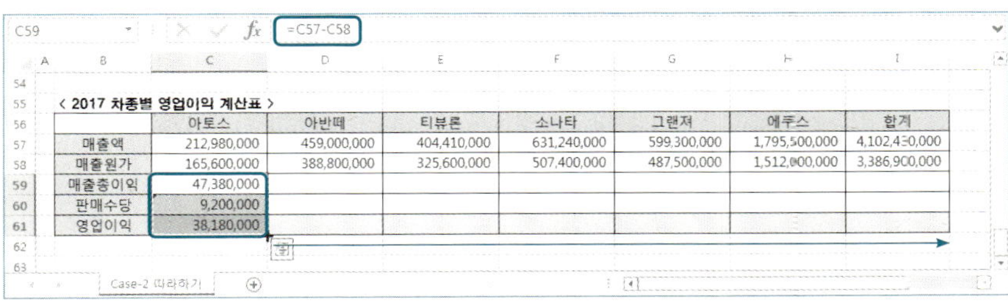


< 2017 차종별 영업이익 계산표 >

| | 아토스 | 아반떼 | 티뷰론 | 소나타 | 그랜저 | 에쿠스 | 합계 |
|---|---|---|---|---|---|---|---|
| 매출액 | 212,980,000 | 459,000,000 | 404,410,000 | 631,240,000 | 599,300,000 | 1,795,500,000 | 4,102,430,000 |
| 매출원가 | 165,600,000 | 388,800,000 | 325,600,000 | 507,400,000 | 487,500,000 | 1,512,000,000 | 3,386,900,000 |
| 매출총이익 | 47,380,000 | | | | | | |
| 판매수당 | 9,200,000 | | | | | | |
| 영업이익 | 38,180,000 | | | | | | |

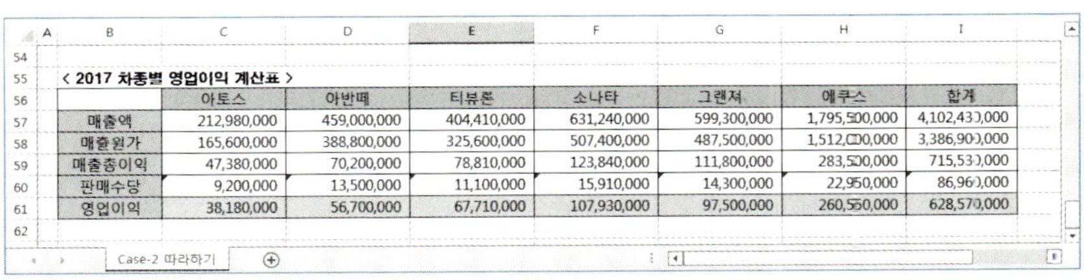


< 2017 차종별 영업이익 계산표 >

| | 아토스 | 아반떼 | 티뷰론 | 소나타 | 그랜저 | 에쿠스 | 합계 |
|---|---|---|---|---|---|---|---|
| 매출액 | 212,980,000 | 459,000,000 | 404,410,000 | 631,240,000 | 599,300,000 | 1,795,500,000 | 4,102,430,000 |
| 매출원가 | 165,600,000 | 388,800,000 | 325,600,000 | 507,400,000 | 487,500,000 | 1,512,000,000 | 3,386,900,000 |
| 매출총이익 | 47,380,000 | 70,200,000 | 78,810,000 | 123,840,000 | 111,800,000 | 283,500,000 | 715,530,000 |
| 판매수당 | 9,200,000 | 13,500,000 | 11,100,000 | 15,910,000 | 14,300,000 | 22,950,000 | 86,960,000 |
| 영업이익 | 38,180,000 | 56,700,000 | 67,710,000 | 107,930,000 | 97,500,000 | 260,550,000 | 628,570,000 |

⑩ 지금까지의 계산결과에 의하면, **영업이익** 측면에서 회사 이익에 가장 큰 도움이 된 차종은 '에쿠스'로, 비록 판매대수는 가장 적지만 가장 많은 영업이익을 올리고 있다. 그러나 아반떼와 아토스의 경우에는 비록 판매대수는 가장 많은 편이지만 영업이익 측면에서는 하위수준이다. 이는 차종별로 영업이익률이 서로 다르며, 고급차종인 경우 동일한 대수를 판매하더라도 더 많은 영업이익을 올리고 있는 것으로 추정해 볼 수 있다.

⑪ 이를 확인해 보기 위해 차종별로 판매가격 대비 **영업이익률**의 크기를 비교해보기로 한다. 위의 〈2017 차종별 판매가, 구입가, 수당 기준표〉가 입력되어 있는 B12:H16 셀 영역을 복사하여 아래 B64 셀에 붙여넣기 한다. 그리고 B64 셀의 표 제목을 '〈 차종별 영업이익률 계산〉'으로 수정한다.

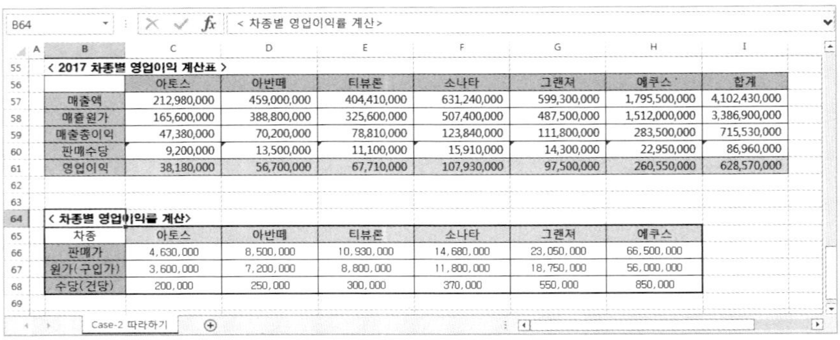


< 2017 차종별 영업이익 계산표 >

| | 아토스 | 아반떼 | 티뷰론 | 소나타 | 그랜저 | 에쿠스 | 합계 |
|---|---|---|---|---|---|---|---|
| 매출액 | 212,980,000 | 459,000,000 | 404,410,000 | 631,240,000 | 599,300,000 | 1,795,500,000 | 4,102,430,000 |
| 매출원가 | 165,600,000 | 388,800,000 | 325,600,000 | 507,400,000 | 487,500,000 | 1,512,000,000 | 3,386,900,000 |
| 매출총이익 | 47,380,000 | 70,200,000 | 78,810,000 | 123,840,000 | 111,800,000 | 283,500,000 | 715,530,000 |
| 판매수당 | 9,200,000 | 13,500,000 | 11,100,000 | 15,910,000 | 14,300,000 | 22,950,000 | 86,960,000 |
| 영업이익 | 38,180,000 | 56,700,000 | 67,710,000 | 107,930,000 | 97,500,000 | 260,550,000 | 628,570,000 |

< 차종별 영업이익률 계산>

| 차종 | 아토스 | 아반떼 | 티뷰론 | 소나타 | 그랜저 | 에쿠스 |
|---|---|---|---|---|---|---|
| 판매가 | 4,630,000 | 8,500,000 | 10,930,000 | 14,680,000 | 23,050,000 | 66,500,000 |
| 원가(구입가) | 3,600,000 | 7,200,000 | 8,800,000 | 11,800,000 | 18,750,000 | 56,000,000 |
| 수당(건당) | 200,000 | 250,000 | 300,000 | 370,000 | 550,000 | 850,000 |

⑫ C69 셀에 차종 아토스 1대를 판매하는 경우 얻을 수 있는 영업이익액을 계산하기 위해 수식 '=C66-C67-C68'을 입력한다. 그리고 C69 셀의 수식을 다른 차종에도 동일하게 적용하기 위해 C69 셀을 복사하여 D69:H69 셀 영역에 붙여넣기 한다. B69 셀에는 '1대당 영업이익'을 입력하고, B70 셀에는 '1대당 영업이익률'을 입력한다. 그리고 C70 셀에는 차종별 판매가격 대비 영업이익률을 계산하기 위해 수식 '=C69/C66'을 입력한다.

⑬ C70 셀의 형식을 %로 지정([홈] 탭의 [표시형식]-[%] 선택)하고, C70 셀의 자동채우기 핸들을 통해 H70 셀까지 채워넣기 한다. 그리고 B69:H70 셀 범위에 [모든 테두리]를 지정한다.

< 2017 차종별 영업이익 계산표 >

| | 아토스 | 아반떼 | 티뷰론 | 소나타 | 그랜저 | 에쿠스 | 합계 |
|---|---|---|---|---|---|---|---|
| 매출액 | 212,980,000 | 459,000,000 | 404,410,000 | 631,240,000 | 599,300,000 | 1,795,500,000 | 4,102,430,000 |
| 매출원가 | 165,600,000 | 388,800,000 | 325,600,000 | 507,400,000 | 487,500,000 | 1,512,000,000 | 3,386,900,000 |
| 매출총이익 | 47,380,000 | 70,200,000 | 78,810,000 | 123,840,000 | 111,800,000 | 283,500,000 | 715,530,000 |
| 판매수당 | 9,200,000 | 13,500,000 | 11,100,000 | 15,910,000 | 14,300,000 | 22,950,000 | 86,960,000 |
| 영업이익 | 38,180,000 | 56,700,000 | 67,710,000 | 107,930,000 | 97,500,000 | 260,550,000 | 628,570,000 |

< 차종별 영업이익률 계산>

| 차종 | 아토스 | 아반떼 | 티뷰론 | 소나타 | 그랜저 | 에쿠스 |
|---|---|---|---|---|---|---|
| 판매가 | 4,630,000 | 8,500,000 | 10,930,000 | 14,680,000 | 23,050,000 | 66,500,000 |
| 원가(구입가) | 3,600,000 | 7,200,000 | 8,800,000 | 11,800,000 | 18,750,000 | 56,000,000 |
| 수당(건당) | 200,000 | 250,000 | 300,000 | 370,000 | 550,000 | 850,000 |
| 1대당 영업이익 | 830,000 | 1,050,000 | 1,830,000 | 2,510,000 | 3,750,000 | 9,650,000 |
| 1대당 영업이익률 | 18% | 12% | 17% | 17% | 16% | 15% |

⑭ 분석 결과에 의하면, 차종 아반떼를 제외하고는 나머지 차종의 '1대당 영업이익률'에 큰 차이는 없으며, 오히려 아토스의 1대당 영업이익률이 비교적 높은 편에 속하는 것으로 나타났다. 더구나 차종 아토스와 아반떼의 판매대수가 절대적으로 많은 편에 속함에도 불구하고, 영업이익에의 공헌도가 낮게 나타난 것은 '1대당 영업이익률'의 차이에서 비롯된 것이라기보다는 '1대당 영업이익'의 절대금액에서 고급차종의 경우가 매우 크기 때문인 것으로 해석된다.

## 4. 영업사원별/차종별 판매실적 비교 차트

영업사원별/차종별 판매실적은 이미 위의 〈판매실적-재구성〉 표나 〈판매실적-금액기준〉 표에서 분석되고 있다. 그럼에도 불구하고 이를 다시 **차트 형식**으로 표시하고자 하는 것은, 표 형식으로 분석된 자료보다는 차트 형식으로 표현된 자료가 비교나 분석업무에 보다 유용하고 효율적일 수 있기 때문이다. 특히 월별/지점별 매출액 동향이나 부서별 예산/실적 대비, 주가 추이분석, 월별/품목별 생산량 추세, 품목별 시장점유율 분석 등 각각의 수치의 구체적인 값보다는 데이터의 전체적인 내용을 개괄하여 나타내고자 하는 경우에 이러한 차트 형태의 표현이 보다 유용하다.

이제 위의 〈판매실적-재구성〉 표와 〈판매실적-금액기준〉 표를 기반으로 하여 이를 차트로 표현하는 방법을 수행해 보기로 한다.

① 먼저 판매대수를 기준으로 한 차트를 작성하기 위해 위의 〈판매실적-재구성〉 표의 해당 데이터영역(B19:H27)을 마우스로 선택한다. 이 때 X축과 Y축에 표시하고자 하는 레이블(영업사원명, 차종명)까지를 선택범위에 포함해 두어야 엑셀의 차트 자동작성 기능에 의해 차트상에 해당 레이블을 쉽게 표시할 수 있다.

② 선택 범위의 자료를 효과적으로 표현할 수 있는 방법은 **누적 막대형 차트**라고 할 수 있다. 따라서 [삽입] 탭의 [차트]-[세로막대형]에서 [3차원 세로막대형] 중 [3차원 누적 세로막대형]을 선택한다(최종 선택 전에 아래쪽에 미리보기 형태의 개괄적인 차트 형식이 그려져 표시된다).

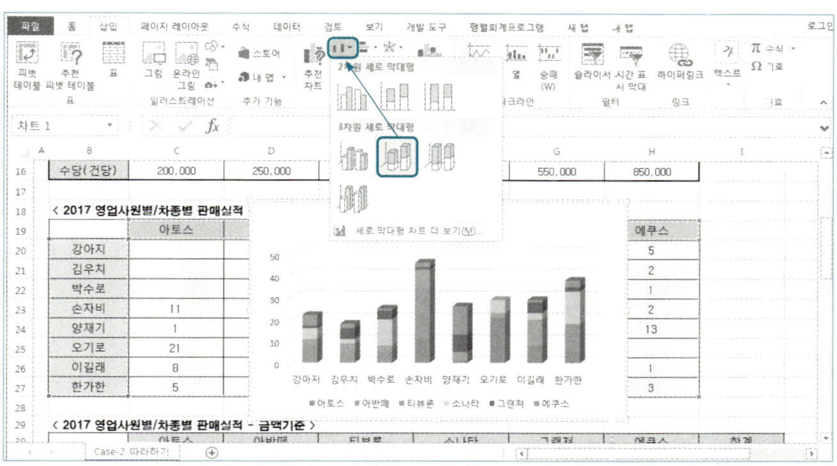

③ 위에서 [3차원 누적 세로막대형]을 선택하면, 미리보기 차트가 표시되었던 영역에 미리보기 형식과 같은 내용의 차트가 생성된다. 이때 차트는 기본적으로 선택영역의 열 레이블(영업사원명)을 **X축**으로, 행 레이블(차종명)을 **Y축**으로 설정하여 표시된다.

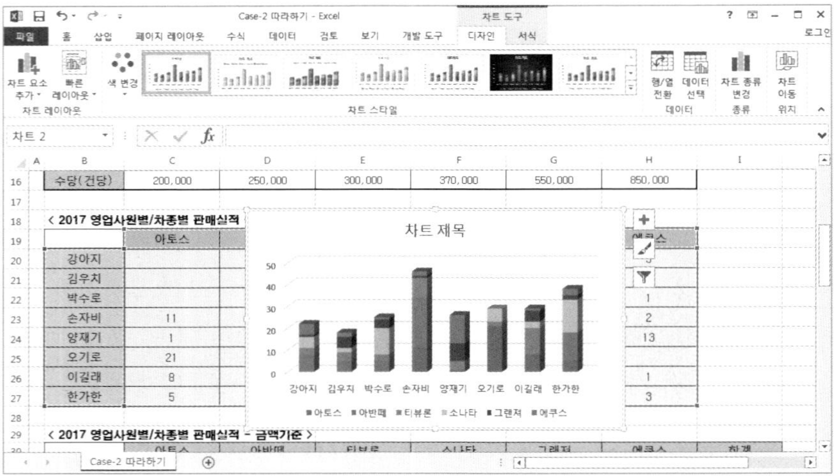

④ 차트 생성과 동시에 탭 표시줄에 [차트 도구]-[디자인/서식] 탭이 추가로 표시되고, 이들 중 어느 하나에 마우스를 위치시키면 아래쪽에 생성된 차트의 모양이 따라서 변화된다. 생성된 차트 위에 **데이터 레이블**을 표시하고 범례를 차트 위쪽으로 표시하도록 하기 위해 이 중 [스타일 3]을 선택한다.

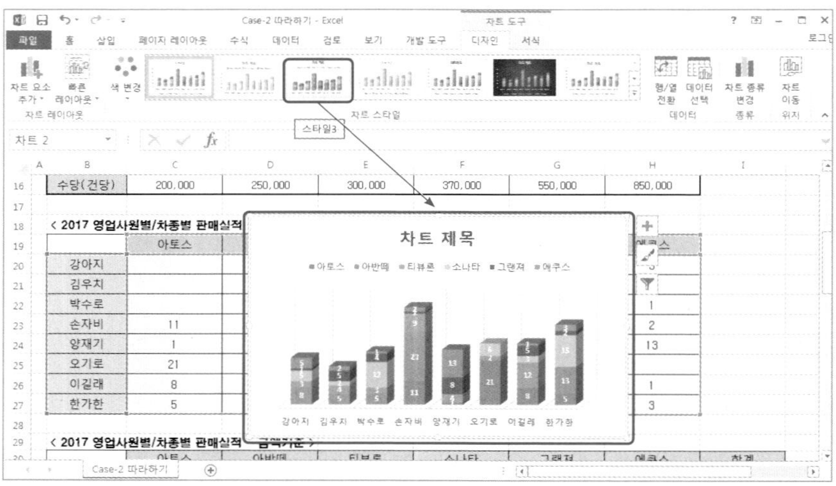

⑤ 생성된 차트 위쪽의 [차트 제목] 내부를 클릭하고, 차트 제목을 '영업사원별/차종별 판매대수 비교'로 수정해 놓는다. [차트 제목]을 차트의 크기나 모양 등을 고려하여 적당한 크기로 조정해 둔다([홈] 탭의 [글꼴]-[글꼴크기]로 조정). 그리고 차트 전체를 선택하고 마우스로 끌기 하여 아래쪽 빈 셀 C73로부터 시작되는 셀 영역으로 이동하고 크기를 적절히 조정한다.

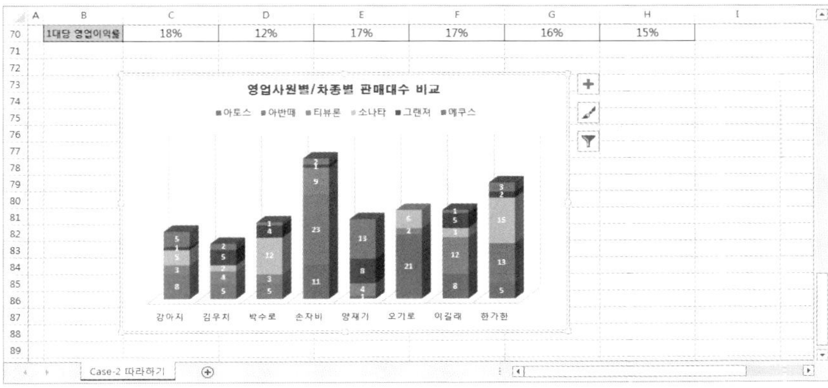


⑥ 지금까지 작성된 차트는 [차트 제목]을 제외하고는 엑셀에서 기본적으로 제공하는 양식이 자동적으로 적용된 것이지만, 원하는 경우에는 차트 제목 외에도 레이블 및 범례의 위치, 배경 및 차트의 색상, 축 서식 등도 자유롭게 변경하여 표시할 수 있다.

⑦ 예컨대 가로축(X축)과 세로축(Y축)을 바꾸어 표시하고자 할 때(즉, 가토축에 나열된 영업사원명 대신 차종명으로 표시하고자 할 때)는, 차트의 내부(차트영역)를 마우스로 클릭한 후 오른쪽 마우스에서 [**데이터 선택**]을 클릭하여 나타난 [데이터 원본 선택] 대화상자에서 [**행/열 전환**]을 선택한다.

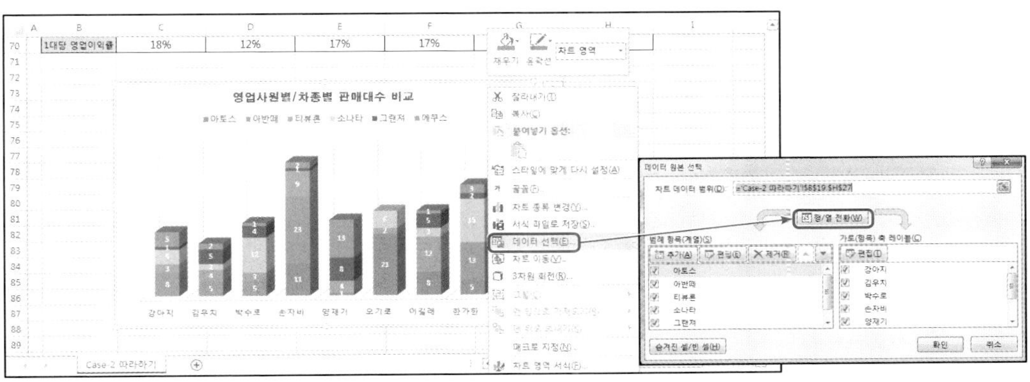

⑧ 이 선택에 따라 [데이터 원본 선택] 대화상자의 [범례 항목 계열]에 표시된 레이블과 [가로 축 레이블]에 표시된 레이블이 서로 바뀌어 표시된다. 이제 [확인]을 누르면 생성된 차트의 가로축과 세로축이 서로 바뀌어 차종별 누적 판매대수를 표시하는 형식으로 변경된다.

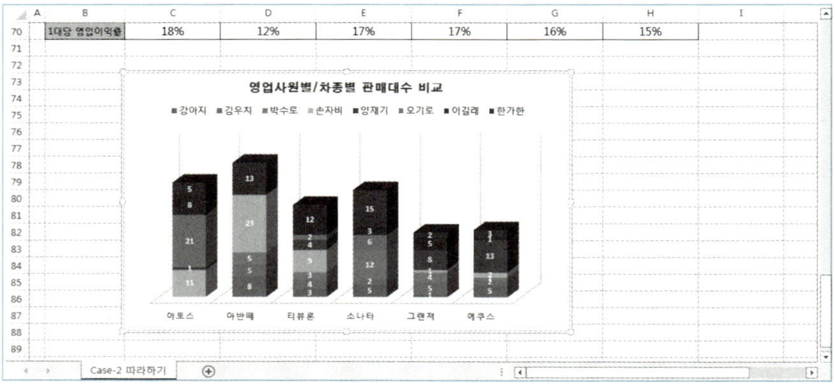


⑨ 이제 변화를 확인하였으면, 다시 가로축을 영업사원명으로 정렬하기 위해 오른쪽 마우스 [데이터 선택] 후 [행/열 전환]을 클릭한다(또는 [차트 도구]의 [디자인] 탭에서 [데이터]-[행/열 전환] 탭을 선택하면 더 빠르게 전환 작업을 수행할 수 있다).

⑩ 생성된 차트의 양식을 수정하고자 하는 경우에는 [**차트 영역**]을 클릭하고 오른쪽 마우스 [차트 영역 서식]을 선택하여 채우기, 테두리, 효과, 텍스트 등을 수정할 수 있다. 예컨대 [차트 영역 서식] 대화상자에서 먼저 [채우기]의 [단색 채우기]를 선택하고 아래 [색]에서 [연한 주황색]을 선택한다. 그리고 [테두리]에서 [실선]-[색-파랑], [두께-2pt]로 지정하고 아래 [둥근 모서리]를 선택해 본다. 그러면 차트의 배경색과 외곽선을 원하는 대로 설정할 수 있다.

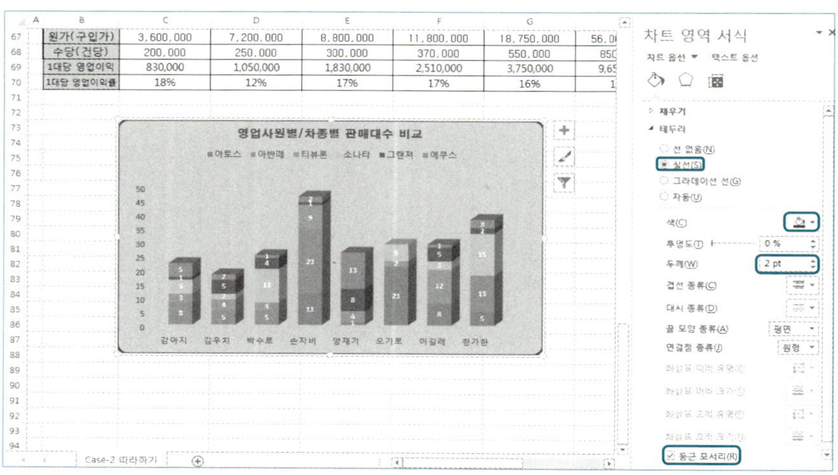

⑪ 차트를 수정하는 방법은 다양하다. 그 외에도 [**차트 도구**]의 [디자인] 탭이나 [서식] 탭을 활용하여 각종 차트요소를 추가하거나 레이아웃, 색상, 차트 종류 등을 빠르게 변경할 수도 있다. 예컨대 세로축에 눈금을 표시하고자 하는 경우 [차트 도구]-[디자인] 탭의 [차트 레이아웃]-[차트 요소 추가]에서 [축]-[기본 세로]를 선택하여 빠르게 표시할 수 있다.

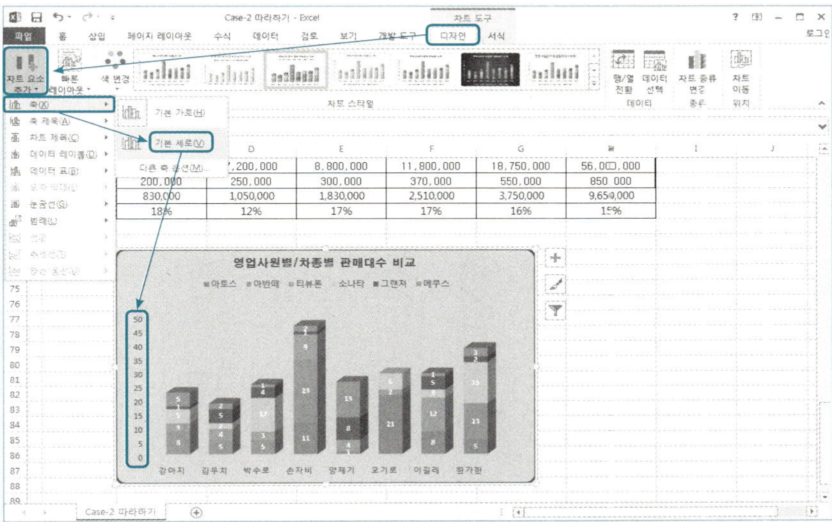

⑫ 차트의 '**축 서식**'을 변경하고자 하는 경우에는 오른쪽 마우스의 [축 서식]을 이용한다. 예컨대 세로축의 눈금표시를 변경하고자 하는 경우에는 차트 내부의 '세로 축'을 마우스로 선택하여 설정하고 오른쪽 마우스 [축 서식]을 클릭한다. [축 서식] 대화상자에서 [축 옵션]의 [단위]에서 [주]를 '10'으로 수정하고, [보조]를 '5'로 수정하면, 세로축의 눈금표시가 10대 단위로 수정되어 표시된다.

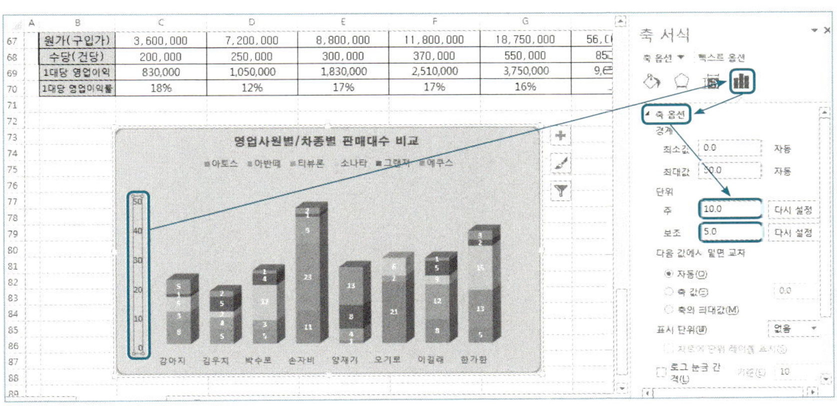

⑬ 위 ⑩의 [차트 영역 서식]-[채우기]에서는 차트 전체의 배경서식을 정하는 것이었지만, 이와는 별도로 실제로 차트가 표시되고 있는 [**그림 영역**]의 배경을 구분하여 표시할 수도 있다. 마우스를 차트 위에서 이동시키다 보면 [차트 영역]과 [그림 영역]이 번갈아 표시된다. 이 중 [그림 영역]을 선택하여 차트 그림의 전체 배경색을 변경시킬 수도 있다. 그보다는 차트의 [뒷면]을 선택 표시하고 오른쪽 마우스에서 [**옆면 서식**]을 선택하여 [채우기]에서 '단색 채우기'에 체크하고 아래 [색]에서 '밝은 파랑'을 선택하면 차트 그림의 뒷면, 옆면, 밑면의 색상을 차트 전체의 배경색과는 다른 색(밝은 파랑)으로 표시할 수 있다.

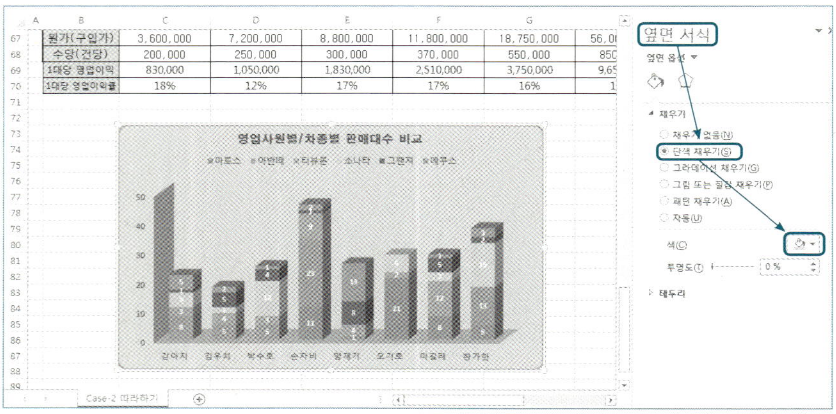


⑭ 이 때 위의 [옆면 서식]-[채우기]에서 '**그라데이션 채우기**'나 '그림 또는 질감 채우기'를 선택하여 다양한 배경효과를 줄 수도 있지만, 자칫 차트의 배경이 전체적으로 너무 화려하거나 복잡하여 차트가 표시하고 있는 실제 정보내용이 감춰질 수도 있으므로 조심해야 할 일이다. 이러한 측면에서 차트의 그림 위에 표시되어 있는 데이터 레이블이 너무 복잡하다고 생각되는 경우에는 [차트 도구]의 [디자인] 탭에서 [차트 요소 추가]-[데이터 레이블]을 [없음]으로 선택하여 표시된 데이터 레이블을 표시되지 않도록 설정할 수 있다.

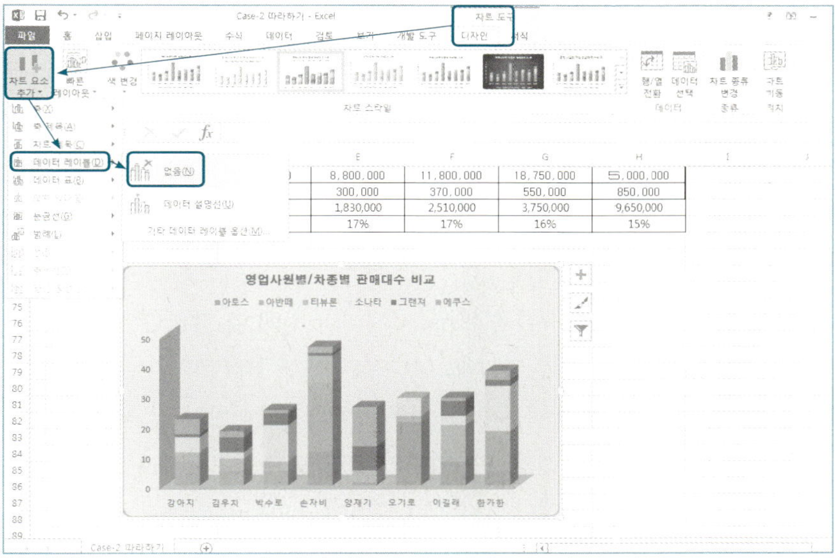

⑮ 지금까지 작성된 차트는 각 영업사원별로 차종별 판매대수를 표시한 것이라면, 거꾸로 각 차종별로 영업사원들의 판매대수를 표시해 볼 수도 있을 것이다. 이는, 앞에서 설명했던 바와 같이, [데이터]-[행/열 전환]을 통해 간단히 수행할 수 있다. 작성된 〈영업사원별/차종별 판매대수 비교〉 표를 선택하여 복사한 후 오른쪽 H73 셀 영역에 붙여넣기 한다. 동일한 형태/크기로 복제된 오른쪽 차트를 선택하고 위의 [차트 도구]-[디자인] 탭에서 [데이터]-[행/열 전환]을 선택하기만 하면, 오른쪽 차트의 세로축과 가로축이 서르 바뀌어 표시된다. 즉, 가로축에 차종명이 표시되는 차트 형태로 전환되어 표시된다. 이 두 차트를 구분하기 위해 오른쪽 차트의 제목을 〈차종별/영업사원별 판매대수 비교〉로 수정해 놓는다.

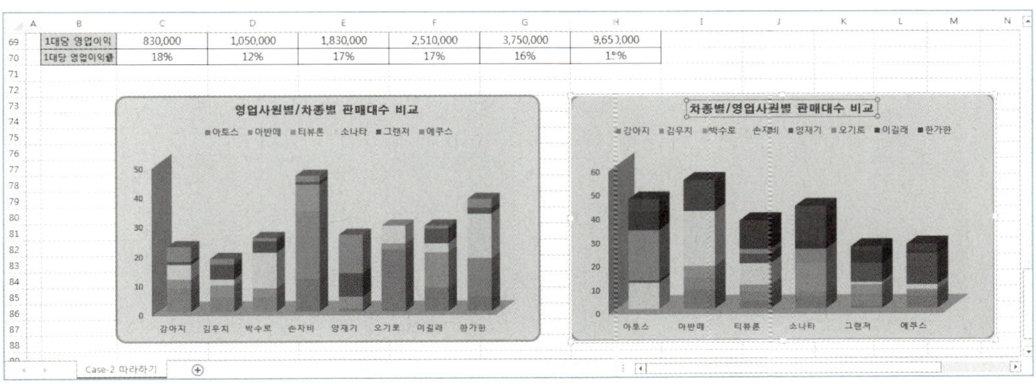

⑯ 이제 차트를 '판매대수' 대신 '판매금액'을 기준으로 표시해 보기로 하자. 이는 차종별로 판매단가가 서로 달라서 판매대수를 기준으로 표시하는 실적과 **판매금액**을 기준으로 표시하는 판매실적이 크게 달라질 수 있기 때문에 이를 비교하기 위한 목적에서 각각 별도로 작성하여 분석해 볼 필요가 있다. 그런데 차트의 기본 설정을 새로 시작하기보다는 이전의 판매대수를 기준으로 한 차트 설정을 그대로 적용하기 위해서 〈영업사원별/차종별 판매대수 비교〉 차트를 복사하여 아래 C90 셀 영역에 붙여넣기 한다.

⑰ 복제된 C90 셀 영역의 차트를 선택하고 오른쪽 마우스 [데이터 선택]을 클릭한다(또는 [차트 도구]-[디자인] 탭에서 [데이터]-[데이터 선택]을 클릭해도 된다). 나타난 [데이터 원본 선택] 대화상자에서 [차트 데이터 범위]의 이전 참조범위를 모두 지우고 대신 〈판매실적-금액기준〉이 입력되어 있는 B30:H38 셀 영역을 마우스로 선택하여 입력한다([차트 데이터 범위]에는 '='Case-2 따라하기'!$B$30:$H$38'로 표시된다). 이때 합계란은 데이터 범위에 포함하지 않는다.

⑱ [데이터 원본 선택] 대화상자에서 [확인]을 누르면, C90 셀 영역에 복제 표시된 차트가 변경된 데이터 범위를 반영하여 새로운 차트 형식으로 표시된다. 다만 이전에 설정해두었던 축 서식이 그대로 적용되고 있으므로 [축 서식] 부분이 복잡하게 표시되고 있다.

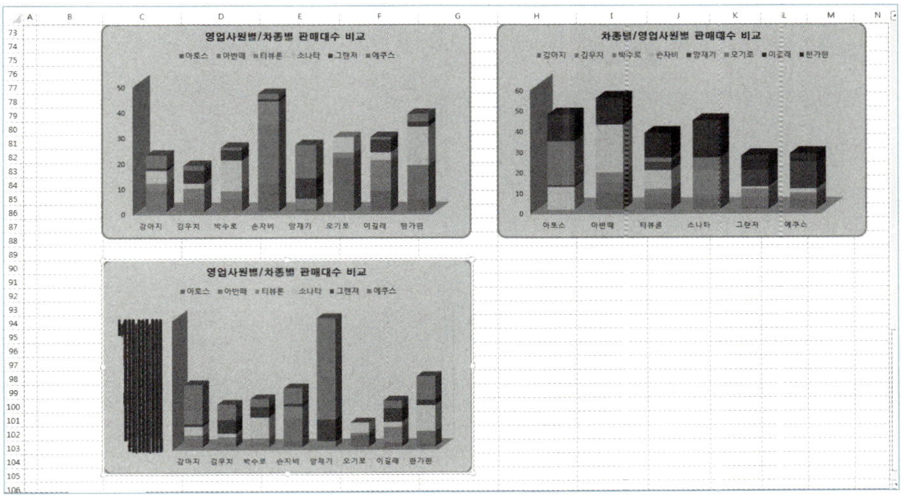


⑲ 축 서식을 새로 설정하기 위해, 새로 생성된 차트의 [세로 축] 부분을 선택한 후 오른쪽 마우스에서 [**축 서식**]을 클릭하고, [축 서식] 대화상자 [축 옵션]의 [표시 단위]를 '백만'으로 설정하고 [단위]에서 [주]와 [보조]를 [다시 설정]을 누른다(이는 [주]와 [보조]를 '자동'으로 설정하게 한다).

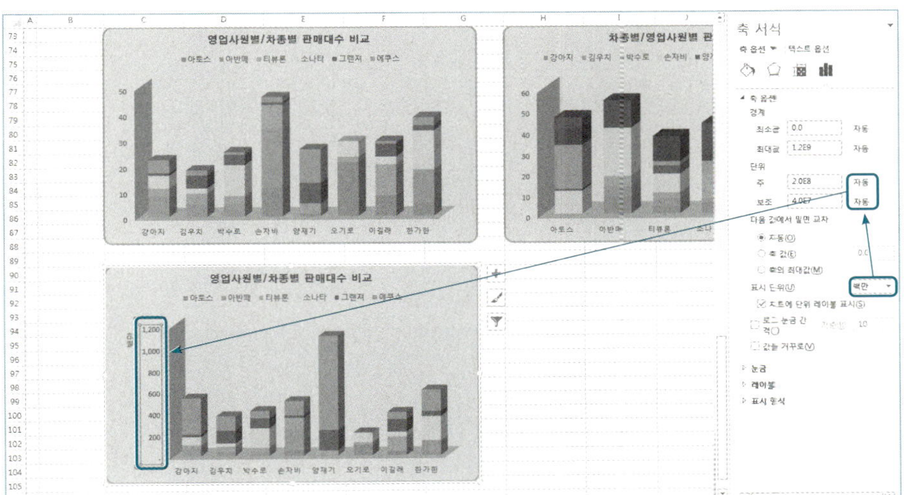


⑳ 차트의 제목을 클릭하고 〈영업사원별/차종별 판매금액 비교〉로 수정한다. 나머지 설정은 이전의 설정을 그대로 따르되, 앞의 차트와 쉽게 구분할 수 있도록 하기 위해 [차트 도구]-[디자인] 탭의 [**차트 스타일**]에서 '스타일 6'을 선택하여 변경한다.(차트 오른쪽 외곽의 [차트 스타일]에서 '스타일 6'을 선택할 수도 있다.)

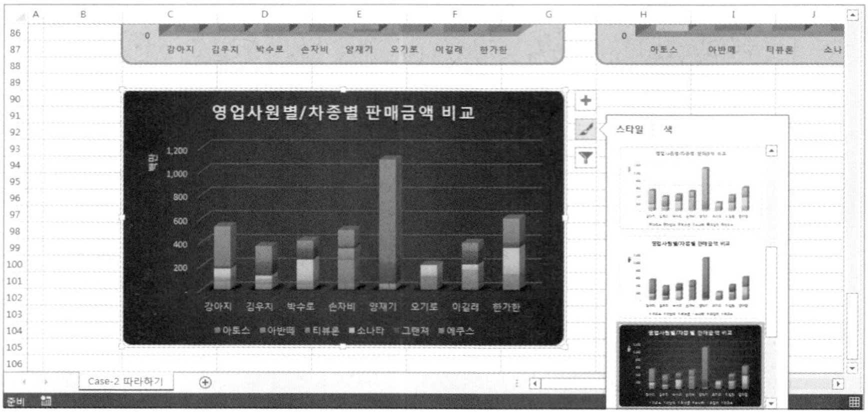


㉑ 마찬가지로 판매금액으로 표시되는 차트를 이번에는 차종별 기준으로 배열하도록 하기 위해, 위의 H73 영역으로부터 표시되고 있는 〈차종별/영업사원별 판매대수 비교〉 차트를 선택하고 복사하여 아래 H90 셀 영역에 붙여넣기 한다. 그리고 복제된 H90 셀 영역의 차트를 선택하고 오른쪽 마우스 [**데이터 선택**]을 클릭하여, 위 ⑰에서와 같이 [차트 데이터 범위]를 'B30:H38' 셀 영역으로 수정한다. 또한 위의 ⑱~⑳의 절차에 따라 축 서식을 변경하고 차트의 제목도 〈차종별/영업사원별 판매금액 비교〉로 수정해 놓는다. [차트 스타일]도 '스타일 6'으로 변경한다.

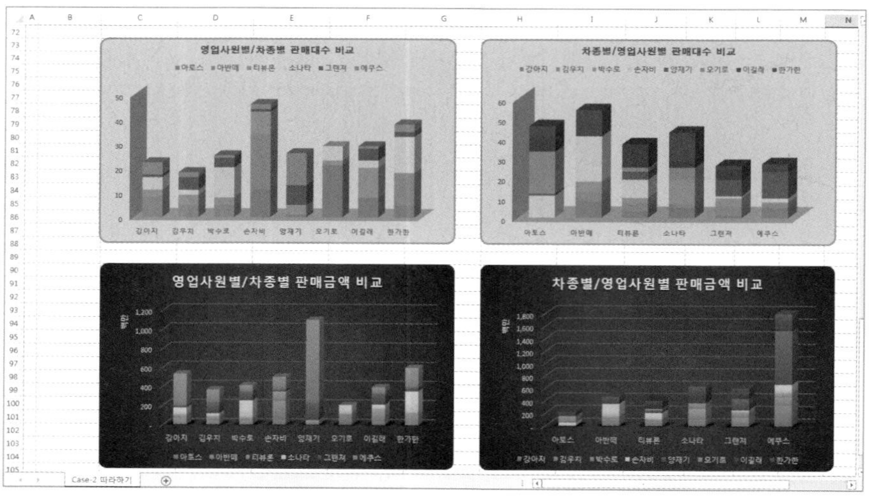


㉒ 이로써 영업사원별/차종별로 판매대수와 판매금액을 비교 표시하는 4개의 차트가 완성되었다. 이들 차트를 분석해 보면, 자동차 판매대수를 기준으로 한 경우에는 영업사원 '손자비'가 가장 많은 자동차를 판매하였고, 가장 많이 판매된 자동차는 '아반떼'인 것으로 표시되고 있다. 그러나 판매금액을 기준으로 한 경우에는 영업사원 '양재기'가 가장 높은 영업실적을 올렸고, '에쿠

스'의 판매금액이 가장 많은 것으로 나타났다. 이와 같이 판매대수를 기준으로 한 경우와 판매금액을 기준으로 한 경우의 실적분석이 다르게 나타나는 이유는, 차종별로 판매금액이 서로 달라 가중치로 작용하고 있기 때문이다. 특히 자동차 '에쿠스'의 경우 판매대수 측면에서는 가장 적게 팔린 차종에 해당하지만, 판매금액으로 보면 가장 높은 실적을 기록하고 있다. 또한 영업사원별로는 판매대수로 보면 '손자비'가 가장 많은 자동차를 판매하였지만, 판매금액으로 보면 '양재기' 사원의 실적이 가장 높게 나타나고 있다. 이는 '손자비' 사원의 경우 판매가격이 높은 자동차 판매실적이 적은 반면에, '양재기' 사원은 비싼 고급 차종의 판매가 많았기 때문이다.

㉓ 이러한 분석을 위해서도 차트에 각각의 실적을 의미하는 **데이터 레이블**을 표시하는 것이 보다 유용할 수도 있다. 그런데 지금까지 작성된 차트는 모두 [3차원 누적 세로막대형]으로 표시되고 있어서, 오히려 [**가로막대형**]으로 변경한다면 데이터 레이블을 표시하기가 더 좋을 수도 있을 것이다. 예컨대 〈영업사원별/차종별 판매대수 비교〉 차트를 [가로막대형]으로 변경하기 위해서는, 먼저 [차트 영역]을 마우스로 클릭한 후 오른쪽 마우스 [차트 종류 변경]을 선택하고 [차트 종류 변경] 대화상자의 [모든 차트]에서 [가로막대형]-[3차원 누적 가로 막대형]의 첫 번째 차트 형식을 선택한다.

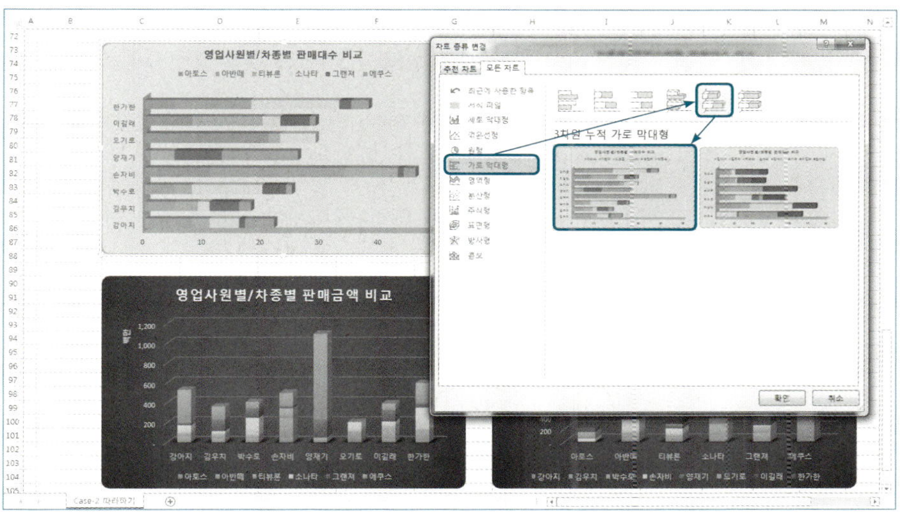


㉔ [3차원 누적 가로 막대형]으로 변경된 차트를 선택하고, [차트 도구]-[디자인] 탭의 [차트 레이아웃]-[차트 요소 추가]에서 [데이터 레이블]-[기타 데이터 레이블 옵션]을 선택하면 각 가로막대 요소 위에 차종별 판매대수 데이터가 표시된다.

㉕ 마찬가지로 아래 〈영업사원별/차종별 판매금액 비교〉 차트의 경우에도 위의 [차트 종류 변경] 과정을 통해 [3차원 누적 가로 막대형]으로 변경하고, 데이터 레이블도 추가해 본다. 이때 필요

한 경우 [**축 서식**] 변경을 통해 차트의 [최대값]이나 [주 단위] 등의 설정을 수정하여 차트의 크기를 적정하게 조정할 수 있다.

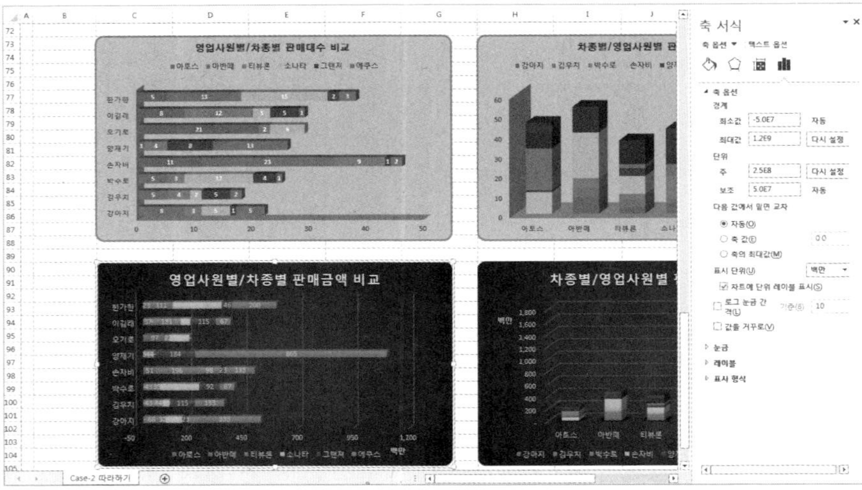

㉖ 그런데 '판매금액' 데이터 레이블을 표시한 두 번째 차트의 경우에는 차트의 각 요소 크기에 비해 표시되는 숫자의 자릿수가 많아 오히려 차트를 복잡하게 보이도록 할 수도 있으므로, 표시되는 숫자의 자릿수가 많은 경우에는 데이터 레이블의 표시를 신중하게 결정해야 한다.

㉗ 판매실적이 우수한 영업사원을 강조하여 표시하고자 하는 경우에는, 강조하고자 하는 가로막대 요소를 개별적으로 선택하여 [데이터 요소 서식]에서 [**테두리**]의 [실선]을 강조색으로 두껍게 표시하거나, 또는 [삽입] 탭의 [일러스트레이션]-[도형]에서 [**설명선**]을 추가하여 강조표시하는 등 다양한 방법을 사용할 수 있다.

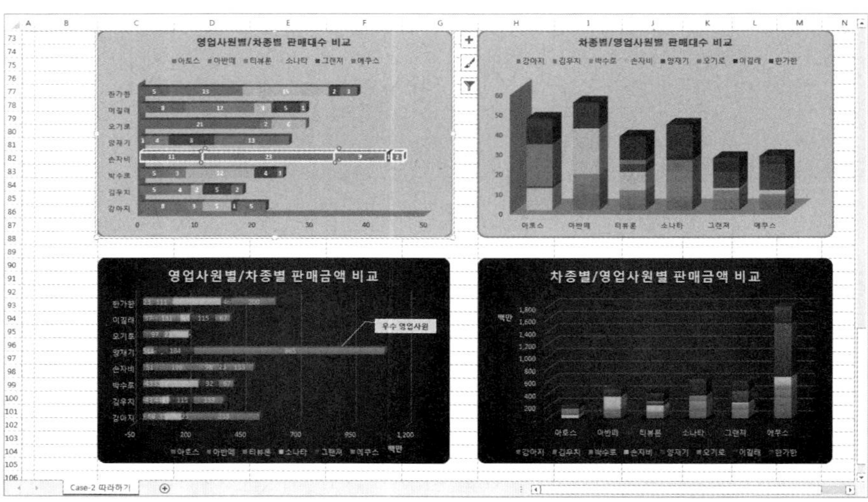

## 5. 차종별 영업이익 3차원 파이차트

① 차종별 영업이익을 차트로 표시하기 위해서 이미 작성해 준 〈2017 차종별 영업이익 계산표〉를 사용한다. 먼저 차트로 표시하기 위한 셀 영역(B56:H61)을 선택한다. 이 때 선택하고자 하는 해당범위가 연속된 위치에 존재하는 것이 아니기 때문에, 먼저 마우스로 차종을 표시하는 셀영역(B56:H56)을 선택한 후, Ctrl 키를 누른 상태에서 나머지 영업이익 영역(B61:H61)을 선택하면 된다.

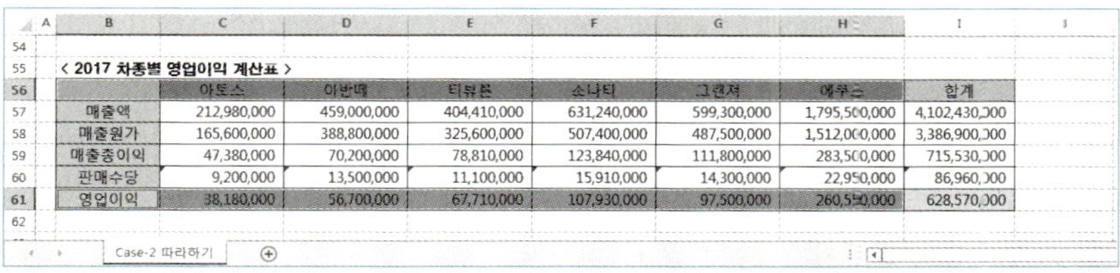


② 표시 영역을 선택한 후, [삽입] 탭의 [차트]에서 [**3차원 원형**]을 선택한다.

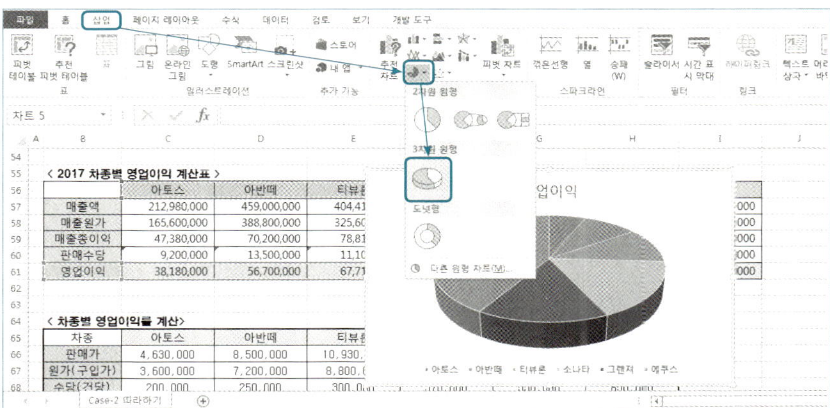


③ 한 번의 작업으로 원하는 **파이차트**를 생성하긴 했지만, 보고 목적에 맞게 차트의 설정을 다양하게 변경해 보자. 먼저 자동 표시된 차트 제목 '영업이익'을 클릭하고 '차종별 영업이익 실적분석'으로 수정한 후, 글꼴 종류와 폰트 크기를 적절히 조정한다. 그리고 차트를 끌기 하여 이전 차트의 아래쪽 C107 셀 영역으로 이동해 놓는다.

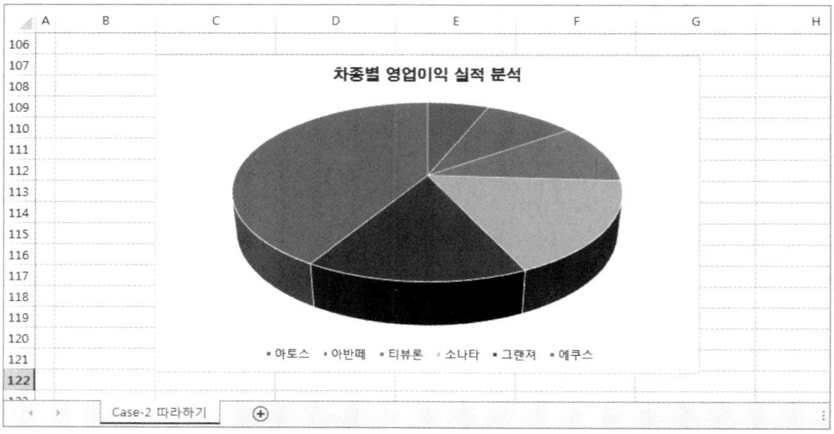


④ 작성된 원형차트에서는 범례가 차트의 아래쪽에 표시되고 있지만, [**범례 서식**](범례 영역을 선택한 후 오른쪽 마우스에서 [범례 서식] 지정)을 통해서 위쪽, 아래쪽, 왼쪽, 오른쪽, 오른쪽 위 등 원하는 위치로 이동할 수 있다. 그러나 원형 차트의 경우에는 일반적으로 각 차트 조각 위에 금액이나 백분율 등의 정보를 표시하는 경우가 많으므로, 범례를 이들 정보와 함께 표시되도록 하는 것이 좋다. 이를 위해 먼저 원형차트의 내부를 클릭하고 오른쪽 마우스에서 [데이터 레이블 추가]-[**데이터 레이블 추가**]를 선택한다.

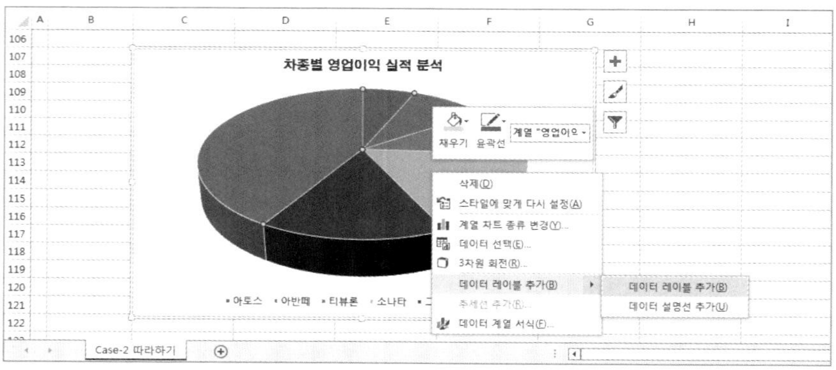


⑤ 원형차트 위에 항목별로 해당 영업이익 데이터가 표시된다. 다시 원형차트 위에서 오른쪽 마우스 [**데이터 레이블 서식**]을 클릭하고, [데이터 레이블 서식] 대화상자의 [레이블 옵션]에서 [항목 이름]과 [백분율]이 선택되도록 하고, [레이블 위치]는 [안쪽 끝에]를 선택한다.

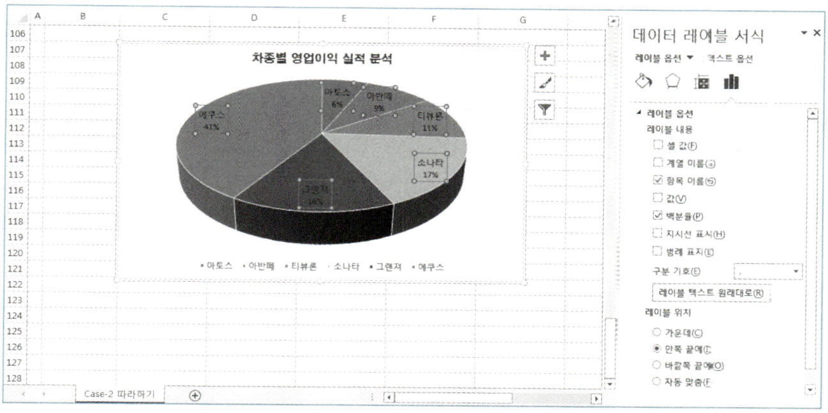


⑥ 원형차트 내부에 **백분율**과 함께 항목이름(범례)이 표시되고 있으므로, 이제 불필요한 범례는 선택하여 삭제한다.

⑦ 표시되는 항목 중 백분율이 가장 큰 '에쿠스' 차종의 경우를 **돌출 표시**를 통해 강조할 수 있다. 원형차트의 경우에는 각각의 파이 부분이 분리될 수 있으므로, 강조하고자 하는 에쿠스 차종 영역만이 선택되도록 한 후 바깥쪽으로 약간 끌어다 놓으면 된다.

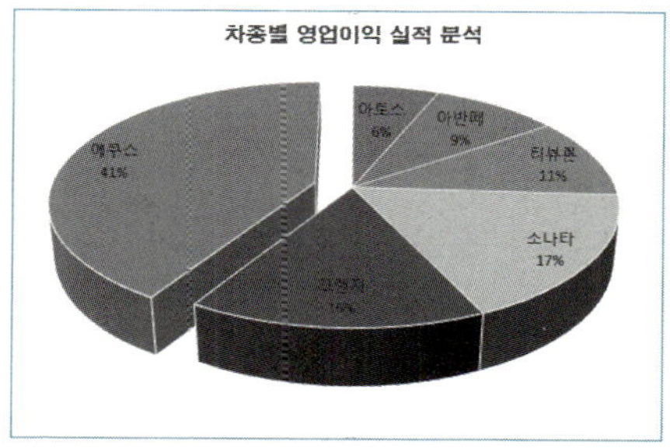


⑧ 위 ⑤의 설정에서 항목 이름과 백분율을 차트의 안쪽 끝에 위치시키도록 설정하였지만, 차트 조각의 구성 등을 고려하여 레이블의 위치를 조정하거나 글꼴 및 크기 등을 조정할 수 있다. 글꼴을 [견고딕]으로, 그리고 글꼴 색을 [흰색]으로 변경해 본다.

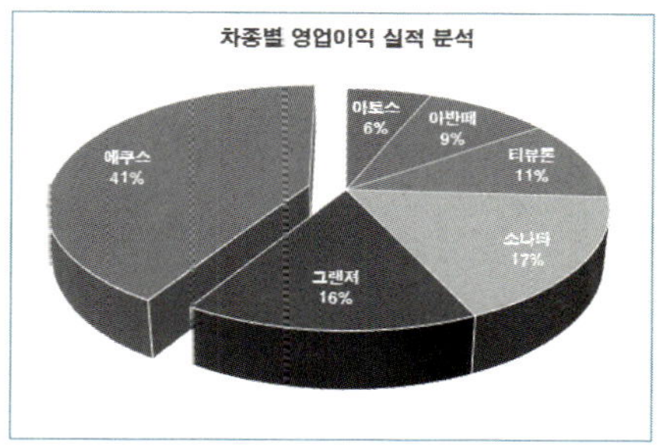


⑨ 작성된 원형차트에 의하면, 영업사원들의 자동차 판매로 인해 회사의 이익에 가장 큰 보탬이 되고 있는 것은 '에쿠스'이며, 다음으로 '소나타', '그랜저' 순으로 기여도가 높게 나타나고 있다.

## 6. 한가한 사원의 판매수당

① 각 영업사원이 받게 될 판매수당은 위의 〈2017 영업사원별 판매수당 계산〉 표에 정리되어 있다. 이 중 사원 '한가한'이 받게 될 판매수당만을 차트로 표시하기 위해, 먼저 B43:H43 영역을 선택한 후 Ctrl 키를 누른 상태에서 B51:H51 셀 영역을 함께 선택한다.

< 2017 영업사원별 판매수당 계산 >

| | 아토스 | 아반떼 | 티뷰론 | 소나타 | 그랜저 | 에쿠스 | 합계 |
|---|---|---|---|---|---|---|---|
| 강아지 | - | 2,000,000 | 900,000 | 1,850,000 | 550,000 | 4,250,000 | 9,550,000 |
| 김우치 | - | 1,250,000 | 1,200,000 | 740,000 | 2,750,000 | 1,700,000 | 7,640,000 |
| 박수로 | - | 1,250,000 | 900,000 | 4,440,000 | 2,200,000 | 850,000 | 9,640,000 |
| 손자비 | 2,200,000 | 5,750,000 | 2,700,000 | - | 550,000 | 1,700,000 | 12,900,000 |
| 양재기 | 200,000 | - | 1,200,000 | - | 4,400,000 | 11,050,000 | 16,850,000 |
| 오기로 | 4,200,000 | - | 600,000 | 2,220,000 | - | - | 7,020,000 |
| 이길래 | 1,600,000 | - | 3,600,000 | 1,110,000 | 2,750,000 | 850,000 | 9,910,000 |
| 한가한 | 1,000,000 | 3,250,000 | - | 5,550,000 | 1,100,000 | 2,550,000 | 13,450,000 |
| 합계 | 9,200,000 | 13,500,000 | 11,100,000 | 15,910,000 | 14,300,000 | 22,950,000 | 86,960,000 |

② 선택 영역을 차트로 표시하기 위해, 먼저 궁극적으로 작성해야 할 차트의 형식을 고려해 보아야 한다. 최종적으로 작성하게 될 차트는 실적 크기가 해당 차종 그래픽으로 표현될 수 있는 구조를 가져야 하므로, 꺾은선형 차트보다는 일정한 면적 단위로 표시되는 막대형 차트나 원형 차트가 보다 적절할 수 있다.

③ 먼저 막대형 차트로 표시해보기 위해 가장 기본적인 형태의 [2차원 세로 막대형]을 선택하여 표시한다. 생성된 차트를 끌기하여 이전 차트 아래쪽 빈 셀 C124 영역에 위치시키고, 적절한 크기로 조정해 둔다.

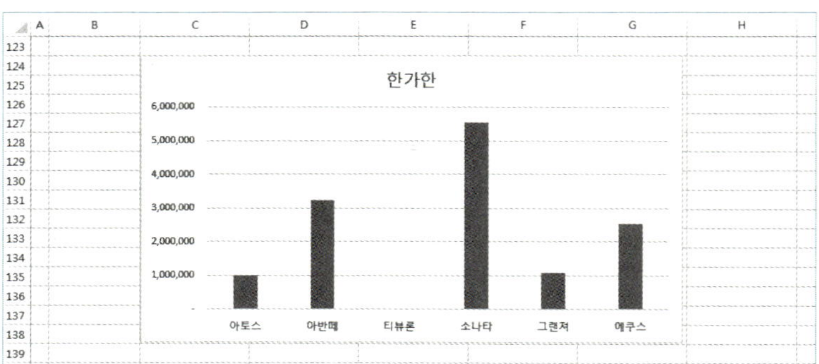


④ 차트의 제목을 '한가한 사원의 판매수당'으로 변경한다. 세로 축을 선택하고 오른쪽 마우스 [축 서식]을 클릭한 후 [축 옵션]의 [표시 단위]를 '천'으로 설정한다. 아래 [차트에 단위 레이블 표시]에도 체크한다.

⑤ 차트의 막대에 **그래픽**을 표시하려면 차트의 너비가 가능한 한 넓을수록 좋을 것이다. 막대 차트의 너비를 크게 하려면 데이터 계열 간의 간격 너비를 좁히면 된다. 따라서 먼저 차트의 막대표시를 선택하고 오른쪽 마우스에서 [**데이터 계열 서식**]을 클릭한다. [데이터 계열 서식] 대화상자의 [계열 옵션]에서 [간격 너비]를 '80%'로 낮추면 그만큼 막대의 너비가 확장되어 표시된다.

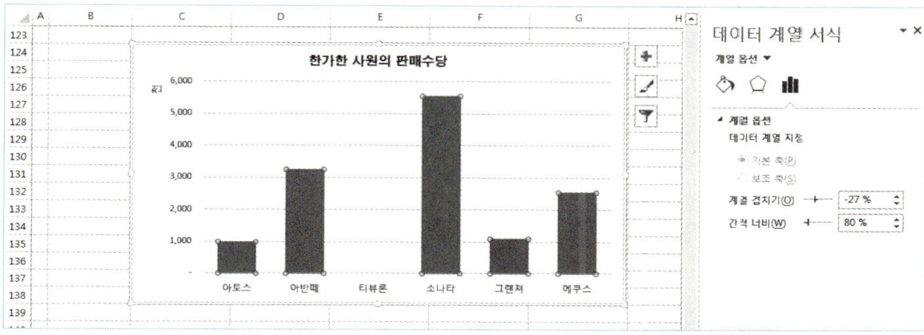


⑥ 차트의 막대 높이를 통해 대충의 금액을 가늠해보거나 비교해 볼 수도 있겠지만, 막대 위에 데이터 레이블을 표시하는 것이 보다 정확할 것이다. 차트의 막대를 선택한 후 오른쪽 마우스 [데이터 레이블 추가]를 선택하면 각 막대의 위쪽에 해당 차종에 대한 각각의 판매수당 데이터가 표시된다.

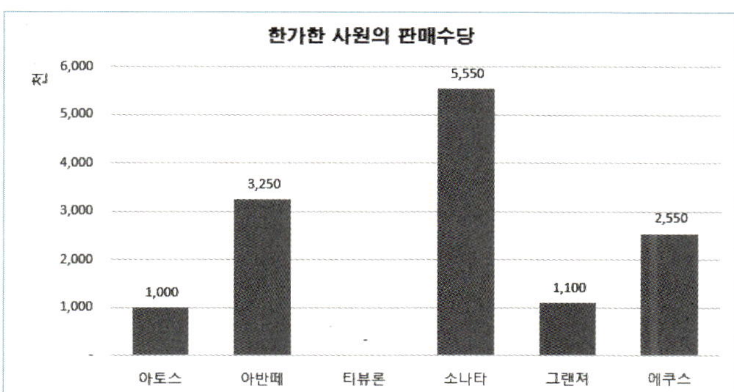


⑦ 이로써 한가한 사원의 판매수당을 표시하는 기초적인 차트가 완성되었다. 이제 차트를 단순한 막대 형식에서 해당 차종을 표시하는 그래픽(또는 사진)으로 변경하여 노자. 이를 위해 먼저 해당 차종을 표시하는 그래픽 이미지들을 확보해두어야 한다.

참고

### 이미지 자료 만들기

차트에 삽입할 **그래픽 이미지**는 물론 전문 그래픽 툴을 사용하여 원하는 이미지 형태를 직접 제작하여 사용하는 것이 원칙이다. 다만 여기서는 교육 목적상 인터넷 검색엔진을 통해 입수할 수 있는 공개된 이미지를 가공, 편집하여 사용하는 방법을 소개한다.

예컨대 특정 검색엔진을 통해 아토스 자동차의 이미지를 선택하고 복사하여 특정 그래픽 편집기에 붙여넣기 한다(Powerpoint에서 작업할 수도 있다). 이때 선택 이미지는 가능한 한 배경색이나 배경그림이 없는, 표시하고자 하는 이미지만 부각될 수 있는 형식을 선택하는 것이 좋다. 그래픽 편집기(여기서는 Powerpoint)에서 해당 이미지의 상하좌우 빈공간이 최소화될 수 있도록 '자르기' 기능 등을 이용하여 편집한다. 이미지 외부의 빈 공간이 최소화되어야 하는 이유는, 표시된 막대 대신 해당 이미지로 채워질 것이므로 위/아래 공간이 있는 경우 막대로 표시되었던 상/하 경계가 애매해질 수 있을 뿐만 아니라, 이미지를 '쌓기'하는 경우 이미지 간 공백이 크게 표시될 수 있기 때문이다. 해당 차종 이미지 외의 빈 칸은 [그림 도구]-[서식]에서 [**투명한 색 설정**]을 통해 투명한 이미지로 만드는 것이 좋다.

같은 방법으로 다른 차종에 대한 이미지 자료도 만들어 둔다.

⑧ 준비된 아토스 자동차의 이미지를 선택하여 복사하고, 다시 위 ⑥의 차트가 표시된 엑셀 시트로 돌아와 아토스 차종에 해당하는 막대를 선택한 후, 오른쪽 마우스를 클릭하여 [데이터 요소 서식]을 선택한다.

⑨ [데이터 요소 서식] 대화상자에서 [채우기]-[**그림 또는 질감 채우기**]를 선택하고 [다음에서 그림 삽입]에서 [클립보드]를 선택한다.

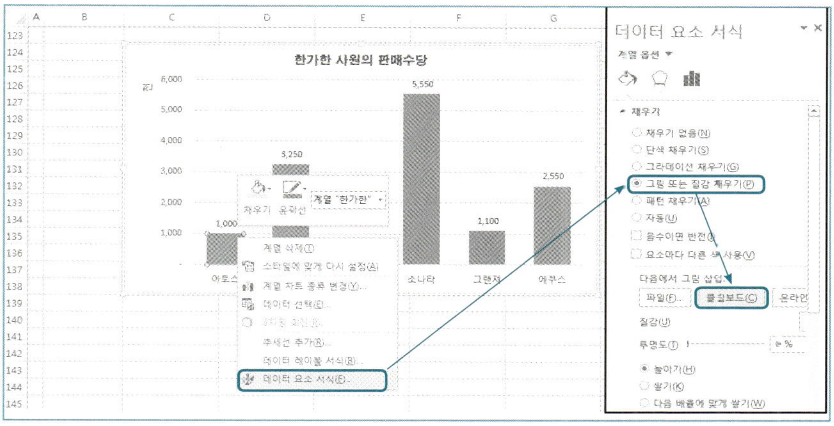


⑩ 이제 아토스 차종에 대한 판매수당 그래프가 막대 대신 클립보드에 저장되었던 그래픽으로 변경되어 표시된다.

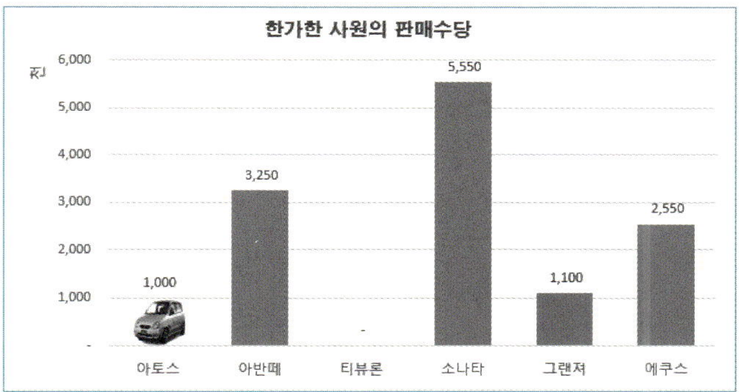


⑪ 마찬가지 방식으로 나머지 아반떼, 티뷰론, 소나타, 그란저, 에쿠스 등의 차종에 대한 판매수당 막대도 해당 이미지를 복사하여 채워넣기 한다.

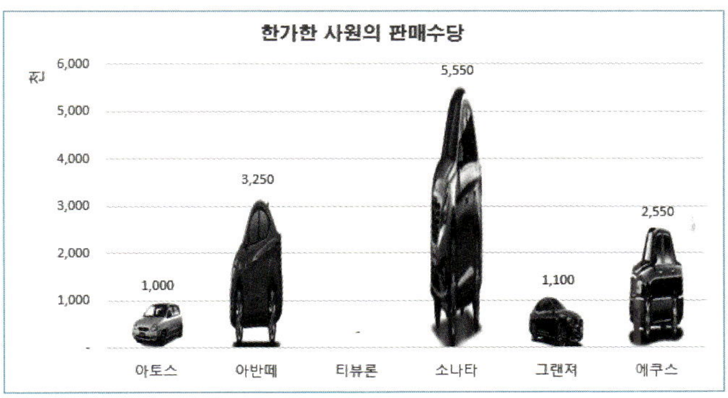

⑫ 그런데 차종별 해당 차트를 모두 해당 이미지로 변경하긴 했지만, 차종마다 실적금액 크기가 다르기 때문에 그래픽 이미지가 원래의 모습과는 달리 표시되고 있다. 따라서 막대 대신 표시되어진 이미지 표현 형식을 바꾸어 보기로 한다. 이를 위해 예컨대 아반떼 실적 이미지를 선택하고 오른쪽 마우스를 누른 후 다시 [**데이터 요소 서식**]을 선택한다. [데이터 요소 서식] 대화상자에서 [채우기] 아래쪽에 [늘이기]로 선택되어 있는 부분을 대신 [**쌓기**]로 선택해 보자. 이를 다른 차종 이미지에 대해서도 동일하게 적용해 본다.

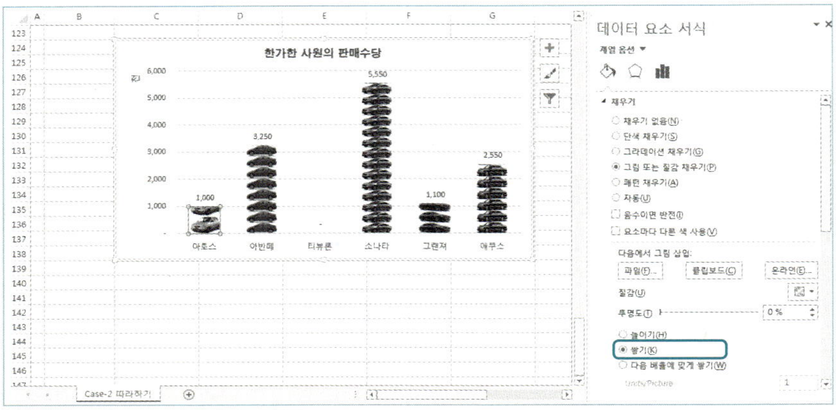


⑬ 원하는 [쌓기] 기능은 수행되어 각 차종별 이미지는 나타나고 있지만, 차종별로 쌓기의 기준치가 달리 적용되고 있어 비교하기 어렵기 때문에 이를 표준화해야 할 필요가 있어 보인다. 이를 위해 다시 이미지로 표시된 각 막대그래프(예 아반떼 이미지)를 선택하고 오른쪽 마우스에서 [데이터 요소 서식]을 선택하고 [데이터 요소 서식]의 [채우기] 옵션에서 [쌓기] 대신 [**다음 배율에 맞게 쌓기**]를 지정하고, 단위/그림을 500,000으로 입력한다. 이는 차트에서 세로 축 간격이 1,000,000원 단위로 설정되어 있어서 각 차종별 이미지의 크기를 세로 축 간격의 1/2 크기로 표준화하기 위한 것이다.

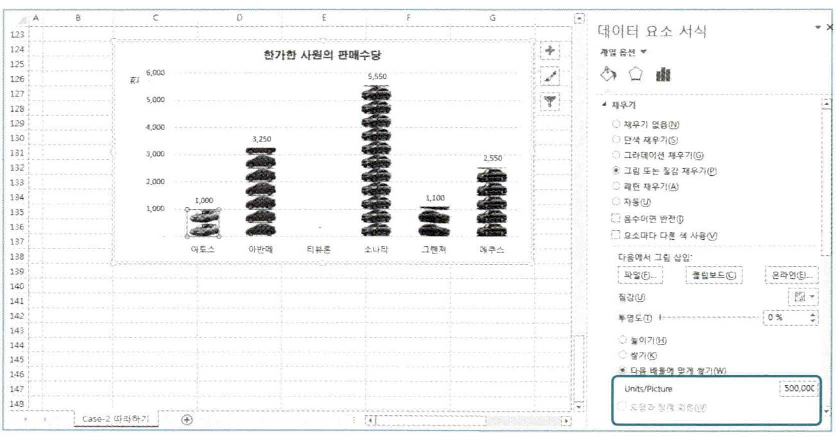

⑭ 이제 차종별로 표준화된 크기의 쌓기 기능이 완료되었다.

⑮ 지금까지는 가로 축이 차종별로 표시되는 세로 막대형 차트의 경우를 보았지만, 이를 차종별 누적 세로 막대형으로 표시해 볼 수도 있다. 이는 특정 사원(예: 한가한)의 판매수당이 각 차종별로 어떻게 구성되어 있는지 그 **백분율** 구성을 함께 표시할 수 있는 장점이 있기 때문이다.

⑯ 다시 위 ①에서와 같이 표시하고자 하는 데이터 영역(B43:H43, B51:H51)을 선택한 후, 이번에는 [삽입]-[차트]-[세로막대형]-[3차원 세로 막대형]-[3차원 100% 기준 세로막대형]을 선택한다.

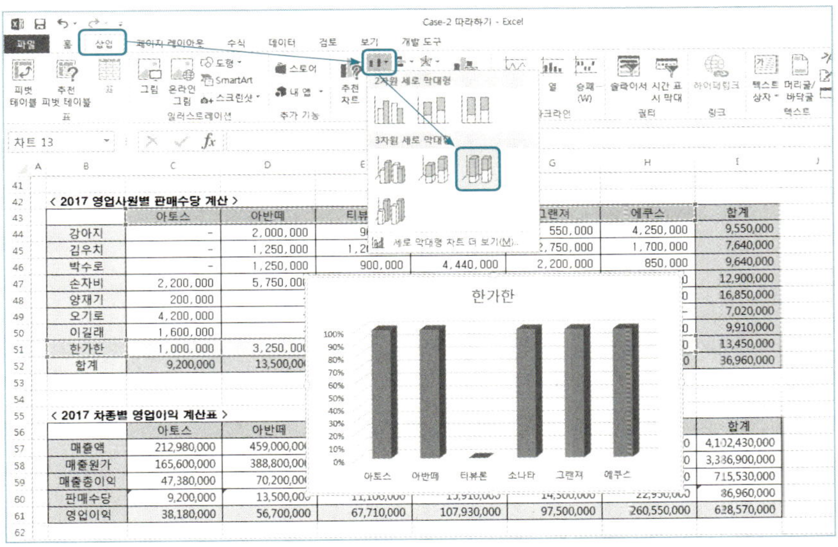

⑰ 작성된 차트 형식은 표시하고자 하는 궁극적인 형식은 아니므로, 차트의 내부를 클릭한 후 오른쪽 마우스에서 [데이터 선택]-[행/열 전환]을 통해 누적형 차트 형식으로 바꾸어 놓는다.

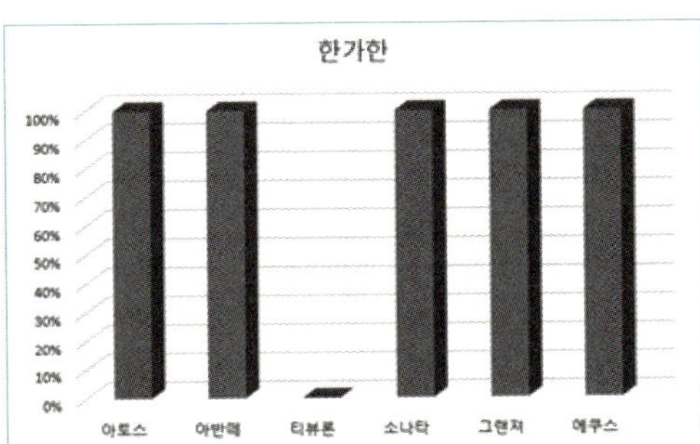


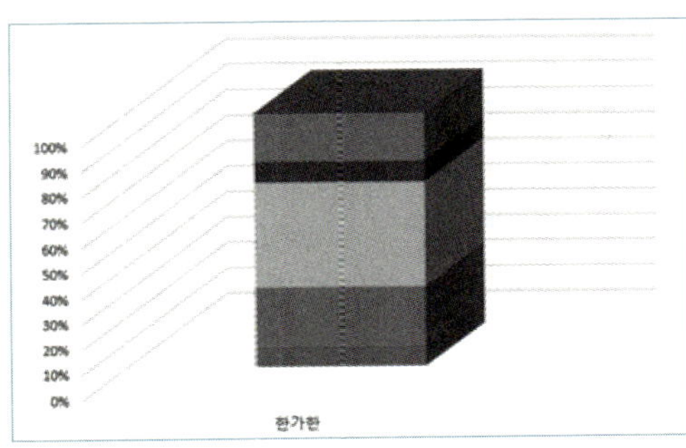

⑱ 작성된 차트에서 각 차종별 실적부분을 클릭하고 오른쪽 마우스에서 [데이터 레이블 추가]를 통해 실적치(판매수당)를 추가한다. 그리고 다시 오른쪽 마우스에서 [데이터 레이블 서식]의 레이블 옵션으로 [계열 이름]을 추가로 선택한다. 동일한 방법으로 다른 차종의 실적부분에도 데이터 레이블과 계열이름을 표시해 둔다. 표시된 데이터 레이블과 계열이름을 각 차트 부분의 오른쪽으로 옮겨 놓는다.

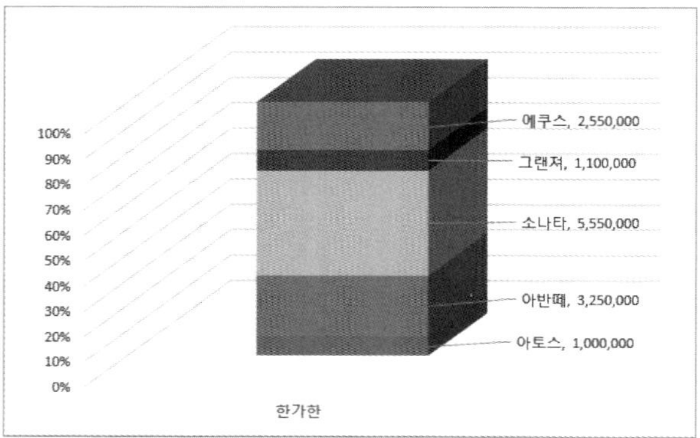


⑲ 이제 각 차종별 실적영역을 해당 차종 이미지로 대체하는 과정은 위의 ⑧~⑪의 절차와 같이 수행한다. 다만, 이 경우에는 이미지의 [쌓기] 형식을 취하지 않고 실적크기에 따라 이미지의 크기가 반영될 수 있도록 한다.

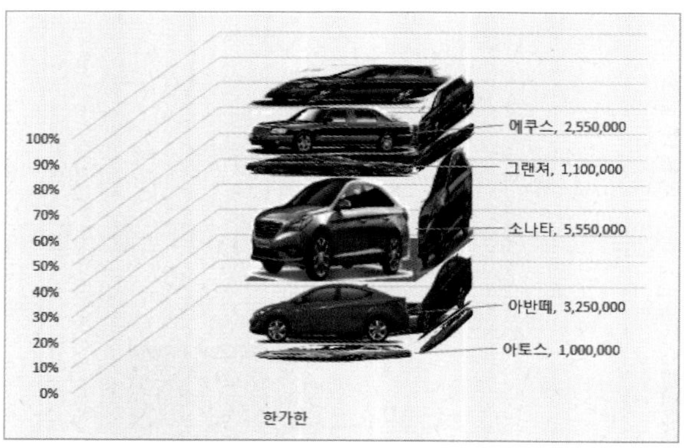


⑳ [3차원 100% 기준 세로막대형]을 이용하는 경우 이처럼 결과 차트가 복잡하게 표시될 수 있다. 이 차트를 보다 단순한 형태로 변경하고자 하는 경우, 오른쪽 마우스 [**차트 종류 변경**]을 통해 [세로막대형]-[100% 기준 누적 세로막대형]으로 변경하여 표시할 수 있다.

※ 막대형 차트에 해당 항목의 이미지나 그림을 반영하는 방법은 여러 가지가 있을 수 있으며, 이와 관련하여 전문적인 툴들이 출시되어 있으므로 보다 세련된 이미지로 표현하고자 하는 경우 이들 전문 툴들을 사용해 보는 것도 좋을 것이다. 다만, 각종 실적자료를 보고함에 있어 구체적인 수치정보를 중심으로 한 단순한 차트 형태의 보고서가 더 유용할 것인지, 아니면 그래픽이나 이미지 형태를 이용한 개괄적인 보고서 형식이 더 유용할 것인지를 보고목적 및 보고대상자의 선호 등을 고려하여 사전에 결정하는 것이 중요하다

참고

### 새 Sheet에서 차트 작성하기

엑셀에서 차트 작성을 실행할 때는 대부분 차트화하고자 하는 데이터들을 표 형식으로 입력한 후, 해당 범위를 선택하여 메뉴상의 [삽입]-[차트]-[세로막대형] 등을 선택하는 방법은 크게 2가지로 나뉜다. 그 한 가지는 차트를 작성할 기본 데이터가 표시되어 있는 워크시트상에 차트를 작성/표시하는 방법이고, 또 다른 방법은 현재의 워크시트와는 별도로 새로운 차트시트를 열어 그곳에서 차트만을 작성/편집하는 방법이다. 후자의 경우 메뉴표시줄에서 삽입메뉴의 차트 명령을 이용하여 새로운 시트로를 지정하여 차트를 작성하게 되며, 전자의 경우에는 역시 삽입 메뉴의 차트 명령에서 현재 워크시트에를 선택하거나 표준도구모음의 차트 마법사 도구를 사용하여 작성할 수 있다.

물론 어느 방법을 사용하든 원하는 동일한 형태의 차트를 작성할 수는 있지만, 차트 마법사 도구를 사용하여 현재의 워크시트상에서 데이터를 직접 보면서 원하는 형태의 차트를 작성해 가는 방법이 보다 간편한 방법이며 실무에서도 흔히 이용되고 있는 방법이다.

Case 04 혼자해보기

# (주)안심유통의 영업사원 성과배분

04

현황

(주)안심유통은 해외의 유명 전자제품 제조회사인 Auhora가 생산하는 가전제품 중 품목별로 대표적인 한 가지 종류씩만을 선별하여 수입/판매하는 전문 유통회사이다. (주)안심유통은 수입제품의 판로에는 큰 애로가 없을 것으로 판단하고 있으며, 영업사원들에게는 월정 고정 급여 대신에 매월 품목별 판매실적에 따른 **성과급** 형태의 수당지급시스템을 운영하고 있다.

2018년 10월의 영업사원별/품목별 판매실적과 품목별 가격 및 수당 기준표는 다음과 같다.

### ✸ 2018년 10월 영업사원별 / 품목별 판매실적 자료

| | 고득수 | 김영복 | 박시현 | 오성현 | 양복완 | 최우량 |
|---|---|---|---|---|---|---|
| TV | 13 | 8 | 2 | 32 | 14 | 15 |
| 냉장고 | 4 | 15 | 24 | 6 | 33 | 2 |
| 김치냉장고 | 22 | 12 | 21 | 12 | 26 | 28 |
| 전자렌지 | 8 | 25 | 8 | 21 | 5 | 25 |
| 정수기 | 13 | 20 | 3 | 27 | 12 | 6 |

### ✸ 2018년 품목별 가격 및 수당 기준표

| 품목 | TV | 냉장고 | 김치냉장고 | 전자렌지 | 정수기 |
|---|---|---|---|---|---|
| 판매가 | 1,700,000 | 2,700,000 | 1,850,000 | 580,000 | 870,000 |
| 원가(구입가) | 1,200,000 | 1,800,000 | 1,060,000 | 450,000 | 670,000 |
| 수당(건당) | 100,000 | 180,000 | 120,000 | 40,000 | 80,000 |

요구사항

: 위의 자료를 토대로,

1. 10월 중 영업사원별/품목별 **판매실적**을 금액으로 표시하시오.
2. 10월에 영업사원별로 받게 될 **판매수당**은 각각 얼마인가?
3. 다른 수입 및 비용 항목이 없다고 가정할 때, (주)안심유통의 10월 품목별 영업이익은 각각 얼마인가?
4. 영업사원별/품목별 10월 판매실적을 판매금액 기준으로 **비교차트**로 표시하시오.
5. 10월의 품목별 영업이익을 3차원 백분율 파이차트로 표시해 보시오.
6. 오성현 사원이 받게 될 10월 품목별 판매수당을 막대형차트로 표시하되, 막대를 해당 품목의 그래픽으로 표시해 보시오.

# Case 04 혼자해보기

Tips & 풀이 요약

## ▷ [기초자료 입력]

Case-4 혼자해보기 ㈜안심유통의 영업사원 성과배분

< 제시자료1 : 2018년 10월 영업사원별 / 품목별 판매실적 자료 >

| | 고득수 | 김영복 | 박시현 | 오성현 | 양복완 | 최우량 | 계 |
|---|---|---|---|---|---|---|---|
| TV | 13 | 8 | 2 | 32 | 14 | 15 | 84 |
| 냉장고 | 4 | 15 | 24 | 6 | 33 | 2 | 84 |
| 김치냉장고 | 22 | 12 | 21 | 12 | 26 | 28 | 121 |
| 전자렌지 | 8 | 25 | 8 | 21 | 5 | 25 | 92 |
| 정수기 | 13 | 20 | 3 | 27 | 12 | 6 | 81 |
| 계 | 60 | 80 | 58 | 98 | 90 | 76 | 462 |

< 제시자료2 : 2018년 품목별 가격 및 수당 기준표 >

| 품목 | TV | 냉장고 | 김치냉장고 | 전자렌지 | 정수기 |
|---|---|---|---|---|---|
| 판매가 | 1,700,000 | 2,700,000 | 1,850,000 | 580,000 | 870,000 |
| 원가(구입가) | 1,200,000 | 1,800,000 | 1,060,000 | 450,000 | 670,000 |
| 수당(건당) | 100,000 | 180,000 | 120,000 | 40,000 | 80,000 |

안심유통-풀이

## ▷ [요구사항] 해결

1. 10월 영업사원/품목별 판매실적

| | 고득수 | 김영복 | 박시현 | 오성현 | 양복완 | 최우량 | 계 |
|---|---|---|---|---|---|---|---|
| TV | 22,100,000 | 13,600,000 | 3,400,000 | 54,400,000 | 23,800,000 | 25,500,000 | 142,800,000 |
| 냉장고 | 10,800,000 | 40,500,000 | 64,800,000 | 16,200,000 | 89,100,000 | 5,400,000 | 226,800,000 |
| 김치냉장고 | 40,700,000 | 22,200,000 | 38,850,000 | 22,200,000 | 48,100,000 | 51,800,000 | 223,850,000 |
| 전자렌지 | 4,640,000 | 14,500,000 | 4,640,000 | 12,180,000 | 2,900,000 | 14,500,000 | 53,360,000 |
| 정수기 | 11,310,000 | 17,400,000 | 2,610,000 | 23,490,000 | 10,440,000 | 5,220,000 | 70,470,000 |
| 계 | 89,550,000 | 108,200,000 | 114,300,000 | 128,470,000 | 174,340,000 | 102,420,000 | 717,280,000 |

2. 10월 영업사원별 판매수당

| | 고득수 | 김영복 | 박시현 | 오성현 | 양복완 | 최우량 | 계 |
|---|---|---|---|---|---|---|---|
| TV | 1,300,000 | 800,000 | 200,000 | 3,200,000 | 1,400,000 | 1,500,000 | 8,400,000 |
| 냉장고 | 720,000 | 2,700,000 | 4,320,000 | 1,080,000 | 5,940,000 | 360,000 | 15,120,000 |
| 김치냉장고 | 2,640,000 | 1,440,000 | 2,520,000 | 1,440,000 | 3,120,000 | 3,360,000 | 14,520,000 |
| 전자렌지 | 320,000 | 1,000,000 | 320,000 | 840,000 | 200,000 | 1,000,000 | 3,680,000 |
| 정수기 | 1,040,000 | 1,600,000 | 240,000 | 2,160,000 | 960,000 | 480,000 | 6,480,000 |
| 계 | 6,020,000 | 7,540,000 | 7,600,000 | 8,720,000 | 11,620,000 | 6,700,000 | 48,200,000 |

3. 10월 품목별 영업이익

| | 매출액 | 매출원가 | 매출총이익 | 판매수당 | 영업이익 |
|---|---|---|---|---|---|
| TV | 142,800,000 | 100,800,000 | 42,000,000 | 8,400,000 | 33,600,000 |
| 냉장고 | 226,800,000 | 151,200,000 | 75,600,000 | 15,120,000 | 60,480,000 |
| 김치냉장고 | 223,850,000 | 128,260,000 | 95,590,000 | 14,520,000 | 81,070,000 |
| 전자렌지 | 53,360,000 | 41,400,000 | 11,960,000 | 3,680,000 | 8,280,000 |
| 정수기 | 70,470,000 | 54,270,000 | 16,200,000 | 6,480,000 | 9,720,000 |
| 계 | 717,280,000 | 475,930,000 | 241,350,000 | 48,200,000 | 193,150,000 |

안심유통-풀이

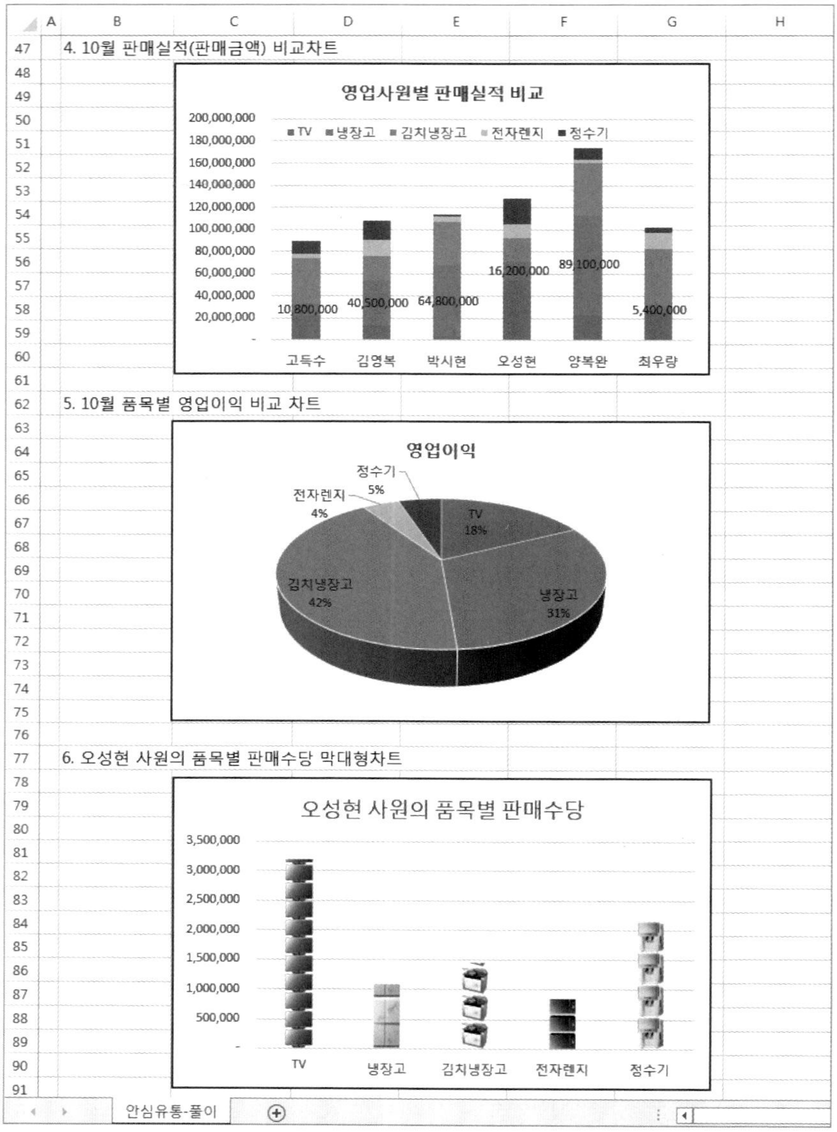
4. 10월 판매실적(판매금액) 비교차트
영업사원별 판매실적 비교
TV 냉장고 김치냉장고 전자렌지 정수기
10,800,000
40,500,000
64,800,000
16,200,000
89,100,000
5,400,000
고득수 김영복 박시현 오성현 양복완 최우량
5. 10월 품목별 영업이익 비교 차트
영업이익
정수기 5%
전자렌지 4%
TV 18%
김치냉장고 42%
냉장고 31%
6. 오성현 사원의 품목별 판매수당 막대형차트
오성현 사원의 품목별 판매수당
TV 냉장고 김치냉장고 전자렌지 정수기
안심유통-풀이

CHAPTER

02

# 재무제표 작성과 재무분석

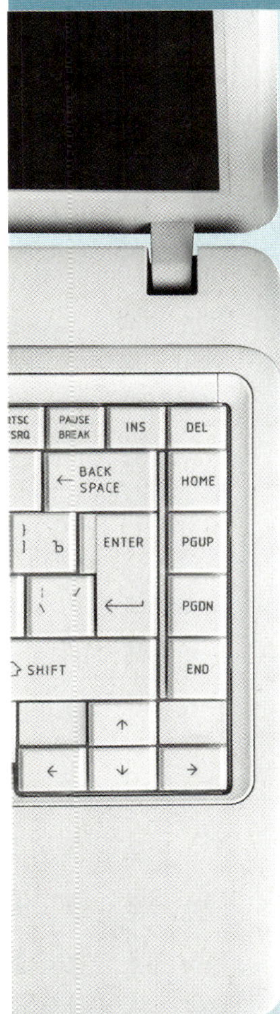

Case 05 따라하기

# (주)새롬의 결산절차 수행과 재무제표 작성

05

현황

(주)새롬의 회계부에서는 20x1년도 기말을 맞이하여 **결산서** 작성업무를 수행해야 한다. 이를 위해 지난 1년 동안 기록해 온 **총계정원장**을 임시로 마감한 계정잔액과 기말시점에 수행해야 할 결산정리사항을 다음과 같이 요약하였다.

### ✹ 총계정원장 계정잔액

| | | | | | |
|---|---:|---|---:|---|---:|
| 현 금 | ₩4,000 | 단기매매금융자산 | ₩8,000 | 외상매출금 | ₩120,000 |
| 대손충당금 | 2,000 | 상 품 | 6,000 | 매도가능주식 | 24,000 |
| 건 물 | 100,000 | 건물감가상각누계액 | 27,000 | 비 품 | 40,000 |
| 비품감가상각누계액 | 16,000 | 외상매입금 | 80,000 | 자 본 금 | 80,000 |
| 이익준비금 | 21,000 | 미처분이익잉여금 | 12,000 | 매도가능주식평가이익 | 4,000 |
| 매 출 | 176,000 | 임 대 료 | 8,000 | 매 입 | 112,000 |
| 종업원급여 | 6,000 | 광 고 비 | 4,000 | 이 자 비 용 | 2,000 |

### ✹ 결산정리사항

① 현금 실제 잔액 ₩3,400 (차이의 원인을 밝히지 못함)

② 외상매출금 기말잔액에 대한 대손 추정 (4%)

③ 단기매매금융자산의 기말 공정가치 ₩10,000

④ 상품 기말재고액 ₩18,000

⑤ 매도가능주식의 기말 공정가치 ₩32,000

⑥ 건물에 대한 감가상각 (올해 제4차년도, 정액법)

⑦ 비품에 대한 감가상각 (정률법, 정률 40%)

⑧ 당기분 임대료 계산액 ₩20,000

⑨ 당기분 종업원급여 계산액 ₩8,000

⑩ 당기분 광고비 계산액 ₩2,000

⑪ 당기분 이자비용 계산액 ₩6,000

요구 사항

위 자료를 토대로 다음 절차에 의해 **정산표**를 작성하고 **재무제표**를 완성하시오.

단계1: 총계정원장 계정잔액으로 잔액시산표를 작성한다(8칸식 정산표 양식 사용).

단계2: 결산정리사항의 **수정분개**를 행하고 정산표 결산정리분개란에 기록한다.

단계3: 정산표를 완성한다(정산표상의 재무상태표와 포괄손익계산서).

단계4: 완성된 정산표를 중심으로 재무상태표와 포괄손익계산서를 각각의 양식에 따라 표시한다.

단, 이들 절차에서 가능한 한 자료의 이중 입력을 최소화하도록 관련 수식이나 함수를 이용하여 표시하고, 재무상태표는 계정식, 포괄손익계산서는 보고식으로 작성하도록 한다.

## Case 05 따라하기

### 상황분석

- 이 예제는 기업에서 결산절차를 수행하는 대표적인 상황을 가정하고 있다.
- 결산은 일반적으로 다음의 절차에 따른다.
  1. 시산표 작성
  2. 결산정리사항의 분개와 정산표에의 기록
  3. 정산표 완성
  4. 양식에 따른 재무제표 작성
  5. (필요한 경우 장부마감 수행)
- 따라서 이러한 일련의 절차를 Excel을 통해 수행하기 위해 필요한 시트의 구성과 사용해야 할 함수 또는 수식은 어떤 것들인가를 미리 생각해 본다.

### 단계1. 시산표(정산표) 작성

결산의 시작을 의미하는 **시산표** 작성은 흔히 별도의 잔액시산표나 합계잔액시산표 형식을 사용하지만, 본 예제의 경우 결국 잔액시산표를 포함하는 정산표 작성과정을 수행해야 하므로, 미리 정산표 양식을 설계하고 여기에 잔액시산표를 정리하기로 한다.

① 새 Worksheet에서 새 시트를 삽입하고, 시트의 이름을 '**정산표**'로 변경한다.

② '정산표' 시트의 C1 셀에 '정 산 표'를 입력하고, C1:E1 셀 범위를 선택한 후 [병합하고 가운데 맞춤]을 설정한다. 그리고 [홈] 탭의 [글꼴]에서 '견고딕', '14pt'로 설정한다.

③ A2 셀에는 회사 이름 '(주)새롬'을 입력한다. C2 셀에는 기말시점인 '20x1. 12. 31 현재'를 입력하고, C2:E2 셀 범위를 선택하여 [병합하고 가운데 맞춤]을 설정한다. H2 셀에 '(단위: 원)'을 입력하고, H2:I2 셀 범위를 선택하여 [병합하고 가운데 맞춤]을 설정한다.

④ A3 셀에 '계정과목'을 입력하고, B3, D3, F3, H3 셀에 각각 '잔액시산표', '결산정리분개', '포괄손익계산서', '재무상태표'를 차례로 입력한다. B3:C3, D3:E3, F3:G3, H3:I3 셀 범위를 각각 선택하고, 각각 [병합하고 가운데 맞춤]을 설정한다. B4 셀에는 '차변', C4 셀에는 '대변'을 입력한다. 그리고 B4:C4 셀 범위를 선택하여 복사하고 D4, F4, H4 셀에 각각 붙여넣기 한다.

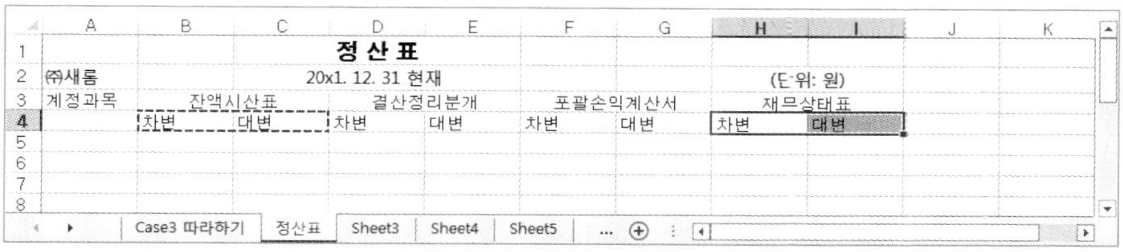


⑤ A2:I2 셀 범위를 선택하고 [홈] 탭의 [글꼴]에서 '맑은 고딕'으로 설정한다.

⑥ A3:I39 셀 범위를 선택하고 [홈] 탭의 [글꼴]에서 '견명조', [가운데 맞춤]으로 설정한다. 그리고 동일 셀 범위에 대해 [홈] 탭의 [글꼴]에서 [모든 테두리]를 설정하고, 이어서 [굵은 테두리]를 설정한다. 또 A3:I4, B3:C39, F3:G39 셀 범위에 대해서도 [굵은 테두리]를 설정한다.

⑦ 계정과목명이 표시될 A열의 [열 너비]를 '22'로, 그리고 B열부터 I열까지의 각 열 [열 너비]를 '10'으로 설정한다.

⑧ 이로써 **정산표**의 기본 양식은 설계되었다.

⑨ 완성된 정산표 양식의 왼쪽 계정과목과 잔액시산표란에 문제에서 주어진 '총계정원장 계정잔액'을 잔액시산표 작성방법에 따라 순차적으로 입력한다. 이때 유의해야 할 것은, 해당 계정과목의 성격에 따라 금액(계정잔액)을 '차변' 또는 '대변'에 올바로 분류하여 기록해야 한다는 것

이다. 즉, 해당 계정과목이 자산 또는 비용항목이면 계정잔액이 차변란에 기록되어야 하고, 부채, 자본 또는 수익 항목인 경우에는 대변란에 기록되어야 한다. 또 **감가상각누계액**은 정산표에서는 대변에 기록되어야 한다. '임대료'는 비용 항목이 아닌 수익 항목이므로 반드시 계정잔액이 대변에 기록되어야 한다는 것도 잊지 말자.

⑩ 주어진 총계정원장 계정과목과 해당 계정잔액이 모두 잔액시산표란에 입력되면, 그 아래 칸(A26 셀)에 '[합계]'를 입력하고 B5:C26 셀을 선택한 후 [홈] 탭의 [편집]에서 [합계](Σ) 단추를 눌러 B26 셀과 C26 셀에 차변합계와 대변합계가 각각 표시되도록 한다. 이때 이 차변합계와 대변합계는 반드시 일치해야 한다. 이는 복식부기의 **'대차평형의 원리'**가 적용되고 있는지를 검증하는 절차이며, 잔액시산표를 미리 작성해보는 궁극적인 이유이기도 하다.

⑪ 차변합계와 대변합계가 표시된 B26:C26 셀 범위를 선택하고 [홈] 탭의 [글꼴]-[테두리]에서 [아래쪽 이중테두리]를 선택한다. 그리고 금액이 표시되는 B5:I39 셀 범위를 선택하고 [홈] 탭의 [표시형식]에서 [쉼표 스타일]을 클릭하여 천원 단위로 구분표시되도록 한다.

| | A | B | C | D | E | F | G | H | I |
|---|---|---|---|---|---|---|---|---|---|
| 1 | | | | 정산표 | | | | | |
| 2 | ㈜새롬 | | | 20x1. 12. 31 현재 | | | | (단위: 원) | |
| 3 | 계정과목 | 잔액시산표 | | 결산정리분개 | | 포괄손익계산서 | | 재무상태표 | |
| 4 | | 차변 | 대변 | 차변 | 대변 | 차변 | 대변 | 차변 | 대변 |
| 5 | 현금 | 4,000 | | | | | | | |
| 6 | 단기매매금융자산 | 8,000 | | | | | | | |
| 7 | 외상매출금 | 120,000 | | | | | | | |
| 8 | 대손충당금 | | 2,000 | | | | | | |
| 9 | 상품 | 6,000 | | | | | | | |
| 10 | 매도가능주식 | 24,000 | | | | | | | |
| 11 | 건물 | 100,000 | | | | | | | |
| 12 | 건물감가상각누계액 | | 27,000 | | | | | | |
| 13 | 비품 | 40,000 | | | | | | | |
| 14 | 비품감가상각누계액 | | 16,000 | | | | | | |
| 15 | 외상매입금 | | 80,000 | | | | | | |
| 16 | 자본금 | | 80,000 | | | | | | |
| 17 | 이익준비금 | | 21,000 | | | | | | |
| 18 | 미처분이익잉여금 | | 12,000 | | | | | | |
| 19 | 매도가능주식평가이익 | | 4,000 | | | | | | |
| 20 | 매출 | | 176,000 | | | | | | |
| 21 | 임대료 | | 8,000 | | | | | | |
| 22 | 매입 | 112,000 | | | | | | | |
| 23 | 종업원급여 | 6,000 | | | | | | | |
| 24 | 광고비 | 4,000 | | | | | | | |
| 25 | 이자비용 | 2,000 | | | | | | | |
| 26 | [ 합 계 ] | 426,000 | 426,000 | | | | | | |
| 27 | | | | | | | | | |

Case3 따라하기 | 정산표 | Sheet3

⑫ B26 셀과 C26 셀의 차변합계와 대변합계가 일치하므로 잔액시산표는 올바로 작성되었다고 볼 수 있다.

## 단계2. 결산정리사항의 분개와 정산표 결산정리분개란에의 기록

다음으로 결산정리사항 각각에 대해 필요한 수정분개를 수행하고, 이를 정산표의 [**결산정리분개**]란에 입력한다.

① 첫 번째 결산정리사항을 수정분개하면 다음과 같다.

| (결산정리사항) | ① 현금 실제 잔액 ₩3,400 (차이의 원인을 밝히지 못함) |
|---|---|

⬇

| (수정분개) | (차) 잡손실 600 | (대) 현 금 600 |
|---|---|---|

이는 정산표상의 현금잔액(즉, 총계정원장 현금계정 잔액)은 ₩4,000인데, 기말 현금 실사 결과 실제잔액이 ₩3,400이므로 부족액 ₩600을 '**잡손실**' 계정으로 처리하기 위한 것이다.

② 이 분개를 정산표상의 [결산정리분개]란에 기록하기 위해, 먼저 A열에 표시된 계정과목 중에서 '잡손실' 계정이 있는지 확인해 본다. '잡손실' 계정은 총계정원장에서 사용되지 않았기 때문에 찾아볼 수 없으며, 따라서 새로 등록하기 위해 계정과목란의 아래 첫 번째 빈 칸(A27 셀)에 '잡손실'을 입력하고 차변분개의 해당 금액 '600'을 D27 셀(결산정리분개란의 차변)에 입력한다. 그리고 상대계정과목인 대변 분개의 '현금'은 A열의 5행(A5 셀)에서 확인할 수 있으므로, 5열에 해당하는 [결산정리분개]의 대변(즉, E5 셀)에 '600'을 입력한다.

**정 산 표**

㈜새롬 20x1. 12. 31 현재 (단위: 원)

| 계정과목 | 잔액시산표 | | 결산정리분개 | | 포괄손익계산서 | | 재무상태표 | |
|---|---|---|---|---|---|---|---|---|
| | 차변 | 대변 | 차변 | 대변 | 차변 | 대변 | 차변 | 대변 |
| 현금 | 4,000 | | | 600 | | | | |
| 단기매매금융자산 | 8,000 | | | | | | | |
| 외상매출금 | 120,000 | | | | | | | |
| 대손충당금 | | 2,000 | | | | | | |
| 상품 | 6,000 | | | | | | | |
| 매도가능주식 | 24,000 | | | | | | | |
| 건물 | 100,000 | | | | | | | |
| 건물감가상각누계액 | | 27,000 | | | | | | |
| 비품 | 40,000 | | | | | | | |
| 비품감가상각누계액 | | 16,000 | | | | | | |
| 외상매입금 | | 80,000 | | | | | | |
| 자본금 | | 80,000 | | | | | | |
| 이익준비금 | | 21,000 | | | | | | |
| 미처분이익잉여금 | | 12,000 | | | | | | |
| 매도가능주식평가이익 | | 4,000 | | | | | | |
| 매출 | | 176,000 | | | | | | |
| 임대료 | | 8,000 | | | | | | |
| 매입 | 112,000 | | | | | | | |
| 종업원급여 | 6,000 | | | | | | | |
| 광고비 | 4,000 | | | | | | | |
| 이자비용 | 2,000 | | | | | | | |
| [ 합 계 ] | 426,000 | 426,000 | | | | | | |
| 잡손실 | | | 600 | | | | | |

Case3 따라하기 | 정산표 | Sheet3

③ 이와 같은 방식으로, 나머지 결산정리사항(②~⑪)에 대해서도 각각 수정분개를 수행하고, 이를 각각 정산표의 [결산정리분개] 해당란에 기록한다.

| 〈 나머지 결산정리사항 〉 |
|---|
| ② 외상매출금 기말잔액에 대한 대손 추정 (4%) |
| ③ 단기매매금융자산의 기말 공정가치 ₩10,000 |
| ④ 상품 기말재고액 ₩18,000 |
| ⑤ 매도가능주식의 기말 공정가치 ₩32,000 |
| ⑥ 건물에 대한 감가상각 (올해 제4차년도, 정액법) |
| ⑦ 비품에 대한 감가상각 (정률법, 정률 40%) |
| ⑧ 당기분 임대료 계산액 ₩20,000 |
| ⑨ 당기분 종업원급여 계산액 ₩8,000 |
| ⑩ 당기분 광고비 계산액 ₩2,000 |
| ⑪ 당기분 이자비용 계산액 ₩6,000 |

⬇

| | (수정분개) | | | | | |
|---|---|---|---|---|---|---|
| ② | (차) | 대손상각비 | 2,800 | (대) | 대손충당금 | 2,800 |
| ③ | (차) | 단기매매금융자산 | 2,000 | (대) | 단기매매금융자산평가이익 | 2,000 |
| ④ | (차) | 매 입<br>상 품 | 6,000<br>18,000 | (대) | 상 품<br>매 입 | 6,000<br>18,000 |
| ⑤ | (차) | 매도가능주식 | 8,000 | (대) | 매도가능주식평가이익 | 8,000 |
| ⑥ | (차) | 건물감가상각비 | 9,000 | (대) | 건물감가상각누계액 | 9,000 |
| ⑦ | (차) | 비품감가상각비 | 9,600 | (대) | 비품감가상각누계액 | 9,600 |
| ⑧ | (차) | 미수임대료 | 12,000 | (대) | 임 대 료 | 12,000 |
| ⑨ | (차) | 종업원급여 | 2,000 | (대) | 미지급급여 | 2,000 |
| ⑩ | (차) | 선급광고비 | 2,000 | (대) | 광 고 비 | 2,000 |
| ⑪ | (차) | 이자비용 | 4,000 | (대) | 미지급이자 | 4,000 |

**정 산 표**

㈜새롬 20x1. 12. 31 현재 (단위: 원)

| 계정과목 | 잔액시산표 | | 결산정리분개 | | 포괄손익계산서 | | 재무상태표 | |
|---|---|---|---|---|---|---|---|---|
| | 차변 | 대변 | 차변 | 대변 | 차변 | 대변 | 차변 | 대변 |
| 현금 | 4,000 | | | 600 | | | | |
| 단기매매금융자산 | 8,000 | | 2,000 | | | | | |
| 외상매출금 | 120,000 | | | | | | | |
| 대손충당금 | | 2,000 | | 2,800 | | | | |
| 상품 | 6,000 | | 18,000 | 6,000 | | | | |
| 매도가능주식 | 24,000 | | 8,000 | | | | | |
| 건물 | 100,000 | | | | | | | |
| 건물감가상각누계액 | | 27,000 | | 9,000 | | | | |
| 비품 | 40,000 | | | | | | | |
| 비품감가상각누계액 | | 16,000 | | 9,600 | | | | |
| 외상매입금 | | 80,000 | | | | | | |
| 자본금 | | 80,000 | | | | | | |
| 이익준비금 | | 21,000 | | | | | | |
| 미처분이익잉여금 | | 12,000 | | | | | | |
| 매도가능주식평가이익 | | 4,000 | | 8,000 | | | | |
| 매출 | | 176,000 | | | | | | |
| 임대료 | | 8,000 | | 12,000 | | | | |
| 매입 | 112,000 | | 6,000 | 18,000 | | | | |
| 종업원급여 | 6,000 | | 2,000 | | | | | |
| 광고비 | 4,000 | | | 2,000 | | | | |
| 이자비용 | 2,000 | | 4,000 | | | | | |
| [ 합 계 ] | 426,000 | 426,000 | | | | | | |
| 잡손실 | | | 600 | | | | | |
| 대손상각비 | | | 2,800 | | | | | |
| 단기매매금융자산평가이익 | | | | 2,000 | | | | |
| 건물감가상각비 | | | 9,000 | | | | | |
| 비품감가상각비 | | | 9,600 | | | | | |
| 미수임대료 | | | 12,000 | | | | | |
| 미지급급여 | | | | 2,000 | | | | |
| 선급광고비 | | | 2,000 | | | | | |
| 미지급이자 | | | | 4,000 | | | | |

Case3 따라하기 | 정산표 | Sheet3 | Sheet4 | Sheet5 | Sheet6 | Sh ...

④ 수정분개 내용을 모두 정산표상의 [결산정리분개]란에 옮겨 적었으면, [결산정리분개]란에서도 차변의 합계와 대변의 합계가 일치하는지를 확인해 보아야 한다. 이를 위해 [결산정리분개]란에서 합계를 표시할 D36:E36 셀 범위까지를 포함하여 D5:E36 셀 범위를 선택하고 [홈] 탭의 [편집]에서 [합계](Σ) 단추를 클릭한다. 차변합계와 대변합계가 각각 표시된 D36 셀과 E36 셀의 금액이 서로 일치하는지를 확인하고, D36:E36 셀 범위를 선택하여 [홈] 탭의 [글꼴]-[테두리]에서 [아래쪽 이중테두리]를 선택한다. 그리고 A36 셀에는 '[합계]'를 입력한다.

## 단계3. 정산표 완성

결산정리분개 내역을 모두 정산표에 기록하였으면, 이제 남은 절차는 정산표에서 [**포괄손익계산서**]와 [**재무상태표**] 부분을 표시하는 것이다. 그런데 이 나머지 절차는 수식에 의해 자동으로 표시되도록 설계한다.

① 정산표상의 [포괄손익계산서]와 [재무상태표]란을 표시하는 원칙은 다음과 같다. 즉, 계정과목이 손익계산서 항목(비용 및 수익 항목)인 경우에는 [잔액시산표]의 금액과 [결산정리분개]의 금액을 서로 가감하여 그 잔액을 [포괄손익계산서]란의 많은 쪽 변에 기록한다. 또 계정과목이 재무상태표 항목(자산, 부채 및 자본 항목)인 경우에는 [잔액시산표]의 금액과 [결산정리분개]의 금액을 서로 가감하여 그 잔액을 [재무상태표]란의 많은 쪽 변에 기록한다. 따라서 여기서는 먼저 A열의 각 계정과목이 손익계산서 항목인지 재무상태표 항목인지를 구분할 수 있어야 한다.

② 이를 관련 수식으로 표시해보기로 하자. 예컨대 손익계산서 항목인 '**매출**' 계정의 [포괄손익계산서]란 차변(즉, F20 셀)에는 수식 '=IF(B20+D20-C20-E20>0, B20+D20-C20-E20,"")'으로 표시할 수 있다. 이는 '매출' 계정의 [잔액시산표]란 차변금액(B20셀)과 [결산정리분개]란의 차변금액(D20 셀)을 더하고, 여기에서 [잔액시산표]란 대변금액(C20셀)과 [결산정리분개]란의 대변금액(E20 셀)을 차감한 잔액이 0보다 크면(즉, 잔액이 차변에 나오면) 그 잔액을 [포괄손익계산서]란의 차변에 기록하고, 그렇지 않으면 빈 칸("")으로 남겨둔다는 의미이다. 여기서 '매출' 계정의 경우에는 원래 대변 항목으로 계산 잔액이 당연히 대변에 남게되므로 F20 셀의 수식 표시 결과는 빈 칸으로 표시되게 된다.

③ 또한 '매출' 계정의 [포괄손익계산서]란 대변(G20 셀)에는 수식 '=IF(C20+E20-B20-D20>0, C20+E20-B20-D20,"")'으로 표시할 수 있다. 이는 '매출' 계정의 [잔액시산표]란 대변금액(C20셀)과 [결산정리분개]란의 대변금액(E20 셀)을 더하고, 여기에서 [잔액시산표]란 차변금액(B20셀)과 [결산정리분개]란의 차변금액(D20 셀)을 차감한 잔액이 0보다 크면(즉, 잔액이 대변에 나오면) 그 잔액을 [포괄손익계산서]란의 대변에 기록하고, 그렇지 않으면 빈 칸("")으로 남겨

둔다는 의미이다. 여기서 '매출' 계정의 경우에는 원래 대변 항목으로 계산 잔액이 당연히 대변에 남게되므로 G20 셀의 수식 표시 결과는 계산 잔액 ₩176,000으로 표시되게 된다.

④ 이러한 논리는 '매출' 계정 외에도 모든 **손익계산서** 항목들에 동일하게 적용될 수 있다. 따라서 관련 수식이 정의된 F20:G20 셀 범위를 선택하고 복사하여, 또 다른 손익계산서 항목에 해당하는 F21:F25, 그리고 F27:F31 셀 범위에 붙여넣기 하여 모든 손익계산서 항목들에 동일하게 적용되도록 한다.

⑤ 또한 재무상태표 항목인 **'현금'** 계정의 [재무상태표]란 차변(즉, H5 셀)에는 수식 '=IF(B5+D5-C5-E5>0, B5+D5-C5-E5,"")'으로 표시할 수 있다. 이는 '현금' 계정의 [잔액시산표]란 차변금액(B5 셀)과 [결산정리분개]란의 차변금액(D5 셀)을 더하고, 여기에서 [잔액시산표]란 대변금액(C5셀)과 [결산정리분개]란의 대변금액(E5 셀)을 차감한 잔액이 0보다 크면(즉, 잔액이 차변에 나오면) 그 잔액을 [재무상태표]란의 차변에 기록하고, 그렇지 않으면 빈 칸("")으로 남겨둔다는 의미이다. 여기서 '현금' 계정의 경우에는 원래 차변 항목으로 계산 잔액이 당연히 차변에 남게되므로 H5 셀의 수식 표시 결과는 계산잔액인 ₩3,400이 표시되게 된다.

⑥ 마찬가지로, '현금' 계정의 [재무상태표]란 대변(I5 셀)에는 수식 '=IF(C5+E5-B5-D5>0, C5+E5-B5-D5,"")'으로 표시할 수 있다. 이는 '현금' 계정의 [잔액시산표]란 대변금액(C5 셀)과 [결산정리분개]란의 대변금액(E5 셀)을 더하고, 여기에서 [잔액시산표]란 차변금액(B5 셀)과 [결산정리분개]란의 차변금액(D5 셀)을 차감한 잔액이 0보다 크면(즉, 잔액이 대변에 나오면) 그 잔액을 [재무상태표]란의 대변에 기록하고, 그렇지 않으면 빈 칸("")으로 남겨둔다는 의미이다. 여기서 '현금' 계정의 경우에는 원래 차변 항목으로 계산 잔액이 당연히 차변에 남게 되므로(즉, 계산잔액이 0보다 작게 되므로) I5 셀의 수식 표시 결과는 빈 칸으로 표시되게 된다.

⑦ 이러한 논리는 '현금' 계정 외에도 모든 재무상태표 항목들에 동일하게 적용될 수 있다. 따라서 관련 수식이 정의된 H5:I5 셀 범위를 선택하고 복사하여, 또 다른 재무상태표 항목에 해당하는 H6:H19, 그리고 H32:H35 셀 범위에 붙여넣기 하여 모든 **재무상태표** 항목들에 동일하게 적용되도록 한다.

H32 =IF(B32+D32-C32-E32>0,B32+D32-C32-E32,"")

| | A | B | C | D | E | F | G | H | I |
|---|---|---|---|---|---|---|---|---|---|
| 1 | 정 산 표 | | | | | | | | |
| 2 | ㈜새롬 | 20x1. 12. 31 현재 | | | | | | (단위: 원) | |
| 3 | 계정과목 | 잔액시산표 | | 결산정리분개 | | 포괄손익계산서 | | 재무상태표 | |
| 4 | | 차변 | 대변 | 차변 | 대변 | 차변 | 대변 | 차변 | 대변 |
| 5 | 현금 | 4,000 | | | 600 | | | 3,400 | |
| 6 | 단기매매금융자산 | 8,000 | | 2,000 | | | | 10,000 | |
| 7 | 외상매출금 | 120,000 | | | | | | 120,000 | |
| 8 | 대손충당금 | | 2,000 | | 2,800 | | | | 4,800 |
| 9 | 상품 | 6,000 | | 18,000 | 6,000 | | | 18,000 | |
| 10 | 매도가능주식 | 24,000 | | 8,000 | | | | 32,000 | |
| 11 | 건물 | 100,000 | | | | | | 100,000 | |
| 12 | 건물감가상각누계액 | | 27,000 | | 9,000 | | | | 36,000 |
| 13 | 비품 | 40,000 | | | | | | 40,000 | |
| 14 | 비품감가상각누계액 | | 16,000 | | 9,600 | | | | 25,600 |
| 15 | 외상매입금 | | 80,000 | | | | | | 80,000 |
| 16 | 자본금 | | 80,000 | | | | | | 80,000 |
| 17 | 이익준비금 | | 21,000 | | | | | | 21,000 |
| 18 | 미처분이익잉여금 | | 12,000 | | | | | | 12,000 |
| 19 | 매도가능주식평가이익 | | 4,000 | | 8,000 | | | | 12,000 |
| 20 | 매출 | | 176,000 | | | | 176,000 | | |
| 21 | 임대료 | | 8,000 | | 12,000 | | 20,000 | | |
| 22 | 매입 | 112,000 | | 6,000 | 18,000 | 100,000 | | | |
| 23 | 종업원급여 | 6,000 | | 2,000 | | 8,000 | | | |
| 24 | 광고비 | 4,000 | | | 2,000 | 2,000 | | | |
| 25 | 이자비용 | 2,000 | | 4,000 | | 6,000 | | | |
| 26 | [ 합 계 ] | 426,000 | 426,000 | | | | | | |
| 27 | 잡손실 | | | 600 | | 600 | | | |
| 28 | 대손상각비 | | | 2,800 | | 2,800 | | | |
| 29 | 단기매매금융자산평가이익 | | | | 2,000 | | 2,000 | | |
| 30 | 건물감가상각비 | | | 9,000 | | 9,000 | | | |
| 31 | 비품감가상각비 | | | 9,600 | | 9,600 | | | |
| 32 | 미수임대료 | | | 12,000 | | | | 12,000 | |
| 33 | 미지급급여 | | | | 2,000 | | | | 2,000 |
| 34 | 선급광고비 | | | 2,000 | | | | 2,000 | |
| 35 | 미지급이자 | | | | 4,000 | | | | 4,000 |
| 36 | [ 합 계 ] | | | 76,000 | 76,000 | | | | |
| 37 | | | | | | | | | |
| 38 | | | | | | | | | |
| 39 | | | | | | | | | |
| 40 | | | | | | | | | |

Case3 따라하기 | 정산표 | Sheet3 | Sheet4 | Sheet5 | Sheet6 | Sh ...

⑧ 이제 [포괄손익계산서]와 [재무상태표]란의 차변합계와 더변합계를 각각 표시하기 위해 F5:I36 셀 범위를 함께 선택하고 [홈] 탭의 [편집]에서 [합계](Σ) 단추를 클릭한다. 그런데 계산된 [포괄손익계산서]의 차변합계(F36 셀)와 대변합계(G36 셀)가 서로 일치하지 않음을 알 수 있다. 그 차이가 곧 **당기순이익**을 의미한다. 따라서 A37 셀에 '당기순이익'이라고 입력하고, [포괄손익계산서]의 차변합계와 대변합계 중 금액이 작은 쪽(즉, F37 셀)에 그 차이 금액을 계산하기 위한 수식 '=G36-F36'을 입력한다. 이로써 [포괄손익계산서]에서 당기순이익이 ₩60,000으로 계산되었다. 마찬가지로 이번에는 [재무상태표]의 차변합계와 대변합계 중 금액이 작은 쪽(즉, I37 셀)에 그 차이 금액을 계산하기 위한 수식 '=H36-I36'을 입력한다. 이로써 [재무상태표]에서 당기순이익이 ₩60,000으로 계산되었다. 그런데 [포괄손익계산서]에서 계산된 당기순이익(₩60,000)과 [재무상태표]에서 계산된 당기순이익(₩60,000)은 항상 일치해야 한다. 따라서 그 일치 여부를 다시 확인해 본다.

⑨ A38 셀에 '[합계]'를 입력하고, F38 셀에는 수식 '=sum(F36:F37)'을 입력한다. 그리고 수식이 입력된 F38 셀에서 자동채우기 핸들을 통해 I38 셀까지 채워넣기 한다. 그러면 [포괄손익계산서]의 차변합계와 대변합계가 일치하고, [재무상태표]의 차변합계와 대변합계 역시 일치하게 된다. 이제 F38:I38 셀 범위를 선택하고 [홈] 탭의 [글꼴]-[테두리]에서 [아래쪽 이중테두리]를 선택한다.

**정 산 표**

㈜새롬 20x1. 12. 31 현재 (단위: 원)

| 계정과목 | 잔액시산표 | | 결산정리분개 | | 포괄손익계산서 | | 재무상태표 | |
|---|---|---|---|---|---|---|---|---|
| | 차변 | 대변 | 차변 | 대변 | 차변 | 대변 | 차변 | 대변 |
| 현금 | 4,000 | | | 600 | | | 3,400 | |
| 단기매매금융자산 | 8,000 | | 2,000 | | | | 10,000 | |
| 외상매출금 | 120,000 | | | | | | 120,000 | |
| 대손충당금 | | 2,000 | | 2,800 | | | | 4,800 |
| 상품 | 6,000 | | 18,000 | 6,000 | | | 18,000 | |
| 매도가능주식 | 24,000 | | 8,000 | | | | 32,000 | |
| 건물 | 100,000 | | | | | | 100,000 | |
| 건물감가상각누계액 | | 27,000 | | 9,000 | | | | 36,000 |
| 비품 | 40,000 | | | | | | 40,000 | |
| 비품감가상각누계액 | | 16,000 | | 9,600 | | | | 25,600 |
| 외상매입금 | | 80,000 | | | | | | 80,000 |
| 자본금 | | 80,000 | | | | | | 80,000 |
| 이익준비금 | | 21,000 | | | | | | 21,000 |
| 미처분이익잉여금 | | 12,000 | | | | | | 12,000 |
| 매도가능주식평가이익 | | 4,000 | | 8,000 | | | | 12,000 |
| 매출 | | 176,000 | | | | 176,000 | | |
| 임대료 | | 8,000 | | 12,000 | | 20,000 | | |
| 매입 | 112,000 | | 6,000 | 18,000 | 100,000 | | | |
| 종업원급여 | 6,000 | | 2,000 | | 8,000 | | | |
| 광고비 | 4,000 | | | 2,000 | 2,000 | | | |
| 이자비용 | 2,000 | | 4,000 | | 6,000 | | | |
| [ 합 계 ] | 426,000 | 426,000 | | | | | | |
| 잡손실 | | | 600 | | 600 | | | |
| 대손상각비 | | | 2,800 | | 2,800 | | | |
| 단기매매금융자산평가이익 | | | | 2,000 | | 2,000 | | |
| 건물감가상각비 | | | 9,000 | | 9,000 | | | |
| 비품감가상각비 | | | 9,600 | | 9,600 | | | |
| 미수임대료 | | | 12,000 | | | | 12,000 | |
| 미지급급여 | | | | 2,000 | | | | 2,000 |
| 선급광고비 | | | 2,000 | | | | 2,000 | |
| 미지급이자 | | | | 4,000 | | | | 4,000 |
| [ 합 계 ] | | | 76,000 | 76,000 | 138,000 | 198,000 | 337,400 | 277,400 |
| 당기순이익 | | | | | 60,000 | | | 60,000 |
| [ 합 계 ] | | | | | 198,000 | 198,000 | 337,400 | 337,400 |

Case3 따라하기 | 정산표 | Sheet3 | Sheet4 | Sheet5 | Sheet6 | Sh ...

⑩ 이로써 나머지 정산표 작성 부분을 수식으로 정의하여 자동으로 표시되도록 하는 절차를 완성하였다.

## 단계4. 손익계산서의 양식 표시

위의 정산표에서 표시된 손익계산서와 재무상태표는 관련 항목들을 서로 구분하여 각각 당기순이익을 계산하고 이를 검증해보는 수단으로서의 의미는 있지만, 보고용 손익계산서와 재무상태표로의 의미를 갖지는 못한다. 따라서 이들을 각각의 보고용 재무제표 양식에 맞추어 재배열하여 표시하는 절차를 수행하여야 한다. 여기서는 먼저 **손익계산서**를 작성해 본다.

참고

### 포괄손익계산서와 보고 양식

손익계산서를 작성하는 기본 목적은 해당 회계기간 중에 발생한 모든 수익과 비용을 대비시켜 당기순이익을 계산하고자 함에 있다. 이때 당기순이익은 '수익-비용'으로 계산되며, 당기 중에 발생하는 비용은 수익과의 관련성 정도에 따라 직접대응 또는 기간대응 형식으로 보고하게 된다. 이를 '**수익·비용대응의 원칙**'이라 한다. 한편 '포괄손익계산서'는 당기업적 중심의 손익계산서에 '기타포괄손익'을 가감하여 총포괄손익을 계산하는 형태로 보고된다. 여기서 '**기타포괄손익**'은 엄격한 의미에서 당기의 손익으로 보기는 어렵다 하더라도 궁극적으로는 기업 이익에 가감되어야 할 내용으로, 당기순이익을 계산한 이후에 이를 추가하여 보고하는 형태로 구성되어진다. 이러한 포괄손익계산서의 기본 형식은 다음과 같다.

포괄손익계산서

| (주)xxx | 20xx년 x월 x일부터 20xx년 x월 x일까지 | (단위: 원) |
|---|---|---|
| 1. 매 출 액 | | |
| 2. 매출원가 | | |
| 기초상품재고액 | | |
| 당기상품매입액 | | |
| 기말상품재고액 | | |
| 3. 매출총이익 | | |
| 4. 판매비와 일반관리비 | | |
| 5. 영업이익 | | |
| 6. 영업외수익 | | |
| 7. 영업외비용 | | |
| 9. 법인세차감전순이익 | | |
| 10. 법인세 | | |
| 11. 당기순이익 | | |
| 12. 기타포괄손익 | | |
| 13. 총포괄손익 | | |

① '정산표' 시트 오른쪽에 새 시트를 삽입하고, 시트의 이름을 **'포괄손익계산서'**라고 변경한다.

② B1 셀에 '포괄손익계산서'를 입력하고, 글씨체를 '견고딕', '14pt'로 설정한다. A2 셀에는 회사 이름인 '(주)새롬'을 입력하고, B2 셀에는 회계기간인 '20x1. 1. 1 ~ 12. 31'을 입력한다. D2 셀에는 '(단위: 원)'을 입력한다.

③ A3 셀에는 '항목'을, B3 셀에는 '금 액'을 각각 입력한다. 그리고 A열에는 손익계서 항목들을 표시하기 위해 [열 너비]를 '30'을 설정하고, B열부터 D열까지의 [열 너비]를 각각 '20', '3', '20'으로 설정한다.

④ A2:D2 셀 범위를 선택하고 글꼴을 [맑은 고딕]으로 설정한다. A2셀은 [왼쪽 맞춤], B2 셀은 [가운데 맞춤], D2 셀은 [오른쪽 맞춤]으로 각각 설정한다. A3:D21 셀 범위를 선택하고 [글꼴]에서 [견명조], [테두리]를 [모든 테두리]로 설정한다. B3:D3 셀 범위를 선택하고 [병합하고 가운데 맞춤]을 설정한다. C4:D21 셀 범위를 선택하고 [홈] 탭의 [글꼴]-[테두리]에서 [다른 테두리]를 선택한 후, [셀 서식] 상자의 [테두리]에서 [스타일]을 [없음]으로 선택하고 아래쪽 가운데 선을 클릭하여 C열의 오른쪽 선 부분이 표시되지 않도록 설정한다.

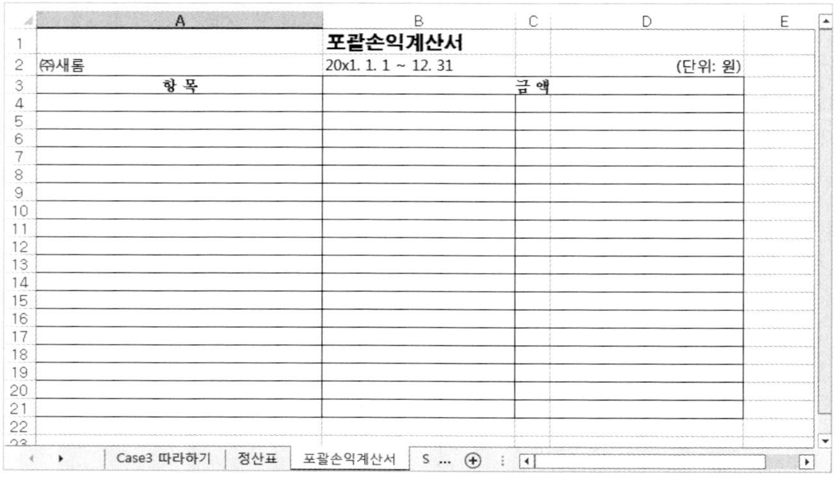


⑤ A열에 포괄손익계산서의 기본 양식에 맞춰 해당 항목들을 나열한다. 이때 나열되는 항목들은 업종이나 매출 구성에 따라 다를 수 있지만, 일반적으로 상기업이나 제조기업의 경우에는 **매출원가**의 구성항목이 모두 표시되도록 해야 한다. 기타 수익이나 비용의 경우에는 사용되는 항목 수나 구성에 따라 요약하여 표시할 수도 있다. 여기서는 관련 수익, 비용 항목들이 많지 않기 때문에 요약형으로 표시하기로 한다. 다만, 정산표에서 사용되고 있는 수익, 비용 항목들이 누락되지 않도록 관련 항목들을 미리 확인하고 항목들을 배열하도록 한다.

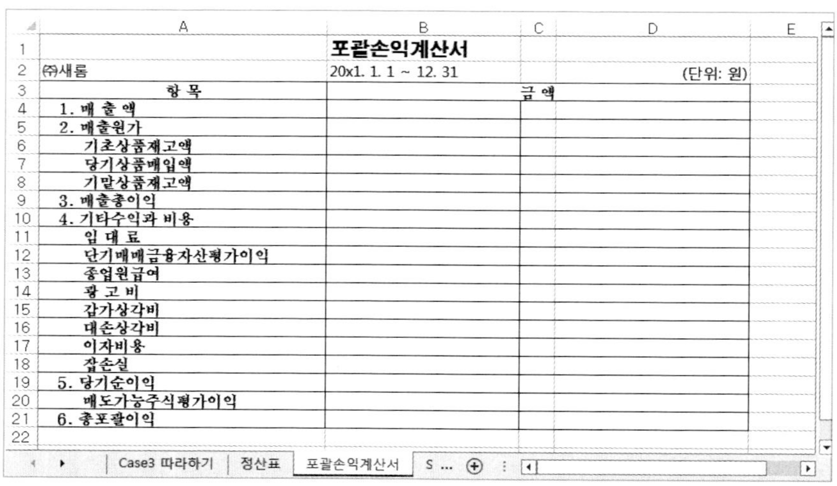


⑥ 각 항목에 표시되는 금액은 직접 입력하지 않고 정산표에서 계산된 값을 참조하여 자동으로 표시되도록 수식으로 구성한다. 예컨대 '매출액'은 D4 셀에 수식 '=정산표!G20'으로 입력되어야 한다. 그런데 이 수식을 직접 입력하는 것보다는, D4 셀을 클릭하고 수식의 시작을 알리는 부

호 '='을 입력한 후에 마우스로 '정산표' 시트를 클릭하여 정산표상의 [포괄손익계산서]란에서 매출액을 표시하고 있는 셀(G20 셀)을 선택하고 Enter 키를 눌러서 참조 셀이 자동으로 입력되도록 하는 방법이 입력상의 오류를 최소화할 수 있다.

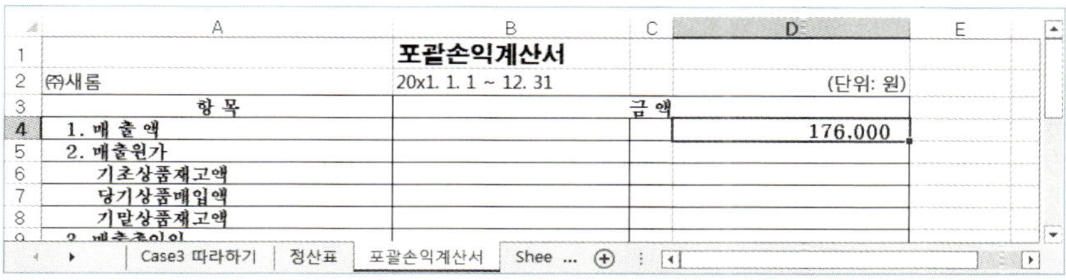


⑦ **'매출원가'**는 '기초상품재고액+당기상품매입액-기말상품재고액'으로 계산된다. 따라서 먼저 기초상품재고액 등이 표시되도록 해야 한다. **'기초상품재고액'**은 총계정원장 계정잔액 중 '상품' 계정 잔액을 의미한다. 기초상품재고액이 표시될 B6 셀을 클릭하고 수식의 시작을 알리는 '='을 입력한 후, 마우스로 '정산표' 시트를 클릭하여 [잔액시산표]란의 상품계정 잔액이 표시되고 있는 B9 셀을 선택하고 Enter 키를 누른다. '포괄손익계산서' 시트의 B6 셀에는 '=정산표!B9'으로 입력되고, 셀에는 그 참조값인 '6,000'으로 표시된다. 마찬가지 방법으로, B7 셀에는 '당기상품매입액'을 표시하기 위해 '=정산표!B22'를, 그리고 B8 셀에는 '기말상품재고액'을 표시하기 위해 '=정산표!H9'으로 각각 입력되도록 한다. 이들 금액을 계산하여 D5 셀에 매출원가가 표시되도록 수식 '=B6+B7-B8'을 입력한다.

⑧ 이와 같이 D5 셀에서 계산된 매출원가 금액(₩100,000)은 '정산표' 시트의 [포괄손익계산서]란의 **'매입'** 계정 차변에 표시되고 있는 금액과 일치하여야 하므로 반드시 이를 확인해 보아야 한다. 이는 정산표에서는 '매입' 계정을 통해 매출원가가 계산되고 있으며, 이 매입계정에서도 '기초상품재고액+당기상품매입액-기말상품재고액'의 산식을 통해 정산표의 F22 셀에 매출원가를 표시하고 있기 때문이다.

⑨ D9 셀에는 매출액에서 매출원가를 차감하여 **매출총이익**을 계산하여 표시한다. 따라서 D9 셀에 수식 '=D4-D5'를 입력한다.

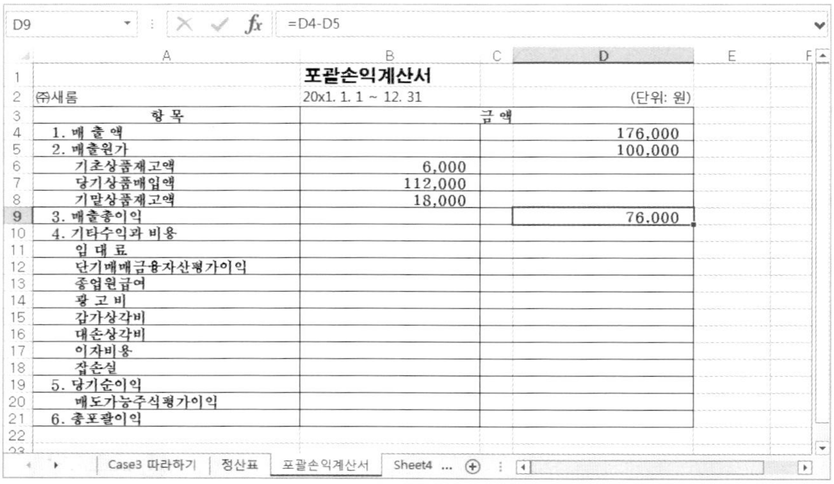


| | A | B | C | D |
|---|---|---|---|---|
| 1 | | 포괄손익계산서 | | |
| 2 | ㈜새롬 | 20x1. 1. 1 ~ 12. 31 | | (단위: 원) |
| 3 | 항 목 | 금 액 | | |
| 4 | 1. 매 출 액 | | | 176,000 |
| 5 | 2. 매출원가 | | | 100,000 |
| 6 | 기초상품재고액 | 6,000 | | |
| 7 | 당기상품매입액 | 112,000 | | |
| 8 | 기말상품재고액 | 18,000 | | |
| 9 | 3. 매출총이익 | | | 76,000 |
| 10 | 4. 기타수익과 비용 | | | |
| 11 | 임 대 료 | | | |
| 12 | 단기매매금융자산평가이익 | | | |
| 13 | 종업원급여 | | | |
| 14 | 광 고 비 | | | |
| 15 | 감가상각비 | | | |
| 16 | 대손상각비 | | | |
| 17 | 이자비용 | | | |
| 18 | 잡손실 | | | |
| 19 | 5. 당기순이익 | | | |
| 20 | 매도가능주식평가이익 | | | |
| 21 | 6. 총포괄이익 | | | |

⑩ 흔히 매출총이익 아래쪽에는 '판매비와 일반관리비' 항목들이 표시되고, 그 아래쪽으로 영업외수익과 영업외비용을 표시하여 당기순이익이 계산되도록 해야 하지만, 이 예에서와 같이 표시되어야 할 항목 수가 많지 않은 경우에는 **'기타수익과 비용'**으로 한꺼번에 표시할 수 있다. 또한 이 예에서는 '법인세'를 따로 계산하지 않고 있으므로 구분 표시하지 않기로 한다.

⑪ '기타수익과 비용' 항목 중 '임대료'를 표시하기 위해 B11 셀에 수식 '**=정산표!G21**'로 입력되도록 한다(마우스를 이용하여 참조형식으로 입력). 마찬가지 방법으로 다른 '기타수익과 비용' 항목들에 대해서도 다음과 같이 입력되도록 한다.

B12: '**=정산표!G29**'

B12: '**=정산표!F23**'

B12: '**=정산표!F24**'

B12: '**=정산표!F30+정산표!F31**'

B12: '**=정산표!F28**'

B12: '**=정산표!F25**'

B12: '**=정산표!F27**'

⑫ 여기서 '감가상각비'는 정산표에서는 '건물감가상각비'와 '비품감가상각비'로 구분하여 계산되고 있지만, 보고식 포괄손익계산서에서는 이들을 합하여 하나의 **'감가상각비'** 계정으로 보고하고 있다.

⑬ 표시된 '기타수익과 비용' 항목들 중 '임대료'와 '단기매매금융자산평가이익'은 수익항목임을 기억해야 한다. 따라서 이들을 다른 비용항목들과 구분하여 표시하기 위해 D22 셀에 수식

'=B11+B12'로 표시한다. 그리고 나머지 비용항목들을 합계하여 표시하기 위해 D18 셀에 수식 '=SUM(B13:B18)'과 같이 입력한다.

⑭ 이제 당기순이익을 표시하기 위해 D19 셀에 수식 '=D9+D12-D18'을 입력한다. 이는 '매출총이익+기타수익-기타비용'을 의미한다. 그런데 D19 셀에 계산되어 표시되고 있는 당기순이익은 '정산표' 시트의 [포괄손익계산서]란에서 계산된 당기순이익 금액('정산표' 시트의 F37 셀)과도 일치해야 하므로 반드시 이를 확인해 보아야 한다.

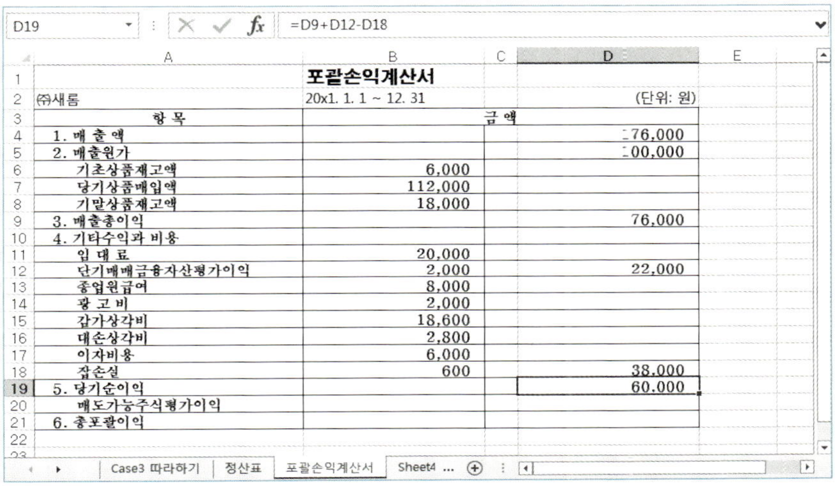

D19 =D9+D12-D18

| | A | B | C | D |
|---|---|---|---|---|
| 1 | | 포괄손익계산서 | | |
| 2 | ㈜새롬 | 20x1. 1. 1 ~ 12. 31 | | (단위: 원) |
| 3 | 항 목 | 금 액 | | |
| 4 | 1. 매 출 액 | | | 176,000 |
| 5 | 2. 매출원가 | | | 100,000 |
| 6 | 기초상품재고액 | 6,000 | | |
| 7 | 당기상품매입액 | 112,000 | | |
| 8 | 기말상품재고액 | 18,000 | | |
| 9 | 3. 매출총이익 | | | 76,000 |
| 10 | 4. 기타수익과 비용 | | | |
| 11 | 임 대 료 | 20,000 | | |
| 12 | 단기매매금융자산평가이익 | 2,000 | | 22,000 |
| 13 | 종업원급여 | 8,000 | | |
| 14 | 광 고 비 | 2,000 | | |
| 15 | 감가상각비 | 18,600 | | |
| 16 | 대손상각비 | 2,800 | | |
| 17 | 이자비용 | 6,000 | | |
| 18 | 잡손실 | 600 | | 38,000 |
| 19 | 5. 당기순이익 | | | 60,000 |
| 20 | 매도가능주식평가이익 | | | |
| 21 | 6. 총포괄이익 | | | |

Case3 따라하기 | 정산표 | 포괄손익계산서 | Sheet4 ...

⑮ **'매도가능주식평가이익'**은 보유하고 있는 **유가증권**을 현재가치(기말 공정가치)로 평가한 금액과 장부금액과의 차이를 의미한다. 기업회계원칙에서는 매도가능주식의 경우 아직 처분하지는 않고 보유하고 있는 경우라 하더라도 이를 공정가치로 평가하여 그 차액을 '매도가능주식평가이익'으로 계상하도록 하고 있다. 그러나 이 이익은 실제로 실현되었다기보다는 평가이익이기 때문에 당기순이익 계산에 포함하지 않고, 이를 포괄이익으로 인식하여 **'기타포괄손익'** 항목으로 구분하여 표시하도록 하고 있다. 따라서 이 항목은 당기순이익 아래쪽에 표시하며, 이를 가감하여 **'포괄이익'**으로 보고한다. 그런데 '정산표'에서는 그 잔액이 [포괄손익계산서]란에 기록되지 않고 [재무상태표]란에 기록되고 있는 것은, '매도가능주식평가이익'과 같은 포괄손익은 재무상태표의 자본항목인 '기타포괄손익누계액'으로 분류, 기록되기 때문이다.

⑯ '매도가능주식평가이익'을 포괄손익계산서에 표시하기 위해 D20 셀에 수식 '=정산표!E19'로 입력한다. 그리고 D21 셀에는 당기순이익과 포괄이익을 합산하여 총포괄이익으로 보고하기 위해 수식 '=D19+D20'으로 입력한다.

D21 =D19+D20

| | A | B | C | D |
|---|---|---|---|---|
| 1 | | 포괄손익계산서 | | |
| 2 | ㈜새롬 | 20x1. 1. 1 ~ 12. 31 | | (단위: 원) |
| 3 | 항 목 | 금 액 | | |
| 4 | 1. 매 출 액 | | | 176,000 |
| 5 | 2. 매출원가 | | | 100,000 |
| 6 | 기초상품재고액 | 6,000 | | |
| 7 | 당기상품매입액 | 112,000 | | |
| 8 | 기말상품재고액 | 18,000 | | |
| 9 | 3. 매출총이익 | | | 76,000 |
| 10 | 4. 기타수익과 비용 | | | |
| 11 | 임 대 료 | 20,000 | | |
| 12 | 단기매매금융자산평가이익 | 2,000 | | 22,000 |
| 13 | 종업원급여 | 8,000 | | |
| 14 | 광 고 비 | 2,000 | | |
| 15 | 감가상각비 | 18,600 | | |
| 16 | 대손상각비 | 2,800 | | |
| 17 | 이자비용 | 6,000 | | |
| 18 | 잡손실 | 600 | | 38,000 |
| 19 | 5. 당기순이익 | | | 60,000 |
| 20 | 매도가능주식평가이익 | | | 8,000 |
| 21 | 6. 총포괄이익 | | | 68,000 |
| 22 | | | | |

정산표 | 포괄손익계산서 | 재무상태표 | Sheet5 ...

⑰ 이제 보고용 포괄손익계산서 작성은 완료되었다. 이 포괄손익계산서는 모든 표시가 수식에 의해 정의되고 있기 때문에, 사용하는 계정과목만 변동이 없다면 정산표가 완성되면 언제든 곧바로 변화된 내용이 손익계산서에 반영되어 표시되게 된다.

## 단계5. 재무상태표의 양식 표시

참고

### 재무상태표의 보고 양식

**재무상태표**는 기말 현재의 재산상태를 표시하는 보고서로, 재산의 현황을 자산과 부채 및 자본으로 구분하여 표시한다. 기본적인 양식은 자산항목들을 차변에 나열하고, 부채와 자본항목들을 대변에 나열하여 차변합계와 대변합계가 일치하도록 표시하는 방법을 사용한다. 이를 계정식 재무상태표라 한다.

그런데 실무상으로는 손익계산서는 물론 재무상태표의 경우에도 자산과 부채 및 자본을 모두 지난해 자료와 비교하는 형태로 함께 보고하는 비교식 재무제표로 보고하는 것이 일반적이다. 이때 좌우로 나열되는 계정과목명과 금액의 표시가 너무 많아지게 되어 현실적으로 이들을 좌우로 표시하려면 글씨가 너무 작아지게 되는 단점이 있다. 따라서 보고용 재무제표를 작성하는 경우에는 재무상태표에서 오른쪽(대변)의 부채 및 자본 항목들을 왼쪽(차변)의 자산항목 아래로 배열하여 표시하는 **보고식 재무상태표**를 작성하는 것이 일반적이다.

재무상태표에서 자산 및 부채항목들을 나열하여 표시하는 방법으로, 현금 등 유동성이 큰 항목들을 먼저 표시하는 **유동성배열법**이 일반적이기는 하나, 업종에 따라서는 금액이 비교적 큰 비유동자산을 먼저 배열하는 **고정성배열법**이 사용되기도 한다. 이러한 재무상태표의 기본 형식은 다음과 같다. 다만, 여기서는 원론적인 측면에서 1기간 계정식 재무상태표 작성을 가정하고 있다.

재무상태표

(주)xxx 20xx년 x월 x일 현재 (단위: 원)

| 자 산 | | | 부채와 자본 | | |
|---|---|---|---|---|---|
| 유동자산 | | | 부 채 | | |
| 현금및현금성자산 | | | 매입채무 | | |
| 단기매매금융자산 | | | 미지급비용 | | |
| 매출채권 | | | (부채합계) | | |
| 대손충당금 | | | 자 본 | | |
| 미수수익 | | | 자 본 금 | | |
| 선급비용 | | | 이익잉여금 | | |
| 상 품 | | | 이익준비금 | | |
| (유동자산 합계) | | | 미처분이익잉여금 | | |
| 비유동자산 | | | 기타포괄손익누계액 | | |
| 매도가능금융자산 | | | (자본 합계) | | |
| 건 물 | | | | | |
| 건물감가상각누계액 | | | | | |
| 비 품 | | | | | |
| 비품감가상각누계액 | | | | | |
| (비유동자산 합계) | | | | | |
| 자산합계 | | | 부채와 자본 합계 | | |

① '포괄손익계산서' 시트 오른쪽에 새 시트를 삽입하고, 시트의 이름을 '**재무상태표**'라고 변경한다.

② C1 셀에 '재무상태표'를 입력하고, 글씨체를 '견고딕', '14pt'로 설정한 후, C1:E1 셀 영역을 선택하고 [병합하고 가운데 맞춤]으로 설정한다. A2 셀에는 회사 이름인 '(주)새롬'을 입력하고, C2 셀에는 재무상태표 작성일을 '20x1년 12월 31일 현재'와 같이 입력하고 C2:E2 셀 범위를 선택하여 [병합하고 가운데 맞춤]으로 설정한다. H2 셀에는 '(단위:원)'을 입력한다. A2:H2 셀 범위를 선택하고 글꼴을 [맑은 고딕]으로 설정한다. A2셀은 [왼쪽 맞춤], H2 셀은 [오른쪽 맞춤]으로 각각 설정한다.

③ A3 셀에는 '자 산'을, E3 셀에는 '부채와 자본'을 각각 입력한다. A3:D3 셀 범위와 E3:H3 셀 범위에 대해 각각 [병합하고 가운데 맞춤]으로 설정한다. 그리고 A열부터 H열까지 표시할 항목의 유형에 따라 각 열의 [열 너비]를 '18', '10', '1', '10', '18', '10', '1', '10'으로 각각 설정한다.

④ A3:H20 셀 범위를 선택하고 [글꼴]에서 [견명조]를 설정하고, [테두리]를 [모든 테두리]로 설정한다. C4:D20 셀 범위를 선택한 후 Ctrl 키를 누른 채로 G4:H4 셀 범위를 함께 선택하고, [홈] 탭의 [글꼴]-[테두리]에서 [다른 테두리]를 선택한 후, [셀 서식] 상자의 [테두리]에서 [스타일]을 [없음]으로 선택하고 아래쪽 가운데 선을 클릭하여 C열과 G열의 오른쪽 선 부분이 표시되지 않도록 설정한다. 또한 A3:D20 셀 범위와 E3:H20 셀 범위를 함께 선택한 후 [홈] 탭의 [글꼴]-[테두리]에서 [굵은상자 테두리]를 선택한다.

**재무상태표**

㈜새롬　　　　20xx년 12월 31일 현재　　　　(단위: 원)

| 자 산 | | | 부채와 자본 | | |
|---|---|---|---|---|---|
| | | | | | |
| | | | | | |
| | | | | | |
| | | | | | |
| | | | | | |
| | | | | | |
| | | | | | |
| | | | | | |
| | | | | | |
| | | | | | |
| | | | | | |
| | | | | | |
| | | | | | |
| | | | | | |
| | | | | | |
| | | | | | |
| | | | | | |

포괄손익계산서 | 재무상태표 | Sheet5 | Sheet6

⑤ A4 셀로부터 아래로, '정산표' 시트에서 사용되고 있는 재무상태표 항목 중 자산항목들을 **유동성배열법**에 따라 순차적으로 그 계정과목들을 빠짐없이 입력한다. 이때 자산항목들을 크게 유동자산과 비유동자산으로 구분하여 표시한다. 보고용 재무상태표에서는 흔히 '현금' 계정 대신에 현금, 예금, 기타 현금성자산 등을 모두 포괄하여 하나의 '**현금및현금성자산**'으로 표기하고 있으므로 이 방법에 따른다.

⑥ 또한 시산표 및 정산표에서는 '감가상각누계액', '대손충당금' 등이 대변 계정과목으로 분류되어 잔액이 대변에 표시되고 있으나, 보고용 재무상태표에서는 각각 관련 자산항목에서 차감하는 형식으로 보고하도록 규정되어 있다. 따라서 대손충당금은 매출채권 계정의 아래에 표시하되 매출채권 잔액에서 차감하여 그 잔액을 오른쪽에 표시하도록 한다. 그리고 '건물감가상각누계액'과 '비품감가상각누계액'은 각각 건물 계정과 비품 계정의 아래에 표시하되 역시 차감하여 잔액을 오른쪽에 표시하도록 한다.

⑦ 자본의 경우에는 자본금, 자본잉여금, 이익잉여금, 기타포괄손익누계액 등의 순으로 표시한다.

**재무상태표**

㈜새롬　　　　20xx년 12월 31일 현재　　　　(단위: 원)

| 자 산 | | | 부채와 자본 | | |
|---|---|---|---|---|---|
| 유동자산 | | | 부 채 | | |
| 현금및현금성자산 | | | 매입채무 | | |
| 단기매매금융자산 | | | 미지급비용 | | |
| 매출채권 | | | (부채 합계) | | |
| 대손충당금 | | | 자 본 | | |
| 미수수익 | | | 자본금 | | |
| 선급비용 | | | 이익잉여금 | | |
| 상 품 | | | 이익준비금 | | |
| (유동자산 합계) | | | 미처분이익잉여금 | | |
| 비유동자산 | | | 기타포괄손익누계액 | | |
| 매도가능금융자산 | | | (자본 합계) | | |
| 건 물 | | | | | |
| 건물감가상각누계액 | | | | | |
| 비 품 | | | | | |
| 비품감가상각누계액 | | | | | |
| (비유동자산 합계) | | | | | |
| 자산 합계 | | | 부채와 자본 합계 | | |

포괄손익계산서 | 재무상태표 | Sheet5 | Sheet6

⑧ 각 항목에 표시되는 금액은 직접 입력하지 않고 정산표의 [재무상태표]란에서 계산된 값을 참조하여 자동으로 표시되도록 수식으로 구성한다. 예컨대 '현금및현금성자산'은 D5 셀에 수식 '=정산표!H5'로 입력되어야 한다. 수식을 입력하는 방법은 앞의 포괄손익계산서에서의 입력방법과 같이 마우스를 통해 참조대상 셀을 클릭하여 입력하도록 하는 것이 오류를 줄일 수 있다. 만일 정산표에서 현금 외에 기타 현금성자산 항목이 별도로 사용되고 있는 경우에는 '현금및현금성자산'에 모두 합산하여 하나의 금액으로 표시한다. 단기매매금융자산의 경우에도 D6 셀에 수식 '=정산표!H6'으로 입력한다.

⑨ **매출채권**은 흔히 외상매출금과 받을어음을 모두 포괄하는 계정이름으로, 여기에서는 받을어음 계정이 사용되고 있지 않으므로 외상매출금만을 표시한다. 매출채권은 관련 대손충당금 계정을 차감하는 형식으로 표시해야 하므로, 먼저 B7 셀에 수식 '=정산표!H7'으로 입력하고, B8 셀에는 수식 '=정산표!I8'로 입력하되, 오른쪽 D7 셀에 수식 '=B7−B8'으로 입력하여 차감 잔액(장부가액)을 표시한다. 그리고 차감 형식임을 표시하기 위해 B8 셀을 선택하고 [홈] 탭의 [글꼴]−[테두리]에서 [굵은 아래쪽 테두리]로 표시하여 서로 구분될 수 있도록 한다.

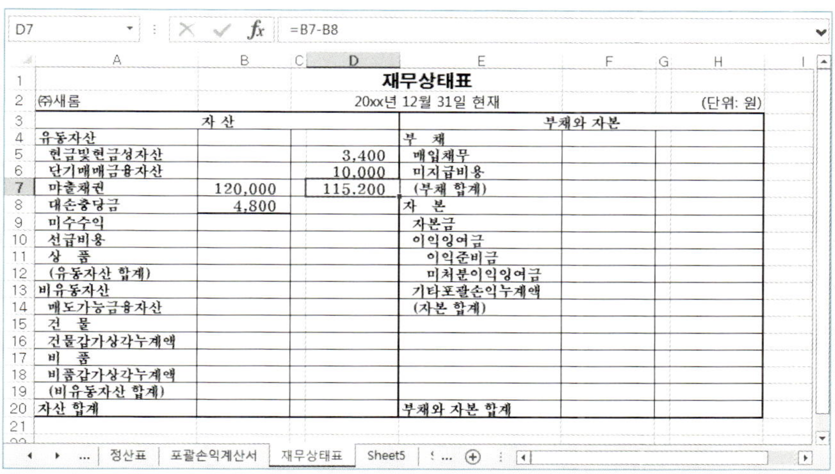
D7 =B7-B8

| | A | B | D | E | F | H |
|---|---|---|---|---|---|---|
| 1 | | | 재무상태표 | | | |
| 2 | ㈜새롬 | | 20xx년 12월 31일 현재 | | | (단위: 원) |
| 3 | 자 산 | | | 부채와 자본 | | |
| 4 | 유동자산 | | | 부 채 | | |
| 5 | 현금및현금성자산 | | 3,400 | 매입채무 | | |
| 6 | 단기매매금융자산 | | 10,000 | 미지급비용 | | |
| 7 | 매출채권 | 120,000 | 115,200 | (부채 합계) | | |
| 8 | 대손충당금 | 4,800 | | 자 본 | | |
| 9 | 미수수익 | | | 자본금 | | |
| 10 | 선급비용 | | | 이익잉여금 | | |
| 11 | 상 품 | | | 이익준비금 | | |
| 12 | (유동자산 합계) | | | 미처분이익잉여금 | | |
| 13 | 비유동자산 | | | 기타포괄손익누계액 | | |
| 14 | 매도가능금융자산 | | | (자본 합계) | | |
| 15 | 건 물 | | | | | |
| 16 | 건물감가상각누계액 | | | | | |
| 17 | 비 품 | | | | | |
| 18 | 비품감가상각누계액 | | | | | |
| 19 | (비유동자산 합계) | | | | | |
| 20 | 자산 합계 | | | 부채와 자본 합계 | | |

정산표 | 포괄손익계산서 | 재무상태표 | Sheet5

⑩ 다른 유동자산 항목들의 경우에는 다음과 같이 수식으로 입력한다.

D9: '=정산표!H32'

D10: '=정산표!H34'

D11: '=정산표!H9'

⑪ D12 셀에는 위의 유동자산 계정 금액을 모두 합하여 계산하기 위해 함수를 사용하여 '=SUM(D5:D11)'로 입력한다. 그리고 D12 셀의 금액을 다른 셀의 금액과 구분하여 표시하기 위해 D11 셀과 D12 셀에서 각각 [테두리]를 [굵은 아래쪽 테두리]로 설정한다.

⑫ D14 셀에는 수식 '=정산표!H10'으로 입력한다. 건물 계정은 건물감가상각누계액을 차감하는 형식으로 표시해야 하므로, 먼저 B15 셀에 수식 '=정산표!H11'로 입력하고 B16 셀에는 수식 '=정산표!I12'로 입력한 후, D15 셀에 수식 '=B15-B16'을 입력하여 차감잔액(장부금액)으로 표시한다. 비품 계정의 경우에도 마찬가지이다.

B17: '=정산표!H13'

B18: '=정산표!I14'

D17: '=B17-B18'

D19: '=SUM(D14:D17)'

⑬ D20 셀에는 위의 유동자산 합계와 비유동자산 합계를 더하여 자산합계를 표시한다.

D20: '=D12+D19'

D20 | =D12+D19

| | A | B | C | D | E | F | G | H |
|---|---|---|---|---|---|---|---|---|
| 1 | | | | 재무상태표 | | | | |
| 2 | ㈜새롬 | | | 20xx년 12월 31일 현재 | | | | (단위: 원) |
| 3 | 자 산 | | | | 부채와 자본 | | | |
| 4 | 유동자산 | | | | 부 채 | | | |
| 5 | 현금및현금성자산 | | | 3,400 | 매입채무 | | | |
| 6 | 단기매매금융자산 | | | 10,000 | 미지급비용 | | | |
| 7 | 매출채권 | 120,000 | | 115,200 | (부채 합계) | | | |
| 8 | 대손충당금 | 4,800 | | | 자 본 | | | |
| 9 | 미수수익 | | | 12,000 | 자본금 | | | |
| 10 | 선급비용 | | | 2,000 | 이익잉여금 | | | |
| 11 | 상 품 | | | 18,000 | 이익준비금 | | | |
| 12 | (유동자산 합계) | | | 160,600 | 미처분이익잉여금 | | | |
| 13 | 비유동자산 | | | | 기타포괄손익누계액 | | | |
| 14 | 매도가능금융자산 | | | 32,000 | (자본 합계) | | | |
| 15 | 건 물 | 100,000 | | 64,000 | | | | |
| 16 | 건물감가상각누계액 | 36,000 | | | | | | |
| 17 | 비 품 | 40,000 | | 14,400 | | | | |
| 18 | 비품감가상각누계액 | 25,600 | | | | | | |
| 19 | (비유동자산 합계) | | | 110,400 | | | | |
| 20 | 자산 합계 | | | 271,000 | 부채와 자본 합계 | | | |
| 21 | | | | | | | | |

정산표 | 포괄손익계산서 | 재무상태표 | Sheet5 | SI ...

⑭ 대변의 부채와 자본계정 역시 다음의 참조형식 수식으로 입력한다.

H5: '=정산표!I15'

H6: '=정산표!I33+정산표!I35'

H7: '=SUM(H5:H6)'

H9: '=정산표!I16'

F11: '=정산표!I17'

F12: '=정산표!I18+정산표!I37'

H10: '=F11+F12'

H13: '=정산표!I19'

H14: '=SUM(H9:H13)'

H20: '=H7+F14'

⑮ 위의 F12 셀에서 수식 '=정산표!I18+정산표!I37'로 표시한 것은, 브고용 재무상태표에서 미처분이익잉여금은 전기이월이익잉여금(정산표!I18)과 당기순이익(정산표!I37)을 합계하여 표시하도록 하고 있기 때문이다. 즉, 재무상태표에서는 '당기순이익'을 별도로 표시하지 않고 미처분이익잉여금에 포함하여 표시하도록 하는 것이다. 또 자본항목에 '기타포괄손익누계액'으로 표시된 것은 정산표에서 기타포괄손익에 해당하는 '매도가능주식평가이익'을 표시하기 위한 것이다.

H20 =H7+H14

| A | B | D | E | F | H |
|---|---|---|---|---|---|
| | | 재무상태표 | | | |
| ㈜새롬 | | 20xx년 12월 31일 현재 | | | (단위: 원) |
| 자 산 | | | 부채와 자본 | | |
| 유동자산 | | | 부 채 | | |
| 현금및현금성자산 | | 3,400 | 매입채무 | | 80,000 |
| 단기매매금융자산 | | 10,000 | 미지급비용 | | 6,000 |
| 매출채권 | 120,000 | 115,200 | (부채 합계) | | 86,000 |
| 대손충당금 | 4,800 | | 자 본 | | |
| 미수수익 | | 12,000 | 자본금 | | 80,000 |
| 선급비용 | | 2,000 | 이익잉여금 | | 93,000 |
| 상 품 | | 18,000 | 이익준비금 | 21,000 | |
| (유동자산 합계) | | 160,600 | 미처분이익잉여금 | 72,000 | |
| 비유동자산 | | | 기타포괄손익누계액 | | 12,000 |
| 매도가능금융자산 | | 32,000 | (자본 합계) | | 185,000 |
| 건 물 | 100,000 | 64,000 | | | |
| 건물감가상각누계액 | 36,000 | | | | |
| 비 품 | 40,000 | 14,400 | | | |
| 비품감가상각누계액 | 25,600 | | | | |
| (비유동자산 합계) | | 110,400 | | | |
| 자산 합계 | | 271,000 | 부채와 자본 합계 | | 271,000 |

정산표 | 포괄손익계산서 | 재무상태표 | Sheet5 | Sh ...

⑯ 마지막으로 재무상태표에서 '자산 합계'(D20 셀)와 '부채와 자본 합계'(H20 셀)가 서로 일치하는지를 확인해야 한다. 이로써 **보고용 재무상태표**가 완성되었다. 이 재무상태표 역시 모든 표시가 수식에 의해 정의되고 있기 때문에, 사용하는 계정과목만 변동이 없다면 정산표가 완성되었을 때 언제든 곧바로 변화된 내용이 재무상태표에 자동으르 반영되어 표시되게 된다.

Case 06 혼자해보기

# (주)청암의 결산과 재무제표 작성

06

현황

(주)청암은 20x8년도 결산을 수행하기 위해 12월 31일 현재의 총계정원장 기록을 정리하여 다음과 같은 잔액시산표를 작성하였다. 그리고 결산일 현재 수정이 필요한 기말정리사항을 다음과 같이 정리하였다.

### ✹ 잔액시산표

| 계정과목 | 차변 | 대변 |
|---|---|---|
| 현 금 | 13,000 | |
| 매출채권 | 56,000 | |
| 상 품 | 5,700 | |
| 소 모 품 | 4,000 | |
| 선급보험료 | 2,400 | |
| 단기대여금 | 3,500 | |
| 건 물 | 78,000 | |
| 매입채무 | | 38,200 |
| 자 본 금 | | 101,000 |
| 매 출 | | 88,000 |
| 매 입 | 52,000 | |
| 종업원급여 | 8,400 | |
| 판매관리비 | 4,200 | |
| 합 계 | 227,200 | 227,200 |

### ✹ 결산정리사항

① 기말의 상품 실지재고조사액은 ₩7,600이다.

② 기말 소모품 실지재고조사액은 ₩1,500으로 조사되었다.

③ 선급보험료는 7월 1일부터 시작되는 1년분 자동차보험료를 선납한 것이다.

④ 올해 1월초에 구입한 건물의 내용연수는 10년이며, 정액법에 의해 매년 균등액을 감가상각한다(잔존가치는 없는 것으로 한다).

⑤ 매출채권 기말잔액에 대해 3%의 대손상각을 하기로 한다. 단, 결산시점 현재의 대손충당금계정 잔액은 없다.

⑥ 종업원 급여는 일부 사원에 대한 내년 1월 급여 ₩800이 선지급된 것이다.

요구사항

1) 위의 결산정리사항에 대한 **수정분개**를 행하시오.

2) 결산정리분개를 반영하여 **8칸식 정산표**를 작성하시오.

3) 정산표를 통해 재무상태표와 손익계산서를 각각의 양식에 따라 작성하시오.

# Case 06 혼자해보기

Tips & 풀이 요약

## ▷ [제시된 잔액시산표 자료의 정산표 입력]

**정 산 표**

㈜청암 20x8. 12. 31 (단위: 원)

| 계정과목 | 잔액시산표 | | 결산정리분개 | | 포괄손익계산서 | | 재무상태표 | |
|---|---|---|---|---|---|---|---|---|
| | 차변 | 대변 | 차변 | 대변 | 차변 | 대변 | 차변 | 대변 |
| 현금 | 13,000 | | | | | | | |
| 매출채권 | 56,000 | | | | | | | |
| 상품 | 5,700 | | | | | | | |
| 소모품 | 4,000 | | | | | | | |
| 선급보험료 | 2,400 | | | | | | | |
| 단기대여금 | 3,500 | | | | | | | |
| 건물 | 78,000 | | | | | | | |
| 매입채무 | | 38,200 | | | | | | |
| 자본금 | | 101,000 | | | | | | |
| 매출 | | 88,000 | | | | | | |
| 매입 | 52,000 | | | | | | | |
| 종업원급여 | 8,400 | | | | | | | |
| 판매관리비 | 4,200 | | | | | | | |
| [ 합 계 ] | 227,200 | 227,200 | | | | | | |

시산표 | 결산분개 | 정산표 | 포괄손익계산서 | 재무상태표 | St ...

## ▷ [요구사항] 해결

### 1. 결산정리분개

1. 결산정리분개

| | | | | | | |
|---|---|---|---|---|---|---|
| 1 | (차) | 매입 | 5700 | (대) | 상품 | 5700 |
| | | 상품 | 7600 | | 매입 | 7600 |
| 2 | (차) | 소모품비 | 2500 | (대) | 소모품 | 2500 |
| 3 | (차) | 보험료 | 1200 | (대) | 선급보험료 | 1200 |
| 4 | (차) | 감가상각비 | 7800 | (대) | 건물감가상각누계액 | 7800 |
| 5 | (차) | 대손상각비 | 1680 | (대) | 대손충당금 | 1680 |
| 6 | (차) | 선급비용 | 800 | (대) | 종업원급여 | 800 |

시산표 | 결산분개 | 정산표 | 포괄손익계산서 | 재무상태표 | S ...

### 2. 정산표 작성

**정 산 표**

㈜새롬 20x1. 12. 31 (단위: 원)

| 계정과목 | 잔액시산표 | | 결산정리분개 | | 포괄손익계산서 | | 재무상태표 | |
|---|---|---|---|---|---|---|---|---|
| | 차변 | 대변 | 차변 | 대변 | 차변 | 대변 | 차변 | 대변 |
| 현금 | 13,000 | | | | | | 13,000 | |
| 매출채권 | 56,000 | | | | | | 56,000 | |
| 상품 | 5,700 | | 7,600 | 5,700 | | | 7,600 | |
| 소모품 | 4,000 | | | 2,500 | | | 1,500 | |
| 선급보험료 | 2,400 | | | 1,200 | | | 1,200 | |
| 단기대여금 | 3,500 | | | | | | 3,500 | |
| 건물 | 78,000 | | | | | | 78,000 | |
| 매입채무 | | 38,200 | | | | | | 38,200 |
| 자본금 | | 101,000 | | | | | | 101,000 |
| 매출 | | 88,000 | | | | 88,000 | | |
| 매입 | 52,000 | | 5,700 | 7,600 | 50,100 | | | |
| 종업원급여 | 8,400 | | | 800 | 7,600 | | | |
| 판매관리비 | 4,200 | | | | 4,200 | | | |
| [ 합 계 ] | 227,200 | 227,200 | | | | | | |
| 소모품비 | | | 2,500 | | 2,500 | | | |
| 보험료 | | | 1,200 | | 1,200 | | | |
| 감가상각비 | | | 7,800 | | 7,800 | | | |
| 건물감가상각누계액 | | | | 7,800 | | | | 7,800 |
| 대손상각비 | | | 1,680 | | 1,680 | | | |
| 대손충당금 | | | | 1,680 | | | | 1,680 |
| 선급비용 | | | 800 | | | | 800 | |
| [ 합 계 ] | | | 27,280 | 27,280 | 75,080 | 88,000 | 161,600 | 148,680 |
| 당기순이익 | | | | | 12,920 | | | 12,920 |
| [ 합 계 ] | | | | | 88,000 | 88,000 | 161,600 | 161,600 |

시산표 | 결산분개 | 정산표 | 포괄손익계산서 | 재무상태표 | St ...

## 3. 손익계산서 작성

**포괄손익계산서**

20x8년 1월 1일 부터 20x8년 12월 31일 까지

㈜청암 (단위: 원)

| 항 목 | 금 액 | |
|---|---|---|
| 1. 매 출 액 | | 88,000 |
| 2. 매출원가 | | 50,100 |
| 기초상품재고액 | 5,700 | |
| 당기상품매입액 | 52,000 | |
| 기말상품재고액 | 7,600 | |
| 3. 매출총이익 | | 37,900 |
| 4. 기타수익과 비용 | | 24,980 |
| 종업원급여 | 7,600 | |
| 판매관리비 | 4,200 | |
| 소모품비 | 2,500 | |
| 보험료 | 1,200 | |
| 감가상각비 | 7,800 | |
| 대손상각비 | 1,680 | |
| 5. 당기순이익 | | 12,920 |
| 기타포괄손익 | | - |
| 6. 총포괄이익 | | 12,920 |

## 4. 재무상태표 작성

**재무상태표**

20x8년 12월 31일 현재

㈜청암 (단위: 원)

| 자 산 | | | 부채와 자본 | | |
|---|---|---|---|---|---|
| 유동자산 | | | 부 채 | | |
| 현금및현금성자산 | | 13,000 | 매입채무 | | 38,200 |
| 매출채권 | 56,000 | 54,320 | (부채 합계) | | 38,200 |
| 대손충당금 | 1,680 | | | | |
| 소모품 | | 1,500 | 자 본 | | |
| 선급비용 | | 800 | 자본금 | | 101,000 |
| 선급보험료 | | 1,200 | 이익잉여금 | | 12,920 |
| 상 품 | | 7,600 | (자본 합계) | | 113,920 |
| 단기대여금 | | 3,500 | | | |
| (유동자산 합계) | | 81,920 | | | |
| 비유동자산 | | | | | |
| 건 물 | 78,000 | 70,200 | | | |
| 건물감가상각누계액 | 7,800 | | | | |
| (비유동자산 합계) | | 70,200 | | | |
| 자산 합계 | | 152,120 | 부채와 자본 합계 | | 152,120 |

Case 07 따라하기

# (주)남화엔지니어링의 재무제표 양식 표시

07

현황

(주)남화엔지니어링에서는 올해 정기 승진계획을 마련하고, 이 중 경리부서에 1명의 과장 승진을 배정하였다. 경리부서에서 이번 승진 대상에 해당하는 사원은 입사 5년차인 동기사원 8명이다. 올해 승진계획과 관련하여 회사 대표이사는 선발과정에 정실이 개입되지 않도록 최대한 객관적인 방법을 강구하라는 지침을 하달한 바 있다.

이와 관련하여 회사의 차일헌 전무이사는, 경리과장은 무엇보다도 회사의 재무제표를 정확히 이해하고 또 작성할 수 있는 능력을 가진 사람이 선발되어야 한다는 원칙을 정하고, 승진 대상자들로 하여금 회사의 재무제표를 재구성하여 작성하는 문제를 승진시험에 부과하기로 하였다. 이를 위해 과거 2개년의 실제 재무제표를 선택하여 그 구성항목(계정과목)들을 임의로 재배열한 자료를 제시하고, 이 자료를 토대로 **재무제표 양식**에 맞는 재무상태표와 손익계산서를 작성해보도록 하였다.

**연결재무제표**를 작성하는 (주)남화엔지니어링의 제54기 결산일은 2012년 12월 31일이며, 회계기간은 1년(2012년 1월 1일부터 12월 31일)이다. 아래 자료는 (주)남화엔지니어링의 과거 실제 연결재무상태표와 연결손익계산서의 항목들을 무작위로 재구성해 놓은 자료이다.

## (주)남화엔지니어링의 연결재무상태표와 손익계산서 관련 자료

재무상태표와 손익계산서 구성항목

(주)남화엔지니어링 (단위: 원)

| | 제 24 기 | 제 23 기 |
|---|---|---|
| 유형자산 | 3,723,461,907 | 3,532,529,745 |
| 재고자산 | | 130,961,366 |
| 장기차입금 | | 570,000,000 |
| 납입자본 | 12,998,896,500 | 4,370,000,000 |
| 단기차입금 | | 1,745,797,840 |
| 현금및현금성자산 | 10,648,374,535 | 9,767,563,134 |
| 당기법인세자산 | 10,439,115 | 29,844,060 |
| 기타비유동부채 | 128,485,495 | 49,472,960 |
| 매출원가 | 77,792,542,939 | 73,054,631,469 |
| 매출 | 87,324,062,477 | 86,272,898,896 |
| 기타비용 | 324,571,682 | 3,865,617,491 |

| 기타유동부채 | 2,515,229,084 | 4,015,771,386 |
|---|---:|---:|
| 소수주주지분 | 4,653,763,184 | 4,336,976,487 |
| 단기금융상품 | 28,500,000,000 | 18,500,000,000 |
| 매출채권 및 기타유동채권 | 19,209,229,020 | 22,639,694,868 |
| 금융수익 | 1,512,500,729 | 1,206,805,727 |
| 금융원가 | 30,579,795 | 231,155,862 |
| 이연법인세부채 | 5,877,986,174 | 5,381,969,555 |
| 기타비유동금융자산 | 8,178,705,038 | 6,377,775,309 |
| 장기매출채권 및 기타채권 | 825,057,672 | 548,175,646 |
| 기타자본구성요소 | 821,121,780 | 652,941,745 |
| 이익잉여금(결손금) | 93,046,566,282 | 86,762,554,112 |
| 판매비와관리비 | 4,414,029,880 | 4,433,697,446 |
| 지분법적용 투자지분 | 42,584,834,663 | 39,854,553,023 |
| 투자부동산 | 18,699,996,947 | 19,166,669,266 |
| 무형자산 | 1,000 | 40,961,000 |
| 매입채무 | 7,006,334,348 | 6,029,452,449 |
| 기타수익 | 741,519,772 | 709,673,527 |
| 초과청구공사 | 41,211,872 | 1,607,462,996 |
| 기타포괄손익 | 185,298,924 | −293,796,519 |
| 당기법인세부채 | 1,787,505,178 | 1,670,919,276 |
| 관계기업투자수익 | 3,442,518,694 | 3,568,434,148 |
| 법인세비용 | 3,219,697,398 | 2,686,873,933 |
| 장기매입채무 및 기타채무 | 3,503,000,000 | 3,395,408,611 |

요구사항

1. 위의 재무제표 구성항목 자료를 토대로 연결재무제표 작성기준과 양식에 따라 **연결재무상태표**와 **연결포괄손익계산서**로 각각 구분하여 표시하시오.
2. 재구성된 (주)남화엔지니어링의 연결재무제표 금액표시 단위를 백만원 단위로 수정하여 표시하시오.
3. 주요 계정과목 금액을 비교 차트 형태로 표시해 보시오.
   [재무상태표]: 유동자산, 비유동자산, 유동부채, 비유동부채, 지배주주지분, 소수주주지분
   [손익계산서]: 매출액, 매출총이익, 영업이익, 법인세차감전순이익, 당기순이익, 포괄순손익

# Case 07 따라하기

**상황분석**

- 제시된 연결재무제표 구성항목 자료는 이전의 과거 시점에 이미 연결재무상태표와 연결손익계산서로 작성되었던 자료를 임의의 순서대로 재배치 해놓은 자료이다. 따라서 이 예제에서의 문제의 핵심은 나열된 각 계정과목들이 각각 재무상태표와 손익계산서의 어디에 해당하는지를 분류해 내는 것이며, 이들 분류 내에서도 어떤 순서로 배열하는 것이 각각의 재무제표 양식에 적합한 것인가 하는 문제이다.
- 재무상태표 항목 중에서도 각 항목의 성격에 따라 자산항목은 유동자산과 비유동자산으로, 부채항목 역시 유동부채와 비유동부채로 구분하고, 자본항목도 성격에 따라 차례로 나열하는 기준을 이해해야 한다. 또한 이 예제의 경우에는 연결재무상태표를 작성해야 하므로 개별재무상태표에는 없는 소수주주 지분 등의 표기에 유의해야 한다.
- 손익계산서는 손익의 성격에 따라 구분 표시하는 방법을 이해해야 하며, 연결(포괄)손익계산서를 작성할 때 기타포괄손익 등의 표시에 유의해야 한다.

## 1. 재무제표 구성항목의 분류와 배열

① 먼저 Case에서 주어진 재무제표 구성항목들의 자료를 새 시트에 입력한다. 새 Worksheet에서 새 시트를 삽입하고, 시트의 이름을 '재무제표구성항목'으로 변경한다.

② '재무제표구성항목' 시트의 B2 셀에 '재무상태표와 손익계산서 구성항목'을 입력하고, B2:D2 셀 범위를 선택한 후 [병합하고 가운데 맞춤]을 설정한다. 그리고 [홈] 탭의 [글꼴]에서 '견고딕', '12pt'로 설정한다.

③ Case 자료의 표시와 같이, B3 셀에는 회사 이름 '(주)남화엔지니어링'을 입력하고(왼쪽 정렬), D3 셀에는 '(단위: 원)'을 입력한다(오른쪽 정렬).

④ B4 셀로부터 D38 셀에 이르기까지, Case의 자료대로 제24기 및 제23기의 계정과목과 해당 금액들을 차례로 입력한다. 자료에서 보는 바와 같이, 재무제표에 표시될 금액들은 당기(제24기)와 전기(제23기)의 금액을 비교하는 형태로 표시하도록 되어 있으며, 계정과목 열(B열)에 가까운 열(C열)은 당기(제24기)의 금액을, 그리고 그 오른쪽(D열)에 전기(제23기)의 금액을 표시하는 것이 원칙이다.

⑤ 자료가 입력된 셀들을 포함하여 B4:D41 셀 범위를 선택하고, [홈] 탭의 [글꼴]에서 '맑은 고딕', '11pt'로 설정한다. A열부터 D열까지의 [열 너비]를 입력 내용을 고려하여 각각 '3', '25', '17', '17'로 설정해둔다.

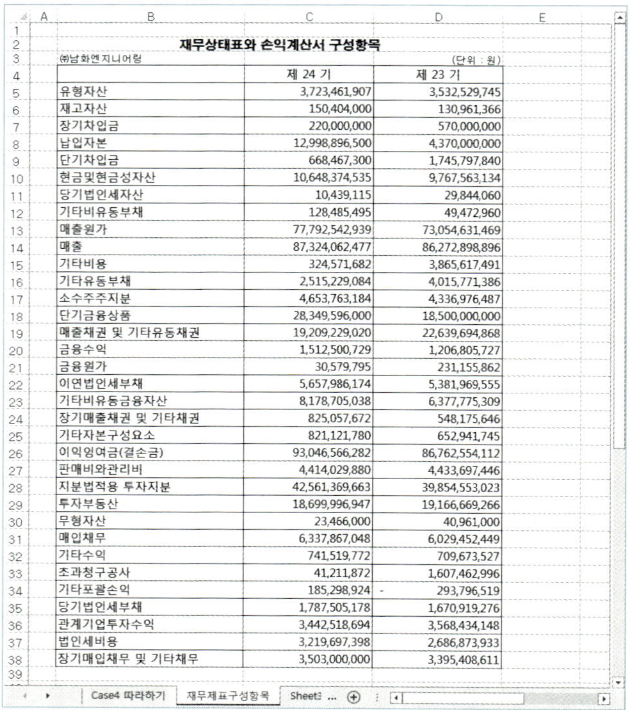

재무상태표와 손익계산서 구성항목

㈜남화엔지니어링 (단위 : 원)

| | 제 24 기 | 제 23 기 |
|---|---|---|
| 유형자산 | 3,723,461,907 | 3,532,529,745 |
| 재고자산 | 150,404,000 | 130,961,366 |
| 장기차입금 | 220,000,000 | 570,000,000 |
| 납입자본 | 12,998,896,500 | 4,370,000,000 |
| 단기차입금 | 668,467,300 | 1,745,797,840 |
| 현금및현금성자산 | 10,648,374,535 | 9,767,563,134 |
| 당기법인세자산 | 10,439,115 | 29,844,060 |
| 기타비유동부채 | 128,485,495 | 49,472,960 |
| 매출원가 | 77,792,542,939 | 73,054,631,469 |
| 매출 | 87,324,062,477 | 86,272,898,896 |
| 기타비용 | 324,571,682 | 3,865,617,491 |
| 기타유동부채 | 2,515,229,084 | 4,015,771,386 |
| 소수주주지분 | 4,653,763,184 | 4,336,976,487 |
| 단기금융상품 | 28,349,596,000 | 18,500,000,000 |
| 매출채권 및 기타유동채권 | 19,209,229,020 | 22,639,694,868 |
| 금융수익 | 1,512,500,729 | 1,206,805,727 |
| 금융원가 | 30,579,795 | 231,155,862 |
| 이연법인세부채 | 5,657,986,174 | 5,381,969,555 |
| 기타비유동금융자산 | 8,178,705,038 | 6,377,775,309 |
| 장기매출채권 및 기타채권 | 825,057,672 | 548,175,646 |
| 기타자본구성요소 | 821,121,780 | 652,941,745 |
| 이익잉여금(결손금) | 93,046,566,282 | 86,762,554,112 |
| 판매비와관리비 | 4,414,029,880 | 4,433,697,446 |
| 지분법적용 투자지분 | 42,561,369,663 | 39,854,553,023 |
| 투자부동산 | 18,699,996,947 | 19,166,669,266 |
| 무형자산 | 23,466,000 | 40,961,000 |
| 매입채무 | 6,337,867,048 | 6,029,452,449 |
| 기타수익 | 741,519,772 | 709,673,527 |
| 초과청구공사 | 41,211,872 | 1,607,462,996 |
| 기타포괄손익 | 185,298,924 | - 293,796,519 |
| 당기법인세부채 | 1,787,505,178 | 1,670,919,276 |
| 관계기업투자수익 | 3,442,518,694 | 3,568,434,148 |
| 법인세비용 | 3,219,697,398 | 2,686,873,933 |
| 장기매입채무 및 기타채무 | 3,503,000,000 | 3,395,408,611 |



⑥ Case에서 제시된 자료의 입력이 끝났으므로, 이제 입력된 구성항목들을 재무상태표 항목과 손익계산서 항목으로 분류하기로 한다.

## 가. 재무상태표 항목의 구분과 양식에 따른 표시

① 입력된 '재무제표구성항목' 시트를 보존한 채로 별도의 시트에서 재무상태표 항목만을 재분류하여 표시하기 위해 현재의 시트를 복사하여 사용하기로 한다. '재무제표구성항목' 시트의 아래쪽 시트이름 부분을 클릭하고 오른쪽 마우스 [이동/복사]를 선택한 후, [이동/복사] 대화상자에서 먼저 아래 [복사본 만들기]에 체크 표시한 뒤, [다음 시트의 앞에]에서 '재무제표구성항목' 아래쪽(sheet3)을 클릭한다.

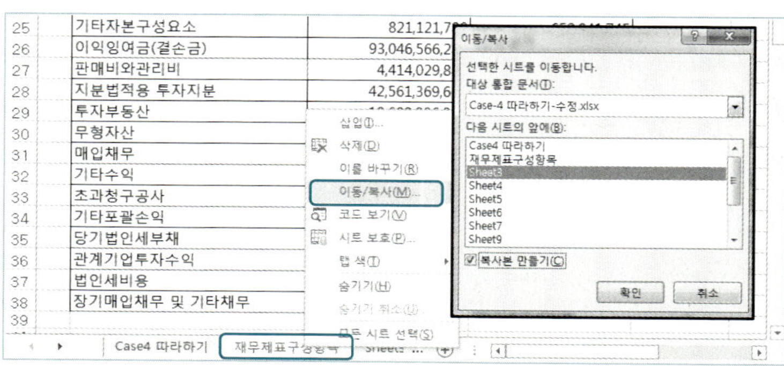

② 그리고 [이동/복사] 대화상자에서 [확인]을 누르면 '재무제표구성항목' 시트의 오른쪽에 복사본 시트 '재무제표구성항목 (2)'가 생성된다. 생성된 '재무제표구성항목 (2)' 시트의 이름을 더블 클릭하여 시트 이름을 '연결재무상태표'로 변경한다.

③ 이름 변경된 '연결재무상태표' 시트에서, 먼저 B2 셀의 '재무상태표와 손익계산서 구성항목'을 **'연결 재무상태표'**로 변경한다.

④ 이제 B열에 표시되어 있는 계정과목 중에서 재무상태표에 해당하는 계정만을 남기고 나머지 계정(손익계산서 해당 계정)은 삭제한다. 이러한 절차를 수행하기 위해서는 각 항목이 재무상태표 해당 계정인지 손익계산서 해당 계정인지를 정확히 이해하고 있어야 한다.

⑤ 재무제표구성항목으로 표시된 계정과목들을 재무상태표 관련 항목과 손익계산서 관련 항목으로 구분해 보면 다음과 같다.

| 재무상태표 관련 항목 | 손익계산서 관련 항목 |
|---|---|
| 유형자산 | 매출원가 |
| 재고자산 | 매출 |
| 장기차입금 | 기타비용 |
| 납입자본 | 금융수익 |
| 단기차입금 | 금융원가 |
| 현금및현금성자산 | 판매비와관리비 |
| 당기법인세자산 | 기타수익 |
| 기타비유동부채 | 기타포괄손익 |
| 기타유동부채 | 관계기업투자수익 |
| 소수주주지분 | 법인세비용 |
| 단기금융상품 | |
| 매출채권 및 기타유동채권 | |
| 이연법인세부채 | |
| 기타비유동금융자산 | |
| 장기매출채권 및 기타채권 | |
| 기타자본구성요소 | |
| 이익잉여금(결손금) | |
| 지분법적용 투자지분 | |
| 투자부동산 | |
| 무형자산 | |
| 매입채무 | |
| 초과청구공사 | |
| 당기법인세부채 | |
| 장기매입채무 및 기타채무 | |

⑥ 따라서 손익계산서 관련 항목들이 표시되어 있는 행들을 함께 선택하기 위해 Ctrl 키를 누른 채로 행번호 13, 14, 15, 20, 21, 27, 32, 34, 36, 37행을 연속하여 선택한 후, 오른쪽 마우스에서 [삭제]를 선택한다. 이제 선택된 행들이 삭제되고 재무상태표 관련 항목들만이 남게 된다.

**연결 재무상태표**

㈜남화엔지니어링 (단위 : 원)

| | 제 24 기 | 제 23 기 |
|---|---:|---:|
| 유형자산 | 3,723,461,907 | 3,532,529,745 |
| 재고자산 | 150,404,000 | 130,961,366 |
| 장기차입금 | 220,000,000 | 570,000,000 |
| 납입자본 | 12,998,896,500 | 4,370,000,000 |
| 단기차입금 | 668,467,300 | 1,745,797,840 |
| 현금및현금성자산 | 10,648,374,535 | 9,767,563,134 |
| 당기법인세자산 | 10,439,115 | 29,844,060 |
| 기타비유동부채 | 128,485,495 | 49,472,960 |
| 기타유동부채 | 2,515,229,084 | 4,015,771,386 |
| 소수주주지분 | 4,653,763,184 | 4,336,976,487 |
| 단기금융상품 | 28,349,596,000 | 18,500,000,000 |
| 매출채권 및 기타유동채권 | 19,209,229,020 | 22,639,694,868 |
| 이연법인세부채 | 5,657,986,174 | 5,381,969,555 |
| 기타비유동금융자산 | 8,178,705,038 | 6,377,775,309 |
| 장기매출채권 및 기타채권 | 825,057,672 | 548,175,646 |
| 기타자본구성요소 | 821,121,780 | 652,941,745 |
| 이익잉여금(결손금) | 93,046,566,282 | 86,762,554,112 |
| 지분법적용 투자지분 | 42,561,369,663 | 39,854,553,023 |
| 투자부동산 | 18,699,996,947 | 19,166,669,266 |
| 무형자산 | 23,466,000 | 40,961,000 |
| 매입채무 | 6,337,867,048 | 6,029,452,449 |
| 초과청구공사 | 41,211,872 | 1,607,462,996 |
| 당기법인세부채 | 1,787,505,178 | 1,670,919,276 |
| 장기매입채무 및 기타채무 | 3,503,000,000 | 3,395,408,611 |

재무제표구성항목 | 연결재무상태표 | Sheet3

⑦ 이제 남은 재무상태표 관련 항목들을 재무상태표 양식 구성에 따라 재배열한다. 흔히 재무상태표는 **유동성배열법**에 따라 유동성이 큰 항목을 먼저 표시하고 유동성이 낮은 항목들을 아래에 표시한다. 또한 자산, 부채 항목들은 이들 항목의 유동성 정도에 따라 유동자산과 비유동자산, 유동부채와 비유동부채로 각각 구분하여 표시하고 있다. 또한 연결재무상태표를 작성하는 경우에는 자본을 '지배기업의 소유주에게 귀속되는 자본'과 **'소수주주지분'**으로 구분하여 표시한다. 따라서 이러한 구분을 위해서는 먼저 각 계정과목의 성격과 유동성 정도 등을 정확히 이해하고 있어야 한다.

**참고**

### 보고식 재무상태표의 대분류 표시방법

실무상으로 기말의 재무상태표는 당기와 전기의 재무상태를 비교하는 형식으로 표시하며, 표시되는 금액의 자릿수도 많은 편이기 때문에, 일반적으로 계정식 보고서보다는 보고식 보고서의 형식을 취하게 된다. 즉, 자산항목들을 먼저 배열하고 아래쪽에 부채와 자본 항목들을 배열하는 방식이다. 이때 자산과 부채 항목들의 표시는 유동성배열법을 적용하며, 표시하는 항목들이 많은 경우에는 유동자산과 비유동자산, 유동부채와 비유동부채로 각각 구분하여 정리한다. 이러한 대분류를 기준으로 연결재무상태표의 기본 형식을 표시하면 다음과 같다.

연결 재무상태표

제xx기말 20xx년 x월 x일 현재
제xx기말 20xx년 x월 x일 현재

(주)xxxx (단위: 원)

| | 제 xx 기 | 제 xx 기 |
|---|---|---|
| 자 산 | | |
| 유동자산 | | |
| … | | |
| 비유동자산 | | |
| … | | |
| 자산총계 | | |
| 부 채 | | |
| 유동부채 | | |
| … | | |
| 비유동부채 | | |
| … | | |
| 부채총계 | | |
| 자 본 | | |
| 지배기업의 소유주에게 귀속되는 자본 | | |
| … | | |
| 소수주주지분 | | |
| 자본총계 | | |
| 부채와자본총계 | | |

⑧ 분류된 재무상태표 항목들을 자산과 부채, 자본으로 구분하고, 각각의 항목들을 유동성배열법에 따라 정렬해보면 다음과 같다.

| 자 산 | 부 채 |
|---|---|
| 유동자산 | 유동부채 |
| 현금및현금성자산 | 매입채무 |
| 단기금융상품 | 단기차입금 |
| 매출채권 및 기타유동채권 | 초과청구공사 |
| 당기법인세자산 | 기타유동부채 |
| 재고자산 | 당기법인세부채 |
| 비유동자산 | 비유동부채 |
| 기타비유동금융자산 | 장기매입채무 및 기타채무 |
| 장기매출채권 및 기타채권 | 장기차입금 |
| 지분법적용 투자지분 | 기타비유동부채 |
| 유형자산 | 이연법인세부채 |
| 투자부동산 | |
| 무형자산 | 자 본 |
| | 지배기업의 소유주에게 귀속되는 자본 |
| | 납입자본 |
| | 이익잉여금(결손금) |
| | 기타자본구성요소 |
| | 소수주주지분 |

⑨ 이러한 배열기준에 따라 '연결재무상태표' 시트의 자료들을 재배열해보자. 먼저 연결재무상태표 작성일을 표시하기 위해 3행과 4행의 행머리글 부분을 선택하고 오른쪽 마우스에서 [삽입]을 클릭하여 3행의 위쪽에 두 행을 늘려 표시한다. 그리고 삽입된 3행의 B3 셀에 '제24기 말 20xx년 12월 31일 현재'를 입력한다('맑은고딕', '10pt'). B3:D3 셀 범위를 선택하여 [병합하고 가운데 맞춤]을 선택한다. 마찬가지로 B4 셀에 '제23기 말  20xx년 12월 31일 현재'를 입력하고, B4:D4 셀 범위를 선택하여 [병합하고 가운데 맞춤]을 선택한다.

**연결 재무상태표**

제24기 말 20xx년 12월 31일 현재

제23기 말 20xx년 12월 31일 현재

㈜남화엔지니어링 (단위 : 원)

| | 제 24 기 | 제 23 기 |
|---|---|---|
| 유형자산 | 3,723,461,907 | 3,532,529,745 |
| 재고자산 | 150,404,000 | 130,961,366 |
| 장기차입금 | 220,000,000 | 570,000,000 |
| 납입자본 | 12,998,896,500 | 4,370,000,000 |
| 단기차입금 | 668,467,300 | 1,745,797,840 |
| 현금및현금성자산 | 10,648,374,535 | 9,767,563,134 |
| 당기법인세자산 | 10,439,115 | 29,844,060 |
| 기타비유동부채 | 128,485,495 | 49,472,960 |
| 기타유동부채 | 2,515,229,084 | 4,015,771,386 |
| 소수주주지분 | 4,653,763,184 | 4,336,976,487 |
| 단기금융상품 | 28,349,596,000 | 18,500,000,000 |
| 매출채권 및 기타유동채권 | 19,209,229,020 | 22,639,694,868 |
| 이연법인세부채 | 5,657,986,174 | 5,381,969,555 |
| 기타비유동금융자산 | 8,178,705,038 | 6,377,775,309 |
| 장기매출채권 및 기타채권 | 825,057,672 | 548,175,646 |
| 기타자본구성요소 | 821,121,780 | 652,941,745 |
| 이익잉여금(결손금) | 93,046,566,282 | 86,762,554,112 |
| 지분법적용 투자지분 | 42,561,369,663 | 39,854,553,023 |
| 투자부동산 | 18,699,996,947 | 19,166,669,266 |
| 무형자산 | 23,466,000 | 40,961,000 |
| 매입채무 | 6,337,867,048 | 6,029,452,449 |
| 초과청구공사 | 41,211,872 | 1,607,462,996 |
| 당기법인세부채 | 1,787,505,178 | 1,670,919,276 |
| 장기매입채무 및 기타채무 | 3,503,000,000 | 3,395,408,611 |

재무제표구성항목 | 연결재무상태표 | Sheet3

⑩ 이제 7행부터 30행에 표시된 계정과목들을 위 ⑧의 배열순서에 따라 재배열한다. 이때 각 계정과목의 오른쪽에 해당 금액들이 표시되어 있으므로, 이들 금액과 함께 이동시키기 위해 행 자체를 선택하여 끌기하는 방법으로 이동 배치하는 것이 좋다. 먼저 7행부터 24행까지의 행머리 부분을 클릭하고 오른쪽 마우스에서 [삽입]을 선택하여 빈 행들을 준비해 놓는다. 삽입된 빈 셀 B7에는 '자  산'을 입력하고, B8 셀에는 '유동자산'을 입력한다. 그리고 맨 먼저 표시되어야 할 '현금및현금성자산'이 표시되어 있는 30행의 행머리글을 선택하고 끌기하여 9행에 위치시킨다. 마찬가지 방법으로, 다음에 배열될 35행의 '단기금융상품'의 행머리를 선택하여 끌기하여 위의 10행으로 이동해 놓는다. 이때 주의할 것은 계정과목과 관련된 오른쪽 해당 금액까지도 항상 함께 이동해야 한다는 것이다.

| | A | B | C | D | E |
|---|---|---|---|---|---|
| 5 | | ㈜남화엔지니어링 | | (단위 : 원) | |
| 6 | | | 제 24 기 | 제 23 기 | |
| 7 | | 자 산 | | | |
| 8 | | 유동자산 | | | |
| 9 | | 현금및현금성자산 | 10,648,374,535 | 9,767,563,134 | |
| 10 | | 단기금융상품 | 28,349,596,000 | 18,500,000,000 | |
| 11 | | | | | |
| 12 | | | | | |
| 13 | | | | | |
| 14 | | | | | |
| 15 | | | | | |
| 16 | | | | | |
| 17 | | | | | |
| 18 | | | | | |
| 19 | | | | | |
| 20 | | | | | |
| 21 | | | | | |
| 22 | | | | | |
| 23 | | | | | |
| 24 | | | | | |
| 25 | | 유형자산 | 3,723,461,907 | 3,532,529,745 | |
| 26 | | 재고자산 | 150,404,000 | 130,961,366 | |
| 27 | | 장기차입금 | 220,000,000 | 570,000,000 | |
| 28 | | 납입자본 | 12,998,896,500 | 4,370,000,000 | |
| 29 | | 단기차입금 | 668,467,300 | 1,745,797,840 | |
| 30 | | | | | |
| 31 | | 당기법인세자산 | 10,439,115 | 29,844,060 | |
| 32 | | 기타비유동부채 | 128,485,495 | 49,472,960 | |
| 33 | | 기타유동부채 | 2,515,229,084 | 4,015,771,386 | |
| 34 | | 소수주주지분 | 4,653,763,184 | 4,336,976,487 | |
| 35 | | | | | |
| 36 | | 매출채권 및 기타유동채권 | 19,209,229,020 | 22,639,694,868 | |
| 37 | | 이연법인세부채 | 5,657,986,174 | 5,381,969,555 | |

... 재무제표구성항목 | 연결재무상태표 | Sheet3 ...

⑪ 이러한 방식으로 행 자체를 끌기하거나 필요한 대분류 항목을 입력함으로써 위 ⑧의 배열순서에 따라 정리해보면 다음과 같다.

| | A | B | C | D | E |
|---|---|---|---|---|---|
| 2 | | | **연결 재무상태표** | | |
| 3 | | | 제24기 말 20xx년 12월 31일 현재 | | |
| 4 | | | 제23기 말 20xx년 12월 31일 현재 | | |
| 5 | | ㈜남화엔지니어링 | | (단위 : 원) | |
| 6 | | | 제 24 기 | 제 23 기 | |
| 7 | | 자 산 | | | |
| 8 | | 유동자산 | | | |
| 9 | | 현금및현금성자산 | 10,648,374,535 | 9,767,563,134 | |
| 10 | | 단기금융상품 | 28,349,596,000 | 18,500,000,000 | |
| 11 | | 매출채권 및 기타유동채권 | 19,209,229,020 | 22,639,694,868 | |
| 12 | | 당기법인세자산 | 10,439,115 | 29,844,060 | |
| 13 | | 재고자산 | 150,404,000 | 130,961,366 | |
| 14 | | 비유동자산 | | | |
| 15 | | 기타비유동금융자산 | 8,178,705,038 | 6,377,775,309 | |
| 16 | | 장기매출채권 및 기타채권 | 825,057,672 | 548,175,646 | |
| 17 | | 지분법적용 투자지분 | 42,561,369,663 | 39,854,553,023 | |
| 18 | | 유형자산 | 3,723,461,907 | 3,532,529,745 | |
| 19 | | 투자부동산 | 18,699,996,947 | 19,166,669,266 | |
| 20 | | 무형자산 | 23,466,000 | 40,961,000 | |
| 21 | | 자산총계 | | | |
| 22 | | 부 채 | | | |
| 23 | | 유동부채 | | | |
| 24 | | 매입채무 | 6,337,867,048 | 6,029,452,449 | |
| 25 | | 단기차입금 | 668,467,300 | 1,745,797,840 | |
| 26 | | 초과청구공사 | 41,211,872 | 1,607,462,996 | |
| 27 | | 기타유동부채 | 2,515,229,084 | 4,015,771,386 | |
| 28 | | 당기법인세부채 | 1,787,505,178 | 1,670,919,276 | |
| 29 | | 비유동부채 | | | |
| 30 | | 장기매입채무 및 기타채무 | 3,503,000,000 | 3,395,408,611 | |
| 31 | | 장기차입금 | 220,000,000 | 570,000,000 | |
| 32 | | 기타비유동부채 | 128,485,495 | 49,472,960 | |
| 33 | | 이연법인세부채 | 5,657,986,174 | 5,381,969,555 | |
| 34 | | 부채총계 | | | |
| 35 | | 자 본 | | | |
| 36 | | 지배기업의 소유주에게 귀속되는 자본 | | | |
| 37 | | 납입자본 | 12,998,896,500 | 4,370,000,000 | |
| 38 | | 이익잉여금(결손금) | 93,046,566,282 | 86,762,554,112 | |
| 39 | | 기타자본구성요소 | 821,121,780 | 652,941,745 | |
| 40 | | 소수주주지분 | 4,653,763,184 | 4,336,976,487 | |
| 41 | | 자본총계 | | | |
| 42 | | 부채와자본총계 | | | |
| 43 | | | | | |

⑫ 이제 재무상태표 항목들이 유동성배열법에 따라 유동자산과 비유동자산, 유동부채와 비유동부채로 구분되고, 자본의 경우에도 지배기업 소유주 자본과 소수주주지분으로 분류되었으므로, 이들 분류에 따라 계정과목 표시를 계층화하기로 한다. 즉, 자산, 부채, 자본 등의 대분류 표시는 그대로 두되, 유동자산, 비유동자산, 유동부채, 비유동부채, 지배기업 소유주 자본, 소수주주지분 등의 중분류 표시는 계정과목 앞에 두 칸의 빈 칸을 삽입한다. 그리고 소분류에 해당하는 각각의 계정과목들은 계정과목 앞에 4칸의 빈 칸을 삽입하여 계층적으로 표시한다. 또한 이들 대분류, 중분류에 해당하는 항목과 총계 부분은 구분표시를 위해 굵은 글씨체로 변경한다.

**연결 재무상태표**

제24기 말 20xx년 12월 31일 현재

제23기 말 20xx년 12월 31일 현재

㈜남화엔지니어링 (단위 : 원)

| | 제 24 기 | 제 23 기 |
|---|---|---|
| **자 산** | | |
| **유동자산** | | |
| 현금및현금성자산 | 10,648,374,535 | 9,767,563,134 |
| 단기금융상품 | 28,349,596,000 | 18,500,000,000 |
| 매출채권 및 기타유동채권 | 19,209,229,020 | 22,639,694,868 |
| 당기법인세자산 | 10,439,115 | 29,844,060 |
| 재고자산 | 150,404,000 | 130,961,366 |
| **비유동자산** | | |
| 기타비유동금융자산 | 8,178,705,038 | 6,377,775,309 |
| 장기매출채권 및 기타채권 | 825,057,672 | 548,175,646 |
| 지분법적용 투자지분 | 42,561,369,663 | 39,854,553,023 |
| 유형자산 | 3,723,461,907 | 3,532,529,745 |
| 투자부동산 | 18,699,996,947 | 19,166,669,266 |
| 무형자산 | 23,466,000 | 40,961,000 |
| **자산총계** | | |
| **부 채** | | |
| **유동부채** | | |
| 매입채무 | 6,337,867,048 | 6,029,452,449 |
| 단기차입금 | 668,467,300 | 1,745,797,840 |
| 초과청구공사 | 41,211,872 | 1,607,462,996 |
| 기타유동부채 | 2,515,229,084 | 4,015,771,386 |
| 당기법인세부채 | 1,787,505,178 | 1,670,919,276 |
| **비유동부채** | | |
| 장기매입채무 및 기타채무 | 3,503,000,000 | 3,395,408,611 |
| 장기차입금 | 220,000,000 | 570,000,000 |
| 기타비유동부채 | 128,485,495 | 49,472,960 |
| 이연법인세부채 | 5,657,986,174 | 5,381,969,555 |
| **부채총계** | | |
| **자 본** | | |
| **지배기업의 소유주에게 귀속되는 자본** | | |
| 납입자본 | 12,998,896,500 | 4,370,000,000 |
| 이익잉여금(결손금) | 93,046,566,282 | 86,762,554,112 |
| 기타자본구성요소 | 821,121,780 | 652,941,745 |
| **소수주주지분** | 4,653,763,184 | 4,336,976,487 |
| **자본총계** | | |
| **부채와자본총계** | | |

Case4 따라하기 | 재무제표구성항목 | 연결재무상 ...

⑬ 굵은 글씨체로 표시한 **중분류** 항목과 총계 부분에 대한 합계금액을 계산하여 표시한다. 예컨대 제24기의 유동자산 합계금액을 표시하기 위해 C8 셀에 수식 '=SUM(C9:C13)'을 입력한다. 제23기의 유동자산 합계(D8 셀) 부분도 동일한 논리에 따라 합계하여야 하므로, C8 셀의 수식을 그대로 적용하기 위해 C8 셀에서 자동채우기 핸들을 끌기하여 D8 셀을 채워 넣는다. C8 셀과 D8 셀도 합계부분이므로 굵은 글씨체로 변경한다.

⑭ 마찬가지로 C14 셀에는 수식 '=SUM(C15:C20)'을, D14 셀에는 수식 '=SUM(D15:D20)'을 입력하고, 굵은 글씨체로 변경한다. 자산총계를 표시하는 C21 셀에는 유동자산 합계와 비유동자산 합계를 더하여 표시하기 위해 수식 '=C8+C14'를 입력한다. D21 셀에는 C21 셀을 자동채우기 핸들로 끌기 하여 표시하고('=D8+D14'), C21:D21 셀에도 굵은 글씨체를 적용한다.

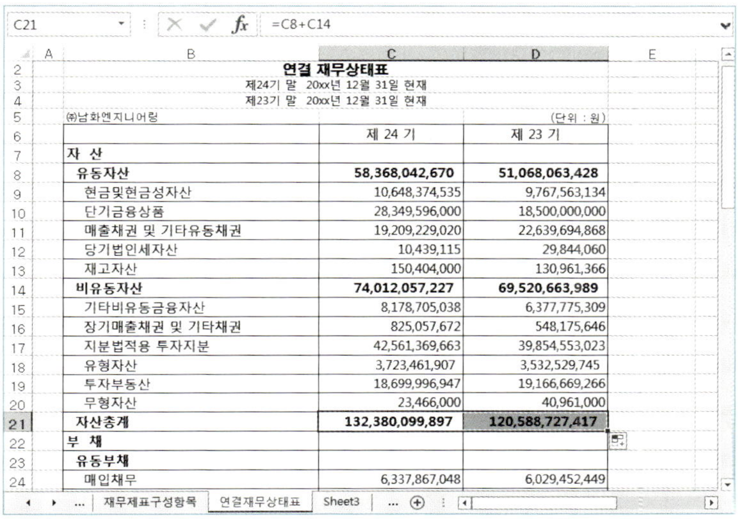
C21 =C8+C14

| | A | B | C | D | E |
|---|---|---|---|---|---|
| 2 | | 연결 재무상태표 | | | |
| 3 | | 제24기 말 20xx년 12월 31일 현재 | | | |
| 4 | | 제23기 말 20xx년 12월 31일 현재 | | | |
| 5 | | ㈜남화엔지니어링 | | (단위 : 원) | |
| 6 | | | 제 24 기 | 제 23 기 | |
| 7 | | **자 산** | | | |
| 8 | | **유동자산** | **58,368,042,670** | **51,068,063,428** | |
| 9 | | 현금및현금성자산 | 10,648,374,535 | 9,767,563,134 | |
| 10 | | 단기금융상품 | 28,349,596,000 | 18,500,000,000 | |
| 11 | | 매출채권 및 기타유동채권 | 19,209,229,020 | 22,639,694,868 | |
| 12 | | 당기법인세자산 | 10,439,115 | 29,844,060 | |
| 13 | | 재고자산 | 150,404,000 | 130,961,366 | |
| 14 | | **비유동자산** | **74,012,057,227** | **69,520,663,989** | |
| 15 | | 기타비유동금융자산 | 8,178,705,038 | 6,377,775,309 | |
| 16 | | 장기매출채권 및 기타채권 | 825,057,672 | 548,175,646 | |
| 17 | | 지분법적용 투자지분 | 42,561,369,663 | 39,854,553,023 | |
| 18 | | 유형자산 | 3,723,461,907 | 3,532,529,745 | |
| 19 | | 투자부동산 | 18,699,996,947 | 19,166,669,266 | |
| 20 | | 무형자산 | 23,466,000 | 40,961,000 | |
| 21 | | **자산총계** | **132,380,099,897** | **120,588,727,417** | |
| 22 | | **부 채** | | | |
| 23 | | **유동부채** | | | |
| 24 | | 매입채무 | 6,337,867,048 | 6,029,452,449 | |



⑮ 대분류 표시인 22행은 비워두고, 유동부채의 합계를 표시하는 C23 셀에는 수식 '=SUM(C24:C28)'을, 비유동부채의 합계를 표시하는 C29 셀에는 수식 '=SUM(C30:C33)'을, 그리고 부채총계를 표시하는 C34 셀에는 수식 '=C23+C29'을 각각 입력하고 굵은 글씨체로 변경한다.

⑯ 마찬가지로 대분류인 35행은 비워두고, 지배기업의 소유주에게 귀속되는 자본 합계를 구하기 위해 C36 셀에 수식 '=SUM(C37:C39)'을 입력한다. 중분류에 해당하는 '소수주주지분'은 하위 항목이 없으므로 C40 셀과 D40 셀을 굵은 글씨체로 변경한다. C41 셀에는 자본총계를 표시하기 위한 수식 '=C36+C40'을 입력하고, C42 셀에는 부채총계와 자본총계를 합산하여 표시하는 수식 '=C34+C41'을 입력한다. 이들 각각의 셀에도 굵은 글씨체 형식으로 변경한다.

⑰ 같은 방식으로 23기의 부채와 자본 관련 중분류 합계를 표시한다. 다만 이때에는 일일이 해당 수식을 새로 입력하기보다는, 표시하고자 하는 D23, D29, D34, D36, D41, D42 셀의 바로 왼쪽 셀(즉, 24기의 합계 부분)을 클릭한 후 **자동채우기 핸들**로 끌기하여 간단히 입력할 수 있다.

⑱ 이로써 연결재무상태표에 필요한 합계부분의 입력을 마쳤다. 그런데 여기에서 반드시 확인해야 할 것은, 재무상태표 등식에 따라서 '자산총계'와 '부채와자본총계'의 합계액이 서로 일

치하는지를 확인하는 일이다. 제24기의 경우 **자산총계**(132,380,099,897)와 **부채와자본총계**(132,380,099,897) 금액이 서로 일치하며, 제23기의 경우에도 자산총계(120,588,727,417)와 부채와자본총계(120,588,727,417) 금액이 서로 정확하게 일치하고 있다. 만일 이들 합계가 서로 일치하지 않는 경우, 재무상태표의 작성과정 어디에선가 오류가 존재함을 의미하는 것이므로, 마지막 단계에서 이를 반드시 확인해야 한다.

**연결 재무상태표**

제24기 말 20xx년 12월 31일 현재

제23기 말 20xx년 12월 31일 현재

㈜남화엔지니어링 (단위 : 원)

| | 제 24 기 | 제 23 기 |
|---|---|---|
| **자 산** | | |
| **유동자산** | **58,368,042,670** | **51,068,063,428** |
| 현금및현금성자산 | 10,648,374,535 | 9,767,563,134 |
| 단기금융상품 | 28,349,596,000 | 18,500,000,000 |
| 매출채권 및 기타유동채권 | 19,209,229,020 | 22,639,694,868 |
| 당기법인세자산 | 10,439,115 | 29,844,060 |
| 재고자산 | 150,404,000 | 130,961,366 |
| **비유동자산** | **74,012,057,227** | **69,520,663,989** |
| 기타비유동금융자산 | 8,178,705,038 | 6,377,775,309 |
| 장기매출채권 및 기타채권 | 825,057,672 | 548,175,646 |
| 지분법적용 투자지분 | 42,561,369,663 | 39,854,553,023 |
| 유형자산 | 3,723,461,907 | 3,532,529,745 |
| 투자부동산 | 18,699,996,947 | 19,166,669,266 |
| 무형자산 | 23,466,000 | 40,961,000 |
| **자산총계** | **132,380,099,897** | **120,588,727,417** |
| **부 채** | | |
| **유동부채** | **11,350,280,482** | **15,069,403,947** |
| 매입채무 | 6,337,867,048 | 6,029,452,449 |
| 단기차입금 | 668,467,300 | 1,745,797,840 |
| 초과청구공사 | 41,211,872 | 1,607,462,996 |
| 기타유동부채 | 2,515,229,084 | 4,015,771,386 |
| 당기법인세부채 | 1,787,505,178 | 1,670,919,276 |
| **비유동부채** | **9,509,471,669** | **9,396,851,126** |
| 장기매입채무 및 기타채무 | 3,503,000,000 | 3,395,408,611 |
| 장기차입금 | 220,000,000 | 570,000,000 |
| 기타비유동부채 | 128,485,495 | 49,472,960 |
| 이연법인세부채 | 5,657,986,174 | 5,381,969,555 |
| **부채총계** | **20,859,752,151** | **24,466,255,073** |
| **자 본** | | |
| **지배기업의 소유주에게 귀속되는 자본** | **106,866,584,562** | **91,785,495,857** |
| 납입자본 | 12,998,896,500 | 4,370,000,000 |
| 이익잉여금(결손금) | 93,046,566,282 | 86,762,554,112 |
| 기타자본구성요소 | 821,121,780 | 652,941,745 |
| **소수주주지분** | **4,653,763,184** | **4,336,976,487** |
| **자본총계** | **111,520,347,746** | **96,122,472,344** |
| **부채와자본총계** | **132,380,099,897** | **120,588,727,417** |

재무제표구성항목 | 연결재무상태표 | Sheet3

⑲ 이제 작성하고자 하는 연결 재무상태표는 완성되었다.

### 나. (포괄)손익계산서 항목의 구분과 양식에 따른 표시

① 위 가. ①에서와 마찬가지로, Case에서 주어진 '재무제표구성항목' 시트를 보존한 채로 별도의 시트에서 (포괄)손익계산서 항목만을 재분류하여 표시하기 위해 '재무제표구성항목' 시트를 복사하여 사용한다. '재무제표구성항목' 시트의 아래쪽 시트이름 부분을 클릭하고 오른쪽 마우스 [이동/복사]를 선택한 후, [이동/복사] 대화상자의 아래쪽 [복사본 만들기]에 체크 표시한 뒤, [다음 시트의 앞에]에서 '연결재무상태표' 아래쪽(sheet3)을 클릭한다.

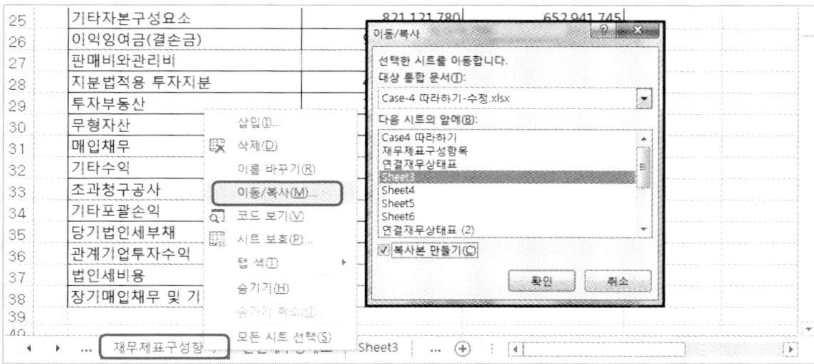


② [이동/복사] 대화상자에서 [확인]을 누르면 '연결재무상태표' 시트의 오른쪽에 복사본 시트 '재무제표구성항목 (2)'가 다시 생성된다. 생성된 '재무제표구성항목 (2)' 시트의 이름을 더블클릭하여 시트 이름을 '**포괄손익계산서**'로 변경한다.

③ 이름 변경된 '포괄손익계산서' 시트에서, 먼저 3행과 4행의 머리글 부분을 함께 선택한 후 오른쪽 마우스에서 [삽입]을 선택하여 3행과 4행에 빈 칸을 삽입해 둔다. 그리고 앞에서 작성해 둔 '연결재무상태표' 시트를 클릭하고, B2:D5 셀 영역을 선택한 후 복사하여, '포괄손익계산서' 시트의 B2 셀에 붙여넣기 한다. 이는 '연결 재무상태표'의 위 머리글 부분의 서식을 복사하여 사용하고자 하는 것이다.

④ '포괄손익계산서' 시트의 B2 셀을 클릭하고, 표시되어 있는 '연결 재무상태표'를 '포괄 손익계산서'로 변경해 놓는다. 그리고 B3 셀을 손익계산서 **기간표시** 원칙에 다라 '제24기 20xx년 1월 1일부터 20xx년 12월 31일까지'로 변경한다. 또한 B4 셀에서도 '제23기 20xx년 1월 1일부터 20xx년 12월 31일까지'로 변경해 놓는다. 여기서 유의할 것은, 앞의 재무상태표에서는 기간표시를 '제24기 말  20xx년 12월 31일 현재'와 같이 결산일 현재의 날짜를 기록하는 데 반해, 손익계산서에서는 기간표시를 '제24기 20xx년 1월 1일부터 20xx년 12월 31일까지'와 같이 주로 1년의 회계기간을 구체적으로 표시해주어야 한다는 것이다. 물론 반기보고서나 분기보고서를 작성하는 경우에는 이 기간표시를 해당 반기나 분기의 날짜 표시로 기록하면 된다.

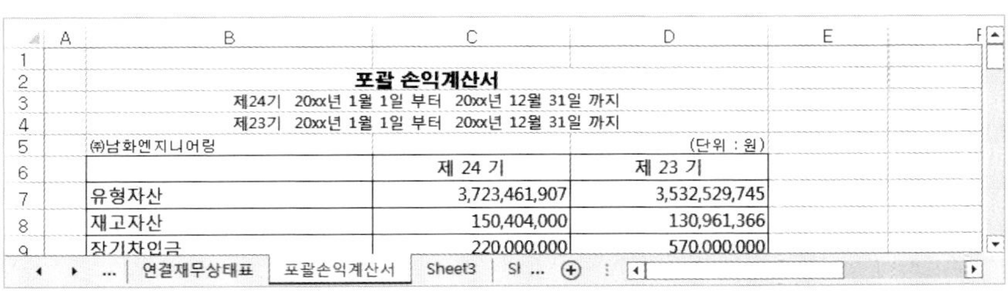

⑤ 또 한 가지, 이러한 기간표시는 먼저 가까운 회계기간(여기서는 제24기)을 먼저 표시하고, 그 아래쪽에 과거의 회계기간(여기서는 제23기)을 표시하는 것이 원칙이다.

⑥ 이제 B열에 표시되어 있는 계정과목 중에서 손익계산서에 해당하는 계정만을 남기고 나머지 계정(재무상태표 해당 계정)은 삭제한다. 나열되어 있는 계정과목 중 재무상태표에 해당하는 계정들은 이미 위의 가.에서 연결재무상태표로 정리하는데 사용되었다. 따라서 위의 가. ⑤에서의 구분에 따라 손익계산서 해당 항목들만을 남기고 재무상태표 해당 항목들은 각각 해당 행의 머리글을 선택하여 오른쪽 마우스에서 [삭제]를 행하여 하나씩 지운다. 이러한 절차에 따라 정리된 손익계산서 관련 항목은 다음과 같은 10개 항목이다.

**포괄 손익계산서**

제24기 20xx년 1월 1일 부터 20xx년 12월 31일 까지

제23기 20xx년 1월 1일 부터 20xx년 12월 31일 까지

㈜남화엔지니어링 (단위 : 원)

| | 제 24 기 | 제 23 기 |
|---|---|---|
| 매출원가 | 77,792,542,939 | 73,054,631,469 |
| 매출 | 87,324,062,477 | 86,272,898,896 |
| 기타비용 | 324,571,682 | 3,865,617,491 |
| 금융수익 | 1,512,500,729 | 1,206,805,727 |
| 금융원가 | 30,579,795 | 231,155,862 |
| 판매비와관리비 | 4,414,029,880 | 4,433,697,446 |
| 기타수익 | 741,519,772 | 709,673,527 |
| 기타포괄손익 | 185,298,924 | - 293,796,519 |
| 관계기업투자수익 | 3,442,518,694 | 3,568,434,148 |
| 법인세비용 | 3,219,697,398 | 2,686,873,933 |

연결재무상태표 | 포괄손익계산서 | Sheet3

⑦ 다음 단계는 이들 10개 항목들을 손익계산서 표시양식에 따라 구분하여 재배열하는 것이다. 손익계산서는 궁극적으로 **당기순이익**을 계산하고자 하는 표이지만, 이익에도 여러 가지 종류의 이익으로 구분할 수 있으므로, 흔히 손익계산서를 작성할 때 이들 이익 개념에 따라 일정한 형식으로 구분하여 표시하도록 하고 있다.

참고

### (포괄)손익계산서 표시 양식

손익계산서는 당해 기간 중에 발생한 수익과 이에 대응하는 비용을 표시하여 경영성적(이익)을 계산하는 표이다. 그런데 이익 개념도 용도에 따라 다양한 이익 개념이 존재하므로, 이들 이익 개념의 구분에 따라 해당 항목들을 구분하여 체계적으로 보고하기 위한 양식이 필요하다.

제조업을 가정하는 경우, 흔히 손익계산서는 매출액으로부터 시작하여 매출액에 직접 대응되는 매출원가를 표시하고 그 차이를 **매출총이익**이라 한다. 매출총이익은 말하자면 그 기업 상품의 경쟁력 정도를 의미한다. 매출총이익에서 당해 기간 중 발생한 판매비와 일반관리비 항목들을 뺀 나머지를 **영업이익**이라 하며, 이는 그 기업의 영업능력을 평가하는 기준이 된다. 영업이익에서 영업외수익을 더하고 영업외비용을 뺀 나머지를 **법인세차감전순이익**이라 하며, 이는 과세표준이 된다. 법인세차감전순이익에서 법인세비용을 차감한 잔액이 **당기순이익**이다.

**기타포괄손익**은 기업의 주요 활동이 아닌 기타 부문에 의한 손익으로 주주와의 자본거래를 제외한 자본변동을 의미하며, 매도가능금융자산평가손익, 지분법자본변동, 유형자산재평가손익 등이 이에 해당한다. 기타포괄손익 개념은 국제회계기준(IFRS)이 적용되면서 손익계산서에 추가된 항목으로, 당기순이익에 기타포괄손익을 포함한 모든 이익을 **총포괄이익**이라고 한다.

이러한 구분에 따라 포괄손익계산서의 기본 형식을 표시하면 다음과 같다.

포괄 손익계산서

제xx기 20xx년 x월 x일부터 20xx년 x월 x일 까지
제xx기 20xx년 x월 x일부터 20xx년 x월 x일 까지

(주)xxxx (단위: 원)

| | 제 xx 기 | 제 xx 기 |
|---|---|---|
| 매출액 | | |
| 매출원가 | | |
| 기초상품재고액 | | |
| 당기매입액 | | |
| 기말상품재고액 | | |
| 매출총이익 | | |
| 판매비와 일반관리비 | | |
| … | | |
| 영업이익 | | |
| 영업외수익 | | |
| … | | |
| 영업외비용 | | |
| … | | |
| 법인세차감전순이익 | | |
| 법인세비용 | | |
| 당기순이익 | | |
| 기타포괄손익 | | |
| … | | |
| 총포괄손익 | | |

⑧ 이들 표시형식에 따라 포괄손익계산서 항목들을 재배열해보면 다음과 같다. 여기서는 기초(기말)상품재고액과 당기상품매입액에 관련된 자료가 없으므로 매출원가로 직접 표시하기로 한다. 해당 항목들을 위 아래로 이동하는 방법은, 위의 재무상태표의 경우와 같이, 행단위로 행머리글을 끌기하여 배열하는 것이 좋다.

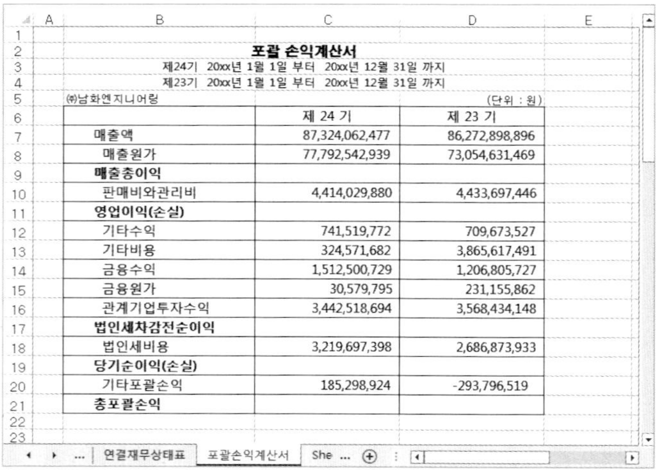

포괄 손익계산서

제24기 20xx년 1월 1일 부터 20xx년 12월 31일 까지
제23기 20xx년 1월 1일 부터 20xx년 12월 31일 까지

㈜남화엔지니어링 (단위 : 원)

| | 제 24 기 | 제 23 기 |
|---|---|---|
| 매출액 | 87,324,062,477 | 86,272,898,896 |
| 매출원가 | 77,792,542,939 | 73,054,631,469 |
| **매출총이익** | | |
| 판매비와관리비 | 4,414,029,880 | 4,433,697,446 |
| **영업이익(손실)** | | |
| 기타수익 | 741,519,772 | 709,673,527 |
| 기타비용 | 324,571,682 | 3,865,617,491 |
| 금융수익 | 1,512,500,729 | 1,206,805,727 |
| 금융원가 | 30,579,795 | 231,155,862 |
| 관계기업투자수익 | 3,442,518,694 | 3,568,434,148 |
| **법인세차감전순이익** | | |
| 법인세비용 | 3,219,697,398 | 2,686,873,933 |
| **당기순이익(손실)** | | |
| 기타포괄손익 | 185,298,924 | -293,796,519 |
| **총포괄손익** | | |



⑨ 작성된 포괄손익계산서에서 각각의 이익 개념을 수식에 의해 계산한다. 먼저 제24기의 매출총이익을 계산하기 위해 C9 셀에 수식 '=C7-C8'을 입력한다. 그리고 C11 셀의 영업이익은 수식 '=C9-C10'에 의해 계산한다. C17 셀의 법인세차감전순이익은 수식 '=C11+C12-C13+C14-C15+C16'으로 구한다. 즉 영업이익에 영업외수익에 해당하는 항목(기타수익, 금융수익, 관계기업투자수익)은 더하고 영업외비용에 해당하는 항목(기타비용, 금융원가)은 차감하여 계산한다. C19 셀의 당기순이익은 수식 '=C17-C18'에 의해 계산하며, C21 셀의 총포괄손익은 수식 '=C19+C20'에 의해 구한다.

⑩ 제23기의 각종 이익 개념에도 동일한 수식이 적용되어야 하므로, 다시 해당 수식을 일일이 입력하기보다는 제24기의 수식을 자동채우기 핸들을 끌기 하여 채워넣음으로써 완성한다.

⑪ 포괄손익계산서에서 각종 이익 개념의 구분표시가 필요하므로, 이익 개념이 표시되어 있는 영역(B9:D9, B11:D11, B17:D17, B19:D19, B21:D21)을 Ctrl 키를 누른 상태에서 차례로 선택한 후, [홈] 탭의 [글꼴]에서 '굵게'를 선택하여 강조 표시한다.

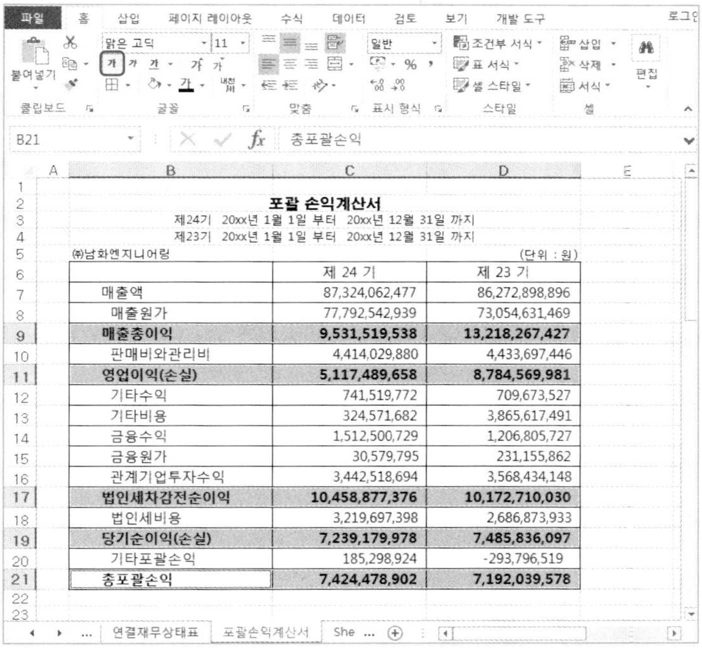


**포괄 손익계산서**

제24기 20xx년 1월 1일 부터 20xx년 12월 31일 까지
제23기 20xx년 1월 1일 부터 20xx년 12월 31일 까지

㈜남화엔지니어링 (단위 : 원)

| | 제 24 기 | 제 23 기 |
|---|---|---|
| 매출액 | 87,324,062,477 | 86,272,898,896 |
| 매출원가 | 77,792,542,939 | 73,054,631,469 |
| **매출총이익** | **9,531,519,538** | **13,218,267,427** |
| 판매비와관리비 | 4,414,029,880 | 4,433,697,446 |
| **영업이익(손실)** | **5,117,489,658** | **8,784,569,981** |
| 기타수익 | 741,519,772 | 709,673,527 |
| 기타비용 | 324,571,682 | 3,865,617,491 |
| 금융수익 | 1,512,500,729 | 1,206,805,727 |
| 금융원가 | 30,579,795 | 231,155,862 |
| 관계기업투자수익 | 3,442,518,694 | 3,568,434,148 |
| **법인세차감전순이익** | **10,458,877,376** | **10,172,710,030** |
| 법인세비용 | 3,219,697,398 | 2,686,873,933 |
| **당기순이익(손실)** | **7,239,179,978** | **7,485,836,097** |
| 기타포괄손익 | 185,298,924 | -293,796,519 |
| **총포괄손익** | **7,424,478,902** | **7,192,039,578** |

⑫ 이로써 포괄손익계산서의 양식에 따른 작성절차가 완료되었다.

**포괄 손익계산서**

제24기 20xx년 1월 1일 부터 20xx년 12월 31일 까지
제23기 20xx년 1월 1일 부터 20xx년 12월 31일 까지

㈜남화엔지니어링 (단위 : 원)

| | 제 24 기 | 제 23 기 |
|---|---|---|
| 매출액 | 87,324,062,477 | 86,272,898,896 |
| 매출원가 | 77,792,542,939 | 73,054,631,469 |
| **매출총이익** | **9,531,519,538** | **13,218,267,427** |
| 판매비와관리비 | 4,414,029,880 | 4,433,697,446 |
| **영업이익(손실)** | **5,117,489,658** | **8,784,569,981** |
| 기타수익 | 741,519,772 | 709,673,527 |
| 기타비용 | 324,571,682 | 3,865,617,491 |
| 금융수익 | 1,512,500,729 | 1,206,805,727 |
| 금융원가 | 30,579,795 | 231,155,862 |
| 관계기업투자수익 | 3,442,518,694 | 3,568,434,148 |
| **법인세차감전순이익** | **10,458,877,376** | **10,172,710,030** |
| 법인세비용 | 3,219,697,398 | 2,686,873,933 |
| **당기순이익(손실)** | **7,239,179,978** | **7,485,836,097** |
| 기타포괄손익 | 185,298,924 | -293,796,519 |
| **총포괄손익** | **7,424,478,902** | **7,192,039,578** |

⑬ 포괄손익계산서에서 계산된 당기순이익(C19 셀)이 정확히 계산되었는지를 확인해 보기 위해서는 일반적으로 재무상태표의 이익잉여금 주기(注記) 표시를 참조하게 된다. 이는 손익계산서에서 계산된 당기순이익이 재무상태표의 이익잉여금에 가산되며, 이익잉여금란에서는 이를 **주기**(注記) 형태로 표시하도록 하고 있기 때문이다. 그러나 본 예제의 경우에는 이익잉여금란에 별도의 주기(注記) 표시가 없기 때문에 이를 직접 확인해보기는 어렵다.

## 2. 재무제표의 금액표시 단위 변경하기

위에서 작성된 재무제표(연결재무상태표와 포괄손익계산서)는 금액 표시단위가 '원' 단위로 되어 있기 때문에 우선 자릿수가 많아 쉽게 읽어보기 어려운 형태이다. 더구나 이 재무제표 자료를 이용한 각종 비교 및 분석업무에도 사실상 상위 자릿수가 관건이며, 하위 자릿수들은 실질적인 영향 관계가 없는 것이 보통이다.

따라서 대부분의 경우에 재무제표를 요약 형식으로 보고하는 경우에는 단위 표시를 '천원' 또는 '백만원' 단위로 축약하여 표시하는 경우가 많다. 이러한 축약 표시는 차트 작성 등에도 매우 편리하다.

① 먼저 작성된 연결재무상태표 양식을 복사하여 사용하기로 한다. [연결재무상태표] 시트의 시트 이름부분을 클릭하고 오른쪽 마우스 [이동/복사]를 클릭한 후, [이동/복사] 대화상자에서 아래쪽 [복사본 만들기]를 체크 표시하고 [다음 시트의 앞에]에서 '포괄손익계산서'의 다음(Sheet3)을 선택하고 [확인]을 누른다. 복제된 [연결재무상태표 (3)] 시트를 선택하고, 시트의 이름을 '**요약재무제표**'로 변경한다.

② 이번에는 작성되어 있는 [포괄손익계산서] 시트를 선택하고, 시트 내의 모든 자료가 포함될 수 있도록 A1:E22 셀 범위를 선택하여 오른쪽 마우스에서 [복사]를 선택한다. 그리고 [요약재무제표] 시트로 돌아와서 A46 셀에 붙여넣기 한다.

③ 이로써 [연결재무상태표]와 [포괄손익계산서]가 [요약재무제표] 시트 내에 함께 표시되게 되었다. 그런데 [요약재무제표]에 표시된 연결재무상태표와 포괄손익계산서의 금액들은 [연결재무상태표] 시트와 [포괄손익계산서] 시트의 자료를 그대로 복사해 왔을 뿐, 서로 연결되었다기보다는 독립적인 수치를 의미한다. 예컨대 [연결재무상태표] 시트의 제24기 현금 금액이 변경되더라도 [요약재무제표] 시트의 현금 계정 잔액은 변경되지 않는다. 그런 경우는 거의 일어나지 않긴 하겠지만, [연결재무상태표] 시트나 [포괄손익계산서] 시트의 해당 금액에 변경이 이루어지면, 같은 금액을 의미하는 [요약재무제표] 시트의 해당 금액도 따라 변경되도록 **연결관계**로 설정할 필요가 있다.

④ 이를 표시하기 위해 [요약재무제표] 시트의 C8 셀을 선택하고 현재의 금액 대신 수식 '=연결재무상태표!C8'으로 입력한다. 그 결과는 이전과 동일하지만, 이제는 셀 연결이 되어 있어 [연결재무상태표] 시트의 유동자산 합계(C8 셀)가 변경되면 [요약재무제표] 시트의 관련 셀(C8 셀)도 함께 따라 변경되는 연결구조로 표시된 것이다. 이제 [요약재무제표] 시트의 C8 셀의 자동채우기 핸들로 D8 셀로 끌어 복사한다. 그리고 C8:D8 셀 범위를 함께 선택하고 그 자동채우기 핸들로 연결재무상태표의 마지막 셀인 D42 셀까지 끌기하여 채워 넣는다. 이로써 [요약재무제

표] 시트 내의 모든 연결재무상태표 항목들의 값이 [연결재무상태표] 시트의 값들과 연결 표시되는 구조로 변경되었다.

⑤ [요약재무제표] 시트의 포괄손익계산서에 대해서도 동일한 **셀 연결 구조**로 변경한다. 예컨대 C52 셀의 제24기 매출액은 수식 '=포괄손익계산서!C7'으로 변경한다. 이때 수식을 직접 입력하기보다는 C52 셀에서 먼저 '='을 입력한 후 마우스로 [포괄손익계산서] 시트의 매출액 표시부분(즉, C7 셀)을 클릭하고 Enter 키를 누르면 같은 수식이 입력된다. 마찬가지로 C52 셀을 복사하여 D52 셀에 붙여넣기 한 후, C52:D52 셀 범위를 함께 선택하여 자동채우기 핸들로 아래 D66 셀까지 채워넣기 하여 변경을 완성한다. 이제 [요약재무제표] 시트의 포괄손익계산서 자료도 [포괄손익계산서] 시트의 해당 위치 금액과 서로 연동되는 형태(셀 참조)로 변경되었다.

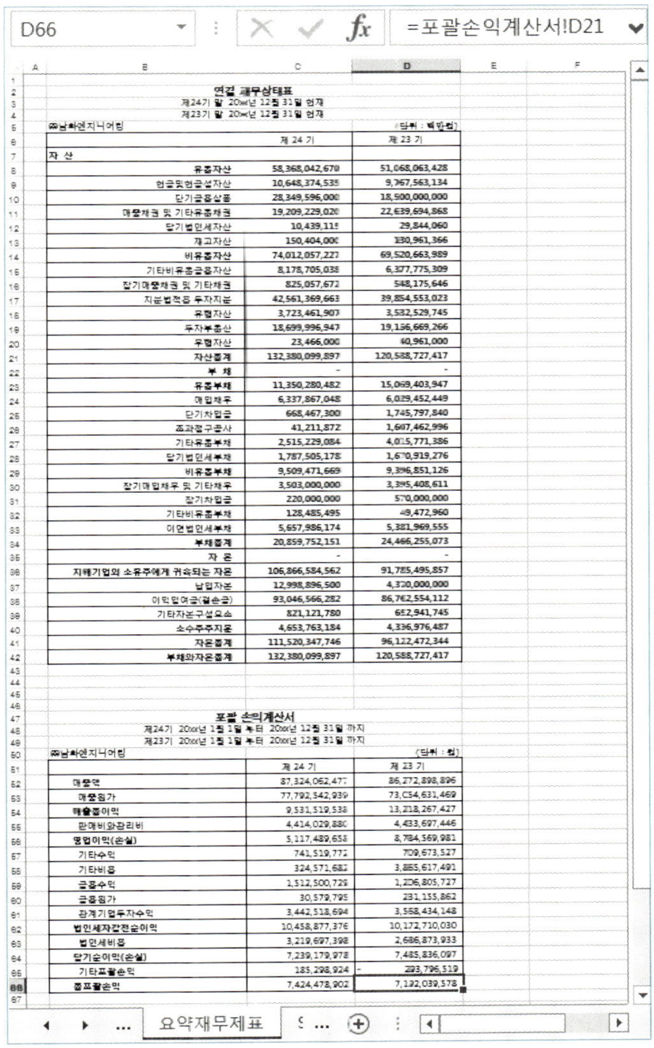


⑥ 이제 [요약재무제표]의 각 계정 금액들을 백만원 단위로 표시해보자. 특정 셀의 금액을 백만원 단위로 표시하고자 하는 경우 해당 셀을 백만원으로 나누어 표시하라고 명령하면 된다. 예컨대 C8 셀에는 이미 '=연결재무상태표!C8'으로 표시되어 있으므로 이를 '=연결재무상태표!C8'/1000000'으로 수정하면 될 일이다. 그런데 이때 고려해야 할 사항은 백만원 단위로 끊어 표시할 때 그 아랫자리에서 반올림할 것인지 내림할 것인지를 선택해야 한다. 이때 사용할 수 있는 함수가 'INT' 함수나 'ROUND' 함수인데, 반올림하는 것이 일반적이므로 여기서는 ROUND 함수를 사용하기로 한다. 따라서 C8 셀의 수식('=연결재무상태표!C8')에 ROUND 함수와 백만원

으로 나누는 것을 추가하여 수식 '=ROUND(연결재무상태표!C8/1000000,0)'으로 변경한다.

참고

### INT 함수와 ROUND 함수

엑셀에서 특정 금액을 또다른 숫자로 나눈 결과값을 표시할 때 소숫점 이하 숫자가 나오는 경우가 있다. 그러나 회계에서는 일반적으로 금액은 소수점 이하 자릿수는 의미가 없기 때문에 금액을 정수만으로 표시하는 경우가 많다. 이때 소수점 이하 자릿수를 생략하는 방법으로 INT 함수와 ROUND 함수를 사용할 수 있다.

#### INT 함수

INT는 Integer의 줄임말로 '정수'라는 뜻이다. 여기서 정수는 소수를 포함하지 않는 음수 또는 양수를 의미하므로, INT 함수는 소수를 정수로 변환하는 기능을 수행한다. [표시형식 : =INT(number)] 이때 INT 함수는 소수점 아래를 버리고 가장 가까운 정수로 내림하여 표시한다. 예컨대 5.3을 5로, -5.3을-6으로 변환하는 것이 INT 함수이다.

#### ROUND 함수

ROUND 함수는 반올림 함수로, 반올림할 대상 또는 셀을 선택하여 지정한 자릿수로 반올림할 수 있다. [표시형식 : =ROUND(Number,Num_digits)]

여기서 Number는 반올림할 숫자 또는 셀주소를 의미하며, Num_digits는 반올림할 자릿수를 지정한다. 예컨대 Num_digits에 '1'을 입력하면 소수점 둘째 자릿수에서 반올림하여 소수점 첫째 자리까지를 표시하고, '2'를 입력하면 소수점 둘째 자리까지를 표시한다. 따라서 소수점 첫째 자리에서 반올림하여 정수만을 표시하고자 하는 경우 Num_digits에 '0'을 입력하면 된다.

⑦ 그런데 경우에 따라서는 백만원 단위로 표시했던 금액을 천원 단위, 또는 원 단위로 수정 또는 변경해야 할 필요가 있을 수도 있다. 이 경우에는 그때마다 '/1000000'으로 입력해둔 숫자를 '/1000' 또는 '/1' 등으로 모두 수정해주어야 하는데, 이보다는 처음부터 나눌 금액단위를 다른 셀에 미리 입력해두고 나눗셈을 표시할 때 해당 셀을 참조하는 형식으로 표시하는 것이 수정 또는 변경에 더 수월할 수 있다. 따라서 재무제표를 표시하고 있는 난 이외의 장소(예컨대 F1 셀)에 '표시단위:'를 입력하고 그 오른쪽에 '100000'을 입력해 둔다. 그리고 이들 자료가 눈에 보이지 않도록 F1:G1 셀 범위를 선택하여 글꼴색을 바탕색과 같은 흰색으로 지정해 놓는다. 따라서 시트상에서는 눈에 보이지 않지만 실제로는 F1,과 G1 셀에 자료가 들어 있는 것이다.

⑧ 이제 C8 셀의 수식('=ROUND(연결재무상태표!C8/1000000,0)')을 '=ROUND(연결재무상태표!C8/$G$1,0)'으로 수정해 놓는다. 이때 참조셀 G1은 여러 곳에 복사해서 사용할 것에 대비하여 절대셀주소 형식($G$1)으로 표시하는 것이 중요하다. 또 ROUND 함수의 마지막 상수 '0'은 백만원으로 나눈 값 중 원단위까지만 표시하라는 의미이다. 이러한 수식 변경의 결과도 이전의 계산결과와 같게 된다.

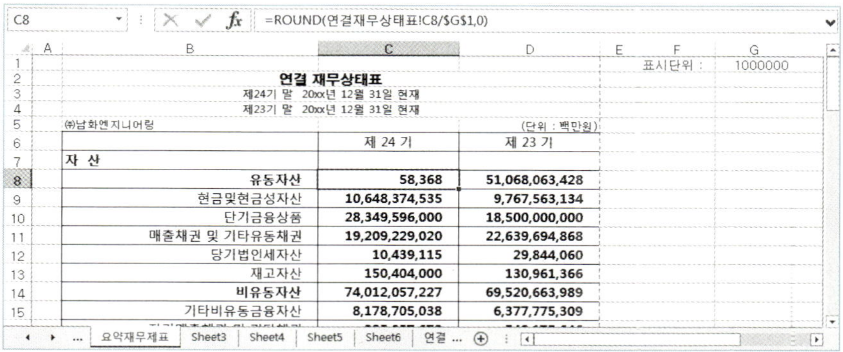

C8 =ROUND(연결재무상태표!C8/$G$1,0)

| | A | B | C | D | E | F | G |
|---|---|---|---|---|---|---|---|
| 1 | | | | | | 표시단위 : | 1000000 |
| 2 | | 연결 재무상태표 | | | | | |
| 3 | | 제24기 말 20xx년 12월 31일 현재 | | | | | |
| 4 | | 제23기 말 20xx년 12월 31일 현재 | | | | | |
| 5 | | ㈜남화엔지니어링 | | (단위 : 백만원) | | | |
| 6 | | | 제 24 기 | 제 23 기 | | | |
| 7 | | 자 산 | | | | | |
| 8 | | 유동자산 | 58,368 | 51,068,063,428 | | | |
| 9 | | 현금및현금성자산 | 10,648,374,535 | 9,767,563,134 | | | |
| 10 | | 단기금융상품 | 28,349,596,000 | 18,500,000,000 | | | |
| 11 | | 매출채권 및 기타유동채권 | 19,209,229,020 | 22,639,694,868 | | | |
| 12 | | 당기법인세자산 | 10,439,115 | 29,844,060 | | | |
| 13 | | 재고자산 | 150,404,000 | 130,961,366 | | | |
| 14 | | 비유동자산 | 74,012,057,227 | 69,520,663,989 | | | |
| 15 | | 기타비유동금융자산 | 8,178,705,038 | 6,377,775,309 | | | |

요약재무제표 | Sheet3 | Sheet4 | Sheet5 | Sheet6 | 연결 ...

⑨ C8 셀에서 자동채우기 핸들로 D8까지 끌기하고, 다시 C8:D8 셀 영역의 자동채우기 핸들로 D42 셀까지 끌기하여 재무상태표를 한꺼번에 백만원 단위로 변경할 수 있다. 다만, 불필요한 C22:D22, C35:D35 셀 영역의 표시는 지운다.

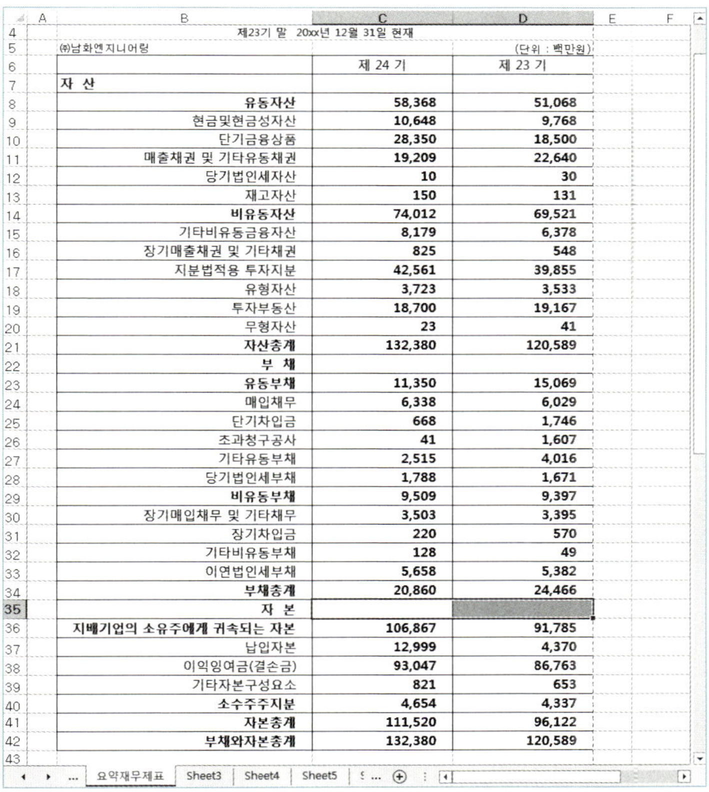

| | A | B | C | D | E | F |
|---|---|---|---|---|---|---|
| 4 | | 제23기 말 20xx년 12월 31일 현재 | | | | |
| 5 | | ㈜남화엔지니어링 | | (단위 : 백만원) | | |
| 6 | | | 제 24 기 | 제 23 기 | | |
| 7 | | 자 산 | | | | |
| 8 | | 유동자산 | 58,368 | 51,068 | | |
| 9 | | 현금및현금성자산 | 10,648 | 9,768 | | |
| 10 | | 단기금융상품 | 28,350 | 18,500 | | |
| 11 | | 매출채권 및 기타유동채권 | 19,209 | 22,640 | | |
| 12 | | 당기법인세자산 | 10 | 30 | | |
| 13 | | 재고자산 | 150 | 131 | | |
| 14 | | 비유동자산 | 74,012 | 69,521 | | |
| 15 | | 기타비유동금융자산 | 8,179 | 6,378 | | |
| 16 | | 장기매출채권 및 기타채권 | 825 | 548 | | |
| 17 | | 지분법적용 투자지분 | 42,561 | 39,855 | | |
| 18 | | 유형자산 | 3,723 | 3,533 | | |
| 19 | | 투자부동산 | 18,700 | 19,167 | | |
| 20 | | 무형자산 | 23 | 41 | | |
| 21 | | 자산총계 | 132,380 | 120,589 | | |
| 22 | | 부 채 | | | | |
| 23 | | 유동부채 | 11,350 | 15,069 | | |
| 24 | | 매입채무 | 6,338 | 6,029 | | |
| 25 | | 단기차입금 | 668 | 1,746 | | |
| 26 | | 초과청구공사 | 41 | 1,607 | | |
| 27 | | 기타유동부채 | 2,515 | 4,016 | | |
| 28 | | 당기법인세부채 | 1,788 | 1,671 | | |
| 29 | | 비유동부채 | 9,509 | 9,397 | | |
| 30 | | 장기매입채무 및 기타채무 | 3,503 | 3,395 | | |
| 31 | | 장기차입금 | 220 | 570 | | |
| 32 | | 기타비유동부채 | 128 | 49 | | |
| 33 | | 이연법인세부채 | 5,658 | 5,382 | | |
| 34 | | 부채총계 | 20,860 | 24,466 | | |
| 35 | | 자 본 | | | | |
| 36 | | 지배기업의 소유주에게 귀속되는 자본 | 106,867 | 91,785 | | |
| 37 | | 납입자본 | 12,999 | 4,370 | | |
| 38 | | 이익잉여금(결손금) | 93,047 | 86,763 | | |
| 39 | | 기타자본구성요소 | 821 | 653 | | |
| 40 | | 소수주주지분 | 4,654 | 4,337 | | |
| 41 | | 자본총계 | 111,520 | 96,122 | | |
| 42 | | 부채와자본총계 | 132,380 | 120,589 | | |
| 43 | | | | | | |

요약재무제표 | Sheet3 | Sheet4 | Sheet5 | ...

⑩ C8 셀의 셀 형식 때문에 함께 굵은 글씨체로 변경된 셀 영역(C9:D13, C15:D20, C24:D28, C30:D33, C37:D39)을 각각 선택하여 굵은 글씨체를 취소하여 표시한다.

⑪ 아래 포괄손익계산서에 대해서도 먼저 C52 셀의 수식('=포괄손익계산서!C7')을 위의 C8 셀과 유사하게 수식 '=ROUND(포괄손익계산서!C7/$G$1,0)'으로 변경한다. 그리고 C52 셀의 자동채우기 핸들로 D52 셀까지 끌기 한 후, C52:D52 셀 범위의 자동채우기 핸들을 다시 D66 셀까지 끌기하여 포괄손익계산서를 한꺼번에 백만원 단위로 변경한다.

⑫ 포괄손익계산서의 경우에는 C52 셀의 셀 형식이 함께 적용되어 있기 때문에, 굵은 글씨체로 표기해야 할 영역(C54:D54, C56:D56, C62:D62, C64:D64, C66:D66)을 각각 선택하여 굵은 글씨체로 변경해 놓는다.

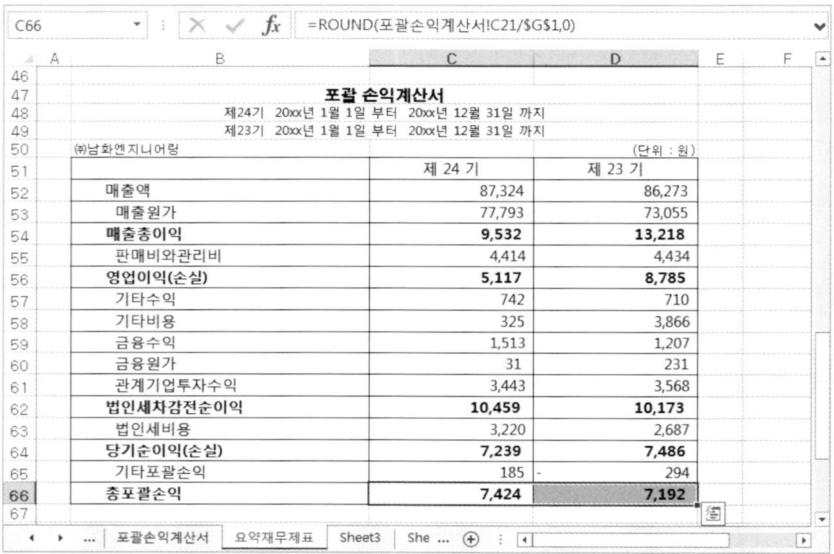

C66 | =ROUND(포괄손익계산서!C21/$G$1,0)

**포괄 손익계산서**

제24기 20xx년 1월 1일 부터 20xx년 12월 31일 까지

제23기 20xx년 1월 1일 부터 20xx년 12월 31일 까지

㈜남화엔지니어링 (단위 : 원)

| | 제 24 기 | 제 23 기 |
|---|---|---|
| 매출액 | 87,324 | 86,273 |
| 매출원가 | 77,793 | 73,055 |
| **매출총이익** | **9,532** | **13,218** |
| 판매비와관리비 | 4,414 | 4,434 |
| **영업이익(손실)** | **5,117** | **8,785** |
| 기타수익 | 742 | 710 |
| 기타비용 | 325 | 3,866 |
| 금융수익 | 1,513 | 1,207 |
| 금융원가 | 31 | 231 |
| 관계기업투자수익 | 3,443 | 3,568 |
| **법인세차감전순이익** | **10,459** | **10,173** |
| 법인세비용 | 3,220 | 2,687 |
| **당기순이익(손실)** | **7,239** | **7,486** |
| 기타포괄손익 | 185 | - 294 |
| **총포괄손익** | **7,424** | **7,192** |

포괄손익계산서 | 요약재무제표 | Sheet3 | She ...

⑬ 이제 연결재무상태표와 포괄손익계산의 금액 단위가 백만원으로 변경되었으므로 D5 셀과 D50 셀에 표시된 '(단위: 원)'을 '(단위: 백만원)'으로 바꾸어 놓는다.

⑭ 이로써 원 단위로 표시되었던 (주)남화엔지니어링의 재무제표는 [요약재무제표] 시트에서는 모두 백만원 단위로 조정되어 표시되고 있다. 만일 이 백만원 단위를 천원 단위 표시로 변경하고자 하는 경우에는, G1 셀에 입력하고 숨겨두었던 '1,000,000' 숫자를 '1,000'으로 변경하기만 하면, [요약재무제표] 시트 내의 모든 금액이 천원 단위로 한꺼번에 자동 변경되어 표시된다. 이에 따라 D5 셀과 D50 셀에 표시된 '(단위: 백만원)'을 '(단위: 천원)'으로 바꾸어 놓기만 하면 된다.

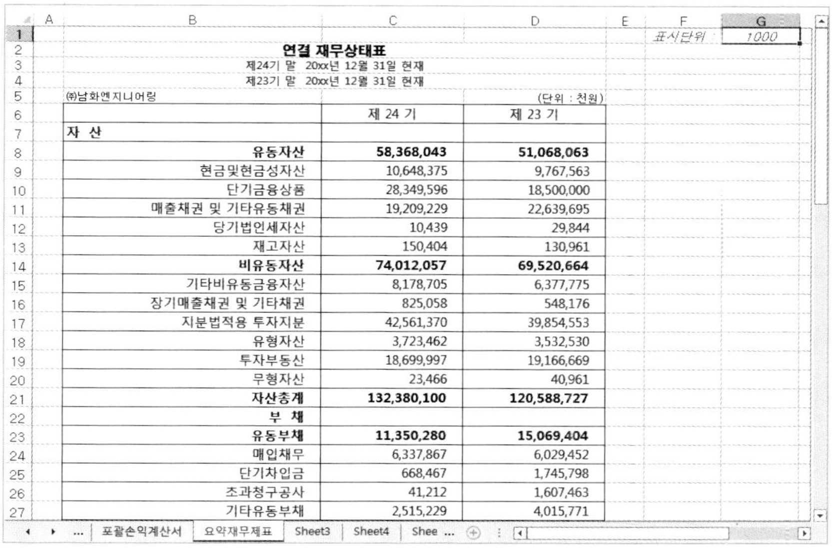

표시단위 1000

연결 재무상태표

제24기 말 20xx년 12월 31일 현재

제23기 말 20xx년 12월 31일 현재

㈜남화엔지니어링 (단위 : 천원)

| | 제 24 기 | 제 23 기 |
|---|---|---|
| **자 산** | | |
| **유동자산** | **58,368,043** | **51,068,063** |
| 현금및현금성자산 | 10,648,375 | 9,767,563 |
| 단기금융상품 | 28,349,596 | 18,500,000 |
| 매출채권 및 기타유동채권 | 19,209,229 | 22,639,695 |
| 당기법인세자산 | 10,439 | 29,844 |
| 재고자산 | 150,404 | 130,961 |
| **비유동자산** | **74,012,057** | **69,520,664** |
| 기타비유동금융자산 | 8,178,705 | 6,377,775 |
| 장기매출채권 및 기타채권 | 825,058 | 548,176 |
| 지분법적용 투자지분 | 42,561,370 | 39,854,553 |
| 유형자산 | 3,723,462 | 3,532,530 |
| 투자부동산 | 18,699,997 | 19,166,669 |
| 무형자산 | 23,466 | 40,961 |
| **자산총계** | **132,380,100** | **120,588,727** |
| **부 채** | | |
| **유동부채** | **11,350,280** | **15,069,404** |
| 매입채무 | 6,337,867 | 6,029,452 |
| 단기차입금 | 668,467 | 1,745,798 |
| 초과청구공사 | 41,212 | 1,607,463 |
| 기타유동부채 | 2,515,229 | 4,015,771 |



## 3. 주요 계정과목 비교 차트 표시하기

위에서 재무제표의 금액 단위를 원단위에서 백만원 단위로 변경 표시한 것도 기간간 또는 항목간 금액 비교를 보다 쉽게 할 수 있도록 하기 위한 하나의 방법이었다. 그러나 이러한 **금액 비교**나 **추세분석**을 위해서는 **차트**를 작성하여 표시하는 방법이 보다 유용할 수 있다. 다만, 표현하고자 하는 내용이나 성격 또는 금액편차 등에 따라 보다 적절한 차트 형식이 존재할 수 있으므로, 이를 적절히 선택하는 것 또한 매우 중요하다.

① 먼저 금액 단위 표시가 간단한 것이 축 서식의 표기 등에 유리할 수 있으므로, 천원 단위로 변경해 놓았던 [요약재무제표]의 시트 금액 단위를 다시 백만원 단위르 변경해 놓는다(G1 셀의 금액을 1,000,000으로 변경).

② 먼저 연결재무상태표 항목들 간의 비교를 위해, 마우스로 B6:D6 셀 범위를 선택한 후에 Ctrl 키를 누른 상태에서 비교할 항목들이 들어 있는 B8:D8, B14:D14, B23:D23, B29:D29, B36:D36, B40:D40 등의 셀 범위를 차례로 선택한다.

③ 그리고 [삽입] 탭의 [차트]에서 [추천 차트]를 선택해 본다. [**추천 차트**]는 현재 워크시트에서 선택된 데이터의 특징을 고려하여 엑셀에서 추천해주는 차트의 종류들이 표시되고 있으므로, 이들 추천 차트 중에서 선택하는 것이 더 수월할 수 있다. 추천된 차트 중에서도 맨 먼저 표시되고 있는 차트 형식이 가장 적합하다고 판단되는 것이다. 특히 워크시트에서 선택된 데이터 중에서 여러 항목의 값을 비교하고자 하거나, '지배기업의 소유주에게 귀속되는 자본'과 같이

항목 텍스트가 긴 경우에는 [묶은 가로 막대형] 차트를 선택하는 것이 적절하다고 추천된다. 따라서 추천된 차트 중 [묶은 가로 막대형] 차트를 선택하면 곧바로 선택된 데이터를 추천 차트로 구성하여 표시해 준다.

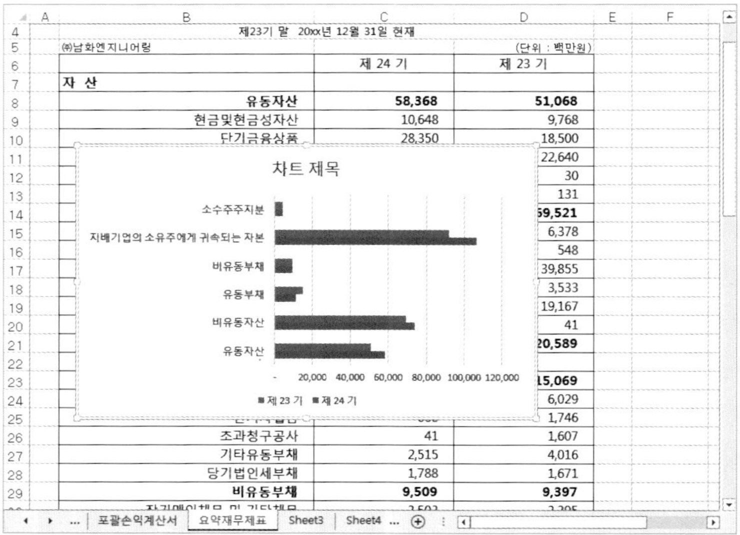


④ 표시된 차트에서 먼저 [차트 제목]을 '재무상태표 주요 항목 비교'로 변경한다. 그리고 차트 내의 왼쪽 **세로축**의 항목 배열이 워크시트에서 선택한 데이터와 반대로 표시되고 있으므로 이를 원래의 순서대로 변경하여 표시해보기로 한다. 이를 위해 세로축을 선택하고 더블클릭하여 오른쪽에 나타난 [축 서식] 대화상자에서 [축 옵션]의 [**항목을 거꾸로**]에 체크표시를 해본다. 그러면 세로축이 원래 데이터를 선택했던 순서대로 '유동자산' 항목이 위로부터 표시되어진다. 다만 이 경우에는 제24기 데이터가 제23기 데이터의 위쪽에 표시되는 형태로 바뀌어져 있으므로 차트를 읽기가 더 불편할 수도 있다. 오히려 다시 [항목을 거꾸로]의 체크 표시를 취소하여 처음 표시되었던 차트와 같이 비록 세로축 항목은 거꾸로 표시되더라도 위쪽 차트에 제23기의 데이터가, 그리고 아래쪽에 제24기의 최근 데이터가 표시되도록 하는 것이 더 나을 수도 있다.

⑤ 이제 포괄손익계산서 항목들 간의 비교를 위해, 마우스로 B51:D51 셀 범위를 선택한 후에 Ctrl 키를 누른 상태에서 비교할 항목들이 들어 있는 B52:D52, B54:D54, B56:D56, B62:D62, B64:D64, B66:D66 등의 셀 범위를 차례로 선택한다.

⑥ 그리고 마찬가지로 [삽입] 탭의 [차트]에서 [추천 차트]를 선택해 본다. 나타난 [차트 삽입] 대화상자에서는 엑셀이 추천하는 몇 가지 추천 차트가 표시되는데, 이 중 맨 먼저 추천되고 있는 [묶은 세로 막대형] 차트를 선택해 본다.

⑦ 자동 표시된 추천 차트의 제목을 '포괄손익계산서 주요 항목 비교'로 변경한다.

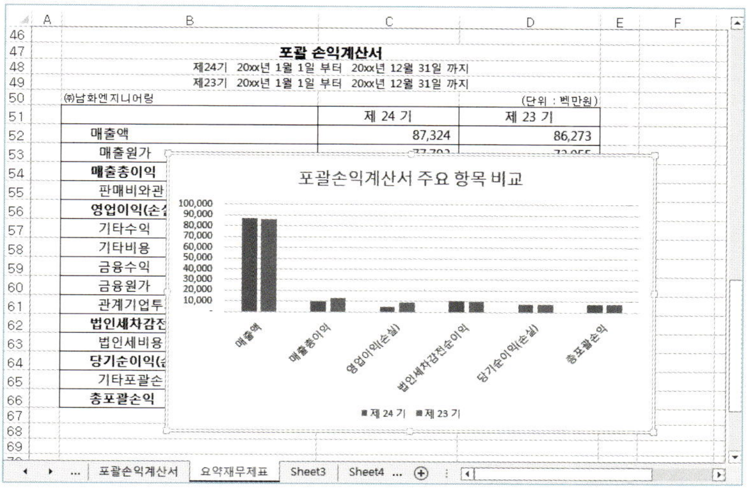


⑧ 표시된 차트의 차트 영역을 보다 크게 표시하기 위해, 먼저 아래에 표시된 **범례**를 클릭하고 차트 위쪽으로 이동해 놓는다. 그리고 아래 가로축을 클릭하고, 나타난 [**축 옵션**] 대화상자의 [텍스트 옵션]-[텍스트 상자]에서 [텍스트 방향]을 [가로]로 설정해 본다. 그러면 가로축 공간에 비해 표시해야 할 항목(계정과목)이 많기 때문에 이를 모두 표시하지 못하고 중간의 항목들이 생략되어 표시되게 된다. 이 경우에는 다시 가로축을 선택하고 [홈] 탭의 [글꼴]에서 글씨 크기를 점차로 줄여나가면 모든 항목들이 가로쓰기 형태로 표시되어진다.

⑨ 이제 **차트영역**을 클릭하고, 아래쪽 차트 크기조절 바를 아래로 당겨서 차트 높이를 키워 전체적으로 차트가 더 크게 보이도록 표시한다.

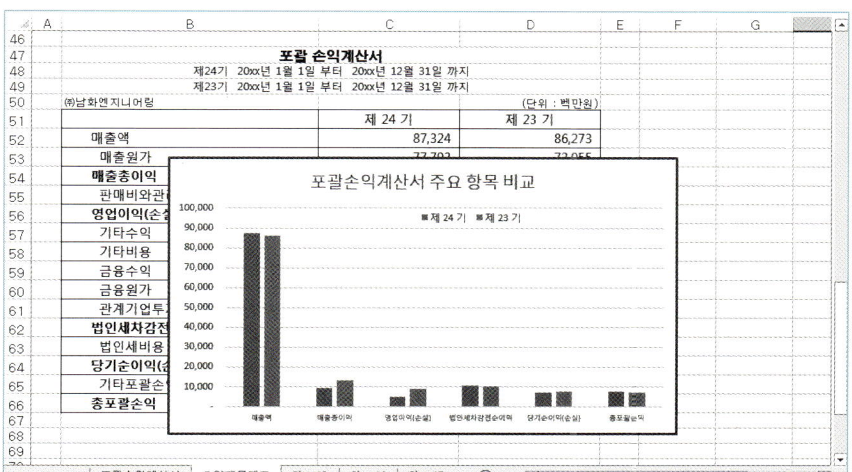

⑩ 그런데 작성된 차트는 입력되어 있는 자료의 순서에 따라 제24기 자료가 왼쪽에, 제23기 자료가 오른쪽에 표시되고 있어 일반적인 표시순서와 달라 읽기가 불편해 보인다. 이를 제23기, 제24기 순서로 표시를 변경하려면 어떻게 하는 것이 좋을까? 물론 [요약재무제표] 시트의 원본에서 C51:C66 셀 범위와 D51:D66 셀 범위를 서로 바꾸어 놓은 후에 차트를 작성하면 문제가 해결될 수도 있지만, 이는 원본 형식을 변경하는 것이어서 다른 방법을 찾아보는 것이 좋을 것 같다.

⑪ 작성된 '포괄손익계산서 주요 항목 비교' 차트의 [그림 영역]을 선택한 후에 오른쪽 마우스에서 [**데이터 선택**]을 클릭한다. 나타난 [데이터 원본 선택] 대화상자의 [범례 항목(계열)]에서, 먼저 위에 표시된 [제 24 기] 항목을 선택하고 위의 [편집]을 클릭하여 [계열 편집] 상자의 아래쪽에 표시된 [계열 값] 상자 내의 값을 마우스로 모두 선택하고 오른쪽 마우스에서 [복사]를 선택한다. 그리고 [취소]를 클릭한 후에, 다시 나타난 [데이터 원본 선택] 대화상자의 [범례 항목(계열)]에서 이번에는 [추가]를 클릭한다.

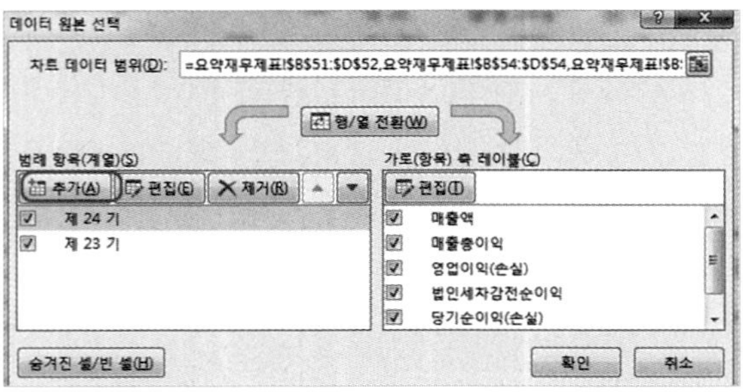


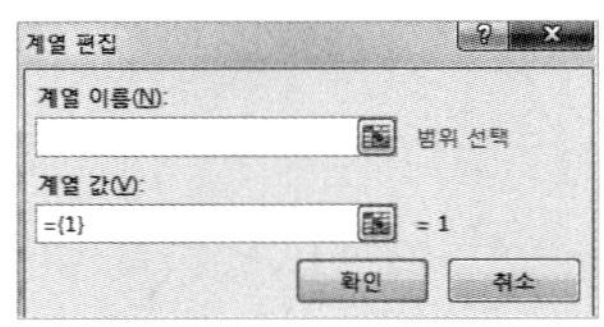


⑫ 나타난 [계열 편집] 대화상자에서 [계열 이름]에 새로 '제24기'를 입력한다(이는 공란을 포함하는 '제 24 기'와는 다른 이름으로 인식된다). 그리고 아래 [계열 값]에 표시되어 있는 자료를 지우고 대신 오른쪽 마우스에서 [붙여넣기]를 선택하여 이전에 복사해두었던 계열 값 범위가 입력되도록 한다. [확인]을 누르고, 다시 되돌아간 [데이터 원본 선택] 대화상자의 [범례 항목(계열)]에서

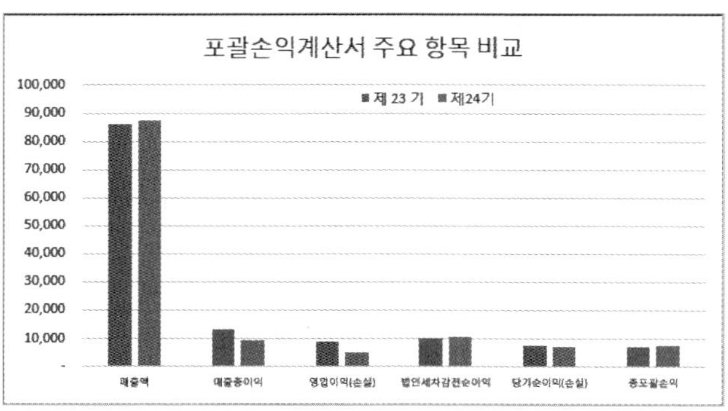

이번에는 맨 위의 '제 24 기'를 클릭하여 선택 해제한다. 그리고 [확인]을 누르면 이전에 작성해 두었던 차트가 제23기와 제24기의 자료가 순서가 뒤바뀌어 표시되어진다.

⑬ 이제 차트가 원하는 순서로 재배열되었다. 이번에는 작성된 차트의 각 막대에 금액을 표시해보기로 한다. 차트 내 [그림 영역]에서 먼저 왼쪽 제23기에 해당하는 막대를 클릭하여 제23기의 모든 막대가 선택되도록 한 후, 오른쪽 마우스에서 [**데이터 레이블 추가**]-[데이터 레이블 추가]를 선택한다. 다시 오른쪽 제24기 자료에 해당하는 막대를 선택하여 제24기 막대가 모두 선택되도록 한 후, 오른쪽 마우스에서 [데이터 레이블 추가]-[데이터 레이블 추가]를 선택한다. 이로써 각 막대의 위쪽에 해당 금액들이 표시되고 있다. 금액 레이블이 서로 중첩되어 표시될 수 있으므로 제23기의 금액 레이블을 위쪽으로, 그리고 제24기의 금액 레이블이 아래쪽으로 표시되도록 통일하여 표시 위치를 조정해 놓는다.

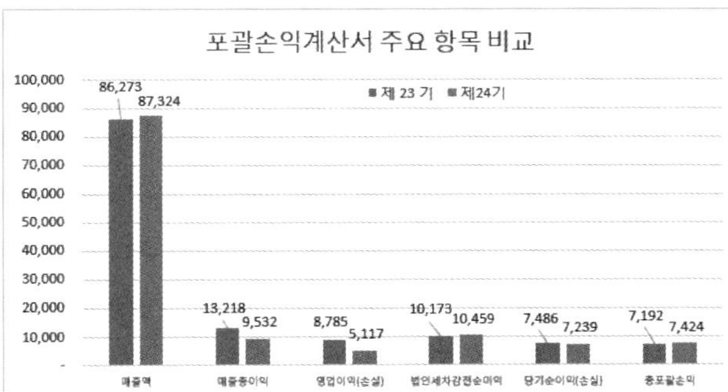


⑭ 만일 금액 표시단위를 백만원으로 변경해 놓지 않았더라면 각 막대의 레이블 표시가 너무 많은 숫자로 표시되어 더 복잡하게 보였을 것이다. 그러나 원 단위로 표시된 경우라 하더라도 [세로축]의 [축 서식]에서 [**표시 단위**]를 '백만'으로 선택하여 숫자 크기를 축소 표시하는 방법도 가능하다.

Case 08 혼자해보기

# 08

# (주)남화엔지니어링의 재무제표 분석

현황

(주)남화엔지니어링의 최 이사는 경리과 신입사원에게 이번에는 그 2단계로, 앞의 [Case 7]을 통해 완성된 재무제표를 기초로 하여 (주)남화엔지니어링의 **재무분석**을 수행하여 보고하도록 요청하였다.

요구사항

1) 위의 [Case 7]을 통해 완성된 재무제표를 이용하여 다음의 주요 **재무비율**을 수식에 의해 계산하여 표로 정리하시오.

### ✹ 주요 재무비율

| 유동성분석 | 유동비율 |
|---|---|
| | 당좌비율 |
| 레버리지분석 | 부채비율 |
| | 자기자본비율 |
| | 이자보상비율 |
| 안정성분석 | 고정비율 |
| | 고정장기적합율 |
| 수익성분석 | 매출액순이익율 |
| | 총자산순이익율 |
| | 자기자본이익율 |
| 활동성분석 | 총자산회전율 |
| | 재고자산회전율 |
| | 매출채권회전율 |
| 성장성분석 | 매출액증가율 |
| | 매출원가증가율 |
| | 순이익증가율 |

2) 이들 각 재무비율(성장성분석 제외)의 변화 추세를 **꺾은선그래프**로 표시해 보시오.

# Case 08 혼자해보기

Tips & 풀이 요약

**Tip**

- 각 분석에 사용되는 재무비율의 공식(계산식)을 먼저 이해해야 한다.
- 계산 결과를 토대로 비율을 읽고 해석할 수 있는 능력이 필요하다.

## ▷ [주요 재무비율 계산식]

| | 재무비율 | 계산식 |
|---|---|---|
| 유동성분석 | 유동비율 | = 유동자산 / 유동부채 |
| | 당좌비율 | = (유동자산 − 재고자산) / 유동부채 |
| 레버리지분석 | 부채비율 | = 총부채 / 총자산 |
| | 자기자본비율 | = 총자본 / 총자산 |
| | 이자보상비율 | = 영업이익 / 이자비용 |
| 안정성분석 | 고정비율 | = 고정자산(비유동자산) / 자기자본 |
| | 고정장기적합률 | = 고정자산(비유동자산) / (고정부채 + 자기자본) |
| 수익성분석 | 매출액순이익률 | = 당기순이익 / 매출액 |
| | 총자산순이익률 | = 당기순이익 / 평균 총자산 |
| | 자기자본이익률 | = 당기순이익 / 평균 자기자본 |
| 활동성분석 | 총자산회전율 | = 매출액 / 총자산 |
| | 재고자산회전율 | = 매출액 / 재고자산 |
| | 매출채권회전율 | = 매출액 / 평균 매출채권 |
| 성장성분석 | 매출액증가율 | = (당기매출액 − 전기매출액) / 전기매출액 |
| | 매출원가증가율 | = (당기매출원가 − 전기매출원가) / 전기매출원가 |
| | 순이익증가율 | = (당기순이익 − 전기순이익) / 전기순이익 |

## ▷ [요구사항] 해결

### 1. 주요 재무비율 계산

1. 주요 재무비율 계산

| | 재무비율 | 계산식 | 24기 | 23기 |
|---|---|---|---|---|
| 유동성분석 | 유동비율 | = 유동자산 / 유동부채 | 514.26% | 338.89% |
| | 당좌비율 | = (유동자산-재고자산) / 유동부채 | 512.93% | 338.03% |
| 레버리지분석 | 부채비율 | = 총부채 / 총자산 | 15.76% | 20.29% |
| | 자기자본비율 | = 총자본 / 총자산 | 84.24% | 79.71% |
| | 이자보상비율 | = 영업이익 / 이자비용 | 16506.45% | 3803.03% |
| 안정성분석 | 고정비율 | = 고정자산(비유동자산) / 자기자본 | 66.37% | 72.33% |
| | 고정장기적합률 | = 고정자산(비유동자산) / (고정부채+자기자본) | 61.15% | 65.88% |
| 수익성분석 | 매출액순이익률 | = 당기순이익 / 매출액 | 8.29% | 8.68% |
| | 총자산순이익률 | = 당기순이익 / 총자산 | 5.47% | 6.21% |
| | 자기자본이익률 | = 당기순이익 / 자기자본 | 6.49% | 7.79% |
| 활동성분석 | 총자산회전율 | = 매출액 / 총자산 | 0.66 | 0.72 |
| | 재고자산회전율 | = 매출액 / 재고자산 | 582.16 | 658.57 |
| | 매출채권회전율 | = 매출액 / 매출채권 | 4.55 | 3.81 |
| 성장성분석 | 매출액증가율 | = (당기매출액-전기매출액) / 전기매출액 | 1.22% | |
| | 매출원가증가율 | = (당기매출원가-전기매출원가) / 전기매출원가 | 6.49% | |
| | 순이익증가율 | = (당기순이익-전기순이익) / 전기순이익 | -3.30% | |

포괄손익계산서 | 요약재무제표 | 재무제표분석 | Sheet4 | Sheet ...

### 2. 변화 추세 그래프

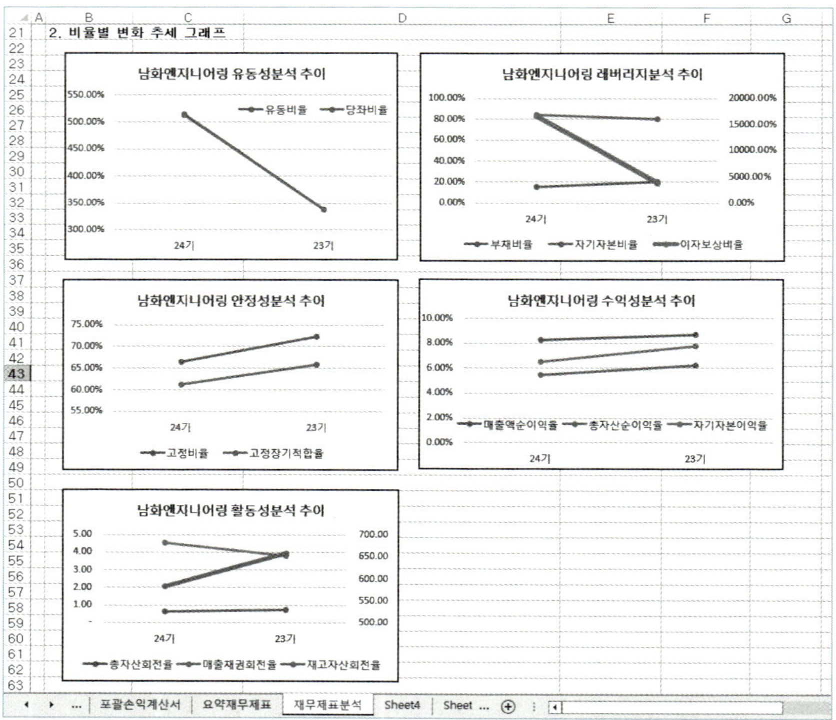

CHAPTER

03

# 장부의 설계와 관리

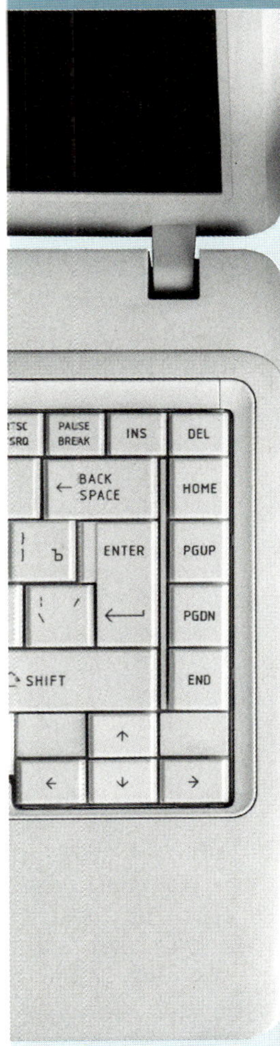

Case 09 따라하기

# (주)모다모아의 견적서 작성

09

현황

(주)모다모아는 가전제품 중 전자사전 및 계산기류를 도소매하는 전자전문판매회사이다. (주)모다모아에서는 지금까지는 미리 인쇄된 견적서 용지에 수기로 발행해 오던 **견적서** 작성 업무를 엑셀 서식을 통해 입력작업을 최소화하고, 계산상의 오류를 방지할 수 있도록 자동계산이 이루어지는 문서서식을 미리 작성해두고 거래를 할 때마다 이 서식을 활용하고자 한다.

● 취급 품목 List

| 품명 | 규격 | 단가 |
|---|---|---|
| 미래로PC－920 | 개 | 87,500 |
| 샤프 PW－6000 | 개 | 98,000 |
| 샤프 RD－2500 | 개 | 142,100 |
| 샤프 RD－7400 | 개 | 245,000 |
| 샤프 SD－S70 | 개 | 214,000 |
| 아인텍 EK－D8000 | 박스 | 168,900 |
| 에셈라인 SM－5050 | 박스 | 239,000 |
| 에이원프로 AP－115J | 대 | 255,000 |
| 에이원프로 AP－703J | 대 | 383,000 |
| 에이원프로 AP－88 | 대 | 129,360 |
| 에이원프로 AP－95 | 대 | 175,000 |
| 카시오 EW－K2000 | 개 | 215,000 |
| 카시오 EW－K300 | 개 | 289,100 |
| 캐논 LS－120PC | 개 | 39,800 |
| CASIO DR－8620 | 다스 | 240,000 |
| CASIO EW－K550 | 다스 | 145,000 |
| CASIO FX－350MS | 다스 | 9,600 |
| CASIO FX－5500LA | 다스 | 51,000 |
| CITIZEN SDC－868L | 개 | 14,000 |
| WIZCOM Superpen | 개 | 248,000 |

요구사항

1) 아래와 같은 **견적서 서식**을 사용하기로 하며, 견적서를 발행할 때 입력이나 선택을 최소화할 수 있도록 관련 수식과 함수 등을 사용하여 기본 서식을 완성하시오.

# 견 적 서

| | | 공급자 | | | | |
|---|---|---|---|---|---|---|
| 년 월 일 | | 공급자 | 등록번호 | 123-82-45678 | | |
| 아래와 같이 견적합니다. | | | 상호 (법인명) | ㈜모다모아 | 성 명 | 강가래 |
| 귀중 | | | 사업장 | 광주시 북구 용봉로 77 | | |
| 합계금액 | 영 원정 | | 전화번호 | (062) 999-9999 | | |

| 번호 | 품명 | 규격 | 수량 | 단가 | 공급가액 |
|---|---|---|---|---|---|
| 1 | | | | | |
| 2 | | | | | |
| 3 | | | | | |
| 4 | | | | | |
| 5 | | | | | |
| 6 | | | | | |
| 7 | | | | | |
| 8 | | | | | |
| 9 | | | | | |
| 10 | | | | | |
| 11 | | | | | |
| 12 | | | | | |
| 13 | | | | | |
| 14 | | | | | |
| 15 | | | | | |
| 16 | | | | | |
| 17 | | | | | |
| 18 | | | | | |
| 19 | | | | | |
| 20 | | | | | |

| 비 고 | 공 급 가 총 액 | ₩ - |
|---|---|---|
| | 세 액 ( 부 가 가 치 세 ) | ₩ - |
| | 합 계 금 액 | ₩ - |

※ 상기 견적금액은 예고없이 변동될 수도 있습니다.

※ 유효기간: 년 월 일

(주)모다모아

2) 하나의 판매거래에 대한 예시자료를 입력하고, 견적서 인쇄에 필요한 설정을 수행하시오.

# Case 09 따라하기

## 상황분석

- 이 예제는 판매활동이 이루어질 때 견적서 작성 업무를 최소화하기 위해 가능한 많은 작업을 **자동화**하는데 초점이 있다. 따라서 각종 함수 및 연결 기능을 이용하여 키보드 입력보다는 마우스 선택에 의해 필요한 자료를 쉽게 입력하도록 하는 방법에 대한 사전 계획이 필요하다.
- 견적서의 기본 양식에 사전적으로 입력 표시되어야 할 내용과 표 형식을 미리 결정해 둔다.
- 엑셀 기능이나 함수로 어떤 것을 사용해야 할지 미리 결정해 둔다(셀 연결, 셀 병합, 날짜 표시형식, 유효성검사 기능, 인쇄양식 지정 등).

## 1. 품목 List의 작성

① 새 Worksheet의 아래 줄 [새 시트](⊕)를 클릭하여 새 시트를 삽입하고, 삽입된 새 시트의 이름을 '**품목리스트**'로 변경해 둔다.

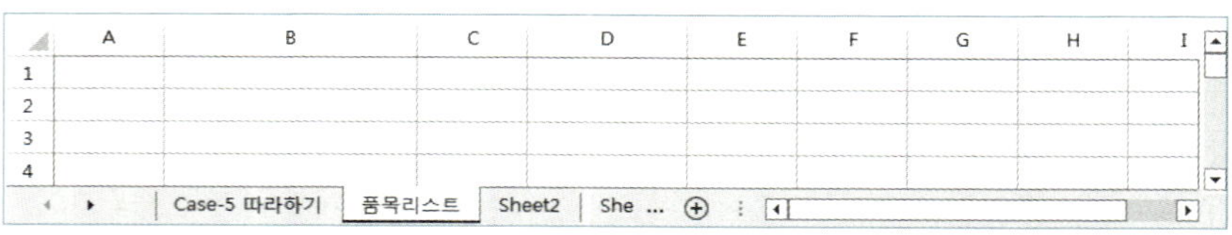


② [품목리스트] 시트의 B2:D22 셀 범위에 위의 '취급 품목 List' 자료를 입력해 둔다.

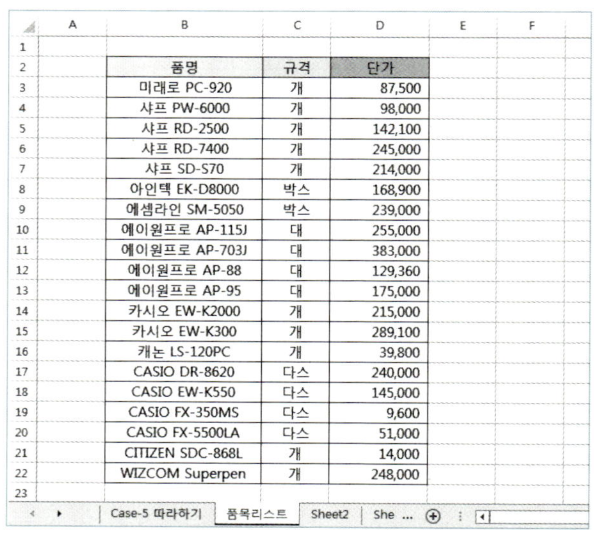

| 품명 | 규격 | 단가 |
|---|---|---|
| 미래로 PC-920 | 개 | 87,500 |
| 샤프 PW-6000 | 개 | 98,000 |
| 샤프 RD-2500 | 개 | 142,100 |
| 샤프 RD-7400 | 개 | 245,000 |
| 샤프 SD-S70 | 개 | 214,000 |
| 아인텍 EK-D8000 | 박스 | 168,900 |
| 에셈라인 SM-5050 | 박스 | 239,000 |
| 에이원프로 AP-115J | 대 | 255,000 |
| 에이원프로 AP-703J | 대 | 383,000 |
| 에이원프로 AP-88 | 대 | 129,360 |
| 에이원프로 AP-95 | 대 | 175,000 |
| 카시오 EW-K2000 | 개 | 215,000 |
| 카시오 EW-K300 | 개 | 289,100 |
| 캐논 LS-120PC | 개 | 39,800 |
| CASIO DR-8620 | 다스 | 240,000 |
| CASIO EW-K550 | 다스 | 145,000 |
| CASIO FX-350MS | 다스 | 9,600 |
| CASIO FX-5500LA | 다스 | 51,000 |
| CITIZEN SDC-868L | 개 | 14,000 |
| WIZCOM Superpen | 개 | 248,000 |

③ [품목리스트] 시트의 B3:B22 셀 범위('품명' 레이블을 제외한 품목명이 나열되어 있는 모든 셀 영역)를 선택하고, 왼쪽 위 [**이름상자**]에 '품명'을 입력한 후 Enter 키를 누른다(이름을 입력한 후 반드시 Enter 키를 눌러야 한다). 이름상자에 '품명'을 입력한 것은 해당 범위(B3:B22)에 '품명'이라는 이름을 사전적으로 부여한 후 나중에 이 이름을 사용하고자 하는 것이며, 이는 해당범위(B3:B22)를 선택한 후 [수식] 탭의 [정의된 이름]-[이름 정의]를 클릭하여 [새 이름] 대화상자에서 [이름]에 '품명'을 입력한 것과 같다.

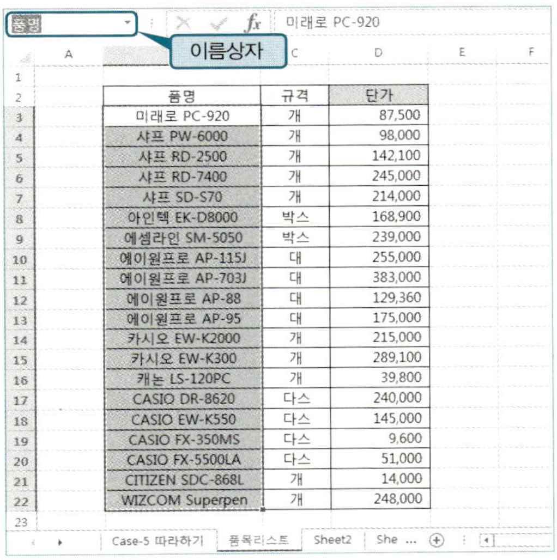


| 품명 | 규격 | 단가 |
|---|---|---|
| 미래로 PC-920 | 개 | 87,500 |
| 샤프 PW-6000 | 개 | 98,000 |
| 샤프 RD-2500 | 개 | 142,100 |
| 샤프 RD-7400 | 개 | 245,000 |
| 샤프 SD-S70 | 개 | 214,000 |
| 아인텍 EK-D8000 | 박스 | 168,900 |
| 에셈라인 SM-5050 | 박스 | 239,000 |
| 에이원프로 AP-115J | 대 | 255,000 |
| 에이원프로 AP-703J | 대 | 383,000 |
| 에이원프로 AP-88 | 대 | 129,360 |
| 에이원프로 AP-95 | 대 | 175,000 |
| 카시오 EW-K2000 | 개 | 215,000 |
| 카시오 EW-K300 | 개 | 289,100 |
| 캐논 LS-120PC | 개 | 39,800 |
| CASIO DR-8620 | 다스 | 240,000 |
| CASIO EW-K550 | 다스 | 145,000 |
| CASIO FX-350MS | 다스 | 9,600 |
| CASIO FX-5500LA | 다스 | 51,000 |
| CITIZEN SDC-868L | 개 | 14,000 |
| WIZCOM Superpen | 개 | 248,000 |

④ 이제 B3:D22 셀 범위를 선택하고 이름상자에 이번에는 '품목리스트'라고 입력한 후 Enter 키를 누른다.

⑤ 셀 범위에 지정된 이름이 올바로 등록되어 있는지 확인해 보기 위해 [수식] 탭의 [정의된 이름]-[**이름관리자**]를 클릭해 본다. 열린 [이름 관리자] 대화상자에 이미 정의해 둔 두 개의 이름('품명', '품목리스트')이 표시된다. 이 중 하나의 이름(예컨대 '품명')을 선택하고 마우스로 더블클릭 해보면 [이름 편집] 대화상자가 나타나는데, 여기서 정의한 [이름]과 [참조 대상]이 지정한 대로 표시되고 있는지 확인해 본다. 확인 후 [취소]를 눌러 빠져나온다.

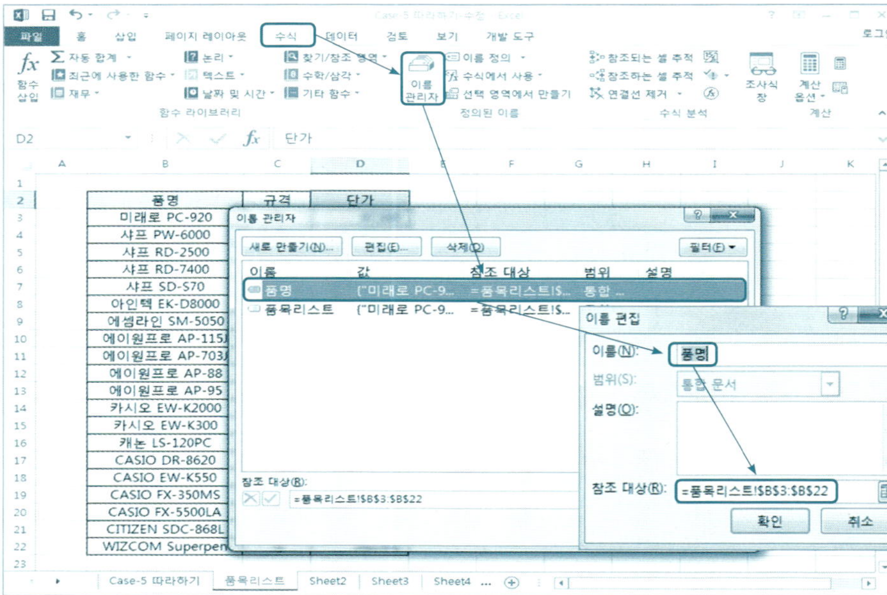

⑥ 참조할 셀 영역(품목리스트)에 대한 준비가 되었으니, 이제 이 자료들을 적용할 견적서 서식을 작성한다.

## 2. 견적서 서식의 작성

① 아래 시트 줄에서 새 시트를 삽입([새 시트](⊕))하고, 새 시트의 이름을 '견적서양식'으로 변경해 둔다.

② A열 전체를 선택하고, 오른쪽 마우스 [열 너비]를 '1'로 입력한다. 마찬가지 방식으로 B열부터 I열까지의 열 너비를 각각 '8', '26', '5', '3', '8', '10', '8', '8'로 설정한다.

③ B2 셀에 '견적서'를 입력한 후 B2:I2 셀 범위를 선택하여 [홈] 탭의 [맞춤]에서 [병합하고 가운데 맞춤]을 선택한다. 이어서 [홈] 탭의 [글꼴]에서 '견고딕', '26'폰트, '굵게'로 지정한다.

④ B4 셀에 견적서를 작성한 날짜(오늘 날짜)를 자동으로 표시되도록 하기 위해 함수 '=TODAY()'를 입력한다. 그리고 B4:C4 셀 범위를 선택한 후 [홈] 탭의 [맞춤]에서 [병합하고 가운데 맞춤]을 선택한다. 해당 셀이 선택된 상태에서 오른쪽 마우스 [셀 서식]-[표시형식]-[날짜]의 [형식]을 '2012년 3월 14일' 형식으로 지정하고 [확인]을 누른다.

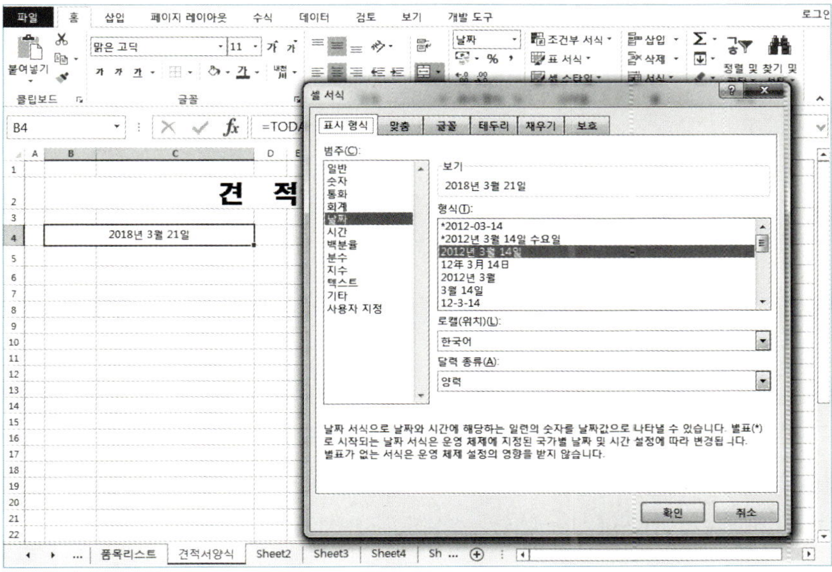

> **참고**
>
> ### 날짜함수 TODAY()와 NOW()
>
> 엑셀에서 오늘 날짜를 표시하기 위해서는 함수 'TODAY'나 'NOW'를 이용할 수 있다. 이 중 **'TODAY'**는 오늘의 날짜를 날짜 서식으로 표시하며, 함수에는 인수를 지정할 필요 없이 '=TODAY()'와 같이 입력하면 된다. 이때 표시되는 결과의 기본 값은 모든 날짜를 예컨대 '2017-10-24'와 같이 연-월-일 형식으로 표시한다. 만일 이 날짜 표시를 다른 날짜 표시형식으로 변경하고자 하는 경우에는, 해당 셀을 선택하고 오른쪽 마우스 [셀 서식]에서 [표시 형식]-[날짜]의 [형식] 중에서 선택 지정하여 표시하면 된다.
>
> 한편 함수 **'NOW'**는 현재의 날짜와 시간까지를 포함하여 날짜와 시간 형식으로 표시하며, 이 경우에도 함수에 인수를 지정할 필요가 없이 '=NOW()'와 같이 입력한다. 이때 표시되는 결과의 기본 값은 현재의 날짜와 시간을 예컨대 '2017-10-24 14:35'와 같이 연-월-일-시-분 형식으로 표시한다. 만일 'NOW'함수의 결과 값을 다른 형식으로 지정하고자 하는 경우에는, 오른쪽 마우스 [셀 서식]을 클릭하면 [표시 형식]에서 [사용자 지정]의 [형식]에서 나열되고 있는 어떤 하나의 형식을 선택하여 사용할 수 있다. 또 결과 값 중에서 날짜만 사용하고자 하는 경우에는 [셀 서식] 대화상자의 [표시 형식]-[날짜]를 선택하여 [형식]에 표시된 날짜 중 선택하여 사용할 수도 있다.

⑤ B5 셀에는 '아래와 같이 견적합니다.'를 입력한 후, B5:C5 셀 범위를 선택하고 [병합하고 가운데 맞춤]을 선택한다.

⑥ B6 셀에는 앞으로 판매처가 결정되면 예컨대 '주식회사 미래유통 귀중'과 같은 형식으로 입력되도록 할 것인데, 아직 판매처가 결정된 것은 아니기 때문에 ' xxxxxx 귀중'과 같이 판매처 이름을 입력할 빈 칸(x)을 20칸 정도 띄워 놓은 후 '귀중'만을 입력해 둔다. 마찬가지로 B6:C6 셀 범위를 선택하고 [병합하고 가운데 맞춤]을 선택한다.

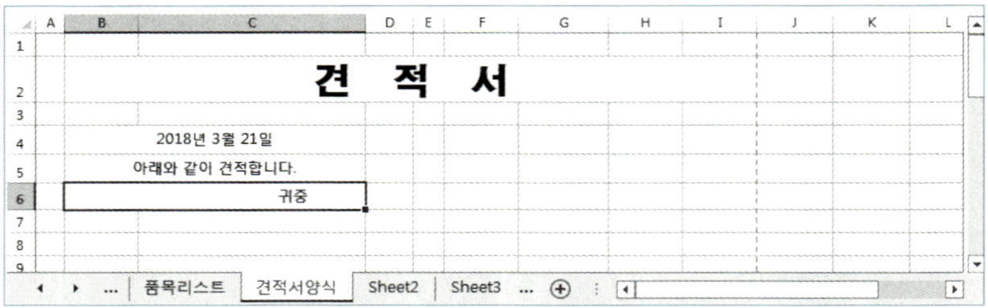

⑦ B7 셀에 '합계금액'을 입력한 후 [맞춤]을 '가운데 맞춤'으로 설정한다. C7 셀에는 차후에 합계 금액을 표시할 것이므로 우선 빈 칸으로 두고, D7 셀에 '원정'을 입력한다.

⑧ E4 셀에 '공급자'를 입력하고, E4:E7 셀 영역을 선택하여 [홈] 탭에서 [맞춤]-[병합하고 가운데 맞춤]을 선택한다. 다시 E4 셀에서 오른쪽 마우스 [셀 서식]-[맞춤]-[텍스트 맞춤]-[세로]를 '가운데'로 선택하고, 오른쪽 [방향]에서 [세로 텍스트]를 선택한 후 [확인]을 누른다.

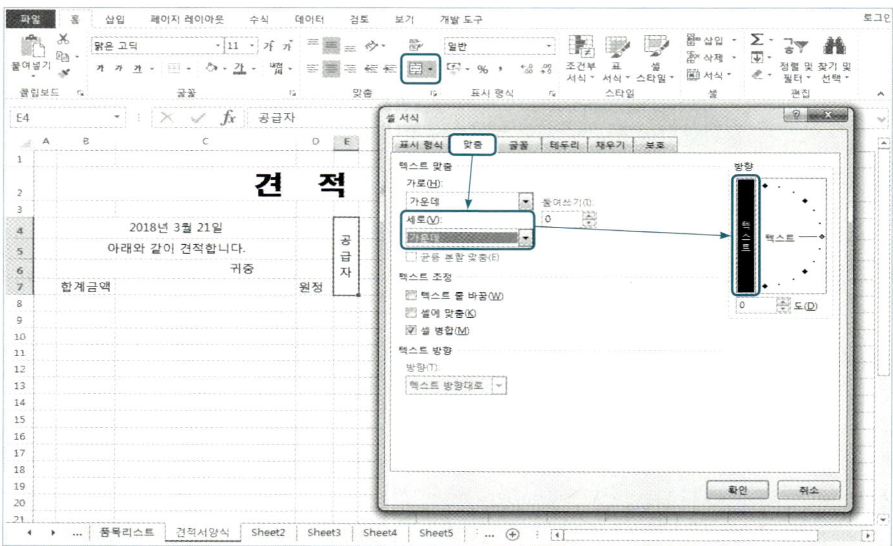

⑨ F4 셀에 '등록번호'를 입력하고 [가운데 맞춤]을 선택한다. G4 셀에는 (주)모다모아의 사업자 등록번호 '123-82-45678'을 입력한 후, G4:I4 셀 범위를 선택하여 [병합하고 가운데 맞춤]을 선택한다.

⑩ F5 셀에는 '상호(법인명)'을 입력한다. 이때 '상호'와 '(법인명)'을 두 줄로 표시하기 위해 먼저 '상호'를 입력한 후 'Alt+Enter'로 줄바꾸기를 하고, 계속해서 '(법인명)'을 입력한다. F5 셀을 선택하여 [가운데 맞춤]으로 정렬한 후, 입력표시줄에서 '(법인명)' 부분을 선택 표시하고 [글꼴 크기]를 '9'로 조정한다. G5, H5, I5, F6, F7 셀에는 각각 '(주)모다모아', '성 명', '강가래', '사업

장', '전화번호' 등을 입력한다.

⑪ G6:I6, G7:I7 셀 영역을 각각 선택하여 [병합하고 가운데 맞춤]을 선택한다. 병합된 G6 셀에는 사업장 주소 '광주시 북구 용봉로 77', G7 셀에는 회사 전화번호 '(062) 999-9999'를 각각 입력한다. E4:I7 셀 범위를 선택하여 [가운데 맞춤]으로 설정하고, [홈] 탭의 [글꼴]-[테두리]에서 [모든 테두리]를 선택한 후 다시 동일 영역에 대해 [굵은 상자 테두리]를 설정한다. 병합된 B6 셀을 선택하고 [홈] 탭 [글꼴]-[테두리]에서 [아래쪽 테두리]로 설정한다.

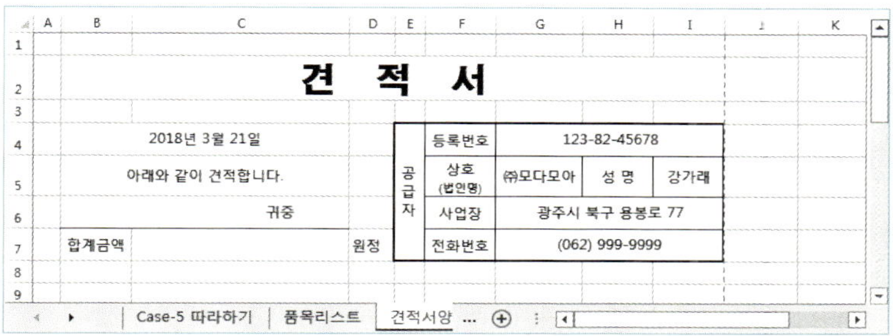


⑫ 4행부터 7행까지의 행머리부분을 선택하고 [행 높이]를 '25'로 조정해 둔다. 그리고 B8:I8 셀 영역을 선택하고 [테두리]-[모든 테두리]로 설정한다. 이 중 D8:E8, 그리고 H8:I8 셀 영역을 각각 선택하여 [홈] 탭의 [맞춤]-[셀 병합]울 각각 선택한다.

⑬ 8행의 머리글을 선택하여 [복사]하고 9행부터 31행까지의 머리글을 선택하여 [붙여넣기]한다. B8, C8, 병합된 D8, F8, G8, 병합된 H8 셀에 각각 '번호', '품명', '규격', '수량', '단가', '공급가액'을 입력하고, B8:I8 셀 영역을 선택하여 [가운데 맞춤]으로 정렬한다. B9 셀과 B10 셀에 '1', '2'를 각각 입력한 후, 자동채우기 핸들로 B28까지 끌기 하여 B9 셀부터 B28 셀까지 1부터 20이 차례로 입력되도록 한다. B9:B28 셀 영역을 선택하여 [가운데 맞춤]으로 설정한다.

⑭ B29:C31, D29:G29, D30:G30, D31:G31 셀 영역을 각각 선택하고, 각각 [병합하고 가운데 맞춤]을 설정한다. 병합된 B29 셀에는 ' 비 고'를 입력하고 [셀 서식]의 [맞춤]에서 [가로]를 '일반', [세로]를 '위쪽'으로 설정한다.

⑮ 병합된 D29, D30, D31 셀에는 각각 '공급가총액', '세액(부가가치세)', '합계금액'을 입력한다. 그리고 이들이 입력된 D29:G31 셀 영역을 선택하여 오른쪽 마우스 [셀 서식]의 [맞춤]에서 [텍스트 맞춤]의 [가로]를 '균등분할(들여쓰기)'로, 그리고 [들여쓰기]를 '1'로 설정한다.

⑯ B32 셀에 '※ 상기 견적금액은 예고없이 변동될 수도 있습니다.'를 입력하고, B33 셀에는 '※ 유효기간:'을 입력한다. B32:B33 셀 범위를 선택하고 [글꼴크기]를 '9'로 설정한다. 이제 행머리글 8부터 33행까지를 선택하여 [행 높이]를 '20'으로 선택한다.

⑰ 이제 G32:I33 셀 영역에 회사 이름을 WordArt 형식으로 만들어 입력해 보자. [삽입] 탭의 [기호]-[텍스트]에서 [**WordArt 삽입**]을 클릭하고 [채우기-파랑, 강조1, 윤곽선]을 선택한다. '필요한 내용을 적으십시오' 부분에 '(주)모다모아'를 입력하고, [홈] 탭의 [글꼴]을 '동녁B', [글꼴 크기]를 '20'으로 설정한다. 크기 조절된 회사이름을 끌기 하여 G32:I33 셀 영역의 가운데 부분에 위치시킨다.

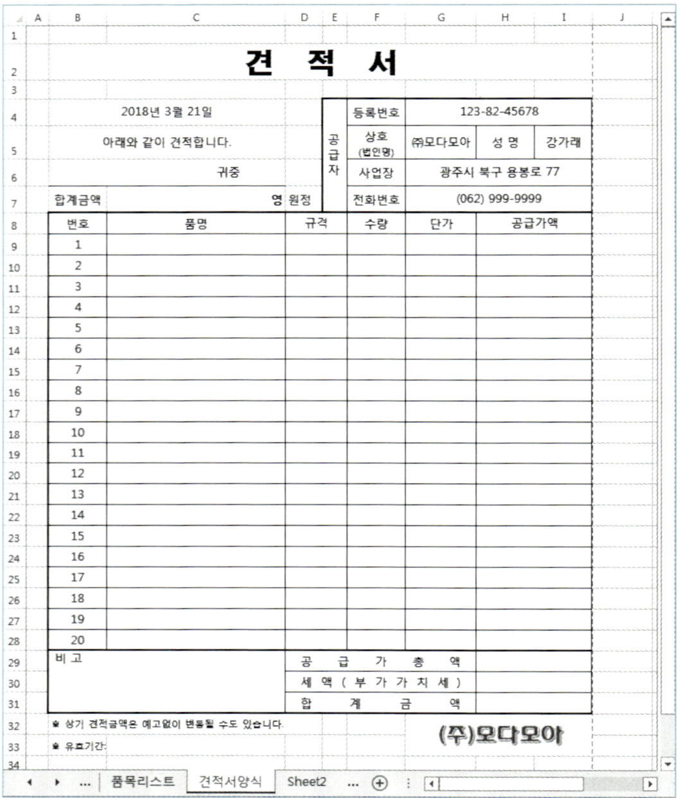


⑱ 견적 내용이 기록될 B8:I28 셀 영역을 선택하고, [홈] 탭의 [맞춤]-[가운데 맞춤]으로 설정한 후, 동일 영역에 대해 [홈] 탭 [글꼴]의 [테두리]를 [굵은 상자 테두리]로 설정한다. 이어서 B29:I31 셀 영역에 대해서도 [굵은 상자 테두리]로 설정한다.

**참고**

### 엑셀에서 특수기호 입력 방법

엑셀에서 ※, ★, ▶, ♧ 등의 특수기호를 입력하기 위해서는 [삽입] 탭의 [기호]-[기호]를 선택하여 원하는 특수기호를 골라 삽입할 수 있다. 그 외에도 입력하고자 하는 셀에 먼저 한글 'ㅁ'을 입력한 후 키보드의 [한자] 버튼을 누르면 나타나는 **특수기호**들 중에서 선택하여 입력할 수도 있다.

## 3. 필요한 수식 정의

견적서를 엑셀로 자동화하고자 하는 가장 큰 이유 중의 하나는 가능한 한 키보드 입력을 최소화하려고 하는 것이다. 이를 위해서는 필요한 셀들에 미리 관련된 **수식**을 입력해 두어야 한다. 먼저 품목리스트 중 하나인 '미래로 PC-920' 제품을 7개 판매하는 상황을 가정하고 관련 수식을 정의해 보자.

① 먼저 C9 셀에 품명 '미래로 PC-920'을 입력해 둔다.

② D9 셀에는 C9 셀에 입력된 품명을 앞에서 정의해 두었던 이름 '품목리스트'('품목리스트' sheet의 B3:D22 셀 범위)에서 찾아서 해당 품목의 [규격]을 표시해주도록 관련 수식을 입력한다. 이때 사용할 수 있는 함수로 'VLOOKUP'이 있다. D9 셀에 VLOOKUP 함수를 사용한 수식 '=VLOOKUP(C9,품목리스트,2,0)'을 입력한다. 이 수식은 C9 셀의 품목을 이름 '품목리스트'('품목리스트' sheet의 B3:D22 셀 범위)에서 찾아서 해당 품목 행의 두 번째 값(규격)을 표시하라는 의미이다. 마지막 '0'은 품목리스트 첫째 줄에서 C9 셀과 같은 품목을 찾을 때 C9 셀의 표시내용과 정확하게 일치하는 품목을 찾으라는 옵션이다.

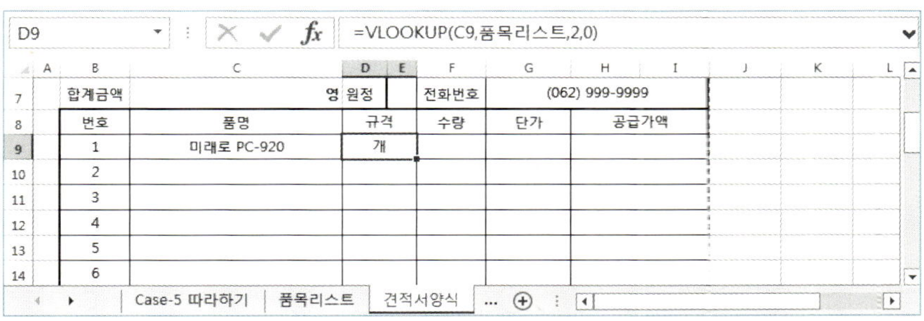


### 참고 VLOOKUP 함수

엑셀에서 미리 정의된 단가표나 등급표, 성적표 등에서 특정 값을 찾아 해당 영역의 특정 열(또는 행) 값을 표시하도록 하기 위해 자주 사용되는 함수로 **VLOOKUP 함수**와 **HLOOKUP 함수**가 있다. 이 중 VLOOKUP 함수는 찾고자 하는 기준 셀 영역의 값들이 위/아라 수직(Vertical) 형태로 정렬되어 있는 표 형식에 적용되는 것이며, HLOOKUP 함수는 찾고자 하는 기준 셀 영역의 값들이 좌/우 수평(Horizontal) 형태로 정렬되어 있는 표 형식에 적용되는 것이다. 이때 참조범위의 값들은 반드시 기준이 되는 첫 열(행)이 **오름차순**으로 정렬되어 있어야 한다.

예컨대 VLOOKUP 함수를 사용하는 기본 형식은 '=VLOOKUP(찾으려는 값, 참조범위 또는 이름, 범위내 값을 추출할 열 번호, 일치형태 옵션)'과 같이 표현한다. 여기서 일치형태 옵션은 찾으려는 값이 참조범위의 기준 열에서 정확하게 일치하는 것을 찾으려면 False(0)를, 비슷하게 일치하는 것을 찾으려면 True(1)로 입력한다. 만일 이 옵션을 생략하는 경우에는 True로 지정되는 것으로 간주한다.

③ 그런데 VLOOKUP 함수를 적용하기 위해서는 참조로 하는 이름이 정의된 영역('품목리스트' sheet의 B3:D22 셀 범위)이 오름차순으로 정렬되어 있어야 한다. 따라서 '품목리스트' sheet에서 B2:D22 셀 범위를 선택하고 [데이터] 탭의 [정렬 및 필터]에서 [정렬]을 선택하고 [열]-[정렬 기준]을 '품명'으로 지정한 후 [정렬]을 '**오름차순**'으로 선택하여 [확인]을 누른다.

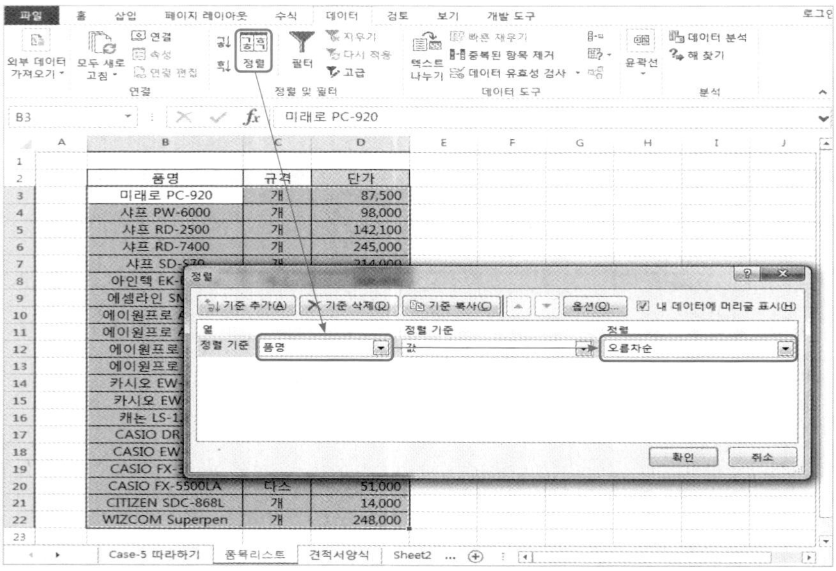

④ 그 결과 '견적서양식' sheet의 D9 셀에 찾은 값 '개'가 표시되었다. 이제 D9 셀의 수식을 같은 논리가 적용되는 D10:D28 셀 영역에 복사해 두기 위해 D9 셀에서 자동채우기 핸들을 통해 D28 셀까지 끌어놓기 한다. 그런데 D10:D28 셀 범위에 나타난 결과는 모두 '**#N/A**'로 표시되고 있다. 이는 예컨대 D10 셀의 경우 C10 셀에 입력된 값을 이름 '품목리스트'에서 찾으라는 것인데, C10 셀에는 아직 아무런 값도 입력되지 않은 상태이므로 해당 수식(=VLOOKUP(C10,품목리스트,2,0))이 요청하는 연산을 할 수 없음을 표시하고 있는 것이다. 따라서 D9 셀에서 자동채우기 기능을 수행하기 전에, D9 셀의 수식에 'ISBLANK' 함수를 추가하여 '=IF(ISBLANK(C9),"",VLOOKUP(C9,품목리스트,2,0))'으로 수정한다. 이 수식은 만일 참조하는 앞 셀(C9)이 빈 셀이면(IF(ISBLANK(C9)) D9 셀에 빈 칸("")으로 표시하고, 빈 칸이 아니면 VLOOKUP 함수를 수행하라는 의미이다. 이제 D9 셀에서 D28 셀까지 자동채우기 기능을 수행하면, C10:C28 셀 범위에 아직 값이 입력되지 않은 상태이므로 D10:D28 셀 범위에는 수식이 입력되어 있어도 빈 칸으로 표시되게 된다.

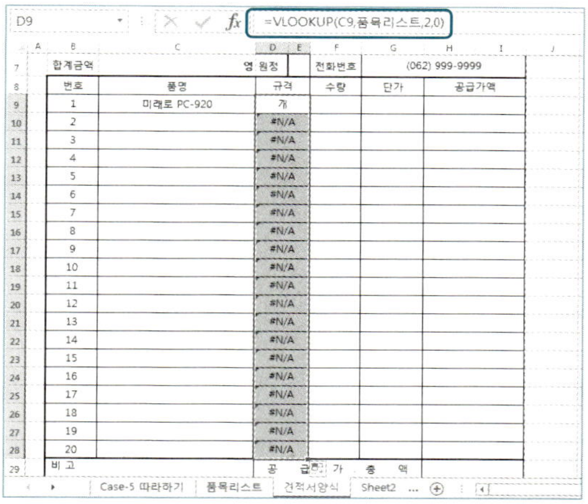


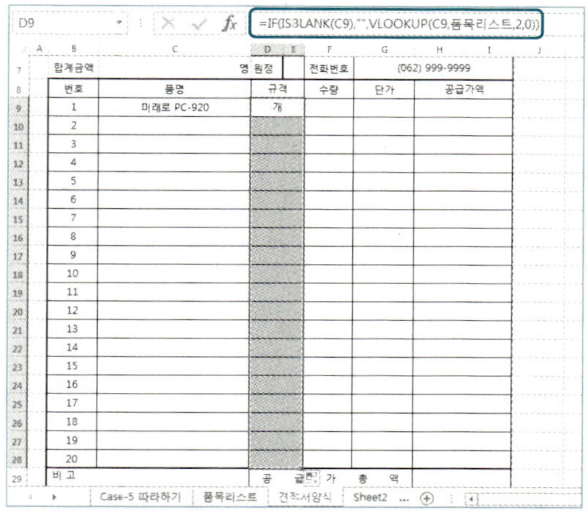


⑤ F9 셀에는 판매수량을 직접 입력하는 것으로 하고, G9 셀에도 D9 셀의 경우와 마찬가지로 VLOOKUP 함수와 ISBLANK 함수를 이용하여 해당 수식 '=IF(ISBLANK(C9),"",VLOOKUP(C9,품목리스트,3,0))'을 입력한다. 이는 C9 셀의 값을 '품목리스트' 이름 영역에서 찾아 해당 줄의 3번째 값(즉, 단가)을 표시하라는 의미이다. 수식이 적용된 결과 G9 셀에는 '미래로 PC-920' 품목의 단가인 '87,500'이 표시되고 있다.

⑥ 병합된 H9 셀에는 F9 셀의 수량과 G9 셀의 단가를 곱하여 금액을 표시하도록 하기 위해 수식 '=IF(ISERROR(F9*G9),"",F9*G9)'을 입력한다. 이는 해당 줄의 수량(F9)과 단가(G9)를 곱하여 H9 셀에 표시하되, 만일 그 곱이 오류이면(ISERROR)이면 빈 칸으로 표시하라는 의미이다. 즉, 수량(F9 셀)에 값이 입력되어 있지 않은 경우에는 'F9*G9'의 계산을 수행할 수 없으므로 오류(ERROR)로 표시될 것이며, 이 경우에는 아직 준비가 되어 있지 않은 것이므로 H9 셀을 빈 칸으로 두라는 의미이다. 이제 F9 셀에 판매수량 '7'을 입력해 보면 H9 셀에는 수량×단가의 결과인 '612,500'이 계산되어 표시된다.

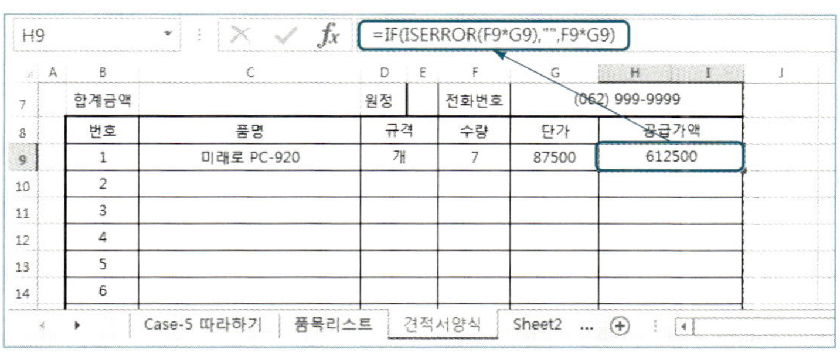


⑦ 이제 G9 셀과 H9 셀에서 각각 자동채우기 핸들을 이용하여 G28 그리고 H28까지 끌어놓아 입력된 수식을 채워놓는다.

⑧ H29 셀(공급가총액 금액 표시부분)에는 위에 표시된 '공급가액'을 모두 합계하여 표시하기 위해 해당 수식 '=SUM(H9:H28)'을 입력한다(대신 공급가총액을 표시할 H29 셀까지를 포함하여 H9:H29 셀 범위를 선택한 후 [홈] 탭의 [편집]에서 자동합계(Σ) 버튼을 눌러 표시해도 결과는 같다).

⑨ H30 셀에는 **부가가치세**(10%)를 계산하기 위해 해당 수식 '=H29*10%'를 입력하고, H31 셀에는 이들을 합산하는 수식 '=H29+H30'을 각각 입력한다.

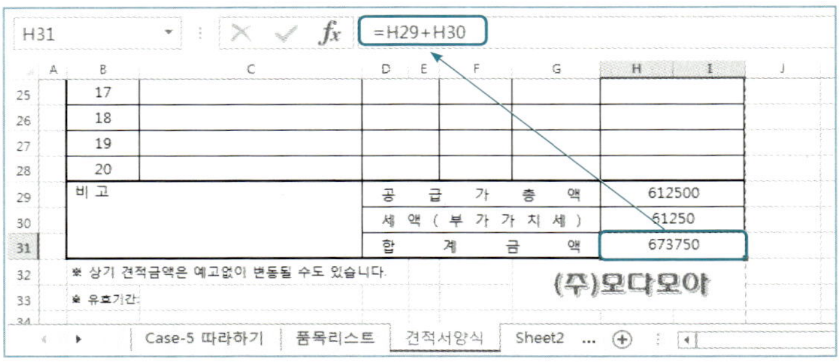

⑩ H29:H31 셀 범위를 선택하여 오른쪽 마우스 [셀 서식]에서 [표시 형식]을 '회계'로 선택하여 원 표시 부호(₩)가 표시되도록 한다.

⑪ 이제 H31 셀에 견적금액이 계산되었으므로, 이를 C7 셀에도 표시하기 위해 C7 셀에 수식 '=H31'을 입력하고, 오른쪽 마우스 [셀 서식]에서 [표시 형식]을 [기타]로 선택한 후 오른쪽 [형식]에서 '숫자(한글)'을 클릭한다. 이는 H31 셀에 계산된 합계금액을 C7 셀에 다시 표시하되 한글로 표시하기 위한 것이다.

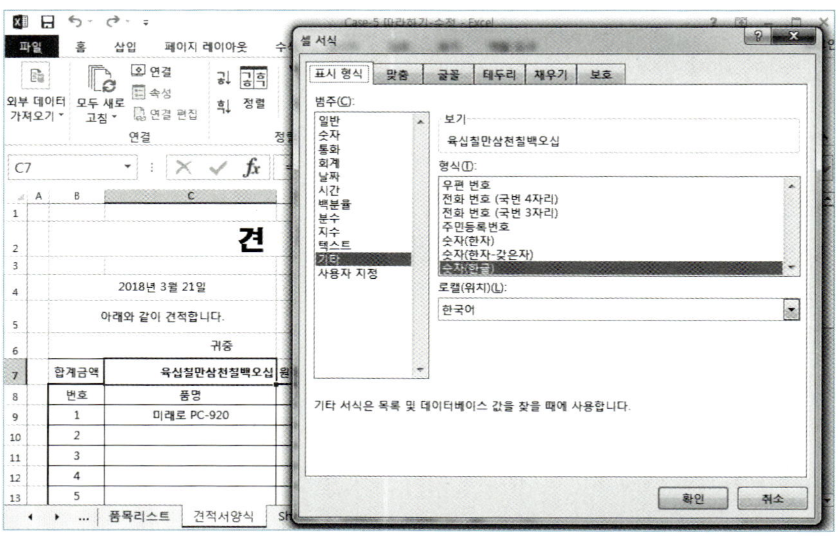

⑫ C7 셀의 금액을 강조 표시할 필요가 있으므로 [홈] 탭의 [글꼴]에서 '굵기'를 선택한다.

⑬ C33 셀에는 작성된 견적서의 유효기간을 견적서 작성시에 입력할 수 있도록 미리 셀 형식만을 지정해 두도록 한다. 유효기간을 지정하지 않을 수도 있지만, 만일 지정하는 경우에도 여러 가지 날짜 표시방법 중 어떤 형태로 입력하더라도 동일 형식으로 표시되도록 하는 것이다. C33 셀을 선택하고 오른쪽 마우스 [셀 서식]의 [표시 형식]에서 [**날짜**]를 클릭한 후 오른쪽 [형식]에서 '2012년 3월 14일' 형식을 지정한다. 날짜를 입력하지 않은 경우에는 빈 칸으로 표시되지만, 예컨대 '2018-9-20' 형태로 입력하더라도 C33 셀에는 '2017년 9월 20일' 형식으로 표시된다. 예시를 위해 입력한 날짜는 지운다.

⑭ 이로써 원하는 견적서 양식은 만들어진 셈이지만, 아직 판매품목(품명: C9:C28 셀 영역)은 키보드에서 직접 입력해야 하는 구조이다. 따라서 이들 품명 입력을 보다 쉽게 할 수 있도록 이번에는 [**유효성 검사**] 기능을 추가해 보기로 한다. 이때 앞에서 이미 이름 정의해 두었던 '품명' 이름('품목리스트' sheet의 B3:B22 셀 범위)을 사용하기로 한다.

⑮ 먼저 '견적서 양식' sheet에서 [유효성 검사] 기능을 설정할 C9:C28 셀 범위를 선택하고 [데이터] 탭의 [데이터 도구]-[**데이터 유효성 검사**]를 클릭하여 [데이터 유효성] 대화상자의 [설정]에서 [제한 대상]을 [목록]으로 설정하고, [원본]에 '**=품명**'으로 입력한 후 [확인]을 누른다.

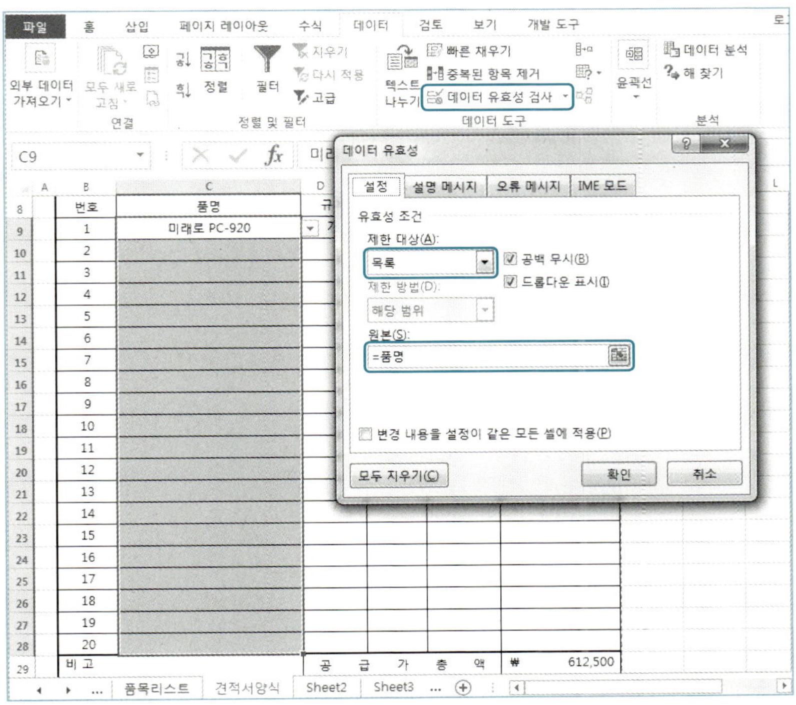

⑯ 이제 C9:C28 영역의 어느 셀을 클릭해도 [데이터 유효성] 기능이 설정되어 선택 셀 오른쪽에 유효성 검사 버튼(▽)이 표시되고, 이 버튼을 누르면 목록으로 설정한 범위의 값들이 표시되므로 이 목록 중에서 해당 품명을 선택하여 입력할 수 있다.

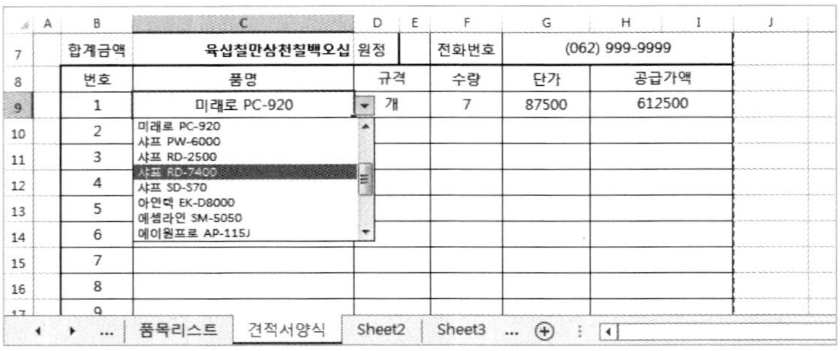

⑰ 이로써 기본적인 견적서 양식 설계는 완성된 셈이다.

## 4. 견적서 인쇄 설정

견적서를 작성하면 대부분 곧바로 인쇄하여 배부해주도록 하는 것이 보통이므로, 그때그때 **인쇄옵션**을 설정하여 인쇄하는 것보다는 미리 인쇄옵션을 설정하여 저장해 두면 편리할 것이다. 따라서 인쇄와 관련된 설정을 다음과 같이 미리 정해두기로 한다.

① 먼저 [파일] 탭에서 [**인쇄**]를 클릭한다.

② [설정]에서 [활성 시트 인쇄]로 지정하고, [여백]을 [좁은 여백]으로 설정한다. 아래 [페이지 설정] 대화상자의 [여백]에서 [페이지 가운데 맞춤]의 '가로'와 '세로'를 모두 설정한다. 이는 선택영역이 페이지의 가운데 부분에 인쇄되도록 하고자 하는 것이다.

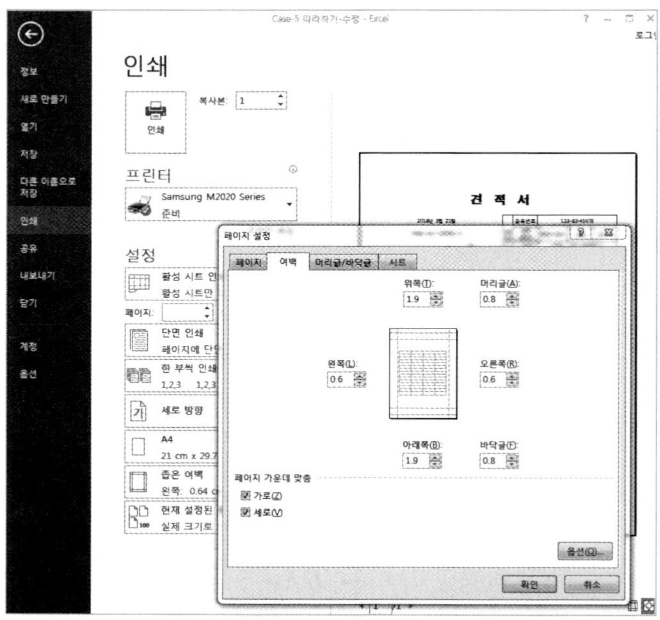

## 5. 판매거래 예시자료 입력 및 인쇄

이제 견적서 양식이 모두 작성되었으므로, 판매거래의 예시자료를 만들어 견적서에 입력하고 인쇄하는 절차를 수행해 보기로 한다.

✹ 거래 예시 자료: 판매처 (주)너나우리

| | 품명 | 수량 |
|---|---|---|
| 1 | 샤프 SD-S70 | 4 |
| 2 | CASIO EW-K550 | 6 |
| 3 | 에이원프로 AP-88 | 10 |
| 4 | 에셈라인 SM-5050 | 5 |
| 5 | 아인텍 EK-D8000 | 10 |
| 6 | 미래로 PC-920 | 10 |
| 7 | CASIO DR-8620 | 8 |

① 먼저 완성된 견적서 양식을 원형으로 보관해 두고 이를 복사하여 견적, 발행하기로 한다. 아래 sheet 이름 '견적서양식'을 클릭하고 오른쪽 마우스 [이동/복사]를 선택한 후 [다음 시트의 앞에]에서 '견적서양식' 다음 부분(Sheet2)을 클릭하고 아래 [복사본 만들기]에 체크한 후 [확인]을 누른다.

② 새로 생성된 '견적서양식(2)'를 클릭하고 새 이름 '견적서 발행'으로 수정해 놓는다.

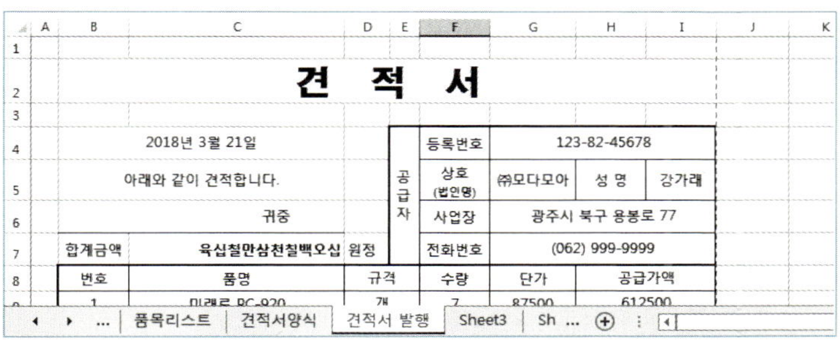


③ [견적서 발행] sheet에서 먼저 C4 셀의 오늘 날짜를 확인하고, C6 셀을 클릭하여 견적서를 수령할 매입처 이름 '(주)너나우리'를 '귀중' 앞에 입력한다.

④ 거래자료를 입력할 C9 셀을 선택하고, 셀의 오른쪽 **유효성 검사 버튼**(▽)을 클릭하여 나열된 품명 리스트 중에서 입력하고자 하는 첫 번째 거래품목 '샤프 SD-S70'을 클릭한다. 그러면 C9 셀에 선택한 품명이 표시되고, 오른쪽 D9, G9 셀에도 해당 규격과 단가가 자동으로 검색되어 표시된다.

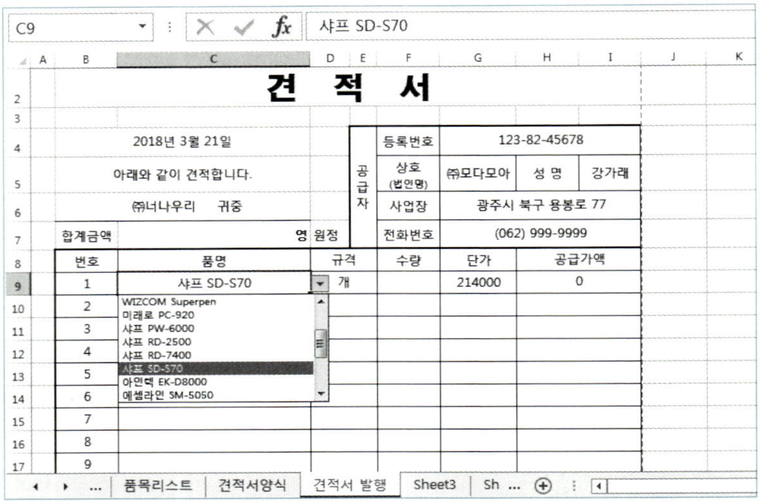

⑤ 이제 F9 셀에서 거래 수량인 '4'를 입력하면, H9 셀의 '공급가액'과 아래 합계부분(H29:H31), 그리고 C7 셀의 한글 표시 합계금액까지 한꺼번에 변경 표시된다.

⑥ 다음으로 C10 셀을 클릭하여 두 번째 거래인 품명 'CASIO EW-K550'을 확인하여 입력하고, F10 셀에 거래 수량 '6'을 입력한다. 이에 따라 '공급가액'(H10) 및 합계란에도 입력자료를 반영하여 자동으로 변경 표시된다.

⑦ 이와 같은 방식으로 나머지 5개 품목에 대한 내용도 추가하여 차례로 입력한다. 마지막으로 C33 셀의 유효기간은 오늘날짜로부터 180일(6개월)간 유효한 것으로 가정하고, C33 셀에 '=B4+180'을 입력한다. C33 셀에는 오늘(2018년 3월 21일)로부터 180일 이후 시점인 '2018년 9월 17일'로 표시된다. 입력 완료한 견적서는 다음과 같이 표시된다.

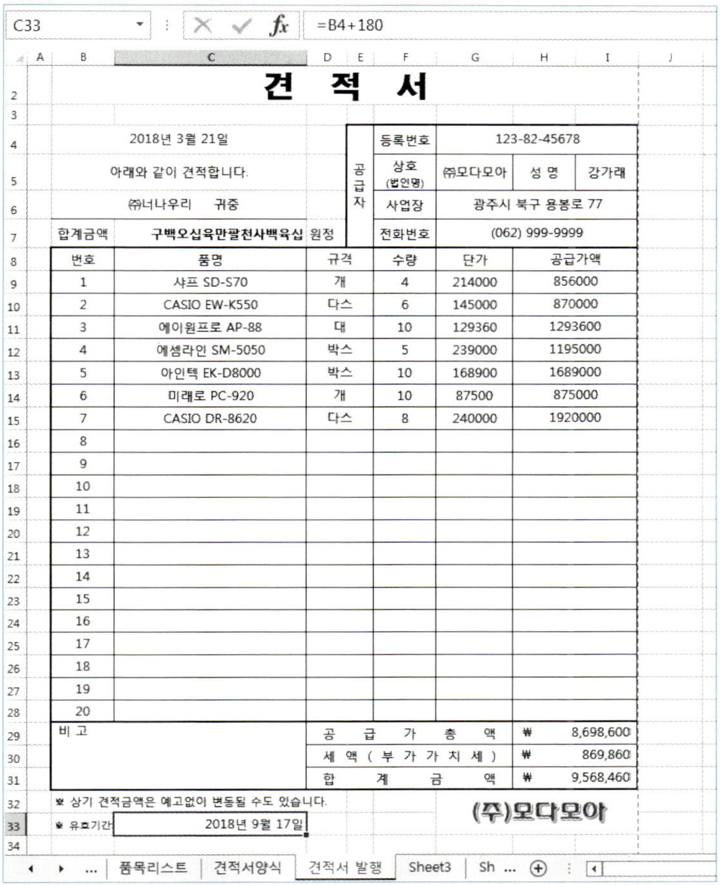

C33 =B4+180

# 견 적 서

2018년 3월 21일

아래와 같이 견적합니다.

㈜너나우리 귀중

| 공급자 | | | | |
|---|---|---|---|---|
| 등록번호 | 123-82-45678 | | | |
| 상호(법인명) | ㈜모다모아 | 성 명 | 강가래 | |
| 사업장 | 광주시 북구 용봉로 77 | | | |
| 전화번호 | (062) 999-9999 | | | |

합계금액 구백오십육만팔천사백육십 원정

| 번호 | 품명 | 규격 | 수량 | 단가 | 공급가액 |
|---|---|---|---|---|---|
| 1 | 샤프 SD-S70 | 개 | 4 | 214000 | 856000 |
| 2 | CASIO EW-K550 | 다스 | 6 | 145000 | 870000 |
| 3 | 에이원프로 AP-88 | 대 | 10 | 129360 | 1293600 |
| 4 | 에셈라인 SM-5050 | 박스 | 5 | 239000 | 1195000 |
| 5 | 아인텍 EK-D8000 | 박스 | 10 | 168900 | 1689000 |
| 6 | 미래로 PC-920 | 개 | 10 | 87500 | 875000 |
| 7 | CASIO DR-8620 | 다스 | 8 | 240000 | 1920000 |
| 8 | | | | | |
| 9 | | | | | |
| 10 | | | | | |
| 11 | | | | | |
| 12 | | | | | |
| 13 | | | | | |
| 14 | | | | | |
| 15 | | | | | |
| 16 | | | | | |
| 17 | | | | | |
| 18 | | | | | |
| 19 | | | | | |
| 20 | | | | | |

| 비 고 | 공급가총액 | ₩ 8,698,600 |
|---|---|---|
| | 세액(부가가치세) | ₩ 869,860 |
| | 합계금액 | ₩ 9,568,460 |

※ 상기 견적금액은 예고없이 변동될 수도 있습니다.

※ 유효기간 2018년 9월 17일

(주)모다모아

품목리스트 | 견적서양식 | 견적서 발행 | Sheet3 | Sh ...

⑧ 견적서에 의하면 거래처인 (주)너나우리에 청구할 금액은 '구백오십육만팔천사백육십원(₩9,568,460)'으로 집계되었다.

⑨ (주)너나우리에 대한 견적서가 완성되었으므로 이제 인쇄하여 제출하면 된다. 견적서 인쇄를 위해 [파일] 탭에서 [인쇄]를 클릭하여 나타난 [**미리보기**] 화면을 보고 인쇄 설정을 검토한 후 [인쇄]를 누른다. 만일 앞에서 설정해둔 인쇄양식과 다른 경우에는 인쇄 설정을 바꾸어 인쇄한다.

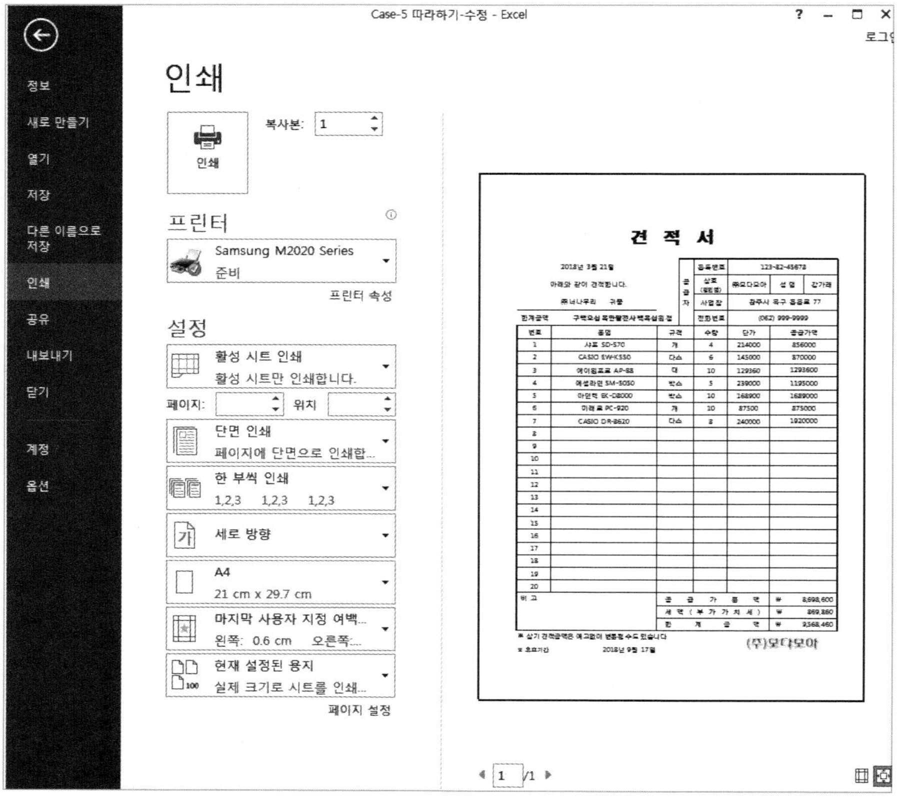
Case-5 따라하기-수정 - Excel
정보
새로 만들기
열기
저장
다른 이름으로 저장
인쇄
공유
내보내기
닫기
계정
옵션
인쇄
복사본: 1
인쇄
프린터
Samsung M2020 Series
준비
프린터 속성
설정
활성 시트 인쇄
활성 시트만 인쇄합니다.
페이지:
위치
단면 인쇄
페이지에 단면으로 인쇄합...
한 부씩 인쇄
1,2,3 1,2,3 1,2,3
세로 방향
A4
21 cm x 29.7 cm
마지막 사용자 지정 여백...
왼쪽: 0.6 cm 오른쪽:...
현재 설정된 용지
실제 크기로 시트를 인쇄...
페이지 설정
견 적 서
1 /1

# (주)새날중공업의 자재출고전표 작성



현황

(주)새날중공업의 자재창고부서 임꺽정은 해당 부서에서만 25년을 근무하고 있다. 임꺽정 사원은 지금까지 자재 수요부서에서 자재 출고를 요청해오는 경우, 미리 인쇄되어 있는 종이 **자재출고전표**에 기록하고, 복사본이 필요한 경우 이를 복사하여 관리하거나 제공해오고 있다. 그런데 최근 자재창고부서에 신입사원 1명이 배정된 시점을 계기로 하여, 지금까지 종이 전표에 기록해오던 방식을 Excel 양식으로 전산화하는 방법을 고려하고 있다. 그리고 이 전산 양식의 개발을 신입사원에게 첫 임무로 버정할 생각이다.

(주)새날중공업의 자재창고부서에서 관리하고 있는 자재의 종류와 자재 수요부서(사용처) 자료는 다음과 같다.

### ✹ 자재의 종류 및 사용처 자료

| 부품번호 | 부품명 | 출고단가 |
|---|---|---|
| PC-001 | AMD 라이젠 5 | 220,150 |
| PC-002 | 삼성전자 DDR4 8G | 74,960 |
| PC-003 | ASRock A320M | 74,520 |
| PC-004 | GALAX GTX1060 | 265,470 |
| PC-005 | WD Green SSD | 67,090 |
| PC-006 | 3RSYS J210 | 26,000 |
| CAR-001 | 프론트판넬 | 46,000 |
| CAR-002 | 앞펜더 | 37,050 |
| CAR-003 | 뒤휠하우스 | 52,300 |
| CAR-004 | 앞문 | 85,000 |
| CAR-005 | 뒷문 | 88,000 |
| CAR-006 | 대시보드 | 27,170 |
| CAR-007 | 선바이저 | 19,300 |
| CAR-008 | 콘솔박스 | 26,400 |

| 사용처 |
|---|
| 생산1부 |
| 생산2부 |
| 생산3부 |
| 수선1부 |
| 수선2부 |
| 판매1부 |
| 판매2부 |
| 판매3부 |

### ✹ 현재 사용하고 있는 자재출고전표의 양식

(주)새날중공업

**자재출고전표**

| 출고번호 | | 출고자 | | (인) |
|---|---|---|---|---|
| 출고일 | | 인수자 | | (인) |

| 부품번호 | 부품명 | 출고수량 | 단가 | 금 액 | 사용처 | 비 고 |
|---|---|---|---|---|---|---|
| | | | | | | |
| | | | | | | |
| | | | | | | |
| | | | | | | |
| | | | | | | |
| | | | | | | |
| | | | | | | |
| | | | | | | |
| | | | | | | |
| | | | | | | |
| | | | | | | |
| | | | | | | |
| | | | | | | |
| | | | | | | |
| | | | | | | |
| 합계 | | | | | | |

**요구사항**

1) 귀하(홍길동)가 (주)새날중공업의 자재창고부서 신입사원이라고 가정할 때, 회사의 요구에 따라 자재출고전표를 어떻게 설계하고 운영할 것인지, 해당 절차를 수행해 보시오.

2) 7월 21일에 수선2부의 서경덕 사원이 다음과 같은 **자재요청서**를 보내왔다고 가정할 때, 자재출고전표에 이를 입력하고, 관리용 부본을 인쇄하는 절차를 수행하시오.

| 부품번호 | 요청 수량 |
|---|---|
| PC－003 | 5 |
| CAR－006 | 2 |
| CAR－003 | 16 |
| CAR－004 | 4 |
| PC－005 | 2 |
| CAR－008 | 6 |

# Case 10 혼자해보기

**Tips & 풀이 요약**

## Tip

- **자재출고전표**에서 부품번호를 입력하면 오른쪽에 자동으로 부품명을 찾아 표시하도록 하는 함수를 적용할 수 있다(예: VLOOKUP 함수 등).
- 자재 취급자(출고자 및 사용부서 관리자)가 일정 인원으로 미리 정해져 있는 상황이라면, 출고자 및 인수자도 목록을 통해 선택하여 표시하는 방법을 생각할 수 있다.

## ▷ 기초자료 시트 입력

–자료별 이름 정의

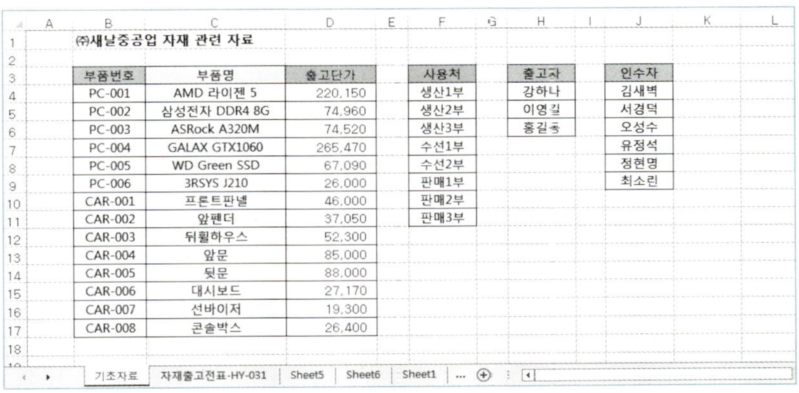

㈜새날중공업 자재 관련 자료

| 부품번호 | 부품명 | 출고단가 | 사용처 | 출고자 | 인수자 |
|---|---|---|---|---|---|
| PC-001 | AMD 라이젠 5 | 220,150 | 생산1부 | 강하나 | 김새벽 |
| PC-002 | 삼성전자 DDR4 8G | 74,960 | 생산2부 | 이영길 | 서경덕 |
| PC-003 | ASRock A320M | 74,520 | 생산3부 | 홍길동 | 오성수 |
| PC-004 | GALAX GTX1060 | 265,470 | 수선1부 | | 유정석 |
| PC-005 | WD Green SSD | 67,090 | 수선2부 | | 정현명 |
| PC-006 | 3RSYS J210 | 26,000 | 판매1부 | | 최소린 |
| CAR-001 | 프론트판넬 | 46,000 | 판매2부 | | |
| CAR-002 | 앞펜더 | 37,050 | 판매3부 | | |
| CAR-003 | 뒤휠하우스 | 52,300 | | | |
| CAR-004 | 앞문 | 85,000 | | | |
| CAR-005 | 뒷문 | 88,000 | | | |
| CAR-006 | 대시보드 | 27,170 | | | |
| CAR-007 | 선바이저 | 19,300 | | | |
| CAR-008 | 콘솔박스 | 26,400 | | | |

기초자료 | 자재출고전표-HY-031 | Sheet5 | Sheet6 | Sheet1

## ▷ [요구사항] 해결

–7/21 자재출고전표 입력

–유효성검사 기능 사용

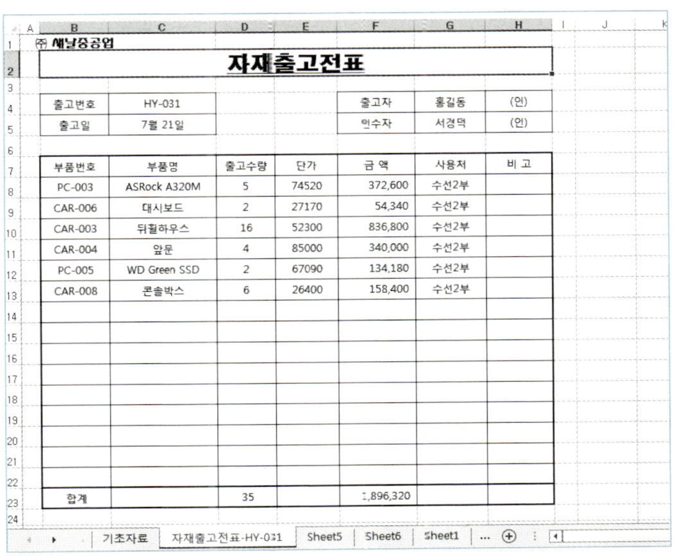

㈜ 새날중공업

**자재출고전표**

| 출고번호 | HY-031 | 출고자 | 홍길동 | (인) |
|---|---|---|---|---|
| 출고일 | 7월 21일 | 인수자 | 서경덕 | (인) |

| 부품번호 | 부품명 | 출고수량 | 단가 | 금 액 | 사용처 | 비 고 |
|---|---|---|---|---|---|---|
| PC-003 | ASRock A320M | 5 | 74520 | 372,600 | 수선2부 | |
| CAR-006 | 대시보드 | 2 | 27170 | 54,340 | 수선2부 | |
| CAR-003 | 뒤휠하우스 | 16 | 52300 | 836,800 | 수선2부 | |
| CAR-004 | 앞문 | 4 | 85000 | 340,000 | 수선2부 | |
| PC-005 | WD Green SSD | 2 | 67090 | 134,180 | 수선2부 | |
| CAR-008 | 콘솔박스 | 6 | 26400 | 158,400 | 수선2부 | |
| 합계 | | 35 | | 1,896,320 | | |

기초자료 | 자재출고전표-HY-031 | Sheet5 | Sheet6 | Sheet1

Case 11 따라하기

11

# (주)한얼체인의 매입매출장 작성

현황

생활용품을 도소매하는 유통업체인 (주)한얼체인에서는 지금까지는 매입장과 매출장을 각각 별도의 장부로 기록해 왔다. 그러나 매입/매출 관련 일일 거래건수가 그리 많지 않은 상황이어서, 이를 합하여 하나의 **'매입매출장'** 형식으로 기록, 관리하고자 한다. 또한 '매입매출장' 작성을 엑셀 sheet로 자동화하여 가능한 한 자료 입력을 최소화하고, 자료 입력이 필요한 경우에도 가능한 한 키보드 입력 대신에 선택 적용할 수 있도록 자동화하는 방법을 생각하고 있다.

(주)한얼체인이 고려하고 있는 매입매출장 기본 서식과 매입매출 관련 기본 자료는 다음과 같다.

## ✹ 매입매출장 기본서식

| ㈜한얼체인 | | | | | | 매 입 매 출 장 | | | | | | | | |
|---|---|---|---|---|---|---|---|---|---|---|---|---|---|---|
| 년 | 월 | 일 | 구분 | 거래처 | 품명 | 거래 내역 | | 매입 금액 | | | 매출 금액(판매가) | | | |
| | | | | | | 수량 | 단가 | 금액 | 세액 | 합계 | 금액 | 세액 | 합계 | |
| | | | | | | | | | | | | | | |
| | | | | | | | | | | | | | | |
| | | | | | | | | | | | | | | |
| | | | | | | | | | | | | | | |
| | | | | | | | | | | | | | | |
| | | | | | | | | | | | | | | |
| | | | | | | | | | | | | | | |
| | | | | | | | | | | | | | | |
| | | | | | | | | | | | | | | |
| | | | | | | | | | | | | | | |
| | | | | | | | | | | | | | | |
| | | | | | | | | | | | | | | |
| 총 계 | | | | | | | | | | | | | | |

## ✹ 매입매출거래 기본자료

| [거래처] |
|---|
| 격조통신 |
| 무등세상 |
| 우리로 |
| 일등닷컴 |
| 한가지로 |
| 환상특급 |
| 너나우리 |
| 희망불빛 |

| [품명] | [매입단가] | [판매단가] |
|---|---|---|
| 공구세트 | 175,000 | 220,000 |
| 다리미 | 78,000 | 100,000 |
| 벽걸이 | 120,000 | 150,000 |
| 전화기 | 226,000 | 270,000 |
| 청소기 | 152,000 | 180,000 |
| 휴지통 | 12,000 | 18,000 |

요구 사항

1) 매입매출장 기본 서식을 작성하고, 필요한 수식과 기능을 적용하여 입력작업을 최소화 할 수 있도록 자동화된 서식으로 구성하시오.

2) 수식 등에 의해 자동으로 입력된 거래 자료가 쉽게 수정되지 않도록 보호하는 기능을 설정해 보시오.

# Case 11 따라하기

**상황분석**

1. 매입매출장 양식에 입력을 최소화하기 위해서는 수식을 사용하여 미리 정의해 둘 수 있는 셀들이 어떤 것들인가를 확인해야 한다(금액, 세액, 합계, 총계 등).
2. 자료 입력시에 사용할 기초자료는 별도의 시트에 준비해 두고, 향후 사용에 대비하여 미리 해당 셀 범위에 **이름**을 부여해 둔다.
3. 매입매출장에 기초자료를 이용하여 입력할 때는 [**데이터 유효성 검사**] 기능을 사용하는 것이 유용하다.
4. 기초자료 중에서 차후에 추가나 변경이 이루어질 수 있는 항목(거래처나 품명 등)을 고려해야 한다.
5. 수식에 의해 자동 계산이 이루어지는 셀 영역에는 **셀 보호 기능**을 통해 임의의 숫자를 입력하거나 수정하지 못하도록 보호하는 장치가 필요하다.
6. 각 셀에 수식을 미리 입력해두는 경우 빈 칸에 '0'이나 '-' 등의 표시가 나타나지 않도록 셀서식을 지정할 필요가 있다.

## 1. 매입매출장 기본 서식 작성

① 새 통합문서의 [sheet1] 이름부분을 더블클릭하고 시트 이름을 **'매입매출장'**으로 변경해 놓는다.

② '매입매출장' sheet의 A열부터 O열까지의 머리글 부분을 각각 선택하고, 각각의 [열 너비]를 '1', '4', '3', '3', '5', '8', '8', '4', '8', '9', '8', '9', '9', '8', '10'으로 설정해 둔다. 또 행의 머리글 부분에서 1행의 [행 높이]를 '14', 2행의 [행 높이]를 '44'로 각각 설정한다.

③ B2 셀에 회사 이름 '(주)한얼체인'을 입력하고, B2:E2 셀 범위를 선택하여 [병합하고 가운데 맞춤]을 선택한다. 그리고 [글꼴]에서 [견명조], '14pt', '기울임꼴'을 선택한다. F2 셀에는 '매 입 매 출 장'을 입력하고, F2:O2 셀 범위를 선택하여 [병합하고 가운데 맞춤]을 선택한다. 그리고 [글꼴]에서 [견고딕], '22pt', '굵게'를 선택한다. 이제 B2:O2 셀 범위를 함께 선택하고 [글꼴]-[테두리]에서 [굵은 상자 테두리]를 선택한다.

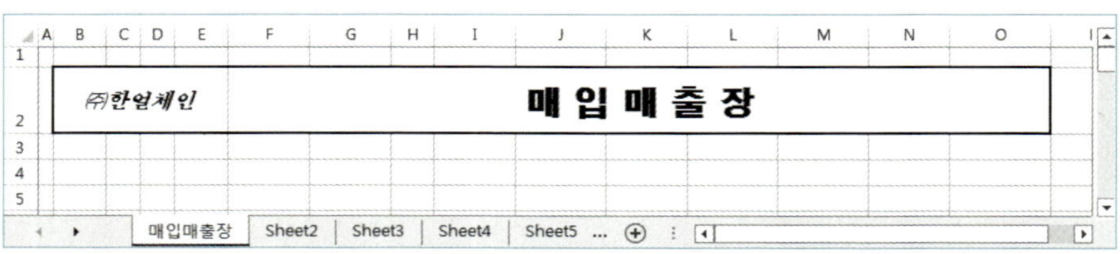

④ B3 셀에 '거래일시'를 입력하고, E3, F3, J3, M3 셀에 각각 '구분', '거래내역', '매입 금액', '매출 금액(판매가)'을 입력한다. 그리고 B3:D3, F3:I3, J3:L3, M3:O3 셀 범위를 각각 선택하여 각각 [병합하고 가운데 맞춤]으로 정렬한다. B4 셀부터 O4 셀까지 각각의 셀에 '년', '월', '일', '구분', '거래처', '품명', '수량', '단가', '금액', '부가세', '합계', '금액', '부가세', '합계'를 차례로 입력한다. 이제 B4:O4 셀 범위를 선택하고 [홈] 탭의 [맞춤]-[가운데 맞춤]으로 지정한다.

⑤ B3:O35 셀 범위를 선택하고 [홈] 탭에서 [글꼴]-[테두리]를 [모든 테두리]로 설정한다. B35 셀에는 '총 계'를 입력하고, B35:I35 셀 범위를 선택하여 [병합하고 가운더 맞춤]으로 정렬한다. 병합된 B35 셀의 [글꼴]을 [견고딕], '11pt'로 지정한다. 또 거래 자료가 입력될 B5:O34 셀 범위를 선택하고 [글꼴]을 [돋움], '10pt'로 지정한다.

⑥ B5:O35 셀 범위를 선택하고 [글꼴]에서 [굵은 상자 테드리]로 설정한다. B3:O4, B3:D34, F3:I34, M3:O35, B35, J35LO35 셀 범위에도 각각 [글꼴]-[굵은 상자 테두리]로 설정한다.

## 2. 기초자료 입력 및 이름 정의하기

① 새 시트를 생성하고, 시트의 이름을 '**기초자료**'로 변경한다.

② '기초자료' 시트의 B2 셀에 '거래처'를 입력하고, 아래 B3 셀부터 B10 셀까지 (주)한얼체인의 거래처 이름을 각각 입력한다. D2, E2, F2 셀에 각각 '[품명]', '[매입단가]', '[판매단가]'를 입력하고, 해당 열의 아래쪽에 (주)한얼체인이 기초자료로 제시한 품명, 매입단가, 판매단가를 각 입력한다. H2 셀에는 '[구분]'을 입력하고 아래 셀에 '매입'과 '매출'을 각각 입력한다. 그리고 J3:J13, L3:L14, N3:N33 셀 영역에 연, 월, 일을 표시하기 위한 숫자를 각각 입력해 둔다.

| | A | B | C | D | E | F | G | H | I | J | K | L | M | N | O |
|---|---|---|---|---|---|---|---|---|---|---|---|---|---|---|---|
| 1 | | | | | | | | | | | | | | | |
| 2 | | 거래처 | | [품명] | [매입단가] | [판매단가] | | [구분] | | | | | | | |
| 3 | | 격조통신 | | 공구세트 | 175,000 | 220,000 | | 매입 | | 2015 | | 1 | | 1 | |
| 4 | | 무등세상 | | 다리미 | 78,000 | 100,000 | | 매출 | | 2016 | | 2 | | 2 | |
| 5 | | 우리로 | | 벽걸이 | 120,000 | 150,000 | | | | 2017 | | 3 | | 3 | |
| 6 | | 일등닷컴 | | 전화기 | 226,000 | 270,000 | | | | 2018 | | 4 | | 4 | |
| 7 | | 한가지로 | | 청소기 | 152,000 | 180,000 | | | | 2019 | | 5 | | 5 | |
| 8 | | 환상특급 | | 휴지통 | 12,000 | 18,000 | | | | 2020 | | 6 | | 6 | |
| 9 | | 너나우리 | | | | | | | | 2021 | | 7 | | 7 | |
| 10 | | 희망불빛 | | | | | | | | 2022 | | 8 | | 8 | |
| 11 | | | | | | | | | | 2023 | | 9 | | 9 | |
| 12 | | | | | | | | | | 2024 | | 10 | | 10 | |
| 13 | | | | | | | | | | 2025 | | 11 | | 11 | |
| 14 | | | | | | | | | | | | 12 | | 12 | |
| 15 | | | | | | | | | | | | | | 13 | |
| 16 | | | | | | | | | | | | | | 14 | |
| 17 | | | | | | | | | | | | | | 15 | |
| 18 | | | | | | | | | | | | | | 16 | |
| 19 | | | | | | | | | | | | | | 17 | |
| 20 | | | | | | | | | | | | | | 18 | |
| 21 | | | | | | | | | | | | | | 19 | |
| 22 | | | | | | | | | | | | | | 20 | |
| 23 | | | | | | | | | | | | | | 21 | |
| 24 | | | | | | | | | | | | | | 22 | |
| 25 | | | | | | | | | | | | | | 23 | |
| 26 | | | | | | | | | | | | | | 24 | |
| 27 | | | | | | | | | | | | | | 25 | |
| 28 | | | | | | | | | | | | | | 26 | |
| 29 | | | | | | | | | | | | | | 27 | |
| 30 | | | | | | | | | | | | | | 28 | |
| 31 | | | | | | | | | | | | | | 29 | |
| 32 | | | | | | | | | | | | | | 30 | |
| 33 | | | | | | | | | | | | | | 31 | |

③ '거래처' 자료가 입력되어 있는 B3:B10 셀 영역을 포함하여 B3:B14 셀 범위를 선택하고, [**이름 상자**]에 '거래처'라고 입력한 후 Enter 키를 누른다(이때 반드시 Enter 키를 눌러야 해당 이름이 [이름관리자]에 등록되게 된다). 여기서 B10 셀의 아래쪽 빈 칸 4개까지를 이름 범위에 포함시키고 있는 이유는, 현재로서는 (주)한얼체인에 등록되어 있는 거래처가 8개에 불과하지만, 앞으로 매입매출거래가 늘어나면서 거래처 또한 늘어나게 될 것에 대비하기 위한 것이다. 즉, 앞으로 새로운 거래처가 생기게 되면 B11 셀부터 차례로 추가해 가면 되도록 하기 위한 것이다.

④ 마찬가지 이유와 방법으로, D3:D12 셀 범위에는 이름 '품명'을, E3:E12 셀 범위에는 이름 '매입단가'를, F3:F12 셀 범위에는 이름 '판매단가'를, 그리고 D3:F12 셀 범위에는 '단가표'를 각각 입력한다. 또한 H3:H4, J3:J13, L3:L14, N3:N33 셀 범위에는 각각 '구분', '연', '월', '일'로 이름을 정의한다(구분, 연, 월, 일의 경우에는 더 확장할 가능성이 없으므로 해당 셀 영역만을 이름 정의한 것이다).

⑤ 지금까지 정의한 각 셀 범위에 대한 **이름 정의**가 제대로 등록되어 있는지 확인해 보기 위해, [수식] 탭의 [이름관리자]를 클릭하여 [**이름 관리자**] 대화상자에서 각각의 이름에 설정된 [**참조 대상**]을 확인해 본다.

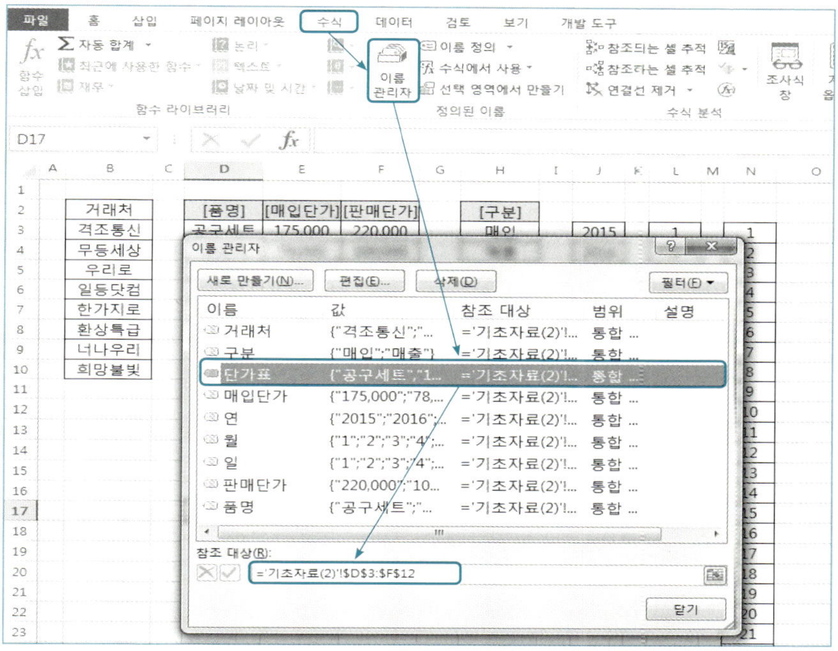

## 3. 매입매출장의 선택 입력과 수식 정의

① 다시 '매입매출장' 시트로 돌아와서, B5:B34 셀 범위를 선택하고, [데이터] 탭의 [데이터 도구]-[**데이터 유효성 검사**]를 클릭하고, [데이터 유효성] 대화상자의 [설정]에서 [제한 대상]을 [**목록**]으로 지정한 후, [원본] 상자에 '=연'으로 입력한다. 그리고 해당 셀 영역에 목록에서 지정한 데이터 이외의 값이 입력되면 오류메시지가 표시되도록 하기 위해 [**오류메시지**]의 [스타일]을 [중지]로 선택하고 [제목]에 '입력 오류!', [오류 메시지]에 '목록에 없는 값입니다!'를 입력한다. 이제 [확인]을 누른다.

② [데이터 유효성]이 적용된 B5:B34 셀 범위의 어느 하나의 셀을 클릭하면 셀의 오른쪽에 **유효성 검사 버튼**(▽)이 표시되고, 이 버튼을 누르면 목록으로 설정된 연도의 값들이 표시되므로 이 목록 중에서 해당 연도를 선택하여 입력할 수 있다.

③ 만일 B5 셀에서 목록에 없는 임의의 값 '1989'를 키보드에서 직접 입력해보면, 설정해 둔 [오류 메시지]가 표시되어 값이 입력되지 않게 된다.

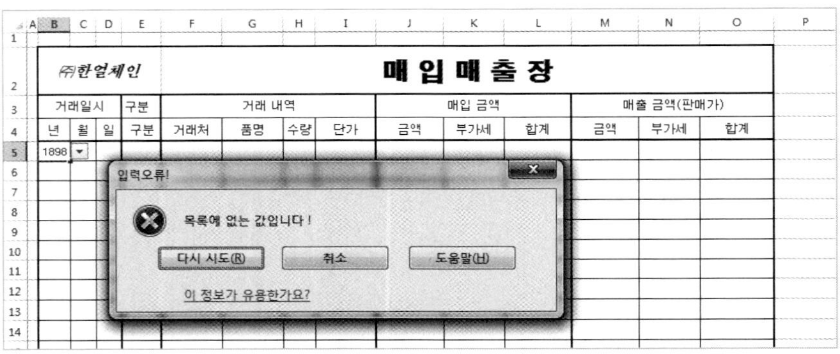


④ 위와 마찬가지 방법으로 C5:C34, D5:D34, E5:E34, F5:F34, G5:G34 셀 범위에 대해서도 각각 [데이터 유효성] 대화상자의 [설정]에서 [제한 대상]을 [목록]으로 지정한 후, [원본] 상자에 각각 '=**월**', '=**일**', '=**구분**', '=**거래처**', '=**품명**'으로 설정한다. 물론 위 ①에서와 같이 [오류 메시지]도 함께 설정한다.

⑤ [데이터 유효성] 기능이 추가로 설정된 C5:G34 셀 영역의 임의의 셀을 클릭하여 유효성 검사 버튼(▽)에서 원하는 목록이 표시되고 있는지를 확인해 본다. 다만, 이 중 '거래처' 열과 '품명' 열의 경우에는 표시되는 목록의 아래쪽에 빈 칸들이 나타나고 있는데, 이는 앞에서 설명한 바와 같이 향후 거래과정에서 추가되는 목록들을 반영하기 위해 미리 범위에 포함해 두었던 것이다.

⑥ 이를 시험해보기 위해, '기초자료' 시트를 선택하고 [거래처] 목록의 아래쪽 B11 셀에 새로운 거래처 '강빛마을'을 추가해 본다. 그리고 다시 '매입매출장' 시트로 돌아와서 [거래처] 필드(F5:F34)의 임의의 셀을 클릭하여 목록을 살펴보면 이미 새로 추가한 '강빛마을' 거래처가 선택 가능하도록 자동 반영되고 있음을 확인할 수 있다.

⑦ '수량'을 표시하는 H열에는 직접 자료를 입력하도록 할 것이다. 이제 '단가'로부터 이후 오른쪽 열에는 **수식**을 통해 자동 표시되록 해당 수식을 정의한다. 다만, 자동 표시되도록 설정하는 이들 수식은 앞부분(예컨대 '거래처', '품명', '수량' 등)의 데이터가 입력되지 않은 상태에서는 빈 칸으로 표시되도록 설정할 필요가 있다.

⑧ I5 셀('단가' 표시)에는 앞의 E5 셀에 '매입'이 입력되느냐 아니면 '매출'이 입력되느냐에 따라 단가표에서 적용되는 단가가 달라져야 한다. 즉, 매입거래인 경우에는 매입단가가 표시되어야 하고, 매출거래인 경우에는 매출단가가 표시되어야 한다. 따라서 이를 수식으로 표시하면 '=IF(E5="매입",VLOOKUP(G5,단가표,2,0),VLOOKUP(G5,단가표,3,0))'이 된다. 그러나 같은 행의 품명(G5 셀)이 아직 입력되지 않은 상황에서는 단가(I5 셀)가 표시되어서는 안되므로, 이 수식에 ISBLAK 함수를 포함하여 I5 셀에 '=IF(ISBLANK(G5),"",IF(E5="매입",VLOOKUP(G5,단가표,2,0),VLOOKUP(G5,단가표,3,0)))'으로 수정, 입력한다.

⑨ J5 셀에는 금액을 표시하기 위한 수식을 입력한다. 금액은 '수량×단가'토 계산되기 때문에 이를 수식 '=H5*I5'로 표현할 수 있다. 그런데 J5 셀에는 E5 셀에서 '매입'으로 입력되는 경우에만 표시되고, 만일 '매출'로 입력된 경우에는 계산하지 않도록 설정되어야 한다(이 경우에는 나중에 M5 셀로 기록되도록 할 것이다). 이러한 의미를 반영하여 J5 셀에 입력될 수식을 '=IF(E5='매입',H5*I5,0)'으로 변경하여 입력한다. 이는 E5 셀에 '매입'이라고 입력된 경우에는 'H5*I5'의 계산을 수행하지만, '매입'이 아닌 경우에는 그냥 '0'으로 표시하라는 의미이다.

⑩ K5 셀에는 **부가가치세**(10%)를 계산하는 수식을 입력한다. 부가가치세는 '=J5*10%'로 입력한다. 매입금액의 합계(L5 셀)는 매입금액(J5)에 부가가치세(K5)를 더한 수식 '=J5+K5'로 입력한다. 수식이 입력된 J5:L5 셀 범위에는 모두 결과 값 '0'으로 표시되고 있다.

⑪ M5 셀에는 E5 셀에서 '매출'로 입력된 경우에만 '수량×단가'로 계산하여 표시되도록 해야 한다. 따라서 M5 셀에 수식 '=IF(E5="매출",H5*I5,0)'으로 입력한다. N5 셀에는 K5 셀의 경우와 마찬가지로 매출금액에 10%의 부가가치세를 계산하는 수식 '=M5*10%'로 입력한다. 또 O5 셀에는 이들의 합계를 수식 '=M5+N5'로 입력한다. 이 경우에도 수식이 입력된 M5:O5 셀 범위가 모두 '0'으로 표시된다.

⑫ 이제 5행에 입력된 수식이 제대로 정의되어 있는지 확인해보기 위해, 다음의 가상의 거래를 입력해 본다. 거래일자와 구분 및 거래처, 품명 등의 입력은 이미 설정되어 있는 [유효성 검사] 버튼을 이용하여 입력한다.

◆ 2018년 8월 23일에 거래처 너나우리에서 전화기 6대를 구매하다.

그런데 거래자료를 입력하는 도중에 [구분]에서 '매입'을 선택하여 표시하면, '매입 금액'을 표시하는 J5:L5 셀 영역에 '0' 대신 **'#VALUE!'** 표시로 바뀌어 나타난다. E5 셀에서 '매입' 대신 '매출'을 선택해도 결과는 마찬가지이다. 이는 관련 수식이 참조하는 셀 범위에 오류가 있어 계산을 수행하지 못하는 상태임을 표시하는 것이다.

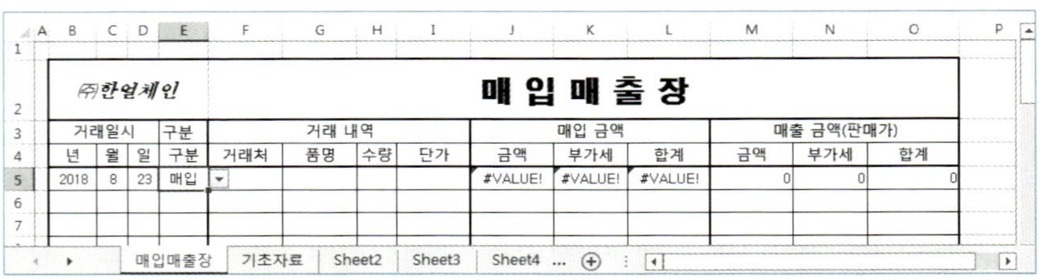

㈜한얼체인 — 매 입 매 출 장

| 거래일시 | | | 구분 | 거래 내역 | | | | 매입 금액 | | | 매출 금액(판매가) | | |
|---|---|---|---|---|---|---|---|---|---|---|---|---|---|
| 년 | 월 | 일 | 구분 | 거래처 | 품명 | 수량 | 단가 | 금액 | 부가세 | 합계 | 금액 | 부가세 | 합계 |
| 2018 | 8 | 23 | 매입 | | | | | #VALUE! | #VALUE! | #VALUE! | 0 | 0 | 0 |

매입매출장 | 기초자료 | Sheet2 | Sheet3 | Sheet4

참고

## #VALUE! 오류

엑셀 수식의 결과에서 '#VALUE!' 오류가 나타나는 경우는, 수식이 잘못 정의되어 있거나 수식에서 참조하는 셀 범위에서 연산에 적절하지 않은 값을 포함하고 있는 경우에 연산을 수행할 수 없다는 의미로 표시되는 것이다. 엑셀의 수식 연산은 숫자들 간의 연산을 의미한다. 따라서 참조하는 셀에 숫자가 아닌 다른 값(문자 등)이 포함되어 있는 경우에는 연산을 수행할 수 없기 때문이다. 예컨대 A1 셀에는 숫자 '7'이 입력되어 있고, B1 셀에는 문자 'AB'가 입력되어 있는 경우, C1 셀에 수식 '=A1+B1'을 입력하면, 이는 숫자와 문자를 합하라는 의미이므로 연산을 수행할 수 없게 되는 것이다('#VALUE!' 오류 표시). 그런데 화면상으로는 분명 비어있는 셀이지만 공백을 포함하고 있는 경우에도, 이 공백을 문자로 인식하게 되면 연산이 불가능하게 된다. 만일 위의 예에서 A1 셀에는 '7'이 입력되어 있지만, B1 셀에는 수식 '=IF(A1>10,400,"")'이 입력되어 있는 경우, C1 셀에서 이를 두 셀을 합하라고 하면, B1 셀의 값이 빈 칸("")으로 표시되어지므로 결국 숫자 7과 빈 칸을 합하라는 의미가 되어 연산을 수행하지 못하게 된다. 즉, 엑셀에서 빈 칸("")은 '비어있는 셀'의 의미가 아니라 '공백'을 의미하는 것이며, 공백도 일종의 문자로 간주되어진다. 따라서 수식에서 참조하는 셀에 공백을 의미하는 빈 칸("")이 포함되어 있는가를 잘 살펴보아야 한다.

⑬ 그런데 입력 작업을 계속하여 '거래처'(너나우리) 다음에 '품명'(전화기)을 선택 입력하는 순간, 지금까지 표시되었던 '#VALUE!' 오류가 사라지고 대신 '0' 값으로 전환된다. 이는 '#VALUE!' 오류가 '품명' 또는 이로 인해 직접적인 영향을 받는 다른 셀('단가')을 참조하고 있으며, 이들 셀에서 연산에 적절하지 않은 자료가 포함되고 있음을 의미한다.

⑭ '#VALUE!' 오류가 처음 표시되는 J5 셀의 수식('=IF(E5="매입",H5*I5,0)')을 살펴보니 H5 셀과 I5 셀을 참조하고 있다. 그런데 H5 셀(수량)은 분명 아무런 수식드 정의해두지 않은 비어있는 셀이기 때문에, 문제는 I5 셀에 있다고 보아야 한다. I5 셀의 수식 중에서 'G5' 셀(품명)을 참조하고 있으며, 'G5' 셀이 비어있는 경우(ISBLANK) 공백("")으로 표시하드록 한 것이 문제이다. 이는 G5 셀에 품명을 입력하여 빈 셀을 채우면, I5 셀에 공백("") 대신 '전화기'의 단가(226,000)가 숫자로 표시되고, 이에 따라 J5 셀에 나타났던 '#VALUE!'오류가 사라진 것을 보면 확실하다.

⑮ 따라서 I5 셀의 수식에서 공백("") 대신 이를 '0'으로 바꾸어 새로운 수식 '=IF(ISBLANK(G5),0,IF(E5="매입",VLOOKUP(G5,단가표,2,0),VLOOKUP(G5,단가표,3,0)))'으로 변경한다. 그리고 E5:G5 셀 범위의 값들을 지운 후, 다시 E5 셀부터 거래자료를 순차적으로 입력해 본다. 이제 E5 셀에서 '매입'을 선택 입력하더라도 J5:L5 셀 영역에 나타났던 '#VALUE!' 오류는 다시 나타나지 않게 되었다. H5 셀에 구매수량 '6'을 입력하면, J5:L5 셀 영역에 매입 금액이 자동으로 표시된다.

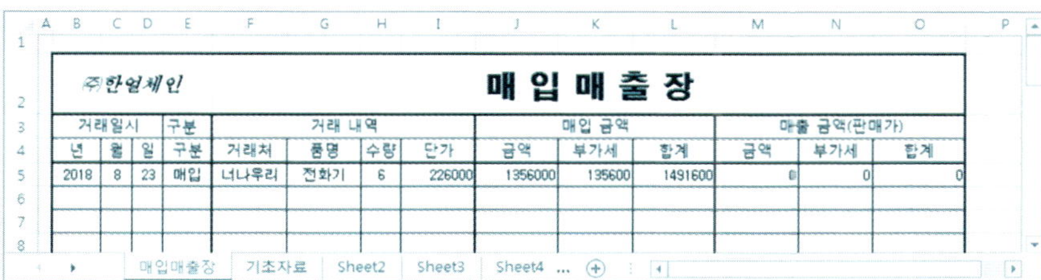

㈜한얼체인 매 입 매 출 장

| 거래일시 | | | 구분 | 거래 내역 | | | | 매입 금액 | | | 매출 금액(판매가) | | |
|---|---|---|---|---|---|---|---|---|---|---|---|---|---|
| 년 | 월 | 일 | 구분 | 거래처 | 품명 | 수량 | 단가 | 금액 | 부가세 | 합계 | 금액 | 부가세 | 합계 |
| 2018 | 8 | 23 | 매입 | 너나우리 | 전화기 | 6 | 226000 | 1356000 | 135600 | 1491600 | 0 | 0 | 0 |

⑯ 이제 '매출 금액'란의 수식도 제대로 작동하는지 확인해 보아야 한다. 이를 위해 5행에 입력되어 있는 매입거래 중 B5:H5 셀 영역의 자료들을 먼저 지운 후, 다음의 머출거래를 다시 입력해 보자.

◆ 2018년 9월 15일에 거래처 한가지로에 청소기 12대를 판매하다.

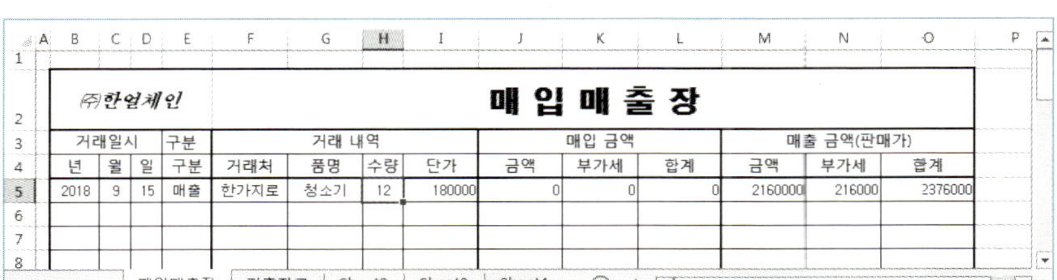

㈜한얼체인 매 입 매 출 장

| 거래일시 | | | 구분 | 거래 내역 | | | | 매입 금액 | | | 매출 금액(판매가) | | |
|---|---|---|---|---|---|---|---|---|---|---|---|---|---|
| 년 | 월 | 일 | 구분 | 거래처 | 품명 | 수량 | 단가 | 금액 | 부가세 | 합계 | 금액 | 부가세 | 합계 |
| 2018 | 9 | 15 | 매출 | 한가지로 | 청소기 | 12 | 180000 | 0 | 0 | 0 | 2160000 | 216000 | 2376000 |

⑰ 이번에는 위의 ⑫에서 나타났던 '**#VALUE!**' 오류 표시가 나타나지 않고 제대로 계산되었다.

⑱ 이제 I5:O5 셀 범위에 입력된 수식이 제대로 정의되었음을 확인하였으므로, 이를 6행 이하의 범위에도 복사하여 동일하게 적용되도록 해야 한다. 수식이 정의된 I5:O5 셀 범위를 선택하여 오른쪽 마우스 [복사]한 후, I6:I34 셀 영역을 선택하고 다시 오른쪽 마우스 [붙여넣기]를 실행한다.

⑲ J35 셀에는 합계 수식 '=SUM(J5:J34)'를 입력하고, 자동채우기 핸들로 O35 셀까지 끌기 하여 복사해 둔다(이 과정에서 [굵은 상자 테두리]가 지워진 부분은 다시 설정하여 복구해 둔다).

⑳ 그런데 수식이 입력되어 있는 셀들에 '0'이 표시되고 있어서 보기 좋지 않으니 이를 표시하지 않도록 설정해 둘 필요가 있다. 모든 자료 영역(B5:O35)을 선택하고, [홈] 탭의 [스타일]에서 [**조건부 서식**]-[새 규칙]을 선택한다. [새 서식 규칙] 대화상자의 [규칙 유형 선택]에서 [다음을 포함하는 셀만 서식 지정]을 클릭하고, 아래 [규칙 설명 편집]에서 [셀 값]을 선택한 후 [해당 범위] 대신 [=]을 선택하고 오른쪽 상자에 '0'을 입력한다. 그리고 아래 [서식]을 클릭한 후 [셀 서식] 대화상자의 [글꼴]의 [색]을 '흰색'으로 지정하고 [확인]-[확인]을 누른다(시트의 바탕색이 다른 색으로 지정되어 있는 경우에는 바탕색과 같은 색으로 선택한다).

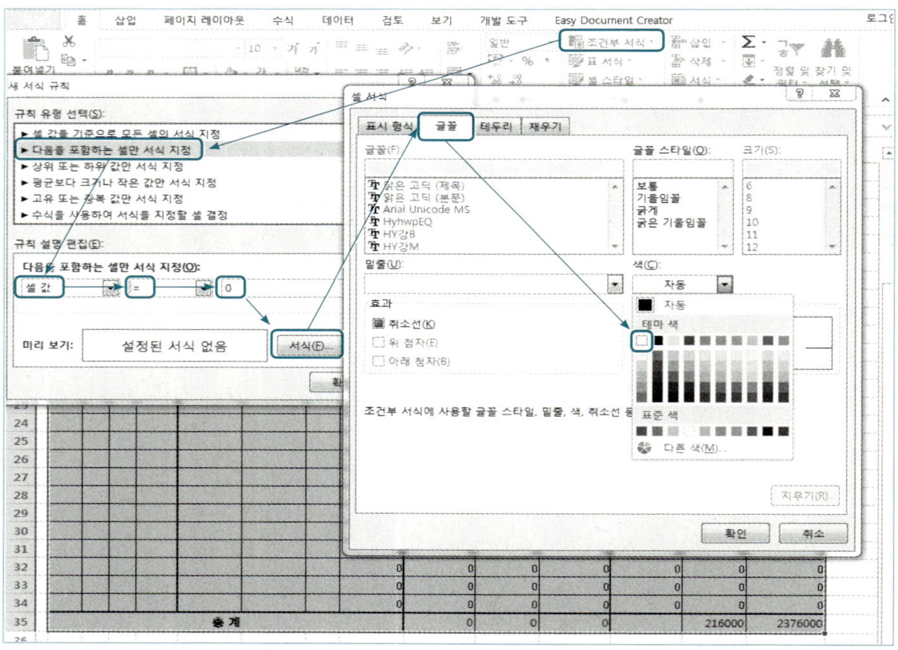

㉑ 이제 '0' 값이 눈에 보이지 않게 되었다.

㈜한얼체인 매입매출장

| 거래일시 | | | 구분 | 거래 내역 | | | | 매입 금액 | | | 매출 금액(판매가) | | |
|---|---|---|---|---|---|---|---|---|---|---|---|---|---|
| 년 | 월 | 일 | 구분 | 거래처 | 품명 | 수량 | 단가 | 금액 | 부가세 | 합계 | 금액 | 부가세 | 합계 |
| 2018 | 9 | 15 | 매출 | 한가지로 | 청소기 | 12 | 180000 | | | | 2160000 | 216000 | 2376000 |
| 총계 | | | | | | | | | | | 2160000 | 216000 | 2376000 |

매입매출장 | 기초자료 | Sheet2 | Sheet3 | Sheet4

## 4. 수식 보호하기

매입매출장 양식은 일단 완성되었다. 그런데 입력된 수식은 수정되지 않도록 보호할 필요가 있다. 특히 수식이 입력된 셀에 임의의 숫자나 문자가 입력되면 수식이 지워지거나 계산이 불가능하게 될 수도 있기 때문이다.

① 행/열머리글(A1 셀의 왼쪽 위)을 클릭하여 시트 전체를 선택한다. 그리고 오른쪽 마우스에서 [셀 서식]을 선택하고, [셀 서식] 대화상자의 [**보호**]에서 [**잠금**]이 해제되도록 클릭하고 [확인]을 누른다.

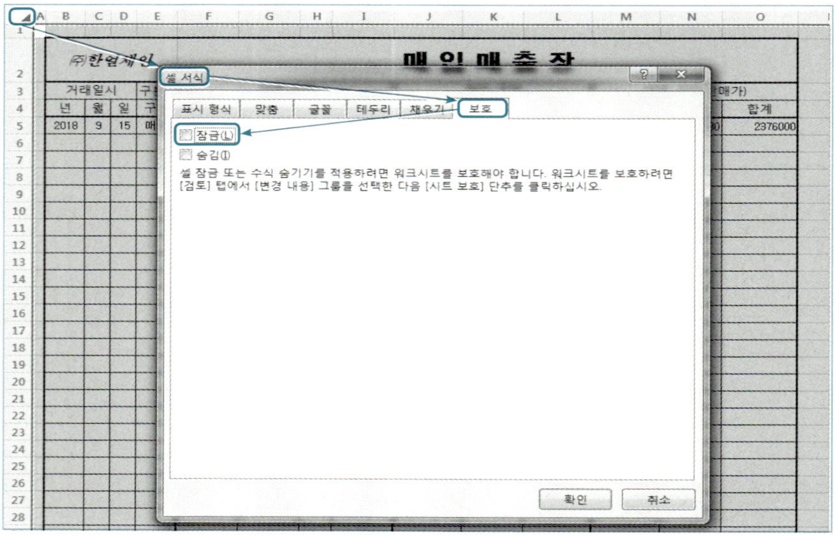


② 수식이 포함되어 있는 I5:O34 셀 범위를 선택하고, 오른쪽 마우스 [셀 서식]의 [보호] 탭에서 이번에는 [잠금]이 선택되도록 체크 표시하고 [확인]을 누른다. 그리고 시트의 [**검토**] 탭에서 [변경 내용]-[시트 보호]를 선택하고, [**시트 보호**] 대화상자의 [**시트보호 해제 암호**]에 자신이 기억하기 쉬운 암호(예컨대 '0000')를 입력한다. 아래 [워크시트에서 허용할 내용]에서 [잠기지 않은 셀 선택]만 체크되도록 조정하고 [확인]을 누른다. 다시 [암호 확인] 대화상자가 나타나면 입력했던 암호('0000')를 다시 입력하고 [확인]을 누른다.

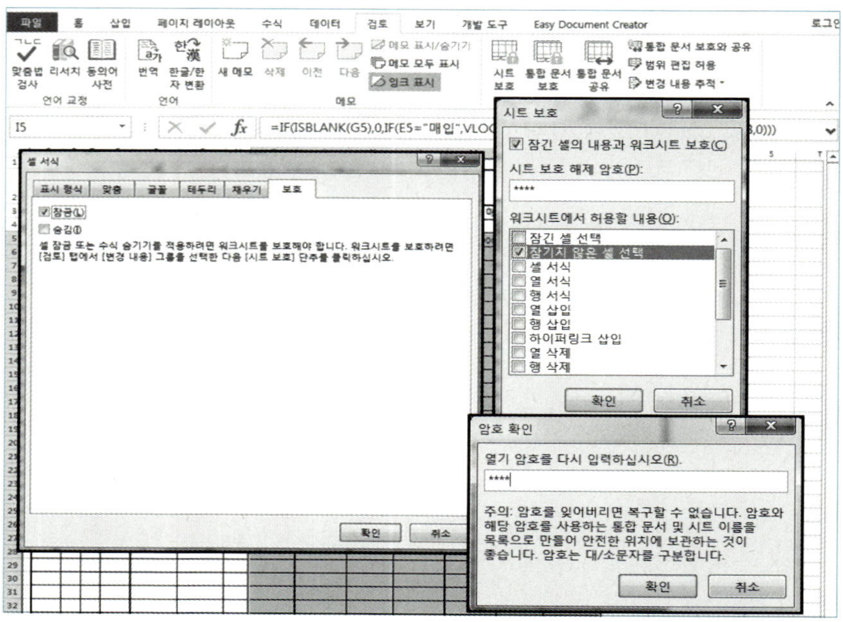

③ 이제 시트에서 '시트 보호'가 설정된 I5:O34 셀 범위에서는 마우스로 클릭하거나 셀 내용을 수정할 수 없게 보호된다.

④ 그런데 시트에서 [데이터 유효성 검사]를 통해서 입력하기 될 셀 영역과, 특히 키보드를 통해 입력해야 하는 '수량' 셀 영역을 셀 보호된 영역과 서로 구별될 수 있도록 색상으로 구분표시 해두는 것이 좋을 것이다. 그러나 이미 시트 전체가 보호되고 있는 상태이기 때문에, 허용된 입력 작업 외에는 다른 기능이 허용되지 않는다. 추가 작업을 진행하기 위해서는 보호된 시트를 먼저 해제하여야 한다. [검토] 탭에 [**시트 보호 해제**]를 선택하고, [시트 보호 해제] 대화상자에서 이전에 입력했던 암호('0000')를 입력해야 한다.

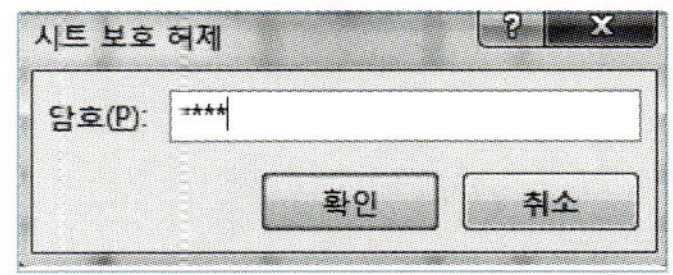


⑤ 이제 시트 보호가 해제되었으므로, 먼저 수식이 입력되어 보호되어야 할 I5:O34 셀 범위를 선택하고, [홈] 탭의 [글꼴]에서 [채우기 색]으로 '옅은 주황색'을 선택 표시한다. 그리고 [데이터 유효성] 기능이 적용되어 있는 B5:G5 셀 범위를 선택하여 [홈] 탭의 [글꼴]에서 [채우기 색]으로 이번에는 '밝은 파랑색'으로 선택 표시한다. 색상이 표시되지 않은 H열만이 직접 숫자를 입력할 수 있는 부분임을 알 수 있게 된다.

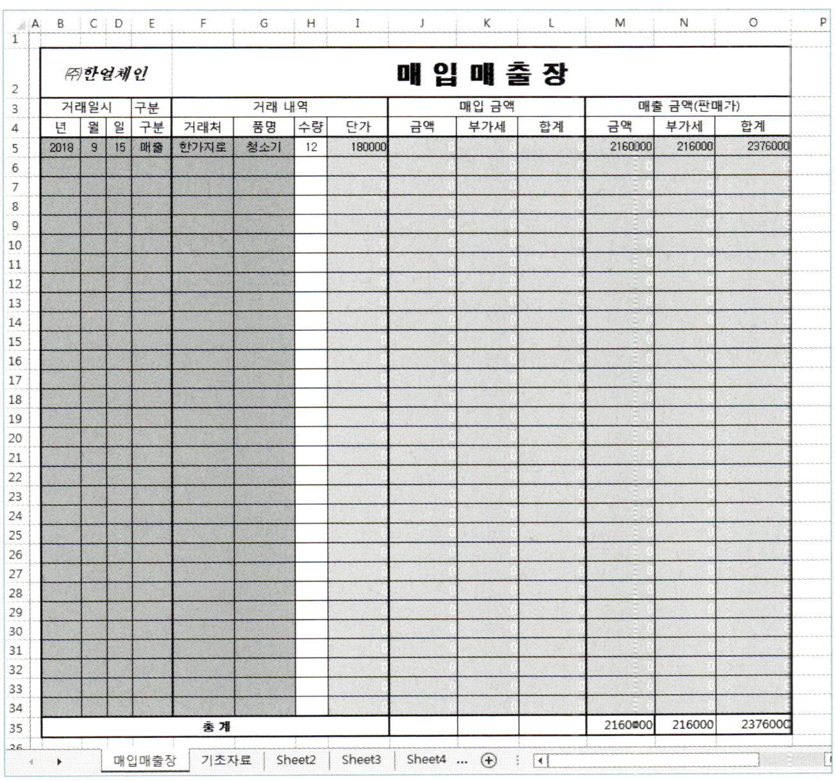

⑥ 다시 [**시트 보호**]를 수행하기 위해서 위 ①~③의 과정을 반복한다.

⑦ 시트 보호가 다시 이루어졌으므로, 입력 작업이 원하는 대로 이루어지는지를 확인하기 위해서 다음의 몇 가지 추가 거래 자료를 입력해 본다.

- 2018/9/17 거래처 일등닷컴에서 벽걸이 30개를 구매하였다.
- 2018/9/22 거래처 희망불빛에 벽걸이 22개를 판매하였다.
- 2018/9/26 거래처 격조통신에 청소기 7대를 판매하였다.
- 2018/9/30 거래처 환상특급에서 휴지통 50개를 구매하였다.
- 2018/10/5 거래처 우리끼리에 청소기 3대를 판매하였다.
- 2018/10/11 거래처 우리로에서 다리미 40개를 구매하였다.
- 2018/10/16 거래처 한가지로에서 청소기 25개를 구매하였다.

⑧ [데이터 유효성 검사] 기능이 설정된 영역과 숫자를 직접 입력해야 하는 영역이 색상으로 분명히 구별되고 있어서 입력 작업이 훨씬 수월해졌다. 다만, 2018/10/5의 거래를 입력할 때는 새로운 거래처 '우리끼리'가 등록되어 있지 않으므로, 해당 거래를 입력하기 전에 먼저 [기초자료] 시트로 가서 거래처 리스트의 아래쪽에 '우리끼리'를 등록한 후 입력할 때 선택 표시되도록 해야 한다.

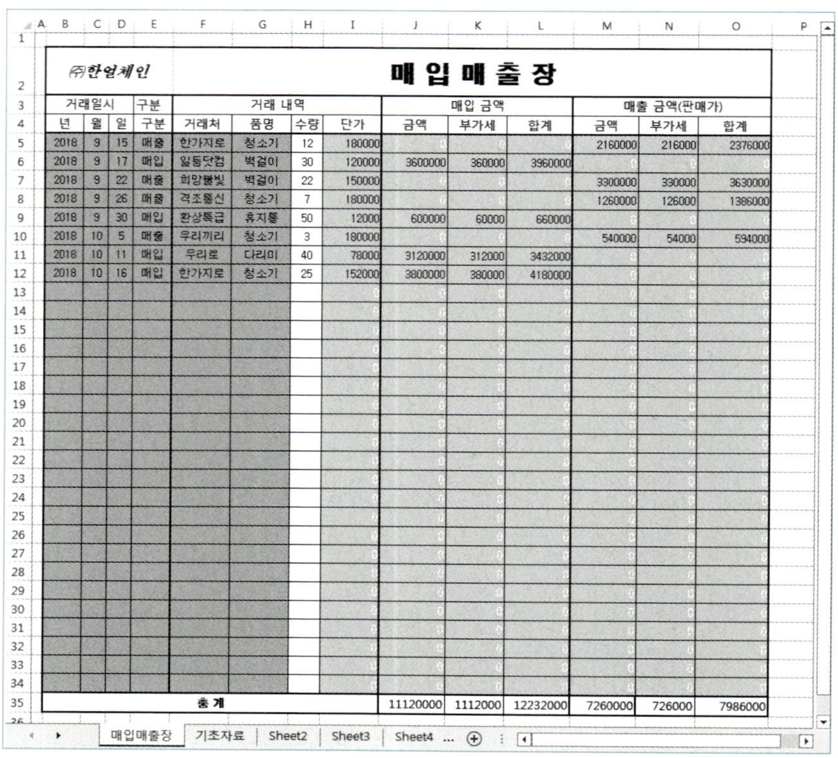

| ㈜한얼체인 | | | | 매입매출장 | | | | | | | | | |
|---|---|---|---|---|---|---|---|---|---|---|---|---|---|
| 거래일시 | | | 구분 | 거래 내역 | | | | 매입 금액 | | | 매출 금액(판매가) | | |
| 년 | 월 | 일 | 구분 | 거래처 | 품명 | 수량 | 단가 | 금액 | 부가세 | 합계 | 금액 | 부가세 | 합계 |
| 2018 | 9 | 15 | 매출 | 한가지로 | 청소기 | 12 | 180000 | 0 | 0 | 0 | 2160000 | 216000 | 2376000 |
| 2018 | 9 | 17 | 매입 | 일등닷컴 | 벽걸이 | 30 | 120000 | 3600000 | 360000 | 3960000 | 0 | 0 | 0 |
| 2018 | 9 | 22 | 매출 | 희망불빛 | 벽걸이 | 22 | 150000 | 0 | 0 | 0 | 3300000 | 330000 | 3630000 |
| 2018 | 9 | 26 | 매출 | 격조통신 | 청소기 | 7 | 180000 | 0 | 0 | 0 | 1260000 | 126000 | 1386000 |
| 2018 | 9 | 30 | 매입 | 환상특급 | 휴지통 | 50 | 12000 | 600000 | 60000 | 660000 | 0 | 0 | 0 |
| 2018 | 10 | 5 | 매출 | 우리끼리 | 청소기 | 3 | 180000 | 0 | 0 | 0 | 540000 | 54000 | 594000 |
| 2018 | 10 | 11 | 매입 | 우리로 | 다리미 | 40 | 78000 | 3120000 | 312000 | 3432000 | 0 | 0 | 0 |
| 2018 | 10 | 16 | 매입 | 한가지로 | 청소기 | 25 | 152000 | 3800000 | 380000 | 4180000 | 0 | 0 | 0 |
| 총계 | | | | | | | | 11120000 | 1112000 | 12232000 | 7260000 | 726000 | 7986000 |

**Case 12** 혼자해보기

12

# (주)중흥통상의 간편장부 기록

현황

(주)중흥통상은 중소기업에 해당하는 개인사업자로 등록되어 있어 **간편장부**를 작성할 수 있는 대상기업에 속한다. 간편장부를 사용하는 경우에도 흔히 국세청이 제공하는 장부형식을 따르게 되지만, (주)중흥통상에서는 그 장부형식을 따르되 나름대로의 장부형식을 엑셀로 고안하여 **기장업무**에 활용하고자 한다.

(주)중흥통상이 고안하고자 하는 간편장부의 양식과 회사의 장부기입을 위한 기초자료는 다음과 같다.

## 간편장부 양식

간 편 장 부

(주)중흥통상

| 날짜 | 거래 내역 | | | | 수 입 | | | 비 용 | | | 고정자산 증감(매매) | | | 비고 |
|---|---|---|---|---|---|---|---|---|---|---|---|---|---|---|
| | 거래구분 | 거래처 | 과세여부 | 거래금액 | 금액 | 부가세 | 합계 | 금액 | 부가세 | 합계 | 금액 | 부가세 | 합계 | |
| | | | | | | | | | | | | | | |
| | | | | | | | | | | | | | | |
| | | | | | | | | | | | | | | |
| | | | | | | | | | | | | | | |
| | | | | | | | | | | | | | | |
| | | | | | | | | | | | | | | |
| | | | | | | | | | | | | | | |
| | | | | | | | | | | | | | | |
| | | | | | | | | | | | | | | |
| | | | | | | | | | | | | | | |
| 총 계 | | | | | | | | | | | | | | |

## 거래 기록을 위한 회사 기초자료

| [거래구분] |
|---|
| 수입(수익) |
| 지출(비용) |
| 고정자산구입 |
| 고정자산처분 |

| [거래처] |
|---|
| 유명가구 |
| 해동통상 |
| 일성문화 |
| 고려닷컴 |
| 조선통상 |
| 여수바다 |
| 목포항구 |
| 거제무역 |
| 울산바위 |
| 종로출판 |

| [과세여부] |
|---|
| 일반과세 |
| 영세/면세 |

요구사항

1) (주)중흥통상이 고안하여 사용하고자 하는 간편장부 양식을 수식에 의해 정의하여 입력을 최소화할 수 있도록 설계해 보시오.

2) 설계된 간편장부에 다음의 거래자료를 입력하여 결과를 확인해 보시오.

<table>
<tr><td colspan="2">
◆ 2018/5/15 회사에서 사용하고 있던 고정자산(40,000)을 거래처 해동통상에 처분하고 대금을 수령하였다(일반과세).<br>
◆ 2018/5/18 거래처 일성문화에 상품(600,000)을 판매하고 부가세를 포함하여 현금으로 받다(일반과세).<br>
◆ 2018/5/21 거래처 조선통상에서 상품(70,000)을 구입하고 대금을 지급하였다(영세/면세).<br>
◆ 2018/5/25 거래처 유명가구에서 고정자산(700,000)을 구입하고 대금을 지급하였다(일반과세).<br>
◆ 2018/5/28 거래처 여수바다에 상품(35,000)을 판매하고 부가세를 포함하여 현금으로 받다(일반과세).<br>
◆ 2018/5/29 거래처 일성문화에서 상품(47,000)을 구입하고 대금을 지급하다(영세/면세).<br>
◆ 2018/5/30 거래처 목포항구에서 고정자산(500,000)을 구입하고 대금을 지급하였다(일반과세).<br>
◆ 2018/5/31 거래처 일성문화에 회사에서 사용하던 비품(370,000)을 판매하고 대금을 지급하였다(일반과세).
</td></tr>
<tr><td>부가세<br>부과기준</td><td>○ 일반과세의 경우 10%의 부가세<br>○ 영세/면세의 경우에는 부가세 없음<br>○ 고정자산처분의 경우에는 부가세 없는 것을 한다.<br>○ 고정자산 매매시에는 수입 또는 지출도 함께 처리한다.</td></tr>
</table>

참고

### 간편장부 대상자

신규로 사업을 개시한 사업자와 지난해 수입금액(매출액)이 업종별로 일정규모 미만인 사업자이다.

- 농업, 임업, 어업, 광업, 도매업, 소매업, 부동산매매업 등은 3억원 미만
- 제조업, 숙박 · 음식업, 전기 · 가스 · 증기 · 수도사업, 하수 · 폐기물처리 · 원료재생 및 환경복원업, 건설업, 운수업, 출판 · 영상, 방송통신 및 정보서비스업, 금융 · 보험업은 1억 5,000만원 미만
- 부동산임대업, 전문 · 과학 · 기술서비스업, 사업시설관리 · 사업지원서비스업, 교육서비스업 등은 7,500만원 미만일 경우 간편장부 대상에 해당된다.

# Case 12 혼자해보기

Tips & 풀이 요약

## ▷ 기초자료 시트 입력

㈜중흥통상 간편장부 작성 기초자료

| [거래구분] | [거래처] | [과세여부] |
|---|---|---|
| 수입(수익) | 유명가구 | 일반과세 |
| 지출(비용) | 해동통상 | 영세/면세 |
| 고정자산구입 | 일성문화 | |
| 고정자산처분 | 고려닷컴 | |
| | 조선통상 | |
| | 여수바다 | |
| | 목포항구 | |
| | 거제무역 | |
| | 울산바위 | |
| | 종로출판 | |

기초자료 | 간편장부 | Sheet2 | Sheet3 | Sheet4 | Sheet5

- 기초자료 종류별 이름 정의: '거래구분', '거래처', '과세여부' (여유 코드 고려)

## ▷ [요구사항] 해결

### - 5월 중 거래자료 간편장부에 입력

㈜중흥통상 **간 편 장 부**

| 날짜 | 거래 내역 | | | | 수 입 | | | 비 용 | | | 고정자산 증감(매매) | | | 비 고 |
|---|---|---|---|---|---|---|---|---|---|---|---|---|---|---|
| | 거래구분 | 거래처 | 과세여부 | 거래금액 | 금액 | 부가세 | 합계 | 금액 | 부가세 | 합계 | 금액 | 부가세 | 합계 | |
| 5/15 | 고정자산처분 | 해동통상 | 일반과세 | 40,000 | 40,000 | | 40,000 | | | | - 40,000 | | - 40,000 | |
| 5/18 | 수입(수익) | 일성문화 | 일반과세 | 600,000 | 600,000 | 60,000 | 660,000 | | | | | | | |
| 5/21 | 지출(비용) | 조선통상 | 영세/면세 | 70,000 | | | | 70,000 | | 70,000 | | | | |
| 5/25 | 고정자산구입 | 유명가구 | 일반과세 | 700,000 | | | | 700,000 | 70,000 | 770,000 | 700,000 | 70,000 | 770,000 | |
| 5/28 | 수입(수익) | 여수바다 | 일반과세 | 35,000 | 35,000 | 3,500 | 38,500 | | | | | | | |
| 5/29 | 지출(비용) | 일성문화 | 영세/면세 | 47,000 | | | | 47,000 | | 47,000 | | | | |
| 5/30 | 고정자산구입 | 목포항구 | 일반과세 | 500,000 | | | | 500,000 | 50,000 | 550,000 | 500,000 | 50,000 | 550,000 | |
| 5/31 | 고정자산처분 | 일성문화 | 일반과세 | 370,000 | 370,000 | | 370,000 | | | | - 370,000 | | - 370,000 | |
| **총 계** | | | | | 1,045,000 | 63,500 | 1,108,500 | 1,317,000 | 120,000 | 1,437,000 | 790,000 | 120,000 | 910,000 | |

기초자료 | 간편장부 | Sheet2 | Sheet3 | Sheet4 | Sheet5 | 장부서식

- 수식 입력의 예:

  - 거래구분, 거래처, 과세여부: [유효성 검사] 사용
  - 수입 금액 : =IF(C5="수입(수익)",F5,IF(C5="고정자산처분",F5,0))
  - 수입 부가세 : =IF(G5="","",IF(C5="고정자산처분",0,IF(E5="일반과세",G5*10%,0)))
  - 수입 합계 : =IF(G5="","",G5+H5)
  - 비용 금액 : =IF(C5="지출(비용)",F5,IF(C5="고정자산구입",F5,0))
  - 비용 부가세 : =IF(J5="","",IF(E5="일반과세",J5*10%,0))
  - 비용 금액 : =IF(J5="","",J5+K5)
  - 고장자산 금액 : =IF(C5="고정자산구입",F5,IF(C5="고정자산처분",-F5,0))
  - 고정자산 부가세 : =IF(M5="","",IF(M5〈0,0,IF(E5="일반과세",M5*10%,IF(E5="영세/면세",0,0))))
  - 고정자산 합계 : =IF(M5="","",M5+N5)

CHAPTER

# 04

# 동적차트를 활용한 재무보고

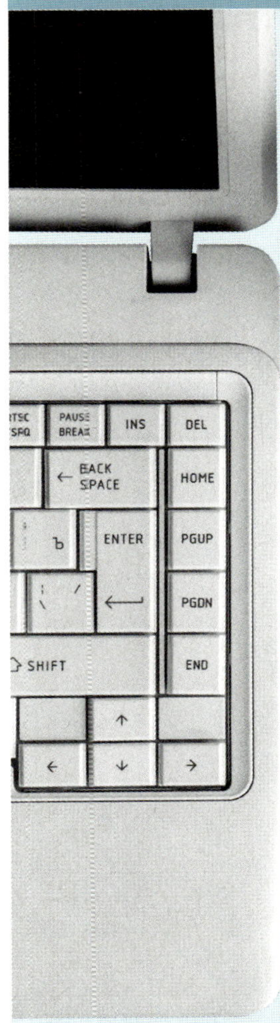

Case 13 따라하기

# 인천상사의 영업소별 동적 매출차트 작성

13

현황

인천상사는 전자제품 유통업체로서 전국의 3개 권역 영업소(동부, 중부, 북부영업소)를 개설하여 운영하고 있다. 본사에서는 이들 영업소의 분기별/제품별 매출실적을 제출받아 영업소별 **매출차트**를 작성하고자 한다. 그런데 매출차트는 영업소별로 따로 작성하기보다는 하나의 매출차트를 작성하고, 영업소를 선택하면 해당 영업소의 데이터가 동적으로 연결되어 하나의 차트로 데이터 참조범위를 바꿔가면서 데이터를 표현하는 방법을 사용하고자 한다.

영업소별 매출 현황은 다음과 같으며, 이들 영업소별 자료는 각각 별도의 시트에 기록되어 있다.

### 영업소별 매출 현황

〈동부영업소〉

| 제품 | 1사분기 | 2사분기 | 3사분기 | 4사분기 | 합 계 |
|---|---|---|---|---|---|
| 휴대폰 | 4346 | 3370 | 4070 | 4267 | |
| 냉장고 | 2092 | 2995 | 3560 | 3459 | |
| 컴퓨터 | 2607 | 4392 | 4676 | 2594 | |
| TV | 4610 | 2128 | 3922 | 3628 | |
| 비디오 | 4193 | 4120 | 3223 | 1874 | |
| 청소기 | 4713 | 4573 | 3290 | 4266 | |

〈중부영업소〉

| 제품 | 1사분기 | 2사분기 | 3사분기 | 4사분기 | 합 계 |
|---|---|---|---|---|---|
| 휴대폰 | 6344 | 5234 | 6024 | 6533 | |
| 냉장고 | 3362 | 2635 | 2745 | 3374 | |
| 컴퓨터 | 1367 | 2167 | 2352 | 1866 | |
| TV | 3578 | 2734 | 3073 | 2766 | |
| 비디오 | 3274 | 2844 | 3754 | 1934 | |
| 청소기 | 3864 | 2748 | 3384 | 2934 | |

〈북부영업소〉

| 제품 | 1사분기 | 2사분기 | 3사분기 | 4사분기 | 합 계 |
|---|---|---|---|---|---|
| 휴대폰 | 2755 | 3755 | 5277 | 3756 | |
| 냉장고 | 4478 | 3734 | 4266 | 5834 | |
| 컴퓨터 | 4037 | 5274 | 3745 | 4233 | |
| TV | 2635 | 2056 | 2638 | 1946 | |
| 비디오 | 4733 | 3374 | 3275 | 4356 | |
| 청소기 | 4277 | 4175 | 3375 | 3744 | |

요구 사항

영업소별 매출 현황 자료와는 별도의 시트('매출차트' 시트)에 **동적 매출차트**를 작성하고, 특정 영업소를 선택하면 해당 영업소의 매출자료가 표시되고 동시에 매출차트도 따라 변화될 수 있도록 표시해 보시오(차트에 제품별 합계 금액을 함께 표시하되, 이중축 차트로 구성한다).

# Case 13 따라하기

## 상황분석

1. 3개의 Sheet에 각 영업소의 매출현황표를 기록하되, 표의 위치나 구성이 모두 동일해야 변경 참조가 쉬워진다.
2. 차트로 표시할 영업소 이름을 선택하여 적용할 수 있는 방법이 필요하다(데이터 유효성 검사).
3. 차트를 구성할 때 **참조범위**를 가변적으로 변경할 수 있는 함수를 사용한다.
4. 합계 부분을 함께 표시하기 위해서는 **이중축 차트** 구성을 고려해야 한다.

## 1. 각 영업소별 매출현황표 sheet 작성

① 새 sheet를 선택하고, sheet의 이름을 '동부영업소'로 바꾸어 놓는다. '동부영업소' sheet의 B5 셀에 표의 제목인 '동부영업소 매출 현황'을 입력하고, B5:G5 셀 범위를 선택하여 [병합하고 가운데 맞춤]으로 설정한다. 그리고 [글꼴]에서 [맑은 고딕]-[14pt]-[굵게]로 선택한다.

② B7:F13 셀 범위에 동부영업소 매출 현황 자료를 입력한다. G7 셀에는 '합계'를 입력하고 G8:G13 셀 범위에 각 제품의 매출 합계를 표시한다(C8:G13 셀 범위 선택 후 자동합계 버튼(Σ) 이용).

③ 자료가 입력된 B7:G13 셀 범위를 선택하고 [홈] 탭의 [글꼴]-[테두리]를 [모든 테두리]로 선택한다. 다시 열 레이블이 입력된 범위(B7:G7)를 선택하고, [홈] 탭의 [글꼴]-[채우기 색]에서 '밝은 파랑'을 선택한다. 숫자가 입력되어 있는 C8:G13 셀 범위를 선택하고 [홈] 탭의 [표시 형식]에서 [쉼표 스타일]을 선택한다. 숫자의 표시에 따라 [열 너비]를 적절히 조정한다.

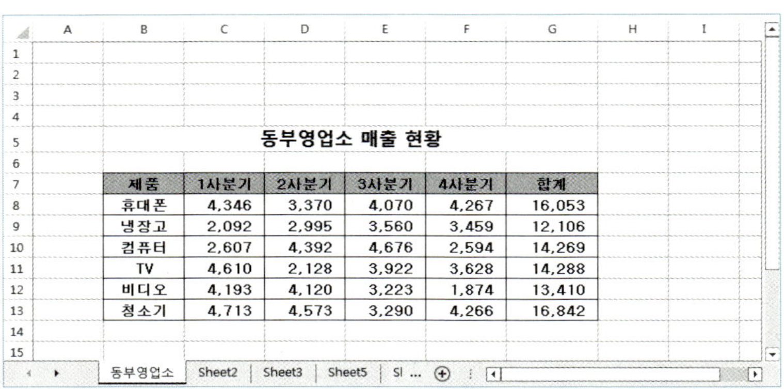

**동부영업소 매출 현황**

| 제품 | 1사분기 | 2사분기 | 3사분기 | 4사분기 | 합계 |
|---|---|---|---|---|---|
| 휴대폰 | 4,346 | 3,370 | 4,070 | 4,267 | 16,053 |
| 냉장고 | 2,092 | 2,995 | 3,560 | 3,459 | 12,106 |
| 컴퓨터 | 2,607 | 4,392 | 4,676 | 2,594 | 14,269 |
| TV | 4,610 | 2,128 | 3,922 | 3,628 | 14,288 |
| 비디오 | 4,193 | 4,120 | 3,223 | 1,874 | 13,410 |
| 청소기 | 4,713 | 4,573 | 3,290 | 4,266 | 16,842 |

④ 작성된 '동부영업소' sheet와 동일한 구성 및 위치로 표시되도록 하기 위해, '동부영업소' sheet를 복제하여 sheet 오른쪽에 추가해 놓는다. 이때 '동부영업소' 시트명을 클릭하고 Ctrl 키를 누른 상태에서 마우스로 오른쪽으로 끌어다 놓으면 간단하게 시트를 복제할 수 있다. 복제된 시트('동부영업소 (2)'와 '동부영업소 (3)')의 이름을 각각 '중부영업소'와 '북부영업소'로 변경한 후, 각 시트의 제목부분(B5 셀)과 데이터 영역(C8:F13)에 해당 영업소의 이름과 데이터로 변경하여 입력한다. G8:G13 셀 영역의 합계부분은 이미 관련 수식이 포함되어 있으므로 자동으로 계산되어 표시된다.

**중부영업소 매출 현황**

| 제품 | 1사분기 | 2사분기 | 3사분기 | 4사분기 | 합계 |
|---|---|---|---|---|---|
| 휴대폰 | 6,344 | 5,234 | 6,024 | 6,533 | 24,135 |
| 냉장고 | 3,362 | 2,635 | 2,745 | 3,374 | 12,116 |
| 컴퓨터 | 1,367 | 2,167 | 2,352 | 1,866 | 7,752 |
| TV | 3,578 | 2,734 | 3,073 | 2,766 | 12,151 |
| 비디오 | 3,274 | 2,844 | 3,754 | 1,934 | 11,806 |
| 청소기 | 3,864 | 2,748 | 3,384 | 2,934 | 12,930 |

동부영업소 | 중부영업소 | 북부영업소 | Shee ...

**북부영업소 매출 현황**

| 제품 | 1사분기 | 2사분기 | 3사분기 | 4사분기 | 합계 |
|---|---|---|---|---|---|
| 휴대폰 | 2,755 | 3,755 | 5,277 | 3,756 | 15,543 |
| 냉장고 | 4,478 | 3,734 | 4,266 | 5,834 | 18,312 |
| 컴퓨터 | 4,037 | 5,274 | 3,745 | 4,233 | 17,289 |
| TV | 2,635 | 2,056 | 2,638 | 1,946 | 9,275 |
| 비디오 | 4,733 | 3,374 | 3,275 | 4,356 | 15,738 |
| 청소기 | 4,277 | 4,175 | 3,375 | 3,744 | 15,571 |

동부영업소 | 중부영업소 | 북부영업소 | Shee ...

⑤ '동부영업소' 시트의 B7:G13 셀 범위를 선택하고, [수식] 탭의 [정의된 이름]-[**이름 정의**]를 클릭하여 [새 이름] 대화상자에서 [이름]에 '동부영업소'를 입력한다. 이때 선택범위에는 이미 마우스로 선택해두었던 범위가 표시되어 있으므로 [확인]을 누른다(A열 위쪽의 [이름상자]에 '동부영업소' 이름을 직접 입력해도 결과는 같다. 이때 반드시 Enter 키 누름). 마찬가지로 '중부영업소' 시트와 '북부영업소' 시트에서도 동일한 범위에 대해 각각 '중부영업소', '북부영업소'로 이름을 정의한다. 이름이 제대로 정의되어 있는지 확인해 보기 위해 [수식] 탭의 [정의된 이름]-[이름관리자]를 클릭해 보면 정의된 이름과 해당 범위가 표시된다.

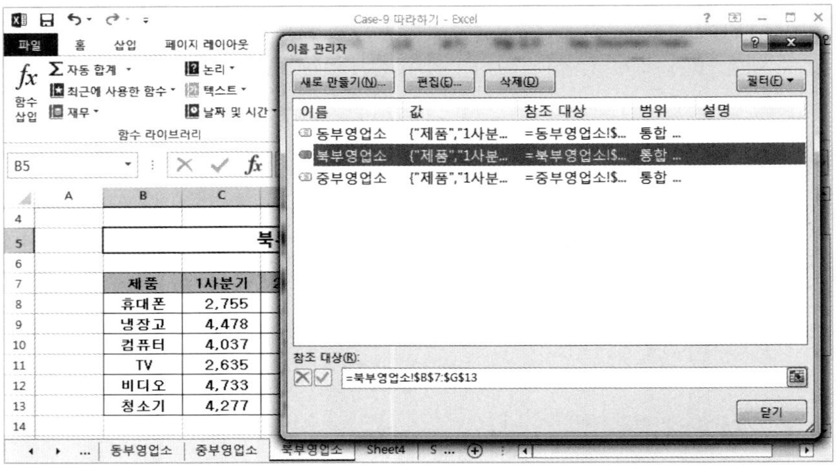


⑥ 이제 '북부영업소' 시트의 오른쪽에 새 시트를 삽입하고, 시트의 이름을 '**매출차트**'로 변경한다. '매출차트' 시트의 B1 셀에 제목 '영업소 선택 **동적 매출차트**'를 입력하고, B1:G1 셀 범위를 선택하여 [홈] 탭에서 [병합하고 가운데 맞춤], [글꼴]에서 [14pt]-[굵게]로 표시한다.

⑦ B3 셀에 '영업소 선택'을 입력하고, B3:C3 셀 범위를 선택하여 [병합하고 가운데 맞춤]을 선택한 후, [홈] 탭의 [글꼴]-[채우기 색]을 '진한 파랑'으로 선택한다. [글꼴 색]은 '흰색'으로 지정하고 [굵게]로 설정한다.

⑧ D3 셀에서 [데이터] 탭의 [데이터 도구]-[**데이터 유효성 검사**]를 클릭하고, [데이터 유효성] 대화상자에서 [제한 대상]을 '**목록**'으로 지정한 후, [원본] 상자에 '동부영업소,중부영업소,북부영업소'를 빈 칸 없이 입력하여 [확인]을 누른다.

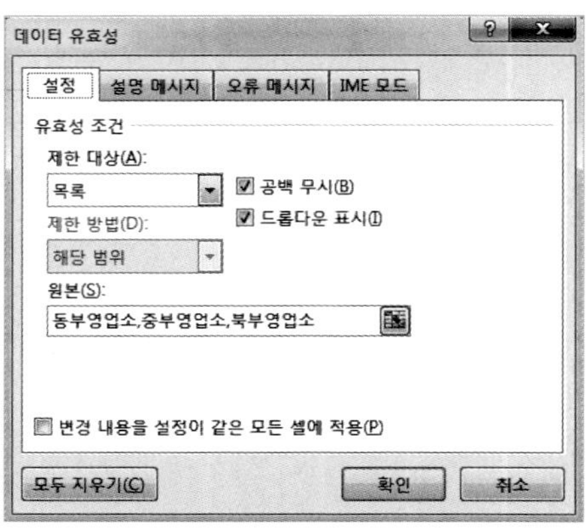

⑨ [데이터 유효성 검사]가 적용된 D3 셀을 클릭하고, 셀의 오른쪽에 표시되는 선택버튼을 클릭하여 목록에 입력한 영업소 이름들이 제대로 표시되는지를 확인한 후, 그중 '동부영업소'를 선택 표시한다.

⑩ B5 셀에 '="차트로 표시할 "&D3&" 매출실적"'을 입력한다. 그리고 B5:E5 셀 범위를 선택하여 [병합하고 가운데 맞춤]을 클릭하고, [글꼴 크기]를 '12pt', '굵게'로 표시한다.

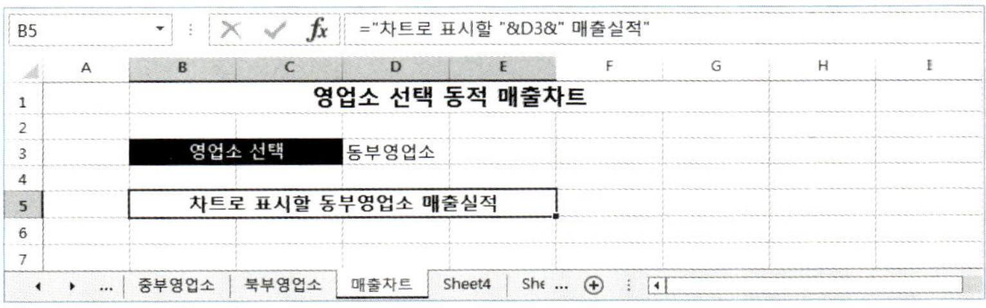


⑪ B7:G13 셀 범위를 선택하고 '=indirect($D$3)'를 입력한 후 Ctrl 키를 누른 상태에서 Enter 키를 동시에 누른다. 그러면 선택된 B7:G13 셀 범위에 동일한 수식 '=indirect($D$3)'이 한꺼번에 표시된다.

> **참고**
>
> **Ctrl+Enter 키**
>
> 선택된 일련의 셀 범위에 동일한 내용을 한꺼번에 입력하고자 하는 경우에는 단축키 'Ctrl+Enter 키'를 사용할 수 있다. 즉, 동일한 내용을 입력하고자 하는 셀 범위를 마우스르 선택한 후(연속 또는 불연속 셀 범위 가능), '대한민국'을 입력하고 Ctrl 키를 누르면서 동시에 Enter 키를 누르면 선택한 셀 범위에 모두 '대한민국'이 똑같이 입력되어 표시된다.

⑫ 여기서 **indirect 함수**는 인수로 표시된 해당 셀 주소의 내용을 반환해주는 함수이다. 예컨대, C8 셀에 표시된 함수 '=indirect($D$3)'에서 '$D$3'은 '동부영업소'를 의미하는 것이므로, 결국 앞에서 '동부영업소'로 이름 정의한 셀 참조영역에서 현재의 셀 주소(C8)와 같은 주소('동부영업소' 이름 영역의 C8 셀)에 입력되어 있는 값을 표시하게 된다. 따라서 비록 B7:G13 셀 범위에 동일한 내용의 수식('=indirect($D$3)')이 입력되어 있다 하더라도 참조가 되는 영역('동부영업소' 이름 영역)에 입력되어 있는 내용이 서로 다르므로, B7:G13 셀 범위에도 각기 다른 결과값이 표시되어지는 것이다.

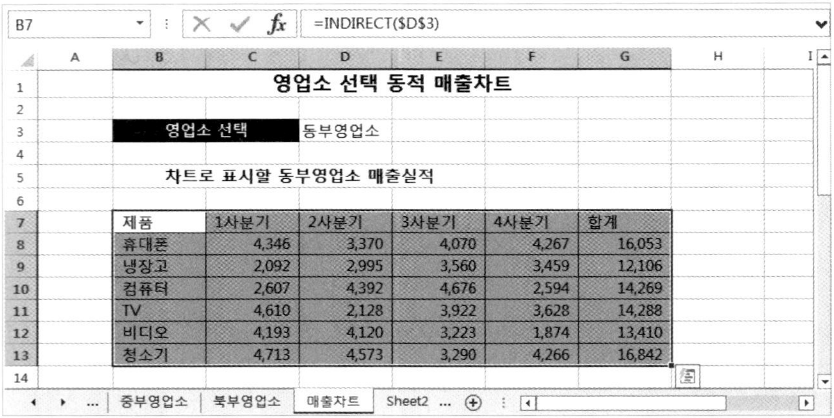


| 제품 | 1사분기 | 2사분기 | 3사분기 | 4사분기 | 합계 |
|---|---|---|---|---|---|
| 휴대폰 | 4,346 | 3,370 | 4,070 | 4,267 | 16,053 |
| 냉장고 | 2,092 | 2,995 | 3,560 | 3,459 | 12,106 |
| 컴퓨터 | 2,607 | 4,392 | 4,676 | 2,594 | 14,269 |
| TV | 4,610 | 2,128 | 3,922 | 3,628 | 14,288 |
| 비디오 | 4,193 | 4,120 | 3,223 | 1,874 | 13,410 |
| 청소기 | 4,713 | 4,573 | 3,290 | 4,266 | 16,842 |

⑬ 선택된 범위(B7:G13)에 대해 [홈] 탭의 [맞춤]에서 [가운데 맞춤]으로 선택하고, [표시 형식]에서 [쉼표 스타일], 그리고 [글꼴]의 [테두리]에서 [모든 테두리]를 지정한다. B7:G7 셀 범위에는 앞의 각 영업소에서와 같이 [글꼴]-[채우기 색]에서 '밝은 파랑'을 선택한다.

⑭ 이제 D3 셀의 오른쪽 데이터 유효성 버튼을 눌러서 '중부영업소'로 변경하여 보면, B5 셀의 내용과 B7:G13 셀 범위의 내용이 모두 '중부영업소'와 관련된 내용으로 바뀌어 표시되어진다. 마찬가지로 '북부영업소'를 선택하면 모두 북부영업소의 자료로 바뀌게 된다. 이는 각 셀이 'indirect' 함수의 참조에 따라 변화하기 때문이다.

⑮ 다시 B7:G13 셀 범위를 선택하고, [삽입] 탭에서 [차트]-[세로막대형 차트]를 선택하여 그중 [묶은 세로 막대형]을 선택한다.

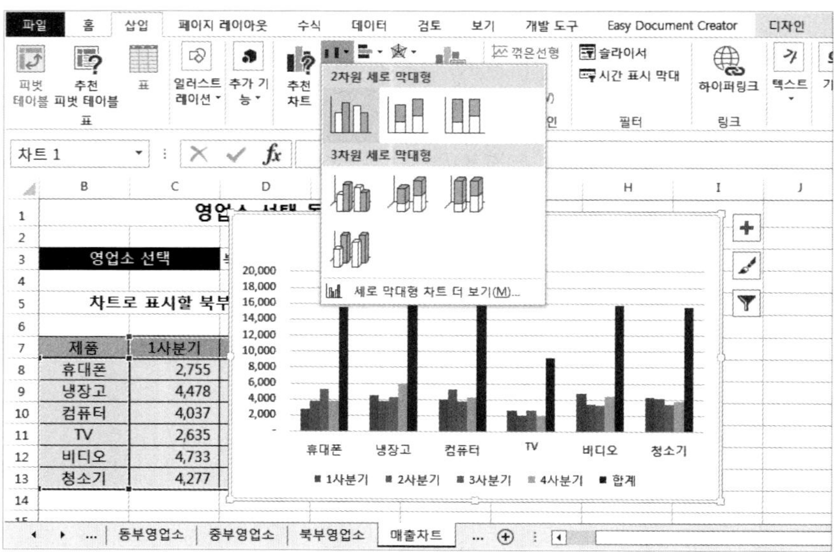

⑯ 생성된 차트를 표 아래쪽으로 이동하고 크기를 조절하여 표시한다. 차트 제목은 불필요하므로 지운다.

⑰ 표시된 차트에는 각 분기별 자료 외에도 합계금액이 함께 표시되고 있어서 이를 구분하여 표시할 필요가 있다. 이러한 경우에는 '**이중 축 차트**' 형태를 사용할 수 있다. 차트 내부에서 '합계' 데이터계열 막대를 선택하고, 오른쪽 마우스에서 [**계열 차트 종류 변경**]을 선택한다. [차트 종류 변경] 대화상자에서 [콤보]를 선택하고, 이 중 [묶은 세로 막대형-꺾은선형, 보조축]을 선택한다. 이는 상대적으로 금액이 큰 '합계' 부분을 분기별 실적과 구븐하여 꺾은선 형으로 표시하고, **보조축**을 통해 눈금 구분도 달리하고자 하는 것이다. 선택 후 아래쪽에 표시되는 미리보기 차트에서 보조축 사용이 잘못된 것(4사분기 실적)이 있는 경우에는 아래에서 보조축 사용을 선택 해제하고 [묶은 세로 막대형]으로 변경한 후 [확인]을 누른다.

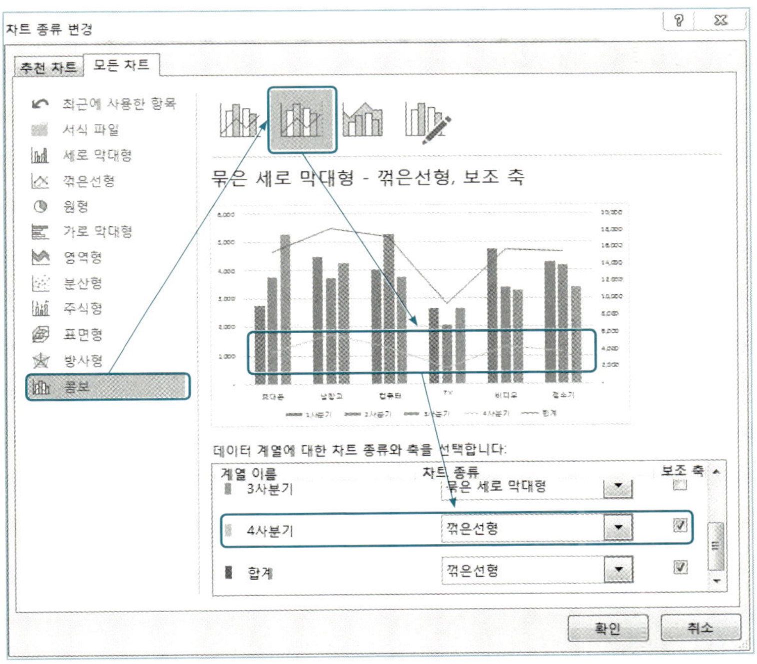


⑱ 이제 '합계' 데이터계열만 꺾은선형으로 표시되고 보조축을 사용하게 됨에 따라, 분기별 막대 표시가 확대되어 표시되고 있다. 다시 D3 셀의 '영업소 선택'에서 '동부영업소', '중부영업소', '북부영업소'를 번갈아 선택해 보면, 선택에 따라 실적표가 바뀌고 이에 따라 차트도 변경되어 표시되어진다.

⑲ 그런데 특이한 것은 영업소 선택에 따라 Y축과 보조축의 표시 기준이 달라지고 있음을 볼 수 있다. 이는 엑셀 차트가 표시하는 실적 크기에 따라 차트에 꽉 찬 형태로 표시하기 위해 자동으로 눈금 기준을 변경하여 표시하고 있는 것이다. 이는 차트 모양으로는 더 좋을지 모르지만, 이러한 동적 차트를 구성하는 목적이 영업소 간의 비교가 주된 목적일 수 있으므로 각 축은 표준화된 기준을 적용하는 것이 더 좋을 것이다.

⑳ 따라서 다시 '영업소 선택'을 번갈아가면서 수행하여 Y축의 최대값과 보조축의 최대값이 어느 정도인지를 판단하여 기준을 정한다. Y축의 최대값은 '7,000', 보조축의 최대값은 '25,000'으로 보여진다. 그러나 '합계'를 표시하는 꺾은선형을 가능한 한 막대형 차트 위쪽에 표시될 수 있도록 하기 위해 Y축의 **최대값**을 좀 더 높여 '10,000'으로 설정하기로 한다.

㉑ 이제 차트의 '세로 축'을 클릭하고 오른쪽 마우스에서 [**축 서식**]을 선택한다. [축 서식]의 [축 옵션]에서 '자동'으로 표시되어 있는 최대값 '7,000'을 '10,000'으로 수정해 놓는다.

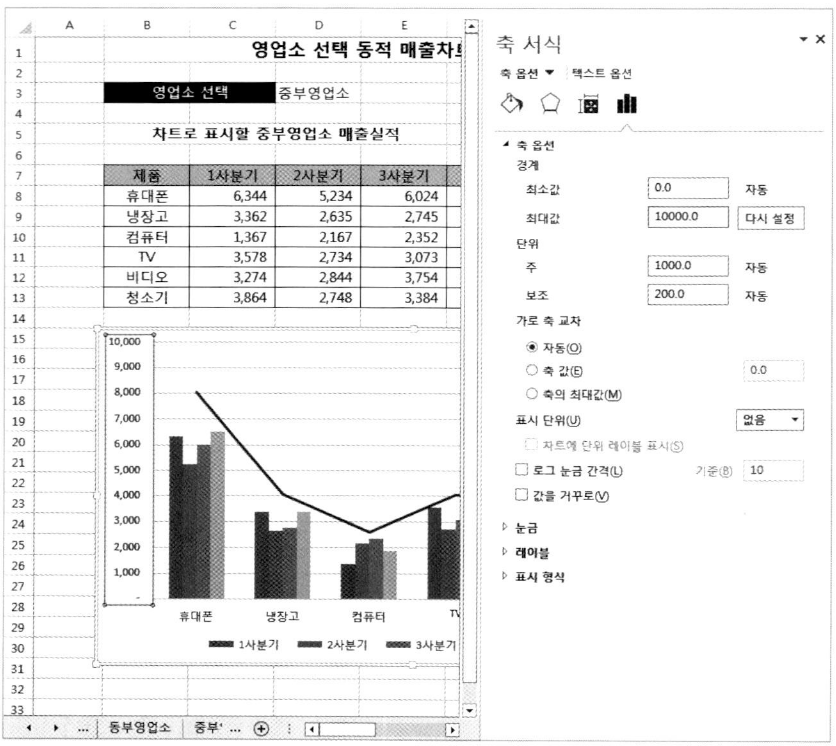


㉒ 그리고 이번에는 '보조 세로 축'을 클릭하고, 오른쪽 마우스 [축 서식]을 선택하여 [축 옵션]의 최대값을 '25,000'으로 변경하여 설정한다. 그 결과 막대형 차트는 전체적으로 작게 표시되게 되었지만, 합계를 표시하는 꺾은선형 차트가 항상 막대형 차트의 위쪽에 표시되어 구분의 의

미가 강해지게 되었다. 이처럼 각 축의 최대값을 인위적으로 변경해 놓으면, 표시 금액에 따라 축의 눈금이 자동으로 변경되어지는 것을 막을 수 있다.

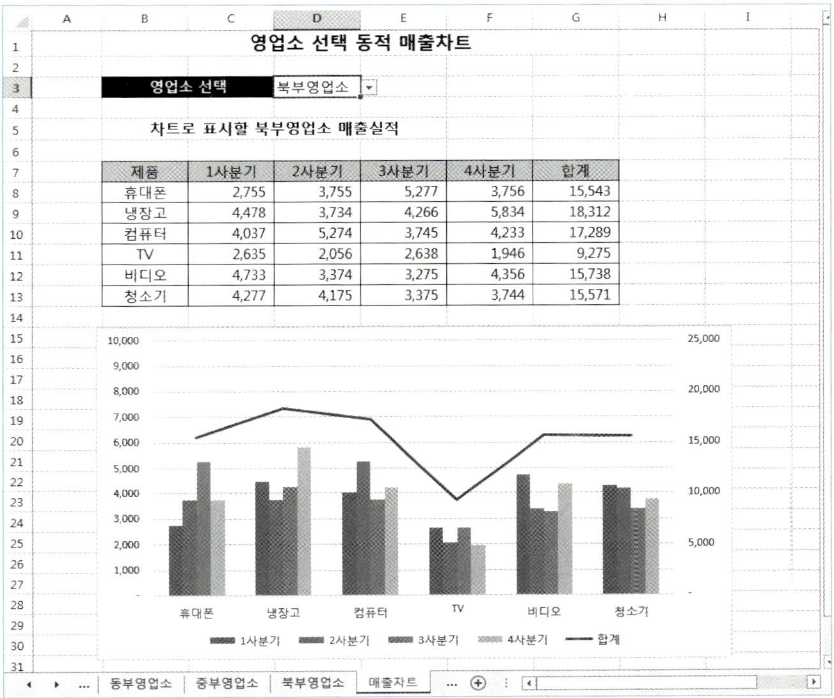

영업소 선택 동적 매출차트

영업소 선택 | 북부영업소

차트로 표시할 북부영업소 매출실적

| 제품 | 1사분기 | 2사분기 | 3사분기 | 4사분기 | 합계 |
|---|---|---|---|---|---|
| 휴대폰 | 2,755 | 3,755 | 5,277 | 3,756 | 15,543 |
| 냉장고 | 4,478 | 3,734 | 4,266 | 5,834 | 18,312 |
| 컴퓨터 | 4,037 | 5,274 | 3,745 | 4,233 | 17,289 |
| TV | 2,635 | 2,056 | 2,638 | 1,946 | 9,275 |
| 비디오 | 4,733 | 3,374 | 3,275 | 4,356 | 15,738 |
| 청소기 | 4,277 | 4,175 | 3,375 | 3,744 | 15,571 |



㉓ 완성된 차트에서 이번에는 [**범례**]의 위치를 차트의 위쪽으로 이동시켜보자. [범례]를 선택하여 표시한 후, 상단 빈 칸 영역으로 끌어다 놓는다. 그리고 차트의 [그림 영역]을 클릭하고, 이전에 [범례]가 있었던 공간까지 끌어 그림 영역을 확대하여 표시한다.

㉔ 이번에는 차트의 합계부분인 꺾은선을 두껍게 표시하고 데이터 레이블도 추가해보기로 한다. 차트의 꺾은선 부분을 클릭하여 선택하고, 오른쪽 마우스 [**데이터 계열 서식**]을 선택한다. [계열 옵션]에서 [선]을 [실선]으로 선택하고 [선]을 '빨강', [두께]를 '4pt'로 지정하고 맨 아래 [완만한 선]을 선택하고 창을 [닫기]한다. 다시 꺾은선 차트를 선택하고 오른쪽 마우스 [데이터 레이블 추가]-[데이터 레이블 추가]를 선택한다. 다시 꺾은선 차트를 선택하고 오른쪽 마우스에서 이번에는 [**데이터 레이블 서식**]을 클릭하여 [레이블 옵션]에서 [레이블 위치]를 '위쪽'으로 선택하고, [표시 형식]의 [범주]를 '숫자'로 변경한다.

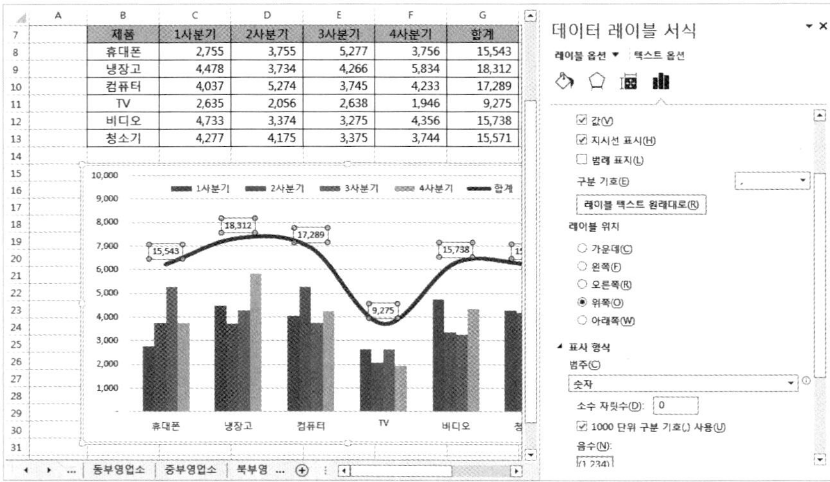

㉕ 이번에는 차트의 배경과 테두리를 설정해 본다. 차트에서 [차트 영역]을 클릭하고 오른쪽 마우스에서 [**차트 영역 서식**]을 선택한 후, [채우기]에서 '그림 또는 질감 채우기'를 선택하고, 아래 [질감]에서 '편지지'를 클릭한다. 이때 배경이 되는 질감으로 너무 어두운 색상을 선택하지 않는 것이 좋다. 아래쪽 [테두리]에서 [실선]을 선택하고, [색]을 '파랑으로, [두께]를 '2pt'로, 그리고 맨 아래쪽 [둥근 모서리]를 선택한다.

㉖ 이번에는 차트 내부의 그림영역 배경을 설정해 본다. [차트 영역] 안쪽의 [그림 영역]에 마우스를 위치시키고, 오른쪽 마우스에서 [**그림 영역 서식**]을 클릭하여 [채우기]-[그라데이션 채우기]를 선택하고, [그라데이션 미리 설정]에서 [밝은 그라데이션-강조1](옅은 하늘색)을, 그리고

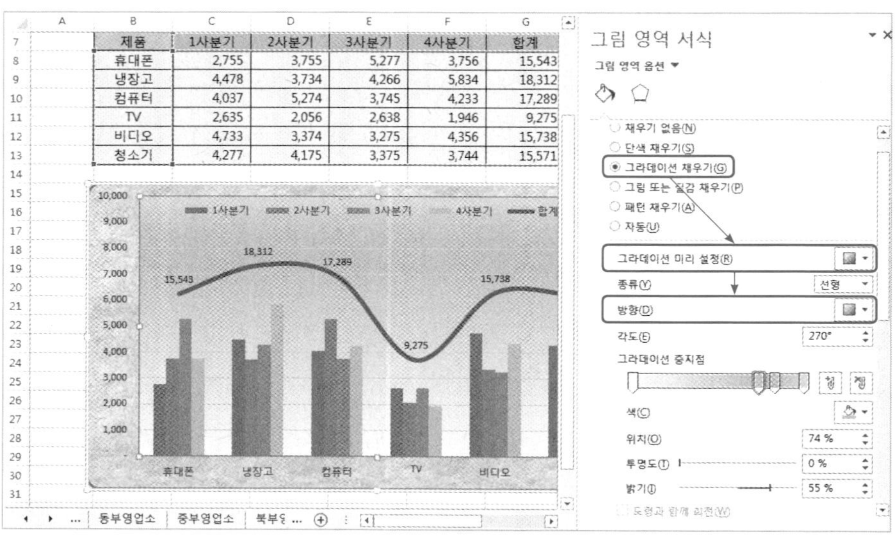

[방향]에서 '선형 위쪽'을 선택 표시한다. 이는 차트 영역의 배경과 다른 색상의 그림영역 배경을 설정하여 구분 표시하고자 한 것이다. 그림 영역 역시 너무 진한 색상을 선택하지 않는 것이 좋다.

㉖ 이제 설정이 끝났으므로, D3 셀의 [영업소 선택]에서 '동부영업소', '중구영업소', '북부영업소'를 번갈아 선택하면서 완성된 매출실적 표와 차트의 동적 표시가 원하는 방향으로 변경되는지 확인해 본다.

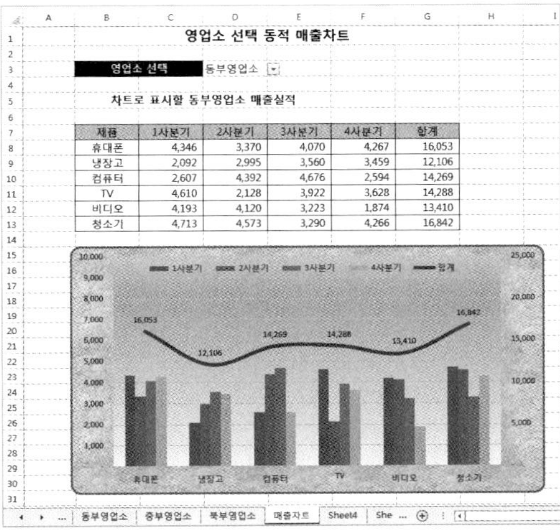


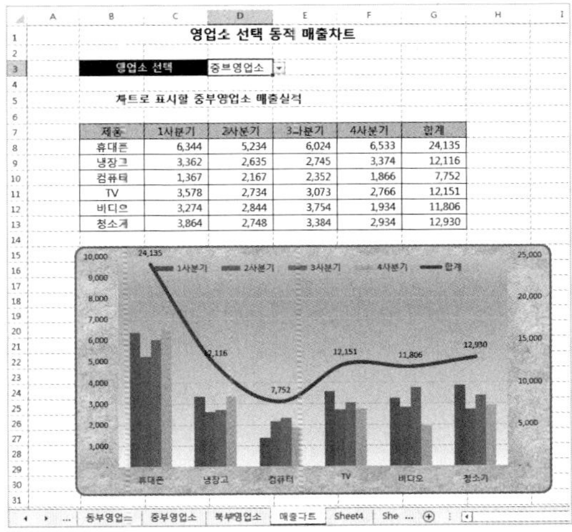


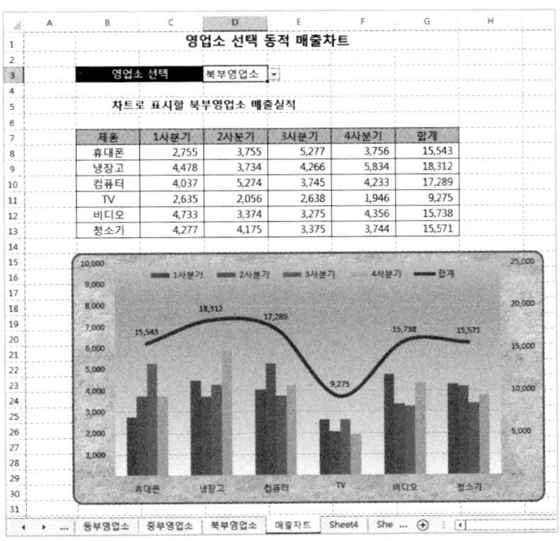

Case 14 혼자해보기

# (사)경영전략연구소 프로젝트 추진일정표

14

현황

(사)경영전략연구소에서는 향후 수행예정인 새로운 프로젝트의 **일정계획표**를 **간트차트** 형식으로 작성하고자 한다. 프로젝트 수행일정표는 해당 프로젝트의 예상 수행과정을 단계별로 구분하고 이들 각 단계별로 시작일, 종료일 및 소요일을 표시하되 이를 차트 형태로 단순화하여 나타내고자 하는 것이다.

요구사항

수행하고자 하는 개발예정지 교통영향평가 프로젝트의 추진일정표가 다음과 같다고 할 때, **추진일정표**를 간트차트 형태로 요약하여 표시해 보시오.

(간트차트에는 소요기간만을 표시함)

✺ 개발예정지 교통영향평가 추진일정표

| 제목 | 책임자 | 개시일 | 기간 | 종료일 |
|---|---|---|---|---|
| 1. 기초자료조사 | 강시작 | 2004-09-05 | 6 | 2004-09-10 |
| 2. 유형별 설문지 작성 | 박항상 | 2004-09-09 | 5 | 2004-09-13 |
| 3. 집단별 설문작업 수행 | 오실행 | 2004-09-14 | 15 | 2004-09-28 |
| 4. 교통량 실사 | 윤이상 | 2004-09-21 | 8 | 2004-09-28 |
| 5. 설문/실사결과분석 | 최인간 | 2004-09-28 | 5 | 2004-10-02 |
| 6. 보고서 작성 | 박항상 | 2004-09-30 | 8 | 2004-10-07 |
| 7. 공청회/세미나 개최 | 정상종 | 2004-10-06 | 3 | 2004-10-08 |

# Case 14 혼자해보기

**Tips & 풀이 요약**

## Tip

- 모든 날짜는 숫자로 표시할 수 있다. 따라서 추진일정표상의 날짜를 숫자로 간주하여 차트로 표현할 수 있다.
  (1900년 1월 1일을 '1'로, 하루 경과할수록 '1'씩 증가하는 패턴)
  ⇒ 시작일인 2004-09-05일은 [셀서식]-[표시형식-[일반]으로 선택해 보면 '38235'로, 마지막 종료일인 2004-10-08일은 '38268'로 표시된다.
- 따라서 [추진일정표]상의 제목, 개시일, 기간 자료만을 사용하여 [누적 가로막대형 차트]로 표시할 수 있다.
- 다만, 작성된 차트의 축서식에서 가로축의 최소값을 시작일인 '38235'로, 최대값을 종료일인 '38268'로 설정하고, [개시일]에 해당하는 차트 부분의 계열서식을 [채우기없음]으로 선택한다.
- 차트에 남은 [기간] 막대 위에 [데이터 레이블 추가]를 선택한다.

## ▷ 추진일정표 입력 및 날짜 확인

**(사)경영전략연구소의 프로젝트 추진일정표**

◆ 프로젝트 추진일정표

| 제목 | 책임자 | 개시일 | 기간 | 종료일 |
|---|---|---|---|---|
| 1. 기초자료조사 | 강시작 | 2004-09-05 | 6 | 2004-09-10 |
| 2. 유형별 설문지 작성 | 박항상 | 2004-09-09 | 5 | 2004-09-13 |
| 3. 집단별 설문작업 수행 | 오실행 | 2004-09-14 | 15 | 2004-09-28 |
| 4. 교통량 실사 | 윤이상 | 2004-09-21 | 8 | 2004-09-28 |
| 5. 설문/실사결과분석 | 최인간 | 2004-09-28 | 5 | 2004-10-02 |
| 6. 보고서 작성 | 박항상 | 2004-09-30 | 8 | 2004-10-07 |
| 7. 공청회/세미나 개최 | 정상종 | 2004-10-06 | 3 | 2004-10-08 |

| 2004-09-05 |
|---|
| 38235 |

| 2004-10-08 |
|---|
| 38268 |

- [셀서식]-[표시형식]-[일반]으로 날짜의 숫자 형식 표현 확인
- 차트는 [가로막대형]-[누적 가로막대형] 사용
- [제목], [개시일], [기간] 자료 선택하여 차트 표시

## ▷ [요구사항] 해결

### -간트차트 형식의 추진일정표 작성(완성 차트의 예)

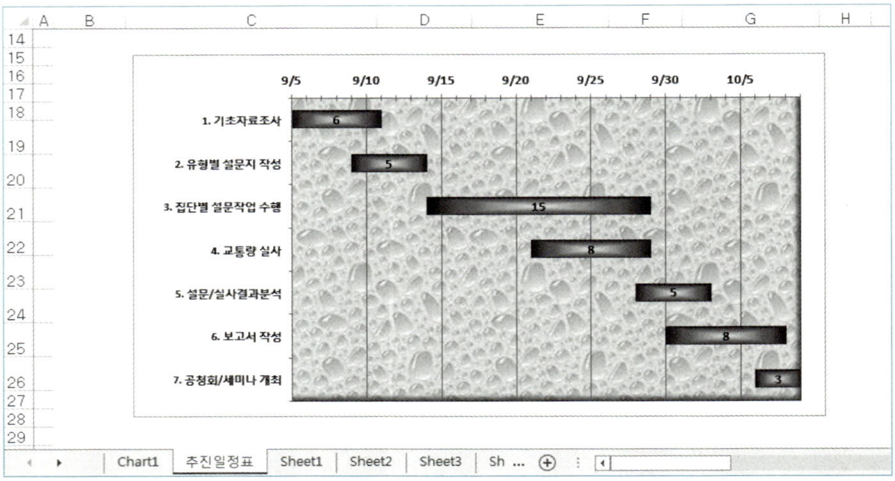

Case 15 따라하기

# Buy24 Mart의 동적 기간별 실적차트

15

현황

Buy24 마트에서는 연중무휴, 24시간 영업을 하고 있다. Buy24 마트의 사장은 2018년 한 해 동안의 일별 매출실적 자료를 표로 정리하고, 원하는 시점부터 원하는 기간까지 자유롭게 선택하여 해당 기간 동안의 **실적 추이**를 하나의 차트로 표시하여 다양한 분석을 수행해 보고자 한다.

✹ Buy24 마트의 2018년 일별 매출실적 자료

| 날짜 | 실적 | 날짜 | 실적 | 날짜 | 실적 | 날짜 | 실적 | 날짜 | 실적 | 날짜 | 실적 |
|---|---|---|---|---|---|---|---|---|---|---|---|
| 1/1 | 4,733 | 2/1 | 3,384 | 3/1 | 4,542 | 4/1 | 3,390 | 5/1 | 2,837 | 6/1 | 4,027 |
| 1/2 | 4,532 | 2/2 | 3,854 | 3/2 | 3,530 | 4/2 | 2,830 | 5/2 | 2,836 | 6/2 | 3,200 |
| 1/3 | 3,644 | 2/3 | 5,038 | 3/3 | 4,330 | 4/3 | 2,783 | 5/3 | 3,726 | 6/3 | 1,837 |
| 1/4 | 3,643 | 2/4 | 4,850 | 3/4 | 4,840 | 4/4 | 3,028 | 5/4 | 3,838 | 6/4 | 3,288 |
| 1/5 | 4,016 | 2/5 | 4,855 | 3/5 | 3,380 | 4/5 | 4,560 | 5/5 | 2,762 | 6/5 | 3,372 |
| 1/6 | 4,788 | 2/6 | 3,650 | 3/6 | 4,140 | 4/6 | 4,028 | 5/6 | 3,320 | 6/6 | 4,329 |
| 1/7 | 2,932 | 2/7 | 2,565 | 3/7 | 3,880 | 4/7 | 4,410 | 5/7 | 2,184 | 6/7 | 3,204 |
| 1/8 | 3,367 | 2/8 | 2,453 | 3/8 | 4,200 | 4/8 | 3,378 | 5/8 | 2,283 | 6/8 | 2,056 |
| 1/9 | 1,738 | 2/9 | 2,254 | 3/9 | 3,205 | 4/9 | 2,873 | 5/9 | 4,028 | 6/9 | 3,406 |
| 1/10 | 4,372 | 2/10 | 5,493 | 3/10 | 5,447 | 4/10 | 4,028 | 5/10 | 3,324 | 6/10 | 4,222 |
| 1/11 | 3,665 | 2/11 | 5,485 | 3/11 | 5,290 | 4/11 | 2,685 | 5/11 | 3,838 | 6/11 | 4,625 |
| 1/12 | 3,372 | 2/12 | 3,833 | 3/12 | 3,633 | 4/12 | 1,844 | 5/12 | 2,882 | 6/12 | 2,270 |
| 1/13 | 4,027 | 2/13 | 2,834 | 3/13 | 2,776 | 4/13 | 1,790 | 5/13 | 3,382 | 6/13 | 3,320 |
| 1/14 | 4,388 | 2/14 | 4,035 | 3/14 | 3,628 | 4/14 | 1,935 | 5/14 | 3,240 | 6/14 | 1,775 |
| 1/15 | 4,477 | 2/15 | 2,844 | 3/15 | 3,862 | 4/15 | 2,275 | 5/15 | 3,380 | 6/15 | 3,772 |
| 1/16 | 2,256 | 2/16 | 2,810 | 3/16 | 1,863 | 4/16 | 3,463 | 5/16 | 3,920 | 6/16 | 3,745 |
| 1/17 | 3,027 | 2/17 | 1,720 | 3/17 | 4,822 | 4/17 | 4,425 | 5/17 | 1,830 | 6/17 | 2,773 |
| 1/18 | 4,620 | 2/18 | 1,563 | 3/18 | 5,633 | 4/18 | 3,372 | 5/18 | 1,565 | 6/18 | 4,774 |
| 1/19 | 2,637 | 2/19 | 2,837 | 3/19 | 3,860 | 4/19 | 1,836 | 5/19 | 3,720 | 6/19 | 4,580 |
| 1/20 | 4,244 | 2/20 | 3,302 | 3/20 | 4,720 | 4/20 | 3,390 | 5/20 | 3,280 | 6/20 | 3,360 |
| 1/21 | 4,374 | 2/21 | 3,500 | 3/21 | 2,736 | 4/21 | 4,028 | 5/21 | 3,386 | 6/21 | 3,200 |
| 1/22 | 2,777 | 2/22 | 3,028 | 3/22 | 3,283 | 4/22 | 3,375 | 5/22 | 2,683 | 6/22 | 2,745 |
| 1/23 | 3,027 | 2/23 | 3,056 | 3/23 | 1,837 | 4/23 | 2,770 | 5/23 | 2,304 | 6/23 | 1,845 |
| 1/24 | 3,374 | 2/24 | 4,838 | 3/24 | 1,583 | 4/24 | 3,280 | 5/24 | 1,777 | 6/24 | 1,556 |
| 1/25 | 1,744 | 2/25 | 4,038 | 3/25 | 4,302 | 4/25 | 2,018 | 5/25 | 1,738 | 6/25 | 2,703 |
| 1/26 | 1,930 | 2/26 | 3,845 | 3/26 | 3,088 | 4/26 | 3,730 | 5/26 | 3,280 | 6/26 | 3,603 |
| 1/27 | 4,028 | 2/27 | 3,820 | 3/27 | 3,400 | 4/27 | 2,832 | 5/27 | 3,380 | 6/27 | 3,388 |
| 1/28 | 4,382 | 2/28 | 3,270 | 3/28 | 3,120 | 4/28 | 4,126 | 5/28 | 3,027 | 6/28 | 3,420 |
| 1/29 | 3,266 | | | 3/29 | 4,200 | 4/29 | 3,835 | 5/29 | 2,274 | 6/29 | 2,864 |
| 1/30 | 2,480 | | | 3/30 | 3,890 | 4/30 | 3,345 | 5/30 | 2,888 | 6/30 | 3,804 |
| 1/31 | 1,937 | | | 3/31 | 1,820 | | | 5/31 | 2,839 | | |

| 날짜 | 실적 |
|---|---|
| 7/1 | 3,792 |
| 7/2 | 4,339 |
| 7/3 | 2,835 |
| 7/4 | 2,285 |
| 7/5 | 3,875 |
| 7/6 | 4,205 |
| 7/7 | 2,277 |
| 7/8 | 1,865 |
| 7/9 | 4,430 |
| 7/10 | 2,865 |
| 7/11 | 2,245 |
| 7/12 | 2,740 |
| 7/13 | 3,047 |
| 7/14 | 4,205 |
| 7/15 | 3,388 |
| 7/16 | 1,755 |
| 7/17 | 2,836 |
| 7/18 | 3,320 |
| 7/19 | 4,530 |
| 7/20 | 2,777 |
| 7/21 | 3,207 |
| 7/22 | 2,284 |
| 7/23 | 4,037 |
| 7/24 | 3,388 |
| 7/25 | 2,833 |
| 7/26 | 3,320 |
| 7/27 | 4,333 |
| 7/28 | 3,830 |
| 7/29 | 4,122 |
| 7/30 | 3,830 |
| 7/31 | 2,830 |

| 날짜 | 실적 |
|---|---|
| 8/1 | 4,220 |
| 8/2 | 2,765 |
| 8/3 | 3,044 |
| 8/4 | 2,409 |
| 8/5 | 3,755 |
| 8/6 | 2,777 |
| 8/7 | 3,886 |
| 8/8 | 2,288 |
| 8/9 | 4,220 |
| 8/10 | 3,289 |
| 8/11 | 1,886 |
| 8/12 | 2,883 |
| 8/13 | 4,220 |
| 8/14 | 4,655 |
| 8/15 | 2,867 |
| 8/16 | 3,339 |
| 8/17 | 2,727 |
| 8/18 | 2,760 |
| 8/19 | 3,329 |
| 8/20 | 4,120 |
| 8/21 | 3,372 |
| 8/22 | 2,739 |
| 8/23 | 4,403 |
| 8/24 | 3,980 |
| 8/25 | 3,680 |
| 8/26 | 4,140 |
| 8/27 | 3,890 |
| 8/28 | 3,966 |
| 8/29 | 4,205 |
| 8/30 | 2,257 |
| 8/31 | 2,175 |

| 날짜 | 실적 |
|---|---|
| 9/1 | 3,745 |
| 9/2 | 3,505 |
| 9/3 | 2,287 |
| 9/4 | 2,020 |
| 9/5 | 3,770 |
| 9/6 | 2,980 |
| 9/7 | 4,220 |
| 9/8 | 2,280 |
| 9/9 | 3,888 |
| 9/10 | 3,277 |
| 9/11 | 2,888 |
| 9/12 | 4,210 |
| 9/13 | 4,200 |
| 9/14 | 3,375 |
| 9/15 | 3,775 |
| 9/16 | 3,207 |
| 9/17 | 3,667 |
| 9/18 | 4,388 |
| 9/19 | 4,520 |
| 9/20 | 2,765 |
| 9/21 | 2,550 |
| 9/22 | 3,228 |
| 9/23 | 3,540 |
| 9/24 | 1,850 |
| 9/25 | 3,555 |
| 9/26 | 3,835 |
| 9/27 | 2,305 |
| 9/28 | 2,837 |
| 9/29 | 1,888 |
| 9/30 | 1,690 |

| 날짜 | 실적 |
|---|---|
| 10/1 | 3,350 |
| 10/2 | 3,835 |
| 10/3 | 3,765 |
| 10/4 | 1,590 |
| 10/5 | 3,380 |
| 10/6 | 4,480 |
| 10/7 | 3,290 |
| 10/8 | 3,330 |
| 10/9 | 3,640 |
| 10/10 | 3,666 |
| 10/11 | 1,780 |
| 10/12 | 3,320 |
| 10/13 | 3,103 |
| 10/14 | 2,777 |
| 10/15 | 4,288 |
| 10/16 | 2,766 |
| 10/17 | 3,288 |
| 10/18 | 2,644 |
| 10/19 | 3,277 |
| 10/20 | 4,288 |
| 10/21 | 4,473 |
| 10/22 | 2,837 |
| 10/23 | 3,337 |
| 10/24 | 3,270 |
| 10/25 | 2,145 |
| 10/26 | 3,890 |
| 10/27 | 3,845 |
| 10/28 | 4,207 |
| 10/29 | 2,273 |
| 10/30 | 3,399 |
| 10/31 | 3,825 |

| 날짜 | 실적 |
|---|---|
| 11/1 | 4,530 |
| 11/2 | 4,205 |
| 11/3 | 3,084 |
| 11/4 | 3,370 |
| 11/5 | 3,820 |
| 11/6 | 2,290 |
| 11/7 | 2,285 |
| 11/8 | 3,336 |
| 11/9 | 3,637 |
| 11/10 | 4,230 |
| 11/11 | 2,828 |
| 11/12 | 3,283 |
| 11/13 | 4,229 |
| 11/14 | 4,483 |
| 11/15 | 2,883 |
| 11/16 | 2,265 |
| 11/17 | 3,545 |
| 11/18 | 3,382 |
| 11/19 | 2,447 |
| 11/20 | 3,166 |
| 11/21 | 3,222 |
| 11/22 | 4,033 |
| 11/23 | 2,550 |
| 11/24 | 4,220 |
| 11/25 | 4,422 |
| 11/26 | 2,728 |
| 11/27 | 2,864 |
| 11/28 | 3,382 |
| 11/29 | 2,828 |
| 11/30 | 3,277 |

| 날짜 | 실적 |
|---|---|
| 12/1 | 4,474 |
| 12/2 | 4,285 |
| 12/3 | 3,888 |
| 12/4 | 3,840 |
| 12/5 | 3,390 |
| 12/6 | 4,200 |
| 12/7 | 2,285 |
| 12/8 | 3,388 |
| 12/9 | 2,277 |
| 12/10 | 3,737 |
| 12/11 | 2,048 |
| 12/12 | 2,077 |
| 12/13 | 3,205 |
| 12/14 | 3,384 |
| 12/15 | 3,580 |
| 12/16 | 3,884 |
| 12/17 | 2,389 |
| 12/18 | 2,678 |
| 12/19 | 4,027 |
| 12/20 | 4,406 |
| 12/21 | 4,220 |
| 12/22 | 2,280 |
| 12/23 | 2,936 |
| 12/24 | 3,320 |
| 12/25 | 3,745 |
| 12/26 | 3,888 |
| 12/27 | 1,830 |
| 12/28 | 1,667 |
| 12/29 | 2,038 |
| 12/30 | 4,277 |
| 12/31 | 3,888 |

요구사항

Buy24 마트의 사장이 원하는 **동적 차트**를 작성해 보시오.

# Case 15 따라하기

## 상황분석

1. 먼저 원하는 시점과 원하는 기간을 자유롭게 선택할 수 있는 방법을 모색해야 한다. 이를 위해서는 [개발도구]-[양식컨트롤]에서의 [스트롤막대]를 사용할 수 있을 것이다.
2. 원하는 시점과 기간을 선택할 수 있도록 하기 위해서는 날짜 및 실적 자료를 일련의 순서를 갖는 하나의 표로 정리하여야 한다.
3. 실적 추이를 분석하고자 하므로 차트는 꺾은선형 차트를 선택한다.
4. 차트에서는 위의 원하는 시점과 기간의 선택 자료를 반영하여 차트로 표시할 수 있도록 동적인 범위 구성이 가능하도록 설정되어야 할 것이다.

## 1. 실적자료와 기본 차트 작성

분석을 제대로 수행하기 위해서는 먼저 분석의 기초가 되는 자료가 목적에 따라 잘 정리되어 있어야 한다는 것이 전제조건이다. 여기에서 원하는 분석은 일련의 자료배열에서 특정 시점을 지정하고 그 시점으로부터 일련의 범위에 해당하는 자료를 차트로 표시해야 한다. 따라서 실적자료는 날짜의 **오름차순**으로 정렬되도록 하는 것이 바람직하다.

① 새 Worksheet의 Sheet1을 선택하고, 시트의 이름을 'Buy24마트 실적자료'로 변경한다.

② 'Buy24마트 실적자료' 시트의 B1과 C2 셀에 각각 '날짜, '실적'을 입력하고, 아래쪽에 하나의 표 형식으로 날짜와 실적이 표시되도록 입력, 배열한다.

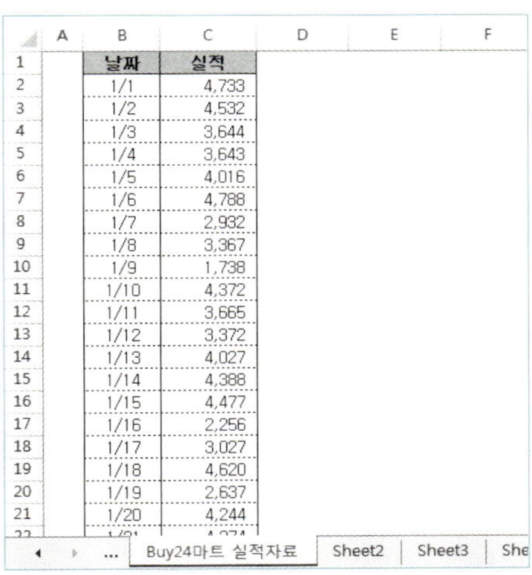

| | A | B | C | D | E | F |
|---|---|---|---|---|---|---|
| 1 | | 날짜 | 실적 | | | |
| 2 | | 1/1 | 4,733 | | | |
| 3 | | 1/2 | 4,532 | | | |
| 4 | | 1/3 | 3,644 | | | |
| 5 | | 1/4 | 3,643 | | | |
| 6 | | 1/5 | 4,016 | | | |
| 7 | | 1/6 | 4,788 | | | |
| 8 | | 1/7 | 2,932 | | | |
| 9 | | 1/8 | 3,367 | | | |
| 10 | | 1/9 | 1,738 | | | |
| 11 | | 1/10 | 4,372 | | | |
| 12 | | 1/11 | 3,665 | | | |
| 13 | | 1/12 | 3,372 | | | |
| 14 | | 1/13 | 4,027 | | | |
| 15 | | 1/14 | 4,388 | | | |
| 16 | | 1/15 | 4,477 | | | |
| 17 | | 1/16 | 2,256 | | | |
| 18 | | 1/17 | 3,027 | | | |
| 19 | | 1/18 | 4,620 | | | |
| 20 | | 1/19 | 2,637 | | | |
| 21 | | 1/20 | 4,244 | | | |

③ 'Buy24마트 실적자료' 시트를 복제하여 사용하기 위해, 'Buy24마트 실적자료' 시트의 이름부분을 클릭한 후 Ctrl 키를 누른 상태에서 왼쪽 마우스를 눌러 오른쪽으로 끌기하여 놓으면 복제된 시트('Buy24마트 실적자료 (2)')가 표시된다(또는 'Buy24마트 실적자료' 시트 이름 위에서 오른쪽 마우스 [이동/복사]를 선택하고, 아래쪽 [복사본 만들기]를 체크한 후, 위의 [다음 시트의 앞에]에서 'Buy24마트 실적자료' 시트 다음 부분(sheet2)를 클릭하여 [확인]을 눌러도 된다). 복제된 시트('Buy24마트 실적자료 (2)')의 이름을 '**동적 실적차트**'로 변경한다.

④ '동적 실적차트'의 E1 셀에 'Buy24 마트의 동적 기간별 실적차트'를 입력하고, E1:J1 셀 범위를 [병합하고 가운데 맞춤]으로 설정한다. 그리고 [글꼴]을 [견고딕], '14pt'로 설정한다.

⑤ 먼저 작성할 동적 차트의 **예비차트**를 작성해 둔다. 이를 위해 임의의 실적 자료(B2:C8)를 범위 선택한 후, [삽입]-[차트]-[꺾은선형 차트 삽입]에서 [2차원 꺾은선형]을 선택한다. 그리고 작성된 차트를 끌기 하여 E12:L30 셀 영역에 걸쳐 표시되도록 이동, 확대해 둔다.

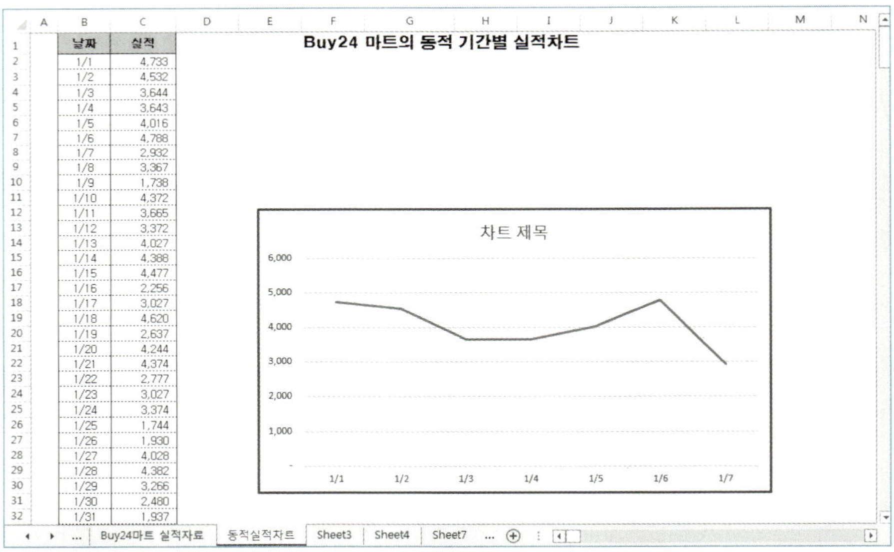


## 2. 동적 차트로의 변경을 위한 준비

① 먼저 E4 셀에 '☞ 실적차트를 표시할 자료(시작일과 기간)를 선택하시오...'를 입력한다. 그리고 E6 셀에 '시작일 :', E8 셀에는 '기 간 :'을 각각 입력한다. E4:F8 셀 영역을 선택하고 [글꼴]을 [견명조], '12pt'로 설정한다. E6 셀과 E8 셀을 함께 선택한 후, [글꼴]-[채우기 색]을 '황록색'으로, [테두리]를 '굵은 상자 테두리'로 설정한다.

② 메뉴 바에서 [**개발도구**]를 클릭한다(만일 메뉴 바에 [개발도구]가 표시되어 있지 않은 경우에는, [파일] 탭의 [옵션]-[리본 사용자 지정]의 오른쪽 [리본 메뉴 사용자 지정]에서 [개발도구]에 체크 표시하여 [확인]을 누르면 메뉴 바에 [개발도구]가 표시된다). [개발도구] 탭에서 [컨트롤]-[삽입]을 클릭하고, 그중 [**양식 컨트롤**]에서 [스크롤 막대(양식 컨트롤)]을 클릭한 후, F6:G6 셀 범위에 스크롤 막대를 확대하여 표시한다. 이제 그려진 스크롤막대 위에 커서를 두고 오른쪽 마우스에서 [**컨트롤 서식**]을 선택한 후, [컨트롤 서식] 상자의 [컨트롤]에서 [최소값]을 '1', [최대값]을 '365', [증분 변경]을 '1', [페이지 변경]을 '10'으로 입력하고, [**셀 연결**]에 'K6'을 입력하여 [확인]을 누른다.

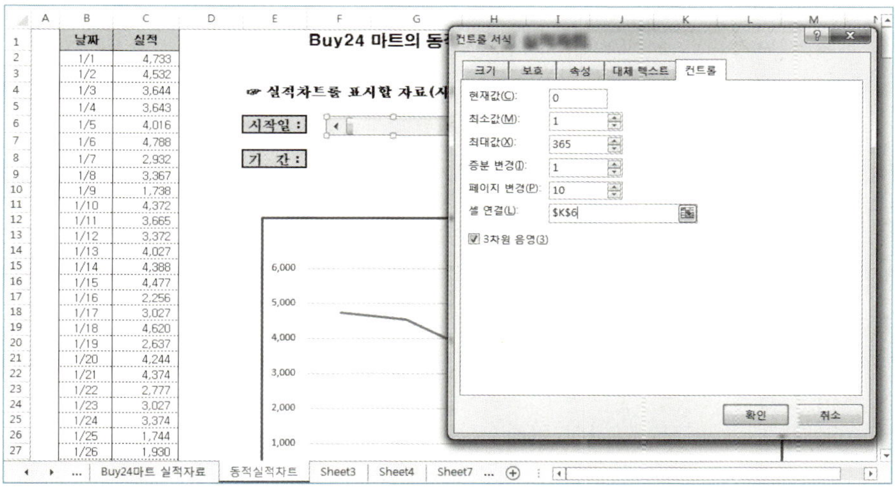

③ F6:G6 셀 영역에 표시된 스크롤 막대의 왼쪽/오른쪽 화살표를 클릭해가면서 K6 셀에 숫자가 따라 변동되는지 확인해 본다. 이때 K6 셀에 표시되는 숫자는 [컨트롤 서식]에서 설정한 대로 1부터 365 사이의 숫자가 1씩 증가 또는 감소하며 표시된다. 이번에는 스크롤 막대의 양쪽 화살표 안쪽 영역을 클릭하면서 K6 셀의 변화를 살펴본다. [컨트롤 서식]의 [페이지 변경]에서 '10'으로 설정해 두었기 때문에 이번에는 K6 셀의 숫자가 10씩 증가 또는 감소하여 표시된다.

④ K6 셀에 선택, 입력된 숫자는 자료의 A열(날짜) 중에서 특정 날짜를 실적차트 작성의 시작일로 선언하기 위해 선택된 숫자이다. 이를 날짜 형식으로 표현하기 위해서 H6 셀에 '=DATE(2018,1,1)+K6-1'을 입력하고, 다시 오른쪽 마우스 [셀 서식]에서 [표시 형식]-[사용자 지정]을 클릭한 후, 오른쪽 [형식] 바로 아래 칸에 'm월 d일 부터'를 직접 입력하고 [확인]을 누른다. 이제 H6 셀에는 예컨대 '2월 4일 부터'와 같이 K6 셀에서 선택된 숫자의 날짜 표시 상태로 바뀌어 표시된다. H6:I6 셀 영역을 선택하고 [홈] 탭에서 [병합하고 가운데 맞춤]으로, 그리고 [글꼴]의 [테두리]를 [굵은 상자 테두리]로 설정해 둔다.

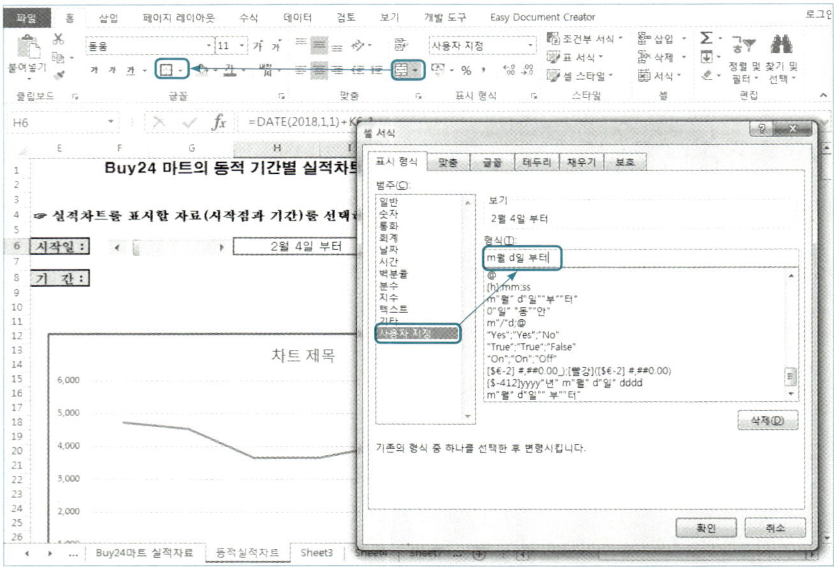

⑤ 다시 위의 ②에서와 같이 F8:G8 셀 범위에도 또 하나의 [스크롤 막대(양식 컨트롤)]를 삽입한 후, 표시된 스크롤막대 위에서 오른쪽 마우스 [컨트롤 서식]을 선택한 후, [컨트롤 서식] 상자의 [**컨트롤**]에서 [최소값]을 '5', [최대값]을 '365', [증분 변경]을 '1', [페이지 변경]을 '10'으로 입력하고, [셀 연결]에 'K8'을 입력하여 [확인]을 누른다.

⑥ F8:G8 셀 영역에 표시된 스크롤 막대의 왼쪽/오른쪽 화살표와 화살표 안쪽의 빈 공간을 클릭해가면서 K8 셀에 숫자가 따라 변동되는지 확인해 본다. K8 셀에 선택, 입력된 숫자는 H6 셀에 표시된 시작일로부터 며칠 동안의 자료를 표시할 것인가를 결정하는 숫자이다. 이를 레이블 형태로 표시하기 위해 H8 셀에 '=K8'을 입력하고, H8 셀에서 오른쪽 마우스 [셀 서식]을 선택하여 [표시 형식]에서 [사용자 지정]을 클릭한 후, 오른쪽 [형식] 바로 아래 칸에 '0일 동안'을 직접 입력하고 [확인]을 누른다. 이제 H8 셀에는 K8 셀의 숫자를 반영하여 예컨대 '5일 동안'과 같이 레이블로 표시된다. H8:I8 셀 영역 역시 [병합하고 가운데 맞춤]으로, 그리고 [글꼴]의 [테두리]를 [굵은 상자 테두리]로 설정해 둔다.

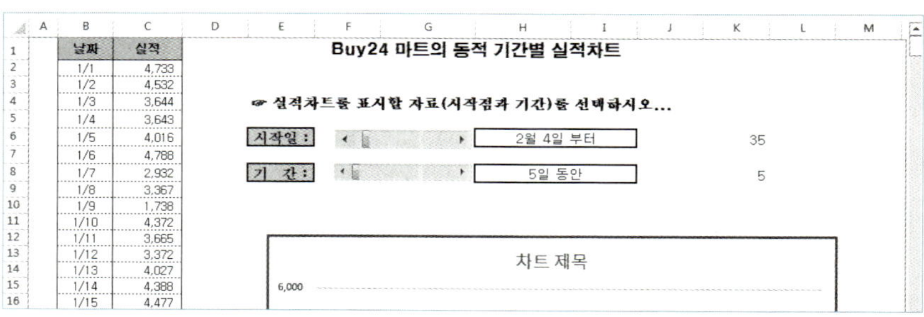

⑦ 작성된 두 개의 스크롤 막대(양식컨트롤)의 화살표 부분을 클릭해가면서 K6, K8, H6, H8 셀 영역의 표시 변화를 확인해 본다. 스크롤 막대는 제대로 작동되지만, 이러한 선택이 아래의 차트에 자동으로 반영될 수 있도록 해야 한다.

## 3. 동적 차트로의 변경

① [수식] 탭의 [정의된 이름]-[이름 정의]를 클릭하고, [새 이름] 상자에서 [이름]에 '**표시기간**'을 입력하고 [**참조 대상**]에 수식 '=offset($B$1,$K$6,0,$K$8,1)'을 입력한다. 이 수식은 첫 번째 스크롤 막대에 의해 선택된 날짜(H6 셀)로부터 두 번째 스크롤 막대에 의해 선택된 기간까지의 차트 X축 범위를 자동으로 설정하기 위한 것이다.

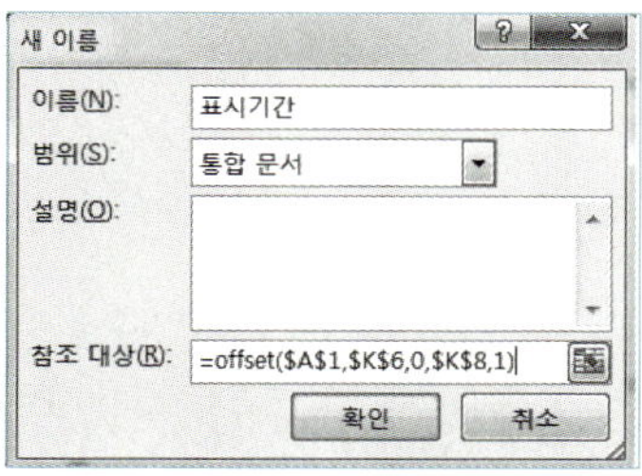


② 다시 [수식] 탭의 [정의된 이름]-[이름 정의]를 클릭하고, [새 이름] 상자에서 [이름]에 '**표시실적**'을 입력하고 [참조 대상]에 수식 '=offset(표시기간,0,1)'을 입력한다. 이 수식은 앞의 이름 '표시기간'에서 선택된 범위와 동일한 기간의 실적자료를 바로 오른쪽 열에서 취하기 위한 수식이다. 이 '표시실적'은 Y축 자료로 사용될 것이다.

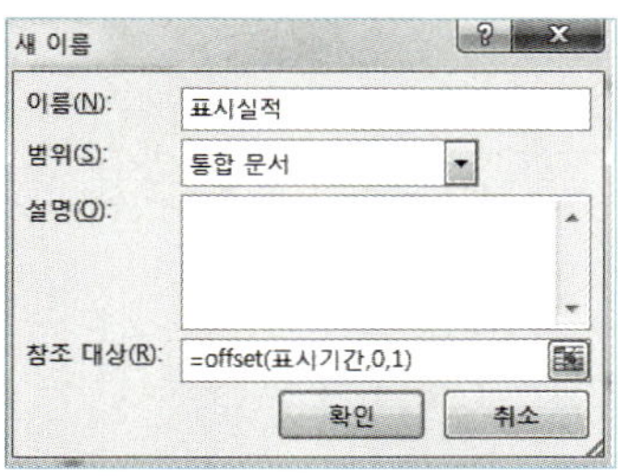


③ 이제 이름 정의한 '표시기간'과 '표시실적'이 제대로 표시되고 있는지를 확인해 본다. 먼저 '시작일' 스크롤 막대에서 '13'을, 그리고 '기간' 스크롤 막대에서 '8'을 선택해 본다. 즉 차트에 1월 13일부터 8일간의 실적자료를 차트로 표시하겠다는 의미이다. 그리고 A1 셀 위쪽의 [이름상자]를 클릭하고 '표시기간'을 입력한 후 Enter 키를 눌러서 H6, H8 셀에 표시된 시작일과 기간에 해당하는 셀들이 선택 표시되는지 확인해 본다.

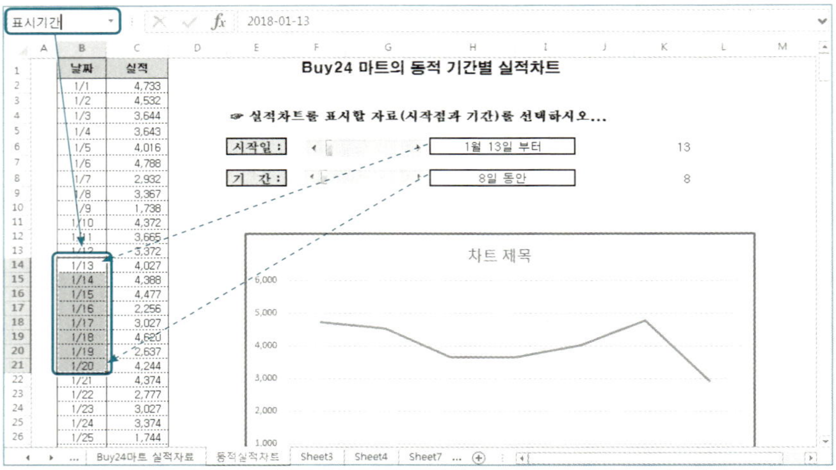

④ 이번에는 [이름상자]에 '표시실적'을 입력한 후 Enter 키를 눌러서, 앞의 '표시기간'에서 선택 표시된 셀 범위의 바로 오른쪽 셀 영역이 선택 표시되고 있는지를 확인한다.

⑤ 이제 정의된 이름들을 사용하여 차트의 설정을 변경해 본다. 먼저 차트의 내부(차트 영역)를 클릭하고 오른쪽 마우스에서 **[데이터 선택]**을 선택한다. [데이터 원본 선택] 상자에서 '범례항목(계열)'에 표시된 '계열1'을 클릭하고 [편집]을 눌러서 [계열 값]을 '**=동적실적차트!표시실적**'으로 변경한 후 [확인]을 누른다. 다시 [데이터 원본 선택] 상자에서 이번에는 오른쪽 '가로(항목) 축 레이블'에서 [편집]을 클릭하고 [축 레이블] 상자에서 [축 레이블 범위]를 '**=동적실적차트!표시기간**'으로 변경한 후 [확인]-[확인]을 누른다.

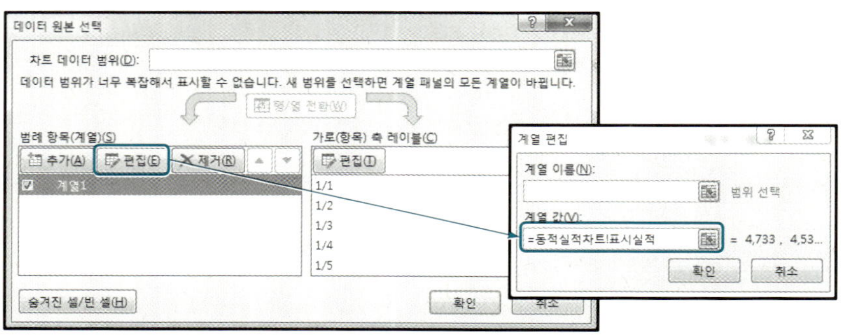

⑥ 차트의 변경된 설정이 제대로 기능을 수행하는지 확인해 보기 위해, F6 셀과 F8 셀의 스크롤 막대를 조정하여 시작일을 '1월 18일부터'로, 기간을 '30일 동안'으로 변경해 가면서 아래 차트가 자동으로 변경 표시되는지 확인해 본다. 이때 선택된 기간과 실적 범위가 왼쪽 B열과 C열에서도 변경되어 선택 표시되고 있음을 알 수 있다.

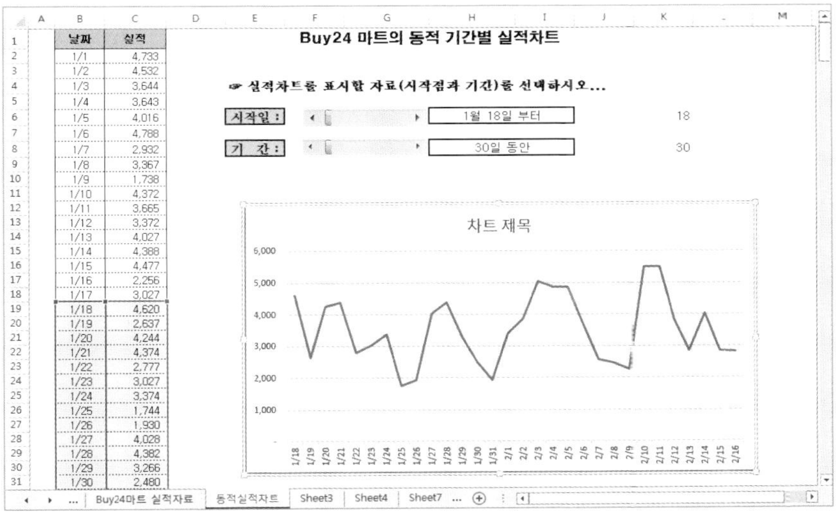

⑦ **동적 차트**가 완성되었으므로, 이번에는 차트의 각종 서식을 변경해 두기로 한다. 먼저 가로축의 날짜 표시가 너무 복잡하므로, X축(가로축)을 선택하여 오른쪽 마우스 [축 서식]의 [축 옵션]에서 [단위]의 [주]를 '5'로 변경한다. 그리고 아래 [표시 형식]에서 [범주]를 '날짜'로, [형식]을 '3/14'로 선택하고 [닫기]한다.

⑧ [차트 제목]을 클릭하여 'BUY24 마트의 동적 매출차트'로 변경한다. 그리고 차트의 꺾은선을 클릭하고 오른쪽 마우스 [데이터 계열 서식]을 선택한 후, [선]의 [색]을 '빨강', [두께]를 '3.5pt'로 조정한다.

⑨ 다시 [차트 영역]을 클릭하고, 오른쪽 마우스 [차트 영역 서식]의 [채우기]에서 [그라데이션 채우기]를 선택한 후 [그라데이션 미리 설정]에서 [밝은 그라데이션]으로 선택한다. 아래 [테두리]에서 [실선]을 선택하고 [색]을 '파랑', [두께]를 '3pt'로 설정한다.

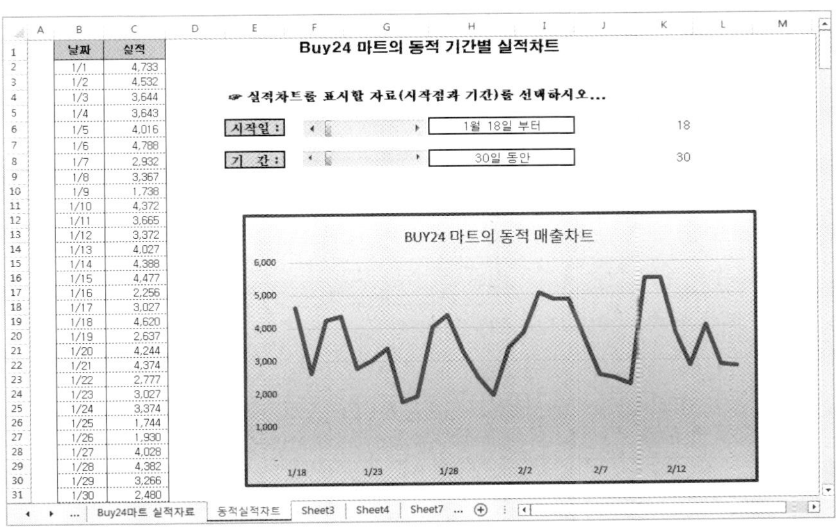

## 4. 불필요한 부분 숨기기

이것으로 원하는 동적 매출차트는 완성되었지만, 굳이 화면에 표시되지 않아도 되는 부분은 숨겨두기로 한다. 현재 시트에 표시되고 있는 모든 자료는 동적 매출차트의 구성에 필요한 자료들이므로 지워져서는 안되며, 따라서 [**숨기기**] 기능을 사용해야 한다.

① 먼저 B열과 C열의 자료는 스크롤 막대 선택에 따라 선택 범위가 잘 적용되고 있는가를 확인하기 위한 차원에서 표시해두었던 것이다. 더구나 해당 원본 자료는 'BUY24마트 실적자료' sheet에 따로 보관되어 있다. 따라서 B열과 C열의 자료를 굳이 표시하여 화면을 복잡하게 보일 필요는 없을 것이다. 이와 같이 특정 영역의 자료를 지우지는 않고 단지 화면에 표시하는 것만을 숨기고자 할 때 [**숨기기**] 기능을 사용할 수 있다.

② 숨기고자 하는 B 열과 C 열의 열머리글 부분을 함께 선택한 후, 오른쪽 마우스에서 [숨기기]를 선택한다. 그 결과 B 열과 C 열이 숨겨져 화면에서 사라지지만, 동시에 차트의 그림도 보이지 않게 된다. 이는 일반적으로 차트에서는 숨겨진 영역의 자료를 화면에 표시하지 않도록 설정되어 있기 때문이다.

③ 이와 같이 참조되는 자료가 숨겨져서 차트에 그림이 표시되지 않을 때에는 차트의 설정을 변경해 주면 다시 표시할 수 있다. 그림의 표시가 사라진 차트의 그림 영역을 클릭하고, 오른쪽 마우스에서 [**데이터 선택**]을 선택한다. [데이터 원본 선택] 대화상자에서 왼쪽 아래 [**숨겨진 셀/빈 셀**]을 클릭하고, [숨겨진 셀/빈 셀 설정]에서 아래 [숨겨진 행 및 열에 데이터 표시]를 체크하여 활성화하고 [확인]을 누른다.

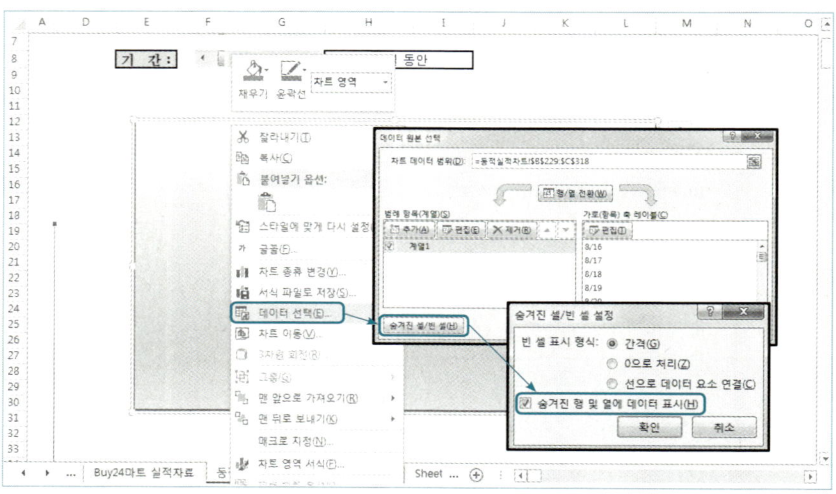

④ 다시 [데이터 원본 선택] 상자에서 [확인]을 누르면 B, C 열에 대한 [숨기기] 기능이 수행된 상태에서 차트에 그림이 표시되게 된다. 이때 B, C열은 감추어져 보이지 않고, 그만큼 차트의 위치가 왼쪽으로 이동하여 표시된다.

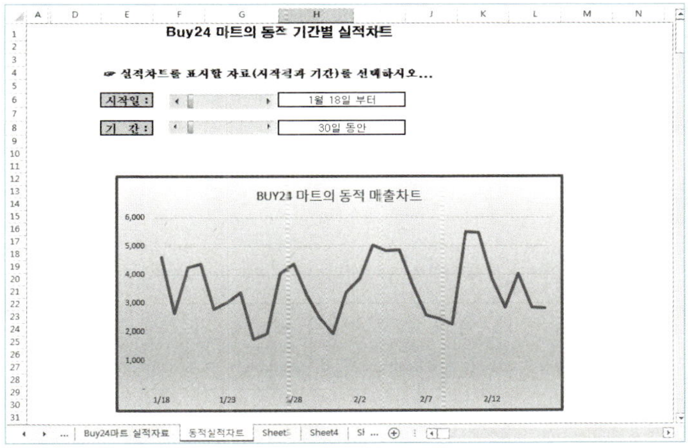


⑤ 만일 감추어진 B, C 열의 자료를 다시 화면에 보이게 하고자 하는 경우이는, B, C 열이 감추어진 왼쪽과 오른쪽 열(즉, A열과 D열)을 함께 선택한 후, 오른쪽 마우스 [숨기기 취소]를 실행하면 된다(이를 실행한 경우에는 다시 [숨기기]를 실행해 둔다).

⑥ 반드시 필요한 자료이긴 하지만, K6, K8 셀의 숫자 역시 각각 H6, H8 셀에 다른 형식으로 표현되고 있으므로, 이를 [숨기기]하여 표시하지 않기로 한다. K6:K8 셀 범위를 선택한 후 [글꼴]의 [글꼴 색]을 바탕색과 같은 '흰색'으로 지정하여 감추기 한다. 이는 엄격한 의미에서 [숨기기] 기능이라기보다는, 시트의 일부분만을 잠정적으로 눈에 보이지 않도록 하기 위한 간편법에 해당한다.

⑦ 이제 '시작일'을 '8월 16일부터', 그리고 '기간'을 '90일 동안'으로 변경하여 **동적 차트**의 변화를 살펴본다.

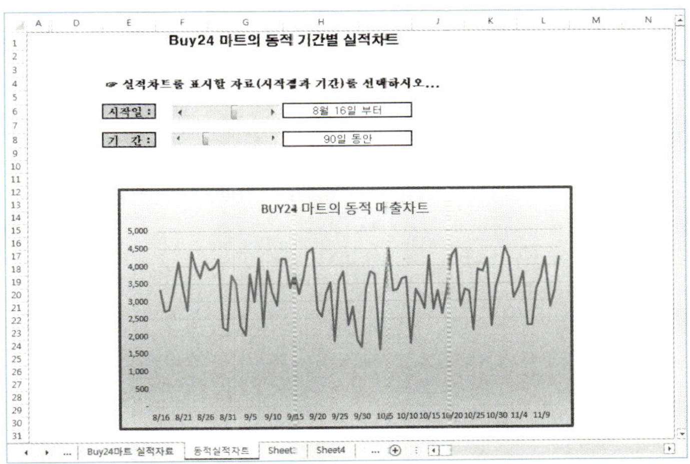

Case 16 혼자해보기

16

# (주)아리랑25의 동적 기간별 판매실적차트

현황

(주)아리랑25는 전자제품만을 판매하는 유통회사이다. 장한걸 사장은 회사의 지난 6년 동안의 상품 판매량과 매출액 자료를 분석하여 계절별 수요에 대처하고자 이들 실적자료의 월별 추세를 분석해보고자 한다. 이 회사에서 매월 영업실적으로 기록해 온 상품 판매수량과 판매금액 자료는 다음과 같다.

✹ (주)아리랑25의 지난 6년간 월별 판매량과 매출액 자료

| 년/월 | 판매량 | 매출액 |
|---|---|---|
| 13–01 | 465 | 72,350 |
| 13–02 | 402 | 67,455 |
| 13–03 | 322 | 52,540 |
| 13–04 | 375 | 60,020 |
| 13–05 | 276 | 47,530 |
| 13–06 | 298 | 52,650 |
| 13–07 | 227 | 44,364 |
| 13–08 | 216 | 42,550 |
| 13–09 | 348 | 67,340 |
| 13–10 | 380 | 69,443 |
| 13–11 | 348 | 63,560 |
| 13–12 | 384 | 65,040 |
| 14–01 | 427 | 72,640 |
| 14–02 | 388 | 68,000 |
| 14–03 | 310 | 52,310 |
| 14–04 | 366 | 58,840 |
| 14–05 | 262 | 47,435 |
| 14–06 | 320 | 57,430 |
| 14–07 | 243 | 48,850 |
| 14–08 | 220 | 42,504 |
| 14–09 | 325 | 54,540 |
| 14–10 | 396 | 63,040 |
| 14–11 | 426 | 64,330 |
| 14–12 | 435 | 62,337 |

| 년/월 | 판매량 | 매출액 |
|---|---|---|
| 15–01 | 424 | 66,435 |
| 15–02 | 410 | 60,235 |
| 15–03 | 332 | 49,556 |
| 15–04 | 342 | 52,030 |
| 15–05 | 264 | 44,735 |
| 15–06 | 294 | 49,943 |
| 15–07 | 235 | 42,556 |
| 15–08 | 217 | 40,250 |
| 15–09 | 310 | 55,365 |
| 15–10 | 336 | 57,335 |
| 15–11 | 363 | 58,835 |
| 15–12 | 325 | 43,270 |
| 16–01 | 416 | 65,470 |
| 16–02 | 423 | 60,600 |
| 16–03 | 410 | 57,445 |
| 16–04 | 366 | 48,845 |
| 16–05 | 246 | 38,460 |
| 16–06 | 320 | 56,555 |
| 16–07 | 227 | 42,644 |
| 16–08 | 220 | 41,560 |
| 16–09 | 370 | 65,048 |
| 16–10 | 428 | 71,227 |
| 16–11 | 475 | 77,345 |
| 16–12 | 434 | 73,345 |

| 년/월 | 판매량 | 매출액 |
|---|---|---|
| 17–01 | 412 | 67,845 |
| 17–02 | 338 | 53,740 |
| 17–03 | 362 | 60,345 |
| 17–04 | 268 | 45,033 |
| 17–05 | 274 | 47,335 |
| 17–06 | 320 | 54,305 |
| 17–07 | 280 | 43,650 |
| 17–08 | 253 | 42,115 |
| 17–09 | 386 | 67,403 |
| 17–10 | 335 | 46,576 |
| 17–11 | 327 | 48,365 |
| 17–12 | 385 | 53,046 |
| 18–01 | 383 | 52,665 |
| 18–02 | 388 | 75,380 |
| 18–03 | 337 | 53,656 |
| 18–04 | 325 | 52,300 |
| 18–05 | 247 | 43,578 |
| 18–06 | 310 | 53,670 |
| 18–07 | 286 | 57,433 |
| 18–08 | 237 | 38,550 |
| 18–09 | 285 | 46,504 |
| 18–10 | 447 | 71,547 |
| 18–11 | 384 | 66,345 |
| 18–12 | 465 | 76,245 |

요구사항

(주)아리랑25의 장한걸 사장이 조회 시작시점과 조회기간을 자유로이 선택하여 해당 기간의 판매량과 매출액 추이를 **동적 차트**로 확인해 볼 수 있도록 설계해 보시오.

# Case 16 혼자해보기

**Tips & 풀이 요약**

## Tip

- 실적자료는 기준(월별)에 따라 하나의 표 형식으로 오름차순으로 정렬되어 있어야 한다.
- 원하는 [시작일]과 [기간] 자료를 [양식컨트롤]의 [스크롤막대]를 사용하여 선택할 수 있도록 한다(다른 선택 방법도 고려 가능).
- 작성할 차트의 기간을 동적으로 표시하기 위해 [OFFSET] 함수를 사용할 수 있다.
- 선택한 자료의 '차트기간', '차트판매량', '차트매출액' 등을 각각 이름 정의하여 해당 이름으로 차트를 작성한다(offset 함수 사용).
- 필요하지만 화면에 표시할 필요가 없는 영역은 [숨기기] 기능을 적용한다.

## ▷ 제시 자료(월별 판매자료)를 하나의 표로 재구성(월별 순)

| | A | B | C | D | E |
|---|---|---|---|---|---|
| 1 | | 월별 | 판매량 | 매출액 | |
| 2 | | 13-01 | 465 | 72,350 | |
| 3 | | 13-02 | 402 | 67,455 | |
| 4 | | 13-03 | 322 | 52,540 | |
| 5 | | 13-04 | 375 | 60,020 | |
| 6 | | 13-05 | 276 | 47,530 | |
| 7 | | 13-06 | 298 | 52,650 | |
| 8 | | 13-07 | 227 | 44,364 | |
| 9 | | 13-08 | 216 | 42,550 | |
| 10 | | 13-09 | 348 | 67,340 | |
| 11 | | 13-10 | 380 | 69,443 | |
| 12 | | 13-11 | 348 | 63,560 | |
| 13 | | 13-12 | 384 | 65,040 | |
| 14 | | 14-01 | 427 | 72,640 | |
| 15 | | 14-02 | 388 | 68,000 | |
| 16 | | 14-03 | 310 | 52,310 | |
| 17 | | 14-04 | 366 | 58,840 | |
| 18 | | 14-05 | 262 | 47,435 | |
| 19 | | 14-06 | 320 | 57,430 | |
| 20 | | 14-07 | 243 | 48,850 | |
| 21 | | 14-08 | 220 | 42,504 | |
| 22 | | 14-09 | 325 | 54,540 | |
| 23 | | 14-10 | 396 | 63,040 | |
| 24 | | 14-11 | 426 | 64,330 | |
| 25 | | 14-12 | 435 | 62,337 | |
| 26 | | 15-01 | 424 | 66,435 | |
| 27 | | 15-02 | 410 | 60,235 | |
| 28 | | 15-03 | 332 | 49,556 | |
| 29 | | 15-04 | 342 | 52,030 | |
| 30 | | 15-05 | 264 | 44,735 | |
| 31 | | 15-06 | 294 | 49,943 | |
| 32 | | 15-07 | 235 | 42,556 | |
| 33 | | 15-08 | 217 | 40,250 | |

제시자료 | 아리랑25판매자료

## ▷ [요구사항] 해결

### –동적 실적차트 작성

- 양식컨트롤(스크롤막대)로 시작시점, 기간 등 선택
- 년–월의 행 선택으로부터 해당 연–월을 표시하기 위해 'edate' **함수** 적용
- 선택된 시작일과 기간 자료를 통해 차트기간, 차트판매량, 차트매출액의 표시 범위를 이름 정의하여 사용(offset **함수** 사용)
- 계열값, 축레이블 등에도 정의된 이름 사용
- 필요하지만 굳이 표시할 필요 없는 셀들은 [감추기] 기능 적용

### –작성된 동적 실적차트 (예시)

| 월별 | 판매량 | 매출액 |
|---|---|---|
| 13-01 | 465 | 72,350 |
| 13-02 | 402 | 67,455 |
| 13-03 | 322 | 52,540 |
| 13-04 | 375 | 60,020 |
| 13-05 | 276 | 47,530 |
| 13-06 | 298 | 52,650 |
| 13-07 | 227 | 44,364 |
| 13-08 | 216 | 42,550 |
| 13-09 | 348 | 67,340 |
| 13-10 | 380 | 69,443 |
| 13-11 | 348 | 63,560 |
| 13-12 | 384 | 65,040 |
| 14-01 | 427 | 72,640 |
| 14-02 | 388 | 68,000 |
| 14-03 | 310 | 52,310 |
| 14-04 | 366 | 58,840 |
| 14-05 | 262 | 47,435 |
| 14-06 | 320 | 57,430 |
| 14-07 | 243 | 48,850 |
| 14-08 | 220 | 42,504 |
| 14-09 | 325 | 54,540 |
| 14-10 | 396 | 63,040 |
| 14-11 | 426 | 64,330 |
| 14-12 | 435 | 62,337 |
| 15-01 | 424 | 66,435 |
| 15-02 | 410 | 60,235 |
| 15-03 | 332 | 49,556 |
| 15-04 | 342 | 52,030 |
| 15-05 | 264 | 44,735 |
| 15-06 | 294 | 49,943 |
| 15-07 | 235 | 42,556 |
| 15-08 | 217 | 40,250 |
| 15-09 | 310 | 55,365 |

㈜아리랑25의 동적 기간별 판매실적차트

☞ 실적차트를 표시할 자료(시작일과 기간)를 선택하시오…

| 시작연월 : | 13년 11월 부터 | 11 |
|---|---|---|
| 기 간 : | 40개월 동안 | 40 |

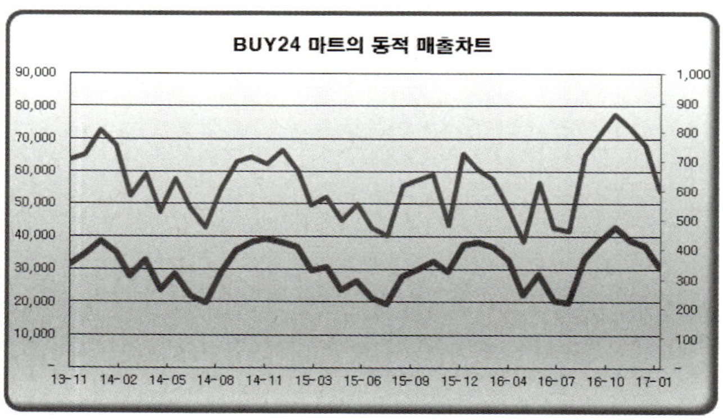


제시자료 | 아리랑25판매자료 | 동적실적차트 | Sheet3 | She ...

**Case 17** 혼자해보기

# 영진물산의 상품별 판매추세 동적차트

17

**현황**

영진물산은 단 2가지 상품만을 수입하여 독점 판매하고 있는 유통회사로, 지난 2011년 1월에 창업하여 올해로 9년째를 맞고 있다. 회사에서 판매하고 있는 두 가지 상품은 계절적 수요가 서로 다른 상품으로, 연중 판매실적의 평균화를 도모하고자 하는 데 의미가 있다. 그런데 최근 이러한 경향에 문제가 있는 것으로 보고, 지난 8년간의 월별 취급상품의 판매추세를 다각도로 분석해보고자 한다. 영진물산의 이기세 사장은 이러한 월별/상품별 판매추세를 **동적 차트**로 만들어 제시하도록 요구하고 있다.

영진물산의 지난 8년간 상품별/월별 판매량 자료는 다음과 같다.

✹ 영진물산의 지난 8년간 월별/상품별 판매 자료

| 년월 | A상품 | B상품 |
|---|---|---|
| 11-01 | 465 | 324 |
| 11-02 | 402 | 385 |
| 11-03 | 445 | 386 |
| 11-04 | 375 | 560 |
| 11-05 | 276 | 530 |
| 11-06 | 298 | 650 |
| 11-07 | 227 | 760 |
| 11-08 | 216 | 780 |
| 11-09 | 348 | 574 |
| 11-10 | 380 | 634 |
| 11-11 | 348 | 565 |
| 11-12 | 384 | 430 |
| 12-01 | 427 | 377 |
| 12-02 | 388 | 437 |
| 12-03 | 410 | 460 |
| 12-04 | 366 | 453 |
| 12-05 | 262 | 576 |
| 12-06 | 320 | 677 |
| 12-07 | 243 | 746 |
| 12-08 | 220 | 750 |
| 12-09 | 325 | 670 |
| 12-10 | 396 | 548 |
| 12-11 | 426 | 464 |
| 12-12 | 435 | 433 |

| 년월 | A상품 | B상품 |
|---|---|---|
| 13-01 | 424 | 446 |
| 13-02 | 410 | 547 |
| 13-03 | 332 | 557 |
| 13-04 | 342 | 495 |
| 13-05 | 264 | 655 |
| 13-06 | 294 | 693 |
| 13-07 | 235 | 744 |
| 13-08 | 217 | 756 |
| 13-09 | 310 | 650 |
| 13-10 | 336 | 655 |
| 13-11 | 363 | 535 |
| 13-12 | 425 | 436 |
| 14-01 | 416 | 455 |
| 14-02 | 423 | 445 |
| 14-03 | 410 | 430 |
| 14-04 | 366 | 466 |
| 14-05 | 246 | 705 |
| 14-06 | 320 | 578 |
| 14-07 | 227 | 689 |
| 14-08 | 220 | 660 |
| 14-09 | 370 | 626 |
| 14-10 | 428 | 720 |
| 14-11 | 475 | 658 |
| 14-12 | 434 | 465 |

| 년월 | A상품 | B상품 |
|---|---|---|
| 15-01 | 454 | 388 |
| 15-02 | 438 | 383 |
| 15-03 | 362 | 477 |
| 15-04 | 394 | 445 |
| 15-05 | 377 | 537 |
| 15-06 | 320 | 550 |
| 15-07 | 280 | 677 |
| 15-08 | 253 | 535 |
| 15-09 | 386 | 440 |
| 15-10 | 335 | 388 |
| 15-11 | 374 | 366 |
| 15-12 | 385 | 437 |
| 16-01 | 383 | 430 |
| 16-02 | 388 | 546 |
| 16-03 | 337 | 466 |
| 16-04 | 388 | 378 |
| 16-05 | 336 | 455 |
| 16-06 | 310 | 750 |
| 16-07 | 330 | 467 |
| 16-08 | 237 | 546 |
| 16-09 | 285 | 455 |
| 16-10 | 447 | 343 |
| 16-11 | 384 | 454 |
| 16-12 | 465 | 422 |

| 년월 | A상품 | B상품 |
|---|---|---|
| 17-01 | 424 | 402 |
| 17-02 | 426 | 400 |
| 17-03 | 394 | 432 |
| 17-04 | 346 | 520 |
| 17-05 | 310 | 633 |
| 17-06 | 367 | 455 |
| 17-07 | 256 | 663 |
| 17-08 | 227 | 683 |
| 17-09 | 326 | 588 |
| 17-10 | 405 | 711 |
| 17-11 | 486 | 688 |
| 17-12 | 423 | 525 |
| 18-01 | 388 | 500 |
| 18-02 | 416 | 344 |
| 18-03 | 426 | 338 |
| 18-04 | 436 | 336 |
| 18-05 | 343 | 527 |
| 18-06 | 366 | 563 |
| 18-07 | 303 | 688 |
| 18-08 | 246 | 646 |
| 18-09 | 377 | 425 |
| 18-10 | 365 | 445 |
| 18-11 | 288 | 463 |
| 18-12 | 385 | 437 |

**요구사항**

영진물산의 이기세 사장이 원하는 **동적 실적차트**를 작성해 보시오.

# Case 17 혼자해보기

Tips & 풀이 요약

## Tip

- 먼저 기초적인 실적자료가 오름차순의 하나의 표 형태로 정리되었는지 확인한다. 필요한 경우 합계란을 마련해 둔다.
- 동적차트는 예비 차트를 작성한 후에 이를 수정하는 방식으로 완성하는 것이 좋다.
- 날짜가 엑셀 내에서는 숫자로 인식되므로, 날짜를 숫자와 마찬가지로 다루되 표시는 간단한 날짜 형식을 취하도록 한다.
- 선택된 '차트기간'에 해당하는 'A상품', 'B상품', '합계' 등의 범위에도 이름을 정의하여 사용한다(offset 함수 적용).
- 예비차트의 계열값, 가로축 레이블 등을 정의된 이름으로 수정하여 동적차트로 표시한다.

## ▷ 제시 자료(월별 판매자료)를 하나의 표로 재구성(월별 순)

| | A | B | C | D | E | F | G |
|---|---|---|---|---|---|---|---|
| 1 | | 년월 | A상품 | B상품 | 합계 | | |
| 2 | | 11-01 | 465 | 324 | 789 | | |
| 3 | | 11-02 | 402 | 385 | 787 | | |
| 4 | | 11-03 | 445 | 386 | 831 | | |
| 5 | | 11-04 | 375 | 560 | 935 | | |
| 6 | | 11-05 | 276 | 530 | 806 | | |
| 7 | | 11-06 | 298 | 650 | 948 | | |
| 8 | | 11-07 | 227 | 760 | 987 | | |
| 9 | | 11-08 | 216 | 780 | 996 | | |
| 10 | | 11-09 | 348 | 574 | 922 | | |
| 11 | | 11-10 | 380 | 634 | 1,014 | | |
| 12 | | 11-11 | 348 | 565 | 913 | | |
| 13 | | 11-12 | 384 | 430 | 814 | | |
| 14 | | 12-01 | 427 | 377 | 804 | | |
| 15 | | 12-02 | 388 | 437 | 825 | | |
| 16 | | 12-03 | 410 | 460 | 870 | | |
| 17 | | 12-04 | 366 | 453 | 819 | | |
| 18 | | 12-05 | 262 | 576 | 838 | | |
| 19 | | 12-06 | 320 | 677 | 997 | | |
| 20 | | 12-07 | 243 | 746 | 989 | | |
| 21 | | 12-08 | 220 | 750 | 970 | | |
| 22 | | 12-09 | 325 | 670 | 995 | | |
| 23 | | 12-10 | 396 | 548 | 944 | | |
| 24 | | 12-11 | 426 | 464 | 890 | | |
| 25 | | 12-12 | 435 | 433 | 868 | | |
| 26 | | 13-01 | 424 | 446 | 870 | | |
| 27 | | 13-02 | 410 | 547 | 957 | | |
| 28 | | 13-03 | 332 | 557 | 889 | | |
| 29 | | 13-04 | 342 | 495 | 837 | | |
| 30 | | 13-05 | 264 | 655 | 919 | | |
| 31 | | 13-06 | 294 | 693 | 987 | | |
| 32 | | 13-07 | 235 | 744 | 979 | | |
| 33 | | 13-08 | 217 | 756 | 973 | | |
| 34 | | 13-09 | 310 | 650 | 960 | | |
| 35 | | 13-10 | 336 | 655 | 991 | | |

제시자료 | 영진물산판매자료 | 동적실적차 ...

## ▷ 동적 실적차트의 구성

- 시작일과 기간 선택 위해 [양식커트롤]의 [스크롤막대] 사용
- 시작일을 표시하는 I6 셀에 edate 함수 적용('=EDATE(40544,M6-1)')
- 기간 표시에는 [셀서식]-[표시형식]-[사용자 지정]에서 따로 정의하여 사용
- 선택된 자료로부터 '차트기간', 'A상품', 'B상품', '합계' 등의 표시영역을 OFFSET 함수를 사용하여 이름 정의하여 사용
- 계열값, 가로축 레이블 등에 정의된 이름 적용
- 표시하지 않아도 될 영역에는 [감추기] 기능 적용

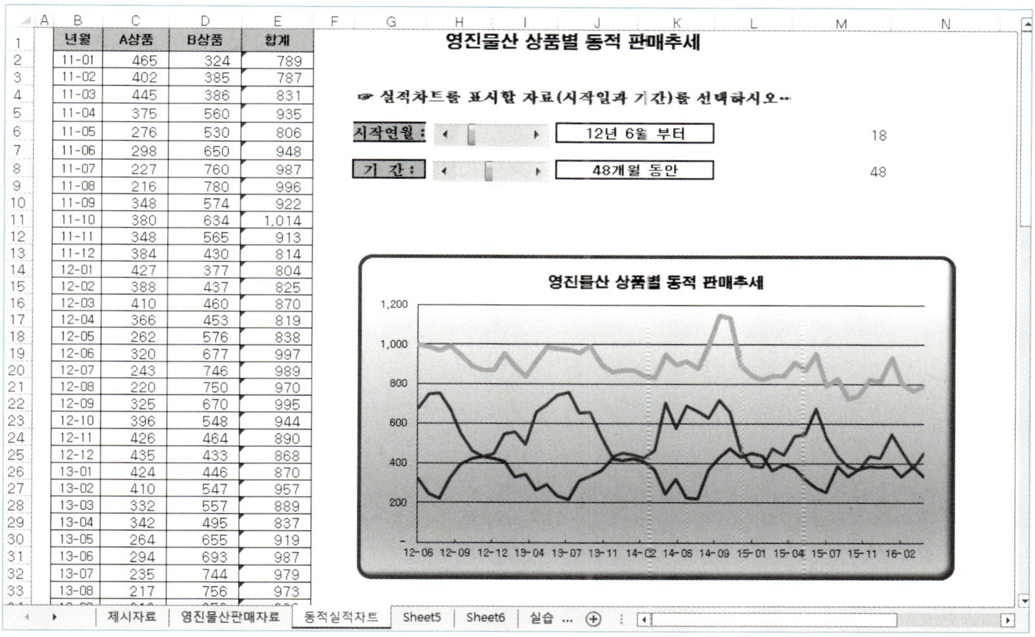


- 차트 작성 후 판매자료에 숨기기 적용

Part 02

# 의사결정과 함수 활용

EXCEL

CHAPTER

# 05

# 재무함수를 사용한 보고와 의사결정

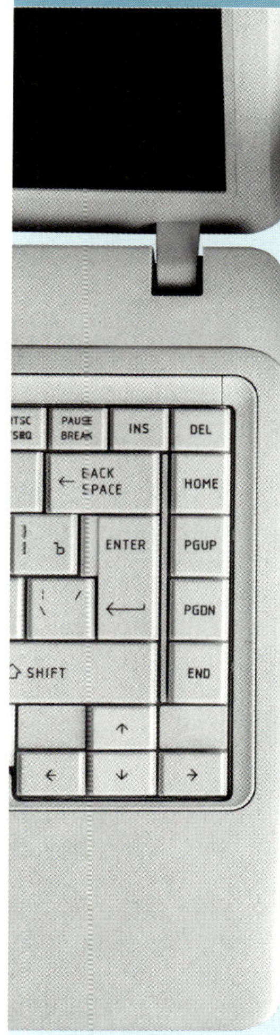

Case 18 따라하기

# (주)ALLSUV의 자동차 할부금 자동계산

18

**현황**

(주)ALLSUV는 국내 자동차 중에서도 레저용 SUV 신차만을 전문으로 판매하고 있는 회사이다. (주)ALLSUV는 다양한 할인조건과 할부지원책을 제시하고, 영업사원들로 하여금 더 나은 서비스로 매출액을 올릴 수 있도록 지원하고 있다. 특히 구매자들이 신차 구입시에 각종 조건에 따라 월 할부금 납부액의 결정에 애로사항을 이야기하고 있는 점을 고려하여, 가격 결정으로부터 할부금 납부액의 산정에 이르기까지 전 과정을 고객이 직접 해당 조건들을 선택하여 스스로 계산해 볼 수 있는 **자동계산시스템**을 만들어 사용해 보고자 한다. 또한 일정 기간 후에 고객이 **할부금** 잔액을 한꺼번에 지불하고자 하는 경우, 해당 금액이 얼마인지를 객관적 자료에 의해 설명해 줄 수 있도록 하고자 한다.

다만 (주)ALLSUV는 차종별로 단일 사양의 자동차만을 판매하고 있으며, 계약금은 반드시 현금으로 납부하고, 나머지 금액은 모두 할부로 하되, 할부이자율은 연 12%를 적용하고, 할부기간은 3년 이내에서 고객이 6개월 단위로 선택할 수 있도록 한다고 가정한다.

### SUV 차종별 판매가격

| 차종 | 판매가격 |
|---|---|
| 티볼리 | 26,000,000 |
| 투싼 | 31,400,000 |
| 스포티지 | 31,000,000 |
| 싼타페 | 40,300,000 |
| 쏘렌토 | 37,000,000 |

| 차종 | 판매가격 |
|---|---|
| QM6 | 35,000,000 |
| 모하비 | 49,000,000 |
| 맥스크루즈 | 44,200,000 |
| 렉스턴 | 45,500,000 |

### 신차 구매시 적용되는 할인조건

- KK신용카드 지불 할인: 1.5%
- 현금 계약금 납부율 50% 이상 할인: 2.2%
- 동일회사 차량 보유 할인: 1%
- 판매자 할인: 2% 이내

**요구사항**

위의 조건에 따라 (주)ALLSUV가 쉽게 적용할 수 있는 고객용 **할부금 자동계산시스템**을 만들어 보시오.

# Case 18 따라하기

**상황분석**

1. 고객이 판매 및 할인, 할부 조건을 쉽게 선택하여 입력할 수 있도록 해야 한다(양식 컨트롤을 사용하는 방안).
2. 월 할부금은 할부기간의 선택에 따라 자동으로 계산되도록 한다.
3. 할부를 선택했을 때, 일정 시점이 지나서 일시불로 전환하여 상환하고자 하는 경우 이를 정확히 계산하는 표를 제시할 수 있어야 한다.
4. 각각의 계산을 자동화하는 데 적절한 함수를 사용하여야 한다.

## 1. 자동차 가격표 작성

함수나 수식으로 연결되는 표를 작성하기 위해서는 조건 또는 기본정보에 해당하는 자료를 별도의 시트에 기록해두는 것이 좋다. 이는 나중에 기본정보에 변화가 생겼을 때 해당 시트의 자료만 변경해주면 작성되어 있는 표를 변경할 필요가 없기 때문이다.

① 새 Worksheet에서 하나의 시트를 선택하고, 시트의 이름을 '자동차가격표'로 변경해 둔다.

② B2 셀에 '〈SUV 차종별 판매가격〉'을 입력하고, 아래 B3:C12 셀 영역에 차종별 판매가격표 자료를 입력한다. B15 셀에는 '〈신차 구매시 적용되는 할인조건〉'을 입력하고, 할인조건을 표시한다. 이때 할인율 관련 숫자는 나중에 수식에 참조하기 위해 별도의 셀에 표시하는 것이 중요하다.

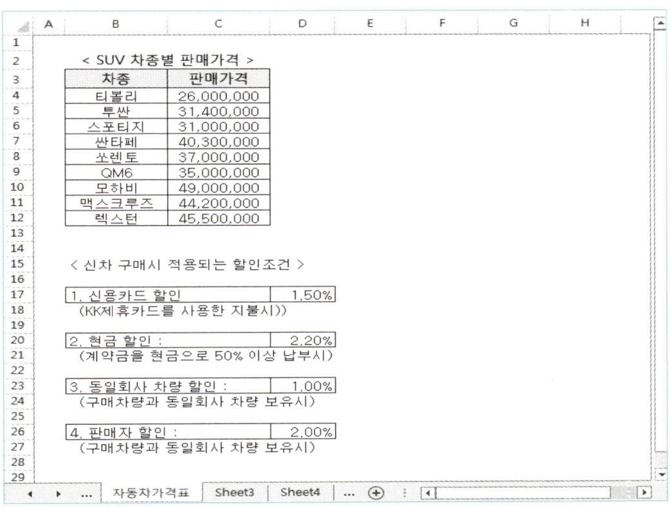

< SUV 차종별 판매가격 >

| 차종 | 판매가격 |
|---|---|
| 티볼리 | 26,000,000 |
| 투싼 | 31,400,000 |
| 스포티지 | 31,000,000 |
| 싼타페 | 40,300,000 |
| 쏘렌토 | 37,000,000 |
| QM6 | 35,000,000 |
| 모하비 | 49,000,000 |
| 맥스크루즈 | 44,200,000 |
| 렉스턴 | 45,500,000 |

< 신차 구매시 적용되는 할인조건 >

| 1. 신용카드 할인 | 1.50% |
|---|---|

(KK제휴카드를 사용한 지불시))

| 2. 현금 할인 : | 2.20% |
|---|---|

(계약금을 현금으로 50% 이상 납부시)

| 3. 동일회사 차량 할인 : | 1.00% |
|---|---|

(구매차량과 동일회사 차량 보유시)

| 4. 판매자 할인 : | 2.00% |
|---|---|

(구매차량과 동일회사 차량 보유시)

자동차가격표 | Sheet3 | Sheet4

③ B4:B12 셀 범위를 선택하고 [이름상자]에 '차종'을, C4:C12 셀 범위를 선택하고 [이름상자]에 '판매가'를 각각 입력하여 이름을 정의해 둔다(이름 정의 방법은 [수식] 탭 [정의된 이름]-[이름 정의]를 사용할 수도 있다).

## 2. 할부금 계산표 작성

① 새로운 시트(Sheet2)를 선택하고, 시트의 이름을 '**할부금계산표**'로 변경한다. '할부금계산표' 시트의 B1 셀에 제목 '신차 구매 할부금 계산표'를 입력하고, [글꼴]-[견고딕]-[13pt]로 조정하고 B1:D1 셀 범위에 [병합하고 가운데 맞춤]을 설정한다.

② A~G열의 [열 너비]를 각각 '3', '25', '20', '15', '6', '4', '31'로 설정한다. 그리고 1행~16행의 [행 높이]를 모두 '22'로 설정한다. 이 중 6~9행과 12행의 [행 높이]는 '35'로 재조정한다.

③ B3 셀부터 아래쪽으로 B16 셀까지 각각 '차종 선택', '판매 가격', '〈선택 할인〉', '1. 제휴카드 할인', '2. 현금 할인', '3. 동일회사 차량 할인', '4. 판매자 할인', '할인금액 합계', '순 판매가격', '현금(계약금) 납부액', '할부 금액', '할부 이자율', '할부 기간', '월 할부금 납부액'을 각각 입력한다.

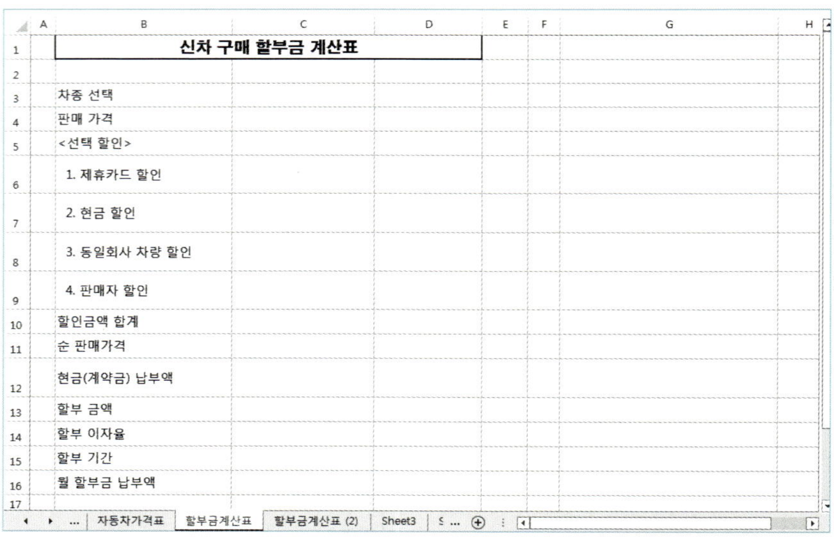


④ [**개발도구**] 탭에서 [컨트롤]-[삽입]을 클릭하고 [**양식 컨트롤**]에서 [**콤보상자**]를 클릭하여 마우스로 C3 셀 크기에 맞게 크기 조정하여 표시한다. 표시된 콤보상자의 내부에서 오른쪽 마우스 [컨트롤 서식]을 선택하고, [컨트롤 서식] 상자의 [컨트롤]에서 [입력 범위]에 '차종', [셀 연결]에 '$F$3'를 입력하고, [목록 표시 줄 수]를 '9'로 변경한다. 여기서 [목록 표시 줄 수]를 '9'로

지정한 것은, 현재 이 회사에 판매하고 있는 모든 차종(9종)을 콤보상자에서 볼 수 있도록 하기 위한 것이다. [확인]을 누르고, 콤보상자의 오른쪽 선택 화살표를 클릭하여 '자동차가격표' sheet에 입력되어 있는 차종들이 모두 표시되어 나타나는지를 확인한다.

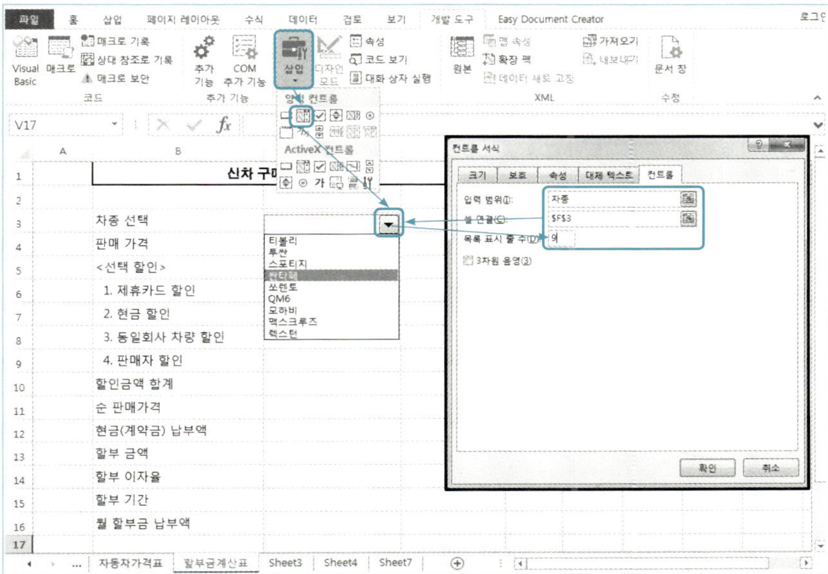


⑤ 콤보상자의 오른쪽 선택 화살표를 클릭하여 표시된 차종 중 '싼타피'를 선택해 본다. 그러면 F3 셀에 숫자 '4'가 표시된다. 이는 이름 부여한 '차종' 리스트에서 '싼타페'가 4번째 차종이며, 이 4번째 차종이 선택되었음을 표시하는 것이다.

⑥ 이제 선택된 차종명을 고객이 쉽게 이해할 수 있도록 D3 셀에 레이블로 표시해 보자. D3 셀에 함수 '=index(차종,$F$3)'을 입력한다. 그리고 D3:F16 셀 영역을 선택하여 [홈] 탭의 [맞춤]에서 [가운데 맞춤]을 선택하여 표시한다.

⑦ 이제 구매하고자 하는 차종이 선택되었으므로, D4 셀에 해당 차종의 판매가격을 찾아 표시하기로 한다. 판매가격 역시 이름영역 '판매가'에서 찾아야 하므로 INDEX 함수를 사용하여, D4 셀에 '=index(판매가,$F$3)'를 입력한다. D4 셀에는 차종 '싼타페'의 가격 '40,300,000'이 표시된다.

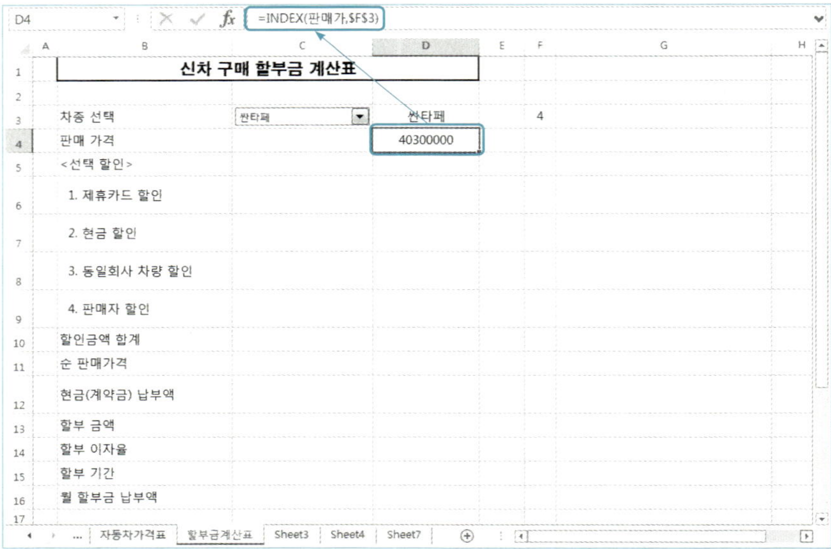


**참고**

### INDEX 함수

INDEX 함수는 '**찾기 함수**'로, 참조 범위에서 특정 위치의 값을 찾아서 표시해주는 기능을 수행한다. INDEX 함수의 기본 표현형식은 '=INDEX(범위,n번째 행,n번째 열)'이다. 여기서 '범위'는 찾고자 하는 자료가 들어 있는 셀 범위, 또는 이름영역이며, 특정 위치의 값은 'n번째 행,n번째 열' 대신에 행과 열을 표시하는 셀주소(예컨대 'E4') 형식으로 입력해도 된다. 따라서 4번째 위치라는 정보를 포함하고 있는 E$ 셀 값을 이름 영역 '차종'에서 찾기 위해 '=INDEX(차종,$E$3)'으로 함수를 표시하면, 결과 값은 4번째 차종인 '싼타페'를 표시해 준다.

⑧ 〈선택 할인〉으로 '제휴카드 할인'을 적용할 수 있는가의 여부를 표시하기 위해 [양식 컨트롤]의 [**옵션 단추**]를 사용할 수 있다. [개발 도구] 탭의 [컨트롤]-[삽입]에서 [양식 컨트롤]의 [옵션 단추]를 클릭하고, C6 셀의 왼쪽에 최소의 크기로 드래그하여 표시하고, 컨트롤 텍스트를 '사용'으로 변경한다. 작성된 [옵션 단추]에서 오른쪽 마우스 [컨트롤 서식]을 클릭하고, [컨트롤 서식] 상자의 [컨트롤]에서 [셀 연결]에 '$F$6'를 입력한다.

⑨ 작성된 옵션 단추를 복제하여 사용하기 위해, '사용' 옵션단추를 클릭한 상태에서 Ctrl 키를 누르고 오른쪽으로 드래그하여 복제된 또 하나의 '사용' 옵션단추를 생성한다. 이때 두 개의 옵션 단추는 서로 중첩되지 않도록 배열하여야 한다. 오른쪽에 복제된 '사용' 옵션단추의 컨트롤 텍스트를 '사용않음'으로 변경한다.

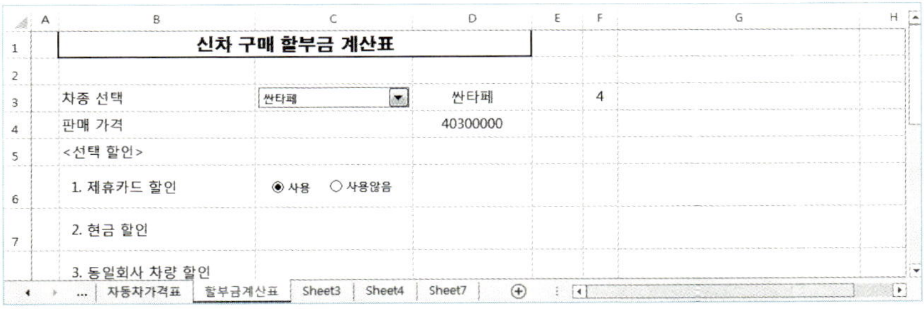


⑩ 작성된 옵션단추의 높이를 같게 하기 위해, Ctrl 키를 누른 상태에서 두 개의 컨트롤을 차례로 클릭하여 모두 선택하고, [그리기 도구]의 [서식] 탭에서 [정렬]그룹의 [**개체 맞춤**]을 클릭한 후 [위쪽 맞춤]을 선택한다.

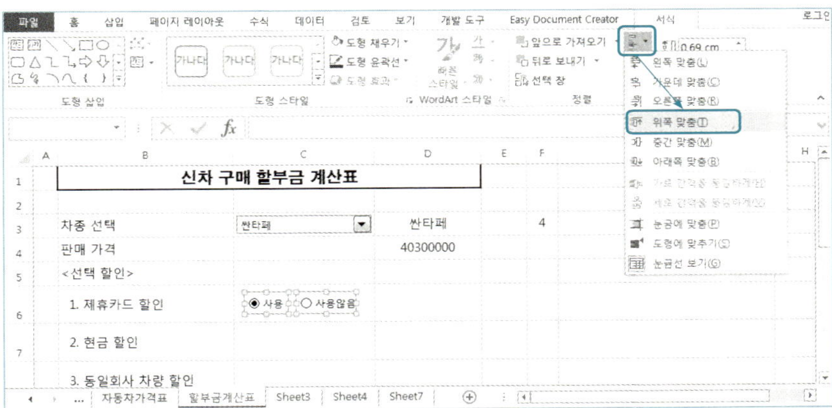


⑪ 두 개의 옵션단추가 모두 선택된 상태에서, 이를 모두 그룹화하기 위해 [개발 도구] 탭의 [컨트롤] 그룹에서 [삽입]을 클릭하고 [양식 컨트롤]에서 [**그룹 상자**]를 클릭한다. 이제 마우스로 선택된 두 개의 옵션단추가 완전히 포함되도록 드래그하여 그룹상자를 그리고, 그룹상자의 왼쪽 위에 있는 텍스트를 지운다.

⑫ 그룹상자와 두 개의 옵션단추를 하나의 그룹으로 묶기 위해 Ctrl 키를 누른 상태에서 차례로 클릭하여 모두 선택하고, [그리기 도구]의 [서식] 탭에서 [정렬] 그룹의 [**개체 그룹화**]에서 [**그룹**]을 선택한다. 이제 3개의 양식 컨트롤은 하나의 그룹으로 묶여졌다.

⑬ 그룹화된 옵션단추 중 '사용'과 '사용않음' 단추를 번갈아 선택하면서 F6 셀에 '1'과 '2'가 차례로 표시되는지 확인해 본다.

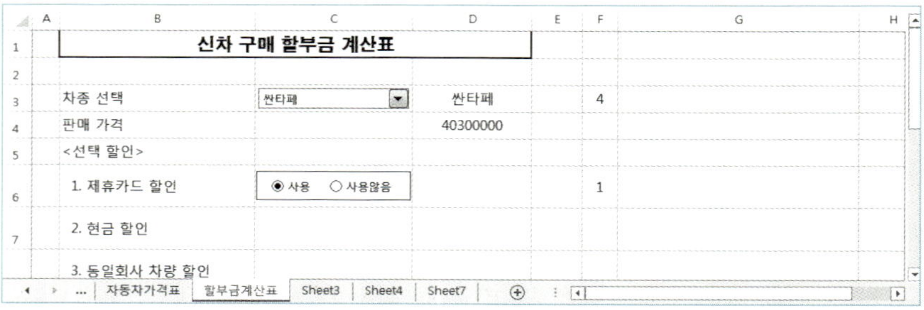

⑭ C7:C9 셀 영역에도 같은 형식의 옵션단추가 사용되어야 하므로 C6 셀의 그룹화된 옵션단추를 복제하여 사용하기로 한다. Ctrl 키를 누른 상태에서 그룹화된 옵션단추 그룹을 C7 셀로 드래그하여 표시한다. 마찬가지 방법으로 C8, C9 셀에도 옵션단추 그룹을 복제해 둔다. 이때 그룹화된 옵션단추 그룹의 상/하/좌/우 경계가 해당 셀의 크기를 벗어나지 않도록 크기나 위치를 조정하여 표시한다.

⑮ C7 셀의 그룹 옵션단추에서 '사용' 옵션단추를 오른쪽 마우스로 클릭하고 컨트롤 텍스트를 '**적용**'으로 변경한다. 그리고 다시 오른쪽 마우스 [컨트롤 서식]을 클릭하고 [컨트롤]에서 [셀 연결]에 '$F$7'을 입력하고 [확인]을 누른다. 이번에는 그룹 옵션단추의 오른쪽 텍스트 '사용않음'을 '적용않음'으로 변경한다. 변경 후 '적용' 옵션단추와 '적용않음' 옵션단추를 번갈아 선택하면서 F7 셀에 '1'과 '2'가 번갈이 표시되는지 확인해 본다.

⑯ 마찬가지로, C8 셀의 그룹 옵션단추에서 왼쪽 옵션단추의 텍스트를 '보유', 오른쪽 옵션단추의 텍스트를 '없음'으로 변경하고, '보유' 옵션단추에서 오른쪽 마우스 [**컨트롤 서식**]을 클릭하여 [컨트롤]의 [셀 연결]에 $F$8'을 입력하고 [확인]을 누른다. 또 C9 셀의 그룹 옵션단추에서 왼쪽 옵션단추의 텍스트를 '적용', 오른쪽 옵션단추의 텍스트를 '해당없음'으로 변경하고, '적용' 옵션단추에서 오른쪽 마우스 [컨트롤 서식]을 클릭하여 [컨트롤]의 [셀 연결]에 $F$9'을 입력하고 [확인]을 누른다. 이제 C8 셀의 그룹 옵션단추와 C9 셀의 그룹 옵션단추에서 왼쪽 옵션단

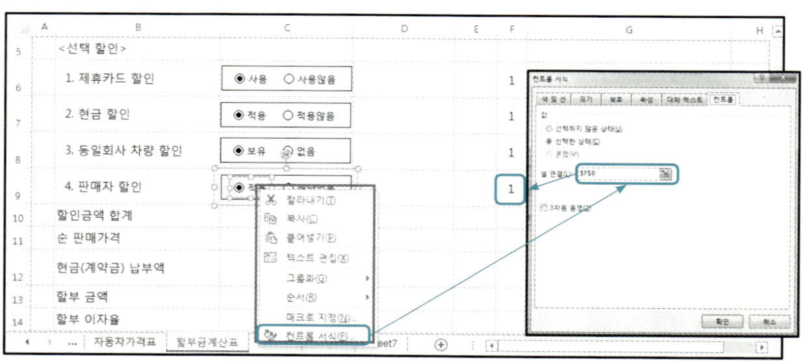

추와 오른쪽 옵션단추를 번갈아 선택하면서 F8과 F9 셀에 각각 '1'과 '2'로 선택 표시되어지는지 확인한다.

⑰ 이제 옵션단추 선택의 결과를 D열에 금액으로 연결하여 표시해 보자. D6 셀에 수식 '=IF(F6=1,$D$4*자동차가격표!$D$17,0)'을 입력한다. 이 수식은 만일 자동차 구매대금 지불시 고객이 제휴카드를 사용하여 지급하는 경우(즉, [제휴카드 할인]을 '사용'하여 F6 셀에 '1'로 표시되는 경우) '자동차가격표' sheet의 D17 셀에서 규정된 할인율(1.5%)을 적용한 할인액을 표시하고, 아닌 경우에는 '0'으로 표시하라는 의미이다.

⑱ 나머지 할인액 계산에도 동일한 형식의 수식을 사용할 수 있다. 따라서 먼저 D6 셀의 수식을 복사하여 D7:D9 셀 영역에 붙여넣기 하고 이를 수정하여 사용한다. D7 셀의 수식은 '=IF(F7=1,$D$4*자동차가격표!$D$20,0)'으로 수정한다. 그리고 D8 셀의 수식은 '=IF(F8=1,$D$4*자동차가격표!$D$23,0)'으로, D9 셀의 수식은 '=IF(F9=1,$D$4*자동차가격표!$D$26,0)'으로 각각 수정한다. 이러한 수정 후 C6:C9 셀 영역의 각 옵션단추를 클릭해 가면서, 옵션단추 선택에 따라 D6:D9 셀 영역의 할인액 계산이 제대로 표시되어지는지 확인해 본다.

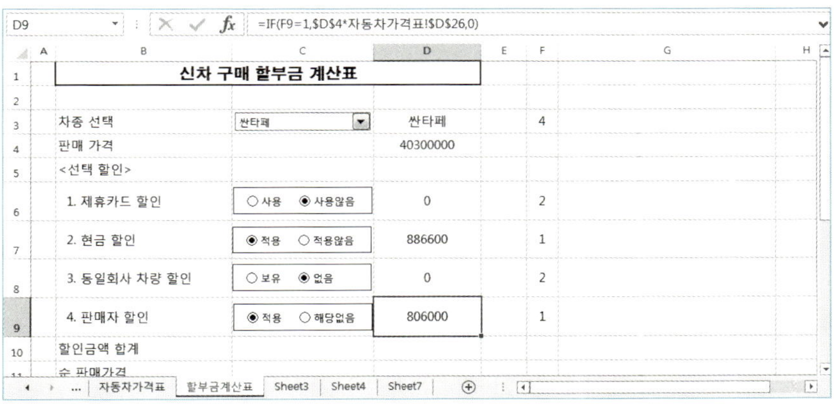


⑲ D10 셀에는 D6:D9 셀 영역에 표시된 할인금액들을 모두 합계하여 표시한다. 따라서 D10 셀에 수식 '=SUM(D6:D9)'을 입력한다. 그리고 D11 셀에는 D4 셀의 판매금액에서 D10 셀의 할인금액 합계를 차감하여 고객이 실제로 납부해야 할 금액(순 판매가격)을 표시한다. 이를 위해 D11 셀에 수식 '=D4−D10'을 입력한다.

⑳ D12 셀에는 고객이 지불해야 할 자동차 대금(D11) 중에서 선금(계약금)으로 얼마의 금액을 지불할 것인가를 결정하여 표시하도록 해야 한다. 고객이 선금으로 결정할 수 있는 금액은 다양하므로, 이러한 선택에 적용가능한 양식 옵션을 스크롤 막대 형식으로 C12 셀에 표시하기로 한다. [개발 도구] 탭의 [컨트롤]-[삽입]을 클릭하고, [양식 컨트롤]에서 [스크롤 막대]를 선택한

후 C12 셀 영역 내에 드래그하여 표시한다. 표시된 스크롤 막대를 클릭하고 오른쪽 마우스 [컨트롤 서식]을 선택한다. [컨트롤 서식] 상자의 [컨트롤]에서 최소값, 최대값, 증분 변경, 페이지 변경이 각각 0, 100, 1, 10으로 설정되어 있는지 확인하고, 셀 연결에 '$F$12'를 입력한다. 이는 고객이 순 판매가격 중 선금(현금)으로 납부하는 금액이 얼마인지를 백분율로 선택하여 표시하기 위한 것이며, 선택 결과는 F12 셀에 표시된다.

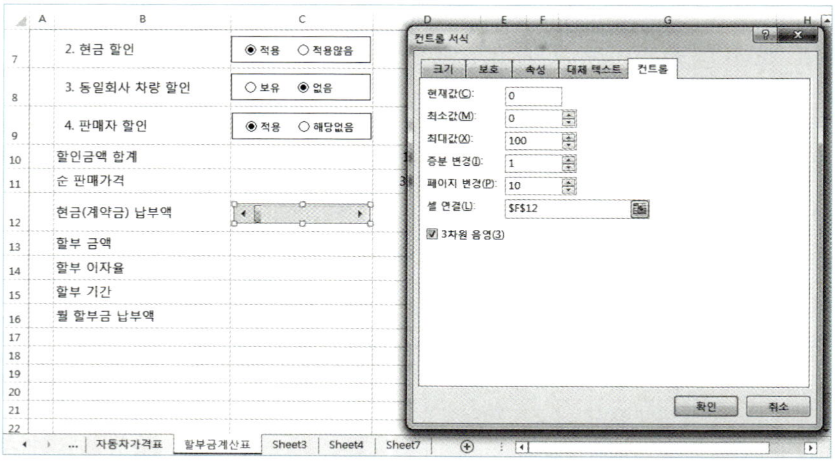

㉑ C12 셀의 스크롤 막대 좌/우 화살표를 클릭해가면서 F12 셀에 표시되는 숫자를 살펴보면, 0부터 100까지의 숫자로 표시되고 있음을 알 수 있다. 먼저 F12 셀에 표시되는 숫자를 백분율로 고쳐서 E12 셀에 표시하기 위해, E12 셀에 수식 '=F12/100'을 입력하고, [홈] 탭의 [표시형식]에서 [백분율 스타일](%)을 선택한다. 그리고 이 백분율을 D12 셀에 금액으로 표시하기 위해, D12 셀에 수식 '=D11*E12'를 입력한다.

㉒ 그런데 '자동차가격표' sheet의 [할인조건-2]에 따른다면, E12 셀의 현금(계약금) 납부율이 50% 미만인 경우에는 D7 셀에서 '현금 할인'을 적용받을 수 없기 때문에, D12 셀에서 가능 여부를 검토하여 오류메시지를 표시할 수 있도록 수식을 변경해야 한다. 따라서 D12 셀의 수식을 '=IF(AND(F7=1,F12<50),"입력 오류",D11*E12)'로 변경하여 입력한다. 그리고 G12 셀에는 D12 셀에서 '입력 오류'로 표시된 경우 그 이유를 설명해주기 위해, 수식 '=IF(D12="입력 오류","현금할인을 적용받으려면 계약금 납부율이 50% 이상이어야 합니다!","")'를 입력한다. 그리고 G12 셀에서 오른쪽 마우스 [셀 서식]을 클릭하고, [셀 서식] 상자의 [맞춤]-[텍스트 조정]에서 [텍스트 줄 바꿈]을 선택하도록 체크하고, [글꼴]에서 [색]을 '진한 빨강'으로 선택하여 [확인]을 누른다.

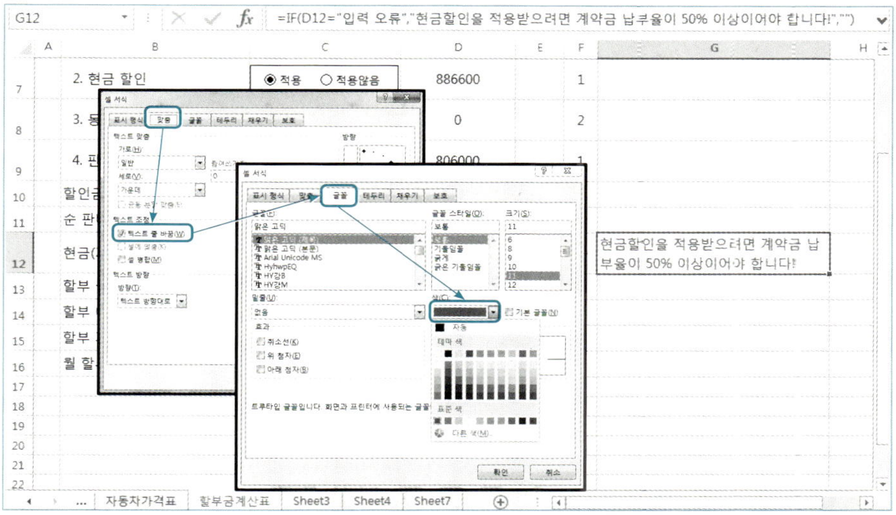


㉓ 이제 C12 셀의 스크롤 막대 좌/우 화살표를 클릭해가면서, E12 셀이 50% 이하로 표시되는 경우 D12 셀에 '입력 오류'가 표시되면서 동시에 G12 셀에도 해당 오류메시지가 나타나는지 확인해 본다. 또 50%가 넘는 경우에는 '입력 오류'와 오류메시지가 표시되지 않는지도 확인해 본다.

㉔ D13 셀에는 순 판매가격(D11)에서 계약금 납부액(D12)을 차감한 잔액을 할부금액으로 표시하기 위해 수식 '=D11-D12'을 입력한다. 그리고 C14 셀에는 할부 선택시에 일률적으로 적용되는 연 이자율을 표시하기 위해 '12%'를 입력해 둔다.

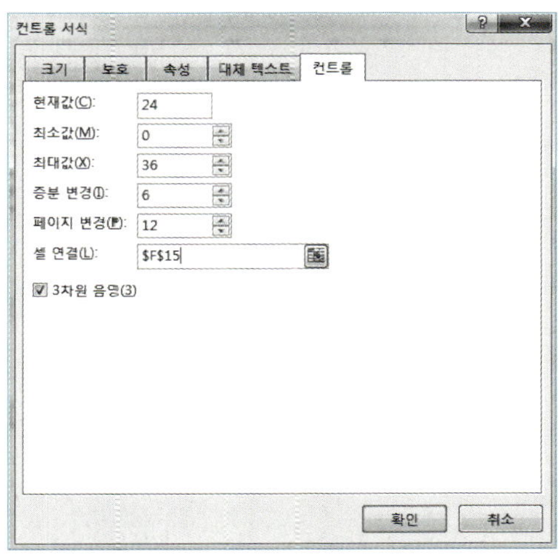


㉕ '할부 기간'은 36개월 이내에서 6개월 단위로 고객이 선택하도록 해야 한다. [개발 도구] 탭의 [컨트롤]-[삽입]에서 [양식 콘트롤]의 [스크롤 막대]를 선택하고, 마우스로 C15 셀 크기에 맞춰 드래그하여 표시한다. 표시된 스크롤 막대 위에서 오른쪽 마우스 [컨트롤 서식]을 선택하고, [컨트롤 서식]의 [컨트롤]에서 [현재값]을 '24', [최소값] '0', [최대값] '36', [증분 변경] '6', [페이지 변경] '12', [셀 연결]에 '$F$15'로 입력하고 [확인]을 누른다. 이제 F15 셀에 기본값으로 24가 표시되고, 스크롤 막대 선택에 따라 값이 6씩 증가 또는 감소하여 표시된다. F15 셀에 선택된 숫자를 텍스트 형식으로 표현하기 위해, D15 셀에 수식 '=F15&" 개월"'을 입력한다.

㉖ D16 셀에는 '할부금액'(D13)을 '할부이자율'(C14)로 '할부기간'에 걸쳐 매달 일정 금액을 납부하는 경우 얼마의 금액이어야 하는지를 표시하고자 한다. 이를 위해 D16 셀에 수식 '= –PMT(C14/12,F15,D13)'을 입력한다.

> **참고**
>
> ### PMT 함수
>
> **PMT 함수**는 대출금에 대해 일정 기간 동안 일정한 금액의 원리금 상환액을 계산해주는 함수이다. 즉, 대출금을 일정한 이자율로 정해진 기간(월)에 걸쳐 원리금을 함께 상환하고자 하는 경우, 매월 동일한 금액을 얼마만큼 납부해야 하는지를 계산할 때 사용된다. PMT 함수의 기본 표현형식은 '=PMT(이자율,상환기간,대출금액)'이다. 여기서 '상환기간'이 월로 정해지면 '이자율' 역시 월 이자율로 표시한다. 일반적으로 PMT 함수의 결과값은 음수(–)로 표시된다. 이는 대출금을 양수(+)로 입력하기 때문에 이를 상환하는 값은 음수(–)로 표시하고 있는 것이다. 따라서 PMT 함수의 결과값을 양수(+)로 표시하고자 하는 경우 PMT 함수 앞에 '–'기호를 붙여 사용한다.

㉗ 이로써 '신차 구매 할부금 계산표'의 기본골격은 완성되었다. 그런데 F열에 표시된 값들은 계산에 반드시 필요한 값들이긴 하지만 굳이 보여줄 필요가 없으므로, F열 전체에 [숨기기] 기능을 적용한다(또는 F열 숫자들의 [글꼴 색]을 '바탕색'(흰색)으로 지정하여 보이지 않게 할 수도 있다). D열의 숫자들은 천원 단위로 구분표시하기 위해 [홈] 탭의 [표시형식]에서 [쉼표 스타일(,)]을 적용한다.

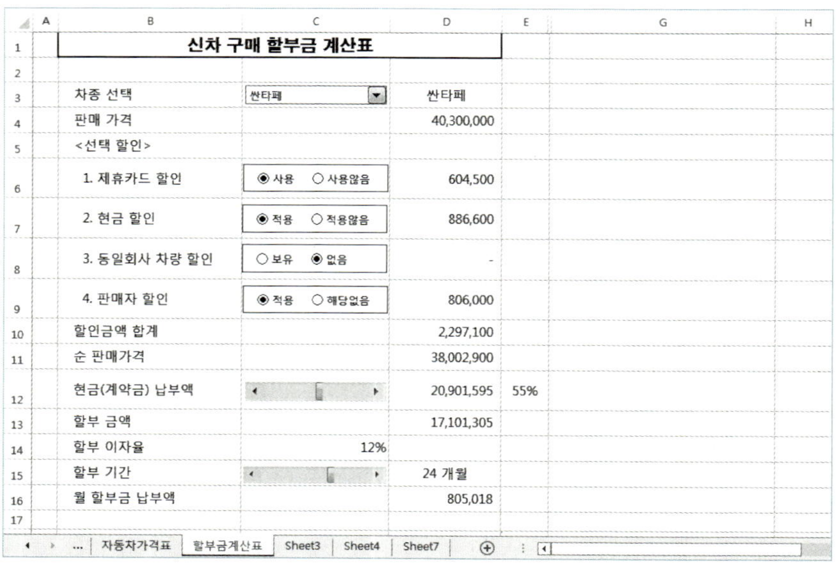

㉘ 그런데 D12 셀에 표시된 '현금(계약금) 납부액'이 원 단위 금액까지 표시되고 있지만, 실제로 원 단위 금액까지 계산하여 지급하기는 불편할 수 있으므로, 이를 천원 단위까지 반올림하여 표시해 보자. 이를 위해서는 **'ROUND' 함수**를 사용할 수 있으며, 따라서 D12 셀의 수식에 ROUND 함수를 포함하여 '=IF(AND(F7=1,F12<50),"입력 오류",ROUND(D11*E12,-3))'으로 변경한다.

참고

### ROUND 함수

**ROUND 함수**는 숫자를 지정한 자릿수로 반올림하여 표시하는데 사용된다. ROUND 함수의 기본 표현형식은 '=ROUND(숫자,자릿수)'이다. 여기서 '숫자'는 반올림하려는 수를 의미하며, '자릿수'는 반올림하여 표시하려는 소수점 아래의 자릿수를 의미한다. 따라서 ROUND 함수는 기본적으로 소수점 이하의 자릿수를 관리하려는 목적에 사용되고 있지만, 소수점 위의 자릿수, 예컨대 천원 단위로 표시하고자 하는 경우에는 자릿수를 '-3'과 같이 음수(-)로 지정하여 표시할 수 있다.

㉙ 이제 표의 주된 부분을 강조 표시하기 위해 B3:D16 셀 범위를 선택하고 [글꼴]을 '견고딕'으로 설정하고, [채우기 색]을 '밝은 주황'으로 선택하여 표시한다. 다만, 고객이 직접 선택해야 할 항목(B3, B6, B7, B8, B9, B12, B15)의 텍스트는 [글꼴 색]을 '진한 파랑'으로 선택하고, 오른쪽 금액부분에서는 고객이 반드시 알아야 할 주요 금액부분(D4, D10, D11, D13, D16)의 숫자를 [글꼴 색] '진한 빨강'으로 표시해 둔다.

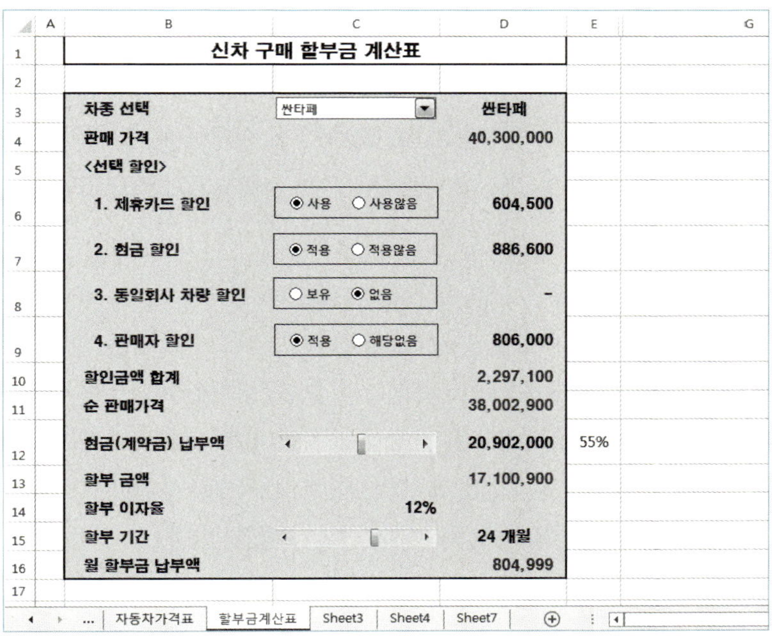

## 3. 기간별 대출금 상환표 작성

위의 할부금 계산표를 통해서 고객이 알고자 하는 할인액, 순 판매가격, 월 할부금액 등의 정보는 보여줄 수 있게 되었지만, 흔히 고객들이 알고자 하는 또 다른 정보는 '월 할부금 납부액' 중 이자와 원금이 어느 정도 차지하고 있는지, 그리고 할부기간 중에도 여유자금이 생기면 나머지 할부금액을 일시에 상환하고 싶은데 얼마의 금액을 상환해야 할지 등에 관한 것이다.

이러한 경우를 대비해서 별도의 '기간별 대출금(할부금) 상환표'를 작성하여 보여주는 것도 고객의 신뢰를 제고하는 하나의 방법일 수 있다. 여기서는 할부기간을 24개월인 것으로 가정하여 **대출금 상환표**를 작성해 보기로 한다.

① '할부금계산표' sheet의 오른쪽 새 시트를 선택하고, 시트의 이름을 '대출금상환표'로 변경해 둔다.

② B1 셀에 '기간별 대출금(할부금) 상환표'를 입력한다. B1:G1 셀 범위를 선택하고 [병합하고 가운데 맞춤]을 설정한다. [글꼴]은 '견고딕', [글꼴 크기]는 '14pt'로 변경한다.

③ B4:G4 셀 범위의 각 셀에 '기간', '원금 월초잔액', '월 정기지급액', '이자부분', '원금상환분', '원금 월말잔액'을 각각 입력한다. E3 셀에는 '월 정기지급액 중'을 입력하고 E3:F3 셀 영역을 선택하여 [병합하고 가운데 맞춤]을 설정한다. 그리고 A열과 B열의 [열 너비]는 '5', C열~G열의 [열 너비]는 모두 '15'로 설정한다.

④ B5 셀부터 B28 셀까지 1부터 24까지의 기간을 입력한다(B5 셀과 B6 셀에 각각 1과 2를 입력한 후 B5:B6 셀의 자동채우기 핸들을 이용하여 B28 셀까지 드래그하여 입력하는 방법이 보다 간편하다).

⑤ 첫째달의 '원금 월초잔액'은 순 판매가격 중 계약금(선금)으로 납부하는 금액을 제외한 '할부금액'을 의미하는 것이므로, C5 셀에는 '**=할부금계산표!$D$13**'을 입력한다. '월 정기지급액'은 매월 지급하는 할부금 납부액을 의미하므로, D5 셀에는 수식 '**=할부금계산표!$D$16**'을 입력한다.

⑥ '이자부분'은 '원금 월초잔액'에 '월 이자율'을 곱하여 계산하므로, E5 셀에는 수식 '**=C5*할부금계산표!$C$14/12**'를 입력한다. 이자율을 '할부금계산표!$C$14/12'로 표시한 것은 '할부금계산표'의 C14 셀에 표시된 이자율이 연 이자율을 의미하므로 이를 월 이자율로 나누어 계산하기 위한 것이다. 그리고 C5, D5, E5 셀의 수식에서 해당 금액을 직접 입력하지 않고 셀주소를 참조하는 형식으로 입력하는 것은, 후에 할부기간을 제외한 나머지 선택사항이 변하여 각각의 계산금액이 달라지더라도 자동으로 이를 반영하여 표시하도록 하기 위한 것이다.

⑦ **'원금상환분'**은 해당 월의 정기지급액(D5) 중에서 이자부분을 제외하고 원금이 줄어들게 되는 부분을 의미한다. 따라서 F5 셀에는 수식 '=D5－E5'를 입력한다. '월 정기지급액＝이자부분＋원금상환부분'으로 구성되어 있다. 여기서 '이자부분'은 '원금 월초잔액'에 '월 이자율'을 곱하여 계산되는데, 원금 원초잔액이 매달 감소하는 경우 이 이자부분도 때라 갇소하기 때문에, 매달 동일 금액으로 지급하는 '월 정기지급액' 중 '원금상환부분'은 기간이 경과될수록 증가된 금액으로 표시되어질 것이다.

⑧ **'원금 월말잔액'**은 '원금 월초잔액'에서 해당 월의 '원금상환분'을 뺀 나머지를 의미하므로, G5 셀에는 수식 '=C5－F5'를 입력한다.

⑨ 두 번째 달의 **'원금 월초잔액'**(C6 셀)은 첫 번째 달의 '원금 월말잔액'과 같은 것이므로, C6 셀에는 수식 '=G5'를 입력한다. 이제 C6 셀에 입력된 수식은 C7부터 C28까지의 각 셀에도 동일한 참조형태로 적용될 수 있는 것이므로, C6 셀에서 자동채우기 핸들을 통해 C28 셀까지 끌기하여 채워넣는다.

⑩ 한편 D5:G5 영역의 각 셀에 입력된 수식도 아래쪽에 똑같이 적용될 수 있으므로, D5:G5 셀 범위를 함께 선택한 후 **자동채우기 핸들**로 G28 셀까지 채워넣기 함으로써 나머지 수식도 모두 완성한다. 이때 B5 셀과 E5 셀에서 각 참조 셀을 '$D$16'이나 '$C$14'와 같이 **절대셀 형식**으로 정의해 두었던 것은, 여기에서 나머지 셀에도 같은 수식을 복사하여 동일한 참조셀이 적용되도록 미리 설정해 두었던 것이다.

⑪ 이러한 채워넣기를 완성하면 마지막 셀인 G28 셀의 금액이 '0'으로 표시된다. 이는 고객이 선택한 할부기간 24개월의 월 정기지급액 납부 24회가 끝나면 원금 잔액이 '0'이 되어 더 이상 납부할 필요가 없다는 것을 의미한다.

⑫ 이제 B4:G28 셀 범위를 선택하여 [모든 테두리]를 설정한다. E3:F3 셀 범위에도 [모든 테두리]를 설정한다.

**기간별 대출금(할부금) 상환표**

| | | | 월 정기지급액 중 | | |
|---|---|---|---|---|---|
| 기간 | 원금월초잔액 | 월 정기지급액 | 이자부분 | 원금상환분 | 원금월말잔액 |
| 1 | 17,100,900 | 804,999 | 171,009 | 633,990 | 16,466,910 |
| 2 | 16,466,910 | 804,999 | 164,669 | 640,330 | 15,826,581 |
| 3 | 15,826,581 | 804,999 | 158,266 | 646,733 | 15,179,848 |
| 4 | 15,179,848 | 804,999 | 151,798 | 653,200 | 14,526,647 |
| 5 | 14,526,647 | 804,999 | 145,266 | 659,732 | 13,866,915 |
| 6 | 13,866,915 | 804,999 | 138,669 | 666,330 | 13,200,586 |
| 7 | 13,200,586 | 804,999 | 132,006 | 672,993 | 12,527,593 |
| 8 | 12,527,593 | 804,999 | 125,276 | 679,723 | 11,847,870 |
| 9 | 11,847,870 | 804,999 | 118,479 | 686,520 | 11,161,350 |
| 10 | 11,161,350 | 804,999 | 111,613 | 693,385 | 10,467,965 |
| 11 | 10,467,965 | 804,999 | 104,680 | 700,319 | 9,767,645 |
| 12 | 9,767,645 | 804,999 | 97,676 | 707,322 | 9,060,323 |
| 13 | 9,060,323 | 804,999 | 90,603 | 714,396 | 8,345,928 |
| 14 | 8,345,928 | 804,999 | 83,459 | 721,539 | 7,624,388 |
| 15 | 7,624,388 | 804,999 | 76,244 | 728,755 | 6,895,633 |
| 16 | 6,895,633 | 804,999 | 68,956 | 736,042 | 6,159,591 |
| 17 | 6,159,591 | 804,999 | 61,596 | 743,403 | 5,416,188 |
| 18 | 5,416,188 | 804,999 | 54,162 | 750,837 | 4,665,351 |
| 19 | 4,665,351 | 804,999 | 46,654 | 758,345 | 3,907,006 |
| 20 | 3,907,006 | 804,999 | 39,070 | 765,929 | 3,141,077 |
| 21 | 3,141,077 | 804,999 | 31,411 | 773,588 | 2,367,489 |
| 22 | 2,367,489 | 804,999 | 23,675 | 781,324 | 1,586,166 |
| 23 | 1,586,166 | 804,999 | 15,862 | 789,137 | 797,028 |
| 24 | 797,028 | 804,999 | 7,970 | 797,028 | 0 |

자동차가격표 | 할부금계산표 | 대출금상환표 | Sheet4 | Shee ...

⑬ 완성된 대출금 상환표는 여러 가지 의미를 갖는다. 매월 동일한 **정기지급액**을 납부하는 경우, 매달 갚아져 나가는 원금부분은 어떻게 변해가는지, 시간이 갈수록 이자부담은 어떻게 줄어들고 있는지 등을 한눈에 볼 수 있다. 또한 고객이 매월 정기지급액을 납부해 가는 도중에, 예컨대 10번의 월 할부금액을 납부한 후에 여유자금이 생겨서 나머지 대출금(할부금) 전액을 한꺼번에 갚아야겠다고 생각한다면 얼마의 금액을 지불하는 것이 타당할지 등의 정보를 얻을 수 있다.

⑭ '**대출금 상환표**'에 의하면, 예컨대 고객이 10번의 할부금을 납부한 후에 남은 모든 대출금을 한꺼번에 모두 갚고자 하는 경우, 기간 10의 '원금 월말잔액'인 '10,467,965'원을 납부하면 될 것이다.

**기간별 대출금(할부금) 상환표**

| 기간 | 원금월초잔액 | 월 정기지급액 | 월 정기지급액 중 이자부분 | 월 정기지급액 중 원금상환분 | 원금월말잔액 |
|---|---|---|---|---|---|
| 1 | 17,100,900 | 804,999 | 171,009 | 633,990 | 16,466,910 |
| 2 | 16,466,910 | 804,999 | 164,669 | 640,330 | 15,826,581 |
| 3 | 15,826,581 | 804,999 | 158,266 | 646,733 | 15,179,848 |
| 4 | 15,179,848 | 804,999 | 151,798 | 653,200 | 14,526,647 |
| 5 | 14,526,647 | 804,999 | 145,266 | 659,732 | 13,866,915 |
| 6 | 13,866,915 | 804,999 | 138,669 | 666,330 | 13,200,586 |
| 7 | 13,200,586 | 804,999 | 132,006 | 672,993 | 12,527,593 |
| 8 | 12,527,593 | 804,999 | 125,276 | 679,723 | 11,847,870 |
| 9 | 11,847,870 | 804,999 | 118,479 | 686,520 | 11,161,350 |
| 10 | 11,161,350 | 804,999 | 111,613 | 693,385 | 10,467,965 |
| 11 | 10,467,965 | 804,999 | 104,680 | 700,319 | 9,767,645 |
| 12 | 9,767,645 | 804,999 | 97,676 | 707,322 | 9,060,323 |
| 13 | 9,060,323 | 804,999 | 90,603 | 714,396 | 8,345,928 |
| 14 | 8,345,928 | 804,999 | 83,459 | 721,539 | 7,624,388 |
| 15 | 7,624,388 | 804,999 | 76,244 | 728,755 | 6,895,633 |
| 16 | 6,895,633 | 804,999 | 68,956 | 736,042 | 6,159,591 |
| 17 | 6,159,591 | 804,999 | 61,596 | 743,403 | 5,416,188 |
| 18 | 5,416,188 | 804,999 | 54,162 | 750,837 | 4,665,351 |
| 19 | 4,665,351 | 804,999 | 46,654 | 758,345 | 3,907,006 |
| 20 | 3,907,006 | 804,999 | 39,070 | 765,929 | 3,141,077 |
| 21 | 3,141,077 | 804,999 | 31,411 | 773,588 | 2,367,489 |
| 22 | 2,367,489 | 804,999 | 23,675 | 781,324 | 1,586,166 |
| 23 | 1,586,166 | 804,999 | 15,862 | 789,137 | 797,028 |
| 24 | 797,028 | 804,999 | 7,970 | 797,028 | 0 |

자동차가격표 | 할부금계산표 | 대출금상환표 | Sheet4 | Shee ...

⑮ 그런데 이 '대출금 상환표'를 보면, 고객이 매월 지급해야 하는 정기지급액(₩804,999)이 원 단위까지 계산되어 있어 실제 지급이나 계산에 번거로움이 있을 수 있다. 따라서 이를 천원 단위로 반올림하여 계산되도록 하면, 이 대출금 상환표는 어떻게 재조정될까?

⑯ 할부금 계산표의 D16 셀에서는 원 단위까지 계산되더라도, 이를 참조하는 대출금 상환표에서는 천원 단위로 반올림하여 표시되도록 하기 위해, '대출금 상환표' sheet의 D5 셀의 수식 '=할부금계산표!$D$16'을 ROUND 함수를 적용하여 '**=ROUND(할부금계산표!$D$16,−3)**'으로 변경하여 입력한다.

⑰ 그러면 D5 셀의 계산금액이 이전의 '804,999'에서 '805,000'으로 변경되어 표시된다. 이는 고객이 매달 납부할 금액을 '804,999' 대신 '805,000' 납부하도록 재조정하는 것이다. 이제 D5 셀에서 자동채우기 핸들을 통해 D28 셀까지 끌기 하여 채워 넣는다. 그런데 변경된 표에서 마지막 셀(G28)이 '0'으로 표시되지 않고 양수(+) 또는 음수(−)의 숫자가 도시되어 나타나고 있다. 이는 D열의 계산을 ROUND 함수를 통해 천원 단위로 표시한데 따른 반올림 차이 때문에 발생하는 현상이다. 따라서 G28 셀이 '0'이 되도록 마지막 월 지급액(D28)만을 조정해 두기로 한다. D28 셀의 수식 '=ROUND(할부금계산표!$D$16,−3)'을 새로운 수식 '**=C28*할부금계산표!$C$14/12+대출금상환표!G27**'로 변경한다.

D28 =C28*할부금계산표!$C$14/12+대출금상환표!G27

**기간별 대출금(할부금) 상환표**

| 기간 | 원금월초잔액 | 월 정기지급액 | 월 정기지급액 중 이자부분 | 원금상환분 | 원금월말잔액 |
|---|---|---|---|---|---|
| 1 | 17,100,900 | 805,000 | 171,009 | 633,991 | 16,466,909 |
| 2 | 16,466,909 | 805,000 | 164,669 | 640,331 | 15,826,578 |
| 3 | 15,826,578 | 805,000 | 158,266 | 646,734 | 15,179,844 |
| 4 | 15,179,844 | 805,000 | 151,798 | 653,202 | 14,526,642 |
| 5 | 14,526,642 | 805,000 | 145,266 | 659,734 | 13,866,909 |
| 6 | 13,866,909 | 805,000 | 138,669 | 666,331 | 13,200,578 |
| 7 | 13,200,578 | 805,000 | 132,006 | 672,994 | 12,527,584 |
| 8 | 12,527,584 | 805,000 | 125,276 | 679,724 | 11,847,859 |
| 9 | 11,847,859 | 805,000 | 118,479 | 686,521 | 11,161,338 |
| 10 | 11,161,338 | 805,000 | 111,613 | 693,387 | 10,467,951 |
| 11 | 10,467,951 | 805,000 | 104,680 | 700,320 | 9,767,631 |
| 12 | 9,767,631 | 805,000 | 97,676 | 707,324 | 9,060,307 |
| 13 | 9,060,307 | 805,000 | 90,603 | 714,397 | 8,345,910 |
| 14 | 8,345,910 | 805,000 | 83,459 | 721,541 | 7,624,369 |
| 15 | 7,624,369 | 805,000 | 76,244 | 728,756 | 6,895,613 |
| 16 | 6,895,613 | 805,000 | 68,956 | 736,044 | 6,159,569 |
| 17 | 6,159,569 | 805,000 | 61,596 | 743,404 | 5,416,165 |
| 18 | 5,416,165 | 805,000 | 54,162 | 750,838 | 4,665,327 |
| 19 | 4,665,327 | 805,000 | 46,653 | 758,347 | 3,906,980 |
| 20 | 3,906,980 | 805,000 | 39,070 | 765,930 | 3,141,050 |
| 21 | 3,141,050 | 805,000 | 31,410 | 773,590 | 2,367,460 |
| 22 | 2,367,460 | 805,000 | 23,675 | 781,325 | 1,586,135 |
| 23 | 1,586,135 | 805,000 | 15,861 | 789,139 | 796,996 |
| 24 | 796,996 | 804,966 | 7,970 | 796,996 | - |

자동차가격표 | 할부금계산표 | 대출금상환표 | Sheet4 | Shee ...

⑱ 이러한 재계산 결과는, 고객이 매달 '₩804,999'을 지급하는 대신 '₩805,000'을 지급하되, 맨 마지막 지급시에만 이와는 조금 다른 금액 '₩804,966'만을 납부하면 되도록 간소화한 것이다.

⑲ 이러한 조정이 할부금계산표의 다른 선택사항을 변경한 경우에도 동일하게 적용되어지는지를 살펴보기로 한다. 예컨대 '할부금계산표' 시트에서 [차종]을 'QM6'로, [제휴카드 할인]을 '사용 않음'으로, 그리고 [현금(계약금) 납부액]을 '60%'로 변경해 본다. 이때 D16 셀에 계산된 '월 할부금 납부액'은 '₩631,349'이지만, '대출금상환표' 시트의 D5:D27 셀 영역에 표시되는 실제 '월 정기지급액'은 '₩631,000'이며, 다만 마지막 달에 지급해야 할 금액(D28)은 '₩640,425'으로 재조정되었다. 물론 마지막 달의 '원금월말잔액'(G28)은 '0'으로 표시되고 있음을 확인할 수 있다.

D28 =C28*할부금계산표!$C$14/12+대출금상환표!G27

**기간별 대출금(할부금) 상환표**

| 기간 | 원금월초잔액 | 월 정기지급액 | 월 정기지급액 중 이자부분 | 원금상환분 | 원금월말잔액 |
|---|---|---|---|---|---|
| 1 | 13,412,000 | 631,000 | 134,120 | 496,880 | 12,915,120 |
| 2 | 12,915,120 | 631,000 | 129,151 | 501,849 | 12,413,271 |
| 3 | 12,413,271 | 631,000 | 124,133 | 506,867 | 11,906,404 |
| 4 | 11,906,404 | 631,000 | 119,064 | 511,936 | 11,394,468 |
| 5 | 11,394,468 | 631,000 | 113,945 | 517,055 | 10,877,413 |
| 6 | 10,877,413 | 631,000 | 108,774 | 522,226 | 10,355,187 |
| 7 | 10,355,187 | 631,000 | 103,552 | 527,448 | 9,827,739 |
| 8 | 9,827,739 | 631,000 | 98,277 | 532,723 | 9,295,016 |
| 9 | 9,295,016 | 631,000 | 92,950 | 538,050 | 8,756,966 |
| 10 | 8,756,966 | 631,000 | 87,570 | 543,430 | 8,213,536 |
| 11 | 8,213,536 | 631,000 | 82,135 | 548,865 | 7,664,671 |
| 12 | 7,664,671 | 631,000 | 76,647 | 554,353 | 7,110,318 |
| 13 | 7,110,318 | 631,000 | 71,103 | 559,897 | 6,550,421 |
| 14 | 6,550,421 | 631,000 | 65,504 | 565,496 | 5,984,925 |
| 15 | 5,984,925 | 631,000 | 59,849 | 571,151 | 5,413,775 |
| 16 | 5,413,775 | 631,000 | 54,138 | 576,862 | 4,836,912 |
| 17 | 4,836,912 | 631,000 | 48,369 | 582,631 | 4,254,281 |
| 18 | 4,254,281 | 631,000 | 42,543 | 588,457 | 3,665,824 |
| 19 | 3,665,824 | 631,000 | 36,658 | 594,342 | 3,071,482 |
| 20 | 3,071,482 | 631,000 | 30,715 | 600,285 | 2,471,197 |
| 21 | 2,471,197 | 631,000 | 24,712 | 606,288 | 1,864,909 |
| 22 | 1,864,909 | 631,000 | 18,649 | 612,351 | 1,252,558 |
| 23 | 1,252,558 | 631,000 | 12,526 | 618,474 | 634,084 |
| 24 | 634,084 | 640,425 | 6,341 | 634,084 | - |

자동차가격표 | 할부금계산표 | 대출금상환표 | Sheet4 | Shee ...

Case 19 혼자해보기

# (주)AnyCar의 자동차 할부금 계산

19

현황

(주)AnyCar는 자동차 판매회사로, 취급 차종과 각각의 판매가격은 아래 표와 같다.

(주)AnyCar에서는 고객들이 할부를 원하는 경우에 고객들이 직접 할부율과 할부기간을 결정하고, 매월 납부해야 할 할부 월 정기지급액을 확인해 볼 수 있도록 하는 [**할부조견표**]를 만들어 사용하고자 한다.

차종별 판매가격과 작성하고자 하는 [할부조견표] 양식은 다음과 같다.

### 차종별 판매가격

(단위: 천원)

| 차종 | 아반떼 | 소나타 | SM5 | 싼타페 | 그랜져 | 봉고 | 옵티마 |
|---|---|---|---|---|---|---|---|
| 판매가격 | 11,000 | 15,000 | 16,500 | 22,000 | 35,500 | 8,000 | 17,000 |

### [할부조견표] 양식

[할부조견표]

| [항 목] | [선택] | [선택결과 표시] |
|---|---|---|
| 차종 선택 | | |
| 판매가격 | | |
| 계약금(현금) 납부율 | | |
| 계약금(현금) 납부액 | | |
| 할부금(은행융자금) | | |
| 할부이자율(년) | | |
| 할부기간(월) | | |
| 할부금 월 정기지급액 | | |

요구사항

1. 위 [할부조견표]를 양식컨트롤 등을 이용하여 작성해 보시오.
2. 홍길동 씨는 (주)AnyCar의 자동차 할부금 자동계산표를 통해 [차종: 싼타페, 계약금: 50%, 이자율: 연12%, 기간: 36개월]의 조건으로 자동차를 할부로 구입하는 계약을 체결했었는데, 월 할부금을 납부하기 시작한지 15개월 후에 여유자금이 생겨서 남은 할부금(대출금)의 원금 잔액을 한꺼번에 지급하여 청산하기로 하였다. 이때 지급해야 할 남은 할부금(대출금) 잔액은 얼마인지를 설명해 줄 수 있는 "기간별 **대출금상환표**"를 작성해 보시오(단, 월 정기지급액은 천원 단위로 표시한다).

# Case 19 혼자해보기

Tips & 풀이 요약

## Tip

- 차종 선택에 따른 판매가격 확인을 위해 **VLOOKUP 함수** 또는 **HLOOKUP 함수** 외에도 **INDEX 함수**를 사용할 수 있으며, 이는 차종 선택 결과값에 따라 달라질 수 있다(여기서는 INDEX 함수를 사용해 본다).
- [할부 조견표]는 구매 고객들에게 보여주거나 고객들이 직접 입력해 보도록 할 것이므로, 먼저 고객들이 이해하기 쉬운 형식으로 구성한다.
- 조건 선택시에는 다양한 조건들을 반영하기 위해 **양식컨트롤**을 사용하여 표시해 본다(콤보상자와 스크롤막대).
- 월 할부금을 산출하는 데에는 **PMT 함수**를 사용할 수 있다.
- [기간별 대출금 상환표] 작성시에는 [월 정기지급액]을 [천원] 단위로 표시하기 위해 **ROUND 함수**를 사용해 본다. 이 경우 마지막 달의 지급액은 소량의 금액조정이 필요하다.

## ▷ 자동차 구매와 할부금조견표 작성

<판매 차종 및 판매가격>

| 차종 | 판매가격 |
|---|---|
| 아반떼 | 11,000,000 |
| 소나타 | 15,000,000 |
| SM5 | 16,500,000 |
| 싼타페 | 22,000,000 |
| 그랜져 | 35,500,000 |
| 봉고 | 8,000,000 |
| 옵티마 | 17,000,000 |

< ㈜ Anycar 자동차 할부금 계산표 >

| | | |
|---|---|---|
| 차종선택 | 싼타페 | 싼타페 |
| 판매가격 | | 22,000,000 |
| 계약금(현금)납부율 | | 50% |
| 계약금 금액 | | 11,000,000 |
| 융자금 | | 11,000,000 |
| 이자율(년) | | 12% |
| 기간(월) | | 36 |
| 할부금 월지급액 | | ₩365,357 |

AnyCar 할부금계산표 | 기간별 대출금상환표 | Sheet1 | Sheet2

- 차종 선택에 콤보상자 사용
- 계약금 납부율, 이자율, 할부기간 등의 선택에는 스크롤막대 적용
- 월 할부금 지급액 계산에는 PMT 함수 적용

## ▷ 기간별 대출금상환표 작성

**기간별 대출금 상환표**

| 기간 | 원금월초잔액 | 월 정기지급액 | 월 정기지급액 중 이자부분 | 월 정기지급액 중 원금상환분 | 원금월말잔액 |
|---|---|---|---|---|---|
| 1 | 11,000,000 | ₩365,000 | 110,000 | 255,000 | 10,745,000 |
| 2 | 10,745,000 | ₩365,000 | 107,450 | 257,550 | 10,487,450 |
| 3 | 10,487,450 | ₩365,000 | 104,875 | 260,126 | 10,227,325 |
| 4 | 10,227,325 | ₩365,000 | 102,273 | 262,727 | 9,964,598 |
| 5 | 9,964,598 | ₩365,000 | 99,646 | 265,354 | 9,699,244 |
| 6 | 9,699,244 | ₩365,000 | 96,992 | 268,008 | 9,431,236 |
| 7 | 9,431,236 | ₩365,000 | 94,312 | 270,688 | 9,160,549 |
| 8 | 9,160,549 | ₩365,000 | 91,605 | 273,395 | 8,887,154 |
| 9 | 8,887,154 | ₩365,000 | 88,872 | 276,128 | 8,611,026 |
| 10 | 8,611,026 | ₩365,000 | 86,110 | 278,890 | 8,332,136 |
| 11 | 8,332,136 | ₩365,000 | 83,321 | 281,679 | 8,050,457 |
| 12 | 8,050,457 | ₩365,000 | 80,505 | 284,495 | 7,765,962 |
| 13 | 7,765,962 | ₩365,000 | 77,660 | 287,340 | 7,478,621 |
| 14 | 7,478,621 | ₩365,000 | 74,786 | 290,214 | 7,188,408 |
| 15 | 7,188,408 | ₩365,000 | 71,884 | 293,116 | **6,895,292** |
| 16 | 6,895,292 | ₩365,000 | 68,953 | 296,047 | 6,599,245 |
| 17 | 6,599,245 | ₩365,000 | 65,992 | 299,008 | 6,300,237 |
| 18 | 6,300,237 | ₩365,000 | 63,002 | 301,998 | 5,998,239 |
| 19 | 5,998,239 | ₩365,000 | 59,982 | 305,018 | 5,693,222 |
| 20 | 5,693,222 | ₩365,000 | 56,932 | 308,068 | 5,385,154 |
| 21 | 5,385,154 | ₩365,000 | 53,852 | 311,148 | 5,074,006 |
| 22 | 5,074,006 | ₩365,000 | 50,740 | 314,260 | 4,759,746 |
| 23 | 4,759,746 | ₩365,000 | 47,597 | 317,403 | 4,442,343 |
| 24 | 4,442,343 | ₩365,000 | 44,423 | 320,577 | 4,121,766 |
| 25 | 4,121,766 | ₩365,000 | 41,218 | 323,782 | 3,797,984 |
| 26 | 3,797,984 | ₩365,000 | 37,980 | 327,020 | 3,470,964 |
| 27 | 3,470,964 | ₩365,000 | 34,710 | 330,290 | 3,140,674 |
| 28 | 3,140,674 | ₩365,000 | 31,407 | 333,593 | 2,807,080 |
| 29 | 2,807,080 | ₩365,000 | 28,071 | 336,929 | 2,470,151 |
| 30 | 2,470,151 | ₩365,000 | 24,702 | 340,298 | 2,129,853 |
| 31 | 2,129,853 | ₩365,000 | 21,299 | 343,701 | 1,786,151 |
| 32 | 1,786,151 | ₩365,000 | 17,862 | 347,138 | 1,439,013 |
| 33 | 1,439,013 | ₩365,000 | 14,390 | 350,610 | 1,088,403 |
| 34 | 1,088,403 | ₩365,000 | 10,884 | 354,116 | 734,287 |
| 35 | 734,287 | ₩365,000 | 7,343 | 357,657 | 376,630 |
| 36 | 376,630 | **₩380,396** | 3,766 | 376,630 | 0 |

AnyCar 할부금계산표 | 기간별 대출금상환표 | Sheet1 | Sheet2

• 15개월 납부 후 한꺼번에 완납하고자 하는 경우 ₩6,895,292 납입

Case 20 혼자해보기

# 얼라리부동산의 오피스텔 분양 할부금 계산

20

현황

얼라리부동산은 신축 오피스텔을 분양 판매하는 전문 분양대행회사이다. 최근 상무지구, 첨단지구, 수완지구에 동시에 신축되는 (주)사랑채의 신축아파트를 분양하는 업무를 도급 받았다. 오피스텔 분양과 관련된 지구별/평형별 분양단가는 (주)사랑채와 이미 협의된 바 있으며, 최근 관련 분양조건에 대해 합의하고 본격적인 분양 준비를 서두르고 있다.

얼라리부동산은 분양업무를 쉽게 하기 위해서, 오피스텔 분양을 신청하러 오는 고객들에게 청약 및 대금 납부와 관련된 [**분양가액 계산표**] 양식을 미리 만들어 두고 고객이 직접 분양조건을 선택하도록 하고자 한다.

### ✹ 오피스텔 분양가격표

(평당 가격, 단위: 천원)

| 평형 | 상무지구 | 첨단지구 | 수완지구 |
|---|---|---|---|
| 12평형 | 2,000 | 1,500 | 3,000 |
| 15평형 | 2,200 | 1,700 | 3,300 |
| 19평형 | 2,500 | 1,900 | 3,600 |
| 25평형 | 2,800 | 2,200 | 4,000 |
| 31평형 | 3,300 | 2,500 | 4,200 |
| 40평형 | 3,800 | 2,800 | 4,500 |
| 49평형 | 4,500 | 3,200 | 4,900 |

### ✹ 분양 조건

1. 한 사람이 동시에 같은 지역, 같은 평수를 4세대까지 분양 신청할 수 있도록 하고, 이 경우 신청 오피스텔 세대수에 따라 서로 다른 할인율을 적용하기로 한다.

| 신청세대수 | 1세대 | 2세대 | 3세대 | 4세대 |
|---|---|---|---|---|
| 할인율 | 0% | 7% | 12% | 18% |

2. 분양 신청자에게 은행 대출을 신청해주되, 은행 대출한도를 분양금액의 80% 이내로 한정한다(즉, 청약금 현금지급액이 순분양대금 합계액의 20% 이상이 되어야 한다).
3. 은행 대출은 분양 오피스텔을 담보로 하되, 대출금은 향후 매월 일정액의 원리금을 정기적으로 납부하는 할부금 형식으로 한다.

4. 은행대출 할부금 이자율은 연 12%로 하되, 대출기간은 12개월에서 60개월까지 6개월 단위로 선택하여 결정하도록 한다.
5. 오피스텔 분양의 경우 납부해야 하는 **취득세**는 순분양금액 총계에 따라 일률적으로 **누진세제**가 적용된다. 취득세에 적용되는 세율구조는 다음과 같다.

| 순분양금액 | 기본세금 | 초과세율 | 설 명 |
|---|---|---|---|
| 7천만원 이하 | 0 | 4.5% | 7천만원 이하의 경우 순분양가격에 4.5% |
| 7천만원 이상 | 4,000,000 | 6.5% | 7천만원부터 1억4천만원 사이에는 기본세금 4백만원과 7천만원 초과금액에 대해 6.5% 추가 |
| 1억4천만원 이상 | 9,000,000 | 8.0% | 1억4천만원부터 2억5천만원 사이에는 기본세금 9백만원과 1억4천만원 초과금액에 대해 8.0% 추가 |
| 2억5천만원 이상 | 15,000,000 | 10.0% | 2억5천만원 이상인 경우 기본세금 1천5백만원과 2억5천만원 초과금액에 다해 10.0% 추가 |

요구사항

1. 위 자료와 조건을 토대로 다음의 **분양가액 계산표**를 작성하시오.

[분양가액 계산표]

| [항 목] | [선택] | [선택결과] |
|---|---|---|
| 오피스텔분양지구선택 ▷ | | |
| 신청평형선택 ▷ | | 평형 |
| 세대당 분양금액 | | |
| 분양신청세대수선택 ▷ | | 세대 |
| 총 분양신청 금액 | | |
| 다세대 신청 할인율 | | % |
| 순분양금액 총계 | | |
| 분양액 중 현금납부율(액) ▷ | | |
| 담보대출액(할부금) | | |
| 담보대출 할부이자율(고정) | | 12% |
| 대출(할부)기간선택 ▷ | | 개월 |
| 월할부금 정기납부액 | | |
| 납부할취득세 개산액 | | |

( ▷ 표시의 경우 선택막대(양식컨트롤)를 사용하도록 함 )

2. 할부를 선택하는 경우, 대출금에 대한 정기지급 월 할부금액을 설명해주기 위해 다음과 같은 [**기간별 대출금상환표**]를 작성해 보시오(단, 위 1의 선택이 [상무지구], [25평형], [2세대], [현금납부율 60%], [대출기간 48개월]인 경우를 표시함. 월 정기지급액은 천원 단위로 표시한다).

[기간별 대출금 상환표]

| 기간 | 원금 월초잔액 | 월 정기지급액 | 월 정기지급액 중 | | 원금 월말잔액 |
|---|---|---|---|---|---|
| | | | 이자부분 | 원금 상환부분 | |
| 1 | | | | | |
| 2 | | | | | |
| ⋮ | | | | | |
| 48 | | | | | |

3. 위의 [기간별 대출금상환표]를 적용하는 경우, 월 할부금액 납부 시작 24개월 후에 대출금 원금 잔액을 일시에 지급하여 청산하고자 하는 경우 남은 원금을 얼마로 계산하여 지급해야 할까?

4. 위 2.의 [기간별 대출금상환표]에서 기간별로 월정기지급액, 이자부분, 원금상환부분, 원금 월말잔액이 하나의 차트에 표시되도록 꺾은선추세그래프로 표시하시오(단, 원금월말잔액은 이중축 막대그래프로 표시하고, 범례 대신 도형-설명선으로 항목 이름을 표시하시오).

Case 20 혼자해보기

Tips & 풀이 요약

# 1. 분양가액계산표 작성

**얼라리부동산의 오피스텔 분양 할부금 계산**

<지역별/평형별 분양 예정단가> (천원/평)

| 평형(면적, 평) | 상무지구 | 첨단지구 | 수완지구 |
|---|---|---|---|
| 12평형 | 2,000 | 1,500 | 3,000 |
| 15평형 | 2,200 | 1,700 | 3,300 |
| 19평형 | 2,500 | 1,900 | 3,600 |
| 25평형 | 2,800 | 2,200 | 4,000 |
| 31평형 | 3,300 | 2,500 | 4,200 |
| 40평형 | 3,800 | 2,800 | 4,500 |
| 49평형 | 4,500 | 3,200 | 4,900 |

* 동일지역/평형 다세대 신청자 적용 할인율

| 신청세대수 | 할인률 |
|---|---|
| 1세대 | 0% |
| 2세대 | 7% |
| 3세대 | 12% |
| 4세대 | 18% |

| 평형 |
|---|
| 12 |
| 15 |
| 19 |
| 25 |
| 31 |
| 40 |
| 49 |

| 지역 |
|---|
| 상무지구 |
| 첨단지구 |
| 수완지구 |

1. 분양가액계산표 작성

**분양가액 계산표**

| 항목 | 선택 | 값 | |
|---|---|---|---|
| 오피스텔 분양지구 선택 | 첨단지구 | 첨단지구 | 2 |
| 신청 평형 선택 | 31평형 | 31평형 | 5 |
| 세대당 분양금액 | | 77,500,000 | |
| 분양신청 세대수 선택 | | 3 세대 | 3 |
| 총 분양신청금액 | | 232,500,000 | |
| 다세대 신청 할인율 | | 12% | |
| 순분양금액 총계 | | 204,600,000 | |
| 분양액 중 현금납부율(액) | | 92,070,000 | 45 |
| 담보대출액(할부금) | | 112,530,000 | |
| 담보대출 할부이자율(고정) | | 12% | |
| 대출(할부)기간 선택 | | 48 개월 | 48 |
| 월할부금 정기납부액 | | ₩2,963,347 | |
| *납부할 취득세 개산액 | | 14,168,000 | |

<참고: 누진세 적용표>

| | | |
|---|---|---|
| 0 | 0 | 4.5% |
| 70,000,000 | 4,000,000 | 6.5% |
| 140,000,000 | 9,000,000 | 8.0% |
| 250,000,000 | 15,000,000 | 10.0% |

## [<분양가액계산표> 주요 함수 및 수식]

=INDEX(C21:C23,E30)

=INDEX(B5:B11,E31)

=INDEX(C5:E11,E31,E30)*INDEX(E15:E21,E31)*1000

=E33&" 세대"

=D32*E33

=INDEX(C15:C18,E33)

=ROUND(D34*(1-D35),-3)

=ROUND(D36*E37/100,-3)

=D36-D37

=E40&" 개월"

=-PMT(D39/12,E40,D38)

=VLOOKUP($D$36,$B$45:$D$48,2)+($D$36-VLOOKUP($D$36,$B$45:$D$48,1))*VLOOKUP($D$36,$B$45:$D$48,3)

## 2. 기간별 대출금 상환표

**2. 기간별 대출금 상환표**

| 기간 | 원금월초잔액 | 월 정기지급액 | 월 정기지급액 중 | | 원금월말잔액 |
|---|---|---|---|---|---|
| | | | 이자부분 | 원금상환분 | |
| 1 | 112,530,000 | ₩2,963,000 | 1,125,300 | 1,837,700 | 110,692,300 |
| 2 | 110,692,300 | ₩2,963,000 | 1,106,923 | 1,856,077 | 108,836,223 |
| 3 | 108,836,223 | ₩2,963,000 | 1,088,362 | 1,874,638 | 106,961,585 |
| 4 | 106,961,585 | ₩2,963,000 | 1,069,616 | 1,893,384 | 105,068,201 |
| 5 | 105,068,201 | ₩2,963,000 | 1,050,682 | 1,912,318 | 103,155,883 |
| 6 | 103,155,883 | ₩2,963,000 | 1,031,559 | 1,931,441 | 101,224,442 |
| 7 | 101,224,442 | ₩2,963,000 | 1,012,244 | 1,950,756 | 99,273,686 |
| 8 | 99,273,686 | ₩2,963,000 | 992,737 | 1,970,263 | 97,303,423 |
| 9 | 97,303,423 | ₩2,963,000 | 973,034 | 1,989,966 | 95,313,457 |
| 10 | 95,313,457 | ₩2,963,000 | 953,135 | 2,009,865 | 93,303,592 |
| 11 | 93,303,592 | ₩2,963,000 | 933,036 | 2,029,964 | 91,273,628 |
| 12 | 91,273,628 | ₩2,963,000 | 912,736 | 2,050,264 | 89,223,364 |
| 13 | 89,223,364 | ₩2,963,000 | 892,234 | 2,070,766 | 87,152,598 |
| 14 | 87,152,598 | ₩2,963,000 | 871,526 | 2,091,474 | 85,061,124 |
| 15 | 85,061,124 | ₩2,963,000 | 850,611 | 2,112,389 | 82,948,735 |
| 16 | 82,948,735 | ₩2,963,000 | 829,487 | 2,133,513 | 80,815,222 |
| 17 | 80,815,222 | ₩2,963,000 | 808,152 | 2,154,848 | 78,660,375 |
| 18 | 78,660,375 | ₩2,963,000 | 786,604 | 2,176,396 | 76,483,978 |
| 19 | 76,483,978 | ₩2,963,000 | 764,840 | 2,198,160 | 74,285,818 |
| 20 | 74,285,818 | ₩2,963,000 | 742,858 | 2,220,142 | 72,065,676 |
| 21 | 72,065,676 | ₩2,963,000 | 720,657 | 2,242,343 | 69,823,333 |
| 22 | 69,823,333 | ₩2,963,000 | 698,233 | 2,264,767 | 67,558,566 |
| 23 | 67,558,566 | ₩2,963,000 | 675,586 | 2,287,414 | 65,271,152 |
| 24 | 65,271,152 | ₩2,963,000 | 652,712 | 2,310,288 | 62,960,864 |
| 25 | 62,960,864 | ₩2,963,000 | 629,609 | 2,333,391 | 60,627,472 |
| 26 | 60,627,472 | ₩2,963,000 | 606,275 | 2,356,725 | 58,270,747 |
| 27 | 58,270,747 | ₩2,963,000 | 582,707 | 2,380,293 | 55,890,454 |
| 28 | 55,890,454 | ₩2,963,000 | 558,905 | 2,404,095 | 53,486,359 |
| 29 | 53,486,359 | ₩2,963,000 | 534,864 | 2,428,136 | 51,058,223 |
| 30 | 51,058,223 | ₩2,963,000 | 510,582 | 2,452,418 | 48,605,805 |
| 31 | 48,605,805 | ₩2,963,000 | 486,058 | 2,476,942 | 46,128,863 |
| 32 | 46,128,863 | ₩2,963,000 | 461,289 | 2,501,711 | 43,627,152 |
| 33 | 43,627,152 | ₩2,963,000 | 436,272 | 2,526,728 | 41,100,423 |
| 34 | 41,100,423 | ₩2,963,000 | 411,004 | 2,551,996 | 38,548,427 |
| 35 | 38,548,427 | ₩2,963,000 | 385,484 | 2,577,516 | 35,970,912 |
| 36 | 35,970,912 | ₩2,963,000 | 359,709 | 2,603,291 | 33,367,621 |
| 37 | 33,367,621 | ₩2,963,000 | 333,676 | 2,629,324 | 30,738,297 |
| 38 | 30,738,297 | ₩2,963,000 | 307,383 | 2,655,617 | 28,082,680 |
| 39 | 28,082,680 | ₩2,963,000 | 280,827 | 2,682,173 | 25,400,507 |
| 40 | 25,400,507 | ₩2,963,000 | 254,005 | 2,708,995 | 22,691,512 |
| 41 | 22,691,512 | ₩2,963,000 | 226,915 | 2,736,085 | 19,955,427 |
| 42 | 19,955,427 | ₩2,963,000 | 199,554 | 2,763,446 | 17,191,981 |
| 43 | 17,191,981 | ₩2,963,000 | 171,920 | 2,791,080 | 14,400,901 |
| 44 | 14,400,901 | ₩2,963,000 | 144,009 | 2,818,991 | 11,581,910 |
| 45 | 11,581,910 | ₩2,963,000 | 115,819 | 2,847,181 | 8,734,729 |
| 46 | 8,734,729 | ₩2,963,000 | 87,347 | 2,875,653 | 5,859,076 |
| 47 | 5,859,076 | ₩2,963,000 | 58,591 | 2,904,409 | 2,954,667 |
| 48 | 2,954,667 | ₩2,984,214 | 29,547 | 2,954,667 | - |

얼라리부동산 오피스텔분양 | Sheet1 | Sheet2 | Sheet3 | Sheet ...

### [〈대출금상환표〉 주요 함수 및 수식]

=D38

=ROUND($D$41, -3)

=B53*$D$39/12

=C53-D53

=B53-E53

=F53

=B100+B100*$D$39/12

## 3. 24개월 후 청산금액: ₩62,960,864

## 4. 기간별 대출금상환표 차트

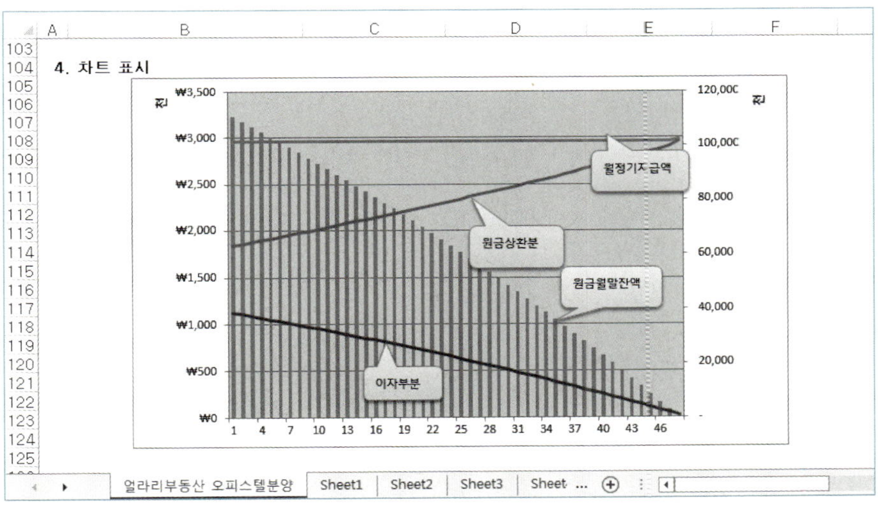

Case 21 따라하기

# (주)아다마다의 급여계산서 작성

21

현황

(주)아다마다에서는 사원들에게 매달 지급되는 급여의 개인별 명세서를 인쇄하여 배부하고자 한다. 이를 위해 먼저 급여기준과 월별 급여계산을 위한 기초자료를 등록해 두고, 이를 기초로 하여 모든 사원들에 대한 하나의 **급여대장**을 수식에 의해 자동 작성되도록 할 것이다. 작성된 급여대장에 의해 **개인별 급여명세서**에서 해당 사원의 이름을 선택하면, 그 사원에 대한 개인별 급여명세서를 인쇄할 수 있도록 하는 시스템을 만들어 사용하고자 한다.

(주)아다마다에서 급여계산에 적용하기 위해 마련한 계산 기준과 10월의 급여계산 기초자료는 다음과 같다.

## 급여 및 공제액 계산 기준

- 기본급: 기본급표에 의함
- 상여금: 짝수달에 기본급의 50% 지급
- 직책수당: 직책수당표에 의함
- 특근수당: 시간외 근무시간에 따라 시간외 근무수당표 적용
- 가족수당: 부양가족 1인당 50,000원, 단 4인 초과시 4인으로 간주
- 정액급식비: 모든 사원에게 월 100,000원 지급
- 소득세: 소득세기준표에 의함
- 지방소득세: 소득세의 10%
- 국민연금: 급여합계의 4.5%
- 건강보험료: 건강보험료 기준표에 의함
- 고용보험: 급여합계의 0.45%
- 장기요양보험: 건강보험료의 6.55%
- 기타공제: 해당부서에서 공제 요청한 금액

단, 모든 공제항목 계산에서 금액은 반올림하여 10원 단위로 표시함

## 계산기준표

[기본급표]

| | 사원 | 주임 | 대리 | 과장 | 부장 |
|---|---|---|---|---|---|
| 1 | 820,000 | 1,020,000 | 1,550,000 | 2,500,000 | 3,050,000 |
| 2 | 880,000 | 1,130,000 | 1,650,000 | 2,600,000 | 3,150,000 |
| 3 | 920,000 | 1,200,000 | 1,850,000 | 2,750,000 | 3,250,000 |
| 4 | 960,000 | 1,370,000 | 1,950,000 | 2,800,000 | 3,400,000 |
| 5 | 980,000 | 1,470,000 | 2,250,000 | 2,970,000 | 3,700,000 |

[직책수당표]

| 직위 | 사원 | 주임 | 대리 | 과장 | 부장 |
|---|---|---|---|---|---|
| 수당 | 20,000 | 80,000 | 160,000 | 270,000 | 330,000 |

[시간외 근무수당표]

| 부터 | 0 | 10 | 20 |
|---|---|---|---|
| 까지 | 9 | 19 | 이상 |
| 수당 | 4,600 | 5,300 | 5,500 |

[소득세/건강보험료 기준표] * 과세표준은 급여합계로 가정

| 과세표준 | 소득세 적용세율 | 건강보험료 적용요율 |
|---|---|---|
| 1,000,000원 미만 | 5.0% | 3.6% |
| 2,000,000원 미만 | 5.5% | 4.4% |
| 3,000,000원 미만 | 6.5% | 5.7% |
| 3,000,000원 이상 | 8.0% | 6.8% |

## ● 10월 급여계산 기초자료

| 성명 | 사번 | 부서 | 직위 | 호봉 | 시간외근무 | 부양가족 | 기타공제 |
|---|---|---|---|---|---|---|---|
| 강민섭 | YGR-008 | 회계과 | 부장 | 2 | 30 | 2 | 0 |
| 강석찬 | YGR-002 | 마케팅부 | 사원 | 4 | 22 | 3 | 26,000 |
| 기남용 | YGR-013 | 회계과 | 주임 | 5 | 3 | 3 | 37,500 |
| 김진백 | YGR-005 | 기획팀 | 부장 | 3 | 12 | 0 | 46,000 |
| 김진섭 | YGR-003 | 생산1부 | 주임 | 2 | 5 | 0 | 38,000 |
| 류진웅 | YGR-011 | 생산1부 | 부장 | 3 | 7 | 1 | 45,000 |
| 박갑용 | YGR-014 | 기획팀 | 과장 | 4 | 16 | 2 | 25,000 |
| 박시현 | YGR-012 | 정보전략실 | 주임 | 2 | 5 | 1 | 0 |
| 송성렬 | YGR-020 | 정보전략실 | 부장 | 1 | 15 | 3 | 26,500 |
| 안호영 | YGR-019 | 생산1부 | 주임 | 3 | 10 | 0 | 0 |
| 양복완 | YGR-010 | 기획팀 | 과장 | 1 | 14 | 4 | 50,000 |
| 양장술 | YGR-018 | 마케팅부 | 대리 | 2 | 22 | 2 | 44,000 |
| 여운영 | YGR-006 | 기획팀 | 과장 | 5 | 6 | 1 | 25,000 |
| 왕순칠 | YGR-007 | 정보전략실 | 주임 | 5 | 8 | 4 | 55,000 |
| 우지원 | YGR-009 | 회계과 | 대리 | 2 | 16 | 6 | 35,000 |
| 이기찬 | YGR-017 | 회계과 | 부장 | 4 | 33 | 4 | 37,000 |
| 임시권 | YGR-016 | 마케팅부 | 대리 | 4 | 27 | 2 | 46,500 |
| 정자현 | YGR-015 | 정보전략실 | 사원 | 2 | 18 | 5 | 0 |
| 홍의표 | YGR-004 | 기획팀 | 대리 | 2 | 25 | 2 | 0 |
| 황용하 | YGR-001 | 생산1부 | 과장 | 2 | 12 | 2 | 57,000 |

요구사항

위 자료에 의해 급여대장과 개인별 급여명세서를 해당 양식과 수식에 의해 작성해 보시오.

# Case 21 따라하기

## 상황분석

1. 먼저 급여대장 및 개인별 급여명세서의 구성과 양식을 정확히 이해하고 있어야 한다.
2. 급여대장에 포함되는 항목들에 대한 정확한 계산방법을 이해하고 있어야 한다.
3. 계산을 적절히 수행하기 위해 적용할 수 있는 함수나 수식들은 어떤 것들인가를 이해해 두어야 한다.
4. 금액 표시에 10원 단위 이상으로 표기하는 방법을 이해해야 한다.

## 1. 급여기준 및 기초자료 테이블 작성

급여계산은 매달 동일한 형식과 계산법에 의해 작성된다. 따라서 **급여대장**을 마스터파일로 해서, 급여대장의 계산을 자동화하기 위한 계산기준을 별도의 시트에 작성해 둘 필요가 있다. 또 사원들에 대한 인사자료나 공제자료 등 월별로 변동 가능성이 있는 자료를 입력하기 위한 **급여기초자료** 시트도 별도로 구성해 놓을 필요가 있다.

① 새 Worksheet의 새 시트를 선택하고, 시트의 이름을 '**급여기준**'으로 변경해 놓는다. '급여기준' 시트의 B2 셀에 '◆ 급여 및 공제액 계산 기준'을 입력하고, C3:G16 셀 범위에 계산기준을 요약/정리하여 표시한다. 이때 나중에 급여계산에 참조하여 사용할 금액이나 비율 정보는 별도의 셀에 구분하여 입력하고, [채우기 색]을 통해 강조 표시해 둔다.

◆ 급여 및 공제액 계산 기준

| C | D | E | F | G |
|---|---|---|---|---|
| * 기본급 : | 기본급표에 의함. | | | |
| * 상여금 : | 짝수달에 기본급의 | 50% | | |
| * 직책수당 : | 직책수당표에 의함. | | | |
| * 특근수당 : | 시간외 근무시간에 따라 시간외 근무수당표 적용. | | | |
| * 가족수당 : | 부양가족 1인당 | 50,000 | 단 4인 초과시 4인으로 간주 | |
| * 정액급식비 : | 월 지급 | 100,000 | | |
| * 소득세 : | 소득세기준표에 의함. | | | |
| * 지방소득세 : | 소득세의 | 10% | | |
| * 국민연금 : | 급여합계의 | 4.50% | | |
| * 건강보험료 : | 건강보험료 기준표에 의함. | | | |
| * 고용보험 : | 급여합계의 | 0.45% | | |
| * 장기요양보험 : | 건강보험료의 | 6.55% | | |
| * 기타공제 : | 해당부서에서 공제 요청한 금액 | | | |

* 단, 모든 공제항목 계산에서 금액은 반올림하여 10원 단위로 표시함.

급여기준 | Sheet2 | Sheet3 | Sheet4 | Sheet8

② B18, B26, B30, B35 셀에 각각 '〈 기본급표 〉', '〈 직책수당표 〉', '〈 시간외 근무수당표 〉', '〈 소득세/건강보험료 기준표 〉' 등을 입력하고, 각각의 아래에는 해당 자료를 표 형식으로 정

리하여 표시한다.

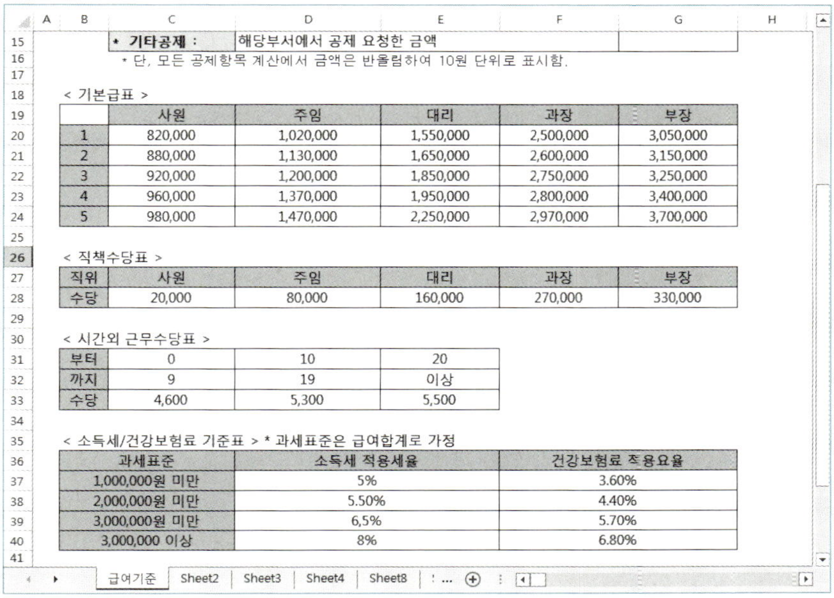

| * 기타공제 : | 해당부서에서 공제 요청한 금액 | | | | |
|---|---|---|---|---|---|

* 단, 모든 공제항목 계산에서 금액은 반올림하여 10원 단위로 표시함.

< 기본급표 >

| | 사원 | 주임 | 대리 | 과장 | 부장 |
|---|---|---|---|---|---|
| 1 | 820,000 | 1,020,000 | 1,550,000 | 2,500,000 | 3,050,000 |
| 2 | 880,000 | 1,130,000 | 1,650,000 | 2,600,000 | 3,150,000 |
| 3 | 920,000 | 1,200,000 | 1,850,000 | 2,750,000 | 3,250,000 |
| 4 | 960,000 | 1,370,000 | 1,950,000 | 2,800,000 | 3,400,000 |
| 5 | 980,000 | 1,470,000 | 2,250,000 | 2,970,000 | 3,700,000 |

< 직책수당표 >

| 직위 | 사원 | 주임 | 대리 | 과장 | 부장 |
|---|---|---|---|---|---|
| 수당 | 20,000 | 80,000 | 160,000 | 270,000 | 330,000 |

< 시간외 근무수당표 >

| 부터 | 0 | 10 | 20 |
|---|---|---|---|
| 까지 | 9 | 19 | 이상 |
| 수당 | 4,600 | 5,300 | 5,500 |

< 소득세/건강보험료 기준표 > * 과세표준은 급여합계로 가정

| 과세표준 | 소득세 적용세율 | 건강보험료 적용요율 |
|---|---|---|
| 1,000,000원 미만 | 5% | 3.60% |
| 2,000,000원 미만 | 5.50% | 4.40% |
| 3,000,000원 미만 | 6.5% | 5.70% |
| 3,000,000 이상 | 8% | 6.80% |

③ 입력한 C36:G40 셀 영역의 자료는 나중에 찾기 함수(VLOOKUP)를 적용할 기준표이므로, 이를 **VLOOKUP 함수** 적용 가능한 형식으로 수정하여 C43:E47 셀 영역에 다시 정리해 둔다.

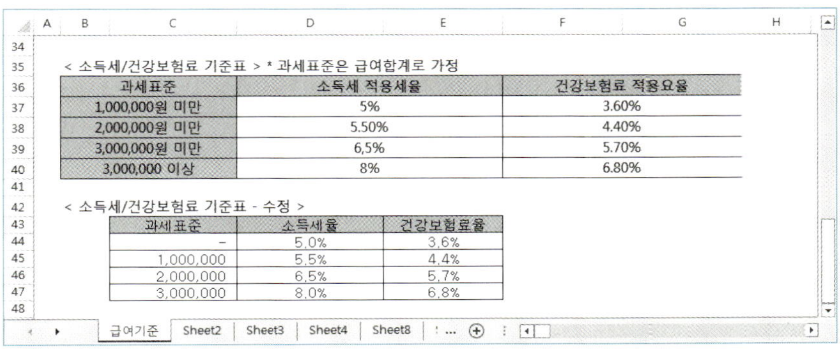

< 소득세/건강보험료 기준표 > * 과세표준은 급여합계로 가정

| 과세표준 | 소득세 적용세율 | 건강보험료 적용요율 |
|---|---|---|
| 1,000,000원 미만 | 5% | 3.60% |
| 2,000,000원 미만 | 5.50% | 4.40% |
| 3,000,000원 미만 | 6.5% | 5.70% |
| 3,000,000 이상 | 8% | 6.80% |

< 소득세/건강보험료 기준표 - 수정 >

| 과세표준 | 소득세율 | 건강보험료율 |
|---|---|---|
| - | 5.0% | 3.6% |
| 1,000,000 | 5.5% | 4.4% |
| 2,000,000 | 6.5% | 5.7% |
| 3,000,000 | 8.0% | 6.8% |

④ 정리된 '급여기준' 시트에서, 나중에 각종 함수에서 참조영역으로 사용할 수 있는 영역들에 대해 미리 **이름**을 정의해 둘 필요가 있다. C19:G19 셀 범위를 선택하고 [이름 상자]에 '직위표'라고 입력한 후 Enter 키를 누른다. 마찬가지 방식으로 C20:G24 셀 범위에 이름 '기본급표', C27:G28 셀 범위에 이름 '직책수당표', C31:E33 셀 범위에 이름 '시간외수당표', 그리고 C44:E47 셀 범위에 이름 '소득세보험료표'로 각각 정의해 둔다.

⑤ '급여기준' 시트의 오른쪽 새 시트를 선택하고 시트의 이름을 '월별기초자료'로 변경해 둔다.

⑥ '월별기초자료' 시트의 A1 셀에 '10'을 입력하고, B1 셀에는 '월 급여계산 기초자료'를 입력한다. 이와 같이 '10월 급여계산 기초자료'로 표시될 내용에서 숫자 '10'을 분리하여 A1 셀에 따로 입력한 것은, 나중에 11월, 12월의 급여 기초자료 생성시에 이 '10'의 숫자만 변경하여 표시하고자 하는 것이며, 여기에 입력된 '10'의 숫자는 나중에 '급여대장'이나 '개인별 급여명세서' 작성시에도 이를 참조하여 표시하기 위한 것이다. A1:B1 셀 범위의 제목은 [글꼴]에서 [견고딕], '11pt'로 설정한다.

⑦ A3:H23 셀 영역에는 '10월 급여계산 기초자료'를 입력해 둔다.

**10 월 급여계산 기초자료**

| 성명 | 사번 | 부서 | 직위 | 호봉 | 시간외근무 | 부양가족 | 기타공제 |
|---|---|---|---|---|---|---|---|
| 강민섭 | YGR-008 | 회계과 | 부장 | 2 | 30 | 2 | 0 |
| 강석찬 | YGR-002 | 마케팅부 | 사원 | 4 | 22 | 3 | 26,000 |
| 기남용 | YGR-013 | 회계과 | 주임 | 5 | 3 | 3 | 37,500 |
| 김진백 | YGR-005 | 기획팀 | 부장 | 3 | 12 | 0 | 46,000 |
| 김진섭 | YGR-003 | 생산1부 | 주임 | 2 | 5 | 0 | 38,000 |
| 류진웅 | YGR-011 | 생산1부 | 부장 | 3 | 7 | 1 | 45,000 |
| 박갑용 | YGR-014 | 기획팀 | 과장 | 4 | 16 | 2 | 25,000 |
| 박시현 | YGR-012 | 정보전략실 | 주임 | 2 | 5 | 1 | 0 |
| 송성렬 | YGR-020 | 정보전략실 | 부장 | 1 | 15 | 3 | 26,500 |
| 안호영 | YGR-019 | 생산1부 | 주임 | 3 | 10 | 0 | 0 |
| 양복완 | YGR-010 | 기획팀 | 과장 | 1 | 14 | 4 | 50,000 |
| 양장술 | YGR-018 | 마케팅부 | 대리 | 2 | 22 | 2 | 44,000 |
| 여운영 | YGR-006 | 기획팀 | 과장 | 5 | 6 | 1 | 25,000 |
| 왕순칠 | YGR-007 | 정보전략실 | 주임 | 5 | 8 | 4 | 55,000 |
| 우지원 | YGR-009 | 회계과 | 대리 | 2 | 16 | 6 | 35,000 |
| 이기찬 | YGR-017 | 회계과 | 부장 | 4 | 33 | 4 | 37,000 |
| 임시권 | YGR-016 | 마케팅부 | 대리 | 4 | 27 | 2 | 46,500 |
| 정자현 | YGR-015 | 정보전략실 | 사원 | 2 | 18 | 5 | 0 |
| 홍의표 | YGR-004 | 기획팀 | 대리 | 2 | 25 | 2 | 0 |
| 황용하 | YGR-001 | 생산1부 | 과장 | 2 | 12 | 2 | 57,000 |

## 2. 급여대장 작성

**'급여대장'**은 매월 사원들의 급여를 계산하는 기본 장부이다. '월별기초자료' 시트에서 월별 급여계산을 위한 기초자료가 입력되면, '급여대장'에서는 이러한 월별 변동을 반영하여 미리 정의된 수식에 의해 자동으로 사원별 급여내역이 정리되어 표시되도록 구성한다.

① '월별기초자료' 시트의 오른쪽 새 시트를 선택하고, 시트의 이름을 '급여대장'으로 변경한다.

② '급여대장' 시트의 A3 셀을 선택하고 수식 '**=월별기초자료!A3**'를 입력한다. 그리고 A3 셀의 자동채우기 핸들을 통해 H3 셀까지 끌기 한다. 다시 A3:H3 셀 영역을 선택하고 선택 영역의 자

동채우기 핸들로 H23 셀까지 끌기 한다. 이로써 '월별기초자료' 시트에 입력된 A3:H23 셀 범위의 자료가 '급여대장' 시트의 동일 범위에 참조표시 형태로 그대로 복제되었다. 여기서 '월별기초자료' 시트의 자료를 그냥 복사하여 붙여넣기 하지 않고 이와 같이 **참조형식**으로 복제한 것은, 나중에 '월별기초자료' 시트의 자료가 예컨대 11월, 12월 자료로 변경된 경우에도 그 변경된 내용을 자동으로 반영할 수 있도록 하기 위한 것이다('월별기초자료' 시트의 자료를 단순히 복사하여 '급여대장' 시트에 붙여넣기 하는 경우 이러한 변경이 자동으로 반영되지 않게 된다).

A3 =월별기초자료!A3

| | A | B | C | D | E | F | G | H |
|---|---|---|---|---|---|---|---|---|
| 1 | | | | | | | | |
| 2 | | | | | | | | |
| 3 | 성명 | 사번 | 부서 | 직위 | 호봉 | 시간외근두 | 부양가족 | 기타공제 |
| 4 | 강민섭 | YGR-008 | 회계과 | 부장 | 2 | 30 | 2 | 0 |
| 5 | 강석찬 | YGR-002 | 마케팅부 | 사원 | 4 | 22 | 3 | 26000 |
| 6 | 기남용 | YGR-013 | 회계과 | 주임 | 5 | 3 | 3 | 37500 |
| 7 | 김진백 | YGR-005 | 기획팀 | 부장 | 3 | 12 | 0 | 46000 |
| 8 | 김진섭 | YGR-003 | 생산1부 | 주임 | 2 | 5 | 0 | 38000 |
| 9 | 류진웅 | YGR-011 | 생산1부 | 부장 | 3 | 7 | 1 | 45000 |
| 10 | 박갑용 | YGR-014 | 기획팀 | 과장 | 4 | 16 | 2 | 25000 |
| 11 | 박시현 | YGR-012 | 정보전략실 | 주임 | 2 | 5 | 1 | 0 |
| 12 | 송성렬 | YGR-020 | 정보전략실 | 부장 | 1 | 15 | 3 | 26500 |
| 13 | 안호영 | YGR-019 | 생산1부 | 주임 | 3 | 10 | 0 | 0 |
| 14 | 양복완 | YGR-010 | 기획팀 | 과장 | 1 | 14 | 4 | 50000 |
| 15 | 양장술 | YGR-018 | 마케팅부 | 대리 | 2 | 22 | 2 | 44000 |
| 16 | 여운영 | YGR-006 | 기획팀 | 과장 | 5 | 6 | 1 | 25000 |
| 17 | 왕순칠 | YGR-007 | 정보전략실 | 주임 | 5 | 8 | 4 | 55000 |
| 18 | 우지원 | YGR-009 | 회계과 | 대리 | 2 | 16 | 6 | 35000 |
| 19 | 이기찬 | YGR-017 | 회계과 | 부장 | 4 | 33 | 4 | 37000 |
| 20 | 임시권 | YGR-016 | 마케팅부 | 대리 | 4 | 27 | 2 | 46500 |
| 21 | 정자현 | YGR-015 | 정보전략실 | 사원 | 2 | 18 | 5 | 0 |
| 22 | 홍의표 | YGR-004 | 기획팀 | 대리 | 2 | 25 | 2 | 0 |
| 23 | 황용하 | YGR-001 | 생산1부 | 과장 | 2 | 12 | 2 | 57000 |
| 24 | | | | | | | | |
| 25 | | | | | | | | |

급여기준 | 월별기초자료 | 급여대장 | Sheet4 | Sheet5 | Sh ...

③ '급여대장' 시트의 C1 셀에 '2018년'을 입력하고, D1 셀에는 수식 '**=월별기초자료!A1**'을 입력한다. E1 셀에는 '월 급여 지급 내역'을 입력한다. 자료가 입력된 C1:E1 셀 범위의 [글꼴]을 '견고딕', '12pt'로 설정한다.

④ A열부터 H열의 [열 너비]를 아래 자료의 크기에 맞춰 적당한 너비로 조정한다. 그리고 A3:H23 셀 영역을 선택하여 [글꼴]에서 [모든 테두리]로 설정하고, [맞춤]에서 [가운데 맞춤]으로 설정한다. 그리고 A3:H3 셀 영역에는 [글꼴]에서 [채우기 색]을 '연한 녹색'으로, A4:H23 셀 범위에는 '연한 파랑'으로 설정한다. 여기서 기초자료 부분을 [채우기 색]으로 표시해 둔 것은, 기초자료 부분과 나중에 추가될 금액계산 부분을 구분하기 위한 것이다.

| | A | B | C | D | E | F | G | H |
|---|---|---|---|---|---|---|---|---|
| 1 | | | 2018년 | 10 월 급여 지급 내역 | | | | |
| 2 | | | | | | | | |
| 3 | 성명 | 사번 | 부서 | 직위 | 호봉 | 시간외근무 | 부양가족 | 기타공제 |
| 4 | 강민섭 | YGR-008 | 회계과 | 부장 | 2 | 30 | 2 | - |
| 5 | 강석찬 | YGR-002 | 마케팅부 | 사원 | 4 | 22 | 3 | 26,000 |
| 6 | 기남용 | YGR-013 | 회계과 | 주임 | 5 | 3 | 3 | 37,500 |
| 7 | 김진백 | YGR-005 | 기획팀 | 부장 | 3 | 12 | 0 | 46,000 |
| 8 | 김진섭 | YGR-003 | 생산1부 | 주임 | 2 | 5 | 0 | 38,000 |
| 9 | 류진웅 | YGR-011 | 생산1부 | 부장 | 3 | 7 | 1 | 45,000 |
| 10 | 박갑용 | YGR-014 | 기획팀 | 과장 | 4 | 16 | 2 | 25,000 |
| 11 | 박시현 | YGR-012 | 정보전략실 | 주임 | 2 | 5 | 1 | - |
| 12 | 송성렬 | YGR-020 | 정보전략실 | 부장 | 1 | 15 | 3 | 26,500 |
| 13 | 안호영 | YGR-019 | 생산1부 | 주임 | 3 | 10 | 0 | - |
| 14 | 양복완 | YGR-010 | 기획팀 | 과장 | 1 | 14 | 4 | 50,000 |
| 15 | 양장술 | YGR-018 | 마케팅부 | 대리 | 2 | 22 | 2 | 44,000 |
| 16 | 여운영 | YGR-006 | 기획팀 | 과장 | 5 | 6 | 1 | 25,000 |
| 17 | 왕순칠 | YGR-007 | 정보전략실 | 주임 | 5 | 8 | 4 | 55,000 |
| 18 | 우지원 | YGR-009 | 회계과 | 대리 | 2 | 16 | 6 | 35,000 |
| 19 | 이기찬 | YGR-017 | 회계과 | 부장 | 4 | 33 | 4 | 37,000 |
| 20 | 임시권 | YGR-016 | 마케팅부 | 대리 | 4 | 27 | 2 | 46,500 |
| 21 | 정자현 | YGR-015 | 정보전략실 | 사원 | 2 | 18 | 5 | - |
| 22 | 홍의표 | YGR-004 | 기획팀 | 대리 | 2 | 25 | 2 | - |
| 23 | 황용하 | YGR-001 | 생산1부 | 과장 | 2 | 12 | 2 | 57,000 |

⑤ F열부터 H열까지의 머리글 부분을 함께 선택하고 오른쪽 마우스에서 [삽입]을 선택하여 머리글 [시간외근무]의 열 앞에 3개의 빈 열을 생성한다. 삽입된 새 열의 [열 너비]를 모두 '10'으로 설정한다. F3:H3 셀 범위에는 각각 '기본급', '상여금', '직책수당'을 입력한다.

⑥ 삽입된 셀 영역 F4:H23을 선택하고 [글꼴]-[채우기 색]에서 [채우기 없음]으로 선택한다. 그리고 F4 셀에 기본급을 계산하기 위한 수식 '=INDEX(기본급표,E4,MATCH(D4,직위표,0))'을 입력한다. 이 수식은 해당 행의 사원 호봉(E4)과 직위(D4)에 따라 '급여기준' 시트의 '기본급표'에서 기본급 금액을 찾아 표시하기 위한 것이다.

참고

## INDEX 함수와 MATCH 함수

### ▶ INDEX 함수

: **INDEX 함수**는 지정된 표나 범위 내에서 특정 위치의 값을 찾아 표시해주는 함수이다. 사용형식은 '**=INDEX(범위,M번째 행,n번째 열)**'로, 이는 참조할 범위(흔히 표 영역) 내에서 m번째 행과 n번째 열이 교차하는 위치에 있는 값을 찾아 참조하도록 하는 함수이다. 여기서는 F1 셀에 왼쪽에 입력되어 있는 '부장' 직위의 '2'호봉인 경우의 기본급여를 '급여기준' 시트의 '기본급표'에서 찾아 표시하기 위한 것이다. 그런데 '2호봉'은 기준급표에서 2번째 행임을 알 수 있지만, '부장'은 기준표 범위의 몇 번째 위치(열)에 있는지를 확인해야 한다. 이를 확인하기 위해 Match 함수를 사용하고 있다.

### ▶ MATCH 함수

: **MATCH 함수**는 지정된 범위에서 특정 값이 있는 위치가 어딘지를 찾아주는 기능이다. 사용형식은 '**=MATCH(찾는값,범위,0)**'이다. 이때 주의할 점은 지정된 범위는 하나의 행 또는 열이어야 한다는 것이다. 또한 마지막 인수로 '0'을 사용한 것은 찾는 값과 정확히 일치하는 값을 찾아야 한다는 것이다.

> 만약 '1'로 표시하는 경우에는 '보다 작은 값 중에서 가장 가까운 값'을, '-1'로 표시하는 경우에는 보다 큰 값 중에서 가장 가까운 값을 찾는다. 단 이때 범위의 값들이 오름차순(내림차순)으로 정렬되어 있어야 한다.

⑦ G4 셀에는 상여금을 계산하기 위한 수식 '=F4*급여기준!$E$4'를 입력한다. 그런데 '급여기준' 시트에서 상여금을 짝수 달에만 지급하는 것으로 하고 있으므로, '급여대장' 시트의 D1 셀에 표시된 월이 짝수달로 표시되어 있는지를 확인하여, 만일 짝수달이 아닌 경우에는 상여금을 지급하지 않도록 수식을 '=IF(ISEVEN($D$1),F4*급여기준!$E$4,0)'으로 변경해 놓는다.

참고

### ISEVEN 함수와 ISODD 함수

#### ▶ ISEVEN 함수

: **ISEVEN 함수**는 찾는 셀 범위의 값이 짝수인지의 여부를 판단하는 함수이다. 만일 짝수이면 'TRUE'로 표시하고, 짝수가 아니면 'FALSE'로 표시한다. 사용형식은 '**=ISEVEN(셀주소 또는 숫자)**'이다.

#### ▶ ISODD 함수

: ISODD 함수는 찾는 셀 범위의 값이 홀수인지의 여부를 판단하는 함수이다. 만일 홀수이면 'TRUE'로 표시하고, 홀수가 아니면 'FALSE'로 표시한다. 사용형식은 '**=ISODD(셀주소 또는 숫자)**'이다.

⑧ H4 셀에는 직책수당을 계산하기 위한 수식 '=HLOOKUP(D4,직책수당표,2,0)'을 입력한다. '급여기준' 시트에서 〈직책수당표〉의 배열이 행 중심으로 되어 있기 때문에, 이 중에 D4 셀에 표시된 직책을 '급여기준' 시트의 [직책수당표] 이름 범위에서 찾아 해당 직책수당 금액을 표시하기 위해 '**HLOOKUP**' **함수**를 사용한다.

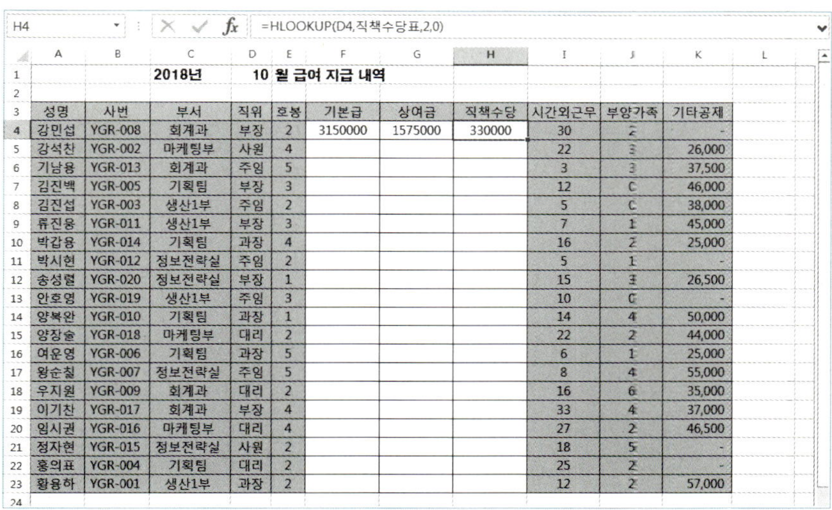

H4 =HLOOKUP(D4,직책수당표,2,0)

| | A | B | C | D | E | F | G | H | I | J | K |
|---|---|---|---|---|---|---|---|---|---|---|---|
| 1 | | | 2018년 | 10 월 급여 지급 내역 | | | | | | | |
| 2 | | | | | | | | | | | |
| 3 | 성명 | 사번 | 부서 | 직위 | 호봉 | 기본급 | 상여금 | 직책수당 | 시간외근무 | 부양가족 | 기타공제 |
| 4 | 강민섭 | YGR-008 | 회계과 | 부장 | 2 | 3150000 | 1575000 | 330000 | 30 | 2 | - |
| 5 | 강석찬 | YGR-002 | 마케팅부 | 사원 | 4 | | | | 22 | 3 | 26,000 |
| 6 | 기남용 | YGR-013 | 회계과 | 주임 | 5 | | | | 3 | 3 | 37,500 |
| 7 | 김진백 | YGR-005 | 기획팀 | 부장 | 3 | | | | 12 | 0 | 46,000 |
| 8 | 김진섭 | YGR-003 | 생산1부 | 주임 | 2 | | | | 5 | 0 | 38,000 |
| 9 | 류진웅 | YGR-011 | 생산1부 | 부장 | 3 | | | | 7 | 1 | 45,000 |
| 10 | 박갑용 | YGR-014 | 기획팀 | 과장 | 4 | | | | 16 | 2 | 25,000 |
| 11 | 박시현 | YGR-012 | 정보전략실 | 주임 | 2 | | | | 5 | 1 | - |
| 12 | 송성렬 | YGR-020 | 정보전략실 | 부장 | 1 | | | | 15 | 3 | 26,500 |
| 13 | 안호영 | YGR-019 | 생산1부 | 주임 | 3 | | | | 10 | 0 | - |
| 14 | 양복완 | YGR-010 | 기획팀 | 과장 | 1 | | | | 14 | 4 | 50,000 |
| 15 | 양장술 | YGR-018 | 마케팅부 | 대리 | 2 | | | | 22 | 2 | 44,000 |
| 16 | 여운영 | YGR-006 | 기획팀 | 과장 | 5 | | | | 6 | 1 | 25,000 |
| 17 | 왕순칠 | YGR-007 | 정보전략실 | 주임 | 5 | | | | 8 | 4 | 55,000 |
| 18 | 우지원 | YGR-009 | 회계과 | 대리 | 2 | | | | 16 | 6 | 35,000 |
| 19 | 이기찬 | YGR-017 | 회계과 | 부장 | 4 | | | | 33 | 4 | 37,000 |
| 20 | 임시권 | YGR-016 | 마케팅부 | 대리 | 4 | | | | 27 | 2 | 46,500 |
| 21 | 정자현 | YGR-015 | 정보전략실 | 사원 | 2 | | | | 18 | 5 | - |
| 22 | 홍의표 | YGR-004 | 기획팀 | 대리 | 2 | | | | 25 | 2 | - |
| 23 | 황용하 | YGR-001 | 생산1부 | 과장 | 2 | | | | 12 | 2 | 57,000 |
| 24 | | | | | | | | | | | |

⑨ F4:H4 셀 범위에 입력한 수식을 아래 다른 사원들의 경우에도 동일하게 적용할 수 있으므로, F4:H4 셀 범위를 선택하고 오른쪽 자동채우기 핸들을 이용하여 H23 셀까지 끌어 기본급, 상여금, 직책수당 계산을 모두 완성한다.

⑩ **'특근수당'**은 시간외 근무시간에 따라 계산되어야 하므로, J열을 선택하고 오른쪽 마우스에서 [삽입]을 선택하여 I열 다음에 한 열을 삽입한다. 삽입된 J열의 J3 셀에 '특근수당'을 입력하고, J4:J23 셀 영역을 선택하여 [홈] 탭의 [글꼴]-[채우기 색]에서 [채우기 없음]을 선택한다.

⑪ J4 셀에 특근수당을 계산하기 위한 수식 '=I4*HLOOKUP(I4,시간외수당표,3)'을 입력한다. 그리고 J4 셀에서 자동채우기 핸들을 이용하여 J23 셀까지 수식을 채워 완성한다.

⑫ K열과 L열 사이에 기타 수당과 공제내역으로 포함해야 할 것이 많으므로, L열 앞에 10개의 새로운 열을 삽입한다. 삽입된 L4:U4 셀 영역을 선택하고 [글꼴]-[채우기 색]-[채우기 없음]으로 선택한다.

⑬ L3:N3 셀 영역의 각 셀에 '가족수당', '정액급식비', '지급합계'를 각각 입력한다. 그리고 L4 셀에는 가족수당을 계산하기 위한 수식 '=MIN(K4,4)*급여기준!$E$7'을 입력한다. M4 셀에는 정액급식비를 표시하기 위해 수식 '=급여기준!$E$8'을 입력한다. N4 셀에는 지금까지 계산된 지급액 합계를 표시하기 위해, [채우기 없음]으로 표시된 지급내역 부분을 합계하는 수식 '=SUM(F4:H4)+J4+SUM(L4:M4)'을 입력한다. 그리고 L4:N4 셀 영역을 선택하고 자동채우기 핸들을 통해 N23 셀까지 채워넣음으로써 지급액을 합계하는 부분까지를 모두 완성한다.

L4 | =MIN(K4,4)*급여기준!$E$7

| | F | G | H | I | J | K | L | M | N | O | P | Q |
|---|---|---|---|---|---|---|---|---|---|---|---|---|
| 1 | 여 지급 내역 | | | | | | | | | | | |
| 2 | | | | | | | | | | | | |
| 3 | 기본급 | 상여금 | 직책수당 | 시간외근무 | 특근수당 | 부양가족 | 가족수당 | 정액급식비 | 지급합계 | | | |
| 4 | 3150000 | 1575000 | 330000 | 30 | 165000 | 2 | 100000 | 100,000 | 5420000 | | | |
| 5 | 960000 | 480000 | 20000 | 22 | 121000 | 3 | 150000 | 100,000 | 1831000 | | | |
| 6 | 1470000 | 735000 | 80000 | 3 | 13800 | 3 | 150000 | 100,000 | 2548800 | | | |
| 7 | 3250000 | 1625000 | 330000 | 12 | 63600 | 0 | 0 | 100,000 | 5368600 | | | |
| 8 | 1130000 | 565000 | 80000 | 5 | 23000 | 0 | 0 | 100,000 | 1898000 | | | |
| 9 | 3250000 | 1625000 | 330000 | 7 | 32200 | 1 | 50000 | 100,000 | 5387200 | | | |
| 10 | 2800000 | 1400000 | 270000 | 16 | 84800 | 2 | 100000 | 100,000 | 4754800 | | | |
| 11 | 1130000 | 565000 | 80000 | 5 | 23000 | 1 | 50000 | 100,000 | 1948000 | | | |
| 12 | 3050000 | 1525000 | 330000 | 15 | 79500 | 3 | 150000 | 100,000 | 5234500 | | | |
| 13 | 1200000 | 600000 | 80000 | 10 | 53000 | 0 | 0 | 100,000 | 2033000 | | | |
| 14 | 2500000 | 1250000 | 270000 | 14 | 74200 | 4 | 200000 | 100,000 | 4394200 | | | |
| 15 | 1650000 | 825000 | 160000 | 22 | 121000 | 2 | 100000 | 100,000 | 2956000 | | | |
| 16 | 2970000 | 1485000 | 270000 | 6 | 27600 | 1 | 50000 | 100,000 | 4902600 | | | |
| 17 | 1470000 | 735000 | 80000 | 8 | 36800 | 4 | 200000 | 100,000 | 2621800 | | | |
| 18 | 1650000 | 825000 | 160000 | 16 | 84800 | 6 | 200000 | 100,000 | 3019800 | | | |
| 19 | 3400000 | 1700000 | 330000 | 33 | 181500 | 4 | 200000 | 100,000 | 5911500 | | | |
| 20 | 1950000 | 975000 | 160000 | 27 | 148500 | 2 | 100000 | 100,000 | 3433500 | | | |
| 21 | 880000 | 440000 | 20000 | 18 | 95400 | 5 | 200000 | 100,000 | 1735400 | | | |
| 22 | 1650000 | 825000 | 160000 | 25 | 137500 | 2 | 100000 | 100,000 | 2972500 | | | |
| 23 | 2600000 | 1300000 | 270000 | 12 | 63600 | 2 | 100000 | 100,000 | 4433600 | | | |
| 24 | | | | | | | | | | | | |

급여대장 | Sheet4 | Sheet5 | Sheet6 | 급여대장-원본 | 개 ...

⑭ O열은 앞의 지급액 부분과 뒤의 공제내역 부분을 구분하기 위해 빈 칸으로 두되, O열의 [열 너비]를 '2'로 조정해 둔다. P3:U3 셀 범위의 각 셀에는 급여 공제항목인 '소득세', '지방소득세', '국민연금', '건강보험료', '고용보험', '장기요양보험' 등을 순차적으로 입력한다.

⑮ P4 셀에는 소득세를 계산하기 위한 수식 '=N4*VLOOKUP(N4,소득세보험료표,2)'을 입력한다. 그런데 계산된 소득세 금액 단위를 십원 단위까지만 표시하도록 하기 위해 'ROUND' 함수를 이용하여 '=ROUND(N4*VLOOKUP(N4,소득세보험료표,2),−1)'으로 수정하여 입력한다. Q4 셀에는 지방소득세를 계산하기 위한 수식 '=ROUND(P4*급여기준!$E$10,−1)'을 입력한다. 여기서도 지방소득세 금액 단위를 십원 단위까지만 표시하도록 하기 위해 **'ROUND' 함수**를 사용하였다.

⑯ 마찬가지로, R4 셀에는 국민연금을 계산하기 위한 수식 '=ROUND(N4*급여기준!$E$11,−1)'을, S4 셀에는 건강보험료를 계산하기 위한 수식 '=ROUND(N4*VLOOKUP(N4,소득세보험료표,3),−1)'을, T4 셀에는 고용보험을 계산하기 위한 수식 '=ROUND(N4*급여기준!$E$13,−1)'을, 그리고 U4 셀에는 장기요양보험을 계산하기 위한 수식 '=ROUND(S4*급여기준!$E$14,−1)'을 각각 입력한다. 여기서도 각 공제금액을 십원 단위까지만 표시하도록 하기 위해 'ROUND' 함수를 사용하였다.

⑰ 주요 공제항목을 계산하기 위한 수식이 정의되었으므로, 이들 수식을 다른 사원들에게도 동일하게 적용하기 위해, P4:U4 셀 범위를 함께 선택한 후 자동채우기 핸들을 통해 U23 셀까지 채워넣기 한다.

P4 =ROUND(N4*VLOOKUP(N4,소득세보험료표,2),-1)

| | J | K | L | M | N | O | P | Q | R | S | T | U | V |
|---|---|---|---|---|---|---|---|---|---|---|---|---|---|
| 1 | | | | | | | | | | | | | |
| 2 | | | | | | | | | | | | | |
| 3 | 특근수당 | 부양가족 | 가족수당 | 정액급식비 | 지급합계 | | 소득세 | 지방소득세 | 국민연금 | 건강보험료 | 고용보험 | 장기요양보험 | 기타공제 |
| 4 | 165000 | 2 | 100000 | 100,000 | 5420000 | | 433600 | 43360 | 243900 | 368560 | 24390 | 24140 | - |
| 5 | 121000 | 3 | 150000 | 100,000 | 1831000 | | 100710 | 10070 | 82400 | 80560 | 8240 | 5280 | 26,000 |
| 6 | 13800 | 3 | 150000 | 100,000 | 2548800 | | 165670 | 16570 | 114700 | 145280 | 11470 | 9520 | 37,500 |
| 7 | 63600 | 0 | 0 | 100,000 | 5368600 | | 429490 | 42950 | 241590 | 365060 | 24160 | 23910 | 46,000 |
| 8 | 23000 | 0 | 0 | 100,000 | 1898000 | | 104390 | 10440 | 85410 | 83510 | 8540 | 5470 | 38,000 |
| 9 | 32200 | 1 | 50000 | 100,000 | 5387200 | | 430980 | 43100 | 242420 | 366330 | 24240 | 23990 | 45,000 |
| 10 | 84800 | 2 | 100000 | 100,000 | 4754800 | | 380380 | 38040 | 213970 | 323330 | 21400 | 21180 | 25,000 |
| 11 | 23000 | 1 | 50000 | 100,000 | 1948000 | | 107140 | 10710 | 87660 | 85710 | 8770 | 5610 | - |
| 12 | 79500 | 3 | 150000 | 100,000 | 5234500 | | 418760 | 41880 | 235550 | 355950 | 23560 | 23310 | 26,500 |
| 13 | 53000 | 0 | 0 | 100,000 | 2033000 | | 132150 | 13220 | 91490 | 115880 | 9150 | 7590 | - |
| 14 | 74200 | 4 | 200000 | 100,000 | 4394200 | | 351540 | 35150 | 197740 | 298810 | 19770 | 19570 | 50,000 |
| 15 | 121000 | 2 | 100000 | 100,000 | 2956000 | | 192140 | 19210 | 133020 | 168450 | 13300 | 11040 | 44,000 |
| 16 | 27600 | 1 | 50000 | 100,000 | 4902600 | | 392210 | 39220 | 220620 | 333380 | 22060 | 21840 | 25,000 |
| 17 | 36800 | 4 | 200000 | 100,000 | 2621800 | | 170420 | 17040 | 117980 | 149440 | 11800 | 9790 | 55,000 |
| 18 | 84800 | 6 | 200000 | 100,000 | 3019800 | | 241580 | 24160 | 135890 | 205350 | 13590 | 13450 | 35,000 |
| 19 | 181500 | 4 | 200000 | 100,000 | 5911500 | | 472920 | 47290 | 266020 | 401980 | 26600 | 26330 | 37,000 |
| 20 | 148500 | 2 | 100000 | 100,000 | 3433500 | | 274680 | 27470 | 154510 | 233480 | 15450 | 15290 | 46,500 |
| 21 | 95400 | 5 | 200000 | 100,000 | 1735400 | | 95450 | 9550 | 78090 | 76360 | 7810 | 5000 | - |
| 22 | 137500 | 2 | 100000 | 100,000 | 2972500 | | 193210 | 19320 | 133760 | 169430 | 13380 | 11100 | - |
| 23 | 63600 | 2 | 100000 | 100,000 | 4433600 | | 354690 | 35470 | 199510 | 301480 | 19950 | 19750 | 57,000 |
| 24 | | | | | | | | | | | | | |

급여기준 | 월별기초자료 | 급여대장 | Sheet4 | Sheet5 | Sheet6 | 급여대 ...

⑱ V4 셀에는 '기타 공제' 금액이 이미 입력되어 있기 때문에 이로써 공제금액 계산을 위한 수식 정의가 완료되었다. 따라서 W 열에 이들 공제금액을 합계하기 위한 수식을 정의하기로 한다. 먼저 W3 셀에 '**공제합계**'를 입력한다. 그리고 각종 공제항목이 표시되어 있는 셀들까지를 포함하여 P4:W23 셀 범위를 함께 선택하고 [홈] 탭의 [편집]에서 [합계] 버튼(Σ)을 클릭하여 W열에 공제합계금액을 표시한다.

⑲ 이제 급여지급액 합계(N열)에서 공제액 합계(W열)를 차감하여 각 사원이 지급받게 될 '**차감지급액**'을 표시하기로 한다. 먼저 X열은 앞의 공제액 부분과 구분하기 위해 빈 칸으로 두되, X열의 [열 너비]를 '2'로 조정해 둔다. 그리고 Y3 셀에 '차감지급액'으로 입력한다. Y4 셀에는 수식 '=N4-W4'를 입력한다. 이제 Y4 셀의 자동채우기 핸들을 통해 Y23셀까지 채워넣기 한다. Y3:Y23 셀 범위를 선택하여 [홈] 탭의 [글꼴]-[테두리]에서 [모든 테두리]로 표시한다.

⑳ 이제 급여대장에 필요한 수식은 모두 정의되었다. 그런데 계산된 금액을 모두 천원 단위로 표시하기 위해, 금액이 표시되어 있는 F4:Y23 셀 범위를 선택한 후 [홈] 탭의 [표시 형식]에서 [쉼표 스타일]을 클릭한다.

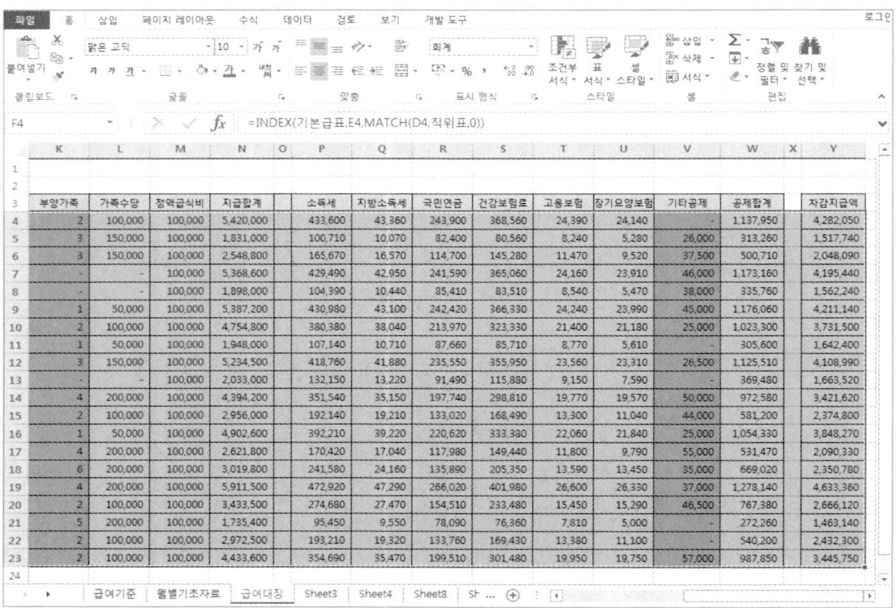


| | K | L | M | N | P | Q | R | S | T | U | V | W | Y |
|---|---|---|---|---|---|---|---|---|---|---|---|---|---|
| 3 | 부양가족 | 가족수당 | 정액급식비 | 지급합계 | 소득세 | 지방소득세 | 국민연금 | 건강보험료 | 고용보험 | 장기요양보험 | 기타공제 | 공제합계 | 차감지급액 |
| 4 | 2 | 100,000 | 100,000 | 5,420,000 | 433,600 | 43,360 | 243,900 | 368,560 | 24,390 | 24,140 | - | 1,137,950 | 4,282,050 |
| 5 | 3 | 150,000 | 100,000 | 1,831,000 | 100,710 | 10,070 | 82,400 | 80,560 | 8,240 | 5,280 | 26,000 | 313,260 | 1,517,740 |
| 6 | 3 | 150,000 | 100,000 | 2,548,800 | 165,670 | 16,570 | 114,700 | 145,280 | 11,470 | 9,520 | 37,500 | 500,710 | 2,048,090 |
| 7 | - | - | 100,000 | 5,368,600 | 429,490 | 42,950 | 241,590 | 365,060 | 24,160 | 23,910 | 46,000 | 1,173,160 | 4,195,440 |
| 8 | - | - | 100,000 | 1,898,000 | 104,390 | 10,440 | 85,410 | 83,510 | 8,540 | 5,470 | 38,000 | 335,760 | 1,562,240 |
| 9 | 1 | 50,000 | 100,000 | 5,387,200 | 430,980 | 43,100 | 242,420 | 366,330 | 24,240 | 23,990 | 45,000 | 1,176,060 | 4,211,140 |
| 10 | 2 | 100,000 | 100,000 | 4,754,800 | 380,380 | 38,040 | 213,970 | 323,330 | 21,400 | 21,180 | 25,000 | 1,023,300 | 3,731,500 |
| 11 | 1 | 50,000 | 100,000 | 1,948,000 | 107,140 | 10,710 | 87,660 | 85,710 | 8,770 | 5,610 | - | 305,600 | 1,642,400 |
| 12 | 3 | 150,000 | 100,000 | 5,234,500 | 418,760 | 41,880 | 235,550 | 355,950 | 23,560 | 23,310 | 26,500 | 1,125,510 | 4,108,990 |
| 13 | - | - | 100,000 | 2,033,000 | 132,150 | 13,220 | 91,490 | 115,880 | 9,150 | 7,590 | - | 369,480 | 1,663,520 |
| 14 | 4 | 200,000 | 100,000 | 4,394,200 | 351,540 | 35,150 | 197,740 | 298,810 | 19,770 | 19,570 | 50,000 | 972,580 | 3,421,620 |
| 15 | 2 | 100,000 | 100,000 | 2,956,000 | 192,140 | 19,210 | 133,020 | 168,490 | 13,300 | 11,040 | 44,000 | 581,200 | 2,374,800 |
| 16 | 1 | 50,000 | 100,000 | 4,902,600 | 392,210 | 39,220 | 220,620 | 333,380 | 22,060 | 21,840 | 25,000 | 1,054,330 | 3,848,270 |
| 17 | 4 | 200,000 | 100,000 | 2,621,800 | 170,420 | 17,040 | 117,980 | 149,440 | 11,800 | 9,790 | 55,000 | 531,470 | 2,090,330 |
| 18 | 6 | 200,000 | 100,000 | 3,019,800 | 241,580 | 24,160 | 135,890 | 205,350 | 13,590 | 13,450 | 35,000 | 669,020 | 2,350,780 |
| 19 | 4 | 200,000 | 100,000 | 5,911,500 | 472,920 | 47,290 | 266,020 | 401,980 | 26,600 | 26,330 | 37,000 | 1,278,140 | 4,633,360 |
| 20 | 2 | 100,000 | 100,000 | 3,433,500 | 274,680 | 27,470 | 154,510 | 233,480 | 15,450 | 15,290 | 46,500 | 767,380 | 2,666,120 |
| 21 | 5 | 200,000 | 100,000 | 1,735,400 | 95,450 | 9,550 | 78,090 | 76,360 | 7,810 | 5,000 | - | 272,260 | 1,463,140 |
| 22 | 2 | 100,000 | 100,000 | 2,972,500 | 193,210 | 19,320 | 133,760 | 169,430 | 13,380 | 11,100 | - | 540,200 | 2,432,300 |
| 23 | 2 | 100,000 | 100,000 | 4,433,600 | 354,690 | 35,470 | 199,510 | 301,480 | 19,950 | 19,750 | 57,000 | 987,850 | 3,445,750 |

㉑ 이 급여대장 자료가 개인별 급여명세서 작성의 기본자료로 활용될 것이므로, 각 열 레이블별로 미리 이름을 정의해 두도록 한다. 먼저 '성명'이 입력되어 있는 A4:A23 셀 영역을 선택한 후 [**이름상자**]에 '성명1'로 입력하고 Enter 키를 누른다. 또 B4:B23 셀 영역에 대해 '사번1'로 이름을 부여한다. 마찬가지 방법으로 자료가 표시되어 있는 나머지 각 열 영역에 '부서1', '직위1',

‘호봉1’, ‘기본급1’, ‘상여금1’, ‘직책수당1’, ‘시간외근무1’, ‘특근수당1’, ‘부양가족1’, ‘가족수당1’, ‘정액급식비1’, ‘지급합계1’, ‘소득세1’, ‘지방소득세1’, ‘국민연금1’, ‘건강보험료1’, ‘고용보험1’, ‘장기요양보험1’, ‘기타공제1’, ‘차감지급액1’ 등의 이름을 각각 부여한다.

㉒ 이름 정의가 제대로 되어 있는지 확인해 보기 위해 [수식] 탭의 [정의된 이름]-[이름 관리자]를 클릭해 보면, 지금까지 정의해 둔 이름들이 모두 표시된다.

| 이름 | 값 | 참조 대상 | 범위 | 설명 |
|---|---|---|---|---|
| 가족수당1 | {" 100,000 ... | =급여대장!$L$4:$L$23 | 통합 문서 | |
| 건강보험료1 | {" 368,560 ... | =급여대장!$S$4:$S$23 | 통합 문서 | |
| 고용보험1 | {" 24,390 ";... | =급여대장!$T$4:$T$23 | 통합 문서 | |
| 공제합계1 | {" 1,137,95... | =급여대장!$W$4:$W$23 | 통합 문서 | |
| 국민연금1 | {" 243,900 ... | =급여대장!$R$4:$R$23 | 통합 문서 | |
| 기본급1 | {" 3,150,00... | =급여대장!$F$4:$F$23 | 통합 문서 | |
| 기본급표 | {"820,000",... | =급여기준!$C$20:$G$24 | 통합 문서 | |
| 기타공제1 | {" - ";" 26,0... | =급여대장!$V$4:$V$23 | 통합 문서 | |
| 부서1 | {"회계과 ";... | =급여대장!$C$4:$C$23 | 통합 문서 | |
| 부양가족1 | {" 2 ";" 3 ";... | =급여대장!$K$4:$K$23 | 통합 문서 | |
| 사번1 | {"YGR-008 ... | =급여대장!$B$4:$B$23 | 통합 문서 | |
| 상여금1 | {" 1,575,00... | =급여대장!$G$4:$G$23 | 통합 문서 | |
| 성명1 | {"강민섭 ";... | =급여대장!$A$4:$A$23 | 통합 문서 | |
| 소득세1 | {" 433,600 ... | =급여대장!$P$4:$P$23 | 통합 문서 | |
| 소득세보험... | {" - ","5.0%... | =급여기준!$C$44:$E$47 | 통합 문서 | |
| 시간외근무1 | {" 30 ";" 22... | =급여대장!$I$4:$I$23 | 통합 문서 | |
| 시간외수당표 | {"0","10","2... | =급여기준!$C$31:$E$33 | 통합 문서 | |
| 장기요양보... | {" 24,140 ";... | =급여대장!$U$4:$U$23 | 통합 문서 | |
| 정액급식비1 | {" 100,000 ... | =급여대장!$M$4:$M$23 | 통합 문서 | |
| 지급합계1 | {" 5,420,00... | =급여대장!$N$4:$N$23 | 통합 문서 | |
| 지방소득세1 | {" 43,360 ";... | =급여대장!$Q$4:$Q$23 | 통합 문서 | |
| 직위1 | {"부장";"사... | =급여대장!$D$4:$D$23 | 통합 문서 | |
| 직위표 | {"사원","주... | =급여기준!$C$19:$G$19 | 통합 문서 | |
| 직책수당1 | {" 330,000 ... | =급여대장!$H$4:$H$23 | 통합 문서 | |
| 직책수당표 | {"사원","주... | =급여기준!$C$27:$G$28 | 통합 문서 | |
| 차감지급액1 | {" 4,282,05... | =급여대장!$Y$4:$Y$23 | 통합 문서 | |
| 특근수당1 | {" 165,000 ... | =급여대장!$J$4:$J$23 | 통합 문서 | |
| 호봉1 | {"2";"4";"5";... | =급여대장!$E$4:$E$23 | 통합 문서 | |

## 3. 급여대장 보호하기

완성된 ‘**급여대장**’은 모두 수식과 함수로 정의되어 있기 때문에, 누군가 고의 또는 실수로 이들 수식이나 금액 자체를 수정, 변경할 수 없도록 해 둘 필요가 있다. 이는 ‘급여대장’에서 기초자료 부분(파란색 표시부분)까지도 ‘월별기초자료’ 시트의 자료를 참조하는 형식으로 정의해 두었기 때문에, 설사 자료 변경이 필요한 경우라 하더라도 ‘급여대장’을 수정하지 않고 ‘월별기초자료’ 시트나 ‘급여기준’ 시트에서 변경해주면 되기 때문이다.

① ‘급여대장’ 시트를 선택한 상태에서 시트 내의 임의의 셀을 클릭하고, 오른쪽 마우스 [셀 서식]의 [**보호**] 탭에서 [**잠금**]을 선택 해제하고 [확인]을 클릭한다.

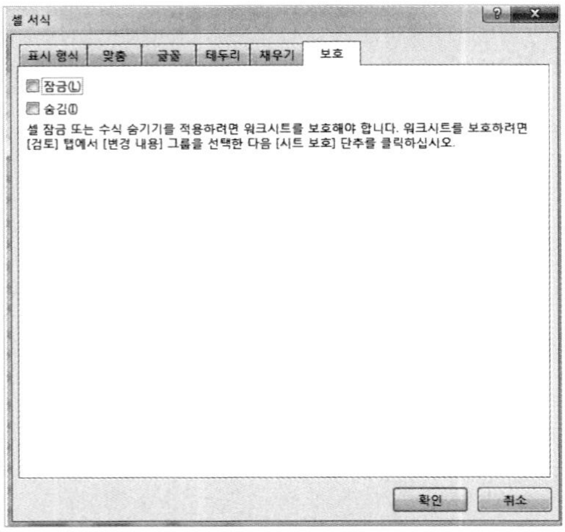


② [검토] 탭의 [변경 내용]에서 [**시트 보호**]를 클릭하고, [시트 보호] 대화상자에서 먼저 [시트 보호 해제 암호]에 자신이 사용할 암호(예; 0000)를 입력한다. 그리고 아래 [워크시트에서 허용할 내용]에서 모든 항목의 선택을 해제한다. 그리고 [확인]을 누르면 다시 [암호 확인] 대화상자가 나타나는데, 여기서 다시 앞의 암호('0000')를 입력하고 [확인]을 누른다.

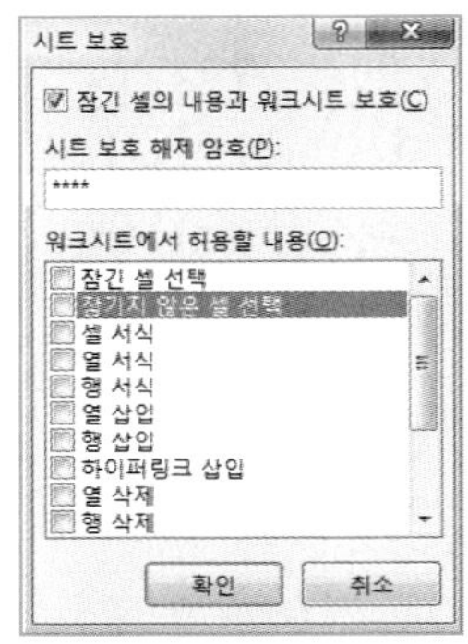


③ 이제 '급여대장' 시트에서는 어느 셀도 마우스로 선택할 수 없도록 보호되었다(암호를 알고 있는 작성자의 경우에만 [검토] 탭에서 [변경 내용]-[시트 보호 해제]를 클릭하고 암호를 입력하여 해제할 수 있다).

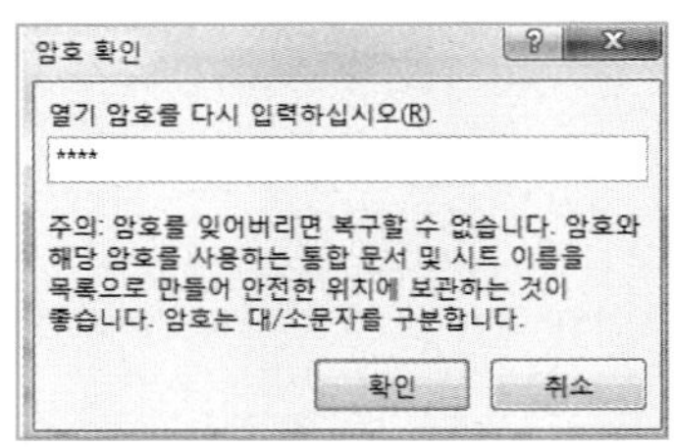


## 4. 개인별 급여명세서 작성

완성된 '**급여대장**'은 회사의 급여 관리 차원에서 사용되어지는 것이며, 이 '급여대장'의 계산을 토대로 하여 각 사원들에게는 '**개인별 급여명세서**'를 배부하여야 한다. 그런데 사원수가 많은 회사에서는 모든 사원들의 개인별 급여명세서를 일일이 별도의 시트로 만들어 관리하기는 어려운 일이다. 따라서 여기서는 하나의 '개인별 급여명세서' 양식을 정의해두고, 해당 사원의 이름을 선택하여 표시하고 명세서를 인쇄할 수 있도록 하는 방법을 생각해 보자.

① '급여대장' 시트의 오른쪽 새 시트를 선택하고, 시트의 이름을 '개인별급여명세서'로 변경한다.

② 1행부터 29행의 [행 높이]를 '25'로 조정해 둔다. A열의 [열 너비]는 '4'로, 그리고 B부터 E열의

[열 너비]를 각각 '17'로 조정해 둔다.

③ B1 셀에 '◆ 급여 지급 대상자 :'를 입력하고, '견고딕', '14pt', '파랑'색으로 선택한다. D1 셀에는 사원 선택표시를 위해, [개발도구] 탭의 [삽입]-[양식 컨트롤]에서 [**콤보상자**]를 선택하고 D1 셀의 크기에 맞춰 드래그하여 표시한다. 삽입된 콤보상자를 클릭하고 오른쪽 마우스에서 [**컨트롤 서식**]을 선택한 후, [컨트롤]의 [입력범위]에 '**=성명1**'을, [셀 연결]에는 '$E$1'을 입력하고, [목록 표시 줄 수]에는 '10'으로 입력하고 [확인]을 누른다.

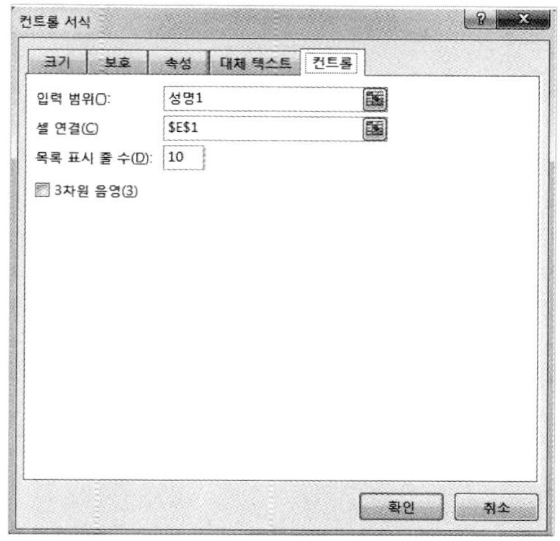


④ [콤보상자]의 오른쪽 선택 화살표를 클릭하여, 컨트롤 서식에서 지정한 바와 같이 '성명1'로 이름 정의된 영역의 사원 이름이 10개 단위로 표시되고 있는지 확인해 본다. 이 중 한 사원을 선택하면 선택된 사원의 이름과 순서번호가 D1과 E1 셀에 각각 표시된다.

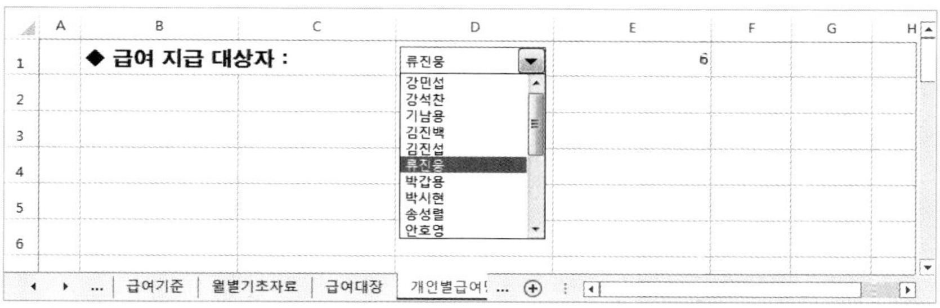


⑤ B1:E1 셀 범위를 선택하고, [홈] 탭의 [글꼴]-[채우기]에서 '연한 주황색'을 선택한 후 [테두리]에서 [굵은 아래쪽 테두리]를 선택한다. 그리고 선택 숫자가 표시되고 있는 E1 셀을 선택하고 오른쪽 마우스 [셀 서식]에서 [글꼴]의 [색]을 바탕색과 같은 '연한 주황색'으로 선택하여 숫자가 눈에 보이지 않도록 설정한다. 다만, 여기에 선택 표시된 숫자는 아래에서 참조하여 사용할 것이므로, E1 셀을 선택하고 [**이름상자**]에 '선택1'을 입력한 후 Enter 키를 누른다.

⑥ B4 셀에 '개인별 급여명세서'를 입력한다. B4:E4 셀 영역을 선택하고 [병합하고 가운데 맞춤]을 선택한다. 그리고 [글꼴]을 [견고딕], '16pt'로 설정한다. 36 셀에는 '2018년'을 입력하고, C6 셀에는 '**=급여대장!D1&" 월 분"**'을 입력한다. 이는 급여대장의 D1 셀에 표시되는 '월'을 '개인별 급여명세서'의 C6 셀에도 자동으로 반영하기 위한 것이다.

⑦ B7 셀부터 E9 셀에는 지급대상인 사원의 정보내용을, 그리고 B11 셀부터 E25 셀에는 급여 및 공제내역을 표시할 수 있도록 항목명을 입력하여 표를 정리해 둔다. 급여자료가 표시되는 7행부터 25행의 글꼴을 '신명조', '12pt', [가운데 맞춤]으로 설정한다. 이 중 7행과 11, 12행은 '견고딕'으로 수정하고, 항목구분에 해당하는 B7:E7, B11:E12 영역과 합계영역인 B24:E25 셀 영역은 '연한 파랑색'으로 구분되도록 표시한다. 그리고 표의 외부에 테두리를 설정한다.

⑧ 개인별 급여정보 내용이 표시되어야 할 아래의 각 셀에 해당 수식을 입력한다.

C8: =INDEX(성명1,선택1)
E8: =INDEX(사번1,선택1)
C9: =INDEX(부서1,선택1)
E9: =INDEX(직위1,선택1)
C13: =INDEX(기본급1,선택1)
E13: =INDEX(소득세1,선택1)
C14: =INDEX(상여금1,선택1)
E14: =INDEX(지방소득세1,선택1)
C15: =INDEX(직책수당1,선택1)
E15: =INDEX(국민연금1,선택1)
C16: =INDEX(특근수당1,선택1)
E16: =INDEX(건겅보험료1,선택1)
C17: =INDEX(가족수당1,선택1)
E17: =INDEX(고용보험1,선택1)
C18: =INDEX(정액급식비1,선택1)
E18: =INDEX(장기요약보험1,선택1)
E19: =INDEX(기타공제1,선택1)
C24: =INDEX(지급합계1,선택1)
E24: =INDEX(공제합계1,선택1)
E25: =INDEX(차감지급액1,선택1)

⑨ 이제 D1 셀의 콤보상자 선택단추를 클릭하여 다른 사원(예: 양복완)을 선택하고, 아래 사원 정보와 급여 및 공제내역 등의 자료가 선택된 사원의 해당 정보로 제대로 변경 표시되고 있는지 확인해 본다.

⑩ D28 셀에는 회사명을 입력해 보자. [삽입] 탭의 [텍스트]-[WordArt]를 클릭한 후 [채우기-파랑,강조1,윤곽선]을 선택하고, 입력상자에 '(주)아다마다'를 입력한다. 입력된 '(주)아다마다'의 [글꼴 크기]를 '14pt'로 조정한 후, 오른쪽 마우스 [도형 서식]을 선택하여 [텍스트 옵션]-[텍스트 채우기]에서 [단색 채우기]를 클릭하고 아래 [색]을 '파랑'색으로 지정한다.

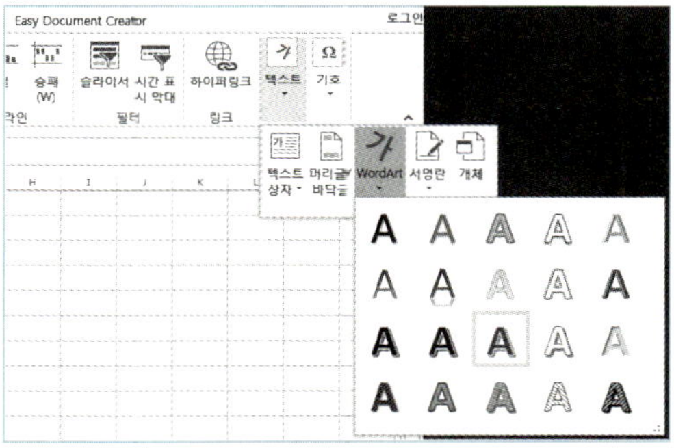

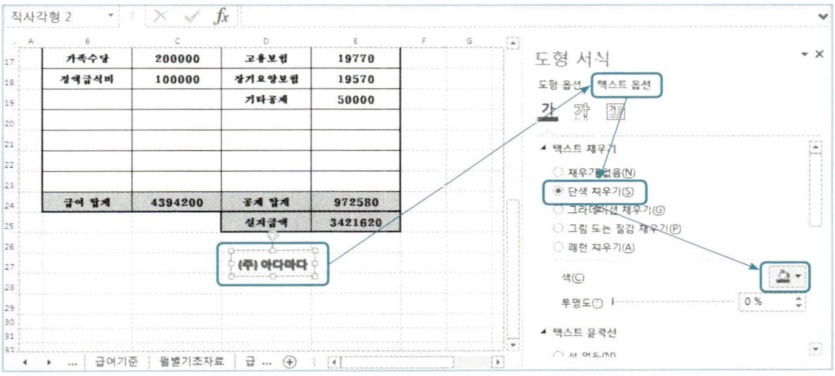

⑪ 삽입된 WordArt('(주)아다마다')를 D28 셀 영역에 위치시킨다. F열의 [열 너비]를 A열과 같은 '4'로 조정한다.

⑫ 인쇄영역(A3:F29)을 선택한 후 [홈] 탭의 [글꼴]-[테두리]에서 [굵은상자 테두리]로 선택하여 지정한다.

⑬ 이제 선택된 사원의 개인별 급여명세서를 인쇄하고자 하는 경우, **인쇄영역**(A3:F29)을 선택한 후 [파일] 탭의 [인쇄]를 클릭하고 [설정]에서 [선택 영역 인쇄]를 클릭하면 오른쪽 '**미리보기**' 화면과 같이 인쇄할 수 있다.

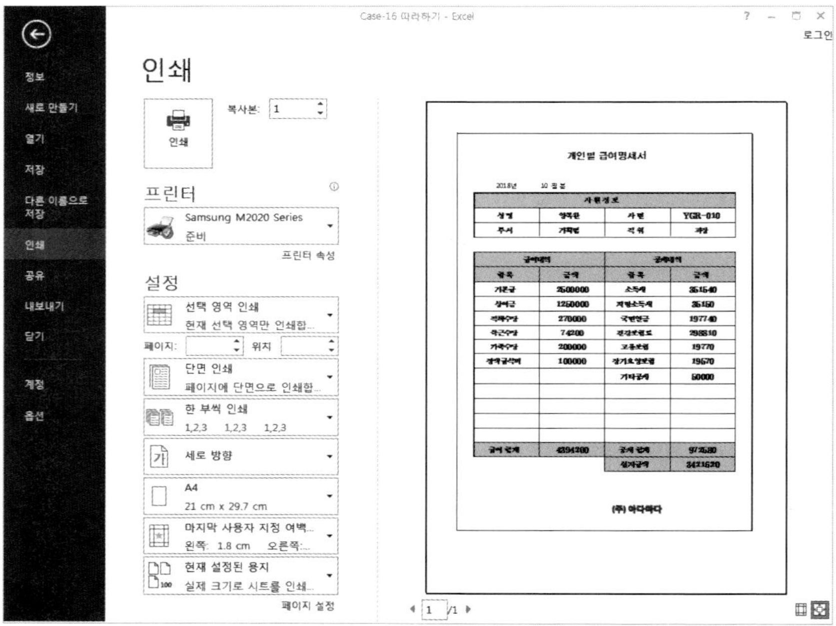

Case 22 혼자해보기

# 행복어린이집 급여대장 만들기

22

현황

행복어린이집에서는 모든 교사(원장 포함)에 대한 월급을 지급하기 위해 월 **급여대장**을 엑셀로 자동 계산하는 표를 만들어 사용하고자 한다.

행복어린이집에 근무하는 교사들의 기본급여에 대한 8월 자료와 공제액 계산 기준은 다음과 같다.

### 행복어린이집 8월 급여 자료

| 성명 | 직책 | 기본급 | 국민연금보수월액 |
|---|---|---|---|
| 정선지 | 원장 | 3,000,000 | 2,200,000 |
| 김선하 | 담임교사 | 2,000,000 | 1,500,000 |
| 안영은 | 담임교사 | 1,850,000 | 1,500,000 |
| 김려원 | 담임교사 | 1,820,000 | 1,500,000 |
| 김설아 | 담임교사 | 1,730,000 | 1,450,000 |
| 류소미 | 담임교사 | 1,600,000 | 1,450,000 |
| 박인성 | 담임교사 | 1,600,000 | 1,450,000 |
| 오슬현 | 담임교사 | 1,560,000 | 1,450,000 |
| 이슬비 | 보조교사 | 1,230,000 | 1,000,000 |
| 김아람 | 보조교사 | 1,200,000 | 1,000,000 |
| 김은비 | 보조교사 | 1,100,000 | 1,000,000 |
| 우영설 | 보조교사 | 1,100,000 | 1,000,000 |

### 급여 및 공제액 계산 기준

- 국민연금 보수월액: 기본급 중 국민연금 납부액 등을 계산하기 위한 기준금액
- 제수당: 3월부터 매 3개월마다 기본급의 30% 수당 지급
- 교통비: 모든 교사에게 월 50,000원 지급
- 보육수당(직책수당): 직책에 따른 월 고정지급 수당

| 직책 | 원장 | 담임교사 | 보조교사 |
|---|---|---|---|
| 수당 | 100,000 | 80,000 | 50,000 |

- 건강보험료: 과세지급액(기본급+제 수당)의 3.06%
- 국민연금: 국민연금 보수월액의 4.5%

- 요양보험: 건강보험료의 6.55%
- 고용보험: 과세지급액의 0.65%
- 소득세: 간이세액표에 의함
- 주민세: 소득세의 10%
- 두루누리지원금: 과세지급액의 합계가 월 140만원 미만인 근로자에 대해 국민연금과 고용보험 납부액의 40%를 지급해주는 반환금
- 퇴직금: 월 지급액 합계의 1/12을 퇴직급여충당금으로 설정
- 원장의 경우에는 고용보험, 두루누리지원금, 퇴직금이 해당되지 않음

※ 모든 공제항목의 계산에서 금액은 10원 단위로 내림하여 표시함

요구사항

위 자료와 계산기준에 따라 행복어린이집의 **급여대장**과 **개인별 급여명세서**를 해당 양식과 수식에 의해 작성해 보시오.

# Case 22 혼자해보기

**Tips & 풀이 요약**

## 1. 급여기초자료 입력

**행복어린이집 급여 기초자료**

| | 2018년 | 8 | 월 |
|---|---|---|---|

* 기초 급여 자료

| 성명 | 직책 | 기본급 | 국민연금보수월액 |
|---|---|---|---|
| 김려원 | 담임교사 | 1,820,000 | 1,500,000 |
| 김선하 | 담임교사 | 2,000,000 | 1,500,000 |
| 김설아 | 담임교사 | 1,730,000 | 1,450,000 |
| 김아람 | 보조교사 | 1,200,000 | 1,000,000 |
| 김은비 | 보조교사 | 1,100,000 | 1,000,000 |
| 류소미 | 담임교사 | 1,600,000 | 1,450,000 |
| 박인성 | 담임교사 | 1,600,000 | 1,450,000 |
| 안영은 | 담임교사 | 1,850,000 | 1,500,000 |
| 오슬현 | 담임교사 | 1,560,000 | 1,450,000 |
| 우영설 | 보조교사 | 1,100,000 | 1,000,000 |
| 이슬비 | 보조교사 | 1,230,000 | 1,000,000 |
| 정선지 | 원장 | 3,000,000 | 2,200,000 |

* 보육수당(직책수당)표

| 직책 | 담임교사 | 보조교사 | 원장 |
|---|---|---|---|
| 수당 | 80,000 | 50,000 | 100,000 |

| * 교통비 | 월 | 50,000 |
|---|---|---|

급여기초자료 | 급여대장 | 급여명세서-개인 | 간이세액표 | Shee ...

* [이름 정의]: "보수표"(B6:E17), "직책수당표"(C20:E21)

## 2. 급여대장 작성

**행복어린이집 2018년 8 월 급여대장**

| | 급여내역 | | 과세 | | | 비과세 | | 합계 | 공제내역 | | | | | | | 두루누리 지원금 | 실지급액 | 확인 | 퇴직금 |
|---|---|---|---|---|---|---|---|---|---|---|---|---|---|---|---|---|---|---|---|
| 연번 | 성명 | 직책 | 기본급 | 국민연금 보수월액 | 제수당 | 교통비 | 보육수당 | 소계 | 건강보험 | 국민연금 | 요양보험 | 고용보험 | 소득세 | 주민세 | 공제총액 | | | | |
| 1 | 정선지 | 원장 | 3,000,000 | 2,200,000 | 0 | 50,000 | 100,000 | 3,150,000 | 91,800 | 99,000 | 6,010 | [illegible] | 84,850 | 8,480 | 290,140 | 0 | 2,859,860 | | 0 |
| 2 | 김선하 | 담임교사 | 2,000,000 | 1,500,000 | 0 | 50,000 | 80,000 | 2,130,000 | 61,200 | 67,500 | 4,000 | 13,[illegible]00 | 19,520 | 1,950 | 167,170 | 0 | 1,962,830 | | 177,500 |
| 3 | 안영은 | 담임교사 | 1,850,000 | 1,500,000 | 0 | 50,000 | 80,000 | 1,980,000 | 56,610 | 67,500 | 3,700 | 12,[illegible]20 | 16,150 | 1,610 | 157,590 | 0 | 1,822,410 | | 165,000 |
| 4 | 김려원 | 담임교사 | 1,820,000 | 1,500,000 | 0 | 50,000 | 80,000 | 1,950,000 | 55,690 | 67,500 | 3,640 | 11,[illegible]30 | 15,530 | 1,550 | 155,740 | 0 | 1,794,260 | | 162,500 |
| 5 | 김설아 | 담임교사 | 1,730,000 | 1,450,000 | 0 | 50,000 | 80,000 | 1,860,000 | 52,930 | 65,250 | 3,460 | 11,[illegible]40 | 13,670 | 1,360 | 147,910 | 0 | 1,712,090 | | 155,000 |
| 6 | 류소미 | 담임교사 | 1,600,000 | 1,450,000 | 0 | 50,000 | 80,000 | 1,730,000 | 48,960 | 65,250 | 3,200 | 10,[illegible]00 | 10,980 | 1,[illegible]90 | 139,880 | 0 | 1,590,120 | | 144,167 |
| 7 | 박인성 | 담임교사 | 1,600,000 | 1,450,000 | 0 | 50,000 | 80,000 | 1,730,000 | 48,960 | 65,250 | 3,200 | 10,[illegible]00 | 10,980 | 1,[illegible]90 | 139,880 | 0 | 1,590,120 | | 144,167 |
| 8 | 오슬현 | 담임교사 | 1,560,000 | 1,450,000 | 0 | 50,000 | 80,000 | 1,690,000 | 47,730 | 65,250 | 3,120 | 10,[illegible]40 | 10,160 | 1,[illegible]10 | 137,410 | 0 | 1,552,590 | | 140,833 |
| 9 | 이슬비 | 보조교사 | 1,230,000 | 1,000,000 | 0 | 50,000 | 50,000 | 1,330,000 | 37,630 | 45,000 | 2,460 | 7,[illegible]90 | 3,410 | 340 | 96,8[illegible]0 | 21,190 | 1,254,360 | | 110,833 |
| 10 | 김아람 | 보조교사 | 1,200,000 | 1,000,000 | 0 | 50,000 | 50,000 | 1,300,000 | 36,720 | 45,000 | 2,400 | 7,[illegible]00 | 2,990 | 290 | 95,2[illegible]0 | 21,120 | 1,225,920 | | 108,333 |
| 11 | 김은비 | 보조교사 | 1,100,000 | 1,000,000 | 0 | 50,000 | 50,000 | 1,200,000 | 33,660 | 45,000 | 2,200 | 7,150 | 1,600 | 130 | 89,7[illegible]0 | 20,860 | 1,131,090 | | 100,000 |
| 12 | 우영설 | 보조교사 | 1,100,000 | 1,000,000 | 0 | 50,000 | 50,000 | 1,200,000 | 33,660 | 45,000 | 2,200 | 7,150 | 1,600 | 130 | 89,7[illegible]0 | 20,860 | 1,131,090 | | 100,000 |
| 합계 | | | 19,790,000 | 16,500,000 | 0 | 600,000 | 860,000 | 21,250,000 | 605,550 | 742,500 | 39,590 | 109,[illegible]20 | 191,440 | 19,[illegible]090 | 1,707,290 | 84,030 | 19,626,740 | | 1,508,333 |

급여기초자료 | 급여대장 | 급여명세서-개인 | 간이세액표 | Sheet1 | Sheet2 | Sheet3 | Sheet4 | Sheet5 | Sheet6 | ...

* [이름 정의]: 직원, 직책, 기본급, 국민보수, 제수당, 교통비, 보육수당, 지급합계, 건강보험, 국민연금, 요양보험, 고용보험, 소득세, 주민세, 공제총액, 두루누리, 실지급액

### ✹ 주요 셀 수식 정의

| | |
|---|---|
| C5: | =VLOOKUP(급여대장!B5,보수표,2) |
| D5: | =VLOOKUP(급여대장!B5,보수표,3) |
| E5: | =VLOOKUP(급여대장!B5,보수표,4) |
| F5: | =IF(MOD($G$1,3)=0,D5*0.3,0) |
| G5: | =급여기초자료!$D$23 |
| H5: | =HLOOKUP(C5,직책수당표,2) |
| I5: | =SUM(D5:H5)−E5 |
| J5: | =ROUNDDOWN(($D5+$F5)*0.0306,−1) |
| K5: | =ROUNDDOWN($E5*0.045,−1) |
| L5: | =ROUNDDOWN($J5*0.0655,−1) |
| M5: | =IF(C5="원장",0,ROUNDDOWN(($D5+$F5)*0.0065,−1)) |
| N5: | =ROUNDDOWN(VLOOKUP(($D5+$F5)/1000,간이세액표!A:M,3),−1) |
| O5: | =ROUNDDOWN(N5*0.1,−1) |
| P5: | =SUM(J5:O5) |
| Q5: | =IF(C5="원장",0,IF((D5+F5)〉1400000,0,ROUNDDOWN((K5+M5)*0.4,−1))) |
| R5: | =I5−P5+Q5 |
| T5: | =IF(C5="원장",0,$I5/12) |

## 3. 개인별 급여명세서 작성

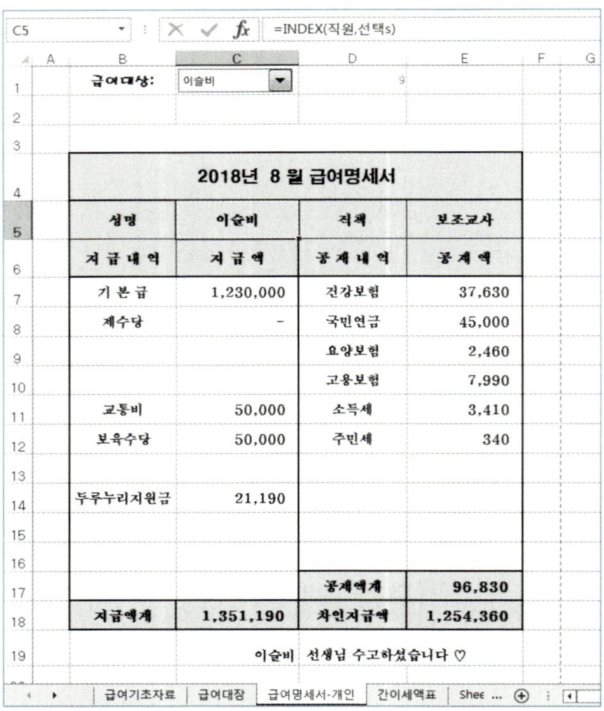

## 주요 셀 수식 정의

| | |
|---|---|
| C5: | [양식컨트롤]-[콤보상자] 사용 |
| B4: | =급여대장!$F$1&" "&급여대장!$G$1&" 월 급여명세서" |
| C5: | =INDEX(직원,선택s) |
| E5: | =INDEX(직책,선택s) |
| C7: | =INDEX(기본급,선택s) |
| C8: | =INDEX(특근수당,선택s) |
| C11: | =INDEX(교통비,선택s) |
| C12: | =INDEX(보육수당,선택s) |
| C14: | =INDEX(두루누리,선택s) |
| E7: | =INDEX(건강보험,선택s) |
| E8: | =INDEX(국민연금,선택s) |
| E9: | =INDEX(요양보험,선택s) |
| E10: | =INDEX(고용보험,선택s) |
| E11: | =INDEX(소득세,선택s) |
| E12: | =INDEX(주민세,선택s) |
| E17: | =SUM(E7:E16) |
| C18: | =SUM(C7:C17) |
| E18: | =C18-E17 |
| C19: | =INDEX(직원,선택s) |

## ※ 간이세액표

| | A | B | C | D | E | F |
|---|---|---|---|---|---|---|
| 1 | **근로소득에 대한 간이세액표** | | | | | |
| 2 | | (소득세법 제189조 관련) | | | | |
| 3 | 월급여액(천원) | | 소득세 | | | |
| 4 | [비과세 및 학자금 제외] | | | | | |
| 5 | 이상 | | | | | |
| 6 | 0 | 1,060 | 0 | | | |
| 7 | 1,060 | 1,065 | 1,040 | | | |
| 8 | 1,065 | 1,070 | 1,110 | | | |
| 9 | 1,070 | 1,075 | 1,180 | | | |
| 10 | 1,075 | 1,080 | 1,250 | | | |
| 11 | 1,080 | 1,085 | 1,320 | | | |
| 12 | 1,085 | 1,090 | 1,390 | | | |
| 13 | 1,090 | 1,095 | 1,460 | | | |
| 14 | 1,095 | 1,100 | 1,530 | | | |
| 15 | 1,100 | 1,105 | 1,600 | | | |
| 16 | 1,105 | 1,110 | 1,670 | | | |
| 17 | 1,110 | 1,115 | 1,740 | | | |
| 18 | 1,115 | 1,120 | 1,810 | | | |
| 19 | 1,120 | 1,125 | 1,880 | | | |

간이세액표 | Sheet1 | Sheet2 | Sheet3 | Sheet4

Case 23 따라하기

# (주)한성의 투자안 평가

23

현황

(주)한성은 사업확장적립금의 일부(4억8천만원 이내)를 활용하여 투자할 대안을 분석하고 있다. 투자할 대상 프로젝트로 고려되고 있는 안은 3가지이며, 이들 각각의 프로젝트에 소요되는 예산(초기투자액)과 향후 5년 동안 매년 회수될 수 있을 것으로 판단되는 수익의 내용은 각각 다음과 같다. 단, 초기투자액과 회수수익은 각각 년말기준으로 평가하는 것으로 가정한다.

## 투자안 프로젝트별 자금흐름

| | | |
|---|---|---|
| Project 1 | ( 초기 총투자액 ) : | ( 480,000,000 ) |
| | 첫 해 예상수익 : | 57,000,000 |
| | 두 번째 해 예상수익 : | 89,000,000 |
| | 세 번째 해 예상수익 : | 180,000,000 |
| | 네 번째 해 예상수익 : | 220,000,000 |
| | 다섯 번째 해 예상수익 : | 136,000,000 |

| | | |
|---|---|---|
| Project 2 | ( 초기 총투자액 ) : | ( 470,000,000 ) |
| | 첫 해 예상수익 : | 40,000,000 |
| | 두 번째 해 예상수익 : | 100,000,000 |
| | 세 번째 해 예상수익 : | 280,000,000 |
| | 네 번째 해 예상수익 : | 200,000,000 |
| | 다섯 번째 해 예상수익 : | 50,000,000 |

| | | |
|---|---|---|
| Project 3 | ( 초기 총투자액 ) : | ( 480,000,000 ) |
| | 첫 해 예상수익 : | 140,000,000 |
| | 두 번째 해 예상수익 : | 210,000,000 |
| | 세 번째 해 예상수익 : | 170,000,000 |
| | 네 번째 해 예상수익 : | 80,000,000 |
| | 다섯 번째 해 예상수익 : | 60,000,000 |

요구사항

(주)한성이 고려하고 있는 각각의 투자안에 대하여 **순현재가치법**(NPV)과 **내부수익률법**(IRR)을 각각 사용하여 **투자 우선순위**를 결정해 보시오.

1) 이자율을 6.5%라고 가정할 때
2) 이자율을 4.5%라고 가정할 때
3) 이자율을 2.5%라고 가정할 때

# Case 23 따라하기

**상황분석**

1. 투자안을 평가하는 데 어떤 함수를 활용하는 것이 가능하며 또 적절할 것인지를 고려한다.
2. 사용할 함수의 정확한 적용방법을 이해해야 한다.
3. 각 투자안의 평가 결과를 읽고 해석하는 능력을 갖는다.

## 1. 투자안 평가방법에 대한 이해

흔히 투자안의 가치평가에 적용될 수 있는 방법은 크게 **회계적 이익률법**, **회수기간법**, **현금흐름할인법**(순현재가치법, 내부수익률법, 수익성지표법) 3가지로 구분되고 있다. 이 중 처음 두 가지는 화폐의 시간가치를 고려하지 않는 방법이고, 현금흐름할인법은 화폐의 시간가치를 고려하는 방법이다. 가장 많이 쓰이고 중요한 방법은 **현금흐름할인법**으로, 이는 어떤 투자안에 의해 창출되는 현금흐름(현금유입과 현금유출)을 바탕으로 투자안의 가치를 평가하는 방법이다. 현금흐름할인법에는 순현재가치법, 내부수익률법, 수익성지표법 등의 세가지가 있다.

### ▸ 순현재가치법(NPV; Net Present Value)

이는 모든 예상되는 현금유입의 현재가치에서 모든 현금유출의 현재가치를 차감하여 순현재가치를 계산한다.

$$NPV=\sum_{t=0}^{\infty}\left\{\frac{CI_t}{(1+r)^t}-\frac{CO_t}{(1+r)^t}\right\}$$

여기서 $CI$는 현금유입을, $CO$는 현금유출을 의미한다. 즉, 미래의 모든 현금유입의 현재가치에서 미래의 모든 현금유출의 현재가치를 뺀 값이 곧 **순현재가치**($NPV$)이다. 판단기준은 $NPV$가 0보다 크면 투자안을 채택하고, 0보다 작으면 투자안을 기각한다. 그런데 똑같은 현금흐름이 발생하는 경우라 하더라도 할인율이 높아지면 미래 현금의 현재가치가 줄어들기 때문에 $NPV$는 작아진다. 즉 이자율이 높은 경우에는 미래 현금유입이 더 많아져야 함을 의미한다.

엑셀에서 $NPV$ 함수를 적용할 경우에는 '=*NPV*(할인율,미래현금유입)−초기투자액'의 형태로 입력한다.

▸ 내부수익률법(IRR; Internal Rate of Returns)

이는 투자안으로부터 실현되는 미래 기대현금유입의 현재가치와 투자액에 해당하는 현금유출의 현재가치를 같게 만드는 **할인율**(즉, 투자안의 *NPV*가 0이 되는 할인율)을 구해서 시장에서 평가된 회사의 자본비용보다 크면 투자안을 채택하는 방법이다. 즉, 투자안으로부터 올릴 수 있는 수익률이 자본조달에 소요되는 금융비용보다 크면 투자할 수 있는 것으로 판단한다.
**내부수익률**(*IRR*)은 *NPV*=0인 경우의 할인율로, 다음의 수식에 의해 계산한다.

$$\sum_{t=1}^{T}\frac{CI}{(1+IRR)^t}=\sum_{t=1}^{T}\frac{CO}{(1+IRR)^t}$$

즉, 현금유입의 현재가치 합계와 현금유출의 현재가치 합계가 같게 되는 할인율이 곧 내부수익률이다. 엑셀에서 *IRR* 함수를 적용하는 경우에는 '=*IRR*(현금유출과 미래현금유입,추정할인율)' 형식으로 입력되지만, 이 경우 사실상 추정할인율은 의미가 없으므로 이를 생략하고 입력해도 된다.

▸ 수익성지표(PI; Profitability Index)

이는 미래 현금흐름의 순현재가치(*NPV*)를 초기투자액으로 나눈 것으로, **현재가치지수법**이라고도 한다.

$$\text{수익성지표}=\frac{\text{미래 현금흐름의 }NPV}{\text{초기투자액}}$$

판단기준은 *PI*가 1보다 큰 경우, 즉 미래 현금흐름의 현재가치 합계가 투자액보다 크면 투자안을 채택하는 의사결정을 한다. *IRR*법과 같이 *PI*도 투자규모를 고려하지 못한다는 단점이 있긴 하지만, 여러 개의 프로젝트를 동시에 평가하는 경우에는 *PI*법이 유용할 수 있다.

## 2. *NPV*와 *IRR*법을 적용한 투자안 평가

① 먼저 각각의 프로젝트에 소요되는 예산(초기투자액)과 미래 기간에 회수될 수 있을 것으로 판단되는 수익(현금유입)의 내용을 투자안별로 정리하여 입력한다. 이때 초기투자액은 현금유출을 의미하므로 음수(-)로 입력한다.

| | Project 1 | Project 2 | Project 3 |
|---|---|---|---|
| 초기투자액 | -480,000,000 | -470,000,000 | -480,000,000 |
| 1 | 57,000,000 | 40,000,000 | 140,000,000 |
| 2 | 89,000,000 | 100,000,000 | 210,000,000 |
| 3 | 180,000,000 | 280,000,000 | 170,000,000 |
| 4 | 220,000,000 | 200,000,000 | 80,000,000 |
| 5 | 136,000,000 | 50,000,000 | 60,000,000 |

② 각 Project별 현금유입액의 합계를 구하여 C9:E9 셀 범위에 표시하본다. 현금유입액 합계에서는 Project1이 가장 많은 현금이 유입되는 것으로 표시되지만, 이는 시간가치를 고려하지 않은 것이므로 평가의 의미는 없다.

③ 아래쪽에 시간가치 계산에 적용할 **추정 할인율**을 표시한다. 추정 할인율을 별도의 표로 정리해 두는 것은, 향후 각각의 함수를 적용한 계산결과를 평가할 때 이 할인율표를 수정하여 또 다른 대안을 찾고자 할 때 변경이 유리할 수 있기 때문이다.

| | Project 1 | Project 2 | Project 3 |
|---|---|---|---|
| 초기투자액 | -480,000,000 | -470,000,000 | -480,000,000 |
| 1 | 57,000,000 | 40,000,000 | 140,000,000 |
| 2 | 89,000,000 | 100,000,000 | 210,000,000 |
| 3 | 180,000,000 | 280,000,000 | 170,000,000 |
| 4 | 220,000,000 | 200,000,000 | 80,000,000 |
| 5 | 136,000,000 | 50,000,000 | 60,000,000 |
| 현금유입합계 | 682,000,000 | 670,000,000 | 660,000,000 |

| 할인율 : | 6.5% |
|---|---|
| | 4.5% |
| | 2.5% |

④ B17 셀에 'NPV와 IRR에 의한 투자안 평가'로 입력하고, D18:F18 셀 범위에는 각각 'Project 1', 'Project 2', 'Project 3'을 입력한다. B19 셀에는 '=C12 & " 인 경우"'로 입력한다. B19 셀과 같이 입력한 것은, 향후 C12 셀의 할인율 추정치를 변경해 볼 경우 B19 셀에서도 자동적으로 변경되도록 표시하기 위한 것이다. C19, C20 셀에 각각 'NPV'와 'IRR'을 입력하고 표로 정리한다.

| 할인율 : | 6.5% |
|---|---|
| | 4.5% |
| | 2.5% |

NPV와 IRR에 의한 투자안 평가

| | | Project 1 | Project 2 | Project 3 |
|---|---|---|---|---|
| 0.065 인 경우 | NPV | | | |
| | IRR | | | |

⑤ 이제 B19:F20 셀 영역을 선택하여 복사한 후, 아래 B22와 B25 셀에 각각 붙여넣기 한다. 그리고 B22 셀의 수식을 '=C13 & " 인 경우"'로, 그리고 B25 셀의 수식을 '=C14 & " 인 경우"'로 각각 변경한다.

⑥ D19 셀에 할인율 6.5%인 경우의 'Project 1'에 대한 NPV를 구하기 위해 수식 '=NPV($C$12, C$4:C$8)+C$3'을 입력한다. 이와 같이 절대셀 주소 형식을 취한 것은 이 수식을 오른쪽의 'Project 2'와 'Project 3'에도 복사하여 사용하기 위한 것이다. NPV 함수를 사용할 경우에는 NPV 인수에 초기투자액 금액을 제외한 미래 현금유입액만을 포함하고, NPV를 구한 후 여기에서 '초기투자액'을 차감하여 표시한다는 점에 유의해야 한다. 그런데 NPV 함수 뒤에 '+C$3'와 같이 더하는 형식으로 수식을 정의한 것은 C3 셀, 즉 Project 1의 초기투자액이 음수(-)로 기록되어 있기 때문이다.

⑦ D20 셀에는 할인율 6.5%인 경우의 'Project 1'에 대한 IRR을 구하기 위해 수식 '=IRR(C$3:C$8, $C$12)'으로 입력한다. IRR 함수를 사용할 경우 유의할 점은, IRR 함수에서는 음수(-)로 표시되어 있는 '초기투자액'까지를 함께 인수 범위로 포함해야 한다는 것이다. 즉, **'초기투자액'**에 해당하는 C3 셀이 IRR 함수의 인수 범위에 포함되고 있다.

⑧ 이제 수식이 정의된 D19:D20 셀 범위를 함께 선택하고 자동채우기 핸들로 F20 셀까지 끌기 하여 표를 완성한다.

⑨ 같은 방식으로 D22 셀과 D23 셀에 할인율 4.5%인 경우의 'Project 1'에 대한 NPV와 IRR을 구하기 위해, 각 셀에 수식 '=NPV($C$13,C$4:C$8)+C$3'과 수식 '=IRR(C$3:C$8,$C$13)'을 각각 입력한다. 그리고 D22:D23 셀 범위를 선택하고 자동채우기 핸들로 F23 셀까지 채워넣기 한다.

⑩ D25 셀과 D26 셀에 할인율 2.5%인 경우의 'Project 1'에 대한 NPV와 IRR을 구하기 위해, 각 셀에 수식 '=NPV($C$14,C$4:C$8)+C$3'과 수식 '=IRR(C$3:C$8,$C$14)'를 각각 입력한다. 그리고 D25:D26 셀 범위를 선택하고 자동채우기 핸들로 F26 셀까지 채워넣기 한다.

| | A | B | C | D | E | F | G |
|---|---|---|---|---|---|---|---|
| 12 | | | 6.5% | | | | |
| 13 | | 할인율 : | 4.5% | | | | |
| 14 | | | 2.5% | | | | |
| 15 | | | | | | | |
| 16 | | | | | | | |
| 17 | | NPV와 IRR에 의한 투자안 평가 | | | | | |
| 18 | | | | | | | |
| 19 | | 0.065 인 경우 | NPV | ₩71,276,513 | ₩79,481,019 | ₩83,316,892 | |
| 20 | | | IRR | 11.06% | 12.02% | 13.77% | |
| 21 | | | | | | | |
| 22 | | 0.045 인 경우 | NPV | ₩107,395,647 | ₩113,048,377 | ₩110,476,975 | |
| 23 | | | IRR | 11.06% | 12.02% | 13.77% | |
| 24 | | | | | | | |
| 25 | | 0.025 인 경우 | NPV | ₩146,982,456 | ₩149,596,508 | ₩139,835,598 | |
| 26 | | | IRR | 11.06% | 12.02% | 13.77% | |
| 27 | | | | | | | |

... | Sheet4 | Sheet5 | Sheet6 | 투자안평가 (2)

⑪ 이제 할인율이 각각 6.5%, 4.5%, 2.5%인 경우의 NPV와 IRR을 각각 구했다. 할인율 6.5%인 경우 NPV로 계산된 결과에서는 'Project 3'이 가장 높은 NPV를 보이고 있으므로 'Project 3'이 선택될 것이다. IRR인 경우에도 역시 'Project 3'의 IRR이 가장 높다. 그런데 할인율 4.5%인 경우와 2.5%인 경우에는 모두 NPV로 계산된 결과에서는 'Project 2'가, 그리고 IRR로 계산된 결과에서는 'Project 3'이 각각 채택되는 것으로 나타났다.

NPV와 IRR에 의한 투자안 평가

| | | Project 1 | Project 2 | Project 3 |
|---|---|---|---|---|
| 0.065 인 경우 | NPV | ₩71,276,513 | ₩79,481,019 | ₩83,316,892 |
| | IRR | 11.06% | 12.02% | 13.77% |
| 0.045 인 경우 | NPV | ₩107,395,647 | ₩113,048,377 | ₩110,476,975 |
| | IRR | 11.06% | 12.02% | 13.77% |
| 0.025 인 경우 | NPV | ₩146,982,456 | ₩149,596,508 | ₩139,835,598 |
| | IRR | 11.06% | 12.02% | 13.77% |

⑫ 여기서 흥미로운 것은, **IRR**의 경우 추정할인율 크기에 관계없이 각 프로젝트의 현금흐름에 따라 IRR이 각각 같게 계산된다는 것이다. 즉, IRR을 계산하는 경우에는 추정할인율이 인수로 고려되지 않고 있음을 의미한다. 따라서 예컨대 D20 셀의 경우 수식 '=IRR(C$3:C$8,$C$12)' 대신에 할인율을 생략하고 수식 '=IRR(C$3:C$8)'로 입력하도 같은 결과로 계산되어진다. 또한 IRR 계산에서는 할인율에 관계없이 항상 'Project 3'이 선택되는 결과이다.

⑬ 이에 반해 NPV 분석에서는 할인율이 높은 6.5% 상황에서는 'Project 3'이 선택되지만, 상대적으로 할인율이 낮은 4.5%, 2.5% 상황에서는 'Project 2'를 선택하게 된다. 즉, **NPV 분석**에서는 **할인율** 크기에 따라 프로젝트 선택이 달라질 수도 있음을 알 수 있다. 특히 각 프로젝트의 현금흐름을 비교해보면, 다른 프로젝트에 비해 'Project 3'의 경우 초기 연도에 보다 높은 현금유입이 이루어지고 있음을 알 수 있다. 따라서 NPV 분석을 수행하는 경우 초기의 **현금유입**이 큰 프로젝트가 선택될 가능성이 높다. 이는 IRR에 비해 NPV가 화폐의 시간가치를 더 많이 고려하는 방법이라는 의미이다. 실무상으로도 IRR에 비해 NPV 분석이 더 자주 쓰이고 있다.

**Case 24** 혼자해보기

# (주)한천의 영업소별 판매 통계

24

현황

(주)한천은 헛개나무 추출 음료를 생산, 판매하는 회사로, 제품 홍보 및 판매를 위해 3개 영업소를 개설하고 각 영업소에 30명씩의 영업사원을 배치하여 활동하게 하고 있다. (주)한천의 배한천 사장은 2/4분기의 활동실적(판매실적)을 모아 분석하여 향후의 활동계획과 영업사원에 대한 성과금 지급의 기초로 활용하고자 한다.

✹ 영업소별 사원 판매 현황

| 사원 | 서석 | 용봉 | 중흥 |
|---|---|---|---|
| 1 | 26 | 33 | 37 |
| 2 | 36 | 42 | 51 |
| 3 | 52 | 49 | 39 |
| 4 | 44 | 63 | 28 |
| 5 | 54 | 66 | 42 |
| 6 | 33 | 38 | 48 |
| 7 | 36 | 47 | 50 |
| 8 | 52 | 56 | 41 |
| 9 | 51 | 37 | 62 |
| 10 | 52 | 31 | 42 |
| 11 | 45 | 37 | 58 |
| 12 | 62 | 52 | 62 |
| 13 | 44 | 27 | 53 |
| 14 | 65 | 45 | 67 |
| 15 | 47 | 49 | 52 |

| 사원 | 서석 | 용봉 | 중흥 |
|---|---|---|---|
| 16 | 51 | 47 | 57 |
| 17 | 37 | 47 | 51 |
| 18 | 53 | 55 | 62 |
| 19 | 47 | 38 | 52 |
| 20 | 51 | 36 | 44 |
| 21 | 63 | 51 | 76 |
| 22 | 58 | 28 | 63 |
| 23 | 41 | 40 | 32 |
| 24 | 58 | 38 | 48 |
| 25 | 57 | 58 | 51 |
| 26 | 62 | 37 | 36 |
| 27 | 52 | 68 | 48 |
| 28 | 63 | 68 | 55 |
| 29 | 47 | 41 | 61 |
| 30 | 37 | 47 | 35 |

요구사항

엑셀의 **통계함수**를 사용하여 다음의 분석을 수행하시오.

1. 영업소별 판매 자료에 대한 **기술통계**(기술통계법 사용)
2. 영업소별 판매자료를 **도수분포표**로 표시하기
3. 영업소별 **실적 차이 검정**(T-Test, F-Test, 분산분석)

# Case 24 혼자해보기

Tips & 풀이 요약

## 1. 영업소별 판매 자료에 대한 기술통계(기술통계법 사용)

▸ [데이터]-[데이터 분석]-[**기술통계법**] 이용

1. 기술통계량

| 서석 | | 용봉 | | 중흥 | |
|---|---|---|---|---|---|
| 평균 | 49.2 | 평균 | 45.7 | 평균 | 50.1 |
| 표준 오차 | 1.8108 | 표준 오차 | 2.0773 | 표준 오차 | 2.0400 |
| 중앙값 | 51 | 중앙값 | 46 | 중앙값 | 51 |
| 최빈값 | 52 | 최빈값 | 47 | 최빈값 | 51 |
| 표준 편차 | 9.9183 | 표준 편차 | 11.3780 | 표준 편차 | 11.1737 |
| 분산 | 98.3724 | 분산 | 129.4586 | 분산 | 124.8517 |
| 첨도 | -0.3775 | 첨도 | -0.4780 | 첨도 | -0.2370 |
| 왜도 | -0.3940 | 왜도 | 0.4528 | 왜도 | 0.0800 |
| 범위 | 39 | 범위 | 41 | 범위 | 48 |
| 최소값 | 26 | 최소값 | 27 | 최소값 | 28 |
| 최대값 | 65 | 최대값 | 68 | 최대값 | 76 |
| 합 | 1476 | 합 | 1371 | 합 | 1503 |
| 관측수 | 30 | 관측수 | 30 | 관측수 | 30 |

한천 판매자료 | 한천 판매 통계분석

## 2. 영업소별 판매자료를 도수분포표로 표시하기

▸ [데이터]-[데이터 분석]-[**히스토그램**] 이용

2. 영업소별 도수분포표 (히스토그램)

| 계급 구간 | 계급 | 빈도수 |
|---|---|---|
| 0 | 0 | 0 |
| 10 | 10 | 0 |
| 20 | 20 | 0 |
| 30 | 30 | 1 |
| 40 | 40 | 5 |
| 50 | 50 | 7 |
| 60 | 60 | 12 |
| 70 | 70 | 5 |
| 80 | 80 | 0 |
| 90 | 90 | 0 |
| 100 | 100 | 0 |
| | 기타 | 0 |

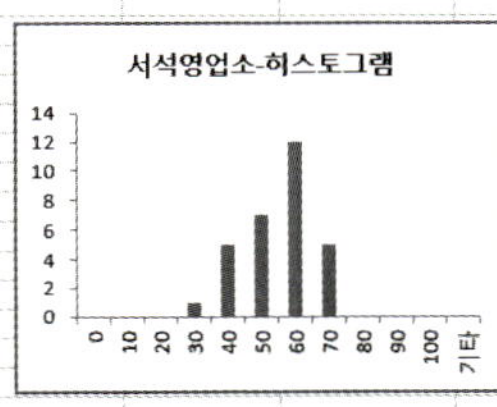


| 계급 | 빈도수 |
|---|---|
| 0 | 0 |
| 10 | 0 |
| 20 | 0 |
| 30 | 2 |
| 40 | 10 |
| 50 | 9 |
| 60 | 5 |
| 70 | 4 |
| 80 | 0 |
| 90 | 0 |
| 100 | 0 |
| 기타 | 0 |

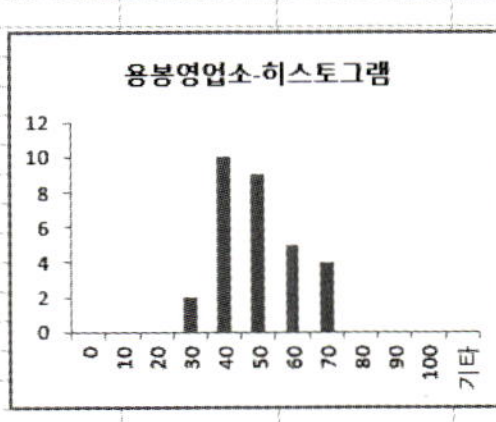


| 계급 | 빈도수 |
|---|---|
| 0 | 0 |
| 10 | 0 |
| 20 | 0 |
| 30 | 1 |
| 40 | 5 |
| 50 | 8 |
| 60 | 9 |
| 70 | 6 |
| 80 | 1 |
| 90 | 0 |
| 100 | 0 |
| 기타 | 0 |

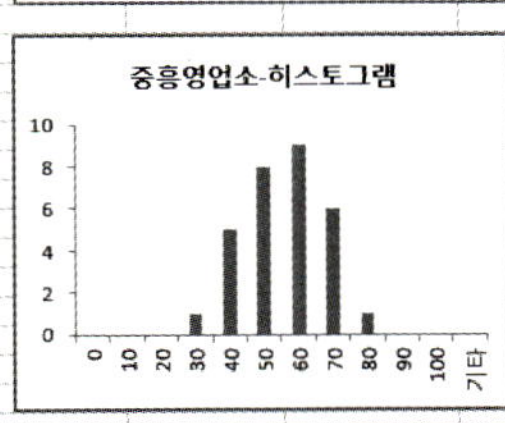


한천 판매자료 | 한천 판매 통계분석

## 3. 영업소별 실적 차이 검정

▸ [데이터]–[데이터 분석]–[**t – 검정**]/[**F – 검정**]/[**분산분석**] 이용

3-1. 영업소별 실적차이 검정 - T-Test (t-검정 : 이분산 가정 두 집단)

| | 변수 1 | 변수 2 |
|---|---|---|
| 평균 | 49.2 | 45.7 |
| 분산 | 98.37241379 | 129.45862 |
| 관측수 | 30 | 30 |
| 가설 평균차 | 0 | |
| 자유도 | 57 | |
| t 통계량 | 1.270054129 | |
| P(T<=t) 단측 검정 | 0.104612793 | |
| t 기각치 단측 검정 | 1.672028888 | |
| P(T<=t) 양측 검정 | 0.209225585 | |
| t 기각치 양측 검정 | 2.002465459 | |

| | 변수 1 | 변수 2 |
|---|---|---|
| 평균 | 49.2 | 50.1 |
| 분산 | 98.37241 | 124.8517 |
| 관측수 | 30 | 30 |
| 가설 평균차 | 0 | |
| 자유도 | 57 | |
| t 통계량 | -0.32994 | |
| P(T<=t) 단측 검정 | 0.371328 | |
| t 기각치 단측 검정 | 1.672029 | |
| P(T<=t) 양측 검정 | 0.742656 | |
| t 기각치 양측 검정 | 2.002465 | |

| | 변수 1 | 변수 2 |
|---|---|---|
| 평균 | 45.7 | 50.1 |
| 분산 | 129.4586 | 124.8517 |
| 관측수 | 30 | 30 |
| 가설 평균차 | 0 | |
| 자유도 | 58 | |
| t 통계량 | -1.511233 | |
| P(T<=t) 단측 검정 | 0.068079 | |
| t 기각치 단측 검정 | 1.671553 | |
| P(T<=t) 양측 검정 | 0.136159 | |
| t 기각치 양측 검정 | 2.001717 | |

3-2. 영업소별 실적차이 검정 - F-Test (F-검정 : 분산에 대한 두 집단)

| | 변수 1 | 변수 2 |
|---|---|---|
| 평균 | 49.2 | 45.7 |
| 분산 | 98.37241379 | 129.45862 |
| 관측수 | 30 | 30 |
| 자유도 | 29 | 29 |
| F 비 | 0.759875343 | |
| P(F<=f) 단측 검정 | 0.232113744 | |
| F 기각치: 단측 검정 | 0.537399965 | |

| | 변수 1 | 변수 2 |
|---|---|---|
| 평균 | 49.2 | 50.1 |
| 분산 | 98.37241 | 124.8517 |
| 관측수 | 30 | 30 |
| 자유도 | 29 | 29 |
| F 비 | 0.787914 | |
| P(F<=f) 단측 검정 | 0.262529 | |
| F 기각치: 단측 검정 | 0.5374 | |

| | 변수 1 | 변수 2 |
|---|---|---|
| 평균 | 45.7 | 50.1 |
| 분산 | 129.4586 | 124.8517 |
| 관측수 | 30 | 30 |
| 자유도 | 29 | 29 |
| F 비 | 1.036899 | |
| P(F<=f) 단측 검정 | 0.461473 | |
| F 기각치: 단측 검정 | 1.860811 | |

3-3. 영업소별 실적차이 검정 - 분산분석 (일원배치법)

요약표

| 인자의 수준 | 관측수 | 합 | 평균 | 분산 |
|---|---|---|---|---|
| 서석 | 30 | 1476 | 49 | 98.37241379 |
| 용봉 | 30 | 1371 | 46 | 129.4586207 |
| 중흥 | 30 | 1503 | 50 | 124.8517241 |

분산 분석

| 변동의 요인 | 제곱합 | 자유도 | 곱 평 | F 비 | P-값 | F 기각치 |
|---|---|---|---|---|---|---|
| 처리 | 324.2 | 2 | 162 | 1.378859579 | 0.257314 | 3.101296 |
| 잔차 | 10227.8 | 87 | 118 | | | |
| 계 | 10552 | 89 | | | | |

한천 판매자료 | 한천 판매 통계분석

Case 25 혼자해보기

# (주)PNK사의 광고비와 매출액 관계 분석

25

현황

(주)PNK사는 지난 1년간 동충하초 관련 제품의 홍보를 위해 매월 일정금액 이상의 **광고비**를 지출해왔다. 그런데 과연 광고비 지출이 제품 매출액에 크게 도움이 되는지의 여부를 판단하여 내년의 광고비 예산 책정에 활용하고자 한다.

(주)PNK사의 1년간 월별 광고비 및 매출실적은 다음과 같다.

● (주)PNK사의 월별 광고비 및 매출액 관계 (단위: 천원)

| 월 | 광고비 | 매출액 |
|---|---|---|
| 1월 | 4,500 | 81,750 |
| 2월 | 3,000 | 43,500 |
| 3월 | 5,250 | 91,500 |
| 4월 | 4,800 | 93,000 |
| 5월 | 6,000 | 105,000 |
| 6월 | 5,550 | 73,500 |
| 7월 | 2,400 | 30,000 |
| 8월 | 5,100 | 87,000 |
| 9월 | 3,450 | 63,750 |
| 10월 | 3,150 | 55,500 |
| 11월 | 5,400 | 97,500 |
| 12월 | 3,450 | 60,000 |

요구사항

위의 자료를 토대로 다음의 **통계분석**을 수행하시오.

1. 자료에 대한 **기술통계**
2. **도수분포표**(광고비, 매출액)
3. 광고비와 매출액 간의 **상관분석**
4. 광고비와 매출액 간의 관계 **회귀분석**
5. 위 회귀분석에 따라 광고비와 매출액 간의 관계를 **회귀식**으로 표현
6. 위 분석에 따라 내년 1월에 광고비를 ₩7,000,000과 ₩9,000,000으로 각각 올리면 매출액은 얼마나 될까?

# Case 25 혼자해보기

Tips & 풀이 요약

## 1. PNK사 광고비-매출액 관계 자료의 기술통계

▸ [데이터]-[데이터 분석]-[**기술통계법**] 이용

1. 기술통계

| 광고비 | | 매출액 | |
|---|---|---|---|
| 평균 | 4337.5 | 평균 | 73500 |
| 표준 오차 | 343.1761739 | 표준 오차 | 6694.85046 |
| 중앙값 | 4650 | 중앙값 | 77625 |
| 최빈값 | 3450 | 최빈값 | #N/A |
| 표준 편차 | 1188.797138 | 표준 편차 | 23191.6423 |
| 분산 | 1413238.636 | 분산 | 537852273 |
| 첨도 | -1.455456294 | 첨도 | -0.6879642 |
| 왜도 | -0.250325754 | 왜도 | -0.5001089 |
| 범위 | 3600 | 범위 | 75000 |
| 최소값 | 2400 | 최소값 | 30000 |
| 최대값 | 6000 | 최대값 | 105000 |
| 합 | 52050 | 합 | 882000 |
| 관측수 | 12 | 관측수 | 12 |

## 2. 광고비, 매출액의 도수분포표(히스토그램)

▸ [데이터]-[데이터 분석]-[**히스토그램**] 이용

2. 도수분포표

| 계급 | 빈도수 |
|---|---|
| 2000 | 0 |
| 2500 | 1 |
| 3000 | 1 |
| 3500 | 3 |
| 4000 | 0 |
| 4500 | 1 |
| 5000 | 1 |
| 5500 | 3 |
| 6000 | 2 |
| 기타 | 0 |
| | 12 |

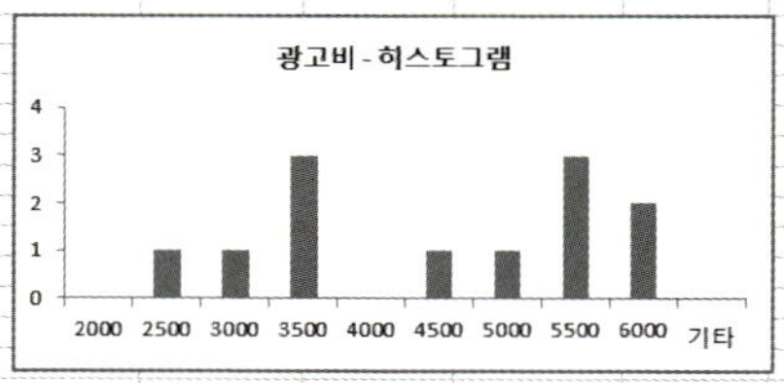


| 계급 | 빈도수 |
|---|---|
| 30000 | 1 |
| 40000 | 0 |
| 50000 | 1 |
| 60000 | 2 |
| 70000 | 1 |
| 80000 | 1 |
| 90000 | 2 |
| 100000 | 3 |
| 110000 | 1 |
| 기타 | 0 |
| | 12 |

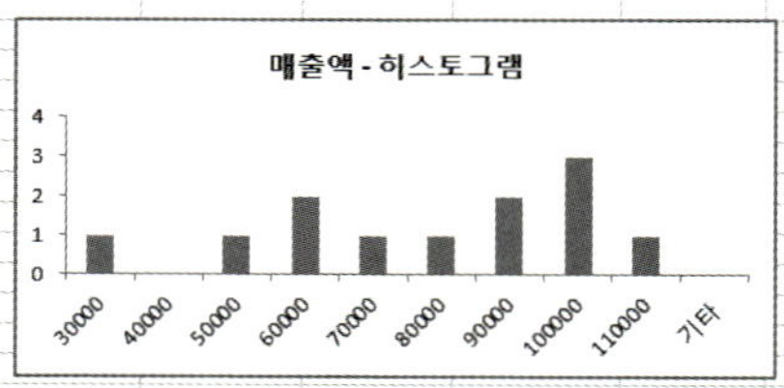


## 3. 광고비-매출액 간의 상관분석

▸ [데이터]-[데이터 분석]-[**상관분석**] 이용

3. 상관분석

| | 광고비 | 매출액 |
|---|---|---|
| 광고비 | 1 | |
| 매출액 | 0.927757073 | 1 |

## 4. 광고비-매출액 간의 관계 회귀분석

▸ [데이터]-[데이터 분석]-[**회귀분석**] 이용

**4. 회귀분석**

| 회귀분석 통계량 | |
|---|---|
| 다중 상관계수 | 0.927757073 |
| 결정계수 | 0.860733186 |
| 조정된 결정계수 | 0.846806505 |
| 표준 오차 | 9077.195023 |
| 관측수 | 12 |

분산 분석

| | 자유도 | 제곱합 | 제곱 평균 | F 비 | 유의한 F |
|---|---|---|---|---|---|
| 회귀 | 1 | 5092420305 | 5092420305 | 61.804615 | 1.3715E-05 |
| 잔차 | 10 | 823954694.8 | 82395469.5 | | |
| 계 | 11 | 5916375000 | | | |

| | 계수 | 표준 오차 | t 통계량 | P-값 | 하위 95% | 상위 95% | 하위 95.0% | 상위 95.0% |
|---|---|---|---|---|---|---|---|---|
| Y 절편 | -5005.035581 | 10323.97298 | -0.4847974 | 0.6382639 | -28008.2809 | 17998.2 | -28008.28 | 17998.21 |
| 광고비 | 18.09914365 | 2.302223977 | 7.86159115 | 1.372E-05 | 12.969469 | 23.22881 | 12.969469 | 23.228818 |

잔차 출력

| 관측수 | 예측치 매출액 | 잔차 |
|---|---|---|
| 1 | 76441.11084 | 5308.889157 |
| 2 | 49292.39537 | -5792.39537 |
| 3 | 90015.46858 | 1484.53142 |
| 4 | 81870.85394 | 11129.14606 |
| 5 | 103589.8263 | 1410.173682 |
| 6 | 95445.21168 | -21945.2117 |
| 7 | 38432.90918 | -8432.90918 |
| 8 | 87300.59703 | -300.597033 |
| 9 | 57437.01001 | 6312.989989 |
| 10 | 52007.26692 | 3492.733084 |
| 11 | 92730.34013 | 4769.659872 |
| 12 | 57437.01001 | 2562.989989 |

확률 출력

| 백분율 | 매출액 |
|---|---|
| 4.1666667 | 30000 |
| 12.5 | 43500 |
| 20.833333 | 55500 |
| 29.166667 | 60000 |
| 37.5 | 63750 |
| 45.833333 | 73500 |
| 54.166667 | 81750 |
| 62.5 | 87000 |
| 70.833333 | 91500 |
| 79.166667 | 93000 |
| 87.5 | 97500 |
| 95.833333 | 105000 |

(주)PNK사 기초자료 | (주)PNK사 회귀분석

## 5. 회귀식 표현

▸ 위 회귀분석표의 광고비 계수와 Y절편 이용

매출액 = 18.09914365 × 광고비 − 5005.035581

## 6. 매출액 예측

**6. 광고비 변경에 따른 매출액 예측 (회귀식 이용)**

| 광고비 | 4,500 | 6,000 | 7,000 | 9,000 |
|---|---|---|---|---|
| 매출액 | 76,441 | 103,590 | 121,689 | 157,887 |

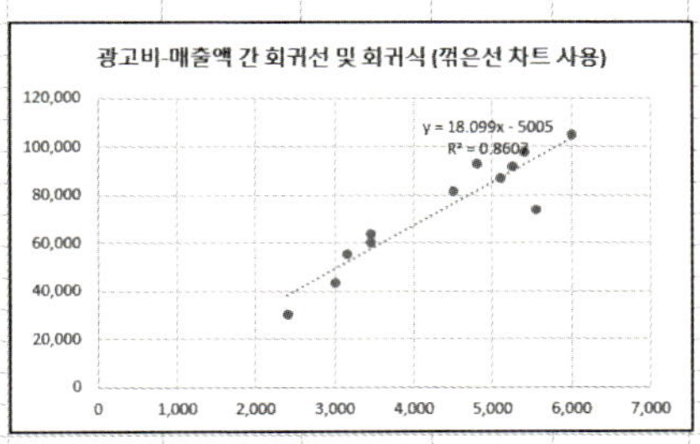


(주)PNK사 기초자료 | (주)PNK사 회귀분석

Case 26 혼자해보기

# (주)일성의 법인세 계산

26

현황

(주)일성은 영세중소기업(법인)으로서 올해에는 작년보다 영업실적이 크게 호전되었다. 올해의 영업실적을 기초로 손익계산서를 작성하고, 이를 통해 세무서에 납부해야 할 법인세가 어느 정도 되는지 계산해 보고자 한다.

자료 1 (주)일성의 올해 손익관련자료

| | |
|---|---|
| 매출액 | 96,000,000 |
| 매출원가 | 52,800,000 |
| 판매관리비 | 7,000,000 |
| 영업외수익 | 3,000,000 |
| 영업외비용 | 2,000,000 |

자료 2 법인세 적용세율(영세법인의 경우)

**법인세차감전순이익이**

- 10,000,000원 미만인 경우: 세금 면제.
- 30,000,000원 미만인 경우: 10,000,000원 초과부분에 대해 15% 세율 적용
- 50,000,000원 미만인 경우: 30,000,000원에 대해 기본세율 10% 적용
  (3,000,000원)+30,000,000원 초과부분에 대해 25%의 세율 적용
- 50,000,000원 이상인 경우: 50,000,000원에 대해 기본세율 16% 적용
  (8,000,000원)+50,000,000원 초과부분에 대해 30% 세율 적용

요구사항

: 위 자료에 의해

1. (주)일성이 납부해야 할 **법인세** 금액을 **IF 함수**를 사용하여 계산하시오.
2. (주)일성이 납부해야 할 법인세 금액을 **VLOOKUP 함수**를 사용하여 계산하시오.

참고 위 〈자료 2〉의 경우 세율구조도표

| | | |
|---|---|---|
| 10,000,000 | 0 | 15% |
| 30,000,000 | 3,000,000 | 25% |
| 50,000,000 | 8,000,000 | 30% |

# Case 26 혼자해보기

Tips & 풀이 요약

## ※ 법인세 세율구조도표

< 법인세 적용세율 > (영세법인의 경우)

* 법인세차감전순이익이
◇ 10,000,000원 미만인 경우 : 세금 면제.
◇ 30,000,000원 미만인 경우 : 10,000,000원 초과부분에 대해 15% 세율 적용.
◇ 50,000,000 미만인 경우 : 30,000,000원에 대해 기본세율 10% 적용
(3,000,000원) + 30,000,000원 초과부분에 대해 25%의 세율 적용.
◇ 50,000,000원 이상인 경우 : 50,000,000원에 대해 기본세율 16% 적용
(8,000,000원) + 50,000,000원 초과부분에 대해 30% 세율 적용.

< 세율구조도표 >

| C | D | E |
|---|---|---|
| 10,000,000 | 0 | 15% |
| 30,000,000 | 3,000,000 | 25% |
| 50,000,000 | 8,000,000 | 30% |

* 법인세 = 기본세금 + 누진세금
= 금액별 기본세금 + (기본세금 기준 과세표준 초과액 × 해당 누진세율)

(주)PNK사 기초자료 | (주)일성 법인세 계산

* 이름 정의: C12:E14 "세율표"

## 1. IF 함수 사용시 법인세 계산식 :

=IF(C11<10000000,0,IF(C11<30000000,(C11－10000000)*15%,IF(C11<50000000,3000000+(C11－30000000)*25%,8000000+(C11－50000000)*30%)))

## 2. VLOOKUP 함수 사용시 법인세 계산식 :

=VLOOKUP(C11,세율표,2)+(C11－VLOOKUP(C11,세율표,1))*VLOOKUP(C11,세율표,3)

C12 fx =VLOOKUP(C11,세율표,2)+(C11-VLOOKUP(C11,세율표,1))*VLOOKUP(C11,세율표,3)

㈜일성 손익계산서

| 항목 | 금액 | |
|---|---|---|
| 매출액 | 96,000,000 | |
| 매출원가 | 52,800,000 | |
| 매출총이익 | 43,200,000 | |
| 판매관리비 | 7,000,000 | |
| 영업이익 | 36,200,000 | |
| 영업외수익 | 3,000,000 | |
| 영업외비용 | 2,000,000 | |
| 법인세차감전순이익 | 37,200,000 | |
| 법인세 | 4,800,000 | 4,800,000 |
| 당기순이익 | 32,400,000 | |

(주)PNK사 기초자료 | (주)일성 법인세 계산

Case 27 혼자해보기

# (주)영영의 차입금 이자지급액 계산

27

현황

(주)영영은 최근 현금 유동성이 악화되어 상당기간 차입금의 이자를 제때에 지급하지 못해 왔다. 각 금융기관에 특별 요청을 한바, 오늘까지 그동안의 **미지급이자**를 처리해 줄 경우, 그동안 밀렸던 이자부분의 30%를 감해주겠다는 약속을 받았다.

요구사항

다음의 각 경우에 일할계산으로 그동안 밀렸던 이자금액과 실제로 지급해야 할 금액(탕감액 공제 후)을 계산하시오.

다만, 편의상 계산은 2017년 8월 25일에 행하는 것으로 한다.

| 금융기관 | 차입금잔액 | 계약이자율(연) | 마지막 이자지급일 |
|---|---|---|---|
| 광주은행 | 68,000,000 | 10.5% | 2016-01-05 |
| 우리은행 | 136,000,000 | 12.0% | 2014-08-15 |
| 국민은행 | 86,000,000 | 11.5% | 2015-04-04 |
| 계 | 290,000,000 | | |

# Case 27 혼자해보기

## Tips & 풀이 요약

- 날짜(시간 포함)는 해당 숫자 형식으로 표시할 수 있으므로, 날짜간 연산이 가능함.
- 계산일을 오늘로 하는 경우 '=NOW()' 또는 '=TODAY()' 함수를 사용할 수 있지만, 여기서는 편의상 특정일(2017.8.25.)을 계산일로 가정함.
- 2017/8/25의 숫자 표시: [셀서식]-[표시형식]-[일반]으로 확인: '42972'

✹ 이자 계산식: 차입금×하루 이자율×기간(일)

㈜영영의 차입금 이자 계산표

계산일자 : 2017-8-25

| 금융기관 | 차입금잔액 | 계약이자율 | 마지막 이자지급일 | 미지급이자(연체이자) | 탕감예상액 | 실제 지급이자 |
|---|---|---|---|---|---|---|
| 광주은행 | 68,000,000 | 10.5% | 2016-01-05 | 11,697,863 | 3,509,359 | 8,188,504 |
| 우리은행 | 136,000,000 | 12.0% | 2014-08-15 | 49,451,836 | 14,835,551 | 34,616,285 |
| 국민은행 | 86,000,000 | 11.5% | 2015-04-04 | 23,681,808 | 7,104,542 | 16,577,266 |
| 계 | 290,000,000 | | | 84,831,507 | 25,449,452 | 59,382,055 |

(주)영영 차입금 자료 | (주)영영 이자 관련 계산

# Part 03

# 추정재무제표와 추세분석

EXCEL

CHAPTER 06

# 추정재무제표 작성과 민감도 분석

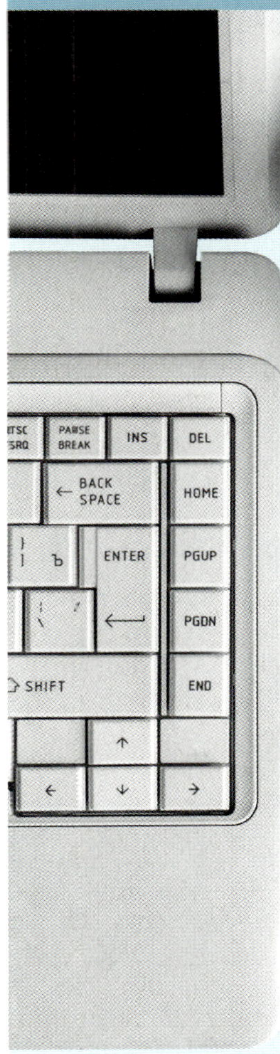

보론

# 추정재무제표 작성 요령

## 1. 추정재무제표는 왜 만드는가?

- **추정재무제표**를 통해 미래의 현금흐름과 위험을 예측함으로써 기업가치나 주식가치 등을 평가하는 데 사용된다.
- 미래의 이익과 현금흐름의 창출가능성 및 부채상환능력 등을 예측해 볼 수 있으므로, 이를 통해 기업의 **미래 신용도**를 평가해 볼 수 있다.
- 기업의 전략적 의사결정에서 타당성을 평가하는 수단으로 활용할 수 있다. 예컨대 신제품 도입, 사업부문의 처분 등 주요 전략적 의사결정에 미치는 재무적 결과를 예측하거나 수익, 비용, 현금흐름, 재무구조, 위험 등 회사에 미칠 영향 등을 분석할 수 있다.
- 추정재무제표는 **사업계획서** 작성의 핵심적인 부분으로, 회사의 비전과 주요 사업계획의 방향을 설명하는 IR 행사 등에 필수적인 자료이다.

## 2. 추정재무제표 작성 시 유의사항

추정재무제표를 작성할 때 미래 경영환경에 대한 전제가 잘못되거나 해당 기업과 업종에 대한 동향의 이해가 부족하면 추정재무제표의 유용성이 떨어지거나 내적 일관성이 결여될 수 있다.

## 3. 추정재무제표의 작성 절차

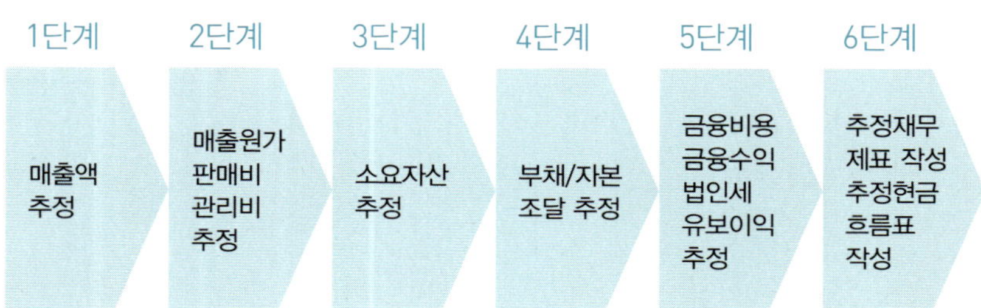


- 추정재무제표 작성은 일반적으로 **매출액**(영업수식)의 추정으로부터 시작된다.
- 추정된 매출액으로부터 **매출원가**와 **판매관리비**를 추정한다.
- 금융수익과 금융비용을 추정하기 위해서는 먼저 해당 기업의 소요자산과 부채 및 자본의 자금조달에 대한 추정이 먼저 이루어져야 한다.

- 추정된 소요자산과 부채/자본조달 계획에 따라 금융비용과 금융수익, 법인세 등을 추정한다.
- 추정 결과에 따라 추정손익계산서와 추정재무제표 및 추정현금흐름표를 작성한다.

## 4. 주요 항목의 추정방법

### (1) 매출액의 추정

#### (가) 매출액 추정시 고려해야 할 사항

과거의 판매량, 과거의 잠재수요에 대한 미충족량, 일반적인 경제상황, 산업의 경제상황, 시장점유율, 산업의 경쟁정도, 판매가격정책, 판매량의 장기적 추세, 판매량의 계절적 변화 등

#### (나) 매출액 추정방법

**A. 주관적 판단에 의한 추정**

이는 경제, 산업, 기업에 대한 일반화된 과거 경험에 근거하여 주관적으로 매출액을 예측하는 방법이다. 흔히 유사한 경제적 상황을 기준으로 역사적 판단에 의해 추정하며, 시장조사나 델파이법을 사용하기도 하고 개인의 추측에 의해 결정하기도 한다.

이 방법은 흔히 제품과 시장에 대한 통찰력과 전문적인 지식에 따라 좌우되는 경향이 크며, 따라서 인위적이고 비과학적인 방법으로 평가되고 있다.

**B. 평균성장률을 이용한 추정**

이는 과거 매출액의 평균증가율을 계산한 후, 금년의 매출액에 이 평균증가율을 곱하여 내년의 추정매출액을 계산하는 방법이다.

▸ 추정매출액＝금년매출액×(1＋평균증가율)

**C. 시장점유율을 이용한 추정**

이는 해당 기업의 시장판매 점유율이 비교적 안정적이고 높은 기업일 경우에 적용되는 방법이다. 흔히 해당 제품의 업계 전체 연간 매출액을 추정하고, 추정된 업계전체 매출액에 해당 기업의 점유율을 곱하여 매출액을 추정하는 방법이다.

▸ 추정판매량＝업계전체 예상판매량×해당기업의 점유율

▸ 추정매출액＝추정판매량×예상 판매단가

**D. 회귀분석을 이용한 추정**

이는 해당 기업의 매출과 경제변수와의 관련성을 중심으로 하는 **회귀식**을 도출하고, 이를 이용하여 미래의 매출액을 추정하는 방법이다.

▸ 추정 매출액＝$\alpha+\beta$(경제변수)

이때 어떤 경제변수가 기업의 매출과 가장 밀접한 관련이 있는지를 잘 판단해야 한다. 독립변수를 선택할 때는 흔히 상관계수가 높거나 회귀식의 결정계수($R^2$)가 높은 것을 선택한다. 또한 동종업계가 어떤 경제지표를 많이 사용하고 있는지를 참고하여 선정하는 것이 좋다.

## (2) 매출원가 및 판매관리비의 추정

상기업 또는 유통기업의 경우, 매출원가는 흔히 '기초상품재고액+당기매입액−기말상품재고액'의 산식에 의해 계산할 수 있지만, 제조업의 경우에는 제품제조원가가 재료비, 노무비, 경비 등으로 구성되어 있으므로 이들 각각을 별도로 추정해야 한다.

### A. 재료비의 추정

재료비는 일반적으로 변동비 성격이 강하기 때문에 매출액 또는 매출수량에 대한 일정비율로 추정한다.

### B. 노무비의 추정

제조원가 중의 노무비, 판매관리비 중의 인건비 등은 고정비 성격이 강하기 때문에 과거의 1인당 평균 인건비와 향후 인력채용계획 및 인건비 상승률 등을 고려하여 추정한다.

### C. 경비 및 제조간접비의 추정

제조경비와 판매관리비 중의 인건비 제외 항목에 대해서는 **변동비**와 **고정비**를 구분하여 추정한다.

이때 변동비는 추정 매출액에 대한 일정비율로 추정하며, 고정비는 각 항목의 성격에 따라 적합한 방법을 적용하여 추정한다.

- 감가상각비: 설비투자예상액을 고려하여 '유형자산의 연평균 금액×과거의 평균상각률'로 추정한다.
- 임차료, 보험료, 세금과공과 등: 과거의 실적치에 평균 상승률을 고려하여 추정한다.
- 연구개발비: 과거 실적치로부터 연구개발계획을 고려하여 추정한다.
- 기타 변동비: '추정 매출액×과거 평균 변동비율'로 추정한다.

## (3) 자산, 부채, 자본의 추정

### A. 현금 및 현금성자산

흔히 1회전 운전자본 금액 정도를 현금으로 보유하는 경우도 있긴 하지만, 일반적으로 매출액의 일정비율만큼 현금을 보유하는 것으로 가정하여 추정한다.

- 추정 현금 및 현금성자산=추정매출액×(현금및현금성자산/과거평균매출액)

### B. 매출채권

일반적으로 과거 매출채권 회전율의 역수를 추정매출액에 곱하여 매출채권을 추정한다. 다만, 기업이 미래에 매출채권에 대한 정책을 변경할 예정인 경우에는 그러한 정책을 반영해야 한다.

▸ 추정매출채권=추정매출액×과거 매출채권 회전율의 역수

### C. 재고자산

일반적으로 과거 재고자산 회전율의 역수를 추정 매출액이 곱하여 재고자산을 추정한다. 다만, 기업이 미래에 재고자산에 대한 정책을 변경할 예정인 경우에는 이를 반영하여야 한다.

▸ 추정재고자산=추정매출액(또는 추정매출원가)×과거 재고자산회전율의 역수

### D. 기타유동자산

별도의 기준이 없는 경우 기타유동자산의 매출액에 대한 과거의 평균 비율로 추정한다.

▸ 추정 기타유동자산=추정매출액×과거 평균 매출액에 대한 비율

### E. 투자자산

미래의 투자계획을 참조하여 추정한다. 다만, 기업의 투자계획을 알 수 없는 경우에는 전년도 수준의 투자자산이 유지되는 것으로 추정하든지, 아니면 매출액의 증가율만큼 증가하는 것으로 추정한다.

▸ 추정투자자산=투자자산 잔액×(1+매출액증가율)

### F. 유형자산

미래의 시설투자계획이나 유형자산 처분계획 등을 참조하여 추정한다. 다만, 시설투자계획은 기업의 추정매출액과의 관련성을 고려해야 한다. 이때 추정매출액이 현재의 시설로 이루어질 수 있는 것인지 아니면 새로운 시설투자가 있어야 가능한 것인지의 여부를 검토해 보아야 한다.

▸ 추정유형자산=전년도 잔액+추가투자예상액−처분예상액−추정감가상각비

### G. 매입채무

일반적으로 과거 매입채무 회전율의 역수를 추정 매출액에 곱하여 매입채무를 추정한다. 다만, 기업이 미래에 매입채무에 대한 정책을 변경할 예정인 경우에는 이를 반영하여야 한다.

▸ 추정매입채무=추정매출액(또는 추정매출원가)×과거 매입채무 회전율의 역수

### H. 미지급비용

미지급비용은 흔히 매출원가 또는 판매관리비에 대한 미지급액을 의미하는 경우가 많다. 따라서 미지급비용은 매출원가와 판매관리비에 대한 일정률로 추정하거나, 또는 과거 평균매출액에 대한 일정률로 추정하기도 한다.

▸ 추정 미지급비용=추정매출액(또는 추정매출원가, 추정단매관리비)×과거 미지급비용의 평균

매출액비율(또는 매출원가나 판매관리비에 대한 평균비율)

### I. 단기차입금

일반적으로 단기차입금에 대한 추정은 모든 부채 항목들에 대한 추정을 마친 후 마지막으로 수행한다. 이는 단기차입금 항목이 추정재무상태표의 차변과 대변을 일치시키는 항목, 즉 플러그(plug) 항목이기 때문이다. 즉, 단기차입금이 추정되어야 이자비용을 추정할 수 있으며, 이자비용이 추정되어야 세전이익이나 법인세비용, 당기순이익, 당기법인세부채, 유보이익 등을 차례로 추정할 수 있기 때문이다. 이러한 플러그 항목의 추정을 위해서는 방정식을 세워서 계산하거나 엑셀의 수식과 참조기능을 사용하여 계산할 수도 있다.

### J. 당기 법인세부채

당기 법인세부채는 법인세비용의 일정비율만큼이 기말에 미지급되는 것을 의미하므로, 보통 과거의 미지급비율을 추정법인세에 곱하여 추정한다. 따라서 법인세비용이 추정된 후 단기차입금의 추정과 동시에 추정이 이루어진다.

▸ 추정 당기법인세부채＝추정법인세비용×과거 평균 당기법인세부채의 법인세비용에 대한 비율

### K. 기타유동부채

별도의 기준이 없는 경우 기타유동부채의 매출액에 대한 과거의 평균 비율로 추정한다.

▸ 추정 기타유동부채＝추정매출액×과거 평균 매출액에 대한 비율

### L. 유동성장기부채

이는 재무제표의 주석사항에서 장기차입금이나 사채의 차기 상환 예정액을 확인하여 추정한다.

▸ 추정 유동성장기부채＝차기 상환예정액

### M. 충당부채

충당부채는 과거의 전입 또는 지급 자료를 참조하여 추정한다. 예컨대 퇴직충당부채의 경우에는 지난해에 인건비의 얼마만큼이 충당부채로 전입되고 또 퇴직금으로 지급되었는지에 대한 근거자료를 기초로 추정한다.

▸ 추정충당부채＝전년도 잔액＋예상추가전입액－예상지급액

### N. 장기차입금과 사채

기업의 시설투자계획에 따른 장기차입금이나 사채의 조달계획을 참조하여 추정한다. 만일 특별한 계획이 없는 경우에는 장기차입금이나 사채 중 유동성부채로 대체되는 것을 제외하고는 변동이 없는 것으로 추정한다.

#### O. 자본

기업의 시설투자계획이나 증자계획 등을 참조하여 추정한다. 특별한 증자계획이 없는 경우에는 변동이 없는 것으로 추정한다.

### (4) 기타수익과 비용의 추정

#### A. 기타수익과 금융수익

영업외수익 항목은 보통 매출액의 일정비율로 추정하거나 과거 수입액의 평균치로 추정한다. 이 중 금융수익(이자수익)은 추정현금과 장단기 금융상품의 일정비율로 추정하거나 매출액의 일정비율로 추정한다. 기타의 잡수익 등은 추정에서 제외하는 것이 보통이지단, 지난해의 수입액과 동일한 것으로 추정하기도 한다.

▸ 추정금융수익＝추정매출액×과거 매출액에 대한 평균비율

#### B. 기타비용과 금융비용

영업외비용 항목은 보통 과거 지출액의 평균치로 추정하지단, 이 중 금융비용(이자비용)은 장단기차입금과 사채의 평균 잔액에 해당 이자율을 곱하여 추정한다.

▸ 추정금융비용＝추정 장단기차입금 및 사채×해당 이자율

#### C. 법인세비용

법인세는 손익계산서의 법인세차감전순이익에 해당 기업에 적용되는 법인세율을 곱하여 산정한다. 흔히 법인세 계산에는 법인세법상의 누진세율이 적용되는 것이 브통이지만, 과거의 평균 법인세율(＝법인세/법인세차감전순이익)을 계산하여 간단하게 추정하는 방법이 사용되기도 한다.

▸ 추정법인세비용＝법인세차감전순이익×적용 법인세율(또는 과거 평균 법인세율)

Case 28 따라하기

# (주)완도의 추정손익계산서 작성 및 민감도분석

28

현황

(주)완도에서는 2017년도의 영업실적자료와 최근 3년간의 주요 지표를 토대로 향후 5개년(2018~2022)에 대한 손익상황을 추정하여 의사결정에 전략적으로 활용하고자 한다. 2017년도 주요 손익자료와 지난 3개년 간의 평균손익지표는 다음과 같다.

✹ (주)완도의 2017년도 손익관련 자료 (단위: 천원)

◇ 매출액 : 52,400
◇ 영업외수익 : 4,950
◇ 영업외비용 : 5,750

✹ 최근 3개년 간 주요지표의 평균치

◇ 연평균 매출액 성장률 : 5%
◇ 매출원가율 : 60%
◇ 일반관리비/매출액률 : 12%
◇ 법인세율 : 30%

가정 1 주요 지표의 평균치는 미래 기간에도 동일 비율을 유지할 것으로 가정

가정 2 영업외수익과 비용은 미래 기간에도 동일 금액을 유지할 것으로 가정

요구사항

1. 위의 자료를 토대로 향후 5개년 간의 **추정손익계산서**를 작성하시오.
2. 위의 완성된 추정손익계산서에서 매출액 성장률과 원가율을 각각 6.5%, 70%로 조정했을 경우에 2021년도 당기순이익은 얼마인가?
3. 완성된 추정손익계산서에서 매출액성장률이 각각 3.5%, 4.0%, 4.5%, ...... 7.0%일 때 2020년의 당기순이익의 변화내용을 표로 정리하여 보자.
4. 완성된 추정손익계산서에서 원가율이 각각 40%, 45%, 50%, ...... 80%일 때 2022년의 영업이익의 변화내용을 표로 정리하여 보자.
5. 완성된 추정손익계산서에서 매출액성장률은 각각 4.0%, 5.0%, ....... 11.0%이고, 매출원가율은 각각 40%, 45%, 50%,....... 80%일 때 2021년의 당기순이익의 변화내용을 표로 정리하여 보자.

6. 위의 추정손익계산서 작성은 미래의 많은 불확실한 상황 중의 어느 하나의 상황에 대한 가정일 뿐이고, 현실적으로는 이들 각 변수들의 변화가능성은 여러 가지로 예측해 볼 수 있다. 이 중 다음과 같은 4가지 상황변화 가능성을 고려하여 **시나리오 해법**으로 각 상황에 대해 2020년과 2022년의 경상이익을 예측해 보시오.

   **상황 1** **경기호황**일 경우(최상의 경우): 매출액성장률은 9%까지 가능하며, 매출원가율은 55%로 내려갈 수 있고, 일반관리비율은 10%, 영업외비용은 4,000(천원)까지 내려갈 수 있는 상황으로 가정

   **상황 2** **경기불황**일 경우(최악의 경우): 매출액성장률은 3%로 내려가고, 매출원가율은 70%까지 상승하며, 일반관리비율은 15%, 영업외비용은 6,500(천원)으로 상승하게 되는 상황 가정

   **상황 3** **경기약호황**일 경우(약간 호전되는 경우): 매출액성장률은 약간 올라 6%가 가능하며, 매출원가율은 58%로 내려갈 수 있고, 일반관리비율은 현재와 동일하나 영업외비용은 5,000(천원)으로 조정되는 상황을 가정

   **상황 4** **경기약불황**일 경우(약간 침체되는 경우): 매출액성장률은 4.5%로 하락하고, 매출원가율은 현재와 동일하며, 일반관리비율은 13%로 상승하며 영업외비용은 6,200(천원)으로 약간 상승하는 상황을 가정

7. 완성된 추정손익계산서에서 다른 변수값은 동일하다고 가정할 때, 2022년의 당기순이익액이 ₩17,000,000이 되도록 하기 위해서는 매출액성장률을 얼마로 설정하여야 할 것인가?

8. 2017년부터 2022년까지의 매출액, 매출원가, 영업이익, 순이익의 동향을 **추세그래프**로 작성해 보시오.

# Case 28 따라하기

**상황분석**

1. 추정손익계산서를 작성하기 위해서는 기준연도의 손익계산서가 가능한 한 많은 수식에 의해 정리되어 있어야 한다. 여기서는 기준연도가 2017년이므로 먼저 2017년의 손익계산서를 수식에 의해 정의해 둔다.
2. 기준이 되는 지표들은 가능한 한 별도의 셀에 입력해두고, 추정손익계산서의 수식에서 이를 참조하는 형식으로 정의되도록 해야 한다.

**손익계산서**는 정형화된 계산구조로 이루어져 있으며, 이를 엑셀 수식으로 쉽게 표시할 수 있다. 따라서 먼저 기준이 되는 연도의 손익계산서를 가능한 한 많은 수식에 의해 정의할수록 다양한 변화에 따른 분석을 수행해 볼 수 있다. 기준연도의 손익계산서를 작성하기 전에 먼저 손익계산서 표현에 사용될 수 있는 기초자료를 별도의 셀 영역에 입력해 두고 이를 참조하는 형식으로 표시하는 것이 좋다.

## ▶ 기초자료의 정리

① 새 Worksheet에서 새 시트를 선택하고 시트 이름을 '추정손익계산서'로 변경한다.

② A열의 [열 너비]를 '4', B열의 [열 너비]를 '22', 그리고 C열~L열의 [열 너비]를 각각 '10'으로 조정해 둔다. B2 셀에 '◆ 2017년도 손익 관련 자료'를 입력하고, 아래 B3:C5 셀 범위에 2017년의 매출액, 영업외수익, 영업외비용 등의 자료를 입력한다. 여기서 참조되는 기초자료들을 별도의 셀 영역에 정의해 둔 것은, 차후에 이들 기초자료 정보만 변경하면 '추정손익계산서' 시트의 정보에도 자동 반영될 수 있도록 하기 위한 것이다. B3:C5 셀 범위에 [글꼴]-[테두리]-[모든 테두리]를 설정하고, D4와 D5 셀에는 '(미래 기간 동일 금액 가정)'을 표시해 둔다.

③ B7 셀에는 '◆ 최근 3개년간 주요 지표의 평균치'를 입력하고, D7 셀에 '(미래 기간 동일 비율 유지 가정)'을 표시해 둔다. 아래 B8:C11 셀 범위에는 주요 지표의 이름과 비율을 각각 독립된 셀로 입력해 둔다. B8:C11 셀 범위에도 [글꼴]-[테두리]-[모든 테두리]를 설정한다.

| | A | B | C | D | E | F | G |
|---|---|---|---|---|---|---|---|
| 1 | | | | | | | |
| 2 | | ◆ 2017년도 손익 관련 자료 | | | | | |
| 3 | | 매출액 : | 52,400 | | | | |
| 4 | | 영업외수익 : | 4,950 | (미래 기간 동일 금액 가정) | | | |
| 5 | | 영업외비용 : | 5,750 | (미래 기간 동일 금액 가정) | | | |
| 6 | | | | | | | |
| 7 | | ◆ 최근 3개년간 주요 지표의 평균치 | | (미래 기간 동일 비율 유지 가정) | | | |
| 8 | | 년평균 매출액 성장율: | 5% | | | | |
| 9 | | 매출원가율: | 60% | | | | |
| 10 | | 일반관리비/매출액율 : | 12% | | | | |
| 11 | | 법인세율 : | 30% | | | | |
| 12 | | | | | | | |

추정손익계산서 | Sheet3 | Sheet4 | Sheet5 | ...

## 1. 추정손익계산서 작성

① '추정손익계산서' 시트의 C14 셀에 '추정손익계산서 (기준연도 2017년)'를 입력한다. C14:F14 셀 범위를 선택하고 [병합하고 가운데 맞춤]을 설정하고, [글꼴]을 '견고딕', '12pt'로 조정한다.

② B17:B26 셀 범위에 손익계산서 주요 항목을 나열하여 입력한다. C16 셀에는 기준연도인 '2017'을 입력하고 D16:H16 셀 영역에 추정 연도인 2018~2022를 순서대로 입력한다(자동채우기 핸들 이용).

참고

### 손익계산서의 구성

손익계산서는 수익 항목과 비용 항목을 '**수익-비용 대응의 원리**'에 따라 대조표시하여 궁극적으로 '당기순이익'을 계산하기 위한 구조이다. 수익의 주요 항목인 '매출액'으로부터 시작하여 매출액에 직접 대응 관계에 있는 '매출원가'를 차감하여 '매출총이익'을 계산하고, '매출총이익'에서 '판매비와일반관리비'를 차감하여 '영업이익'을 계산한다. '영업이익'에서 '영업외수익'을 더하고 '영업외비용'을 차감하여 '법인세차감전순이익'을 계산한다. 이 법인세차감전순이익에 일정 비율의 법인세율을 곱한 '법인세'를 차감한 잔액이 곧 '당기순이익'이다. 따라서 이들 항목 간의 구성은 다음 표와 같이 정리해 볼 수 있다.

| | |
|---|---|
| | 매출액 |
| − | 매출원가 |
| = | 매출총이익 |
| − | 판매비와일반관리비 |
| = | 영업이익 |
| + | 영업외수익 |
| − | 영업외비용 |
| = | 법인세차감전순이익 |
| − | 법인세 |
| = | 당기순이익 |

③ 데이터가 채워질 B16:H26 셀 영역을 선택하고 [테두리]-[모든 테두리]로 설정한 후, [맞춤]-[가운데 맞춤]으로 설정한다.

④ C17 셀에는 2017년의 매출액을 위의 기초자료 영역에서 참조하여 표시하기 위해 수식 '=$C$3'으로 입력한다.

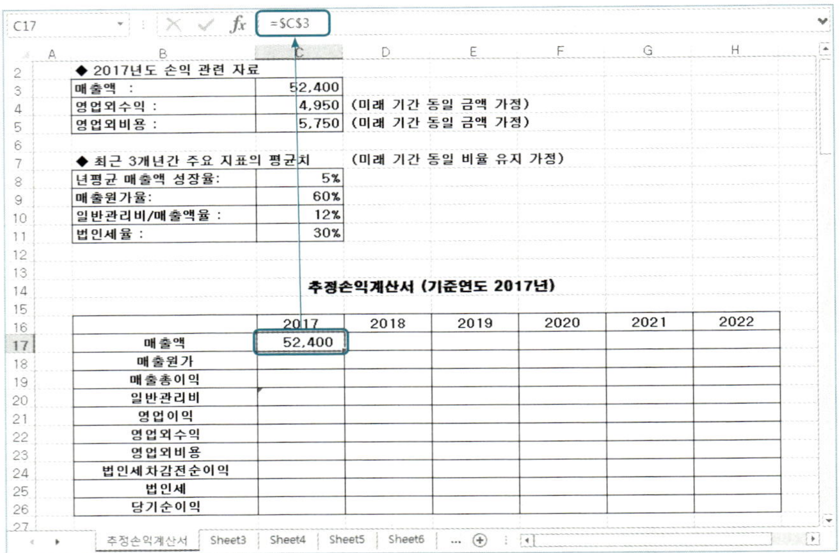

C17 =$C$3

| | B | C | D |
|---|---|---|---|
| 2 | ◆ 2017년도 손익 관련 자료 | | |
| 3 | 매출액 : | 52,400 | |
| 4 | 영업외수익 : | 4,950 | (미래 기간 동일 금액 가정) |
| 5 | 영업외비용 : | 5,750 | (미래 기간 동일 금액 가정) |
| 7 | ◆ 최근 3개년간 주요 지표의 평균치 | | (미래 기간 동일 비율 유지 가정) |
| 8 | 년평균 매출액 성장율: | 5% | |
| 9 | 매출원가율: | 60% | |
| 10 | 일반관리비/매출액율 : | 12% | |
| 11 | 법인세율 : | 30% | |

추정손익계산서 (기준연도 2017년)

| | 2017 | 2018 | 2019 | 2020 | 2021 | 2022 |
|---|---|---|---|---|---|---|
| 매출액 | 52,400 | | | | | |
| 매출원가 | | | | | | |
| 매출총이익 | | | | | | |
| 일반관리비 | | | | | | |
| 영업이익 | | | | | | |
| 영업외수익 | | | | | | |
| 영업외비용 | | | | | | |
| 법인세차감전순이익 | | | | | | |
| 법인세 | | | | | | |
| 당기순이익 | | | | | | |

⑤ '매출액' 아래쪽 손익계산서 각 항목은 손익계산서의 구성 원리에 따라 다음의 각 수식을 차례로 입력하여 완성한다. 이때 위쪽 기초자료를 참조하는 경우에는 미리 **절대셀주소** 형식으로 표현해 두어야 나중에 해당 수식을 복사하여 사용할 수 있다.

C18: **=C17*$C$9**
C19: **=C17−C18**
C20: **=C17*$C$10**
C21: **=C19−C20**
C22: **=$C$4**
C23: **=$C$5**
C24: **=C21+C22−C23**
C25: **=C24*$C$11**
C26: **=C24−C25**

C26 =C24-C25

추정손익계산서 (기준연도 2017년)

| | 2017 | 2018 | 2019 | 2020 | 2021 | 2022 |
|---|---|---|---|---|---|---|
| 매출액 | 52,400 | | | | | |
| 매출원가 | 31,440 | | | | | |
| 매출총이익 | 20,960 | | | | | |
| 일반관리비 | 6,288 | | | | | |
| 영업이익 | 14,672 | | | | | |
| 영업외수익 | 4,950 | | | | | |
| 영업외비용 | 5,750 | | | | | |
| 법인세차감전순이익 | 13,872 | | | | | |
| 법인세 | 4,162 | | | | | |
| 당기순이익 | 9,710 | | | | | |

⑥ 이로써 기준연도인 2017년 손익계산서는 수식에 의해 작성되었다. 이제 이 2017년의 손익계산서를 기반으로 향후 5개년(2018~2022)의 **추정손익계산서**를 작성해 보자.

⑦ D17 셀의 2018년 매출액 추정치는 '2017년 매출액×(1+매출액성장률)' 산식에 의해 표시할 수 있다. 따라서 D17 셀에 이를 표시하기 위한 수식 '=C17*(1+$C$8)'을 입력한다. 이 수식에서 참조하는 C8 셀(연평균매출액성장률이 입력되어 있는 셀)을 절대참조 형식($C$8)으로 표시하고 있기 때문에, 이제 D17 셀의 수식을 2019~2022년의 매출액을 추정하는 데에도 동일하게 적용할 수 있다. 따라서 D17 셀에서 자동채우기 핸들을 통해 H17 셀까지 끌기하여 채워 넣는다.

D17 =C17*(1+$C$8)

추정손익계산서 (기준연도 2017년)

| | 2017 | 2018 | 2019 | 2020 | 2021 | 2022 |
|---|---|---|---|---|---|---|
| 매출액 | 52,400 | 55,020 | 57,771 | 60,660 | 63,693 | 66,877 |
| 매출원가 | 31,440 | | | | | |
| 매출총이익 | 20,960 | | | | | |
| 일반관리비 | 6,288 | | | | | |
| 영업이익 | 14,672 | | | | | |
| 영업외수익 | 4,950 | | | | | |
| 영업외비용 | 5,750 | | | | | |
| 법인세차감전순이익 | 13,872 | | | | | |
| 법인세 | 4,162 | | | | | |
| 당기순이익 | 9,710 | | | | | |

Case-20 따라하기 | 추정손익계산서 | Sheet2 | Sheet3

⑧ 2017년 매출액 아래 C18:C26 셀 범위의 수식들은 모두 필요한 절대셀, 상대셀 참조형식을 취하고 있으므로, C18:C26 셀 범위를 선택한 후 **자동채우기 핸들**로 H26 셀까지 끌기 하여 나머지 계산을 한꺼번에 완료할 수 있다. 계산 결과가 표시된 C17:H26 셀 영역을 선택한 후 [홈] 탭의 [표시 형식]-[쉼표 스타일]로 지정한다.

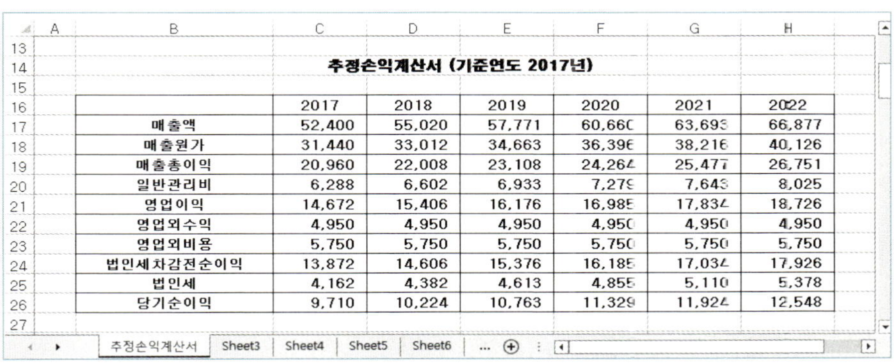
추정손익계산서 (기준연도 2017년)

| | 2017 | 2018 | 2019 | 2020 | 2021 | 2022 |
|---|---|---|---|---|---|---|
| 매출액 | 52,400 | 55,020 | 57,771 | 60,660 | 63,693 | 66,877 |
| 매출원가 | 31,440 | 33,012 | 34,663 | 36,396 | 38,216 | 40,126 |
| 매출총이익 | 20,960 | 22,008 | 23,108 | 24,264 | 25,477 | 26,751 |
| 일반관리비 | 6,288 | 6,602 | 6,933 | 7,279 | 7,643 | 8,025 |
| 영업이익 | 14,672 | 15,406 | 16,176 | 16,985 | 17,834 | 18,726 |
| 영업외수익 | 4,950 | 4,950 | 4,950 | 4,950 | 4,950 | 4,950 |
| 영업외비용 | 5,750 | 5,750 | 5,750 | 5,750 | 5,750 | 5,750 |
| 법인세차감전순이익 | 13,872 | 14,606 | 15,376 | 16,185 | 17,034 | 17,926 |
| 법인세 | 4,162 | 4,382 | 4,613 | 4,855 | 5,110 | 5,378 |
| 당기순이익 | 9,710 | 10,224 | 10,763 | 11,329 | 11,924 | 12,548 |

추정손익계산서 | Sheet3 | Sheet4 | Sheet5 | Sheet6

⑨ 이로써 2017년의 기초자료를 토대로 한 향후 5개년 간의 추정손익계산서는 완성되었다. 이 추정 결과에 따르면, 2017년의 주요 지표가 지속적으로 적용되는 경우 2022년의 매출액은 ₩66,877이 되고, 당기순이익은 ₩12,548이 될 것으로 예상된다.

## 2. What-If 분석 1: 매출액성장률과 원가율의 변경 추정

추정손익계산서를 작성하는 가장 큰 이유 중의 하나는 'What-If 분석'을 손쉽게 수행할 수 있다는 것이다. 여기서 **'What-If 분석'**이란, 흔히 'What-If 시뮬레이션' 또는 '조건-결과 분석'이라고도 하는데, 특정 조건을 변화시켰을 때 계산 결과가 어떻게 달라지는지를 검증하는 **시뮬레이션 방법**을 말한다. 즉 어떤 분석틀이 일련의 수식과 이들 수식의 관계에 의해 정의되어 있을 때, 그중 어느 한 가지 변수 또는 변수들 간의 관계 조건을 변화시켜 가면서 그로 인한 다른 변수들의 값의 변화를 관찰하고 이에 따라 의사결정을 수행하는 것을 의미한다.

(주)완도의 추정손익계산서 역시 몇 가지 조건과 이들 조건 간의 관계를 일련의 수식에 의해 정의하고 있으므로, 이러한 'What-If 분석'을 수행하기에 안성맞춤인 셈이다.

(주)완도의 추정손익계산서에서는 '연평균매출액성장률'을 '5%'로 가정하고 있으며, '매출원가율'은 '60%'인 것으로 가정하고 있다. 그런데 이러한 조건을 각각 '6.5%', '70%'인 경우로 변경한다면, 이전의 계산결과와는 달리 2021년의 당기순이익은 얼마로 바뀌게 될 것인가를 예측해보기로 한다.

① 변경 조건 중 **'매출액성장률'** 자료(C8 셀)는 추정손익계산서에서 C17:H17 셀 범위의 수식에 모두 사용되어 전년도 매출액으로부터 차기의 매출액을 추정하는 계산과정에 이용되고 있다. 따라서 이러한 조건 변경을 이들 각 수식에 반영하려면 각 수식에 적용되고 있는 조건들을 일일이 수정해 주어야 한다. 이러한 변동 가능성을 예측하여 본 예에서는 '매출액성장률' 자료를 직접 수식에 표현하지 않고 추정손익계산서 표의 위쪽에 별도의 셀 범위에 따로 표시하고 있기 때문에, 만일 '매출액성장률' 자료를 변경하려고 하면 참조 셀인 C8 셀의 비율만 수정해주면 된다.

② 마찬가지로, **'매출원가율'** 자료 역시 별도의 C9 셀에 따로 입력되어 있으므로, 추정손익계산서 표에서 C18:H18 셀 영역의 수식을 일일이 수정하지 않고, 이들이 참조하고 있는 C9 셀에 입력되어 있는 수치만 변경하면 원하는 결과값을 확인할 수 있다.

③ 따라서 C8 셀의 값을 '5%' 대신 '6.5%'로 변경하고, C9 셀의 값을 '60%' 대신 '70%'로 변경하여 입력해 보면, 추정손익계산서 표에서 2021년 당기순이익이 '₩11,924'에서 '₩7,934'으로 자동 변경되어 표시되고 있음을 확인할 수 있다.

| ◆ 최근 3개년간 주요 지표의 평균치 | | (미래 기간 동일 비율 유지 가정) |
|---|---|---|
| 년평균 매출액 성장율: | 6.5% | |
| 매출원가율: | 70% | |
| 일반관리비/매출액율 : | 12% | |
| 법인세율 : | 30% | |

**추정손익계산서 (기준연도 2017년)**

| | 2017 | 2018 | 2019 | 2020 | 2021 | 2022 |
|---|---|---|---|---|---|---|
| 매출액 | 52,400 | 55,806 | 59,433 | 63,297 | 67,411 | 71,793 |
| 매출원가 | 36,680 | 39,064 | 41,603 | 44,308 | 47,188 | 50,255 |
| 매출총이익 | 15,720 | 16,742 | 17,830 | 18,989 | 20,223 | 21,538 |
| 일반관리비 | 6,288 | 6,697 | 7,132 | 7,596 | 8,089 | 8,615 |
| 영업이익 | 9,432 | 10,045 | 10,698 | 11,393 | 12,134 | 12,923 |
| 영업외수익 | 4,950 | 4,950 | 4,950 | 4,950 | 4,950 | 4,950 |
| 영업외비용 | 5,750 | 5,750 | 5,750 | 5,750 | 5,750 | 5,750 |
| 법인세차감전순이익 | 8,632 | 9,245 | 9,898 | 10,593 | 11,334 | 12,123 |
| 법인세 | 2,590 | 2,774 | 2,969 | 3,178 | 3,400 | 3,637 |
| 당기순이익 | 6,042 | 6,472 | 6,929 | 7,415 | 7,934 | 8,486 |

추정손익계산서 | Sheet3 | Sheet4 | Sheet5 | Sheet6 | ...

④ 이와 같이 조건 변경(매출액성장률과 매출원가율)에 따라 다 조건에 영향을 받는 다른 셀 값이나 결과가 어떻게 변화되는가를 살펴보는 것을 'What-If 분석'이라고 할 수 있다.

## 3. What-If 분석 2: [데이터 표] 이용

위와 같은 조건 변화는 매우 단순한 형태의 조건 변화에 해당한다. 예컨대, 위에서는 특정 조건(매출액성장률)이 다른 하나의 조건으로 변화되고, 또 다른 조건이 또 다른 하나의 조건으로 변화되는 경우를 가정한 것이다. 그러나 경우에 따라서는 조건이 다양한 형태로 변화될 때, 이들 각 조건 변화에 따른 다양한 결과 값들을 한꺼번에 확인하고자 하는 경우가 발생할 수 있다.

예컨대 경기상황에 따라 매출액성장률이 당초의 5% 조건에서 '3.5%인 경우', '4%인 경우', '4.5%인 경우', '5%인 경우'… 와 같이 다양한 조건 변화에 따라 결과값인 2020년의 당기순이익이 각각 어떻게 변화되는지를 확인해 보려면, 해당 조건이 입력되어 있는 C8 셀에 하나씩 일일이 입력하여 그때마다 결과값인 추정손익계산서 표의 F26 셀의 변화 내용을 일일이 확인해야 하는 불편이 있다.

이러한 불편함을 해소하기 위해 이용할 수 있는 방법이 **[데이터 표]** 기능이다. [데이터 표] 기능은 일련의 조건 변화를 행 또는 열 단위로 미리 입력해 두고, 행 또는 열 단위의 각 조건 변화에 따라 해당 결과 셀의 값 변화를 하나의 표 형식으로 표시해 주는 기능이다. 물론 시트의 행/열 구조상 조건 값의 변화는 행 또는 열로 각각 하나의 조건만을 변화시키거나, 또는 행과 열에 서로 다른 조건 변화를 제시하는 2조건 [데이터 표] 형태로 작성할 수 있다. 즉, [데이터 표]에서 변화 조건의 수는 최대 2개인 셈이다.

① 변경하고자 하는 일련의 조건(매출액성장률)을 추정손익계산서 표의 아래 C30:J30 셀 영역에 3.5%, 4.0%, 4.5%, …, 7.0%와 같이 입력한다. 그리고 B31 셀에는 확인하고자 하는 결과 셀(2020년의 당기순이익)을 참조하는 형식으로 수식 '=F26'을 입력한다. 이제 [데이터 표]를 표시하고자 하는 B30:J31 셀 영역을 선택한 후 [데이터] 탭의 [데이터 도구]-[가상분석]에서 [**데이터 표**]를 선택한다. 나타난 [데이터 표] 대화상자에서 [행 입력 셀]을 선택한 후 마우스로 C8 셀을 클릭하고 [확인]을 누른다.

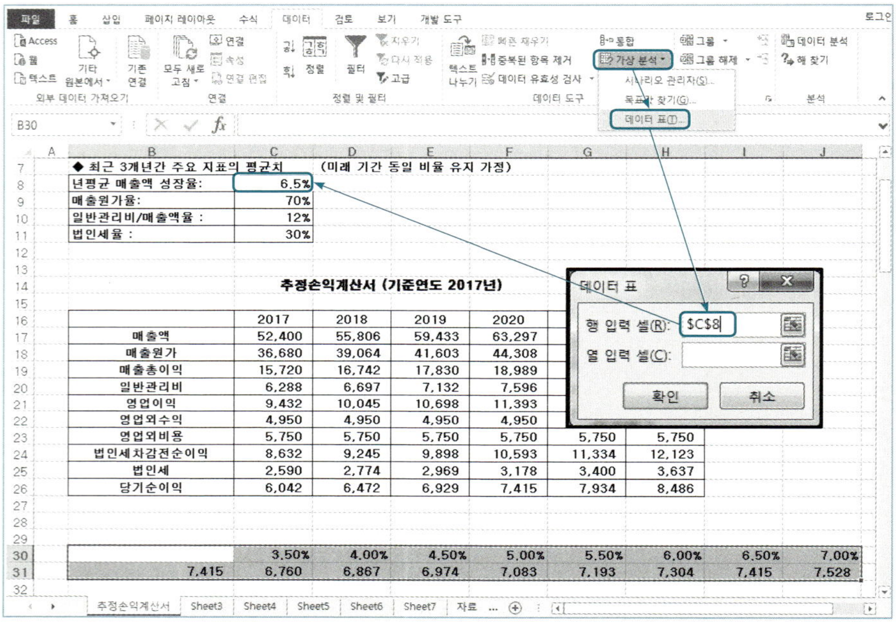


② 여기서 [행 입력 셀]에 '$C$8'을 입력한 것은, 변경 조건들이 C30:J30 셀 영역에 행 단위로 입력되어 있으며, 이들 변경 조건들을 C8 셀(연평균매출액성장률 지표)에 각각 대입한 결과 변화를 보고자 하기 때문이다(만일 조건 범위를 C30:J30 셀 영역 대신 C30:C37 셀 영역과 같이 열 단위로 입력해 둔 경우에는 [행 입력 셀] 대신 [열 입력 셀]에 '$C$8'을 입력하면 된다. 물론 이때 참조 셀은 D29 셀에 입력한다).

③ [데이터 표]의 결과 값(C31:J31)은 B31 셀에 **참조형식**으로 표시해 둔 셀주소('=F26')에서의 변화 결과를 나열하여 표시하게 된다. 작성된 [데이터 표]가 제대로 된 것인지를 확인해 보려면, 현재 C8 셀에 입력되어 있는 수치와 같은 수치를 조건 범위인 C30:J30 셀 영역에서 찾아, 아래에 표시된 결과 값(7,415)이 참조 셀인 B31 셀의 값(7,415)과 같은지를 확인해보면 된다.

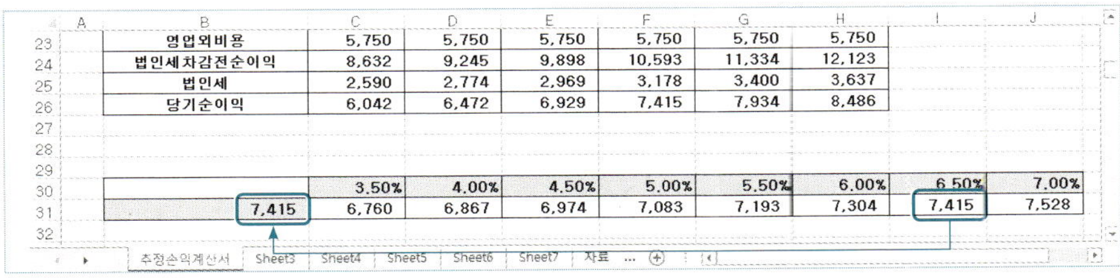

④ [데이터 표]의 결과에 의하면, 매출액성장률이 3.5%인 경우에는 2020년의 당기순이익은 ₩6,760이 될 것이며, 4.0%인 경우에는 ₩6,867, 그리고 7.0%인 경우에는 ₩7,528이 될 것으로 추정된다.

## 4. What-If 분석 3: [데이터 표] 이용

이번에는 매출액성장률 대신 매출원가율이 다양한 형태로 변화하는 상황을 가정해보자. 그리고 이러한 조건 변화를 행 단위 대신 **열 단위**로 입력하여 분석해 보자.

① **매출원가율**이 70% 대신 40%, 45%, 50%, ..., 80%로 각각 변화하는 상황을 가정할 때 2022년의 영업이익이 각각 어떻게 변화하는지를 살펴보자. C35:C43 셀 범위에 40%부터 80%까지 매출원가 변화율을 입력한다. 그리고 D34 셀에는 변화하는 결과 값을 관찰할 대상 셀인 H21 셀을 참조하는 형식의 수식 '=H21'로 입력한다.

② [데이터 표]를 표시할 셀 범위 C34:D43을 선택하고, [데이터] 탭의 [데이터 도구]-[가상 분석]-[데이터 표]를 클릭한다. **[데이터 표]** 대화상자에서 이번에는 **[열 입력 셀]**을 클릭하고, 각각의 매출원가율 변화 조건이 대입되어질 대상 셀(C9)을 마우스로 직접 클릭하거나 직접 '$C$9'과 같이 입력한 후 [확인]을 누른다.

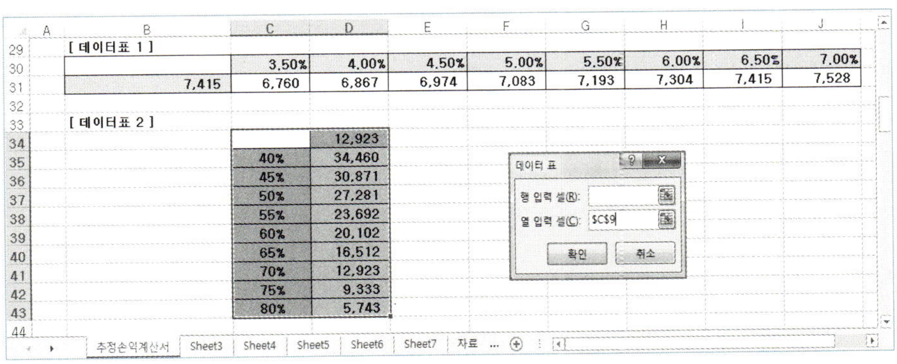

③ 표시된 [데이터 표]에서, 현재 조건 입력 셀(C9)에 표시되어 있는 매출원가율(70%)과 같은 조건(70%)인 [데이터 표]상의 금액(₩12,923)이 참조 셀인 D34 셀의 값과 같은지를 확인해 본다. 만일 같다면 이 두 번째 [데이터 표]도 정상적으로 작성된 것으로 볼 수 있다.

## 5. What-If 분석 4: [데이터 표] 이용

위의 두 가지 [데이터 표]는 추정손익계산서의 기초자료 중 각각 한 가지 조건만을 변경하는 경우에 결과 값의 변화를 살펴본 것이다. 만일 두 가지 조건, 예컨대 매출액성장률과 매출원가율을 동시에 변경시키는 경우에는 [데이터 표]를 어떻게 작성할 수 있을까?

① 예컨대 완성된 추정손익계산서에서 매출액성장률은 각각 4.0%, 5.0%, ....... 11.0%이고, 매출원가율은 각각 40%, 45%, 50%,....... 80%일 때 2021년의 당기순이익의 변화 결과를 [데이터 표]로 작성해 보자.

② C46 셀부터 J46 셀까지 매출액성장률 변화(4%, 5%, ..., 11%)를 입력하고, B47 셀부터 B55 셀까지 매출원가율 변화(40%, 45%, ..., 80%)를 각각 입력한다. 그리고 B46 셀에는 변화 결과를 확인하고자 하는 2021년의 당기순이익(G26) 셀을 참조형식으로 '=G26'을 입력한다.

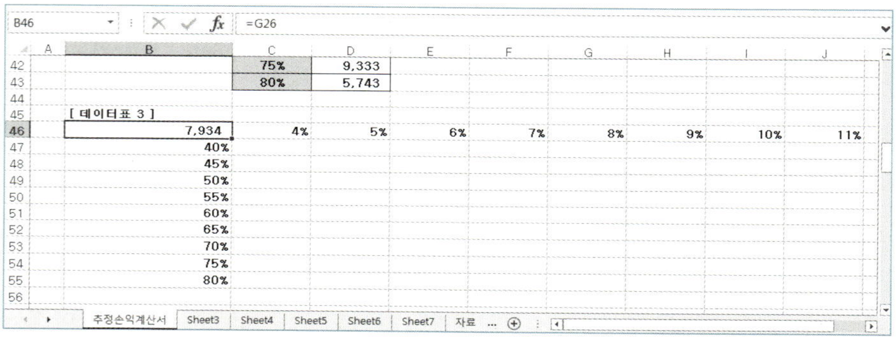


③ [데이터 표]를 작성하고자 하는 B46:J55 셀 범위를 선택한 후, [데이터] 탭의 [데이터 도구]-[가상 분석]-[데이터 표]를 클릭한다. **[데이터 표]** 대화상자의 **[행 입력 셀]**에는 행 단위로 표시된 매출액성장률 조건 변화가 대입될 '$C$8'을 입력하고, **[열 입력 셀]**에는 열 단위로 입력되어 있는 매출원가율 조건 변화가 대입될 '$C$9'을 각각 입력한 후 [확인]을 누른다.

④ 작성된 [데이터 표]에서 결과 셀(C47:J55)을 선택하여 [홈] 탭의 [표시 형식]을 [쉼표 스타일]로 조정한다. 그리고 B46:J55 셀 범위를 선택하여 [모든 테두리]로 설정한다.

[ 데이터표 3 ]

| 7,934 | 4% | 5% | 6% | 7% | 8% | 9% | 10% | 11% |
|---|---|---|---|---|---|---|---|---|
| 40% | 20,037 | 20,841 | 21,668 | 22,518 | 23,393 | 24,293 | 25,218 | 26,168 |
| 45% | 17,891 | 18,611 | 19,352 | 20,114 | 20,898 | 21,704 | 22,532 | 23,384 |
| 50% | 15,746 | 16,382 | 17,037 | 17,710 | 18,403 | 19,115 | 19,847 | 20,599 |
| 55% | 13,600 | 14,153 | 14,722 | 15,306 | 15,908 | 16,526 | 17,162 | 17,815 |
| 60% | 11,455 | 11,924 | 12,406 | 12,902 | 13,413 | 13,938 | 14,477 | 15,031 |
| 65% | 9,309 | 9,694 | 10,091 | 10,498 | 10,918 | 11,349 | 11,792 | 12,247 |
| 70% | 7,164 | 7,465 | 7,775 | 8,094 | 8,422 | 8,760 | 9,107 | 9,463 |
| 75% | 5,018 | 5,236 | 5,460 | 5,690 | 5,927 | 6,171 | 6,421 | 6,679 |
| 80% | 2,873 | 3,007 | 3,145 | 3,286 | 3,432 | 3,582 | 3,736 | 3,895 |

추정손익계산서 | Sheet3 | Sheet4 | Sheet5 | Sheet6 | Sheet7 | 자료 ...

⑤ 마찬가지로, [데이터 표]가 제대로 작성된 것인지를 확인해 보기 위해, 현재 C8 셀과 C9 셀에 표시되어 있는 매출액성장률(6.5%)과 매출원가율(70%)에 해당하는 [데이터 표]상의 셀 값을 참조 셀(B46)과 비교해 본다. 그런데 이 [데이터 표]에서는 매출액성장률을 1% 단위로 변화시키고 있으므로, B46 셀의 값이 매출원가율은 70%이면서 매출액성장률이 6%와 7%인 경우의 사이 값에 해당하는지를 비교하여 판단해볼 수 있다(₩7,775 < B46셀값 < ₩8,094).

## 6. What-If 분석 5: [시나리오 해법]

지금까지는 **What-If 분석**에서 하나 또는 두 개의 조건이 변화되는 경우의 예를 살펴보았지만, 여러 가지 조건이 동시에 변화되는 상황에서는 변화 결과를 어떻게 추정해 볼 수 있을까?

실무상으로도 여러 가지 조건들의 상황변화를 가정하여 결과를 예측해야 하는 상황들이 존재한다. 예컨대 미래의 경기가 매우 호황일 경우, 매우 불황일 경우, 약간 호황일 경우, 약간 불황일 경우 각각의 조건들의 변화를 예상하고 그에 따른 결과를 예상하여 판단해야 할 경우도 있다. 또 향후의 경기변동 여하에 따라 신제품 출시시점을 결정하거나 판매가격을 결정해야 하는 문제도 복잡한 예측과 추정이 필요하다.

이러한 경우에 적용할 수 있는 방법이 **시나리오 해법**이다. 특히 추정손익계산서와 같이 일련의 수식과 다양한 조건들로 구성된 표의 경우에는 엑셀의 [**시나리오 관리자**]를 이용하여 각각의 상황에 따른 결과를 예측해 볼 수 있다.

① 먼저 작성된 추정손익계산서를 맨 처음 상태로 되돌려놓기 위해, C8, C9 셀의 값을 각각 '5%', '60%'로 변경하여 입력한다.

② [데이터] 탭의 [데이터 도구]-[가상 분석]-[시나리오 관리자]를 선택한다.

③ [시나리오 관리자] 대화상자의 [시나리오]에서 [추가]를 클릭하면 [**시나리오 추가**] 대화상자가 열린다. 먼저 [시나리오 이름]에 '**호황**'을 입력하고, [변경 셀]을 클릭한 후 '$C$8:$C$10,$C$5'을 입력한다(즉, 연평균매출액성장률, 매출원가율, 일반관리비매출액률, 영업외비용 등의 항목을 변경하여 조건을 설정하고자 하는 것이다).

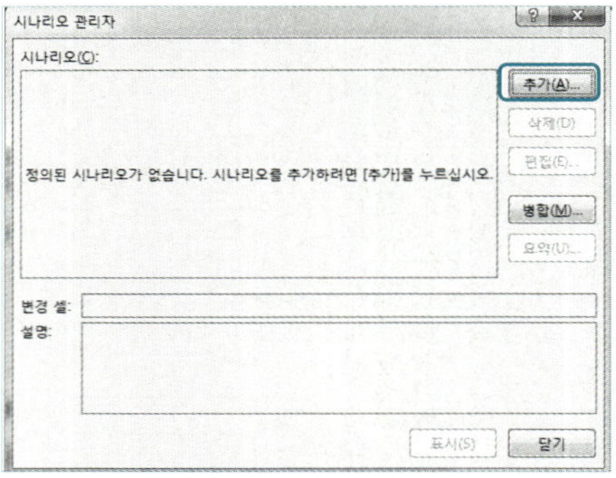


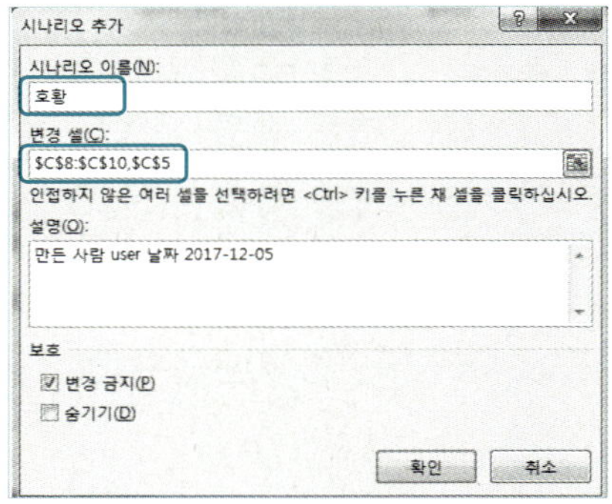


④ [확인]을 누르면 [시나리오 값] 대화상자가 표시되고, 첫 번째 입력란($C$8)으로부터 차례로 '9%', '55%', '10%', '4000'을 각각 입력한다. 여기서 [추가] 버튼을 누르거나, [확인] 버튼을 누른 후 다시 [시나리오 관리자] 대화상자에서 [추가] 버튼을 누른다.

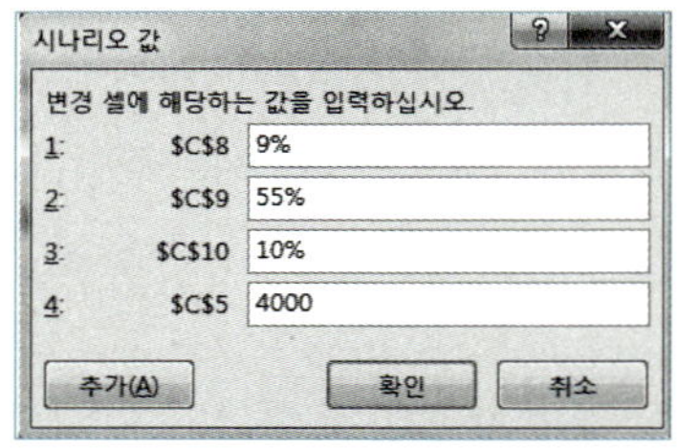


⑤ 다시 나타난 [시나리오 추가] 대화상자에서 [시나리오 이름]에 이번에는 **'불황'**을 입력하고 [확인]을 누른다([변경 셀]은 이전의 변경 셀과 같게 유지하기 위해 수정하지 않고 그대로 둔다). 다시 나타난 [시나리오 값] 대화상자에서, 첫 번째 입력란($C$8)으로부터 차례로 '3%', '70%', '15%', '6500'을 각각 입력한다. 그리고 [추가] 버튼을 클릭한다.

⑥ 다시 [시나리오 추가] 대화상자에서 [시나리오 이름]에 이번에는 **'약호황'**을 입력하고 [확인]을 누른다. 다시 나타난 [시나리오 값] 대화상자에서, 첫 번째 입력란($C$8)으로부터 차례로 '6%', '58%', '12%', '5000'을 각각 입력한다. 그리고 [추가] 버튼을 클릭한다.

⑦ 또 [시나리오 추가] 대화상자가 나타나면 이번엔 [시나리오 이름]에 **'약불황'**을 입력하고 [확인]을 누른다. 다시 나타난 [시나리오 값] 대화상자에서, 첫 번째 입력란($C$8)으로부터 차례로 '4.5%', '60%', '13%', '6200'을 각각 입력한다.

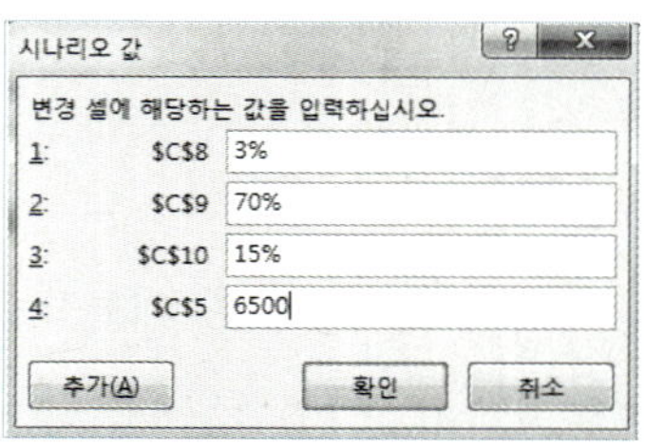


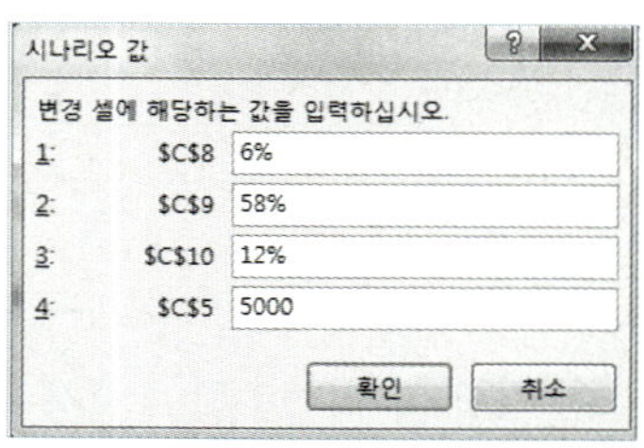


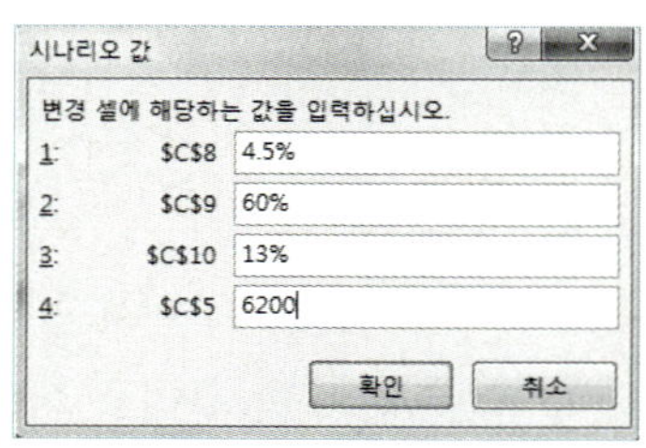

⑧ 이제 4가지 시나리오를 모두 정의하였으므로 [확인] 버튼을 클릭하여 [시나리오 관리자] 대화상자에서 지금까지 입력한 시나리오 이름들이 모두 표시되고 있는지 확인해 본다.

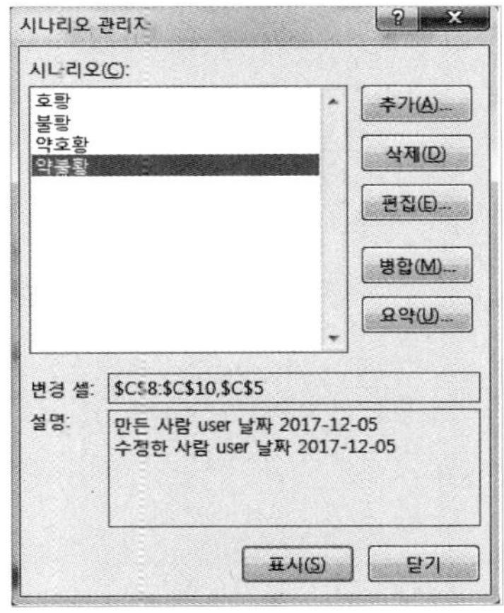


⑨ 설정하고자 하는 시나리오가 모두 정의되었으므로 [시나리오 관리자] 대화상자에서 [**요약**]을 클릭한다. [시나리오 요약] 대화상자에서 [보고서 종류]로 [**시나리오 요약**]을 선택한다. 그리고 [결과 셀]을 클릭한 후 마우스로 F26 셀(2020년의 당기순이익)을 선택하고 ‘,’를 입력한 후 다시 H26 셀(2022년의 당기순이익)을 선택한다. [결과 셀]에는 ‘=$F$26,$H$26’으로 표시된다.

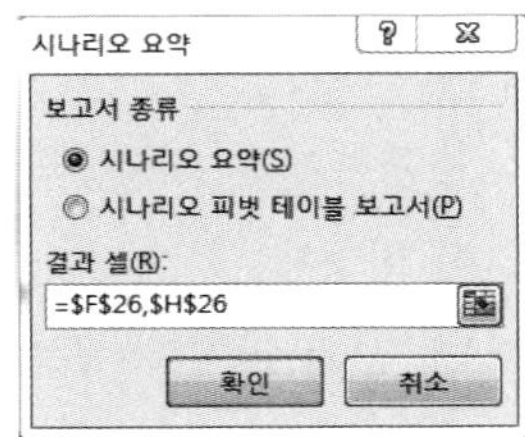


⑩ [확인]을 누르면 ‘**시나리오 요약**’이라는 새로운 시트가 생성되고, 위에서 설정한 4가지 상황의 각 조건과 함께 [결과 셀]로 지정한 셀들의 변화된 값을 표시해 준다.

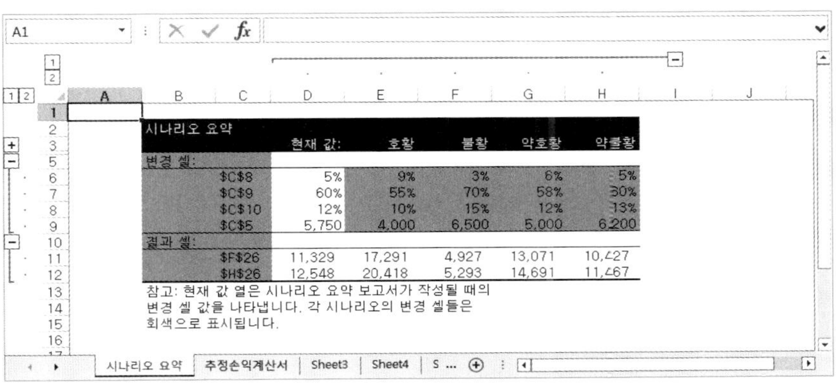


⑪ [시나리오 요약] 결과에 의하면, 미래의 경기가 ‘호황’으로 진행될 경우 당기순이익이 2020년에는 ₩17,291, 2022년에는 ₩20,418이 될 것으로 추정되며, ‘약호황’으로 진행될 경우에는 당기순이익이 2020년에는 ₩13,071, 2022년에는 ₩14,691이 될 것으로 예상된다.

⑫ 위의 ⑨에서 [보고서 종류]로 [시나리오 피벗테이블 보고서]를 선택하면 [시나리오 요약] 대신에 이를 **피벗테이블** 형식의 보고서로 새 시트를 작성하여 표시해 준다.

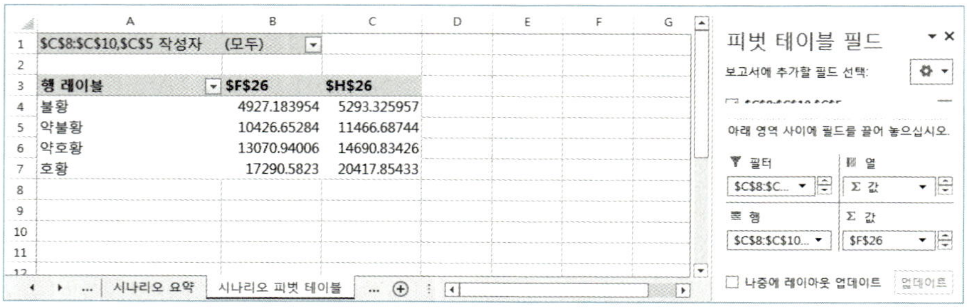


## 7. What-If 분석 6: [목표값 찾기]

지금까지는 추정손익계산서를 통한 What-If 분석에서 기초자료 중의 하나 또는 그 이상의 조건이 변경될 경우 결과 값이 어떻게 변화되는가를 살펴보았다. 그런데 [**목표값 찾기**] 기능을 이용하면, 결과 값이 특정 값으로 표시되기 위해서는 어떤 조건이 어떻게 변화되어야 하는지를 찾아낼 수도 있다.

예컨대 추정손익계산서에서 2022년의 당기순이익이 ₩18,000이 되도록 하기 위해서는 연평균매출액성장률을 어느 정도로 높여야 할까?

① '추정손익계산서' 시트에서 먼저 기초자료를 맨 처음 상태로 되돌려놓는다(C5:5,750, C8:5%, C9:60%, C10:12%). 그리고 [데이터] 탭의 [데이터 도구]-[가상 분석]-[**목표값 찾기**]를 선택한다.

② [목표값 찾기] 대화상자에서, 목표로 하는 당기순이익이 H26 셀에 표시되어 있으므로, [수식 셀]에 '$H$26'을 입력한다. [**찾는 값**]에는 목표치가 ₩18,000이므로 '18000'을 입력하고, [값을 바꿀 셀]에는 '연평균매출액성장률' 자료가 표시되고 있는 C8 셀을 선택한다.

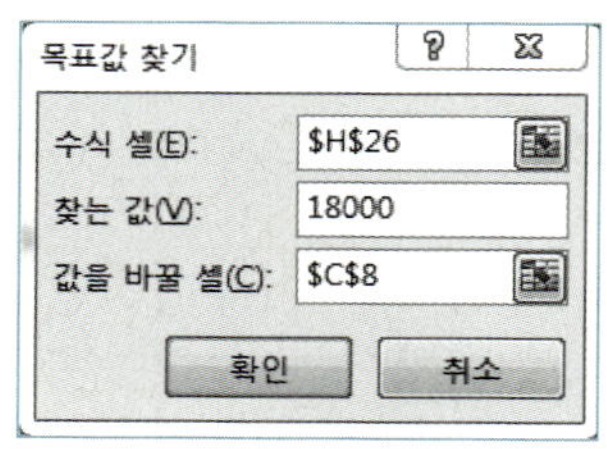


③ 그리고 [확인]을 누르면, 계산과정을 거쳐 [값을 바꿀 셀]로 지정한 C8 셀의 값을 찾아 표시해 준다. 즉, 목표로 하는 2022년의 당기순이익이 ₩18,000이 되도록 하려면, 다른 조건은 동일하다고 가정하는 경우, '연평균매출액성장률'이 12.6%가 되어야 한다는 것을 의미한다.

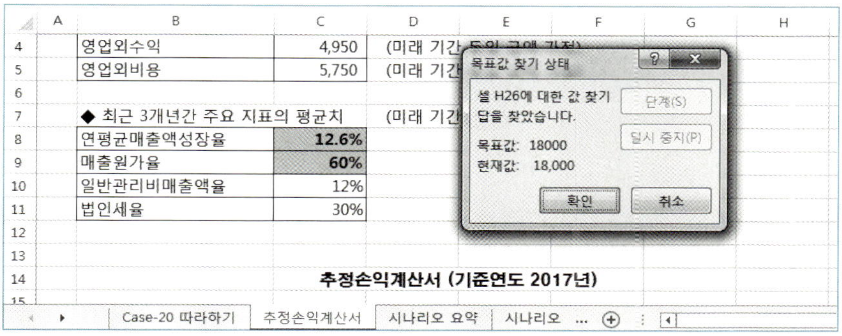


④ [값을 바꿀 셀]을 자동으로 변경하였으므로, 아래 추정손익계산서도 자동 계산되어 목표로 하는 2022년의 당기순이익이 ₩18,000으로 나타나고 있다.

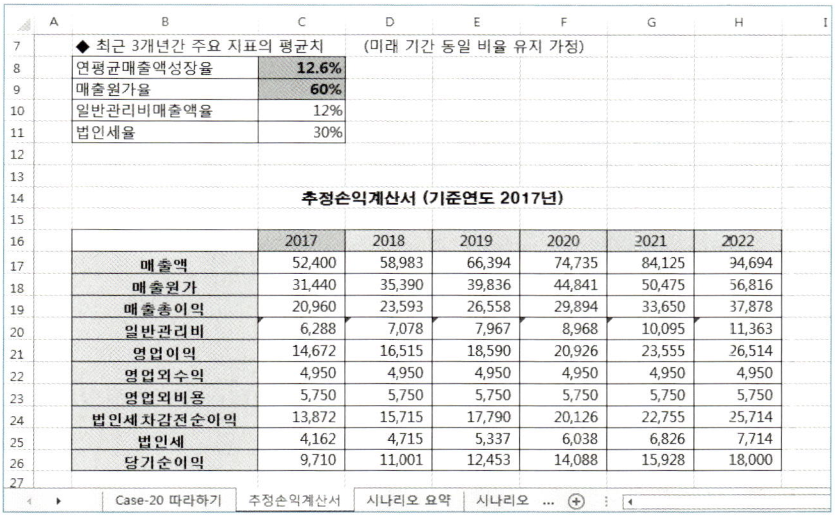

◆ 최근 3개년간 주요 지표의 평균치 (미래 기간 동일 비율 유지 가정)

| | |
|---|---|
| 연평균매출액성장율 | 12.6% |
| 매출원가율 | 60% |
| 일반관리비매출액율 | 12% |
| 법인세율 | 30% |

추정손익계산서 (기준연도 2017년)

| | 2017 | 2018 | 2019 | 2020 | 2021 | 2022 |
|---|---|---|---|---|---|---|
| 매출액 | 52,400 | 58,983 | 66,394 | 74,735 | 84,125 | 94,694 |
| 매출원가 | 31,440 | 35,390 | 39,836 | 44,841 | 50,475 | 56,816 |
| 매출총이익 | 20,960 | 23,593 | 26,558 | 29,894 | 33,650 | 37,878 |
| 일반관리비 | 6,288 | 7,078 | 7,967 | 8,968 | 10,095 | 11,363 |
| 영업이익 | 14,672 | 16,515 | 18,590 | 20,926 | 23,555 | 26,514 |
| 영업외수익 | 4,950 | 4,950 | 4,950 | 4,950 | 4,950 | 4,950 |
| 영업외비용 | 5,750 | 5,750 | 5,750 | 5,750 | 5,750 | 5,750 |
| 법인세차감전순이익 | 13,872 | 15,715 | 17,790 | 20,126 | 22,755 | 25,714 |
| 법인세 | 4,162 | 4,715 | 5,337 | 6,038 | 6,826 | 7,714 |
| 당기순이익 | 9,710 | 11,001 | 12,453 | 14,088 | 15,928 | 18,000 |

Case 29 혼자해보기

# (주)춘양의 추정손익계산서 작성 및 민감도분석

29

현황

(주)춘양은 다음과 같은 과거의 평균 실적자료들을 기초로 내년의 분기별 추정손익계산서를 작성하고자 한다.

✹ 과거의 실적자료에 의한 기초자료

- 제품판매 관련 계절적 영향요인 지수
  1/4분기: 0.75　　2/4분기: 1.15
  3/4분기: 1.28　　4/4분기: 1.05
- 판매단가: ₩5,000 (내년에도 가격변동 없음)
- 매출액 대비 매출원가율: 65%
- 매출액 대비 관리비율 : 12%
- 법인세율 : 23%
- 제품판매수량: 해당분기의 광고비와 계절적 요인에 의해 결정되며, 이를 계산하는 공식은 다음과 같이 표시할 수 있다.
  ※ 판매수량＝계절적 요인지수×50×(광고비×6)/50,000
- 내년의 급여와 광고비는 매 분기에 각각 ₩920,000과 ₩1,200,000으로 동일하다고 가정한다.

요구사항

1. 이상의 자료를 기초로 내년의 **분기별 추정손익계산서**를 완성하시오.
2. 위의 완성된 추정손익계산서에서 광고비가 ₩1,200,000이 아니라 ₩1,000,000, ₩1,100,000, ₩1,200,000, ₩1,300,000, ₩1,400,000, ₩1,500,000일 경우에 각각 연간 당기순이익액은 어떻게 달라질 것인가를 표로 표시해 보시오. 〈**민감도분석** 1: 데이터-표 기능〉
3. 위의 완성된 추정손익계산서에서 광고비를 ₩900,000, ₩1,000,000, ₩1,100,000, ₩1,200,000, ₩1,300,000, ₩1,400,000, ₩1,500,000으로 각각 설정하고, 동시에 제품판매단가를 ₩4,400, ₩4,600, ₩4,800, ₩5,000, ₩5,200, ₩5,400, ₩5,600, ₩5,800으로 각각 설정할 경우 연간 당기순이익액은 어떻게 달라지는지를 표로 나타내보시오. 〈민

감도분석 2: 데이터-표 기능〉

4. 위의 완성된 추정손익계산서에서 다른 변수값은 동일하다고 가정할 때, 연간 당기순이익액이 ₩13,000,000이 되도록 하기 위해서는 판매단가를 얼마로 책정하여야 할 것인가? 〈**목표값 찾기**〉

5. 위의 추정손익계산서 작성은 미래의 많은 불확실한 상황 중의 어느 하나의 상황에 대한 가정일 뿐이고, 현실적으로는 이들 각 변수들의 변화가능성은 여러 가지로 예측해 볼 수 있다. 이 중 다음과 같은 4가지 상황변화 가능성을 고려하여 시나리오 해법으로 각 상황을 분석해 보시오. 〈**시나리오분석**〉

**상황 1** 경기호황일 경우(최상의 경우): 매출원가(또는 구매단가)는 오르지 않고 매출가격은 최대 ₩6,000까지 올릴 수 있어 매출원가율은 자연히 52%로 낮아지게 되며, 급여도 오르지 않고 경기호황과 자금사정 호전으로 광고비도 분기별 ₩1,800,000까지 올릴 수 있는 상황으로 가정

**상황 2** 경기불황일 경우(최악의 경우): 매출원가(또는 구매단가)는 계속 오르지만 경기가 좋지 않아 매출가격을 ₩4,500으로까지 낮춰 판매해야 하므로 매출원가율은 평균 74% 정도이며, 임금협상결과는 급여인상으로 귀결되어 매 분기 ₩1,000,000으로 지출이 증가하게 되었고, 따라서 자금사정 악화로 광고비는 매분기 ₩900,000을 초과할 수 없게 된 상황으로 가정

**상황 3** 경기약호황일 경우(약간 호전되는 경우): 매출원가(또는 구매단가)가 다소 상승 하긴 하였으나 경기호전으로 매출가격을 ₩5,500으로 올릴 수 있어 매출원가율은 오히려 58%로 낮아졌으며, 급여인상요인이 없어 대신에 광고비를 분기당 ₩1,400,000까지 지출할 수 있는 상황으로 가정

**상황 4** 경기약불황일 경우(약간 침체되는 경우): 매출원가(또는 구대단가)는 상승하였으나 경기불황으로 매출가격을 전혀 올릴 수 없는 상황이 되어 매출원가율이 68%에 이르며, 급여까지 매 분기당 ₩960,000으로 조정되어 광고비예산을 전혀 늘릴 수 없게 된 상황으로 가정

# Case 29 혼자해보기

Tips & 풀이 요약

## 1. 기초자료의 입력

㈜춘양 추정손익계산서 작성

<기초자료>

| | | | | |
|---|---|---|---|---|
| 판매단가 | 5,000 | | | |
| 매출원가율 | 68% | | | |
| 관리비율 | 12% | | | |
| 법인세율 | 23% | | | |
| 급여 | 960,000 | | | |
| 광고비 | 1,200,000 | | | |
| 계절영향지수 | 1/4분기 | 2/4분기 | 3/4분기 | 4/4분기 |
| | 0.75 | 1.15 | 1.28 | 1.05 |

## 2. 추정손익계산서 작성

<추정손익계산서 작성>

분기별 추정손익계산서

| 기간 | 1/4분기 | 2/4분기 | 3/4분기 | 4/4분기 | 합계 |
|---|---|---|---|---|---|
| 판매수량 | 5,400 | 8,280 | 9,216 | 7,560 | 30,456 |
| | | | | | |
| 매출액 | 27,000,000 | 41,400,000 | 46,080,000 | 37,800,000 | 152,280,000 |
| 매출원가 | 18,360,000 | 28,152,000 | 31,334,400 | 25,704,000 | 103,550,400 |
| 매출총이익 | 8,640,000 | 13,248,000 | 14,745,600 | 12,096,000 | 48,729,600 |
| 관리비 | 3,240,000 | 4,968,000 | 5,529,600 | 4,536,000 | 18,273,600 |
| 급 여 | 960,000 | 960,000 | 960,000 | 960,000 | 3,840,000 |
| 광고비 | 1,200,000 | 1,200,000 | 1,200,000 | 1,200,000 | 4,800,000 |
| 영업이익 | 3,240,000 | 6,120,000 | 7,056,000 | 5,400,000 | 21,816,000 |
| 법인세 | 745,200 | 1,407,600 | 1,622,880 | 1,242,000 | 5,017,680 |
| 당기순이익 | 2,494,800 | 4,712,400 | 5,433,120 | 4,158,000 | 16,798,320 |
| 이익율 | 9.24% | 11.38% | 11.79% | 11.00% | 11.03% |

### [주요 셀 수식 정의]

| 셀 | 수식 |
|---|---|
| C17 | =C11*50*($C$9*6)/50000 |
| C19 | =C17*$C$4 |
| C20 | =C19*$C$5 |
| C21 | =C19−C20 |
| C22 | =C19*$C$6 |
| C23 | =$C$8 |

| 셀 | 수식 |
|---|---|
| C24 | =$C$9 |
| C25 | =C21−C22−C23−C24 |
| C26 | =C25*$C$7 |
| C27 | =C25−C26 |
| C28 | =C27/C19 |
| G17 | =SUM(C17:F17) |

## 3. 민감도분석 1, 2

<민감도분석 1> ([데이터]-[데이터 표] 기능 사용)

| | 1,000,000 | 1,100,000 | 1,200,000 | 1,300,000 | 1,400,000 | 1,500,000 |
|---|---|---|---|---|---|---|
| 16,798,320 | 13,505,800 | 15,152,060 | 16,798,320 | 18,444,580 | 20,090,840 | 21737100 |

<민감도분석 2> ([데이터]-[데이터 표] 기능 사용)

| 16,798,320 | 900,000 | 1,000,000 | 1,100,000 | 1,200,000 | 1,300,000 | 1,400,000 | 1,500,000 |
|---|---|---|---|---|---|---|---|
| 4,400 | 9,748,939 | 11,160,688 | 12,572,437 | 13,984,186 | 15,395,934 | 16,807,683 | 18 219,432 |
| 4,600 | 10,452,473 | 11,942,392 | 13,432,311 | 14,922,230 | 16,412,150 | 17,902,069 | 19 391,988 |
| 4,800 | 11,156,006 | 12,724,096 | 14,292,186 | 15,860,275 | 17,428,365 | 18,996,454 | 20 564,544 |
| 5,000 | 11,859,540 | 13,505,800 | 15,152,060 | 16,798,320 | 18,444,580 | 20,090,840 | 21 737,100 |
| 5,200 | 12,563,074 | 14,287,504 | 16,011,934 | 17,736,365 | 19,460,795 | 21,185,226 | 22 909,656 |
| 5,400 | 13,266,607 | 15,069,208 | 16,871,809 | 18,674,410 | 20,477,010 | 22,279,611 | 24 082,212 |
| 5,600 | 13,970,141 | 15,850,912 | 17,731,683 | 19,612,454 | 21,493,226 | 23,373,997 | 25 254,768 |
| 5,800 | 14,673,674 | 16,632,616 | 18,591,558 | 20,550,499 | 22,509,441 | 24,468,382 | 26 427,324 |

## 4. 목표값 찾기

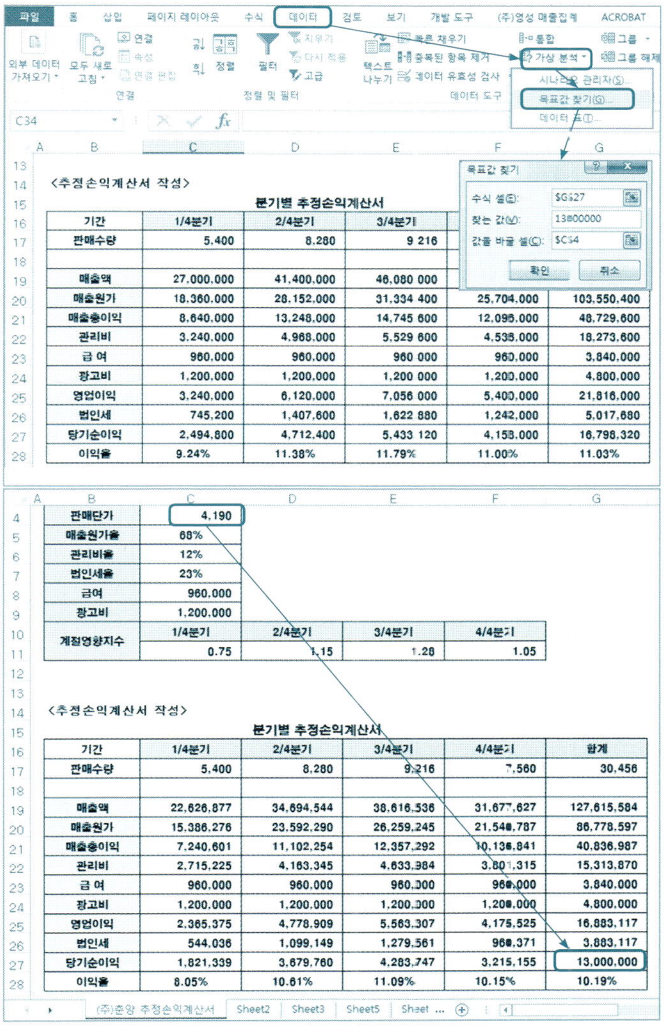


<추정손익계산서 작성>

분기별 추정손익계산서

| 기간 | 1/4분기 | 2/4분기 | 3/4분기 | | |
|---|---|---|---|---|---|
| 판매수량 | 5,400 | 8,280 | 9 216 | | |
| | | | | | |
| 매출액 | 27,000,000 | 41,400,000 | 46,080 000 | | |
| 매출원가 | 18,360,000 | 28,152,000 | 31,334 400 | 25,704,000 | 103,550,400 |
| 매출총이익 | 8,640,000 | 13,248,000 | 14,745 600 | 12,096,000 | 48,729,600 |
| 관리비 | 3,240,000 | 4,968,000 | 5,529 600 | 4,536,000 | 18,273,600 |
| 급 여 | 960,000 | 960,000 | 960 000 | 960,000 | 3,840,000 |
| 광고비 | 1,200,000 | 1,200,000 | 1,200 000 | 1,200,000 | 4,800,000 |
| 영업이익 | 3,240,000 | 6,120,000 | 7,056 000 | 5,400,000 | 21,816,000 |
| 법인세 | 745,200 | 1,407,600 | 1,622 880 | 1,242,000 | 5,017,680 |
| 당기순이익 | 2,494,800 | 4,712,400 | 5,433 120 | 4,158,000 | 16,798,320 |
| 이익율 | 9.24% | 11.38% | 11.79% | 11.00% | 11.03% |

| 판매단가 | 4,190 |
|---|---|
| 매출원가율 | 68% |
| 관리비율 | 12% |
| 법인세율 | 23% |
| 금여 | 960,000 |
| 광고비 | 1,200,000 |

| 계절영향지수 | 1/4분기 | 2/4분기 | 3/4분기 | 4/4분기 |
|---|---|---|---|---|
| | 0.75 | 1.15 | 1.28 | 1.05 |

<추정손익계산서 작성>

분기별 추정손익계산서

| 기간 | 1/4분기 | 2/4분기 | 3/4분기 | 4/4분기 | 합계 |
|---|---|---|---|---|---|
| 판매수량 | 5,400 | 8,280 | 9,216 | 7,560 | 30,456 |
| | | | | | |
| 매출액 | 22,626,877 | 34,694,544 | 38,616,536 | 31,677,627 | 127,615,584 |
| 매출원가 | 15,386,276 | 23,592,290 | 26,259,245 | 21,540,787 | 86,778,597 |
| 매출총이익 | 7,240,601 | 11,102,254 | 12,357,292 | 10,136,841 | 40,836,987 |
| 관리비 | 2,715,225 | 4,163,345 | 4,633,984 | 3,801,315 | 15,313,870 |
| 급 여 | 960,000 | 960,000 | 960,000 | 960,000 | 3,840,000 |
| 광고비 | 1,200,000 | 1,200,000 | 1,200,000 | 1,200,000 | 4,800,000 |
| 영업이익 | 2,365,375 | 4,778,909 | 5,563,307 | 4,175,525 | 16,883,117 |
| 법인세 | 544,036 | 1,099,149 | 1,279,561 | 960,371 | 3,883,117 |
| 당기순이익 | 1,821,339 | 3,679,760 | 4,283,747 | 3,215,155 | 13,000,000 |
| 이익율 | 8.05% | 10.61% | 11.09% | 10.15% | 10.19% |

## 5. 시나리오분석

[데이터]-[데이터도구]-[가상분석]-[시나리오 관리자]

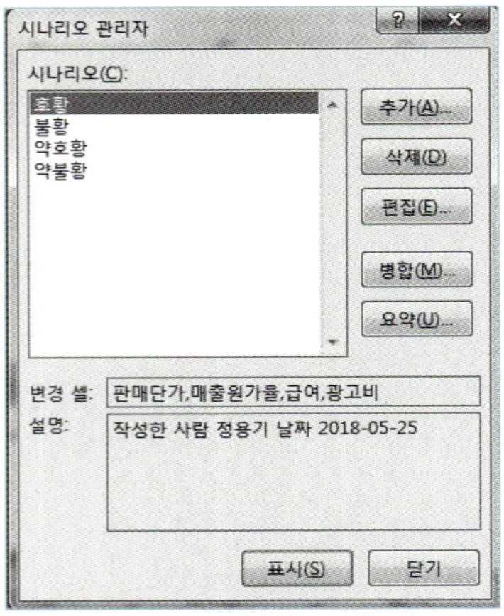


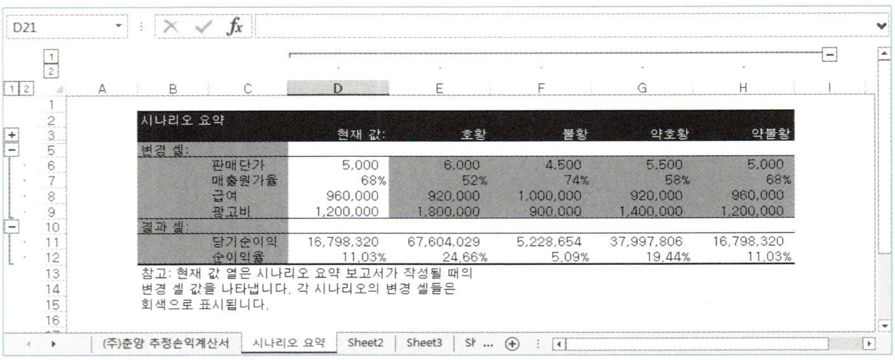


| | 현재 값: | 호황 | 불황 | 약호황 | 약불황 |
|---|---|---|---|---|---|
| 변경 셀: | | | | | |
| 판매단가 | 5,000 | 6,000 | 4,500 | 5,500 | 5,000 |
| 매출원가율 | 68% | 52% | 74% | 58% | 68% |
| 급여 | 960,000 | 920,000 | 1,000,000 | 920,000 | 960,000 |
| 광고비 | 1,200,000 | 1,800,000 | 900,000 | 1,400,000 | 1,200,000 |
| 결과 셀: | | | | | |
| 당기순이익 | 16,798,320 | 67,604,029 | 5,228,654 | 37,997,806 | 16,798,320 |
| 순이익률 | 11.03% | 24.66% | 5.09% | 19.44% | 11.03% |

Case 30 혼자해보기

# (주)빠른자동차의 추정재무제표 작성

30

현황

(주)빠른자동차는 금융기관에 대출 요청을 위한 구비서류의 하나로 향후 5년에 걸친 추정재무제표를 작성하여 제출하도록 요구받았다. 추정재무제표로는 **추정재무상태표**와 **추정손익계산서**를 작성해야 한다. (주)빠른자동차에서는 지금까지는 추정재무제표가 필요할 때마다 전문 회계기관에 작성을 요청해왔지만, 이번부터는 회사에서 이를 직접 작성해보기로 하였다. 이를 위해 먼저 지난 4년간의 기업 실제 재무제표 자료를 준비하고, 추정재무제표를 작성하는 데 적용할 원칙을 다음과 같이 확정하였다.

## ● 과거 4개년의 실제 재무상태표

(주)빠른자동차 재무상태표

제 67 기 2015.12.31 현재
제 68 기 2016.12.31 현재
제 69 기 2017.12.31 현재
제 70 기 2018.12.31 현재

(단위: 백만원)

| | 제 67 기 | 제 68 기 | 제 69 기 | 제 70 기 |
|---|---|---|---|---|
| 자산 | | | | |
| 유동자산 | 9,763,671 | 11,075,187 | 11,139,430 | 13,472,386 |
| 현금및현금성자산 | 1,615,879 | 2,304,169 | 1,903,309 | 2,311,264 |
| 단기금융상품 | 1,298,268 | 1,630,000 | 2,367,230 | 4,035,379 |
| 매출채권 | 2,278,562 | 2,178,699 | 1,801,731 | 2,072,818 |
| 미수금 | 748,366 | 432,453 | 562,767 | 468,210 |
| 선급금 | 45,947 | 54,493 | 67,542 | 30,571 |
| 선급법인세 | 699 | 14,675 | 5,444 | 52,401 |
| 재고자산 | 3,581,101 | 4,302,865 | 4,222,950 | 4,331,367 |
| 기타유동자산 | 194,849 | 157,833 | 208,457 | 170,376 |
| 비유동자산 | 16,511,473 | 19,179,992 | 21,258,884 | 22,709,654 |
| 장기금융상품 | 4,013 | 21,033 | 58,990 | 294,377 |
| 장기매도가능금융자산 | 475,382 | 1,229,673 | 1,606,358 | 1,237,107 |
| 장기성매출채권 | 7,597 | 2,322 | 2,675 | 1,662 |
| 관계회사투자 | 5,558,788 | 6,809,391 | 7,876,179 | 9,197,720 |
| 유형자산 | 8,563,541 | 9,184,385 | 9,721,198 | 9,777,005 |
| 투자부동산 | 56,763 | 56,100 | 51,434 | 50,254 |

| | | | | |
|---|---|---|---|---|
| 무형자산 | 1,361,579 | 1,517,277 | 1,524,001 | 1,715,739 |
| 보증금 | 193,328 | 173,156 | 166,463 | 162,190 |
| 이연법인세자산 | 250,756 | 61,905 | 123,622 | 171,023 |
| 기타비유동자산 | 39,726 | 124,750 | 127,964 | 102,577 |
| 자산총계 | 26,275,144 | 30,255,179 | 32,398,314 | 36,182,040 |
| 부채 | | | | |
| 유동부채 | 11,627,539 | 11,421,924 | 10,000,239 | 10,806,238 |
| 매입채무 | 4,774,977 | 4,825,992 | 4,998,445 | 5,192,589 |
| 단기차입금 | 2,156,534 | 1,588,410 | 1,109,825 | 876,376 |
| 미지급금 | 1,971,381 | 1,744,387 | 1,713,988 | 1,763,692 |
| 선수금 | 160,965 | 148,243 | 240,015 | 179,600 |
| 미지급비용 | 439,283 | 799,220 | 921,097 | 1,119,919 |
| 미지급법인세 | 182,353 | 244,515 | 144,767 | 259,772 |
| 유동성장기부채 | 1,428,676 | 1,509,886 | 289,412 | 758,648 |
| 충당부채 | 481,903 | 502,985 | 531,838 | 617,969 |
| 기타유동부채 | 31,467 | 58,286 | 50,852 | 37,673 |
| 비유동부채 | 4,399,488 | 5,323,545 | 5,550,013 | 5,121,007 |
| 사채 | 1,412,639 | 1,696,312 | 1,520,811 | 1,081,778 |
| 장기차입금 | 1,342,808 | 783,898 | 934,160 | 604,968 |
| 장기선수금 | 118,775 | 128,950 | 41,447 | 43,086 |
| 순확정급여부채 | 64,735 | 274,600 | 21,451 | 171,914 |
| 장기종업원급여충당부채 | 171,723 | 199,587 | 224,864 | 214,238 |
| 장기충당부채 | 805,506 | 1,172,176 | 1,302,510 | 1,422,824 |
| 이연법인세부채 | 461,245 | 1,024,275 | 1,380,163 | 1,484,205 |
| 기타비유동부채 | 22,057 | 43,747 | 124,607 | 97,994 |
| 부채총계 | 16,027,027 | 16,745,469 | 15,550,252 | 15,927,245 |
| 자본 | | | | |
| 지배회사소유주지분 | 9,983,238 | 13,509,721 | 16,848,062 | 20,254,795 |
| 보통주자본금 | 2,101,772 | 2,132,452 | 2,139,317 | 2,139,317 |
| 주식발행초과금 | 1,546,603 | 1,557,966 | 1,560,650 | 1,560,650 |
| 이익잉여금 | 6,113,182 | 9,224,715 | 12,663,024 | 16,301,812 |
| 기타포괄손익누계액 | 70,351 | 443,254 | 334,031 | 101,976 |
| 기타자본항목 | 151,330 | 151,334 | 151,040 | 151,040 |
| 비지배지분 | 264,879 | −11 | | |
| 자본총계 | 10,248,117 | 13,509,710 | 16,848,062 | 20,254,795 |
| 부채와자본총계 | 26,275,144 | 30,255,179 | 32,398,314 | 36,182,040 |

## ✹ 과거 4개년의 실제 손익계산서

(주)빠른자동차 손익계산서

제 67 기 2015.1.1 – 2015.12.31
제 68 기 2016.1.1 – 2016.12.31
제 69 기 2017.1.1 – 2017.12.31
제 70 기 2018.1.1 – 2018.12.31

(단위: 백만원)

| | 제 67 기 | 제 68 기 | 제 69 기 | 제 70 기 |
|---|---|---|---|---|
| 매출액 | 35,826,955 | 43,190,942 | 47,242,933 | 47,597,897 |
| 매출원가 | 27,905,367 | 33,138,961 | 36,536,005 | 37,511,941 |
| 매출총이익 | 7,921,588 | 10,051,981 | 10,706,928 | 10,085,956 |
| 판매비와관리비 | 5,551,736 | 6,552,893 | 7,184,677 | 6,908,856 |
| 판매비 | 3,715,920 | 4,451,317 | 4,845,860 | 4,411,711 |
| 관리비 | 1,835,816 | 2,101,576 | 2,338,817 | 2,497,145 |
| 영업이익 | 2,369,852 | 3,499,088 | 3,522,251 | 3,177,100 |
| 관계회사투자손익 | 981,661 | 1,336,618 | 1,414,080 | 1,319,585 |
| 금융손익 | −148642 | −140,114 | 191,650 | 315,833 |
| 금융수익 | 197,551 | 180,102 | 402,795 | 455,275 |
| 금융비용 | 346,193 | 320,216 | 211,145 | 139,442 |
| 기타손익 | 120,176 | 26,058 | 36,075 | 16,058 |
| 기타수익 | 420,545 | 457,378 | 417,339 | 377,188 |
| 기타비용 | 300,369 | 431,320 | 381,264 | 361,130 |
| 법인세비용차감전순이익 | 3,323,047 | 4,721,650 | 5,164,056 | 4,828,576 |
| 법인세비용 | 624,717 | 1,202,414 | 1,299,352 | 1,011,517 |
| 당기 순이익 | 2,698,330 | 3,519,236 | 3,864,704 | 3,817,059 |

## ✹ 향후 5개년 추정재무상태표 작성 기준

(1) 각 년도의 재무상태표 항목별 구성비 계산(기준: 해당년도 자산총액)

(2) 각 항목별 구성비의 가중평균(가중치: 최근 순으로 10: 4: 2: 1)

(3) 자산총액의 연간 증가율 계산(=(당년도자산총액−전년도자산총액)/전년도자산총액)

(4) 자산총액 증가율에 대한 가중평균 계산(가중치: 최근 순으로 10: 4: 2)

(5) 가중평균 자산증가율을 사용하여 추정 첫해 자산총액 계산

(6) 추정 첫해 재무상태표 항목들을 (2)의 가중평균 구성비로 재구성(위 (5)의 추정 자산총액을 기준으로)

(7) 이후 4개년의 자산총액 추정(위 (5)의 자산총액 기준, (4)의 가중평균 증가율 적용)

(8) 나머지 추정연도 구성항목은 (5)와 (2)를 적용하여 재구성한 후 완성

### ✹ 향후 5개년 추정손익계산서 작성 기준

(1) 년평균매출액증가율 계산(가중치: 최근 순으로 10:5:2)

(2) 매출원가율: 최근 2개년 매출원가율의 가중평균(가중치: 최근 순으로 10:4)

(3) 일반관리비/매출액률 계산: 4개년 비율의 가중평균(가중치: 최근 순으로 10:4:2:1)

(4) 기타 수익 및 비용: 마지막 연도의 금액을 향후 계속해서 적용

(5) 법인세율: 최근 3개년 동안 실제 법인세율의 가중평균(가중치: 10:4:2)

(6) 최근 연도 이후 5개년 추정 손익계산서 완성

요구사항

1. 위의 작성기준에 따라 향후 5개년의 **추정재무상태표**와 **추정손익계산서**를 각각 작성해 보시오.

2. 위의 1.에서 작성된 추정재무상태표와 추정손익계산서에 대해 각각 다음의 **추이분석**을 수행해 보시오.
   - 4개년 실제 재무상태표와 5개년 추정 재무상태표의 주요항목 추이
     (유동자산, 비유동자산, 자산총계, 유동부채, 비유동부채, 지배회사소유지분, 자본총계)
   - 4개년 실제 손익계산서와 5개년 추정 손익계산서의 주요항목 추이
     (매출액, 매출원가, 영업이익, 법인세차감전순이익, 당기순이익) – (이중축 꺾은선 차트 사용)

3. 위의 1.에서 작성된 추정재무상태표와 추정손익계산서에 대해 각각 다음의 민감도분석을 수행해 보시오(비율구간은 자율적으로 적절히 설정한다).
   - 추정재무상태표: 데이터표1—자산증가율: 8%–15%, 5년 후 자산총액
   - 추정손익계산서: 데이터표2—매출액증가율과 원가율 변화

4. 추정손익계산서에 대해 시나리오분석을 수행하시오.
   - 호황, 약호황, 불황, 약불황으로 구분하되, 각 상황요인은 자유롭게 설정

5. (주)빠른자동차의 미래 성과 예측
   - 추정재무상태표와 추정손익계산서 분석 결과를 통해 해당기업의 향후 경영성과를 예측해 보시오(500자 내외로 예측 의견 기술).

# Case 30 혼자해보기

Tips & 풀이 요약

## 1. 추정재무상태표 작성

〈재무상태표 구성비 계산〉

㈜빠른자동차 추정재무상태표 작성

(단우 : 백만원)

| | 제 67 기 | | 제 68 기 | | 제 69 기 | | 제 70 기 | | 가중치 |
|---|---|---|---|---|---|---|---|---|---|
| 자산 | | | | | | | | | |
| 유동자산 | 9,763,671 | 37.2% | 11,075,187 | 36.6% | 11 139,430 | 34.4% | 13,472,386 | 37.2% | 36,5% |
| 현금및현금성자산 | 1,615,879 | 6.1% | 2,304,169 | 7.6% | 1 903,309 | 5.9% | 2,311,264 | 6.4% | 6,4% |
| 단기금융상품 | 1,298,268 | 4.9% | 1,630,000 | 5.4% | 2.367,230 | 7.3% | 4,035,379 | 11.2% | 9,2% |
| 매출채권 | 2,278,562 | 8.7% | 2,178,699 | 7.2% | 1.801,731 | 5.6% | 2,072,818 | 5.7% | 6,0% |
| 미수금 | 748,366 | 2.8% | 432,453 | 1.4% | 562,767 | 1.7% | 468,210 | 1.3% | 1,5% |
| 선급금 | 45,947 | 0.2% | 54,493 | 0.2% | 67,542 | 0.2% | 30,571 | 0.1% | 0,1% |
| 선급법인세 | 699 | 0.0% | 14,675 | 0.0% | 5,444 | 0.0% | 52,401 | 0.1% | 0,1% |
| 재고자산 | 3,581,101 | 13.6% | 4,302,865 | 14.2% | 4.222,950 | 13.0% | 4,331,367 | 12.0% | 12,6% |
| 기타유동자산 | 194,849 | 0.7% | 157,833 | 0.5% | 208,457 | 0.6% | 170,376 | 0.5% | 0,5% |
| 비유동자산 | 16,511,473 | 62.8% | 19,179,992 | 63.4% | 21.258,884 | 65.6% | 22,709,654 | 62.8% | 63,5% |
| 장기금융상품 | 4,013 | 0.0% | 21,033 | 0.1% | 58,990 | 0.2% | 294,377 | 0.8% | 0,5% |
| 장기매도가능금융자산 | 475,382 | 1.8% | 1,229,673 | 4.1% | 1.606,358 | 5.0% | 1,237,107 | 3.4% | 3,8% |
| 장기성매출채권 | 7,597 | 0.0% | 2,322 | 0.0% | 2,675 | 0.0% | 1,662 | 0.0% | 0,0% |
| 관계회사투자 | 5,558,788 | 21.2% | 6,809,391 | 22.5% | 7,876,179 | 24.3% | 9,197,720 | 25.4% | 24,6% |
| 유형자산 | 8,563,541 | 32.6% | 9,184,385 | 30.4% | 9,721,198 | 30.0% | 9,777,005 | 27.0% | 28,4% |
| 투자부동산 | 56,763 | 0.2% | 56,100 | 0.2% | 51,434 | 0.2% | 50,254 | 0.1% | 0,2% |
| 무형자산 | 1,361,579 | 5.2% | 1,517,277 | 5.0% | 1,524,001 | 4.7% | 1,715,739 | 4.7% | 4,8% |
| 보증금 | 193,328 | 0.7% | 173,156 | 0.6% | 166,463 | 0.5% | 162,190 | 0.4% | 0,5% |
| 이연법인세자산 | 250,756 | 1.0% | 61,905 | 0.2% | 123,622 | 0.4% | 171,023 | 0.5% | 0,4% |
| 기타비유동자산 | 39,726 | 0.2% | 124,750 | 0.4% | 127,964 | 0.4% | 102,577 | 0.3% | 0,3% |
| **자산총계** | **26,275,144** | **100%** | **30,255,179** | **100%** | **32,398,314** | **100%** | **36,182,040** | **100%** | 100% |
| 부채 | | | | | | | | | |
| 유동부채 | 11,627,539 | 44.3% | 11,421,924 | 37.8% | 10,000,239 | 30.9% | 10,806,238 | 29.9% | 31,9% |
| 매입채무 | 4,774,977 | 18.2% | 4,825,992 | 16.0% | 4,998,445 | 15.4% | 5,192,589 | 14.4% | 15,0% |
| 단기차입금 | 2,156,534 | 8.2% | 1,588,410 | 5.3% | 1,109,825 | 3.4% | 876,376 | 2.4% | 3,3% |
| 미지급금 | 1,971,381 | 7.5% | 1,744,387 | 5.8% | 1,713,988 | 5.3% | 1,763,692 | 4.9% | 5,2% |
| 선수금 | 160,965 | 0.6% | 148,243 | 0.5% | 240,015 | 0.7% | 179,600 | 0.5% | 0,6% |
| 미지급비용 | 439,283 | 1.7% | 799,220 | 2.6% | 921,097 | 2.8% | 1,119,919 | 3.1% | 2,9% |
| 미지급법인세 | 182,353 | 0.7% | 244,515 | 0.8% | 144,767 | 0.4% | 259,772 | 0.7% | 0,7% |
| 유동성장기부채 | 1,428,676 | 5.4% | 1,509,886 | 5.0% | 289,412 | 0.9% | 758,648 | 2.1% | 2,4% |
| 충당부채 | 481,903 | 1.8% | 502,985 | 1.7% | 531,838 | 1.6% | 617,969 | 1.7% | 1,7% |
| 기타유동부채 | 31,467 | 0.1% | 58,286 | 0.2% | 50,852 | 0.2% | 37,673 | 0.1% | 0,1% |
| 비유동부채 | 4,399,488 | 16.7% | 5,323,545 | 17.6% | 5,550,013 | 17.1% | 5,121,007 | 14.2% | 15,4% |
| 사채 | 1,412,639 | 5.4% | 1,696,312 | 5.6% | 1,520,811 | 4.7% | 1,081,778 | 3.0% | 3,8% |
| 장기차입금 | 1,342,808 | 5.1% | 783,898 | 2.6% | 934,160 | 2.9% | 604,968 | 1.7% | 2,3% |
| 장기선수금 | 118,775 | 0.5% | 128,950 | 0.4% | 41,447 | 0.1% | 43,086 | 0.1% | 0,2% |
| 순확정급여부채 | 64,735 | 0.2% | 274,600 | 0.9% | 21,451 | 0.1% | 171,914 | 0.5% | 0,4% |
| 장기종업원급여충당부채 | 171,723 | 0.7% | 199,587 | 0.7% | 224,864 | 0.7% | 214,238 | 0.6% | 0,6% |
| 장기충당부채 | 805,506 | 3.1% | 1,172,176 | 3.9% | 1,302,510 | 4.0% | 1,422,824 | 3.9% | 3,9% |
| 이연법인세부채 | 461,245 | 1.8% | 1,024,275 | 3.4% | 1,380,163 | 4.3% | 1,484,205 | 4.1% | 3,9% |
| 기타비유동부채 | 22,057 | 0.1% | 43,747 | 0.1% | 124,607 | 0.4% | 97,994 | 0.3% | 0,3% |
| 부채총계 | 16,027,027 | 61.0% | 16,745,469 | 55.3% | 15,550,252 | 43.0% | 15,927,245 | 44.0% | 47,3% |
| 자본 | | | | | | | | | |
| 지배회사소유주지분 | 9,983,238 | 38.0% | 13,509,721 | 44.7% | 16,848,062 | 52.0% | 20,254,795 | 56.0% | 52,7% |
| 보통주자본금 | 2,101,772 | 8.0% | 2,132,452 | 7.0% | 2,139,317 | 6.6% | 2,139,317 | 5.9% | 6,3% |
| 주식발행초과금 | 1,546,603 | 5.9% | 1,557,966 | 5.1% | 1,560,650 | 4.8% | 1,560,650 | 4.3% | 4,6% |
| 이익잉여금 | 6,113,182 | 23.3% | 9,224,715 | 30.5% | 12,663,024 | 39.1% | 16,301,812 | 45.1% | 40,7% |
| 기타포괄손익누계액 | 70,351 | 0.3% | 443,254 | 1.5% | 334,031 | 1.0% | 101,976 | 0.3% | 0,6% |
| 기타자본항목 | 151,330 | 0.6% | 151,334 | 0.5% | 151,040 | 0.5% | 151,040 | 0.4% | 0,4% |
| 비지배지분 | 264,879 | 1.0% | -11 | 0.0% | | 0.0% | | 0.0% | 0,1% |
| 자본총계 | 10,248,117 | 39.0% | 13,509,710 | 44.7% | 13,848,062 | 52.0% | 20,254,795 | 56.0% | 52,7% |
| 부채와자본총계 | 26,275,144 | **100%** | 30,255,179 | **100%** | 32,398,314 | **100%** | 36,182,040 | **100%** | 100% |
| | | | | | | | | | |
| **〈총자산증가율〉** | | | 15,1% | | 7,1% | | 11,7% | (가중치) | 11,0% |

〈구성비와 증가율 사용 추정재무상태표 작성〉

| | A | B | K | L | M | N | O | P | Q | R | S |
|---|---|---|---|---|---|---|---|---|---|---|---|
| 1 | | | | | | | | | | | |
| 2 | | | | | | | | | | | |
| 3 | | | | 가중치 | | **71기 추정** | **72기** | **73기** | **74기** | **75기** | |
| 4 | | 자산 | | | | | | | | | |
| 5 | | 유동자산 | | 36,5% | | 14,648,490 | 16,254,486 | 18,036,556 | 20,014,004 | 22,208,251 | |
| 6 | | 현금및현금성자산 | | 6,4% | | 2,568,561 | 2,850,166 | 3,162,646 | 3,509,385 | 3,894,138 | |
| 7 | | 단기금융상품 | | 9,2% | | 3,695,410 | 4,100,558 | 4,550,126 | 5,048,981 | 5,602,529 | |
| 8 | | 매출채권 | | 6,0% | | 2,423,278 | 2,688,956 | 2,983,761 | 3,310,887 | 3,673,878 | |
| 9 | | 미수금 | | 1,5% | | 604,486 | 670,759 | 744,298 | 825,900 | 916,448 | |
| 10 | | 선급금 | | 0,1% | | 52,286 | 58,018 | 64,379 | 71,437 | 79,269 | |
| 11 | | 선급법인세 | | 0,1% | | 38,145 | 42,327 | 46,967 | 52,117 | 57,830 | |
| 12 | | 재고자산 | | 12,6% | | 5,052,178 | 5,606,077 | 6,220,702 | 6,902,713 | 7,659,496 | |
| 13 | | 기타유동자산 | | 0,5% | | 214,146 | 237,624 | 263,676 | 292,584 | 324,662 | |
| 14 | | 비유동자산 | | 63,5% | | 25,500,389 | 28,296,139 | 31,398,402 | 34,840,784 | 38,660,574 | |
| 15 | | 장기금융상품 | | 0,5% | | 212,993 | 236,344 | 262,256 | 291,008 | 322,913 | |
| 16 | | 장기매도가능금융자산 | | 3,8% | | 1,510,583 | 1,676,197 | 1,859,968 | 2,063,886 | 2,290,162 | |
| 17 | | 장기성매출채권 | | 0,0% | | 2,910 | 3,229 | 3,583 | 3,976 | 4,412 | |
| 18 | | 관계회사투자 | | 24,6% | | 9,862,873 | 10,944,195 | 12,144,068 | 13,475,490 | 14,952,883 | |
| 19 | | 유형자산 | | 28,4% | | 11,419,822 | 12,671,841 | 14,061,126 | 15,602,725 | 17,313,339 | |
| 20 | | 투자부동산 | | 0,2% | | 61,660 | 68,420 | 75,921 | 84,245 | 93,481 | |
| 21 | | 무형자산 | | 4,8% | | 1,923,540 | 2,134,428 | 2,368,438 | 2,628,103 | 2,916,236 | |
| 22 | | 보증금 | | 0,5% | | 198,813 | 220,610 | 244,797 | 271,636 | 301,417 | |
| 23 | | 이연법인세자산 | | 0,4% | | 179,881 | 199,602 | 221,485 | 245,768 | 272,713 | |
| 24 | | 기타비유동자산 | | 0,3% | | 127,313 | 141,271 | 156,760 | 173,946 | 193,017 | |
| 25 | | **자산총계** | | 100% | | 40,148,879 | 44,550,624 | 49,434,958 | 54,854,788 | 60,868,825 | |
| 26 | | 부채 | | | | | | | | | |
| 27 | | 유동부채 | | 31,9% | | 12,797,718 | 14,200,803 | 15,757,716 | 17,485,323 | 19,402,336 | |
| 28 | | 매입채무 | | 15,0% | | 6,029,422 | 6,690,461 | 7,423,973 | 8,237,905 | 9,141,072 | |
| 29 | | 단기차입금 | | 3,3% | | 1,337,457 | 1,484,090 | 1,646,799 | 1,827,347 | 2,027,689 | |
| 30 | | 미지급금 | | 5,2% | | 2,100,504 | 2,330,794 | 2,586,332 | 2,869,886 | 3,184,528 | |
| 31 | | 선수금 | | 0,6% | | 224,826 | 249,474 | 276,826 | 307,176 | 340,853 | |
| 32 | | 미지급비용 | | 2,9% | | 1,163,835 | 1,291,432 | 1,433,019 | 1,590,129 | 1,764,464 | |
| 33 | | 미지급법인세 | | 0,7% | | 266,336 | 295,535 | 327,937 | 363,890 | 403,785 | |
| 34 | | 유동성장기부채 | | 2,4% | | 943,713 | 1,047,178 | 1,161,986 | 1,289,380 | 1,430,742 | |
| 35 | | 충당부채 | | 1,7% | | 680,280 | 754,863 | 837,623 | 929,456 | 1,031,358 | |
| 36 | | 기타유동부채 | | 0,1% | | 51,346 | 56,975 | 63,221 | 70,153 | 77,844 | |
| 37 | | 비유동부채 | | 15,4% | | 6,187,453 | 6,865,818 | 7,618,556 | 8,453,821 | 9,380,660 | |
| 38 | | 사채 | | 3,8% | | 1,541,347 | 1,710,333 | 1,897,847 | 2,105,918 | 2,336,802 | |
| 39 | | 장기차입금 | | 2,3% | | 910,341 | 1,010,147 | 1,120,895 | 1,243,785 | 1,380,148 | |
| 40 | | 장기선수금 | | 0,2% | | 71,016 | 78,802 | 87,441 | 97,028 | 107,666 | |
| 41 | | 순확정급여부채 | | 0,4% | | 167,156 | 185,483 | 205,818 | 228,383 | 253,422 | |
| 42 | | 장기종업원급여충당부채 | | 0,6% | | 252,000 | 279,628 | 310,285 | 344,303 | 382,051 | |
| 43 | | 장기충당부채 | | 3,9% | | 1,563,905 | 1,735,365 | 1,925,623 | 2,136,739 | 2,371,002 | |
| 44 | | 이연법인세부채 | | 3,9% | | 1,572,579 | 1,744,990 | 1,936,303 | 2,148,590 | 2,384,152 | |
| 45 | | 기타비유동부채 | | 0,3% | | 109,109 | 121,071 | 134,345 | 149,074 | 165,418 | |
| 46 | | 부채총계 | | 47,3% | | 18,985,171 | 21,066,621 | 23,376,272 | 25,939,144 | 28,782,997 | |
| 47 | | 자본 | | | | | - | - | - | - | |
| 48 | | 지배회사소유주지분 | | 52,7% | | 21,139,901 | 23,457,587 | 26,029,373 | 28,883,118 | 32,049,735 | |
| 49 | | 보통주자본금 | | 6,3% | | 2,542,008 | 2,820,702 | 3,129,952 | 3,473,106 | 3,853,882 | |
| 50 | | 주식발행초과금 | | 4,6% | | 1,855,978 | 2,059,460 | 2,285,250 | 2,535,794 | 2,813,808 | |
| 51 | | 이익잉여금 | | 40,7% | | 16,322,575 | 18,112,110 | 20,097,841 | 22,301,280 | 24,746,293 | |
| 52 | | 기타포괄손익누계액 | | 0,6% | | 239,484 | 265,740 | 294,874 | 327,203 | 363,076 | |
| 53 | | 기타자본항목 | | 0,4% | | 179,857 | 199,575 | 221,456 | 245,735 | 272,677 | |
| 54 | | 비지배지분 | | 0,1% | | 23,807 | 26,417 | 29,313 | 32,526 | 36,093 | |
| 55 | | 자본총계 | | 52,7% | | 21,163,708 | 23,484,003 | 26,058,686 | 28,915,645 | 32,085,828 | |
| 56 | | 부채와자본총계 | | 100% | | 40,148,879 | 44,550,624 | 49,434,958 | 54,854,788 | 60,868,825 | |
| 57 | | | | | | | | | | | |
| 58 | | **<총자산증가율>** | | 11,0% | | | | | | | |
| 59 | | | | | | | | | | | |

## 〈손익계산서 관계 비율 계산〉

**㈜빠른자동차 추정손익계산서 작성**

| | 제 67 기 | 제 68 기 | 제 69 기 | 제 70 기 | | 제 67 기 | 제 68 기 | 제 69 기 | 제 70 기 | 가중치계산 |
|---|---|---|---|---|---|---|---|---|---|---|
| 매출액 | 35,826,955 | 43,190,942 | 47,242,933 | 47,597,897 | 연평균매출액증가률 | | 20.6% | 9.4% | 0.8% | 5.6% |
| 매출원가 | 27,905,367 | 33,138,961 | 36,536,005 | 37,511,941 | 매출원가율 | | | 77.3% | 78.8% | 78.4% |
| 매출총이익 | 7,921,588 | 10,051,981 | 10,706,928 | 10,085,956 | | | | | | |
| 판매비와관리비 | 5,551,736 | 6,552,893 | 7,184,677 | 6,908,856 | 판매관리비율 | 15.5% | 15.2% | 15.2% | 14.5% | 14.8% |
| 판매비 | 3,715,920 | 4,451,317 | 4,845,860 | 4,411,711 | | 10.4% | 10.3% | 10.3% | 9.3% | 9.7% |
| 관리비 | 1,835,816 | 2,101,576 | 2,338,817 | 2,497,145 | | 5.1% | 4.9% | 5.0% | 5.2% | 5.1% |
| 영업이익 | 2,369,852 | 3,499,088 | 3,522,251 | 3,177,100 | | | | | | |
| 관계회사투자손익 | 981,661 | 1,336,618 | 1,414,080 | 1,319,585 | 관계회사투자손익 | | | | | 1,319,585 |
| 금융손익 | - 148,642 | - 140,114 | 191,650 | 315,833 | 금융손익 | | | | | 315,833 |
| 금융수익 | 197,551 | 180,102 | 402,795 | 455,275 | 금융수익 | | | | | 455,275 |
| 금융비용 | 346,193 | 320,216 | 211,145 | 139,442 | 금융비용 | | | | | 139,442 |
| 기타손익 | 120,176 | 26,058 | 36,075 | 16,058 | 기타손익 | | | | | 16,058 |
| 기타수익 | 420,545 | 457,378 | 417,339 | 377,188 | 기타수익 | | | | | 377,188 |
| 기타비용 | 300,369 | 431,320 | 381,264 | 361,130 | 기타비용 | | | | | 361,130 |
| 차감전순이익 | 3,323,047 | 4,721,650 | 5,164,056 | 4,828,576 | | | | | | |
| 법인세비용 | 624,717 | 1,202,414 | 1,299,352 | 1,011,517 | 법인세율 | | 25.5% | 25.2% | 20.9% | 22.6% |
| 당기 순이익 | 2,698,330 | 3,519,236 | 3,864,704 | 3,817,059 | | | | | | |

(주)빠른자동차 재무제표 | 추정 재무상태표 | 추정 손익계산서

## 〈추정손익계산서 작성〉

**㈜빠른자동차 추정손익계산서 작성**

| | 67기 | 68기 | 69기 | 70기 | 71기 | 72기 | 73기 | 74기 | 75기 |
|---|---|---|---|---|---|---|---|---|---|
| 매출액 | 35,826,955 | 43,190,942 | 47,242,933 | 47,597,897 | **50,272,622** | **53,097,651** | 56,081,430 | 59,232,880 | 62,561,423 |
| 매출원가 | 27,905,367 | 33,138,961 | 36,536,005 | 37,311,535 | **39,408,227** | 41,622,740 | 43,961,635 | 46,432,087 | 49,041,300 |
| 매출총이익 | 7,921,588 | 10,051,981 | 10,706,928 | 10,286,362 | 10,864,395 | 11,474,911 | 12,119,734 | 12,800,793 | 13,520,123 |
| 판매비와관리비 | 5,551,736 | 6,552,893 | 7,184,677 | 7,050,705 | **7,446,913** | 7,865,387 | 8,307,376 | 8,774,202 | 9,267,261 |
| 판매비 | 3,715,920 | 4,451,317 | 4,845,860 | 4,611,411 | **4,870,545** | 5,144,241 | 5,433,318 | 5,738,639 | 6,061,117 |
| 관리비 | 1,835,816 | 2,101,576 | 2,338,817 | 2,439,294 | **2,576,368** | 2,721,145 | 2,874,058 | 3,035,563 | 3,206,144 |
| 영업이익 | 2,369,852 | 3,499,088 | 3,522,251 | 3,235,657 | **3,417,482** | 3,609,524 | 3,812,359 | 4,026,591 | 4,252,862 |
| 관계회사투자손익 | 981,661 | 1,336,618 | 1,414,080 | 1,319,585 | 1,319,585 | 1,319,585 | 1,319,585 | 1,319,585 | 1,319,585 |
| 금융손익 | -148642 | -140,114 | 191,650 | 315,833 | 315,833 | 315,833 | 315,833 | 315,833 | 315,833 |
| 금융수익 | 197,551 | 180,102 | 402,795 | 455,275 | 455,275 | 455,275 | 455,275 | 455,275 | 455,275 |
| 금융비용 | 346,193 | 320,216 | 211,145 | 139,442 | 139,442 | 139,442 | 139,442 | 139,442 | 139,442 |
| 기타손익 | 120,176 | 26,058 | 36,075 | 16,058 | 16,058 | 16,058 | 16,058 | 16,058 | 16,058 |
| 기타수익 | 420,545 | 457,378 | 417,339 | 377,188 | 377,188 | 377,188 | 377,188 | 377,188 | 377,188 |
| 기타비용 | 300,369 | 431,320 | 381,264 | 361,130 | 361,130 | 361,130 | 361,130 | 361,130 | 361,130 |
| 차감전순이익 | 3,323,047 | 4,721,650 | 5,164,056 | 4,887,133 | **5,068,958** | 5,261,000 | 5,463,835 | 5,678,067 | 5,904,338 |
| 법인세비용 | 624,717 | 1,202,414 | 1,299,352 | 1,102,853 | **1,143,884** | 1,187,222 | 1,232,934 | 1,281,339 | 1,332,400 |
| 당기 순이익 | 2,698,330 | 3,519,236 | 3,864,704 | 3,784,280 | **3,925,073** | 4,073,779 | 4,230,841 | 4,396,728 | 4,571,938 |

(주)빠른자동차 재무제표 | 추정 재무상태표 | 추정 손익계산서

## 2. 추이분석 차트

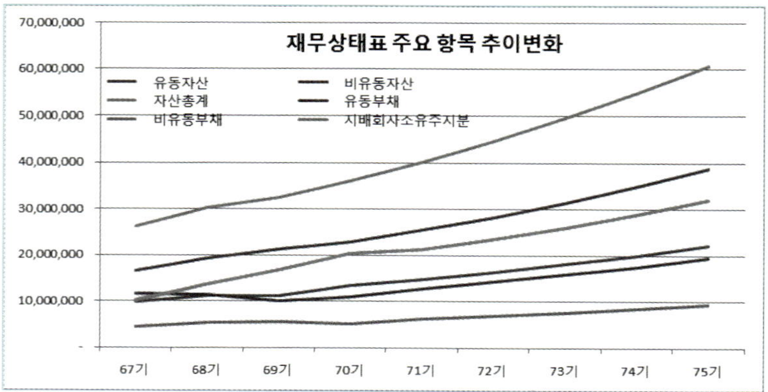


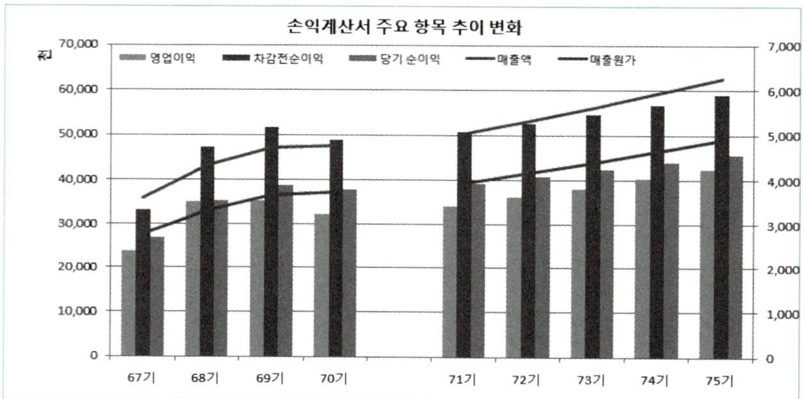


## 3. 민감도분석

<민감도분석 1> 자산증가율 변화에 따른 자산총액 변화 추이

| | 8% | 9% | 10% | 11% | 12% | 13% | 14% | 15% |
|---|---|---|---|---|---|---|---|---|
| 60,868,825 | 53,163,287 | 55,670,553 | 58,271,537 | 60,968,842 | 63,765,117 | 66,663,063 | 69,665,427 | 72,775,006 |

(주)빠른자동차 재무제표 | 추정 재무상태표 | 추정 손익계산서

| | B | C | D | E | F | G | H | I | J | K | L |
|---|---|---|---|---|---|---|---|---|---|---|---|
| 89 | | | | | | | | | | | |
| 90 | <민감도분석1> | 매출액증가율 변화 | | | | | | | | | |
| 91 | | 4.6% | 4.8% | 5.0% | 5.2% | 5.4% | 5.6% | 5.8% | 6.0% | 6.2% | 6.4% |
| 92 | 4,571,938 | 4416052.47 | 4446160.28 | 4476498.79 | 4507069.34 | 4537873.24 | 4568911.85 | 4600186.49 | 4631698.5 | 4663449.24 | 4695440.06 |
| 93 | | | | | | | | | | | |
| 94 | | | | | | | | | | | |
| 95 | <민감도분석2> 매출액증가율, 원가율 변화 | | | | | | | | | | |
| 96 | 4,571,938 | 4.6% | 4.8% | 5.0% | 5.2% | 5.4% | 5.6% | 5.8% | 6.0% | 6.2% | 6.4% |
| 97 | 70.0% | 8,287,627 | 8,354,890 | 8,422,668 | 8,490,965 | 8,559,783 | 8,629,125 | 8,698,995 | 8,769,394 | 8,840,328 | 8,911,797 |
| 98 | 71.0% | 7,826,124 | 7,888,957 | 7,952,273 | 8,016,072 | 8,080,359 | 8,145,135 | 8,210,404 | 8,276,168 | 8,342,431 | 8,409,194 |
| 99 | 72.0% | 7,364,620 | 7,423,025 | 7,481,877 | 7,541,179 | 7,600,934 | 7,661,145 | 7,721,813 | 7,782,942 | 7,844,534 | 7,906,591 |
| 100 | 73.0% | 6,903,116 | 6,957,092 | 7,011,481 | 7,066,287 | 7,121,510 | 7,177,155 | 7,233,222 | 7,289,716 | 7,346,637 | 7,403,988 |
| 101 | 74.0% | 6,441,612 | 6,491,159 | 6,541,085 | 6,591,394 | 6,642,086 | 6,693,165 | 6,744,632 | 6,796,489 | 6,848,740 | 6,901,385 |
| 102 | 75.0% | 5,980,108 | 6,025,226 | 6,070,690 | 6,116,501 | 6,162,662 | 6,209,175 | 6,256,041 | 6,303,263 | 6,350,843 | 6,398,782 |
| 103 | 76.0% | 5,518,604 | 5,559,293 | 5,600,294 | 5,641,608 | 5,683,238 | 5,725,184 | 5,767,450 | 5,810,037 | 5,852,946 | 5,896,180 |
| 104 | 77.0% | 5,057,101 | 5,093,360 | 5,129,898 | 5,166,715 | 5,203,814 | 5,241,194 | 5,278,859 | 5,316,810 | 5,355,049 | 5,393,577 |
| 105 | 78.0% | 4,595,597 | 4,627,428 | 4,659,502 | 4,691,823 | 4,724,389 | 4,757,204 | 4,790,269 | 4,823,584 | 4,857,152 | 4,890,974 |
| 106 | 79.0% | 4,134,093 | 4,161,495 | 4,189,107 | 4,216,930 | 4,244,965 | 4,273,214 | 4,301,678 | 4,330,358 | 4,359,255 | 4,388,371 |
| 107 | 80.0% | 3,672,589 | 3,695,562 | 3,718,711 | 3,742,037 | 3,765,541 | 3,789,224 | 3,813,087 | 3,837,132 | 3,861,358 | 3,885,768 |
| 108 | 81.0% | 3,211,085 | 3,229,629 | 3,248,315 | 3,267,144 | 3,286,117 | 3,305,234 | 3,324,497 | 3,343,905 | 3,363,461 | 3,383,165 |
| 109 | 82.0% | 2,749,582 | 2,763,696 | 2,777,920 | 2,792,251 | 2,806,693 | 2,821,244 | 2,835,906 | 2,850,679 | 2,865,564 | 2,880,562 |
| 110 | 83.0% | 2,288,078 | 2,297,764 | 2,307,524 | 2,317,359 | 2,327,268 | 2,337,254 | 2,347,315 | 2,357,453 | 2,367,667 | 2,377,959 |
| 111 | 84.0% | 1,826,574 | 1,831,831 | 1,837,128 | 1,842,466 | 1,847,844 | 1,853,264 | 1,858,724 | 1,864,227 | 1,869,770 | 1,875,356 |
| 112 | 85.0% | 1,365,070 | 1,365,898 | 1,366,732 | 1,367,573 | 1,368,420 | 1,369,274 | 1,370,134 | 1,371,000 | 1,371,873 | 1,372,753 |

(주)빠른자동차 재무제표 | 추정 재무상태표 | 추정 손익계산서

## 4. 시나리오분석

| 시나리오 요약 | | 현재 값: | 호황 | 약호황 | 약불황 | 불황 |
|---|---|---|---|---|---|---|
| 변경 셀: | | | | | | |
| | 매출액증가율 | 5.6% | 7.0% | 6.2% | 5.2% | 4.5% |
| | 매출원가율 | 78.4% | 70.0% | 74.0% | 80.0% | 82.0% |
| | 판매관리비율 | 14.8% | 12.0% | 14.0% | 16.0% | 18.0% |
| | 금융수익 | 455,275 | 500,000 | 480,000 | 450,000 | 400,000 |
| | 금융비용 | 139,442 | 120,000 | 130,000 | 150,000 | 170,000 |
| 결과 셀: | | | | | | |
| | 영업이익 | 4,252,862 | 12,016,532 | [illegible],715,989 | 2,453,163 | - |
| | 당기순이익 | 4,571,938 | 10,583,623 | [illegible],253,560 | 3,178,367 | 1,278,796 |

참고: 현재 값 열은 시나리오 요약 보고서가 작성될 때의 변경 셀 값을 나타냅니다. 각 시나리오의 변경 셀들은 회색으로 표시됩니다.

(주)빠른자동차 재무제표 | 추정 재무상태표 | 시나리오 요약 | 추정 손익계산서

## 5. 미래 성과 예측

전반적인 성장기업으로 평가할 수 있음.

CHAPTER

# 07

# 판매 추세 예측과 피벗분석

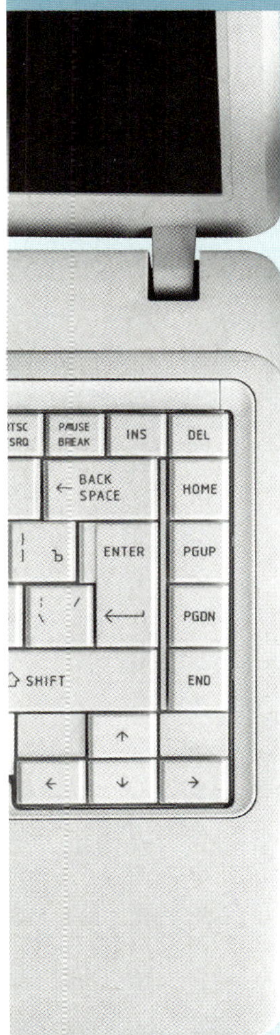

Case 31 따라하기

# (주)미래로의 판매 추세 예측

31

현황

(주)미래로는 지난 20여 년 간 중소형 가전기계를 제작하여 전국의 제과점과 커피숍을 상대로 판매해 오고 있다. 최근 2년 동안은 다른 제품은 생산하지 않고 제과점용 제빵기계인 테크오븐과 전자동 커피머신인 카페이데아 제품 생산에만 치중해 왔다. 그런데 이 업계에서도 최근 경쟁기업과 유사제품들이 많이 생겨나면서 체계적인 경영을 하지 않으면 업계에서 밀려날 수도 있다는 불안감을 느끼고 있다. 이에 (주)미래로 정직한 사장은 최근 2개년 간의 제품 판매실적을 분석하여 추세를 예측하고, 향후의 제품 생산과 영업전략 수립에 활용해 보고자 한다.

(주)미래로의 지난 2년 간 제품별/월별 판매량 자료는 다음과 같다.

✹ (주)미래로 제품별/월별 판매량 자료 (단위: 개)

| 월별 | 데크오븐 | 카페이데아 | 월별 | 데크오븐 | 카페이데아 |
|---|---|---|---|---|---|
| 2017-01 | 483 | 614 | 2018-01 | 623 | 462 |
| 2017-02 | 462 | 624 | 2018-02 | 664 | 525 |
| 2017-03 | 457 | 626 | 2018-03 | 598 | 538 |
| 2017-04 | 483 | 538 | 2018-04 | 625 | 478 |
| 2017-05 | 495 | 520 | 2018-05 | 668 | 427 |
| 2017-06 | 545 | 483 | 2018-06 | 684 | 466 |
| 2017-07 | 516 | 553 | 2018-07 | 697 | 524 |
| 2017-08 | 483 | 525 | 2018-08 | 638 | 427 |
| 2017-09 | 548 | 553 | 2018-09 | 724 | 418 |
| 2017-10 | 527 | 527 | 2018-10 | 737 | 404 |
| 2017-11 | 570 | 473 | 2018-11 | 690 | 415 |
| 2017-12 | 533 | 455 | 2018-12 | 684 | 435 |

요구 사항

위의 자료를 토대로 하여 제품별 판매량에 대한 2개년 **추세분석**을 수행하고, 6개월 후에 각 제품의 판매량이 어떻게 변화할지를 **예측**해 보시오.

# Case 31 따라하기

## 상황분석

1. 추세분석은 **꺾은선형 차트**를 이용하면 차트에 **추세선**을 표시하여 방향을 쉽게 예측할 수 있다.
2. 또한 추세선에서 **예측구간**을 설정하여 미래 일정 기간의 **예측치**를 표시할 수도 있다.

① 새 Worksheet에서 새 시트를 선택하고 시트 이름을 '미래로 판매자료'로 변경한다.

② '미래로 판매자료' 시트에 제품별/월별 판매자료를 다음과 같이 입력해 둔다. 이때 '월별'란에는 '2017-1-1', '2017-2-1'과 같이 '일' 자료까지를 포함하여 입력하되, 해당 셀의 '셀 서식'을 [표시형식]-[사용자지정]에서 'yyyy-mm'으로 선택하면 해당 월까지만 표시할 수 있다. 그리고 자동합계(Σ) 기능을 이용하여 오른쪽에 '합계'도 표시해 둔다.

㈜미래로 제품별/월별 판매자료

| 월별 | 데크오본 | 카페이데아 | 합계 |
|---|---|---|---|
| 2017-01 | 483 | 614 | 1,097 |
| 2017-02 | 462 | 624 | 1,086 |
| 2017-03 | 457 | 626 | 1,083 |
| 2017-04 | 483 | 538 | 1,021 |
| 2017-05 | 495 | 520 | 1,015 |
| 2017-06 | 545 | 483 | 1,028 |
| 2017-07 | 516 | 553 | 1,069 |
| 2017-08 | 483 | 525 | 1,008 |
| 2017-09 | 548 | 553 | 1,101 |
| 2017-10 | 527 | 527 | 1,054 |
| 2017-11 | 570 | 473 | 1,043 |
| 2017-12 | 533 | 455 | 988 |
| 2018-01 | 623 | 462 | 1,085 |
| 2018-02 | 664 | 525 | 1,189 |
| 2018-03 | 598 | 538 | 1,136 |
| 2018-04 | 625 | 478 | 1,103 |
| 2018-05 | 668 | 427 | 1,095 |
| 2018-06 | 684 | 466 | 1,150 |
| 2018-07 | 697 | 524 | 1,221 |
| 2018-08 | 638 | 427 | 1,065 |
| 2018-09 | 724 | 418 | 1,142 |
| 2018-10 | 737 | 404 | 1,141 |
| 2018-11 | 690 | 415 | 1,105 |
| 2018-12 | 684 | 435 | 1,119 |

미래로 판매자료 | Shee ...

③ 원본자료를 보관하는 의미에서 이 '미래로 판매자료' 시트를 오른쪽 시트에 복사하여 사용하기로 한다. 이때 Ctrl 키를 누른 상태에서 마우스로 시트의 이름부분을 클릭하고 시트 오른쪽으로 끌기 하면 복사본 시트('미래로 판매자료 (2)')가 만들어지긴 하지만, 이 경우에는 두 개의 시트 간에 연동이 이루어지지 않게 된다. 따라서 이 방법을 사용하지 않고, **참조셀** 형태로 자료를 복제하기로 한다.

④ '미래로 판매자료' 시트의 오른쪽 새 시트를 클릭하고, 시트의 이름을 '추세분석'으로 변경한다. '추세분석' 시트의 B3 셀을 선택하고 '='미래로 판매자료'!B3'로 입력한다(또는 '='을 입력한 후 마우스로 '미래로 판매자료' 시트의 B3 셀을 클릭하여 입력해도 된다). 그리고 B3 셀에서 자동채우기 핸들로 D3까지 끌기 하고, 또 D27 셀까지 끌기 하여 **참조셀** 표시를 완성한다(여기서 '합계'란(E열)의 표시를 생략한 것은 추세분석에서 합계자료를 표시하지 않기 때문이다).

⑤ 그런데 '추세분석' 시트의 B열에 표시된 '월별' 자료는 앞의 '미래로 판매자료' 시트에 입력했던 것과는 다르게 날짜 표시형식 대신에 모두 숫자로 표시되고 있다. 이는 엑셀에서는 날짜도 일종의 숫자로 인식하고 있으며, 2017년 1월 1일을 해당 숫자인 '42736'으로 표시하고 있는 것이다. 이를 다시 '년-월' 형식으로 표시하기 위해 B4:B27 셀 범위를 선택하고, 오른쪽 마우스 [셀 서식]-[표시형식]-[사용자지정]에서 'yyyy-mm'으로 선택하여 표시한다.

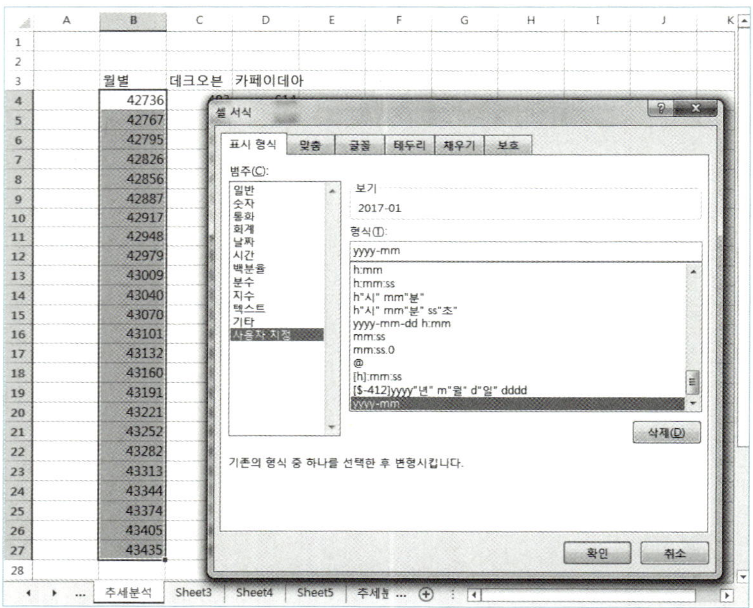

참고

## 날짜의 숫자표시

엑셀에서는 날짜와 시간까지도 모두 숫자로 인식하고 있다. 엑셀에서는 1900년 1월 1일을 '1'로 정의하고, 하루가 경과할 때마다 1을 추가한 숫자로 대비한다. 따라서 1900년 1월 13일은 숫자 '13'에 해당한다. B4 셀에서는 분명 '2017년 1월 1일'로 입력했지만, 이를 참조하고 있는 '추세분석'시트의 B4 셀에서는 엑셀의 인식대로 숫자 '42736'으로 표시하고 있는 것이다. 즉, 2017년 1월 1일은 1900년 1월 1일부터 42736번째 날이라는 의미이다. 또한 하루 24시간도 '1'의 하위 소숫자리수로 표시한다. 예컨대 2017년 1월 1일 오후 2:30은 '42736.60417'과 같이 표시된다. 이를 다시 날짜 표시 형식으로 바꾸기 위해서는 [셀 서식]에서 필요한 형식(yyyy-mm-dd, yyyy-mm 또는 mm/dd 등)으로 지정하기만 하면 된다. 엑셀에서 날짜를 인식하는 이러한 특성으로 인해 특정 기간 동안의 **이자계산**도 가능한 것이다.

⑥ 이제 B3:D27 셀 영역을 선택하고 [홈] 탭의 [글꼴]-[테두리]에서 '모든 테두리'로 설정하고, [맞춤]에서 '가운데 맞춤'으로 지정한다. 이와 같이 '미래로 판매자료' 시트를 굳이 '추세분석' 시트에서 다시 **참조셀 형식**으로 가져온 것은, 향후 '미래로 판매자료' 시트의 자료를 새로운 자료로 변경하기만 하면, 동일한 추세분석 절차 없이도 기존에 표시된 추세분석 차트에서 자동으로 변경된 내용이 반영될 수 있도록 하기 위한 것이다.

⑦ 이 판매자료를 차트로 표시하기 위해 B3:D27 셀 범위를 선택하고 [삽입] 탭의 [차트]에서 [2차원 꺾은선형]의 [표식이 있는 꺾은선형]을 선택한다.

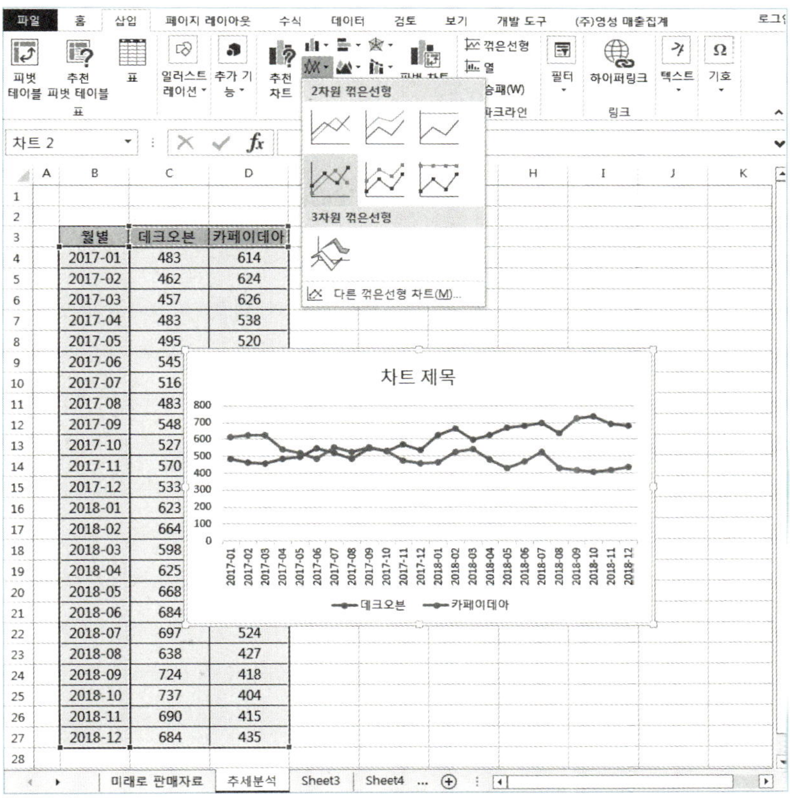

⑧ **꺾은선형 차트**가 삽입되면 차트를 끌기하여 적절한 위치로 이동하고 차트 크기를 조절하여 표시한다. 그리고 차트 제목을 '(주)미래로 판매량 예측'으로 변경한다.

⑨ 표시된 차트의 가로축 날짜 표시가 너무 복잡하므로 2개월 단위로 표시하고, 날짜 표시형식도 단순화 해보기로 한다. 날짜가 표시되어 있는 가로축을 마우스로 클릭하여 선택하고, 오른쪽 마우스 [**축 서식**]에서 [축 옵션]의 [단위]-[주]에 표시된 '1'을 '2'로 수정한다. 그리고 아래쪽 [표시형식]에서 [범주]를 '사용자지정'으로, [형식]을 'yy-mm'으로 선택한다. 이제 가로축의 표시가 훨씬 단순해졌다.

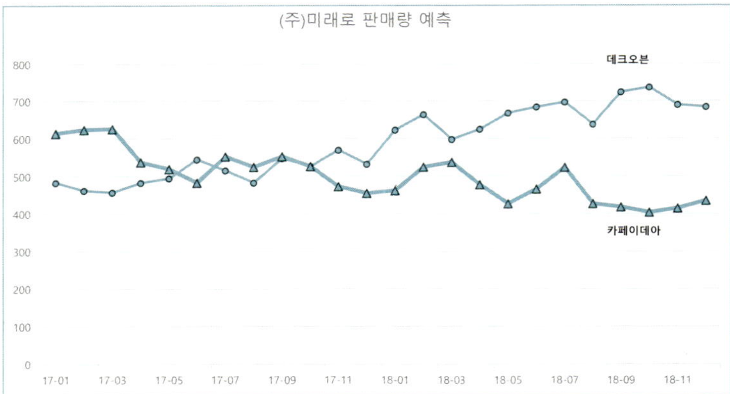


⑩ 그런데 판매량 데이터가 모두 400에서 800 사이의 값들이어서 차트의 아래쪽 공간이 많을 뿐만 아니라, 눈금 자체도 100 단위로 표시되어 있어서 표식 위치의 값들을 비교적 정확하게 가늠해 보는데 불편하다. 따라서 세로축의 표시를 조정하여 이 문제를 해결하기로 한다.

⑪ 차트의 세로축 숫자부분을 클릭하고, 오른쪽 마우스 [**축 서식**]을 클릭한다. [축 서식]의 [**최대값**]은 '850'으로, [**최소값**]은 '300'으로 수정한다. 이로써 차트의 아래 공간이 축소되고, 더불어 세로축 간격도 이전에 '100'에서 '50' 단위로 자동 조정된다. 만일 '50' 단위로 조정되어 있지 않다면 다시 [축 서식]에서 [축 옵션]의 [단위]에서 [주]를 '50'으로 설정하면 된다.

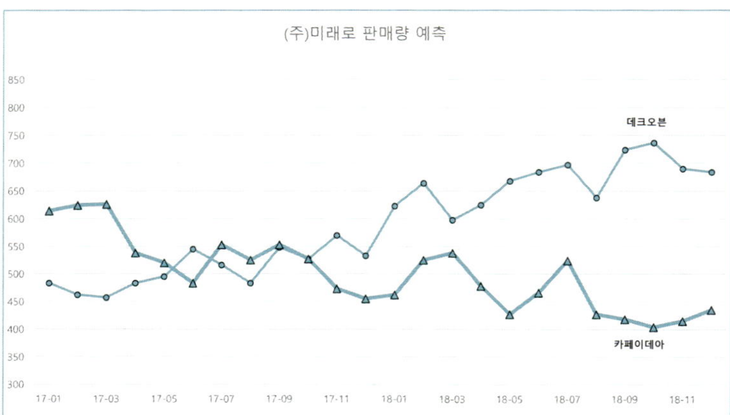

⑫ 차트의 '데크오븐' 상품 판매량 데이터 계열을 마우스로 클릭하고, 오른쪽 마우스에서 [**추세선 추가**]를 선택한다. 이때 먼저 차트에 자동으로 선형 추세선이 표시되면서 [추세선 서식] 대화상자가 나타난다. [추세선 서식]의 [추세선 옵션]에서 자동으로 표시된 [선형]은 그대로 두고, 아래 [**예측**]의 [앞으로]를 '0.0' 대신 '6.0' 구간으로 변경한다. 그리고 아래 [수식을 차트에 표시]와 [R-제곱 값을 차트에 표시]에 체크하여 선택한다.

⑬ 이제 [추세선 서식] 대화상자를 닫으면, 차트에 직선형 추세선이 표시되고 추세선 위쪽으로 수식과 R-제곱 값이 표시되어 있다. 또 [예측]에서 '앞으로 6구간'을 선택하였으므로 차트의 오른쪽에 6개월 가량의 빈 칸도 삽입되어 있다. 여기서 '앞으로 6구간'은 미래 6개월까지의 **예측값**을 표시한다는 의미이다. 만일 미래 1년을 예측하고자 하는 경우에는 '6' 대신 '12'로 입력하면 된다.

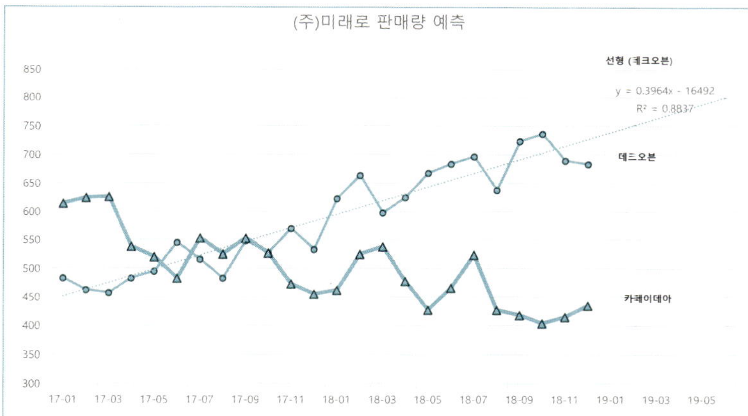


⑭ 표시된 추세선에 의하면, 향후 6개월 후 즉 2019년 6월에는 '데크오븐' 상품의 판매량이 '800'이 될 것으로 예측하고 있다. 그리고 이 예측의 정확성은 R-제곱 값이 '0.8837'로 매우 높은 정확도로 예측되고 있음을 표시하고 있다.

⑮ 이제 차트의 또 다른 꺾은선인 '카페이데아' 상품 판매량 데이터 계열을 마우스로 클릭하고, 마찬가지 방법으로 오른쪽 마우스에서 [**추세선 추가**]를 선택한다. [추세선 서식] 대화상자의 [추세선 옵션]에서 역시 자동 표시된 [선형]은 그대로 두고, 아래 [**예측**]의 [앞으로]를 '0.0' 대신 '6.0' 구간으로 변경한 후, [수식을 차트에 표시]와 [R-제곱 값을 차트에 표시]에 체크하여 선택한다.

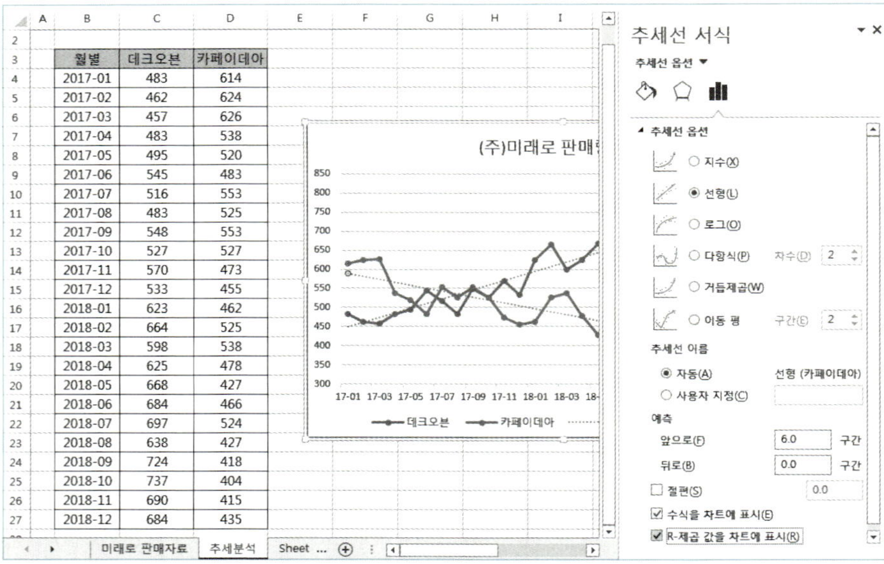


⑯ [추세선 서식] 대화상자를 닫으면 '카페이데아' 상품의 꺾은선 차트에 직선형 추세선이 표시되고, 추세선 끝 부분에 수식과 R-제곱 값이 표시된다. 마찬가지로 추세선은 6개월 이후의 예측값까지를 표시하고 있다.

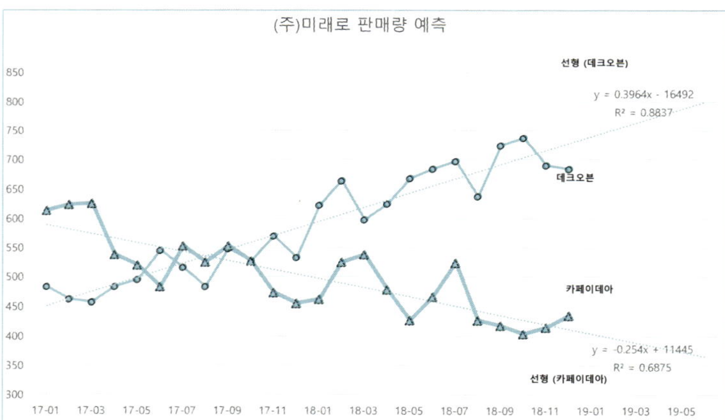


⑰ 추세선이 표시하고 있는 예측값에 의하면, '카페이데아' 상품의 경우에는 6개월 후 판매량이 '360'까지도 떨어질 수 있는 것으로 예측되고 있다. 다만, 이 예측치는 앞의 '데크오븐' 상품의 예측에 비해 상대적으로 낮은 정확도(R-제곱 값 0.6875)로 예측되고 있다.

참고

### 추세선의 수식과 R-제곱 값의 의미

추세선에 표시되는 **수식**에서 'x' 앞의 숫자는 해당 추세선의 **기울기**를 의미한다. 이 기울기가 양(+)의 숫자이면 점차 증가하는 추세임을 표시하고, 또 기울기가 크면 클수록 가파르게 증가하는 경향을 표시한다. 반대로 '카페이데아' 상품의 추세선 수식에서와 같이 기울기가 음(-)인 경우에는 점차 감소하는 경향에 있음을 의미한다.

추세선에 표시된 **R-제곱** 값은 이러한 추세선의 **정확도**를 나타내는 계수인데, R-제곱 값은 0부터 1까지로 표시되고, 1에 가까울수록 표시된 추세선의 정확도가 높다는 것을 의미한다. 따라서 추세선은 R-제곱값이 일정 비율 이상으로 높은 경우에 보다 정확하게 예측된다고 할 수 있다.

⑱ 이러한 예측은 비교적 장기간(이 경우에는 24개월)의 전반적인 추세를 직선 형태로 가정하여 표시한 것이다. 따라서 '데크오븐' 상품의 경우에는 최근 2개월의 판매량이 크게 감소했음에도 불구하고, 전반적인 추세에서 증가 경향을 보이고 있어서, 이를 감안한다면 6개월 후에는 '800'까지 증가할 것으로 예측하고 있는 것이다. 이에 반해 '카페이데아' 상품의 경우에는 최근 2개월의 판매량이 다시 회복되는 경향을 보이고 있음에도 불구하고, 지난 24개월의 전반적인 추세에서 감소하는 경향을 보이고 있으로 이러한 추세를 반영하여 6개월 후에는 '360'까지도 떨어질 수 있을 것으로 예측하고 있다.

⑲ 따라서 이제 추세선을 '선형'이 아닌 다른 방법으로도 설정하여 비교해 볼 필요도 있을 것이다. 이전에 작성해 놓은 차트와 비교해 보기 위해, 먼저 차트 자체를 복사하여 아래쪽에 나란히 표시해 놓는다. 그리고 아래쪽에 복사된 차트에서 '데크오븐' 상품과 '카페이데아' 상품의 꺾은선에 표시된 **추세선**을 각각 선택하고 **Delete키**를 눌러 지운다. 아래쪽 차트는 다시 위의 ⑪에서의 차트와 같은 형식으로 바뀌어 있다.

⑳ 다시 차트의 '데크오븐' 상품 판매량 데이터 계열을 마우스로 클릭하고, 오른쪽 마우스에서 [**추세선 추가**]를 선택한다. [추세선 서식] 대화상자의 [추세선 옵션]에서 이번에는 [선형] 대신 [**다항식**]을 선택하고, 옆의 [차수]를 '2'로 설정한다. 아래 [예측]에서는 이전과 마찬가지로 [앞으로]를 '6.0' 구간으로 설정하고, [수식을 차트에 표시]와 [R-제곱 값을 차트에 표시]에 체크하여 선택한다.

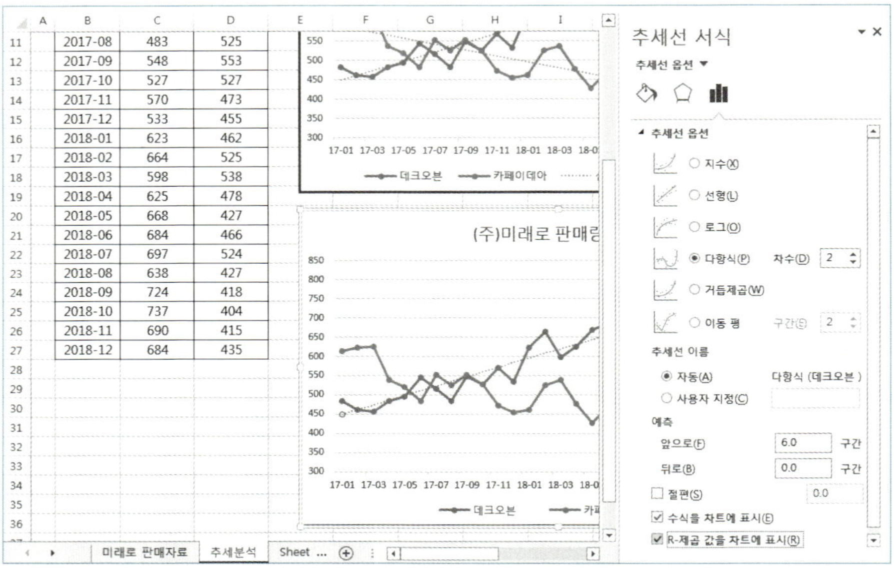


㉑ [추세선 서식] 대화상자를 닫으면 '데크오븐' 상품의 꺾은선 차트에 **다항식 추세선**이 표시되고, 추세선 끝 부분에 수식과 R-제곱 값이 표시된다. 다항식 추세선의 경우에도 위의 선형 추세선과 매우 유사하게 추정하고 있으며, R-제곱 값도 거의 같게 표시된다.

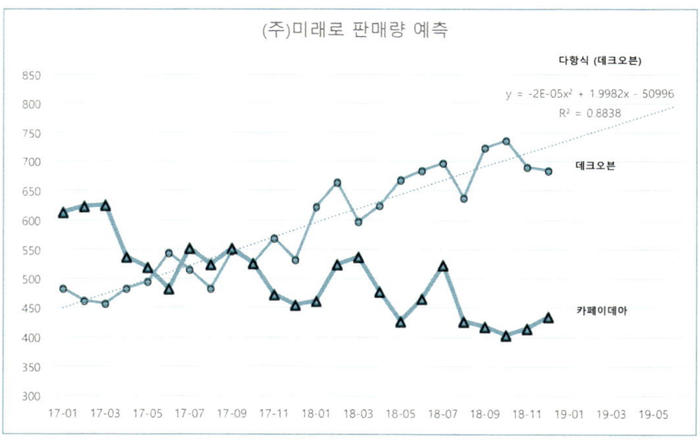


㉒ 다항식 추세선이 표시되어 있는 상태에서 다시 '데크오븐' 상품 판매량 데이터 계열을 마우스로 클릭하고, 오른쪽 마우스에서 [추세선 추가]를 선택한다. [추세선 서식] 대화상자의 [추세선 옵션]에서 이번에는 [**지수**]를 선택하고 예측구간과 나머지 표시설정을 앞과 같게 선택한다. 이제 또 하나의 추세선(지수 선택)이 표시되는데, 이번에는 좀 더 높은 증가추세를 보이는 추세선으로 표시하고 있다. R-제곱 값도 조금 높아졌다.

㉓ 이제 차트의 '카페이데아' 상품 판매량 데이터 계열을 마우스로 클릭하고, 위의 '데크오븐' 상품의 경우와 같은 절차로 [다항식] 및 [지수] 추세선을 각각 추가해 본다. 이때 다른 설정은 모두 같게 한다.

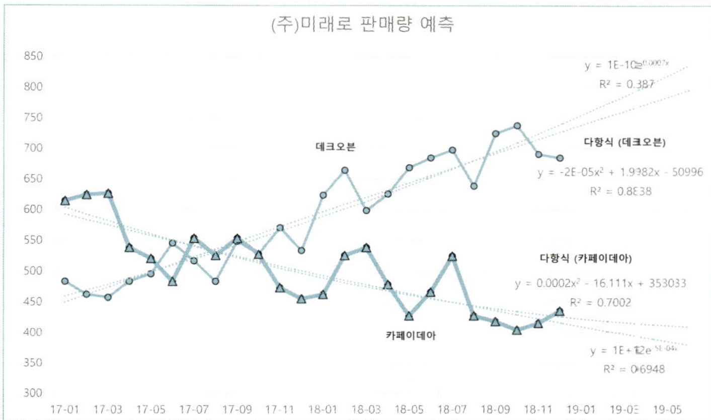


㉔ 그런데 '카페이데아' 상품의 추세선의 경우에는 '데크오븐' 상품의 경우와는 달리 [다항식] 추세선이 [지수] 추세선에 비해 보다 낮은 기울기로 감소하는 경향을 예측하고 있으며 R-제곱 값도 조금 높게 나타나고 있다.

㉕ 이와 같이 어떤 유형의 추세선을 선택하느냐에 따라 다소 다른 **예측치**를 보여주고 있지만, 전체적으로는 큰 흐름에는 차이가 많지 않음을 알 수 있다. 이들 여러 가지 방법 중에서는 **R-제곱** 값이 높은 추세예측방법을 선택하는 것이 추천되고 있다.

참고

### 어떤 추세선 종류를 선택하는 것이 좋을까?

엑셀에서는 [지수], [선형], [로그], [다항식], [거듭제곱], [이동평균]의 6가지 종류 추세선 형식 중에서 선택할 수 있도록 하고 있다. 이 중 어떤 추세선을 선택하는 것이 좋을까 하는 판단은 결국 표시하고자 하는 데이터의 장기적인 동향을 살펴보고, 이와 어울리는 추세선 종류를 선택하도록 해야 한다. 이들 6가지 추세선은 각각 다음의 경우에 적용하는 것이 이상적이다.

- 지수 추세선: 지수방정식에 의해 추세선이 만들어지므로 데이터가 음수이거나 0의 값을 갖는 경우에는 사용할 수 없다. 데이터 값의 증가율이나 감소율이 아주 높을 때보다 유용하다.
- 선형 추세선: 데이터 값이 일정 형태로 증가 또는 감소하는 경향을 보이는 경우에 적용이 유용하다.
- 로그 추세선: 증가 또는 감소 추세가 둔화되고 있다고 판단되는 데이터에 적용이 유용하다.
- 다항식 추세선: 데이터가 곡선 형태로 증가하는 경향을 보이는 경우에 적용이 유용하다. 다항식 차수는 보통 2를 쓰지만, 정확도는 떨어지더라도 보다 과감한 예측을 해보고자 하는 경우에는 3 또는 4를 쓸 수도 있다.

- 거듭제곱 추세선: 로그 추세선과 유사한 특성을 갖는다. 따라서 로그 추세선과 비교하여 정확도가 높게 표시되는 방법을 선택하는 것이 좋다.
- 이동평균 추세선: 데이터값과 평균선과의 평균값으로 계산하며, 데이터의 추세나 변동상황을 완만하게 표시해주는 특징이 있다.

Case 32 혼자해보기

# (주)파라의 자동차 판매 피벗분석

32

현황

국내 자동차판매 대행회사인 (주)파라는 2000년도에 전국 주요 4개도시(서울, 부산, 대구, 광주)의 지점을 통해 판매된 자동차판매 현황자료를 분석하여 2001년도의 판매계획에 활용하고자 한다. 이를 위해 자동차판매 현황자료 중 자동차 생산회사, 판매지역, 구매자의 직업, 성별 자료 등을 아래와 같이 정리해 보았다.

## 2001년도 자동차판매현황

| 생산회사 | 판매지역 | 직업 | 성별 |
|---|---|---|---|
| 현명자동차 | 서울 | 공무원 | 남자 |
| 현명자동차 | 대구 | 사업가 | 여자 |
| 현명자동차 | 서울 | 사업가 | 남자 |
| 대복자동차 | 서울 | 회사원 | 남자 |
| 대복자동차 | 광주 | 공무원 | 여자 |
| 삼도자동차 | 광주 | 회사원 | 여자 |
| 삼도자동차 | 부산 | 공무원 | 남자 |
| 현명자동차 | 부산 | 공무원 | 남자 |
| 대복자동차 | 대구 | 회사원 | 여자 |
| 현명자동차 | 광주 | 회사원 | 남자 |
| 현명자동차 | 서울 | 공무원 | 남자 |
| 삼도자동차 | 서울 | 사업가 | 남자 |
| 현명자동차 | 대구 | 사업가 | 여자 |
| 대복자동차 | 서울 | 회사원 | 남자 |
| 현명자동차 | 대구 | 공무원 | 남자 |
| 현명자동차 | 광주 | 회사원 | 남자 |
| 대복자동차 | 서울 | 교사 | 여자 |
| 삼도자동차 | 서울 | 사업가 | 남자 |
| 삼도자동차 | 광주 | 사업가 | 남자 |
| 현명자동차 | 광주 | 공무원 | 남자 |
| 쌍광자동차 | 부산 | 교사 | 남자 |
| 현명자동차 | 부산 | 회사원 | 남자 |
| 쌍광자동차 | 대구 | 교사 | 남자 |
| 대복자동차 | 부산 | 교사 | 여자 |
| 대복자동차 | 광주 | 공무원 | 남자 |
| 현명자동차 | 부산 | 학생 | 남자 |
| 현명자동차 | 사울 | 학생 | 여자 |
| 쌍광자동차 | 서울 | 사업가 | 남자 |
| 대복자동차 | 서울 | 공무원 | 여자 |
| 현명자동차 | 광주 | 공무원 | 남자 |
| 삼도자동차 | 광주 | 사업가 | 남자 |

| 생산회사 | 판매지역 | 직업 | 성별 |
|---|---|---|---|
| 현명자동차 | 부산 | 회사원 | 남자 |
| 대복자동차 | 광주 | 교사 | 여자 |
| 현명자동차 | 대구 | 공무원 | 남자 |
| 현명자동차 | 광주 | 교사 | 남자 |
| 현명자동차 | 부산 | 공무원 | 남자 |
| 대복자동차 | 서울 | 교사 | 여자 |
| 현명자동차 | 부산 | 공무원 | 남자 |
| 삼도자동차 | 대구 | 공무원 | 남자 |
| 대복자동차 | 부산 | 교사 | 남자 |
| 삼도자동차 | 광주 | 사업가 | 남자 |
| 대복자동차 | 서울 | 공무원 | 남자 |
| 대복자동차 | 서울 | 사업가 | 남자 |
| 삼도자동차 | 서울 | 교사 | 여자 |
| 삼도자동차 | 서울 | 사업가 | 여자 |
| 쌍광자동차 | 대구 | 교사 | 남자 |
| 현명자동차 | 광주 | 사업가 | 남자 |
| 현명자동차 | 대구 | 회사원 | 남자 |
| 현명자동차 | 서울 | 교사 | 남자 |
| 쌍광자동차 | 서울 | 공무원 | 남자 |
| 삼도자동차 | 서울 | 사업가 | 남자 |
| 삼도자동차 | 부산 | 회사원 | 남자 |
| 현명자동차 | 광주 | 회사원 | 남자 |
| 삼도자동차 | 서울 | 사업가 | 여자 |
| 대복자동차 | 서울 | 공무원 | 남자 |
| 현명자동차 | 서울 | 교사 | 남자 |
| 현명자동차 | 서울 | 교사 | 남자 |
| 삼도자동차 | 대구 | 회사원 | 남자 |
| 삼도자동차 | 서울 | 공무원 | 남자 |
| 쌍광자동차 | 광주 | 교사 | 남자 |
| 현명자동차 | 부산 | 학생 | 남자 |
| 대복자동차 | 서울 | 학생 | 여자 |

| 생산회사 | 판매지역 | 직업 | 성별 |
|---|---|---|---|
| 삼도자동차 | 부산 | 공무원 | 남자 |
| 현명자동차 | 서울 | 공무원 | 남자 |
| 대복자동차 | 서울 | 사업가 | 남자 |
| 대복자동차 | 서울 | 공무원 | 여자 |
| 쌍광자동차 | 부산 | 사업가 | 남자 |
| 현명자동차 | 광주 | 사업가 | 남자 |
| 삼도자동차 | 부산 | 회사원 | 남자 |
| 삼도자동차 | 광주 | 사업가 | 남자 |
| 현명자동차 | 광주 | 사업가 | 남자 |
| 현명자동차 | 대구 | 공무원 | 남자 |
| 쌍광자동차 | 부산 | 공무원 | 남자 |
| 삼도자동차 | 부산 | 사업가 | 남자 |
| 현명자동차 | 대구 | 사업가 | 남자 |
| 쌍광자동차 | 서울 | 교사 | 남자 |
| 삼도자동차 | 대구 | 사업가 | 남자 |
| 현명자동차 | 대구 | 회사원 | 여자 |
| 대복자동차 | 대구 | 사업가 | 남자 |
| 쌍광자동차 | 부산 | 공무원 | 남자 |
| 삼도자동차 | 서울 | 교사 | 남자 |
| 삼도자동차 | 부산 | 교사 | 남자 |
| 현명자동차 | 대구 | 공무원 | 남자 |
| 삼도자동차 | 부산 | 사업가 | 남자 |
| 현명자동차 | 부산 | 공무원 | 남자 |
| 삼도자동차 | 대구 | 회사원 | 여자 |
| 쌍광자동차 | 광주 | 공무원 | 남자 |
| 현명자동차 | 부산 | 공무원 | 남자 |
| 대복자동차 | 부산 | 교사 | 남자 |
| 쌍광자동차 | 서울 | 교사 | 남자 |
| 삼도자동차 | 서울 | 사업가 | 여자 |
| 쌍광자동차 | 서울 | 학생 | 남자 |
| 현명자동차 | 대구 | 회사원 | 여자 |
| 대복자동차 | 서울 | 공무원 | 남자 |
| 현명자동차 | 부산 | 사업가 | 남자 |
| 현명자동차 | 대구 | 공무원 | 남자 |

| 생산회사 | 판매지역 | 직업 | 성별 |
|---|---|---|---|
| 현명자동차 | 광주 | 공무원 | 남자 |
| 대복자동차 | 부산 | 공무원 | 남자 |
| 현명자동차 | 대구 | 공무원 | 남자 |
| 삼도자동차 | 부산 | 사업가 | 남자 |
| 쌍광자동차 | 서울 | 공무원 | 남자 |
| 쌍광자동차 | 부산 | 교사 | 남자 |
| 현명자동차 | 광주 | 공무원 | 여자 |
| 대복자동차 | 광주 | 교사 | 남자 |
| 현명자동차 | 서울 | 회사원 | 남자 |
| 현명자동차 | 서울 | 회사원 | 남자 |
| 삼도자동차 | 서울 | 사업가 | 남자 |
| 삼도자동차 | 서울 | 사업가 | 여자 |
| 삼도자동차 | 대구 | 사업가 | 여자 |
| 쌍광자동차 | 부산 | 학생 | 남자 |
| 쌍광자동차 | 서울 | 학생 | 여자 |
| 현명자동차 | 부산 | 회사원 | 남자 |
| 대복자동차 | 대구 | 공무원 | 남자 |
| 대복자동차 | 부산 | 회사원 | 남자 |
| 대복자동차 | 서울 | 공무원 | 남자 |
| 삼도자동차 | 서울 | 사업가 | 남자 |
| 현명자동차 | 서울 | 사업가 | 남자 |
| 대복자동차 | 서울 | 공무원 | 남자 |
| 쌍광자동차 | 광주 | 회사원 | 남자 |
| 쌍광자동차 | 부산 | 교사 | 남자 |
| 대복자동차 | 서울 | 회사원 | 남자 |
| 현명자동차 | 대구 | 회사원 | 남자 |
| 쌍광자동차 | 부산 | 교사 | 남자 |
| 삼도자동차 | 부산 | 공무원 | 남자 |
| 현명자동차 | 대구 | 교사 | 남자 |
| 현명자동차 | 부산 | 공무원 | 남자 |
| 현명자동차 | 서울 | 교사 | 여자 |
| 대복자동차 | 부산 | 회사원 | 여자 |
| 현명자동차 | 대구 | 교사 | 남자 |
| 현명자동차 | 서울 | 회사원 | 남자 |

**요구사항** : 위 자료를 토대로 다음의 분석을 수행하시오.

1. 생산회사별 **자동차판매빈도**
2. 지역별/생산회사별 자동차판매빈도
3. 직업별/생산회사별 자동차판매빈도
4. 성별/생산회사별 자동차판매빈도
5. 위 1.의 **피벗테이블**을 백분율로 표시하기
6. 위 1.~5.의 피벗테이블을 **피벗차트**로 표시하기
7. 위 2.의 피벗테이블에서 각 지역별로 현명자동차 판매대수에 대한 다른 자동차의 상대적인 판매빈도를 백분율로 표시

Case 32 혼자해보기

Tips & 풀이 요약

## 1. 생산회사별 판매빈도(피벗테이블)

| 개수:성별 | |
|---|---|
| 생산회사 | 합계 |
| 대복자동차 | 98 |
| 삼도자동차 | 88 |
| 쌍광자동차 | 70 |
| 현명자동차 | 136 |
| 총 합계 | 392 |

## 2. 지역별/생산회사별 판매빈도(피벗테이블)

| 개수:성별 | 판매지역 | | | | |
|---|---|---|---|---|---|
| 생산회사 | 광주 | 대구 | 부산 | 서울 | 총 합계 |
| 대복자동차 | 18 | 14 | 22 | 44 | 98 |
| 삼도자동차 | 13 | 15 | 20 | 40 | 88 |
| 쌍광자동차 | 13 | 16 | 20 | 21 | 70 |
| 현명자동차 | 28 | 44 | 30 | 34 | 136 |
| 총 합계 | 72 | 89 | 92 | 139 | 392 |

## 3. 직업별/생산회사별 판매빈도(피벗테이블)

| 개수:성별 | 직업 | | | | | |
|---|---|---|---|---|---|---|
| 생산회사 | 공무원 | 교사 | 사업가 | 학생 | 회사원 | 총 합계 |
| 대복자동차 | 24 | 14 | 16 | 10 | 34 | 98 |
| 삼도자동차 | 7 | 8 | 60 | 4 | 9 | 88 |
| 쌍광자동차 | 17 | 10 | 16 | 8 | 19 | 70 |
| 현명자동차 | 47 | 18 | 17 | 12 | 42 | 136 |
| 총 합계 | 95 | 50 | 109 | 34 | 104 | 392 |

## 4. 성별/생산회사별 판매빈도(피벗테이블)

| 개수:직업 | 성별 | | |
|---|---|---|---|
| 생산회사 | 남자 | 여자 | 총 합계 |
| 대복자동차 | 72 | 26 | 98 |
| 삼도자동차 | 70 | 18 | 88 |
| 쌍광자동차 | 62 | 8 | 70 |
| 현명자동차 | 111 | 25 | 136 |
| 총 합계 | 315 | 77 | 392 |

## 5. 백분율 표시

| | |
|---|---|
| 개수:판매지역 | |
| 생산회사 | 합계 |
| 대복자동차 | 25.00% |
| 삼도자동차 | 22.45% |
| 쌍광자동차 | 17.86% |
| 현명자동차 | 34.69% |
| 총 합계 | 100.00% |

... | 요구1 | 요구2 | 요구3 | 요구4 | 요구5 | 요구6 | Shee

## 6. 피벗차트 표시

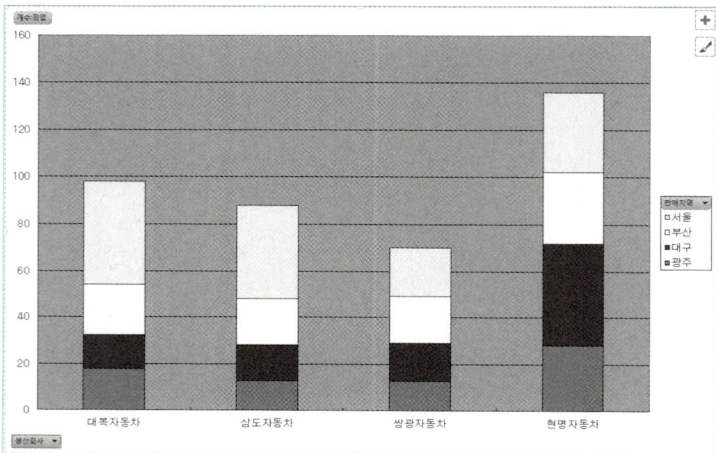


## 7. 상대적 판매빈도 백분율 표시

| 개수:직업 | 판매지역 | | | | |
|---|---|---|---|---|---|
| 생산회사 | 광주 | 대구 | 부산 | 서울 | 총 합계 |
| 대복자동차 | 64.29% | 31.82% | 73.33% | 129.41% | 72.06% |
| 삼도자동차 | 46.43% | 34.09% | 66.67% | 117.65% | 64.71% |
| 쌍광자동차 | 46.43% | 36.36% | 66.67% | 61.76% | 51.47% |
| 현명자동차 | 100.00% | 100.00% | 100.00% | 100.00% | 100.00% |
| 총 합계 | | | | | |

... | 요구2 | 요구3 | 요구4 | 요구5 | 요구6 | Sheet6 | 요구7

Case 33 혼자해보기

# (주)러블리의 수입자동차 판매 피벗분석

33

현황

수입차 전문 판매회사인 (주)러블리는 지난 1년 동안의 수입차 판매실적자료를 통해 내년 영업전략에 활용하기 위한 분석을 수행하고자 한다.

지난 1년 동안의 수입차 판매현황은 다음과 같다.

### 수입차 판매현황

| 수입차종 | 영업소 | 색상 | 규격 | 구매자 성별 | 판매금액 | 현금 | 할부 |
|---|---|---|---|---|---|---|---|
| 쉐브레 | 경기 | 은색 | 경차 | 여성 | 18,000,000 | 8,000,000 | 10,000,000 |
| 쉐브레 | 서울 | 검은색 | 중형 | 남성 | 35,000,000 | 20,000,000 | 15,000,000 |
| 아우디 | 경기 | 검은색 | 고급 | 여성 | 54,000,000 | 30,000,000 | 24,000,000 |
| BMW | 충청 | 흰색 | 경차 | 여성 | 18,000,000 | 10,000,000 | 8,000,000 |
| BMW | 전라 | 은색 | 중형 | 남성 | 23,000,000 | 10,000,000 | 13,000,000 |
| 도요다 | 전라 | 흰색 | 중형 | 남성 | 35,000,000 | 13,000,000 | 22,000,000 |
| 도요다 | 경상 | 은색 | 경차 | 여성 | 18,000,000 | 5,000,000 | 13,000,000 |
| 쉐브레 | 경상 | 은색 | 경차 | 여성 | 18,000,000 | 5,000,000 | 13,000,000 |
| BMW | 서울 | 흰색 | 경차 | 남성 | 18,000,000 | 10,000,000 | 8,000,000 |
| 아우디 | 전라 | 흰색 | 고급 | 여성 | 41,000,000 | 20,000,000 | 21,000,000 |
| 쉐브레 | 충청 | 은색 | 고급 | 여성 | 54,000,000 | 20,000,000 | 34,000,000 |
| 도요다 | 경기 | 검은색 | 중형 | 여성 | 23,000,000 | 12,000,000 | 11,000,000 |
| 쉐브레 | 서울 | 검은색 | 중형 | 남성 | 23,000,000 | 9,000,000 | 14,000,000 |
| BMW | 경기 | 흰색 | 중형 | 여성 | 35,000,000 | 15,000,000 | 20,000,000 |
| 아우디 | 서울 | 은색 | 고급 | 여성 | 41,000,000 | 20,000,000 | 21,000,000 |
| 쉐브레 | 전라 | 흰색 | 고급 | 여성 | 41,000,000 | 13,000,000 | 28,000,000 |
| BMW | 경기 | 고동색 | 고급 | 남성 | 54,000,000 | 24,000,000 | 30,000,000 |
| 도요다 | 경기 | 검은색 | 경차 | 여성 | 18,000,000 | 10,000,000 | 8,000,000 |
| 아우디 | 전라 | 검은색 | 중형 | 여성 | 23,000,000 | 10,000,000 | 13,000,000 |
| 쉐브레 | 전라 | 은색 | 경차 | 여성 | 18,000,000 | 7,000,000 | 11,000,000 |
| 도요다 | 충청 | 고동색 | 중형 | 여성 | 35,000,000 | 15,000,000 | 20,000,000 |
| 쉐브레 | 경상 | 흰색 | 고급 | 여성 | 54,000,000 | 24,000,000 | 30,000,000 |
| 도요다 | 서울 | 고동색 | 고급 | 여성 | 41,000,000 | 21,000,000 | 20,000,000 |
| BMW | 경상 | 고동색 | 경차 | 남성 | 18,000,000 | 6,000,000 | 12,000,000 |
| BMW | 충청 | 은색 | 고급 | 여성 | 41,000,000 | 21,000,000 | 20,000,000 |
| 쉐브레 | 경상 | 빨간색 | 중형 | 여성 | 23,000,000 | 10,000,000 | 13,000,000 |
| 아우디 | 경기 | 빨간색 | 중형 | 남성 | 35,000,000 | 15,000,000 | 20,000,000 |
| 도요다 | 경기 | 검은색 | 고급 | 여성 | 54,000,000 | 24,000,000 | 30,000,000 |
| BMW | 경기 | 은색 | 경차 | 남성 | 18,000,000 | 8,000,000 | 10,000,000 |
| 쉐브레 | 전라 | 은색 | 중형 | 여성 | 35,000,000 | 15,000,000 | 20,000,000 |
| 도요다 | 전라 | 검은색 | 중형 | 여성 | 23,000,000 | 10,000,000 | 13,000,000 |
| 아우디 | 경상 | 은색 | 경차 | 여성 | 18,000,000 | 5,000,000 | 13,000,000 |
| 쉐브레 | 경상 | 흰색 | 경차 | 여성 | 18,000,000 | 8,000,000 | 10,000,000 |
| BMW | 충청 | 고동색 | 경차 | 남성 | 18,000,000 | 10,000,000 | 8,000,000 |

| 수입차종 | 영업소 | 색상 | 규격 | 구매자 성별 | 판매금액 | 현금 | 할부 |
|---|---|---|---|---|---|---|---|
| 아우디 | 충청 | 은색 | 고급 | 여성 | 41,000,000 | 10,000,000 | 31,000,000 |
| 쉐브레 | 전라 | 고동색 | 고급 | 여성 | 54,000,000 | 10,000,000 | 44,000,000 |
| 쉐브레 | 경상 | 은색 | 고급 | 여성 | 54,000,000 | 24,000,000 | 30,000,000 |
| 아우디 | 경기 | 고동색 | 중형 | 남성 | 35,000,000 | 12,000,000 | 23,000,000 |
| 쉐브레 | 경상 | 은색 | 중형 | 여성 | 23,000,000 | 9,000,000 | 14,000,000 |
| 도요다 | 서울 | 은색 | 중형 | 여성 | 23,000,000 | 15,000,000 | 8,000,000 |
| BMW | 경상 | 고동색 | 고급 | 여성 | 41,000,000 | 21,000,000 | 20,000,000 |
| 도요다 | 전라 | 검은색 | 고급 | 여성 | 54,000,000 | 24,000,000 | 30,000,000 |
| BMW | 경기 | 은색 | 중형 | 여성 | 35,000,000 | 12,000,000 | 23,000,000 |
| BMW | 경기 | 검은색 | 중형 | 여성 | 35,000,000 | 12,000,000 | 23,000,000 |
| 도요다 | 경기 | 고동색 | 경차 | 남성 | 18,000,000 | 5,000,000 | 13,000,000 |
| 도요다 | 충청 | 검은색 | 중형 | 남성 | 35,000,000 | 5,000,000 | 30,000,000 |
| 도요다 | 서울 | 고동색 | 고급 | 여성 | 41,000,000 | 11,000,000 | 30,000,000 |
| 아우디 | 전라 | 검은색 | 고급 | 여성 | 54,000,000 | 14,000,000 | 40,000,000 |
| 쉐브레 | 서울 | 흰색 | 고급 | 여성 | 41,000,000 | 11,000,000 | 30,000,000 |
| 쉐브레 | 충청 | 고동색 | 중형 | 여성 | 23,000,000 | 10,000,000 | 13,000,000 |
| 아우디 | 충청 | 은색 | 경차 | 여성 | 18,000,000 | 10,000,000 | 8,000,000 |
| 도요다 | 경기 | 검은색 | 경차 | 여성 | 18,000,000 | 5,000,000 | 13,000,000 |
| 도요다 | 경상 | 흰색 | 중형 | 여성 | 23,000,000 | 13,000,000 | 10,000,000 |
| 쉐브레 | 전라 | 흰색 | 고급 | 여성 | 54,000,000 | 14,000,000 | 40,000,000 |
| 도요다 | 경기 | 검은색 | 고급 | 남성 | 54,000,000 | 22,000,000 | 32,000,000 |
| 아우디 | 경기 | 은색 | 중형 | 여성 | 35,000,000 | 15,000,000 | 20,000,000 |
| 쉐브레 | 경기 | 고동색 | 고급 | 여성 | 41,000,000 | 21,000,000 | 20,000,000 |
| 쉐브레 | 경기 | 고동색 | 고급 | 여성 | 54,000,000 | 40,000,000 | 14,000,000 |
| 도요다 | 서울 | 흰색 | 중형 | 여성 | 23,000,000 | 10,000,000 | 13,000,000 |
| 도요다 | 경기 | 은색 | 경차 | 여성 | 18,000,000 | 10,000,000 | 8,000,000 |
| 아우디 | 전라 | 고동색 | 경차 | 여성 | 18,000,000 | 5,000,000 | 13,000,000 |
| 쉐브레 | 경상 | 빨간색 | 경차 | 여성 | 18,000,000 | 7,000,000 | 11,000,000 |
| BMW | 경기 | 빨간색 | 중형 | 남성 | 35,000,000 | 13,000,000 | 22,000,000 |
| 쉐브레 | 충청 | 은색 | 중형 | 여성 | 35,000,000 | 10,000,000 | 25,000,000 |
| 아우디 | 경기 | 은색 | 고급 | 여성 | 54,000,000 | 20,000,000 | 34,000,000 |
| 아우디 | 경기 | 검은색 | 고급 | 여성 | 54,000,000 | 40,000,000 | 14,000,000 |
| BMW | 충청 | 은색 | 고급 | 남성 | 41,000,000 | 15,000,000 | 26,000,000 |
| BMW | 경상 | 검은색 | 경차 | 여성 | 18,000,000 | 12,000,000 | 6,000,000 |
| 도요다 | 전라 | 검은색 | 중형 | 여성 | 23,000,000 | 13,000,000 | 10,000,000 |
| 쉐브레 | 경상 | 흰색 | 중형 | 여성 | 35,000,000 | 10,000,000 | 25,000,000 |
| 아우디 | 전라 | 검은색 | 고급 | 여성 | 41,000,000 | 15,000,000 | 26,000,000 |
| 도요다 | 전라 | 검은색 | 고급 | 여성 | 54,000,000 | 24,000,000 | 30,000,000 |
| 쉐브레 | 서울 | 은색 | 중형 | 여성 | 35,000,000 | 25,000,000 | 10,000,000 |
| 쉐브레 | 충청 | 은색 | 경차 | 여성 | 18,000,000 | 10,000,000 | 8,000,000 |
| 도요다 | 경상 | 검은색 | 중형 | 여성 | 35,000,000 | 15,000,000 | 20,000,000 |
| 도요다 | 경기 | 검은색 | 중형 | 여성 | 23,000,000 | 13,000,000 | 10,000,000 |
| 쉐브레 | 서울 | 검은색 | 고급 | 여성 | 54,000,000 | 22,000,000 | 32,000,000 |
| 아우디 | 경기 | 고동색 | 고급 | 남성 | 54,000,000 | 34,000,000 | 20,000,000 |
| 도요다 | 서울 | 검은색 | 중형 | 남성 | 35,000,000 | 17,000,000 | 18,000,000 |
| 쉐브레 | 서울 | 흰색 | 고급 | 남성 | 41,000,000 | 11,000,000 | 30,000,000 |
| 아우디 | 충청 | 검은색 | 고급 | 여성 | 54,000,000 | 24,000,000 | 30,000,000 |
| 도요다 | 경상 | 은색 | 고급 | 여성 | 41,000,000 | 21,000,000 | 20,000,000 |

| 수입차종 | 영업소 | 색상 | 규격 | 구매자 성별 | 판매금액 | 현금 | 할부 |
|---|---|---|---|---|---|---|---|
| 도요다 | 경기 | 고동색 | 중형 | 여성 | 35,000,000 | 10,000,000 | 25,000,000 |
| 아우디 | 경상 | 고동색 | 중형 | 여성 | 35,000,000 | 10,000,000 | 25,000,000 |
| 쉐브레 | 서울 | 은색 | 경차 | 여성 | 18,000,000 | 10,000,000 | 8,000,000 |
| BMW | 전라 | 흰색 | 경차 | 남성 | 18,000,000 | 9,000,000 | 9,000,000 |
| 도요다 | 충청 | 검은색 | 경차 | 남성 | 18,000,000 | 5,000,000 | 13,000,000 |
| 쉐브레 | 경상 | 은색 | 고급 | 여성 | 41,000,000 | 15,000,000 | 26,000,000 |
| 도요다 | 서울 | 흰색 | 중형 | 남성 | 35,000,000 | 15,000,000 | 20,000,000 |
| 도요다 | 전라 | 은색 | 고급 | 여성 | 54,000,000 | 20,000,000 | 34,000,000 |
| 쉐브레 | 경상 | 은색 | 고급 | 여성 | 54,000,000 | 20,000,000 | 34,000,000 |
| BMW | 경상 | 고동색 | 중형 | 여성 | 23,000,000 | 11,000,000 | 12,000,000 |
| 도요다 | 경기 | 고동색 | 중형 | 여성 | 23,000,000 | 8,000,000 | 15,000,000 |
| 도요다 | 경기 | 검은색 | 중형 | 남성 | 35,000,000 | 15,000,000 | 20,000,000 |
| 아우디 | 경기 | 빨간색 | 중형 | 여성 | 35,000,000 | 22,000,000 | 13,000,000 |
| 쉐브레 | 서울 | 흰색 | 고급 | 남성 | 41,000,000 | 21,000,000 | 20,000,000 |
| BMW | 경기 | 은색 | 고급 | 여성 | 41,000,000 | 11,000,000 | 30,000,000 |
| 쉐브레 | 경상 | 검은색 | 고급 | 여성 | 41,000,000 | 15,000,000 | 26,000,000 |
| 아우디 | 서울 | 은색 | 고급 | 여성 | 54,000,000 | 24,000,000 | 30,000,000 |
| BMW | 충청 | 은색 | 고급 | 여성 | 54,000,000 | 15,000,000 | 39,000,000 |
| 쉐브레 | 충청 | 은색 | 중형 | 남성 | 23,000,000 | 10,000,000 | 13,000,000 |
| 아우디 | 경상 | 검은색 | 중형 | 남성 | 35,000,000 | 15,000,000 | 20,000,000 |
| 도요다 | 경기 | 은색 | 고급 | 남성 | 54,000,000 | 14,000,000 | 40,000,000 |
| 도요다 | 경상 | 고동색 | 경차 | 여성 | 18,000,000 | 9,000,000 | 9,000,000 |
| 쉐브레 | 전라 | 은색 | 중형 | 남성 | 23,000,000 | 13,000,000 | 10,000,000 |
| 아우디 | 전라 | 고동색 | 경차 | 여성 | 18,000,000 | 8,000,000 | 10,000,000 |
| 쉐브레 | 경기 | 흰색 | 경차 | 여성 | 18,000,000 | 8,000,000 | 10,000,000 |
| 쉐브레 | 경기 | 흰색 | 경차 | 여성 | 18,000,000 | 12,000,000 | 6,000,000 |
| 아우디 | 경기 | 검은색 | 고급 | 여성 | 41,000,000 | 31,000,000 | 10,000,000 |
| 도요다 | 경기 | 검은색 | 고급 | 여성 | 54,000,000 | 24,000,000 | 30,000,000 |
| 도요다 | 충청 | 검은색 | 고급 | 여성 | 54,000,000 | 15,000,000 | 39,000,000 |
| 도요다 | 경상 | 빨간색 | 중형 | 여성 | 35,000,000 | 15,000,000 | 20,000,000 |
| 아우디 | 경기 | 빨간색 | 중형 | 남성 | 23,000,000 | 13,000,000 | 10,000,000 |
| 쉐브레 | 경상 | 흰색 | 중형 | 여성 | 23,000,000 | 7,000,000 | 16,000,000 |
| BMW | 서울 | 은색 | 고급 | 여성 | 41,000,000 | 8,000,000 | 33,000,000 |
| BMW | 경상 | 흰색 | 고급 | 여성 | 41,000,000 | 15,000,000 | 26,000,000 |
| 아우디 | 충청 | 은색 | 중형 | 여성 | 35,000,000 | 15,000,000 | 20,000,000 |
| 도요다 | 경기 | 검은색 | 고급 | 여성 | 54,000,000 | 20,000,000 | 34,000,000 |
| 도요다 | 경기 | 검은색 | 중형 | 여성 | 35,000,000 | 20,000,000 | 15,000,000 |
| BMW | 경기 | 은색 | 경차 | 여성 | 18,000,000 | 6,000,000 | 12,000,000 |
| 아우디 | 전라 | 흰색 | 중형 | 여성 | 23,000,000 | 11,000,000 | 12,000,000 |
| 도요다 | 경상 | 고동색 | 고급 | 남성 | 41,000,000 | 11,000,000 | 30,000,000 |
| BMW | 경기 | 흰색 | 고급 | 남성 | 54,000,000 | 20,000,000 | 34,000,000 |
| 쉐브레 | 서울 | 흰색 | 중형 | 남성 | 35,000,000 | 20,000,000 | 15,000,000 |
| 도요다 | 충청 | 고동색 | 고급 | 여성 | 54,000,000 | 34,000,000 | 20,000,000 |
| 도요다 | 경상 | 은색 | 중형 | 여성 | 35,000,000 | 35,000,000 | – |
| 쉐브레 | 서울 | 고동색 | 경차 | 여성 | 18,000,000 | 8,000,000 | 10,000,000 |
| 쉐브레 | 경상 | 은색 | 고급 | 여성 | 41,000,000 | 41,000,000 | – |
| 아우디 | 경기 | 고동색 | 중형 | 남성 | 23,000,000 | 11,000,000 | 12,000,000 |
| BMW | 경상 | 흰색 | 중형 | 여성 | 35,000,000 | 18,000,000 | 17,000,000 |

| 수입차종 | 영업소 | 색상 | 규격 | 구매자 성별 | 판매금액 | 현금 | 할부 |
|---|---|---|---|---|---|---|---|
| 쉐브레 | 서울 | 고동색 | 고급 | 여성 | 41,000,000 | 21,000,000 | 20,000,000 |
| 쉐브레 | 경기 | 흰색 | 고급 | 여성 | 41,000,000 | 31,000,000 | 10,000,000 |
| 쉐브레 | 충청 | 은색 | 고급 | 여성 | 54,000,000 | 34,000,000 | 20,000,000 |
| 쉐브레 | 충청 | 고동색 | 고급 | 남성 | 54,000,000 | 25,000,000 | 29,000,000 |
| BMW | 서울 | 검은색 | 고급 | 남성 | 54,000,000 | 14,000,000 | 40,000,000 |
| BMW | 경상 | 은색 | 중형 | 남성 | 35,000,000 | 18,000,000 | 17,000,000 |
| 아우디 | 서울 | 검은색 | 중형 | 여성 | 35,000,000 | 10,000,000 | 25,000,000 |
| 도요다 | 경기 | 은색 | 고급 | 여성 | 41,000,000 | 11,000,000 | 30,000,000 |
| 도요다 | 전라 | 검은색 | 고급 | 여성 | 54,000,000 | 14,000,000 | 40,000,000 |
| 쉐브레 | 서울 | 은색 | 고급 | 남성 | 41,000,000 | 20,000,000 | 21,000,000 |
| 도요다 | 경기 | 고동색 | 경차 | 여성 | 18,000,000 | 6,000,000 | 12,000,000 |
| 쉐브레 | 전라 | 흰색 | 경차 | 여성 | 18,000,000 | 12,000,000 | 6,000,000 |
| 쉐브레 | 충청 | 흰색 | 중형 | 여성 | 23,000,000 | 13,000,000 | 10,000,000 |
| 도요다 | 전라 | 검은색 | 경차 | 여성 | 18,000,000 | 10,000,000 | 8,000,000 |
| 도요다 | 경기 | 고동색 | 중형 | 여성 | 35,000,000 | 15,000,000 | 20,000,000 |
| 아우디 | 서울 | 흰색 | 중형 | 여성 | 35,000,000 | 10,000,000 | 25,000,000 |
| BMW | 경기 | 고동색 | 고급 | 여성 | 41,000,000 | 21,000,000 | 20,000,000 |
| 쉐브레 | 서울 | 검은색 | 고급 | 여성 | 54,000,000 | 24,000,000 | 30,000,000 |
| 도요다 | 전라 | 흰색 | 고급 | 여성 | 54,000,000 | 15,000,000 | 39,000,000 |
| 도요다 | 경기 | 검은색 | 중형 | 여성 | 35,000,000 | 10,000,000 | 25,000,000 |
| BMW | 충청 | 은색 | 경차 | 남성 | 18,000,000 | 10,000,000 | 8,000,000 |
| 도요다 | 전라 | 흰색 | 중형 | 남성 | 23,000,000 | 7,000,000 | 16,000,000 |
| 아우디 | 경기 | 은색 | 고급 | 남성 | 41,000,000 | 24,000,000 | 17,000,000 |
| 도요다 | 충청 | 검은색 | 중형 | 여성 | 35,000,000 | 15,000,000 | 20,000,000 |
| 쉐브레 | 전라 | 은색 | 경차 | 여성 | 18,000,000 | 12,000,000 | 6,000,000 |
| 쉐브레 | 전라 | 은색 | 고급 | 여성 | 41,000,000 | 11,000,000 | 30,000,000 |
| 아우디 | 전라 | 고동색 | 고급 | 여성 | 54,000,000 | 13,000,000 | 41,000,000 |
| 도요다 | 서울 | 검은색 | 고급 | 남성 | 54,000,000 | 25,000,000 | 29,000,000 |
| 도요다 | 서울 | 은색 | 고급 | 여성 | 41,000,000 | 21,000,000 | 20,000,000 |
| 도요다 | 경기 | 고동색 | 중형 | 여성 | 35,000,000 | – | 35,000,000 |
| 쉐브레 | 경기 | 검은색 | 중형 | 남성 | 35,000,000 | 15,000,000 | 20,000,000 |
| 아우디 | 경상 | 고동색 | 고급 | 여성 | 41,000,000 | 16,000,000 | 25,000,000 |
| BMW | 전라 | 고동색 | 중형 | 여성 | 23,000,000 | 13,000,000 | 10,000,000 |
| 쉐브레 | 서울 | 검은색 | 중형 | 여성 | 23,000,000 | 23,000,000 | – |
| 쉐브레 | 서울 | 빨간색 | 고급 | 여성 | 54,000,000 | 24,000,000 | 30,000,000 |
| 도요다 | 충청 | 검은색 | 고급 | 남성 | 41,000,000 | 31,000,000 | 10,000,000 |
| BMW | 경상 | 은색 | 중형 | 남성 | 35,000,000 | 10,000,000 | 25,000,000 |
| 쉐브레 | 경기 | 고동색 | 경차 | 남성 | 18,000,000 | 10,000,000 | 8,000,000 |
| 도요다 | 서울 | 은색 | 고급 | 여성 | 54,000,000 | 24,000,000 | 30,000,000 |
| 도요다 | 경기 | 빨간색 | 고급 | 남성 | 54,000,000 | 34,000,000 | 20,000,000 |
| 아우디 | 경기 | 검은색 | 고급 | 남성 | 41,000,000 | 10,000,000 | 31,000,000 |
| 도요다 | 서울 | 은색 | 중형 | 여성 | 35,000,000 | 15,000,000 | 20,000,000 |
| 쉐브레 | 전라 | 은색 | 중형 | 여성 | 23,000,000 | 16,000,000 | 7,000,000 |
| 쉐브레 | 경상 | 검은색 | 중형 | 여성 | 23,000,000 | 10,000,000 | 13,000,000 |
| 아우디 | 충청 | 흰색 | 중형 | 여성 | 35,000,000 | 15,000,000 | 20,000,000 |
| 아우디 | 서울 | 은색 | 고급 | 여성 | 41,000,000 | 11,000,000 | 30,000,000 |
| 도요다 | 전라 | 빨간색 | 경차 | 여성 | 18,000,000 | 18,000,000 | – |
| 도요다 | 서울 | 검은색 | 중형 | 여성 | 35,000,000 | 15,000,000 | 20,000,000 |

| 수입차종 | 영업소 | 색상 | 규격 | 구매자 성별 | 판매금액 | 현금 | 할부 |
|---|---|---|---|---|---|---|---|
| 쉐브레 | 경기 | 빨간색 | 중형 | 여성 | 35,000,000 | 8,000,000 | 27,000,000 |
| 도요다 | 경기 | 은색 | 고급 | 남성 | 54,000,000 | 14,000,000 | 40,000,000 |
| 도요다 | 전라 | 검은색 | 고급 | 여성 | 41,000,000 | 31,000,000 | 10,000,000 |
| 도요다 | 서울 | 고동색 | 고급 | 여성 | 41,000,000 | 21,000,000 | 20,000,000 |
| 쉐브레 | 경기 | 은색 | 중형 | 여성 | 35,000,000 | 18,000,000 | 17,000,000 |
| 아우디 | 충청 | 은색 | 중형 | 남성 | 23,000,000 | 13,000,000 | 10,000,000 |
| 도요다 | 충청 | 흰색 | 중형 | 남성 | 35,000,000 | 10,000,000 | 25,000,000 |
| BMW | 경상 | 흰색 | 고급 | 남성 | 41,000,000 | 41,000,000 | – |
| BMW | 서울 | 은색 | 경차 | 남성 | 18,000,000 | 8,000,000 | 10,000,000 |
| 도요다 | 경기 | 고동색 | 경차 | 여성 | 18,000,000 | 8,000,000 | 10,000,000 |
| 아우디 | 전라 | 은색 | 경차 | 여성 | 18,000,000 | 13,000,000 | 5,000,000 |
| 쉐브레 | 경상 | 흰색 | 중형 | 여성 | 23,000,000 | – | 23,000,000 |
| BMW | 전라 | 고동색 | 중형 | 여성 | 23,000,000 | 23,000,000 | – |
| 쉐브레 | 전라 | 고동색 | 중형 | 여성 | 35,000,000 | 14,000,000 | 21,000,000 |
| 아우디 | 경기 | 은색 | 고급 | 남성 | 54,000,000 | 14,000,000 | 40,000,000 |
| 아우디 | 경상 | 은색 | 고급 | 여성 | 41,000,000 | 10,000,000 | 31,000,000 |
| 도요다 | 충청 | 검은색 | 중형 | 여성 | 35,000,000 | 25,000,000 | 10,000,000 |
| 쉐브레 | 경상 | 검은색 | 경차 | 여성 | 18,000,000 | 10,000,000 | 8,000,000 |
| 도요다 | 경기 | 은색 | 고급 | 남성 | 54,000,000 | 30,000,000 | 24,000,000 |
| 쉐브레 | 서울 | 고동색 | 중형 | 여성 | 23,000,000 | 10,000,000 | 13,000,000 |
| 쉐브레 | 전라 | 은색 | 중형 | 남성 | 35,000,000 | 20,000,000 | 15,000,000 |
| 아우디 | 경상 | 검은색 | 고급 | 여성 | 41,000,000 | 21,000,000 | 20,000,000 |
| 아우디 | 서울 | 빨간색 | 고급 | 여성 | 41,000,000 | – | 41,000,000 |
| 도요다 | 전라 | 검은색 | 고급 | 여성 | 54,000,000 | 34,000,000 | 20,000,000 |
| 도요다 | 경상 | 검은색 | 중형 | 여성 | 35,000,000 | 15,000,000 | 20,000,000 |
| 도요다 | 서울 | 빨간색 | 중형 | 남성 | 23,000,000 | 10,000,000 | 13,000,000 |
| BMW | 전라 | 검은색 | 고급 | 여성 | 41,000,000 | 21,000,000 | 20,000,000 |
| BMW | 전라 | 고동색 | 고급 | 여성 | 54,000,000 | 24,000,000 | 30,000,000 |
| BMW | 전라 | 검은색 | 중형 | 여성 | 35,000,000 | 27,000,000 | 8,000,000 |
| 도요다 | 경상 | 흰색 | 경차 | 여성 | 18,000,000 | 8,000,000 | 10,000,000 |
| BMW | 서울 | 검은색 | 중형 | 여성 | 35,000,000 | 10,000,000 | 25,000,000 |
| 도요다 | 서울 | 흰색 | 고급 | 여성 | 41,000,000 | 31,000,000 | 10,000,000 |
| 도요다 | 경상 | 흰색 | 고급 | 여성 | 41,000,000 | 21,000,000 | 20,000,000 |
| 아우디 | 서울 | 검은색 | 중형 | 여성 | 23,000,000 | 10,000,000 | 13,000,000 |
| 아우디 | 충청 | 검은색 | 중형 | 남성 | 23,000,000 | 13,000,000 | 10,000,000 |
| BMW | 경기 | 빨간색 | 중형 | 남성 | 35,000,000 | 15,000,000 | 20,000,000 |
| BMW | 경기 | 흰색 | 중형 | 여성 | 23,000,000 | 8,000,000 | 15,000,000 |
| 도요다 | 서울 | 빨간색 | 고급 | 여성 | 54,000,000 | 24,000,000 | 30,000,000 |
| 도요다 | 경상 | 흰색 | 고급 | 남성 | 41,000,000 | 31,000,000 | 10,000,000 |
| 쉐브레 | 경기 | 은색 | 중형 | 남성 | 35,000,000 | 35,000,000 | – |
| 도요다 | 경기 | 흰색 | 경차 | 여성 | 18,000,000 | 18,000,000 | – |
| 쉐브레 | 경기 | 흰색 | 고급 | 남성 | 41,000,000 | 20,000,000 | 21,000,000 |
| 아우디 | 전라 | 빨간색 | 고급 | 여성 | 54,000,000 | 20,000,000 | 34,000,000 |
| BMW | 경기 | 검은색 | 고급 | 여성 | 54,000,000 | 30,000,000 | 24,000,000 |
| 도요다 | 경기 | 검은색 | 중형 | 여성 | 35,000,000 | 12,000,000 | 23,000,000 |
| 도요다 | 충청 | 검은색 | 중형 | 여성 | 35,000,000 | 15,000,000 | 20,000,000 |
| 쉐브레 | 충청 | 검은색 | 중형 | 여성 | 23,000,000 | 23,000,000 | – |
| 쉐브레 | 경상 | 고동색 | 고급 | 여성 | 41,000,000 | 11,000,000 | 30,000,000 |

| 수입차종 | 영업소 | 색상 | 규격 | 구매자 성별 | 판매금액 | 현금 | 할부 |
|---|---|---|---|---|---|---|---|
| BMW | 서울 | 검은색 | 중형 | 남성 | 23,000,000 | 13,000,000 | 10,000,000 |
| 쉐브레 | 서울 | 흰색 | 고급 | 남성 | 54,000,000 | 24,000,000 | 30,000,000 |
| 쉐브레 | 경상 | 흰색 | 고급 | 여성 | 54,000,000 | 15,000,000 | 39,000,000 |
| 아우디 | 경상 | 고동색 | 고급 | 여성 | 54,000,000 | 18,000,000 | 36,000,000 |
| BMW | 충청 | 은색 | 고급 | 남성 | 41,000,000 | 21,000,000 | 20,000,000 |
| BMW | 경기 | 흰색 | 고급 | 남성 | 41,000,000 | 11,000,000 | 30,000,000 |
| 도요다 | 경상 | 은색 | 중형 | 여성 | 35,000,000 | 15,000,000 | 20,000,000 |
| 쉐브레 | 서울 | 은색 | 중형 | 여성 | 23,000,000 | 5,000,000 | 18,000,000 |
| 쉐브레 | 경기 | 흰색 | 경차 | 여성 | 18,000,000 | 5,000,000 | 13,000,000 |
| 도요다 | 서울 | 검은색 | 고급 | 여성 | 54,000,000 | 34,000,000 | 20,000,000 |
| BMW | 경기 | 고동색 | 고급 | 여성 | 41,000,000 | 31,000,000 | 10,000,000 |
| 아우디 | 경기 | 빨간색 | 중형 | 남성 | 35,000,000 | 20,000,000 | 15,000,000 |
| 아우디 | 서울 | 흰색 | 중형 | 여성 | 35,000,000 | 12,000,000 | 23,000,000 |
| 도요다 | 경상 | 검은색 | 중형 | 여성 | 35,000,000 | 18,000,000 | 17,000,000 |
| 쉐브레 | 서울 | 흰색 | 고급 | 남성 | 41,000,000 | 21,000,000 | 20,000,000 |
| BMW | 충청 | 흰색 | 고급 | 여성 | 41,000,000 | 15,000,000 | 26,000,000 |
| BMW | 경기 | 검은색 | 고급 | 남성 | 54,000,000 | 24,000,000 | 30,000,000 |
| BMW | 경기 | 흰색 | 고급 | 남성 | 54,000,000 | 34,000,000 | 20,000,000 |
| 도요다 | 충청 | 검은색 | 중형 | 여성 | 23,000,000 | 13,000,000 | 10,000,000 |
| 도요다 | 서울 | 은색 | 중형 | 여성 | 23,000,000 | 7,000,000 | 16,000,000 |
| 도요다 | 경기 | 흰색 | 중형 | 여성 | 35,000,000 | 15,000,000 | 20,000,000 |
| 도요다 | 경기 | 검은색 | 고급 | 남성 | 41,000,000 | 21,000,000 | 20,000,000 |
| 아우디 | 경기 | 검은색 | 고급 | 여성 | 54,000,000 | 24,000,000 | 30,000,000 |
| 아우디 | 경기 | 검은색 | 중형 | 남성 | 23,000,000 | – | 23,000,000 |
| 아우디 | 경상 | 검은색 | 중형 | 여성 | 35,000,000 | 15,000,000 | 20,000,000 |
| 도요다 | 경기 | 흰색 | 중형 | 남성 | 35,000,000 | 13,000,000 | 22,000,000 |
| 쉐브레 | 경상 | 빨간색 | 중형 | 여성 | 35,000,000 | 30,000,000 | 5,000,000 |
| 쉐브레 | 경상 | 은색 | 경차 | 여성 | 18,000,000 | 10,000,000 | 8,000,000 |
| BMW | 경상 | 은색 | 경차 | 여성 | 35,000,000 | 20,000,000 | 15,000,000 |
| 쉐브레 | 경기 | 은색 | 경차 | 남성 | 18,000,000 | 8,000,000 | 10,000,000 |
| 아우디 | 경상 | 빨간색 | 중형 | 여성 | 18,000,000 | 5,000,000 | 13,000,000 |
| BMW | 충청 | 빨간색 | 고급 | 여성 | 41,000,000 | 25,000,000 | 16,000,000 |
| 쉐브레 | 서울 | 고동색 | 고급 | 남성 | 54,000,000 | 22,000,000 | 32,000,000 |
| 도요다 | 서울 | 검은색 | 중형 | 여성 | 35,000,000 | 15,000,000 | 20,000,000 |
| 도요다 | 경상 | 검은색 | 중형 | 여성 | 23,000,000 | 7,000,000 | 16,000,000 |
| 쉐브레 | 서울 | 은색 | 경차 | 여성 | 18,000,000 | 5,000,000 | 13,000,000 |
| 도요다 | 경기 | 검은색 | 경차 | 남성 | 18,000,000 | 5,000,000 | 13,000,000 |
| 도요다 | 충청 | 흰색 | 경차 | 여성 | 18,000,000 | 10,000,000 | 8,000,000 |
| 도요다 | 서울 | 검은색 | 고급 | 여성 | 54,000,000 | 24,000,000 | 30,000,000 |
| 쉐브레 | 서울 | 은색 | 고급 | 남성 | 41,000,000 | 31,000,000 | 10,000,000 |
| 아우디 | 경상 | 검은색 | 중형 | 여성 | 35,000,000 | 25,000,000 | 10,000,000 |
| BMW | 경기 | 은색 | 중형 | 여성 | 35,000,000 | 10,000,000 | 25,000,000 |
| 도요다 | 서울 | 흰색 | 고급 | 여성 | 54,000,000 | 17,000,000 | 37,000,000 |
| 도요다 | 서울 | 흰색 | 중형 | 여성 | 23,000,000 | 23,000,000 | – |
| 도요다 | 경기 | 검은색 | 고급 | 여성 | 41,000,000 | 41,000,000 | – |
| 도요다 | 경상 | 빨간색 | 경차 | 여성 | 18,000,000 | 8,000,000 | 10,000,000 |
| BMW | 충청 | 고동색 | 중형 | 남성 | 35,000,000 | 25,000,000 | 10,000,000 |
| 아우디 | 충청 | 흰색 | 고급 | 남성 | 54,000,000 | 24,000,000 | 30,000,000 |

| 수입차종 | 영업소 | 색상 | 규격 | 구매자 성별 | 판매금액 | 현금 | 할부 |
|---|---|---|---|---|---|---|---|
| BMW | 경기 | 흰색 | 고급 | 여성 | 54,000,000 | 40,000,000 | 14,000,000 |
| 도요다 | 경상 | 검은색 | 고급 | 여성 | 41,000,000 | 21,000,000 | 20,000,000 |
| BMW | 경기 | 빨간색 | 중형 | 남성 | 23,000,000 | 8,000,000 | 15,000,000 |
| 도요다 | 경기 | 검은색 | 중형 | 남성 | 23,000,000 | 8,000,000 | 15,000,000 |
| BMW | 경기 | 은색 | 중형 | 남성 | 35,000,000 | 15,000,000 | 20,000,000 |
| 도요다 | 경기 | 검은색 | 고급 | 남성 | 54,000,000 | 14,000,000 | 40,000,000 |
| BMW | 서울 | 흰색 | 고급 | 남성 | 54,000,000 | 34,000,000 | 20,000,000 |
| BMW | 경기 | 은색 | 경차 | 여성 | 18,000,000 | 12,000,000 | 6,000,000 |
| 쉐브레 | 전라 | 흰색 | 고급 | 여성 | 41,000,000 | 15,000,000 | 26,000,000 |
| BMW | 전라 | 은색 | 고급 | 여성 | 41,000,000 | 30,000,000 | 11,000,000 |
| 도요다 | 경상 | 검은색 | 중형 | 여성 | 23,000,000 | 13,000,000 | 10,000,000 |
| 쉐브레 | 경상 | 고동색 | 고급 | 남성 | 54,000,000 | 14,000,000 | 40,000,000 |
| 아우디 | 충청 | 은색 | 중형 | 남성 | 35,000,000 | 22,000,000 | 13,000,000 |
| 아우디 | 서울 | 고동색 | 중형 | 남성 | 35,000,000 | 15,000,000 | 20,000,000 |
| 아우디 | 경기 | 검은색 | 고급 | 여성 | 54,000,000 | 34,000,000 | 20,000,000 |
| 아우디 | 경기 | 고동색 | 고급 | 여성 | 41,000,000 | 21,000,000 | 20,000,000 |
| 쉐브레 | 충청 | 흰색 | 고급 | 여성 | 41,000,000 | 30,000,000 | 11,000,000 |
| 도요다 | 경기 | 흰색 | 경차 | 여성 | 18,000,000 | 5,000,000 | 13,000,000 |
| 도요다 | 전라 | 검은색 | 중형 | 여성 | 23,000,000 | 13,000,000 | 10,000,000 |
| 도요다 | 전라 | 검은색 | 고급 | 여성 | 54,000,000 | 22,000,000 | 32,000,000 |
| 도요다 | 경기 | 빨간색 | 고급 | 남성 | 54,000,000 | 30,000,000 | 24,000,000 |
| 도요다 | 경상 | 은색 | 중형 | 여성 | 35,000,000 | 35,000,000 | – |
| 아우디 | 서울 | 흰색 | 중형 | 남성 | 35,000,000 | 12,000,000 | 23,000,000 |
| 도요다 | 충청 | 검은색 | 중형 | 남성 | 35,000,000 | 22,000,000 | 13,000,000 |
| 도요다 | 충청 | 검은색 | 고급 | 여성 | 41,000,000 | 18,000,000 | 23,000,000 |
| 쉐브레 | 경기 | 은색 | 고급 | 여성 | 41,000,000 | 13,000,000 | 28,000,000 |
| 도요다 | 서울 | 흰색 | 고급 | 남성 | 41,000,000 | 31,000,000 | 10,000,000 |
| BMW | 경기 | 흰색 | 고급 | 남성 | 54,000,000 | 20,000,000 | 34,000,000 |
| 도요다 | 서울 | 검은색 | 고급 | 여성 | 54,000,000 | 30,000,000 | 24,000,000 |
| BMW | 전라 | 검은색 | 경차 | 여성 | 18,000,000 | 8,000,000 | 10,000,000 |
| 쉐브레 | 경기 | 빨간색 | 경차 | 여성 | 18,000,000 | 5,000,000 | 13,000,000 |
| BMW | 서울 | 흰색 | 중형 | 남성 | 23,000,000 | 13,000,000 | 10,000,000 |
| 아우디 | 경기 | 은색 | 경차 | 남성 | 18,000,000 | 10,000,000 | 8,000,000 |
| 쉐브레 | 경기 | 은색 | 경차 | 여성 | 18,000,000 | 10,000,000 | 8,000,000 |
| 쉐브레 | 충청 | 빨간색 | 경차 | 여성 | 18,000,000 | 5,000,000 | 13,000,000 |
| BMW | 경기 | 흰색 | 중형 | 여성 | 35,000,000 | 15,000,000 | 20,000,000 |
| 도요다 | 경상 | 검은색 | 중형 | 여성 | 35,000,000 | 25,000,000 | 10,000,000 |
| 아우디 | 서울 | 흰색 | 고급 | 남성 | 54,000,000 | 34,000,000 | 20,000,000 |
| 아우디 | 서울 | 은색 | 고급 | 남성 | 41,000,000 | 21,000,000 | 20,000,000 |
| 쉐브레 | 서울 | 빨간색 | 중형 | 여성 | 23,000,000 | – | 23,000,000 |
| 쉐브레 | 경상 | 검은색 | 고급 | 여성 | 54,000,000 | 34,000,000 | 20,000,000 |
| 쉐브레 | 경기 | 흰색 | 고급 | 남성 | 54,000,000 | 44,000,000 | 10,000,000 |
| 도요다 | 서울 | 검은색 | 중형 | 여성 | 23,000,000 | 13,000,000 | 10,000,000 |
| 도요다 | 서울 | 검은색 | 경차 | 여성 | 18,000,000 | 18,000,000 | – |
| 쉐브레 | 전라 | 고동색 | 중형 | 여성 | 35,000,000 | 20,000,000 | 15,000,000 |
| 도요다 | 경상 | 흰색 | 고급 | 여성 | 41,000,000 | 31,000,000 | 10,000,000 |
| 아우디 | 경상 | 은색 | 고급 | 여성 | 41,000,000 | 25,000,000 | 16,000,000 |
| BMW | 경상 | 은색 | 경차 | 여성 | 18,000,000 | 12,000,000 | 6,000,000 |

| 수입차종 | 영업소 | 색상 | 규격 | 구매자 성별 | 판매금액 | 현금 | 할부 |
|---|---|---|---|---|---|---|---|
| 도요다 | 경상 | 검은색 | 중형 | 여성 | 23,000,000 | 13,000,000 | 10,000,000 |
| 도요다 | 전라 | 흰색 | 중형 | 여성 | 35,000,000 | 10,000,000 | 25,000,000 |
| 아우디 | 전라 | 흰색 | 중형 | 여성 | 35,000,000 | 25,000,000 | 10,000,000 |
| 아우디 | 충청 | 검은색 | 중형 | 남성 | 35,000,000 | 15,000,000 | 20,000,000 |
| BMW | 경기 | 흰색 | 고급 | 남성 | 54,000,000 | 20,000,000 | 34,000,000 |
| BMW | 경상 | 빨간색 | 고급 | 남성 | 41,000,000 | 20,000,000 | 21,000,000 |
| BMW | 전라 | 흰색 | 중형 | 여성 | 23,000,000 | 15,000,000 | 8,000,000 |
| 도요다 | 서울 | 검은색 | 경차 | 남성 | 18,000,000 | 12,000,000 | 6,000,000 |
| 쉐브레 | 경기 | 은색 | 고급 | 여성 | 54,000,000 | 24,000,000 | 30,000,000 |
| 도요다 | 경기 | 은색 | 중형 | 여성 | 35,000,000 | 15,000,000 | 20,000,000 |
| 아우디 | 전라 | 흰색 | 고급 | 여성 | 41,000,000 | 31,000,000 | 10,000,000 |
| 쉐브레 | 충청 | 은색 | 고급 | 여성 | 54,000,000 | 20,000,000 | 34,000,000 |
| 쉐브레 | 경상 | 흰색 | 경차 | 여성 | 18,000,000 | 8,000,000 | 10,000,000 |
| BMW | 경기 | 빨간색 | 고급 | 여성 | 54,000,000 | – | 54,000,000 |
| 도요다 | 충청 | 검은색 | 중형 | 여성 | 23,000,000 | – | 23,000,000 |
| 쉐브레 | 전라 | 은색 | 중형 | 여성 | 23,000,000 | 12,000,000 | 11,000,000 |
| 쉐브레 | 경상 | 흰색 | 중형 | 여성 | 35,000,000 | 15,000,000 | 20,000,000 |
| 아우디 | 서울 | 은색 | 고급 | 여성 | 41,000,000 | 11,000,000 | 30,000,000 |
| 아우디 | 경기 | 은색 | 고급 | 여성 | 54,000,000 | 34,000,000 | 20,000,000 |
| 도요다 | 서울 | 검은색 | 경차 | 여성 | 18,000,000 | 7,000,000 | 11,000,000 |
| 쉐브레 | 경기 | 흰색 | 경차 | 남성 | 18,000,000 | 11,000,000 | 7,000,000 |
| 쉐브레 | 전라 | 흰색 | 중형 | 남성 | 35,000,000 | 25,000,000 | 10,000,000 |
| 도요다 | 서울 | 검은색 | 고급 | 여성 | 41,000,000 | 24,000,000 | 17,000,000 |
| BMW | 서울 | 검은색 | 중형 | 여성 | 35,000,000 | 25,000,000 | 10,000,000 |
| 아우디 | 경기 | 흰색 | 중형 | 남성 | 23,000,000 | 11,000,000 | 12,000,000 |
| 쉐브레 | 서울 | 흰색 | 중형 | 남성 | 23,000,000 | 7,000,000 | 16,000,000 |
| 쉐브레 | 전라 | 흰색 | 고급 | 여성 | 54,000,000 | 44,000,000 | 10,000,000 |
| BMW | 경상 | 흰색 | 고급 | 여성 | 54,000,000 | 24,000,000 | 30,000,000 |
| 아우디 | 충청 | 검은색 | 고급 | 여성 | 54,000,000 | 35,000,000 | 19,000,000 |
| 도요다 | 충청 | 검은색 | 고급 | 남성 | 41,000,000 | 21,000,000 | 20,000,000 |
| 쉐브레 | 충청 | 은색 | 중형 | 남성 | 23,000,000 | 23,000,000 | – |
| BMW | 경기 | 빨간색 | 중형 | 남성 | 35,000,000 | 15,000,000 | 20,000,000 |
| BMW | 경기 | 흰색 | 중형 | 여성 | 23,000,000 | 10,000,000 | 13,000,000 |
| BMW | 전라 | 흰색 | 경차 | 여성 | 18,000,000 | 10,000,000 | 8,000,000 |
| 도요다 | 경상 | 빨간색 | 고급 | 여성 | 54,000,000 | 30,000,000 | 24,000,000 |
| 쉐브레 | 경상 | 흰색 | 고급 | 여성 | 54,000,000 | 25,000,000 | 29,000,000 |
| 아우디 | 서울 | 빨간색 | 중형 | 여성 | 35,000,000 | 18,000,000 | 17,000,000 |
| 아우디 | 경기 | 흰색 | 중형 | 남성 | 35,000,000 | 13,000,000 | 22,000,000 |
| BMW | 전라 | 흰색 | 중형 | 여성 | 23,000,000 | 10,000,000 | 13,000,000 |
| 도요다 | 경상 | 은색 | 경차 | 여성 | 18,000,000 | 10,000,000 | 8,000,000 |
| BMW | 전라 | 흰색 | 고급 | 여성 | 41,000,000 | 31,000,000 | 10,000,000 |
| BMW | 경상 | 흰색 | 경차 | 여성 | 18,000,000 | 18,000,000 | – |
| BMW | 경기 | 흰색 | 경차 | 남성 | 18,000,000 | – | 18,000,000 |
| 도요다 | 충청 | 흰색 | 고급 | 여성 | 54,000,000 | 34,000,000 | 20,000,000 |
| 쉐브레 | 전라 | 흰색 | 중형 | 여성 | 35,000,000 | 25,000,000 | 10,000,000 |
| 아우디 | 전라 | 검은색 | 고급 | 여성 | 41,000,000 | 21,000,000 | 20,000,000 |
| 쉐브레 | 경상 | 검은색 | 고급 | 남성 | 41,000,000 | 10,000,000 | 31,000,000 |

| 수입차종 | 영업소 | 색상 | 규격 | 구매자 성별 | 판매금액 | 현금 | 할부 |
|---|---|---|---|---|---|---|---|
| BMW | 충청 | 흰색 | 중형 | 남성 | 35,000,000 | 10,000,000 | 25,000,000 |
| BMW | 서울 | 흰색 | 중형 | 여성 | 23,000,000 | 23,000,000 | – |
| BMW | 경상 | 흰색 | 경차 | 여성 | 18,000,000 | 8,000,000 | 10,000,000 |
| 도요다 | 전라 | 흰색 | 중형 | 여성 | 35,000,000 | 15,000,000 | 20,000,000 |
| 도요다 | 경기 | 흰색 | 고급 | 남성 | 54,000,000 | 24,000,000 | 30,000,000 |
| BMW | 경상 | 흰색 | 경차 | 여성 | 18,000,000 | 10,000,000 | 8,000,000 |
| 도요다 | 경상 | 흰색 | 고급 | 여성 | 54,000,000 | 34,000,000 | 20,000,000 |
| BMW | 경기 | 흰색 | 중형 | 여성 | 35,000,000 | 30,000,000 | 5,000,000 |
| 아우디 | 서울 | 검은색 | 중형 | 여성 | 35,000,000 | 15,000,000 | 20,000,000 |
| 아우디 | 전라 | 흰색 | 경차 | 여성 | 18,000,000 | 5,000,000 | 13,000,000 |
| BMW | 전라 | 흰색 | 고급 | 남성 | 41,000,000 | 31,000,000 | 10,000,000 |
| 도요다 | 충청 | 검은색 | 고급 | 여성 | 54,000,000 | 33,000,000 | 21,000,000 |
| 쉐브레 | 충청 | 검은색 | 중형 | 여성 | 35,000,000 | 23,000,000 | 12,000,000 |
| 쉐브레 | 충청 | 흰색 | 경차 | 여성 | 18,000,000 | 18,000,000 | – |
| BMW | 경기 | 빨간색 | 고급 | 여성 | 41,000,000 | 31,000,000 | 10,000,000 |
| 아우디 | 서울 | 흰색 | 중형 | 남성 | 23,000,000 | 23,000,000 | – |
| 도요다 | 전라 | 빨간색 | 경차 | 여성 | 18,000,000 | 10,000,000 | 8,000,000 |
| 쉐브레 | 전라 | 은색 | 중형 | 여성 | 35,000,000 | 20,000,000 | 15,000,000 |
| 도요다 | 경기 | 검은색 | 고급 | 여성 | 41,000,000 | 21,000,000 | 20,000,000 |
| 도요다 | 경기 | 검은색 | 고급 | 남성 | 54,000,000 | 34,000,000 | 20,000,000 |
| 아우디 | 경기 | 검은색 | 중형 | 남성 | 23,000,000 | 13,000,000 | 10,000,000 |

요구사항

위의 실적자료를 토대로 다음의 분석을 수행하시오.

1) 차종별/영업소별 매출액 분석
2) 차종별/색상별 판매대수 분석
3) 자동차 크기(규격)별/성별 매출액 분석
4) 구매자 성별 자동차 크기(규격) 분석
5) 영업소별/성별 할부금액 분석
6) 차종별/구매자성별 현금납부액 분석
7) 색상별/성별 판매대수 분석
8) 영업소별/성별/자동차규격별 매출액 분석
9) 차종별/색상별 매출액 피벗차트 분석
10) 색상별/규격별 현금납부액 피벗차트 분석

Case 33 혼자해보기

Tips & 풀이 요약

## [예시] 8) 영업소별/성별/자동차규격별 매출액 분석

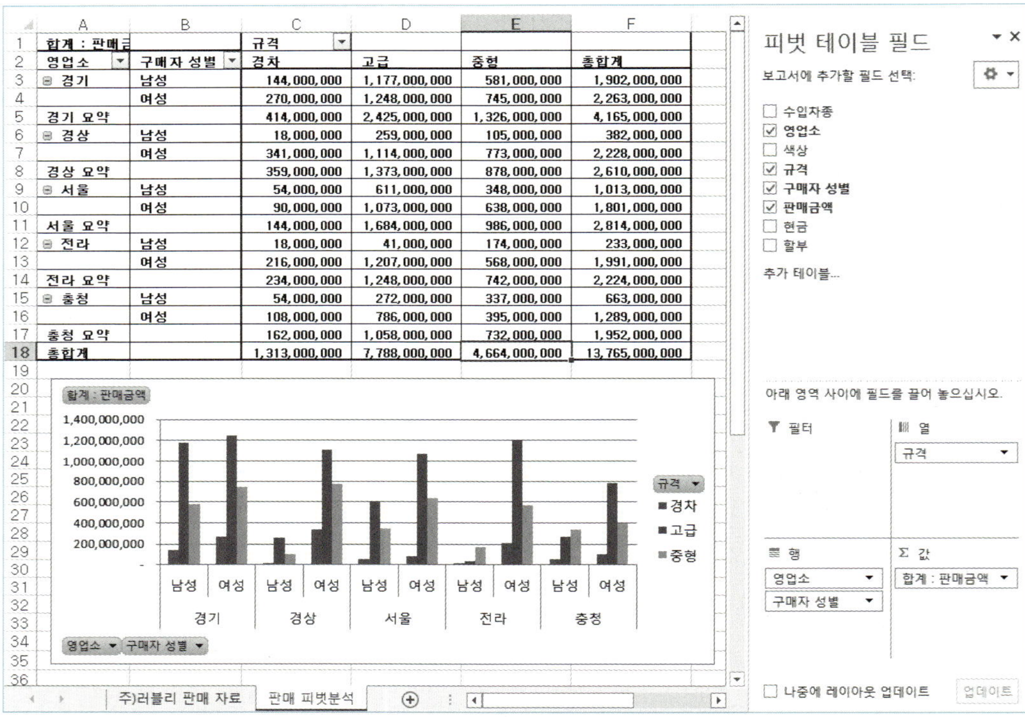

| 합계 : 판매금액 | | 규격 | | | |
|---|---|---|---|---|---|
| 영업소 | 구매자 성별 | 경차 | 고급 | 중형 | 총합계 |
| ⊟ 경기 | 남성 | 144,000,000 | 1,177,000,000 | 581,000,000 | 1,902,000,000 |
| | 여성 | 270,000,000 | 1,248,000,000 | 745,000,000 | 2,263,000,000 |
| 경기 요약 | | 414,000,000 | 2,425,000,000 | 1,326,000,000 | 4,165,000,000 |
| ⊟ 경상 | 남성 | 18,000,000 | 259,000,000 | 105,000,000 | 382,000,000 |
| | 여성 | 341,000,000 | 1,114,000,000 | 773,000,000 | 2,228,000,000 |
| 경상 요약 | | 359,000,000 | 1,373,000,000 | 878,000,000 | 2,610,000,000 |
| ⊟ 서울 | 남성 | 54,000,000 | 611,000,000 | 348,000,000 | 1,013,000,000 |
| | 여성 | 90,000,000 | 1,073,000,000 | 638,000,000 | 1,801,000,000 |
| 서울 요약 | | 144,000,000 | 1,684,000,000 | 986,000,000 | 2,814,000,000 |
| ⊟ 전라 | 남성 | 18,000,000 | 41,000,000 | 174,000,000 | 233,000,000 |
| | 여성 | 216,000,000 | 1,207,000,000 | 568,000,000 | 1,991,000,000 |
| 전라 요약 | | 234,000,000 | 1,248,000,000 | 742,000,000 | 2,224,000,000 |
| ⊟ 충청 | 남성 | 54,000,000 | 272,000,000 | 337,000,000 | 663,000,000 |
| | 여성 | 108,000,000 | 786,000,000 | 395,000,000 | 1,289,000,000 |
| 충청 요약 | | 162,000,000 | 1,058,000,000 | 732,000,000 | 1,952,000,000 |
| 총합계 | | 1,313,000,000 | 7,788,000,000 | 4,664,000,000 | 13,765,000,000 |



※ 다른 **피벗테이블 분석**의 경우 오른쪽의 필드 선택을 변경하여 표시함.

# Part 04

# 매크로와 업무 자동화

EXCEL

CHAPTER

08

# Macro 장부관리와 사용자정의 폼 사용

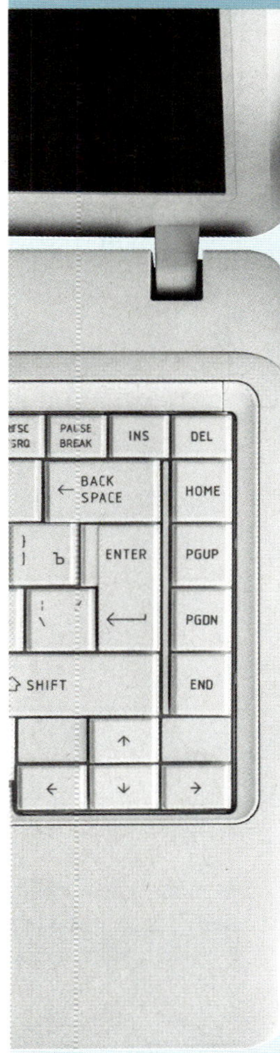

Case 34 따라하기

# (주)영성의 매출집계표 자동매크로 작성

34

• 매월 반복되는 영업소 매출집계 절차 자동화하기

현황

(주)영성은 의료용 비염세척기를 전국의 병원과 약국에 판매하는 회사이다. 영업점은 서울/경기지역을 담당하는 서울지점과 충청, 전라권을 담당하는 서부지점, 강원, 경상권을 담당하는 동부지점으로 구성되어 있다. 본사에서는 매월 각 지점에서 보고해오는 사원별 판매수량과 판매금액 정보를 합산하여 3개월 단위의 **매출집계표**를 작성해오고 있다.

그런데 매월 각 지점에서 보고해오는 판매실적표 형식이 동일하기 때문에, 이를 합산하여 매출집계표를 작성하는 과정을 그때마다 수작업으로 수행하기보다는 **자동화**하여 간편하게 작업할 수 있는 방법을 고민하고 있다.

각 지점에서 보고하는 4월 판매자료와 본사에서 1, 2, 3월의 자료를 모아 작성한 매출집계표 형식은 아래와 같다.

### sheet 1: 서울지점 4월 판매자료

(금액단위: 만원)

| | 사원1 | 사원2 | 사원3 | 사원4 | 사원5 | 사원6 | | | 합계 |
|---|---|---|---|---|---|---|---|---|---|
| 수량 | 36 | 42 | 46 | 41 | 38 | 42 | | | 245 |
| 금액 | 4400 | 3900 | 5200 | 4400 | 3200 | 3900 | | | 25000 |

### sheet 2: 서부지점 4월 판매자료

(금액단위: 만원)

| | 사원1 | 사원2 | 사원3 | 사원4 | 사원5 | | | | 합계 |
|---|---|---|---|---|---|---|---|---|---|
| 수량 | 48 | 42 | 48 | 37 | 27 | | | | 202 |
| 금액 | 5600 | 4800 | 5800 | 4100 | 3300 | | | | 23600 |

### sheet 3: 동부지점 4월 판매자료

(금액단위: 만원)

| | 사원1 | 사원2 | 사원3 | 사원4 | 사원5 | 사원6 | 사원7 | | 합계 |
|---|---|---|---|---|---|---|---|---|---|
| 수량 | 52 | 29 | 38 | 46 | 53 | 25 | 37 | | 280 |
| 금액 | 6200 | 3300 | 3800 | 4400 | 4900 | 2900 | 3500 | | 29000 |

### sheet 4: 본사 매출집계표 (3개월 단위)

| | 1월 | 2월 | 3월 | | 3개월 합계 | 3개월 평균 |
|---|---|---|---|---|---|---|
| 수량 | 585 | 464 | 423 | | 1,472 | 491 |
| 금액 | 60,500 | 48,800 | 48,100 | | 157,400 | 52,467 |

요구 사항

1. 본사의 매출집계표 작성을 자동화하는 절차를 **자동매크로**에 의해 수행하고, **매크로** 기록 내용을 설명해 보시오.
2. 작성된 매크로를 매출집계표 시트에 **매크로 버튼**으로 만들어두고, 5월, 6월, … 자료를 각각 입력한 후 매크로버튼에 의해 자동 수행하는 절차를 작성해보시오.

※ 다만, 각 지점의 영업사원 구성과 각 시트의 합계 표시란은 변동이 없는 것으로 가정한다.

# Case 34 따라하기

### 상황분석

1. **Macro**는 엑셀에서의 반복적인 작업을 자동화하는 데 필수적인 도구이다. 특히 엑셀 매크로는 간단한 프로그램을 작성하여 사용하는 데 매우 유용한 도구이므로, 매크로 사용법을 잘 익혀두면 반복적으로 수행해야 하는 업무를 보다 손쉽게 처리할 수 있다.
2. 본 예제는 매크로를 사용하여 다양한 프로그래밍에 적용하기 전에, 먼저 **자동 작성 매크로**를 실행하여 만들어진 매크로 코드를 분석하고 이해함으로써, 향후 **매크로 코드**를 자유롭게 활용할 수 있도록 기본 표현을 익히도록 하는 데 주 목적이 있다.
3. 매크로를 자유자재로 사용하기 위해서는, 먼저 관련 문법(Visual Basic 문법)을 학습한 후 적용해 가는 것이 원칙이나, 여기서는 키보드나 마우스 작동 과정을 매크로 코드로 자동 기록하도록 한 후 해당 코드를 이해함으로써, 거꾸로 매크로 문법을 익혀가는 방법을 취하고자 하는 것이다.

참고

#### 매크로 (Macro)

**매크로**(macro)는 자주 사용하는 여러 개의 명령어를 묶어서 하나의 키 입력으로 수행할 수 있도록 만든 것이다. 일련의 명령어를 반복하여 자주 사용할 때, 여러 번 해야 하는 일을 간단하게 수행하도록 할 때, 문서 내의 같은 문자열을 한꺼번에 변경하고자 할 때도 사용된다.

즉, 매크로는 일련의 작업을 수행하기 위해 조작자가 매번 명령을 입력하지 않고 특정한 매크로 기능을 가진 키를 눌러줌으로써 자동적으로 일이 수행되게 한다. 어셈블리어나 MS-Word, 엑셀 등의 응용프로그램에서도 매크로 기록 기능을 가지고 있어 사용자가 쉽게 매크로를 작성하여 사용할 수 있다.

엑셀 매크로는 엑셀 사용자의 편의성을 높이기 위해 개발되었지만, 엑셀 외의 다양한 프로그래밍 툴들에도 널리 사용되면서, 수강신청, 공연 예약 등에도 유용하게 이용되고 있지만, 티켓 집단예약, 야구장 및 리조트 예약, 게임등급 올리기, 주식 빠른매매 등에 악용되기도 한다.

엑셀에서 매크로는 흔히 **Visual Basic Editor**를 이용하여 Macro Code를 등록하여 사용하지만, 간단한 반복작업의 경우에는 자동 매크로기록(또는 키보드/마우스 매크로 프로그램) 기능을 통해 작성하고 매크로 버튼에 등록하여 사용하기도 한다.

## 1. 기초자료 및 집계표 양식의 준비

매크로 기능은 기본적으로 동일 장소에서 동일한 작업이 반복되는 것을 전제로 하므로, 지점별 판매자료 시트를 구성할 때 특히 '합계' 영역이 같은 셀 영역에 표시되도록 하는 것이 좋다. 또한 지점별 자료 표현형식이 '매출집계표'에서도 동일 형식으로 표현될 수 있도록 설계하는 것이 중요하다.

① 새 Worksheet의 새 시트를 선택하고, 시트의 이름을 '서울지점'으로 변경해 놓는다.

② '서울지점' 시트의 C2 셀에 '4월 판매자료'를 입력하고, F2 셀에는 '[서울지점]'을 입력한다. B4:K6 셀 범위를 선택하고 [홈] 탭의 [글꼴]-[테두리]-[모든 테두리]를 선택한다. B5 셀과 B6 셀에 각각 '수량', '금액'을 입력하고, C4:H6 셀 범위에 각각 사원명(사원1...사원6)과 해당 사원의 판매수량, 판매금액 정보를 입력한다. '서울지점'의 경우에는 6명의 사원이 있는 것으로 가정한다. K4 셀에는 '합계'를 입력하고, C5:K6 셀 범위를 선택하여 **자동합계 버튼**(Σ)을 눌러 K열에 각각의 합계가 표시되도록 한다. B4:K6 셀 범위를 [가운데 맞춤]으로 정렬한다.

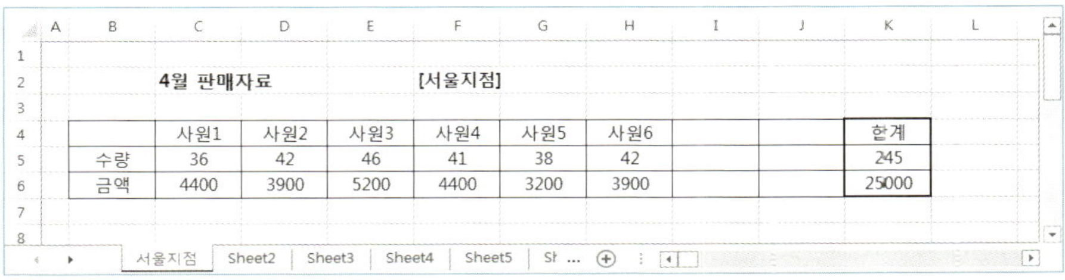


③ '서울지점' 시트의 판매자료 입력 양식을 다른 지점에도 동일하게 적용하기로 한다. Ctrl 키를 누른 상태에서 마우스로 '서울지점' 시트의 시트 이름부분을 클릭하여 '서울지점' 시트 오른쪽으로 이동하면 '서울지점(2)' 시트로 복제하여 표시된다.

④ 복제된 '서울지점(2)' 시트의 이름을 '서부지점'으로 변경하고, '서부지점' 시트의 F3 셀에서도 '서울지점'을 '서부지점'으로 변경해 놓는다. '서부지점'의 경우에는 사원이 5명이므로, H4:H6 셀 영역의 자료는 지우고, C5:G6 셀 영역에 서부지역 사원들의 판매자료를 입력한다. '합계' 부분에는 이미 수식이 입력되어 있으므로 자동 표시된다.

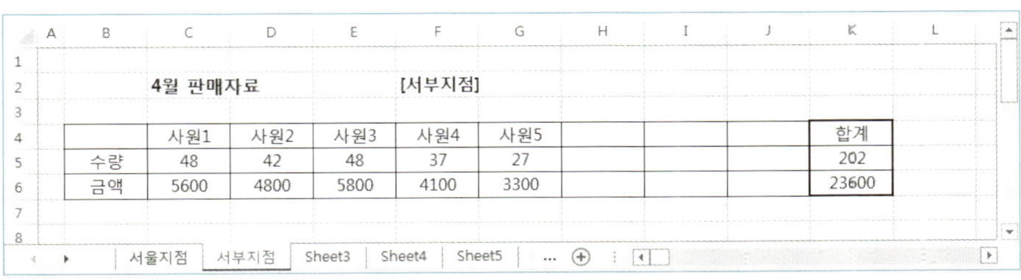


⑤ 마찬가지 방법으로, '서부지점' 시트를 복제하여 오른쪽에 '동부지점' 시트를 생성한다. '동부지점' 시트의 F2 셀을 '동부지점'으로 변경하고, C4:I6 셀 영역에 7명 사원의 판매자료를 입력한다. 여기서도 '합계' 부분은 자동 변경 표시된다.

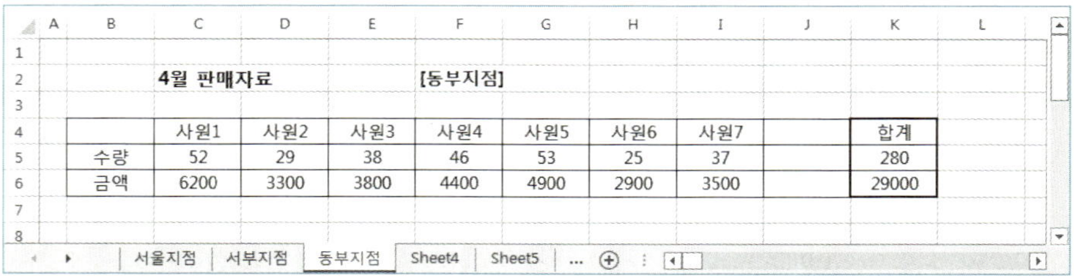

4월 판매자료 [동부지점]

| | 사원1 | 사원2 | 사원3 | 사원4 | 사원5 | 사원6 | 사원7 | | 합계 |
|---|---|---|---|---|---|---|---|---|---|
| 수량 | 52 | 29 | 38 | 46 | 53 | 25 | 37 | | 280 |
| 금액 | 6200 | 3300 | 3800 | 4400 | 4900 | 2900 | 3500 | | 29000 |

서울지점 | 서부지점 | 동부지점 | Sheet4 | Sheet5

⑥ 이제 오른쪽 새 시트를 선택하고, 시트 이름을 '**매출집계표**'로 변경한다. '매출집계표' 시트의 C2 셀에는 '본사 매출집계표 (3개월 단위)'를 입력한다. B5, B6 셀에 각각 '수량'과 '금액'을 입력하고, C4:E6 셀 영역에는 이미 앞의 3개월(1월, 2월, 3월) 판매자료가 합계되어 표시되고 있다고 가정하여 해당 자료를 각각 입력한다. F열의 [열 너비]를 '2'로 축소하여 표시하고, G4, H4 셀에는 각각 '3개월 합계', '3개월 평균'을 입력한다. G5:H6 셀에는 각각 C5:E5, C6:E6 셀 영역의 자료들을 합계 또는 평균하여 표시하도록 다음의 수식을 입력한다.

G5: =SUM($C$5:$E$5)
G6: =SUM($C$6:$E$6)
G5: =AVERAGE($C$5:$E$5)
G5: =AVERAGE($C$6:$E$6)

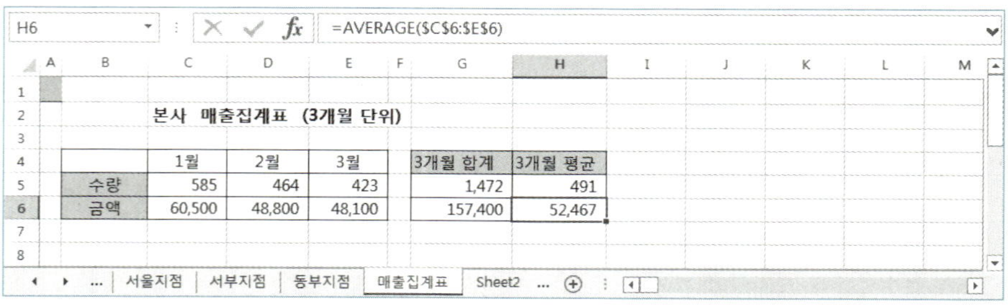

H6 =AVERAGE($C$6:$E$6)

본사 매출집계표 (3개월 단위)

| | 1월 | 2월 | 3월 | | 3개월 합계 | 3개월 평균 |
|---|---|---|---|---|---|---|
| 수량 | 585 | 464 | 423 | | 1,472 | 491 |
| 금액 | 60,500 | 48,800 | 48,100 | | 157,400 | 52,467 |

서울지점 | 서부지점 | 동부지점 | 매출집계표 | Sheet2

⑦ 이로써 각 지점에서 매월 사원들의 판매자료를 입력하게 될 지점별 양식과 본사의 매출집계표 기본 양식을 완성하였다. 다만, 각 지점에서는 매월 판매자료를 보고할 때 C2 셀과 C5:I5 셀의 해당 자료만 변경하여 입력하는 것으로 한다.

## 2. 자동매크로 작성

**자동 매크로**를 작성하게 될 기본 과정은, '매출집계표' 시트에서 '1월~3월'로 표시되어 있는 집계자료를 다음 달(4월) 각 지점의 판매자료를 가져오면서 '2월~4월'로 변경하여 표시되도록 하고, 이에 따라 G열과 H열의 합계 및 평균이 자동으로 변경 표시되도록 하는 것이다. 이때 G열과 H열의 합계 및 평균은 앞의 3개월 단위 월별 자료가 변경되더라도 항상 동일 위치의 자료를 참조하여 합계 및 평균을 표시하도록 하기 위해 미리 **절대셀주소** 형식으로 표시해 놓은 것이다.

이러한 일련의 절차를 엑셀 **자동매크로** 기능을 이용하여 매크로 코드로 기록하는 절차는, 매크로 기록 과정에 수행되는 모든 마우스나 키보드의 움직임이 모두 매크로 코드로 기록되기 때문에, 기록 과정에서 불필요한 마우스 동작이나 키보드 입력이 이루어지지 않도록 절차를 최소화하는 노력이 필요하다.

① '매출집계표' 시트에서, [개발도구] 탭의 [코드]-[매크로 기록]을 클릭한다. [**매크로 기록**] 대화상자의 [매크로 이름]에 '매출집계'로 입력하고, [바로 가기 키]에 'k'를 입력한다. 아래 [설명]에는 '(주)영성 자동 매출집계'를 입력한다. [확인]을 누르기 전에 주의할 것은, 여기서 [확인]을 누르면 이후에 [매크로 기록 중지] 명령을 실행하기 이전까지의 모든 마우스, 키보드의 움직임이 매크로 코드로 등록되어진다는 것이다. 매크로 기록을 위해 [확인] 버튼을 누른다.

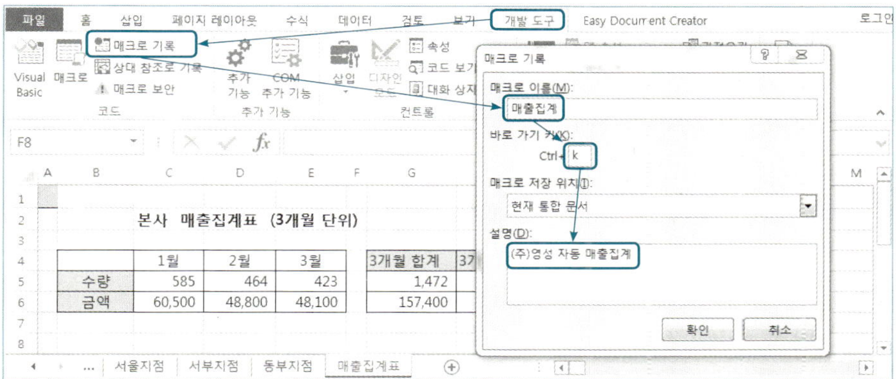

② '매출집계표' 시트의 D4:E6 셀 범위를 선택하여 오른쪽 마우스 [복사]를 한 후, C4 셀을 선택하고 오른쪽 마우스 [붙여넣기 옵션]-[값]을 선택한다. 이는 E열에 새로운 4월 자료를 가져와서 표시하기 위해 E열 자리를 비워놓고, 대신 이전 2개월(2월과 3월) 자료를 한 칸씩 앞으로 이동해 놓기 위한 것이다. 이제 원래 3월 자료가 표시되어 있던 E4:E6 셀 범위를 선택하여 Delete 키를 눌러서 이전 마지막 달(3월) 자료를 지운다.

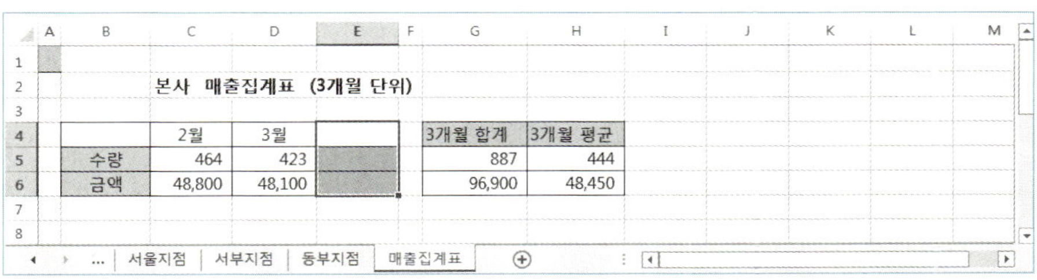

③ C4:D4 셀 범위를 선택하고 **자동채우기 핸들**로 E4 셀까지 끌기 하여 E4 셀에 '4월'을 채워넣기 한다.

④ '서울지점' 시트를 선택하고, 서울지점의 4월 판매자료 합계가 표시되어 있는 K5:K6 셀 범위를 선택하여 [복사]한다. 그리고 '매출집계표' 시트로 돌아와서 E5 셀을 선택하고 [붙여넣기 옵션]에서 [값]을 선택한다. 이로써 E4:E5 셀에 '서울지점'의 판매자료 합계가 표시되었다.

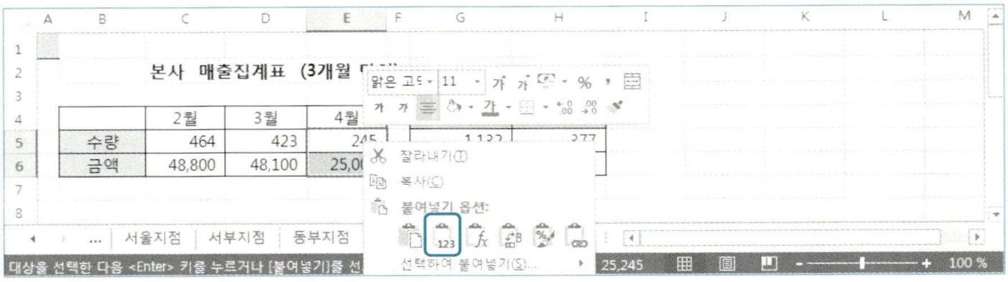


⑤ 이제 '서부지점' 시트를 선택하고, 합계가 표시되어 있는 K5:K6 셀 범위를 선택하여 [복사]한다. 그리고 '매출집계표' 시트로 돌아와서 E5 셀을 선택하고 오른쪽 마우스 [선택하여 붙여넣기]-[선택하여 붙여넣기]를 클릭하고 [선택하여 붙여넣기] 대화상자의 [붙여넣기]에서 [값]을 클릭하고, 아래 [연산]에서 [**더하기**]를 클릭한 후 [확인] 버튼을 누른다. 이는 해당 셀에 이전에 표시된 서울지점의 합계 자료에 서부지점의 합계자료를 가져와 서로 더하여 표시하려고 하는 것이다.

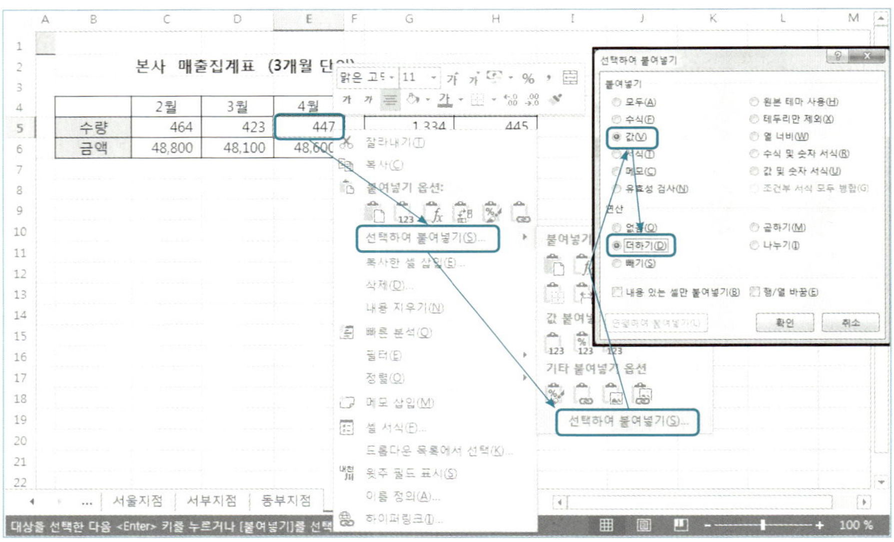


⑥ 다시 '동부지점' 시트를 선택하고, 합계가 표시되어 있는 K5:K6 셀 범위를 선택하여 [복사]한다. 그리고 '매출집계표' 시트로 돌아와서 다시 E5 셀을 선택하고 오른쪽 마우스 [선택하여 붙여넣기]-[선택하여 붙여넣기]를 클릭하고 [선택하여 붙여넣기] 대화상자의 [붙여넣기]에서 [값]을 클릭하고, 아래 [연산]에서 [더하기]를 클릭한 후 [확인] 버튼을 누른다. 이로써 E5 셀과

E6 셀에는 '서울지점' 시트와 '서부지점', '동부지점' 시트에 각각 기록되어 있는 지점별 판매자료의 합계가 함께 더해져서 하나의 합계수치로 표시되게 되었다. G열과 H열의 합계 및 평균 자료는 이미 입력되어 있는 절대셀주소 합계 수식에 의해 자동으로 갱신되어 표시된다.

⑦ 월별 매출집계의 표 부분이 이들 집계과정에서 변경되어 있을 수 있으므로, B4:E6 셀 범위를 선택하고 [홈] 탭의 [글꼴]-[테두리]에서 [모든 테두리]로 설정한다. 표의 오른쪽 J4 셀을 클릭한다.

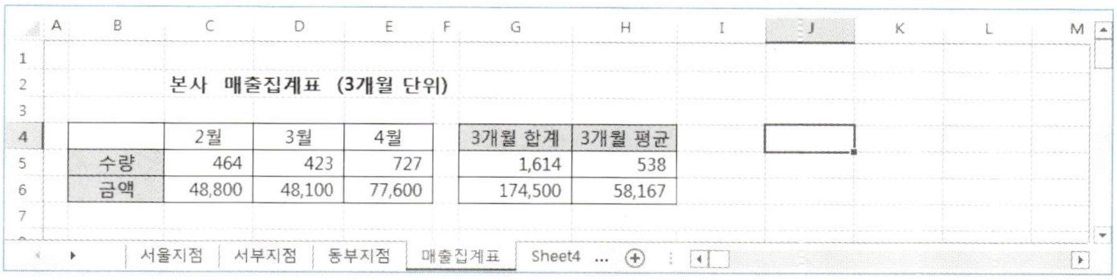


⑧ 이로써 수행해야 할 일련의 작업이 마무리되었으므로 매크로 기록을 중단하기 위해 [개발도구] 탭의 [코드]에서 [**기록 중지**] 버튼을 클릭한다.

⑨ 지금까지 '자동 매크로 기록' 기능에 의해 자동으로 기록된 '매출집계' 매크로의 코드가 어떻게 표시되고 있는지 확인해보기 위해, [개발도구] 탭의 [코드]에서 [**Visual Basic**]을 클릭한다. 새로 나타난 '**Visual Basic Editor**'의 [프로젝트-VBAProject]에서 [모듈]을 더블클릭하고, 아래에 나타난 [Module1]을 더블클릭하면 오른쪽 상자에 지금까지 자동매크로기록 기능에 의해 입력된 코드들이 표시된다.

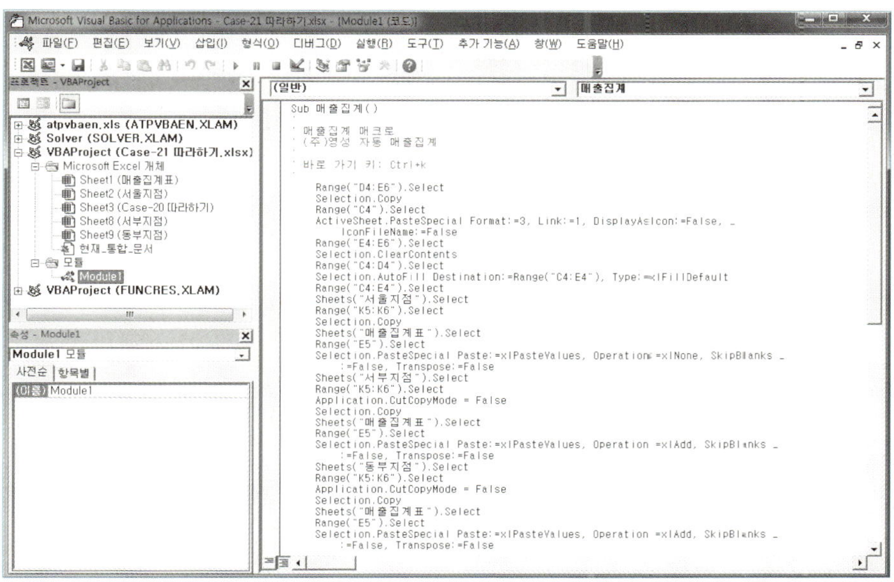

## 자동 기록된 매크로 코드를 통해 코드 사용법 익히기

위에서 자동매크로를 통해 Visual Basic Editor에 기록된 코드들을 하나씩 살펴봄으로써, 엑셀에서 수행하고자 하는 기능들이 Macro Code로 어떻게 표현되는지를 거꾸로 이해해 보기로 한다.

### (가) 매크로 시작부분

| 코드 | |
|---|---|
| Sub 매출집계() | ⓐ |
| ' | |
| ' 매출집계 매크로 | ⓑ |
| ' (주)영성 자동 매출집계 | ⓒ |
| ' | |
| ' 바로 가기 키: Ctrl+k | ⓓ |

**설명**

ⓐ: 매크로의 이름 정의 부분

※ 모든 매크로는 **'Sub'**로 시작해서 **'End Sub'**로 끝난다. 따라서 'Sub'와 'End Sub' 사이에 정의된 모든 코드는 하나의 매크로 이름으로 실행되어진다. **매크로 이름**은 'Sub 매출집계()'와 같이 'Sub' 다음에 기록되고, 매크로 이름 다음에는 반드시 빈 괄호('()')를 표시한다.

ⓑ: 설명 부분

※ ''' 표시는 해당 줄이 설명 또는 **참조문**에 해당하며, 이 줄은 실행되지 않음을 의미한다. 즉, 비망기록으로 표시하고자 하는 코드나 설명문이 있는 경우 해당 줄의 앞에 ''' 표시를 붙인다. 따라서 'Sub' 아래쪽에 ''' 표시를 포함하고 있는 (빈 칸을 포함한) 5개의 코드는 실행을 위한 코드가 아니고, 매크로에 대한 기본 정보를 제공하기 위한 **설명문**이다.

ⓒ: 매크로기록 대화상자에서 [설명]란에 입력해두었던 내용을 표시하는 부분(**비실행코드**)

ⓓ: 매크로기록 대화상자에서 [바로 가기 키]난에 입력해두었던 내용을 표시하는 부분(비실행코드)

※ [바로 가기 키]로 Ctrl+k를 등록해 두었으므로 해당 워크시트의 어디에서든 Ctrl 키와 'k'를 동시에 누르면 '매출집계' 매크로를 실행할 수 있다.

### (나) 복사하여 붙여넣기

|  | |
|---|---|
| Range("D4:E6").Select | ⓐ |
| Selection.Copy | ⓑ |
| Range("C4").Select | ⓒ |
| ActiveSheet.PasteSpecial Format:=3, Link:=1, DisplayAsIcon:=False, IconFileName:=False | ⓓ |

**설명**

ⓐ: 셀 범위 D4:E6를 선택한다.

※ 특정 셀 또는 영역을 지정할 때는 **'Range'** 개체를 사용한다. Range 개체에 지정할 범위는 하나의 셀 또는 영역이 될 수 있으며, 반드시 따옴표("") 안에 셀주소를 표시한다. **'Select'** 개체는 지정한 범위를 선택함을 의미한다.

ⓑ: 선택된 셀 범위를 [복사]할 때는 'Selection.Copy' 코드를 사용한다.

ⓒ: 특정 셀을 선택할 때에도 'Range(셀주소).Select' 문을 사용한다.

ⓓ: [붙여넣기 옵션]-[값] 명령을 실행한다.

※ **'ActiveSheet'** 개체는 현재 선택된 시트에서 작업이 이루어짐을 의미한다. 만일 현재 선택된 셀을 지정하는 경우에는 **'ActiveCell'**, 현재 선택된 통합문서를 지정하는 경우에는 **'ActiveWorkbook'**으로 표시한다.

※ **PasteSpecial** 개체는 [선택하여 붙여넣기]를 실행하기 위한 명령으로, 클립보드에 복사된 내용 중 값 또는 수식만 복사하는 경우나 특정 셀 값을 간단한 연산을 통해 붙여넣는 작업을 할 때도 사용된다. 클립보드에 복사된 내용을 단순히 [붙여넣기]하는 경우에는 **'Paste'** 명령을 사용한다. PasteSpecial 개체에 사용된 메서드 'Format=3, Link=1'은 기존에 자료가 있는 영역에 복사된 자료를 붙여넣기 할 때 사용되는 코드이다. 여기서 **'False'**로 표시된 코드(DisplayAsIcon:=False, IconFileName:=False)는 해당 메서드가 선택되지 않았음을 의미한다.

※ 코드의 오른쪽 끝 부분에 아랫줄 대시('_')가 표시된 경우에는 그 다음 줄의 코드와 연속됨을 의미한다. 따라서 이 코드를 직접 입력할 경우에는 아랫줄 대시('_')를 무시하고 그 다음 줄에 표시된 코드를 연속하여 입력한다.

### (다) 셀 지우기와 자동채우기 기능

```
Range("E4:E6").Select                                              ⓐ
Selection.ClearContents                                            ⓑ
Range("C4:D4").Select                                              ⓒ
Selection.AutoFill Destination:=Range("C4:E4"), Type:=xlFillDefault ⓓ
Range("C4:E4").Select                                              ⓔ
```

**설명**

ⓐ: 셀 영역(E4:E6)을 선택한다.

ⓑ: 선택 영역의 내용을 지운다.

※ 셀 또는 범위를 삭제할 때는 'Clear'와 'Delete' 메서드를 사용할 수 있다. **'Clear'** 메서드

는 셀의 구성원을 지우는데 사용하며, **'Delete'** 메서드는 셀 자체를 삭제할 때 사용한다. 여기서는 실제로 키보드에서 Delete 키를 사용했지만 셀의 내용을 지우는 기능이므로 'Clear' 메서드로 표시되고 있다. Clear 메서드는 지우려는 대상에 따라 ClearContents, ClearFormats, ClearOutline 등으로 표현한다.

ⓒ: 셀 영역(C4:D4)을 선택한다.

ⓓ: 선택 영역에서 **'자동채우기**(AutoFill)' 기능을 수행한다. 자동채우기는 선택영역(C4:D4)의 자료구성 원리에 따라 채우기 기본값(Type:=xlDefault)으로 대상 셀 범위(Destination:=Range("C4:E4"))에 채워진다.

ⓔ: 채워넣기 한 셀 영역(C4:E4)을 선택하여 표시한다.

### (라) 다른 시트의 자료 복사하여 붙여넣기-'서울지점' 시트

```
Sheets("서울지점").Select                                              ⓐ
Range("K5:K6").Select                                                  ⓑ
Selection.Copy                                                         ⓒ
Sheets("매출집계표").Select                                            ⓓ
Range("E5").Select                                                     ⓔ
Selection.PasteSpecial Paste:=xlPasteValues, Operation:=xlNone, SkipBlanks _   ⓕ
        :=False, Transpose:=False
```

**설명**

ⓐ: '서울지점' 시트를 선택한다.

ⓑ: 서울지점의 합계가 표시되어 있는 K5:K6 셀 영역을 선택한다.

ⓒ: '복사'(Copy)한다.

ⓓ: '매출집계표' 시트를 선택한다.

ⓔ: E5 셀을 선택한다.

ⓕ: [붙여넣기 옵션]-[값] 명령을 실행한다.

※ **PasteSpecial(선택하여 붙여넣기)** 명령은 클립보드에 복사된 내용 중 일부만 원하는 위치에 붙여넣기 할 때 사용되는데, 값 또는 서식만 복사하거나 연산을 통해 붙여넣을 수도 있다. [선택하여 붙여넣기] 대화상자의 구성을 살펴보면, PasteSpecial 메서드에는 크게 네 개의 매개변수가 사용되고 있음을 알 수 있다.

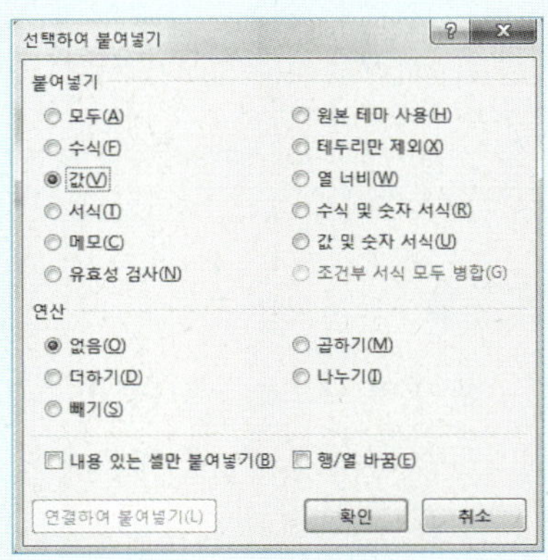

〈PasteSpecial의 매개변수〉

| 기능 | 코드 |
|---|---|
| 붙여넣기 | Paste |
| 연산 | Operation |
| 내용 있는 셀만 붙여넣기 | SkipBlanks |
| 행/열 바꿈 | Transpose |

〈Paste 주요 옵션의 내장 상수〉

| 기능 | 내장 상수 |
|---|---|
| 모두 | xlPasteAll |
| 값 | xlPasteValues |
| 서식 | xlPasteFormats |
| 수식 | xlPasteFormulas |
| 유효성검사 | xlPasteValidation |

〈Operation 옵션의 내장 상수〉

| 기능 | 내장 상수 |
|---|---|
| 더하기 | xlAdd |
| 나누기 | xlDevide |
| 곱하기 | xlMultiply |
| 빼기 | xlSubtract |
| 없음 | xlNone |

여기서는 [선택하여 붙여넣기]에서 [붙여넣기] 옵션의 [값]을 선택하는 명령이므로 'Paste:=xlPasteValues'를 사용하고 있으며, [연산] 기능은 선택하지 않았기 때문에 'Operation:=xlNone'으로, 그리고 [내용있는 셀만 붙여넣기]나 [행/열 바꿈]도 역시 선택하지 않았기 때문에 각각 'SkipBalanks:=False', 'Transpose:=False'로 표시하고 있다.

※ 코드의 오른쪽 끝 아랫줄 대시('_')는 그 다음 줄의 코드와 연결되는 코드임을 표시하는 것이다.

### (마) 다른 시트의 자료 복사하여 붙여넣기-'서부지점'과 '동부지점'

```
Sheets("서부지점").Select                                                    ⓐ
Range("K5:K6").Select                                                        ⓑ
Application.CutCopyMode=False                                                ⓒ
Selection.Copy                                                               ⓓ
Sheets("매출집계표").Select                                                  ⓔ
Range("E5").Select                                                           ⓕ
Selection.PasteSpecial Paste:=xlPasteValues, Operation:=xlAdd, SkipBlanks _  ⓖ
        :=False, Transpose:=False
Sheets("동부지점").Select                                                    ⓗ
Range("K5:K6").Select                                                        ⓘ
Application.CutCopyMode=False                                                ⓙ
Selection.Copy                                                               ⓚ
Sheets("매출집계표").Select                                                  ⓛ
Range("E5").Select                                                           ⓜ
Selection.PasteSpecial Paste:=xlPasteValues, Operation:=xlAdd, SkipBlanks _  ⓝ
        :=False, Transpose:=False
```

**설명**

ⓐ~ⓖ: '서부지점' 시트의 합계 자료를 복사해 와서 붙여넣기 하는 코드(위의 '서울지점'의 경우와 동일)

※ 다만 ⓖ에서 PasteSpecial의 [연산] 옵션으로 'Operation:=xlAdd'를 사용하고 있는 것만 다른데, 이는 해당 셀에 이미 입력되어 있는 값(서울지점의 합계)에 새로 복사해온 '서부지점'의 합계액을 더하여 표시하기 위한 것이다.

※ ⓒ의 'Application.CutCopyMode=False' 코드는 이전의 [복사] 모드를 해제하는 명령이다. 이 코드를 사용하지 않으면 코드 명령이 정상적으로 동작해도 이전에 [복사]해둔 범위가 계속 선택되어 깜박이고 있기 때문에, 새로 선택된 범위(서부지점의 "K5:K6")를 복사하기 전에 이전의 복사범위를 해제하고자 하는 것이다.

ⓗ~ⓝ: '동부지점' 시트의 합계 자료를 복사해 와서 붙여넣기 하는 코드 (위의 '서부지점'의 경우와 동일)

### (바) 선택 셀 범위에 [모든 테두리] 설정하기

```
    Range("B4:E6").Select                                      ⓐ
    Application.CutCopyMode=False                              ⓑ
    Selection.Borders(xlDiagonalDown).LineStyle=xlNone         ⓒ
    Selection.Borders(xlDiagonalUp).LineStyle=xlNone           ⓓ
    With Selection.Borders(xlEdgeLeft)                         ⓔ
        .LineStyle=xlContinuous                                ⓕ
        .ColorIndex=0                                          ⓖ
        .TintAndShade=0                                        ⓗ
        .Weight=xlThin                                         ⓘ
    End With                                                   ⓙ
    With Selection.Borders(xlEdgeTop)                          ⓚ
        .LineStyle=xlContinuous
        .ColorIndex=0
        .TintAndShade=0
        .Weight=xlThin
    End With
    With Selection.Borders(xlEdgeBottom)                       ⓛ
        .LineStyle=xlContinuous
        .ColorIndex=0
        .TintAndShade=0
        .Weight=xlThin
    End With
    With Selection.Borders(xlEdgeRight)                        ⓜ
        .LineStyle=xlContinuous
        .ColorIndex=0
        .TintAndShade=0
        .Weight=xlThin
    End With
    With Selection.Borders(xlInsideVertical)                   ⓝ
        .LineStyle=xlContinuous
        .ColorIndex=0
        .TintAndShade=0
        .Weight=xlThin
    End With
    With Selection.Borders(xlInsideHorizontal)                 ⓞ
        .LineStyle=xlContinuous
        .ColorIndex=0
        .TintAndShade=0
        .Weight=xlThin
    End With
    Range("J4").Select                                         ⓟ
End Sub                                                        ⓠ
```

**설명**

ⓐ: 셀 영역(B4:E6)을 선택한다.

ⓑ: 이전의 [복사] 모드를 해제한다.

ⓒ~ⓓ: 선택 범위의 기존 테두리 설정을 지우는 명령이다(LineStyle=xlNone).

※ 참고로, **Borders**(테두리)의 속성을 표시하는 내장 상수는 다음과 같다.

| 테두리 위치 | 내장 상수 | 테두리 위치 | 내장 상수 |
|---|---|---|---|
| 위쪽 테두리 | xlEdgeTop | 왼쪽 상단-오른쪽 하단 사선 | xlDiagonalDown |
| 아래쪽 테두리 | xlEdgeBottom | 왼쪽 하단-오른쪽 상단 사선 | xlDiagonalUp |
| 왼쪽 테두리 | xlEdgeLeft | 범위 내 모든 가로테두리 | xlInsideHorizontal |
| 오른쪽 테두리 | xlEdgeRight | 범위 내 모든 세로태두리 | xlInsideVertical |

따라서 ⓒ, ⓓ 코드는 테두리 설정을 하기 전에 기존에 설정되어 있을지도 모르는 사선 테두리 설정을 해제해 두려는 것이다.

ⓔ~ⓙ: 선택범위에 **왼쪽 테두리**를 설정하는 명령

※ **With 문**은 동일한 개체에 대해서 여러 개의 명령을 적용해야 할 때, 각 명령 적용시마다 해당 개체를 호출하는 대신에, With 문으로 한 번 호출한 후에 여러 개의 명령을 순차적으로 적용하기 위한 것이다. **'End With' 문**이 나오기 전까지 'With' 문에서 설정한 개체가 계속 적용된다.

따라서 위의 ⓔ~ⓙ 코드는 선택영역의 왼쪽 테두리(Borders(xlEdgeLeft)를 개체로 선언해두고 ⓕ로부터 End With 문이 나오기 이전인 ⓘ에 이르기까지의 설정을 계속해서 해당 개체에 적용하기 위한 것이다. 즉, 왼쪽테두리를 가는(Weight=xlThin) 실선(LineStyle=xlContinuous)으로 표시하도록 한다. 색상표시(ColorIndex)나 셀 밝기(TintAndShade)는 적용하지 않는다.

ⓚ: 선택범위에 **위쪽 테두리**를 설정하는 명령(위 왼쪽테두리 설정 방법과 동일)

ⓛ: 선택범위에 **아래쪽 테두리**를 설정하는 명령(위 왼쪽테두리 설정 방법과 동일)

ⓜ: 선택범위에 **오른쪽 테두리**를 설정하는 명령(위 왼쪽테두리 설정 방법과 동일)

ⓝ: 범위 내 모든 **세로테두리**를 설정하는 명령(위의 왼쪽테두리 설정 방법과 동일)

ⓞ: 범위 내 모든 **가로테두리**를 설정하는 명령(위의 왼쪽테두리 설정 방법과 동일)

ⓟ: J4 셀을 선택한다(위의 테두리 설정을 확인해 보기 위해 선택범위 밖의 임의의 셀(J4)을 선택하도록 한 것이며, 선택의 의미는 없다).

ⓠ: 'Sub'로 시작했던 '매출집계' 매크로 프로시저를 종료한다. 즉, 모든 매크로 프로시저는 'Sub'로 시작하여 'End Sub'로 끝난다. 만일 '매출집계' 매크로를 실행하면 이 'End Sub'문이 나오기 이전까지의 모든 코드들이 연속적으로 실행된다.

## 3. 매크로 코드와 통합문서 저장하기

위의 자동 매크로 코드는 엑셀 워크시트와는 별도의 Microsoft Visual Basic Editor에 기록되어 있다. 그런데 이 매크로 코드는 독립적으로 사용된다기보다는 항상 해당 워크시트와 연계되어 사용되는 것이므로, 워크시트를 저장할 때 이 매크로 코드도 함께 저장되도록 해야 한다. 즉, 매크로 코드를 따로 저장하지 않고, **매크로 코드**를 사용하는 엑셀 워크시트를 저장할 때 파일 형식을 'EXCEL 매크로 사용 통합문서'로 지정하고 저장하면 Visual Basic Editor에 기록되어 있는 매크로까지도 통합문서에 함께 저장된다. 만일 파일 형식을 'EXCEL 매크로 사용 통합문서'로 지정하지 않고 기본 파일 형식인 'EXCEL 통합문서'로 저장하면 매크로가 저장되지 않고 삭제되므로 주의해야 한다.

① 매크로 코드가 표시된 Visual Basic Editor를 닫고 엑셀 워크시트로 돌아간다. 이때 Visual Basic Editor의 [파일] 탭에서 [닫고 Microsoft Excel(으)로 돌아가기]를 실행해도 되지만, Visual Basic Editor의 닫기(☒) 버튼을 클릭할 수도 있다. Visual Basic Editor 창을 바로 닫기 하여도 언제든 엑셀시트의 [개발도구]-[Visual Basic]을 실행하면 Visual Basic Editor를 통해 다시 매크로 코드를 확인할 수 있다.

② 엑셀 워크시트의 [파일] 탭에서 [다른 이름으로 저장하기]를 선택하고 파일 경로를 지정한 후 [다른 이름으로 저장] 대화상자에서 [파일 형식]을 'EXCEL 매크로 사용 통합문서'로 지정하고 [파일 이름]을 입력한 후 [저장]을 클릭한다.

③ 'EXCEL 매크로 사용 통합문서'로 저장한 파일은 확장자 '**xlsm**'으로 저장된다.

## 4. 기록된 매크로 실행하기

자동매크로를 통해 기록된 매크로를 실행하여 원하는 기능이 제대로 수행되는지 살펴보기로 한다. 이를 위해 먼저 각 지점 시트에서 다음 달인 5월의 판매자료를 각각 입력해 둔다. 매크로를 실행할 때에는 **명령단추**에 등록하여 사용해 보기로 한다.

① 워크시트에서 '서울지점' 시트를 선택하고, 먼저 C2 셀의 '4월 판매자료'를 '5월 판매자료'로 변경한다. 그리고 각 사원들의 5월 판매실적을 각각 다음과 같이 변경 입력한다(합계 영역은 자동 표시된다).

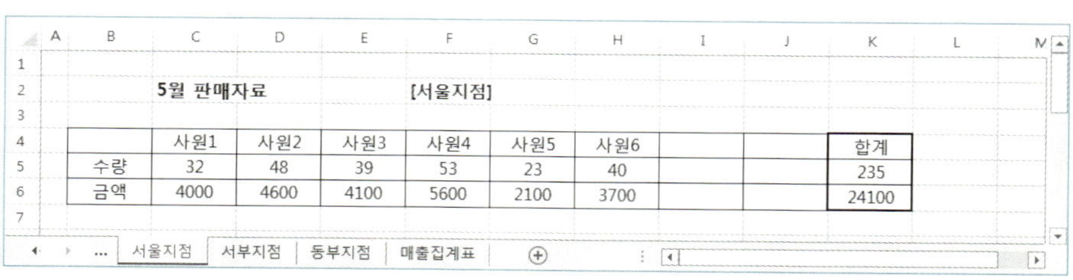

5월 판매자료 [서울지점]

| | 사원1 | 사원2 | 사원3 | 사원4 | 사원5 | 사원6 | | | 합계 |
|---|---|---|---|---|---|---|---|---|---|
| 수량 | 32 | 48 | 39 | 53 | 23 | 40 | | | 235 |
| 금액 | 4000 | 4600 | 4100 | 5600 | 2100 | 3700 | | | 24100 |

② 마찬가지로, '서부지점'과 '동부지점' 시트에서도 C2 셀과 각 사원의 판매자료를 각각 다음과 같이 변경 입력한다.

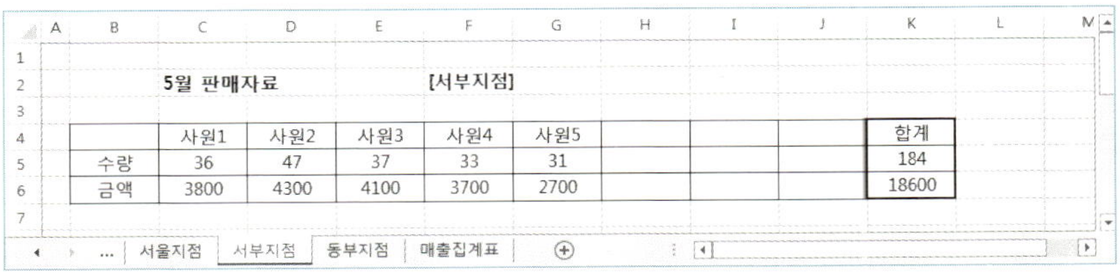


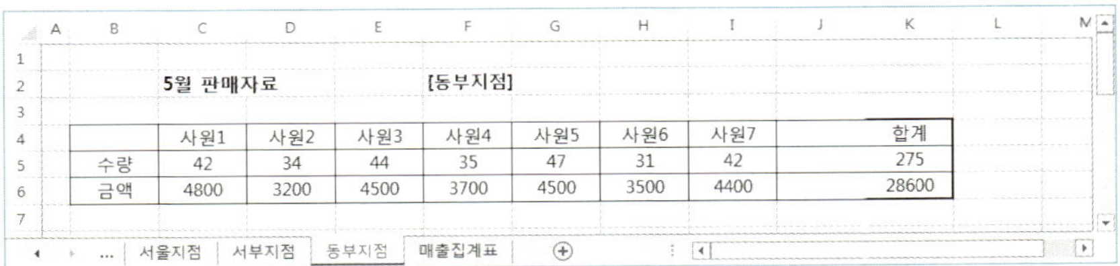


③ 이제 '매출집계표' 시트를 선택하고, [개발도구] 탭의 [컨트롤]-[삽입]-[**양식컨트롤**]에서 [**단추**]를 클릭한 후 마우스로 H1 셀에 셀 크기에 맞춰 단추를 드래그하여 표시한다.

④ 나타난 [매크로 지정] 대화상자의 [매크로 이름]에서 이미 등록되어 있는 **'매출집계'** 매크로를 클릭하여 선택하고 [확인]을 누른다.

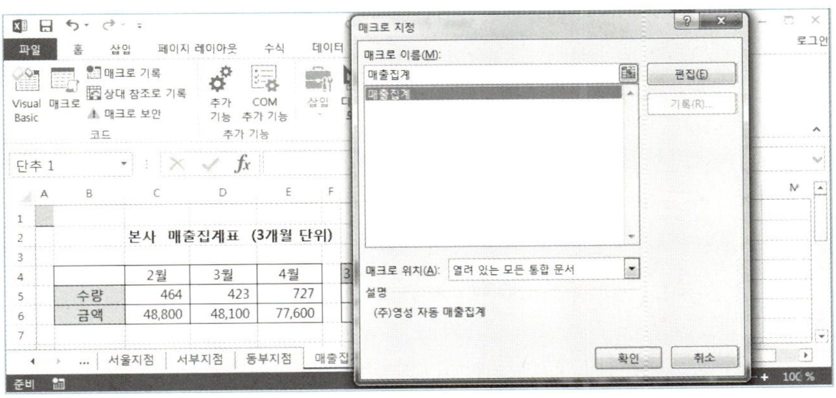


⑤ 생성된 [단추1]의 내부를 클릭하여 단추이름 '단추1'을 '매출집계'로 수정한다. 마우스로 임의의 다른 셀을 클릭했다가 다시 '매출집계' 단추를 클릭하면, 등록된 매크로가 실행되어 각 지점 시트의 5월 자료가 '매출집계표' 시트에 설정된 형식으로 집계되어 표시된다. 이때 주의할 것은, '매출집계' 매크로 단추를 실수로 두 번 클릭하게 되면 6월의 자료가 아직 등록되지 않은 상태에서 5월의 판매자료가 매출집계표에 6월의 실적으로 다시 정리되어 집계되게 되므로 한 번만 클릭하도록 유의해야 한다.

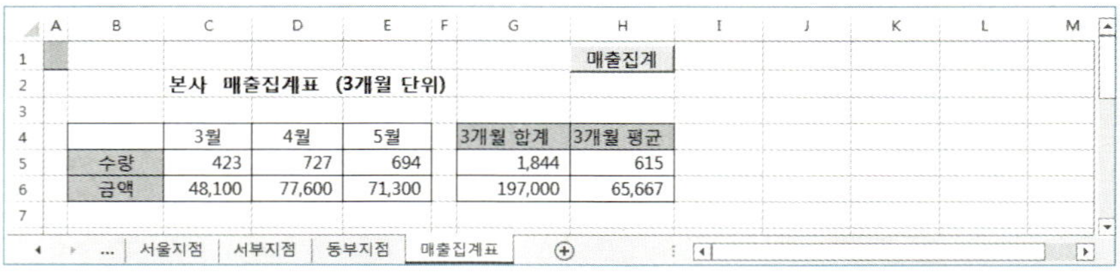

## 5. 매크로를 다양한 방법으로 등록하여 사용하기

작성된 매크로는 위에서와 같이 [양식컨트롤]의 [단추]에 등록하여 사용하는 방법이 보편적이지만, 그 외에도 다양한 매크로 실행방법들이 있다.

### (1) 바로 가기 키(단축 키)를 이용하는 방법

자동매크로를 처음 시작할 때 [매크로 기록] 대화상자에서 **[바로 가기 키]**로 Ctrl+k를 입력해둔 바가 있다. 이 [바로 가기 키]를 사용해도 매크로 단추에 매크로를 등록하여 클릭한 것과 동일한 기능이 수행된다.

### (2) 일반 도형에 매크로 등록하여 사용하는 방법

매크로는 엑셀에서 사용되는 일반 도형에 등록하여 사용할 수도 있다. [양식컨트롤]의 [단추]는 직사각형 모양의 하나로 정해져 있지만, 엑셀에서 사용가능한 **도형**의 종류는 다양하기 때문에 조금은 특색 있는 매크로 단추를 만들어 사용해 볼 수 있다.

① [삽입] 탭의 [일러스트레이션]-[도형]에서 **[순서도]**의 [순서도: 천공테이프]를 클릭하고, 마우스로 J2 셀 범위에 드래그하여 표시한다.

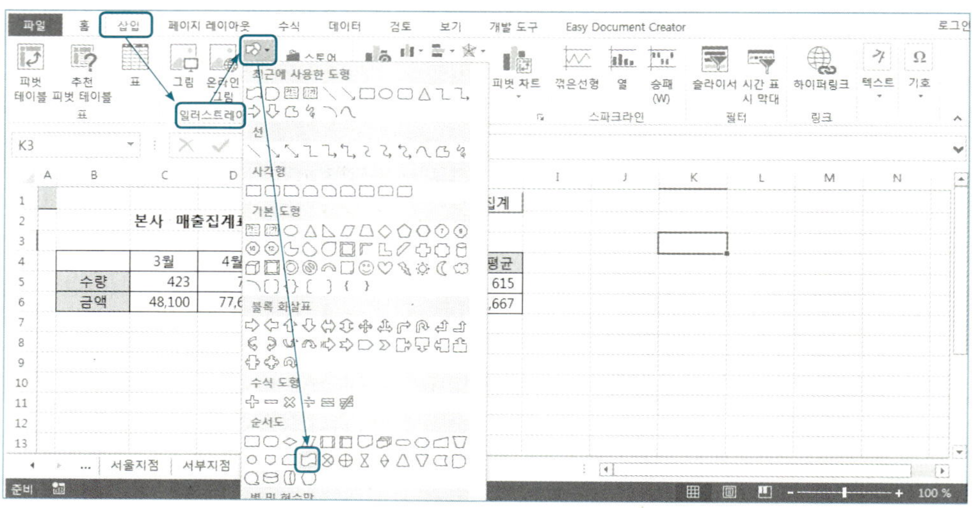

② 표시된 순서도 그림을 선택한 상태에서 그림 내부에 '매출집계'를 입력한다. 그리고 오른쪽 마우스 [도형 서식]을 선택하고 [도형 옵션]의 [크기 및 속성]-[텍스트상자]에서 [세로 맞춤]을 '정가운데'로 설정하고, 왼쪽/오른쪽/위쪽/아래쪽 여백을 모두 '0'으로 설정한다. 글씨 크기를 조절하여 도형에 맞춰 표시되도록 한다.

③ [순서도] 도형이 선택된 상태에서 오른쪽 마우스 [매크로 지정]을 클릭한다. [**매크로 지정**] 대화상자가 표시되면, 앞의 [양식 컨트롤]-[단추]의 경우에서 매크로를 지정했던 바와 같이, [매크로 이름]에서 '매출집계' 매크로를 선택하고 [확인]을 누른다.

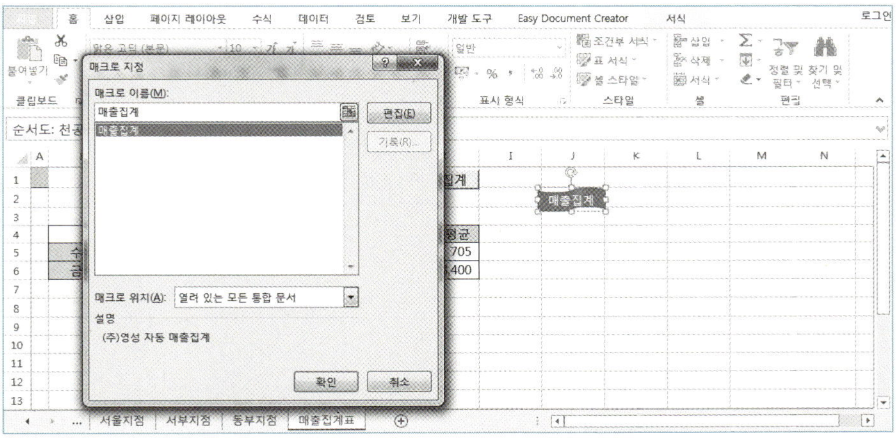

④ 이제 [순서도] 도형에 매크로가 연결되었으므로 [매출집계] 순서도 도형을 클릭하면 '매출집계' 매크로가 실행되어 표시된다. 그런데 실제로는 각 지점의 6월 판매자료를 변경하여 입력한 상태가 아니기 때문에 '6월'로 표시되긴 하지만 자료 내용은 5월의 자료가 다시 표시되고 있다.

### (3) [빠른 실행도구 모음]에 매크로 등록하기

[**빠른 실행도구 모음**]은 엑셀 메뉴에 들어 있는 기능들 중에서 자주 사용하는 일부 명령을 골라서 엑셀 기본 탭 위쪽에 표시해 두고 사용할 수 있도록 하는 것이다. 여기에 특정 매크로를 등록해 두면 현재의 탭 사용 위치와 관계없이 워크시트의 맨 위에 항상 표시되어 있기 때문에 언제든 빠르게 해당 명령을 실행할 수 있는 장점이 있다.

① 워크시트의 맨 위쪽에 있는 [빠른 실행도구모음 사용자 지정] 버튼을 클릭하고 이 중 [기타 명령]을 선택한다(또는 [파일] 탭의 [옵션]에서 [빠른 실행 도구모음]을 클릭해도 같은 결과이다).

② [Excel 옵션] 대화상자의 [**명령 선택**] 콤보상자를 클릭하여 이 중 [**매크로**]를 선택한다. 아래쪽에 나열된 매크로들 중에서 '매출집계' 매크로를 선택하고 가운데 부분의 [**추가**]를 클릭하면, 선택한 '매출집계' 매크로가 오른쪽에 추가되어 표시된다.

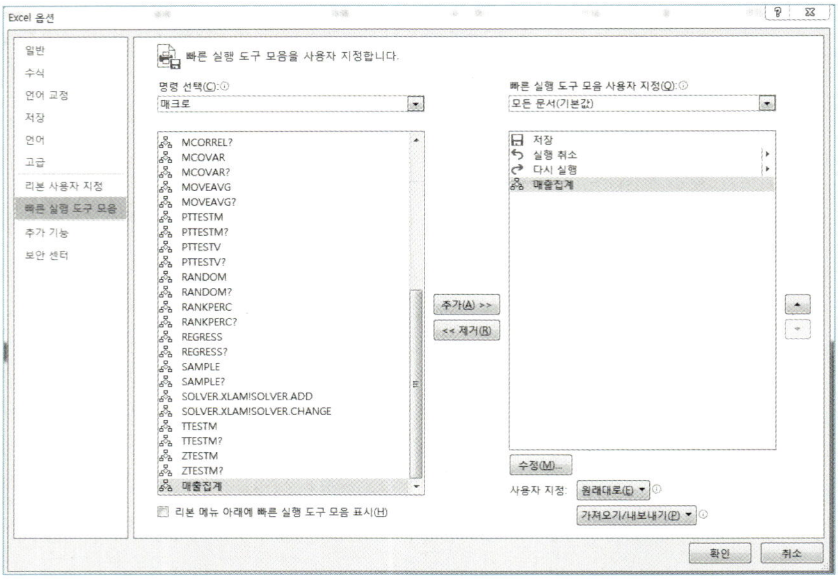


③ 추가된 '매출집계' 매크로가 선택된 상태에서 아래쪽 [**수정**]을 클릭한다. [**단추 수정**] 대화상자가 나타나면 [기호]에서 '매출집계'의 의미를 표시할 수 있는 적당한 기호를 선택하고 [확인]을 누르면 '매출집계' 매크로의 기호가 선택된 기호로 변경되어 표시된다.

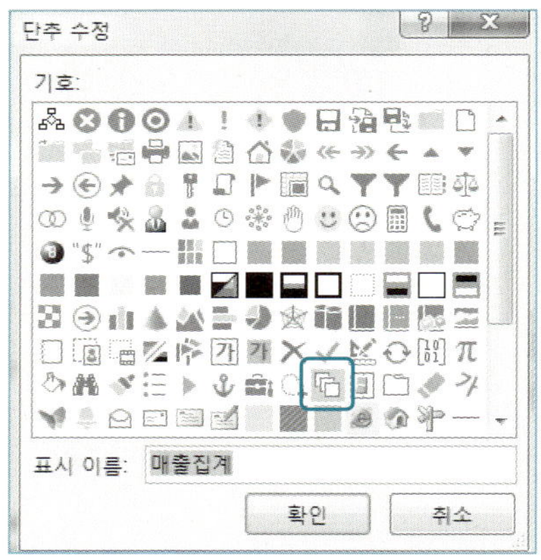


④ 이제 [Excel 옵션] 대화상자에서 [확인]을 누르면 워크시트의 맨 위쪽 [빠른 실행도구 모음]에 선택한 기호가 추가되어 표시된다. 추가된 빠른 실행도구를 클릭하면 '매출집계' 매크로를 실행할 수 있다.

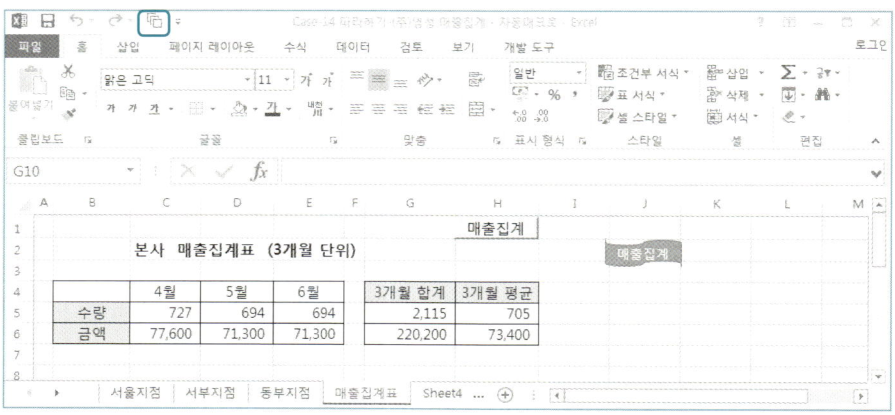

⑤ [빠른 실행 도구 모음]에 등록된 매크로가 많아지거나 불필요하다고 판단되는 경우에는 제거하는 것이 좋다. 등록된 매크로를 제거하기 위해서는 제거할 매크로 아이콘을 오른쪽 마우스로 선택하여 [빠른 도구모음에서 제거]를 클릭하여 쉽게 없앨 수 있다(또는 [파일]-[옵션]의 [빠른 실행 도구모음]에서 지우고자 하는 매크로를 선택하여 가운데 [제거] 버튼을 클릭할 수도 있다).

### (4) 메뉴 리본에 매크로 등록하기

엑셀의 기본 탭이나 그룹의 아이콘에도 매크로를 등록하여 함께 사용할 수 있다. 등록하려는 매크로가 기존의 탭이나 그룹에 속하기 어려운 경우에는 새르운 탭을 만들어 추가할 수도 있다. 여기서는 '매출집계' 매크로가 기존의 탭이나 그룹에 포함시키기 어려운 상황이므로 별도의 탭으로 추가하는 방법을 수행해 보기로 한다.

① [**파일**] 탭의 [**옵션**]을 클릭하고, [Excel 옵션] 대화상자에서 [리본 사용자지정]을 선택한다. [명령 선택] 콤보상자에서 [매크로]를 선택하고, 아래에 표시되는 매크로 중 '매출집계' 매크로를 클릭한다.

② 오른쪽 [**리본 메뉴 사용자 지정**]에서 [기본 탭]을 선택하고, 아래 [기본 탭] 중 마지막 탭(배경제거)을 선택한 후 아래 [**새 탭**]을 클릭한다. 그러면 [배경제거] 위쪽에 [새 탭(사용자 지정)]과 [새 그룹(사용자 지정)]이 생성된다.

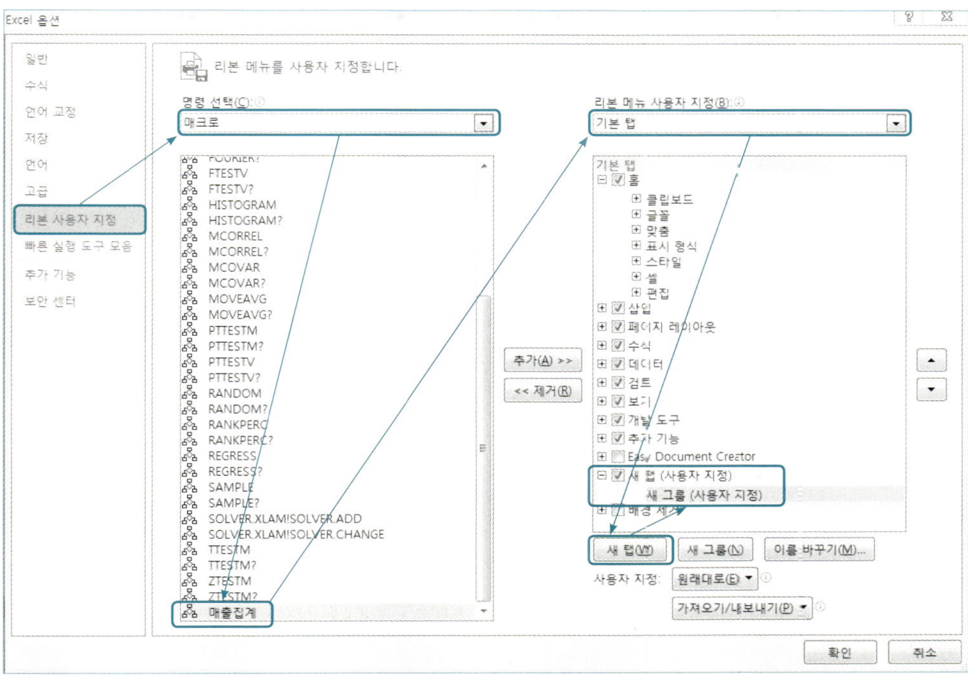

③ 생성된 [**새탭**(사용자지정)]을 선택하고 아래 [**이름바꾸기**]를 클릭한다. [이름바꾸기] 대화상자에서 [표시이름]에 '(주)영성 매출집계'를 입력하고 [확인]을 누른다.

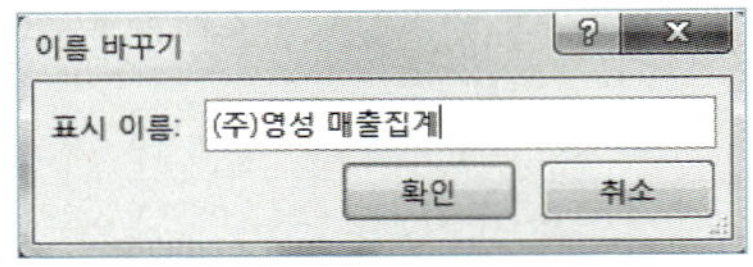


④ 다음으로 아래 [**새 그룹**(사용자 지정)]을 선택한 후 [**이름 바꾸기**]를 클릭한다. [이름 바꾸기] 대화상자의 [기호]에서 적절한 기호를 선택하고 아래 [표시 이름]에 '매출집계'를 입력한 후 [확인]을 누른다.

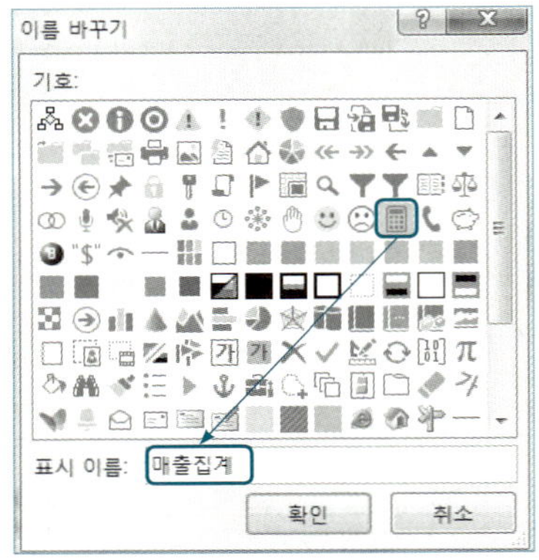


⑤ 변경된 '매출집계' 탭을 선택하고, 왼쪽 매크로 상자에서 앞서 선택해 둔 '매출집계' 매크로가 선택 표시되어 있는 것을 다시 확인한 후 가운데 [추가] 버튼을 클릭한다. 그러면 [매출집계] 그룹 아래에 '매출집계' 매크로가 새로 등록되어진다. 생성된 '매출집계' 매크로가 선택된 상태에서 아래 [이름 바꾸기]를 클릭하여 적절한 기호를 선택한 후 [확인]을 누른다. 이제 '매출집계' 매크로의 기호가 선택된 기호로 바뀌어 표시된다.

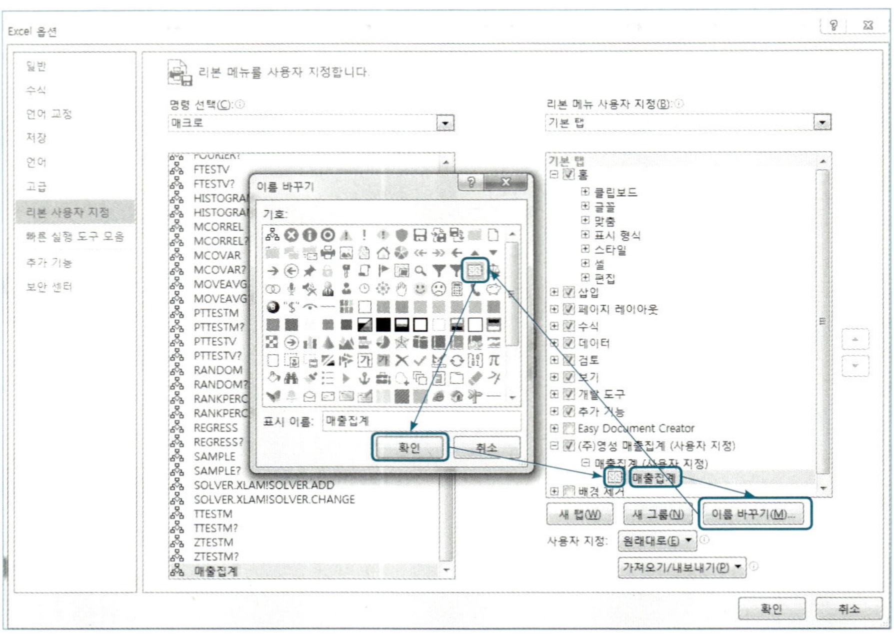

⑥ 이제 [확인]을 클릭하여 [Excel 옵션] 대화상자를 닫으면 엑셀 워크시트의 위쪽에 새 탭("(주)영성 매출집계")이 표시된다. 새로 추가된 [(주)영성 매출집계] 탭을 클릭해코면 [매출집계] 그룹에 [매출집계] 매크로가 아이콘으로 등록되어 표시된다. 이 [매출집계] 아이콘을 클릭하면 '매출집계' 매크로를 바로 실행할 수 있다.

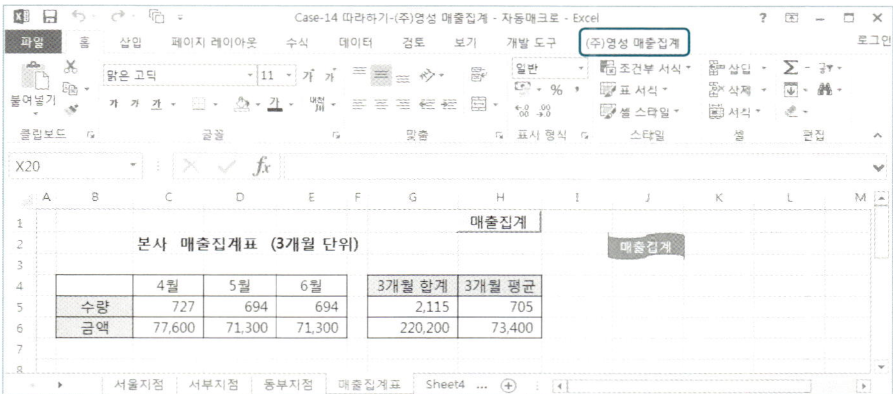


⑦ 리본에 추가 등록된 [(주)영성 매출집계] 탭을 삭제하고자 하는 경우에는, [파일] 탭의 [옵션]을 클릭하고 [**Excel 옵션**] 대화상자에서 [리본 사용자 지정]을 선택한 후, 오른쪽 [리본 메뉴 사용자 지정]에서 [(주)영성 매출집계(사용자 지정)]을 클릭하고 가운데 [**제거**] 버튼을 선택한다. 그러면 추가되었던 새 리본이 없어지고 원래 상태로 되돌아간다.

⑧ [Excel 옵션] 대화상자에서 [확인]을 누르고 엑셀 워크시트로 돌아와 보면, 리본에 추가되었던 [(주)영성 매출집계] 리본이 제거되었음을 확인할 수 있다.

Case 35 혼자해보기

# (주)해피청과 일일판매 자동집계 매크로

35

**현황**

(주)해피청과는 365 열린가게를 운영하고 있는 청과상회이다. 매일매일 판매되는 과일을 종류별로 기록하고, 또 월단위로 집계 표시하는 표를 만들어 사용하고자 한다. 그런데 '일일판매' 시트에는 그날그날의 판매자료를 일일이 입력해야 하지만, 입력된 일일자료를 집계하는 일은 자동으로 수행되도록 하고자 한다. 일단 집계표에 옮겨 적은 '일일판매' 시트의 자료는 옮겨 적음과 동시에 지워서 다음 날의 판매자료를 입력할 수 있도록 빈 칸으로 준비해 두었으면 한다. '일별 판매수량'은 일자별로 판매되는 과일의 판매수량만을 기록하고, '월간 집계' 시트는 과일별로 판매수량과 금액을 누적 형식으로 집계하고, 해당기간 동안의 일평균 판매금액 자료도 표시하고자 한다.

(주)해피청과에서 사용하고 있는 판매자료 기록 관련 기본 양식은 다음과 같다.

### sheet 1: 일일판매

해피청과　　　　일일 판매자료 집계

| 6 | 월 | | 일 | 판매자료 |
|---|---|---|---|---|

| | 사과 | 배 | 오렌지 | 수박 | 딸기 | 포도 | 감 | | 합계 |
|---|---|---|---|---|---|---|---|---|---|
| 수량 | | | | | | | | | |
| 금액 | | | | | | | | | |

| 판매가 | 2,000 | 2,400 | 1,200 | 4,500 | 1,350 | 2,750 | 780 |
|---|---|---|---|---|---|---|---|

### sheet 2: 일별 판매수량

해피청과　　　　일별/상품별 판매수량 집계

| 날짜 | 사과 | 배 | 오렌지 | 수박 | 딸기 | 포도 | 감 | | 합계 |
|---|---|---|---|---|---|---|---|---|---|
| | | | | | | | | | |
| | | | | | | | | | |
| | | | | | | | | | |
| | | | | | | | | | |
| | | | | | | | | | |

## sheet 3: 월간 집계

해피청과

월간 판매자료 집계

| | 월 | 1 | 일 부터 | | 일 까지 |
|---|---|---|---|---|---|

| | 사과 | 배 | 오렌지 | 수박 | 딸기 | 포도 | 감 | | 합계 |
|---|---|---|---|---|---|---|---|---|---|
| 수량 | | | | | | | | | |
| 금액 | | | | | | | | | |

| 일평균 | | | | | | | |
|---|---|---|---|---|---|---|---|

**요구사항**

1. 위의 시트 설계를 기초로, 매일 **'일일판매'** 시트에 자료가 입력되면 일과 이후 이를 한꺼번에 집계 표시하고 '일일판매' 시트를 다시 기록 준비 상태로 표시하도록 하는 자동화 절차를 **자동매크로** 기록방법에 의해 매크로를 기록해 보시오.
2. 완성된 매크로를 **매크로 단추**에 표시하고, 최소 5일 동안의 예시 거래자료를 입력하여 매크로의 완성도를 체크해 보시오.

※ 다만, 각 과일의 판매가격은 일정 기간 고정되어 있는 것으로 가정하고, 기타 수식에 의해 정의될 수 있는 셀들은 수식에 의해 미리 정의해두고, 입력을 최소화할 수 있는 방법으로 설계한다.

# Case 35 혼자해보기

Tips & 풀이 요약

## 1. 일일판매자료 입력 시트

해피청과

**일일 판매자료 집계**

| 6 | 월 | 13 | 일 | 판매자료 |
|---|---|---|---|---|

| | 사과 | 배 | 오렌지 | 수박 | 딸기 | 포도 | 감 | | 합계 |
|---|---|---|---|---|---|---|---|---|---|
| 수량 | 32 | 23 | 32 | 23 | 32 | 23 | 32 | | 197 |
| 금액 | 64,000 | 55,200 | 38,400 | 103,500 | 43,200 | 63,250 | 24,960 | | 392,510 |

| 판매가 | 2,000 | 2,400 | 1,200 | 4,500 | 1,350 | 2,750 | 780 |
|---|---|---|---|---|---|---|---|

▶ 노란색 셀만 입력합니다.

청과집계

일일판매 | 일별 판매수량 | 월간 집계 | Sheet5 | S ...

## 2. 일별/상품별 판매수량 집계 시트

해피청과

**일별/상품별 판매수량 집계**

| 날짜 | 사과 | 배 | 오렌지 | 수박 | 딸기 | 포도 | 감 | | 합계 |
|---|---|---|---|---|---|---|---|---|---|
| 1 | 34 | 56 | 23 | 12 | 63 | 23 | 26 | | 237 |
| 2 | 11 | 21 | 14 | 22 | 7 | 11 | 7 | | 93 |
| 3 | 5 | 8 | 11 | 22 | 30 | 22 | 34 | | 132 |
| 4 | 11 | 8 | 2 | 6 | 4 | 8 | 5 | | 44 |
| 5 | 33 | 22 | 44 | 11 | 22 | 33 | 44 | | 209 |
| 6 | 37 | 26 | 39 | 16 | 20 | 38 | 34 | | 210 |
| 7 | 33 | 33 | 33 | 33 | 33 | 33 | 33 | | 231 |
| 8 | 22 | 22 | 22 | 22 | 22 | 22 | 22 | | 154 |
| 9 | 33 | 33 | 33 | 33 | 33 | 33 | 33 | | 231 |
| 10 | 44 | 44 | 44 | 44 | 44 | 44 | 44 | | 308 |
| 11 | 55 | 55 | 55 | 55 | 55 | 55 | 55 | | 385 |
| **12** | 11 | 11 | 11 | 11 | 11 | 11 | 11 | | 77 |
| **13** | 32 | 23 | 32 | 23 | 32 | 23 | 32 | | 197 |

일일판매 | 일별 판매수량 | 월간 집계 | Sheet5 | S ...

## 3. 월간 판매자료 집계 시트

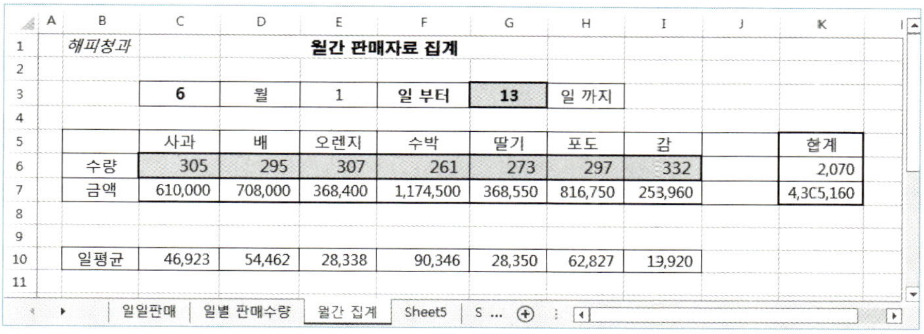

| | B | C | D | E | F | G | H | I | J | K |
|---|---|---|---|---|---|---|---|---|---|---|
| 1 | 해피청과 | | | 월간 판매자료 집계 | | | | | | |
| 2 | | | | | | | | | | |
| 3 | | 6 | 월 | 1 | 일 부터 | 13 | 일 까지 | | | |
| 4 | | | | | | | | | | |
| 5 | | 사과 | 배 | 오렌지 | 수박 | 딸기 | 포도 | 감 | | 합계 |
| 6 | 수량 | 305 | 295 | 307 | 261 | 273 | 297 | 332 | | 2,070 |
| 7 | 금액 | 610,000 | 708,000 | 368,400 | 1,174,500 | 368,550 | 816,750 | 253,960 | | 4,305,160 |
| 8 | | | | | | | | | | |
| 9 | | | | | | | | | | |
| 10 | 일평균 | 46,923 | 54,462 | 28,338 | 90,346 | 28,350 | 62,827 | 13,920 | | |
| 11 | | | | | | | | | | |



## 4. Macro Code

```
Sub 해피청과5()
    Sheets("일별 판매수량").Select
    Rows("6:6").Select
    Selection.Insert Shift: =xlDown, CopyOrigin: =xlFormatFromLeftOrAbove
    Sheets("일일판매").Select
    Range("E3").Select
    Selection.Copy
    Sheets("일별 판매수량").Select
    Range("B6").Select
    ActiveSheet.Paste
    Sheets("월간 집계").Select
    Range("G3").Select
    ActiveSheet.Paste
    Sheets("일일판매").Select
    Range("C6:K6").Select
    Application.CutCopyMode=False
    Selection.Copy
    Sheets("일별 판매수량").Select
    Range("C6").Select
    Selection.PasteSpecial Paste: =xlPasteValues, Operation: =xlNone, SkipBlanks _
        : =False, Transpose: =False
    Range("B5:K36").Select
    Application.CutCopyMode=False
    ActiveWorkbook.Worksheets("일별 판매수량").Sort.SortFields.Clear
    ActiveWorkbook.Worksheets("일별 판매수량").Sort.SortFields.Add Key: =Range("B6:B36") _
        , SortOn: =xlSortOnValues, Order: =xlAscending, DataOption: =xlSortNormal
    With ActiveWorkbook.Worksheets("일별 판매수량").Sort
        .SetRange Range("B5:K36")
        .Header=xlYes
        .MatchCase=False
        .Orientation=xlTopToBottom
        .SortMethod=xlPinYin
        .Apply
    End With
    Selection.Borders(xlDiagonalDown).LineStyle=xlNone
```

```
    Selection.Borders(xlDiagonalUp).LineStyle=xlNone
    With Selection.Borders(xlEdgeLeft)
        .LineStyle=xlContinuous
        .ColorIndex=0
        .TintAndShade=0
        .Weight=xlThin
    End With
    With Selection.Borders(xlEdgeTop)
        .LineStyle=xlContinuous
        .ColorIndex=0
        .TintAndShade=0
        .Weight=xlThin
    End With
    With Selection.Borders(xlEdgeBottom)
        .LineStyle=xlContinuous
        .ColorIndex=0
        .TintAndShade=0
        .Weight=xlThin
    End With
    With Selection.Borders(xlEdgeRight)
        .LineStyle=xlContinuous
        .ColorIndex=0
        .TintAndShade=0
        .Weight=xlThin
    End With
    With Selection.Borders(xlInsideVertical)
        .LineStyle=xlContinuous
        .ColorIndex=0
        .TintAndShade=0
        .Weight=xlThin
    End With
    With Selection.Borders(xlInsideHorizontal)
        .LineStyle=xlContinuous
        .ColorIndex=0
        .TintAndShade=0
        .Weight=xlThin
    End With
    Sheets("일일판매").Select
    Range("C6:K6").Select
    Selection.Copy
    Sheets("월간 집계").Select
    Range("C6").Select
    Selection.PasteSpecial Paste: =xlPasteAll, Operation: =xlAdd, SkipBlanks: =_
        False, Transpose: =False
End Sub
```

Case 36 따라하기

# (주)우리유통의 매출장부 작성 및 관리

36

**현황**

(주)우리유통은 편의점이나 소형마트 등에 과자류를 판매하는 도매회사이다. 판매관리자는 지금까지 매출거래기록을 수기로 관리해 왔으나, 이를 EXCEL 시트에서 **입력 대화상자**를 통해 쉽게 입력하는 방법을 고려하고 있다. (주)우리유통의 거래 관련 기초자료와 사용하고자 하는 **매출장부**의 양식은 다음과 같다.

### ✹ 취급 상품과 거래처 및 판매단가표

| 상품명 | 거래처 | 단 가 |
|---|---|---|
| 건빵 | 나라 | 50 |
| 공주 | 농심 | 100 |
| 나란히 | 동산 | 135 |
| 너랑나랑 | 라인 | 150 |
| 빼빼로 | 만진 | 200 |
| 새우깡 | 안성 | 230 |
| 웨하스 | 예진 | 250 |
| 짱구 | 우리들 | 270 |
| 콘칩 | 해정 | 320 |
| 콤비 | | 420 |
| | | 450 |

### ✹ 사용하고자 하는 매출장부 양식

(주)우리유통 매출장부

| | | | | 월매출합계 | | | |
|---|---|---|---|---|---|---|---|
| 월 | 일 | 상품명 | 거래처 | 수 량 | 단 가 | 금 액 | 적 요 |
| | | | | | | | |
| | | | | | | | |
| | | | | | | | |
| | | | | | | | |
| | | | | | | | |
| | | | | | | | |
| | | | | | | | |
| | | | | | | | |
| | | | | | | | |

**요구사항**

(주)우리유통이 사용하고자 하는 매출장부 기록시스템을 **입력화면**과 함께 자동화하는 매크로 프로그램을 작성해 보시오.

# Case 36 따라하기

## 상황분석

1. 가장 단순한 형태의 장부와 수행과정을 고려한다(Prototype).
2. 어떤 순서로 작업을 진행해야 좋을지를 결정한다.
   - 먼저 최종 결과로 표시될 매출장부의 양식을 결정(별도의 시트)
   - 매출장부에 입력되어질 자료의 기초정보를 표시하는 시트 작성
   - 입력화면(대화상자) 구성
   - 입력화면에 입력된 자료를 매출장부에 연결하여 표시하기 위한 매크로 작성
   - 자료입력 및 매크로 실행 검토
3. 작성할 매크로의 수준을 결정한다.
   - 너무 어렵지 않은 매크로 코드를 사용하는 것이 좋다.
4. 검토를 위한 가상의 거래사례를 작성 및 입력한다.

※ **회계프로그램**을 설계할 때는 흔히 작업순서의 역순으로 설계한다. 즉 결과적으로 작성, 표시될 매출장부의 형식과 내용을 먼저 결정하고, 해당 양식에 표시되어질 자료가 어떤 것들인가를 파악하여 기초자료를 구성하게 된다. 그리고 이들 기초자료를 이용하여 입력화면상에 어떻게 선택하도록 구성할 것인지를 결정한다(**입력화면 설계**). 입력화면을 통해 선택, 입력된 자료를 결과적인 매출장부의 해당란과 연결하여 표시되도록 하는 것은 **매크로 코드**를 이용하게 된다.

이제 이러한 순서에 따라 매출장부에 자료를 입력하기 위한 프로그램을 설계해보기로 한다.

## 1. 매출장부의 양식 설계

① 새 Worksheet의 새 시트를 선택하고, 시트의 이름을 '매출장부'로 변경해 놓는다.

② '매출장부' 시트의 D1 셀에 '매 출 장 부'를 입력하고, D1:H1 셀 범위를 선택하여 [병합하고 가운데 맞춤'을 설정한다. 그리고 [홈] 탭의 [글꼴]에서 '견고딕', '14pt'로 설정한다.

③ B2 셀에 '(주)우리유통'을 입력한다. B2:D2 셀 범위를 선택하여 [병합하고 가운데 맞춤]을 설정하고, 다시 [맞춤]에서 [왼쪽 맞춤]으로 설정한다.

④ B4 셀로부터 I4 셀까지 각 셀에 '월', '일', '상품명', '거래처', '수량', '단가', '금액', '적요'를 각각 입력한다.

⑤ A열로부터 I열까지의 각 [열 너비]를 '4,', '4', '10', '10', '5', '10', '14', '40'으로 각각 설정한다. 그리고 B4:I40 셀 범위를 선택하여 [홈] 탭의 [글꼴]에서 [모든 테두리]를 설정하고, [맞춤]에서 [가운데 맞춤]으로 설정한다. 다시 B4:I4 셀 범위를 선택하여 [홈] 탭의 [글꼴]-[채우기 색]에서 '연한 파랑색'을 설정한다.

⑥ '매출장부'의 기본 양식은 작성된 셈이지만, **금액의 합계**를 어디에 표시해야 할지 그 위치를 정할 필요가 있다. 흔히 금액의 합계는 금액란 아래쪽에 표시되도록 하는 것이 일반적이다. 그러나 **합계란**을 예컨대 H41 셀과 같이 금액란의 아래쪽에 미리 특정 위치를 결정해두는 경우에는, 만일 입력 거래건수가 36개를 초과하는 경우에는 H41 셀에 합계를 정상적으로 표시할 수 없게 되는 경우도 생긴다. 이러한 문제의 해결방법의 하나로, 예컨대 H10 셀 정도에 합계란을 마련해두고 하나의 거래 입력을 실행할 때마다 H10 셀 위쪽에 하나의 행 전체를 삽입해나가도록 절차를 구성하는 방법을 생각해 볼 수 있다. 이 방법이 번잡하다고 생각되는 경우에는 금액란의 위쪽(예컨대 H3 셀)에 합계란을 설정해두고 수식으로 표현해두면, 아래쪽에 아무리 많은 거래자료가 입력되더라도 신경 쓸 필요가 없을 것이다. 여기서는 우선 후자의 방법으로 설계해 보기로 한다.

⑦ F3 셀에 '합계금액'으로 입력하고 F3:G3 셀을 함께 선택하여 [병합하고 가운데 맞춤]으로 설정한다. 그리고 H3 셀에는 수식 '=sum(H5:H1000)'으로 입력하여 거래자료가 1,000여 개 입력

되더라도 수식을 변경할 필요 없도록 설정해 둔다. F3:H3 셀 범위를 선택하고 [홈] 탭의 [글꼴]-[테두리]에서 [모든 테두리]로 표시한다.

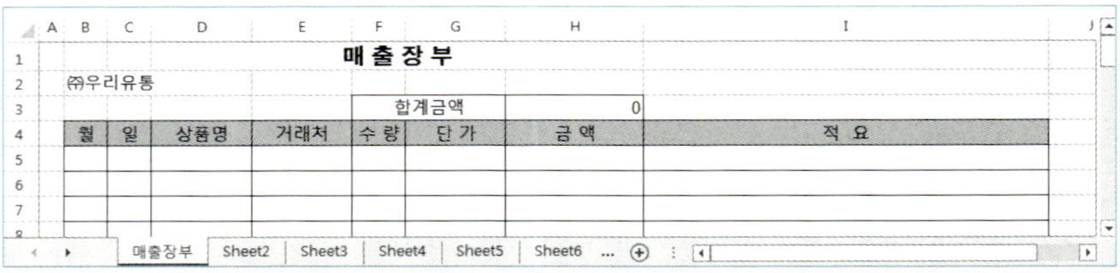


⑧ 매출장부에 거래가 기록되는 5행부터는 향후 입력상자에서 선택되는 자료가 매크로에 의해 자동으로 기록되도록 할 것이므로 수식 등을 입력하지 않고 그대로 둔다. 이로써 매출장부의 양식 설계는 이루어진 셈이다.

## 2. 기초자료 시트의 준비

① '매출장부' 시트의 오른쪽에 새 시트를 삽입하고, 시트의 이름을 '기초자료'로 변경해 놓는다.

② '기초자료' 시트의 B1 셀에 '(주)우리유통 판매거래 기초자료'를 입력하고, [홈] 탭의 [글꼴]에서 [굵게], '12pt'로 설정한다.

③ B3 셀에 '상품명', D3 셀에 '거래처', F3 셀에 '단가'를 각각 입력한다. 그리고 문제에서 주어진 '1) 취급 상품과 거래처 및 판매단가표'의 자료들을 아래쪽에 나열하여 입력한다. 또 거래일자를 선택하여 표시할 수 있도록 G3 셀과 H3 셀에 각각 '월', '일'을 입력하고, 아래쪽에 월, 일에 해당하는 숫자들을 나열하여 표시해둔다.

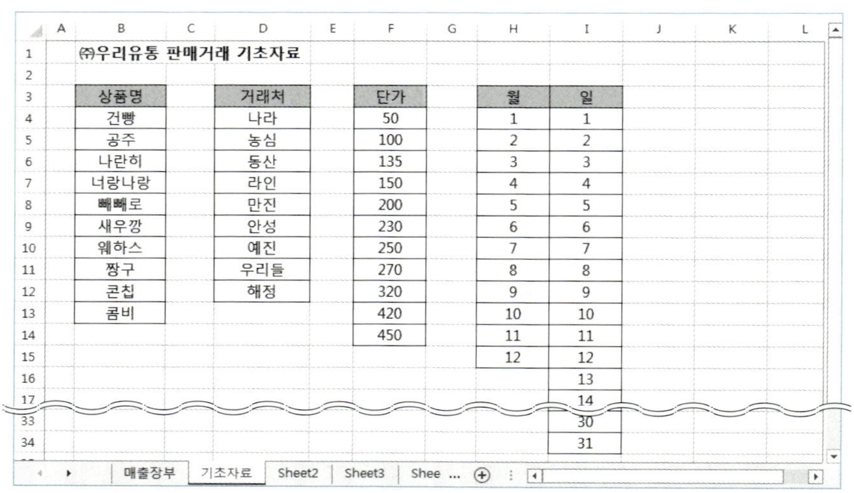

㈜우리유통 판매거래 기초자료

| 상품명 | 거래처 | 단가 | 월 | 일 |
|---|---|---|---|---|
| 건빵 | 나라 | 50 | 1 | 1 |
| 공주 | 농심 | 100 | 2 | 2 |
| 나란히 | 동산 | 135 | 3 | 3 |
| 너랑나랑 | 라인 | 150 | 4 | 4 |
| 빼빼로 | 만진 | 200 | 5 | 5 |
| 새우깡 | 안성 | 230 | 6 | 6 |
| 웨하스 | 예진 | 250 | 7 | 7 |
| 짱구 | 우리들 | 270 | 8 | 8 |
| 콘칩 | 해정 | 320 | 9 | 9 |
| 콤비 | | 420 | 10 | 10 |
| | | 450 | 11 | 11 |
| | | | 12 | 12 |
| | | | | 13 |
| | | | | 14 |
| | | | | 30 |
| | | | | 31 |

④ 기초자료의 각 항목들을 **이름**으로 정의해두고, 향후 이 이름을 이용하여 표시하도록 하기로 한다. B4:B16 셀 범위를 선택하고 [**이름상자**]에 '상품명'을 입력한 후 Enter 키를 누른다(또는 B4:B16 셀 범위를 선택하고 [수식] 탭의 [정의된 이름]에서 [이름정의]를 클릭하고 [새 이름] 상자에서 [이름]에 '상품명'을 입력하고 [확인]을 눌러도 결과는 같다). 여기서 실제 자료는 B4:B13 셀까지만 입력되어 있는데 선택범위를 B4:B16으로 지정한 것은, 향후 거래를 수행하는 중에 상품명이 추가될 수 있으므로 이를 미리 고려하는 의미에서 빈 칸 3칸까지를 범위에 포함시켜 둔 것이다.

⑤ 같은 방식으로 D4:D15 셀 범위에 대해 이름 '거래처'를, F4:F17 셀 범위에 대해 이름 '단가'를, H4:H15 셀 범위에 대해 이름 '월'을, I4:I34 셀 범위에 대해 이름 '일'로 각각 정의해 둔다. 여기서 물론 '월'과 '일'의 경우 항목을 추가할 필요가 없기 때문에 자료가 입력되어 있는 셀 범위만을 지정하고 있다.

⑥ 정의된 이름들이 제대로 표시되고 있는지 확인해보기 위해, [수식] 탭의 [정의된 이름]에서 [**이름관리자**]를 클릭해 본다.

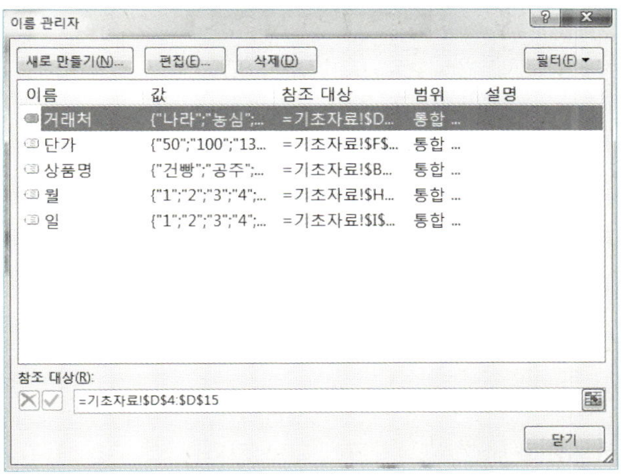


⑦ 정의한 5개의 이름과 관련 셀 범위(참조대상)가 모두 맞는지 확인해 본다. [닫기]를 누른다.

## 3. 입력화면의 설계: 사용자 정의 폼 사용

Excel에서 자료의 **입력화면**을 설계하기 위해 흔히 사용되는 방법이 [**사용자 정의 폼**]을 이용하는 방법이다.

① 현재의 worksheet에서 메뉴의 [**개발도구**]-[Visual Basic]을 선택하면 Visual Baisc 편집기 새 창이 열린다.

참고

### [개발도구] 탭이 표시되어 있지 않을 때

엑셀 기본 메뉴에는 [개발도구] 탭이 표시되어 있지 않은 경우가 많다. 이는 [개발도구] 내의 하위메뉴들이 대부분 엑셀 매크로 이용과 관련되어 있는 것들인데, 매크로를 이용하지 않는 경우에는 거의 사용되지 않기 때문에 메뉴에 표시되지 않고 있는 것이다. 이를 사용할 수 있도록 활성화하려면 다음의 절차를 수행한다.

※ [파일] 탭의 [옵션]을 클릭하고, [Excel 옵션] 대화상자에서 [리본 사용자 지정]을 선택한 후 오른쪽 [리본 메뉴 사용자 지정]에서 [개발도구] 탭을 클릭하여 선택표시한다. 그리고 [확인]을 누르면 Excel 메뉴에 [개발도구] 탭이 활성화되어 표시된다.

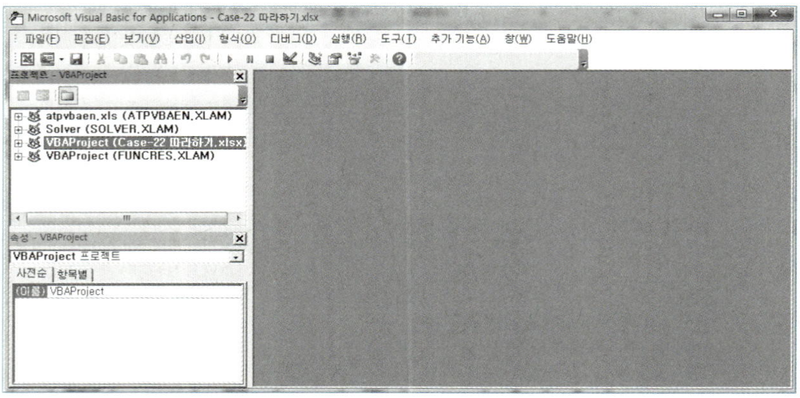

② Visual Baisc 편집기의 [삽입] 탭에서 [**사용자 정의 폼**]을 선택하면, 왼쪽 [프로젝트] 창에 [폼]-[UserForm1] 메뉴가 생성되고 오른쪽 창에 **'UserForm1'** 새 폼이 생성된다. 선택 표시된 'UserForm1' 화면의 오른쪽 아래 모서리를 마우스로 끌기 하여 적당한 크기로 확대한다. 여기서 조정한 크기가, 이후에 Macro를 통해 입력 기능을 실행했을 때 입력화면으로 표시될 크기이므로, 이 폼에 입력하도록 설계할 기초자료들의 구성을 고려하여 너무 크거나 작지 않게 조정해 둘 필요가 있다.

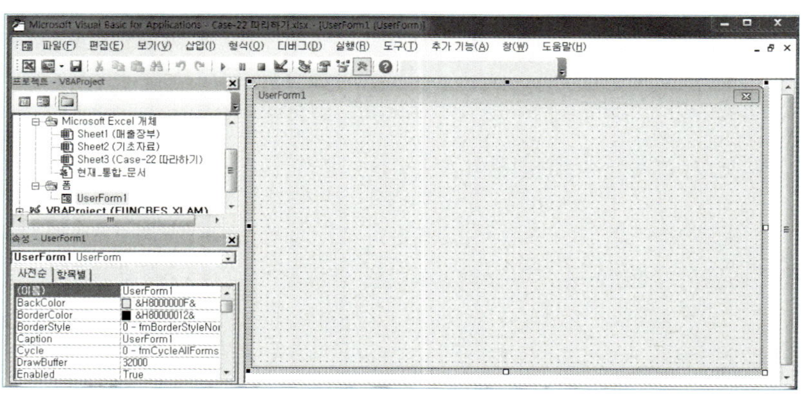

③ Visual Baisc 편집기의 왼쪽 아래 [**속성**] 창에서 [(이름)] 오른쪽 상자에 '**frm매출거래입력**'으로, [Caption] 오른쪽 상자에 '매출장부 거래입력'으로 입력하고, [Font]의 오른쪽 상자 끝의 선택버튼을 눌러서 [글꼴]은 '견명조', [크기]는 '11'로 각각 설정한다. 여기서 'frm매출거래입력'은 이 폼의 이름을 의미하는 것으로 위쪽 [프로젝트] 창의 [폼]에 해당 이름이 수정되어 표시되고 있으며, [Caption]에 입력된 레이블은 오른쪽 폼의 윗줄에 표시되는 폼의 이름부분을 의미한다. 이 폼에서 설정한 [Font]는 이 폼 전체에 적용되게 된다.

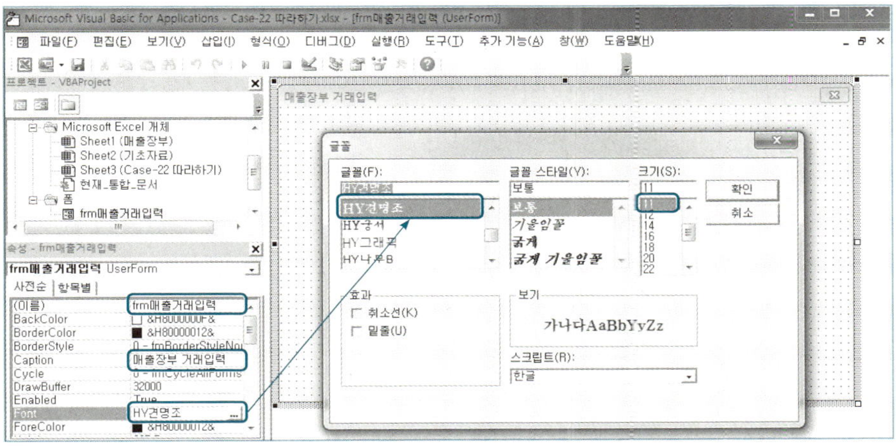

**참고**

## 폼의 속성

[**속성**] 부분은 사용자의 정의 폼 전체에 영향을 미치는 주요 속성을 결정하는 곳으로, 여기에서 지정된 속성값은 사용하고 있는 폼 전체에 영향을 미치게 된다.

(이름): 개체를 지칭하는 이름. 작성하려는 개체의 내용을 연상할 수 있는 이름으로 부여하되, 폼을 지칭하는 경우에는 이름 앞에 '**frm**'을 붙여 사용

BackColor: 사용자 정의 폼의 배경색을 지정하고자 할 때 사용

Caption: 개체에 표시될 이름표. 폼의 제목 표시줄에 나타내고자 하는 메시지를 등록하는 곳 (예; 매출장부 거래입력)

Font: 사용자 정의 폼에서 전체적으로 사용할 글꼴과 크기를 지정하는 곳

ForeColor: 사용자 정의 폼에서 사용할 글자의 색상을 미리 정의하는 곳

Picture: 사용자 정의 폼에 배경 그림을 삽입하고자 할 때 사용

④ 마우스로 오른쪽 폼의 내부를 클릭하게 되면 [**도구 상자**]가 팝업 형식으로 나타나게 된다. 이 [도구상자]에서 [레이블(A)]을 선택한 후 폼의 위쪽 중앙에 적당한 크기로 드래그하여 표시한다. 그리고 [속성] 창에서 [AutoSize]는 'True'로, [Caption]은 '(주)우리유통 매출거래 입력'으로, [Font]에서 [글꼴]은 '견고딕', [크기]는 '16'으로, 그리고 [ForeColor]에서 '반전'으로 각각 설

정한다. 폼에서 입력된 글자가 모두 표시되도록 크기를 조정하고, 폼의 위쪽 좌우 가운데 부분으로 배치한다.

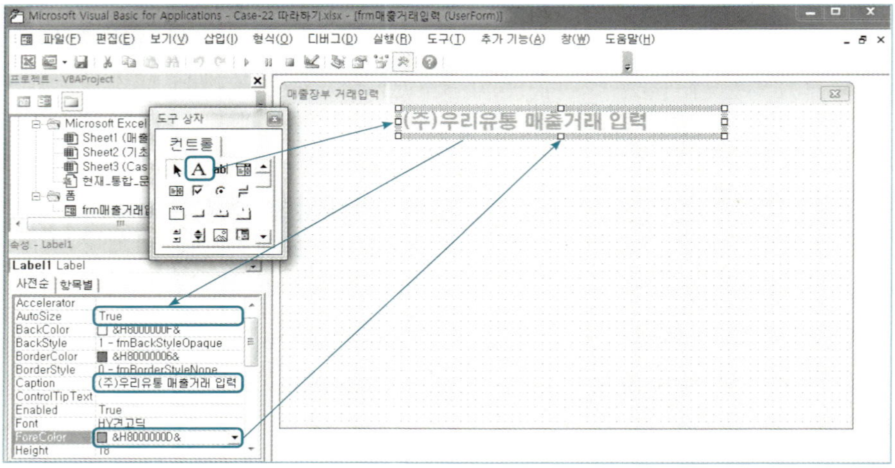

⑤ 다시 [도구상자]에서 [**레이블(A)**]을 선택하고, 오른쪽 폼 내부에 '거래일자', '월', '일', '상품명', '거래처', '수량', '단가', '적 요' 등의 레이블을 각각 만든다. 이 때 각 레이블은 [속성] 창의 [Caption]에 입력하거나, 또는 폼에 표시된 'Label2' 부분을 클릭하여 직접 입력해도 [속성] 창의 [Caption]에 그대로 반영된다. 입력된 레이블들은 관련 기초자료를 표시할 수 있을 정도의 적절한 간격으로 배치한다(배치는 추후 다시 재조정할 수 있다).

⑥ 이제 각 레이블 아래에 해당 항목을 선택하는 **컨트롤**을 입력한다. 예컨대 '월' 레이블 아래에는 '기초자료' 시트에서 정의해 둔 월 자료 숫자들을 스크롤 형태로 조회하여 선택할 수 있도록 [**콤보상자**]를 이용할 수 있다. 이를 위해 [도구 상자]에서 [콤보상자]를 클릭하고, 레이블

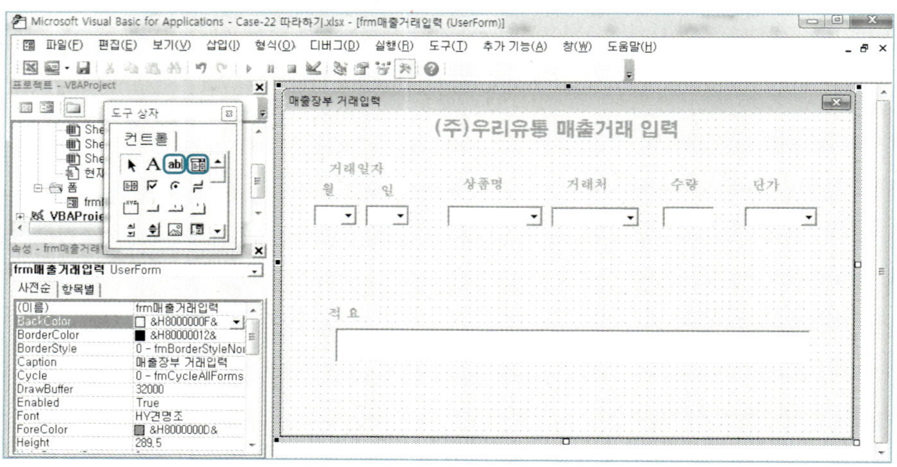

'월' 아래에 적절한 크기로 표시한다. '상품명', '거래처', '단가' 레이블 아래에도 마찬가지로 [콤보상자]를 표시한다. 다만, 숫자나 문자를 직접 입력해야 하는 '수량'과 '적요' 레이블 아래에는 [도구상자]의 [**텍스트상자**(ab)]를 표시한다. 이 때 [콤보상자]는 기본적으로 하나의 자료만 표시하다가 드롭다운 버튼을 클릭하면 아래쪽으로 목록이 펼쳐지게 되므로, [콤보상자] 아래쪽에 여유 공간을 남겨두고 배치하는 것이 좋다.

⑦ 지금까지 폼에 표시한 각 컨트롤에 대해 속성을 정의해 두어야 한다. 먼저 '월' 레이블 아래에 표시된 콤보상자를 클릭하고, 폼 왼쪽의 [**속성**] 창에서 [(이름)]에 'cbo월'로 입력하며, [Font]에서 [크기]를 '9'로 설정하고, [RowSource]에는 앞서 '기초자료' 시트에서 이름 정의해 두었던 '월'을 입력한다. 마찬가지로 다른 컨트롤에 대해서도 각각 다음과 같이 해당 속성을 설정한다.

| 컨트롤 이름 | 컨트롤 종류 | 속 성 |
|---|---|---|
| 일 | 콤보상자 | • (이름): cbo일<br>• Font: [크기] '9'<br>• RowSource: 일 |
| 상품명 | 콤보상자 | • (이름): cbo상품명<br>• Font: [크기] '9'<br>• ListRows: 9<br>• RowSource: 상품명<br>• Style: 2–fmStyleDropDownList |
| 거래처 | 콤보상자 | • (이름): cbo거래처<br>• Font: [크기] '9'<br>• ListRows: 9<br>• RowSource: 거래처<br>• Style: 2–fmStyleDropDownList |
| 수량 | 텍스트상자 | • (이름): txt수량<br>• Font: [크기] '9' |
| 단가 | 콤보상자 | • (이름): cbo단가<br>• Font: [크기] '9'<br>• ListRows: 9<br>• RowSource: 단가<br>• Style: 2–fmStyleDropDownList |
| 적요 | 텍스트상자 | • (이름): txt적요<br>• EnterKeyBehavior: True<br>• Font: [크기] '9'<br>• MultiLine: True<br>• ScrollBars: 2–fmScrollBarsVertical |

참고

### 콤보 상자의 속성

**RistRows**: 콤보상자의 드롭다운 단추를 클릭할 때 보여주는 자료의 개수를 지정한다.

**RowSource**: 콤보상자의 드롭다운 단추를 클릭했을 때 보여줄 목록의 범위를 지정한다. 미리 특정 셀 범위에 이름을 정의해 둔 경우 그 이름을 입력해도 되고, 목록이 들어 있는 셀 주소를 직접 입력해도 된다.

**Style**: 컨트롤 값을 선택하거나 설정하는 방법을 결정하는 곳이다.
0-fmStyleDropDownCombo를 선택하는 경우 목록에서 항목을 선택할 수도 있고 컨트롤에 직접 입력할 수 있다. 2-fmStyleDropDownList를 선택하면 컨트롤에서 제시되는 목록에서만 선택하도록 설정된다.

참고

### 텍스트 상자의 속성

**EnterKeyBehavior**: '적요'란에서 많은 글자를 여러 줄 입력하게 되는 경우, EnterKeyBehavior를 'True'로 설정해 두면 텍스트상자에 입력하다가 Enter 키를 눌러서 줄바꿈이 되어 여러 줄로 입력할 수 있다. 이 때 MultiLine을 'True'로 설정하고, ScrollBars 속성도 세로 줄 스크롤 바(2-fmScrollBarsVertical)를 함께 선택한다.

⑧ 이제 [도구상자]에서 [**명령단추**]를 선택하고 폼의 오른쪽 하단에 두 개의 명령단추를 표시한다. 첫 번째 명령단추(입력)와 두 번째 명령단추(취소)에 각각 다음과 같이 속성을 설정한다.

| 컨트롤 이름 | 컨트롤 종류 | 속 성 |
|---|---|---|
| 입력 | 명령단추 | • (이름): cmd입력<br>• Caption: 입력 |
| 취소 | 명령단추 | • (이름): cmd취소<br>• Caption: 취소 |

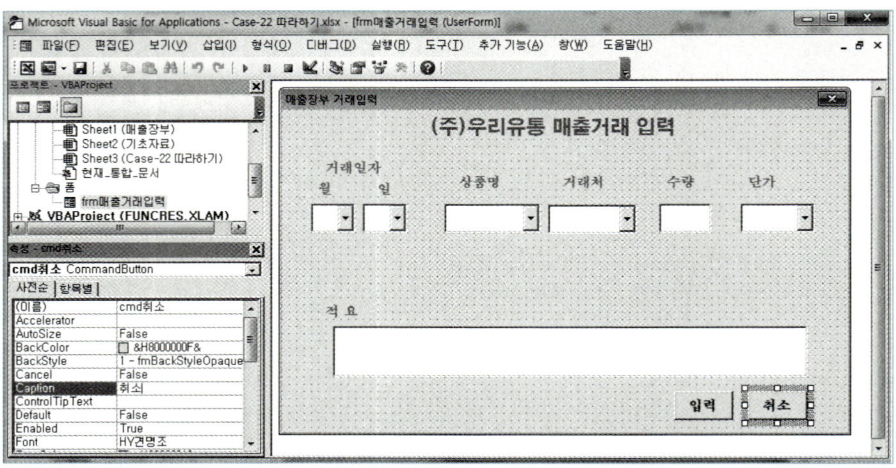


⑨ 지금까지 작성한 'frm매출거래입력' 폼의 각 컨트롤에 입력순서를 지정해 두는 것이 좋다. 입력순서를 지정해두면 Tab을 눌러 다음 선택항목으로 쉽게 이동할 수 있다. 이를 위해 폼의 빈 공간을 오른쪽 마우스로 클릭하여 [**탭 순서**]를 선택한다.

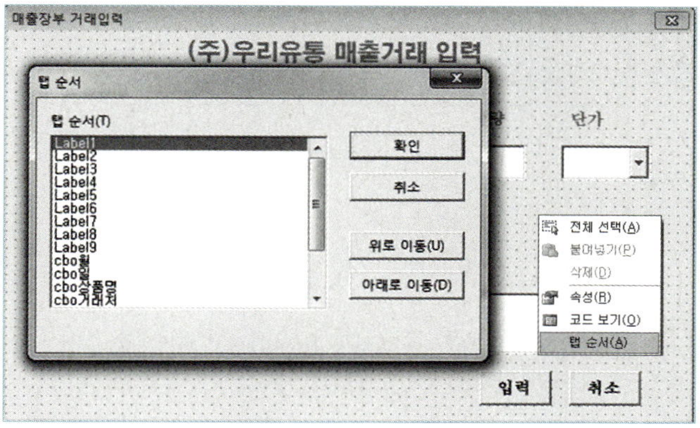


⑩ [탭 순서] 대화상자에서 아직 이름이 부여되지 않은 'Label1', ... 'Label9' 등에는 탭 이동을 지정할 필요가 없으므로, 이들을 함께 선택하여 [아래로 이동]을 계속 눌러 맨 아래쪽으로 이동시킨다. 이름이 부여된 나머지 컨트롤들은 'cbo월', 'cbo일', 'cbo상품명', 'cbo거래처', 'txt수량', 'cbo단가', 'txt적요', 'cmd입력', 'cmd취소' 등의 순서로 배열되도록 조정한다. [확인]을 누른다.

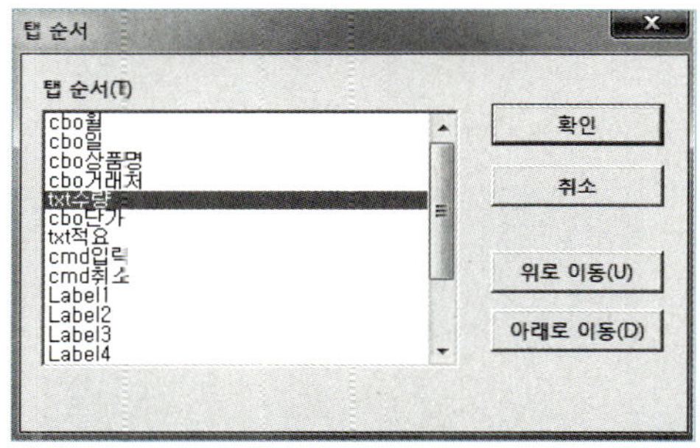


⑪ 이제 입력화면의 폼(frm매출거래입력)은 완성되었다. 마지막으로 폼의 전체적인 크기나 각 컨트롤의 배치 등을 다시 한 번 검토한다.

## 4. 매출자료 입력절차의 설계(폼 실행 프로시저)

이제 설계된 입력화면 폼을 실행하여 거래자료를 입력하고, 이를 매출장부에 기록하는 일련의 프로시저를 Excel Macro를 통해 작성해 보기로 한다.

### 1) 입력화면을 표시하는 프로시저 설계

① 현재 'frm매출거래입력' 폼이 표시되고 있는 VBA 편집기 창에서 [삽입] 탭의 [**모듈**]을 선택한다. 그러면 왼쪽 [프로젝트] 창에 [모듈]-[Module1]이 새로 생성되고, 오른쪽 창도 사용자 정의 폼에서 모듈 창으로 바뀌게 된다.

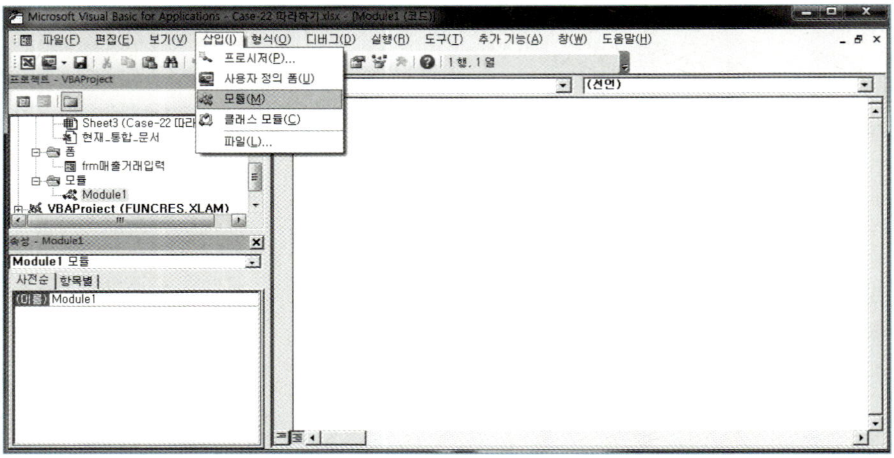

② 오른쪽 모듈 창에 'frm매출거래입력' 폼을 화면에 표시하기 위한 다음의 Code를 입력한다.

```
Sub 매출거래입력()
    frm매출거래입력.Show          ①
End Sub
```

**참고**

- 모든 Macro는 'Sub'로 시작하고 End Sub로 끝난다.
- **'Sub'** 뒤에는 **매크로 이름**('매출거래입력')을 표시하고, 이름 뒤에는 반드시 '()'를 표시한다.
- 이름() 뒤에서 Enter 키를 누르면 아래쪽에 자동으로 'End Sub'가 자동으로 나타나며, 이 Sub와 End Sub 사이에 매크로 실행을 위한 코드를 입력한다.
- **'End Sub'**는 현재의 매크로가 종료됨을 의미한다.

**코드 설명**

①: 'frm매출거래입력' 폼을 열어서 화면에 표시한다.

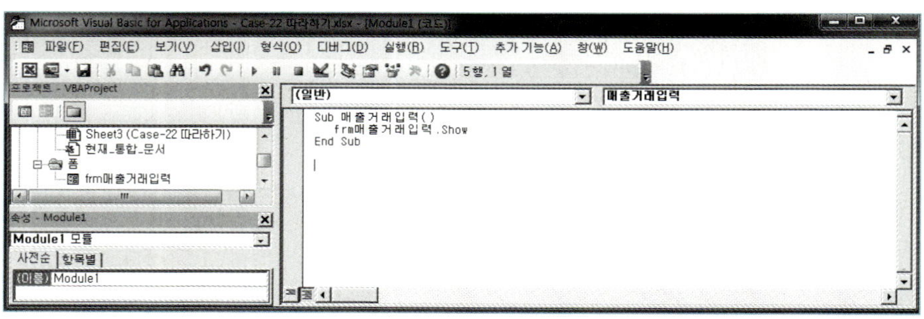

③ 아직 필요한 프로시저(매크로 코드)가 모두 입력된 것은 아니지만, 지금까지 설계한 입력화면 폼(frm매출거래입력)이 제대로 작동하는지, 화면 구성은 적절한지 등을 미리 검토해 보기로 한다. 먼저 열려 있는 VBA 편집기의 [파일] 탭에서 [닫고 Microsoft Excel(으)로 돌아가기]를 선택한다.

④ 엑셀 Worksheet에서 새 시트를 삽입(또는 선택)하고, 시트 이름을 '**시작메뉴**'로 변경한다. 그리고 '시작메뉴' 시트에서 [개발도구] 탭의 [컨트롤]-[삽입]-[양식 컨트롤]에서 [단추(양식컨트롤)]를 클릭하고, '시작메뉴' 시트의 위쪽 임의의 셀에 적절한 크기로 드래그하여 표시한다.

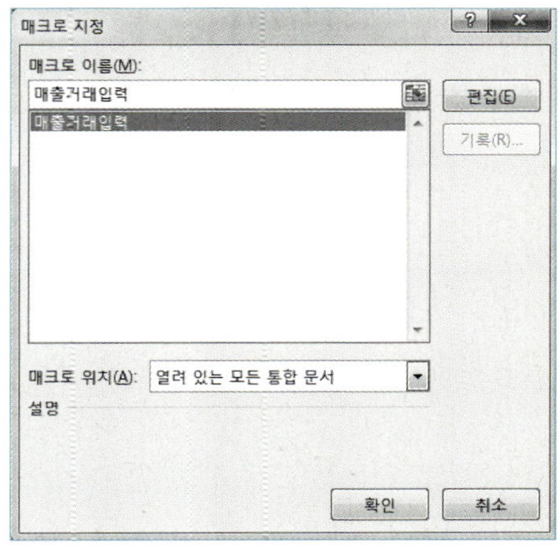


⑤ 나타난 [**매크로 지정**] 대화상자에서 [매크로 이름]에 나열된 매크로 중 앞서 Macro 모듈 이름으로 입력하였던 '매출거래입력'을 선택하고 [확인] 단추를 누른다. 이로써 작성된 Macro 모듈이 명령단추에 연결되어, 앞으로는 이 단추만 누르면 '매출거래입력'으로 정의된 매크로가 자동으로 수행되게 된다.

⑥ 명령단추의 내부를 오른쪽 마우스로 클릭하고, 단추 이름을 '매출거래입력'으로 변경한다. 그리고 단추 외의 다른 장소를 클릭했다가, 다시 마우스를 '매출거래입력' 단추 위로 위치시키면 마우스 모양이 매크로 실행커서( ) 형태로 변하고, 이때 왼쪽 마우스를 클릭하면 매크로가 실행되어 '매출장부 거래입력' 폼이 팝업으로 나타난다.

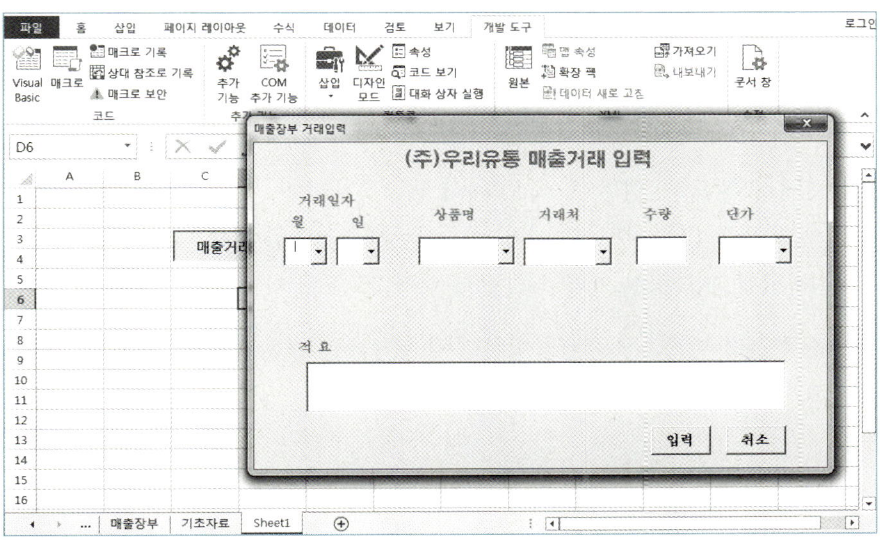

⑦ 실행된 [매출장부 거래입력] 대화상자에서 레이블 '월' 아래에 표시된 컨트롤의 오른쪽 선택화살표를 클릭하여 이름 '월'로 정의해두었던 자료(1, …,12)가 제대로 표시되는지 확인한다. 마찬가지로 다른 컨트롤에 대해서도 각각 원하는 표시내용이 적절히 표시되고 있는지 확인해 본다. 다만, '수량'과 '적요' 컨트롤은 직접 숫자나 문자를 입력하는 방식으로 설계되었으므로 컨트롤 내부에 커서가 표시되는지만 확인하면 된다. 또한 '상품명', '거래처', '단가' 등의 컨트롤에 나열되는 자료의 맨 아래쪽에는, 이름 부여 당시의 의도대로, 3칸씩의 빈 칸이 표시되고 있는지도 확인해 본다. [확인] 및 [취소] 단추는 아직 프로시저가 정의되지 않았으므로 작동하지 않는다.

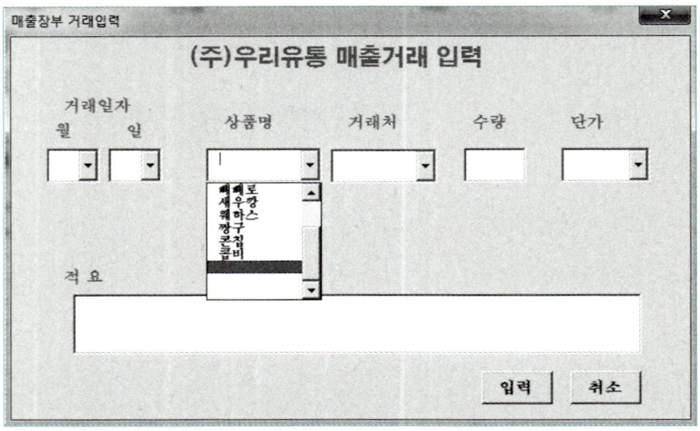


⑧ 시험절차가 이루어졌으므로 [매출장부 거래입력] 대화상자의 오른쪽 위 [닫기] 버튼을 클릭하여 입력화면을 닫는다.

### 2) 입력자료의 장부기록을 위한 프로시저 설계

확인 절차를 위해 중단했던 매크로 코드 입력절차를 계속해서 진행하기로 한다. 지금부터 입력되는 프로시저는 확인된 입력화면을 통해 선택된 항목들을 '매출장부' 시트의 해당 셀에 입력하여 표시하도록 하는 절차이다.

① Worksheet에서 다시 [개발도구] 탭의 [Visual Basic] 탭을 클릭하면, 이전에 작업하였던 모듈 화면이 표시된다. 이제 왼쪽 [프로젝트] 창에서 [폼]-[frm매출거래입력]을 더블클릭하여 오른쪽 창에 이전에 작성하였던 [매출장부 거래입력] 폼이 나타나도록 한다.

② 오른쪽 폼의 빈 칸 부분을 마우스로 더블클릭하면 각 컨트롤에 대한 **이벤트 프로시저**를 작성할 수 있는 화면이 표시된다.

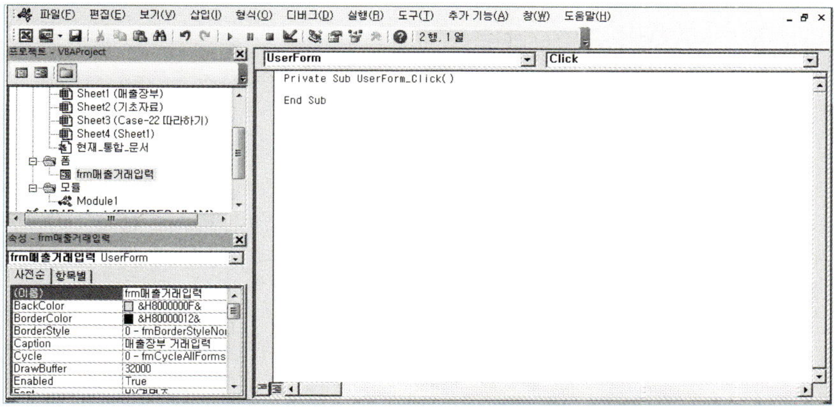


③ 프로시저 창에서 먼저 자동으로 표시되는 프로시저들을 모두 선택하여 지운다.

그리고 다시 왼쪽 [프로젝트] 창의 [폼]-[frm매출거래입력]을 더블클릭하여 앞서 설계한 폼 화면을 표시한다. 여기서 먼저 [취소] 명령단추를 실행하기 위한 프로시저를 만들기 위해, [**취소**] 단추를 더블클릭한다. 그러면 [취소] 명령단추에 대한 Click 이벤트 프로시저를 작성할 수 있는 기본 코드가 표시된다.

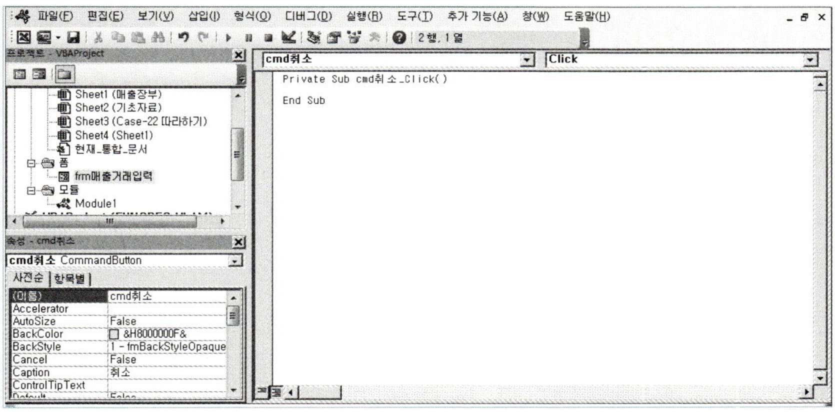


④ [취소] 명령단추를 클릭했을 때 실행되도록 하는 매크로 코드(**Unload Me**)를 제시된 기본 코드 내에 입력한다.

| | |
|---|---|
| Private Sub cmd취소_Click()<br>    Unload Me<br>End Sub | ① |

**코드 설명**

①: 현재 실행되고 있는 사용자 정의 폼(Me)을 닫는다. 'Unload 폼0 름' 형태를 사용할 수도 있다.

**참고**

### Private 문과 Public 문

흔히 하나의 프로시저 내에서 선언된 변수는 해당 프로시저가 끝나면 변수에 할당된 메모리도 사라지게 된다. 이와 같이 해당 프로시저 내에서만 사용할 수 있는 변수를 **지역변수**라고 하고, **Private 문**이 이에 해당한다(Dim으로 선언된 변수도 동일하다). 그러나 상황에 따라서는 다른 모듈이나 프로시저에서도 같은 변수를 공유해서 사용할 필요가 있는데, 이때 사용하는 것이 **Public** 문이다. 따라서 Private 또는 Public 문은 프로시저 밖의 코드 창 상단 선언부에 표시하여 사용한다.

**참고**

### Me의 의미

폼에 이벤트 프로시저를 작성할 때 각 컨트롤의 이름이 매우 중요하다. 그런데 이미 정의해 둔 이름을 모두 기억하기도 어려우며 긴 이름을 모두 입력하는 것이 불편할 수도 있으므로, 프로시저를 작성할 때 현재의 폼을 의미하는 '**Me**'를 대신 사용하면 편리하다. 'Me'를 입력한 후 마침표(.)를 입력하면 폼에 삽입된 컨트롤, 속성, 메서드 등을 선택할 수 있는 목록이 나타난다.

⑤ 이번에는 [**입력**] 명령단추에서 실행되어야 할 프로시저를 작성해 보자. [입력] 명령단추가 실행해야 할 프로시저는 폼에 선택 또는 입력되는 자료를 매출장부에 기록하는 절차를 포함하므로 다소 복잡하다. 먼저 왼쪽 [프로젝트] 창의 [폼]-[frm매출거래입력]을 더블클릭하고, 오른쪽 창에 표시된 '매출장부 거래입력' 폼에서 [입력] 단추를 더블클릭하면, 앞의 [취소] 프로시저 위에 새로운 [입력] 프로시저의 기본 코드가 자동으로 표시된다.

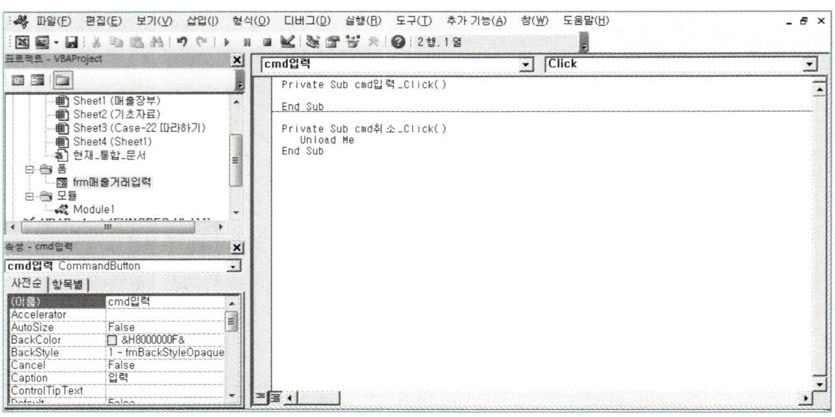


⑥ 생성된 'cmd입력_Click()' 프로시저의 기본 코드 내에 입력자료를 매출장부에 표시하기 위한 다음의 Code를 직접 입력한다.

```
Private Sub cmd입력_Click()
    Dim iSale As Integer                                          ①

    With Worksheets("매출장부")                                    ②
        iSale=.Range("B4").CurrentRegion.Rows.Count+1              ③
        .Cells(iSale, 2).Value=Me.cbo월.Column(0)                  ④
        .Cells(iSale, 3).Value=Me.cbo일.Column(0)                  ⑤
        .Cells(iSale, 4).Value=Me.cbo상품명.Column(0)              ⑥
        .Cells(iSale, 5).Value=Me.cbo거래처.Column(0)              ⑦
        .Cells(iSale, 6).Value=Val(Me.txt수량)                     ⑧
        .Cells(iSale, 7).Value=Me.cbo단가.Column(0)                ⑨
        .Cells(iSale, 8).FormulaR1C1="=RC[-2]*RC[-1]"              ⑩
        .Cells(iSale, 9).Value=Me.txt적요                          ⑪
    End With                                                      ⑫
    Unload Me                                                     ⑬

End Sub
```

**코드 설명**

①: **Dim 문**은 프로시저에서 사용할 변수를 선언할 때 사용된다. Dim은 보통 프로시저 제목 아래에 기술하며, [Dim 변수명 As 데이터형식]으로 표시된다. 여기서는 iSale 변수를 정수로 선언한다는 의미이다.

②: **With 문**은 폼에 있는 각 컨트롤의 값을 '매출장부'시트에 대입하기 위한 **반복문**이다. With와 End With 사이에 있는 모든 문에 'Worksheets("매출장부")'코드가 반복되어야 하므로 이를 모두 With 문으로 묶은 것이다.

③: iSale 변수에 입력할 행 번호를 저장한다. '매출장부'시트의 B4 셀에서 데이터가 입력되어 있는 마지막 셀까지의 행 수를 센(CurrentRegion.Rows. Count) 다음, 여기에 1을 더하여 그 다음에 입력할 행번호를 계산한다. 예컨대 B4 셀로부터 아래로 두 줄까지 데이터가 입력되어 있다면 B4를 포함하여 6행에 1을 더하여 7행이 다음 데이터를 입력할 행이 된다.

④: [iSale 행의 B열(2)] 셀에 거래일자-월을 입력한다. **column(0)**은 Combo상자의 0번 열 값에 선택 값이 표시되어 있다는 의미이다.

⑤: [iSale 행의 C열(3)] 셀에 거래일자-일을 입력한다.

⑥: [iSale 행의 D열(4)] 셀에 상품명을 입력한다.

⑦: [iSale 행의 E열(5)] 셀에 거래처를 입력한다.

⑧: [iSale 행의 F열(6)] 셀에 수량을 입력한다. 텍스트 상자에서 셀로 반환되는 모든 값은 문자로 인식되므로, 이를 **Val 함수**를 이용하여 숫자로 변환한다.

⑨: [iSale 행의 G열(7)] 셀에 단가를 입력한다.

⑩: [iSale 행의 H열(8)] 셀에 금액(=수량×단가)을 계산하여 입력한다.'수량'은 현재의 셀에서 2열 왼쪽에 있으므로 'RC[-2]'로 표시하며, 단가는 현재의 셀에서 1열 왼쪽에 있으므로 'RC[-1]'으로 표시한다.

⑪: [iSale 행의 I열(9)] 셀에 적요를 문자 형태로 입력한다.

⑫: ②에서 선언한 With 반복문을 종료한다.

⑬: 현재 실행되고 있는 사용자 정의 폼을 닫는다.

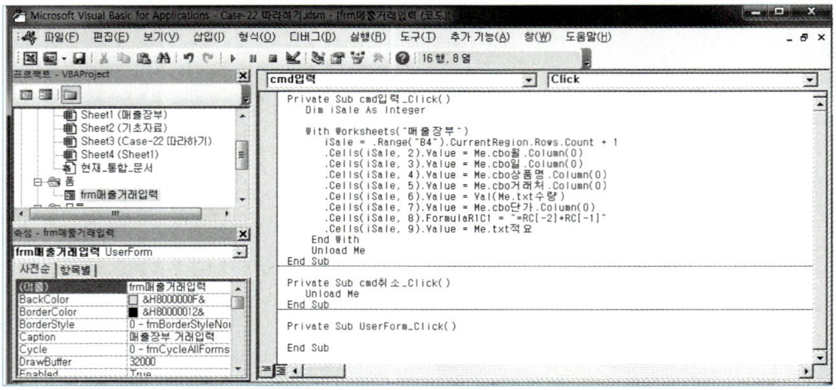


⑦ 폼의 입력자료를 분개장에 표시하기 위한 'cmd입력_Click()' 프로시저가 등록되었으므로 이를 테스트해 보기로 한다. 현재 편집 중인 VBA 편집기의 [파일] 탭에서 [닫고 Microsoft Excel(으)로 돌아가기]를 선택한다. 되돌아 온 Worksheet에서 '시작메뉴' 시트를 선택하고, 앞서 만들어 둔 [매출거래입력] 명령단추를 클릭하여 실행해 본다.

⑧ 팝업 표시된 [매출장부 거래입력] 입력상자에서 각 컨트롤의 선택화살표를 클릭하고 다음의 가상 매출거래를 입력해 본다.

| 가상거래 1 | 3월15일 빼빼로 33개를 단가 ₩230에 거래처 안성에 판매하다. |
|---|---|

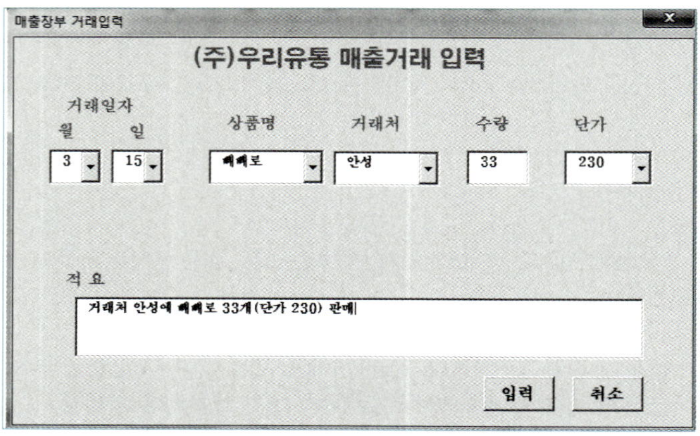


⑨ 각 컨트롤에 선택하여 표시하고 [확인] 명령단추를 누르면, '매출장부' 시트의 해당 셀들에 거래자료가 분류되어 표시된다.

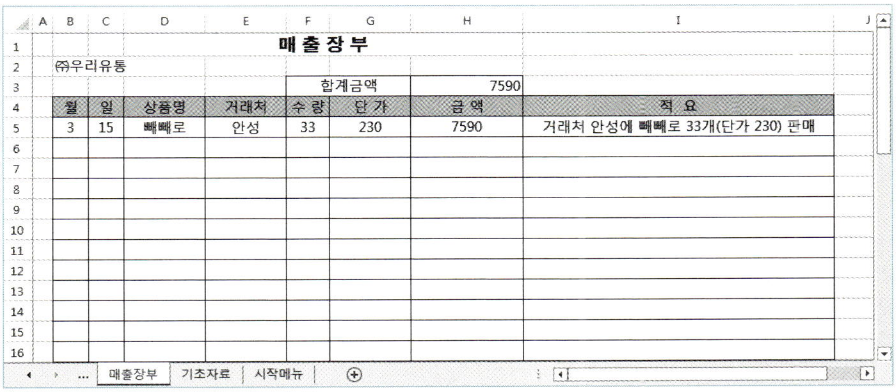

| | 월 | 일 | 상품명 | 거래처 | 수 량 | 단 가 | 금 액 | 적 요 |
|---|---|---|---|---|---|---|---|---|
| 1 | | | | 매 출 장 부 | | | | |
| 2 | ㈜우리유통 | | | | | | | |
| 3 | | | | | | 합계금액 | 7590 | |
| 5 | 3 | 15 | 빼빼로 | 안성 | 33 | 230 | 7590 | 거래처 안성에 빼빼로 33개(단가 230) 판매 |



⑩ 이제 원하는 입력 프로시저가 제대로 수행되고 있음을 확인하였다. 그런데 앞의 입력상자에서 [확인]을 누르니 입력상자는 사라지고, 입력 내용이 올바르게 표시되고 있는지를 확인하기 위해서는 추가적으로 '매출장부' 시트를 선택하여 살펴보아야 하는 불편함이 있다. 더구나 입력상자에 하나의 거래자료를 입력하고 나서 또다른 입력절차를 수행할 것인지의 여부를 선택할 수 있도록 하면 좋을 것 같다. 이러한 프로시저의 진행은 모듈에 표시된 '매출거래입력' 매크로로부터 이루어지므로, 이 모듈을 수정하여 위의 요구사항을 반영해 보기로 한다.

⑪ Worksheet에서 [개발 도구] 탭의 [Visual Basic]을 선택하고, VB편집기 왼쪽의 [프로젝트] 창에서 [모듈]의 [Module1]을 더블클릭한다. 그리고 이전에 입력되어 있던 '매출거래입력' Macro Code에 다음의 추가 Code를 삽입하여 입력한다.

```
Sub 매출거래입력()
    frm매출거래입력.Show
End Sub
```

⬇

```
Sub 매출거래입력()
    계속여부=vbYes                                                          ①
    Do While 계속여부=vbYes                                                 ②
      frm매출거래입력.Show
    계속여부=MsgBox("입력작업을 계속하시겠습니까?", vbYes, "계속여부선택")   ③
    Loop                                                                    ④
    Sheets("매출장부").Select                                                ⑤
End Sub
```

**코드 설명**

①: 계속 여부를 묻는 질문의 답(**vbYes**)을 '계속여부' 변수에 대입한다.

②: **Do While**로 시작되는 반복문은 뒤에 나오는 조건이 만족하는 동안(계속여부가 vbYes인 경우) 아래의 실행문을 **Loop** 문이 나오는 곳까지 계속해서 실행하도록 하는 순환작업이다. 만일 조건이 False(즉 vbNo)인 경우에는 Loop 문 아래로 빠져 나온다.

③: 폼을 실행하고 난 후, 입력작업을 계속할 것인지를 묻는 메시지상자를 표시하고, 메시지상자에서의 선택결과를 vbYes에 저장한다.
④: Loop는 Do 문의 종료를 의미하는 것으로, Loop 문을 만났을 때 조건이 True인 경우에는 다시 Do 문으로 되돌리지만, False인 경우에는 Loop 아래로 빠져나오도록 한다.
⑤: 입력작업을 계속하지 않기로 하면 곧바로 입력결과를 확인하기 위해 '매출장부'sheet를 선택하여 표시하도록 한다.

⑫ 위 Macro Code 수정 결과가 제대로 작동하는지 살펴보기 위해 2개의 가상 거래를 연속하여 입력해 보기로 한다. 먼저 VBA 편집기의 [파일] 탭에서 [닫고 Microsoft Excel(으)로 돌아가기]를 선택한 후, Worksheet의 '시작메뉴' 시트에서 다시 [매출거래입력] 명령단추를 클릭한다. 그리고 [매출장부 거래입력] 입력상자에 다음 2개의 가상 매출거래를 입력해 본다.

| 가상거래 2 | 5월5일 거래처 예진에 웨하스 18개를 단가 ₩150에 판매하다. |
|---|---|
| 가상거래 3 | 5월18일 거래처 우리들에 건빵 400개를 단가 ₩100에 판매하다. |

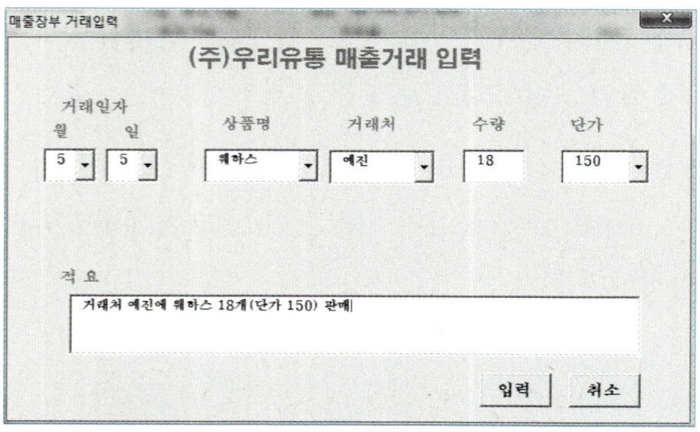


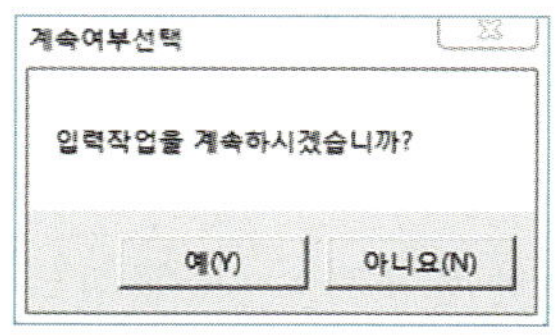


⑬ 첫 번째 거래(가상거래2)를 입력하고 [확인]을 누르면 오른쪽 그림과 같이 계속여부를 선택하도록 하는 메시지박스가 표시된다. 여기서 [예(Y)]를 선택하면 다시 [매출거래입력] 입력상자가 표시되어 다음 거래를 입력할 수 있는 준비상태가 된다. 두 번째 거래(가상거래3)를 입력하

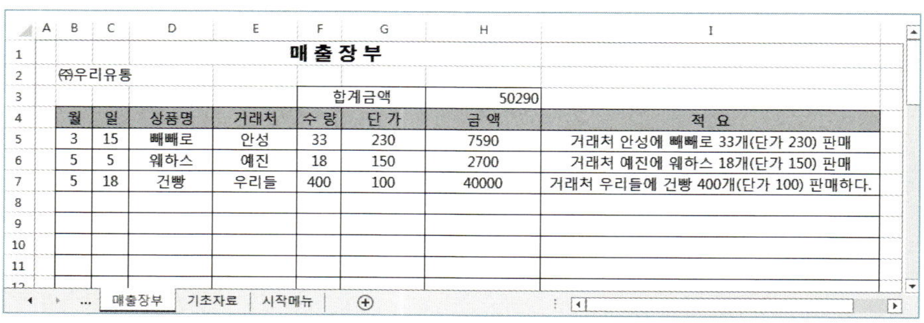

매 출 장 부

㈜우리유통

| | | | | 합계금액 | 50290 | |
|---|---|---|---|---|---|---|
| 월 | 일 | 상품명 | 거래처 | 수 량 | 단 가 | 금 액 | 적 요 |
| 3 | 15 | 빼빼로 | 안성 | 33 | 230 | 7590 | 거래처 안성에 빼빼로 33개(단가 230) 판매 |
| 5 | 5 | 웨하스 | 예진 | 18 | 150 | 2700 | 거래처 예진에 웨하스 18개(단가 150) 판매 |
| 5 | 18 | 건빵 | 우리들 | 400 | 100 | 40000 | 거래처 우리들에 건빵 400개(단가 100) 판매하다. |

고, 이제 입력작업을 끝내고자 하는 경우에는 [**계속여부선택**] 상자에서 [아니오(N)]를 선택한다. 그러면 프로시저의 절차에 따라 입력작업을 끝내고, 입력결과를 확인할 수 있도록 '매출장부' 시트를 화면에 표시해 준다.

⑭ 이로써 입력상자를 통한 매출거래 입력 프로시저는 완성되었다. 그런데 지금까지 작성된 Worksheet와 VBA 편집기 내용을 저장해 두어야 하는데, 저장할 때 단순한 [Excel 통합문서]로 저장하면 지금까지 작성한 **매크로 코드**를 모두 잃게 된다. 따라서 [파일] 탭의 [다른 이름으로 저장]을 선택하고 폴더를 정한 후 반드시 [파일형식]을 [**Excel 매크로 사용 통합문서**]로 지정하여 저장하여야 통합문서에 매크로 코드를 함께 저장할 수 있다.

Case 37 따라하기

# (주)해당의 상품매매거래장 기록과 재고관리

37

**현황**

(주)해당은 전국의 가구 소매점에 고급 가구만을 전문으로 유통하는 유통회사이다. 거래상품은 침대와 식탁만을 취급하고 있다. (주)해당은 상품(가구) 매입, 매출과 관련하여 매입, 매출 기록은 물론 상품별 재고관리까지도 엑셀 프로그램을 사용하여 한꺼번에 관리하는 프로그램을 만들어 사용하고자 한다(다만, 프로그램의 개발 편의상 상품은 침대, 소파 각 2종씩만 취급하고 있는 것으로 가정하고, 상품의 단가 관리는 이동평균법을 사용하는 것으로 가정한다).

✸ (주)해당의 매입매출 기초자료

| 거래구분 | 거래처 | 상품명 | 결제방법 | 비고 |
|---|---|---|---|---|
| 매입 | 소라가구 | 침대 데이베드형SS | 현금 | 현금 매출 |
| 매출 | 일등가구 | 침대 평상형 GD | 외상 | 외상 매출 |
| | 프라하가구 | 소파 샤무드4S | 신용카드 | 카드 매출 |
| | 한남가구 | 소파 카우치형LK | | 매출 환입 |
| | 대우가구 | | | 현금 매입 |
| | 우리들 | | | 외상 매입 |
| | 행복침대 | | | 카드 매입 |
| | 아늑한 | | | 매입 환출 |
| | 보람찬 | | | 매입에누리 |
| | 나우리 | | | 매출에누리 |
| | 대덕가구 | | | |
| | 영천소파 | | | |
| | HK가구 | | | |
| | SDB가구 | | | |
| | 가산가구 | | | |
| | 누리가구 | | | |
| | 다모아가구 | | | |
| | 이루리 | | | |

**요구사항**

(주)해당이 사용하고자 하는 **상품매매거래장**과 상품별 **재고관리대장** 기록을 위한 양식과 필요한 프로시저를 설계해 보시오.

## Case 37 따라하기

**상황분석**

1. 매입/매출거래는 일단 매입매출대장에 거래일자순으로 기록되고, 상품종류에 따라 별도의 상품재고장에 재고관리가 이루어지도록 한다.
2. 본 예제의 경우에는 재고관리가 주된 관리요소이다.
3. 상품매매거래는 입력화면 폼을 통해 입력되도록 한다. 다만, 입력될 단가는 매입시에는 매입단가를 기록하되, 매출시에는 판매단가가 기록되도록 한다.
4. 상품별 재고관리대장에서는 매입시와 매출시에 해당 상품의 원가를 확인하여 기록하되, 매출시의 판매단가는 이동평균법을 적용하도록 한다.
5. 이 예제를 확장하여 대금 결제방법에 따라 현금출납장과 외상관리대장, 카드매매대장 등에 추가적으로 분기하여 기록하거나 거래처별로 외상관리대장을 기록하여 관리하는 방법으로 확장해 볼 수도 있다.

※ 흔히 **재고관리**는 매입매출거래가 빈번한 유통회사 등에서는 필수적인 관리요소이다. 특히 취급하는 상품 종류가 많은 경우에는 각 상품종류별로 별도의 **상품재고장**을 기록, 관리해야 하기 때문에 복잡한 장부 구성이 이루어질 수밖에 없지만, 이 예제에서는 프로그램의 복잡성을 피하기 위해 각 품목별로 2가지 종류만을 가정하고 있다. 이는 상품 종류를 확장하는 경우에도 동일한 방법론을 사용할 수 있기 때문에 우선 간편한 설계를 가정하고 있는 것이다.

다만, 본 예에서는 재고자산의 원가관리방법으로 **이동평균법**을 가정하고 있지만, 이와 관련하여 선입선출법, 후입선출법, 이동평균법, 총평균법 등의 각 방법으로 원가관리하는 방법에 대해서도 함께 생각해 보아야 한다.

### 1. 기초자료의 정리

① 새 Worksheet의 새 시트를 선택하고, 시트의 이름을 '기초자료'로 변경해 놓는다.

② '기초자료' 시트의 D1 셀에 제목 '(주)해당의 매입매출 기초자료'를 입력한다. 그리고 B3 셀로부터 하나씩 열을 띄워 (주)해당의 매입매출 기초자료를 입력한다.

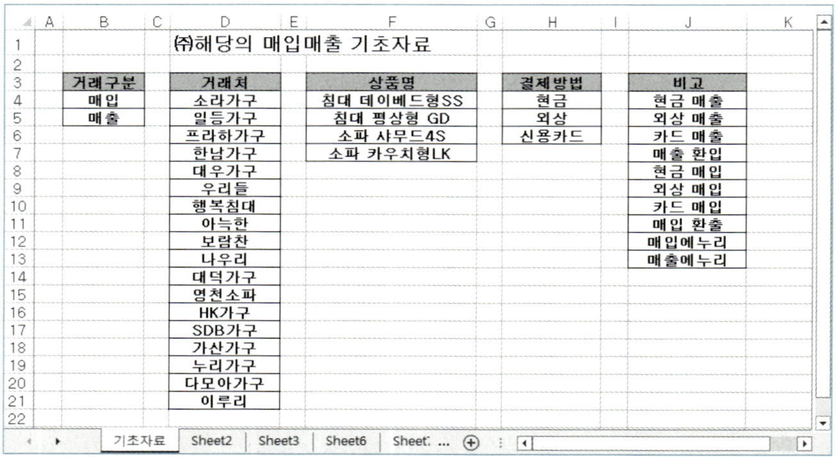


③ 각 기초자료 이름부분(3행)을 제외한 데이터들에 대해 각 열의 이름으로 **이름**을 정의한다. 예컨대 B4:B5 셀 범위를 선택하고 [이름 상자]에 '거래구분'을 입력한 후 Enter 키를 누른다. 마찬가지 방법으로 D4:D24, F4:F10, H4:H6, J4:J16 셀 범위에 대해 각각 '거래처', '상품명', '결제방법', '비고' 등의 이름을 정의한다. 여기서 '거래처', '상품명', '비고'의 경우에 아래쪽 3개의 빈 셀까지 이름 범위에 포함한 것은, 실제로 거래자료를 입력해가면서 거래처, 상품명, 비고 등의 자료가 새롭게 추가될 수 있는 가능성을 미리 고려해두고자 한 것이다.

④ [수식] 탭의 [정의된 이름]-[이름관리자]를 클릭하여 [이름 관리자] 상자에 정의해둔 5개 이름들이 제대로 등록되어 있는지 확인하고 [닫기]한다.

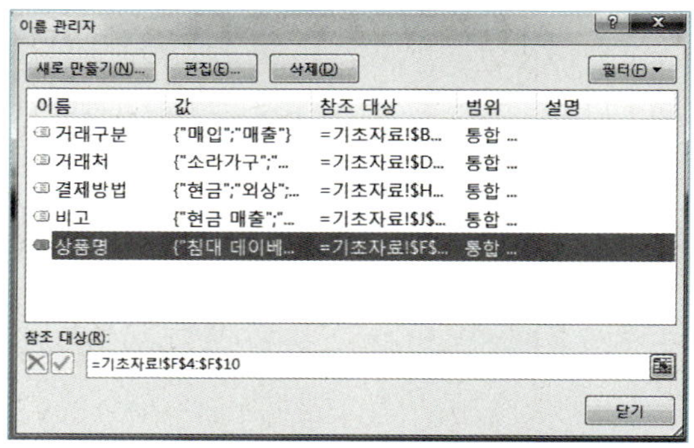


## 2. 상품매매거래장 설계

① '기초자료' 시트 오른쪽에 새 시트를 삽입하고, 시트의 이름을 '**상품매매거래장**'으로 변경해 놓는다.

② '상품매매거래장' 시트의 C1 셀에 제목 '(주)해당 상품매매거래장'을 입력하고, C1:F1 셀 범위를 선택하여 [병합하고 가운데 맞춤]으로 설정한다. [홈] 탭의 [글꼴]에서 '견고딕', '14pt'로 설정한다.

③ A4 셀로부터 오른쪽으로 '거래일자', '전표번호', '거래구분', '거래처명', '상품명', '수량', '단가/판매가', '금액', '결제방법', '비고' 등의 열 이름을 입력한다. A4:J40 셀 범위를 선택하고, [홈] 탭의 [글꼴]을 '맑은고딕', '10pt'로 설정하고, [맞춤]을 [가운데 맞춤]으로 설정한다. 그리고 선택된 범위에 대해 [홈] 탭의 [글꼴]에서 [테두리]를 [모든 테두리]로 설정한다.

④ 각 열의 이름부분(A4:J4) 셀 범위를 선택하고 [채우기 색]을 [옅은 파랑색]으로 설정한다. 그리고 A~K열까지 각 열의 [**열 너비**]를 8, 8, 8, 10, 16, 6, 10, 12, 10, 10으로 각각 설정한다.

## 3. 거래자료 입력화면(사용자 정의 폼) 설계

① 현재의 worksheet에서 메뉴의 [개발도구]-[Visual Basic]을 선택하면 Visual Baisc 편집기 새 창이 열린다.

② Visual Baisc 편집기의 [삽입] 탭에서 [**사용자 정의 폼**]을 선택하면, 왼쪽 [프로젝트] 창에 [폼]-[UserForm1] 메뉴가 생성되고 오른쪽 창에 'UserForm1' 새 폼이 생성된다.

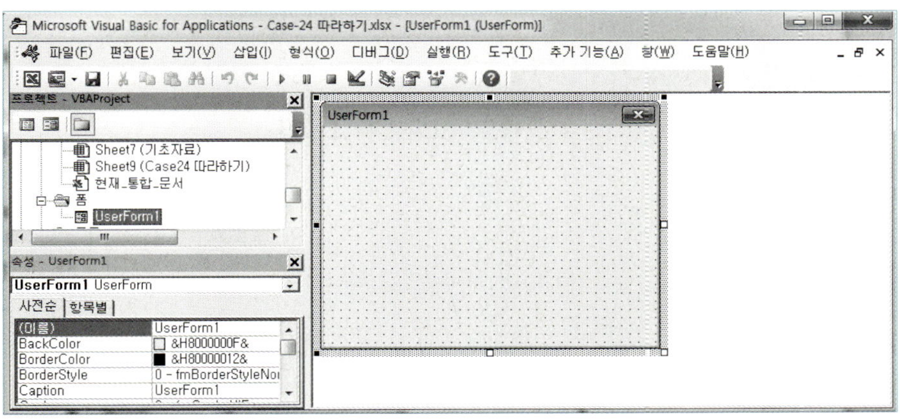

③ 'UserForm1' 상자의 오른쪽 아래 모서리를 마우스로 끌기 하여 적당한 크기로 확대한다.

④ Visual Baisc 편집기의 왼쪽 아래 [속성] 창에서 [(이름)] 오른쪽 상자에 **'frm상품매매거래입력화면'**으로, [Caption] 오른쪽 상자에 '상품매매 거래입력'으로 입력하고, [Font]의 오른쪽 상자 끝의 선택버튼을 눌러서 [글꼴]은 '견고딕', [크기]는 '11'로 각각 설정한다. 이는 폼의 이름을 'frm상품매매거래입력화면'으로, 폼 위에 표시되는 레이블을 '상품매매 거래입력'으로, 그리고 폼에 삽입될 글꼴을 견고딕, 11pt로 설정하기 위한 것이다.

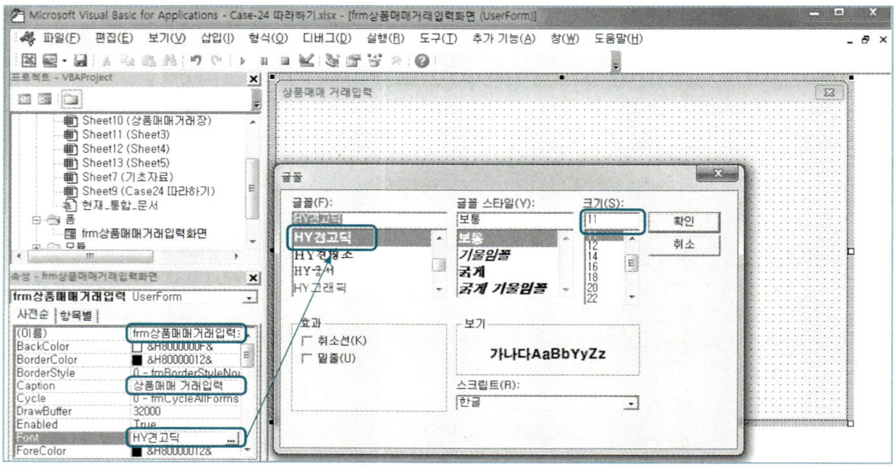


⑤ [상품매매 거래입력] 폼 내부의 위쪽에 제목을 표시하기 위해, 먼저, 폼의 내부를 마우스로 클릭하면 [**도구 상자**]가 팝업 표시된다. [도구상자]에서 [**레이블**(A)]을 선택하고, 폼의 위쪽 가운데에 적당한 크기로 드래그하여 표시한다. 삽입된 'Label1'이 선택된 상태에서, 왼쪽 [속성] 창

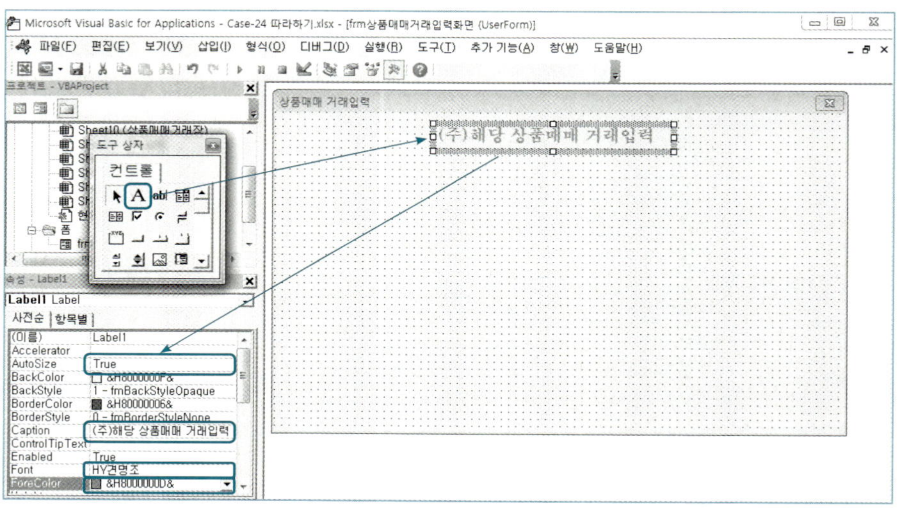

의 [AutoSize]를 'True'로, [Caption]은 '(주)각화 매입매출 거래입력'으로, [Font]에서 [글꼴]은 '견명조', [크기]는 '14'로, 그리고 [ForeColor]에서 '반전'으로 각각 설정한다. 이제 오른쪽 제목이 모두 한 줄로 표시되도록 크기를 조정하고, 폼의 위쪽 좌우 가운데 부분으로 배치한다.

⑥ 다시 [도구상자]에서 [레이블(A)]을 선택하고, 오른쪽 폼 내부의 왼쪽에 드래그하여 표시한다. 삽입된 'Label2' 레이블이 선택된 상태에서 왼쪽 [속성] 창에서 [Caption]에 '거래일자'로 입력한다. 그러면 오른쪽 'Label2'가 '거래일자'로 변경되어 표시된다. 이제 '거래일자' 레이블을 복사하여 붙여넣기를 8번 반복한다(폼에 표시할 레이블 개수만큼).

⑦ 붙여넣기 한 레이블('거래일자')을 하나씩 선택하여 왼쪽 [속성] 창의 [Caption]에 '전표번호', '거래구분', '거래처명', '상품명', '수량', '단가/판매가', '결제방법', '비고' 등으로 각각 입력하여 레이블 이름들을 수정해 놓는다. 수정된 레이블들을 레이블 아래에 표시될 항목들의 글자수(기초자료 시트 참조)를 고려하여 적절한 간격으로 폼 내부에 배열한다.

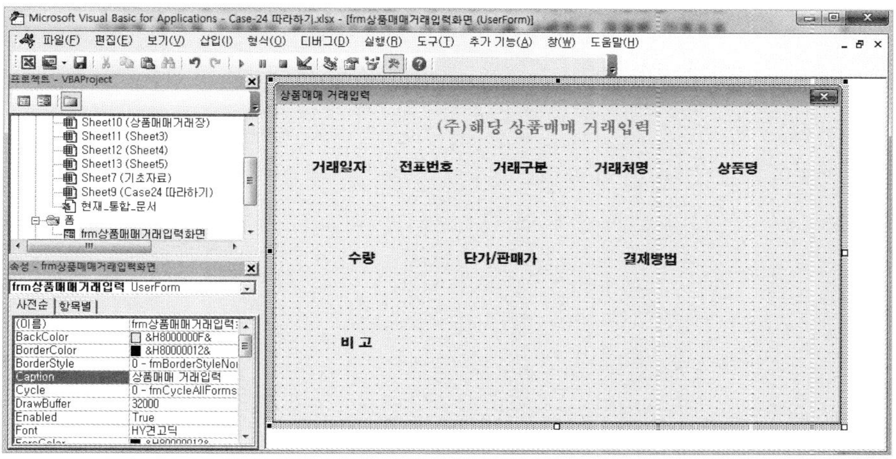


⑧ 각 레이블 아래에 해당 항목을 선택하는 컨트롤을 삽입한다. '거래일자'와 '전표번호' 레이블 아래에는 날짜와 전표번호를 직접 입력하도록 하기 위해, [도구 상자]에서 [**텍스트 상자**]를 클릭하고 각각 '거래일자', '전표번호' 레이블 아래에 드래그하여 표시한다.

⑨ '거래구분'과 '결제방법' 레이블 아래에는 각각 옵션 선택 컨트롤을 표시하기 위해 [프레임]과 [**옵션단추**]를 사용한다. 먼저 [도구상자]에서 [**프레임**] 컨트롤을 클릭하고 '거래구분' 레이블 아래에 표시한 후, 다시 [도구상자]에서 [옵션단추]를 클릭하여 [Frame1] 틀 내에 삽입 표시한다. 삽입된 [옵션단추]를 복사하여 그 아래쪽에 붙여넣기 하여 추가한다. '결제방법' 레이블 아래에는 [도구상자]의 [프레임]을 선택하여 표시하고, [Frame2] 내부에 [도구상자]의 [옵션단추]를 위/아래로 3개 연속하여 표시한다.

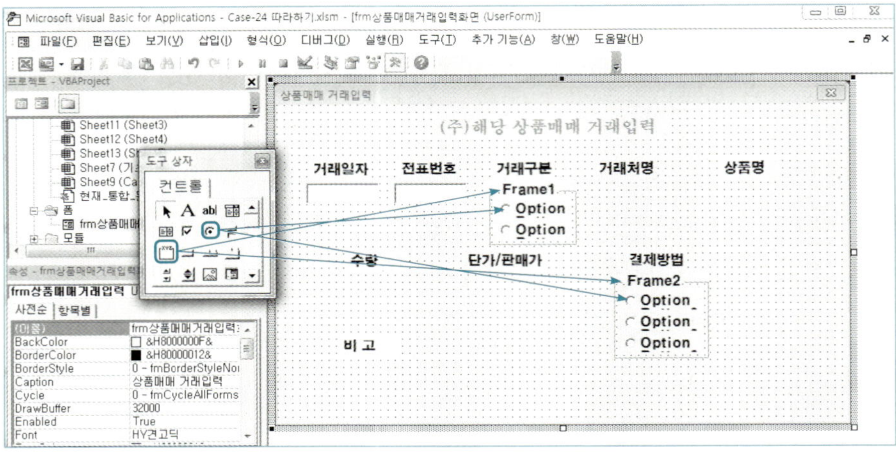


⑩ '거래일자' 아래에 삽입된 [**텍스트상자**]를 클릭하고, 왼쪽 [속성] 창의 [(이름)]에 'txt거래일자'로 입력한다. '전표번호' 아래에 삽입된 [텍스트상자]를 클릭하고, 왼쪽 [속성] 창의 [(이름)]에 'txt전표번호'로 입력한다. 그리고 '거래구분' 레이블 아래에 표시한 [Frame1]을 클릭하고, 왼쪽 [속성] 창에서 [(이름)]을 'fra거래구분'으로, [Caption]을 '거래구분'으로 입력한다. 또 프레임 내부의 위쪽 [옵션단추]를 클릭하고, [속성] 창에서 [(이름)]을 'opt매입', [Caption]을 '매입'으로 입력한다. 아래쪽 [옵션단추]를 클릭하고, [속성] 창에서 [(이름)]을 'opt매출', [Caption]을 '매출'으로 입력한다. 또 '결제방법' 레이블 아래에 표시한 [Frame2]를 클릭하고, 왼쪽 [속성] 창에서 [(이름)]을 'fra결제방법'으로, [Caption]을 '결제방법'으로 입력한다. '결제방법' 프레임 내부의 위쪽 [옵션단추]를 클릭하고, [속성] 창에서 [(이름)]을 'opt현금', [Caption]을 '현금'으로 입력한다. 가운데 [옵션단추]를 클릭하고, [속성] 창에서 [(이름)]을 'opt외상', [Caption]을 '외상'으로 입력하고, 맨 .아래쪽 세 번째 [옵션단추]의 경우에는 [속성] 창에서 [(이름)]을 'opt신용카드', [Caption]을 '신용카드'로 입력한다.

| 컨트롤 이름 | 컨트롤 종류 | 속 성 | |
|---|---|---|---|
| 거래일자 | 텍스트상자 | • (이름): txt거래일자 | |
| 전표번호 | 텍스트상자 | • (이름): txt전표번호 | |
| 거래구분 | Frame1 | • (이름): fra거래구분 | • Caption: 거래구분 |
| | 옵션단추1 | • (이름): opt매입 | • Caption: 매입 |
| | 옵션단추2 | • (이름): opt매출 | • Caption: 매출 |
| 결제방법 | Frame2 | • (이름): fra결제방법 | • Caption: 결제방법 |
| | 옵션단추1 | • (이름): opt현금 | • Caption: 현금 |
| | 옵션단추2 | • (이름): opt외상 | • Caption: 외상 |
| | 옵션단추3 | • (이름): opt신용카드 | • Caption: 신용카드 |

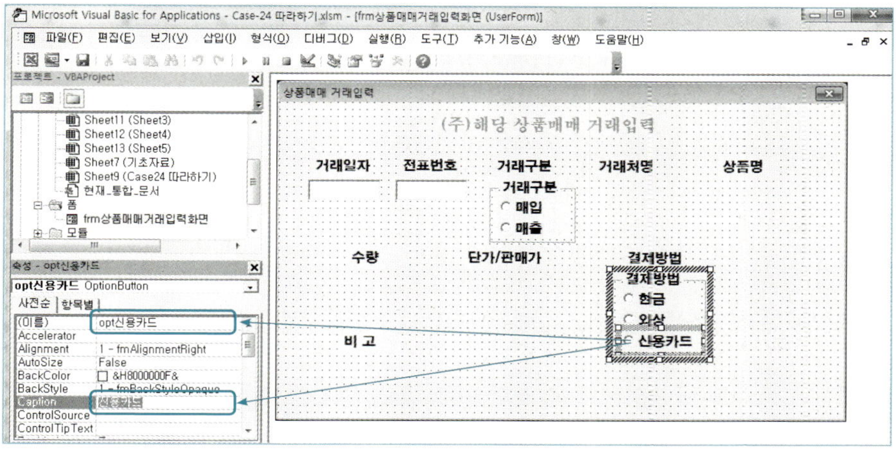

⑪ [프레임] '거래구분'과 [프레임] '결제방법'의 프레임 이름(Caption)이 위의 레이블 이름과 중복되기 때문에, 레이블 '거래구분'과 '결제방법'을 지우고 각 [프레임] 이름이 이전 해당 레이블 위치에 오도록 [프레임] 자체를 끌어 조정한다. 필요한 경우 [프레임] 크기나 [옵션단추] 위치도 알맞게 조정한다.

⑫ '거래처명', '상품명' 레이블 아래에는 [도구상자]에서 [**콤보상자**] 컨트롤을 클릭하여 각각 삽입한다. 다만, '상품명' 컨트롤의 경우 표시되어질 상품명 글자수가 많은 것을 고려하여 컨트롤의 너비를 크게 표시할 필요가 있다. 삽입된 각 [콤보상자] 컨트롤에 대해 [속성] 창에서 각각 다음과 같이 설정한다.

| 컨트롤 이름 | 컨트롤 종류 | 속 성 |
|---|---|---|
| 거래처명 | 콤보상자 | • (이름): cbo거래처명<br>• ListRows: 8<br>• RowSource: 거래처<br>• Style: 2－fmStyleDropDownList |
| 상품명 | 콤보상자 | • (이름): cbo상품명<br>• ListRows: 8<br>• RowSource: 상품명<br>• Style: 2－fmStyleDropDownList |

⑬ '수량', '단가/판매가', '비고' 레이블 아래에는 각각 [**텍스트상자**] 컨트롤을 표시하고, 각 컨트롤에 대해 [속성] 창에서 각각 다음과 같이 설정한다. 다만, '비고' 컨트롤은 '기초자료' 시트에 나열된 요약형 적요 내용 외에도 추가로 상세한 거래정보를 포함한 적요를 직접 입력할 수 있도록 충분한 공간을 확보한다.

| 컨트롤 이름 | 컨트롤 종류 | 속 성 |
|---|---|---|
| 수량 | 텍스트상자 | • (이름): txt수량 |
| 단가/판매가 | 텍스트상자 | • (이름): txt단가 |
| 비고 | 텍스트상자 | • (이름): txt비고<br>• EnterKeyBehavior: True<br>• IMEMode: 10–fmIMEModeHangul<br>• MultiLine: True<br>• ScrollBars: 2–fmScrollBarsVertical |

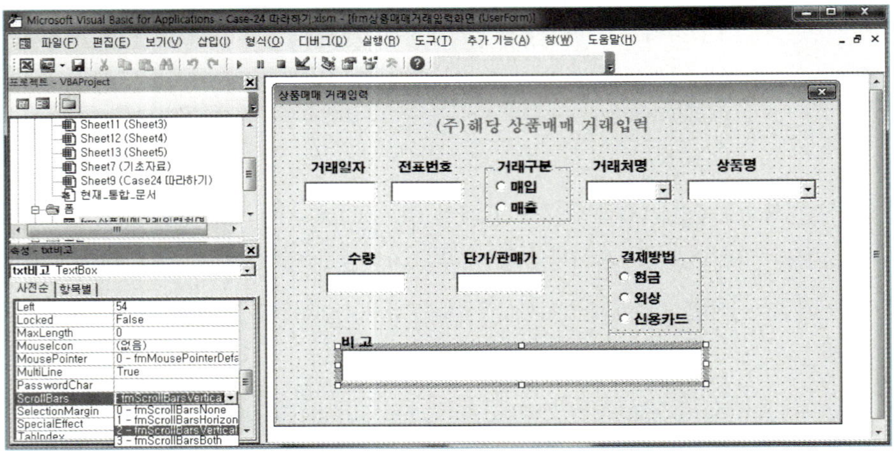

참고

IMEMode: '10–fmIMEModeHangul'

### Text 컨트롤에 자동으로 한글 자판 상태로 설정하기

[적요] 상자와 같은 Text 컨트롤에 적요 내용을 한글로 입력하는 경우가 많은데, Text 컨트롤에 자료를 입력할 때 무심코 영문으로 입력되는 경우 지우고 한글 키보드로 변환한 후 다시 입력해야 하는 경우가 많다. 이러한 불편을 해소하기 위해 Text 컨트롤을 설계할 때 [속성] 창에서 [IMEMode]를 '10–fmIMEModeHangul'로 지정하면 이 컨트롤에 커서가 이동했을 때 자동으로 자판 상태가 한글이 되어 곧바로 한글을 입력할 수 있게 된다.

⑭ 이번에는 [도구상자]에서 [**명령단추**]를 선택하고 폼의 오른쪽 하단에 두 개의 명령단추를 표시한다. 첫 번째 명령단추(입력)와 두 번째 명령단추(취소)에 각각 다음과 같이 속성을 설정한다.

| 컨트롤 이름 | 컨트롤 종류 | 속 성 |
|---|---|---|
| 입력 | 명령단추 | • (이름): cmd입력<br>• Caption: 입력 |
| 취소 | 명령단추 | • (이름): cmd취소<br>• Caption: 취소 |

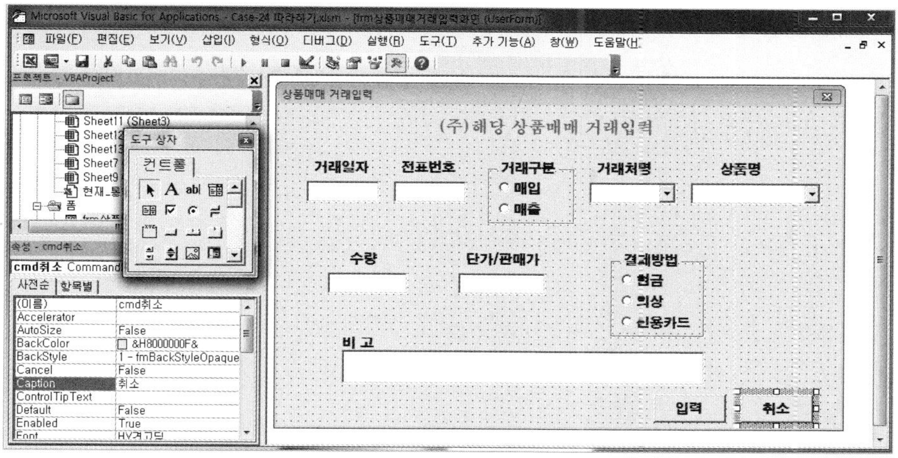

⑮ 이것으로 기본적인 입력화면의 설계는 완성되었다. 그런데 이 입력화면을 실행하여 자료를 선택 입력할 때 [TAB] 키를 통해 다음 입력부분으로 쉽게 이동할 수 있도록 하기 위해서는 각 컨트롤 간 [TAB] 키 이동순서를 미리 지정해 두는 것이 좋다. 이를 위해 설계된 폼의 빈 공간을 오른쪽 마우스로 클릭하고 [**탭 순서**]를 선택한다.

⑯ [탭 순서] 대화상자에서 컨트롤 이름이 아닌 단순한 레이블들('Label1', ... 'Label11')은 탭 이동을 지정할 필요가 없으므로, 이들을 함께 선택하고 오른쪽 [아래로 이동]을 계속 눌러 맨 아래쪽으로 이동시킨다. 그리고 나머지 컨트롤 이름들은 폼에 표시된 구성순서에 따라 '거래일자', '전표번호', '거래구분', '거래처명', '상품명', '수량', '단가', '결제방법', '비고', '입력', '취소'의 순서로 배열하고 [확인]을 누른다.

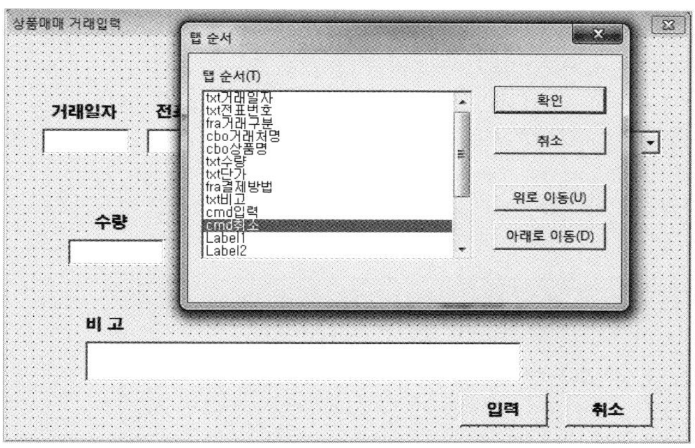

⑰ 이제 [상품매매 거래입력] 폼이 완성되었다. 마지막으로 폼의 전체적인 구성이나 각 컨트롤의 배치 등을 검토하여 필요한 경우 크기나 위치 등을 다시 조정해 둔다.

## 4. 상품매매거래장 기록을 위한 프로시저 설계

앞에서 설계한 입력화면 폼(frm상품매매거래입력)을 실행하고, 폼에 입력된 자료를 상품매매거래장에 기록하기 위한 프로시저를 설계한다.

### 1) 입력 폼을 실행하기 위한 프로시저(모듈) 설계

① '상품매매 거래입력' 폼이 표시되고 있는 VBA 편집기 창에서 [삽입] 탭의 [**모듈**]을 선택한다. 오른쪽에 새롭게 표시된 모듈 창에 'frm상품매매거래입력화면' 폼을 호출하기 위한 다음의 Code를 입력한다. 이때 연속된 거래의 입력 여부를 판단하기 위한 **계속여부 프로시저**(Do While ~ Loop)도 함께 표시한다.

```
① Sub 상품매매거래입력()
②     계속여부=vbYes
③     Do While 계속여부=vbYes
④         frm상품매매거래입력화면.Show
⑤     계속여부=MsgBox("계속해서 또 다른 거래를 입력하시겠습니까?",vbYes,"계속여부선택")
⑥     Loop
⑦     Sheets("상품매매거래장").Select
⑧ End Sub
```

**코드 설명**

①: 매크로 모듈의 이름을 '상품매매거래입력'으로 정의한다.
②: 계속 여부를 묻는 질문의 답(vbYes)을 '계속여부' 변수에 대입한다.
③: 'Do While ~ Loop 반복문을 통해 조건('계속여부'의 선택결과)이 Yes이면 아래 Loop 문이 나올 때까지 다음의 실행문을 계속해서 실행한다. 만일 조건이 False(즉 vbNo)인 경우에는 Loop 문 아래로 빠져 나온다.
④: 'frm상품매매거래입력화면' 폼을 실행하여 화면에 표시한다.
⑤: 계속여부를 묻는 메시지상자(MsgBox)를 표시하고, 메시지상자에서의 선택결과를 vbYes에 저장한다.
⑥: Do While ~문의 종료 지점(Loop)으로, 조건(계속여부)이 True이면 다시 Do 문으로 되돌리고, False이면 Loop 아래로 빠져나오도록 한다.
⑦: 입력작업을 계속하지 않기로 하면(vbNo인 경우) 곧바로 입력결과를 확인하기 위해 '상품매매거래장'sheet를 선택하여 표시한다.
⑧: Sub로 시작된 '상품매매거래입력'매크로를 종료한다.

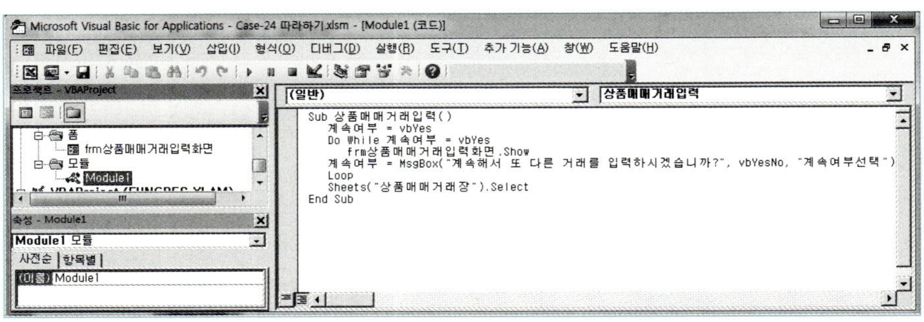

② 일단 지금까지 설계한 모듈('상품매매거래입력' 매크로)과 입력 폼('frm상품매매거래입력화면')이 계획대로 작동하는지 미리 검토해 볼 필요가 있다. 이는 특히 입력 폼이 정확히 정의되어 있는지를 사전에 점검하여, 만일 오류가 나타나면 미리 수정하는 절차를 수행하기 위한 것이다. 이를 위해 먼저 현재 열려 있는 VBA 편집기의 [파일] 탭에서 [닫고 Microsoft Excel(으)로 돌아가기]를 선택한다.

③ 되돌아 온 엑셀 Worksheet에서 '상품매매거래장' 시트 다음에 새 시트를 삽입하고, 시트 이름을 '**시작메뉴**'로 변경한다. 그리고 '시작메뉴' 시트에서 [개발도구] 탭의 [컨트롤]-[삽입]-[양식 컨트롤]-[단추(양식컨트롤)]를 클릭하고, '시작메뉴' 시트의 B3:C4 셀 범위에 걸쳐 드래그하여 표시한다.

④ 이때 자동으로 나타난 [매크로 지정] 대화상자에서 [매크로 이름]에 나열된 매크로 중 앞서 Macro 모듈 이름으로 입력하였던 '상품매매거래입력' 매크로를 선택하고 [확인] 단추를 누른다. 그러면 B3:C4 셀 범위에 표시했던 명령단추에 선택된 매크로가 연결되어진다.

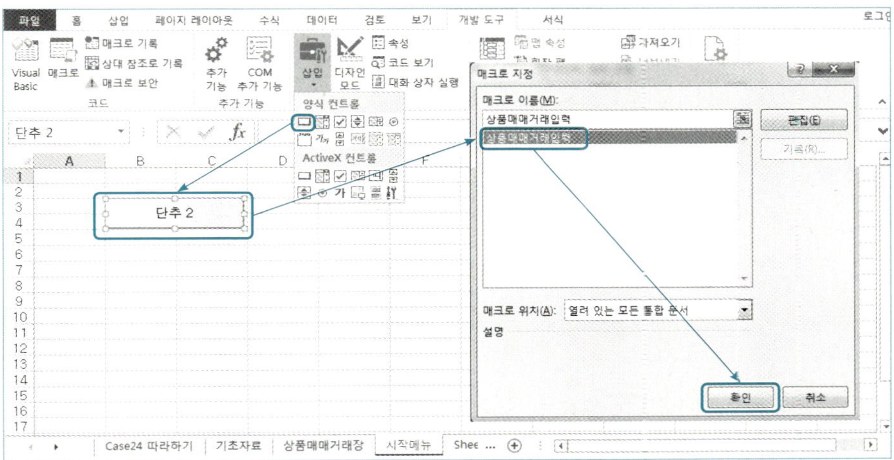

⑤ 연결된 매크로를 실행하기 전에, 먼저 오른쪽 마우스로 명령단추의 내부를 클릭하고 단추의 이름을 '**상품매매 거래입력**'으로 변경해 놓는다. 그리고 단추 외의 다른 장소를 클릭했다가, 다시 마우스를 '상품매매 거래입력' 단추 위로 위치시키면 마우스 모양이 매크로 실행커서(☝) 형태로 변하고, 이때 왼쪽 마우스를 클릭하면 매크로가 실행되어 '상품매매거래입력화면' 폼이 팝업으로 나타난다.

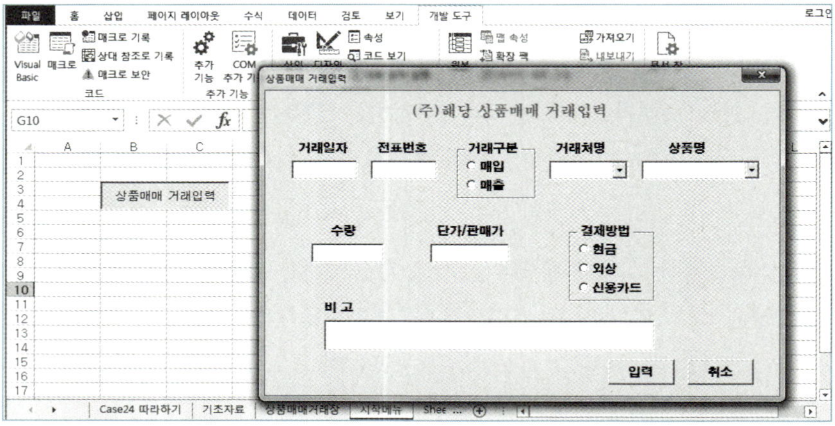

⑥ '시작메뉴' 시트 위에 팝업으로 표시된 '(주)해당 상품매매 거래입력' 폼 상자에 다음의 가상거래를 시험 삼아 입력해 본다.

| (주)해당 거래 1 | 10월 3일 (전표번호 50-11) 거래처 행복침대로부터 '침대 평상형 GD' 15개를 단가 ₩5,000에 외상으로 매입하다. |
|---|---|

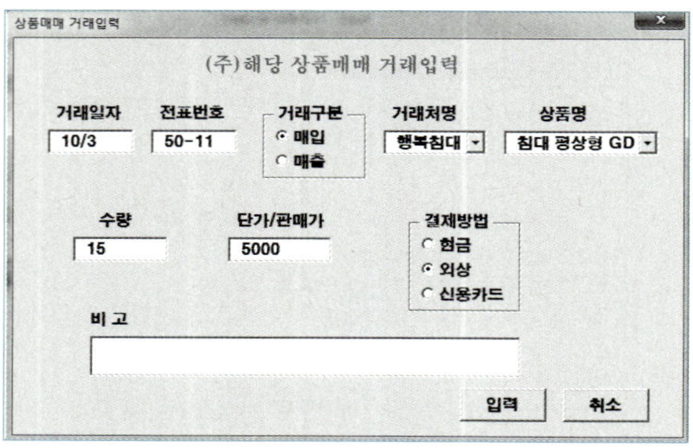

⑦ 그런데 '비고' 자료를 입력하려다 보니 오류가 있음을 발견하였다. '기초자료'에서는 분명 '비고'에 선택 표시할 자료들을 나열해 두었었는데, '상품매매 거래입력' 폼의 '비고'란은 [텍스트상자] 형식으로 정의되어 있어서 '기초자료' 시트에서 정의해두었던 '비고' 자료들을 선택하여 표시할 수 없게 된 것이다. 이 문제를 해결하는 절차를 수행해야 한다.

⑧ '상품매매 거래입력' 폼에 **오류**가 있음을 확인하였지만, 아직 [입력] 또는 [취소] 단추의 실행 프로시저를 등록하지 않은 상태이므로, 이 폼을 닫기 위해서는 폼의 오른쪽 위 [닫기](☒) 단추를 클릭해야 한다. [닫기] 단추를 클릭하면, '상품매매거래입력' 매크로 모듈에서 폼을 불러오는 다음 단계인 메시지상자를 표시하는 프로시저가 표시된다. 나타난 [계속여부선택] 메시지상

자에서 [아니오]를 클릭하면 다음 프로시저에 따라 '상품대매거래장' 시트로 돌아온다. 여기서 최소한 '상품매매거래입력' 매크로 모듈은 정상적으로 작동하고 있음을 확인할 수 있다.

⑨ 위에서 확인된 폼 설계의 오류를 수정하기 위해 다시 [개발도구] 탭의 [Visual Basic]을 클릭하고, 나타난 VBA 편집기의 왼쪽 [프로젝트] 창에서 [폼]-[frm상품매매거래입력화면]을 더블클릭하여 오른쪽에 앞서 작성한 폼을 표시한다.

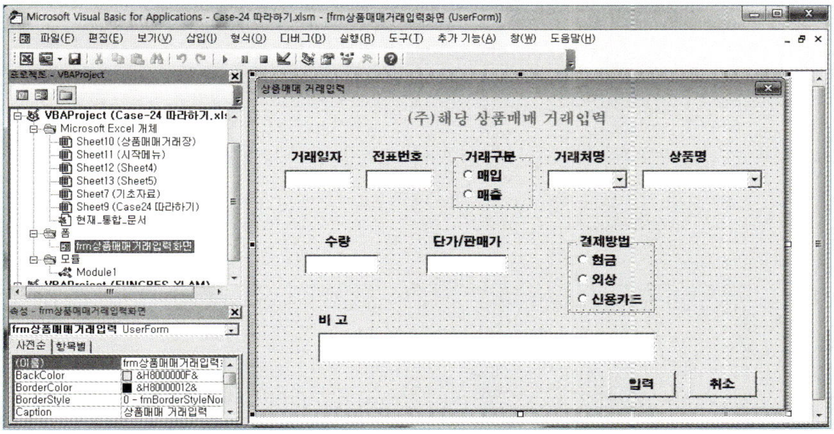

⑩ 현재 [텍스트상자]로 표시되어 있는 '비고' 컨트롤을 [콤보상자] 컨트롤로 변경하기 위해, 먼저 '비고'의 [텍스트상자]를 선택하고 지운다. 그리고 [도구상자]에서 [콤보상자]를 클릭하여 지운 자리에 드래그하여 표시한다. 표시된 '비고' 콤보상자의 [속성]을 아래와 같이 재설정한다.

| 컨트롤 이름 | 컨트롤 종류 | 속 성 |
|---|---|---|
| 비고 | 콤보상자 | • (이름): cbo비고<br>• ListRows: 8<br>• RowSource: 비고<br>• Style: 2-fmStyleDropDownList |

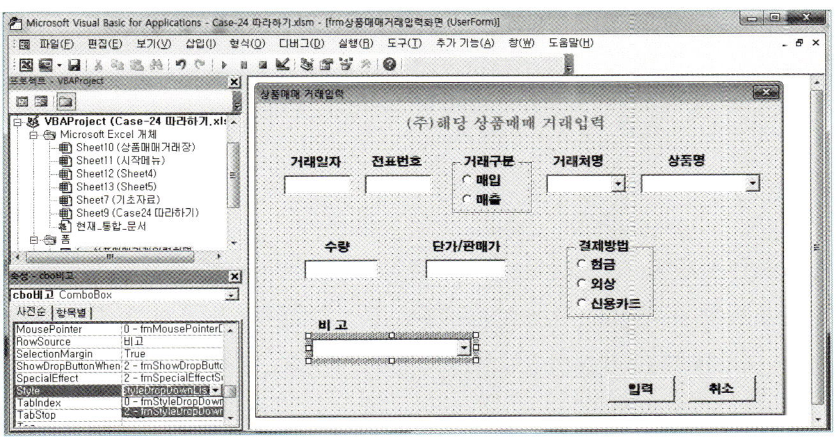

⑪ 컨트롤을 변경하였으므로 탭 순서도 달라져 있을 것이다. 따라서 폼의 빈 공간에서 오른쪽 마우스를 눌러 [탭 순서]를 클릭한다. [탭 순서] 상자에서 방금 수정한 'cbo비고' 컨트롤을 찾아보니 맨 아래쪽에 배열되어 있다. 이를 선택하여 [위로 이동] 버튼을 클릭하면서 원래의 위치인 'cmd입력' 위쪽으로 배치시킨 후, [확인]을 누르고 빠져 나온다.

⑫ 위에서 [모듈] 프로시저에는 문제가 없는 것으로 확인한 바 있다. 따라서 다시 VBA 편집기의 [파일] 탭에서 [닫고 Microsoft Excel(으)로 돌아가기]를 선택한 후, 되돌아 온 Worksheet에서 '시작메뉴' 시트에 작성해두었던 [상품매매 거래입력] 명령단추를 클릭해 본다. 이제 '비고' 컨트롤이 콤보상자로 표시되고 있다.

⑬ 팝업 표시된 '상품매매 거래입력' 폼에 다시 위의 ⑥에서 제시한 [가상거래1]을 [TAB]을 눌러가며 차례로 입력해 본다. 변경된 '비고' 콤보상자 컨트롤에서는 '외상 매입'을 선택하여 표시한다.

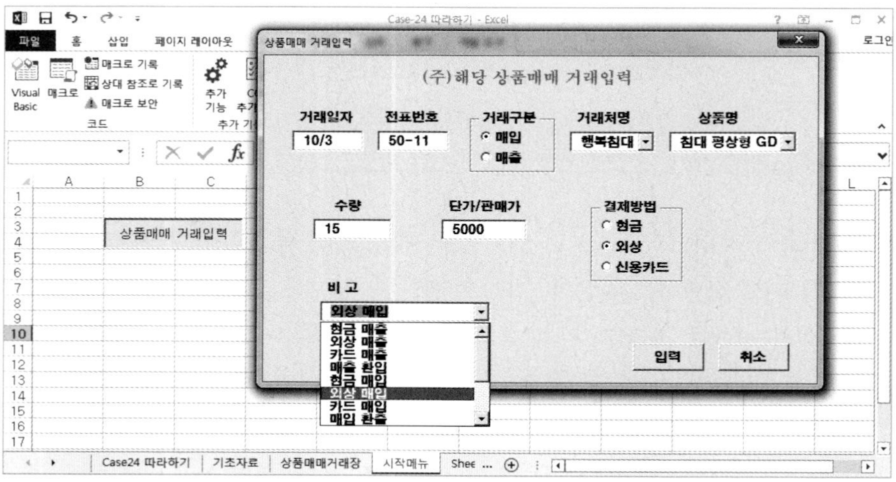


⑭ 이제 입력 폼의 기능이 정상 작동하는 것으로 확인하였으므로, 명령단추 [입력]과 [취소]를 실행하기 위한 프로시저를 설계해야 한다. 현재의 입력 폼에서 빠져나오기 위해 폼의 오른쪽 위 [닫기](☒) 단추를 클릭한다. 그리고 이어서 나타나는 [계속여부선택] 메시지상자에서도 [아니오]를 선택한다.

### 2) 입력자료의 상품매매거래장 기록을 위한 프로시저 설계

① 표시된 '상품매매거래장' 시트에서 다시 [개발도구] 탭의 [Visual Basic]을 클릭하면, 이전에 작업하였던 모듈 화면이 먼저 표시된다. 이전에 설계해두었던 폼 화면을 표시하기 위해 왼쪽 [프로젝트] 창에서 [폼]-[frm상품매매거래입력화면]을 더블클릭한다.

② 오른쪽 폼 화면에서 먼저 [취소] 명령단추를 실행하기 위한 프로시저를 만들기 위해, [**취소**] 명령단추를 더블클릭한다. 그러면 오른쪽 창에 폼 화면이 감추어지고 대신에 [취소] 명령단추에 대한 Click 이벤트 프로시저를 작성할 수 있는 기본 코드가 표시된다.

③ 자동 표시된 [취소] 명령 Click 이벤트 기본 프로시저 내에 '**Unload Me**' 코드를 삽입하여 입력한다.

|  | |
|---|---|
| Private Sub cmd취소_Click()<br>    Unload Me<br>End Sub | ① |

**코드 설명**

①: 현재 실행되고 있는 사용자 정의 폼(Me)을 닫는다(자료입력 취소).

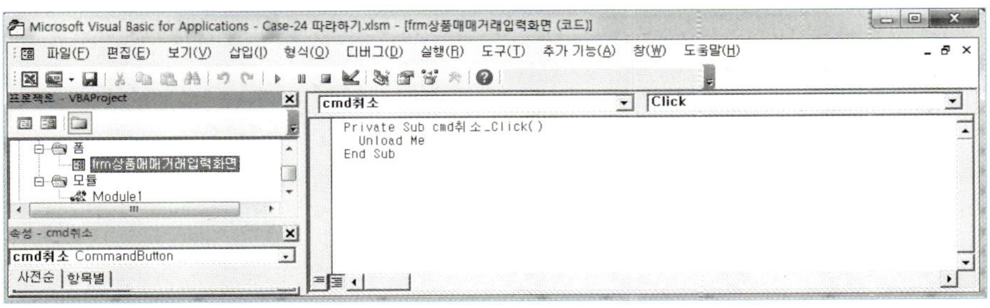


④ 다시 왼쪽 [프로젝트] 창의 [폼]-[frm상품매매거래입력화면]을 더블클릭하고, 오른쪽 창에 다시 표시된 입력 폼에서 이번에는 [**입력**] 명령단추를 더블클릭한다. 그러면 앞서 작성했던 [취소] 프로시저 위에 새로운 [입력] 프로시저의 기본 코드가 자동으로 표시된다.

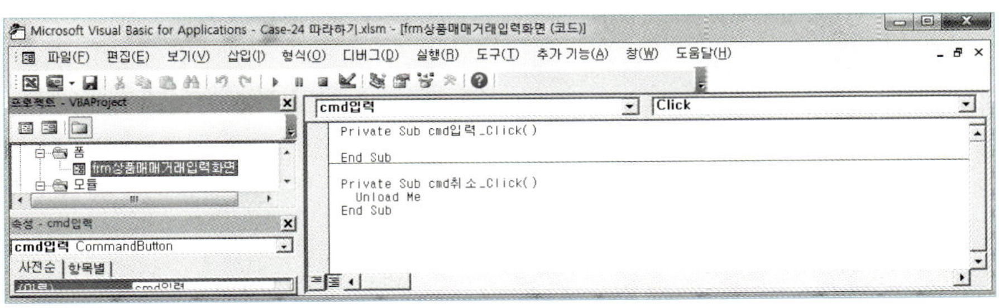


⑤ 'cmd입력_Click()' 매크로는 입력상자를 통해 선택 입력된 거래자료들을 '상품매매거래장' 시트의 양식에 맞춰 기록하기 위한 메인 프로시저이다. 따라서 선택된 자료의 입력과 표시를 위한 다양한 환경설정을 함께 고려하여 프로시저를 설계해야 한다. 'cmd입력_Click()' 프로시저의 Code를 입력하기 전에, 먼저 프로그램 전체에서 공통으로 사용되어야 할 변수를 **Public 문**

을 사용하여 정의해 두어야 한다. 그리고 자동 생성된 'Private Sub cmd입력_Click()' 이벤트의 기본 프로시저 내에 [입력] 명령단추를 실행하기 위한 Code를 아래와 같이 입력한다.

```
Public 거래 As String
Public 지불 As String
-------------------------------
Private Sub cmd입력_Click()
    Dim 기준 As Integer
    If opt매입.Value=True Then
        거래="매입"
    ElseIf (opt매출.Value=True) Then
        거래="매출"
    Else
        MsgBox "거래구분(매입 또는 매출)을 선택하지 않았습니다."
        Exit Sub
    End If
    If opt현금.Value=True Then
        지불="현금"
    ElseIf (opt외상.Value=True) Then
        지불="외상"
    ElseIf (opt신용카드.Value=True) Then
        지불="신용카드"
    Else
        MsgBox "결제방법을 선택하지 않았습니다."
        Exit Sub
    End If

    With Worksheets("상품매매거래장")
        기준=.Range("A4").CurrentRegion.Rows.Count+4
        .Cells(기준, 1).Value=Me.txt거래일자
        .Cells(기준, 2).Value=Me.txt전표번호
        .Cells(기준, 3).Value=거래
        .Cells(기준, 4).Value=Me.cbo거래처명.Column(0)
        .Cells(기준, 5).Value=Me.cbo상품명.Column(0)
        .Cells(기준, 6).Value=Val(Me.txt수량)
        .Cells(기준, 7).Value=Val(Me.txt단가)
        .Cells(기준, 8).FormulaR1C1="=RC[-2]*RC[-1]"
        .Cells(기준, 9).Value=지불
        .Cells(기준, 10).Value=Me.cbo비고.Column(0)
    End With
    Unload Me
End Sub
```

**코드 설명**

①~②: '거래'변수와 '지불'변수는 각각 문자열(텍스트)로 정의하고 모든 프로시저에서 공통으로 사용한다(Public).

③: [입력] 명령단추를 클릭하면 실행되는 매크로의 시작부분임을 의미한다.

④: '기준' 변수를 정수로 선언(Dim)한다.

⑤~⑫: [If 문부터 End If 문까지]: 폼의 [거래구분] 프레임에서 [옵션단추] '매입'(opt매입)이 선택되었으면(true), '거래' 변수에 '매입'이라고 저장한다. 만약 '매출'(opt매출)이 선택되었다면(true), '거래' 변수에 '매출'이라고 저장한다. 하나의 프레임 내에서는 옵션단추 중 하나만 선택할 수 있기 때문에, '거래'변수에는 '매입', 또는 '매출' 중 어느 하나만 저장된다. 만일 이 둘 중 어느 하나도 선택되어 있지 않은 경우에는(Else) 메시지상자에 '거래구분(매입 또는 매출)을 선택하지 않았습니다.'는 메시지가 표시되고, [입력] 매크로를 빠져나가게 된다.

⑬~㉒: [If 문부터 End If 문까지]: 폼의 [결제방법] 프레임에서 [옵션단추] '현금'(opt현금)이 선택되었으면 '지불' 변수에 '현금'이라고 저장하고, '외상'(opt외상)이 선택되었다면 '지불' 변수에 '외상'이라고 저장되며, '신용카드'(opt신용카드)가 선택되었다면 '지불' 변수에 '신용카드'가 저장된다. 만일 이 둘 중 어느 하나도 선택되어 있지 않은 경우에는(Else) 메시지상자에 '결제방법을 선택하지 않았습니다.'는 메시지가 표시되고, [입력] 매크로를 빠져나가게 된다.

㉓: '상품매매거래장'시트에서 아래 End With 문이 나올 때까지 이하의 작업을 순차적으로 처리한다. With 문으로 시작되는 프로시저는 End With 문이 나올 때까지 With 뒤의 조건(즉 '매입매출대장'에서 작업을 수행하는 조건) 내에서 작업이 이루어진다.

㉔: '기준' 변수에 입력할 행 번호를 저장한다. '상품매매거래장'시트의 A4 셀로부터 데이터가 입력되어 있는 마지막 셀까지의 행 수를 센(CurrentRegion.Rows. Count) 다음, 여기에 4를 더하여 그 다음에 입력할 행 번호를 계산한다.

㉕: ['기준' 행의 1열(A열)] 셀에 'txt거래일자' 컨트롤에 입력된 값(텍스트)을 기록한다.

㉖: ['기준' 행의 2열(B열)] 셀에 'txt전표번호' 컨트롤에 입력된 값(텍스트)을 기록한다.

㉗: ['기준' 행의 3열(C열)] 셀에 [거래구분] 프레임에서 선택된 옵션단추에 따라 대입된 '거래' 변수의 값을 기록한다.

㉘: ['기준' 행의 4열(D열)] 셀에 콤보상자 '거래처명'에서 선택된 값을 기록한다. 여기서 column(0)은 Combo 상자의 0번 열 값에 선택 값이 표시되어 있다는 의미이다.

㉙: ['기준' 행의 5열(E열)] 셀에 콤보상자 '상품명'에서 선택된 값을 기록한다.

㉚: ['기준' 행의 6열(F열)] 셀에 텍스트상자 '수량'에서 선택된 값을 기록한다. 텍스트 상자에서 셀로 반환되는 모든 값은 문자로 인식되므로, 이를 Val 함수를 이용하여 숫자로 변환한다.

㉛: ['기준' 행의 7열(G열)] 셀에 텍스트상자 '단가'에서 선택된 값을 기록한다.

㉜: ['기준' 행의 8열(H열)] 셀에 현재 셀에서 2열 왼쪽 셀(RC[-2])의 값(즉 수량)과 1열 왼쪽 셀(RC[-1])의 값(즉 단가)을 곱하여 기록한다(금액=수량×단가).

㉝: ['기준' 행의 9열(I열)] 셀에 [결제방법] 프레임에서 선택된 옵션단추의 값이 대입된 '지불' 변수를 기록한다.

㉞: ['기준' 행의 10열(J열)] 셀에 콤보상자 '비고'에서 선택된 값을 기록한다.

㉟: 위의 ㉓에서 시작된 With 반복문을 종료한다.

㊱: 현재 실행되고 있는 사용자 정의 폼(frm매입매출입력화면)을 닫는다. 사용자 정의 폼을 'Me'로 표현한다.

㊲: Sub로 시작한 'cmd입력_Click' 매크로를 종료한다.

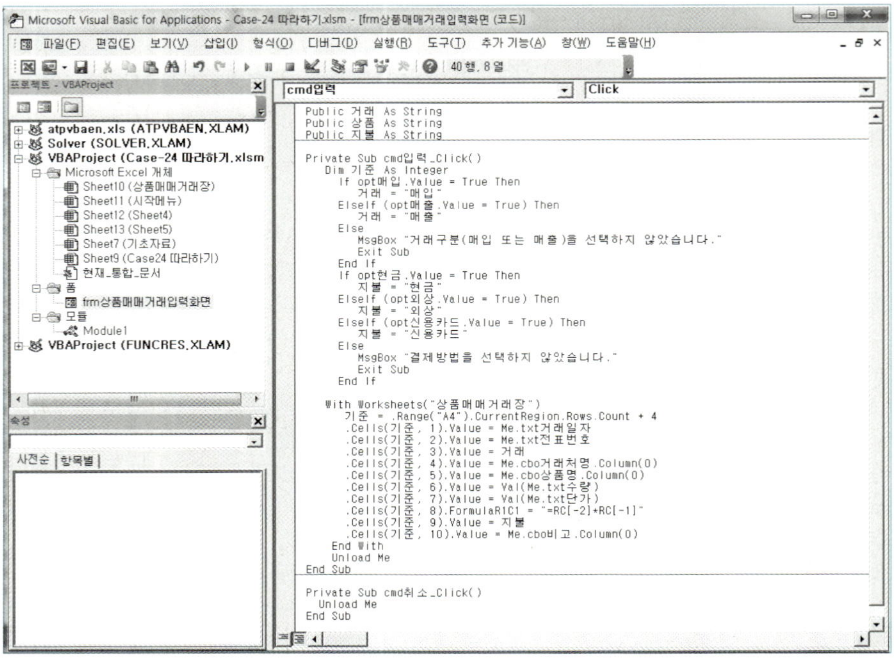


⑥ Code 입력이 끝나면 현재의 VBA 편집기 [파일] 탭에서 [닫고 Microsoft Excel로 돌아가기]를 선택하여 Worksheet로 되돌아온다. 이제 폼의 입력자료를 '상품매매거래장' 시트의 양식에 기록하기 위한 'cmd입력_Click()' 프로시저가 등록되었으므로 제대로 작동하는지 테스트해 보기로 한다. Worksheet에서 '시작메뉴' 시트를 선택하고, 앞서 만들어 둔 [상품매매 거래입력] 명령단추를 클릭하여 실행해 본다.

⑦ 팝업 표시된 [(주)해당 상품매매 거래입력] 폼에서 각 컨트롤에 직접 입력하거나 또는 선택 표시하여 위에서 사용했던 가상거래1을 다시 입력해 본다.

| (주)해당 거래 1 | 10월 3일 (전표번호 50-11) 거래처 행복침대로부터 '침대 평상형 GD' 15개를 단가 ₩5,000에 외상으로 매입하다. |
|---|---|

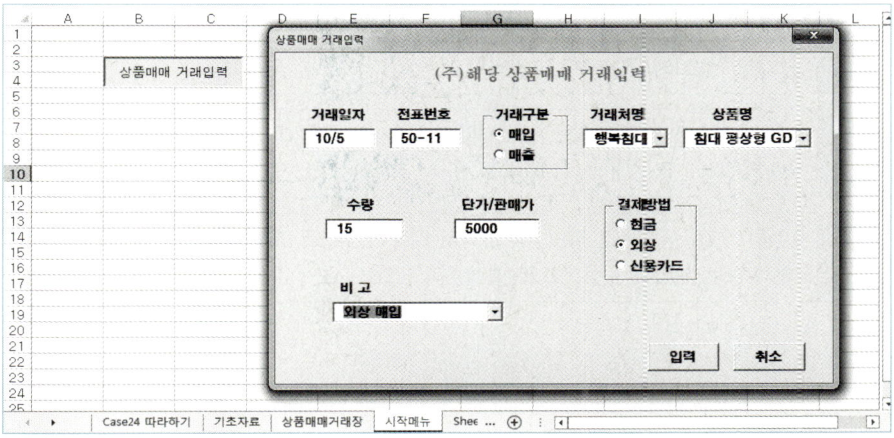


⑧ [입력] 명령단추를 클릭하면, 입력상자 폼이 사라지고 대신 [계속여부선택] 대화상자가 표시된다.

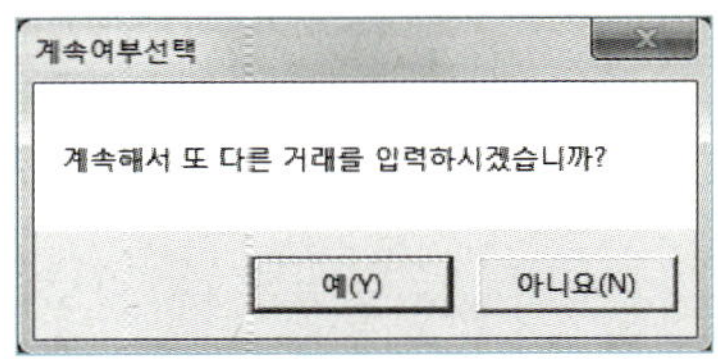


⑨ 입력된 자료가 '상품매매거래장' 시트의 양식에 맞게 기록되고 있는지 확인해보기 위해 [계속여부선택] 대화상자에서 [아니오]를 선택한다. 그러면 팝업으로 표시되었던 입력상자 폼이 사라지고 '상품매매거래장' 시트가 표시된다. '상품매매거래장' 시트에서 원하는 위치에 원하는 자료가 적절히 기록되고 있는지 확인한다.

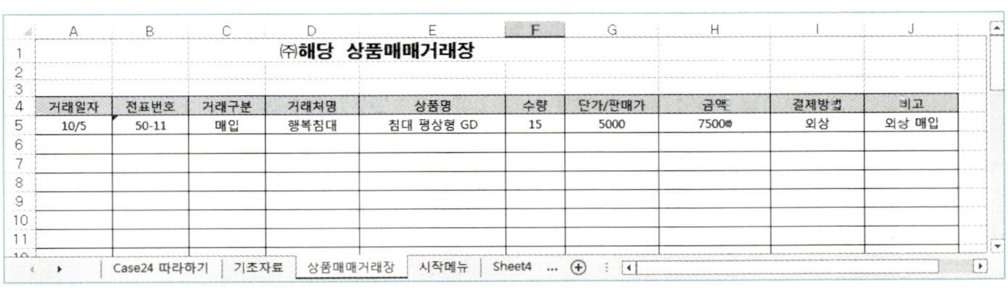


⑩ 이것으로 하나의 거래가 입력된 상태를 확인하였지만, 또 다른 거래를 입력하였을 때도 올바른 위치에 제대로 기록될 것인지, 그리고 연속된 거래 입력의 경우에는 어떻게 달라지는지 등을 확인해보기 위해 다음의 거래들을 추가로 입력해본다.

| (주)해당 거래 2 | 10월 7일 (전표번호 50-12) 거래처 한남가구로부터 '소파 카우치형LK' 30개를 단가 ₩3,000에 신용카드로 결제하여 매입하다. |
|---|---|

| (주)해당 거래 3 | 10월 10일 (전표번호 50-13) 거래처 HK가구에 '소파 카우치형LK' 20개를 개당 판매가 ₩4,500에 현금을 받고 판매하다. |
|---|---|

| (주)해당 거래 4 | 10월 12일 (전표번호 50-14) 거래처 일등가구로부터 '침대 데이베드형SS' 45개를 단가 ₩7,000에 외상으로 매입하다. |
|---|---|
| (주)해당 거래 5 | 10월 15일 (전표번호 50-15) 거래처 가산가구에 '침대 평상형 GD' 10개를 판매단가 ₩7,700에 현금을 받고 판매하다. |
| (주)해당 거래 6 | 10월 19일 (전표번호 50-16) 거래처 다모아가구에 '침대 데이베드형SS' 27개를 판매단가 ₩9,500에 신용카드로 결제받아 판매하다. |

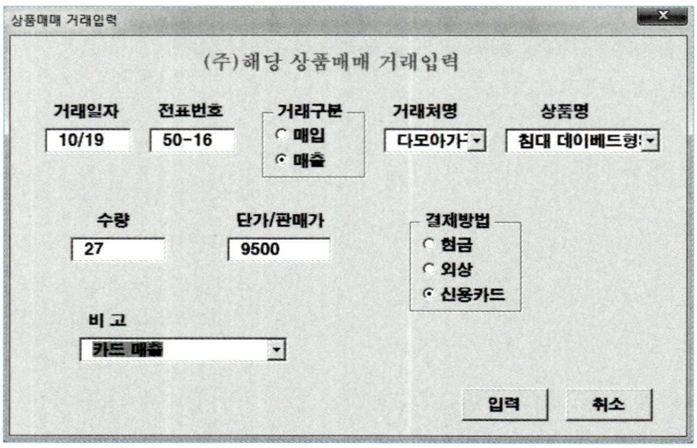


⑪ 거래를 연속하여 입력하는 경우에는 [계속여부선택]에서 [예]를 클릭하고 입력절차를 계속한다. 그러나 위의 6번째 거래를 입력한 후 입력절차를 끝내고자 하는 경우에는 [계속여부선택] 상자에서 [아니오]를 클릭하면 '상품매매거래장' 시트를 선택하여 입력결과가 제대로 기록되고 있는지를 확인할 수 있게 보여준다.

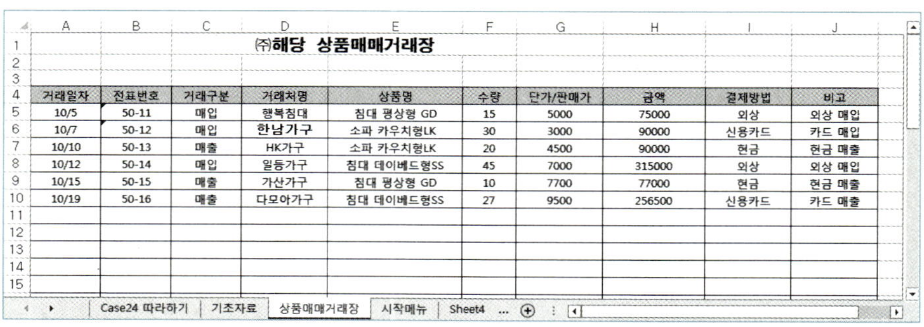

㈜해당 상품매매거래장

| 거래일자 | 전표번호 | 거래구분 | 거래처명 | 상품명 | 수량 | 단가/판매가 | 금액 | 결제방법 | 비고 |
|---|---|---|---|---|---|---|---|---|---|
| 10/5 | 50-11 | 매입 | 행복침대 | 침대 평상형 GD | 15 | 5000 | 75000 | 외상 | 외상 매입 |
| 10/7 | 50-12 | 매입 | 한남가구 | 소파 카우치형LK | 30 | 3000 | 90000 | 신용카드 | 카드 매입 |
| 10/10 | 50-13 | 매출 | HK가구 | 소파 카우치형LK | 20 | 4500 | 90000 | 현금 | 현금 매출 |
| 10/12 | 50-14 | 매입 | 일등가구 | 침대 데이베드형SS | 45 | 7000 | 315000 | 외상 | 외상 매입 |
| 10/15 | 50-15 | 매출 | 가산가구 | 침대 평상형 GD | 10 | 7700 | 77000 | 현금 | 현금 매출 |
| 10/19 | 50-16 | 매출 | 다모아가구 | 침대 데이베드형SS | 27 | 9500 | 256500 | 신용카드 | 카드 매출 |

⑫ '상품매매거래장' 시트 설계 의도대로 두 번째, 세 번째, … 여섯 번째 거래가 입력 순서대로 위에서 아래로 순차적으로 기록되고 있으며, 각 컨트롤의 값들도 원하는 열에 제대로 표시되고

있음을 확인하였다. 이로써 (주)해당의 상품매매거래를 하나의 상품매매거래장에 기록하기 위한 매크로 프로시저는 완성되었다.

⑬ 다음 절차를 진행하기 전에 지금까지의 작업 내용을 저장해두기 위해, [파일] 탭에서 [다른 이름으로 저장하기]를 클릭하고 파일 경로를 선택한 후, [**다른 이름으로 저장**] 대화상자의 [파일 형식]에서 반드시 [**Excel 매크로 사용 통합문서**]를 선택하고 파일 이름(예컨대 'Case-37 따라하기')을 입력한 후에 [저장]을 클릭한다.

## 5. 상품별 재고관리대장 기록을 위한 프로시저 설계

입력화면 폼(frm상품매매거래입력)을 통해 상품매매거래장에 입력된 매입, 매출 거래는 상품별 재고관리를 위해 다시 별도의 품목별 **상품재고장**에 기록하고 관리하여야 한다. 이를 위해 품목별로 별도의 상품재고장 시트를 준비해두고, 입력화면 폼을 통해 입력되는 매입 또는 매출거래에 대해 각각 해당 상품재고장의 매입 또는 매출란에 자동 기록되도록 하는 프로시저를 설계한다.

### 1) 품목별 상품재고장 시트 설계

① Worksheet의 '상품매매거래장' 시트 오른쪽에 새 시트를 삽입하고, 시트의 이름을 '상품재고장-침대데이베드형'으로 변경한다.

② '상품재고장-침대데이베드형' 시트의 E1 셀에 상품재고장 이름으로 '상품재고장-침대 데이베드형'을 입력한다. E1:H1 셀 범위를 선택하고 [병합하고 가운데 맞춤]으로 설정한 후, [홈] 탭의 [글꼴]에서 [견고딕], '14pt'로 설정한다.

③ A3 셀에는 '(주)해당'을 입력한다. M3 셀에 '(금액단위: 원)'을 입력하고 M3:N3 셀 범위를 선택한 후 [병합하고 가운데 맞춤]으로 설정한다.

④ D4, G4, J4, M4 셀에는 각각 '매입', '매출원가', '재고', '매출액'을 입력하고, A5, B5, C5 셀에는 각각 '거래일자', '전표번호', '거래처'를 입력한다. 그리고 D5:F5, G5:I5, J5:L5 셀 범위에는 '수량', '단가', '금액'을 차례로 입력하고, M5 셀과 N5 셀에는 '단가', '금액'을 각각 입력한다. A25 셀에 '[합계]'를 입력하고, D25 셀에는 '=SUM(D6:D24)'을 입력한 후, D25 셀을 복사하여 F25, G25, I25, J25, L25, N25 셀에 각각 붙여넣기 한다. 그리고 A4:N25 셀 범위를 선택하고 [홈] 탭의 [글꼴]에서 [맑은고딕], '11pt'로, [테두리]를 [모든 테두리]로, 그리고 [맞춤]에서 [가운데 맞춤]으로 설정한다. D4:F4, G4:I4, J4:L4, M4:N4 셀 범위에서는 각각 [병합하고 가운데 맞춤]으로 설정한다.

⑤ **이동평균법**으로 계산되는 단가 및 금액 부분은 원 단위 이상으로 표시되도록 할 필요가 있다. 따라서 Ctrl 키를 누른 상태에서 H6:I25 셀 영역과 K6:L25 셀 영역을 함께 선택한 후, 오른쪽 마우스 [셀 서식]에서 [**표시 형식**]을 [숫자]로 선택하고 [소수 자릿수]를 '0', [음수]를 '−1234' 형식으로 선택한 후 [확인]을 누른다.

⑥ 상품재고장 양식의 기본 형식이 작성되었다. 이제 '상품재고장−침대데이베드형' 시트의 이름 부분을 마우스로 클릭한 상태에서 Ctrl 키와 함께 누르면서 오른쪽으로 이동하여 복사본을 만드는 절차를 3번 반복하여 수행한다. 그리고 복제되어 표시된 '상품재고장−침대데이베드형 (2)' 시트의 이름을 '상품재고장−침대평상형'으로, '상품재고장−침대데이베드형 (3)' 시트의 이름을 '상품재고장−소파샤무드'로, 그리고 '상품재고장−침대데이베드형 (4)' 시트의 이름을 '상품재고장−소파카우치형'으로 각각 변경해 놓는다.

⑦ 시트 이름이 변경된 '상품재고장−침대평상형' 시트를 선택하고 E1 셀에 입력되어 있는 '상품재고장−침대 데이베드형'을 '상품재고장−침대 평상형'으로 변경한다. 마찬가지로 '상품재고장−소파샤무드' 시트와 '상품재고장−소파카우치형' 시트의 E1 셀에서도 각각 '상품재고장−소파샤무드형', '상품재고장−소파 카우치형'으로 변경해 놓는다.

⑧ 이로써 품목별 상품재고장의 기본 양식은 모두 설계되었다. 그런데 각 상품재고장은 당기(월)의 재고 변화를 기록하기 전에 먼저 전기(월) 말의 재고잔액을 미리 기록해 두어야 한다. 상품 종류별 전기(월) 말 재고액은 각각 다음과 같다고 가정한다.

| 품목 | 수량 | 단가 | 금액 |
|---|---|---|---|
| 침대-데이베드형 | 40 | 6,000 | 240,000 |
| 침대-평상형 | 20 | 4,000 | 80,000 |
| 소파-샤무드 | 40 | 3,000 | 120,000 |
| 소파-카우치형 | 30 | 3,000 | 90,000 |

⑨ 전기말 재고액은 각 상품재고장의 첫 줄에 '**전기이월**'로 기록하고 '재고'란에 수량, 단가, 금액을 각각 기록한다.

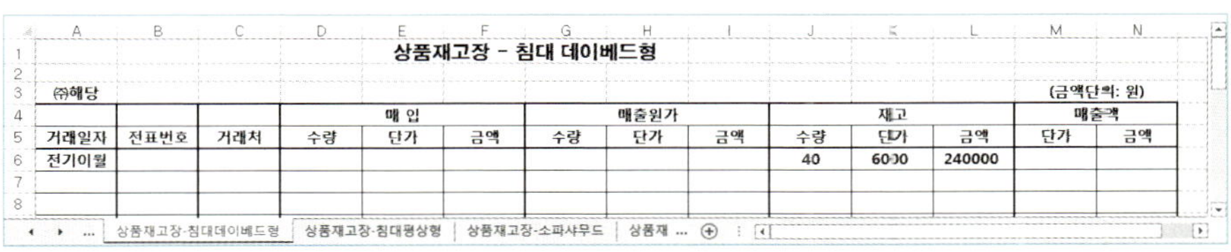


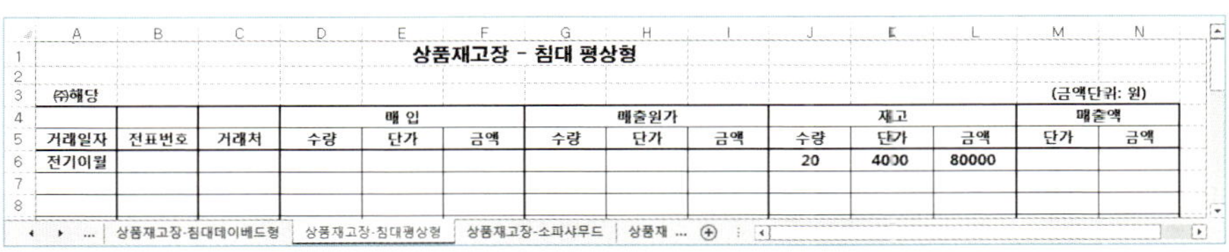

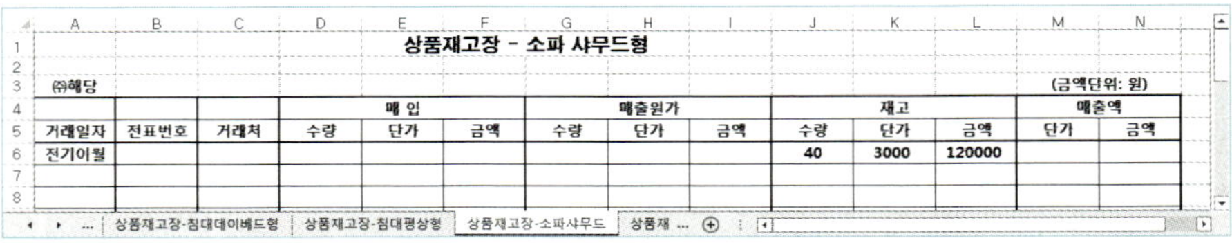

**상품재고장 - 소파 샤무드형**

㈜해당 (금액단위: 원)

| 거래일자 | 전표번호 | 거래처 | 매 입 | | | 매출원가 | | | 재고 | | | 매출액 | |
|---|---|---|---|---|---|---|---|---|---|---|---|---|---|
| | | | 수량 | 단가 | 금액 | 수량 | 단가 | 금액 | 수량 | 단가 | 금액 | 단가 | 금액 |
| 전기이월 | | | | | | | | | 40 | 3000 | 120000 | | |



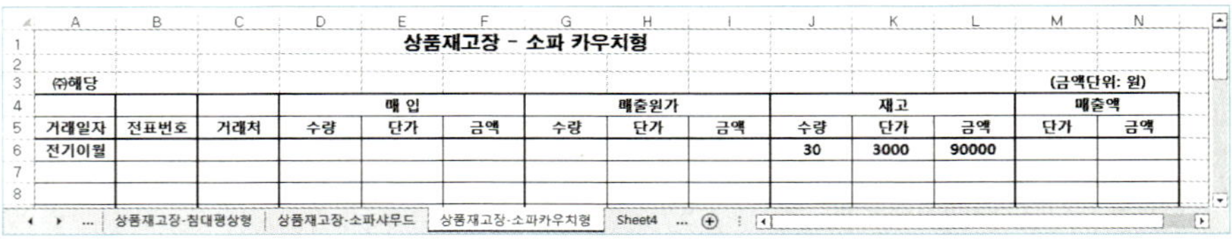

**상품재고장 - 소파 카우치형**

㈜해당 (금액단위: 원)

| 거래일자 | 전표번호 | 거래처 | 매 입 | | | 매출원가 | | | 재고 | | | 매출액 | |
|---|---|---|---|---|---|---|---|---|---|---|---|---|---|
| | | | 수량 | 단가 | 금액 | 수량 | 단가 | 금액 | 수량 | 단가 | 금액 | 단가 | 금액 |
| 전기이월 | | | | | | | | | 30 | 3000 | 90000 | | |



### 2) 품목별 상품재고장에의 기록을 위한 프로시저 설계

이제 입력화면 폼(frm상품매매거래입력)을 통해 입력된 매입, 매출거래를 해당 상품명에 따라 각각의 해당 상품재고장에 전기하는 **프로시저**를 설계한다.

① Worksheet의 [개발도구] 탭에서 [Visual Basic]을 클릭하고, VBA 편집기에서 [프로젝트] 창의 [폼]-[frm상품매매거래입력화면]을 더블클릭한다. 오른쪽 [상품매매 거래입력] 폼 내부의 빈칸 부분을 더블클릭하여 프로시저의 Code 입력화면을 표시한다.

② 이미 입력되어 있는 프로시저 Code는 매입/매출 거래에 대한 분개장 역할을 하는 것으로, 상품 종류에 관계없이 모든 거래를 하나의 시트에 순차적으로 기록하는 의미가 있다. 따라서 각 거래가 입력될 때 분개장 성격의 '**상품매매거래장**' 시트에 기록되면서, 동시에 상품 종류별로 별도의 **상품재고장**에도 구분하여 기록하여 품목별로 **재고관리**가 이루어질 수 있도록 분기하는 프로시저 Code를 추가할 필요가 있다. 그런데 입력화면 폼에서 선택된 결과에 따라 분기하여 기록하도록 하는 Code에는 '**If 문**'을 사용하는 방법과 '**Select Case 문**'을 사용하는 방법이 대표적이다. 여기서는 'Select Case 문'을 적용해 보기로 한다.

**참고**

#### 판단에 따라 분기하는 프로시저

프로시저를 수행하는 도중 특정 조건에 따라 실행여부를 결정하거나 수행절차를 분기하도록 하는 Code를 **판단문** 또는 **조건문**이라고 한다. VBA에서 사용되는 대표적인 판단문으로는 If 문과 Select Case 문이 있다.

#### If 문을 이용한 판단문

가장 많이 사용되는 대표적인 판단문으로, 하나 또는 여러 개의 조건을 판단하여 다음 수행절차를 분기하도록 한다. If 문을 사용하는 대표적인 구문은 다음과 같다.

```
If 조건 Then
    조건이 True인 경우에 처리할 명령
Else
    조건이 False인 경우에 처리할 명령
End If
```

If 문을 사용할 때 여러 번의 판단이 필요한 경우에는 If 문 내에 ElseIf 문을 사용하여 다양한 조건을 판단하는 절차를 수행할 수 있다.

```
If 조건1 Then
    조건1이 True인 경우에 처리할 명령
ElseIf 조건2 Then
    조건1이 False이고 조건2가 True인 경우 처리할 명령
Else
    조건1이 False이고 조건2도 False인 경우에 처리할 명령
End If
```

그러나 판단해야 할 조건이 많아지는 경우에는 If 문의 Code를 이해하기 쉽지 않을 수도 있다.

### Select Case 문을 이용한 판단문

만일 판단해야 할 조건의 대상값이 여러 개인 경우에는 조건의 판단값에 따라 다음의 수행절차를 여러 가지로 분기하여 수행하도록 하는 것이 효과적이며, 이 때 사용할 수 있는 것이 Select Case 문이다. Select Case 문을 사용하는 대표적인 구문은 다음과 같다.

```
Select Case 판단값
    Case 조건1
        판단값이 조건1인 경우에 분기하여 처리할 명령
    Case 조건2
        판단값이 조건2인 경우에 분기하여 처리할 명령
    Case Else
        판단값이 조건1,2 이외의 경우에 분기하여 처리할 명령
End Select
```

Select Case 문을 사용할 경우 여러 조건에 따라 분기할 수 있고 Code를 이해하기는 쉽지만, Code의 줄이 길어지게 되는 단점이 있다.

③ 기존에 입력되어 있는 Code에 추가하여, 다음의 견고딕체 부분의 Code를 삽입하여 입력한다.

|  | |
|---|---|
| Public 거래 As String | − |
| Public 지불 As String | − |
| **Public 상품 As String** | ① |
| ------------------------------------------- | − |
| Private Sub cmd입력_Click() | − |
|     Dim 기준 As Integer | − |
|     **Dim 기준2 As Integer** | ② |

```
Dim 기준3 As Integer                                    ③
Dim 기준4 As Integer                                    ④
Dim 기준5 As Integer                                    ⑤
    If opt매입.Value=True Then
        거래="매입"
    ElseIf (opt매출.Value=True) Then
        거래="매출"
    Else
        MsgBox "거래구분(매입 또는 매출)을 선택하지 않았습니다."
        Exit Sub
    End If
    If opt현금.Value=True Then
        지불="현금"
    ElseIf (opt외상.Value=True) Then
        지불="외상"
    ElseIf (opt신용카드.Value=True) Then
        지불="신용카드"
    Else
        MsgBox "결제방법을 선택하지 않았습니다."
        Exit Sub
    End If
    If cbo상품명.Value="침대 데이베드형SS" Then             ⑥
        상품="침대 데이베드형SS"                             ⑦
    ElseIf (cbo상품명.Value="침대 평상형 GD") Then          ⑧
        상품="침대 평상형 GD"                                ⑨
    ElseIf (cbo상품명.Value="소파 샤무드4S") Then           ⑩
        상품="소파 샤무드4S"                                 ⑪
    ElseIf (cbo상품명.Value="소파 카우치형LK") Then         ⑫
        상품="소파 카우치형LK"                               ⑬
    Else                                                    ⑭
        MsgBox "상품명이 선택되지 않았습니다."               ⑮
        Exit Sub                                            ⑯
    End If                                                  ⑰

With Worksheets("상품매매거래장")
    기준=.Range("A4").CurrentRegion.Rows.Count+4
    .Cells(기준, 1).Value=Me.txt거래일자
    .Cells(기준, 2).Value=Me.txt전표번호
    .Cells(기준, 3).Value=거래
    .Cells(기준, 4).Value=Me.cbo거래처명.Column(0)
    .Cells(기준, 5).Value=Me.cbo상품명.Column(0)
    .Cells(기준, 6).Value=Val(Me.txt수량)
    .Cells(기준, 7).Value=Val(Me.txt단가)
    .Cells(기준, 8).FormulaR1C1="=RC[-2]*RC[-1]"
    .Cells(기준, 9).Value=지불
    .Cells(기준, 10).Value=Me.cbo비고.Column(0)
End With
```

```
Select Case 상품
Case "침대 데이베드형SS"
    With Worksheets("상품재고장-침대데이베드형")
    기준2=.Range("A5").CurrentRegion.Rows.Count+3
        .Cells(기준2, 1).Value=Me.txt거래일자
        .Cells(기준2, 2).Value=Me.txt전표번호
        .Cells(기준2, 3).Value=Me.cbo거래처명.Column(0)
    If 거래="매입" Then
        .Cells(기준2, 4).Value=Val(Me.txt수량)
        .Cells(기준2, 5).Value=Val(Me.txt단가)
        .Cells(기준2, 6).FormulaR1C1="=RC[-2]*RC[-1]"
    ElseIf (거래="매출") Then
        .Cells(기준2, 7).Value=Val(Me.txt수량)
        .Cells(기준2, 8).FormulaR1C1="=R[-1]C[3]"
        .Cells(기준2, 9).FormulaR1C1="=RC[-2]*RC[-1]"
        .Cells(기준2, 13).Value=Val(Me.txt단가)
        .Cells(기준2, 14).FormulaR1C1="=RC[-7]*RC[-1]"
    Else
        MsgBox "거래구분(매입 또는 매출)을 선택하지 않았습니다.'
        Exit Sub
    End If
        .Cells(기준2, 10).FormulaR1C1="=R[-1]C+RC[-6]-RC[-3]"
        .Cells(기준2, 11).FormulaR1C1="=(R[-1]C[1]+RC[-5])/(R[-1]C[-1]+RC[-7])"
        .Cells(기준2, 12).FormulaR1C1="=RC[-2]*RC[-1]"
    End With

    Case "침대 평상형 GD"
    With Worksheets("상품재고장-침대평상형")
        기준3=.Range("A5").CurrentRegion.Rows.Count+3
        .Cells(기준3, 1).Value=Me.txt거래일자
        .Cells(기준3, 2).Value=Me.txt전표번호
        .Cells(기준3, 3).Value=Me.cbo거래처명.Column(0)
    If 거래="매입" Then
        .Cells(기준3, 4).Value=Val(Me.txt수량)
        .Cells(기준3, 5).Value=Val(Me.txt단가)
        .Cells(기준3, 6).FormulaR1C1="=RC[-2]*RC[-1]"
    ElseIf (거래="매출") Then
        .Cells(기준3, 7).Value=Val(Me.txt수량)
        .Cells(기준3, 8).FormulaR1C1="=R[-1]C[3]"
        .Cells(기준3, 9).FormulaR1C1="=RC[-2]*RC[-1]"
        .Cells(기준3, 13).Value=Val(Me.txt단가)
        .Cells(기준3, 14).FormulaR1C1="=RC[-7]*RC[-1]"
    Else
        MsgBox "거래구분(매입 또는 매출)을 선택하지 않았습니다.'
        Exit Sub
    End If
        .Cells(기준3, 10).FormulaR1C1="=R[-1]C+RC[-6]-RC[-3]"
        .Cells(기준3, 11).FormulaR1C1="=(R[-1]C[1]+RC[-5])/(R[-1]C[-1]+RC[-7])"
```

```
    .Cells(기준3, 12).FormulaR1C1="=RC[-2]*RC[-1]"
End With

Case "소파 샤무드4S"
With Worksheets("상품재고장-소파샤무드")
    기준4=.Range("A5").CurrentRegion.Rows.Count+3
    .Cells(기준4, 1).Value=Me.txt거래일자
    .Cells(기준4, 2).Value=Me.txt전표번호
    .Cells(기준4, 3).Value=Me.cbo거래처명.Column(0)
If 거래="매입" Then
    .Cells(기준4, 4).Value=Val(Me.txt수량)
    .Cells(기준4, 5).Value=Val(Me.txt단가)
    .Cells(기준4, 6).FormulaR1C1="=RC[-2]*RC[-1]"
ElseIf (거래="매출") Then
    .Cells(기준4, 7).Value=Val(Me.txt수량)
    .Cells(기준4, 8).FormulaR1C1="=R[-1]C[3]"
    .Cells(기준4, 9).FormulaR1C1="=RC[-2]*RC[-1]"
    .Cells(기준4, 13).Value=Val(Me.txt단가)
    .Cells(기준4, 14).FormulaR1C1="=RC[-7]*RC[-1]"
Else
    MsgBox "거래구분(매입 또는 매출)을 선택하지 않았습니다."
    Exit Sub
End If
    .Cells(기준4, 10).FormulaR1C1="=R[-1]C+RC[-6]-RC[-3]"
    .Cells(기준4, 11).FormulaR1C1="=(R[-1]C[1]+RC[-5])/(R[-1]C[-1]+RC[-7])"
    .Cells(기준4, 12).FormulaR1C1="=RC[-2]*RC[-1]"
End With

Case "소파 카우치형LK"
With Worksheets("상품재고장-소파카우치형")
기준5=.Range("A5").CurrentRegion.Rows.Count+3
    .Cells(기준5, 1).Value=Me.txt거래일자
    .Cells(기준5, 2).Value=Me.txt전표번호
    .Cells(기준5, 3).Value=Me.cbo거래처명.Column(0)
If 거래="매입" Then
    .Cells(기준5, 4).Value=Val(Me.txt수량)
    .Cells(기준5, 5).Value=Val(Me.txt단가)
    .Cells(기준5, 6).FormulaR1C1="=RC[-2]*RC[-1]"
ElseIf (거래="매출") Then
    .Cells(기준5, 7).Value=Val(Me.txt수량)
    .Cells(기준5, 8).FormulaR1C1="=R[-1]C[3]"
    .Cells(기준5, 9).FormulaR1C1="=RC[-2]*RC[-1]"
    .Cells(기준5, 13).Value=Val(Me.txt단가)
    .Cells(기준5, 14).FormulaR1C1="=RC[-7]*RC[-1]"
Else
    MsgBox "거래구분(매입 또는 매출)을 선택하지 않았습니다."
    Exit Sub
End If
```

```
        .Cells(기준5, 10).FormulaR1C1 = "=R[-1]C+RC[-6]-RC[-3]"              ㉧
        .Cells(기준5, 11).FormulaR1C1 = "=(R[-1]C[1]+RC[-5])/(R[-1]C[-1]+RC[-7])"   ㉨
        .Cells(기준5, 12).FormulaR1C1 = "=RC[-2]*RC[-1]"                     ㉩
    End With                                                                 ㉪
                                                                             -
    Case Else                                                                ㉫
        MsgBox "상품명이 올바로 선택되어 있지 않았습니다."                    ㉬
        Exit Sub                                                             ㉮
    End Select                                                               ㉯
    Unload Me                                                                -
End Sub                                                                      -
```

**코드 설명**

①: '상품' 변수를 문자열(텍스트)로 정의하고, 모든 프로시저에서 공통으로 사용하도록 한다(Public).

②~⑤: '기준2'~ '기준5' 변수를 정수로 선언(Dim)한다.

⑥~⑰: [If 문부터 End If 문까지]: 폼의 [cbo상품명] 콤보상자에 선택 입력되어 있는 정보를 '상품' 변수에 저장한다(즉, [cbo상품명] 콤보상자에서 '침대 데이베드형SS'가 선택되어 있는 경우에는 '상품' 변수에 '침대 데이베드형SS'를 저장하고, '침대 평상형 GD'가 선택되어 있는 경우에는 '상품' 변수에 '침대 평상형 GD'를, '소파 샤무드4S'가 선택되어 있는 경우에는 '상품' 변수에 '소파 샤무드4S'를, '소파 카우치형LK'가 선택되어 있는 경우에는 '상품' 변수에 '소파 카우치형LK'를 각각 저장해 둔다. 만일 폼의 [cbo상품명] 콤보상자에 아무것도 선택되어 있지 않은 경우에는 '상품명이 선택되지 않았습니다.'라는 메시지를 표시한 후 프로시저를 중단하고 빠져나간다).

⑱: '상품' 변수에 어떤 내용이 저장되어 있느냐에 따라 아래 Case 문 중의 해당 프로시저를 선택하여 진행한다. 흔히 한두 가지의 조건 중에서 선택하도록 판단하는 경우에는 [If ~ ElseIf ~ End If] 문을 사용하지만, 선택하는 조건이 많아지는 경우에는 [Select Case ~ Case ~ End Select] 문을 사용하는 것이 보다 편리하다. 여기서는 상품 종류가 4가지나 되므로 If 문보다는 Select 문을 이용한다.

⑲: [Case] 뒤의 조건이 충족되는 경우(즉, '상품' 변수에 '침대 데이베드형SS'가 저장되어 있는 경우) 아래 [With~End With] 프로시저를 실행한다.

⑳: 만일 '상품명' 콤보상자에서 '침대 데이베드형SS'가 선택되어 있는 경우에는 '상품재고장-침대데이베드형' 시트에서 프로시저가 진행된다.

㉑: 먼저 A5 셀을 기준으로 자료가 입력되어 있지 않은 첫 번째 셀의 행번호를 계산하여 '기준2' 변수에 저장한다.

㉒: '기준2'행의 첫 번째 열(cells(기준2,1))에는 '거래일자' 텍스트상자에서 선택된 값을 표시한다.

㉓~㉔: '기준2'행의 두 번째 열(cells(기준2,2))에는 '전표번호' 텍스트상자의 선택 값을, 그 오른쪽에는 '거래처명' 콤보상자의 선택 값을 표시한다.

㉕~㉘: 만일 [거래구분] 프레임에서 '매입' 옵션단추가 선택되어 있는 경우에는(즉, 매입거래인 경우에는) 4열과 5열에 각각 '수량'과 '단가' 텍스트상자의 값을 표시한다. 그리고 기준2 행의 6열에는 현재의 셀(cells(기준2,6))에서 왼쪽 2번째 열(RC[-2])의 값(즉, 수량)에 왼쪽 첫 번째 열(RC[-1])의 값(즉, 단가)을 곱한 값으로 표시한다.

㉙~㉜: 만일 [거래구분] 프레임에서 '매출' 옵션단추가 선택되어 있는 경우에는(즉, 매출거래인 경우에는) 4열~6열을 비워두고 7열에 '수량'을 입력하고, 8열에는 바로 위 행(R[-1])에서 오른쪽 3번째 열(C[3])에 표시되어 있는 값(즉, 재고란에 이동평균법으로 재계산되어 있는 새로운 단가)을 표시한다. 그리고 9열에는 현재의 셀에서 2열 왼쪽 셀(RC[-2])의 값과 1열 왼쪽 셀(RC[-1])의 값을 곱하여 표시한다(즉, 수량×단가; 매출원가를 의미함).

㉝~㉞: 13열에는 '단가' 텍스트상자에 선택된 단가(즉, 현재 매출거래를 진행하고 있는 중이므로 여기서의 단가는 판매단가를 의미함)를 표시하고, 14열에는 7열에 표시된 수량(RC[-7])과 바로 왼쪽 열(RC[-1])에 표시된 단가(판매단가)를 곱하여 매출액(판매금액)을 표시한다.

㉟~㊲: 그 이외의 경우(즉, [거래구분] 프레임에서 옵션단추가 선택되어 있지 않은 경우)에는 '거래구분(매입 또는 매출)을 선택하지 않았습니다.'라는 메시지가 표시되고 프로시저를 중단한다.
㊳: 매입거래와 매출거래의 기록을 종료한다.
㊴~㊶: 매입/매출 거래 기록을 종료한 후, 다시 10열로 돌아와서 재고 수량을 계산하여 표시한다. 재고수량은 바로 위 행(R[-1]C)의 값(즉, 이전 거래 종료 후의 재고수량)에 6열 왼쪽의 값(즉, 매입 수량)을 더하고 3열 왼쪽의 값(즉, 판매수량)을 차감한 숫자를 기록한다. 11열에는 남아 있는 재고의 단가를 이동평균법에 의해 계산하여 표시한다. 즉, 바로 위 행 1칸 오른쪽 셀의 값(즉, 이전 거래 종료 후의 재고금액)에 5열 왼쪽의 값(즉, 매입금액)을 더한 후에, 바로 위 행 왼쪽 열의 값(즉, 이전 재고수량)에 7열 왼쪽 셀의 값(즉, 매입수량)을 더한 수치로 나누어 계산한다. 그리고 12열에는 2열 왼쪽의 수량과 1열 왼쪽의 재계산된 단가를 곱하여 재고금액을 표시한다.
㊷: '상품재고장-침대데이베드형' 시트에서 진행하고 있는 프로시저를 끝낸다.
㊸~Ⓟ: '상품' 변수에 '침대 평상형 GD'가 저장되어 있는 경우(즉, 상품명 콤보상자에서 '침대 평상형 GD'를 선택한 경우) '상품재고장-침대평상형' 시트에서 아래 프로시저가 진행된다. 기록되는 시트만 다를 뿐, 진행되는 프로시저의 내용은 위의 ㉑~㊷ 절차와 동일하다.
Ⓠ~ⓝ: '상품' 변수에 '소파 샤무드4S'가 저장되어 있는 경우(즉, 상품명 콤보상자에서 '소파 샤무드4S'를 선택한 경우) '상품재고장-소파샤무드' 시트에서 아래 프로시저가 진행된다. 기록되는 시트만 다를 뿐, 진행되는 프로시저의 내용은 위의 ㉑~㊷ 절차와 동일하다.
ⓞ~ⓔ: '상품' 변수에 '소파 카우치형LK'가 저장되어 있는 경우(즉, 상품명 콤보상자에서 '소파 카우치형LK'를 선택한 경우) '상품재고장-소파카우치형' 시트에서 아래 프로시저가 진행된다. 기록되는 시트만 다를 뿐, 진행되는 프로시저의 내용은 위의 ㉑~㊷ 절차와 동일하다.
㉲~㉮: 만일 '상품' 변수가 비어있는 경우(즉, 상품명 콤보상자가 선택되어 있지 않은 경우)에는 '상품명이 올바로 선택되어 있지 않았습니다'라는 메시지가 표시되고, 이를 확인하면 프로시저를 종료한다.
㉯: 상품재고장 기록을 위한 모든 프로시저(즉, Select Case~End Select)를 종료한다.

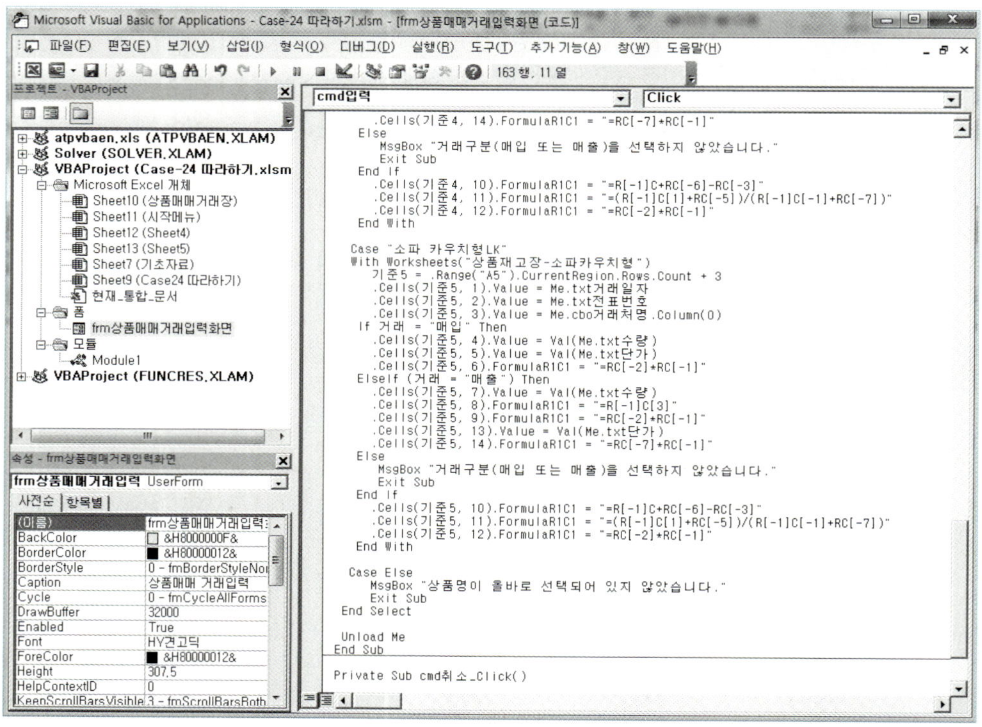

④ 이제 추가한 상품별 재고관리 프로시저 Code를 포함하여 전체 프로시저 Code가 원하는 방향으로 작동하는지 확인해 보기로 한다. 그런데 지금까지 시험용으로 입력해 본 거래사례들은 상품재고장을 설계하기 이전의 입력사항이므로, 이들이 상품재고장에도 제대로 반영되는지 살펴보기 위해서, 먼저 이전의 입력 거래들을 모두 지우고 다시 처음부터 입력해보기로 한다. Worksheet로 돌아와서 '상품매매거래장' 시트에서 기존에 자료가 입력되어 있는 모든 셀 범위(A5:J10)를 선택하고 Delete 키를 눌러 지운다.

⑤ '시작메뉴' 시트를 선택하고 [상품매매 거래입력] 명령단추를 클릭하여 입력화면 폼에 이전에 사용했던 아래 거래자료들을 다시 하나씩 입력해보기로 한다.

| | |
|---|---|
| (주)해당 거래 1 | 10월 3일 (전표번호 50-11) 거래처 행복침대로부터 '침대 평상형 GD' 15개를 단가 ₩5,000에 외상으로 매입하다. |
| (주)해당 거래 2 | 10월 7일 (전표번호 50-12) 거래처 한남가구로부터 '소파 카우치형LK' 30개를 단가 ₩3,000에 신용카드로 결제하여 매입하다. |
| (주)해당 거래 3 | 10월 10일 (전표번호 50-13) 거래처 HK가구에 '소파 카우치형LK' 20개를 개당 판매가 ₩4,500에 현금을 받고 판매하다. |
| (주)해당 거래 4 | 10월 12일 (전표번호 50-14) 거래처 일등가구로부터 '침대 데이베드형SS' 45개를 단가 ₩7,000에 외상으로 매입하다. |
| (주)해당 거래 5 | 10월 15일 (전표번호 50-15) 거래처 가산가구에 '침대 평상형 GD' 10개를 판매단가 ₩7,700에 현금을 받고 판매하다. |
| (주)해당 거래 6 | 10월 19일 (전표번호 50-16) 거래처 다모아가구에 '침대 데이베드형SS' 27개를 판매단가 ₩9,500에 신용카드로 결제받아 판매하다. |

⑥ [상품매매 거래입력] 폼에 '거래1'을 입력한 후 [계속여부선택] 상자에서 [예]를 선택한 후 '거래2'를 입력한다. 이러한 절차를 반복하여 아래와 같이 마지막 '거래6'을 입력하고, [계속여부선택] 상자에서 [아니오]를 선택하면 입력화면 폼이 사라지고 대신 '상품매매거래장' 시트에의 기록 결과를 보여준다.

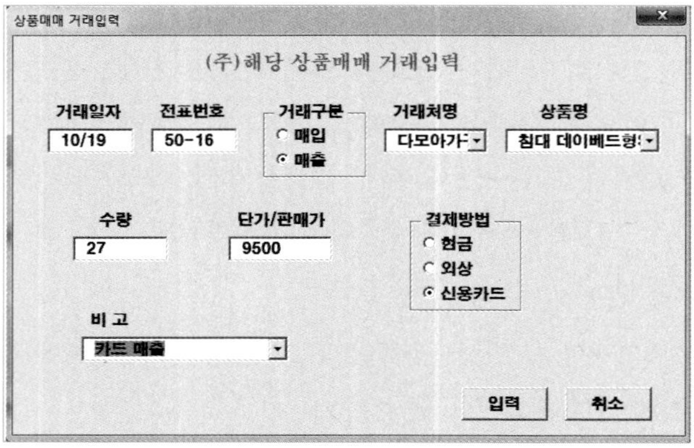


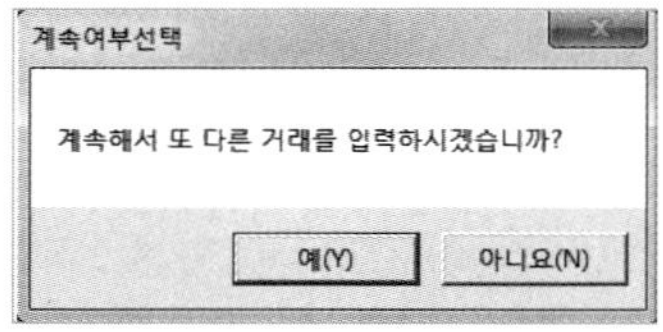


㈜해당 상품매매거래장

| 거래일자 | 전표번호 | 거래구분 | 거래처명 | 상품명 | 수량 | 단가/판매가 | 금액 | 결제방법 | 비고 |
|---|---|---|---|---|---|---|---|---|---|
| 10/3 | 50-11 | 매입 | 행복침대 | 침대 평상형 GD | 15 | 5000 | 75000 | 외상 | 외상 매입 |
| 10/7 | 50-12 | 매입 | 한남가구 | 소파 카우치형LK | 30 | 3000 | 90000 | 신용카드 | 카드 매입 |
| 10/10 | 50-13 | 매출 | HK가구 | 소파 카우치형LK | 20 | 4500 | 90000 | 현금 | 현금 매출 |
| 10/12 | 50-14 | 매입 | 일등가구 | 침대 데이베드형SS | 45 | 7000 | 315000 | 외상 | 외상 매입 |
| 10/15 | 50-15 | 매출 | 가산가구 | 침대 평상형 GD | 10 | 7700 | 77000 | 현금 | 현금 매출 |
| 10/19 | 50-16 | 매출 | 다모아가구 | 침대 데이베드형SS | 27 | 9500 | 256500 | 신용카드 | 카드 매출 |

⑦ '상품매매거래장' 시트의 기록 결과는 위의 가상거래 6개를 모두를 제대로 반영하고 있음을 확인할 수 있다. 이들 상품매매거래장의 기록 내용이 품목별 상품재고장에도 제대로 분기되어 전기되고 있는지 확인해 보기 위해 먼저 '상품재고장-침대데이베드형' 시트를 선택해 본다.

상품재고장 - 침대 데이베드형

㈜해당 (금액단위: 원)

| | | | 매 입 | | | 매출원가 | | | 재고 | | | 매출액 | |
|---|---|---|---|---|---|---|---|---|---|---|---|---|---|
| 거래일자 | 전표번호 | 거래처 | 수량 | 단가 | 금액 | 수량 | 단가 | 금액 | 수량 | 단가 | 금액 | 단가 | 금액 |
| 전기이월 | | | | | | | | | 40 | 6000 | 240000 | | |
| 10/12 | 50-14 | 일등가구 | 45 | 7000 | 315000 | | | | 85 | 6529 | 555000 | | |
| 10/19 | 50-16 | 다모아가구 | | | | 27 | 6529 | 176294 | 58 | 6529 | 378706 | 9500 | 256500 |
| [합계] | | | 45 | | 315000 | 27 | | 176294 | 183 | | 1173706 | | 256500 |

⑧ 위의 6개 가상거래 중 '침대 데이베드형SS' 상품을 거래한 것은 10월 12일(전표번호 50-14)과 10월 19일(전표번호 50-16)의 2건의 거래이므로, '상품재고장-침대데이베드형' 시트에도 이 두 개의 거래내용만이 전기되어 있어야 한다. 또한 2개의 거래 중 첫 번째 거래는 매입거래이며, 매입 단가가 전기이월 재고품의 단가와 같지 않으므로 10월 12일의 거래가 기록된 후의 재고란 단가는 **'이동평균법'**에 의해 새로운 단가(₩6,529)로 변경되어 기록되고 있다. 또한 두 번째 매출거래에서는 새로 계산된 **재고단가**를 적용하여 **매출원가**가 계산되고 있으며, 맨 오른쪽 '매출액' 란에는 **판매단가**(₩9,500)와 **판매수량**(G8 셀)을 곱하여 매출액을 계산하고 있다.

⑨ '상품재고장-침대평상형' 시트와 '상품재고장-소파카우치형' 시트에서도 각각 해당 상품의 매입, 매출 내역이 이동평균법에 의해 적절히 계산되어 기록되고 있음을 확인할 수 있다. 다만, '상품재고장-소파샤무드' 시트에는 관련 거래내용이 없어 전기된 내용이 표시되지 않고 있다. 그러나 다른 상품재고장 기록의 정확성을 확인하였으므로 이 경우에도 관련 상품의 거래가 이루어지는 경우 적절히 기록될 것으로 예상된다.

**Case 38** 혼자해보기

# (주)해당의 재고관리 프로시저 확장

38

## Case 37 사례의 확장

**현황**

(주)해당은 위 [Case 37]에서 설계한 재고관리대장의 프로시저를 일부 변경하여 보다 다양한 형태로 재고관리를 수행하고자 한다.

**요구사항**

위 [Case 37]에서 설계한 상품매매거래장과 상품별 재고관리대장에 대한 프로시저의 변경 및 확장을 위해 고려하고 있는 구체적인 방안은 다음과 같다. 이를 확장하기 위한 프로시저를 수행해 보시오.

### 1) 매입, 매출 기록의 독립

- 위 [Case 37]에서는 매입거래와 매출거래를 하나의 장부형식('상품매매거래장')을 사용하여 기록하고 있지만, 실무상으로는 이들을 분리하여 각각 별도의 시트에 기록하는 것이 더 편리할 수도 있다. 만일 매입거래와 매출거래가 발생할 때마다 상품매매거래장에 기록하면서, 동시에 매입거래는 **매입장**에, 매출거래는 **매출장**에도 기록되도록 하려면 장부설계의 구성이나 관련 프로시저를 어떻게 변경해야 할까?

### 2) 결제방법에 따른 보조원장의 기록

- 위 [Case 37]에서는 결제방법으로 '현금', '외상', '신용카드' 중의 하나를 선택하도록 하고 있는데, 결제방법에 따라 별도의 **현금출납장**, **외상관리대장**, **신용카드관리대장** 등의 보조원장을 기록할 필요도 있을 것이다. 이들 보조원장을 추가하여 기록하도록 하려면 어떻게 하는 것이 좋을까?

### 3) 거래처별 매매관리대장의 기록

- 위 [Case 37]의 경우 관리하고 있는 거래처수가 많아서 상품 품목별 상품재고장 기록의 경우에 비해 복잡할 수는 있지만, 실무상으로는 거래처별 매입/매출 관리가 필요한 경우가 많다. 거래처별 매매 관련 보조원장을 기록하도록 하려면 어떤 수정 절차가 필요할까?

# Case 38 혼자해보기

Tips & 풀이 요약

## 1. 필요한 장부 양식의 설계(매입장, 매출장, 현금출납장, 외상관리대장)

㈜해당 상품매입장

| 거래일자 | 전표번호 | 거래처명 | 상품명 | 수량 | 단가 | 금액 | 결제방법 | 비고 |
|---|---|---|---|---|---|---|---|---|
| | | | | | | | | |

기초자료 | 시작메뉴 | 상품매매거래장 | 매입장 | 매출장 | ...

㈜해당 상품매출장

| 거래일자 | 전표번호 | 거래처명 | 상품명 | 수량 | 단가 | 금액 | 결제방법 | 비고 |
|---|---|---|---|---|---|---|---|---|
| | | | | | | | | |

기초자료 | 시작메뉴 | 상품매매거래장 | 매입장 | 매출장 | ...

㈜해당 현금출납장

| 거래일자 | 전표번호 | 거래구분 | 거래처명 | 상품명 | 수량 | 단가/판매가 | 입금 | 출금 | 잔액 |
|---|---|---|---|---|---|---|---|---|---|
| 전기이월 | | | | | | | | | |

... | 매출장 | 현금출납장 | 외상관리대장 | 소라가구 | 일등가구 | ...

㈜해당 외상관리대장

| 거래일자 | 전표번호 | 거래구분 | 거래처명 | 상품명 | 수량 | 단가/판매가 | 외상매입금 | 외상매출금 | 신용카드매입 | 신용카드매출 |
|---|---|---|---|---|---|---|---|---|---|---|
| | | | | | | | | | | |

... | 매출장 | 현금출납장 | 외상관리대장 | 소라가구 | 일등가구 | ...

## 2. 거래처별 매매관리대장 설계(예시: 소리가구, 다른 거래처도 양식 동일)

㈜해당 거래처별 매매관리대장 - 소라가구

| 거래일자 | 전표번호 | 거래구분 | 상품명 | 결제방법 | 수량 | 단가/판매가 | 현금매입 | 외상매입 | 현금판매 |
|---|---|---|---|---|---|---|---|---|---|
| | | | | | | | | | |

## 3. 확장된 장부 양식에 거래 자료를 기록하기 위한 프로시저

앞의 Case 37에서의 [frm상품매매거래입력화면] 프로시저에 다음의 프로시저 코드를 각각 추가한다.

### 1) 변수 선언부에 추가

```
...
Public 거래처 As String
...
Dim 기준6 As Integer
Dim 기준7 As Integer
Dim 기준8 As Integer
Dim 기준9 As Integer
Dim 기준10 As Integer
Dim 기준11 As Integer
Dim 기준12 As Integer
Dim 기준13 As Integer
Dim 기준14 As Integer
Dim 기준15 As Integer
```

### 2) 'With Worksheets("상품매매거래장")' 프로시저 앞에 상품선택 프로시저 삽입

```
...
If cbo거래처명.Value="소라가구" Then
    거래처="소라가구"
ElseIf (cbo거래처명.Value="일등가구") Then
    거래처="일등가구"
ElseIf (cbo거래처명.Value="프라하가구") Then
    거래처="프라하가구"
ElseIf (cbo거래처명.Value="한남가구") Then
    거래처="한남가구"
ElseIf (cbo거래처명.Value="대우가구") Then
    거래처="대우가구"
Else
    MsgBox "거래처명 선택이 잘못되었습니다."
    Exit Sub
End If
```

### 3) 아래쪽 'Unload Me' 문 위쪽에 거래, 지불, 거래처 분기 위한 프로시저 삽입

```
…
Select Case 거래
Case "매입"
    With Worksheets("매입장")
    기준6=.Range("A4").CurrentRegion.Rows.Count+4
        .Cells(기준6, 1).Value=Me.txt거래일자
        .Cells(기준6, 2).Value=Me.txt전표번호
        .Cells(기준6, 3).Value=Me.cbo거래처명.Column(0)
        .Cells(기준6, 4).Value=Me.cbo상품명.Column(0)
        .Cells(기준6, 5).Value=Val(Me.txt수량)
        .Cells(기준6, 6).Value=Val(Me.txt단가)
        .Cells(기준6, 7).FormulaR1C1="=RC[-2]*RC[-1] "
        .Cells(기준6, 8).Value=지불
        .Cells(기준6, 9).Value=Me.cbo비고.Column(0)
End With

Case "매출"
With Worksheets("매출장")
        기준7=.Range("A4").CurrentRegion.Rows.Count+4
        .Cells(기준7, 1).Value=Me.txt거래일자
        .Cells(기준7, 2).Value=Me.txt전표번호
        .Cells(기준7, 3).Value=Me.cbo거래처명.Column(0)
        .Cells(기준7, 4).Value=Me.cbo상품명.Column(0)
        .Cells(기준7, 5).Value=Val(Me.txt수량)
        .Cells(기준7, 6).Value=Val(Me.txt단가)
        .Cells(기준7, 7).FormulaR1C1="=RC[-2]*RC[-1] "
        .Cells(기준7, 8).Value=지불
        .Cells(기준7, 9).Value=Me.cbo비고.Column(0)
End With
End Select

Select Case 지불
Case "현금"
    With Worksheets("현금출납장")
    기준8=.Range("A4").CurrentRegion.Rows.Count+4
        .Cells(기준8, 1).Value=Me.txt거래일자
        .Cells(기준8, 2).Value=Me.txt전표번호
        .Cells(기준8, 3).Value=거래
        .Cells(기준8, 4).Value=Me.cbo거래처명.Column(0)
        .Cells(기준8, 5).Value=Me.cbo상품명.Column(0)
        .Cells(기준8, 6).Value=Val(Me.txt수량)
        .Cells(기준8, 7).Value=Val(Me.txt단가)
    If 거래="매출" Then
        .Cells(기준8, 8).FormulaR1C1="=RC[-2]*RC[-1]"
    ElseIf (거래="매입") Then
        .Cells(기준8, 9).FormulaR1C1="=RC[-3]*RC[-2]"
```

```
    End If
        .Cells(기준8, 10).FormulaR1C1="=R[-1]C+RC[-2]-RC[-1]"
End With

Case "외상"
    With Worksheets("외상관리대장")
    기준9=.Range("A4").CurrentRegion.Rows.Count+4
        .Cells(기준9, 1).Value=Me.txt거래일자
        .Cells(기준9, 2).Value=Me.txt전표번호
        .Cells(기준9, 3).Value=거래
        .Cells(기준9, 4).Value=Me.cbo거래처명.Column(0)
        .Cells(기준9, 5).Value=Me.cbo상품명.Column(0)
        .Cells(기준9, 6).Value=Val(Me.txt수량)
        .Cells(기준9, 7).Value=Val(Me.txt단가)
    If 거래="매입" Then
        .Cells(기준9, 8).FormulaR1C1="=RC[-2]*RC[-1]"
    ElseIf (거래="매출") Then
        .Cells(기준9, 9).FormulaR1C1="=RC[-3]*RC[-2]"
    End If
End With

Case "신용카드"
    With Worksheets("외상관리대장")
    기준10=.Range("A4").CurrentRegion.Rows.Count+4
        .Cells(기준10, 1).Value=Me.txt거래일자
        .Cells(기준10, 2).Value=Me.txt전표번호
        .Cells(기준10, 3).Value=거래
        .Cells(기준10, 4).Value=Me.cbo거래처명.Column(0)
        .Cells(기준10, 5).Value=Me.cbo상품명.Column(0)
        .Cells(기준10, 6).Value=Val(Me.txt수량)
        .Cells(기준10, 7).Value=Val(Me.txt단가)
    If 거래="매입" Then
        .Cells(기준10, 10).FormulaR1C1="=RC[-4]*RC[-3]"
    ElseIf (거래="매출") Then
        .Cells(기준10, 11).FormulaR1C1="=RC[-5]*RC[-4]"
    End If
End With
End Select

Select Case 거래처
Case "소라가구"
    With Worksheets("소라가구")
    기준11=.Range("A4").CurrentRegion.Rows.Count+4
        .Cells(기준11, 1).Value=Me.txt거래일자
        .Cells(기준11, 2).Value=Me.txt전표번호
        .Cells(기준11, 3).Value=거래
        .Cells(기준11, 4).Value=Me.cbo상품명.Column(0)
        .Cells(기준11, 5).Value=지불
```

```
        .Cells(기준11, 6).Value=Val(Me.txt수량)
        .Cells(기준11, 7).Value=Val(Me.txt단가)
    If 거래="매입" And 지불="현금" Then
        .Cells(기준11, 8).FormulaR1C1="=RC[-2]*RC[-1]"
    ElseIf (거래="매입" And 지불="외상" Or 지불="신용카드") Then
        .Cells(기준11, 9).FormulaR1C1="=RC[-3]*RC[-2]"
    ElseIf (거래="매출" And 지불="현금") Then
        .Cells(기준11, 10).FormulaR1C1="=RC[-4]*RC[-3]"
    ElseIf (거래="매출" And 지불="외상" Or 지불="신용카드") Then
        .Cells(기준11, 11).FormulaR1C1="=RC[-5]*RC[-4]"
    End If
End With

Case "일등가구"
    With Worksheets("일등가구")
    기준12=.Range("A4").CurrentRegion.Rows.Count+4
        .Cells(기준12, 1).Value=Me.txt거래일자
        .Cells(기준12, 2).Value=Me.txt전표번호
        .Cells(기준12, 3).Value=거래
        .Cells(기준12, 4).Value=Me.cbo상품명.Column(0)
        .Cells(기준12, 5).Value=지불
        .Cells(기준12, 6).Value=Val(Me.txt수량)
        .Cells(기준12, 7).Value=Val(Me.txt단가)
    If 거래5="매입" And 지불="현금" Then
        .Cells(기준12, 8).FormulaR1C1="=RC[-2]*RC[-1]"
    ElseIf (거래="매입" And 지불="외상" Or 지불="신용카드") Then
        .Cells(기준12, 9).FormulaR1C1="=RC[-3]*RC[-2]"
    ElseIf (거래="매출" And 지불="현금") Then
        .Cells(기준12, 10).FormulaR1C1="=RC[-4]*RC[-3]"
    ElseIf (거래="매출" And 지불="외상" Or 지불="신용카드") Then
        .Cells(기준12, 11).FormulaR1C1="=RC[-5]*RC[-4]"
    End If
End With

Case "프라하가구"
    With Worksheets("프라하가구")
    기준13=.Range("A4").CurrentRegion.Rows.Count+4
        .Cells(기준13, 1).Value=Me.txt거래일자
        .Cells(기준13, 2).Value=Me.txt전표번호
        .Cells(기준13, 3).Value=거래
        .Cells(기준13, 4).Value=Me.cbo상품명.Column(0)
        .Cells(기준13, 5).Value=지불
        .Cells(기준13, 6).Value=Val(Me.txt수량)
        .Cells(기준13, 7).Value=Val(Me.txt단가)
    If 거래="매입" And 지불="현금" Then
        .Cells(기준13, 8).FormulaR1C1="=RC[-2]*RC[-1]"
    ElseIf (거래="매입" And 지불="외상" Or 지불="신용카드") Then
        .Cells(기준13, 9).FormulaR1C1="=RC[-3]*RC[-2]"
```

```
    ElseIf (거래="매출" And 지불="현금") Then
        .Cells(기준13, 10).FormulaR1C1="=RC[-4]*RC[-3]"
    ElseIf (거래="매출" And 지불="외상" Or 지불="신용카드") Then
        .Cells(기준13, 11).FormulaR1C1="=RC[-5]*RC[-4]"
    End If
End With

Case "한남가구"
    With Worksheets("한남가구")
    기준14=.Range("A4").CurrentRegion.Rows.Count+4
        .Cells(기준14, 1).Value=Me.txt거래일자
        .Cells(기준14, 2).Value=Me.txt전표번호
        .Cells(기준14, 3).Value=거래
        .Cells(기준14, 4).Value=Me.cbo상품명.Column(0)
        .Cells(기준14, 5).Value=지불
        .Cells(기준14, 6).Value=Val(Me.txt수량)
        .Cells(기준14, 7).Value=Val(Me.txt단가)
    If 거래="매입" And 지불="현금" Then
        .Cells(기준14, 8).FormulaR1C1="=RC[-2]*RC[-1]"
    ElseIf (거래="매입" And 지불="외상" Or 지불="신용카드") Then
        .Cells(기준14, 9).FormulaR1C1="=RC[-3]*RC[-2]"
    ElseIf (거래="매출" And 지불="현금") Then
        .Cells(기준14, 10).FormulaR1C1="=RC[-4]*RC[-3]"
    ElseIf (거래="매출" And 지불="외상" Or 지불="신용카드") Then
        .Cells(기준14, 11).FormulaR1C1="=RC[-5]*RC[-4]"
    End If
End With

Case "대우가구"
    With Worksheets("대우가구")
    기준15=.Range("A4").CurrentRegion.Rows.Count+4
        .Cells(기준15, 1).Value=Me.txt거래일자
        .Cells(기준15, 2).Value=Me.txt전표번호
        .Cells(기준15, 3).Value=거래
        .Cells(기준15, 4).Value=Me.cbo상품명.Column(0)
        .Cells(기준15, 5).Value=지불
        .Cells(기준15, 6).Value=Val(Me.txt수량)
        .Cells(기준15, 7).Value=Val(Me.txt단가)
    If 거래="매입" And 지불="현금" Then
        .Cells(기준15, 8).FormulaR1C1="=RC[-2]*RC[-1]"
    ElseIf (거래="매입" And 지불="외상" Or 지불="신용카드") Then
        .Cells(기준15, 9).FormulaR1C1="=RC[-3]*RC[-2]"
    ElseIf (거래="매출" And 지불="현금") Then
        .Cells(기준15, 10).FormulaR1C1="=RC[-4]*RC[-3]"
    ElseIf (거래="매출" And 지불="외상" Or 지불="신용카드") Then
        .Cells(기준15, 11).FormulaR1C1="=RC[-5]*RC[-4]"
    End If
End With
End Select
```

Case 39 혼자해보기

# (주)각화의 매입매출대장과 보조장부 관리

39

현황

(주)각화는 지역 내 가구소매점에 패브릭 소파 종류만을 전문으로 공급하는 도매 유통회사이다. 공급할 상품들은 공장에서 직접 구매하거나 전문 도매시장에서 일괄 구입하여 보관하였다가, 거래처의 구매요청에 따라 즉시 배송해주는 시스템이다. (주)각화는 상품 매입과 매출 관련 거래를 하나의 거래입력화면을 통해 관리하고자 한다.

(주)각화의 매입매출 관련 기초자료와 매입매출대장의 기본 형식은 다음과 같다.

### 매입매출 기초자료

| 거래구분 | 거래처명 | 품목명 | 색상 | 결제방법 | 부가세 |
|---|---|---|---|---|---|
| 매입 | 나들잇벌 | 보니애 | 아이보리 | 현금 | 포함 |
| 매출 | 저바두치 | 비앙스 로블레 | 화이트 | 신용카드 | 무 |
| | 돌실나이 | 쟈밀 레포사 | 노란색 | 외상 | |
| | 아씨방 | 한샘 핸디 | 파란색 | | |
| | 경원패션 | 리바트 이즈마인 | 자주색 | | |
| | 하트나인 | 에보니아 라떼 | 은회색 | | |
| | 옵세브 | 플젠 다윈 | 진회색 | | |
| | 오브제 | 마티노 아르모 | 진자주색 | | |
| | 보브 | 뉴망고 패브릭 | 검정 | | |
| | 디쎄 | 이케아 EKTORP | 곤색 | | |
| | 나이스크럽 | 리바트 뉴탕 | 쑥자주 | | |
| | 반석패션 | 두닷모노 로니 | 밤색 | | |
| | | 필우드 에이미 | 주황색 | | |
| | | 에보니아 하모니 | | | |

### 매입매출대장 기본 형식

| 거래일자 | 거래구분 | 거래처명 | 품목명 | 색상 | 수량 | 단가 | 금액 | 결제방법 | 부가세 |
|---|---|---|---|---|---|---|---|---|---|
| | | | | | | | | | |
| | | | | | | | | | |
| | | | | | | | | | |

요구사항

1. 위 자료에 의해 매입매출거래를 한꺼번에 처리하기 위한 프로시저와 매입매출대장을 설계해보시오.

2. 설계된 매입매출대장에서 다음과 같은 확장방안을 고려해 보시오.

### 1) 매입장과 매출장 기록 분리하기

- 하나의 매입매출대장에서 매입/매출 거래를 함께 기록하면서, 동시에 매입거래의 경우에는 매입장에, 매출거래의 경우에는 매출장에 각각 따로 기록되도록 하려면 어떻게 할까?

### 2) 현금, 신용카드, 외상거래의 구분 기록

- 매입매출대장에 기록된 후 현금매매거래의 경우에는 현금출납장, 외상거래와 신용카드거래의 경우에는 외상관리대장에 각각 따로 기록 관리되도록 하려면 어떻게 할까?

### 3) 부가세에 대한 또 다른 처리

- 위 매입매출대장에서는 부가세 포함 여부만을 구분하여 표시하고 있지만, 매입/매출 시에 부가세를 별도로 계산하여 매입액, 매출액에 추가하기로 한다면 프로시저를 어떻게 구성해야 할까?

# Case 39 혼자해보기

Tips & 풀이 요약

## 1. 매입매출대장 설계

## 2. 매입매출거래 입력화면 설계

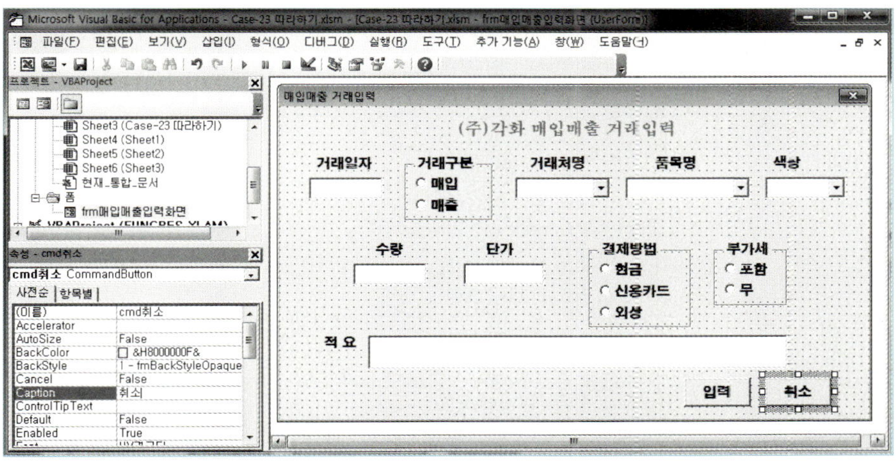

| 컨트롤 이름 | 컨트롤 종류 | 속 성 |
|---|---|---|
| 거래일자 | 텍스트상자 | • (이름) : txt거래일자 |
| 거래구분 | 프레임 | • (이름) : fra거래구분<br>• Caption : 거래구분 |
| | 옵션단추1 | • (이름) : opt매입<br>• Caption : 매입 |
| | 옵션단추2 | • (이름) : opt매출<br>• Caption : 매출 |
| 거래처명 | 콤보상자 | • (이름) : cbo거래처명<br>• ListRows : 10<br>• RowSource : 거래처명<br>• Style : 2-fmStyleDropDownList |
| 품목명 | 콤보상자 | • (이름) : cbo품목명<br>• ListRows : 10<br>• RowSource : 품목명<br>• Style : 2-fmStyleDropDownList |
| 색상 | 콤보상자 | • (이름) : cbo색상<br>• ListRows : 10<br>• RowSource : 색상<br>• Style : 2-fmStyleDropDownList |
| 수량 | 텍스트상자 | • (이름) : txt수량 |
| 단가 | 텍스트상자 | • (이름) : txt단가 |
| 결제방법 | 프레임 | • (이름) : fra결제방법<br>• Caption : 결제방법 |
| | 옵션단추 | • (이름) : opt현금<br>• Caption : 현금 |
| | | • (이름) : opt신용카드<br>• Caption : 신용카드 |
| | | • (이름) : opt외상<br>• Caption : 외상 |
| 부가세 | 프레임 | • (이름) : fra부가세<br>• Caption : 부가세 |
| | 옵션단추 | • (이름) : opt포함<br>• Caption : 포함 |
| | | • (이름) : opt무<br>• Caption : 무 |
| 적요 | 텍스트상자 | • (이름) : txt적요<br>• EnterKeyBehavior : True<br>• IMEMode : 10-fmIMEModeHangul<br>• MultiLine : True<br>• ScrollBars : 2-fmScrollBarsVertical |
| 입력 | 명령단추 | • (이름) : cmd입력<br>• Caption : 입력 |
| 취소 | 명령단추 | • (이름) : cmd취소<br>• Caption : 취소 |

## 3. 입력 폼 실행 프로시저

```
Sub 매입매출거래입력()
    계속여부=vbYes
    Do While 계속여부=vbYes
        frm매입매출입력화면.Show
    계속여부=MsgBox("계속해서 다른 거래를 입력하시겠습니까?",vbYes,"계속여부선택")
    Loop
    Sheets("매입매출대장").Select
End Sub
```

```
Private Sub cmd취소_Click()
        Unload Me
End Sub
```

```
Public trans As String
Public paymd As String
Public vadd As String
-------------------------------------------------------------------------------------------
Private Sub cmd입력_Click()
    Dim iPS As Integer
    If opt매입.Value=True Then
        trans="매입"
    ElseIf (opt매출.Value=True) Then
        trans="매출"
    Else
        MsgBox "매입매출을 선택하지 않았습니다."
        Exit Sub
    End If
    If opt현금.Value=True Then
        paymd="현금"
    ElseIf (opt신용카드.Value=True) Then
        paymd="신용카드"
    ElseIf (opt외상.Value=True) Then
        paymd="외상"
    Else
        MsgBox "결제방법을 선택하지 않았습니다."
        Exit Sub
    End If
    If opt포함.Value=True Then
        vadd="포함"
    ElseIf (opt무.Value=True) Then
        vadd="무"
    Else
        MsgBox "부가세 여부를 선택하지 않았습니다."
```

```
            Exit Sub
        End If

        With Worksheets("매입매출대장")
            iPS=.Range("A3").CurrentRegion.Rows.Count + 3
            .Cells(iPS, 1).Value=Me.txt거래일자
            .Cells(iPS, 2).Value=trans
            .Cells(iPS, 3).Value=Me.cbo거래처명.Column(0)
            .Cells(iPS, 4).Value=Me.cbo품목명.Column(0)
            .Cells(iPS, 5).Value=Me.cbo색상.Column(0)
            .Cells(iPS, 6).Value=Val(Me.txt수량)
            .Cells(iPS, 7).Value=Val(Me.txt단가)
            .Cells(iPS, 8).FormulaR1C1="=RC[-2]*RC[-1]"
            .Cells(iPS, 9).Value=paymd
            .Cells(iPS, 10).Value=vadd
            .Cells(iPS, 11).Value=Me.txt적요
        End With
        Unload Me
    End Sub
```

* 거래 입력 화면

**매 입 매 출 대 장**

| 거래일자 | 거래구분 | 거래처명 | 품목명 | 색상 | 수량 | 단가 | 금액 | 결제방법 | 부가세 | 비고 |
|---|---|---|---|---|---|---|---|---|---|---|
| 6/13 | 매입 | 경원패션 | 플젠 다윈 | 노란색 | 20 | 100 | 2000 | 현금 | 포함 | 경원패션에서 플젠다윈 20개(단가 100) 현금 매입 |
| 6/15 | 매출 | 저바두치 | 뉴망고 패브릭 | 진회색 | 25 | 220 | 5500 | 신용카드 | 포함 | 저바두치에 뉴망고패브릭 25개(단가 220) 카드판매 |
| 6/20 | 매입 | 디쎄 | 리바트 뉴탕 | 은회색 | 100 | 130 | 13000 | 외상 | 무 | 디쎄에 은회색 리바트뉴탕 100개(단가 130) 외상구매 |

Case-23 따라하기 | 기초자료 | 매입매출대장 | 초기화면 | Sheet2 | Sheet3

## 4. 보조장부 양식 설계

### 1) 매입장과 매출장 설계(양식은 같음)

**매 입 장**

| 거래일자 | 거래처명 | 품목명 | 색상 | 수량 | 단가 | 부가세 | 금액 | 결제방법 | 비고 |
|---|---|---|---|---|---|---|---|---|---|
| 10-10 | 나들잇벌 | 보니애 | 아이보리 | 10 | 4000 | 포함 | 44000 | 현금 | 부가세 포함 거래 |
| 10-13 | 아씨방 | 한샘 핸디 | 자주색 | 30 | 4000 | 포함 | 132000 | 현금 | 부가세 포함 매입 |
| 10-14 | 보브 | 마티노 아르모 | 진자주색 | 25 | 4000 | 무 | 100000 | 신용카드 | 부가세 없는 매입 |
| 11-10 | 돌실나이 | 리바트 이즈마인 | 자주색 | 30 | 1000 | 포함 | 33000 | 현금 | 현금결제 |

초기화면 | 매입장 | 매출장 | 매입매출집계표 | 현금출납장

## 2) 현금출납장과 외상관리대장 설계

**현금출납장**

| 거래일자 | 거래구분 | 거래처명 | 품목명 | 수량 | 단가 | 부가세 | 입금 | 출금 | 잔액 | 비고 |
|---|---|---|---|---|---|---|---|---|---|---|
| 01월 01일 | 기초이월 | | | | | | | | 500000 | 전기이월 |
| 11-10 | 매입 | 돌실나이 | 리바트 이즈마인 | 30 | 1000 | 포함 | | 33000 | 467000 | 현금결제 |
| 11-11 | 매입 | 경원패션 | 에보니아 라떼 | 50 | 2000 | 포함 | | 110000 | 357000 | 현금결제2 |
| 11-15 | 매출 | 경원패션 | 쟈밀 레포사 | 30 | 4000 | 포함 | 132000 | | 489000 | 현금매출1 |

**외상관리대장**

| 거래일자 | 거래구분 | 거래처명 | 품목명 | 수량 | 단가 | 부가세 | 외상매입금 | 외상매출금 | 신용카드개입 | 신용카드매출 | 비고 |
|---|---|---|---|---|---|---|---|---|---|---|---|
| 11-12 | 매입 | 경원패션 | 에보니아 라떼 | 30 | 2000 | 포함 | 66000 | | | | 외상거래1 |
| 11-13 | 매입 | 경원패션 | 에보니아 라떼 | 10 | 4000 | 포함 | | | 44000 | | 신용카드1 |
| 11-15 | 매출 | 아씨방 | 뉴망고 패브릭 | 40 | 1500 | 무 | | | | 66000 | 신용카드2 |

## 5. 보조장부 분기 기록 위한 프로시저

```
Select Case trans
Case "매입"
    With Worksheets("매입장")
    위치1 =.Range("A3").CurrentRegion.Rows.Count + 3
    .Cells(위치1, 1).Value=Me.txt거래일자
    .Cells(위치1, 2).Value=Me.cbo거래처명.Column(0)
    .Cells(위치1, 3).Value=Me.cbo품목명.Column(0)
    .Cells(위치1, 4).Value=Me.cbo색상.Column(0)
    .Cells(위치1, 5).Value=Val(Me.txt수량)
    .Cells(위치1, 6).Value=Val(Me.txt단가)
    .Cells(위치1, 7).Value=vadd
If vadd="포함" Then
    .Cells(위치1, 8).FormulaR1C1="=RC[-3]*RC[-2]*1.1 "
ElseIf (vadd="무") Then
    .Cells(위치1, 8).FormulaR1C1="=RC[-3]*RC[-2]            "
End If
    .Cells(위치1, 9).Value=paymd
    .Cells(위치1, 10).Value=Me.txt적요
End With
Case "매출"
    With Worksheets("매출장")
    위치2=.Range("A3").CurrentRegion.Rows.Count + 3
    .Cells(위치2, 1).Value=Me.txt거래일자
    .Cells(위치2, 2).Value=Me.cbo거래처명.Column(0)
```

```
        .Cells(위치2, 3).Value=Me.cbo품목명.Column(0)
        .Cells(위치2, 4).Value=Me.cbo색상.Column(0)
        .Cells(위치2, 5).Value=Val(Me.txt수량)
        .Cells(위치2, 6).Value=Val(Me.txt단가)
        .Cells(위치2, 7).Value=vadd
If vadd="포함" Then
        .Cells(위치2, 8).FormulaR1C1="=RC[-3]*RC[-2]*1.1 "
ElseIf (vadd="무") Then
        .Cells(위치2, 8).FormulaR1C1="=RC[-3]*RC[-2] "
End If
        .Cells(위치2, 9).Value=paymd
        .Cells(위치2, 10).Value=Me.txt적요
End With
End Select

Select Case paymd
Case "현금"
        With Worksheets("현금출납장")
        위치3=.Range("A3").CurrentRegion.Rows.Count + 3
        .Cells(위치3, 1).Value=Me.txt거래일자
        .Cells(위치3, 2).Value=trans
        .Cells(위치3, 3).Value=Me.cbo거래처명.Column(0)
        .Cells(위치3, 4).Value=Me.cbo품목명.Column(0)
        .Cells(위치3, 5).Value=Val(Me.txt수량)
        .Cells(위치3, 6).Value=Val(Me.txt단가)
        .Cells(위치3, 7).Value=vadd
If trans="매출" Then
        .Cells(위치3, 8).FormulaR1C1="=RC[-3]*RC[-2]*1.1 "
ElseIf (trans="매입") Then
        .Cells(위치3, 9).FormulaR1C1="=RC[-4]*RC[-3]*1.1 "
End If
        .Cells(위치3, 10).FormulaR1C1="=R[-1]C+RC[-2]-RC[-1] "
        .Cells(위치3, 11).Value=Me.txt적요
End With
Case "외상"
        With Worksheets("외상관리대장")
        위치4=.Range("A3").CurrentRegion.Rows.Count + 3
        .Cells(위치4, 1).Value=Me.txt거래일자
        .Cells(위치4, 2).Value=trans
        .Cells(위치4, 3).Value=Me.cbo거래처명.Column(0)
        .Cells(위치4, 4).Value=Me.cbo품목명.Column(0)
        .Cells(위치4, 5).Value=Val(Me.txt수량)
        .Cells(위치4, 6).Value=Val(Me.txt단가)
        .Cells(위치4, 7).Value=vadd
If trans="매입" Then
        .Cells(위치4, 8).FormulaR1C1="=RC[-3]*RC[-2]*1.1 "
ElseIf (trans="매출") Then
        .Cells(위치4, 9).FormulaR1C1="=RC[-4]*RC[-3]*1.1 "
```

```
End If
    .Cells(위치4, 12).Value=Me.txt적요
End With
Case "신용카드"
    With Worksheets("외상관리대장")
    위치5=.Range("A3").CurrentRegion.Rows.Count + 3
    .Cells(위치5, 1).Value=Me.txt거래일자
    .Cells(위치5, 2).Value=trans
    .Cells(위치5, 3).Value=Me.cbo거래처명.Column(0)
    .Cells(위치5, 4).Value=Me.cbo품목명.Column(0)
    .Cells(위치5, 5).Value=Val(Me.txt수량)
    .Cells(위치5, 6).Value=Val(Me.txt단가)
    .Cells(위치5, 7).Value=vadd
If trans="매입" Then
    .Cells(위치5, 10).FormulaR1C1="=RC[-5]*RC[-4]*1.1 "
ElseIf (trans="매출") Then
    .Cells(위치5, 11).FormulaR1C1="=RC[-6]*RC[-5]*1.1 "
End If
    .Cells(위치5, 12).Value=Me.txt적요
End With
End Select
```

# Part 05

# EXCEL 재무회계 프로그래밍

EXCEL

CHAPTER 09

# EXCEL로 만드는 재무회계프로그램

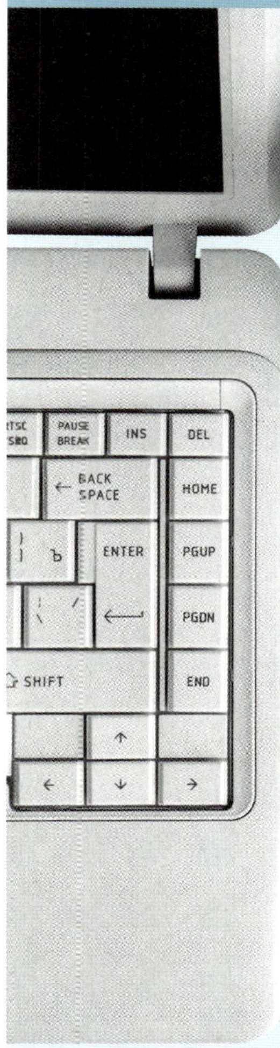


## 순 서

- 재무회계프로그램 작성 목표
- 회계업무의 수행 절차
- 회계프로그램 개발 절차

| | | |
|---|---|---|
| Step 1 | 문서화와 분개장 설계 | 1. 문서화(Documentation)<br>2. 분개장 설계<br>3. 설계된 분개장 체크 |
| Step 2 | 거래자료의 입력통제 기능 설계 | 1. 분개장 입력통제 설계<br>2. 분개장 응용통제 설계<br>3. 분개장 양식의 수식 보호<br>4. 분개장 검사 |
| Step 3 | 매입매출장과 시산표 설계 | 1. 매입매출장 설계<br>2. 분개장에 일반거래 입력<br>3. 시산표 설계 |
| Step 4 | 결산정리와 재무제표 작성 | 1. 수정분개장 설계<br>2. 정산표 설계<br>3. 손익계산서 표시하기<br>4. 재무상태표 표시하기 |
| Step 5 | 재무제표 분석과 그래픽 보고서 | 1. 재무제표 분석<br>2. 손익 자료의 미래예측<br>3. 주요 재무지표 대시보드 |
| Step 6 | 회계장부 및 보고서 최종 검토 | |

## ⊙ 재무회계프로그램 작성 목표

기업의 회계업무는 매우 다양하지만, 회계영역에서 다루어야 할 기본적인 업무내용은 주로 화폐금액으로 측정되는 모든 경제적 변동내역을 빠짐없이 기록하고 요약하여 이를 일정한 형식으로 보고해야 한다. 여기서 기록 및 보고업무의 수행을 위해 하나의 표준화된 규칙을 정하여 따르고 있으며, 이를 **복식부기회계**라고 한다. 따라서 대부분의 회계프로그램은 복식부기 회계절차를 따르게 된다. 복식부기에 의해 작성된 회계기록은 해당 정보를 필요로 하는 모든 사람들에게 제공된다. 이 때 정보이용자가 기업 내부자(경영자 및 업무담당자)인 경우에는 이들 각자의 의사결정 목적에 따라 보고내용과 형식이 각각 달라질 수밖에 없지만, 기업 외부자(주주, 채권자, 관계기관 등)인 경우에는 흔히 **재무제표**라고 하는 하나의 표준화된 보고서 형식에 따라 작성하여 제공하게 된다. 이와 같이 공통적인 복식부기 회계절차에 따르되 기업 외부의 불특정 다수인들을 위해 보고하는 일련의 절차를 흔히 **재무회계**라고 하며, 이를 위해 작성된 프로그램을 **재무회계프로그램**이라고 한다. 따라서 재무회계프로그램은 일반적으로 기업의 규모나 업종, 업태에 관계없이 거의 모든 기업들이 동일한 절차와 형식을 따르게 된다.

여기에서는 이러한 재무회계 업무절차를 수행하기 위한 보편적인 형식의 회계프로그램을 EXCEL의 주요 기능을 이용하여 Prototype 형태로 만들어 보고, 이를 통해 실제 기업에서 발생가능한 거래자료들을 직접 입력하여 재무제표 등의 보고서를 작성하는 절차까지를 실습형태로 진행해 보기로 한다. 다만 실무상으로는 각 기업마다 사용하는 장부형식과 보고서 형식이 다소 차이가 있을 수 있으나, 여기서는 **표준화**된 형식의 약식 장부와 보고서 사용을 전제로 한다.

## ⊙ 회계업무의 수행 절차

재무회계프로그램을 만들기 위해서는 먼저 회계업무가 수행되는 **절차**에 대해 정확히 이해하고 있어야 한다. 또한 각각의 절차에 적용되는 **장부형식**과 이를 구현하기 위해 어떠한 EXCEL 기능을 사용할 수 있을 것인지에 대한 사전 이해도 필요하다.

일반적인 회계업무 수행절차(accounting cycle)는 다음 〈그림〉과 같이 요약될 수 있다.

흔히 회계업무의 시작은 기업에서 발생한 어떤 활동이 장부에 기록해야 한 대상(**거래**,transaction)인지 아닌지를 식별하는 것으로부터 이루어진다. 만일 장부에 기록해야 할 거래라고 판단되면 이를 복식부기의 분개형식에 따라 **분개장**에 기입한다. 그러나 모든 거래는 마스터파일인 **총계정원장**에 빠짐없이 기록되어야 하며, 따라서 분개장은 총계정원장에 기록하기 위한 준비절차인 셈이다.

분개장에 기록된 각 거래는 분개된 계정과목에 따라 해당 총계정원장으로 전기한다. 총계정원장에는 발생한 모든 거래가 분개된 계정 분류에 따라 일일이 기록되기 때문에 총계정원장을 마스

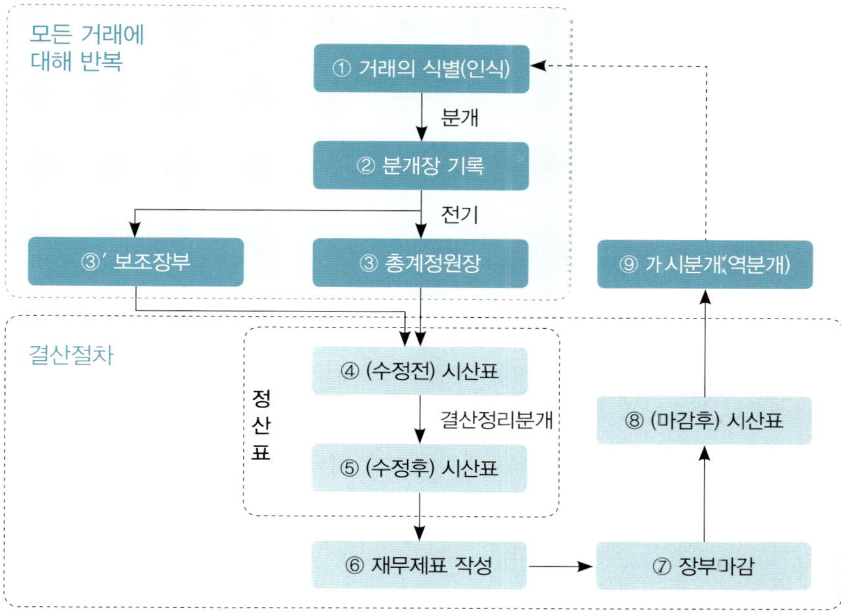


터파일이라고 한다. 이 때 총계정원장에는 거래에 관한 자세한 사항을 모두 기록할 수 없기 때문에, 구매나 판매 등 주된 영업활동과 관련하여 추가적인 관리와 보고업무에 필요한 사항들을 별도로 구분, 기록하기 위해 **보조장부**인 매입장, 매출장 등을 따로 만들어 이중으로 전기하는 방법을 사용한다. 즉, 보조장부는 주요장부인 총계정원장의 기록내용을 보조, 보완하기 위해 이중으로 별도 기록하는 장부인 셈이다.

**결산시점**에는 그동안 모든 장부에 기록된 거래내용들을 종합하여 요약, 보고하여야 한다. 이를 위해 먼저 총계정원장의 각 계정별 대차잔액을 구하여 **시산표**를 작성한다. 시산표는 그동안 각 계정별로 나뉘어 기록된 거래내용이 복식부기의 원리에 따라 기록되어 있음을 검증하는 수단이기도 하다. 이 때 주요 거래는 동시에 보조장부에도 기록되어 있으므로, 보조장부를 정리하여 총계정원장의 내용과 일치여부를 조사하는 절차도 함께 진행된다.

시산표 작성이 결산의 준비작업이었다면, 결산의 본 절차는 결산정리작업을 수행하는 것으로부터 시작된다. 결산시에 수행해야 할 **수정분개**와 회계기간의 구분에 필요한 수정사항들을 정리하여 **정산표**를 작성하고, 정산표에 따라 재무상태표와 손익계산서 등의 **재무제표**를 작성하게 된다. 작성된 재무제표는 재무제표 양식에 따라 보고대상에게 전달한다.

## ⊙ 회계프로그램 개발 절차

회계프로그램 개발절차도 이러한 회계순환과정의 흐름에 맞추어 작성해 가는 것으로 한다. 다만, 회계프로그램은 개발 자체에 목적이 있다기보다는 그 활용과 보고절차가 함께 수반되어야 하므로 프로그램 개발과정을 다음과 같이 6단계로 구분하여 진행한다.

- 1단계: 문서화와 분개장 설계
- 2단계: 거래자료의 입력통제 기능 설계
- 3단계: 매입매출장과 시산표 설계
- 4단계: 결산정리와 재무제표 작성
- 5단계: 재무제표 분석과 그래픽 보고서
- 6단계: 회계장부 및 보고서 최종검토

### 회계프로그램 개발 지침

1. 개발되는 회계프로그램은 모든 기업에 일반적으로 적용될 수 있도록 한다.
2. 모든 거래는 복식부기의 기본원리에 따라 기록, 관리되는 것으로 한다.
3. 모든 거래는 분개장에 기록되며, 이후의 회계처리절차는 자동으로 이루어질 수 있도록 한다. 따라서 필요한 경우 언제든 실시간으로 각종 장부와 결산재무제표를 확인할 수 있도록 한다.
4. 각종 장부 양식은 표준식을 따른다. 다만, EXCEL 서식 적용에 필요한 경우 일부 형식을 변경하여 적용할 수 있다.
5. 작성되는 재무제표는 재무상태표와 손익계산서 및 이익잉여금처분계산서로 한정하되, 주요 항목에 대한 예측지표를 포함하는 것으로 한다.
6. 각종 장부에는 거래 입력시 오류가 발생하지 않도록 예방통제 기능을 포함하도록 한다.

### 거래자료 입력시 수행사항

1. 파일명과 출자자의 이름에는 본인의 실명을 사용한다.
2. 예시로 입력되는 거래는 특정 월중에 발생한 것으로 가정한다. 다만, 모든 장부 및 보고서 설계가 완료된 이후에는 연중 거래의 기록을 전제로 한다.
3. 작업파일은 데이터의 안전성을 위해 작업 단계별로 구분하여 자주 저장하도록 한다.

Step 1

# 문서화와 분개장 설계

참고

### 문서화(Documentation)란?

**문서화**란 새로운 소프트웨어를 개발하는 과정에서, 소프트웨어 개발과 관련된 모든 주요 내용과 절차들을 문서형태로 만들어 보관하는 작업을 의미한다. 즉, 새로 개발되는 소프트웨어에 대한 개발방침, 요구조건, 설계내용, 운용방법, 관리정보, 개발자 정보, 주요 기능, 특성 등 시스템에 대한 상세한 설명을 공통적으로 사용하기 위해 기록해 두는 것을 말한다. 다소 복잡한 프로그램인 경우에는 알고리즘과 플로차트, 시방서(specification) 등을 포함하기도 한다.

문서화는 사후에 해당 프로그램을 수정하거나 사용자 또는 관리자에 대한 이용교육 등에 활용되기도 하고, 시스템에 문제가 생겼을 때 그 원인을 진단, 처방하는 절차에도 반드시 필요하다. 따라서 문서화는 프로그램 작성에서 매우 중요한 부분이다.

## 1. 문서화(Documentation)

① Excel에서 새 Worksheet를 열고, [파일] 탭에서 [정보]를 선택한 후 오른쪽 [속성]에서 '고급 속성'을 선택한다.

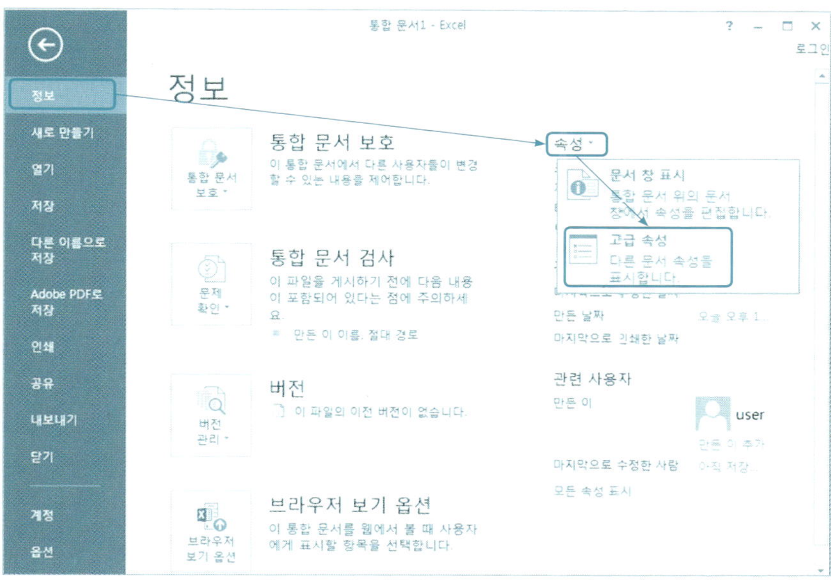

② '통합문서 속성' 창에서 다음의 정보를 입력한다.

- 제목: 재무회계프로그램1
- 주제: 일반목적 회계프로그램 개발
- 만든이: (본인 이름)
- 회사: 청송산업

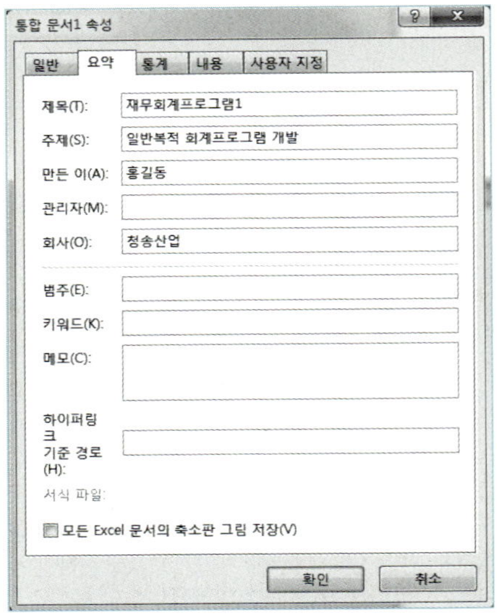


③ [확인]을 누르고 '통합문서 속성' 창을 빠져나와 Worksheet로 돌아온 후, Sheet1의 A1:B13 범위에 다음의 자료를 입력한다.

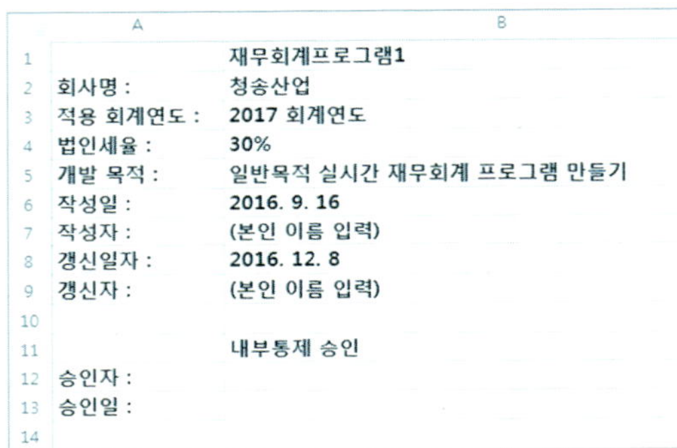


④ A열을 선택하고, '열 너비'를 15, '가운데 맞춤', 글꼴을 '기울임꼴'로 조정한다. B열을 선택하고, '열 너비'를 50으로 조정한다.

⑤ Ctrl 키를 누른 채로 A1:B1, A11:B11 영역을 한꺼번에 선택한다. [홈] 탭에서 [글꼴]-[채우기 색]을 '노란색'으로 지정한다.

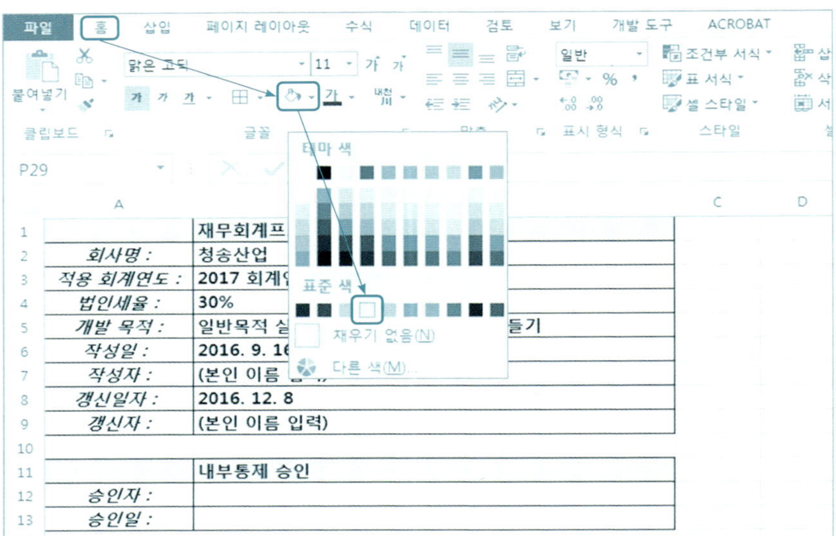

⑥ B1과 B11의 글꼴을 각각 '견고딕'으로 바꾼다.

⑦ Ctrl 키를 누른 채로 셀 B6, B8, B13을 함께 선택한 후, 오른쪽 마우스 [셀 서식]-[표시형식]-[날짜]-[형식]을 '2001/3/14'로 선택하고 [확인]을 누른다.

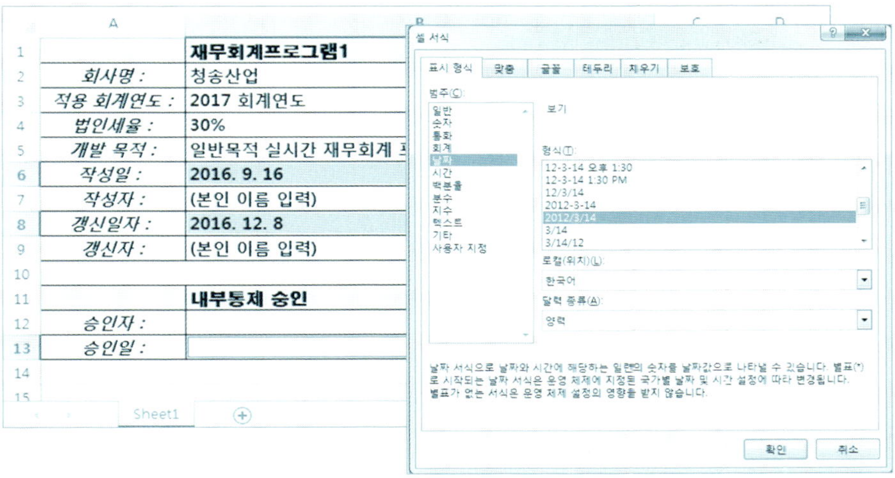


⑧ 현재의 Sheet1의 아래쪽 워트시트 탭을 더블클릭하여 Sheet1의 이름을 '문서화'로 바꾼다.

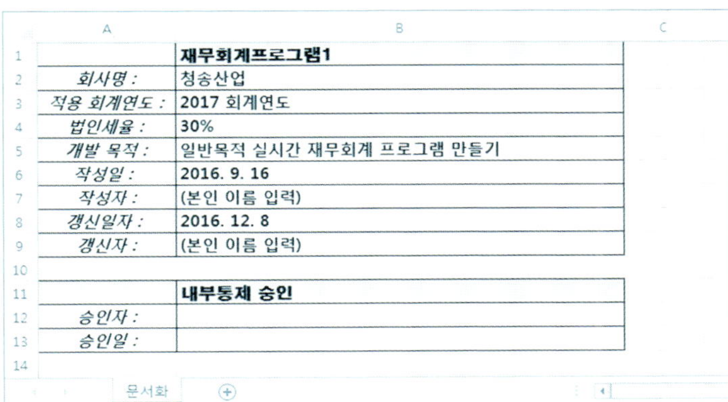


⑨ 지금까지 작업한 엑셀 문서를 파일명 '본인이름_Part1'(예컨대 홍길동_Part1.xlsx)으로 저장한다.

## 2. 분개장 설계

### ▶ 분개장(General Journal)이란?

**분개장**은 발생한 모든 거래를 차변과 대변으로 분리하여 발생순서대로 기록하는 장부이다. 즉, 분개장은 거래가 일어난 순서와 날짜에 따라 분개의 개념을 적용하여 각각의 계정과목과 금액을 정하고, 거래의 개요를 기록하는 장부이다. 모든 거래는 발생시에 맨 먼저 분개장에 기록되므로 이를 **원시기입장**이라고도 하며, 거래의 주요 내용이 간추려 기록되므로 **분개일기장**이라고도 한다. 분개장은 총계정원장에 전기하기 위한 준비 장부로서, 총계정원장과 함께 주요 장부를 구성하며 회계처리(부기)에서 반드시 필요한 기본적인 장부의 하나이다.

따라서 분개장의 설계는 올바른 회계처리를 위해 전제가 되는 절차로서 출발점이라고도 할 수 있다.

① 먼저 분개장 양식을 설계하기 위해, 새로운 sheet2를 선택하고 sheet의 이름을 '분개장'으로 바꾸어 기록한다.

② 분개장 sheet의 B1 셀에 '분 개 장'으로 입력하고, B1:F1 셀영역을 선택하여 [홈] 탭의 [맞춤]에서 '병합하고 가운데 맞춤'을 클릭한다. 그리고 A3:G3 범위에 다음과 같은 머리글을 입력하고, [홈] 탭에서 [글꼴]-[테두리]-[모든 테두리]와 [맞춤]-[가운데 맞춤]으로 지정한다.

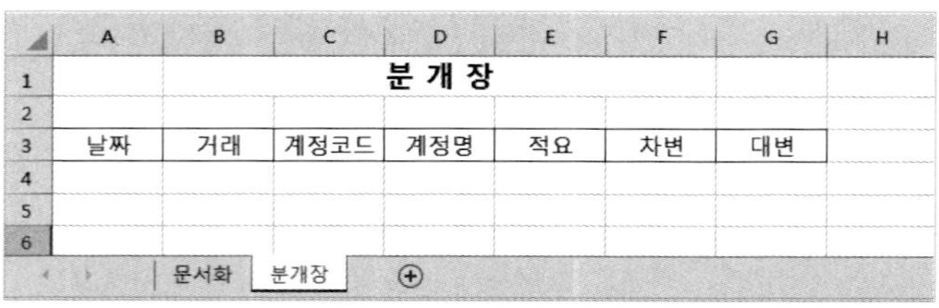


③ 선택된 머리글 영역(A3:G3)에 대해 다시 [홈] 탭의 [글꼴]-[채우기 색]-[녹색]으로 지정하고, 오른쪽 마우스 [셀 서식]의 [맞춤]에서 '가로'와 '세로'의 텍스트 맞춤을 각각 '가운데'로 선택한다.

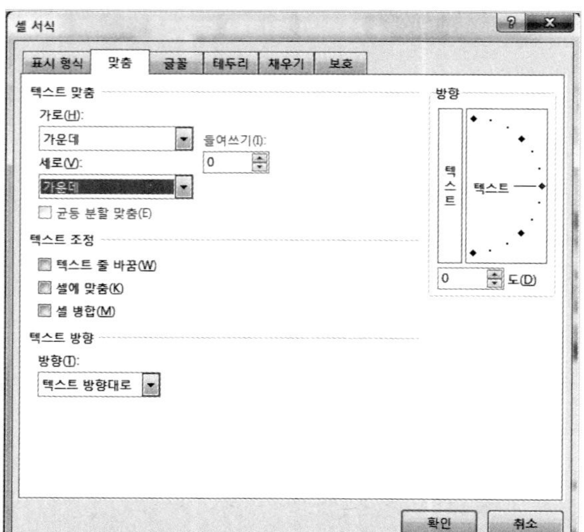

④ 이제 A열 전체(머리글 부분)를 선택하고, 오른쪽 마우스 [셀 서식]의 [표시형식]에서 [날짜]의 형식을 "2012/3/14"로 선택한 후 [확인]을 누른다.

⑤ 금액 부분 표시형식을 설정하기 위해 F열과 G열을 함께 선택하고, 오른쪽 마우스 [셀 서식]의 [표시형식]-[통화]에서 '소수 자릿수'를 '0'으로, '기호'를 '없음'으로, '음수' 표시를 붉은 색 '(1,234)' 형식으로 선택한 후 "확인" 버튼을 누른다.

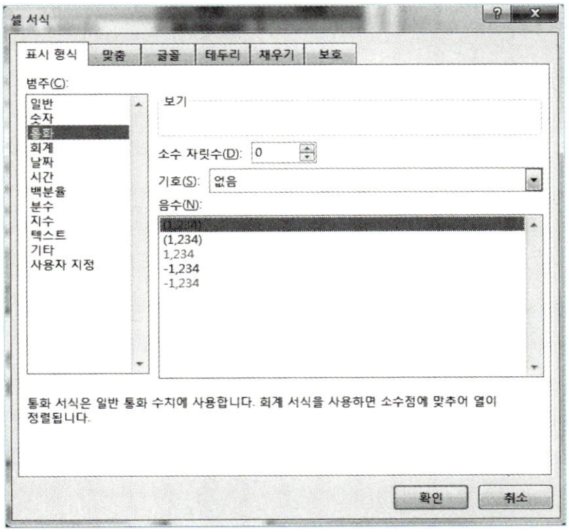


⑥ Ctrl 키를 누른 상태에서 A, B, C, F, G열을 함께 선택하고, [홈] 탭의 [셀]-[서식]에서 '열 너비'를 '12'로 조정한다. 마찬가지로 D열의 '열 너비'를 '20'으로, 그리고 E열의 '열 너비'를 '45'로 지정한다.

이상의 결과는 다음과 같이 표시된다.

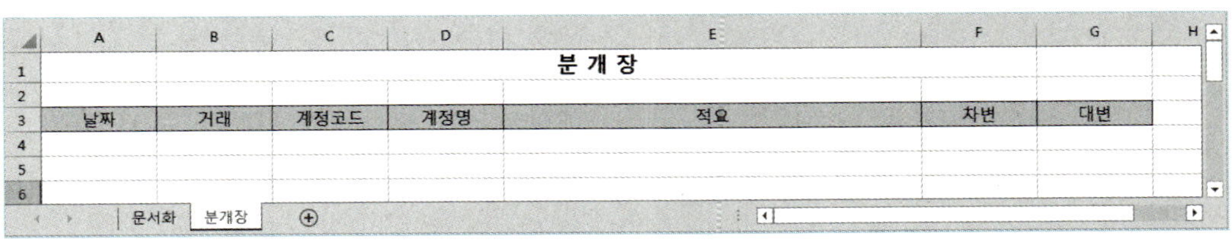


⑦ 이제 분개장의 머리글 양식이 완성된 상태에서 아래 행에 다음의 가상 거래를 양식에 따라 입력해 본다.

| 거래 #1 | 2017년 6월 1일 홍길동이 현금 ₩80,000,000을 출자하여 보통주식 4,000주를 교부하였다. |
|---|---|

(단, 거래 월은 자신이 태어난 달로, 출자자는 자신의 이름으로 대체하여 기록한다.)

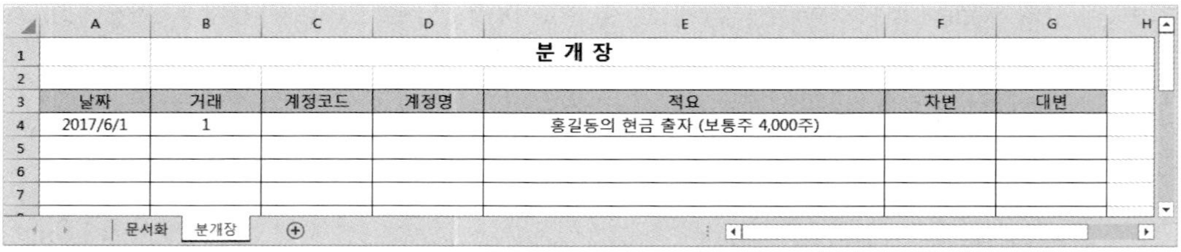

| | A | B | C | D | E | F | G |
|---|---|---|---|---|---|---|---|
| 1 | | | | | 분 개 장 | | |
| 2 | | | | | | | |
| 3 | 날짜 | 거래 | 계정코드 | 계정명 | 적요 | 차변 | 대변 |
| 4 | 2017/6/1 | 1 | | | 홍길동의 현금 출자 (보통주 4,000주) | | |
| 5 | | | | | | | |
| 6 | | | | | | | |
| 7 | | | | | | | |

⑧ 그런데 분개장의 양식에서 '계정코드'와 '계정명'에 대한 가이드라인이 없어 이를 포함한 '차변', '대변'의 금액까지도 입력할 수 없는 상태이다.

⑨ 아래 시트탭에서 새 시트 'sheet3'을 생성하고 그 이름을 '계정과목표'로 수정해 둔다.

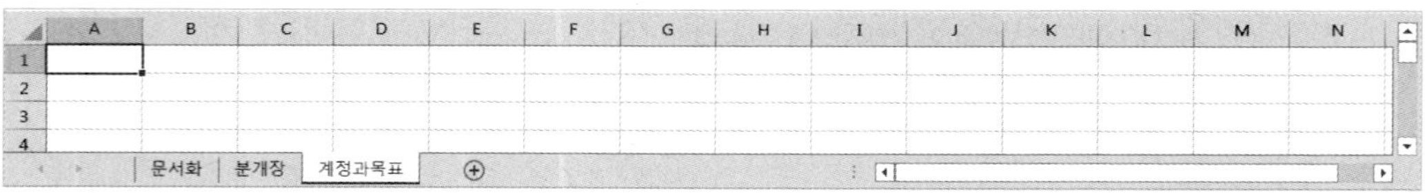



⑩ '계정과목표' sheet에서 A열에 대해 [셀 서식]-[표시형식]-[숫자]에서 '소수 자릿수'를 '0'으로 지정하고, [홈] 탭의 [셀]-[서식]에서 '열 너비'를 '10'으로 지정한다. 마찬가지로 B열을 선택하고, '열 너비'를 '25'로 조정한다.

⑪ '계정과목표' sheet의 A열과 B열에 각각 다음의 계정코드와 계정명 자료를 입력한다.

| | A | B |
|---|---|---|
| 1 | 1110 | 현금 |
| 2 | 1130 | 선급보험료 |
| 3 | 1211 | 비품 |
| 4 | 1311 | 컴퓨터설비 |
| 5 | 1411 | 소모품 |
| 6 | 2101 | 외상매입금 |
| 7 | 2106 | 미지급법인세 |
| 8 | 2202 | 지급어음 |
| 9 | 3100 | 자본금 |
| 10 | 3300 | 배당금 |
| 11 | 4100 | 매출수익 |
| 12 | 5120 | 법인세비용 |

⑫ 자료를 입력한 전체 범위(A1:B12)를 선택하고, '이름상자'(A열 바로 윗 부분)에 '계정과목표'라고 입력한 후 Enter 키를 누른다.

**참고**

### 셀범위에 이름을 붙이는 방법

특정 셀이나 셀범위에 이름을 부여해 두면 통합문서의 어디에서든 그 이름으로 특정 셀주소나 범위를 참조하도록 할 수 있다.

**1. 메뉴의 수식 탭을 이용하는 방법**

① 이름을 붙이고자 하는 셀 또는 셀범위를 선택한다.
② [수식] 탭에서 [정의된 이름]-[이름 정의]를 클릭한다.
③ [새 이름] 상자에서 부여하고자 하는 이름을 입력한다.
④ '확인'을 누른다.

**2. 이름상자를 이용하는 방법**

① 이름을 붙이고자 하는 셀 또는 셀범위를 선택한다.
② A열 위쪽에 있는 이름상자를 클릭한다.
③ 부여하고자 하는 이름을 입력하고, Enter 키를 누른다.
(이름을 부여한 후 반드시 Enter 키를 눌러야 해당 이름이 저장됨)

⑬ 이제 다시 '분개장' sheet로 돌아와서, C4:C15 셀범위를 선택한 후 [데이터] 탭의 [데이터 도구]-[데이터 유효성검사]-[**데이터 유효성검사**]를 선택한다. [데이터 유효성] 상자의 [설정]에서 '제한대상'을 '목록'으로 선택하고 아래에 나타난 '원본' 상자를 클릭한다. 그 상태에서 '계정과목표' sheet를 선택하고 계정과목코드가 입력되어 있는 A1:A12 셀영역을 선택하여 '원본' 상자에 해당 셀영역이 표시되도록 한다. 다시 [데이터 유효성] 상자의 [설명메시지] 탭을 선택하고 '제목'에 '계정과목코드'를, 그리고 아래 '설명메시지'란에 다음의 자료를 입력한다.

1110 현금
1130 선급보험료
1211 비품
1311 컴퓨터설비
1411 소모품
2101 외상매입금
2106 미지급법인세
2202 지급어음
3100 자본금
3300 배당금
4100 매출수익
5120 법인세비용

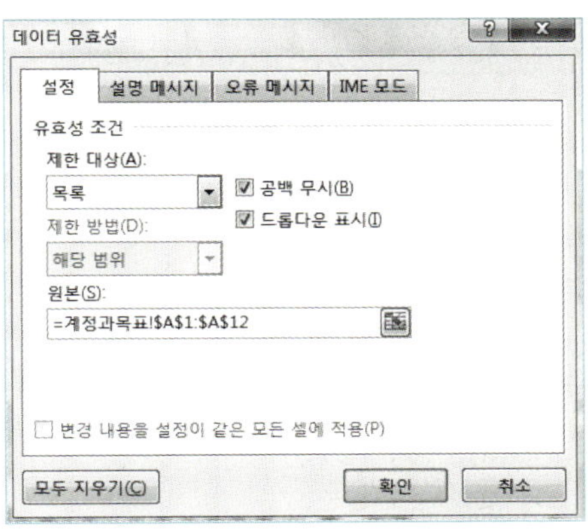


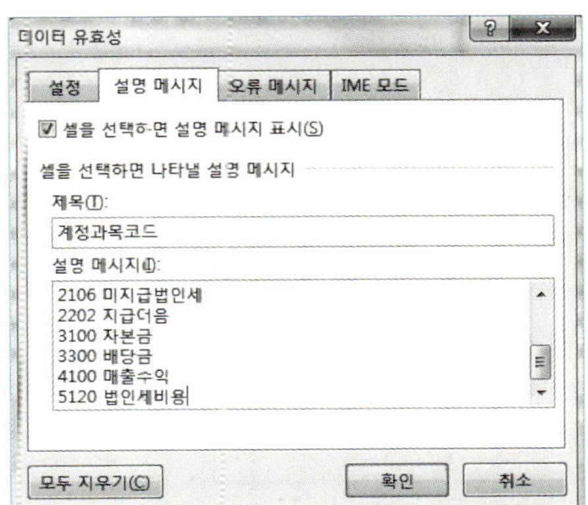

⑭ 다시 [데이터 유효성] 상자의 [오류메시지] 탭을 선택하고, '스타일'에서 '중지'를 클릭한 후, '제목'에 '코드 오류'로, '오류 메시지'에 '옳은 계정코드가 아님!'을 입력하고 [확인]을 누른다.

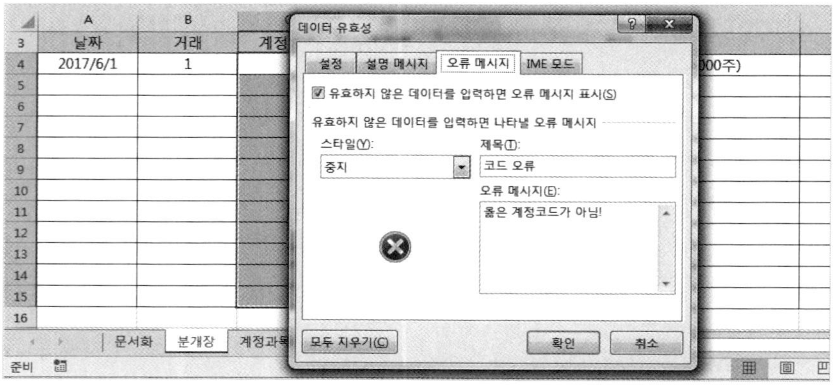

⑮ 이제 [데이터 유효성검사]가 입력된 C4 셀을 선택하면 계정과목코드에 대한 설명메시지가 나타나고, C4 셀 옆의 아이콘을 누르면 계정코드 번호가 나열되어 표시된다. 여기서 '현금' 계정에 해당하는 코드번호 '1110'을 선택하여 표시한다.

⑯ D4 셀에는 '찾기/참조영역' 수식인 "=VLOOKUP(C4,계정과목표,2)"를 입력한다. D4 셀에는 입력한 함수의 결과 값인 '현금'이 자동으로 표시된다.

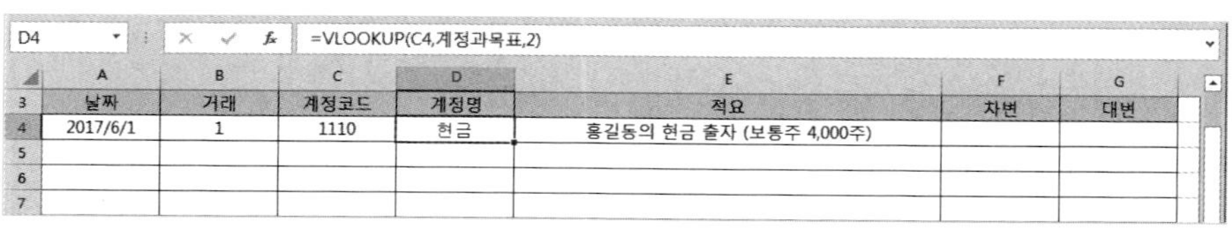

참고

### VLOOKUP 함수

**VLOOKUP 함수**는 참조영역(배열)의 첫 열(맨 왼쪽 열)의 값을 검색하여 지정한 열(Index_number)의 같은 행에 들어 있는 값을 표시한다. 배열은 기본적으로 오름차순으로 정렬되어 있어야 한다.

VLOOKUP(lookup_value, table_array, col_index_num, [range_lookup])

- lookup_value: 표(배열)의 첫 열에서 찾으려는 값. 이는 값이나 셀주소 또는 텍스트일 수도 있다.
- table_array: 데이터를 검색하고 추출하려는 참조영역의 표(배열). 이는 범위 참조나 범위 이름이 될 수도 있다. 일반적으로 오름차순으로 정렬된 둘 이상의 열을 가진 데이터로 구성되어 있다.
- col_index_num: 배열(table_array) 내의 열 번호로, 값을 추출할 열을 지정한다. 배열 표의 첫 열 값은 '1'이다.
- [range_lookup]: 찾으려는 값(lookup_value)과 정확히 일치한 것을 찾을 것인가, 아니면 이와 가장 비슷한 값을 찾아도 되는 것인가의 여부를 결정하는 것. 만일 정확하게 일치하는 값을 찾으려면 'false'를, 비슷하게 일치하는 값을 찾으려면 'true'를 지정한다. 'true'를 지정할 경우 찾는 값보다 작은 값 중에서 가장 큰 값을 찾게 된다. 이 인수는 생략할 수 있으며, 생략하는 경우 'true'로 지정한 것으로 본다.

⑰ D4 셀의 '자동채우기 핸들'을 이용하여 D5:D15 셀영역에도 동일한 함수가 적용되도록 복사한다. 그런데 함수를 복사해 둔 D5:D15 셀영역에는 함수는 제대로 적용되어 있지만, 결과 값이 '#N/A'로 표시되어 **오류**(Not Available)가 있음을 표시하고 있다. 이는 각 셀의 VLOOKUP 함수가 참조하고 있는 바로 앞 셀(C5:C15)에 아직 계정코드가 입력되어 있지 않아 함수가 제 기능을 수행할 수 없음을 의미하는 것이다.

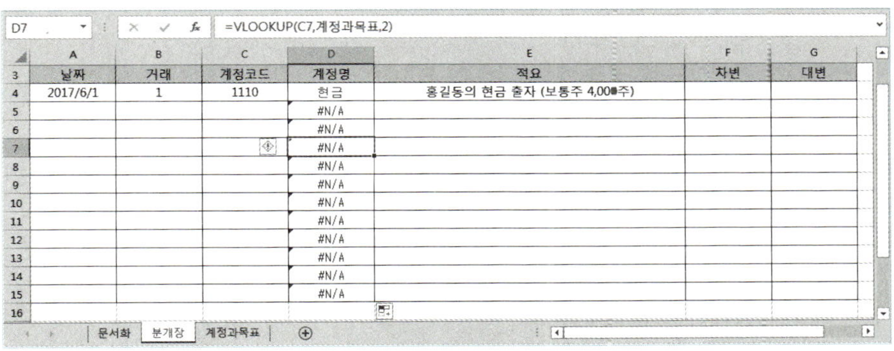


⑱ 따라서 다시 D4 셀을 선택하고, 입력되어 있는 함수를 '=IF(C4="","",VLOOKUP(C4,계정과목표,2))'와 같이 수정한다. 그리고 다시 D4 셀의 '자동채우기 핸들'로 D5:D15 셀영역에 복사해 두면 오류가 나타나지 않게 된다(""는 빈 칸을 의미함).

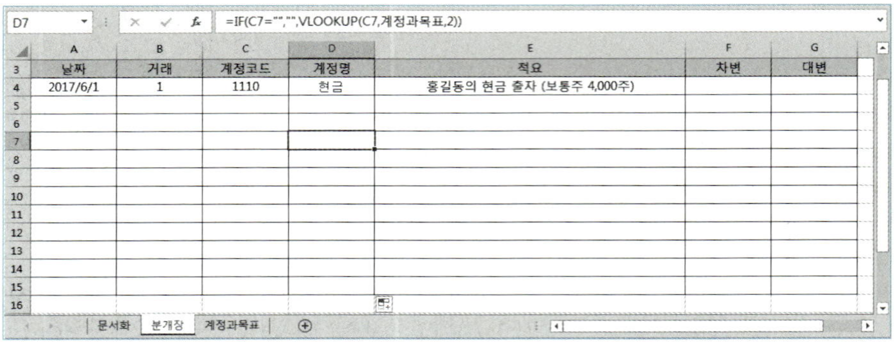

D7 =IF(C7="","",VLOOKUP(C7,계정과목표,2))

| | A | B | C | D | E | F | G |
|---|---|---|---|---|---|---|---|
| 3 | 날짜 | 거래 | 계정코드 | 계정명 | 적요 | 차변 | 대변 |
| 4 | 2017/6/1 | 1 | 1110 | 현금 | 홍길동의 현금 출자 (보통주 4,000주) | | |
| 5 | | | | | | | |
| 6 | | | | | | | |
| 7 | | | | | | | |
| 8 | | | | | | | |
| 9 | | | | | | | |
| 10 | | | | | | | |
| 11 | | | | | | | |
| 12 | | | | | | | |
| 13 | | | | | | | |
| 14 | | | | | | | |
| 15 | | | | | | | |
| 16 | | | | | | | |

문서화 | 분개장 | 계정과목표

⑲ F4 셀에는 현금의 차변 증가를 표시하는 금액 ₩80,000,000을 입력한다

⑳ C5 셀에서 '자본금'에 해당하는 계정코드 '3100'을 선택하고, G5 셀에는 '자본금'의 증가 금액 ₩80,000,000을 입력한다.

㉑ A5 셀에는 함수 '=IF(ISBLANK(C5),"",A4)'를 입력한다. 이는 만일 C5 셀에 자료가 입력되지 않고 빈 셀인 경우에는 A5 셀도 빈 칸으로 표시하고, 자료가 입력되어 있는 경우에는 바로 위쪽 A4 셀의 내용과 같이 표시하라는 의미이다. 마찬가지로 B5 셀에는 함수 '=IF(ISBLANK(C5),"",B4)'를, 그리고 E5 셀에는 함수 '=IF(ISBLANK(C5),"",E4)'를 각각 입력한다.

이상의 입력 결과는 다음과 같이 표시된다.

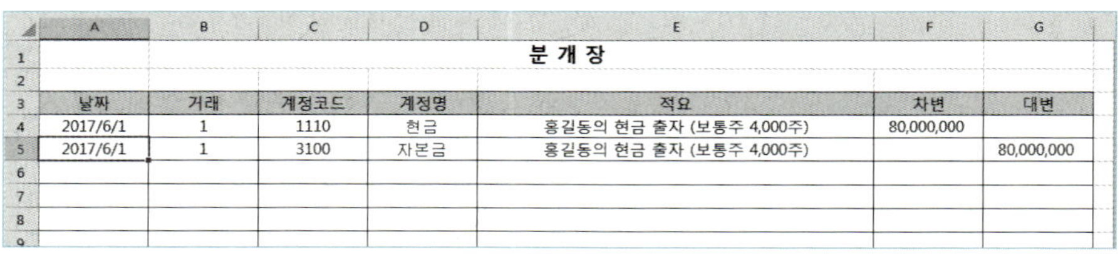

| | A | B | C | D | E | F | G |
|---|---|---|---|---|---|---|---|
| 1 | | | | | 분 개 장 | | |
| 2 | | | | | | | |
| 3 | 날짜 | 거래 | 계정코드 | 계정명 | 적요 | 차변 | 대변 |
| 4 | 2017/6/1 | 1 | 1110 | 현금 | 홍길동의 현금 출자 (보통주 4,000주) | 80,000,000 | |
| 5 | 2017/6/1 | 1 | 3100 | 자본금 | 홍길동의 현금 출자 (보통주 4,000주) | | 80,000,000 |
| 6 | | | | | | | |
| 7 | | | | | | | |
| 8 | | | | | | | |

㉒ 셀 범위 A5:B5를 복사하여 A6:B7에 붙여넣기 하고, 셀 E5를 복사하여 E6:E7에 붙여넣기 한다.

㉓ Ctrl 키를 누른 상태에서 A4, B4, C4:C7, E4, F4:G7 범위를 선택한다. [홈] 탭에서 [글꼴]-[채우기 색]을 '노란색'을 선택하여 선택 범위의 배경색을 바꾼다.

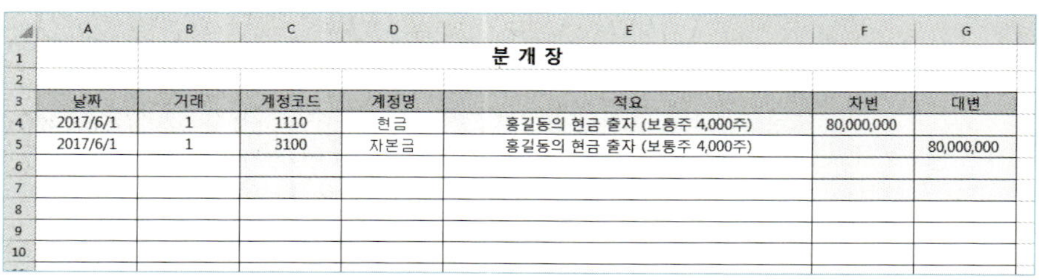

| | A | B | C | D | E | F | G |
|---|---|---|---|---|---|---|---|
| 1 | | | | | 분 개 장 | | |
| 2 | | | | | | | |
| 3 | 날짜 | 거래 | 계정코드 | 계정명 | 적요 | 차변 | 대변 |
| 4 | 2017/6/1 | 1 | 1110 | 현금 | 홍길동의 현금 출자 (보통주 4,000주) | 80,000,000 | |
| 5 | 2017/6/1 | 1 | 3100 | 자본금 | 홍길동의 현금 출자 (보통주 4,000주) | | 80,000,000 |
| 6 | | | | | | | |
| 7 | | | | | | | |
| 8 | | | | | | | |
| 9 | | | | | | | |
| 10 | | | | | | | |

㉔ 분개장의 각 거래 입력 간에 한 줄의 빈 칸을 두기로 한다. 따라서 A8:G8 범위를 선택하고, [홈] 탭의 [글꼴]-[테두리]에서 '테두리 없음'으로 선택한다. 하나의 거래를 단위로 표시하기 위해 셀 범위 A4:G7을 선택하고 다시 [홈] 탭의 [글꼴]-[테두리]에서 '굵은 바깥쪽 테두리'로 표시한다.

㉕ A4:G7 셀 범위를 복사하여 A9에 붙여넣기 한다. 그리고 붙여넣기 한 A9 셀 이하의 셀 범위에서 노란색으로 표시된 부분의 값을 모두 지운다.

이상의 처리 결과는 다음과 같이 표시된다.

| | A | B | C | D | E | F | G |
|---|---|---|---|---|---|---|---|
| 1 | | | | | 분 개 장 | | |
| 2 | | | | | | | |
| 3 | 날짜 | 거래 | 계정코드 | 계정명 | 적요 | 차변 | 대변 |
| 4 | 2017/6/1 | 1 | 1110 | 현금 | 홍길동의 현금 출자 (보통주 4,000주) | 80,000,000 | |
| 5 | 2017/6/1 | 1 | 3100 | 자본금 | 홍길동의 현금 출자 (보통주 4,000주) | | 80,000,000 |
| 6 | | | | | | | |
| 7 | | | | | | | |
| 8 | | | | | | | |
| 9 | | | | | | | |
| 10 | | | | | | | |
| 11 | | | | | | | |
| 12 | | | | | | | |
| 13 | | | | | | | |

문서화 | 분개장 | 계정과목표

㉖ 이제 다음과 같은 두 번째 거래를 입력해보기로 한다.

| 거래 #2 | 2017년 6월 1일 홍길동은 공정시가 ₩28,000,000에 허당하는 컴퓨터설비와 현금 ₩40,000,000을 출자하고, 보통주식 3,400주를 교부받았다. |
|---|---|

(단, 거래 월은 자신이 태어난 달로, 출자자는 자신의 이름으로 대체하여 기록한다.)

㉗ A9 셀 이하의 각 셀에 위의 거래정보를 분개하여 앞의 입력방식에 따라 입력한다.

| | A | B | C | D | E | F | G |
|---|---|---|---|---|---|---|---|
| 8 | | | | | | | |
| 9 | 2017/6/1 | 2 | 1110 | 현금 | 홍길동 현물/현금 출자 (보통주 3,400주) | 40,000,000 | |
| 10 | 2017/6/1 | 2 | 1311 | 컴퓨터설비 | 홍길동 현물/현금 출자 (보통주 3,400주) | 28,000,000 | |
| 11 | 2017/6/1 | 2 | 3100 | 자본금 | 홍길동 현물/현금 출자 (보통주 3,400주) | | 6,800,000 |
| 12 | | | | | | | |
| 13 | | | | | | | |
| 14 | | | | | | | |

* 여기서 복식부기 대차평형의 원리 적용을 위한 예방통제 기능을 추가하기 위해 일부러 G11 셀의 금액을 잘못된 금액으로 입력한 것이다. 이러한 오류를 입력자가 모르고 있는 것으로 가정한다.

㉘ B9 셀에는 수식 '=IF(ISBLANK(C9),"",B4+1)'으로 입력하여, 거래번호가 자동으로 증가하여 부여되도록 한다.

㉙ E2 셀에 수식 '=IF(SUM(F:F)=SUM(G:G),"","대차가 맞지 않음!")'을 입력한다. 이 수식은 복식부기 분개원칙에 따라 차변합계와 대변합계가 일치하는지의 여부를 검토하기 위한 것이다.

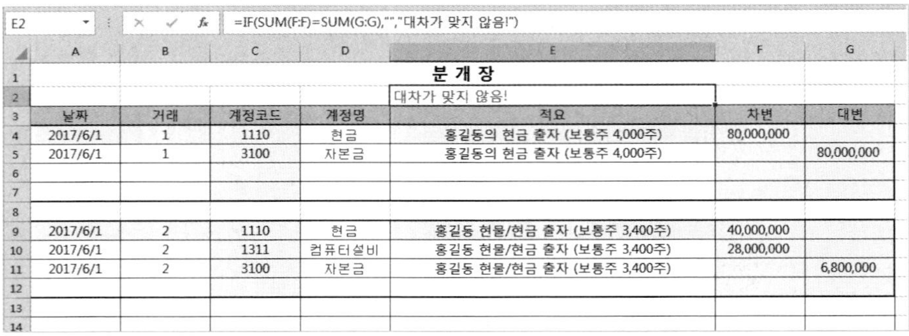

E2 =IF(SUM(F:F)=SUM(G:G),"","대차가 맞지 않음!")

| | A | B | C | D | E | F | G |
|---|---|---|---|---|---|---|---|
| 1 | | | | | 분 개 장 | | |
| 2 | | | | | 대차가 맞지 않음! | | |
| 3 | 날짜 | 거래 | 계정코드 | 계정명 | 적요 | 차변 | 대변 |
| 4 | 2017/6/1 | 1 | 1110 | 현금 | 홍길동의 현금 출자 (보통주 4,000주) | 80,000,000 | |
| 5 | 2017/6/1 | 1 | 3100 | 자본금 | 홍길동의 현금 출자 (보통주 4,000주) | | 80,000,000 |
| 6 | | | | | | | |
| 7 | | | | | | | |
| 8 | | | | | | | |
| 9 | 2017/6/1 | 2 | 1110 | 현금 | 홍길동 현물/현금 출자 (보통주 3,400주) | 40,000,000 | |
| 10 | 2017/6/1 | 2 | 1311 | 컴퓨터설비 | 홍길동 현물/현금 출자 (보통주 3,400주) | 28,000,000 | |
| 11 | 2017/6/1 | 2 | 3100 | 자본금 | 홍길동 현물/현금 출자 (보통주 3,400주) | | 6,800,000 |
| 12 | | | | | | | |
| 13 | | | | | | | |
| 14 | | | | | | | |

㉚ E2 셀의 [셀 서식]을 아래와 같이 설정하여 강조 표시한다.

- 글꼴: 견고딕
- 글꼴 스타일: 기울임꼴
- 크기: 12
- 색: 빨강

또 셀 [맞춤]을 '가운데 맞춤'으로 선택한다.

㉛ 그런데 이 상태에서는 대차가 맞지 않더라도 얼마의 금액이 차이가 나는지를 알 수는 없다. 따라서 E2 셀의 수식을 다음과 같이 변경한다.

=IF(SUM(F:F)=SUM(G:G),"","대차가 맞지 않음! 차이금액은" & TEXT(SUM(F:F)-SUM(G:G),"###,###원"))

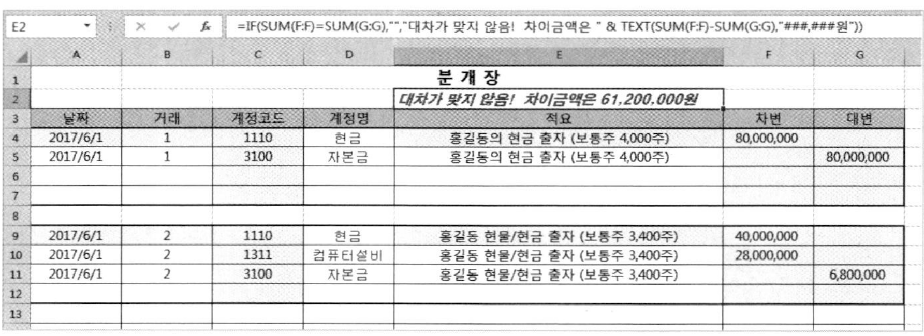

E2 =IF(SUM(F:F)=SUM(G:G),"","대차가 맞지 않음! 차이금액은 " & TEXT(SUM(F:F)-SUM(G:G),"###,###원"))

| | A | B | C | D | E | F | G |
|---|---|---|---|---|---|---|---|
| 1 | | | | | 분 개 장 | | |
| 2 | | | | | *대차가 맞지 않음! 차이금액은 61,200,000원* | | |
| 3 | 날짜 | 거래 | 계정코드 | 계정명 | 적요 | 차변 | 대변 |
| 4 | 2017/6/1 | 1 | 1110 | 현금 | 홍길동의 현금 출자 (보통주 4,000주) | 80,000,000 | |
| 5 | 2017/6/1 | 1 | 3100 | 자본금 | 홍길동의 현금 출자 (보통주 4,000주) | | 80,000,000 |
| 6 | | | | | | | |
| 7 | | | | | | | |
| 8 | | | | | | | |
| 9 | 2017/6/1 | 2 | 1110 | 현금 | 홍길동 현물/현금 출자 (보통주 3,400주) | 40,000,000 | |
| 10 | 2017/6/1 | 2 | 1311 | 컴퓨터설비 | 홍길동 현물/현금 출자 (보통주 3,400주) | 28,000,000 | |
| 11 | 2017/6/1 | 2 | 3100 | 자본금 | 홍길동 현물/현금 출자 (보통주 3,400주) | | 6,800,000 |
| 12 | | | | | | | |
| 13 | | | | | | | |

㉜ 위 E2 셀의 수식은 분개장에 입력되는 전체 거래를 대상으로 한 것이며, 만일 각 거래마다 분개 입력시에 대차의 일치여부를 확인하고자 하는 경우에는 각 거래 입력의 아래 빈 칸 행(E8, E13 등)에 다음의 수식을 입력해 둔다.

셀 E8: =IF(SUM(F4:F7)=SUM(G4:G7),"","대차불일치-거래번호 " & B5 & "에서 "& TEXT(SUM(F4:F7)-SUM(G4:G7),"###,###원"))

셀 E13: (위 8행 전체를 선택한 후 복사하여 13행에 붙여넣기 함)

㉝ 셀 E8과 E13의 [셀 서식]을 위 ㉚과 같이 설정한다.

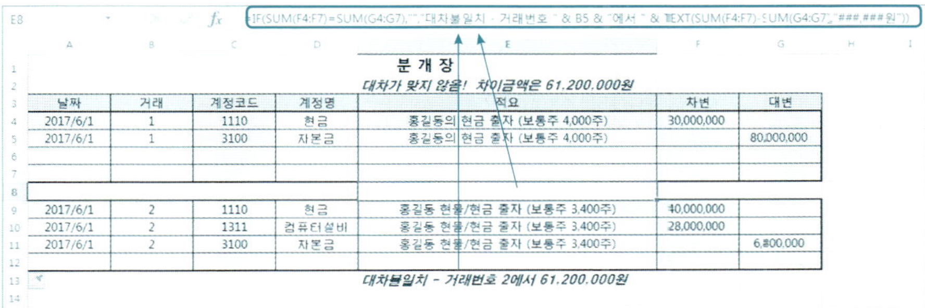
E8 =IF(SUM(F4:F7)=SUM(G4:G7),"","대차불일치 - 거래번호 " & B5 & "에서 " & TEXT(SUM(F4:F7)-SUM(G4:G7),"###,###원"))

분 개 장

대차가 맞지 않음! 차이금액은 61,200,000원

| 날짜 | 거래 | 계정코드 | 계정명 | 적요 | 차변 | 대변 |
|---|---|---|---|---|---|---|
| 2017/6/1 | 1 | 1110 | 현금 | 홍길동의 현금 출자 (보통주 4,000주) | 30,000,000 | |
| 2017/6/1 | 1 | 3100 | 자본금 | 홍길동의 현금 출자 (보통주 4,000주) | | 80,000,000 |
| | | | | | | |
| | | | | | | |
| | | | | | | |
| 2017/6/1 | 2 | 1110 | 현금 | 홍길동 현물/현금 출자 (보통주 3,400주) | 40,000,000 | |
| 2017/6/1 | 2 | 1311 | 컴퓨터설비 | 홍길동 현물/현금 출자 (보통주 3,400주) | 28,000,000 | |
| 2017/6/1 | 2 | 3100 | 자본금 | 홍길동 현물/현금 출자 (보통주 3,400주) | | 6,800,000 |

대차불일치 - 거래번호 2에서 61,200,000원

㉞ 수식이 완성되었으므로, 이제 일부러 금액을 잘못 입력한 G11 셀의 금액(6,800,000)을 올바른 금액 "68,000,000"으로 고쳐 입력하면 E2와 E13 셀에 표시되었던 오류메시지가 사라지게 된다.

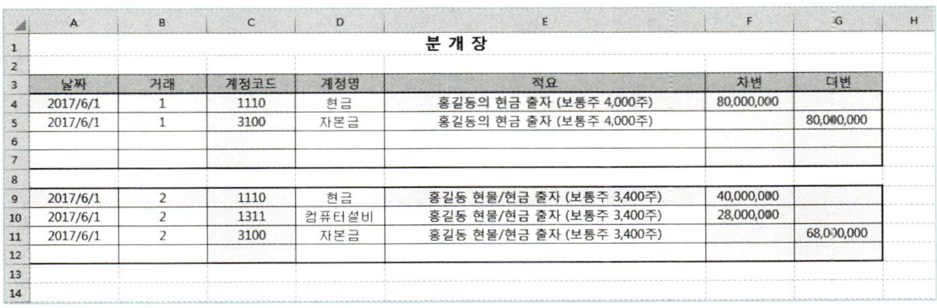
분 개 장

| 날짜 | 거래 | 계정코드 | 계정명 | 적요 | 차변 | 대변 |
|---|---|---|---|---|---|---|
| 2017/6/1 | 1 | 1110 | 현금 | 홍길동의 현금 출자 (보통주 4,000주) | 80,000,000 | |
| 2017/6/1 | 1 | 3100 | 자본금 | 홍길동의 현금 출자 (보통주 4,000주) | | 80,000,000 |
| | | | | | | |
| | | | | | | |
| | | | | | | |
| 2017/6/1 | 2 | 1110 | 현금 | 홍길동 현물/현금 출자 (보통주 3,400주) | 40,000,000 | |
| 2017/6/1 | 2 | 1311 | 컴퓨터설비 | 홍길동 현물/현금 출자 (보통주 3,400주) | 28,000,000 | |
| 2017/6/1 | 2 | 3100 | 자본금 | 홍길동 현물/현금 출자 (보통주 3,400주) | | 68,000,000 |

## 3. 설계된 분개장 체크

### ▶ 설계된 분개장 체크 – 왜 필요한가?

분개장 양식을 설계하면서 일단 2가지 분개 사례를 가지고 입력해가면서 각 셀에 필요한 수식과 셀 서식 등을 지정해 두었다. 그러나 여기에서 설계된 분개장은 앞으로 발생할 모든 거래를 빠짐없이 기록해야 할 장소이므로, 어떤 형태의 거래이든지 분개장에 입력 가능한 양식으로 되어 있는지 사전에 충분한 체크가 필요하다.

① 분개장에 입력되어 있는 수식들이 분개장이 수행하게 될 기능들을 제대로 반영하고 있는지를 체크해 보기 위해, 먼저 셀 범위 A9:G13을 복사하여 A14 셀에 붙여넣기 한다. 그리고 B14 셀을 제외하고 노란색으로 칠해진 나머지 셀들의 값을 모두 지운다.

| | A | B | C | D | E | F | G | H |
|---|---|---|---|---|---|---|---|---|
| 1 | | | | | 분 개 장 | | | |
| 2 | | | | | | | | |
| 3 | 날짜 | 거래 | 계정코드 | 계정명 | 적요 | 차변 | 대변 | |
| 4 | 2017/6/1 | 1 | 1110 | 현금 | 홍길동의 현금 출자 (보통주 4,000주) | 80,000,000 | | |
| 5 | 2017/6/1 | 1 | 3100 | 자본금 | 홍길동의 현금 출자 (보통주 4,000주) | | 80,000,000 | |
| 6 | | | | | | | | |
| 7 | | | | | | | | |
| 8 | | | | | | | | |
| 9 | 2017/6/1 | 2 | 1110 | 현금 | 홍길동 현물/현금 출자 (보통주 3,400주) | 40,000,000 | | |
| 10 | 2017/6/1 | 2 | 1311 | 컴퓨터설비 | 홍길동 현물/현금 출자 (보통주 3,400주) | 28,000,000 | | |
| 11 | 2017/6/1 | 2 | 3100 | 자본금 | 홍길동 현물/현금 출자 (보통주 3,400주) | | 68,000,000 | |
| 12 | | | | | | | | |
| 13 | | | | | | | | |
| 14 | | | | | | | | |
| 15 | | | | | | | | |
| 16 | | | | | | | | |
| 17 | | | | | | | | |
| 18 | | | | | | | | |

② A14 셀 이하 각 셀에 다음의 세 번째 거래를 입력해 본다.

| 거래 #3 | 2017년 6월 3일에 사무실용 비품 ₩7,860,000을 구입하고 대금은 현금 대신에 약속어음을 발행해 주었다. |
|---|---|

* 다만, 여기서도 입력 오류체크를 제대로 수행하는지 검사해 보기 위해 대변에 입력해야 할 금액을 일부러 차변쪽에 입력해 보기로 한다.

| | A | B | C | D | E | F | G | H |
|---|---|---|---|---|---|---|---|---|
| 1 | | | | | 분 개 장 | | | |
| 2 | | | | | *대차가 맞지 않음! 차이금액은 15,720,000원* | | | |
| 3 | 날짜 | 거래 | 계정코드 | 계정명 | 적요 | 차변 | 대변 | |
| 4 | 2017/6/1 | 1 | 1110 | 현금 | 홍길동의 현금 출자 (보통주 4,000주) | 80,000,000 | | |
| 5 | 2017/6/1 | 1 | 3100 | 자본금 | 홍길동의 현금 출자 (보통주 4,000주) | | 80,000,000 | |
| 6 | | | | | | | | |
| 7 | | | | | | | | |
| 8 | | | | | | | | |
| 9 | 2017/6/1 | 2 | 1110 | 현금 | 홍길동 현물/현금 출자 (보통주 3,400주) | 40,000,000 | | |
| 10 | 2017/6/1 | 2 | 1311 | 컴퓨터설비 | 홍길동 현물/현금 출자 (보통주 3,400주) | 28,000,000 | | |
| 11 | 2017/6/1 | 2 | 3100 | 자본금 | 홍길동 현물/현금 출자 (보통주 3,400주) | | 68,000,000 | |
| 12 | | | | | | | | |
| 13 | | | | | | | | |
| 14 | 2017/6/3 | 3 | 1211 | 비품 | 어음발행으로 비품 구입 | 7,860,000 | | |
| 15 | 2017/6/3 | 3 | 2202 | 지급어음 | 어음발행으로 비품 구입 | 7,860,000 | | |
| 16 | | | | | | | | |
| 17 | | | | | | | | |
| 18 | | | | | *대차불일치 - 거래번호 3에서 15,720,000원* | | | |
| 19 | | | | | | | | |

③ 일부러 잘못 입력하긴 했지만, 분개장은 E2 셀과 E18 셀에서 오류메시지를 제대로 표시해 주고 있음을 확인하였다. 이제 잘못 입력된 F15 셀의 값을 지우고, G15 셀에 올바른 대변 값 "7,860,000"을 입력해 본다. 그러면 분개장이 표시하는 오류메시지는 사라지고, 다음과 같이 표시된다.

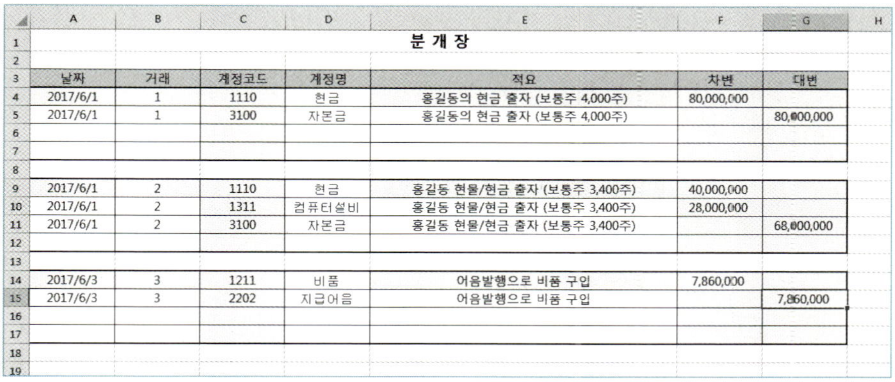

| 날짜 | 거래 | 계정코드 | 계정명 | 적요 | 차변 | 대변 |
|---|---|---|---|---|---|---|
| 2017/6/1 | 1 | 1110 | 현금 | 홍길동의 현금 출자 (보통주 4,000주) | 80,000,000 | |
| 2017/6/1 | 1 | 3100 | 자본금 | 홍길동의 현금 출자 (보통주 4,000주) | | 80,000,000 |
| | | | | | | |
| | | | | | | |
| 2017/6/1 | 2 | 1110 | 현금 | 홍길동 현물/현금 출자 (보통주 3,400주) | 40,000,000 | |
| 2017/6/1 | 2 | 1311 | 컴퓨터설비 | 홍길동 현물/현금 출자 (보통주 3,400주) | 28,000,000 | |
| 2017/6/1 | 2 | 3100 | 자본금 | 홍길동 현물/현금 출자 (보통주 3,400주) | | 68,000,000 |
| | | | | | | |
| 2017/6/3 | 3 | 1211 | 비품 | 어음발행으로 비품 구입 | 7,860,000 | |
| 2017/6/3 | 3 | 2202 | 지급어음 | 어음발행으로 비품 구입 | | 7,860,000 |

④ 꼭 필요한 절차는 아니지만, 분개장 등 장부 설계과정에서 수식의 정확성 여부를 체크하거나 더 나은 수식 적용이 가능한가를 검토해보기 위해 수식이 적용된 셀들의 결과값 표시 대신에 수식 자체를 표시하도록 하여 검토해 볼 수 있다. 분개장 sheet에서 [수식] 탭의 [수식 분석]-[**수식 표시**]를 클릭하면 분개장 설계에 적용되었던 모든 수식에 대해 결과값 대신 수식 자체로 표시된다.

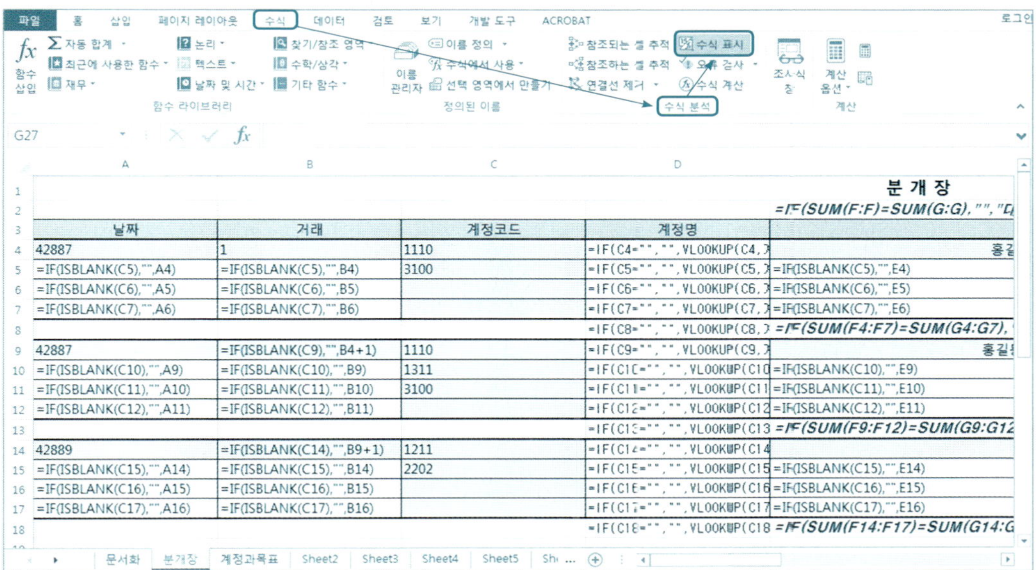


⑤ 각 셀에 입력된 수식이 모두 표시되어 있으므로, 해당 수식에 오류가 있는지, 더 나은 표현법이 가능한지 등을 검토해 볼 수 있다. 만일 수식에 오류가 있는지를 직접 눈으로 살펴보기 어렵다면, EXCEL의 '**오류검사**' 기능을 사용할 수도 있다. 수식이 표시된 상태에서 [수식] 탭의 [수식 분석]-[오류 검사]를 클릭하면 선택된 Sheet 전체에 대한 오류 검사를 수행하고 그 결과

를 표시한다(수식 대신 값으로 표시된 상태에서도 오류 검사가 가능하다). 만일 오류 검사 결과 어떤 오류가 발견된 경우에는 완료 대화상자 대신에 오류검사 대화상자가 표시된다.

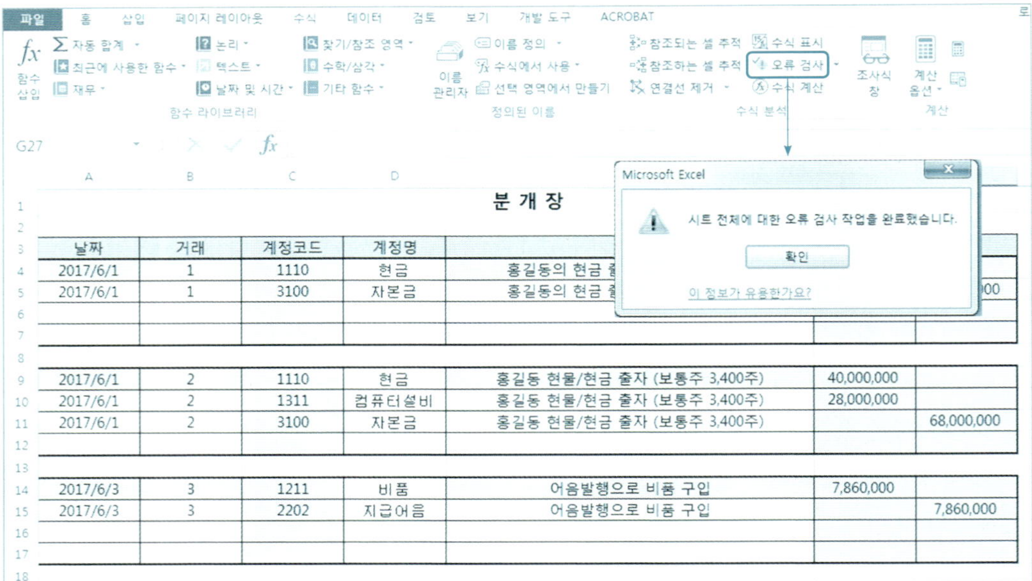


> **참고**
>
> ### 오류 검사 기능
>
> 워드프로세서에서 맞춤법검사나 문법체크 기능이 사용되고 있듯이, EXCEL에서도 **'오류 검사'** 기능이 있다. '오류 검사' 툴은 특정 규칙을 사용하여 수식상에 문제가 있는지의 여부를 검사한다. 그러나 이러한 규칙은 작성된 워크시트에 문제가 전혀 없음을 보증한다기 보다는, 흔히 범할 수 있는 일반적인 오류나 실수를 발견하는 데 주로 사용된다. '오류 검사'에 어떤 규칙들이 적용되고 있는지를 알고자 하는 경우에는 [파일] 탭의 [옵션]-[수식]-[오류 검사 규칙]에서 확인해 볼 수 있다.

⑥ 수식과 오류체크까지를 마쳤으므로 다시 [수식] 탭의 [수식 분석]-[수식 표시]를 클릭하여 값 표시 형식으로 되돌려 놓는다.

⑦ 이제 분개장 설계에 필요한 모든 수식이 올바로 적용되고 있음을 확인했으므로, 이 분개장 양식을 기본 양식으로 사용할 수 있게 되었다.

⑧ 지금까지 작성하여 완성된 Spreadsheet 파일을 앞서 저장해 둔 파일명(예컨대 홍길동_Part1.xlsx)으로 다시 저장해 둔다.

## Step 2

# 거래자료의 입력통제기능 설계

> **참고**
>
> **입력통제(Input Control) 기능이란?**
>
> 흔히 회계장부는 정형화된 형식과 절차에 따라 기록된다. 이는 회계의 기초를 아는 사람이라면 누구나 동일한 분개와 처리절차를 수행할 수 있도록 하기 위함이다. 그런데 대부분의 회계처리절차는 자동화되어 있는 경우가 많지만, 최초의 거래 입력만큼은 아직도 사람의 손에 의해 수행되는 경우가 많다. 따라서 회계처리에서의 오류는 주로 사람의 손에 의해 수행되는 자료 입력단계에서 발생하는 경우가 대부분이다. 그래서 회계프로그램을 설계할 때 최초의 자료 입력단계에서 오류가 발생하지 않도록 사전에 예방하는 차원에서 각종 통제기능이 적용된다. 이를 **예방통제**(preventive control)라고도 한다. 만일 회계처리의 시작단계인 입력과정에서 오류가 발생하면 최종적인 결과까지 영향을 미칠 수 있기 때문에 입력통제 기능의 충분한 활용 여부가 프로그램의 성패를 좌우하게 된다.

## 1. 분개장 입력통제 설계

① 앞에서 작성한 엑셀파일(홍길동_Part1.xlsx)을 계속해서 사용하되, 이전 파일은 원본으로 두기 위해 [파일] 탭에서 [다른 이름으로 저장하기]를 선택하여 "홍길동_Part2.xlsx"로 저장한다.

② 설계된 분개장 양식에 앞으로 발생할 많은 거래들을 입력하게 되는 경우 제목과 필드명 등의 머릿부분이 화면 위로 감겨 올라갈 수 있을 것이다. 이를 방지하기 위해 먼저 **머리글**을 고정시

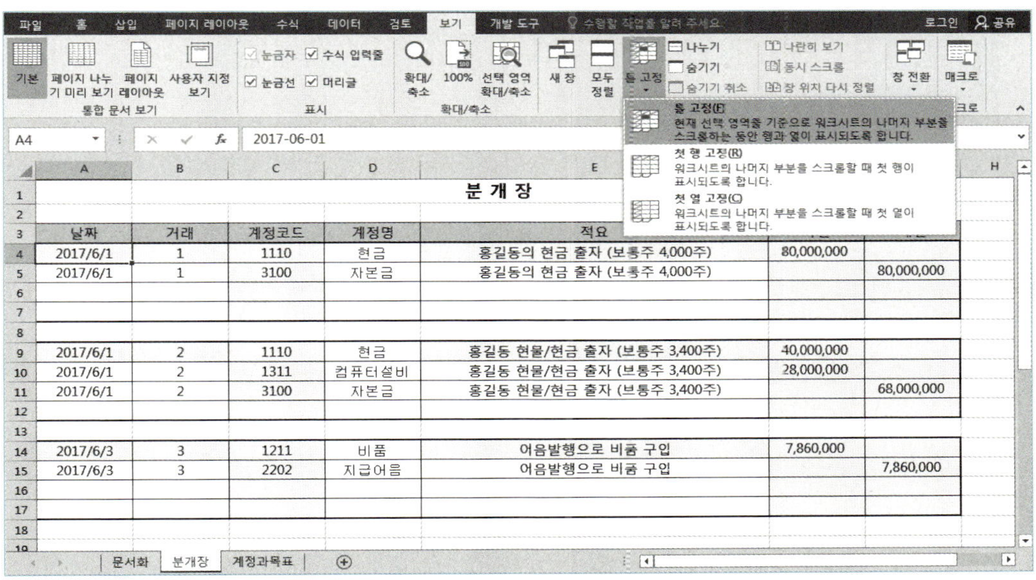

키기로 한다. 분개장 sheet에서 A4 셀을 선택하고 [보기] 탭의 [창]-[틀 고정]-[**틀 고정**]을 선택한다.

③ 앞의 거래 #3 자료를 입력한 A14:G17 셀영역은 오류체크를 위한 것이었으므로, B14 셀을 제외한 나머지 노란색 영역의 값을 모두 지운다.

④ A14:G18 셀 영역을 복사하여 A19와 A24 셀에 두 번 붙여넣기 한다.

| | A | B | C | D | E | F | G |
|---|---|---|---|---|---|---|---|
| 1 | | | | | 분 개 장 | | |
| 2 | | | | | | | |
| 3 | 날짜 | 거래 | 계정코드 | 계정명 | 적요 | 차변 | 대변 |
| 4 | 2017/6/1 | 1 | 1110 | 현금 | 홍길동의 현금 출자 (보통주 4,000주) | 80,000,000 | |
| 5 | 2017/6/1 | 1 | 3100 | 자본금 | 홍길동의 현금 출자 (보통주 4,000주) | | 80,000,000 |
| 6 | | | | | | | |
| 7 | | | | | | | |
| 8 | | | | | | | |
| 9 | 2017/6/1 | 2 | 1110 | 현금 | 홍길동 현물/현금 출자 (보통주 3,400주) | 40,000,000 | |
| 10 | 2017/6/1 | 2 | 1311 | 컴퓨터설비 | 홍길동 현물/현금 출자 (보통주 3,400주) | 28,000,000 | |
| 11 | 2017/6/1 | 2 | 3100 | 자본금 | 홍길동 현물/현금 출자 (보통주 3,400주) | | 68,000,000 |
| 12 | | | | | | | |
| 13 | | | | | | | |
| 14 | | | | | | | |
| 15 | | | | | | | |
| 16 | | | | | | | |
| 17 | | | | | | | |
| 18 | | | | | | | |
| 19 | | | | | | | |
| 20 | | | | | | | |
| 21 | | | | | | | |
| 22 | | | | | | | |
| 23 | | | | | | | |
| 24 | | | | | | | |
| 25 | | | | | | | |
| 26 | | | | | | | |
| 27 | | | | | | | |
| 28 | | | | | | | |

⑤ A14:G17, A19:G22, A24:G27 셀 영역에 각각 다음의 거래들을 입력해 본다.

| 거래 #3 | 2017년 6월 2일 청송산업은 판매용 컴퓨터설비 ₩20,000,000을 구입하고 대금은 전액 현금으로 지불하였다. |
|---|---|
| 거래 #4 | 2017년 6월 5일 청송산업은 소모품을 구입하고 대금 ₩2,400,000을 현금으로 지불하였다. |
| 거래 #5 | 2017년 6월 7일 홍길동은 공정시가 ₩7,000,000 상당의 비품과 공정시가 ₩4,800,000 상당의 컴퓨터설비, 그리고 현금 ₩23,800,000을 출자하고 2,200주의 주식을 배정받았다. |

* 다만, 거래 #5를 입력할 때 오류체크를 제대로 수행하는지 검사해 보기 위해 비품 금액(4,800,000)을 일부러 그 아랫줄에 입력하기로 한다.

| | A | B | C | D | E | F | G |
|---|---|---|---|---|---|---|---|
| 1 | | | | | 분 개 장 | | |
| 2 | | | | | | | |
| 3 | 날짜 | 거래 | 계정코드 | 계정명 | 적요 | 차변 | 대변 |
| 4 | 2017/6/1 | 1 | 1110 | 현금 | 홍길동의 현금 출자 (보통주 4,000주) | 80,000,000 | |
| 5 | 2017/6/1 | 1 | 3100 | 자본금 | 홍길동의 현금 출자 (보통주 4,000주) | | 80,000,000 |
| 6 | | | | | | | |
| 7 | | | | | | | |
| 8 | | | | | | | |
| 9 | 2017/6/1 | 2 | 1110 | 현금 | 홍길동 현물/현금 출자 (보통주 3,400주) | 40,000,000 | |
| 10 | 2017/6/1 | 2 | 1311 | 컴퓨터설비 | 홍길동 현물/현금 출자 (보통주 3,400주) | 28,000,000 | |
| 11 | 2017/6/1 | 2 | 3100 | 자본금 | 홍길동 현물/현금 출자 (보통주 3,400주) | | 68,000,000 |
| 12 | | | | | | | |
| 13 | | | | | | | |
| 14 | 2017/6/2 | 3 | 1311 | 컴퓨터설비 | 컴퓨터설비 현금 구입 | 20,000,000 | |
| 15 | 2017/6/2 | 3 | 1110 | 현금 | 컴퓨터설비 현금 구입 | | 20,000,000 |
| 16 | | | | | | | |
| 17 | | | | | | | |
| 18 | | | | | | | |
| 19 | 2017/6/5 | 4 | 1411 | 소모품 | 소모품 현금 구입 | 2,400,000 | |
| 20 | 2017/6/5 | 4 | 1110 | 현금 | 소모품 현금 구입 | | 2,400,000 |
| 21 | | | | | | | |
| 22 | | | | | | | |
| 23 | | | | | | | |
| 24 | 2017/6/7 | 5 | 1110 | 현금 | 현금/현물 출자(2,200주 교부) | 23,800,000 | |
| 25 | 2017/6/7 | 5 | 1211 | 비품 | 현금/현물 출자(2,200주 교부) | 7,000,000 | |
| 26 | 2017/6/7 | 5 | 1311 | 컴퓨터설비 | 현금/현물 출자(2,200주 교부) | | |
| 27 | 2017/6/7 | 5 | 3100 | 자본금 | 현금/현물 출자(2,200주 교부) | 4,800,000 | 35,600,000 |
| 28 | | | | | | | |

⑥ 거래 #5 입력에서 분명 오류가 있음에도 불구하고 분개장에는 이 오류를 체크하지 못하고 있다. 따라서 입력자에게 같은 줄에 두 개의 숫자가 잘못 입력되어 있다는 사실을 알리기 위해 **오류메시지**를 표시하는 **통제기능**을 추가하기로 한다. I27 셀에 수식 '=IF(AND(F27〈〉0,G27〈〉0),"차변과 대변이 같은 줄에 입력됨","")'을 입력한다.

I27 =IF(AND(F27<>0,G27<>0),"차변과 대변이 같은 줄에 입력됨","")

| | A | B | C | D | E | F | G | H | I |
|---|---|---|---|---|---|---|---|---|---|
| 1 | | | | | 분 개 장 | | | | |
| 2 | | | | | | | | | |
| 3 | 날짜 | 거래 | 계정코드 | 계정명 | 적요 | 차변 | 대변 | | |
| 4 | 2017/6/1 | 1 | 1110 | 현금 | 홍길동의 현금 출자 (보통주 4,000주) | 80,000,000 | | | |
| 5 | 2017/6/1 | 1 | 3100 | 자본금 | 홍길동의 현금 출자 (보통주 4,000주) | | 80,000,000 | | |
| 6 | | | | | | | | | |
| 7 | | | | | | | | | |
| 8 | | | | | | | | | |
| 9 | 2017/6/1 | 2 | 1110 | 현금 | 홍길동 현물/현금 출자 (보통주 3,400주) | 40,000,000 | | | |
| 10 | 2017/6/1 | 2 | 1311 | 컴퓨터설비 | 홍길동 현물/현금 출자 (보통주 3,400주) | 28,000,000 | | | |
| 11 | 2017/6/1 | 2 | 3100 | 자본금 | 홍길동 현물/현금 출자 (보통주 3,400주) | | 68,000,000 | | |
| 12 | | | | | | | | | |
| 13 | | | | | | | | | |
| 14 | 2017/6/2 | 3 | 1311 | 컴퓨터설비 | 컴퓨터설비 현금 구입 | 20,000,000 | | | |
| 15 | 2017/6/2 | 3 | 1110 | 현금 | 컴퓨터설비 현금 구입 | | 20,000,000 | | |
| 16 | | | | | | | | | |
| 17 | | | | | | | | | |
| 18 | | | | | | | | | |
| 19 | 2017/6/5 | 4 | 1411 | 소모품 | 소모품 현금 구입 | 2,400,000 | | | |
| 20 | 2017/6/5 | 4 | 1110 | 현금 | 소모품 현금 구입 | | 2,400,000 | | |
| 21 | | | | | | | | | |
| 22 | | | | | | | | | |
| 23 | | | | | | | | | |
| 24 | 2017/6/7 | 5 | 1110 | 현금 | 현금/현물 출자(2,200주 교부) | 23,800,000 | | | |
| 25 | 2017/6/7 | 5 | 1211 | 비품 | 현금/현물 출자(2,200주 교부) | 7,000,000 | | | |
| 26 | 2017/6/7 | 5 | 1311 | 컴퓨터설비 | 현금/현물 출자(2,200주 교부) | | | | |
| 27 | 2017/6/7 | 5 | 3100 | 자본금 | 현금/현물 출자(2,200주 교부) | 4,800,000 | 35,600,000 | | 차변과 대변이 같은 줄에 입력됨 |
| 28 | | | | | | | | | |

⑦ 그런데 이 오류메시지는 분개장 양식의 오른쪽에 표시되게 되므로 입력자가 이 오류메시지를 보기 어려울 수도 있다. 또한 이 오류메시지에 숫자 등이 포함되어 문장이 길어질 수도 있

으며, 또 다른 오류메시지를 표시해야 할 경우도 발생할 수 있다. 따라서 발생가능한 오류메시지들을 따로 정리해두기 위해 별도의 sheet를 사용하기로 한다. 분개장 sheet 옆에 새로운 sheet를 삽입하고, '계정과목표' sheet 뒤로 이동시킨 후 sheet 이름을 '**오류테이블**'로 바꾸어 놓는다.

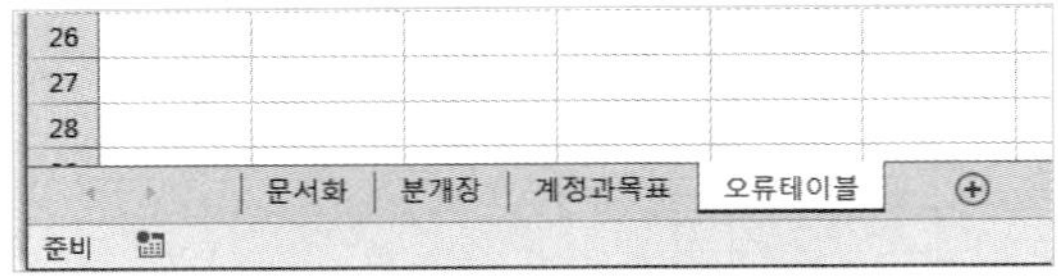


⑧ '오류테이블' sheet의 A1:B2 셀 영역에 다음의 오류메시지를 입력한 후, A열과 B열의 [열 너비]를 각각 10과 40으로 지정한다.

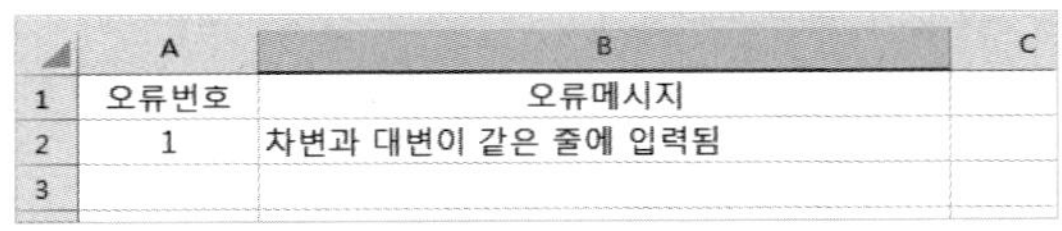


⑨ '오류테이블' sheet의 A1:B15 셀 범위를 선택하여 '이름상자'(A1 셀 위쪽)에 "오류테이블"이라고 입력하고 'Enter' 키를 누른다(또는 A1:B15 셀 범위를 선택하고 [수식] 탭의 [정의된 이름]-[이름 정의] 대화상자에서 '이름'에 '오류테이블'로 입력해도 결과는 같다).

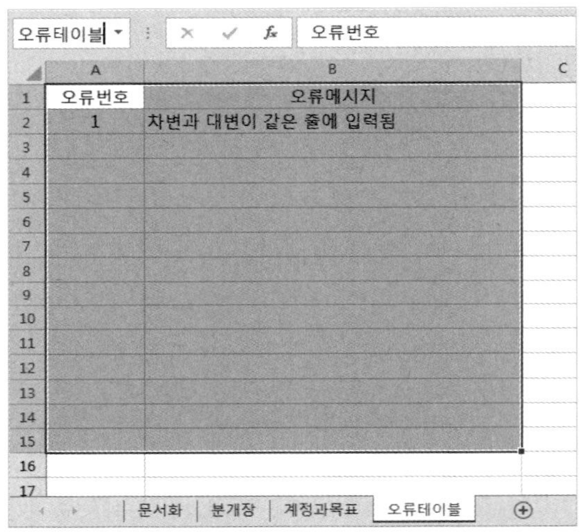


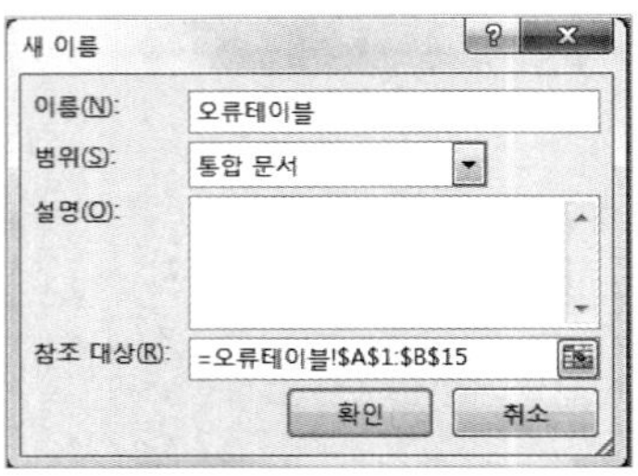


⑩ 이제 '분개장' sheet로 돌아와서 이전에 오류메시지가 표시되어 있는 I27 셀을 선택하고, 이미 입력되어 있는 수식을 새 수식 '=IF(AND(F27〈〉0,G27〈〉0),1,"")'으로 고쳐 넣는다. 그러면 I27 셀에 이전에 문자로 표시되었던 오류메시지 대신에 오류번호 '1'이 표시된다.

⑪ I27 셀 옆의 J27, K27, L27 셀에도 이후에 다른 오류메시지를 표시할 예정이므로, 이들 셀 범위까지를 포함하여 I27:L27 영역에 표시되는 모든 오류 메시지 번호를 합계하는 수식 '=SUM(I27:L27)'을 H27셀에 입력한다.

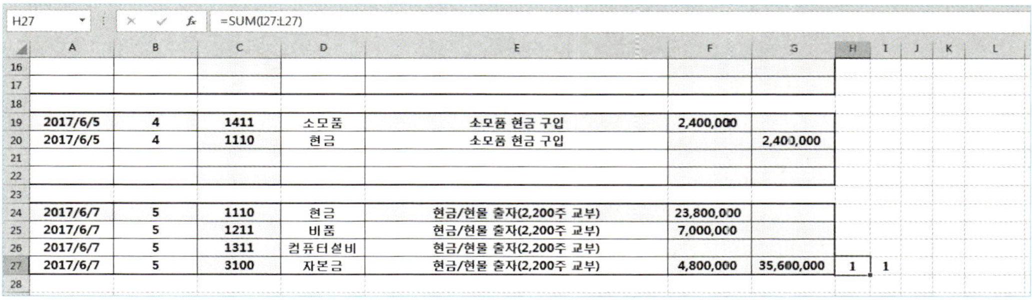

H27 =SUM(I27:L27)

| | A | B | C | D | E | F | G | H | I |
|---|---|---|---|---|---|---|---|---|---|
| 19 | 2017/6/5 | 4 | 1411 | 소모품 | 소모품 현금 구입 | 2,400,000 | | | |
| 20 | 2017/6/5 | 4 | 1110 | 현금 | 소모품 현금 구입 | | 2,400,000 | | |
| 24 | 2017/6/7 | 5 | 1110 | 현금 | 현금/현물 출자(2,200주 교부) | 23,800,000 | | | |
| 25 | 2017/6/7 | 5 | 1211 | 비품 | 현금/현물 출자(2,200주 교부) | 7,000,000 | | | |
| 26 | 2017/6/7 | 5 | 1311 | 컴퓨터설비 | 현금/현물 출자(2,200주 교부) | | | | |
| 27 | 2017/6/7 | 5 | 3100 | 자본금 | 현금/현물 출자(2,200주 교부) | 4,800,000 | 35,600,000 | 1 | 1 |

⑫ 만일 입력에 오류가 발견되어 H27 셀에 숫자가 표시되는 경우 오류테이블에서 해당 오류메시지를 찾아 E27 셀에 표시하도록 하기 위해, E27 셀에 관련 수식을 입력한다.

그런데 E27 셀에는 이미 수식 '=IF(ISBLANK(C27),"",E26)'이 입력되어 있으므로, 이를 포함하여 새로운 수식 '=IF(H27>0,VLOOKUP(H27,오류테이블,2),IF(ISBLANK(C27),"",E26))'으로 고쳐 입력한다.

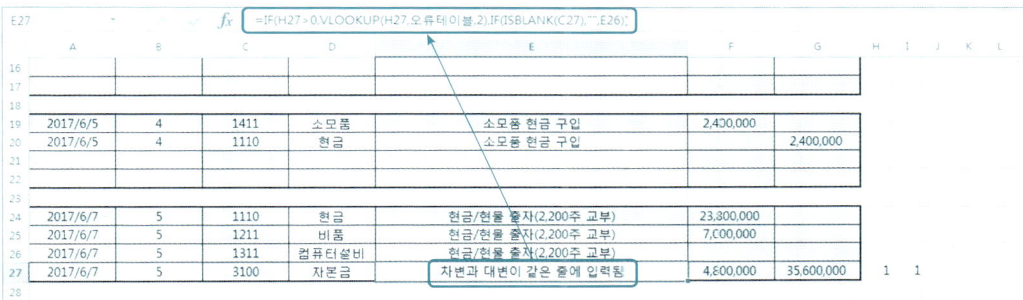

E27 =IF(H27>0,VLOOKUP(H27,오류테이블,2),IF(ISBLANK(C27),"",E26))

| | A | B | C | D | E | F | G | H | I |
|---|---|---|---|---|---|---|---|---|---|
| 19 | 2017/6/5 | 4 | 1411 | 소모품 | 소모품 현금 구입 | 2,400,000 | | | |
| 20 | 2017/6/5 | 4 | 1110 | 현금 | 소모품 현금 구입 | | 2,400,000 | | |
| 24 | 2017/6/7 | 5 | 1110 | 현금 | 현금/현물 출자(2,200주 교부) | 23,800,000 | | | |
| 25 | 2017/6/7 | 5 | 1211 | 비품 | 현금/현물 출자(2,200주 교부) | 7,000,000 | | | |
| 26 | 2017/6/7 | 5 | 1311 | 컴퓨터설비 | 현금/현물 출자(2,200주 교부) | | | | |
| 27 | 2017/6/7 | 5 | 3100 | 자본금 | 차변과 대변이 같은 줄에 입력됨 | 4,800,000 | 35,600,000 | 1 | 1 |

⑬ 그런데 E27 셀의 수식을 보면 H27의 조건에 따라서 셀(E27)에 표시되는 메시지가 달라질 수 있다. 즉, H27에 오류번호가 나타나지 않으면 E27 셀에는 위의 적요내용이 표시되지만, 만일 오류번호가 나타나게 되면 적요 대신에 해당 오류메시지가 표시되도록 되어 있다. 따라서 적요가 표시될 경우와 오류메시지가 표시될 경우 각각 표시되는 형식이 다르게 설정해 놓을 필요가 있다.

이를 위해 **조건부 형식**을 사용하기로 한다. E27 셀을 클릭하고, [홈] 탭의 [스타일]-[**조건부 서식**]-[새 규칙]을 선택한다.

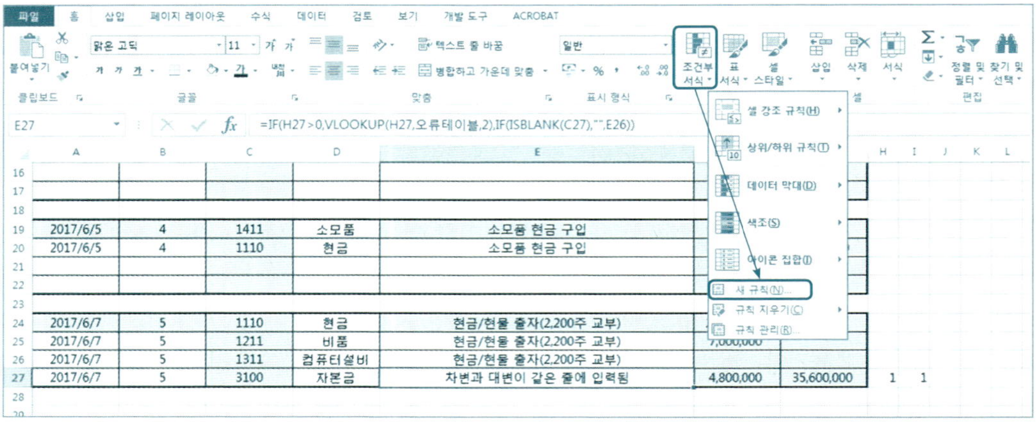


⑭ [새 서식 규칙] 상자의 [규칙 유형 선택]에서 '수식을 사용하여 서식을 지정할 셀 결정'을 선택하고, 아래 서식 지정 상자에 오류 존재여부를 표시하는 조건인 수식 '=H27>0'을 입력한다.

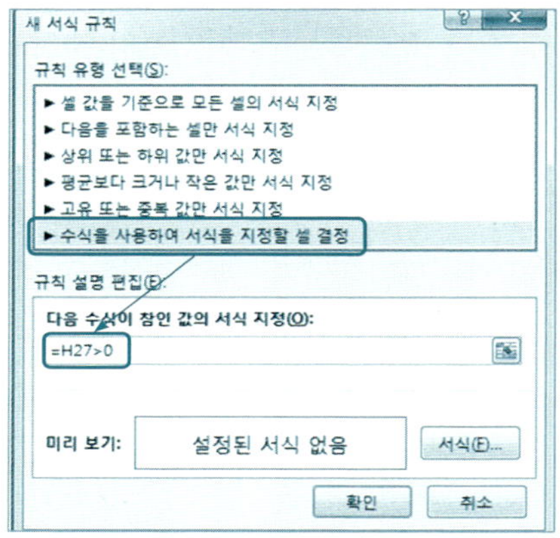


⑮ 계속해서 [새 서식 규칙] 상자의 맨 아래 [서식] 버튼을 클릭하고, 나타난 [셀 서식] 상자에서 [글꼴] 탭의 '글꼴 스타일'을 '굵은 기울임꼴'로, 그리고 '색'을 '빨강'으로 선택한 후 [확인]을 누른다.

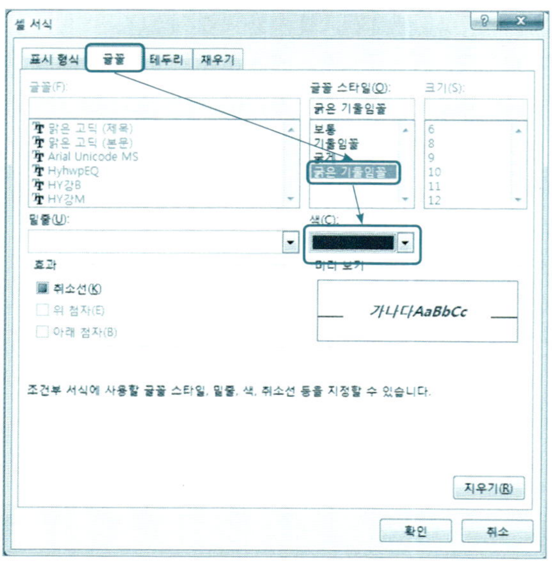

⑯ 이제 [새 서식 규칙] 상자에서 [확인]을 누르면 설정된 조건부 서식에 따라 E27 셀에 오류메시지가 빨강색 기울임꼴 글씨체로 표시되어 나타난다. 만일 H27 셀에 오류번호가 나타나지 않은 경우에는 위쪽 셀 적요가 적용되어 원래의 검정색으로 표시될 것이다.

| | A | B | C | D | E | F | G | H | I |
|---|---|---|---|---|---|---|---|---|---|
| 1 | | | | | 분 개 장 | | | | |
| 2 | | | | | | | | | |
| 3 | 날짜 | 거래 | 계정코드 | 계정명 | 적요 | 차변 | 대변 | | |
| 16 | | | | | | | | | |
| 17 | | | | | | | | | |
| 18 | | | | | | | | | |
| 19 | 2017/6/5 | 4 | 1411 | 소모품 | 소모품 현금 구입 | 2,400,000 | | | |
| 20 | 2017/6/5 | 4 | 1110 | 현금 | 소모품 현금 구입 | | 2,400,000 | | |
| 21 | | | | | | | | | |
| 22 | | | | | | | | | |
| 23 | | | | | | | | | |
| 24 | 2017/6/7 | 5 | 1110 | 현금 | 현금/현물 출자(2,200주 교부) | 23,800,000 | | | |
| 25 | 2017/6/7 | 5 | 1211 | 비품 | 현금/현물 출자(2,200주 교부) | 7,000,000 | | | |
| 26 | 2017/6/7 | 5 | 1311 | 컴퓨터설비 | 현금/현물 출자(2,200주 교부) | | | | |
| 27 | 2017/6/7 | 5 | 3100 | 자본금 | *차변과 대변이 같은 줄에 입력됨* | 4,800,000 | 35,600,000 | 1 | 1 |
| 28 | | | | | | | | | |
| 29 | | | | | | | | | |

⑰ 설정된 기능이 제대로 수행되는지 살펴보기 위해 일부러 오류로 입력한 F27 셀의 금액(4,800,000)을 삭제하고 F26 셀에 동일 금액(4,800,000)을 입력하여 수정한다. 이제 E27셀에 오류메시지가 사라지고 위 셀에 적용된 적요가 검정색으로 표시된다.

⑱ 또 다른 **입력통제** 장치로서, 대변계정이 차변계정보다 먼저 입력되면 오류로 표시되도록 설정할 필요가 있다. 이는 거래 입력의 일반적 관행으로 차변계정들을 먼저 입력한 후 대변계정을 입력하도록 해야 차변합계와 대변합계의 검토가 쉬워질 수 있기 때문이다.

따라서 대변계정이 차변계정보다 먼저 입력되어 있는 경우 이를 오류로 인식하고 해당 오류메시지를 표시하도록 하기 위해 J27 셀에 수식 '=IF(AND(F27>0,G26>0),"대변계정이 차변계정보다 먼저 표시됨","")'을 입력한다.

⑲ 이 수식을 보다 세련되게 표시하기 위해서 해당 오류메시지를 '**오류테이블**'에 등록해 두고 이를 참조하여 표시하는 방법으로 변경해 보기로 한다. 따라서 먼저 아래 sheet에서 '오류테이블' sheet를 선택하고 A3:B3 범위에 오류번호: 2, 메시지: '대변계정이 차변계정보다 먼저 표시됨'을 추가한다.

| | A | B | C | D |
|---|---|---|---|---|
| 1 | 오류번호 | 오류메시지 | | |
| 2 | 1 | 차변과 대변이 같은 줄에 입력됨 | | |
| 3 | 2 | 대변계정이 차변계정보다 먼저 표시됨 | | |
| 4 | | | | |
| 5 | | | | |

문서화 | 분개장 | 계정과목표 | 오류테이블

⑳ 다시 '분개장' sheet로 돌아와서 J27 셀에 입력되어 있는 수식을 '=IF(AND(F27>0,G26>0),2,"")'으로 변경한다.

㉑ 이 수식이 제대로 적용되는지를 확인하기 위해서 먼저 거래 #5의 분개장 기입내용을 다음과 같이 입력순서를 바꾸어 변경해 본다(C26과 C27, F27과 G26). 그 결과 E27 셀에는 다음과 같이 오류메시지가 표시된다.

| | A | B | C | D | E | F | G | H | I | J |
|---|---|---|---|---|---|---|---|---|---|---|
| 1 | | | | | 분 개 장 | | | | | |
| 2 | | | | | | | | | | |
| 3 | 날짜 | 거래 | 계정코드 | 계정명 | 적요 | 차변 | 대변 | | | |
| 16 | | | | | | | | | | |
| 17 | | | | | | | | | | |
| 18 | | | | | | | | | | |
| 19 | 2017/6/5 | 4 | 1411 | 소모품 | 소모품 현금 구입 | 2,400,000 | | | | |
| 20 | 2017/6/5 | 4 | 1110 | 현금 | 소모품 현금 구입 | | 2,400,000 | | | |
| 21 | | | | | | | | | | |
| 22 | | | | | | | | | | |
| 23 | | | | | | | | | | |
| 24 | 2017/6/7 | 5 | 1110 | 현금 | 현금/현물 출자(2,200주 교부) | 23,800,000 | | | | |
| 25 | 2017/6/7 | 5 | 1211 | 비품 | 현금/현물 출자(2,200주 교부) | 7,000,000 | | | | |
| 26 | 2017/6/7 | 5 | 3100 | 자본금 | 현금/현물 출자(2,200주 교부) | | 35,600,000 | | | |
| 27 | 2017/6/7 | 5 | 1311 | 컴퓨터설비 | *대변계정이 차변계정보다 먼저 표시됨* | 4,800,000 | | 2 | | 2 |
| 28 | | | | | | | | | | |

㉒ 이로써 두 번째 입력통제기능이 제대로 작동하고 있음을 확인하였으므로, 위 ㉑에서 일부러 입력순서를 바꾸어 놓았던 것을 원래대로 환원해 둔다(C26과 C27, F27과 G26).

㉓ 또 다른 **입력오류**가 가능한 상황 중 하나는 **계정코드**(또는 계정과목명)가 입력되지 않은 상황에서 차변이나 대변에 금액이 입력되는 경우이다. 이는 회계실무상 금액의 입력이 반드시 어느 계정과목과 관련된 것인가가 사전에 설정되어 있어야 하고, 그 계정과목의 성격에 따라서 차변에 기록될 것인지 대변에 기록될 것인지도 결정될 수 있기 때문에, 계정코드의 입력 없이 금액이 먼저 기록되는 것은 오류로 보는 것이다.

이러한 **입력통제기능**을 설계하기 위해서 이번에는 해당 오류메시지를 '오류테이블'에 먼저 등록해 두고 표시하는 방법으로 진행해 보기로 한다. '오류테이블' sheet를 선택하고 A4:B4 범위에 오류번호: 3, 메시지: '계정과목 코드번호가 필요함'을 추가한다.

| | A | B |
|---|---|---|
| 1 | 오류번호 | 오류메시지 |
| 2 | 1 | 차변과 대변이 같은 줄에 입력됨 |
| 3 | 2 | 대변계정이 차변계정보다 먼저 표시됨 |
| 4 | 3 | 계정과목 코드번호가 필요함 |
| 5 | | |

문서화 | 분개장 | 계정과목표 | 오류테이블

㉔ 이제 다시 '분개장' sheet로 돌아와서, K27 셀에 수식 '=IF(ISBLANK(C27),IF(OR(F27<>0,G27<> 0),3,""),"")'을 입력한다.

㉕ 이 통제기능이 제대로 작동되는지 시험해보기 위해 C27 셀에 입력된 계정코드를 삭제해 본다. 그러면 다음과 같이 E27 셀에 오류메시지 '계정과목 코드번호가 필요함'이 표시된다.

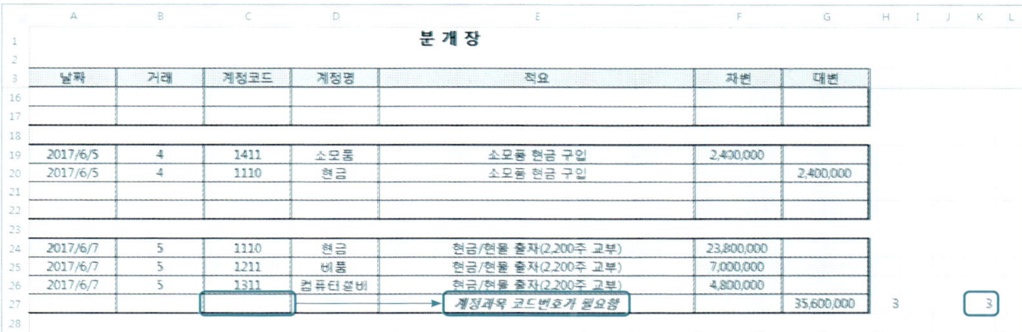

| | A | B | C | D | E | F | G | H | I | J | K | L |
|---|---|---|---|---|---|---|---|---|---|---|---|---|
| 1 | | | | | 분 개 장 | | | | | | | |
| 2 | | | | | | | | | | | | |
| 3 | 날짜 | 거래 | 계정코드 | 계정명 | 적요 | 차변 | 대변 | | | | | |
| 16 | | | | | | | | | | | | |
| 17 | | | | | | | | | | | | |
| 18 | | | | | | | | | | | | |
| 19 | 2017/6/5 | 4 | 1411 | 소모품 | 소모품 현금 구입 | 2,400,000 | | | | | | |
| 20 | 2017/6/5 | 4 | 1110 | 현금 | 소모품 현금 구입 | | 2,400,000 | | | | | |
| 21 | | | | | | | | | | | | |
| 22 | | | | | | | | | | | | |
| 23 | | | | | | | | | | | | |
| 24 | 2017/6/7 | 5 | 1110 | 현금 | 현금/현물 출자(2,200주 교부) | 23,800,000 | | | | | | |
| 25 | 2017/6/7 | 5 | 1211 | 비품 | 현금/현물 출자(2,200주 교부) | 7,000,000 | | | | | | |
| 26 | 2017/6/7 | 5 | 1311 | 컴퓨터설비 | 현금/현물 출자(2,200주 교부) | 4,800,000 | | | | | | |
| 27 | | | | | 계정과목 코드번호가 필요함 | | 35,600,000 | 3 | | | 3 | |
| 28 | | | | | | | | | | | | |

㉖ 이제 다시 C27 셀에 원래의 계정코드 '3100'으로 선택하여 되돌려 놓는다.

㉗ 지금까지 설계해 둔 입력통제 기능이 제대로 수행되고 있는지 시험허보기 위해, F27 셀에 '5,000', G26 셀에 '7,000'의 오류데이터를 각각 입력해 본다.

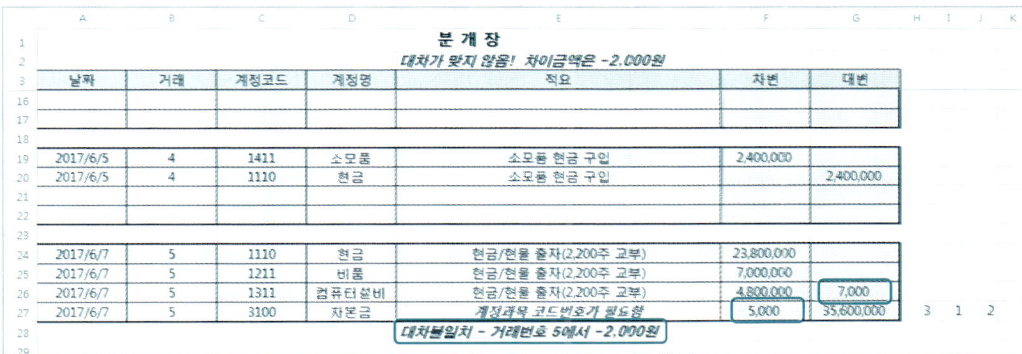

| | A | B | C | D | E | F | G | H | I | J | K |
|---|---|---|---|---|---|---|---|---|---|---|---|
| 1 | | | | | 분 개 장 | | | | | | |
| 2 | | | | | 대차가 맞지 않음! 차이금액은 -2,000원 | | | | | | |
| 3 | 날짜 | 거래 | 계정코드 | 계정명 | 적요 | 차변 | 대변 | | | | |
| 16 | | | | | | | | | | | |
| 17 | | | | | | | | | | | |
| 18 | | | | | | | | | | | |
| 19 | 2017/6/5 | 4 | 1411 | 소모품 | 소모품 현금 구입 | 2,400,000 | | | | | |
| 20 | 2017/6/5 | 4 | 1110 | 현금 | 소모품 현금 구입 | | 2,400,000 | | | | |
| 21 | | | | | | | | | | | |
| 22 | | | | | | | | | | | |
| 23 | | | | | | | | | | | |
| 24 | 2017/6/7 | 5 | 1110 | 현금 | 현금/현물 출자(2,200주 교부) | 23,800,000 | | | | | |
| 25 | 2017/6/7 | 5 | 1211 | 비품 | 현금/현물 출자(2,200주 교부) | 7,000,000 | | | | | |
| 26 | 2017/6/7 | 5 | 1311 | 컴퓨터설비 | 현금/현물 출자(2,200주 교부) | 4,800,000 | 7,000 | | | | |
| 27 | 2017/6/7 | 5 | 3100 | 자본금 | 계정과목 코드번호가 필요함 | 5,000 | 35,600,000 | 3 | 1 | 2 | |
| 28 | | | | | 대차불일치 - 거래번호 5에서 -2,000원 | | | | | | |
| 29 | | | | | | | | | | | |

㉘ 차변과 대변에 서로 다른 금액을 입력했기 때문에 E2 셀과 E28 셀에 대차 불일치와 관련된 오류메시지가 나타나는 것은 정상적으로 기능을 수행하고 있음을 의미한다. 그런데 E27 셀에 표시되는 오류메시지는 C27 셀에 계정코드가 입력되어 있음에도 불구하고 '오류번호 3'의 '계정과목 코드번호가 필요함'으로 잘못 표시하고 있다. 이는 일부러 잘못 입력한 자료에서 오류번호 1번("차변과 대변이 같은 줄에 입력됨")과 오류번호 2번("대변계정이 차변계정보다 먼저 표시됨")이 함께 표시되는 상황이어서, 모든 오류를 합계해서 표시하는 H27 셀에 이들을 합한 '3'으로 표시되고 있기 때문에 나타나는 현상이다. 따라서 이 문제를 해결하기 위해 '오류테이블' sheet에서 오류번호 '3'을 3 대신 '4'로 변경한다.

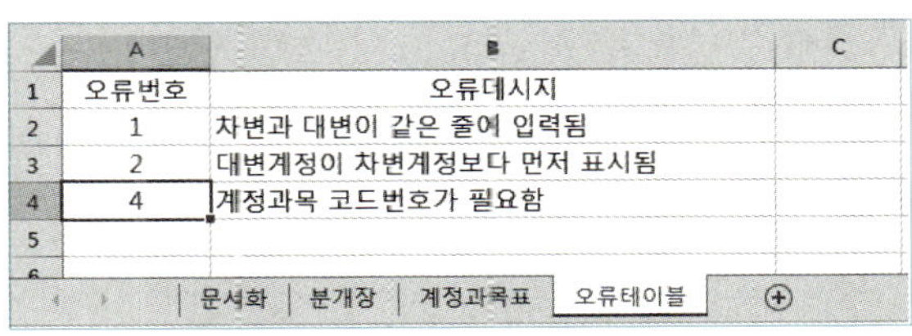

| | A | B | C |
|---|---|---|---|
| 1 | 오류번호 | 오류메시지 | |
| 2 | 1 | 차변과 대변이 같은 줄에 입력됨 | |
| 3 | 2 | 대변계정이 차변계정보다 먼저 표시됨 | |
| 4 | 4 | 계정과목 코드번호가 필요함 | |
| 5 | | | |

㉙ 그리고 다시 '분개장' sheet로 돌아와서 K27 셀의 수식을 '=IF(ISBLANK(C27),IF(OR(F27<>0,G27<>0),4,""),"")'로 수정한다.

㉚ 그런데 이번에는 E27 셀에 이전과는 달리 두 번째 오류메시지인 "대변계정이 차변계정보다 먼저 표시됨"이 표시된다. G26 셀의 금액을 '7,000' 대신 F27 셀의 금액과 같은 '5,000'으로 수정해 보아도 E2 셀과 E28 셀에 표시되었던 오류메시지는 없어졌지만, E27 셀의 오류메시지는 그대로 두 번째 오류메시지만을 표시하고 있다.

이는 E27 셀에 포함된 VLOOKUP 함수에서 '찾는 값'인 '3'(H27)이 '오류테이블' 이름 범위에서 더 이상 찾을 수 없기 때문에 가장 가까운 하위 값인 오류번호 '2'를 참조하여 표시하고 있기 때문이다. 이 문제를 해결하기 위해서 정확하게 일치하는 오류번호만을 참조하도록 VLOOKUP 함수에 **'FALSE'** 조건을 추가하면 결과값은 '#N/A'로 표시된다. 따라서 #N/A로 표시되는 오류를 바로 잡기 위해 **'IFERROR'** 함수까지를 사용하여 E27 셀의 수식을 '=IF(H27>0,IFERROR(VLOOKUP(H27,오류테이블,2,FALSE),"두 가지 이상의 오류가 있음"),IF(ISBLANK(C27),"",E26))'으로 수정한다.

E27 =IF(H27>0,IFERROR(VLOOKUP(H27,오류테이블,2,FALSE),"두 가지 이상의 오류가 있음"),IF(ISBLANK(C27),"",E26))

| | A | B | C | D | E | F | G | H | I | J | K |
|---|---|---|---|---|---|---|---|---|---|---|---|
| 1 | | | | | 분 개 장 | | | | | | |
| 2 | | | | | | | | | | | |
| 3 | 날짜 | 거래 | 계정코드 | 계정명 | 적요 | 차변 | 대변 | | | | |
| 19 | 2017/6/5 | 4 | 1411 | 소모품 | 소모품 현금 구입 | 2,400,000 | | | | | |
| 20 | 2017/6/5 | 4 | 1110 | 현금 | 소모품 현금 구입 | | 2,400,000 | | | | |
| 21 | | | | | | | | | | | |
| 22 | | | | | | | | | | | |
| 23 | | | | | | | | | | | |
| 24 | 2017/6/7 | 5 | 1110 | 현금 | 현금/현물 출자(2,200주 교부) | 23,800,000 | | | | | |
| 25 | 2017/6/7 | 5 | 1211 | 비품 | 현금/현물 출자(2,200주 교부) | 7,000,000 | | | | | |
| 26 | 2017/6/7 | 5 | 1311 | 컴퓨터설비 | 현금/현물 출자(2,200주 교부) | 4,800,000 | 5,000 | | | | |
| 27 | 2017/6/7 | 5 | 3100 | 자본금 | *두 가지 이상의 오류가 있음* | 5,000 | 35,600,000 | 3 | 1 | 2 | |
| 28 | | | | | | | | | | | |

㉛ 이제 일부러 잘못 입력한 G26, F27 셀의 값들을 하나씩 지워가면서 해당 오류메시지가 제대로 표시되고 있는지 확인해 본다. C27 셀의 코드번호도 지웠다가 다시 입력하면서 오류번호 #4의 메시지가 제대로 표시되는지 확인해 본다.

| | A | B | C | D | E | F | G | H | I | J | K |
|---|---|---|---|---|---|---|---|---|---|---|---|
| 1 | | | | | 분 개 장 | | | | | | |
| 2 | | | | | | | | | | | |
| 3 | 날짜 | 거래 | 계정코드 | 계정명 | 적요 | 차변 | 대변 | | | | |
| 19 | 2017/6/5 | 4 | 1411 | 소모품 | 소모품 현금 구입 | 2,400,000 | | | | | |
| 20 | 2017/6/5 | 4 | 1110 | 현금 | 소모품 현금 구입 | | 2,400,000 | | | | |
| 21 | | | | | | | | | | | |
| 22 | | | | | | | | | | | |
| 23 | | | | | | | | | | | |
| 24 | 2017/6/7 | 5 | 1110 | 현금 | 현금/현물 출자(2,200주 교부) | 23,800,000 | | | | | |
| 25 | 2017/6/7 | 5 | 1211 | 비품 | 현금/현물 출자(2,200주 교부) | 7,000,000 | | | | | |
| 26 | 2017/6/7 | 5 | 1311 | 컴퓨터설비 | 현금/현물 출자(2,200주 교부) | 4,800,000 | | | | | |
| 27 | 2017/6/7 | 5 | 3100 | 자본금 | 현금/현물 출자(2,200주 교부) | | 35,600,000 | 0 | | | |
| 28 | | | | | | | | | | | |

㉜ 거래자료의 입력과정에서 발생할 수 있는 또 하나의 **입력오류**는 소숫점 이하의 숫자 문제이다. 우리는 앞에서 분개장 양식을 설계하면서 F열과 G열의 금액 입력부분 [표시형식]을 [통화]로 지정하고 [소수 자릿수]를 '0'으로 선택했었기 때문에, F열과 G열에 표시되는 금액에 소숫점 이하 자릿수는 나타나지 않는다.

그러나 만일 입력과정에서의 부주의로 인해 소숫점 이하 숫자가 포함되거나 ',' 대신 '.'으로 입력하여 소숫점 이하의 숫자가 포함된 수치가 잘못 입력되는 경우, 화면에의 표시는 지정 조건에 따라 원 단위까지만 표시되더라도 EXCEL에서는 소숫점 이하 자릿수까지 기억하고 있어서 결과적으로 대차 합계에 차이가 있는 것으로 표시될 수도 있다.

예컨대 G27 셀의 값을 '35,600,000' 대신에 '35,600,000.058'과 같이 소숫점 이하 자릿수를 포함한 금액으로 입력해 보자.

G27 | 35600000.058

| | A | B | C | D | E | F | G | H |
|---|---|---|---|---|---|---|---|---|
| 1 | | | | | 분 개 장 | | | |
| 2 | | | | | *대차가 맞지 않음! 차이금액은 원* | | | |
| 3 | 날짜 | 거래 | 계정코드 | 계정명 | 적요 | 차변 | 대변 | |
| 19 | 2017/6/5 | 4 | 1411 | 소모품 | 소모품 현금 구입 | 2,400,000 | | |
| 20 | 2017/6/5 | 4 | 1110 | 현금 | 소모품 현금 구입 | | 2,400,000 | |
| 21 | | | | | | | | |
| 22 | | | | | | | | |
| 23 | | | | | | | | |
| 24 | 2017/6/7 | 5 | 1110 | 현금 | 현금/현물 출자(2,200주 교부) | 23,800,000 | | |
| 25 | 2017/6/7 | 5 | 1211 | 비품 | 현금/현물 출자(2,200주 교부) | 7,000,000 | | |
| 26 | 2017/6/7 | 5 | 1311 | 컴퓨터설비 | 현금/현물 출자(2,200주 교부) | 4,300,000 | | |
| 27 | 2017/6/7 | 5 | 3100 | 자본금 | 현금/현물 출자(2,200주 교부) | | 35,600,000 | 0 |
| 28 | | | | | *대차불일치 - 거래번호 5에서 원* | | | |
| 29 | | | | | | | | |

㉝ 화면에 표시되는 외관상으로는 원 단위까지만 표시되므로 오류를 발견할 수 없지만, G27 셀에 소숫점 이하 숫자가 포함되어 있어 차변합계와 대변합계에 차이가 있는 것으로 E2, E28 셀에 오류메시지가 표시된다.

㉞ 이러한 오류를 **오류메시지**로 표시하기 위해 먼저 '오류테이블' sheet에서 '소숫점 이하의 숫자가 포함되어 있음'을 오류번호 8번으로 등록한다.

| | A | B | C |
|---|---|---|---|
| 1 | 오류번호 | 오류메시지 | |
| 2 | 1 | 차변과 대변이 같은 줄에 입력됨 | |
| 3 | 2 | 대변계정이 차변계정보다 먼저 표시됨 | |
| 4 | 4 | 계정과목 코드번호가 필요함 | |
| 5 | 8 | 소수점 이하의 숫자가 포함되어 있음 | |
| 6 | | | |

문서화 | 분개장 | 계정과목표 | 오류테이블

㉟ 이를 오류메시지로 표시하기 위해, 다시 '분개장' sheet로 돌아와서 L27 셀에 '=IF(OR(ROUNDDOWN(F27,0)<>F27,ROUNDDOWN(G27,0)<>G27),8,0)'로 입력한다. 그러면 E27 셀에는 오류

번호 8번의 오류메시지가 표시된다.

㊱ 이제 소숫점 관련 입력통제기능까지 확인되었으므로, G27 셀에 잘못 입력해 두었던 숫자를 '35,600,000'으로 수정하여 오류메시지가 표시되지 않도록 한다.

㊲ 지금까지 설계한 입력통제 기능들은 하나의 거래를 입력하기 위해 준비한 4개의 행 중 하나의 행(27행)에만 적용되고 있다. 그러나 이러한 통제기능은 다른 3개 행(24행:26행)에도 동일하게 적용되도록 해야 한다.

셀 범위 H27:L27을 복사하여 H24:L26에 붙여넣기 한다.

또 E27 셀을 복사하여 E25:E26에 붙여넣기 한다(E24 셀은 제외).

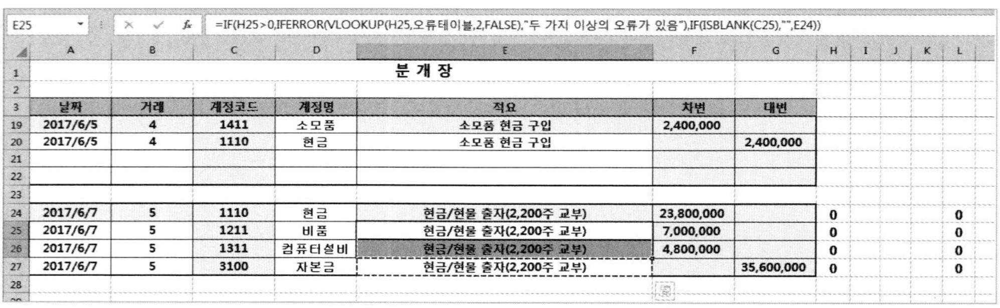


㊳ H24:L27 영역에 '0'이 표시되는 경우 이는 의미없는 숫자이므로 '0'이 화면에 표시되지 않도록 할 필요가 있다(물론 다른 숫자는 표시되도록 함).

H24:L27 영역을 선택하고 [홈] 탭에서 [스타일]-[**조건부 서식**]-[새 규칙]을 선택한 후, [새 서식 규칙] 상자에서 '규칙 유형 선택'을 '다음을 포함하는 셀만 서식 지정'으로 선택한다. 아래 [규칙 설명 편집]에서 '셀 값', '=', '0'을 각각 선택 또는 입력하고, [서식]을 클릭하여 [셀 서식] 상자에서 [글꼴] 탭의 '색'을 바탕색과 같은 '흰색'으로 선택한다. [확인]을 연속으로 누르면 '0'으로 표시되었던 H24:L27 영역에서 '0'이 감춰져 보이지 않게 된다.

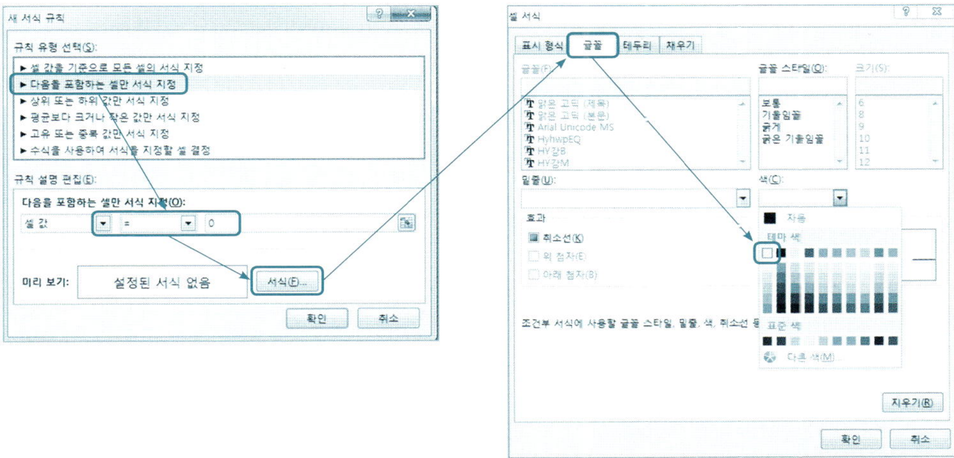


㊴ 이제 이 거래 #5 관련 입력부분(A24:L28)을 분개장 양식의 기본틀로 사용할 준비를 한다. 먼저 A24:G27 영역의 노란색 셀들 중에서 수식이 입력되어 있는 B24 셀을 제외한 나머지 셀들(A24, C24:C27, E24, F24:G27)의 값을 모두 지운다. 그리고 셀 범위 A24:L23을 독사하여 A4, A9, A14, A19 셀에 각각 붙여넣기 한다.

㊵ B4 셀에 입력되어 있는 수식을 지운다. 그리고 A4와 B4 셀에 각각 '2017-6-1'과 첫거래 '1'을 입력한다. 나머지 셀은 입력하지 않고 그대로 둔 채, 이번엔 A9 셀에서부터 앞의 〈거래 #2〉 자료를 입력해 본다(B9 셀은 입력하지 않는다).

| 거래 #2 | 2017년 6월 1일 홍길동은 공정시가 ₩40,000,000에 해당하는 컴퓨터설비와 현금 ₩28,000,000을 출자하고, 보통주식 3,400주를 교부받았다. |
|---|---|

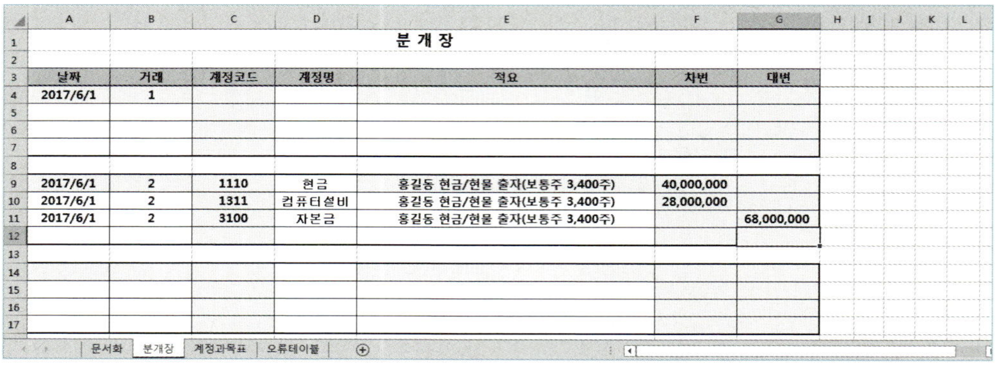

분 개 장

| 날짜 | 거래 | 계정코드 | 계정명 | 적요 | 차변 | 대변 |
|---|---|---|---|---|---|---|
| 2017/6/1 | 1 | | | | | |
| 2017/6/1 | 2 | 1110 | 현금 | 홍길동 현금/현물 출자(보통주 3,400주) | 40,000,000 | |
| 2017/6/1 | 2 | 1311 | 컴퓨터설비 | 홍길동 현금/현물 출자(보통주 3,400주) | 28,000,000 | |
| 2017/6/1 | 2 | 3100 | 자본금 | 홍길동 현금/현물 출자(보통주 3,400주) | | 68,000,000 |



㊶ 여기서 〈거래 #2〉를 입력해 본 이유는 A24:L28 영역에서 입력한 수식들이 다른 곳에 복사하여 적용해도 동일한 결과를 보이는지를 확인하고 한 것이며, 특히 B9 셀이 자동으로 표시되는지 확인하고자 한 것이다. B9 셀에 거래번호를 입력하지 않았지만, 두 번째 거래부터는 자동으로 표시됨을 확인하였으므로 B9 셀의 노란색 바탕을 지운다([홈] 탭에서 [글꼴]-[채우기 색]-[채우기 없음] 클릭). B4 셀은 노란색 표시를 그대로 둔다.

㊷ 이제 거래 자료를 입력한 모든 노란색 셀(A4:B4, A9, C9:C11, E9, F9:G11)의 자료들을 지운다.

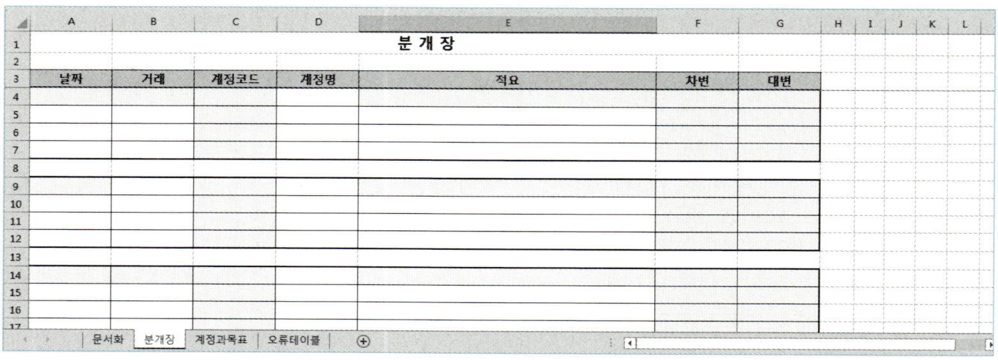

분 개 장

| 날짜 | 거래 | 계정코드 | 계정명 | 적요 | 차변 | 대변 |
|---|---|---|---|---|---|---|



㊸ 지금까지 작업한 Worksheet를 저장해 둔다(파일명: 홍길동_part2).

## 2. 분개장 응용통제 설계

### ▶ 응용통제(application control)

회계프로그램이 제대로 작동하도록 하기 위해 사전에 설정해두는 예방통제 성격의 통제 기능은 흔히 **일반통제**(general control)와 **응용통제**(application control)로 구분되고 있다. 이 중 일반통제는 소프트웨어의 설계, 보안, 데이터관리, 직무분리, 문서화 등과 같이 시스템 전체의 일반적인 활동을 통제하기 위한 것이다. 이에 반해 응용통제는 프로그램 내에서 하나하나의 거래가 오류 없이 정확하게 처리되도록 하기 위한 통제활동으로, 데이터의 준비에서부터 입력, 처리, 출력, 저장에 이르기까지 발생하는 모든 오류와 사고를 감시하고 점검하기 위한 것이다.

분개장 설계와 관련하여 적용되어야 할 응용통제를 몇 가지로 구분하여 살펴보기로 한다.

| 응용통제 1 | 날짜 필드에는 날짜 이외의 자료가 입력되어서는 안된다. |
|---|---|

위의 분개장에 이 응용통제를 적용하기 위해 다음의 절차를 수행한다.

① A4와 A9 셀을 함께 선택한다(콘트롤 키를 누른 상태에서 A4와 A9 셀을 누른다).

② [데이터] 탭의 [데이터 도구]에서 [데이터 유효성검사]를 클릭한다.

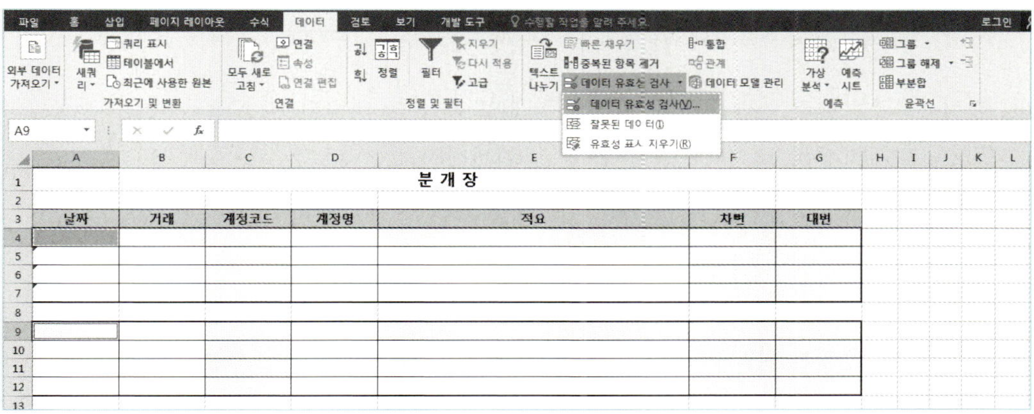


③ [데이터 유효성] 상자의 [설정]에서 [제한대상]을 '날짜'로 선택하고, [제한 방법]을 '해당 범위'로, 그리고 [시작 날짜]를 '2017-1-1', [끝 날짜]를 '2017-12-31'로 입력한다.

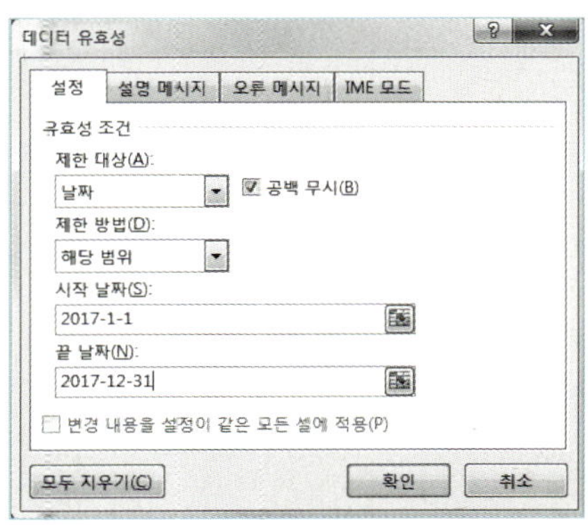

④ 이번엔 [데이터 유효성] 상자의 [오류 메시지] 탭에서 [스타일]을 '중지'로 선택하고, [제목]에 '날짜 입력 오류', [오류 메시지]에 '거래일자를 날짜 형식으로 입력하시오'로 입력한다. [확인]을 누른다.

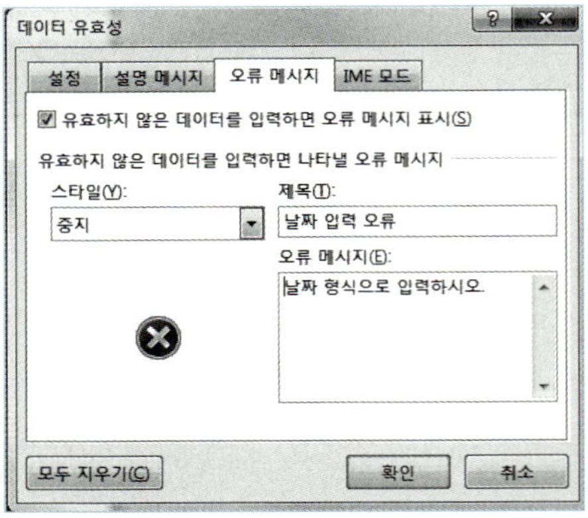


⑤ 이제 유효성 검사가 적용된 A4 셀에 날짜 형식이 아닌 임의의 숫자 '4500'을 입력해 보면, 다음과 같은 오류메시지가 표시된다.

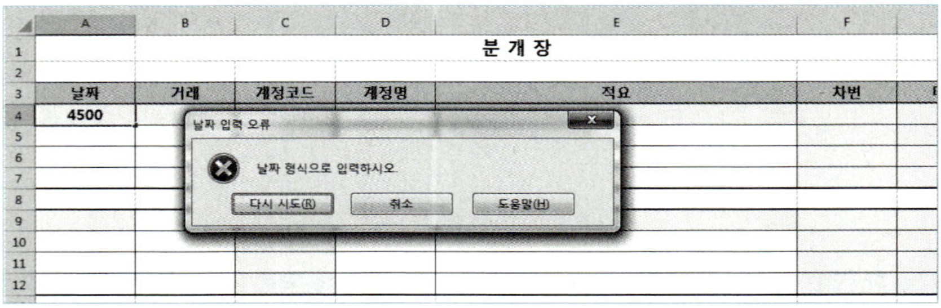


⑥ [다시 시도]를 눌러 이번엔 날짜 형식으로 '2017-6-1'을 입력해 본다. A4 셀에는 지정된 날짜 형식(2017/6/1)으로 표시되며 오류메시지는 나타나지 않는다.

유효성 검사가 올바로 적용되고 있음을 확인했으므로 A4 셀의 자료를 지운다.

| 응용통제 2 | 계정코드란에는 등록된 코드번호만이 입력되어야 한다. |
|---|---|

위의 분개장에는 이미 이 통제기능이 적용되고 있다. 그러나 앞에서는 설명 편의상 몇 가지 계정과목만을 등록해두었을 뿐이므로, 이를 실무에서 사용할 수 있을 만큼 충분한 계정과목수로 확장하여 적용하는 절차를 진행해 보기로 한다.

① '계정과목표' sheet를 선택한다.

먼저 [수식] 탭의 [정의된 이름]-[이름관리자]를 클릭하고, [이름관리자] 상자에서 이름 '계정과목표'를 선택하여 [삭제]하고 [확인]한다.

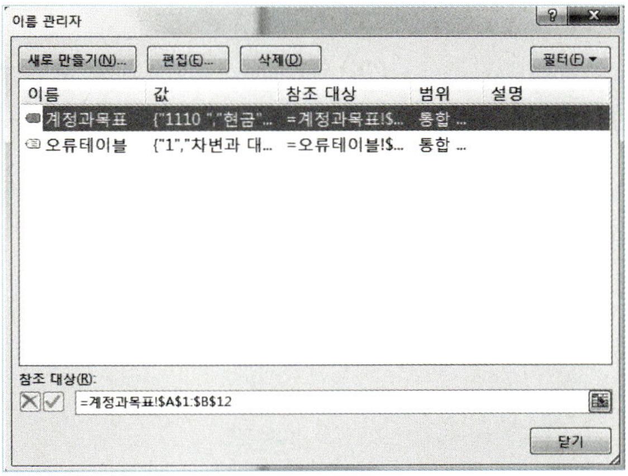


② '계정과목표' sheet의 A1:B12 셀 범위에 입력되어 있는 이전의 계정과목 자료를 모두 지운다.

③ A1:B34 영역에 다음의 **계정코드**와 **계정과목** 자료를 새로 입력한다.

| | A | B |
|---|---|---|
| 1 | 1110 | 현금 |
| 2 | 1120 | 당좌예금 |
| 3 | 1140 | 외상매출금 |
| 4 | 1160 | 상품 |
| 5 | 1170 | 원재료 |
| 6 | 1180 | 소모품 |
| 7 | 1220 | 장기대여금 |
| 8 | 1320 | 비품 |
| 9 | 1321 | 비품감가상각누계액 |
| 10 | 1420 | 건물 |
| 11 | 1421 | 건물감가상각누계액 |
| 12 | 1520 | 컴퓨터설비 |
| 13 | 1521 | 설비감가상각누계액 |
| 14 | 2110 | 외상매입금 |
| 15 | 2140 | 단기차입금 |
| 16 | 2170 | 미지급이자 |
| 17 | 2310 | 사채 |
| 18 | 2330 | 장기차입금 |
| 19 | 3110 | 자본금 |
| 20 | 3210 | 주식발행초과금 |
| 21 | 3510 | 이익잉여금 |
| 22 | 4110 | 매출 |
| 23 | 4210 | 수수료수익 |
| 24 | 4230 | 이자수익 |
| 25 | 4410 | 유형자산처분이익 |
| 26 | 5110 | 매입 |
| 27 | 5130 | 매출원가 |
| 28 | 5210 | 급여 |
| 29 | 5230 | 임차료 |
| 30 | 5250 | 광고비 |
| 31 | 5410 | 감가상각비 |
| 32 | 5510 | 이자비용 |
| 33 | 5710 | 재해손실 |
| 34 | 5810 | 법인세 |

④ 자료를 입력한 범위 전체(A1:B34)를 선택하고, A1 셀의 바로 위 '이름상자'에 '계정과목표2'라고 입력한 후 Enter 키를 누른다. 또 A1:A36 셀 범위를 선택하고 '이름상자'에 '**계정코드2**'라고 입력한 후 Enter 키를 누른다.

⑤ 다시 '분개장' sheet로 돌아와서 Ctrl 키를 누른 채 C4:C7과 C9:C12 셀 영역을 함께 선택한 후, [데이터] 탭의 [데이터 도구]-[**데이터 유효성검사**]를 선택한다. 그런데 [데이터 유효성] 상자에서 [설정] 탭을 선택하면 '원본은 현재 오류상태입니다'라는 메시지상자가 표시된다. 이는 앞에서 유효성검사에 적용했던 '계정과목표' 이름과 해당 범위가 삭제되었기 때문에 나타나는 오류 메시지이다. '계속하시겠습니까?' 질문에 [예]를 선택한다.

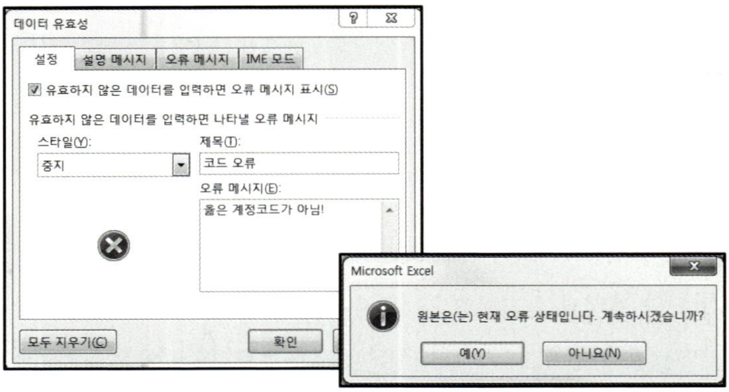


⑥ [데이터 유효성] 상자의 [설정] 탭에서 '제한대상'을 설정된 '목록' 그대로 두고 '원본' 상자를 클릭한 후 이미 입력되어 있는 내용을 지운다. 커서를 '원본' 상자에 둔 채로 마우스로 '**=계정코드2**'를 입력한다.

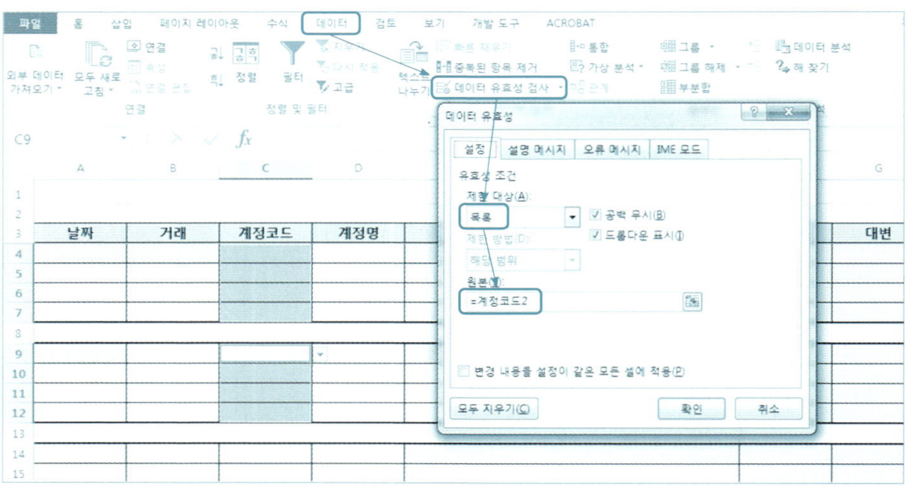


⑦ 계속해서 [데이터 유효성] 상자의 [설명메시지] 탭을 선택하고, [제목]과 [설명메시지] 내용을 모두 지우기 한다. 그리고 위쪽의 '셀을 선택하면 설명메시지 표시'를 선택해제한다(이는 사용하는 계정과목 수가 많아 설명메시지에 모두 포함할 수 없기 때문에 이 기능을 사용하지 않기로 한다).

⑧ 계속해서 [데이터 유효성] 상자의 [오류메시지] 탭을 선택하고 [스타일]에 '중지', [제목]에 '코드 오류', [오류 메시지]에 '계정과목표에 있는 계정코드를 사용해야 합니다!'로 각각 입력하고 [확인] 버튼을 누른다.

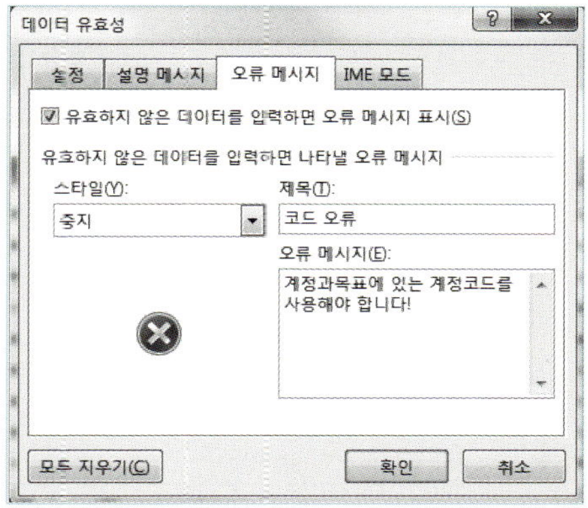


⑨ D4 셀을 선택하고 입력되어 있는 수식 '=IF(C4="","",VLOOKUP(C4,계정과목표,2))'를 '=IF(C4="","",VLOOKUP(C4,계정과목표2,2))'로 변경한다(즉, 범위참조를 당초의 계정과목표'에서 '계정과목표2'로 변경하는 것임). 그리고 D4 셀을 복사하여 D5:D7, D9:D12 영역에 각각 붙여넣기 한다.

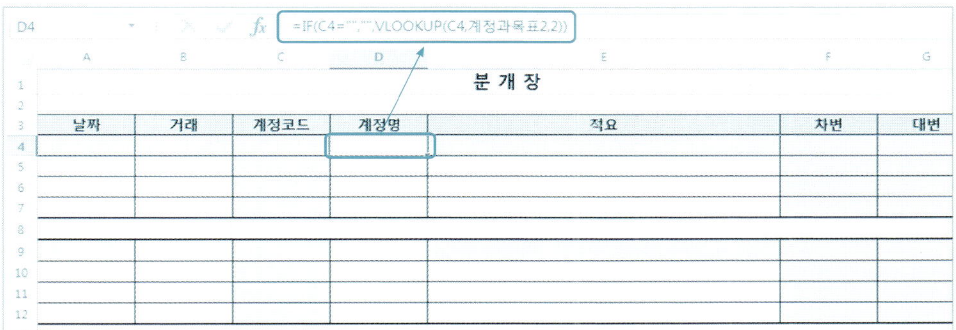


| 응용통제 3 | 분개장 거래입력은 반드시 차변거래부터 입력한다. |
|---|---|

흔히 분개를 수행할 때 '(차) 계정과목 xxx (대) 계정과목 xxx' 형식으로 분개하므로, 발생한 거래를 분개장에 입력할 때도 차변항목부터 입력하도록 하는 것이 분개절차에도 맞을 뿐만 아니라 오류, 누락 등을 방지하는 효과도 거둘 수 있다. 따라서 하나의 거래를 분개장에 기입할 때 첫 대변 셀에는 값을 입력하지 않도록 통제기능을 부여할 필요가 있다. 즉, 분개장 거래입력의 첫 줄에는 반드시 **차변계정**이 입력되도록 한다.

① '분개장' sheet에서 Ctrl 키를 누른 상태에서 G4 셀과 G9 셀을 함께 선택한다. [데이터] 탭에서 [데이터 도구]-[데이터 유효성검사]-[데이터 유효성검사]를 클릭한다.

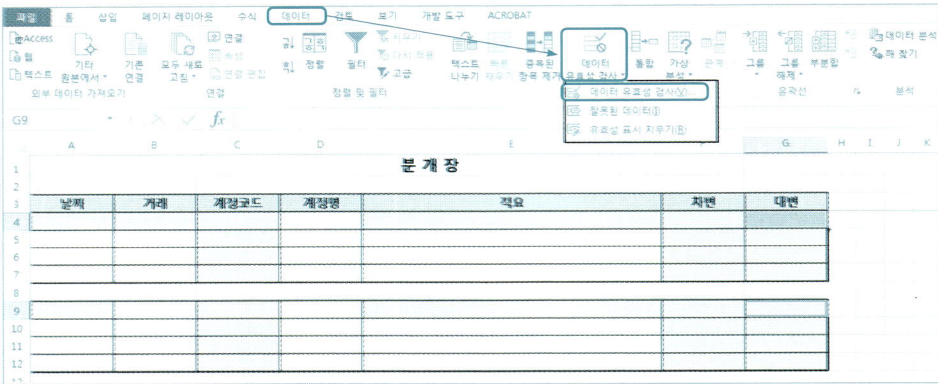


② [데이터 유효성] 대화상자의 [설정] 탭에서 [제한대상]을 '정수'로, [제한 방법]을 '해당 범위'로, [최소값]을 '0', [최대값]을 '0'으로 각각 선택 또는 입력한다. 계속해서 [데이터 유효성] 대화상자의 [오류 메시지] 탭에서 [스타일]을 '중지'로 선택하고, [제목]에 '**입력순서 오류**'로, [오류 메시지]에 '왼쪽 차변계정에만 입력 가능합니다!'로 각각 입력한 후 [확인]을 누른다.

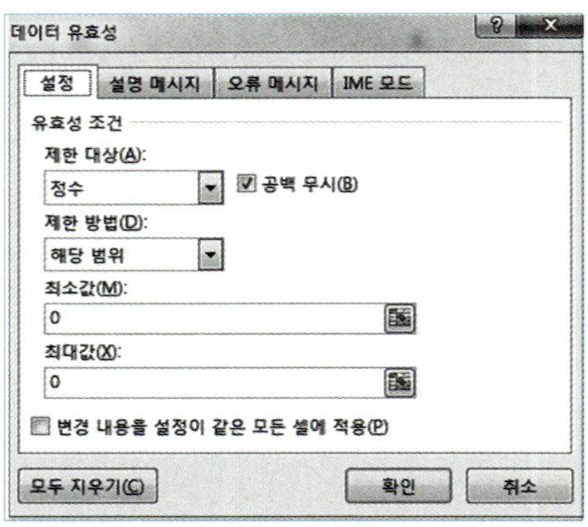


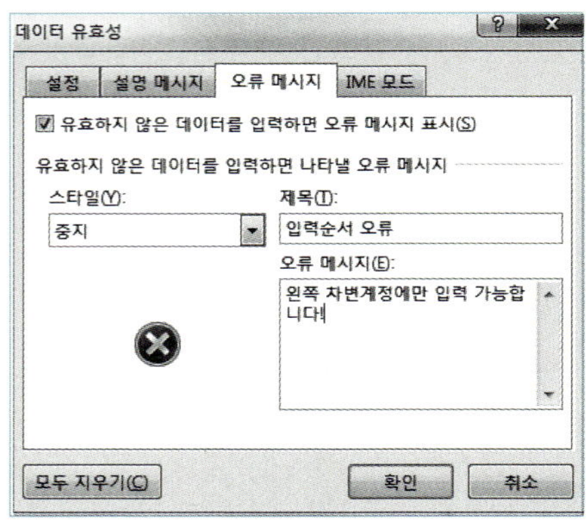


## 3. 분개장 양식의 수식 보호

### ▶ 시트보호 기능

분개장 양식과 같이 주요 셀에 복잡한 수식이 포함되어 있는 경우 실수로 해당 셀의 수식이 지워지거나 잘못된 데이터가 입력되어 원래 의도했던 기능이 실행되지 않을 수도 있다. 따라서 EXCEL에서는 미리 설정되어 있는 수식을 보호하거나 또는 입력가능한 셀 범위만을 제외한 나머지 모든 영역에 자료의 입력을 제한하는 기능을 수행할 수 있다. 이를 **시트보호** 기능이라 한다.

지금까지의 작업으로 분개장의 기초 서식이 만들어졌으므로, 이 분개장 양식에 모든 거래를 입력할 수 있는 상태로 만들고, 자료를 입력할 수 있는 셀을 제외한 나머지 셀 범위에 시트보호 기능을 적용해 보기로 한다.

① '분개장' sheet에서 먼저 전체 셀 영역을 선택한다(즉, A1 셀의 왼쪽 의 칸 클릭).

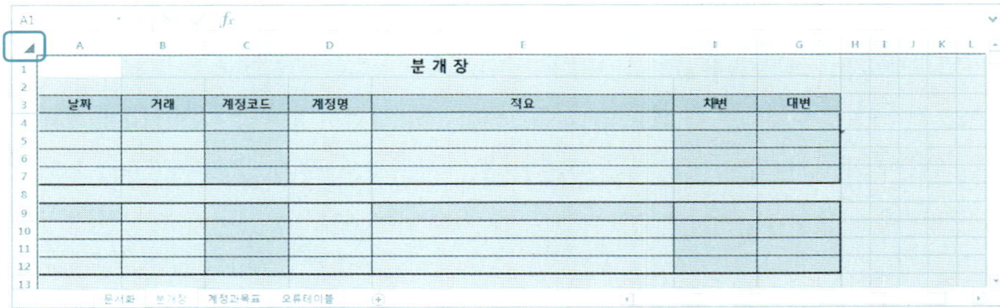


② sheet 전체가 선택된 상태에서 오른쪽 마우스 [셀 서식]-[보호] 탭에서 '잠금'에 체크하여 선택한다.

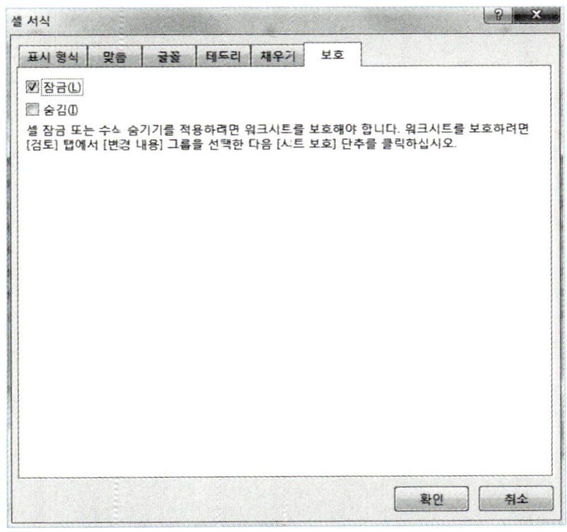


③ 이제 '분개장' sheet에서 Ctrl 키를 누른 채로 노란색 셀들(A4:B4, C4:C7, E4, F4:G7, A9, C9:C12, E9, F9:G12)을 차례대로 선택한 후, 오른쪽 마우스 [셀 서식]-[보호] 탭에서 '잠금'을 **선택해제**한다(즉, sheet 전체가 '잠금' 표시되어 있으므로 여기서 선택한 노란색 셀들에만 자료를 입력할 수 있도록 **'잠금해제'**하려고 하는 것이다).

④ 셀 범위 A9:L13을 선택하여 복사한다. 그리고 A14:A278 영역에 붙여넣기 한다.

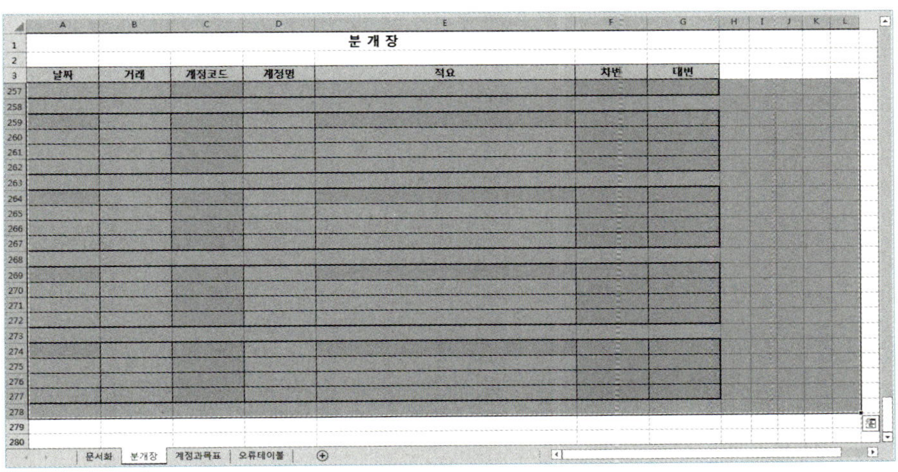

이로써 '분개장' sheet에서 노란색 영역은 모두 [셀 보호]-[잠금해제]로 표시되고, 노란색이 아닌 다른 영역은 모두 [셀 보호]-[**잠금**] 상태로 표시되어 있다.

⑤ [검토] 탭의 [변경내용]-[시트 보호]를 클릭하여 **시트보호** 기능을 수행한다(또는 [홈] 탭의 [셀]-[서식]에서 [시트 보호]를 클릭해도 같은 결과이다). [시트 보호] 대화상자에서 먼저 '잠긴 셀의 내용과 워크시트 보호'에 체크가 되어 있는지를 확인한 후, [시트보호 해제 암호]에 '0000'으로 입력하고, '워크시트에서 허용할 내용'이 '잠기지 않은 셀 선택'만 체크되어 있는지 확인한 후 [확인]을 누른다.

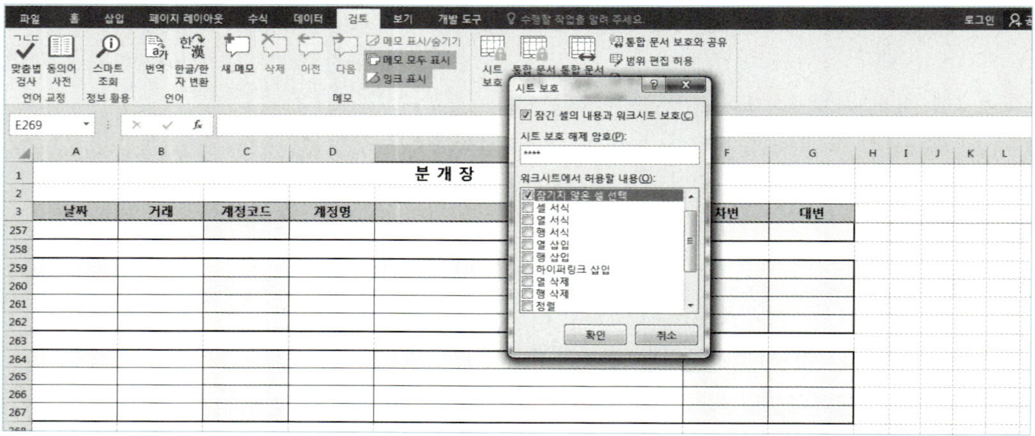


⑥ 이어서 나타나는 [암호 확인] 상자에 앞에서 입력했던 암호 '0000'을 다시 입력하여 [확인]을 누른다.

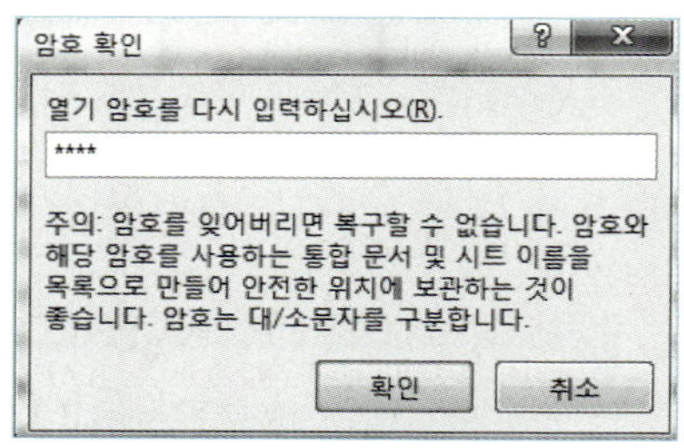


⑦ 이제 sheet의 어느 곳에서도 노란색 셀 영역을 제외한 나머지 셀은 마우스로 선택되지 않는다. 즉, 노란색 셀에만 정해진 규칙대로 자료를 입력할 수 있으며, 셀 보호가 수행되고 있는 다른 셀에서는 이미 정해진 수식에 따라 그 결과만을 확인할 수 있게 된다.

⑧ [시트 보호] 기능이 제대로 수행되고 있는지 확인해 보기 위해, 앞에서 사용했던 〈거래 #1〉~〈거래 #5〉의 자료를 이 분개장에 다시 입력해 본다.

| 거래 #1 | 2017년 6월 1일 홍길동이 현금 ₩80,000,000을 출자하여 보통주식 4,000주를 교부하였다. |
|---|---|

| 거래 #2 | 2017년 6월 1일 홍길동은 공정시가 ₩28,000,000에 해당하는 컴퓨터설비와 현금 ₩40,000,000을 출자하고, 보통주식 3,400주를 교부받았다. |
|---|---|

| 거래 #3 | 2017년 6월 2일 청송산업은 판매용 컴퓨터설비 ₩20,000,000을 구입하고 대금은 전액 현금으로 지불하였다. |
|---|---|
| 거래 #4 | 2017년 6월 5일 청송산업은 소모품을 구입하고 대금 ₩2,400,000을 현금으로 지불하였다. |
| 거래 #5 | 2017년 6월 7일 홍길동은 공정시가 ₩7,000,000 상당의 비품과 공정시가 ₩4,800,000 상당의 컴퓨터설비, 그리고 현금 ₩23,800,000을 출자하고 2,200주의 주식을 배정받았다. |

※ 앞 부분에서 사용했던 계정과목명과 계정코드번호가 모두 변경되었으므로 이전의 분개내용은 참조하지 않고 새로운 계정코드와 계정과목명으로 입력한다. 계정코드 입력란은 [데이터 유효성검사] 기능이 적용되어 있으므로 키보드로 계정코드를 직접 입력하지 않고, 해당 셀을 클릭했을 때 나타나는 선택메뉴 중에서 선택하여 적용하되, 관련 계정과목명은 '계정과목표' sheet에서 확인하여 해당 계정코드를 선택하도록 한다.

⑨ '분개장'에 입력된 결과는 다음과 같이 표시된다.

**분 개 장**

| 날짜 | 거래 | 계정코드 | 계정명 | 적요 | 차변 | 대변 | H | J |
|---|---|---|---|---|---|---|---|---|
| 2017/6/1 | 1 | 1110 | 현금 | 홍길동의 현금 출자 (보통주 4,000주) | 80,000,000 | | 2 | 2 |
| 2017/6/1 | 1 | 3110 | 자본금 | 홍길동의 현금 출자 (보통주 4,000주) | | 80,000,000 | | |
| 2017/6/1 | 2 | 1110 | 현금 | 홍길동 현금/현물 출자 (보통주 3,400주) | 40,000,000 | | | |
| 2017/6/1 | 2 | 1520 | 컴퓨터설비 | 홍길동 현금/현물 출자 (보통주 3,400주) | 28,000,000 | | | |
| 2017/6/1 | 2 | 3110 | 자본금 | 홍길동 현금/현물 출자 (보통주 3,400주) | | 68,000,000 | | |
| 2017/6/2 | 3 | 1520 | 컴퓨터설비 | 컴퓨터설비 현금 구입 | 20,000,000 | | | |
| 2017/6/2 | 3 | 1110 | 현금 | 컴퓨터설비 현금 구입 | | 20,000,000 | | |
| 2017/6/5 | 4 | 1180 | 소모품 | 소모품 현금 구입 | 2,400,000 | | | |
| 2017/6/5 | 4 | 1110 | 현금 | 소모품 현금 구입 | | 2,400,000 | | |
| 2017/6/7 | 5 | 1110 | 현금 | 홍길동 현금/현물 출자 (보통주 2,200주) | 23,800,000 | | | |
| 2017/6/7 | 5 | 1320 | 비품 | 홍길동 현금/현물 출자 (보통주 2,200주) | 7,000,000 | | | |
| 2017/6/7 | 5 | 1520 | 컴퓨터설비 | 홍길동 현금/현물 출자 (보통주 2,200주) | 4,800,000 | | | |
| 2017/6/7 | 5 | 3110 | 자본금 | 홍길동 현금/현물 출자 (보통주 2,200주) | | 35,600,000 | | |

문서화 | 분개장 | 계정과목표 | 오류테이블

⑩ 그런데 입력 결과에서 J4 셀에 오류번호 2(대변계정이 차변계정보다 먼저 표시됨)가 표시되고 있다. 분개장의 첫 거래 맨 첫줄에서는 그 위쪽의 대변 입력사항을 검토하는 의미가 없는 것이므로, 이 수식을 다음의 절차에 의해 수정한다.

먼저 시트보호를 해제하기 위해 [홈] 탭의 [셀]-[서식]에서 **'시트 보호 해제'**를 선택한다(현재 시트보호가 이루어진 상태이므로 '시트 보호' 대신에 '시트 보호 해제'가 표시되고 있다).

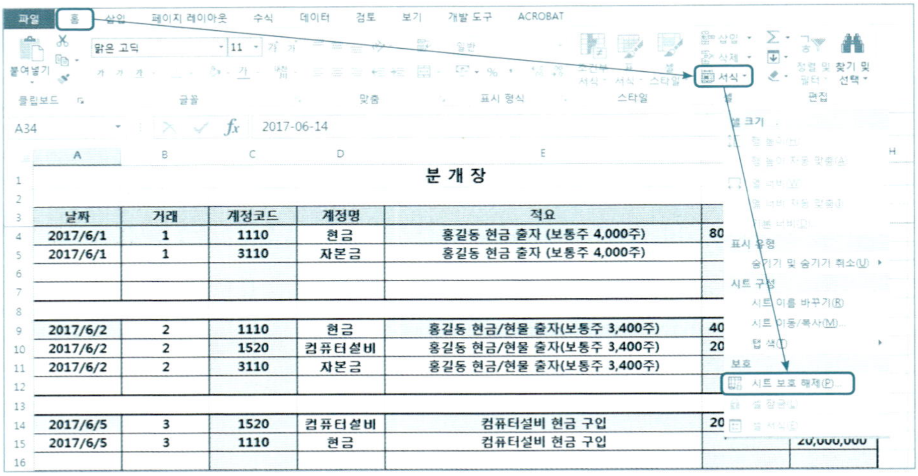


⑪ '시트 보호 해제' 대화상자에서 이전에 설정해 두었던 암호 '0000'을 입력하면 시트보호가 해제되어 편집 가능한 상태가 된다.

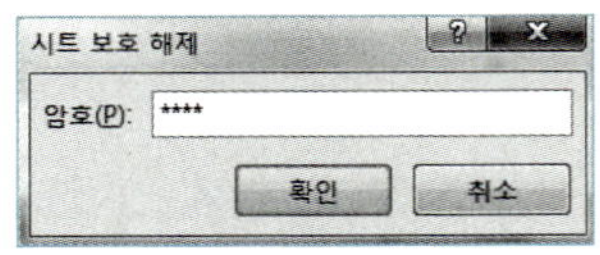


⑫ 수정하고자 하는 J4 셀을 선택하고, 이전의 수식(=IF(AND(F4>0,G3>0),2,""))을 '=IF(AND(F4="",G4>0),2,"")'로 수정한다.

그리고 J4 셀을 복사하여 J9 셀에 붙여넣기 한다.

⑬ 이제 오류가 수정되었으므로 이를 아래의 거래 입력부분에도 적용하기 위해, 먼저 A14 열부터 A278열의 머리글 부분을 함께 선택하여 오른쪽 마우스에서 [삭제]를 선택한다. 그리고 위 ④의 작업을 다시 반복한다(즉, 셀 범위 A9:L13을 선택하여 복사한 후 A14:A278 영역에 붙여넣기 한다).

⑭ 오류수정이 모든 분개장 영역에 반영되었으므로, 다시 시트보호 기능을 재설정한다. [홈] 탭의 [셀]-[서식]에서 이번엔 변경되어 표시된 '시트 보호'를 선택한다. 표시되는 [시트 보호] 대화상자에서 다시 암호 '0000'을 연속해서 입력하고 [확인]을 누른다.

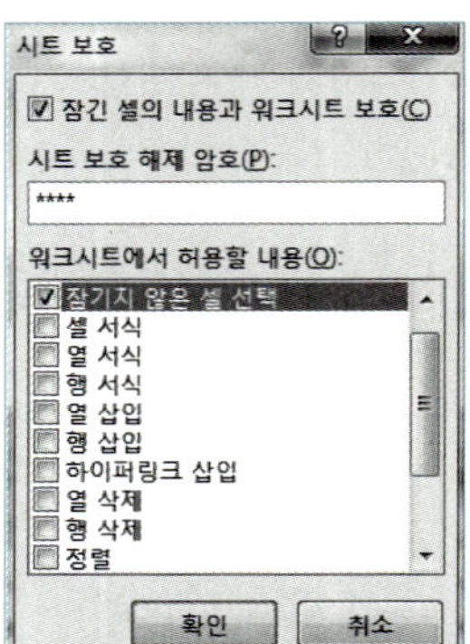


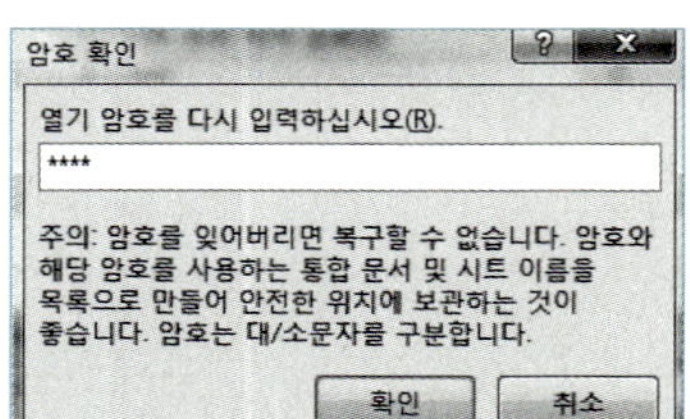

⑮ 또 다른 수식에 오류가 존재하는지를 살펴보고자 하는 경우에는 [수식] 탭에서 [수식 분석]-[**수식 표시**]를 클릭하여 표시되는 전체 수식을 검토해 볼 수 있다.

| | A | B | C | D | E |
|---|---|---|---|---|---|
| 1 | | | | | 분 개 장 |
| 2 | | | | | =IF(SUM(F:F)=SUM(G:G),"","대차가 맞지 않음! |
| 3 | 날짜 | 거래 | 계정코드 | 계정명 | 적요 |
| 4 | 42887 | 1 | 1110 | =IF(C4="","",VLOOKUP(C | 홍길동의 현금 출자 ( |
| 5 | =IF(ISBLANK(C5),"",A4) | =IF(ISBLANK(C5),"",B4) | 3110 | =IF(C5="","",VLOOKUP(C | =IF(H5>0,IFERROR(VLOOKUP(H5,오류테이블,2,FALSE) |
| 6 | =IF(ISBLANK(C6),"",A5) | =IF(ISBLANK(C6),"",B5) | | =IF(C6="","",VLOOKUP(C | =IF(H5>0,IFERROR(VLOOKUP(H6,오류테이블,2,FALSE) |
| 7 | =IF(ISBLANK(C7),"",A6) | =IF(ISBLANK(C7),"",B6) | | =IF(C7="","",VLOOKUP(C | =IF(H7>0,IFERROR(VLOOKUP(H7,오류테이블,2,FALSE) |
| 8 | | | | | =IF(SUM(F4:F7)=SUM(G4:G7),"","대차불일치 |
| 9 | 42887 | =IF(ISBLANK(C9),"",B4+1) | 1110 | =IF(C9="","",VLOOKUP(C | 홍길동 현금/현물 출자 |
| 10 | =IF(ISBLANK(C10),"",A9) | =IF(ISBLANK(C10),"",B9) | 1520 | =IF(C10="","",VLOOKUP( | =IF(H10>0,IFERROR(VLOOKUP(H10,오류테이블,2,FAL |
| 11 | =IF(ISBLANK(C11),"",A10) | =IF(ISBLANK(C11),"",B10) | 3110 | =IF(C11="","",VLOOKUP( | =IF(H11>0,IFERROR(VLOOKUP(H11,오류테이블,2,FAL |
| 12 | =IF(ISBLANK(C12),"",A11) | =IF(ISBLANK(C12),"",B11) | | =IF(C12="","",VLOOKUP( | =IF(H12>0,IFERROR(VLOOKUP(H12,오류테이블,2,FAL |
| 13 | | | | | =IF(SUM(F9:F12)=SUM(G9:G12),"","대차불일 |
| 14 | 42888 | =IF(ISBLANK(C14),"",B9+1) | 1520 | =IF(C14="","",VLOOKUP( | 컴퓨터설비 현 |
| 15 | =IF(ISBLANK(C15),"",A14) | =IF(ISBLANK(C15),"",B14) | 1110 | =IF(C15="","",VLOOKUP( | =IF(H15>0,IFERROR(VLOOKUP(H15,오류테이블,2,FAL |
| 16 | =IF(ISBLANK(C16),"",A15) | =IF(ISBLANK(C16),"",B15) | | =IF(C16="","",VLOOKUP( | =IF(H16>0,IFERROR(VLOOKUP(H16,오류테이블,2,FAL |
| 17 | =IF(ISBLANK(C17),"",A16) | =IF(ISBLANK(C17),"",B16) | | =IF(C17="","",VLOOKUP( | =IF(H17>0,IFERROR(VLOOKUP(H17,오류테이블,2,FAL |
| 18 | | | | | =IF(SUM(F14:F17)=SUM(G14:G17),"","대차불 |
| 19 | 42891 | =IF(ISBLANK(C19),"",B14+1 | 1180 | =IF(C19="","",VLOOKUP( | 소모품 현금 |
| 20 | =IF(ISBLANK(C20),"",A19) | =IF(ISBLANK(C20),"",B19) | 1110 | =IF(C20="","",VLOOKUP( | =IF(H20>0,IFERROR(VLOOKUP(H20,오류테이블,2,FAL |
| 21 | =IF(ISBLANK(C21),"",A20) | =IF(ISBLANK(C21),"",B20) | | =IF(C21="","",VLOOKUP( | =IF(H21>0,IFERROR(VLOOKUP(H21,오류테이블,2,FAL |
| 22 | =IF(ISBLANK(C22),"",A21) | =IF(ISBLANK(C22),"",B21) | | =IF(C22="","",VLOOKUP( | =IF(H22>0,IFERROR(VLOOKUP(H22,오류테이블,2,FAL |
| 23 | | | | | =IF(SUM(F19:F22)=SUM(G19:G22),"","대차불 |
| 24 | 42893 | =IF(ISBLANK(C24),"",B19+1 | 1110 | =IF(C24="","",VLOOKUP( | 홍길동 현금/현물 출자 |
| 25 | =IF(ISBLANK(C25),"",A24) | =IF(ISBLANK(C25),"",B24) | 1320 | =IF(C25="","",VLOOKUP( | =IF(H25>0,IFERROR(VLOOKUP(H25,오류테이블,2,FAL |
| 26 | =IF(ISBLANK(C26),"",A25) | =IF(ISBLANK(C26),"",B25) | 1520 | =IF(C26="","",VLOOKUP( | =IF(H26>0,IFERROR(VLOOKUP(H26,오류테이블,2,FAL |
| 27 | =IF(ISBLANK(C27),"",A26) | =IF(ISBLANK(C27),"",B26) | 3110 | =IF(C27="","",VLOOKUP( | =IF(H27>0,IFERROR(VLOOKUP(H27,오류테이블,2,FAL |
| 28 | | | | | =IF(SUM(F24:F27)=SUM(G24:G27),"","대차불 |

문서화 | 분개장 | 계정과목표 | 오류테이블

⑯ 다시 [수식] 탭에서 [수식 분석]-[수식 표시]를 클릭하여 원래 상태로 되돌려 놓는다.

## 4. 분개장 검사

지금까지의 수행한 통제기능을 전반적으로 체크해보기 위해 오류가 포함된 몇 가지 입력작업을 수행해 보자.

① A29 셀로부터 시작되는 새거래 입력란에 다음 〈거래 #6〉을 입력해 본다. 다만, 오류 체크를 위해 날짜(A29)와 대변계정코드(C30) 입력을 생략하고 진행한다.

| 거래 #6 | 2017년 6월 10일 비품 ₩2,500,000을 구입하고 현금으로 지불하다. |
|---|---|

그러면 다음과 같이 E30 셀에 '계정과목 코드번호가 필요함' 오류메시지가 표시되고 있다.

| | A | B | C | D | E | F | G | H | I | J | K | L |
|---|---|---|---|---|---|---|---|---|---|---|---|---|
| 1 | | | | | 분 개 장 | | | | | | | |
| 2 | | | | | | | | | | | | |
| 3 | 날짜 | 거래 | 계정코드 | 계정명 | 적요 | 차변 | 대변 | | | | | |
| 28 | | | | | | | | | | | | |
| 29 | | 6 | 1320 | 비품 | 비품 현금 구입 | 2,500,000 | | | | | | |
| 30 | | | | | 계정과목 코드번호가 필요함 | | 2,500,000 | 4 | | | 4 | |
| 31 | | | | | | | | | | | | |
| 32 | | | | | | | | | | | | |
| 33 | | | | | | | | | | | | |
| 34 | | | | | | | | | | | | |
| 35 | | | | | | | | | | | | |

② 계정코드 입력과 관련된 통제기능이 제대로 수행되고 있음을 확인하였다. 따라서 이 오류를 바로잡기 위해 C30 셀에 계정코드 '1110'(현금)을 입력한다.

| | A | B | C | D | E | F | G |
|---|---|---|---|---|---|---|---|
| 1 | | | | | 분 개 장 | | |
| 2 | | | | | | | |
| 3 | 날짜 | 거래 | 계정코드 | 계정명 | 적요 | 차변 | 대변 |
| 28 | | | | | | | |
| 29 | | 6 | 1320 | 비품 | 비품 현금 구입 | 2,500,000 | |
| 30 | 1900/1/0 | 6 | 1110 | 현금 | 비품 현금 구입 | | 2,500,000 |
| 31 | | | | | | | |
| 32 | | | | | | | |
| 33 | | | | | | | |
| 34 | | | | | | | |

③ 그런데 조금 전의 계정코드 오류메시지는 사라졌지만, A30 셀에 의도하지 않았던 날짜가 입력되어 있음을 알 수 있다. 이는 분개장에 거래일자가 입력되지 않더라도 오류 체크가 되지 않고 있음을 의미하는 새로운 오류의 발견이다. A30 셀에 표시된 날짜 '1900/1/0'은 EXCEL이 1900년 1월 1일을 '1'로 인식하고 있으므로, 바로 위 셀을 참조하도록 되어 있는 수식(=IF(ISBLANK(C30),"",A29))에서 빈 셀(0)인 A29 셀을 참조하고 있기 때문이다.

④ 이 **오류통제** 기능을 추가하기 위해서, 먼저 '오류테이블' sheet의 A6:B6 셀 범위에 각각 '15', '거래일자가 입력되지 않았음'을 입력한다.

B6 | fx | 거래일자가 입력되지 않았음

| | A | B |
|---|---|---|
| 1 | 오류번호 | 오류메시지 |
| 2 | 1 | 차변과 대변이 같은 줄에 입력됨 |
| 3 | 2 | 대변계정이 차변계정보다 먼저 표시됨 |
| 4 | 4 | 계정과목 코드번호가 필요함 |
| 5 | 8 | 소수점 이하의 숫자가 포함되어 있음 |
| 6 | 15 | 거래일자가 입력되지 않았음 |
| 7 | | |

문서화 | 분개장 | 계정과목표 | 오류테이블

⑤ 다시 '분개장' sheet로 돌아와서, 먼저 시트보호를 해제한다([홈]-[셀]-[서식]-[시트 보호 해제]). 그리고 M30 셀에 새로운 수식 '=IF(AND(F29>0,A29=""),15,"")'을 입력하고, H30 셀에서는 이전의 수식(=SUM(I30:L30))에 M30 셀까지를 포함하는 새로운 수식 '=SUM(I30:M30)'으로 수정해 놓는다.

H30 | fx | =SUM(I30:M30)

| | A | B | C | D | E | F | G | H | I | J | K | L | M |
|---|---|---|---|---|---|---|---|---|---|---|---|---|---|
| 1 | | | | | 분 개 장 | | | | | | | | |
| 2 | | | | | | | | | | | | | |
| 3 | 날짜 | 거래 | 계정코드 | 계정명 | 적요 | 차변 | 대변 | | | | | | |
| 28 | | | | | | | | | | | | | |
| 29 | | 6 | 1320 | 비품 | 비품 현금 구입 | 2,500,000 | | | | | | | |
| 30 | 1900/1/0 | 6 | 1110 | 현금 | *거래일자가 입력되지 않았음* | | 2,500,0 | 15 | | | | | 15 |
| 31 | | | | | | | | | | | | | |
| 32 | | | | | | | | | | | | | |
| 33 | | | | | | | | | | | | | |

문서화 | 분개장 | 계정과목표 | 오류테이블

⑥ 이제 M30과 H30 셀에 각각 '15' 오류번호가 표시되고, E30 셀에도 오류번호 '15'에 해당하는 오류메시지가 표시된다. 거래일자 미입력 오류 통제기능을 확인하였으므로, A29 셀에 거래일자 '2017-06-10'을 입력하여 오류메시지가 사라지는지를 확인한다.

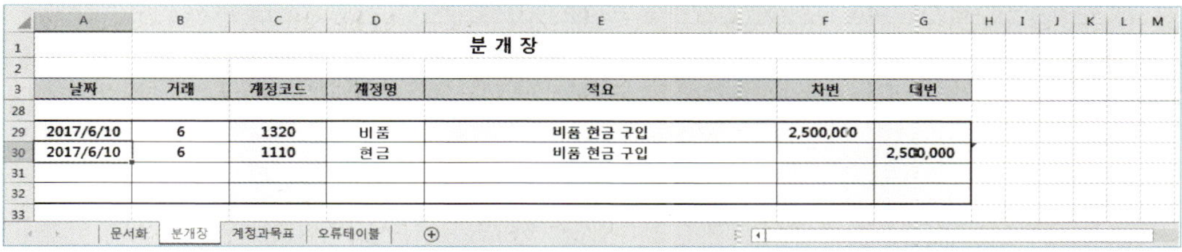


⑦ 이번엔 금액 입력과 관련된 통제기능을 검사하기 위해, F30 셀에 대변금액과 같은 금액으로 '2,500,000'을 입력해 본다. 기대했던 대로 E2 셀과 E33 셀에 대차 불일치와 관련된 오류메시지들이 표시된다.

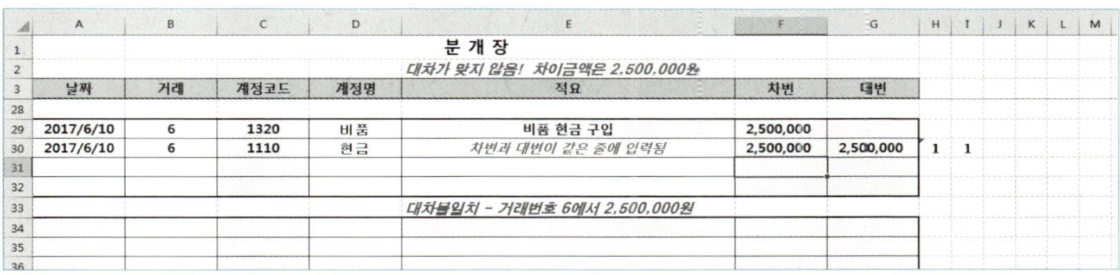


⑧ 이제 오류번호 2의 통제기능을 확인해 보기 위해 F29 셀과 G30 셀의 금액을 지우고 G29 셀에 '2,500,000'을 입력해 본다.

그러면 E30 셀에 '대변계정이 차변계정보다 먼저 표시됨'이라는 오류메시지가 표시되면서 동시에 G29 셀에 등록된 '데이터 유효성검사' 관련 오류메시지 상자가 나타난다.

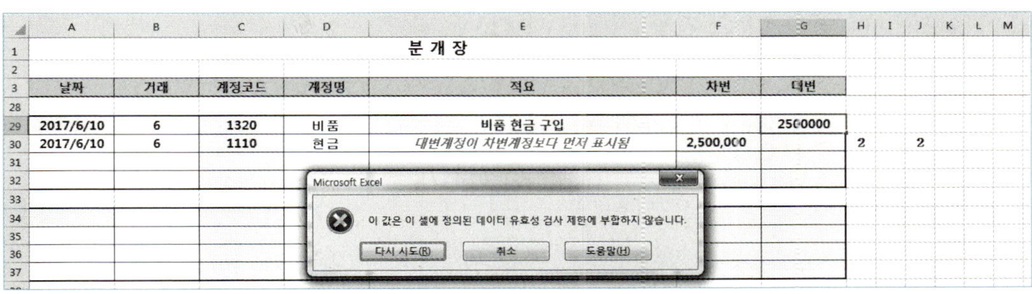


⑨ 앞에서 설정한 [응용통제 3]의 기능이 확인되었으므로, [취소]를 누르고, 이제 마지막으로 입력했던 〈거래 #6〉의 자료를 모두 지운다(A29, C29:C30, E29, F29:G30).

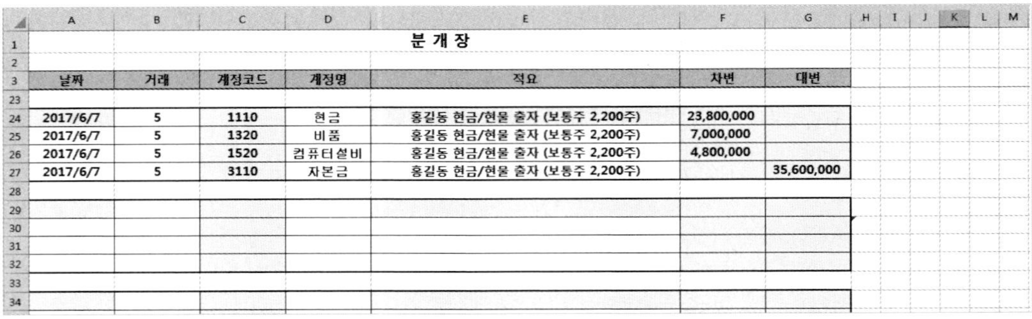

| 날짜 | 거래 | 계정코드 | 계정명 | 적요 | 차변 | 대변 |
|---|---|---|---|---|---|---|
| 2017/6/7 | 5 | 1110 | 현금 | 홍길동 현금/현물 출자 (보통주 2,200주) | 23,800,000 | |
| 2017/6/7 | 5 | 1320 | 비품 | 홍길동 현금/현물 출자 (보통주 2,200주) | 7,000,000 | |
| 2017/6/7 | 5 | 1520 | 컴퓨터설비 | 홍길동 현금/현물 출자 (보통주 2,200주) | 4,800,000 | |
| 2017/6/7 | 5 | 3110 | 자본금 | 홍길동 현금/현물 출자 (보통주 2,200주) | | 35,600,000 |

⑩ 다시 [응용통제 1]을 테스트하기 위해, A29 셀에 "3000"을 입력해 본다. 입력한 수치가 날짜형식(YYYY-MM-DD)과 다르기 때문에 [날짜 입력 오류] 메시지상자가 표시된다. 만일 이 오류 메시지가 나타나지 않는다면 [응용통제 1]의 과정을 체크하고 수정해야 한다. [오류메시지] 상자에서 [취소]를 누른다.

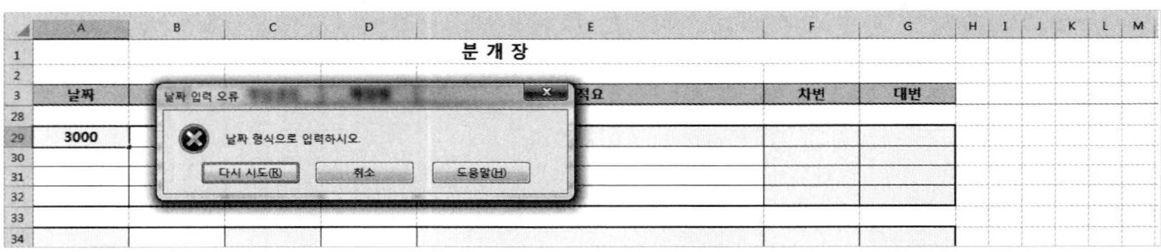


⑪ 이번엔 [응용통제 2]를 테스트하기 위해, C29 셀에 정의되지 않은 코드번호 '1150'을 입력해 본다. 다음과 같은 오류메시지가 나타나면 [응용통제 2]의 기능이 제대로 수행되고 있는 것이다. [취소]를 누른다.

⑫ [응용통제 3]을 테스트하기 위해, 이번엔 G29 셀에 '4000'을 입력해 본다. G29 셀에는 대변금액이 먼저 입력되지 않도록 [데이터 유효성검사] 기능이 적용되어 있으므로, G29 셀에 먼저 금액이 입력되면 다음과 같은 '유효성검사' 관련 오류메시지가 표시된다. [취소] 버튼을 클릭한다.

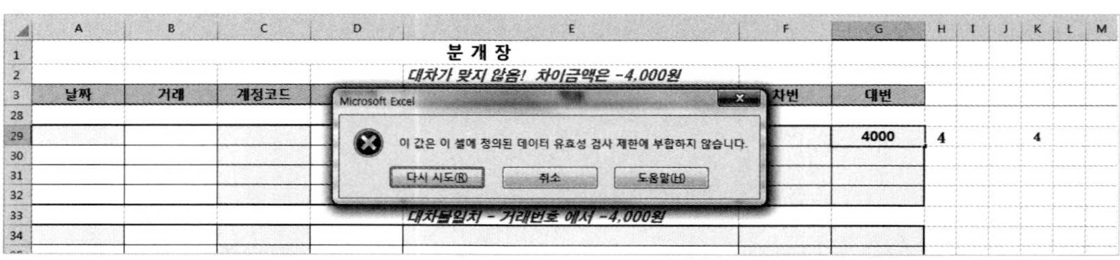

⑬ 이제 마지막으로 [시트 보호] 기능을 시험해보기 전에, 앞의 ⑤에서 오류를 수정하기 위해 '시트 보호 해제'를 선택했으므로 다시 '시트 보호'를 수행해야 한다.

그런데 앞의 ⑤에서 M30과 H30 셀의 수식이 변경되었으므로 이를 다른 거래입력 셀들에도 동일하게 적용하도록 먼저 수정하는 절차를 수행해야 한다. A29:M33 셀 영역을 선택하여 [복사]한 후, 다시 A34:A278 영역을 선택하고 [붙여넣기]한다. 다시 A29:M33 셀 영역을 선택하여 [복사]한 후, 이번에는 A9:A28 영역을 선택하고 [붙여넣기]한다. 또 H10:M10 셀 범위를 선택하여 [복사]한 후, H5 셀을 선택하여 [붙여넣기]한다.

⑭ 기존의 거래 자료가 입력되어 있는 셀 중 노란색 영역을 모두 지워서 '분개장' 양식만 남도록 한다.

⑮ 이제 [시트 보호] 기능을 다시 수행하기 위해, [홈] 탭의 [셀]-[서식]-[시트 보호]를 클릭하고, 암호 '0000'을 계속해서 입력한 후 [확인]을 누른다.

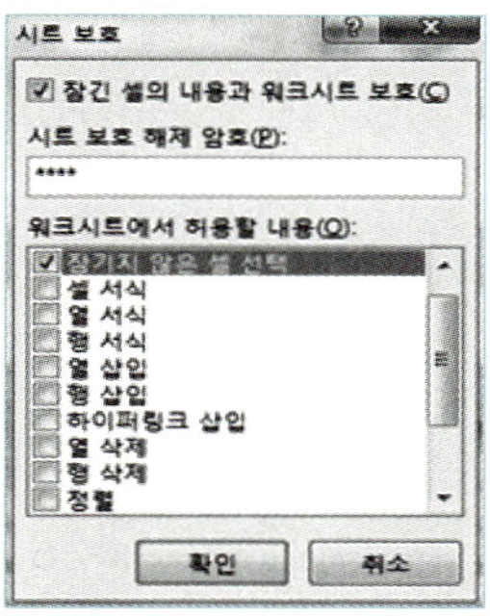

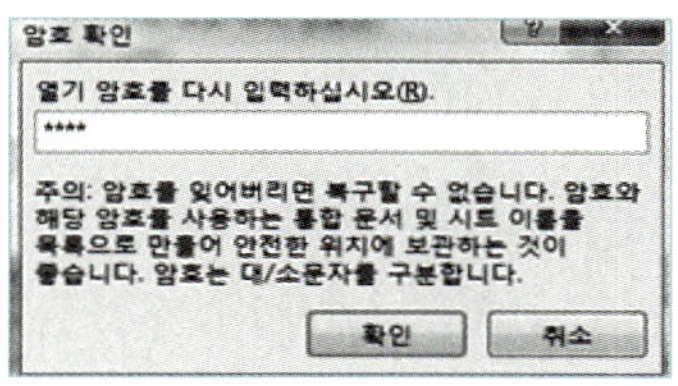


⑯ '분개장' sheet가 적절히 보호되고 있는지를 체크하기 위해, A10 셀에 날짜 "2017-6-8"을 입력해 본다. 그런데 선택하려는 셀(A10)은 이미 [시트 보호] 기능이 수행되고 있어 선택이 되지 않는다. 만일 노란색 영역을 제외한 나머지 셀이 마우스로 선택된다면 [시트 보호] 기능이 제대로 수행되지 않고 있음을 의미하는 것이며, 이때에는 [시트 보호]를 위한 기능을 수정해야 한다.

⑰ '분개장' 양식이 완성되었으므로 파일을 저장해둔다('홍길동_Part2').

Step 3

# 매입매출장과 시산표 설계

참고

**매입매출장 관리**

흔히 대부분의 기업에서 가장 자주 발생하는 거래는 상품의 매입과 매출에 관련된 거래이다. 여기서 상품이란 그 기업에서 정상적인 영업활동(판매활동)을 위해 구입하고 판매하는 물건을 말한다. 따라서 매입 및 매출과 관련된 거래는 그 빈도도 잦을 뿐만 아니라, 담당사원에 대한 실적관리나 품목관리, 결제방법의 관리 등 매매활동과 관련된 다양한 추가정보를 함께 관리하도록 장부가 설계될 필요가 있다.

이러한 점을 고려하여 실무상으로는 거래를 **상품매매거래**와 **일반거래**로 구분하고, 일반거래의 경우에는 앞서 설계한 분개장에 기록하며, 상품매매거래의 경우에는 별도의 매입장과 매출장, 또는 이 둘을 합한 형식의 **매입매출장** 양식을 설계하여 기록해 가는 방법을 사용하는 경우가 많다.

## 1. 매입매출장 설계

매입 및 매출 거래가 빈번한 기업에서는 매입장과 매출장을 따로 관리하는 방법을 사용하기도 하지만, 이 두 가지 장부는 대부분의 관리항목이 유사하여 장부를 따로 관리하는 것보다는 하나의 통합장부에서 관리하도록 하는 방법이 더 수월할 수 있다. 따라서 여기서는 **매입매출장** 양식을 사용하여 관련 관리항목들을 함께 관리하는 방법을 사용하기로 한다.

### 가. 매입매출장 양식 설계

① 이전 단계에서 저장해 둔 '홍길동_Part2' 파일을 열고, '오류테이블' sheet 옆에 '새 시트'를 삽입하여 추가한다. 새 시트의 이름을 [이름바꾸기]를 통해 '매입매출장'으로 수정해 둔다.

② '매입매출장' sheet에서 B1 셀에 제목인 '매입매출장'을 입력한다. 그리고 A3:K3 셀 영역에 다음과 같이 머리글을 각각 입력한다.

| | A | B | C | D | E | F | G | H | I | J | K | L |
|---|---|---|---|---|---|---|---|---|---|---|---|---|
| 1 | | 매입매출장 | | | | | | | | | | |
| 2 | | | | | | | | | | | | |
| 3 | 날짜 | 거래번호 | 담당자 | 거래처 | 품목명 | 구분 | 금액 | 매입액 | 매출액 | 결제방법 | 계정과목 | |
| 4 | | | | | | | | | | | | |
| 5 | | | | | | | | | | | | |

③ A3:K28 셀 영역을 선택하고, [홈] 탭의 [글꼴]-[테두리]에서 '모든 테두리'로 선택한다. 이어서 [홈] 탭의 [맞춤]-[가운데 맞춤]을 클릭한다.

④ 장부이름 '매입매출장'을 가운데로 위치하도록 하기 위해, B1:J1 셀 영역을 선택하고 [홈] 탭의 [맞춤]-[병합하고 가운데 맞춤]을 선택한 후, 글꼴 크기를 '14'로 조정한다.

A열부터 K열까지 각 열을 하나씩 선택하고 '열 너비'를 각각 10, 8, 8, 10, 15, 8, 15, 15, 15, 10, 12로 조정한다.

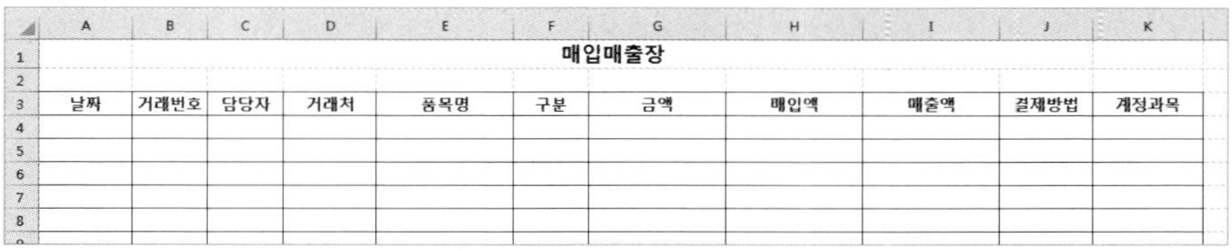


⑤ A28 셀에 '합계'를 입력하고, A28:B28을 선택하여 [홈] 탭의 [맞춤]-[병합하고 가운데 맞춤]을 클릭한다. H28 셀에 수식 '=SUM(H4:H27)'을 입력하고, H28 셀을 복사하여 I28 셀에 붙여넣기 한다.

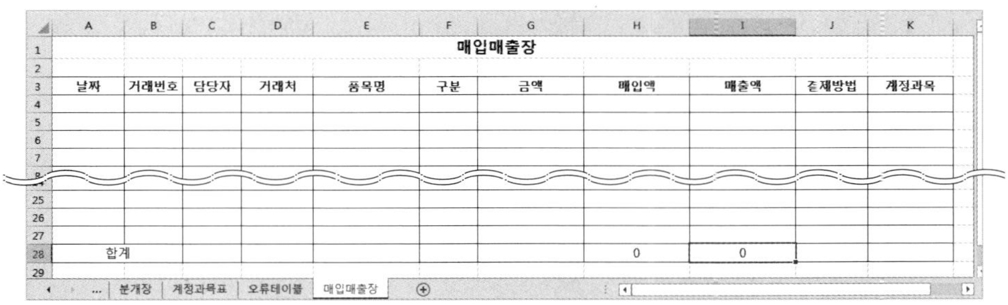


⑥ '날짜' 열에 입력형식을 지정하기 위해, A4:A27 셀 영역을 선택하고 오른쪽 마우스 [셀서식]-[표시형식]에서 [날짜]를 '2012/3/14' 형식으로 지정한다. 그리고 같은 셀 영역에 대해서 [데이터] 탭의 [데이터 도구]-[데이터 유효성 검사]를 선택하고 [데이터 유효성] 상자에서 [설정]의 [제한대상]을 '날짜'로 선택하고, [제한 방법]을 '해당범위', [시작날짜]를 '2017-01-01', [끝 날짜]를 '2017-12-31'로 입력한 후 [확인]을 누른다.

이는 날짜 필드를 '년/월/일' 형식으로 지정하되, 회계기간 내의 날짜만이 입력될 수 있도록 제한하고자 하는 것이다. 예컨대 A5 셀에 잘못된 숫자 '5555'를 입력하는 경우 다음과 같은 오류메시지가 표시된다.

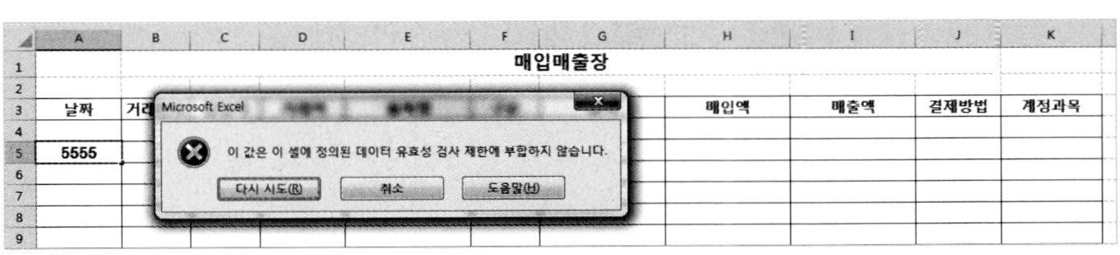

⑦ '거래번호' 필드에는 첫 거래(B4)의 경우에는 숫자로 입력하되, 이하의 거래에는 자동으로 번호가 부여되도록 하기 위해, B5 셀에 수식 '=IF(A5>0,B4+1,"")'을 입력한다. 그리고 B5에서 '자동채우기 핸들'로 B27까지 채워넣기 한다.

⑧ '매입매출장' sheet 옆에 '새 시트'를 삽입하여 추가하고, 새 시트의 이름을 [이름바꾸기]를 통해 **'항목관리'**로 수정해 둔다.

'항목관리' sheet에서 B2 셀로부터 이하에 담당자, 사원번호, 입사일, 거래처, 품목명, 결제방법 등의 다음 자료를 입력한다.

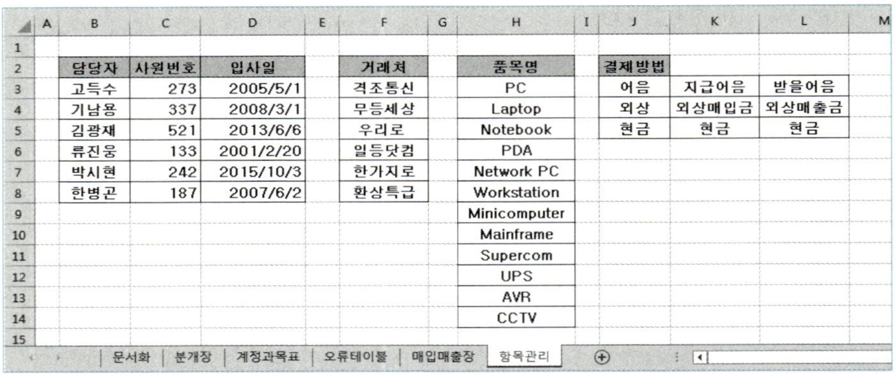

| 담당자 | 사원번호 | 입사일 | 거래처 | 품목명 | 결제방법 | | |
|---|---|---|---|---|---|---|---|
| 고득수 | 273 | 2005/5/1 | 격조통신 | PC | 어음 | 지급어음 | 받을어음 |
| 기남용 | 337 | 2008/3/1 | 무등세상 | Laptop | 외상 | 외상매입금 | 외상매출금 |
| 김광재 | 521 | 2013/6/6 | 우리로 | Notebook | 현금 | 현금 | 현금 |
| 류진웅 | 133 | 2001/2/20 | 일등닷컴 | PDA | | | |
| 박시현 | 242 | 2015/10/3 | 한가지로 | Network PC | | | |
| 한병곤 | 187 | 2007/6/2 | 환상특급 | Workstation | | | |
| | | | | Minicomputer | | | |
| | | | | Mainframe | | | |
| | | | | Supercom | | | |
| | | | | UPS | | | |
| | | | | AVR | | | |
| | | | | CCTV | | | |



⑨ B3:B8, C3:C8, D3:D8, F3:F8, H3:H14 셀 영역을 각각 선택하고 각각에 대하여 '담당자', '사원번호', '입사일', '거래처', '품목명' 등의 이름을 부여한다. 또 J2:L5 셀 영역에 대해서도 '결제방법' 이름을 부여한다(셀 영역에 이름을 부여하는 방법은 앞에서 두 가지 방법으로 설명한 바 있다).

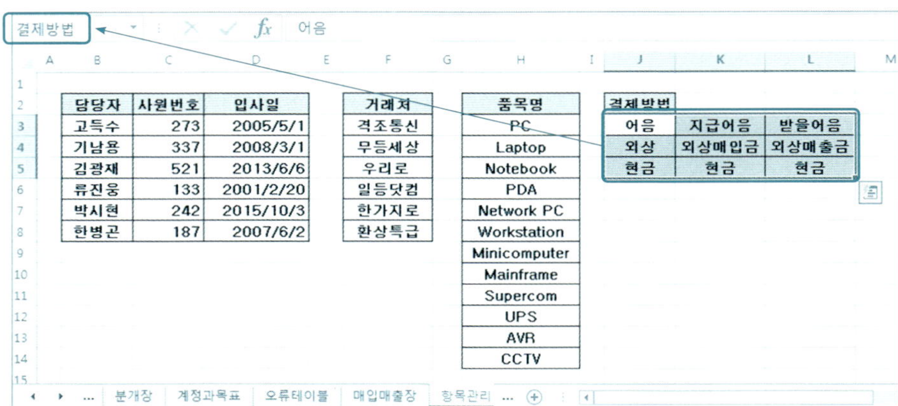



⑩ 이제 다시 '매입매출장' sheet로 돌아와서, C4:C27 셀 영역을 선택하고 [데이터] 탭의 [데이터 도구]-[데이터 유효성 검사]를 클릭한 후, [데이터 유효성] 상자의 [설정]에서 [제한대상]을 '목

록'으로 선택하고, [원본] 상자에 '=담당자'를 입력한다.

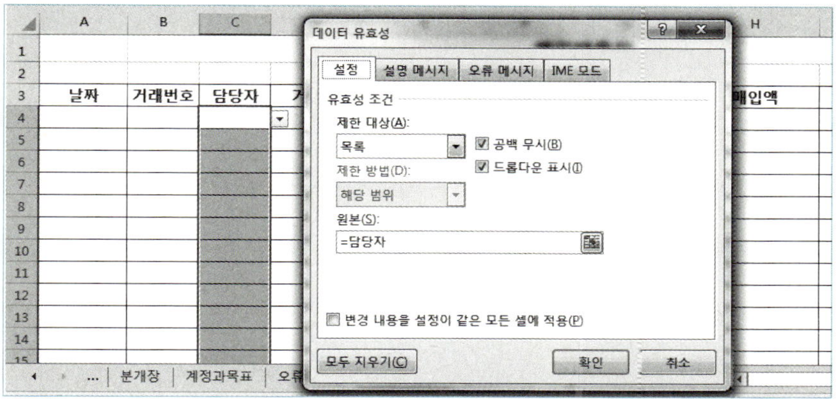

⑪ 같은 방법으로, D4:D27 셀 영역에서는 [원본] 상자에 '=거래처'로, 그리고 E4:E27 셀 영역에서는 [원본] 상자에 '=품목명'으로 각각 입력하여 [데이터 유효성 검사]를 완료한다. 또 F4:F27 셀 영역에서는 [원본] 상자에 '매입, 매출'을 직접 입력하고 [확인]을 누른다([원본] 상자에 '=거래처' 형식으로 입력된 것은 정의된 이름을 참조하라는 의미이며, '=' 없이 항목들을 쉼표(,) 구분에 따라 열거하는 경우에는 열거된 항목 중에서만 선택되도록 하는 것이다).

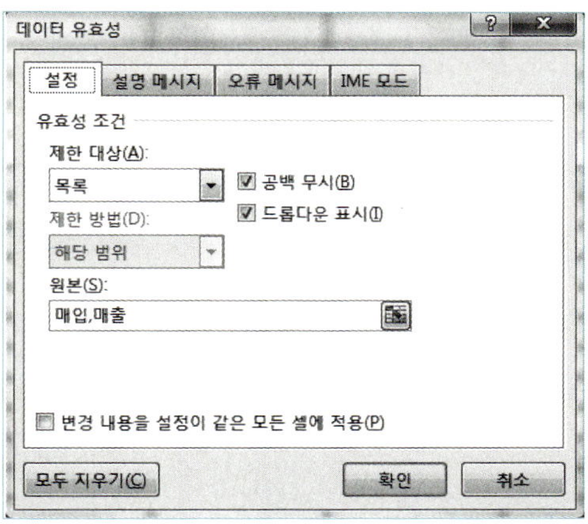

⑫ G열은 직접 입력하도록 할 것이므로 그대로 두고, H4 셀에 수식 '=IF(F4="","",IF(F4="매입",G4,""))'을 입력하고, I4 셀에 수식 '=IF(F4="","",IF(F4="매출",G4,""))'을 입력한다. 이제 H4:I4 셀 영역을 선택하여 '자동채우기 핸들'로 I27 셀까지 '끌기' 하여 H4:I27 영역에 해당 수식을 채워넣기 한다.

⑬ J4:J27 셀 영역을 선택한 후, [데이터] 탭의 [데이터 도구]-[데이터 유효성 검사]를 클릭하고, [데이터 유효성] 상자의 [설정]에서 [제한대상]을 '목록'으로 선택하고, [원본] 상자에 '현금,외상,어음'을 입력한 후 [확인]을 누른다.

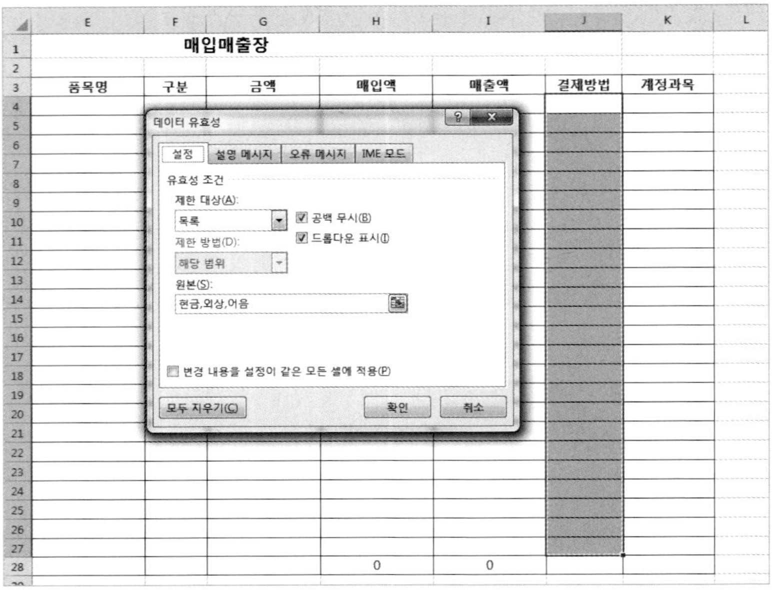


⑭ K4 셀을 선택하고 수식 '=IF(J4="","",IF(F4="매입",VLOOKUP(J4,결제방법,2),VLOOKUP(J4,결제방법,3)))'을 입력한 후, K4 셀에서 '자동채우기 핸들'로 K27 셀까지 끌어 채워넣기 한다.

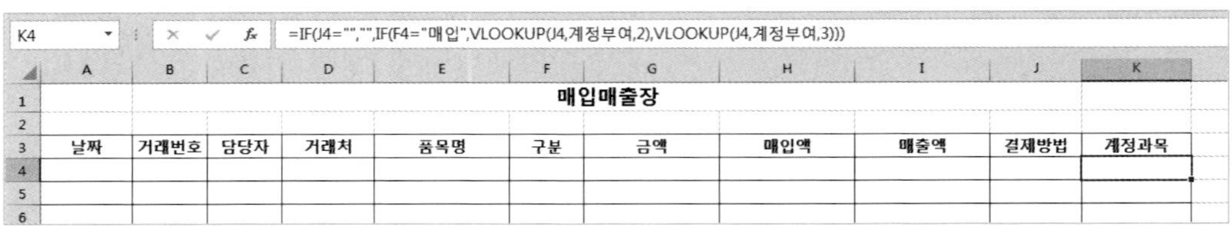


⑮ '분개장' sheet에서 수식으로 정의되어 자동으로 입력되어질 셀 영역(B5:B27, H4:I28, K4:K28)을 Ctrl키를 누르면서 함께 선택한 후, [홈] 탭의 [글꼴]-[테마 색]에서 '노랑'으로 선택하여 표시한다.

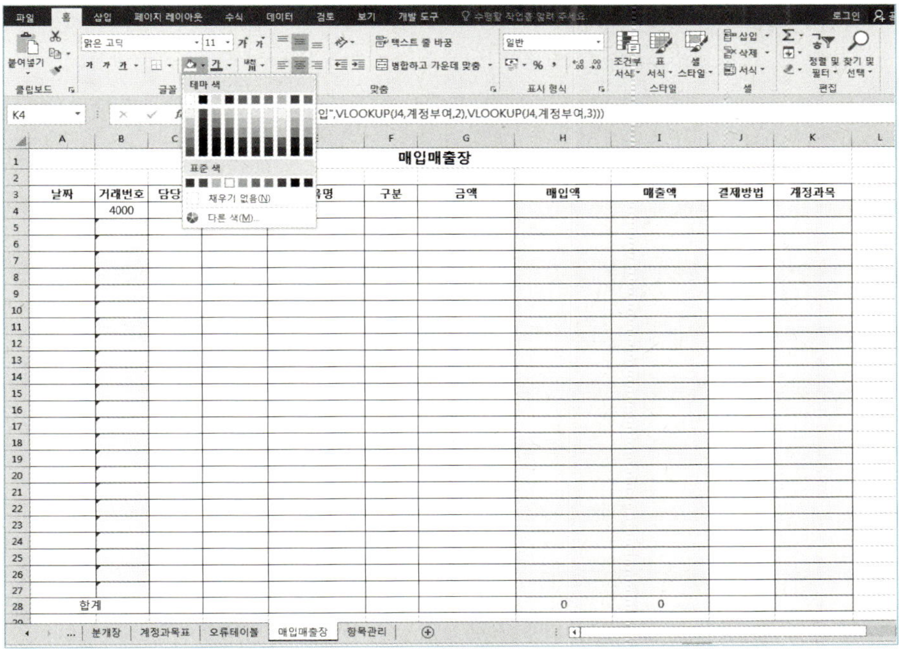

⑯ G열, H열, I열의 머릿부분을 선택하고, [홈] 탭의 [표시 형식]-[쉼표 스타일(,)]을 선택하여 금액을 천원 단위 구분기호 사용 형태로 지정한다.

⑰ 일단 매입매출장 기본양식이 마련되었으므로 '**셀 잠금**'과 '**시트 보호**' 기능을 수행하기로 한다. 시트 영역 전체를 선택(A1 셀 왼쪽 위 모서리부분)하고 오른쪽 마우스 [설 서식] 상자에서 [보호] 탭의 '잠금'이 선택표시되어 있는지 확인하고 선택을 해제한다(체크표시를 지운다).

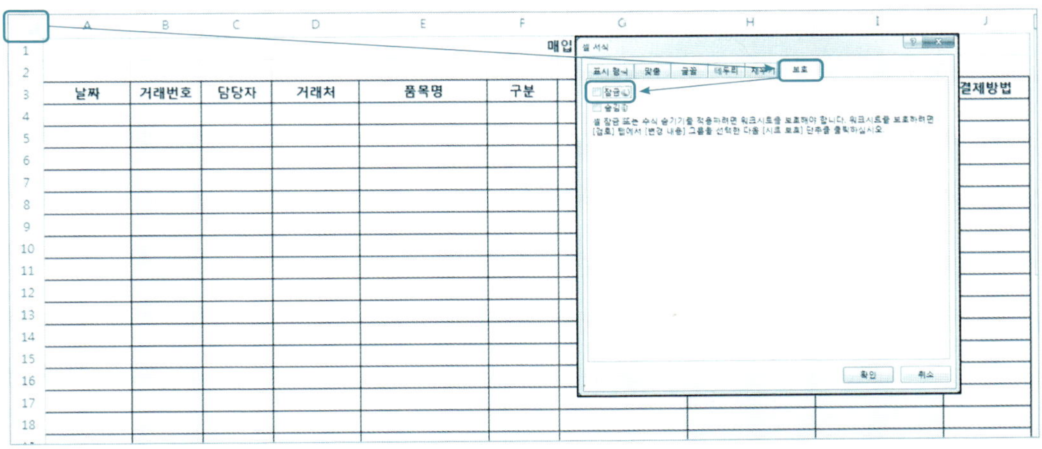

⑱ 다음으로 노란색 표시 영역(수식 입력 영역: B5:B27, H4:I28, K4:K28)을 Ctrl 키를 누르면서 함께 선택한 후, 오른쪽 마우스 [셀 서식] 상자에서 [보호] 탭의 **'잠금'**을 이번에는 선택하여 체크 표시한다. 그리고 [홈] 탭의 [셀]-[서식]에서 [**시트 보호**]를 선택한다. [시트 보호] 대화상자에서 '잠기지 않은 셀 선택'만을 선택하고 '암호'에 '0000'을 입력한 후, [암호 확인] 대화상자에서 다시 '암호'에 '0000'을 입력한다.

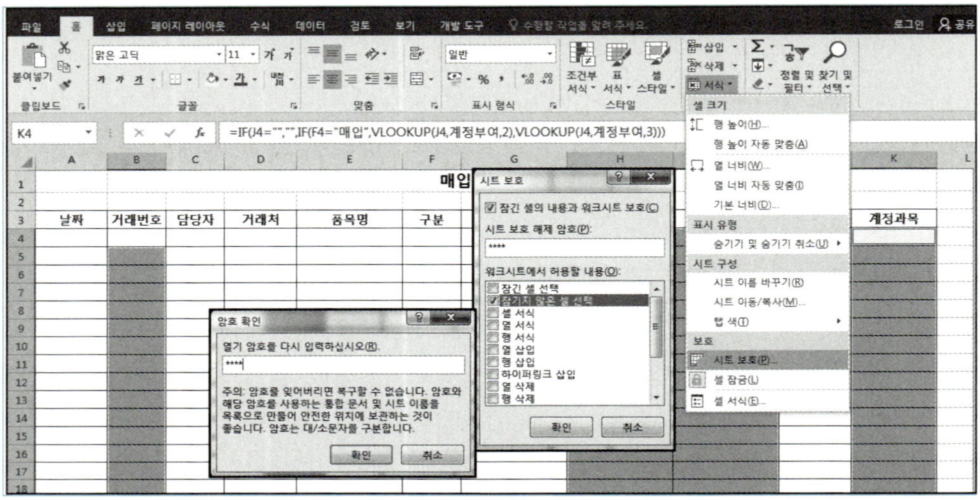


⑲ 이제 노란색 영역은 마우스로 선택할 수 없도록 [시트 보호]가 이루어졌다.

[시트 보호]가 이루어진 '매입매출장' sheet에 다음의 매입 및 매출 관련 거래들을 입력해 본다.

| 날짜 | 거래번호 | 담당자 | 거래처 | 품목명 | 구분 | 금액 | 결제방법 |
|---|---|---|---|---|---|---|---|
| 2017-6-3 | 4000 | 기남용 | 무등세상 | Notebook | 매입 | 24,000,000 | 현금 |
| 2017-6-5 | 4001 | 박시현 | 우리로 | Network PC | 매입 | 17,000,000 | 외상 |
| 2017-6-6 | 4002 | 고득수 | 환상특급 | Notebook | 매출 | 32,000,000 | 외상 |
| 2017-6-9 | 4003 | 김광재 | 격조통신 | Supercom | 매출 | 26,000,000 | 현금 |
| 2017-6-12 | 4004 | 박시현 | 우리로 | Workstation | 매입 | 15,000,000 | 어음 |
| 2017-6-14 | 4005 | 고득수 | 격조통신 | PC | 매출 | 52,000,000 | 현금 |
| 2017-6-17 | 4006 | 한병곤 | 무등세상 | AVR | 매입 | 8,000,000 | 현금 |
| 2017-6-19 | 4007 | 기남용 | 한가지로 | Network PC | 매출 | 22,000,000 | 외상 |
| 2017-6-22 | 4008 | 류진웅 | 일등닷컴 | Notebook | 매출 | 33,000,000 | 현금 |
| 2017-6-25 | 4009 | 한병곤 | 한가지로 | Workstation | 매출 | 26,000,000 | 현금 |

| | A | B | C | D | E | F | G | H | I | J | K |
|---|---|---|---|---|---|---|---|---|---|---|---|
| 1 | | | | | | 매입매출장 | | | | | |
| 2 | | | | | | | | | | | |
| 3 | 날짜 | 거래번호 | 담당자 | 거래처 | 품목명 | 구분 | 금액 | 매입액 | 매출액 | 결제방법 | 계정과목 |
| 4 | 2017/6/3 | 4000 | 기남용 | 무등세상 | Notebook | 매입 | 24,000,000 | 24,000,000 | | 현금 | 현금 |
| 5 | 2017/6/5 | 4001 | 박시현 | 우리로 | Network PC | 매입 | 17,000,000 | 17,000,000 | | 외상 | 외상매입금 |
| 6 | 2017/6/6 | 4002 | 고득수 | 환상특급 | Notebook | 매출 | 32,000,000 | | 32,000,000 | 외상 | 외상매출금 |
| 7 | 2017/6/9 | 4003 | 김광재 | 격조통신 | Supercom | 매출 | 26,000,000 | | 26,000,000 | 현금 | 현금 |
| 8 | 2017/6/12 | 4004 | 박시현 | 우리로 | Workstation | 매입 | 15,000,000 | 15,000,000 | | 어음 | 지급어음 |
| 9 | 2017/6/14 | 4005 | 고득수 | 격조통신 | PC | 매출 | 52,000,000 | | 52,000,000 | 현금 | 현금 |
| 10 | 2017/6/17 | 4006 | 한병곤 | 무등세상 | AVR | 매입 | 8,000,000 | 8,000,000 | | 현금 | 현금 |
| 11 | 2017/6/19 | 4007 | 기남용 | 한가지로 | Network PC | 매출 | 22,000,000 | | 22,000,000 | 외상 | 외상매출금 |
| 12 | 2017/6/22 | 4008 | 류진웅 | 일등닷컴 | Notebook | 매출 | 33,000,000 | | 33,000,000 | 현금 | 현금 |
| 13 | 2017/6/25 | 4009 | 한병곤 | 한가지로 | Workstation | 매출 | 26,000,000 | | 26,000,000 | 현금 | 현금 |
| 14 | | | | | | | | | | | |
| 15 | | | | | | | | | | | |
| 16 | | | | | | | | | | | |
| 17 | | | | | | | | | | | |
| 18 | | | | | | | | | | | |
| 19 | | | | | | | | | | | |
| 20 | | | | | | | | | | | |
| 21 | | | | | | | | | | | |
| 22 | | | | | | | | | | | |
| 23 | | | | | | | | | | | |
| 24 | | | | | | | | | | | |
| 25 | | | | | | | | | | | |
| 26 | | | | | | | | | | | |
| 27 | | | | | | | | | | | |
| 28 | 합계 | | | | | | | 64,000,000 | 191,000,000 | | |

⑳ 매입 및 매출 거래 입력에 '시트 보호' 기능이 적용되고 있음을 확인했으므로, 다시 [홈] 탭의 [셀]-[서식]에서 '시트 보호 해제'를 선택하고, 암호 '0000'을 입력하여 보호된 시트를 해제한다.

㉑ 그런데 매입매출장의 '계정과목'에 이전에 '계정과목표' sheet에서 기록되지 않았던 계정과목('받을어음'과 '지급어음')이 나타나고 있어, 이를 계정과목표에 새로 등록하는 절차를 수행해야 한다. 따라서 '계정과목표' sheet를 선택하고, 4행 머리글을 선택하여 오른쪽 마우스에서 [삽입]을 누른 후, 확보된 새로운 셀 A4에 '1150', 셀 B4에 '받을어음'을 각각 입력한다. 마찬가지로 16행에서 한 행을 삽입한 후, 새로 확보된 빈 셀 A16과 셀 B16에 각각 '2120', '지급어음'을 각각 입력하여 등록한다.

| | A | B | C |
|---|---|---|---|
| 1 | 1110 | 현금 | |
| 2 | 1120 | 당좌예금 | |
| 3 | 1140 | 외상매출금 | |
| 4 | **1150** | **받을어음** | |
| 5 | 1160 | 상품 | |
| 6 | 1170 | 원재료 | |
| 7 | 1180 | 소모품 | |
| 8 | 1220 | 장기대여금 | |
| 9 | 1320 | 비품 | |
| 10 | 1321 | 비품감가상각누계액 | |
| 11 | 1420 | 건물 | |
| 12 | 1421 | 건물감가상각누계액 | |
| 13 | 1520 | 컴퓨터설비 | |
| 14 | 1521 | 설비감가상각누계액 | |
| 15 | 2110 | 외상매입금 | |
| 16 | **2120** | **지급어음** | |
| 17 | 2140 | 단기차입금 | |
| 18 | 2170 | 미지급이자 | |
| 19 | 2310 | 사채 | |
| 20 | 2330 | 장기차입금 | |
| 21 | 3110 | 자본금 | |
| 22 | 3210 | 주식발행초과금 | |

문서화 | 분개장 | 계정과목표 | 오류테이블 | ...

㉒ 계정과목 2개가 늘어났으므로, 이전에 이름 정의 해두었던 '계정과목표2'와 '계정코드2'가 이를 새롭게 반영하고 있는지 확인해 보기 위해 [수식] 탭의 [정의된 이름]-[이름관리자]를 클릭하고, [이름 관리자] 대화상자에서 이름 '계정과목표2'와 '계정코드2'를 각각 선택하여 아래쪽에 표시되는 '참조 대상'에 변경된 영역이 제대로 표시되고 있는지 확인한다(36행까지로 자동 변경되어 있지 않은 경우 이를 수정한다).

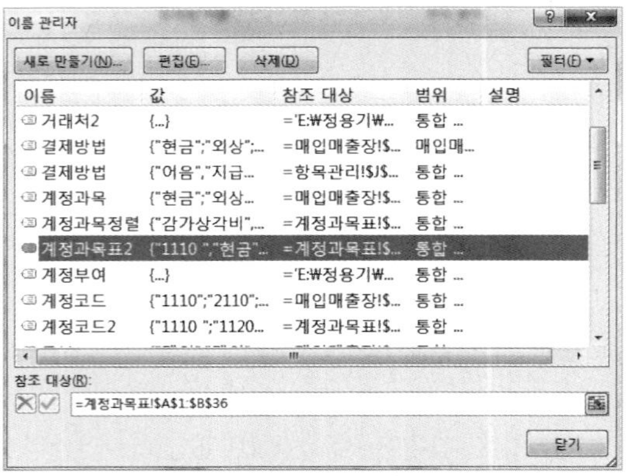


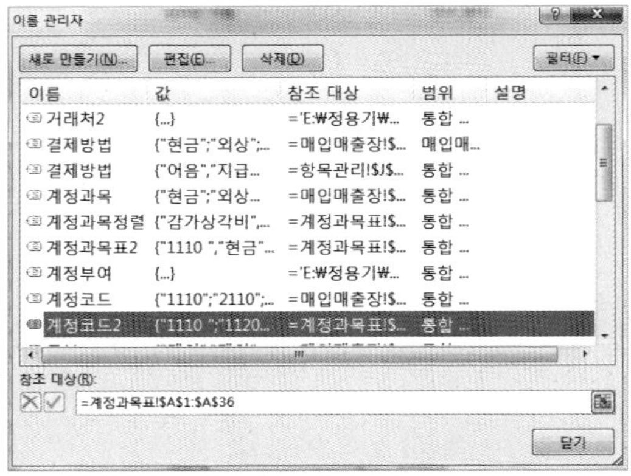


㉓ 이제 '계정과목표' sheet에 등록된 전체 셀(A1:B36)을 선택하여 '복사'하고 D1 셀에 '붙여넣기' 한다. D1:D36 셀 범위(계정코드 입력부분)를 선택하여 '잘라내기' 하고, F1 셀에 '붙여넣기' 한다. E열의 머리글을 선택하고 계정과목명이 모두 표시되도록 적당한 너비로 조정한다.

㉔ 새로 표시된 E1:F36 셀 영역을 선택한 후, [데이터] 탭에서 [정렬 및 필터]-[정렬]을 선택하고, [정렬] 대화상자에서 [정렬기준]으로 '열E'를, 그리고 [**정렬**]을 '오름차순'으로 선택하여 [확인]을 누른다(이는 앞으로 사용할 VLOOKUP 함수에서 표시된 계정과목을 참조하여 해당 계정코드를 찾는 작업에 필요하기 때문에 계정과목의 오름차순으로 정렬을 행한 것이다).

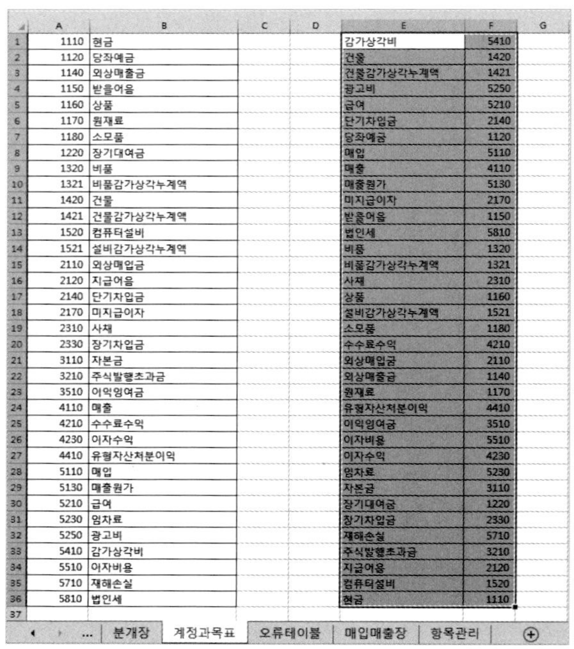

| | A | B | C | D | E | F | G |
|---|---|---|---|---|---|---|---|
| 1 | 1110 | 현금 | | | 감가상각비 | 5410 | |
| 2 | 1120 | 당좌예금 | | | 건물 | 1420 | |
| 3 | 1140 | 외상매출금 | | | 건물감가상각누계액 | 1421 | |
| 4 | 1150 | 받을어음 | | | 광고비 | 5250 | |
| 5 | 1160 | 상품 | | | 급여 | 5210 | |
| 6 | 1170 | 원재료 | | | 단기차입금 | 2140 | |
| 7 | 1180 | 소모품 | | | 당좌예금 | 1120 | |
| 8 | 1220 | 장기대여금 | | | 매입 | 5110 | |
| 9 | 1320 | 비품 | | | 매출 | 4110 | |
| 10 | 1321 | 비품감가상각누계액 | | | 매출원가 | 5130 | |
| 11 | 1420 | 건물 | | | 미지급이자 | 2170 | |
| 12 | 1421 | 건물감가상각누계액 | | | 받을어음 | 1150 | |
| 13 | 1520 | 컴퓨터설비 | | | 법인세 | 5810 | |
| 14 | 1521 | 설비감가상각누계액 | | | 비품 | 1320 | |
| 15 | 2110 | 외상매입금 | | | 비품감가상각누계액 | 1321 | |
| 16 | 2120 | 지급어음 | | | 사채 | 2310 | |
| 17 | 2140 | 단기차입금 | | | 상품 | 1160 | |
| 18 | 2170 | 미지급이자 | | | 설비감가상각누계액 | 1521 | |
| 19 | 2310 | 사채 | | | 소모품 | 1180 | |
| 20 | 2330 | 장기차입금 | | | 수수료수익 | 4210 | |
| 21 | 3110 | 자본금 | | | 외상매입금 | 2110 | |
| 22 | 3210 | 주식발행초과금 | | | 외상매출금 | 1140 | |
| 23 | 3510 | 이익잉여금 | | | 원재료 | 1170 | |
| 24 | 4110 | 매출 | | | 유형자산처분이익 | 4410 | |
| 25 | 4210 | 수수료수익 | | | 이익잉여금 | 3510 | |
| 26 | 4230 | 이자수익 | | | 이자비용 | 5510 | |
| 27 | 4410 | 유형자산처분이익 | | | 이자수익 | 4230 | |
| 28 | 5110 | 매입 | | | 임차료 | 5230 | |
| 29 | 5130 | 매출원가 | | | 자본금 | 3110 | |
| 30 | 5210 | 급여 | | | 장기대여금 | 1220 | |
| 31 | 5230 | 임차료 | | | 장기차입금 | 2330 | |
| 32 | 5250 | 광고비 | | | 재해손실 | 5710 | |
| 33 | 5410 | 감가상각비 | | | 주식발행초과금 | 3210 | |
| 34 | 5510 | 이자비용 | | | 지급어음 | 2120 | |
| 35 | 5710 | 재해손실 | | | 컴퓨터설비 | 1520 | |
| 36 | 5810 | 법인세 | | | 현금 | 1110 | |
| 37 | | | | | | | |

㉕ E1:F36 셀 영역이 선택된 상태에서 '이름상자'(A열 머리글 위쪽)에 **'계정과목정렬'**로 입력한 후 Enter 키를 누른다.

㉖ 이제 다시 '매입매출장' sheet로 돌아와, L3 셀에 '계정코드'를 입력하고, L4 셀에 수식 '=IF(K4="","",VLOOKUP(K4,계정과목정렬,2))'을 입력한 후, L4 셀에서 '자동채우기 핸들'로 L27 셀까지 끌기 하여 채워 넣는다.

㉗ 생성된 새 영역 L3:L28을 선택하고 '모든 테두리'로 표시한다. 그리고 L4:L28 영역을 선택하여 '채우기 색'–'노랑'으로 표시한 후, 오른쪽 마우스 [셀 서식]의 [보호] 탭에서 '잠금'에 체크하여 [확인]을 누른다.

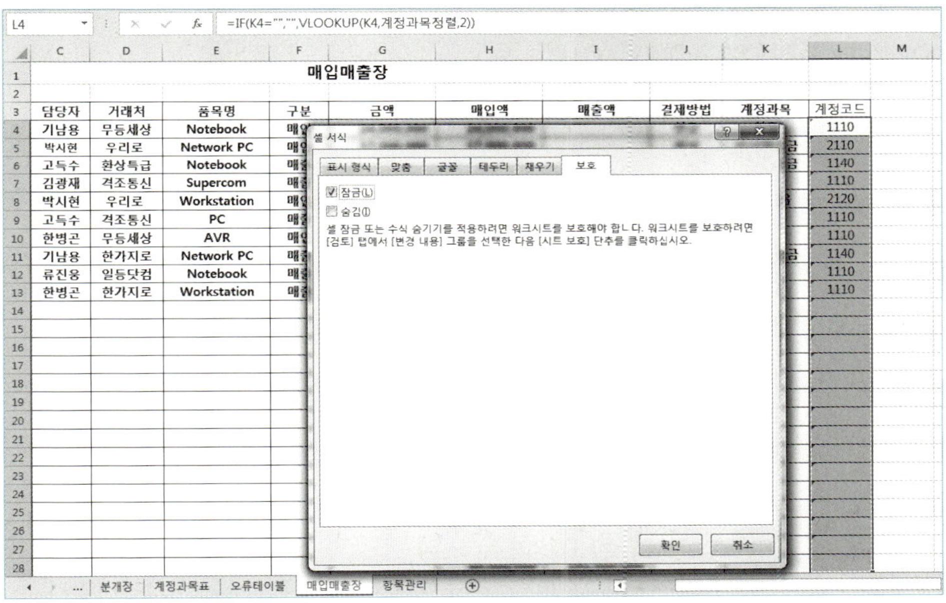


㉘ 매입매출장의 열 단위로 각각의 **이름**을 부여하기 위해서, 먼저 A3:L27 영역을 선택한다. [수식] 탭의 [정의된 이름]–[**선택영역에서 만들기**]를 클릭하고, [선택영역에서 이름 만들기] 대화상자에서 '첫 행'만이 체크되도록 하고 [확인]을 누른다.

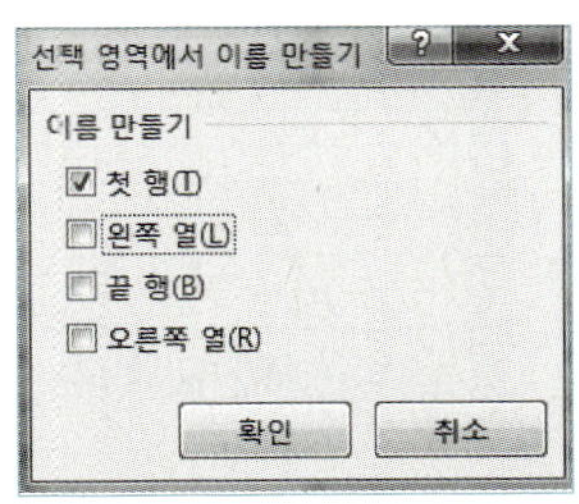


㉙ 열 단위로 각각 이름이 부여되어 있는지를 확인하기 위해서, [수식] 탭의 [정의된 이름]–[이름관리자]를 클릭한다. [이름관리자] 대화상자에는 다음과 같이 각 열의 머리글을 이름으로 부여한 결과를 표시하고 있음을 확인할 수 있다(이전에 이름이 부여된 것도 함께 표시되고 있다).

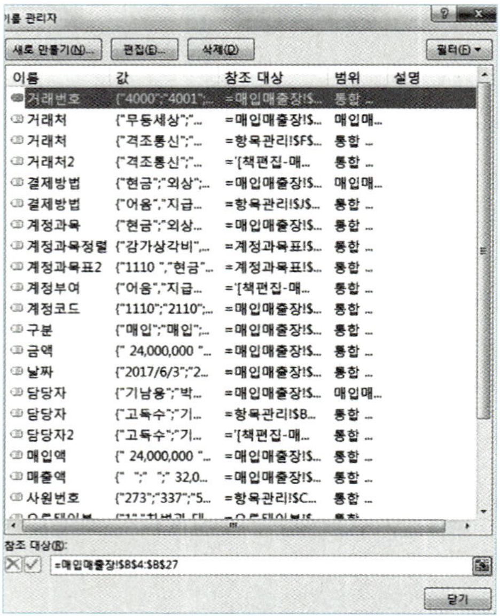


㉚ 이제 '매입매출장'은 다음과 같이 표시된다.

| | A | B | C | D | E | F | G | H | I | J | K | L |
|---|---|---|---|---|---|---|---|---|---|---|---|---|
| 1 | | | | | | 매입매출장 | | | | | | |
| 2 | | | | | | | | | | | | |
| 3 | 날짜 | 거래번호 | 담당자 | 거래처 | 품목명 | 구분 | 금액 | 매입액 | 매출액 | 결제방법 | 계정과목 | 계정코드 |
| 4 | 2017/6/3 | 4000 | 기남용 | 무등세상 | Notebook | 매입 | 24,000,000 | 24,000,000 | | 현금 | 현금 | 1110 |
| 5 | 2017/6/5 | 4001 | 박시현 | 우리로 | Network PC | 매입 | 17,000,000 | 17,000,000 | | 외상 | 외상매입금 | 2110 |
| 6 | 2017/6/6 | 4002 | 고득수 | 환상특급 | Notebook | 매출 | 32,000,000 | | 32,000,000 | 외상 | 외상매출금 | 1140 |
| 7 | 2017/6/9 | 4003 | 김광재 | 격조통신 | Supercom | 매출 | 26,000,000 | | 26,000,000 | 현금 | 현금 | 1110 |
| 8 | 2017/6/12 | 4004 | 박시현 | 우리로 | Workstation | 매입 | 15,000,000 | 15,000,000 | | 어음 | 지급어음 | 2120 |
| 9 | 2017/6/14 | 4005 | 고득수 | 격조통신 | PC | 매출 | 52,000,000 | | 52,000,000 | 현금 | 현금 | 1110 |
| 10 | 2017/6/17 | 4006 | 한병곤 | 무등세상 | AVR | 매입 | 8,000,000 | 8,000,000 | | 현금 | 현금 | 1110 |
| 11 | 2017/6/19 | 4007 | 기남용 | 한가지로 | Network PC | 매출 | 22,000,000 | | 22,000,000 | 외상 | 외상매출금 | 1140 |
| 12 | 2017/6/22 | 4008 | 류진웅 | 일등닷컴 | Notebook | 매출 | 33,000,000 | | 33,000,000 | 현금 | 현금 | 1110 |
| 13 | 2017/6/25 | 4009 | 한병곤 | 한가지로 | Workstation | 매출 | 26,000,000 | | 26,000,000 | 현금 | 현금 | 1110 |
| 14 | | | | | | | | | | | | |
| 15 | | | | | | | | | | | | |
| 16 | | | | | | | | | | | | |
| 17 | | | | | | | | | | | | |
| 18 | | | | | | | | | | | | |
| 19 | | | | | | | | | | | | |
| 20 | | | | | | | | | | | | |
| 21 | | | | | | | | | | | | |
| 22 | | | | | | | | | | | | |
| 23 | | | | | | | | | | | | |
| 24 | | | | | | | | | | | | |
| 25 | | | | | | | | | | | | |
| 26 | | | | | | | | | | | | |
| 27 | | | | | | | | | | | | |
| 28 | 합계 | | | | | | | 64,000,000 | 191,000,000 | | | |

... | 분개장 | 계정과목표 | 오류테이블 | 매입매출장 | 항목관리 |

## 나. 매입매출장 피벗테이블 worksheet 설계

① '매입매출장' sheet에서 분석을 수행하고자 하는 범위(A3:L27)를 선택한 후, [삽입] 탭의 [표]-[**피벗 테이블**]을 클릭한다.

② [피벗테이블 만들기] 대화상자에서 [표 또는 범위 선택]란에는 이미 선택한 범위가 표시되고 있다. 아래 [피벗테이블 보고서를 넣을 위치]를 '새 워크시트'로 선택하고 [확인]을 누른다.

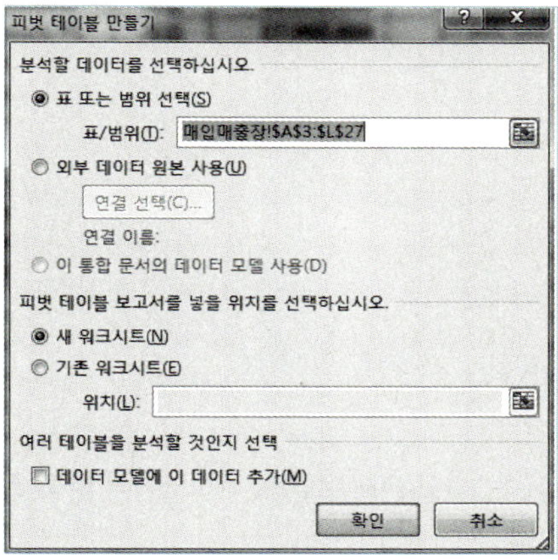


③ 새로 만들어진 피벗테이블 sheet의 오른쪽 [피벗 테이블 필드] 목록에서 '담당자' 필드를 선택하여 아래쪽 [필터] 상자 안으로 끌어 놓기 한다. 그리고 '구분' 필드는 [열] 상자로, '계정과목' 필드는 [행] 상자로, '금액' 필드는 [값] 상자로 각각 끌어 놓기 한다.

이제 피벗테이블 sheet는 다음과 같이 표시된다.

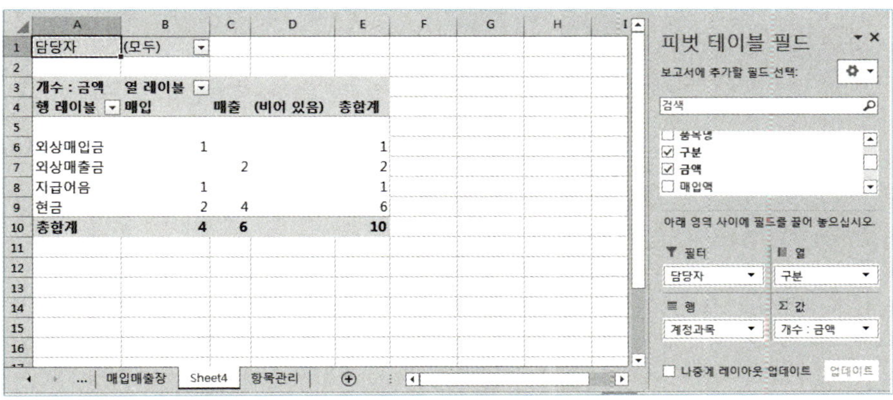


④ 새로 만들어진 피벗테이블 sheet의 이름 탭을 더블클릭하여 sheet 이름을 '**매입매출장 피벗테이블**'로 변경한다.

⑤ '매입매출장 피벗테이블' sheet의 A3 셀('개수:금액')을 클릭하고 오른쪽 마우스 [값 요약 기준]에서 '합계'를 선택한다.

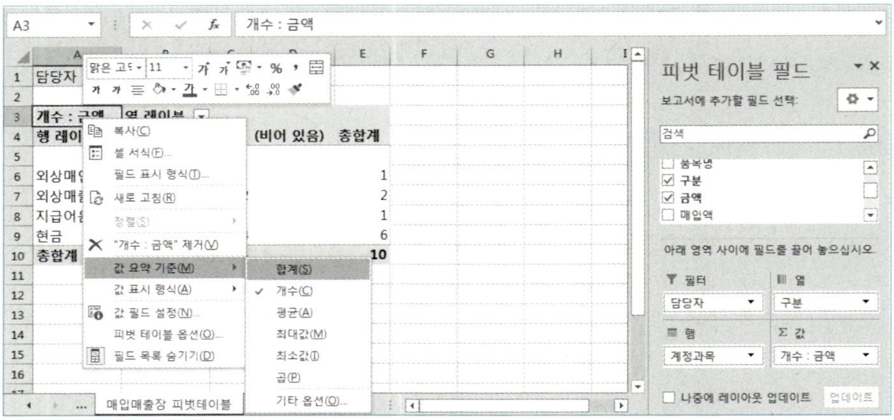


⑥ 이제 '개수'로 표시되었던 결과가 '합계금액'으로 표시된다. B열부터 E열의 머리글 부분을 함께 선택한 후 [홈] 탭의 [표시 형식]-[쉼표 스타일]을 클릭하여 천원 단위 구분표시로 변경하고, 각 열의 너비를 금액단위를 고려하여 적절한 너비로 조정한다.

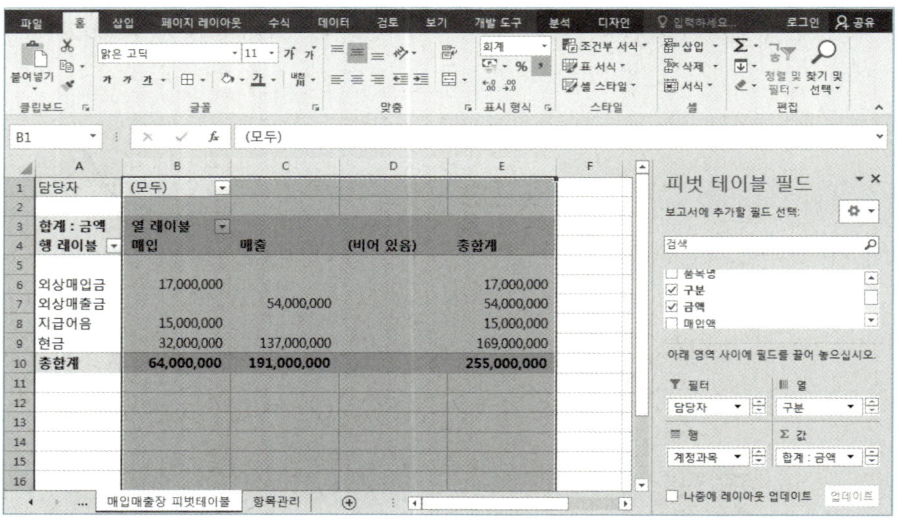


⑦ 생성된 피벗테이블에서 기간 중 총매입액(64,000,000)과 총매출액(191,000,000), 그리고 현금 증가액(137,000,000), 현금 감소액(32,000,000), 외상매출금 증가액(54,000,000), 외상매입금 증가액(17,000,000), 지급어음 증가액(15,000,000) 등의 정보를 확인할 수 있다.

## 2. 분개장에 일반거래 입력

'매입매출장'에는 기업의 주된 영업활동인 매입거래와 매출거래만을 입력하고 있다. 따라서 매입 및 매출 거래가 아닌 **일반거래**는 모두 **분개장**을 통해 입력하여야 한다. 앞서 분개장 설계과정에서 입력 예시로 사용하였던 거래사례들은 계정과목표를 확장하면서 계정과목코드 등이 변경되었으므로 아래의 새로운 일반거래 사례들을 준비된 분개장양식에 다시 입력해 보기로 한다.

① 먼저 '분개장' sheet를 선택하고 [홈] 탭의 [셀]-[서식]에서 '시트 보호'를 클릭한 후, [시트 보호] 대화상자에서 '잠기지 않은 셀 선택'이 선택되어 있는지 확인하고 '시트 보호 해제 암호'로 다시 '0000'을 입력한 후 [확인]을 누른다. 이어서 나타나는 [암호 확인] 대화상자에 다시 암호 '0000'을 입력한다(이미 [시트 보호]가 이루어져 있는 경우에는 이 절차를 생략한다).

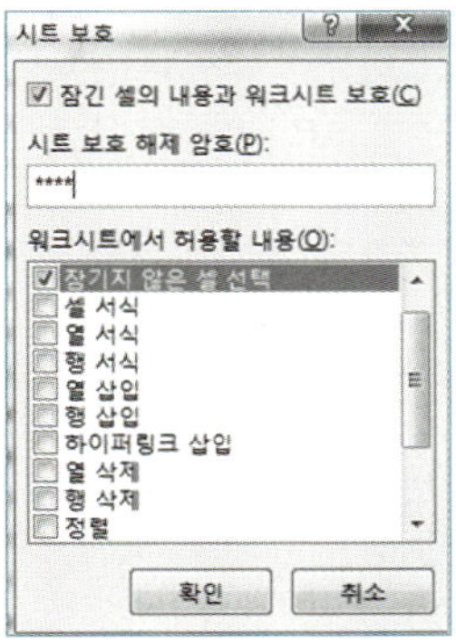


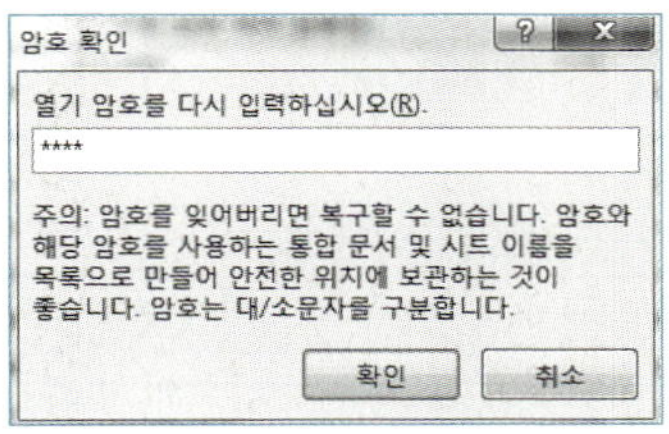


② 설계된 분개장 양식에 다음의 일반거래들을 날짜순으로 입력한다.

| 거래번호 | 거래 내역 |
|---|---|
| 1 | 2017/6/1 홍길동이 현금 ₩20,000,000과 건물 ₩80,000,000을 출자하고 보통주식 5,000주를 교부받았다. |
| 2 | 2017/6/2 청송산업은 사무실용 비품 ₩8,000,000을 구입하고 대금은 전액 현금으로 지불하였다. |
| 3 | 2017/6/5 박식한은 현금 ₩40,000,000과 공정시가 ₩25,000,000에 해당하는 컴퓨터설비를 출자하고, 보통주식 3,200주를 교부받았다. |
| 4 | 2017/6/7 사무실용 소모품을 구입하고 대금 ₩3,000,000을 현금으로 지불하였다(자산처리). |
| 5 | 2017/6/9 나라은행으로부터 단기운영자금 ₩40,000,000을 차입하고 이를 당좌계좌에 입금하도록 하였다. |
| 6 | 2017/6/11 사무실용 비품 ₩3,000,000을 구입하고 대금은 현금으로 지급하였다. |
| 7 | 2017/6/14 거래처 무등산과 상호협력 MOU를 체결한 후 ₩25,000,000을 장기대여하기로 하고 당좌수표로 지급하였다. |
| 8 | 2017/6/16 나날신문에 상품 및 업체 홍보광고를 싣고 광고비 ₩3,000,000을 당좌수표로 지급하였다. |
| 9 | 2017/6/19 거래처 알파고의 구매업무를 대행해주고 대행수수료로 ₩1,800,000을 현금으로 받았다. |
| 10 | 2017/6/21 나라은행으로부터 시설자금 명목으로 장기차입금 ₩20,000,000을 차입하고 당좌계좌에 입금하였다. |
| 11 | 2017/6/22 매장으로 임차하여 사용하고 있는 건물에 대한 임차료 ₩5,000,000을 현금으로 지급하였다. |
| 12 | 2017/6/24 청송산업은 나라은행 단기차입금에 대한 이자로 ₩2,000,000을 현금으로 지급하였다. |
| 13 | 2017/6/25 사원들에게 6월분 급여 ₩7,000,000을 당좌계좌에서 계좌이체하였다. |
| 14 | 2017/6/27 거래처 무등산으로부터 장기대여금에 대한 3개월분 이자 ₩1,500,000을 현금으로 받았다. |

③ 각 거래를 분개장에 입력할 때, **계정코드**는 '계정과목표' sheet에서 해당 계정과목명을 조회하고 그 계정코드를 확인한 후 분개장의 '계정코드'란에 해당 코드를 선택하여 입력한다.

각 거래의 분개장 입력 결과는 다음과 같다.

**분 개 장**

| 날짜 | 거래 | 계정코드 | 계정명 | 적요 | 차변 | 대변 |
|---|---|---|---|---|---|---|
| 2017/6/1 | 1 | 1110 | 현금 | 홍길동 현금 출자 (보통주 4,000주) | 80,000,000 | |
| 2017/6/1 | 1 | 3110 | 자본금 | 홍길동 현금 출자 (보통주 4,000주) | | 80,000,000 |
| 2017/6/2 | 2 | 1110 | 현금 | 홍길동 현금/현물 출자(보통주 3,400주) | 40,000,000 | |
| 2017/6/2 | 2 | 1520 | 컴퓨터설비 | 홍길동 현금/현물 출자(보통주 3,400주) | 20,000,000 | |
| 2017/6/2 | 2 | 3110 | 자본금 | 홍길동 현금/현물 출자(보통주 3,400주) | | 60,000,000 |
| 2017/6/5 | 3 | 1520 | 컴퓨터설비 | 컴퓨터설비 현금 구입 | 20,000,000 | |
| 2017/6/5 | 3 | 1110 | 현금 | 컴퓨터설비 현금 구입 | | 20,000,000 |
| 2017/6/7 | 4 | 1180 | 소모품 | 소모품 현금 구입 | 3,000,000 | |
| 2017/6/7 | 4 | 1110 | 현금 | 소모품 현금 구입 | | 3,000,000 |
| 2017/6/9 | 5 | 1120 | 당좌예금 | 나라은행에서 단기운영자금 차입 | 40,000,000 | |
| 2017/6/9 | 5 | 2140 | 단기차입금 | 나라은행에서 단기운영자금 차입 | | 40,000,000 |
| 2017/6/11 | 6 | 1320 | 비품 | 사무실용 비품 현금 구입 | 3,000,000 | |
| 2017/6/11 | 6 | 1110 | 현금 | 사무실용 비품 현금 구입 | | 3,000,000 |
| 2017/6/14 | 7 | 1220 | 장기대여금 | 무등산에 자금 장기대여 | 25,000,000 | |
| 2017/6/14 | 7 | 1120 | 당좌예금 | 무등산에 자금 장기대여 | | 25,000,000 |
| 2017/6/16 | 8 | 5250 | 광고비 | 나날신문 광고비 당좌수표 지급 | 3,000,000 | |
| 2017/6/16 | 8 | 1120 | 당좌예금 | 나날신문 광고비 당좌수표 지급 | | 3,000,000 |
| 2017/6/19 | 9 | 1110 | 현금 | 구매대행 수수료 현금 수령 | 1,800,000 | |
| 2017/6/19 | 9 | 4210 | 수수료수익 | 구매대행 수수료 현금 수령 | | 1,800,000 |
| 2017/6/21 | 10 | 1120 | 당좌예금 | 나라은행 장기차입금 당좌예입 | 20,000,000 | |
| 2017/6/21 | 10 | 2330 | 장기차입금 | 나라은행 장기차입금 당좌예입 | | 20,000,000 |
| 2017/6/22 | 11 | 5230 | 임차료 | 건물 임차료 현금 지급 | 5,000,000 | |
| 2017/6/22 | 11 | 1110 | 현금 | 건물 임차료 현금 지급 | | 5,000,000 |
| 2017/6/24 | 12 | 5510 | 이자비용 | 나라은행 단기차입금 이자 현금지급 | 2,000,000 | |
| 2017/6/24 | 12 | 1110 | 현금 | 나라은행 단기차입금 이자 현금지급 | | 2,000,000 |
| 2017/6/25 | 13 | 5210 | 급여 | 6월분 급여 계좌이체 | 7,000,000 | |
| 2017/6/25 | 13 | 1120 | 당좌예금 | 6월분 급여 계좌이체 | | 7,000,000 |
| 2017/6/27 | 14 | 1110 | 현금 | 무등산 장기대여금 이자 현금 수령 | 1,500,000 | |
| 2017/6/27 | 14 | 4230 | 이자수익 | 무등산 장기대여금 이자 현금 수령 | | 1,500,000 |

④ 분개장에 거래가 모두 기록되었으므로 Worksheet를 파일로 저장한다('홍길동_Part3').

## 3. 시산표(Trial Balance) 설계

**시산표** 작성은 결산작업을 수행하기 위한 기초자료를 생성하는 절차로, 흔히 총계정원장에 각 계정과목별로 전기되어 정리되고 있는 기중의 모든 거래내역을 계정과목별로 하나의 표에 요약하는 과정이다. 이 시산표 자료는 결산정리절차를 거쳐 재무상태표와 손익계산서 등 주요 재무제표를 작성하기 위한 기초자료로 활용된다.

따라서 대부분의 경우 시산표는 총계정원장을 요약하여 정리하는 방법으로 작성되지만, 여기서는 모든 거래자료가 **분개장**과 **매입매출장**에 EXCEL 시트 형태로 기록되고 있으므로 이들 분개장과 매입매출장을 수식을 통해 요약하여 시산표를 작성하는 방법을 사용한다. 즉, 분개장과 매입매출장의 거래기록을 총계정원장에 일일이 전기한 후 이를 요약하여 작성하는 대신에, 분개장과 매입매출장에서 직접 시산표를 작성하는 방법을 사용한다. 물론 제도상으로는 총계정원장이 주요장부인 것은 사실이지만, EXCEL 서식을 이용하는 경우 총계정원장에 전기하는 불필요한 절차를 생략할 수 있다는 점에서 새로운 시도라고 할 수 있다.

### 가. 시산표 양식 설계 및 작성

① '분개장' sheet를 선택하고, [시트 보호]가 되어 있는 경우에는 시트보호를 해제한다([홈] 탭에서 [셀]-[서식]-[시트 보호 해제] 선택, 시트보호해제 암호 '0000' 입력).

② 분개장 양식의 셀들에 **이름**을 부여하여 사용하기로 한다. 그런데 분개장 양식의 머리글 제목이 이미 부여된 다른 이름과 중복될 가능성이 있으므로, 먼저 머리글 제목에 '3'을 추가하여 각각 아래와 같이 변경해 둔다.

| 날짜 | 거래 | 계정코드 | 계정명 | 적요 | 차변 | 대변 |
|---|---|---|---|---|---|---|

⬇

| 날짜3 | 거래3 | 계정코드3 | 계정명3 | 적요3 | 차변3 | 대변3 |
|---|---|---|---|---|---|---|

③ 셀 범위 A3:G278을 선택하고 [수식] 탭의 [정의된 이름]-[선택영역에서 만들기]를 클릭한다. 이어서 [**선택 영역에서 이름 만들기**] 대화상자에서 '첫 행'만을 선택으로 표시하고 [확인]을 누른다.

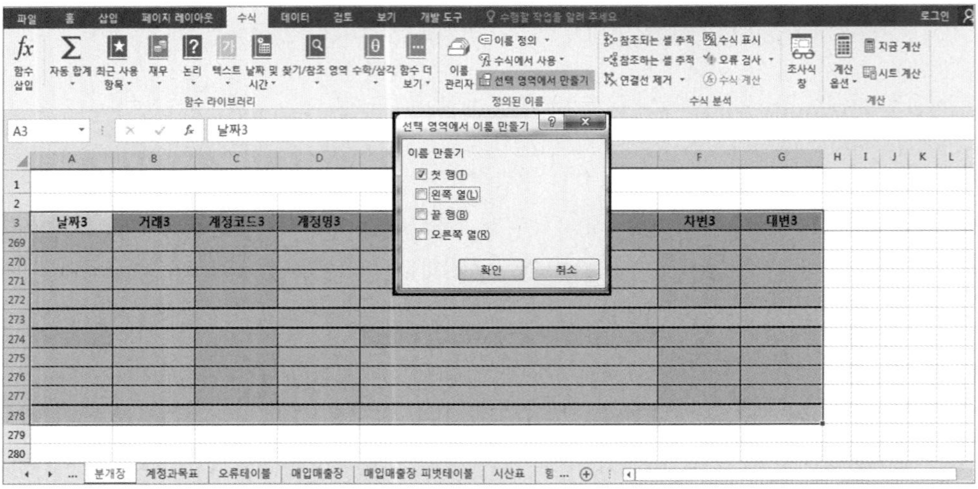


④ 지정한 대로 열 단위로 각각 이름이 부여되어 있는지를 확인하기 위해서, [수식] 탭의 [정의된 이름]-[이름관리자]를 클릭한다.

'이름관리자'는 다음과 같이 표시된다.

⑤ [이름관리자] 대화상자에서 날짜3, 거래3, 계정코드3, 계정명3, 적요3, 차변3, 대변3 등의 이름이 아래쪽 [참조 대상] 상자에서 각각 '분개장' sheet를 참조하도록 표시되어 있는지 확인해 본다. 확인 후 [이름관리자] 대화상자를 닫는다.

⑥ 분개장 각 열들에 중복되지 않은 이름을 부여해 두었으므로, 이제 각각의 머리글 제목에서 '3'을 제거하여 원래 상태로 되돌려 놓는다.

| 날짜3 | 거래3 | 계정코드3 | 계정명3 | 적요3 | 차변3 | 대변3 |
|---|---|---|---|---|---|---|

⬇

| 날짜 | 거래 | 계정코드 | 계정명 | 적요 | 차변 | 대변 |
|---|---|---|---|---|---|---|

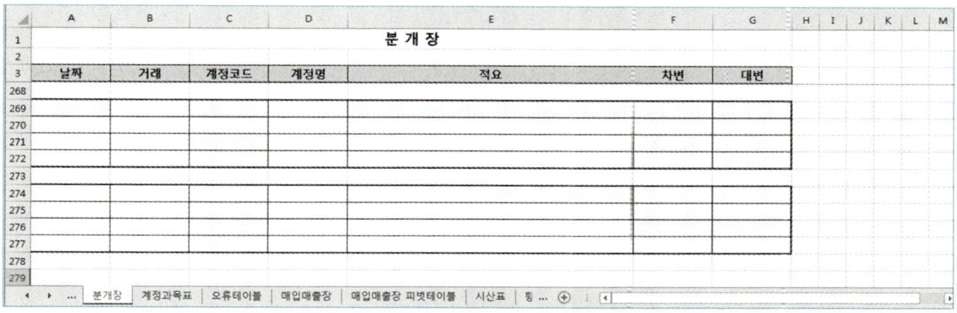


⑦ 이제 **시산표 양식**을 만들어 보자. 시산표는 '계정과목표' sheet를 복사하여 사용하기로 한다. 먼저 아래 sheet 이름 탭에서 '계정과목표' sheet를 선택하고, Ctrl 키를 누른 상태에서 마우스로 '매입매출장 피벗테이블' sheet 오른쪽으로 끌기 하여, 먼저 마우스를 놓은 후 Ctrl 키를 놓는다(또는 '계정과목표' sheet를 선택하고 시트 이름 위에서 오른쪽 마우스 [이동/복사]를 선택한 후 [이동/복사] 대화상자에서 '매입매출장 피벗테이블' 다음의 시트(항목관리)를 선택하고, 아래 '복사본 만들기'를 클릭한 후 [확인]을 눌러서 시트를 복제할 수도 있다).

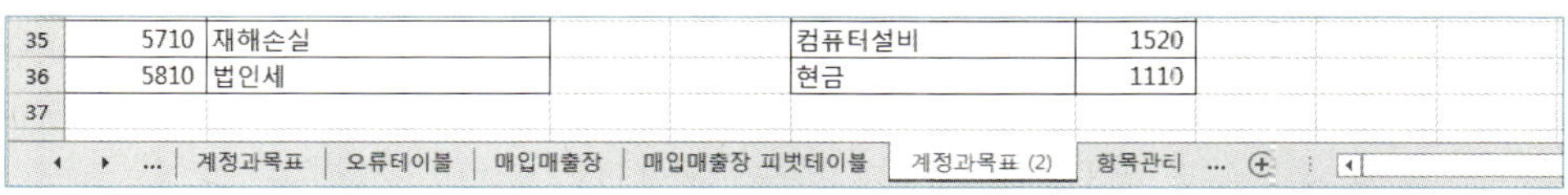


⑧ 복제된 '계정과목표 (2)' sheet의 탭을 더블클릭한 후 새 이름 '시산표'로 수정한다.

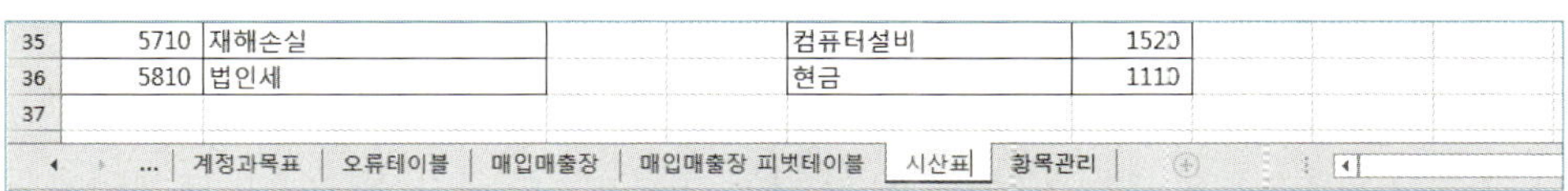


⑨ '시산표' sheet에서 불필요한 D열부터 G열의 자료는 삭제하고, 1행의 머리글을 선택하여 '현금' 계정과목 위쪽으로 4개의 행을 삽입한다.

⑩ A1 셀에 '청송산업'을 입력하고, B2 셀에 '시 산 표'를 입력한다. B2:D2 셀 범위를 선택하고 [홈] 탭에서 [맞춤]-[병합하고 가운데 맞춤]을 클릭한 후, 글꼴 크기를 '16', 글꼴 색을 '파랑'으로 지정한다.

⑪ B4, C4, D4 셀에 각각 머리글 '계정과목', '차변', '대변'을 입력한다. F4, G4, H4, J4, K4, L4 셀에는 각각 '분개장 차변합', '분개장 대변합', '분개장 잔액', '매매장 차변합', '매매장 대변합', '매매장 잔액'을 입력한다. 그리고 금액이 표시될 C열, D열, F열, G열, H열, J열, K열, L열의 열 너비를 각각 '15'로 조정한다.

| | A | B | C | D | E | F | G | H | I | J | K | L |
|---|---|---|---|---|---|---|---|---|---|---|---|---|
| 1 | 청송산업 | | | | | | | | | | | |
| 2 | | 시 산 표 | | | | | | | | | | |
| 3 | | | | | | | | | | | | |
| 4 | | 계정과목 | 차변 | 대변 | | 분개장 차변합 | 분개장 대변합 | 분개장 잔액 | | 매매장 차변합 | 매매장 대변합 | 매매장 잔액 |
| 5 | 1110 | 현금 | | | | | | | | | | |
| 6 | 1120 | 당좌예금 | | | | | | | | | | |
| 7 | 1140 | 외상매출금 | | | | | | | | | | |
| 8 | 1150 | 받을어음 | | | | | | | | | | |
| 9 | 1160 | 상품 | | | | | | | | | | |
| 10 | 1170 | 원재료 | | | | | | | | | | |

⑫ B42 셀(마지막 계정과목 다음 다음 셀)에 '[합 계]'를 입력한다.

⑬ 분개장에 입력된 거래자료에서 현금계정의 증가와 관련된 모든 금액을 합계(현금계정 차변합계)하여 표시하기 위해 F5 셀에 수식 '=SUMIF(계정코드3,A5,차변3)'을 입력한다. 마찬가지로 분개장에 입력된 거래자료에서 현금계정의 감소와 관련된 모든 금액을 합계(현금계정 대변합계)하여 표시하기 위해 G5 셀에 수식 '=SUMIF(계정코드3,A5,대변3)'을 입력한다. H5 셀에는 분개장에서의 현금계정 대차잔액을 표시하기 위해 수식 '=F5－G5'을 입력한다.

참고

### SUMIF 함수 사용법

**SUMIF 함수**는 주어진 조건하에서 셀 범위 내의 모든 숫자를 더한다.

〈구문〉: SUMIF(범위, 조건, 합계범위)

- 범위(Range): 조건을 적용하고자 하는 셀 범위
- 조건(Criteria): 더할 셀의 조건을 지정하는 수, 식 또는 텍스트
- 합계범위(Sum_range): 합을 구할 실제 셀들

⑭ 또한 매입매출장에 입력된 매입/매출 거래자료에서 현금계정의 증가(현금 매출)와 관련된 모든 금액을 합계하여 표시하기 위해 J5 셀에 수식 '=SUMIF(계정코드,A5,매출액)'을 입력한다. 마찬가지로 매입매출장에 입력된 거래자료에서 현금계정의 감소(현금 매입)와 관련된 모든 금액을 합계하여 표시하기 위해 K5 셀에 수식 '=SUMIF(계정코드,A5,매입액)'을 입력한다. L5 셀에는 매입매출장에서 발생한 현금계정 대차잔액을 표시하기 위해 수식 '=J5－K5'를 입력한다.

L5 =J5-K5

| | A | B | C | D | E | F | G | H | I | J | K | L |
|---|---|---|---|---|---|---|---|---|---|---|---|---|
| 1 | 청송산업 | | | | | | | | | | | |
| 2 | | 시 산 표 | | | | | | | | | | |
| 3 | | | | | | | | | | | | |
| 4 | | 계정과목 | 차변 | 대변 | | 분개장 차변합 | 분개장 대변합 | 분개장 잔액 | | 매매장 차변합 | 매매장 대변합 | 매매장 잔액 |
| 5 | 1110 | 현금 | | | | 63,300,000 | 21,000,000 | 42,300,000 | | 137,000,000 | 32,000,000 | 105,000,000 |
| 6 | 1120 | 당좌예금 | | | | | | | | | | |
| 7 | 1140 | 외상매출금 | | | | | | | | | | |
| 8 | 1150 | 받을어음 | | | | | | | | | | |
| 9 | 1160 | 상품 | | | | | | | | | | |

⑮ 이제 수식이 입력된 F5:L5 셀 영역을 선택하고, '자동채우기 핸들'을 이용하여 L40 셀까지 끌어 채워넣기 한다.

⑯ 또한 시산표에 매입매출장에서의 매출액합계와 매입액합계를 반영하기 위해, K28 셀에 수식 '=매입매출장!I28'을 입력하고, J32 셀에 수식 '=매입매출장!H28'을 각각 입력한다.

| | A | B | C | D | E | F | G | H | I | J | K | L |
|---|---|---|---|---|---|---|---|---|---|---|---|---|
| 1 | 청송산업 | | | | | | | | | | | |
| 2 | | 시 산 표 | | | | | | | | | | |
| 3 | | | | | | | | | | | | |
| 4 | | 계정과목 | 차변 | 대변 | | 분개장 차변합 | 분개장 대변합 | 분개장 잔액 | | 매매장 차변합 | 매매장 대변합 | 매매장 잔액 |
| 5 | 1110 | 현금 | | | | 63,300,000 | 21,000,000 | 42,300,000 | | 137,000,000 | 32,000,000 | 105,000,000 |
| 6 | 1120 | 당좌예금 | | | | 60,000,000 | 35,000,000 | 25,000,000 | | - | - | - |
| 7 | 1140 | 외상매출금 | | | | - | - | - | | 54,000,000 | - | 54,000,000 |
| 8 | 1150 | 받을어음 | | | | - | - | - | | - | - | - |
| 9 | 1160 | 상품 | | | | - | - | - | | - | - | - |
| 10 | 1170 | 원재료 | | | | - | - | - | | - | - | - |
| 11 | 1180 | 소모품 | | | | 3,000,000 | - | 3,000,000 | | - | - | - |
| 12 | 1220 | 장기대여금 | | | | 25,000,000 | - | 25,000,000 | | - | - | - |
| 13 | 1320 | 비품 | | | | 11,000,000 | - | 11,000,000 | | - | - | - |
| 14 | 1321 | 비품감가상각누계액 | | | | - | - | - | | - | - | - |
| 15 | 1420 | 건물 | | | | 80,000,000 | - | 80,000,000 | | - | - | - |
| 16 | 1421 | 건물감가상각누계액 | | | | - | - | - | | - | - | - |
| 17 | 1520 | 컴퓨터설비 | | | | 25,000,000 | - | 25,000,000 | | - | - | - |
| 18 | 1521 | 설비감가상각누계액 | | | | - | - | - | | - | - | - |
| 19 | 2110 | 외상매입금 | | | | - | - | - | | - | 17,000,000 | - 17,000,000 |
| 20 | 2120 | 지급어음 | | | | - | - | - | | - | 15,000,000 | - 15,000,000 |
| 21 | 2140 | 단기차입금 | | | | - | 40,000,000 | - 40,000,000 | | - | - | - |
| 22 | 2170 | 미지급이자 | | | | - | - | - | | - | - | - |
| 23 | 2310 | 사채 | | | | - | - | - | | - | - | - |
| 24 | 2330 | 장기차입금 | | | | - | 20,000,000 | - 20,000,000 | | - | - | - |
| 25 | 3110 | 자본금 | | | | - | 165,000,000 | - 165,000,000 | | - | - | - |
| 26 | 3210 | 주식발행초과금 | | | | - | - | - | | - | - | - |
| 27 | 3510 | 이익잉여금 | | | | - | - | - | | - | - | - |
| 28 | 4110 | 매출 | | | | - | - | - | | - | 191,000,000 | - 191,000,000 |
| 29 | 4210 | 수수료수익 | | | | - | 1,800,000 | - 1,800,000 | | - | - | - |
| 30 | 4230 | 이자수익 | | | | - | 1,500,000 | - 1,500,000 | | - | - | - |
| 31 | 4410 | 유형자산처분이익 | | | | - | - | - | | - | - | - |
| 32 | 5110 | 매입 | | | | - | - | - | | 64,000,000 | - | 64,000,000 |
| 33 | 5130 | 매출원가 | | | | - | - | - | | - | - | - |
| 34 | 5210 | 급여 | | | | 7,000,000 | - | 7,000,000 | | - | - | - |
| 35 | 5230 | 임차료 | | | | 5,000,000 | - | 5,000,000 | | - | - | - |
| 36 | 5250 | 광고비 | | | | 3,000,000 | - | 3,000,000 | | - | - | - |
| 37 | 5410 | 감가상각비 | | | | - | - | - | | - | - | - |
| 38 | 5510 | 이자비용 | | | | 2,000,000 | - | 2,000,000 | | - | - | - |
| 39 | 5710 | 재해손실 | | | | - | - | - | | - | - | - |
| 40 | 5810 | 법인세 | | | | - | - | - | | - | - | - |
| 41 | | | | | | | | | | | | |
| 42 | | [ 합 계 ] | | | | | | | | | | |

⑰ '분개장 잔액'과 '매매장 잔액'에서의 수치가 양(+)의 값인 경우에는 차변잔액을 의미하며, 음(-)의 값인 경우에는 대변잔액을 의미한다.

따라서 C5 셀에 수식 '=IF((H5+L5)>0,H5+L5,"")'을 입력하고, D5 셀에는 수식 '=IF((H5+L5)<0,-(H5+L5),"")'을 각각 입력한다.

그리고 C5:D5 셀 범위를 선택하고 '자동채우기 핸들'을 이용하여 D40 셀까지 끌어 채워넣기 한다.

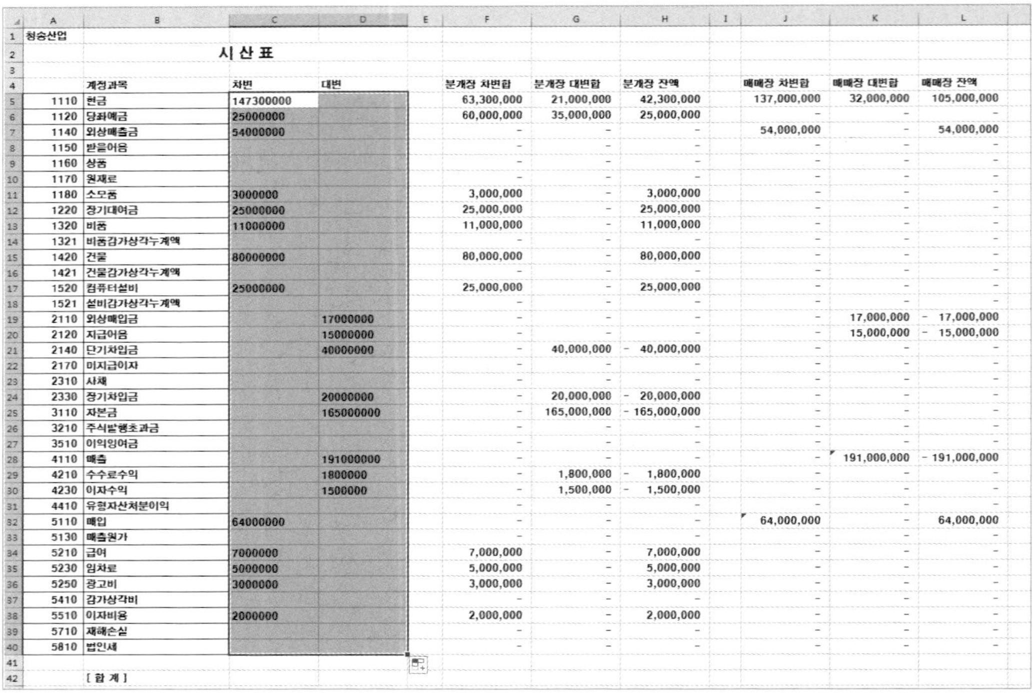

| | A | B | C | D | E | F | G | H | I | J | K | L |
|---|---|---|---|---|---|---|---|---|---|---|---|---|
| 1 | 청송산업 | | | | | | | | | | | |
| 2 | | | 시 산 표 | | | | | | | | | |
| 3 | | | | | | | | | | | | |
| 4 | | 계정과목 | 차변 | 대변 | | 분개장 차변합 | 분개장 대변합 | 분개장 잔액 | | 매매장 차변합 | 매매장 대변합 | 매매장 잔액 |
| 5 | 1110 | 현금 | 147300000 | | | 63,300,000 | 21,000,000 | 42,300,000 | | 137,000,000 | 32,000,000 | 105,000,000 |
| 6 | 1120 | 당좌예금 | 25000000 | | | 60,000,000 | 35,000,000 | 25,000,000 | | - | - | - |
| 7 | 1140 | 외상매출금 | 54000000 | | | - | - | - | | 54,000,000 | - | 54,000,000 |
| 8 | 1150 | 받을어음 | | | | - | - | - | | - | - | - |
| 9 | 1160 | 상품 | | | | - | - | - | | - | - | - |
| 10 | 1170 | 원재료 | | | | - | - | - | | - | - | - |
| 11 | 1180 | 소모품 | 3000000 | | | 3,000,000 | - | 3,000,000 | | - | - | - |
| 12 | 1220 | 장기대여금 | 25000000 | | | 25,000,000 | - | 25,000,000 | | - | - | - |
| 13 | 1320 | 비품 | 11000000 | | | 11,000,000 | - | 11,000,000 | | - | - | - |
| 14 | 1321 | 비품감가상각누계액 | | | | - | - | - | | - | - | - |
| 15 | 1420 | 건물 | 80000000 | | | 80,000,000 | - | 80,000,000 | | - | - | - |
| 16 | 1421 | 건물감가상각누계액 | | | | - | - | - | | - | - | - |
| 17 | 1520 | 컴퓨터설비 | 25000000 | | | 25,000,000 | - | 25,000,000 | | - | - | - |
| 18 | 1521 | 설비감가상각누계액 | | | | - | - | - | | - | - | - |
| 19 | 2110 | 외상매입금 | | 17000000 | | - | - | - | | - | 17,000,000 | - 17,000,000 |
| 20 | 2120 | 지급어음 | | 15000000 | | - | - | - | | - | 15,000,000 | - 15,000,000 |
| 21 | 2140 | 단기차입금 | | 40000000 | | - | 40,000,000 | - 40,000,000 | | - | - | - |
| 22 | 2170 | 미지급이자 | | | | - | - | - | | - | - | - |
| 23 | 2310 | 사채 | | | | - | - | - | | - | - | - |
| 24 | 2330 | 장기차입금 | | 20000000 | | - | 20,000,000 | - 20,000,000 | | - | - | - |
| 25 | 3110 | 자본금 | | 165000000 | | - | 165,000,000 | - 165,000,000 | | - | - | - |
| 26 | 3210 | 주식발행초과금 | | | | - | - | - | | - | - | - |
| 27 | 3510 | 이익잉여금 | | | | - | - | - | | - | - | - |
| 28 | 4110 | 매출 | | 191000000 | | - | - | - | | - | 191,000,000 | - 191,000,000 |
| 29 | 4210 | 수수료수익 | | 1800000 | | - | 1,800,000 | - 1,800,000 | | - | - | - |
| 30 | 4230 | 이자수익 | | 1500000 | | - | 1,500,000 | - 1,500,000 | | - | - | - |
| 31 | 4410 | 유형자산처분이익 | | | | - | - | - | | - | - | - |
| 32 | 5110 | 매입 | 64000000 | | | - | - | - | | 64,000,000 | - | 64,000,000 |
| 33 | 5130 | 매출원가 | | | | - | - | - | | - | - | - |
| 34 | 5210 | 급여 | 7000000 | | | 7,000,000 | - | 7,000,000 | | - | - | - |
| 35 | 5230 | 임차료 | 5000000 | | | 5,000,000 | - | 5,000,000 | | - | - | - |
| 36 | 5250 | 광고비 | 3000000 | | | 3,000,000 | - | 3,000,000 | | - | - | - |
| 37 | 5410 | 감가상각비 | | | | - | - | - | | - | - | - |
| 38 | 5510 | 이자비용 | 2000000 | | | 2,000,000 | - | 2,000,000 | | - | - | - |
| 39 | 5710 | 재해손실 | | | | - | - | - | | - | - | - |
| 40 | 5810 | 법인세 | | | | - | - | - | | - | - | - |
| 41 | | | | | | | | | | | | |
| 42 | | [ 합 계 ] | | | | | | | | | | |

⑱ 시산표의 **차변합계**를 구하기 위해 C42 셀에 수식 '=SUM(C5:C40)'을 입력한다. 그리고 C42 셀을 복사하여 D42, F42:H42, J42:L42 셀 영역에 각각 붙여넣기 한다.

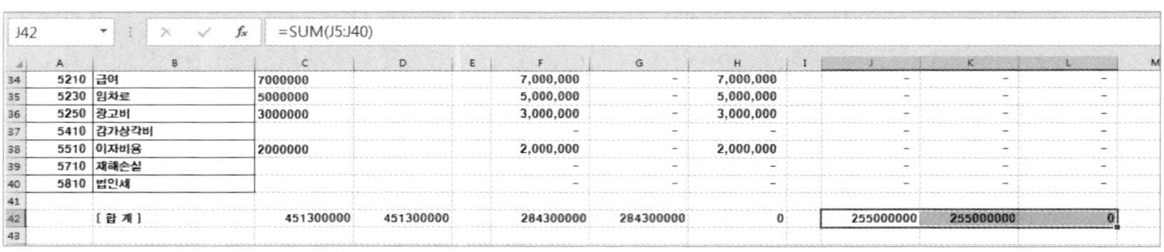

J42 =SUM(J5:J40)

| | A | B | C | D | E | F | G | H | I | J | K | L |
|---|---|---|---|---|---|---|---|---|---|---|---|---|
| 34 | 5210 | 급여 | 7000000 | | | 7,000,000 | - | 7,000,000 | | - | - | - |
| 35 | 5230 | 임차료 | 5000000 | | | 5,000,000 | - | 5,000,000 | | - | - | - |
| 36 | 5250 | 광고비 | 3000000 | | | 3,000,000 | - | 3,000,000 | | - | - | - |
| 37 | 5410 | 감가상각비 | | | | - | - | - | | - | - | - |
| 38 | 5510 | 이자비용 | 2000000 | | | 2,000,000 | - | 2,000,000 | | - | - | - |
| 39 | 5710 | 재해손실 | | | | - | - | - | | - | - | - |
| 40 | 5810 | 법인세 | | | | - | - | - | | - | - | - |
| 41 | | | | | | | | | | | | |
| 42 | | [ 합 계 ] | 451300000 | 451300000 | | 284300000 | 284300000 | 0 | | 255000000 | 255000000 | 0 |
| 43 | | | | | | | | | | | | |

⑲ 합계로 표시된 부분(42행)에서 차변합계와 대변합계가 서로 일치하는지를 확인한다(이는 시산표의 대차평형의 원리를 의미하는 것으로, 만일 대차합계가 서로 일치하지 않으면 계산과정의 어디에선가 오류가 있다는 것을 뜻한다). 화면에 표시되는 수치만으로는 일치여부를 정확히 파악하기 어려우므로 수식에 의해 오류메시지가 표시되도록 D43 셀에 수식 '**=IF(C42=D42,"","대차가 맞지 않음")**'을 입력해 둔다. 분개장의 대차합계 일치여부와 매매장의 대차합계 일치여부는 각각 H42 셀과 L42 셀이 대차잔액을 표시하고 있으므로 이들 셀이 '0' 값을 표시하고 있으면 차변합계와 대변합계가 서로 일치하고 있음을 의미한다.

⑳ 이제 작성하고자 하는 시산표의 내용이 모두 정리되었으므로, 시산표 표시형식으로 표시해 보기로 한다.

먼저 수치가 표시되고 있는 모든 영역(C5:L42)을 선택하고 오른쪽 마우스 [셀 서식]을 선택한다. [셀 서식] 대화상자에서 [표시 형식]을 '숫자'로 선택하고, [소수 자릿수]를 '0', [1000 단위 구분 기호(,) 사용]에 체크하며, [음수] 표시로 '-1,234'를 선택하고 [확인]을 누른다.

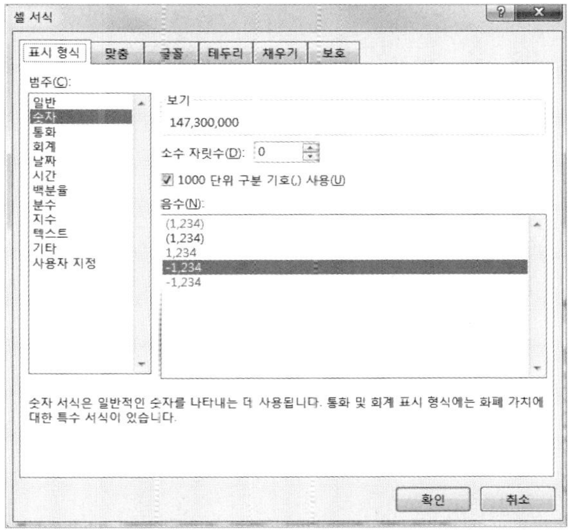


㉑ A4:D42 셀 범위를 선택하여 [홈] 탭의 [글꼴]에서 글꼴을 '견고딕', 글꼴크기를 '11'로 지정하고, [테두리]를 '모든 테두리'로, [맞춤]에서는 '가운데 맞춤'으로 정렬한다. 다시 C5:D42 셀 영역을 선택하여 [홈] 탭에서 [맞춤]-[오른쪽 맞춤]을 선택한다.

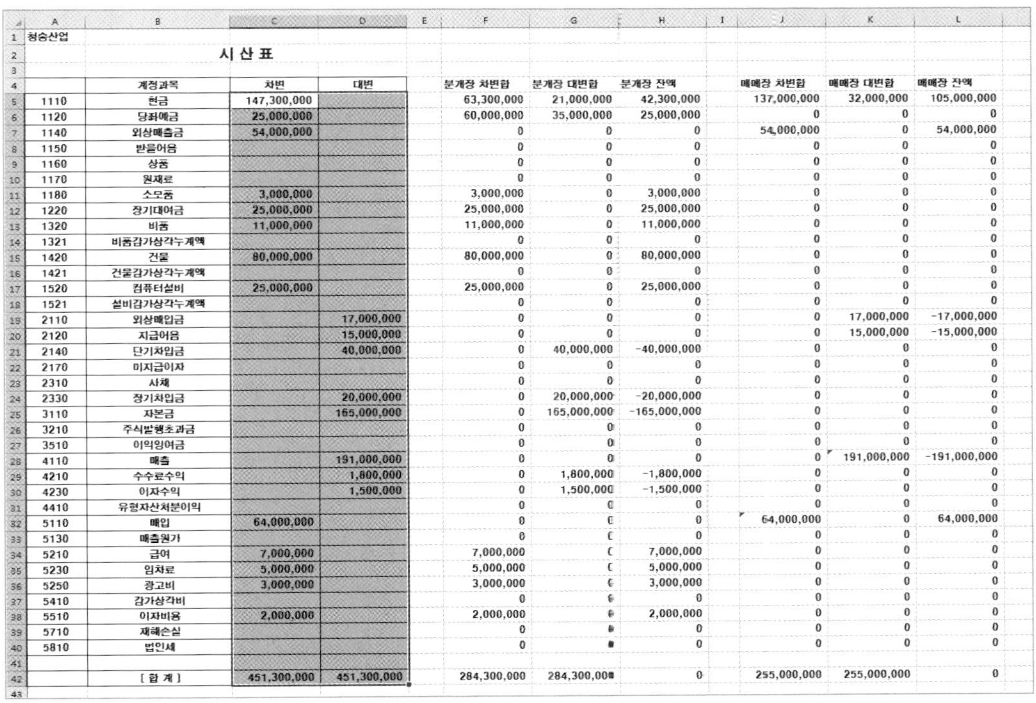

| | A | B | C | D | F | G | H | J | K | L |
|---|---|---|---|---|---|---|---|---|---|---|
| 1 | 청송산업 | | | | | | | | | |
| 2 | | 시 산 표 | | | | | | | | |
| 3 | | | | | | | | | | |
| 4 | | 계정과목 | 차변 | 대변 | 분개장 차변합 | 분개장 대변합 | 분개장 잔액 | 매매장 차변합 | 매매장 대변합 | 매매장 잔액 |
| 5 | 1110 | 현금 | 147,300,000 | | 63,300,000 | 21,000,000 | 42,300,000 | 137,000,000 | 32,000,000 | 105,000,000 |
| 6 | 1120 | 당좌예금 | 25,000,000 | | 60,000,000 | 35,000,000 | 25,000,000 | 0 | 0 | 0 |
| 7 | 1140 | 외상매출금 | 54,000,000 | | 0 | 0 | 0 | 54,000,000 | 0 | 54,000,000 |
| 8 | 1150 | 받을어음 | | | 0 | 0 | 0 | 0 | 0 | 0 |
| 9 | 1160 | 상품 | | | 0 | 0 | 0 | 0 | 0 | 0 |
| 10 | 1170 | 원재료 | | | 0 | 0 | 0 | 0 | 0 | 0 |
| 11 | 1180 | 소모품 | 3,000,000 | | 3,000,000 | 0 | 3,000,000 | 0 | 0 | 0 |
| 12 | 1220 | 장기대여금 | 25,000,000 | | 25,000,000 | 0 | 25,000,000 | 0 | 0 | 0 |
| 13 | 1320 | 비품 | 11,000,000 | | 11,000,000 | 0 | 11,000,000 | 0 | 0 | 0 |
| 14 | 1321 | 비품감가상각누계액 | | | 0 | 0 | 0 | 0 | 0 | 0 |
| 15 | 1420 | 건물 | 80,000,000 | | 80,000,000 | 0 | 80,000,000 | 0 | 0 | 0 |
| 16 | 1421 | 건물감가상각누계액 | | | 0 | 0 | 0 | 0 | 0 | 0 |
| 17 | 1520 | 컴퓨터설비 | 25,000,000 | | 25,000,000 | 0 | 25,000,000 | 0 | 0 | 0 |
| 18 | 1521 | 설비감가상각누계액 | | | 0 | 0 | 0 | 0 | 0 | 0 |
| 19 | 2110 | 외상매입금 | | 17,000,000 | 0 | 0 | 0 | 0 | 17,000,000 | -17,000,000 |
| 20 | 2120 | 지급어음 | | 15,000,000 | 0 | 0 | 0 | 0 | 15,000,000 | -15,000,000 |
| 21 | 2140 | 단기차입금 | | 40,000,000 | 0 | 40,000,000 | -40,000,000 | 0 | 0 | 0 |
| 22 | 2170 | 미지급이자 | | | 0 | 0 | 0 | 0 | 0 | 0 |
| 23 | 2310 | 사채 | | | 0 | 0 | 0 | 0 | 0 | 0 |
| 24 | 2330 | 장기차입금 | | 20,000,000 | 0 | 20,000,000 | -20,000,000 | 0 | 0 | 0 |
| 25 | 3110 | 자본금 | | 165,000,000 | 0 | 165,000,000 | -165,000,000 | 0 | 0 | 0 |
| 26 | 3210 | 주식발행초과금 | | | 0 | 0 | 0 | 0 | 0 | 0 |
| 27 | 3510 | 이익잉여금 | | | 0 | 0 | 0 | 0 | 0 | 0 |
| 28 | 4110 | 매출 | | 191,000,000 | 0 | 0 | 0 | 0 | 191,000,000 | -191,000,000 |
| 29 | 4210 | 수수료수익 | | 1,800,000 | 0 | 1,800,000 | -1,800,000 | 0 | 0 | 0 |
| 30 | 4230 | 이자수익 | | 1,500,000 | 0 | 1,500,000 | -1,500,000 | 0 | 0 | 0 |
| 31 | 4410 | 유형자산처분이익 | | | 0 | [illegible] | 0 | 0 | 0 | 0 |
| 32 | 5110 | 매입 | 64,000,000 | | 0 | [illegible] | 0 | 64,000,000 | 0 | 64,000,000 |
| 33 | 5130 | 매출원가 | | | 0 | [illegible] | 0 | 0 | 0 | 0 |
| 34 | 5210 | 급여 | 7,000,000 | | 7,000,000 | [illegible] | 7,000,000 | 0 | 0 | 0 |
| 35 | 5230 | 임차료 | 5,000,000 | | 5,000,000 | [illegible] | 5,000,000 | 0 | 0 | 0 |
| 36 | 5250 | 광고비 | 3,000,000 | | 3,000,000 | [illegible] | 3,000,000 | 0 | 0 | 0 |
| 37 | 5410 | 감가상각비 | | | 0 | [illegible] | 0 | 0 | 0 | 0 |
| 38 | 5510 | 이자비용 | 2,000,000 | | 2,000,000 | [illegible] | 2,000,000 | 0 | 0 | 0 |
| 39 | 5710 | 재해손실 | | | 0 | [illegible] | 0 | 0 | 0 | 0 |
| 40 | 5810 | 법인세 | | | 0 | [illegible] | 0 | 0 | 0 | 0 |
| 41 | | | | | | | | | | |
| 42 | | [ 합 계 ] | 451,300,000 | 451,300,000 | 284,300,000 | 284,300,00[illegible] | 0 | 255,000,000 | 255,000,000 | 0 |
| 43 | | | | | | | | | | |

㉒ A4:D4, A42:D42 셀 영역을 함께 선택하고 [홈] 탭에서 [글꼴]-[채우기 색]을 '주황색'으로 설정한다. A42:B42 셀 영역은 [맞춤]-[병합하고 가운데 맞춤]으로 설정한다.

㉓ 시산표 상의 날짜표시는 분개장에 마지막으로 입력된 거래일자로 지정한다. 이를 위해 B3 셀에 수식 '=TEXT(MAX(날짜3),"YYYY-MM-DD") & "현재"'를 입력한다. 그리고 G3:D3 영역을 선택 한 후 [홈]-[맞춤]-[병합하고 가운데 맞춤]으로 지정한다.

㉔ E열 이후에 표시되는 수치들은 A~D 열에 정리된 시산표 작성에 이용되었던 데이터들이며, 이들을 삭제하면 시산표 내용이 영향을 받기 때문에 삭제하는 대신에 눈에 보이지 않는 색상으로 정리하기로 한다. F열부터 L열까지를 한꺼번에 선택하고 [홈] 탭의 [글꼴]-[글꼴 색]을 '흰색'으로 지정한다.

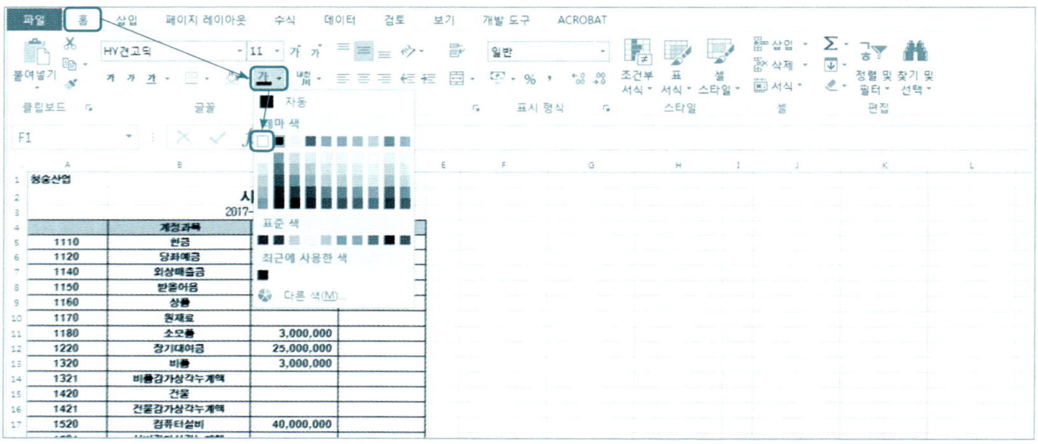

㉕ 이제 '시산표'는 다음과 같이 표시된다.

| | A | B | C | D |
|---|---|---|---|---|
| 1 | 청송산업 | | | |
| 2 | | 시 산 표 | | |
| 3 | | 2017-06-27 현재 | | |
| 4 | | 계정과목 | 차변 | 대변 |
| 5 | 1110 | 현금 | 147,300,000 | |
| 6 | 1120 | 당좌예금 | 25,000,000 | |
| 7 | 1140 | 외상매출금 | 54,000,000 | |
| 8 | 1150 | 받을어음 | | |
| 9 | 1160 | 상품 | | |
| 10 | 1170 | 원재료 | | |
| 11 | 1180 | 소모품 | 3,000,000 | |
| 12 | 1220 | 장기대여금 | 25,000,000 | |
| 13 | 1320 | 비품 | 11,000,000 | |
| 14 | 1321 | 비품감가상각누계액 | | |
| 15 | 1420 | 건물 | 80,000,000 | |
| 16 | 1421 | 건물감가상각누계액 | | |
| 17 | 1520 | 컴퓨터설비 | 25,000,000 | |
| 18 | 1521 | 설비감가상각누계액 | | |
| 19 | 2110 | 외상매입금 | | 17,000,000 |
| 20 | 2120 | 지급어음 | | 15,000,000 |
| 21 | 2140 | 단기차입금 | | 40,000,000 |
| 22 | 2170 | 미지급이자 | | |
| 23 | 2310 | 사채 | | |
| 24 | 2330 | 장기차입금 | | 20,000,000 |
| 25 | 3110 | 자본금 | | 165,000,000 |
| 26 | 3210 | 주식발행초과금 | | |
| 27 | 3510 | 이익잉여금 | | |
| 28 | 4110 | 매출 | | 191,000,000 |
| 29 | 4210 | 수수료수익 | | 1,800,000 |
| 30 | 4230 | 이자수익 | | 1,500,000 |
| 31 | 4410 | 유형자산처분이익 | | |
| 32 | 5110 | 매입 | 64,000,000 | |
| 33 | 5130 | 매출원가 | | |
| 34 | 5210 | 급여 | 7,000,000 | |
| 35 | 5230 | 임차료 | 5,000,000 | |
| 36 | 5250 | 광고비 | 3,000,000 | |
| 37 | 5410 | 감가상각비 | | |
| 38 | 5510 | 이자비용 | 2,000,000 | |
| 39 | 5710 | 재해손실 | | |
| 40 | 5810 | 법인세 | | |
| 41 | | | | |
| 42 | | [ 합 계 ] | 451,300,000 | 451,300,000 |
| 43 | | | | |

㉖ 완성된 '시산표' sheet를 보호하기 위해, [홈] 탭에서 [셀]-[서식]-[**시트보호**]를 선택한다. 특정 셀 영역을 [셀 잠금]으로 지정하지 않은 경우에는 [시트 보호] 시에 마우스로 특정 셀을 선택할 수는 있지만 셀에 자료를 입력할 수는 없다. 만일 특정 셀에 자료를 입력하려고 하는 경우 오류메시지가 표시된다.

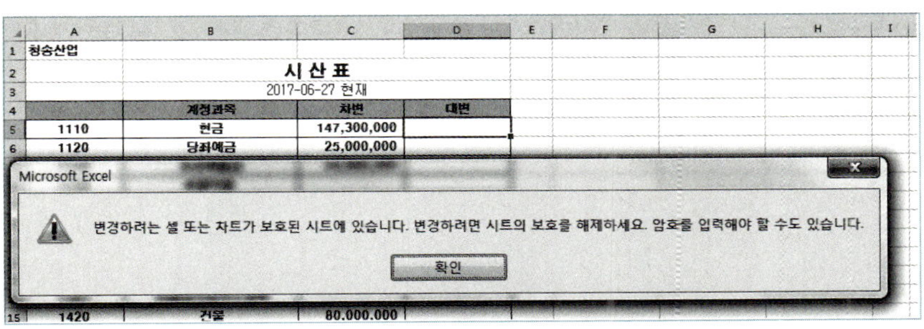


## 나. 시산표 테스트

작성된 시산표가 제대로 기능을 수행하고 있는지 확인해 볼 필요가 있다. 시산표에는 직접 자료를 입력하지 않긴 하지만, 분개장이나 매입매출장에 거래자료가 추가로 입력되면 시산표에도 그 결과가 실시간으로 반영되어 표시되어야 한다.

① '분개장' sheet를 선택하고, 다음의 추가 거래를 입력해 본다.

| 추가 거래 #15 | 2017/6/28 나라은행에서 빌려 쓴 단기차입금 중 일부(₩12,700,000)를 현금으로 갚았다. |
|---|---|

분 개 장

| 날짜 | 거래 | 계정코드 | 계정명 | 적요 | 차변 | 대변 |
|---|---|---|---|---|---|---|
| 2017/6/28 | 15 | 2140 | 단기차입금 | 단기차입금 일부 상환 | 12,700,000 | |
| 2017/6/28 | 15 | 1110 | 현금 | 단기차입금 일부 상환 | | 12,700,000 |

② '시산표' sheet를 선택하고, 추가로 입력한 거래의 영향으로 인해 단기차입금 잔액과 현금 잔액에 변동금액이 제대로 반영되어 있는지 확인한다.

청송산업

시 산 표

2017-06-28 현재

| | 계정과목 | 차변 | 대변 |
|---|---|---|---|
| 1110 | 현금 | 134,600,000 | |
| 1120 | 당좌예금 | 25,000,000 | |
| 1140 | 외상매출금 | 54,000,000 | |
| 1150 | 받을어음 | | |
| 1160 | 상품 | | |
| 1170 | 원재료 | | |
| 1180 | 소모품 | 3,000,000 | |
| 1220 | 장기대여금 | 25,000,000 | |
| 1320 | 비품 | 11,000,000 | |
| 1321 | 비품감가상각누계액 | | |
| 1420 | 건물 | 80,000,000 | |
| 1421 | 건물감가상각누계액 | | |
| 1520 | 컴퓨터설비 | 25,000,000 | |
| 1521 | 설비감가상각누계액 | | |
| 2110 | 외상매입금 | | 17,000,000 |
| 2120 | 지급어음 | | 15,000,000 |
| 2140 | 단기차입금 | | 27,300,000 |
| 2170 | 미지급이자 | | |
| 2310 | 사채 | | |
| 2330 | 장기차입금 | | 20,000,000 |
| 3110 | 자본금 | | 165,000,000 |
| 3210 | 주식발행초과금 | | |
| 3510 | 이익잉여금 | | |
| 4110 | 매출 | | 191,000,000 |
| 4210 | 수수료수익 | | 1,800,000 |
| 4230 | 이자수익 | | 1,500,000 |
| 4410 | 유형자산처분이익 | | |
| 5110 | 매입 | 64,000,000 | |
| 5130 | 매출원가 | | |
| 5210 | 급여 | 7,000,000 | |
| 5230 | 임차료 | 5,000,000 | |
| 5250 | 광고비 | 3,000,000 | |
| 5410 | 감가상각비 | | |
| 5510 | 이자비용 | 2,000,000 | |
| 5710 | 재해손실 | | |
| 5810 | 법인세 | | |
| | | | |
| [ 합 계 ] | | 438,600,000 | 438,600,000 |

③ 추가 거래의 영향으로 현금이 이전의 ₩147,300,000에서 ₩134,600,000으로 ₩12,700,000만큼 감소한 금액으로 표시되고 있으며, 단기차입금도 동일 금액이 감소한 ₩27,300,000으로 실시간으로 변경되어 있음을 알 수 있다.

④ 이제 매입매출장에서 다음의 매출 관련 추가 거래를 입력해 본다.

| 날짜 | 거래번호 | 담당자 | 거래처 | 품목명 | 구분 | 금액 | 결제방법 |
|---|---|---|---|---|---|---|---|
| 2017－6－29 | | 박시현 | 일등닷컴 | Notebook | 매출 | 3,333,000 | 외상 |

매입매출장

| 날짜 | 거래번호 | 담당자 | 거래처 | 품목명 | 구분 | 금액 | 매입액 | 매출액 | 결제방법 | 계정과목 | 계정코드 |
|---|---|---|---|---|---|---|---|---|---|---|---|
| 2017/6/3 | 4000 | 기남용 | 무등세상 | Notebook | 매입 | 24,000,000 | 24,000,000 | | 현금 | 현금 | 1110 |
| 2017/6/5 | 4001 | 박시현 | 우리로 | Network PC | 매입 | 17,000,000 | 17,000,000 | | 외상 | 외상매입금 | 2110 |
| 2017/6/6 | 4002 | 고득수 | 환상특급 | Notebook | 매출 | 32,000,000 | | 32,000,000 | 외상 | 외상매출금 | 1140 |
| 2017/6/9 | 4003 | 김광재 | 격조통신 | Supercom | 매출 | 26,000,000 | | 26,000,000 | 현금 | 현금 | 1110 |
| 2017/6/12 | 4004 | 박시현 | 우리로 | Workstation | 매입 | 15,000,000 | 15,000,000 | | 어음 | 지급어음 | 2120 |
| 2017/6/14 | 4005 | 고득수 | 격조통신 | PC | 매출 | 52,000,000 | | 52,000,000 | 현금 | 현금 | 1110 |
| 2017/6/17 | 4006 | 한병곤 | 무등세상 | AVR | 매입 | 8,000,000 | 8,000,000 | | 현금 | 현금 | 1110 |
| 2017/6/19 | 4007 | 기남용 | 한가지로 | Network PC | 매출 | 22,000,000 | | 22,000,000 | 외상 | 외상매출금 | 1140 |
| 2017/6/22 | 4008 | 류진웅 | 일등닷컴 | Notebook | 매출 | 33,000,000 | | 33,000,000 | 현금 | 현금 | 1110 |
| 2017/6/25 | 4009 | 한병곤 | 한가지로 | Workstation | 매출 | 26,000,000 | | 26,000,000 | 현금 | 현금 | 1110 |
| 2017/6/29 | 4010 | 박시현 | 일등닷컴 | Notebook | 매출 | 3,333,000 | | 3,333,000 | 외상 | 외상매출금 | 1140 |

⑤ 매입매출장에 추가 입력된 거래가 시산표에 실시간으로 반영되어 있는지 확인하기 위해 '시산표' sheet를 선택한다.

청솔산업

시 산 표

2017-06-30 현재

| | 계정과목 | 차변 | 대변 |
|---|---|---|---|
| 1110 | 현금 | 132,300,000 | |
| 1120 | 당좌예금 | 25,000,000 | |
| 1140 | 외상매출금 | 57,333,000 | |
| 1150 | 받을어음 | | |
| 1160 | 상품 | | |
| 1170 | 원재료 | | |
| 1180 | 소모품 | 3,300,000 | |
| 1220 | 장기대여금 | 25,000,000 | |
| 1320 | 비품 | 13,000,000 | |
| 1321 | 비품감가상각누계액 | | |
| 1420 | 건물 | 80,000,000 | |
| 1421 | 건물감가상각누계액 | | |
| 1520 | 컴퓨터설비 | 25,000,000 | |
| 1521 | 설비감가상각누계액 | | |
| 2110 | 외상매입금 | | 21,000,000 |
| 2120 | 지급어음 | | 15,000,000 |
| 2140 | 단기차입금 | | 27,300,000 |
| 2170 | 미지급이자 | | |
| 2310 | 사채 | | |
| 2330 | 장기차입금 | | 20,000,000 |
| 3110 | 자본금 | | 165,000,000 |
| 3210 | 주식발행초과금 | | |
| 3510 | 이익잉여금 | | |
| 4110 | 매출 | | 194,333,000 |
| 4210 | 수수료수익 | | 1,800,000 |
| 4230 | 이자수익 | | 1,500,000 |
| 4410 | 유형자산처분이익 | | |
| 5110 | 매입 | 68,000,000 | |
| 5130 | 매출원가 | | |
| 5210 | 급여 | 7,000,000 | |
| 5230 | 임차료 | 5,000,000 | |
| 5250 | 광고비 | 3,000,000 | |
| 5410 | 감가상각비 | | |
| 5510 | 이자비용 | 2,000,000 | |
| 5710 | 재해손실 | | |
| 5810 | 법인세 | | |
| | | | |
| | [ 합 계 ] | 445,933,000 | 445,933,000 |

⑥ 추가 입력한 외상매출 거래로 인해 시산표상의 외상매출금이 ₩54,000,000에서 ₩57,333,000으로 변경되었으며, 매출액 역시 ₩191,000,000에서 ₩194,333,000으로 추가거래 금액인 ₩3,333,000만큼 각각 증가된 금액을 표시하고 있다.

⑦ 이제 시산표 양식을 테스트해 보았으니 '홍길동_Part3'로 저장해 둔다.

## Step 4

# 결산정리와 재무제표 작성

> **참고**
>
> 결산 절차
>
> 전통적으로 **결산**은 1년 중 연말에 1회 실시하는 것으로 인식되어 왔지만, 최근에는 회계처리에 다양한 전산 프로그램이 이용되면서 필요에 따라 수시로 결산을 수행할 수 있게 되었다. 더구나 회계정보 이용자들도 신속한 의사결정을 위해 재무제표 등 사업보고서를 수시로 제공해 주기를 원하면서 반기 또는 분기 결산이 보편화되고 있다.
>
> 결산절차는 시산표 작성으로부터 시작되며, 결산 시점에 조정해야 할 항목들에 대한 수정분개와 이를 반영한 수정후 시산표 작성, 그리고 이를 이용한 재무제표 작성 등 복잡한 과정을 거치게 된다. 그러나 이들 절차는 대부분 정형적인 작업들이어서 정산표라고 하는 하나의 연습장을 통해 이루어지는 경우가 많다.
>
> 이제 이러한 결산절차를 EXCEL을 이용하여 자동화 해두고, 언제든 원하는 경우에 쉽게 결산업무를 수행할 수 있도록 하는 방법에 대해 실습해 보기로 한다.

### 1. 수정분개장 설계

**수정분개장**(Adjusting Journal)은 결산시점에 기중의 거래내용이나 그 결과를 수정하거나 결산시점에서만 판단할 수 있는 사항에 대해 거래로 인식하여 분개하고 다시 총계정원장에 반영하기 위한 도구이다. 수정분개장은 대부분 기중에 거래 입력을 위해 사용하는 분개장 형식을 그대로 사용하지만, 결산작업의 진행을 위해 별도의 장부로 관리하는 것이 좋다.

① '분개장' sheet를 선택하고 Ctrl 키를 누른 상태에서 '분개장' sheet를 마우스로 끌기하여 '시산표' 탭 오른쪽에 놓고, 먼저 마우스를 놓은 후 컨트롤 키를 놓는다.

② 복제된 '분개장 (2)' sheet의 탭을 더블 클릭하여 이름을 '수정분개장'으로 바꾼다.

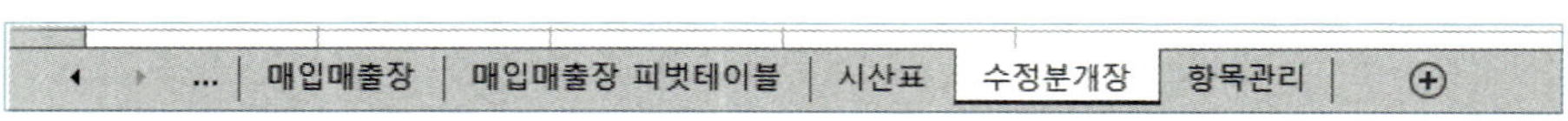


③ [홈] 탭의 [셀]-[서식]에서 [**시트 보호 해제**]를 선택한다(만일 [시트 보호]로 표시되고 있는 경우에는 시트 보호가 해제되어 있는 상태이므로 이 단계를 생략한다).

④ B1:F1 셀 범위에 입력되어 있는 머리글 '분개장'을 '수정 분개장'으로 변경한다. 그리고 A3:G3 셀 범위에 표시되어 있는 각 머리글의 앞에 '수정분개-'를 각각 추가하여 '수정분개-날짜'와 같이 변경한다. 변경된 A3:G3 셀 범위를 선택하여 [글꼴 크기]를 '10'으로 줄인다.

⑤ [수식] 탭의 [수식 분석]-[수식 표시]를 선택하여 양식의 주요 서식이 수식으로 잘 표시되고 있는지 확인한다.

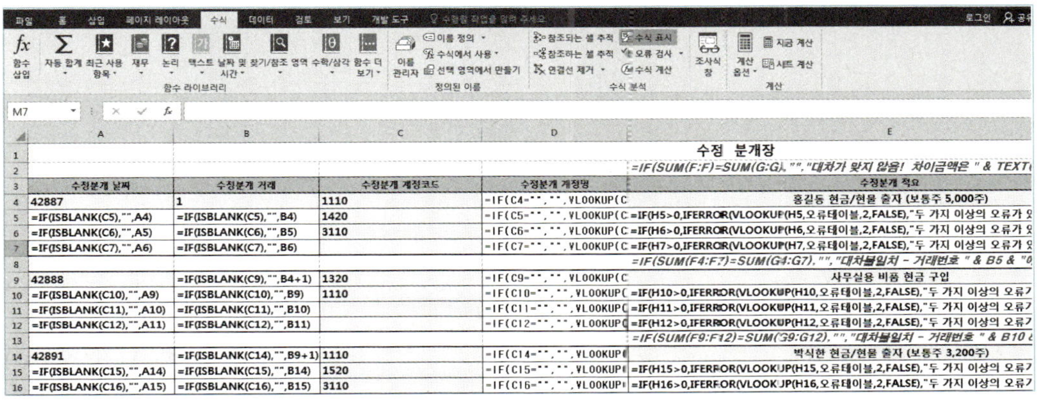


⑥ 다시 [수식] 탭의 [수식 분석]-[수식 표시]를 선택하여 원래 상태로 되돌려 놓는다.

⑦ 앞에서 이미 자료가 입력되어 있는 두 번째 거래로부터 마지막 거래까지의 행 머리글 부분(9행~78행)을 선택하여 오른쪽 마우스 [삭제]를 선택한다(즉 두 번째 이하 입력된 거래내역을 모두 삭제한다).

⑧ 첫 번째 거래가 입력되어 있는 셀 중 노란색 영역(A4:B4, C4:C6, F4, F4:G6)의 자료도 모두 지운다(수식은 남겨 놓음).

⑨ 월말 결산을 한다고 가정하고, 6월 말(6월 30일) 결산시점에 행해야 할 다음의 **결산정리사항**의 **수정분개**를 '수정 분개장'에 기입해 보기로 한다.

| 6월 말(6/30) 결산정리사항 | |
|---|---|
| 1 | 건물 사용에 대한 임차료 지급액 중 당월분(6월분)은 ₩2,000,000이다. |
| 2 | 소모품 중 6월 중에 사용한 것은 ₩1,000,000이다. |
| 3 | 거래처로부터 외상매출금 중 ₩12,000,000이 당좌계좌로 입금되었음이 확인되었다. |
| 4 | 6월의 감가상각비를 비품에 대해 ₩650,000, 건물에 대해 ₩1,300,000으로 각각 추정하다. |
| 5 | 단기차입금에 대한 6월분 이자 ₩200,000이 추가 발생하였으나 다음 달에 지급하기로 하다. |
| 6 | 사무실용 비품 중 일부(취득원가 ₩1,000,000, 감가상각누계액 ₩100,000)를 ₩940,000에 처분하고 대금은 현금으로 받았다. |
| 7 | 실사를 통해 확인된 미판매 상품의 월말 재고액은 ₩8,000,000이다(단, 월초 상품재고액은 없는 것으로 한다). |
| 8 | 거래처 우리로에 대한 외상매입 대금 중 ₩7,000,000을 현금으로 지급하였다. |

⑩ 수정분개사항을 수정분개장에 입력하기 전에, 결산정리와 관련하여 새로 추가되어야 할 계정과목이 있다(선급비용, 소모품비 계정).

이를 위해 먼저 '계정과목표' sheet를 선택한다. A8:B36 셀 범위를 선택하고 아래쪽 선택라인을 한 칸 아래로 끌기 하여 A8:B8 영역에 빈 칸을 확보한다.

| | A | B | C |
|---|---|---|---|
| 6 | 1170 | 원재료 | |
| 7 | 1180 | 소모품 | |
| 8 | | | |
| 9 | 1220 | 장기대여금 | |
| 10 | 1320 | 비품 | |
| 11 | 1321 | 비품감가상각누계액 | |
| 12 | 1420 | 건물 | |
| 13 | 1421 | 건물감가상각누계액 | |
| 14 | 1520 | 컴퓨터설비 | |
| 15 | 1521 | 설비감가상각누계액 | |
| 16 | 2110 | 외상매입금 | |
| 17 | 2120 | 지급어음 | |
| 18 | 2140 | 단기차입금 | |
| 19 | 2170 | 미지급이자 | |
| 20 | 2310 | 사채 | |
| 21 | 2330 | 장기차입금 | |
| 22 | 3110 | 자본금 | |
| 23 | 3210 | 주식발행초과금 | |
| 24 | 3510 | 이익잉여금 | |
| 25 | 4110 | 매출 | |
| 26 | 4210 | 수수료수익 | |
| 27 | 4230 | 이자수익 | |
| 28 | 4410 | 유형자산처분이익 | |
| 29 | 5110 | 매입 | |
| 30 | 5130 | 매출원가 | |
| 31 | 5210 | 급여 | |
| 32 | 5230 | 임차료 | |
| 33 | 5250 | 광고비 | |
| 34 | 5410 | 감가상각비 | |
| 35 | 5510 | 이자비용 | |
| 36 | 5710 | 재해손실 | |
| 37 | 5810 | 법인세 | |
| 38 | | | |

⑪ 마찬가지로 A34:B37 셀 범위를 선택하고 아래쪽 선택라인을 한 칸 아래로 끌기 하여 A34:B34 영역에 빈 칸을 확보한다. 그리고 빈 칸이 확보된 A8 셀에 '1190', B8 셀에 '선급비용'을 각각 입력한다. 또한 역시 빈 칸이 확보된 A34 셀에 '5260', B34 셀에 '소모품비'를 각각 추가 입력한다.

추가 입력된 계정과목명과 계정코드를 오른쪽 E1:F30 셀 영역에도 오름차순으로 반영하기 위해 '상품' 계정 아래쪽(E18:F18)에 '선급비용'과 '1190' 코드번호를 각각 입력하고, '소모품' 계정 아래쪽(E21:F21)에 각각 '소모품비', '5260' 계정코드를 삽입하여 추가한다.

| | A | B | C | D | E | F | G |
|---|---|---|---|---|---|---|---|
| 7 | 1180 | 소모품 | | | 당좌예금 | 1120 | |
| 8 | **1190** | **선급비용** | | | 매입 | 5110 | |
| 9 | 1220 | 장기대여금 | | | 매출 | 4110 | |
| 10 | 1320 | 비품 | | | 매출원가 | 5130 | |
| 11 | 1321 | 비품감가상각누계액 | | | 미지급이자 | 2170 | |
| 12 | 1420 | 건물 | | | 받을어음 | 1150 | |
| 13 | 1421 | 건물감가상각누계액 | | | 법인세 | 5810 | |
| 14 | 1520 | 컴퓨터설비 | | | 비품 | 1320 | |
| 15 | 1521 | 설비감가상각누계액 | | | 비품감가상각누계액 | 1321 | |
| 16 | 2110 | 외상매입금 | | | 사채 | 2310 | |
| 17 | 2120 | 지급어음 | | | 상품 | 1160 | |
| 18 | 2140 | 단기차입금 | | | **선급비용** | **1190** | |
| 19 | 2170 | 미지급이자 | | | 설비감가상각누계액 | 1521 | |
| 20 | 2310 | 사채 | | | 소모품 | 1180 | |
| 21 | 2330 | 장기차입금 | | | **소모품비** | **5260** | |
| 22 | 3110 | 자본금 | | | 수수료수익 | 4210 | |
| 23 | 3210 | 주식발행초과금 | | | 외상매입금 | 2110 | |
| 24 | 3510 | 이익잉여금 | | | 외상매출금 | 1140 | |
| 25 | 4110 | 매출 | | | 원재료 | 1170 | |
| 26 | 4210 | 수수료수익 | | | 유형자산처분이익 | 4410 | |
| 27 | 4230 | 이자수익 | | | 이익잉여금 | 3510 | |
| 28 | 4410 | 유형자산처분이익 | | | 이자비용 | 5510 | |
| 29 | 5110 | 매입 | | | 이자수익 | 4230 | |
| 30 | 5130 | 매출원가 | | | 임차료 | 5230 | |
| 31 | 5210 | 급여 | | | 자본금 | 3110 | |
| 32 | 5230 | 임차료 | | | 장기대여금 | 1220 | |
| 33 | 5250 | 광고비 | | | 장기차입금 | 2330 | |
| 34 | **5260** | **소모품비** | | | 재해손실 | 5710 | |
| 35 | 5410 | 감가상각비 | | | 주식발행초과금 | 3210 | |

… 계정과목표 | 오류테이블 | 매입매출장 | 매입매출장 피벗테( …

⑫ 새로 추가한 계정코드와 계정과목명이 이전에 분개장에서 이름정의해 두었던 이름 '계정코드2'와 '계정과목표2'의 셀 참조 범위에 포함되어 참조범위가 제대로 확장되어 있는지 확인해 보아야 한다. 이를 위해 [수식] 탭의 [정의된 이름]-[이름 관리자]를 클릭하고, '계정코드2'를 선택한 후 아래 [참조 대상]에서 범위가 A38 셀까지로 자동 반영되어 있는지 확인한다.

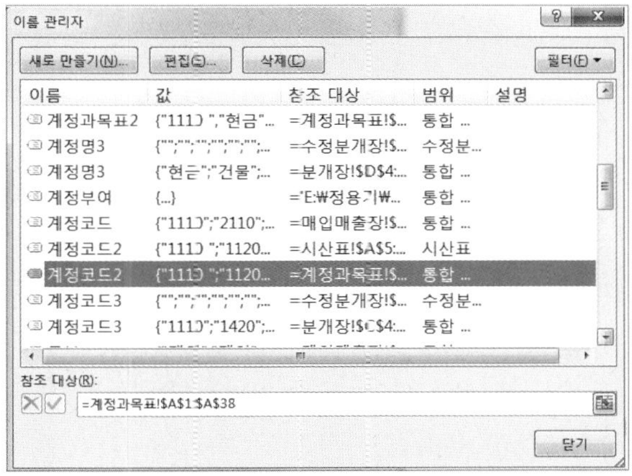


⑬ 새로운 계정코드를 추가하였으므로, 이제 위 ⑨의 결산정리사항을 분개하여 '수정분개장' sheet에 각각 입력한다(단, 계정코드는 각각 '계정과목표' sheet에서 해당 계정과목을 확인하여 선택 적용한다).

수정 분개장

| 수정분개 날짜 | 수정분개 거래 | 수정분개 계정코드 | 수정분개 계정명 | 수정분개 적요 | 수정분개 차변 | 수정분개 대변 |
|---|---|---|---|---|---|---|
| 2017/6/30 | 1 | 1190 | 선급비용 | 임차료 지급액 중 선급액 정리 | 3,000,000 | |
| 2017/6/30 | 1 | 5230 | 임차료 | 임차료 지급액 중 선급액 정리 | | 3,000,000 |
| 2017/6/30 | 2 | 5260 | 소모품비 | 6월분 소모품비 반영 | 1,000,000 | |
| 2017/6/30 | 2 | 1180 | 소모품 | 6월분 소모품비 반영 | | 1,000,000 |
| 2017/6/30 | 3 | 1120 | 당좌예금 | 외상매출금 일부 당좌계좌로 입금 | 12,000,000 | |
| 2017/6/30 | 3 | 1140 | 외상매출금 | 외상매출금 일부 당좌계좌로 입금 | | 12,000,000 |
| 2017/6/30 | 4 | 5410 | 감가상각비 | 6월분 감가상각비 계상 | 1,950,000 | |
| 2017/6/30 | 4 | 1321 | 비품감가상각누계액 | 6월분 감가상각비 계상 | | 650,000 |
| 2017/6/30 | 4 | 1421 | 건물감가상각누계액 | 6월분 감가상각비 계상 | | 1,300,000 |
| 2017/6/30 | 5 | 5510 | 이자비용 | 6월분 단기차입금이자 미지급분 추가계상 | 200,000 | |
| 2017/6/30 | 5 | 2170 | 미지급이자 | 6월분 단기차입금이자 미지급분 추가계상 | | 200,000 |
| 2017/6/30 | 6 | 1110 | 현금 | 비품 일부 현금 처분 | 940,000 | |
| 2017/6/30 | 6 | 1321 | 비품감가상각누계액 | 비품 일부 현금 처분 | 100,000 | |
| 2017/6/30 | 6 | 1320 | 비품 | 비품 일부 현금 처분 | | 1,000,000 |
| 2017/6/30 | 6 | 4410 | 유형자산처분이익 | 비품 일부 현금 처분 | | 40,000 |
| 2017/6/30 | 7 | 5130 | 매출원가 | 상품실사액/매입액 매출원가 반영 | 64,000,000 | |
| 2017/6/30 | 7 | 1160 | 상품 | 상품실사액/매입액 매출원가 반영 | 8,000,000 | |
| 2017/6/30 | 7 | 5110 | 매입 | 상품실사액/매입액 매출원가 반영 | | 64,000,000 |
| 2017/6/30 | 7 | 5130 | 매출원가 | 상품실사액/매입액 매출원가 반영 | | 8,000,000 |
| 2017/6/30 | 8 | 2110 | 외상매입금 | 외상매입금 현금 지급 | 7,000,000 | |
| 2017/6/30 | 8 | 1110 | 현금 | 외상매입금 현금 지급 | | 7,000,000 |

⑭ 수정분개장에 대해 열 머리글 단위로 이름을 부여한다. 셀 범위 A3:G208을 선택하고 [수식] 탭의 [정의된 이름]-[선택 영역에서 만들기]를 클릭한다. [선택 영역에서 만들기] 대화상자에서 '첫 행'만을 선택되도록 하고 '확인'을 누른다.

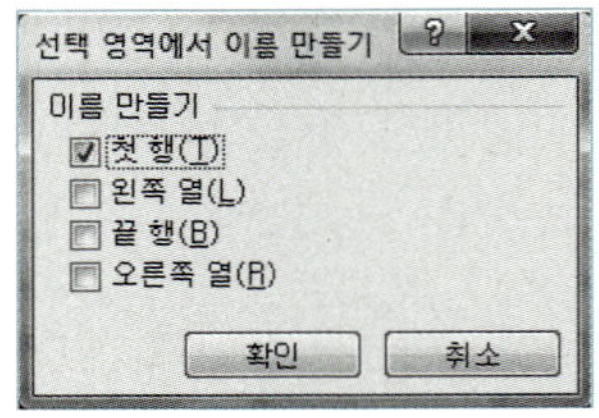


⑮ 이름 부여가 원하는 대로 이루어졌는지를 확인하기 위해, [수식] 탭의 [정의된 이름]-[이름 관리자]를 클릭한다. [이름 관리자] 대화상자에서 '수정분개_'로 시작되는 이름들을 각각 선택하여 아래 [참조 대상]이 '수정분개장'과 해당 셀 범위영역을 제대로 표시하고 있는지 확인한 후, [닫기]를 누른다.

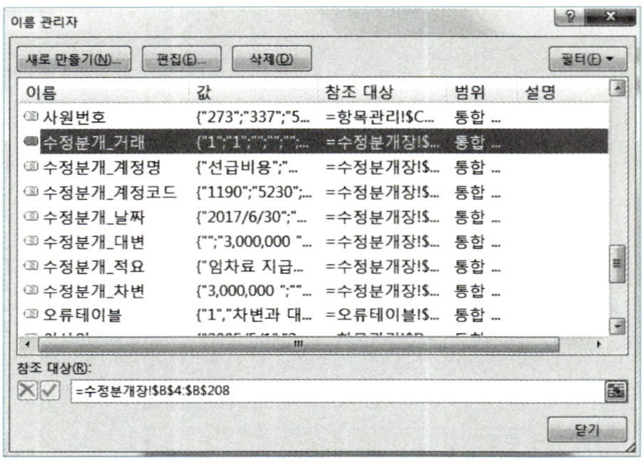


⑯ '수정분개장' sheet가 완성되었으므로 이를 보호하기 위해, [홈] 탭의 [셀]-[서식]-[시트 보호]를 선택한다. [시트 보호] 대화상자에서 암호를 '0000'으로 입력한 후, 다시 [암호 확인] 대화상자에서 동일한 암호를 입력하고 [확인]을 누른다.

⑰ [시트 보호]된 수정분개장에서 앞의 분개장에 적용되었던 [데이터 유효성 검사]와 입력 및 응용 통제 기능들이 아직도 적절하게 기능을 수행하고 있는지 테스트해 본다.

## 2. 정산표(worksheet) 설계

**정산표**는 결산시점에서 반드시 작성해야 하는 장부는 아니지만, 여러 가지 결산절차를 하나의 표 안에서 종합적으로 처리하고, 또 이를 통해 재무상태표와 손익계산서가 쉽게 작성되는 구조를 가지고 있으므로, 실무상으로는 자주 이용되는 결산의 주요 작업표이다.

정산표는 이미 작성된 잔액시산표에 결산정리사항이 반영된 수정분개장의 내용을 반영하여 **수정후시산표**를 작성하고, 이를 통해 재무상태표와 손익계산서가 만들어지므로, 이러한 절차를 미리 하나의 표(정산표)로 미리 만들어두고 작업을 진행해 나간다.

① 새로 '정산표' sheet를 만들기 위해, 먼저 '시산표' sheet를 선택하고 시트 이름 탭에서 Ctrl 키를 누른 상태에서 마우스로 시트 탭을 끌기 하여 '수정분개장' 시트 오른쪽에 위치시킨 후 마우스를 먼저 놓고 Ctrl 키를 놓는다. 복제되어 새로 생성된 '시산표 (2)' sheet의 탭을 더블클릭하여 '정산표'로 이름을 바꾸어 놓는다.

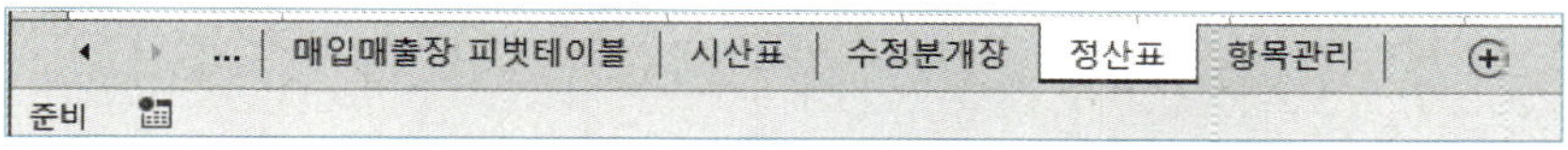


② '정산표' sheet가 [시트 보호] 기능이 적용되어 있는지 확인하여, 만일 [시트 보호]되어 있다면 이를 해제한다([홈] 탭에서 [셀]-[서식]-[시트 보호 해제] 선택 후 '시트 브호 암호'인 '0000' 입력).

참고

### [시트 보호] 상태 여부 판단 방법

(1) [홈] 탭의 [셀]-[서식]을 클릭하여 나타나는 메뉴에서 [보호]에 '시트 보호 해제'로 표시되어 있으면 현재 [시트 보호] 상태임.
(2) 시산표상의 특정 셀을 선택하고 임의의 숫자나 문자를 입력하려고 할 때 시트가 보호된 상태임을 알리는 메시지가 표시되면 [시트 보호] 상태임.

③ '정산표' sheet의 B2 셀을 '시산표' 대신 '정산표'로 바꾼다.

④ 4행과 5행 머리글부분을 선택한 후 오른쪽 마우스에서 [삽입]을 선택하여 4, 5행에 빈 줄을 만든다. 그리고 새로 만들어진 5행의 C5 셀에 '잔액시산표'를 입력한다. C5:D5 셀 영역을 선택한 후 [홈] 탭의 [맞춤]-[병합하고 가운데 맞춤]으로 선택하고, [글꼴]을 '파랑' 색, '진하게'로 선택한다.

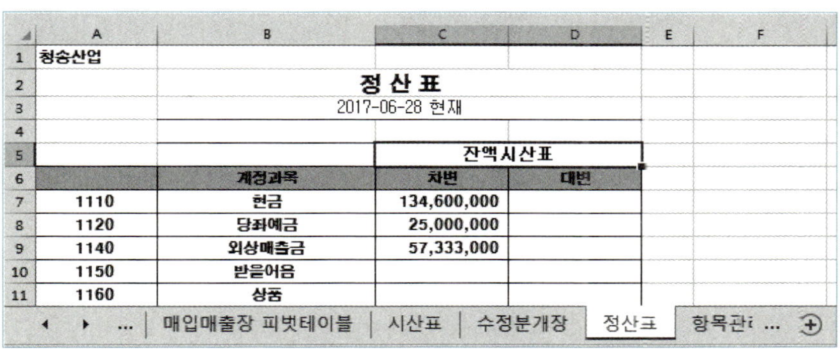

| | A | B | C | D | E | F |
|---|---|---|---|---|---|---|
| 1 | 청송산업 | | | | | |
| 2 | | 정 산 표 | | | | |
| 3 | | 2017-06-28 현재 | | | | |
| 4 | | | | | | |
| 5 | | | 잔액시산표 | | | |
| 6 | | 계정과목 | 차변 | 대변 | | |
| 7 | 1110 | 현금 | 134,600,000 | | | |
| 8 | 1120 | 당좌예금 | 25,000,000 | | | |
| 9 | 1140 | 외상매출금 | 57,333,000 | | | |
| 10 | 1150 | 받을어음 | | | | |
| 11 | 1160 | 상품 | | | | |

⑤ B3 셀에 입력되어 있는 수식을 새로운 수식 ‘=TEXT(MAX(수정분개_날짜),"YYYY-MM-DD") & "에 해당하는 기간"’으로 변경한다.

⑥ 아래 B4:D4 셀 영역을 선택하여 [홈] 탭의 [글꼴]-[테두리]를 [테두리 없음]으로 선택한다.

⑦ 위 ‘수정분개장 설계’ 시 새로 등록한 2개의 계정과목을 반영하기 위해, 43행과 44행의 머리글을 선택하고 오른쪽 마우스에서 [삽입]을 선택한다. 그리고 새로 마련된 A43, B43 셀에 ‘1190’, ‘선급비용’을, A44, B44 셀에 ‘5260’, ‘소모품비’를 각각 입력한다.

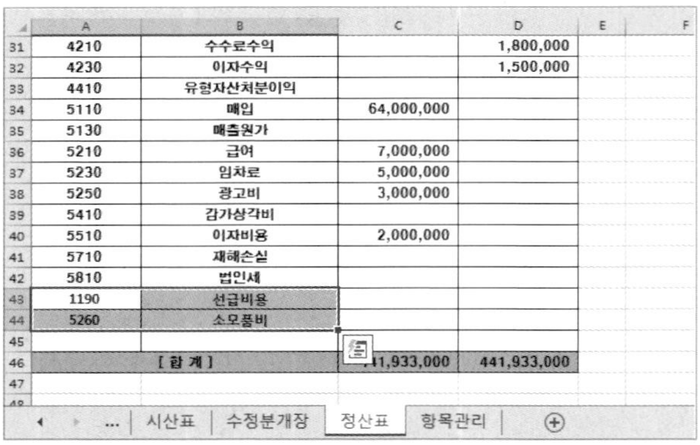


⑧ E열부터 L열의 머리글을 선택하고 오른쪽 마우스 [삽입]을 선택하여 8개의 빈 열 공간을 확보한다(눈에 보이지는 않지만 이미 F열~L열에는 시산표 작성시 관련 수식이 들어 있으므로 이를 지우지 않고 O열 이후로 이동시켜 놓기 위한 것이다).

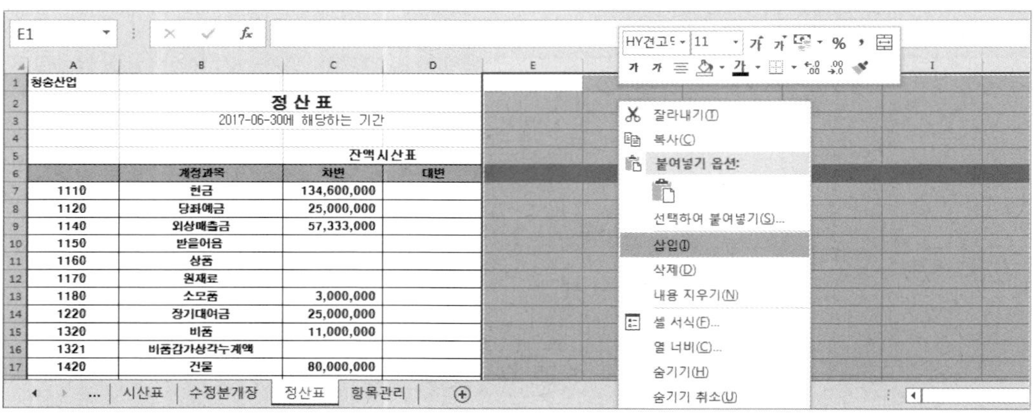


⑨ 셀 범위 C5:D46을 선택하고 [홈] 탭의 [글꼴]-[테두리]를 ‘굵은 바깥쪽 테두리’로 설정한다.

⑩ 셀 범위 C5:D46을 복사하여 E5, G5, I5, K5 셀에 각각 붙여넣기 한다. 그리고 C열부터 L열까지의 열 머리글을 선택하여 [열 너비]를 ‘15’로 조정한다.

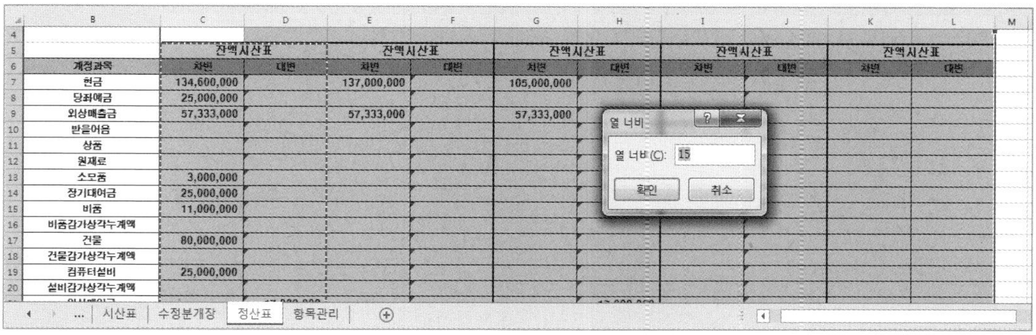


⑪ E5 셀의 머리글을 '수정분개'로 수정한다. 마찬가지로 G5 셀을 '수정후 시산표', I5 셀을 '손익계산서', K5 셀을 '재무상태표'로 수정한다.

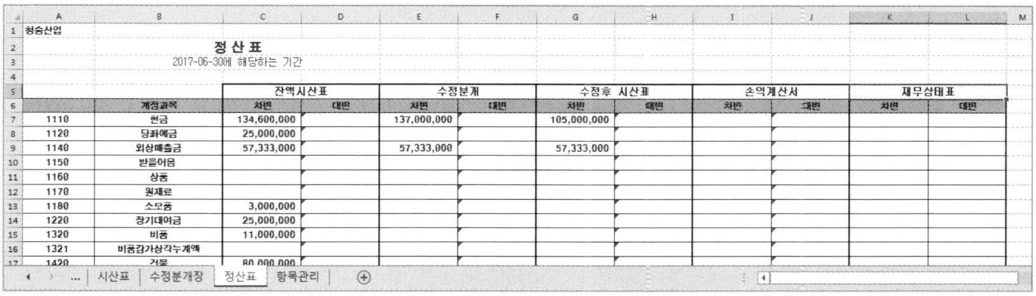


⑫ E7:L45 셀 범위(정산표에서 다시 수식을 정의할 영역)를 선택하고 Del 키를 눌러 이미 표시되어 있는 자료들을 지운다.

⑬ N열~T열의 열 머리글을 선택하고 [홈] 탭에서 [글꼴]-[글꼴 색]을 '검정'으로 선택하여, 감추어져 있던 이전의 수식을 표시한다.

⑭ R6:T46 셀 범위를 복사하여 V6 셀에 붙여넣기 한다. V열~X열의 열 머리글을 선택하여 [열 너비]를 '15'로 조정한다. 그리고 V6 셀의 머리글을 '수정분개장 차변합'으로, W6 셀의 머리글을 '수정분개장 대변합'으로, X6 셀의 머리글을 '수정분개장 잔액'으로 각각 수정해 놓는다.

⑮ V7 셀에 수식 '=SUMIF(수정분개_계정코드,A7,수정분개_차변)'을 입력하고, W7 셀에는 수식 '=SUMIF(수정분개_계정코드,A7,수정분개_대변)'을 각각 입력한다(X7 셀 수식은 그대로 둔다).

⑯ V7:X7 셀 범위를 복사하여 V8:X44 범위에 붙여넣기 한다.

⑰ C46 셀의 수식을 '=SUM(C7:C44)'로 수정한다. 이는 수정분개 과정에서 추가된 2개의 계정과목 내용을 반영하기 위한 것이다. 이제 C46 셀을 복사하여 D46:L46, N46:P46, R46:T46, V46:X46 셀 범위에 각각 붙여넣기 한다.

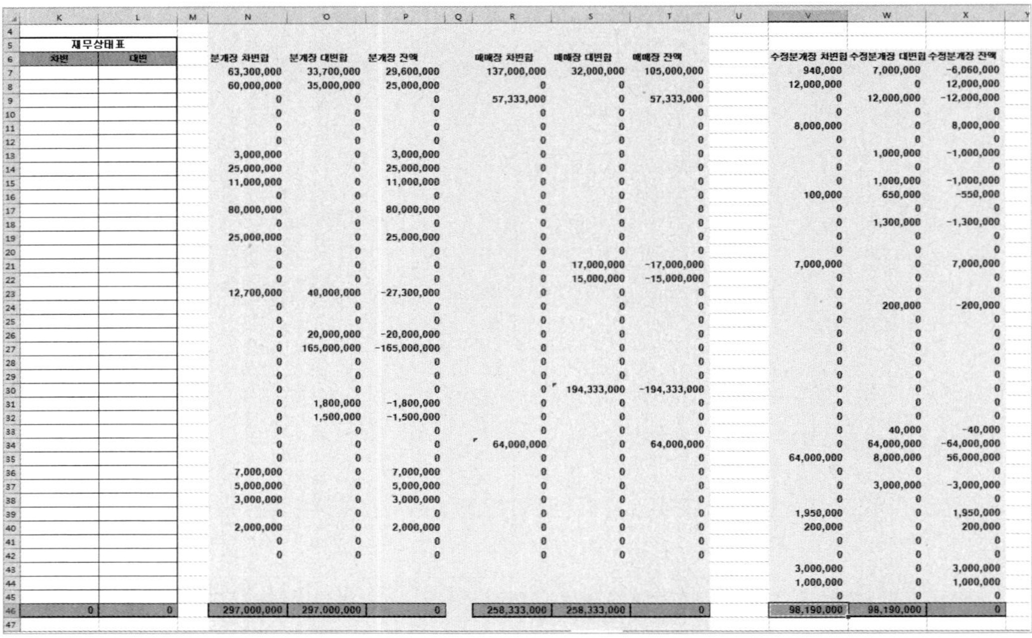

| | K | L | N | O | P | R | S | T | V | W | X |
|---|---|---|---|---|---|---|---|---|---|---|---|
| 4 | | | | | | | | | | | |
| 5 | 재무상태표 | | | | | | | | | | |
| 6 | 차변 | 대변 | 분개장 차변합 | 분개장 대변합 | 분개장 잔액 | 매매장 차변합 | 매매장 대변합 | 매매장 잔액 | 수정분개장 차변합 | 수정분개장 대변합 | 수정분개장 잔액 |
| 7 | | | 63,300,000 | 33,700,000 | 29,600,000 | 137,000,000 | 32,000,000 | 105,000,000 | 940,000 | 7,000,000 | -6,060,000 |
| 8 | | | 60,000,000 | 35,000,000 | 25,000,000 | 0 | 0 | 0 | 12,000,000 | 0 | 12,000,000 |
| 9 | | | 0 | 0 | 0 | 57,333,000 | 0 | 57,333,000 | 0 | 12,000,000 | -12,000,000 |
| 10 | | | 0 | 0 | 0 | 0 | 0 | 0 | 0 | 0 | 0 |
| 11 | | | 0 | 0 | 0 | 0 | 0 | 0 | 8,000,000 | 0 | 8,000,000 |
| 12 | | | 0 | 0 | 0 | 0 | 0 | 0 | 0 | 0 | 0 |
| 13 | | | 3,000,000 | 0 | 3,000,000 | 0 | 0 | 0 | 0 | 1,000,000 | -1,000,000 |
| 14 | | | 25,000,000 | 0 | 25,000,000 | 0 | 0 | 0 | 0 | 0 | 0 |
| 15 | | | 11,000,000 | 0 | 11,000,000 | 0 | 0 | 0 | 0 | 1,000,000 | -1,000,000 |
| 16 | | | 0 | 0 | 0 | 0 | 0 | 0 | 100,000 | 650,000 | -550,000 |
| 17 | | | 80,000,000 | 0 | 80,000,000 | 0 | 0 | 0 | 0 | 0 | 0 |
| 18 | | | 0 | 0 | 0 | 0 | 0 | 0 | 0 | 1,300,000 | -1,300,000 |
| 19 | | | 25,000,000 | 0 | 25,000,000 | 0 | 0 | 0 | 0 | 0 | 0 |
| 20 | | | 0 | 0 | 0 | 0 | 0 | 0 | 0 | 0 | 0 |
| 21 | | | 0 | 0 | 0 | 0 | 17,000,000 | -17,000,000 | 7,000,000 | 0 | 7,000,000 |
| 22 | | | 0 | 0 | 0 | 0 | 15,000,000 | -15,000,000 | 0 | 0 | 0 |
| 23 | | | 12,700,000 | 40,000,000 | -27,300,000 | 0 | 0 | 0 | 0 | 0 | 0 |
| 24 | | | 0 | 0 | 0 | 0 | 0 | 0 | 0 | 200,000 | -200,000 |
| 25 | | | 0 | 0 | 0 | 0 | 0 | 0 | 0 | 0 | 0 |
| 26 | | | 0 | 20,000,000 | -20,000,000 | 0 | 0 | 0 | 0 | 0 | 0 |
| 27 | | | 0 | 165,000,000 | -165,000,000 | 0 | 0 | 0 | 0 | 0 | 0 |
| 28 | | | 0 | 0 | 0 | 0 | 0 | 0 | 0 | 0 | 0 |
| 29 | | | 0 | 0 | 0 | 0 | 0 | 0 | 0 | 0 | 0 |
| 30 | | | 0 | 0 | 0 | 0 | 194,333,000 | -194,333,000 | 0 | 0 | 0 |
| 31 | | | 0 | 1,800,000 | -1,800,000 | 0 | 0 | 0 | 0 | 0 | 0 |
| 32 | | | 0 | 1,500,000 | -1,500,000 | 0 | 0 | 0 | 0 | 0 | 0 |
| 33 | | | 0 | 0 | 0 | 0 | 0 | 0 | 0 | 40,000 | -40,000 |
| 34 | | | 0 | 0 | 0 | 64,000,000 | 0 | 64,000,000 | 0 | 64,000,000 | -64,000,000 |
| 35 | | | 0 | 0 | 0 | 0 | 0 | 0 | 64,000,000 | 8,000,000 | 56,000,000 |
| 36 | | | 7,000,000 | 0 | 7,000,000 | 0 | 0 | 0 | 0 | 0 | 0 |
| 37 | | | 5,000,000 | 0 | 5,000,000 | 0 | 0 | 0 | 0 | 3,000,000 | -3,000,000 |
| 38 | | | 3,000,000 | 0 | 3,000,000 | 0 | 0 | 0 | 0 | 0 | 0 |
| 39 | | | 0 | 0 | 0 | 0 | 0 | 0 | 1,950,000 | 0 | 1,950,000 |
| 40 | | | 2,000,000 | 0 | 2,000,000 | 0 | 0 | 0 | 200,000 | 0 | 200,000 |
| 41 | | | 0 | 0 | 0 | 0 | 0 | 0 | 0 | 0 | 0 |
| 42 | | | 0 | 0 | 0 | 0 | 0 | 0 | 0 | 0 | 0 |
| 43 | | | | | | | | | 3,000,000 | 0 | 3,000,000 |
| 44 | | | | | | | | | 1,000,000 | 0 | 1,000,000 |
| 45 | | | | | | | | | 0 | 0 | 0 |
| 46 | 0 | 0 | 297,000,000 | 297,000,000 | 0 | 258,333,000 | 258,333,000 | 0 | 98,190,000 | 98,190,000 | 0 |
| 47 | | | | | | | | | | | |

⑱ E7 셀에 수식 '=IF(X7>0,X7,"")'을 입력하고, F7 셀에는 수식 '=IF(X7<0,−X7,"")'을 입력한다. 그리고 E7:F7 셀 범위를 복사하여 E8:F44 범위에 붙여넣기 한다.

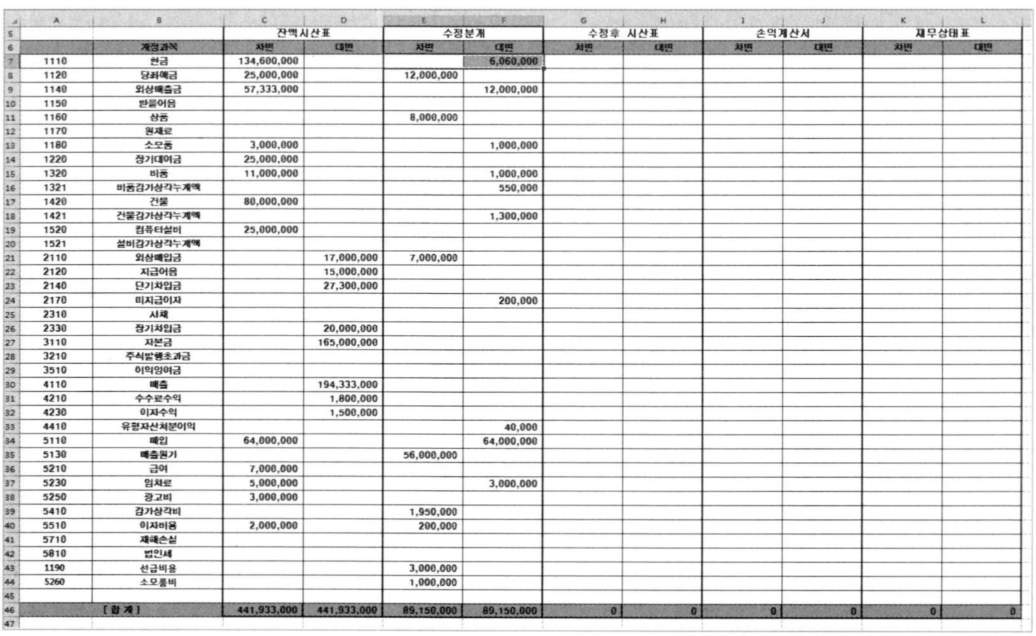

| | A | B | C | D | E | F | G | H | I | J | K | L |
|---|---|---|---|---|---|---|---|---|---|---|---|---|
| 5 | | | 잔액시산표 | | 수정분개 | | 수정후 시산표 | | 손익계산서 | | 재무상태표 | |
| 6 | | 계정과목 | 차변 | 대변 | 차변 | 대변 | 차변 | 대변 | 차변 | 대변 | 차변 | 대변 |
| 7 | 1110 | 현금 | 134,600,000 | | | 6,060,000 | | | | | | |
| 8 | 1120 | 당좌예금 | 25,000,000 | | 12,000,000 | | | | | | | |
| 9 | 1140 | 외상매출금 | 57,333,000 | | | 12,000,000 | | | | | | |
| 10 | 1150 | 받을어음 | | | | | | | | | | |
| 11 | 1160 | 상품 | | | 8,000,000 | | | | | | | |
| 12 | 1170 | 원재료 | | | | | | | | | | |
| 13 | 1180 | 소모품 | 3,000,000 | | | 1,000,000 | | | | | | |
| 14 | 1220 | 장기대여금 | 25,000,000 | | | | | | | | | |
| 15 | 1320 | 비품 | 11,000,000 | | | 1,000,000 | | | | | | |
| 16 | 1321 | 비품감가상각누계액 | | | | 550,000 | | | | | | |
| 17 | 1420 | 건물 | 80,000,000 | | | | | | | | | |
| 18 | 1421 | 건물감가상각누계액 | | | | 1,300,000 | | | | | | |
| 19 | 1520 | 컴퓨터설비 | 25,000,000 | | | | | | | | | |
| 20 | 1521 | 설비감가상각누계액 | | | | | | | | | | |
| 21 | 2110 | 외상매입금 | | 17,000,000 | 7,000,000 | | | | | | | |
| 22 | 2120 | 지급어음 | | 15,000,000 | | | | | | | | |
| 23 | 2140 | 단기차입금 | | 27,300,000 | | | | | | | | |
| 24 | 2170 | 미지급이자 | | | | 200,000 | | | | | | |
| 25 | 2310 | 사채 | | | | | | | | | | |
| 26 | 2330 | 장기차입금 | | 20,000,000 | | | | | | | | |
| 27 | 3110 | 자본금 | | 165,000,000 | | | | | | | | |
| 28 | 3210 | 주식발행초과금 | | | | | | | | | | |
| 29 | 3510 | 이익잉여금 | | | | | | | | | | |
| 30 | 4110 | 매출 | | 194,333,000 | | | | | | | | |
| 31 | 4210 | 수수료수익 | | 1,800,000 | | | | | | | | |
| 32 | 4230 | 이자수익 | | 1,500,000 | | | | | | | | |
| 33 | 4410 | 유형자산처분이익 | | | | 40,000 | | | | | | |
| 34 | 5110 | 매입 | 64,000,000 | | | 64,000,000 | | | | | | |
| 35 | 5130 | 매출원가 | | | 56,000,000 | | | | | | | |
| 36 | 5210 | 급여 | 7,000,000 | | | | | | | | | |
| 37 | 5230 | 임차료 | 5,000,000 | | | 3,000,000 | | | | | | |
| 38 | 5250 | 광고비 | 3,000,000 | | | | | | | | | |
| 39 | 5410 | 감가상각비 | | | 1,950,000 | | | | | | | |
| 40 | 5510 | 이자비용 | 2,000,000 | | 200,000 | | | | | | | |
| 41 | 5710 | 재해손실 | | | | | | | | | | |
| 42 | 5810 | 법인세 | | | | | | | | | | |
| 43 | 1190 | 선급비용 | | | 3,000,000 | | | | | | | |
| 44 | 5260 | 소모품비 | | | 1,000,000 | | | | | | | |
| 45 | | | | | | | | | | | | |
| 46 | | [ 합 계 ] | 441,933,000 | 441,933,000 | 89,150,000 | 89,150,000 | 0 | 0 | 0 | 0 | 0 | 0 |
| 47 | | | | | | | | | | | | |

⑲ Z열을 선택하고 [열 너비]를 '15'로 조정한 후, [홈] 탭의 [글꼴]-[글꼴 색]을 '검정'으로 선택한다.

⑳ Z6 셀에 머리글 '수정후_잔액'을 입력하고, Z7 셀에 수식 '=P7+T7+X7'을 입력한다. 그리고 Z7 셀을 복사하여 Z8:Z44 범위에 붙여넣기 한다. Z46 셀에는 수식 '=SUM(Z7:Z44)'를 입력한다.

㉑ 이제 G7:H44 셀 범위에 **'수정후 시산표'** 금액을 입력한다.

여기서 수정후 시산표의 차변금액은 [잔액시산표 차변금액+수정분개 차변금액-수정분개 대변금액]으로 계산되며, 수정후 시산표의 대변금액은 [잔액시산표 대변금액-수정분개 차변금액+수정분개 대변금액]으로 계산된다.

그런데 이 합계금액은 [분개장 잔액+매매장 잔액+수정분개장 잔액](즉, Z열의 값)과도 일치한다. 이때 이 최종 합계금액(Z열의 값)이 양수(+)인 경우에는 차변잔액을, 그리고 음수(-)인 경우에는 대변잔액을 각각 의미한다. 따라서 Z열의 값이 양수(+)인 경우에는 수정후시산표의 차변에 기록하며, Z열의 값이 음수(-)인 경우에는 수정후시산표의 대변에 양(+)의 값으로 각각 기록하면 된다.

이제 G7 셀에 수식 '=IF(Z7>0,Z7,"")'을, 그리고 H7 셀에는 수식 '=IF(Z7<0,-Z7,"")'을 각각 입력한다. 그리고 G7:H7 셀 범위를 복사하여 G8:H44 셀 영역에 붙여넣기 한다.

| | | 잔액시산표 | | 수정분개 | | 수정후 시산표 | | 손익계산서 | | 재무상태표 | |
|---|---|---|---|---|---|---|---|---|---|---|---|
| | 계정과목 | 차변 | 대변 | 차변 | 대변 | 차변 | 대변 | 차변 | 대변 | 차변 | 대변 |
| 1110 | 현금 | 134,600,000 | | | 6,060,000 | 128,540,000 | | | | | |
| 1120 | 당좌예금 | 25,000,000 | | 12,000,000 | | 37,000,000 | | | | | |
| 1140 | 외상매출금 | 57,333,000 | | | 12,000,000 | 45,333,000 | | | | | |
| 1150 | 받을어음 | | | | | | | | | | |
| 1160 | 상품 | | | 8,000,000 | | 8,000,000 | | | | | |
| 1170 | 원재료 | | | | | | | | | | |
| 1180 | 소모품 | 3,000,000 | | | 1,000,000 | 2,000,000 | | | | | |
| 1220 | 장기대여금 | 25,000,000 | | | | 25,000,000 | | | | | |
| 1320 | 비품 | 11,000,000 | | | 1,000,000 | 10,000,000 | | | | | |
| 1321 | 비품감가상각누계액 | | | | 550,000 | | 550,000 | | | | |
| 1420 | 건물 | 80,000,000 | | | | 80,000,000 | | | | | |
| 1421 | 건물감가상각누계액 | | | | 1,300,000 | | 1,300,000 | | | | |
| 1520 | 컴퓨터설비 | 25,000,000 | | | | 25,000,000 | | | | | |
| 1521 | 설비감가상각누계액 | | | | | | | | | | |
| 2110 | 외상매입금 | | 17,000,000 | 7,000,000 | | | 10,000,000 | | | | |
| 2120 | 지급어음 | | 15,000,000 | | | | 15,000,000 | | | | |
| 2140 | 단기차입금 | | 27,300,000 | | | | 27,300,000 | | | | |
| 2170 | 미지급이자 | | | | 200,000 | | 200,000 | | | | |
| 2310 | 사채 | | | | | | | | | | |
| 2330 | 장기차입금 | | 20,000,000 | | | | 20,000,000 | | | | |
| 3110 | 자본금 | | 165,000,000 | | | | 165,000,000 | | | | |
| 3210 | 주식발행초과금 | | | | | | | | | | |
| 3510 | 이익잉여금 | | | | | | | | | | |
| 4110 | 매출 | | 194,333,000 | | | | 194,333,000 | | | | |
| 4210 | 수수료수익 | | 1,800,000 | | | | 1,800,000 | | | | |
| 4230 | 이자수익 | | 1,500,000 | | | | 1,500,000 | | | | |
| 4410 | 유형자산처분이익 | | | | 40,000 | | 40,000 | | | | |
| 5110 | 매입 | 64,000,000 | | | 64,000,000 | | | | | | |
| 5130 | 매출원가 | | | 56,000,000 | | 56,000,000 | | | | | |
| 5210 | 급여 | 7,000,000 | | | | 7,000,000 | | | | | |
| 5230 | 임차료 | 5,000,000 | | | 3,000,000 | 2,000,000 | | | | | |
| 5250 | 광고비 | 3,000,000 | | | | 3,000,000 | | | | | |
| 5410 | 감가상각비 | | | 1,950,000 | | 1,950,000 | | | | | |
| 5510 | 이자비용 | 2,000,000 | | 200,000 | | 2,200,000 | | | | | |
| 5710 | 재해손실 | | | | | | | | | | |
| 5810 | 법인세 | | | | | | | | | | |
| 1190 | 선급비용 | | | 3,000,000 | | 3,000,000 | | | | | |
| 5260 | 소모품비 | | | 1,000,000 | | 1,000,000 | | | | | |
| | [ 합 계 ] | 441,933,000 | 441,933,000 | 89,150,000 | 89,150,000 | 437,023,000 | 437,023,000 | 0 | 0 | 0 | 0 |

㉒ 이제 I7:J44 셀 범위에 **'손익계산서'** 금액을 입력해보기로 한다.

앞에서 계정코드번호를 정의할 때 코드번호가 4,000번 이상인 경우에는 손익계산서 계정을,

그리고 4,000번 아래인 경우에는 재무상태표 계정을 의미하는 것으로 설계되었다. 따라서 정산표에서 손익계산서란에는 계정코드가 4,000번 이상인 항목만 금액을 표시하면 된다. 또한 Z열의 해당 항목 금액이 양수(+)인 경우에는 차변에 표시하고, 음수(-)인 경우에는 대변잔액으로 표시한다. 따라서 I7 셀에 수식 '=IF(A7>4000,IF(Z7>0,Z7,""),"")'을, 그리고 J7 셀에 수식 '=IF(A7>4000,IF(Z7<0,-Z7,""),"")'을 각각 입력한다. 그리고 I7:J7 셀 범위를 복사하여 I8:J44 셀 범위에 붙여넣기 한다.

| | A | B | C | D | E | F | G | H | I | J | K | L |
|---|---|---|---|---|---|---|---|---|---|---|---|---|
| 5 | | | 잔액시산표 | | 수정분개 | | 수정후 시산표 | | 손익계산서 | | 재무상태표 | |
| 6 | | 계정과목 | 차변 | 대변 | 차변 | 대변 | 차변 | 대변 | 차변 | 대변 | 차변 | 대변 |
| 7 | 1110 | 현금 | 134,600,000 | | | 6,060,000 | 128,540,000 | | | | | |
| 8 | 1120 | 당좌예금 | 25,000,000 | | 12,000,000 | | 37,000,000 | | | | | |
| 9 | 1140 | 외상매출금 | 57,333,000 | | | 12,000,000 | 45,333,000 | | | | | |
| 10 | 1150 | 받을어음 | | | | | | | | | | |
| 11 | 1160 | 상품 | | | 8,000,000 | | 8,000,000 | | | | | |
| 12 | 1170 | 원재료 | | | | | | | | | | |
| 13 | 1180 | 소모품 | 3,000,000 | | | 1,000,000 | 2,000,000 | | | | | |
| 14 | 1220 | 장기대여금 | 25,000,000 | | | | 25,000,000 | | | | | |
| 15 | 1320 | 비품 | 11,000,000 | | | 1,000,000 | 10,000,000 | | | | | |
| 16 | 1321 | 비품감가상각누계액 | | | | 550,000 | | 550,000 | | | | |
| 17 | 1420 | 건물 | 80,000,000 | | | | 80,000,000 | | | | | |
| 18 | 1421 | 건물감가상각누계액 | | | | 1,300,000 | | 1,300,000 | | | | |
| 19 | 1520 | 컴퓨터설비 | 25,000,000 | | | | 25,000,000 | | | | | |
| 20 | 1521 | 설비감가상각누계액 | | | | | | | | | | |
| 21 | 2110 | 외상매입금 | | 17,000,000 | 7,000,000 | | | 10,000,000 | | | | |
| 22 | 2120 | 지급어음 | | 15,000,000 | | | | 15,000,000 | | | | |
| 23 | 2140 | 단기차입금 | | 27,300,000 | | | | 27,300,000 | | | | |
| 24 | 2170 | 미지급이자 | | | | 200,000 | | 200,000 | | | | |
| 25 | 2310 | 사채 | | | | | | | | | | |
| 26 | 2330 | 장기차입금 | | 20,000,000 | | | | 20,000,000 | | | | |
| 27 | 3110 | 자본금 | | 165,000,000 | | | | 165,000,000 | | | | |
| 28 | 3210 | 주식발행초과금 | | | | | | | | | | |
| 29 | 3510 | 이익잉여금 | | | | | | | | | | |
| 30 | 4110 | 매출 | | 194,333,000 | | | | 194,333,000 | | 194,333,000 | | |
| 31 | 4210 | 수수료수익 | | 1,800,000 | | | | 1,800,000 | | 1,800,000 | | |
| 32 | 4230 | 이자수익 | | 1,500,000 | | | | 1,500,000 | | 1,500,000 | | |
| 33 | 4410 | 유형자산처분이익 | | | | 40,000 | | 40,000 | | 40,000 | | |
| 34 | 5110 | 매입 | 64,000,000 | | | 64,000,000 | | | | | | |
| 35 | 5130 | 매출원가 | | | 56,000,000 | | 56,000,000 | | 56,000,000 | | | |
| 36 | 5210 | 급여 | 7,000,000 | | | | 7,000,000 | | 7,000,000 | | | |
| 37 | 5230 | 임차료 | 5,000,000 | | | 3,000,000 | 2,000,000 | | 2,000,000 | | | |
| 38 | 5250 | 광고비 | 3,000,000 | | | | 3,000,000 | | 3,000,000 | | | |
| 39 | 5410 | 감가상각비 | | | 1,950,000 | | 1,950,000 | | 1,950,000 | | | |
| 40 | 5510 | 이자비용 | 2,000,000 | | 200,000 | | 2,200,000 | | 2,200,000 | | | |
| 41 | 5710 | 재해손실 | | | | | | | | | | |
| 42 | 5810 | 법인세 | | | | | | | | | | |
| 43 | 1190 | 선급비용 | | | 3,000,000 | | 3,000,000 | | | | | |
| 44 | 5260 | 소모품비 | | | 1,000,000 | | 1,000,000 | | 1,000,000 | | | |
| 45 | | | | | | | | | | | | |
| 46 | | [ 합 계 ] | 441,933,000 | 441,933,000 | 89,150,000 | 89,150,000 | 437,023,000 | 437,023,000 | 73,150,000 | 197,673,000 | 0 | 0 |

㉓ 이제 K7:L44 셀 범위에 **'재무상태표'** 금액을 입력해보기로 한다.

계정코드번호가 4,000번 아래인 경우에는 재무상태표 계정을 의미하는 것으로 정의하였으므로 K7 셀에 수식 '=IF(A7<4000,IF(Z7>0,Z7,""),"")'을, 그리고 L7 셀에 수식 '=IF(A7<4000,IF(Z7<0,-Z7,""),"")'을 각각 입력한다. 그리고 K7:L7 셀 범위를 복사하여 K8:L44 셀 범위에 붙여넣기 한다.

| | A | B | C | D | E | F | G | H | I | J | K | L |
|---|---|---|---|---|---|---|---|---|---|---|---|---|
| 5 | | | 잔액시산표 | | 수정분개 | | 수정후 시산표 | | 손익계산서 | | 재무상태표 | |
| 6 | | 계정과목 | 차변 | 대변 | 차변 | 대변 | 차변 | 대변 | 차변 | 대변 | 차변 | 대변 |
| 7 | 1110 | 현금 | 134,600,000 | | | 6,060,000 | 128,540,000 | | | | 128,540,000 | |
| 8 | 1120 | 당좌예금 | 25,000,000 | | 12,000,000 | | 37,000,000 | | | | 37,000,000 | |
| 9 | 1140 | 외상매출금 | 57,333,000 | | | 12,000,000 | 45,333,000 | | | | 45,333,000 | |
| 10 | 1150 | 받을어음 | | | | | | | | | | |
| 11 | 1160 | 상품 | | | 8,000,000 | | 8,000,000 | | | | 8,000,000 | |
| 12 | 1170 | 원재료 | | | | | | | | | | |
| 13 | 1180 | 소모품 | 3,000,000 | | | 1,000,000 | 2,000,000 | | | | 2,000,000 | |
| 14 | 1220 | 장기대여금 | 25,000,000 | | | | 25,000,000 | | | | 25,000,000 | |
| 15 | 1320 | 비품 | 11,000,000 | | | 1,000,000 | 10,000,000 | | | | 10,000,000 | |
| 16 | 1321 | 비품감가상각누계액 | | | | 550,000 | | 550,000 | | | | 550,000 |
| 17 | 1420 | 건물 | 80,000,000 | | | | 80,000,000 | | | | 80,000,000 | |
| 18 | 1421 | 건물감가상각누계액 | | | | 1,300,000 | | 1,300,000 | | | | 1,300,000 |
| 19 | 1520 | 컴퓨터설비 | 25,000,000 | | | | 25,000,000 | | | | 25,000,000 | |
| 20 | 1521 | 설비감가상각누계액 | | | | | | | | | | |
| 21 | 2110 | 외상매입금 | | 17,000,000 | 7,000,000 | | | 10,000,000 | | | | 10,000,000 |
| 22 | 2120 | 지급어음 | | 15,000,000 | | | | 15,000,000 | | | | 15,000,000 |
| 23 | 2140 | 단기차입금 | | 27,300,000 | | | | 27,300,000 | | | | 27,300,000 |
| 24 | 2170 | 미지급이자 | | | | 200,000 | | 200,000 | | | | 200,000 |
| 25 | 2310 | 사채 | | | | | | | | | | |
| 26 | 2330 | 장기차입금 | | 20,000,000 | | | | 20,000,000 | | | | 20,000,000 |
| 27 | 3110 | 자본금 | | 165,000,000 | | | | 165,000,000 | | | | 165,000,000 |
| 28 | 3210 | 주식발행초과금 | | | | | | | | | | |
| 29 | 3510 | 이익잉여금 | | | | | | | | | | |
| 30 | 4110 | 매출 | | 194,333,000 | | | | 194,333,000 | | 194,333,000 | | |
| 31 | 4210 | 수수료수익 | | 1,800,000 | | | | 1,800,000 | | 1,800,000 | | |
| 32 | 4230 | 이자수익 | | 1,500,000 | | | | 1,500,000 | | 1,500,000 | | |
| 33 | 4410 | 유형자산처분이익 | | | | 40,000 | | 40,000 | | 40,000 | | |
| 34 | 5110 | 매입 | 64,000,000 | | | 64,000,000 | | | | | | |
| 35 | 5130 | 매출원가 | | | 56,000,000 | | 56,000,000 | | 56,000,000 | | | |
| 36 | 5210 | 급여 | 7,000,000 | | | | 7,000,000 | | 7,000,000 | | | |
| 37 | 5230 | 임차료 | 5,000,000 | | | 3,000,000 | 2,000,000 | | 2,000,000 | | | |
| 38 | 5250 | 광고비 | 3,000,000 | | | | 3,000,000 | | 3,000,000 | | | |
| 39 | 5410 | 감가상각비 | | | 1,950,000 | | 1,950,000 | | 1,950,000 | | | |
| 40 | 5510 | 이자비용 | 2,000,000 | | 200,000 | | 2,200,000 | | 2,200,000 | | | |
| 41 | 5710 | 재해손실 | | | | | | | | | | |
| 42 | 5810 | 법인세 | | | | | | | | | | |
| 43 | 1190 | 선급비용 | | | 3,000,000 | | 3,000,000 | | | | 3,000,000 | |
| 44 | 5260 | 소모품비 | | | 1,000,000 | | 1,000,000 | | 1,000,000 | | | |
| 45 | | | | | | | | | | | | |
| 46 | | [ 합 계 ] | 441,933,000 | 441,933,000 | 89,150,000 | 89,150,000 | 437,023,000 | 437,023,000 | 73,150,000 | 197,673,000 | 363,873,000 | 239,350,000 |
| 47 | | | | | | | | | | | | |

㉔ 그런데 잔액시산표, 수정분개, 수정후시산표의 아래쪽 합계부분은 차변합계와 대변합계가 일치하지만, 손익계산서와 재무상태표의 경우에는 차변합계와 대변합계가 각각 일치하지 않는다. 손익계산서의 경우에는 대변합계가 더 크고, 재무상태표에서는 차변합계가 더 크다. 따라서 손익계산서의 대변합계(흔히 '**수익**'이라고 함)에서 차변합계(흔히 '**비용**'이라고 함)를 뺀 나머지를 '**당기순이익**'이라고 한다. 만일 대변합계에서 차변합계를 뺀 나머지가 음수(-)인 경우에는 이를 '당기순손실'이라고 한다.

따라서 손익계산서에서 당기순이익(당기순손실)을 계산하기 위해 I47 셀에 수식 '=IF(J46>I46,J46-I46,"")'을, 그리고 J47 셀에 수식 '=IF(J46<I46,I46-J46,"")'을 각각 입력한다.

㉕ 또 재무상태표에도 당기순이익을 계산하기 위해 K47 셀에 수식 '=IF(L46>K46,L46-K46,"")'을, 그리고 L47 셀에 수식 '=IF(L46<K46,K46-L46,"")'을 각각 입력한다.

㉖ 그런데 손익계산서의 I47 셀에서 계산된 당기순이익(₩124,523,000)과 재무상태표의 L47 셀에서 계산된 당기순이익(₩124,523,000)은 항상 일치해야 한다. 만일 이들 금액에 차이가 있는 경우에는 계산과정의 어디에선가 오류가 있음을 의미하는 것이므로, 반드시 그 오류의 원인을 찾아내어 수정하도록 해야 한다.

㉗ B47 셀에는 '당기순이익'을, 그리고 B48 셀에는 '[합 계]'를 입력한다. 그리고 I48 셀에 수식 '=SUM(I46:I47)'을 입력한 후, I48 셀을 복사하여 J48:L48 셀에 붙여넣기 한다.

| | A | B | C | D | E | F | G | H | I | J | K | L |
|---|---|---|---|---|---|---|---|---|---|---|---|---|
| 5 | | | 잔액시산표 | | 수정분개 | | 수정후 시산표 | | 손익계산서 | | 재무상태표 | |
| 6 | | 계정과목 | 차변 | 대변 | 차변 | 대변 | 차변 | 대변 | 차변 | 대변 | 차변 | 대변 |
| 7 | 1110 | 현금 | 134,600,000 | | | 6,060,000 | 128,540,000 | | | | 128,540,000 | |
| 8 | 1120 | 당좌예금 | 25,000,000 | | 12,000,000 | | 37,000,000 | | | | 37,000,000 | |
| 9 | 1140 | 외상매출금 | 57,333,000 | | | 12,000,000 | 45,333,000 | | | | 45,333,000 | |
| 10 | 1150 | 받을어음 | | | | | | | | | | |
| 11 | 1160 | 상품 | | | 8,000,000 | | 8,000,000 | | | | 8,000,000 | |
| 12 | 1170 | 원재료 | | | | | | | | | | |
| 13 | 1180 | 소모품 | 3,000,000 | | | 1,000,000 | 2,000,000 | | | | 2,000,000 | |
| 14 | 1220 | 장기대여금 | 25,000,000 | | | | 25,000,000 | | | | 25,000,000 | |
| 15 | 1320 | 비품 | 11,000,000 | | | 1,000,000 | 10,000,000 | | | | 10,000,000 | |
| 16 | 1321 | 비품감가상각누계액 | | | | 550,000 | | 550,000 | | | | 550,000 |
| 17 | 1420 | 건물 | 80,000,000 | | | | 80,000,000 | | | | 80,000,000 | |
| 18 | 1421 | 건물감가상각누계액 | | | | 1,300,000 | | 1,300,000 | | | | 1,300,000 |
| 19 | 1520 | 컴퓨터설비 | 25,000,000 | | | | 25,000,000 | | | | 25,000,000 | |
| 20 | 1521 | 설비감가상각누계액 | | | | | | | | | | |
| 21 | 2110 | 외상매입금 | | 17,000,000 | 7,000,000 | | | 10,000,000 | | | | 10,000,000 |
| 22 | 2120 | 지급어음 | | 15,000,000 | | | | 15,000,000 | | | | 15,000,000 |
| 23 | 2140 | 단기차입금 | | 27,300,000 | | | | 27,300,000 | | | | 27,300,000 |
| 24 | 2170 | 미지급이자 | | | | 200,000 | | 200,000 | | | | 200,000 |
| 25 | 2310 | 사채 | | | | | | | | | | |
| 26 | 2330 | 장기차입금 | | 20,000,000 | | | | 20,000,000 | | | | 20,000,000 |
| 27 | 3110 | 자본금 | | 165,000,000 | | | | 165,000,000 | | | | 165,000,000 |
| 28 | 3210 | 주식발행초과금 | | | | | | | | | | |
| 29 | 3510 | 이익잉여금 | | | | | | | | | | |
| 30 | 4110 | 매출 | | 194,333,000 | | | | 194,333,000 | | 194,333,000 | | |
| 31 | 4210 | 수수료수익 | | 1,800,000 | | | | 1,800,000 | | 1,800,000 | | |
| 32 | 4230 | 이자수익 | | 1,500,000 | | | | 1,500,000 | | 1,500,000 | | |
| 33 | 4410 | 유형자산처분이익 | | | | 40,000 | | 40,000 | | 40,000 | | |
| 34 | 5110 | 매입 | 64,000,000 | | | 64,000,000 | | | | | | |
| 35 | 5130 | 매출원가 | | | 56,000,000 | | 56,000,000 | | 56,000,000 | | | |
| 36 | 5210 | 급여 | 7,000,000 | | | | 7,000,000 | | 7,000,000 | | | |
| 37 | 5230 | 임차료 | 5,000,000 | | | 3,000,000 | 2,000,000 | | 2,000,000 | | | |
| 38 | 5250 | 광고비 | 3,000,000 | | | | 3,000,000 | | 3,000,000 | | | |
| 39 | 5410 | 감가상각비 | | | 1,950,000 | | 1,950,000 | | 1,950,000 | | | |
| 40 | 5510 | 이자비용 | 2,000,000 | | 200,000 | | 2,200,000 | | 2,200,000 | | | |
| 41 | 5710 | 재해손실 | | | | | | | | | | |
| 42 | 5810 | 법인세 | | | | | | | | | | |
| 43 | 1190 | 선급비용 | | | 3,000,000 | | 3,000,000 | | | | 3,000,000 | |
| 44 | 5260 | 소모품비 | | | 1,000,000 | | 1,000,000 | | 1,000,000 | | | |
| 45 | | | | | | | | | | | | |
| 46 | | [ 합 계 ] | 441,933,000 | 441,933,000 | 89,150,000 | 89,150,000 | 437,023,000 | 437,023,000 | 73,150,000 | 197,673,000 | 363,873,000 | 239,350,000 |
| 47 | | 당기순이익 | | | | | | | 124,523,000 | | | 124,523,000 |
| 48 | | [ 합 계 ] | | | | | | | 197,673,000 | 197,673,000 | 363,873,000 | 363,873,000 |

... 계정과목표 | 오류테이블 | 매입매출장 | 매입매출장 피벗테이블 | 시산표 | 수정분개장 | 정산표 | 항목관리

㉘ A47:L48 셀 영역을 선택하고 [홈] 템에서 [글꼴]-[테두리]-[모든 테두리]로 지정한다. A48:B48 셀 영역을 선택하고 [홈] 텝에서 [맞춤]-[병합하고 가운데 맞춤]으로 지정한다. 그리고 C46:H46 셀 영역과 I48:L48 셀 영역에 대해서는 [홈] 탭의 [글꼴]-[테두리]에서 [아래쪽 이중 테두리]로 선택한다.

㉙ N열부터 Z열까지의 수치는 정산표(A열~L열)의 금액을 계산하기 위해 사용되었던 수식이 기록된 것이다. 만일 이를 삭제할 경우 정산표의 금액이 잘못 표시될 수 있으니 이를 삭제하지 않고, 대신 눈에 보이지 않게 바탕색(흰색)으로 변경한다(N열부터 Z열의 열 머리 부분을 선택한 후, [홈] 탭의 [글꼴]-[글꼴 색]을 '흰색'으로 지정한다. N46:Z46 셀 범위에 대해서는 [홈] 탭의 [글꼴]-[채우기 색]에서 '채우기 없음'으로, 그리고 [테두리]에서 '테두리 없음'으로 지정한다).

## 3. 손익계산서(Income Statement) 표시하기

정산표에서도 손익계산서가 표시되고 있긴 하지만 이는 손익계산서의 기본 양식으로 표시되고 있다기 보다는 당기순이익을 계산하기 위한 하나의 과정으로 작성되고 있을 뿐이다. 재무상태표의 경우에도 마찬가지이다. 따라서 손익계산서와 재무상태표를 기본 양식에 따라 재배열하고 보고서로서의 체계를 갖추어 작성하는 절차가 수행되어야 한다.

흔히 **손익계산서**는 매출액으로부터 시작하여 이익의 성격 구분에 따라 배열하는 방법이 사용되

고, **재무상태표**는 유동성배열법에 따라 작성하되 자산, 부채, 자본으로 크게 구분하여 표시하는 방법을 따르고 있다.

① '손익계산서' sheet를 만들기 위해 새 sheet를 생성한다.

② 새로 만들어진 sheet의 이름을 '손익계산서'로 바꾸고, '정산표' sheet 다음으로 옮겨 놓는다.

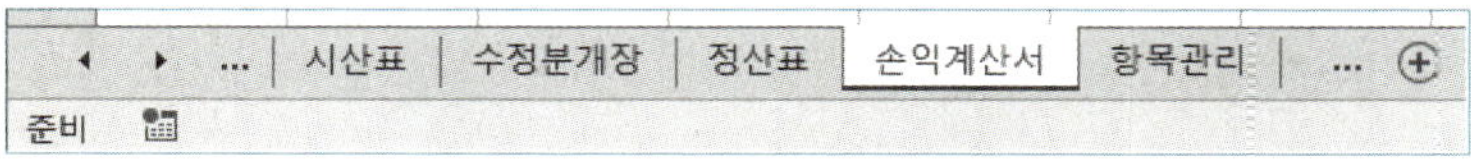


③ '정산표' sheet에서 A6:B48 셀 범위를 복사하여 '손익계산서' sheet의 A6 셀에 붙여넣기 한다. 다시 '정산표' sheet에서 A1:D3 셀 범위를 복사하여 '손익계산서' sheet의 A1 셀에 붙여넣기 한다.

④ '손익계산서' sheet에서 D7 셀을 선택하고 수식 '=ABS(정산표!Z7)'을 입력한다. 그리고 D7 셀의 '자동채우기 핸들'을 이용하여 D44 셀까지 끌어 채워넣는다(이로써 정산표상의 '수정후 잔액'이 '손익계산서' sheet에 절대값 형태로 연결되어지게 되었다).

| | A | B | C | D | E | F |
|---|---|---|---|---|---|---|
| 1 | 청송산업 | | | | | |
| 2 | | 정 산 표 | | | | |
| 3 | | 2017-06-30에 해당하는 기간 | | | | |
| 4 | | | | | | |
| 5 | | | | | | |
| 6 | | 계정과목 | | | | |
| 7 | 1110 | 현금 | | 128540000 | | |
| 8 | 1120 | 당좌예금 | | 37000000 | | |
| 9 | 1140 | 외상매출금 | | 45333000 | | |
| 10 | 1150 | 받을어음 | | 0 | | |
| 11 | 1160 | 상품 | | 8000000 | | |
| 12 | 1170 | 원재료 | | 0 | | |
| 13 | 1180 | 소모품 | | 2000000 | | |
| 14 | 1220 | 장기대여금 | | 25000000 | | |
| 15 | 1320 | 비품 | | 10000000 | | |
| 16 | 1321 | 비품감가상각누계액 | | 550000 | | |
| 17 | 1420 | 건물 | | 80000000 | | |
| 18 | 1421 | 건물감가상각누계액 | | 1300000 | | |
| 19 | 1520 | 컴퓨터설비 | | 25000000 | | |
| 20 | 1521 | 설비감가상각누계액 | | 0 | | |
| 21 | 2110 | 외상매입금 | | 10000000 | | |
| 22 | 2120 | 지급어음 | | 15000000 | | |
| 23 | 2140 | 단기차입금 | | 27300000 | | |
| 24 | 2170 | 미지급이자 | | 200000 | | |
| 25 | 2310 | 사채 | | 0 | | |
| 26 | 2330 | 장기차입금 | | 20000000 | | |
| 27 | 3110 | 자본금 | | 165000000 | | |
| 28 | 3210 | 주식발행초과금 | | 0 | | |
| 29 | 3510 | 이익잉여금 | | 0 | | |
| 30 | 4110 | 매출 | | 194333000 | | |
| 31 | 4210 | 수수료수익 | | 1800000 | | |
| 32 | 4230 | 이자수익 | | 1500000 | | |
| 33 | 4410 | 유형자산처분이익 | | 40000 | | |
| 34 | 5110 | 매입 | | 0 | | |
| 35 | 5130 | 매출원가 | | 56000000 | | |
| 36 | 5210 | 급여 | | 7000000 | | |
| 37 | 5230 | 임차료 | | 2000000 | | |
| 38 | 5250 | 광고비 | | 3000000 | | |
| 39 | 5410 | 감가상각비 | | 1950000 | | |
| 40 | 5510 | 이자비용 | | 2200000 | | |
| 41 | 5710 | 재해손실 | | 0 | | |
| 42 | 5810 | 법인세 | | 0 | | |
| 43 | 1190 | 선급비용 | | 3000000 | | |
| 44 | 5260 | 소모품비 | | 1000000 | | |
| 45 | | | | | | |
| 46 | [ 합 계 ] | | | | | |
| 47 | | 당기순이익 | | | | |
| 48 | [ 합 계 ] | | | | | |
| 49 | | | | | | |

⑤ 이 sheet를 다음에 '재무상태표' sheet 작성에도 사용하도록 먼저 복제해 두기로 한다. '손익계산서' sheet의 탭을 선택하고 Ctrl 키를 누른 상태에서 '손익계산서' sheet 다음으로 옮기고, 먼저 마우스를 놓은 후 Ctrl 키를 놓는다. 복제된 '손익계산서 (2)' sheet의 탭을 더블 클릭하여 '재무상태표'로 바꾸어 놓는다.

⑥ 다시 '손익계산서' sheet로 돌아와서, B2 셀의 머리글을 '**손익계산서**'로 바꾼다.

⑦ B3 셀에 입력되어 있는 수식을 새로운 수식 '=TEXT(MIN(날짜3),"YYYY-MM-DD") & " 부터 " & TEXT(MAX(수정분개_날짜),"YYYY-MM-DD") &"까지"'로 변경한다.

⑧ A열~D열의 [열 너비]를 각각 '10', '30', '15', '15'로 조정한다. 3행~48행까지의 행 머리부분을 선택하고 [글꼴]을 '견고딕', [글꼴 크기]를 '11'로 지정한다. C열과 D열을 선택하여 [홈] 탭에서 [표시 형식]-[쉼표 스타일]로 지정한다.

⑨ 표시되고 있는 계정과목들 중에서 재무상태표 관련 계정과목 행들(7행부터 29행까지)을 삭제한다. 또한 수정분개 과정에서 새로 추가되었던 항목 중 재무상태표에 해당하는 선급비용 관련 행(남은 항목 중 20행)도 삭제한다.

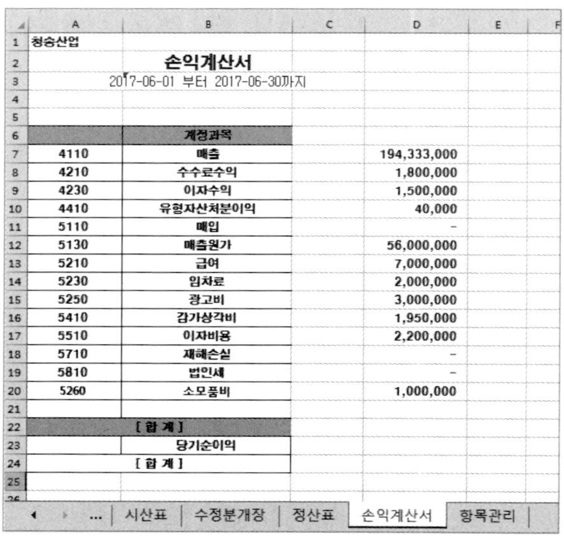

| | A | B | C | D | E |
|---|---|---|---|---|---|
| 1 | 청송산업 | | | | |
| 2 | | 손익계산서 | | | |
| 3 | | 2017-06-01 부터 2017-06-30까지 | | | |
| 4 | | | | | |
| 5 | | | | | |
| 6 | | 계정과목 | | | |
| 7 | 4110 | 매출 | | 194,333,000 | |
| 8 | 4210 | 수수료수익 | | 1,800,000 | |
| 9 | 4230 | 이자수익 | | 1,500,000 | |
| 10 | 4410 | 유형자산처분이익 | | 40,000 | |
| 11 | 5110 | 매입 | | - | |
| 12 | 5130 | 매출원가 | | 56,000,000 | |
| 13 | 5210 | 급여 | | 7,000,000 | |
| 14 | 5230 | 임차료 | | 2,000,000 | |
| 15 | 5250 | 광고비 | | 3,000,000 | |
| 16 | 5410 | 감가상각비 | | 1,950,000 | |
| 17 | 5510 | 이자비용 | | 2,200,000 | |
| 18 | 5710 | 재해손실 | | - | |
| 19 | 5810 | 법인세 | | - | |
| 20 | 5260 | 소모품비 | | 1,000,000 | |
| 21 | | | | | |
| 22 | | [ 합 계 ] | | | |
| 23 | | 당기순이익 | | | |
| 24 | | [ 합 계 ] | | | |
| 25 | | | | | |



⑩ 머리글 행(6행)과 합계 표시 행(22행, 24행)도 각각의 행 머리를 선택하여 삭제한다. [테두리] 표시가 남아 있는 A6:B21 셀 영역을 선택하여 [홈] 탭의 [글꼴]-[테두리]에서 '테두리 없음'으

로 선택한다.

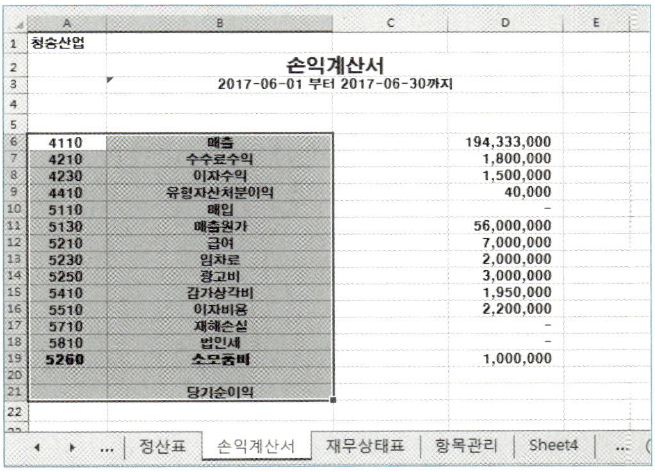

| | A | B | C | D | E |
|---|---|---|---|---|---|
| 1 | 청송산업 | | | | |
| 2 | | 손익계산서 | | | |
| 3 | | 2017-06-01 부터 2017-06-30까지 | | | |
| 4 | | | | | |
| 5 | | | | | |
| 6 | 4110 | 매출 | | 194,333,000 | |
| 7 | 4210 | 수수료수익 | | 1,800,000 | |
| 8 | 4230 | 이자수익 | | 1,500,000 | |
| 9 | 4410 | 유형자산처분이익 | | 40,000 | |
| 10 | 5110 | 매입 | | - | |
| 11 | 5130 | 매출원가 | | 56,000,000 | |
| 12 | 5210 | 급여 | | 7,000,000 | |
| 13 | 5230 | 임차료 | | 2,000,000 | |
| 14 | 5250 | 광고비 | | 3,000,000 | |
| 15 | 5410 | 감가상각비 | | 1,950,000 | |
| 16 | 5510 | 이자비용 | | 2,200,000 | |
| 17 | 5710 | 재해손실 | | - | |
| 18 | 5810 | 법인세 | | - | |
| 19 | 5260 | 소모품비 | | 1,000,000 | |
| 20 | | | | | |
| 21 | | 당기순이익 | | | |
| 22 | | | | | |



⑪ 이제 남아 있는 손익계산서 관련 계정들을 중심으로 손익계산서 보고 양식에 따라 보고서로 작성해 본다.

**참고**

### 보고식 손익계산서 기본 양식

매출액
−매출원가
기초상품재고액
+당기매입액
−기말상품재고액

**매출총이익**
−판매비와 관리비

**영업이익**
+영업외수익
−영업외비용

**법인세차감전순이익**
−법인세비용

**당기순이익**

⑫ 먼저 7행부터 19행까지의 행 머리부분을 선택하고 오른쪽 마우스 [삽입]을 선택하여 '매출'과 '수수료수익' 사이에 빈 행들을 추가해 놓는다. 다음으로 계정과목 '매출원가'가 기록되어 있는 행(24행) 전체를 선택하여 빈 행으로 삽입된 7행으로 끌어다 놓는다. 이때 행 전체를 함께 이동해야 해당 계정과목뿐만 아니라 계정코드와 금액까지도 함께 이동하게 된다. 그 아랫줄 B8 셀

에는 '기초상품재고액'을 입력한다. 계정과목 '매입'이 기록되어 있는 행 자체를 끌기 하여 9열로 옮겨 놓고, B9 셀의 '매입'을 '당기매입액'으로 수정한다. 그리고 아래쪽에 '기말상품재고액', '매출총이익', '판매비와 관리비' 등을 차례로 입력한다. 이와 같은 방법으로 아래쪽의 각 행 자료들을 관련 비용 및 수익항목의 구분에 따라 해당 계정과목의 행 자체를 끌어 놓거나 새로운 이름을 입력하여 다음 그림과 같이 재배치한다.

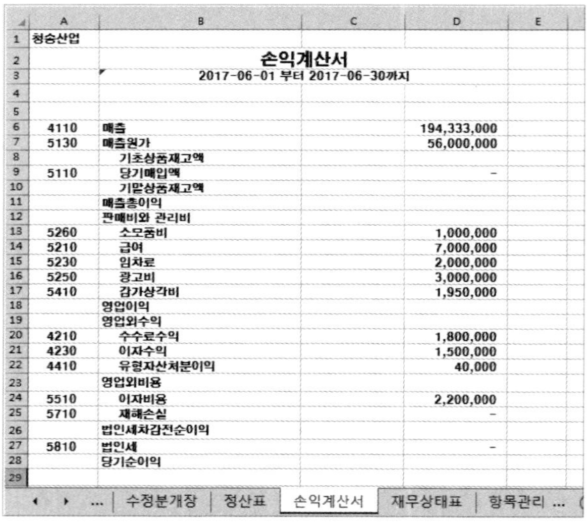

| | A | B | C | D | E |
|---|---|---|---|---|---|
| 1 | 청송산업 | | | | |
| 2 | | 손익계산서 | | | |
| 3 | | 2017-06-01 부터 2017-06-30까지 | | | |
| 4 | | | | | |
| 5 | | | | | |
| 6 | 4110 | 매출 | | 194,333,000 | |
| 7 | 5130 | 매출원가 | | 56,000,000 | |
| 8 | | 기초상품재고액 | | | |
| 9 | 5110 | 당기매입액 | | - | |
| 10 | | 기말상품재고액 | | | |
| 11 | | 매출총이익 | | | |
| 12 | | 판매비와 관리비 | | | |
| 13 | 5260 | 소모품비 | | 1,000,000 | |
| 14 | 5210 | 급여 | | 7,000,000 | |
| 15 | 5230 | 임차료 | | 2,000,000 | |
| 16 | 5250 | 광고비 | | 3,000,000 | |
| 17 | 5410 | 감가상각비 | | 1,950,000 | |
| 18 | | 영업이익 | | | |
| 19 | | 영업외수익 | | | |
| 20 | 4210 | 수수료수익 | | 1,800,000 | |
| 21 | 4230 | 이자수익 | | 1,500,000 | |
| 22 | 4410 | 유형자산처분이익 | | 40,000 | |
| 23 | | 영업외비용 | | | |
| 24 | 5510 | 이자비용 | | 2,200,000 | |
| 25 | 5710 | 재해손실 | | - | |
| 26 | | 법인세차감전순이익 | | | |
| 27 | 5810 | 법인세 | | - | |
| 28 | | 당기순이익 | | | |
| 29 | | | | | |



⑫ '기초상품재고액'은 없는 것으로 가정하였으므로 C8 셀은 빈 칸으로 두고, C9 셀에 매입합계액을 표시하기 위해 수식 '=ABS(시산표!C32)'를 입력한다. C10 셀에는 기말상품재고액을 표시하기 위해 수식 '=ABS(정산표!E11)'을 입력한다. 그리고 [기초상품재고액(C8)+당기매입액(C9)-기말상품재고액(C10)]의 계산결과가 D7 셀에 이미 표시된 매출원가 금액과 일치하는지 확인한다(이 금액은 이미 정산표에 계산되어 넘어 온 것이다).

⑬ 손익계산서 기본 공식에 의해 D11 셀에는 수식 '=D6-D7'을 입력한다(즉, 매출액에서 매출원가를 차감하여 매출총이익을 구한다).

⑭ D13:D17 셀 범위를 선택하고 끌기 하여 바로 왼쪽 열(C13:C17)로 옮겨 놓는다. D12 셀에 수식 '=SUM(C13:C17)'을 입력한다. 그리고 D18 셀에 수식 '=D11-D12'를 입력하여 영업이익을 계산한다.

⑮ D20:D22 셀 범위를 선택하고 끌기 하여 바로 왼쪽 열(C20:C22)로 옮겨 놓는다. D19 셀에 수식 '=SUM(C20:C22)'를 입력한다. 그리고 D24:D25 셀 범위를 선택하고 끌기 하여 바로 왼쪽 열(C24:C25)로 옮겨 놓는다. D23 셀에 수식 '=SUM(C24:C25)'를 입력한다. D26 셀에는 수식 '=D18+D19-D23'을 입력하여 법인세차감전순이익을 계산한다.

D26 =D18+D19-D23

| | A | B | C | D | E |
|---|---|---|---|---|---|
| 4 | | | | | |
| 5 | | | | | |
| 6 | 4110 | 매출액 | | 194,333,000 | |
| 7 | 5130 | 매출원가 | | 56,000,000 | |
| 8 | | 기초상품재고액 | | | |
| 9 | 5110 | 당기매입액 | 64,000,000 | - | |
| 10 | | 기말상품재고액 | 8,000,000 | | |
| 11 | | 매출총이익 | | 138,333,000 | |
| 12 | | 판매비와 관리비 | | 14,950,000 | |
| 13 | 5260 | 소모품비 | 1,000,000 | | |
| 14 | 5210 | 급여 | 7,000,000 | | |
| 15 | 5230 | 임차료 | 2,000,000 | | |
| 16 | 5250 | 광고비 | 3,000,000 | | |
| 17 | 5410 | 감가상각비 | 1,950,000 | | |
| 18 | | 영업이익 | | 123,383,000 | |
| 19 | | 영업외수익 | | 3,340,000 | |
| 20 | 4210 | 수수료수익 | 1,800,000 | | |
| 21 | 4230 | 이자수익 | 1,500,000 | | |
| 22 | 4410 | 유형자산처분이익 | 40,000 | | |
| 23 | | 영업외비용 | | 2,200,000 | |
| 24 | 5510 | 이자비용 | 2,200,000 | | |
| 25 | 5710 | 재해손실 | - | | |
| 26 | | 법인세차감전순이익 | | 124,523,000 | |
| 27 | 5810 | 법인세 | | - | |
| 28 | | 당기순이익 | | | |
| 29 | | | | | |

정산표 | 손익계산서 | 재무상태표 | 항목관리 | Sheet4

⑯ 맨 처음 '문서화' sheet 작성시 이미 정의해 둔 바와 같이, 청송산업에 적용되는 법인세율은 30%이다. 이는 계산된 법인세차감전순이익에 30% 만큼의 **법인세비용**을 납부해야 함을 의미한다. 따라서 D27 셀에 수식 '=D26*문서화!B4'를 입력한다.

⑰ D28 셀에는 수식 '=D26-D27'을 입력하여 **당기순이익**을 계산한다. 여기서 계산된 당기순이익이 청송산업의 실제 당기순이익이다. 앞에서 작성한 정산표에서는 법인세가 고려되지 않은 법인세차감전순이익(₩124,523,000)이 당기순이익으로 표기되고 있지만, 실제로는 여기 손익계산서에서와 같이 법인세비용을 차감한 잔액(₩87,166,100)이 당기순이익이다.

| | A | B | C | D | E |
|---|---|---|---|---|---|
| 1 | 청송산업 | | | | |
| 2 | | 손익계산서 | | | |
| 3 | | 2017-06-01 부터 2017-06-30까지 | | | |
| 4 | | | | | |
| 5 | | | | | |
| 6 | 4110 | 매출액 | | 194,333,000 | |
| 7 | 5130 | 매출원가 | | 56,000,000 | |
| 8 | | 기초상품재고액 | | | |
| 9 | 5110 | 당기매입액 | 64,000,000 | - | |
| 10 | | 기말상품재고액 | 8,000,000 | | |
| 11 | | 매출총이익 | | 138,333,000 | |
| 12 | | 판매비와 관리비 | | 14,950,000 | |
| 13 | 5260 | 소모품비 | 1,000,000 | | |
| 14 | 5210 | 급여 | 7,000,000 | | |
| 15 | 5230 | 임차료 | 2,000,000 | | |
| 16 | 5250 | 광고비 | 3,000,000 | | |
| 17 | 5410 | 감가상각비 | 1,950,000 | | |
| 18 | | 영업이익 | | 123,383,000 | |
| 19 | | 영업외수익 | | 3,340,000 | |
| 20 | 4210 | 수수료수익 | 1,800,000 | | |
| 21 | 4230 | 이자수익 | 1,500,000 | | |
| 22 | 4410 | 유형자산처분이익 | 40,000 | | |
| 23 | | 영업외비용 | | 2,200,000 | |
| 24 | 5510 | 이자비용 | 2,200,000 | | |
| 25 | 5710 | 재해손실 | - | | |
| 26 | | 법인세차감전순이익 | | 124,523,000 | |
| 27 | 5810 | 법인세 | | 37,356,900 | |
| 28 | | 당기순이익 | | 87,166,100 | |
| 29 | | | | | |

시산표 | 수정분개장 | 정산표 | 손익계산서 | 재무상태표

⑱ 이제 손익계산서를 작성하는 수식 부분은 마무리되었으므로 테두리를 사용하여 보기 쉬운 양식으로 만들어 보자. D11:D17 셀 영역을 선택하고, [홈] 탭의 [글꼴]-[테두리]에서 '위쪽/아래쪽 테두리'를 선택한다. 또 D26:D27 셀 영역을 선택하고 마찬가지로 '위쪽/아래쪽 테두리'를 선택한다. 이번엔 D28 셀을 선택하고 [홈] 탭의 [글꼴]-[테두리]에서 '아래쪽 이중 테두리'를 선택한다.

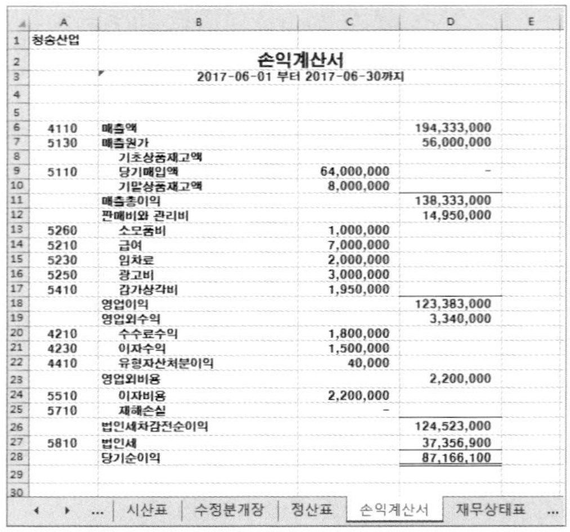


⑲ 혹시 손익계산서 sheet의 수식 입력에 오류가 있는지를 체크해 보기 위해서 [수식] 탭의 [수식 분석]-[수식 표시]를 선택해 본다.

⑳ 수식을 검토하여 오류가 없는 것으로 판단되면 다시 [수식] 탭의 [수식 분석]-[수식 표시]를 선택하여 원본으로 되돌려 놓는다.

㉑ 그런데 손익계산서에서 계산된 '법인세비용'은 '수정분개장'에 입력해 두어야 한다. 이 법인세 비용은 당기(당월)의 비용에 포함되기 때문이다. 따라서 '수정분개장' sheet에 다음과 같이 분

개사항을 입력한다. 다만, '수정분개장' sheet의 F44 셀과 G45 셀에는 법인세비용 금액을 직접 입력하지 않고 수식 '=손익계산서!D27'과 같이 입력한다(그러나 이 예시에서와 같이 월 단위로 결산서를 작성하는 경우에는 그때그때 법인세를 계산하지 않고 연 단위로 계산하는 것이 보통이다. 다만 여기서는 법인세비용을 계산하는 과정과 이를 수정분개장에 반영해야 함을 이해하도록 하기 위해 해당 절차를 수행하고 있다).

G45 =손익계산서!D27

| | A | B | C | D | E | F | G |
|---|---|---|---|---|---|---|---|
| 1 | | | | | 수정 분개장 | | |
| 2 | | | | | | | |
| 3 | 수정분개 날짜 | 수정분개 거래 | 수정분개 계정코드 | 수정분개 계정명 | 수정분개 적요 | 수정분개 차변 | 수정분개 대변 |
| 43 | | | | | | | |
| 44 | 2017/6/30 | 9 | 5810 | 법인세 | 법인세비용 계산 | 37,356,900 | |
| 45 | 2017/6/30 | 9 | 1110 | 현금 | 법인세비용 계산 | | 37,356,900 |
| 46 | | | | | | | |
| 47 | | | | | | | |
| 48 | | | | | | | |

시산표 | 수정분개장 | 정산표 | 손익계산서 | 재무상태표 | 항목관리

(위 분개에서 '현금' 계정 대신 '미지급법인세' 계정으로 등록해야 하지만, 이를 위해서는 새 계정코드를 등록하는 절차를 다시 수행해야 하므로 여기서는 '현금'으로 납부한 것으로 가정하여 처리한 것이다.)

㉒ 법인세비용 수정분개장 기입내용이 제대로 반영되어 있는지 확인해 보기 위해 '정산표' sheet를 선택해 본다. '정산표' sheet의 오른쪽 아래 손익계산서의 당기순이익(I47 셀)과 재무상태표의 당기순이익(L47 셀)이 모두 손익계산서에서 계산된 당기순이익 금액(₩87,166,100)과 일치하도록 변경 표시되고 있음을 확인할 수 있다.

청송산업

정산표

2017-06-30에 해당하는 기간

| | | 잔액시산표 | | 수정분개 | | 수정후 시산표 | | 손익계산서 | | 재무상태표 | |
|---|---|---|---|---|---|---|---|---|---|---|---|
| | 계정과목 | 차변 | 대변 | 차변 | 대변 | 차변 | 대변 | 차변 | 대변 | 차변 | 대변 |
| 1110 | 현금 | 134,600,000 | | | 43,416,900 | 91,183,100 | | | | 91,183,100 | |
| 1120 | 당좌예금 | 25,000,000 | | 12,000,000 | | 37,000,000 | | | | 37,000,000 | |
| 1140 | 외상매출금 | 57,333,000 | | | 12,000,000 | 45,333,000 | | | | 45,333,000 | |
| 1150 | 받을어음 | | | | | | | | | | |
| 1160 | 상품 | | | 8,000,000 | | 8,000,000 | | | | 8,000,000 | |
| 1170 | 원재료 | | | | | | | | | | |
| 1180 | 소모품 | 3,000,000 | | | 1,000,000 | 2,000,000 | | | | 2,000,000 | |
| 1220 | 장기대여금 | 25,000,000 | | | | 25,000,000 | | | | 25,000,000 | |
| 1320 | 비품 | 11,000,000 | | | 1,000,000 | 10,000,000 | | | | 10,000,000 | |
| 1321 | 비품감가상각누계액 | | | | 550,000 | | 550,000 | | | | 550,000 |
| 1420 | 건물 | 80,000,000 | | | | 80,000,000 | | | | 80,000,000 | |
| 1421 | 건물감가상각누계액 | | | | 1,300,000 | | 1,300,000 | | | | 1,300,000 |
| 1520 | 컴퓨터설비 | 25,000,000 | | | | 25,000,000 | | | | 25,000,000 | |
| 1521 | 설비감가상각누계액 | | | | | | | | | | |
| 2110 | 외상매입금 | | 17,000,000 | 7,000,000 | | | 10,000,000 | | | | 10,000,000 |
| 2120 | 지급어음 | | 15,000,000 | | | | 15,000,000 | | | | 15,000,000 |
| 2140 | 단기차입금 | | 27,300,000 | | | | 27,300,000 | | | | 27,300,000 |
| 2170 | 미지급이자 | | | | 200,000 | | 200,000 | | | | 200,000 |
| 2310 | 사채 | | | | | | | | | | |
| 2330 | 장기차입금 | | 20,000,000 | | | | 20,000,000 | | | | 20,000,000 |
| 3110 | 자본금 | | 165,000,000 | | | | 165,000,000 | | | | 165,000,000 |
| 3210 | 주식발행초과금 | | | | | | | | | | |
| 3510 | 이익잉여금 | | | | | | | | | | |
| 4110 | 매출 | | 194,333,000 | | | | 194,333,000 | | 194,333,000 | | |
| 4210 | 수수료수익 | | 1,800,000 | | | | 1,800,000 | | 1,800,000 | | |
| 4230 | 이자수익 | | 1,500,000 | | | | 1,500,000 | | 1,500,000 | | |
| 4410 | 유형자산처분이익 | | | | 40,000 | | 40,000 | | 40,000 | | |
| 5110 | 매입 | 64,000,000 | | | 64,000,000 | | | | | | |
| 5130 | 매출원가 | | | 56,000,000 | | 56,000,000 | | 56,000,000 | | | |
| 5210 | 급여 | 7,000,000 | | | | 7,000,000 | | 7,000,000 | | | |
| 5230 | 임차료 | 5,000,000 | | | 3,000,000 | 2,000,000 | | 2,000,000 | | | |
| 5250 | 광고비 | 3,000,000 | | | | 3,000,000 | | 3,000,000 | | | |
| 5410 | 감가상각비 | | | 1,950,000 | | 1,950,000 | | 1,950,000 | | | |
| 5510 | 이자비용 | 2,000,000 | | 200,000 | | 2,200,000 | | 2,200,000 | | | |
| 5710 | 재해손실 | | | | | | | | | | |
| 5810 | 법인세 | | | 37,356,900 | | 37,356,900 | | 37,356,900 | | | |
| 1190 | 선급비용 | | | 3,000,000 | | 3,000,000 | | | | 3,000,000 | |
| 5260 | 소모품비 | | | 1,000,000 | | 1,000,000 | | 1,000,000 | | | |
| | | | | | | | | | | | |
| | [ 합 계 ] | 441,933,000 | 441,933,000 | 126,506,900 | 126,506,900 | 437,023,000 | 437,023,000 | 110,506,900 | 197,673,000 | 326,516,100 | 239,350,000 |
| | 당기순이익 | | | | | | | 87,166,100 | | | 87,166,100 |
| | [ 합 계 ] | | | | | | | 197,673,000 | 197,673,000 | 326,516,100 | 326,516,100 |

## 4. 재무상태표(Balance Sheet) 표시하기

손익계산서와 마찬가지로, 정산표에서 작성된 재무상태표는 그 구성항목들을 모두 표시하고 있긴 하지만, 재무상태표 보고양식이 아니다. 따라서 기업회계기준에서 예시하고 있는 **재무상태표** 기본 양식에 따라 정산표상의 재무상태표를 재구성해야 한다.

흔히 재무상태표는 크게 자산, 부채, 자본으로 구분하며, 각 구성항목들을 **유동성배열법**에 따라 유동성이 큰 항목들을 먼저 표시하는 방법을 사용한다. 물론 대형 장치산업 등에서는 거꾸로 비유동자산을 먼저 표시하고 유동자산을 나중에 표시하는 방법이 사용되기도 하지만, 이는 예외적인 상황으로 이해해도 좋을 것이다.

① 앞서 '손익계산서' sheet를 작성하면서 미리 만들어 두었던 '재무상태표' sheet를 선택한다.

② B2 셀의 머리글을 '재무상태표'로 변경한다.

③ B3 셀에 입력되어 있는 수식을 새로운 수식 '=TEXT(MAX(수정분개_날짜),"YYYY-MM-DD") & " 현재"'로 변경한다.

④ A열, B열, C열, D열, E열을 각각 선택하여 [열 너비]를 각각 '10', '20, '5, '15', '15'로 조정한다. B열을 선택하고 [홈] 탭의 [맞춤]-[왼쪽 맞춤]으로 지정하며, D열과 E열은 [홈] 탭의 [표시 형식]-[쉼표 스타일]로 지정한다.

⑤ 3행부터 48행까지의 행 머리부분을 선택하고 [홈] 탭의 [글꼴]-[글꼴]을 '견고딕', [글꼴 크기]를 '11'로 지정한다. 그리고 [테두리]에서 '테두리 없음'으로 선택한다.

⑥ 표시되어 있는 계정과목 중 재무상태표 항목만 남기고 손익계산서 항목들이 포함된 행(30행~42행, 44행~48행)을 모두 행 머리 부분을 선택하여 삭제한다.

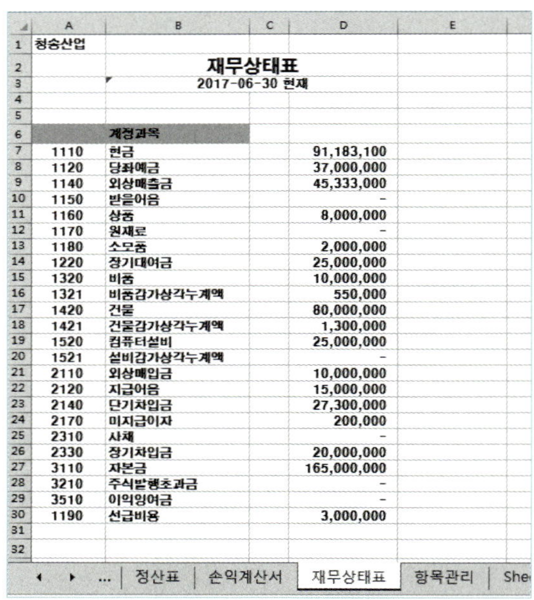

| | A | B | C | D | E |
|---|---|---|---|---|---|
| 1 | 청송산업 | | | | |
| 2 | | 재무상태표 | | | |
| 3 | | 2017-06-30 현재 | | | |
| 4 | | | | | |
| 5 | | | | | |
| 6 | | 계정과목 | | | |
| 7 | 1110 | 현금 | | 91,183,100 | |
| 8 | 1120 | 당좌예금 | | 37,000,000 | |
| 9 | 1140 | 외상매출금 | | 45,333,000 | |
| 10 | 1150 | 받을어음 | | - | |
| 11 | 1160 | 상품 | | 8,000,000 | |
| 12 | 1170 | 원재료 | | - | |
| 13 | 1180 | 소모품 | | 2,000,000 | |
| 14 | 1220 | 장기대여금 | | 25,000,000 | |
| 15 | 1320 | 비품 | | 10,000,000 | |
| 16 | 1321 | 비품감가상각누계액 | | 550,000 | |
| 17 | 1420 | 건물 | | 80,000,000 | |
| 18 | 1421 | 건물감가상각누계액 | | 1,300,000 | |
| 19 | 1520 | 컴퓨터설비 | | 25,000,000 | |
| 20 | 1521 | 설비감가상각누계액 | | - | |
| 21 | 2110 | 외상매입금 | | 10,000,000 | |
| 22 | 2120 | 지급어음 | | 15,000,000 | |
| 23 | 2140 | 단기차입금 | | 27,300,000 | |
| 24 | 2170 | 미지급이자 | | 200,000 | |
| 25 | 2310 | 사채 | | - | |
| 26 | 2330 | 장기차입금 | | 20,000,000 | |
| 27 | 3110 | 자본금 | | 165,000,000 | |
| 28 | 3210 | 주식발행초과금 | | - | |
| 29 | 3510 | 이익잉여금 | | - | |
| 30 | 1190 | 선급비용 | | 3,000,000 | |
| 31 | | | | | |
| 32 | | | | | |

⑦ 수정분개사항으로 추가 등록된 **'선급비용'** 항목이 맨 아래에 표시되고 있으므로 이를 계정코드 순으로 다시 정렬한다. 자료가 표시되어 있는 A7:D30 셀 영역을 선택하고 [데이터] 탭의 [정렬 및 필터]-[정렬]을 클릭한 후 [정렬] 대화상자에서 [정렬기준]을 '열A'로, 그리고 '오름차순'으로 지정하여 [확인]을 누른다. 이제 '선급비용' 항목이 제자리를 찾아가게 되었다.

| | A | B | C | D | E |
|---|---|---|---|---|---|
| 1 | 청송산업 | | | | |
| 2 | | 재무상태표 | | | |
| 3 | | 2017-06-30 현재 | | | |
| 4 | | | | | |
| 5 | | | | | |
| 6 | | 계정과목 | | | |
| 7 | 1110 | 현금 | | 91,183,100 | |
| 8 | 1120 | 당좌예금 | | 37,000,000 | |
| 9 | 1140 | 외상매출금 | | 45,333,000 | |
| 10 | 1150 | 받을어음 | | - | |
| 11 | 1160 | 상품 | | 8,000,000 | |
| 12 | 1170 | 원재료 | | - | |
| 13 | 1180 | 소모품 | | 2,000,000 | |
| 14 | 1190 | 선급비용 | | 3,000,000 | |
| 15 | 1220 | 장기대여금 | | 25,000,000 | |
| 16 | 1320 | 비품 | | 10,000,000 | |
| 17 | 1321 | 비품감가상각누계액 | | 550,000 | |
| 18 | 1420 | 건물 | | 80,000,000 | |
| 19 | 1421 | 건물감가상각누계액 | | 1,300,000 | |
| 20 | 1520 | 컴퓨터설비 | | 25,000,000 | |
| 21 | 1521 | 설비감가상각누계액 | | - | |
| 22 | 2110 | 외상매입금 | | 10,000,000 | |
| 23 | 2120 | 지급어음 | | 15,000,000 | |
| 24 | 2140 | 단기차입금 | | 27,300,000 | |
| 25 | 2170 | 미지급이자 | | 200,000 | |
| 26 | 2310 | 사채 | | - | |
| 27 | 2330 | 장기차입금 | | 20,000,000 | |
| 28 | 3110 | 자본금 | | 165,000,000 | |
| 29 | 3210 | 주식발행초과금 | | - | |
| 30 | 3510 | 이익잉여금 | | - | |
| 31 | | | | | |
| 32 | | | | | |

◀ ▶ ... 정산표 | 손익계산서 | 재무상태표 | 항목관리 | She

⑧ 계정과목코드 구분에 따라 자산항목(1000번대)과 부채항목(2000번대), 자본항목(3000번대)으로 구분하여, 다음과 같이 행을 삽입 또는 삭제하여 재무상태표 양식으로 재구성한다.

| | A | B | C | D | E |
|---|---|---|---|---|---|
| 1 | 청송산업 | | | | |
| 2 | | 재무상태표 | | | |
| 3 | | 2017-06-30 현재 | | | |
| 4 | | | | | |
| 5 | | | | | |
| 6 | | | 자 산 | | |
| 7 | 1110 | 현금 | | 91,183,100 | |
| 8 | 1120 | 당좌예금 | | 37,000,000 | |
| 9 | 1140 | 외상매출금 | | 45,333,000 | |
| 10 | 1150 | 받을어음 | | - | |
| 11 | 1160 | 상품 | | 8,000,000 | |
| 12 | 1170 | 원재료 | | - | |
| 13 | 1180 | 소모품 | | 2,000,000 | |
| 14 | 1190 | 선급비용 | | 3,000,000 | |
| 15 | 1220 | 장기대여금 | | 25,000,000 | |
| 16 | 1320 | 비품 | | 10,000,000 | |
| 17 | 1321 | 비품감가상각누계액 | | 550,000 | |
| 18 | 1420 | 건물 | | 80,000,000 | |
| 19 | 1421 | 건물감가상각누계액 | | 1,300,000 | |
| 20 | 1520 | 컴퓨터설비 | | 25,000,000 | |
| 21 | 1521 | 설비감가상각누계액 | | - | |
| 22 | | [ 자산 총계 ] | | | |
| 23 | | | | | |
| 24 | | | | | |
| 25 | | | 부채와 자본 | | |
| 26 | 2110 | 외상매입금 | | 10,000,000 | |
| 27 | 2120 | 지급어음 | | 15,000,000 | |
| 28 | 2140 | 단기차입금 | | 27,300,000 | |
| 29 | 2170 | 미지급이자 | | 200,000 | |
| 30 | 2310 | 사채 | | - | |
| 31 | 2330 | 장기차입금 | | 20,000,000 | |
| 32 | | [ 부채 총계 ] | | | |
| 33 | | | | | |
| 34 | 3110 | 자본금 | | 165,000,000 | |
| 35 | 3210 | 주식발행초과금 | | - | |
| 36 | 3510 | 이익잉여금 | | - | |
| 37 | | [ 자본 총계 ] | | | |
| 38 | | | | | |
| 39 | | [ 부채와 자본 총계 ] | | | |
| 40 | | | | | |

◀ ▶ ... 정산표 | 손익계산서 | 재무상태표 | 항목관리 | She

⑨ E22 셀에 수식 '=SUM(D7:D21)'을 입력한다. 그리고 E32 셀에는 수식 '=SUM(D26:D31)'을, E37 셀에는 수식 '=SUM(D34:D36)'을, E39 셀에는 수식 '=E32+E37'을 각각 입력한다.

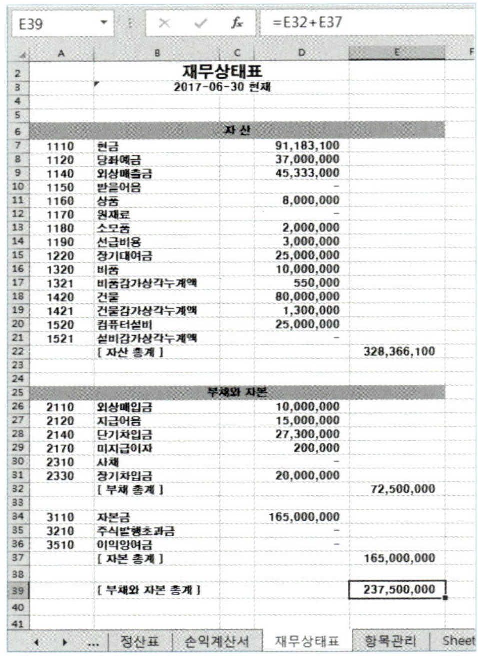

E39 =E32+E37

| | A | B | C | D | E |
|---|---|---|---|---|---|
| 2 | | 재무상태표 | | | |
| 3 | | 2017-06-30 현재 | | | |
| 4 | | | | | |
| 5 | | | | | |
| 6 | | 자 산 | | | |
| 7 | 1110 | 현금 | | 91,183,100 | |
| 8 | 1120 | 당좌예금 | | 37,000,000 | |
| 9 | 1140 | 외상매출금 | | 45,333,000 | |
| 10 | 1150 | 받을어음 | | - | |
| 11 | 1160 | 상품 | | 8,000,000 | |
| 12 | 1170 | 원재료 | | - | |
| 13 | 1180 | 소모품 | | 2,000,000 | |
| 14 | 1190 | 선급비용 | | 3,000,000 | |
| 15 | 1220 | 장기대여금 | | 25,000,000 | |
| 16 | 1320 | 비품 | | 10,000,000 | |
| 17 | 1321 | 비품감가상각누계액 | | 550,000 | |
| 18 | 1420 | 건물 | | 80,000,000 | |
| 19 | 1421 | 건물감가상각누계액 | | 1,300,000 | |
| 20 | 1520 | 컴퓨터설비 | | 25,000,000 | |
| 21 | 1521 | 설비감가상각누계액 | | - | |
| 22 | | [ 자산 총계 ] | | | 328,366,100 |
| 23 | | | | | |
| 24 | | | | | |
| 25 | | 부채와 자본 | | | |
| 26 | 2110 | 외상매입금 | | 10,000,000 | |
| 27 | 2120 | 지급어음 | | 15,000,000 | |
| 28 | 2140 | 단기차입금 | | 27,300,000 | |
| 29 | 2170 | 미지급이자 | | 200,000 | |
| 30 | 2310 | 사채 | | - | |
| 31 | 2330 | 장기차입금 | | 20,000,000 | |
| 32 | | [ 부채 총계 ] | | | 72,500,000 |
| 33 | | | | | |
| 34 | 3110 | 자본금 | | 165,000,000 | |
| 35 | 3210 | 주식발행초과금 | | - | |
| 36 | 3510 | 이익잉여금 | | - | |
| 37 | | [ 자본 총계 ] | | | 165,000,000 |
| 38 | | | | | |
| 39 | | [ 부채와 자본 총계 ] | | | 237,500,000 |
| 40 | | | | | |
| 41 | | | | | |

정산표 | 손익계산서 | 재무상태표 | 항목관리 | Sheet

⑩ 그런데 기대와는 달리 '자산총계'와 '부채 및 자본 총계'의 금액이 서로 일치하지 않고 있다. 그 원인은 '감가상각누계액'과 '이익잉여금'의 표시에 있다. '감가상각누계액'은 해당 자산에서 차감하는 형식으로 표시되어야 하는데, 앞에서 우리가 모든 셀에 절대셀(ABS) 형식을 취했기 때문에 이를 되돌리기 위해 D17 셀과 D19 셀에 '-'를 추가하여 각각 '=-ABS(정산표!Z16)'과 '=-ABS(정산표!Z18)'으로 수정한다. 그리고 이익잉여금은 당기순이익을 포함하게 되므로 D36 셀에 수식 '=손익계산서!D28'을 입력한다.

⑪ 이제 '자산총계'와 '부채 및 자본 총계'의 금액이 서로 일치하게 되었다(E22 셀과 E39 셀).

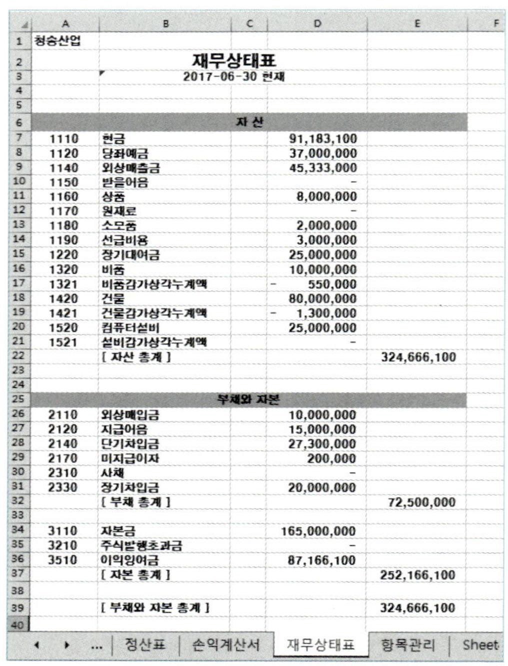

| | A | B | C | D | E |
|---|---|---|---|---|---|
| 1 | 청송산업 | | | | |
| 2 | | 재무상태표 | | | |
| 3 | | 2017-06-30 현재 | | | |
| 4 | | | | | |
| 5 | | | | | |
| 6 | | 자 산 | | | |
| 7 | 1110 | 현금 | | 91,183,100 | |
| 8 | 1120 | 당좌예금 | | 37,000,000 | |
| 9 | 1140 | 외상매출금 | | 45,333,000 | |
| 10 | 1150 | 받을어음 | | - | |
| 11 | 1160 | 상품 | | 8,000,000 | |
| 12 | 1170 | 원재료 | | - | |
| 13 | 1180 | 소모품 | | 2,000,000 | |
| 14 | 1190 | 선급비용 | | 3,000,000 | |
| 15 | 1220 | 장기대여금 | | 25,000,000 | |
| 16 | 1320 | 비품 | | 10,000,000 | |
| 17 | 1321 | 비품감가상각누계액 | | - 550,000 | |
| 18 | 1420 | 건물 | | 80,000,000 | |
| 19 | 1421 | 건물감가상각누계액 | | - 1,300,000 | |
| 20 | 1520 | 컴퓨터설비 | | 25,000,000 | |
| 21 | 1521 | 설비감가상각누계액 | | - | |
| 22 | | [ 자산 총계 ] | | | 324,666,100 |
| 23 | | | | | |
| 24 | | | | | |
| 25 | | 부채와 자본 | | | |
| 26 | 2110 | 외상매입금 | | 10,000,000 | |
| 27 | 2120 | 지급어음 | | 15,000,000 | |
| 28 | 2140 | 단기차입금 | | 27,300,000 | |
| 29 | 2170 | 미지급이자 | | 200,000 | |
| 30 | 2310 | 사채 | | - | |
| 31 | 2330 | 장기차입금 | | 20,000,000 | |
| 32 | | [ 부채 총계 ] | | | 72,500,000 |
| 33 | | | | | |
| 34 | 3110 | 자본금 | | 165,000,000 | |
| 35 | 3210 | 주식발행초과금 | | - | |
| 36 | 3510 | 이익잉여금 | | 87,166,100 | |
| 37 | | [ 자본 총계 ] | | | 252,166,100 |
| 38 | | | | | |
| 39 | | [ 부채와 자본 총계 ] | | | 324,666,100 |
| 40 | | | | | |

정산표 | 손익계산서 | 재무상태표 | 항목관리 | Sheet

⑫ E22 셀을 선택하고 [홈] 탭의 [글꼴]-[테두리]에서 '위쪽 테두리'와 '아래쪽 이중 테두리'를 각각 선택한다. E39 셀의 경우에도 E22 셀과 같다.

E32 셀과 E37 셀에서는 각각 [홈] 탭의 [글꼴]-[테두리]에서 '위쪽 테두리'를 선택한다.

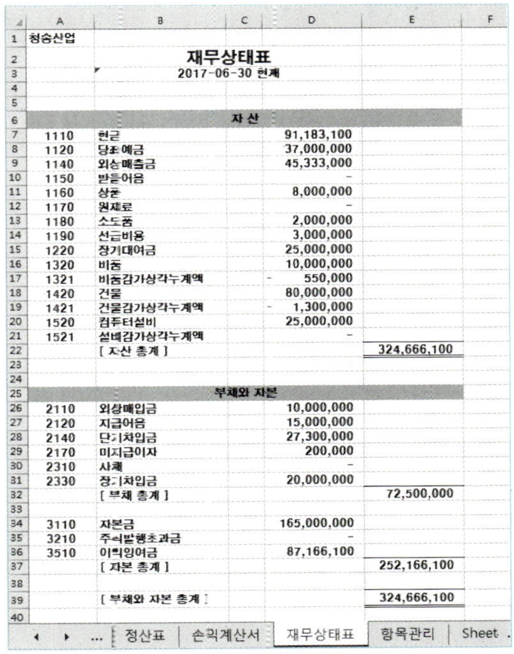

| | A | B | C | D | E |
|---|---|---|---|---|---|
| 1 | 청송산업 | | | | |
| 2 | | 재무상태표 | | | |
| 3 | | 2017-06-30 현재 | | | |
| 4 | | | | | |
| 5 | | | | | |
| 6 | | 자 산 | | | |
| 7 | 1110 | 현금 | | 91,183,100 | |
| 8 | 1120 | 당좌예금 | | 37,000,000 | |
| 9 | 1140 | 외상매출금 | | 45,333,000 | |
| 10 | 1150 | 받을어음 | | - | |
| 11 | 1160 | 상품 | | 8,000,000 | |
| 12 | 1170 | 원재료 | | - | |
| 13 | 1180 | 소모품 | | 2,000,000 | |
| 14 | 1190 | 선급비용 | | 3,000,000 | |
| 15 | 1220 | 장기대여금 | | 25,000,000 | |
| 16 | 1320 | 비품 | | 10,000,000 | |
| 17 | 1321 | 비품감가상각누계액 | | - 550,000 | |
| 18 | 1420 | 건물 | | 80,000,000 | |
| 19 | 1421 | 건물감가상각누계액 | | - 1,300,000 | |
| 20 | 1520 | 컴퓨터설비 | | 25,000,000 | |
| 21 | 1521 | 설비감가상각누계액 | | - | |
| 22 | | [ 자산 총계 ] | | | 324,666,100 |
| 23 | | | | | |
| 24 | | | | | |
| 25 | | 부채와 자본 | | | |
| 26 | 2110 | 외상매입금 | | 10,000,000 | |
| 27 | 2120 | 지급어음 | | 15,000,000 | |
| 28 | 2140 | 단기차입금 | | 27,300,000 | |
| 29 | 2170 | 미지급이자 | | 200,000 | |
| 30 | 2310 | 사채 | | - | |
| 31 | 2330 | 장기차입금 | | 20,000,000 | |
| 32 | | [ 부채 총계 ] | | | 72,500,000 |
| 33 | | | | | |
| 34 | 3110 | 자본금 | | 165,000,000 | |
| 35 | 3210 | 주식발행초과금 | | - | |
| 36 | 3510 | 이익잉여금 | | 87,166,100 | |
| 37 | | [ 자본 총계 ] | | | 252,166,100 |
| 38 | | | | | |
| 39 | | [ 부채와 자본 총계 ] | | | 324,666,100 |
| 40 | | | | | |



⑬ 재무상태표에 적용되고 있는 수식이 제대로 표현되고 있는지를 확인하기 위해서 [수식] 탭의 [수식 분석]-[수식 표시]를 선택한다.

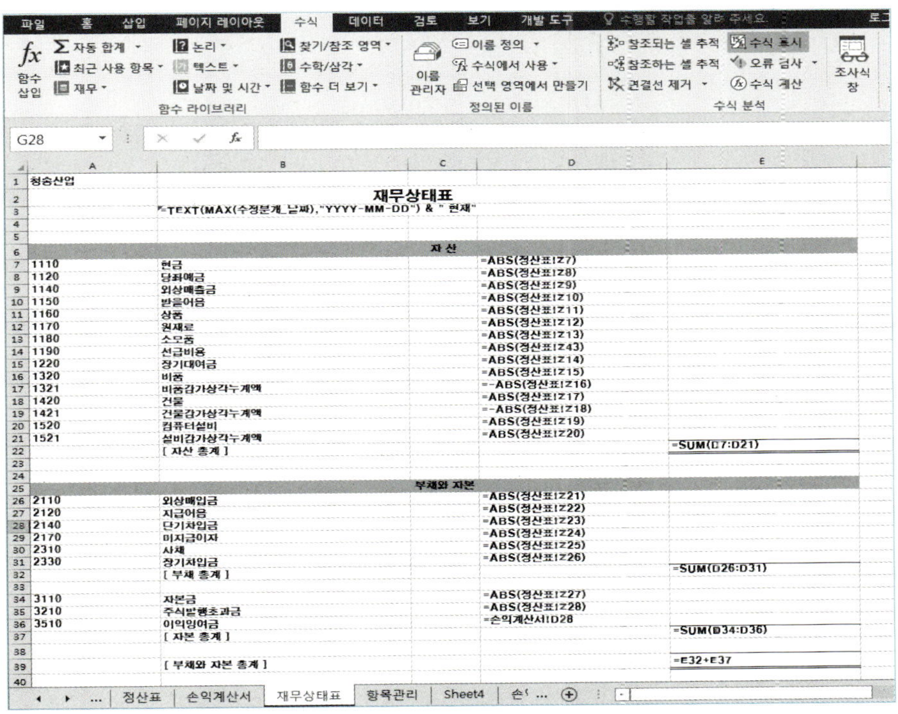


| | A | B | C | D | E |
|---|---|---|---|---|---|
| 1 | 청송산업 | | | | |
| 2 | | 재무상태표 | | | |
| 3 | | =TEXT(MAX(수정분개_날짜),"YYYY-MM-DD") & " 현재" | | | |
| 4 | | | | | |
| 5 | | | | | |
| 6 | | 자 산 | | | |
| 7 | 1110 | 현금 | | =ABS(정산표!Z7) | |
| 8 | 1120 | 당좌예금 | | =ABS(정산표!Z8) | |
| 9 | 1140 | 외상매출금 | | =ABS(정산표!Z9) | |
| 10 | 1150 | 받을어음 | | =ABS(정산표!Z10) | |
| 11 | 1160 | 상품 | | =ABS(정산표!Z11) | |
| 12 | 1170 | 원재료 | | =ABS(정산표!Z12) | |
| 13 | 1180 | 소모품 | | =ABS(정산표!Z13) | |
| 14 | 1190 | 선급비용 | | =ABS(정산표!Z43) | |
| 15 | 1220 | 장기대여금 | | =ABS(정산표!Z14) | |
| 16 | 1320 | 비품 | | =ABS(정산표!Z15) | |
| 17 | 1321 | 비품감가상각누계액 | | =-ABS(정산표!Z16) | |
| 18 | 1420 | 건물 | | =ABS(정산표!Z17) | |
| 19 | 1421 | 건물감가상각누계액 | | =-ABS(정산표!Z18) | |
| 20 | 1520 | 컴퓨터설비 | | =ABS(정산표!Z19) | |
| 21 | 1521 | 설비감가상각누계액 | | =ABS(정산표!Z20) | |
| 22 | | [ 자산 총계 ] | | | =SUM(D7:D21) |
| 23 | | | | | |
| 24 | | | | | |
| 25 | | 부채와 자본 | | | |
| 26 | 2110 | 외상매입금 | | =ABS(정산표!Z21) | |
| 27 | 2120 | 지급어음 | | =ABS(정산표!Z22) | |
| 28 | 2140 | 단기차입금 | | =ABS(정산표!Z23) | |
| 29 | 2170 | 미지급이자 | | =ABS(정산표!Z24) | |
| 30 | 2310 | 사채 | | =ABS(정산표!Z25) | |
| 31 | 2330 | 장기차입금 | | =ABS(정산표!Z26) | |
| 32 | | [ 부채 총계 ] | | | =SUM(D26:D31) |
| 33 | | | | | |
| 34 | 3110 | 자본금 | | =ABS(정산표!Z27) | |
| 35 | 3210 | 주식발행초과금 | | =ABS(정산표!Z28) | |
| 36 | 3510 | 이익잉여금 | | =손익계산서!D28 | |
| 37 | | [ 자본 총계 ] | | | =SUM(D34:D36) |
| 38 | | | | | |
| 39 | | [ 부채와 자본 총계 ] | | | =E32+E37 |
| 40 | | | | | |

⑭ 수식에 이상이 없는 경우 다시 [수식] 탭의 [수식 분석]-[수식 표시]를 선택하여 되돌려 놓는다.

⑮ 이 worksheet 파일을 '홍길동_Part3'로 저장해 둔다.

Step 5

# 재무제표 분석과 그래픽 보고서

참고

**재무분석과 보고서 양식의 다양화**

회계업무의 1차적인 목표는 거래의 정확한 기록을 통해 정확한 재무제표를 작성하는 데 있지만, 보다 궁극적으로는 작성된 재무제표를 읽고 해석하여 미래의 경영을 예측하는 의사결정을 수행하는 것이 보다 중요하다. 이를 위해 흔히 작성된 재무제표를 통해 미래예측 보고서를 작성하는 경우가 많다. EXCEL 보고서는 대부분 서로 연관된 수식으로 정의되고 있기 때문에 이를 이용하여 미래의 각종 지표를 예측하고 분석하는 업무에 활용하기 좋다. 특히 EXCEL의 각종 Chart 기능을 활용하면 분석결과와 예측치를 읽기 쉬운 다양한 형태로 구성할 수도 있으며, Dashboard 기능을 통해 다양한 지표를 함께 분석하는 방법도 수행할 수 있다.

## 1. 재무제표 분석

재무제표에는 기업의 모든 활동내역이 일정한 형식(복식부기)에 따라 기록, 집계, 요약되어 있다. 따라서 기업 규모가 클수록, 그리고 다양한 영업활동을 수행할수록 재무제표는 다양한 계정과목과 수치로 복잡하게 표현되기 마련이다. 이러한 재무제표를 통해 기업의 재무상태와 경영성과를 어떻게 분석하고 평가할 것인가의 방법론을 제시하는 것이 **재무제표분석**이다. 재무제표분석은 곧 기업의 재무제표를 보는 눈을 의미하며, 흔히 **재무안전성**, **수익성**, **효율성** 측면에서 몇 가지 비율 개념으로 측정하고 평가하고 있다. 재무제표분석에 흔히 사용되는 비율의 종류는 다음과 같다.

| 구분 | 종류 | 계산식 |
|---|---|---|
| 재무안전성 | 유동비율 | =유동자산 / 유동부채 |
| | 자기자본비율 | =자기자본 / 총자산 |
| | 부채비율 | =총부채 / 총자산 |
| | 자기자본대비부채비율 | =총부채 / 자기자본 |
| 수익성 | 총자산이익률 | =당기순이익 / 총자산 |
| | 자기자본이익률 | =당기순이익 / 자기자본 |
| | 매출액순이익률 | =당기순이익 / 매출액 |
| | 매출액영업이익률 | =영업이익 / 매출액 |
| 효율성 | 총자산회전율 | =매출액 / 총자산 |
| | 재고자산회전율 | =매출액 / 재고자산 |
| | 고정자산회전율 | =매출액 / 고정자산 |
| | 매출채권회전율 | =매출액 / 평균매출채권 |

이제 앞에서 작성된 재무제표를 통해 이러한 재무비율을 어떻게 계산하고 또 활용할 것인가를 살펴보기로 한다.

① Worksheet의 아래 시트 탭에서 '워크시트 삽입 탭'(⊕)을 클릭하거나, 또는 시트 탭에서 오른쪽 마우스 [삽입]-[워크시트]-[확인]을 통해 새 sheet를 만든다.

② 새로 만들어진 sheet의 탭을 더블클릭하고, 워크시트의 이름을 '재무비율분석'으로 바꾼 후, '재무상태표' 시트 다음으로 옮겨 놓는다.

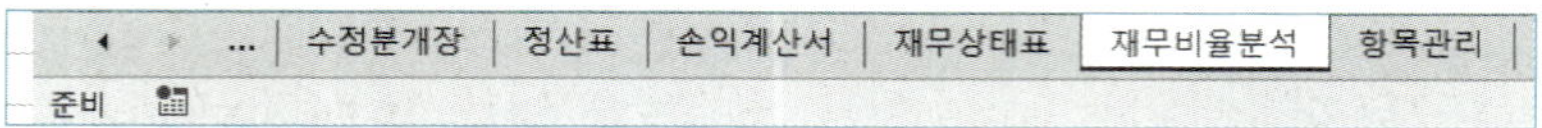


③ A1:C17 셀 영역에 다음과 같이 기초자료를 입력한다. A열, B열, C열의 '열 너비'를 글자 폭만큼 넓혀 조정한다. '재무비율분석'은 B2 셀에 입력하고 B2:C2 셀을 선택하여 [병합하고 가운데 맞춤]으로 조정한다.

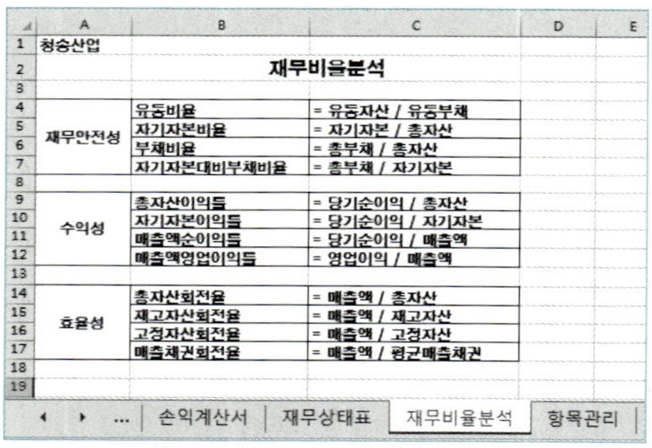


④ D열의 열 너비를 '10'으로 조정한다.

그리고 D4 셀을 선택하고 수식 '=SUM(재무상태표!D7:D14)/SUM(재무상태표!D26:D29)'를 입력한다.

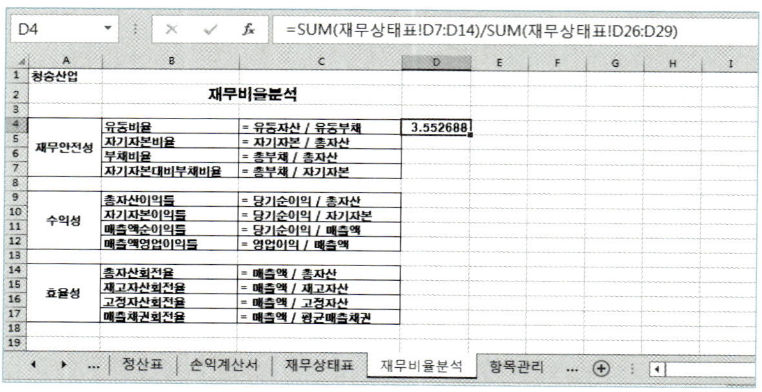

⑤ 마찬가지로 D5 셀부터 D17 셀 영역에 각각 다음의 수식을 차례로 입력한다.

D5: '=재무상태표!E37/재무상태표!E22'
D6: '=재무상태표!E32/재무상태표!E22'
D7: '=재무상태표!E32/재무상태표!E37'
D9: '=손익계산서!D28/재무상태표!E22'
D10: '=손익계산서!D28/재무상태표!E37'
D11: '=손익계산서!D28/손익계산서!D6'
D12: '=손익계산서!D18/손익계산서!D6'
D14: '=손익계산서!D6/재무상태표!E22'
D15: '=손익계산서!D6/SUM(재무상태표!D11:D12)'
D16: '=손익계산서!D6/SUM(재무상태표!D16:D21)'
D17: '=손익계산서!D6/SUM(재무상태표!D9:D10)'

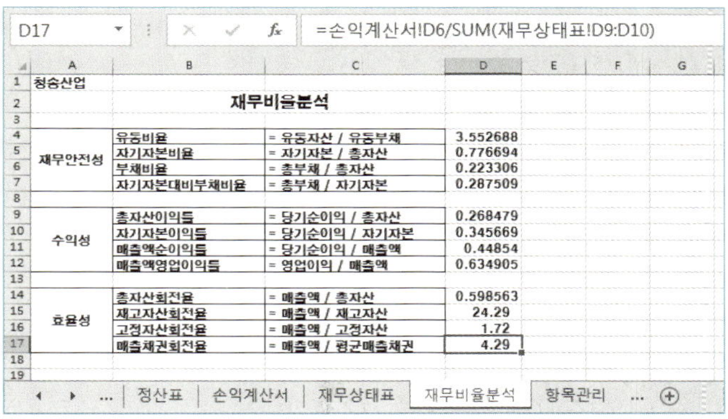


⑥ D열을 선택하고 오른쪽 마우스 [셀 서식]을 선택한다. [셀 서식] 상자에서 [표시 형식]으로 '숫자'를 선택하고 '소수 자릿수'를 '2'로, '음수'를 붉은 색 '(1234.10)'으로 선택한 후 [확인]을 누른다.

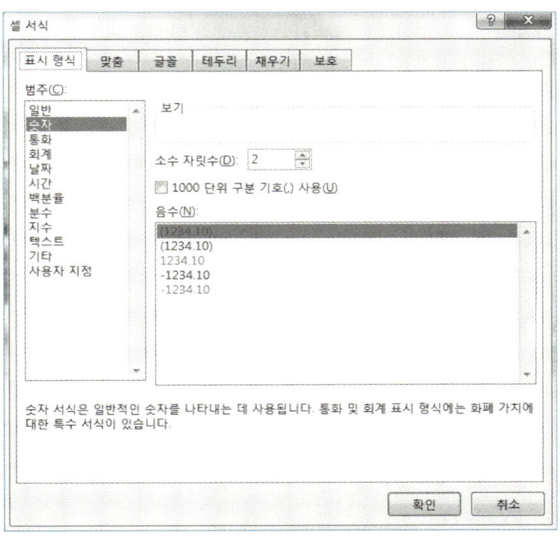

⑦ Ctrl 키를 누른 상태에서 D4:D7, D9:D12, D14:D17 영역을 함께 선택하고, [홈] 탭의 [글꼴]-[테두리]-[모든 테두리]를 선택한다.

⑧ 각각의 재무비율이 계산되었으므로, 이제 이 수치를 **차트** 형태로 표시해 보자. 먼저 B4:B7 셀 영역을 선택한 후 Ctrl 키를 누른 상태에서 D4:D7 셀 영역을 함께 선택한다. 그리고 [삽입] 탭의 [차트]에서 [**2차원 묶은 세로 막대형**]을 선택한다.

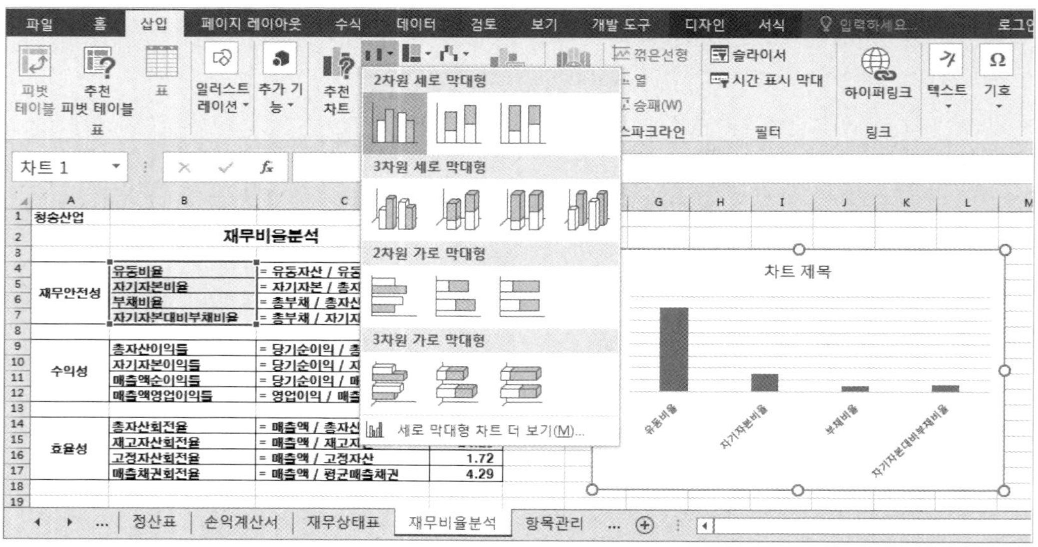


⑨ 생성된 차트의 '차트 영역'을 마우스로 선택하고, 표의 아래쪽 A20 셀 영역으로 끌어다 놓은 후, 차트 내의 '차트 제목'을 클릭하여 '**재무안전성 비율**'로 고쳐 놓는다.

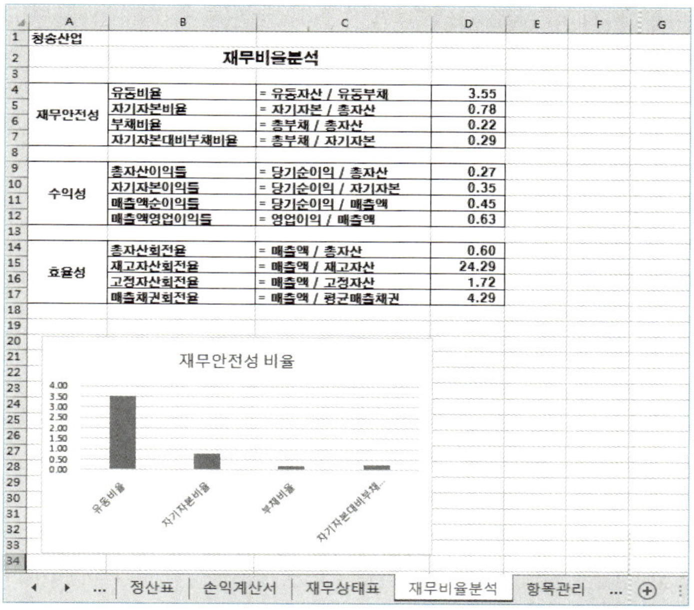


⑩ 다시 B9:B12 셀 영역을 선택한 후 Ctrl 키를 누른 상태에서 D9:D12 셀 영역을 함께 선택한다. 그리고 [삽입] 탭의 [차트]에서 [2차원 묶은 세로 막대형]을 선택한다. 생성된 차트를 다시 표 아래쪽으로 끌어다 놓은 후, '차트 제목'을 '**수익성 비율**'로 고쳐 놓는다.

⑪ 마찬가지로 이번에는 B14:B17 셀 영역을 선택한 후 Ctrl 키를 누른 상태에서 D14:D17 셀 영역을 함께 선택하고, [삽입] 탭의 [차트]에서 [2차원 묶은 세로 막대형]을 선택한다. 생성된 차트를 아래쪽 두 개의 표 오른쪽으로 끌어다 놓은 후, '차트 제목'을 '**효율성 비율**'로 고쳐 놓는다.

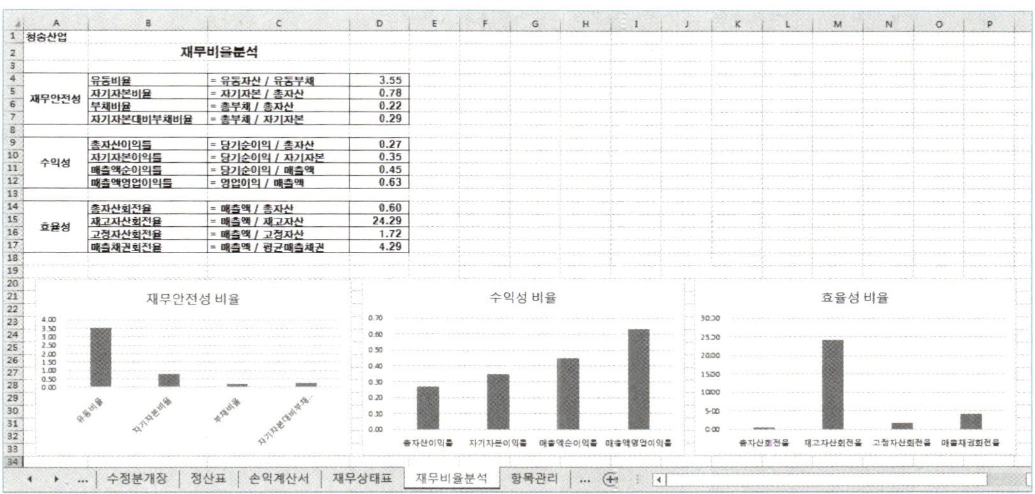

⑫ 맨 처음 작성한 '재무안전성 비율' 차트의 '차트 영역'을 클릭하고, 오른쪽에 나타난 [차트 스타일]을 선택한 후, [스타일] 대화상자에서 '스타일 14'를 선택한다.

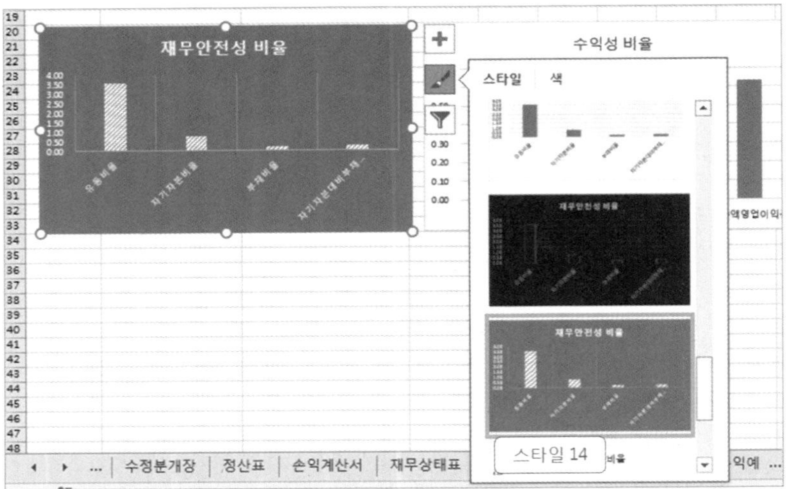


⑬ 두 번째 '수익성 비율' 차트를 선택하고, 이번에는 '스타일 4'를 선택한다. 그리고 세 번째 '효율성 비율' 차트는 '스타일 9'를 선택한다.

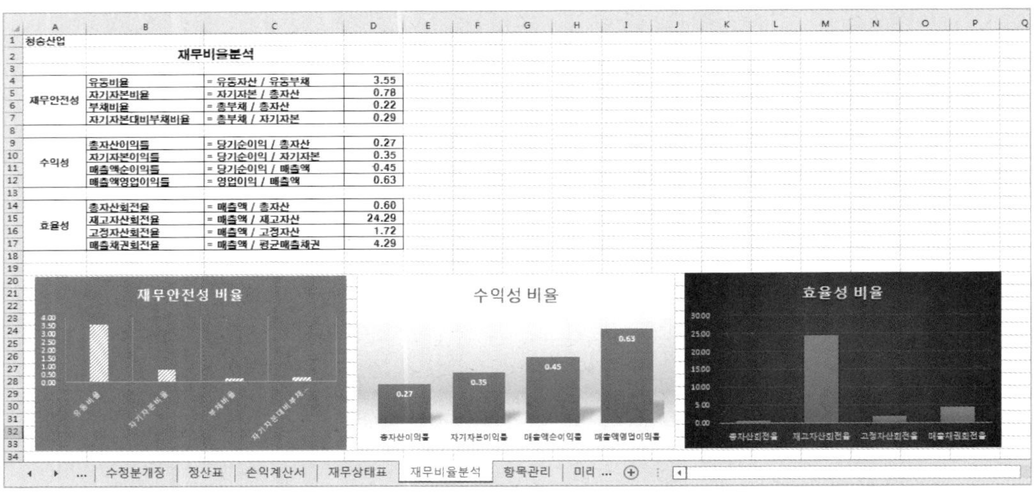


⑭ 이상과 같이 각각의 재무비율을 계산하고, 이를 토대로 관련 차트를 작성해 보았다. 물론 계산된 각각의 재무비율이 얼마나 좋은지에 대한 판단은 흔히 해당 기업의 과거 재무비율이나 동업종의 비율과 대비해 보는 방법으로 평가하게 된다. 그러나 이 예에서와 같이 비교 기준이 없는 경우에도 이 지표만을 가지고 기업의 전반적인 재무상태와 경영성과를 가늠해 볼 수도 있다.

## 2. 손익 자료의 미래예측

흔히 기업의 수익성 여부에 대한 판단은 이익 수치의 절대적인 금액과 위에서와 같은 관련비율을 검토해 보는 것도 중요하지만, 그러한 이익 수치나 비율이 과연 미래에도 똑같이 유지되거나 성장가능성이 있는지에 대한 **추세 판단**도 필요하다. 이와 같이 과거의 실적 자료를 토대로 미래의 변동가능성을 가늠해 보는 것을 **미래예측**이라고 한다.

여기서는 손익계산서 자료를 중심으로 주요 이익 수치가 미래에 어떻게 변동할 것인지를 예측하는 방법에 대해 살펴보기로 한다.

① '손익계산서' sheet를 복사하기 위해, '손익계산서' 탭을 선택하고 Ctrl 키를 누른 상태에서 마우스로 맨 마지막 시트 다음으로 끌기한 후, 마우스와 Ctrl 키를 순차적으로 놓는다. 그리고 복제된 '손익계산서(2)' sheet의 탭을 더블클릭하여 탭 이름을 '**미래 손익예측**'으로 변경한다.

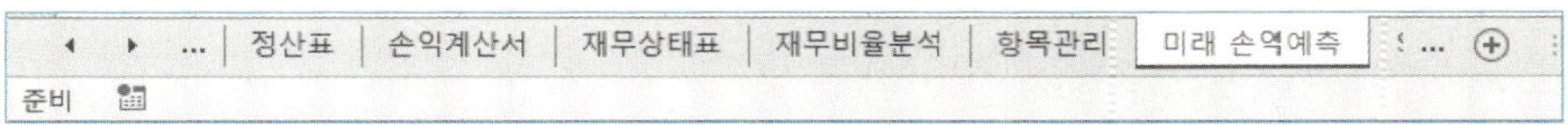


② '미래 손익예측' sheet에서 B2 셀의 머리글을 '미래 손익예측'으로 변경하고, B3 셀의 기간표시를 삭제한다.

③ 손익계산서 자료와 연관시키기 위해, D6 셀의 수식을 수식 '=손익계산서!D6'로 변경한다. 그리고 D6 셀을 복사하여 D7, C8:C10, C13:C17, C20:C22, C24:C25 영역에 각각 붙여넣기 한다.

④ 이 회사의 미래 수지예측을 위해 동업종의 **계절적 월별 경기지표**를 이용하기로 한다. 청송산업 관련 최근 동업종 '계절적 월별 경기지표'는 다음 표와 같다고 가정한다.

| 월별 | 1월 | 2월 | 3월 | 4월 | 5월 | 6월 | 7월 | 8월 | 9월 | 10월 | 11월 | 12월 |
|---|---|---|---|---|---|---|---|---|---|---|---|---|
| 계절지수 | −5% | 2% | 8% | 15% | 7% | 3% | 6% | 18% | 12% | 7% | −8% | −13% |

⑤ 이 사례에서는 현재 6월의 실적을 기록하고 있으므로 7월의 실적부터 예측하기 위해, E3 셀에 '7월'을 입력하고 E3 셀에서 '자동채우기 핸들'을 이용하여 P3 셀까지 채워넣기 한다.

⑥ E30 셀에 '계절적 월별 경기지표'를 입력한다. E3:P3 셀 영역을 복사하여 E31 셀에 붙여넣기 하고, E32:P32 셀 영역에 위 ④의 표에서 7월 계절지수인 '6%'부터 오른쪽으로 연속하여 입력한다.

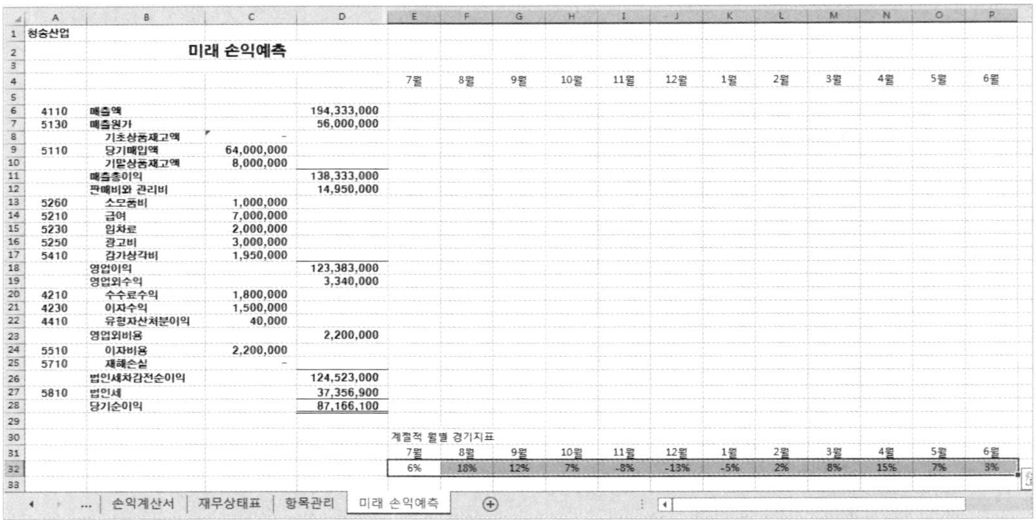

| | A | B | C | D |
|---|---|---|---|---|
| 1 | 청송산업 | | | |
| 2 | | 미래 손익예측 | | |
| 6 | 4110 | 매출액 | | 194,333,000 |
| 7 | 5130 | 매출원가 | | 56,000,000 |
| 8 | | 기초상품재고액 | - | |
| 9 | 5110 | 당기매입액 | 64,000,000 | |
| 10 | | 기말상품재고액 | 8,000,000 | |
| 11 | | 매출총이익 | | 138,333,000 |
| 12 | | 판매비와 관리비 | | 14,950,000 |
| 13 | 5260 | 소모품비 | 1,000,000 | |
| 14 | 5210 | 급여 | 7,000,000 | |
| 15 | 5230 | 임차료 | 2,000,000 | |
| 16 | 5250 | 광고비 | 3,000,000 | |
| 17 | 5410 | 감가상각비 | 1,950,000 | |
| 18 | | 영업이익 | | 123,383,000 |
| 19 | | 영업외수익 | | 3,340,000 |
| 20 | 4210 | 수수료수익 | 1,800,000 | |
| 21 | 4230 | 이자수익 | 1,500,000 | |
| 22 | 4410 | 유형자산처분이익 | 40,000 | |
| 23 | | 영업외비용 | | 2,200,000 |
| 24 | 5510 | 이자비용 | 2,200,000 | |
| 25 | 5710 | 재해손실 | - | |
| 26 | | 법인세차감전순이익 | | 124,523,000 |
| 27 | 5810 | 법인세 | | 37,356,900 |
| 28 | | 당기순이익 | | 87,166,100 |

| | E | F | G | H | I | J | K | L | M | N | O | P |
|---|---|---|---|---|---|---|---|---|---|---|---|---|
| 4 | 7월 | 8월 | 9월 | 10월 | 11월 | 12월 | 1월 | 2월 | 3월 | 4월 | 5월 | 6월 |
| 30 | 계절적 월별 경기지표 | | | | | | | | | | | |
| 31 | 7월 | 8월 | 9월 | 10월 | 11월 | 12월 | 1월 | 2월 | 3월 | 4월 | 5월 | 6월 |
| 32 | 6% | 18% | 12% | 7% | -8% | -13% | -5% | 2% | 8% | 15% | 7% | 3% |



⑦ E열부터 P열의 열 머리부분을 선택하고 오른쪽 마우스 [열 너비]를 '15'로 지정한다. 이어서 [홈] 탭의 [글꼴]-[글꼴]을 '견고딕'으로 선택하고 [글꼴 크기]를 '11'로 지정한다. 금액 자료가 표시될 영역인 E6:P28 셀 범위를 선택하고 [홈] 탭의 [표시 형식]-[쉼표 스타일]을 선택한다.

⑧ E6 셀에 수식 '=D6*(1+E32)'를 입력한다. 이는 '7월의 매출액 예측치'는 이전 달(6월) 매출액(D6셀)에 7월의 경기지표(6%)를 고려한 변동액만큼이 더해져서 계산된다는 것을 의미한다. 마찬가지로 매출원가와 판매비 및 관리비의 경우에도 이전 달의 실적에 경기지표만큼의 성장률이 고려되어 증감하는 것으로 보고, E7 셀과 E12 셀에 수식 '=D7*(1+E32)'과 수식 '=

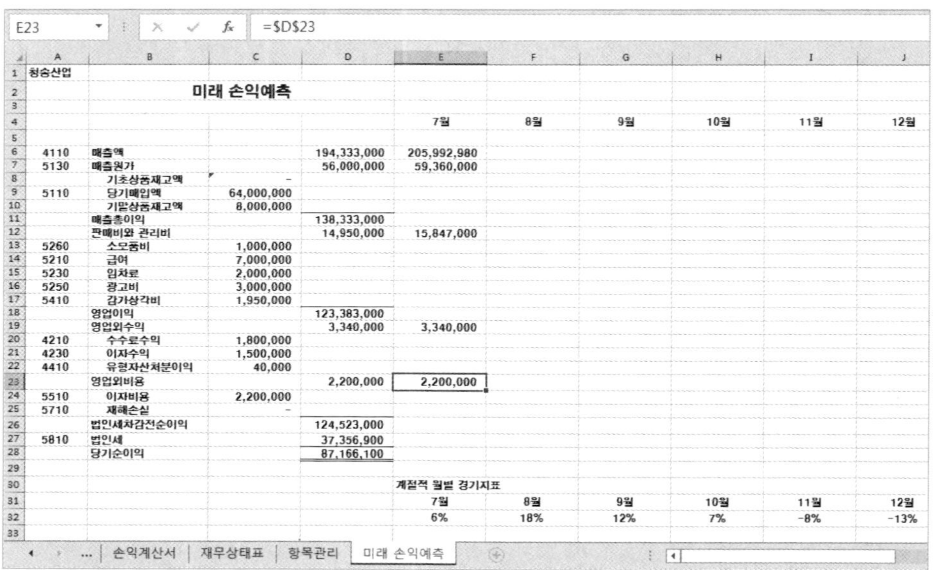



| | A | B | C | D | E | F | G | H | I | J |
|---|---|---|---|---|---|---|---|---|---|---|
| 1 | 청송산업 | | | | | | | | | |
| 2 | | 미래 손익예측 | | | | | | | | |
| 4 | | | | | 7월 | 8월 | 9월 | 10월 | 11월 | 12월 |
| 6 | 4110 | 매출액 | | 194,333,000 | 205,992,980 | | | | | |
| 7 | 5130 | 매출원가 | | 56,000,000 | 59,360,000 | | | | | |
| 8 | | 기초상품재고액 | - | | | | | | | |
| 9 | 5110 | 당기매입액 | 64,000,000 | | | | | | | |
| 10 | | 기말상품재고액 | 8,000,000 | | | | | | | |
| 11 | | 매출총이익 | | 138,333,000 | | | | | | |
| 12 | | 판매비와 관리비 | | 14,950,000 | 15,847,000 | | | | | |
| 13 | 5260 | 소모품비 | 1,000,000 | | | | | | | |
| 14 | 5210 | 급여 | 7,000,000 | | | | | | | |
| 15 | 5230 | 임차료 | 2,000,000 | | | | | | | |
| 16 | 5250 | 광고비 | 3,000,000 | | | | | | | |
| 17 | 5410 | 감가상각비 | 1,950,000 | | | | | | | |
| 18 | | 영업이익 | | 123,383,000 | | | | | | |
| 19 | | 영업외수익 | | 3,340,000 | 3,340,000 | | | | | |
| 20 | 4210 | 수수료수익 | 1,800,000 | | | | | | | |
| 21 | 4230 | 이자수익 | 1,500,000 | | | | | | | |
| 22 | 4410 | 유형자산처분이익 | 40,000 | | | | | | | |
| 23 | | 영업외비용 | | 2,200,000 | 2,200,000 | | | | | |
| 24 | 5510 | 이자비용 | 2,200,000 | | | | | | | |
| 25 | 5710 | 재해손실 | - | | | | | | | |
| 26 | | 법인세차감전순이익 | | 124,523,000 | | | | | | |
| 27 | 5810 | 법인세 | | 37,356,900 | | | | | | |
| 28 | | 당기순이익 | | 87,166,100 | | | | | | |
| 30 | | | | | 계절적 월별 경기지표 | | | | | |
| 31 | | | | | 7월 | 8월 | 9월 | 10월 | 11월 | 12월 |
| 32 | | | | | 6% | 18% | 12% | 7% | -8% | -13% |

D12*(1+E32)'을 각각 입력한다. 영업외수익과 영업외비용은 당분간은 이전 달의 수지내역과 변동 없이 유지된다고 가정하고, E19 셀과 E23 셀에 수식 '=$D$19'와 수식 '=$D$23'을 각각 입력한다.

⑨ 각 이익수치 변화추세도 살펴보기 위해, 7월의 매출총이익을 표시하는 E11 셀에는 D11 셀을 복사하여 붙여넣기 한다. 마찬가지로 D18 셀을 복사하여 E18 셀에, 그리고 D26 셀을 복사하여 E26 셀에 붙여넣기 한다. 다만 D27 셀의 수식 '=D26*문서화!B4'은 문서화 sheet의 특정 셀(B4)을 계속해서 참조하도록 해야 하기 때문에, 이를 복사하기 전에 먼저 절대셀 개념을 추가하여 D27 셀의 수식을 '=D26*문서화!$B$4'로 바꾸어 놓는다. 이제 D27 셀을 복사하여 E27 셀에 붙여넣기 한다. 마찬가지로 D28 셀도 복사하여 E28 셀에 붙여넣기 한다.

⑩ Ctrl 키를 누른 상태에서 E11, E18, E26, E28 셀을 함께 선택하고, [홈] 탭의 [글꼴]-[테두리]에서 '위쪽 테두리'를 선택한다. 다시 E28 셀을 선택하고 [홈] 탭의 [글꼴]-[테두리]에서 '아래쪽 이중 테두리'를 선택한다.

| | A | B | C | D | E | F | G | H | I |
|---|---|---|---|---|---|---|---|---|---|
| 1 | 청송산업 | | | | | | | | |
| 2 | | 미래 손익예측 | | | | | | | |
| 3 | | | | | | | | | |
| 4 | | | | | 7월 | 8월 | 9월 | 10월 | 11 |
| 5 | | | | | | | | | |
| 6 | 4110 | 매출액 | | 194,333,000 | 205,992,980 | | | | |
| 7 | 5130 | 매출원가 | | 56,000,000 | 59,360,000 | | | | |
| 8 | | 기초상품재고액 | - | | | | | | |
| 9 | 5110 | 당기매입액 | 64,000,000 | | | | | | |
| 10 | | 기말상품재고액 | 8,000,000 | | | | | | |
| 11 | | 매출총이익 | | 138,333,000 | 146,632,980 | | | | |
| 12 | | 판매비와 관리비 | | 14,950,000 | 15,847,000 | | | | |
| 13 | 5260 | 소모품비 | 1,000,000 | | | | | | |
| 14 | 5210 | 급여 | 7,000,000 | | | | | | |
| 15 | 5230 | 임차료 | 2,000,000 | | | | | | |
| 16 | 5250 | 광고비 | 3,000,000 | | | | | | |
| 17 | 5410 | 감가상각비 | 1,950,000 | | | | | | |
| 18 | | 영업이익 | | 123,383,000 | 130,785,980 | | | | |
| 19 | | 영업외수익 | | 3,340,000 | 3,340,000 | | | | |
| 20 | 4210 | 수수료수익 | 1,800,000 | | | | | | |
| 21 | 4230 | 이자수익 | 1,500,000 | | | | | | |
| 22 | 4410 | 유형자산처분이익 | 40,000 | | | | | | |
| 23 | | 영업외비용 | | 2,200,000 | 2,200,000 | | | | |
| 24 | 5510 | 이자비용 | 2,200,000 | | | | | | |
| 25 | 5710 | 재해손실 | - | | | | | | |
| 26 | | 법인세차감전순이익 | | 124,523,000 | 131,925,980 | | | | |
| 27 | 5810 | 법인세 | | 37,356,900 | 39,577,794 | | | | |
| 28 | | 당기순이익 | | 87,166,100 | 92,348,186 | | | | |
| 29 | | | | | | | | | |
| 30 | | | | | 계절적 월별 경기지표 | | | | |
| 31 | | | | | 7월 | 8월 | 9월 | 10월 | 11 |
| 32 | | | | | 6% | 18% | 12% | 7% | -8 |
| 33 | | | | | | | | | |

... | 손익계산서 | 재무상태표 | 항목관리 | 미래 손익예측

⑪ 이제 7월의 주요 손익지표에 대한 계산식이 완료되었으므로, 7월의 해당 수식들을 8월 이후의 기간에 똑같이 적용할 수 있다. 따라서 E6:E28 셀 범위를 선택하고, 선택된 범위 중 마지막 E28 셀의 오른쪽 아래 **'자동채우기 핸들(+)'**을 P27 셀까지 끌기 하여 채워 넣는다.

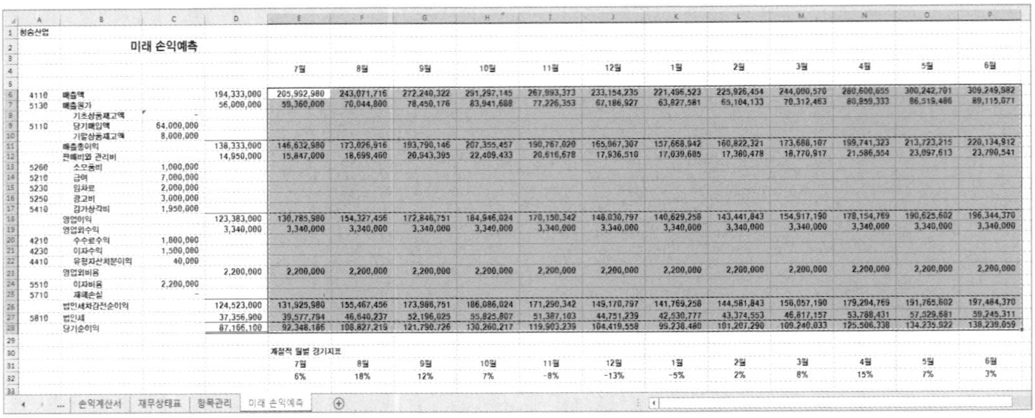

| | A | B | C | D | E | F | G | H | I | J | K | L | M | N | O | P |
|---|---|---|---|---|---|---|---|---|---|---|---|---|---|---|---|---|
| 1 | 청송산업 | | | | | | | | | | | | | | | |
| 2 | | 미래 손익예측 | | | | | | | | | | | | | | |
| 3 | | | | | | | | | | | | | | | | |
| 4 | | | | | 7월 | 8월 | 9월 | 10월 | 11월 | 12월 | 1월 | 2월 | 3월 | 4월 | 5월 | 6월 |
| 5 | | | | | | | | | | | | | | | | |
| 6 | 4110 | 매출액 | | 194,333,000 | 205,992,980 | 243,071,716 | 272,240,322 | 291,297,145 | 267,993,373 | 233,154,235 | 221,496,523 | 225,926,454 | 244,000,570 | 280,600,655 | 300,242,701 | 309,249,982 |
| 7 | 5130 | 매출원가 | | 56,000,000 | 59,360,000 | 70,044,800 | 78,450,176 | 83,941,688 | 77,226,353 | 67,186,927 | 63,827,581 | 65,104,133 | 70,312,463 | 80,859,333 | 86,519,486 | 89,115,071 |
| 8 | | 기초상품재고액 | - | | | | | | | | | | | | | |
| 9 | 5110 | 당기매입액 | 64,000,000 | | | | | | | | | | | | | |
| 10 | | 기말상품재고액 | 8,000,000 | | | | | | | | | | | | | |
| 11 | | 매출총이익 | | 138,333,000 | 146,632,980 | 173,026,916 | 193,790,146 | 207,355,457 | 190,767,020 | 165,967,307 | 157,668,942 | 160,822,321 | 173,688,107 | 199,741,323 | 213,723,215 | 220,134,912 |
| 12 | | 판매비와 관리비 | | 14,950,000 | 15,847,000 | 18,699,460 | 20,943,395 | 22,409,433 | 20,616,678 | 17,936,510 | 17,039,685 | 17,380,478 | 18,770,917 | 21,586,554 | 23,097,613 | 23,790,541 |
| 13 | 5260 | 소모품비 | 1,000,000 | | | | | | | | | | | | | |
| 14 | 5210 | 급여 | 7,000,000 | | | | | | | | | | | | | |
| 15 | 5230 | 임차료 | 2,000,000 | | | | | | | | | | | | | |
| 16 | 5250 | 광고비 | 3,000,000 | | | | | | | | | | | | | |
| 17 | 5410 | 감가상각비 | 1,950,000 | | | | | | | | | | | | | |
| 18 | | 영업이익 | | 123,383,000 | 130,785,980 | 154,327,456 | 172,846,751 | 184,946,024 | 170,150,342 | 148,030,797 | 140,629,258 | 143,441,843 | 154,917,190 | 178,154,769 | 190,625,602 | 196,344,370 |
| 19 | | 영업외수익 | | 3,340,000 | 3,340,000 | 3,340,000 | 3,340,000 | 3,340,000 | 3,340,000 | 3,340,000 | 3,340,000 | 3,340,000 | 3,340,000 | 3,340,000 | 3,340,000 | 3,340,000 |
| 20 | 4210 | 수수료수익 | 1,800,000 | | | | | | | | | | | | | |
| 21 | 4230 | 이자수익 | 1,500,000 | | | | | | | | | | | | | |
| 22 | 4410 | 유형자산처분이익 | 40,000 | | | | | | | | | | | | | |
| 23 | | 영업외비용 | | 2,200,000 | 2,200,000 | 2,200,000 | 2,200,000 | 2,200,000 | 2,200,000 | 2,200,000 | 2,200,000 | 2,200,000 | 2,200,000 | 2,200,000 | 2,200,000 | 2,200,000 |
| 24 | 5510 | 이자비용 | 2,200,000 | | | | | | | | | | | | | |
| 25 | 5710 | 재해손실 | - | | | | | | | | | | | | | |
| 26 | | 법인세차감전순이익 | | 124,523,000 | 131,925,980 | 155,467,456 | 173,986,751 | 186,086,024 | 171,290,342 | 149,170,797 | 141,769,258 | 144,581,843 | 156,057,190 | 179,294,769 | 191,765,602 | 197,484,370 |
| 27 | 5810 | 법인세 | | 37,356,900 | 39,577,794 | 46,640,237 | 52,196,025 | 55,825,807 | 51,387,103 | 44,751,239 | 42,530,777 | 43,374,553 | 46,817,157 | 53,788,431 | 57,529,681 | 59,245,311 |
| 28 | | 당기순이익 | | 87,166,100 | 92,348,186 | 108,827,219 | 121,790,726 | 130,260,217 | 119,903,239 | 104,419,558 | 99,238,480 | 101,207,290 | 109,240,033 | 125,506,338 | 134,235,922 | 138,239,059 |
| 29 | | | | | | | | | | | | | | | | |
| 30 | | | | | 계절적 월별 경기지표 | | | | | | | | | | | |
| 31 | | | | | 7월 | 8월 | 9월 | 10월 | 11월 | 12월 | 1월 | 2월 | 3월 | 4월 | 5월 | 6월 |
| 32 | | | | | 6% | 18% | 12% | 7% | -8% | -13% | -5% | 2% | 8% | 15% | 7% | 3% |
| 33 | | | | | | | | | | | | | | | | |



⑫ D4 셀을 선택하고 이번 달인 '6월'을 입력한다.

⑬ 이제 **추정 손익계산서**가 완성되었으므로, 이를 EXCEL Chart 형식으로 표시해보기로 한다.

⑭ 손익계산서 추이 예측 자료에서 가장 많이 보는 부분이 매출액, 영업이익, 당기순이익 등의 변화이므로, 이에 해당하는 영역을 먼저 선택한다. 즉, 각 항목의 이름까지를 포함하기 위해 먼저 B4:P4 영역을 선택한 후, Ctrl 키를 누른 상태에서 마우스로 다시 B6:P6, 그리고 B19:P19, B28:P28 셀 영역을 각각 선택한다.

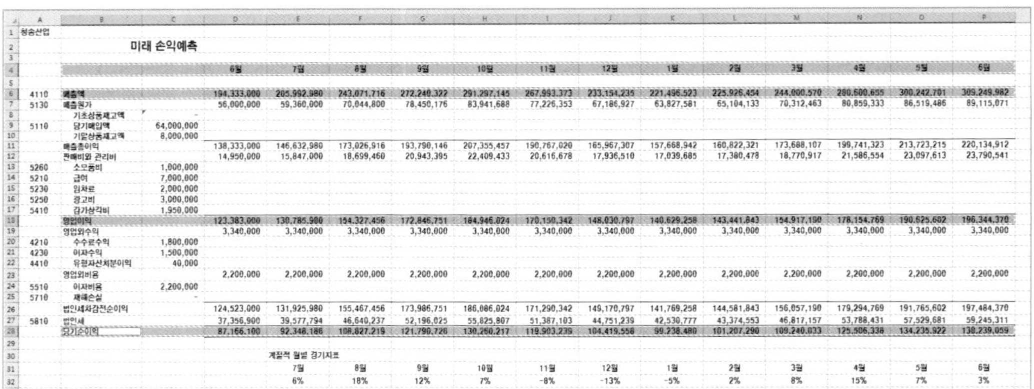

| | A | B | C | D | E | F | G | H | I | J | K | L | M | N | O | P |
|---|---|---|---|---|---|---|---|---|---|---|---|---|---|---|---|---|
| 1 | 청송산업 | | | | | | | | | | | | | | | |
| 2 | | 미래 손익예측 | | | | | | | | | | | | | | |
| 3 | | | | | | | | | | | | | | | | |
| 4 | | | | 6월 | 7월 | 8월 | 9월 | 10월 | 11월 | 12월 | 1월 | 2월 | 3월 | 4월 | 5월 | 6월 |
| 5 | | | | | | | | | | | | | | | | |
| 6 | 4110 | 매출액 | | 194,333,000 | 205,992,980 | 243,071,716 | 272,240,322 | 291,297,145 | 267,993,373 | 233,154,235 | 221,496,523 | 225,926,454 | 244,000,570 | 280,600,655 | 300,242,701 | 309,249,982 |
| 7 | 5130 | 매출원가 | | 56,000,000 | 59,360,000 | 70,044,800 | 78,450,176 | 83,941,688 | 77,226,353 | 67,186,927 | 63,827,581 | 65,104,133 | 70,312,463 | 80,859,333 | 86,519,486 | 89,115,071 |
| 8 | | 기초상품재고액 | - | | | | | | | | | | | | | |
| 9 | 5110 | 당기매입액 | 64,000,000 | | | | | | | | | | | | | |
| 10 | | 기말상품재고액 | 8,000,000 | | | | | | | | | | | | | |
| 11 | | 매출총이익 | | 138,333,000 | 146,632,980 | 173,026,916 | 193,790,146 | 207,355,457 | 190,767,020 | 165,967,307 | 157,668,942 | 160,822,321 | 173,688,107 | 199,741,323 | 213,723,215 | 220,134,912 |
| 12 | | 판매비와 관리비 | | 14,950,000 | 15,847,000 | 18,699,460 | 20,943,395 | 22,409,433 | 20,616,678 | 17,936,510 | 17,039,685 | 17,380,478 | 18,770,917 | 21,586,554 | 23,097,613 | 23,790,541 |
| 13 | 5260 | 소모품비 | 1,000,000 | | | | | | | | | | | | | |
| 14 | 5210 | 급여 | 7,000,000 | | | | | | | | | | | | | |
| 15 | 5230 | 임차료 | 2,000,000 | | | | | | | | | | | | | |
| 16 | 5250 | 광고비 | 3,000,000 | | | | | | | | | | | | | |
| 17 | 5410 | 감가상각비 | 1,950,000 | | | | | | | | | | | | | |
| 18 | | 영업이익 | | 123,383,000 | 130,785,980 | 154,327,456 | 172,846,751 | 184,946,024 | 170,150,342 | 148,030,797 | 140,629,258 | 143,441,843 | 154,917,190 | 178,154,769 | 190,625,602 | 196,344,370 |
| 19 | | 영업외수익 | | 3,340,000 | 3,340,000 | 3,340,000 | 3,340,000 | 3,340,000 | 3,340,000 | 3,340,000 | 3,340,000 | 3,340,000 | 3,340,000 | 3,340,000 | 3,340,000 | 3,340,000 |
| 20 | 4210 | 수수료수익 | 1,800,000 | | | | | | | | | | | | | |
| 21 | 4230 | 이자수익 | 1,500,000 | | | | | | | | | | | | | |
| 22 | 4410 | 유형자산처분이익 | 40,000 | | | | | | | | | | | | | |
| 23 | | 영업외비용 | | 2,200,000 | 2,200,000 | 2,200,000 | 2,200,000 | 2,200,000 | 2,200,000 | 2,200,000 | 2,200,000 | 2,200,000 | 2,200,000 | 2,200,000 | 2,200,000 | 2,200,000 |
| 24 | 5510 | 이자비용 | 2,200,000 | | | | | | | | | | | | | |
| 25 | 5710 | 재해손실 | - | | | | | | | | | | | | | |
| 26 | | 법인세차감전순이익 | | 124,523,000 | 131,925,980 | 155,467,456 | 173,986,751 | 186,086,024 | 171,290,342 | 149,170,797 | 141,769,258 | 144,581,843 | 156,057,190 | 179,294,769 | 191,765,602 | 197,484,370 |
| 27 | 5810 | 법인세 | | 37,356,900 | 39,577,794 | 46,640,237 | 52,196,025 | 55,825,807 | 51,387,103 | 44,751,239 | 42,530,777 | 43,374,553 | 46,817,157 | 53,788,431 | 57,529,681 | 59,245,311 |
| 28 | | 당기순이익 | | 87,166,100 | 92,348,186 | 108,827,219 | 121,790,726 | 130,260,217 | 119,903,239 | 104,419,558 | 99,238,480 | 101,207,290 | 109,240,033 | 125,506,338 | 134,235,922 | 138,239,059 |
| 29 | | | | | | | | | | | | | | | | |
| 30 | | | | | 계절적 월별 경기지표 | | | | | | | | | | | |
| 31 | | | | | 7월 | 8월 | 9월 | 10월 | 11월 | 12월 | 1월 | 2월 | 3월 | 4월 | 5월 | 6월 |
| 32 | | | | | 6% | 18% | 12% | 7% | -8% | -13% | -5% | 2% | 8% | 15% | 7% | 3% |
| 33 | | | | | | | | | | | | | | | | |

⑮ [삽입] 탭의 [차트]에서 '2차원 묶은 세로 막대형'을 선택한다.

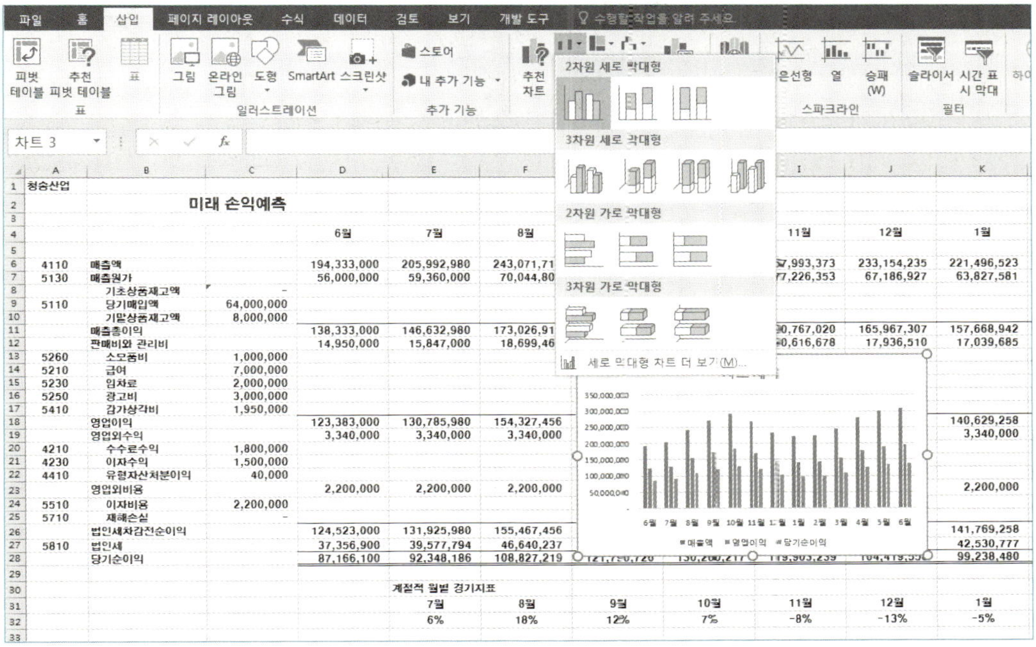

⑯ 생성된 차트를 아래쪽 빈 공간 영역으로 끌기 하여 B34:G54 영역에 배치하도록 크기를 조정한다.

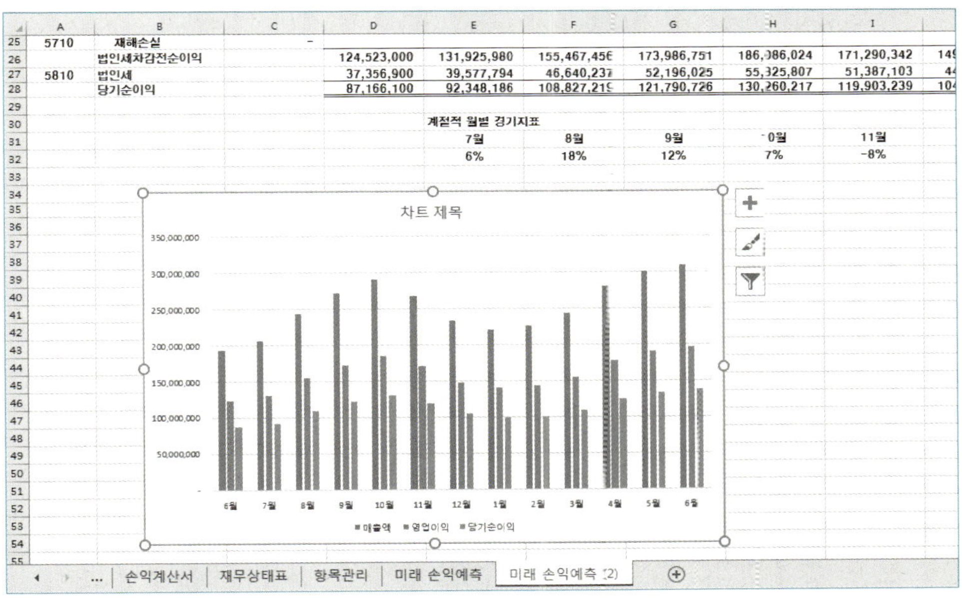

⑰ 차트를 선택하고, [디자인] 탭의 [차트 레이아웃]에서 차트 제목과 범례가 표시되는 [레이아웃 1]을 선택한다.

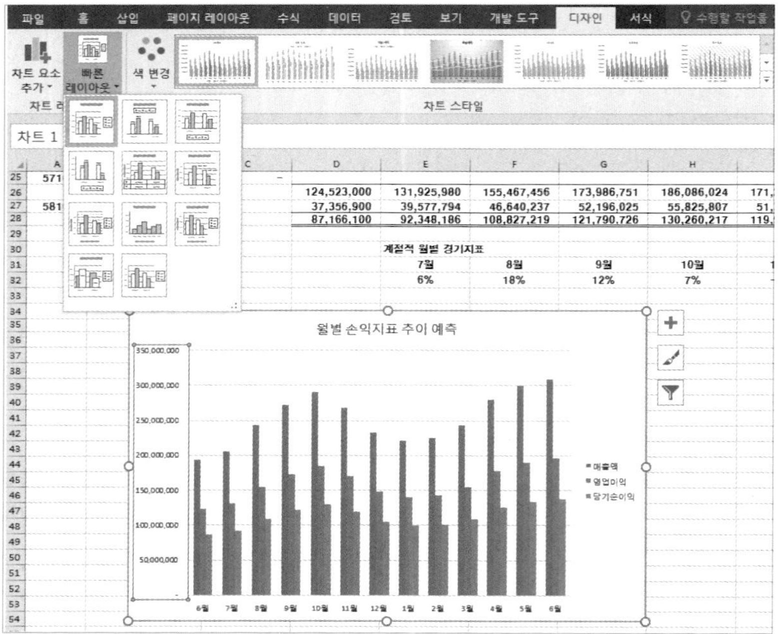

⑱ 차트영역에서 '차트 제목'을 클릭하고 '월별 손익지표 추이 예측'으로 변경한다. Y축의 금액표시가 너무 복잡하므로 이를 간단하게 표시하기 위해, 차트의 '세로 축'(Y축)을 선택하고 오른쪽 마우스를 클릭하여 '축 서식'을 선택한다. 오른쪽의 [축 서식] 대화상자에서 [축 옵션]의 [표시 단위]를 '백만'으로 선택한다. 그리고 아래쪽의 '차트에 단위 레이블 표시'를 선택한다.

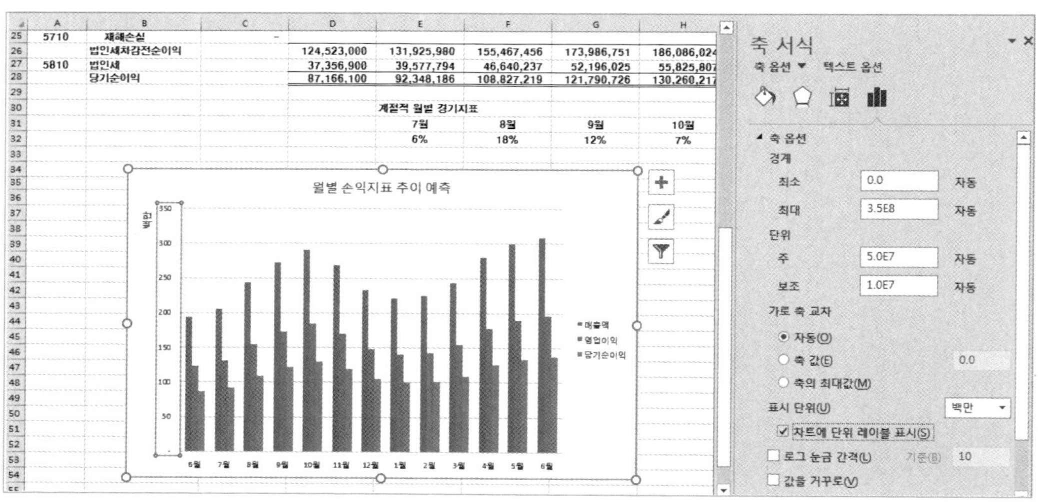

⑲ 범례가 차트의 오른쪽을 차지하고 있어 차트가 적게 보이므로, '범례'를 클릭하고 차트의 위쪽 (차트제목 아래 영역)으로 이동시킨 후, 범례의 오른쪽을 끌기 하여 범례를 한 줄로 표시되도록 조정한다.

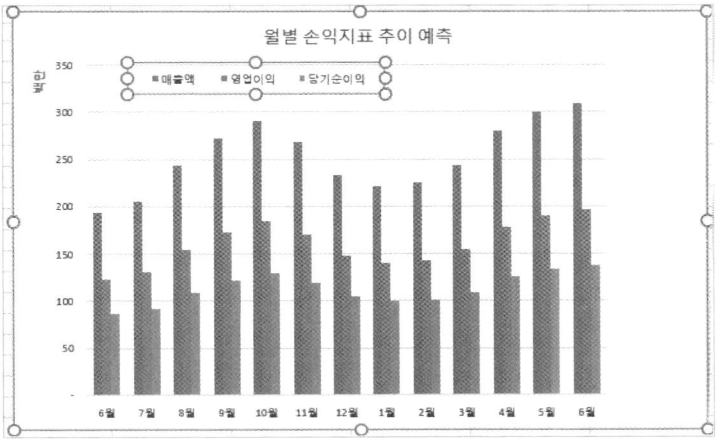


⑳ 이제 차트의 '그림 영역'을 클릭하고, 오른쪽 선을 끌기 하여 차트를 확대하여 표시되도록 한다.

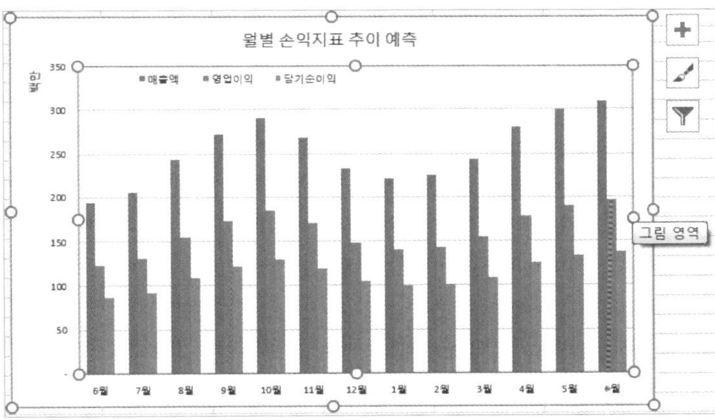


㉑ 다른 두 가지(영업이익, 당기순이익)와는 성격이 다른 '매출액' 지표를 막대 형식이 아닌 꺾은 선 형태로 바꾸어 보기로 한다. 차트 내에서 매출액을 표시하고 있는 청색 막대 중 어느 하나를 선택하고(이때 모든 청색 막대가 선택 표시된다) 오른쪽 마우스를 클릭한다. [계열 차트 종류 변경]을 선택한다.

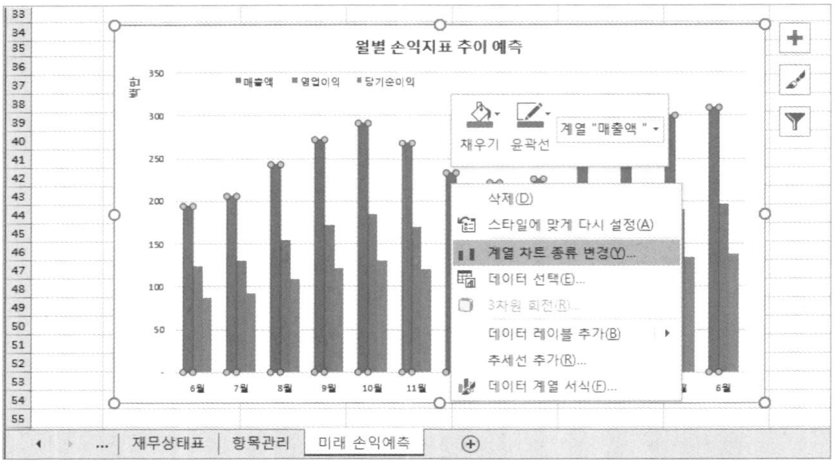


㉒ [**차트 종류 변경**] 대화상자에서 [콤보]를 선택하고 오른쪽 위에서 [사용자 지정 조합]을 클릭한다. 그리고 오른쪽 아래에서 '매출액'의 '차트 종류'를 [표식이 있는 꺾은선형]으로 선택한 후 [확인]을 누른다.

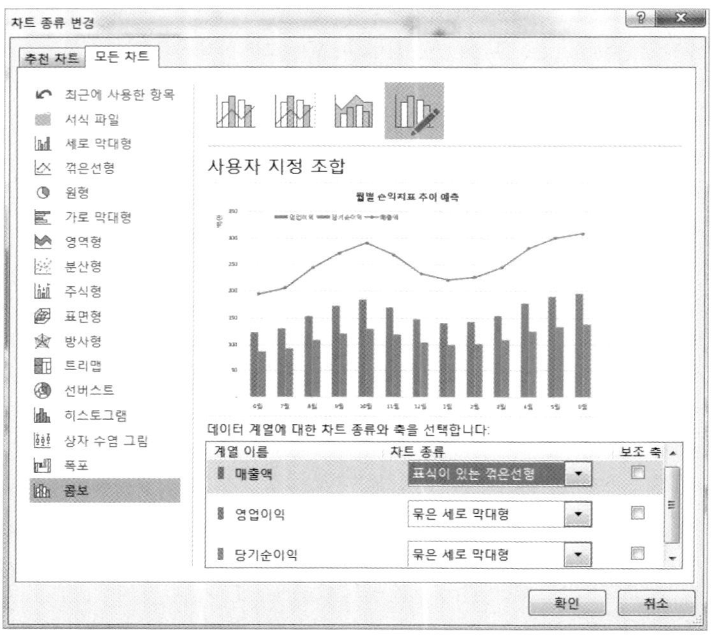


㉓ 변경된 차트의 꺾은선을 더 두껍게 표시하기 위해, 다시 꺾은선의 어느 한 부분을 클릭하여 꺾은선 전체를 선택하고, 오른쪽 마우스 [**데이터 계열 서식**]을 클릭한다.

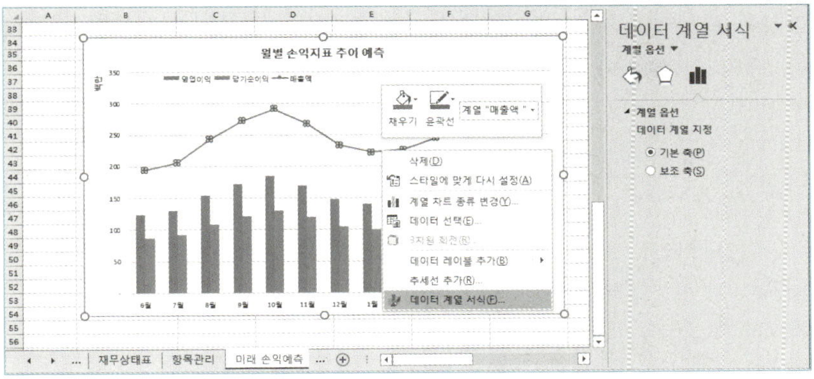


㉔ 오른쪽 [데이터 계열 서식] 상자에서 [계열 옵션]의 [채우기 및 선]을 선택하고, 아래쪽 선 두께를 '3pt'로 조정한다.

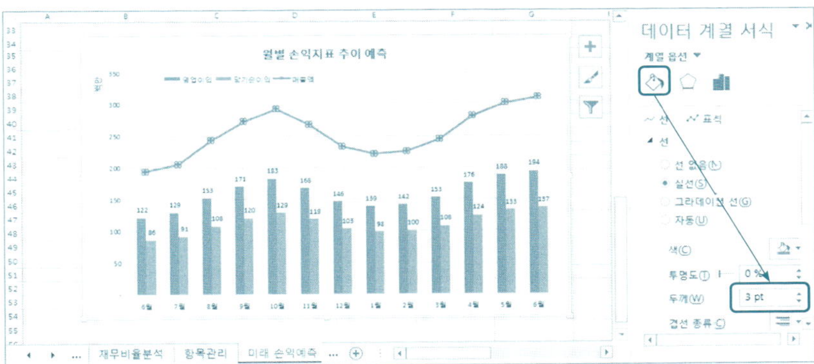


㉕ 이번에는 꺾은선으로 변경된 매출액의 월별 예측 금액을 꺾은선 위에 표시해 보자. 다시 꺾은선 전체를 선택한 후, 오른쪽 마우스 [데이터 레이블 추가]-[데이터 레이블 추가]를 선택한다. 그러면 꺾은선에 해당 매출액 금액이 표시되어 나타난다.

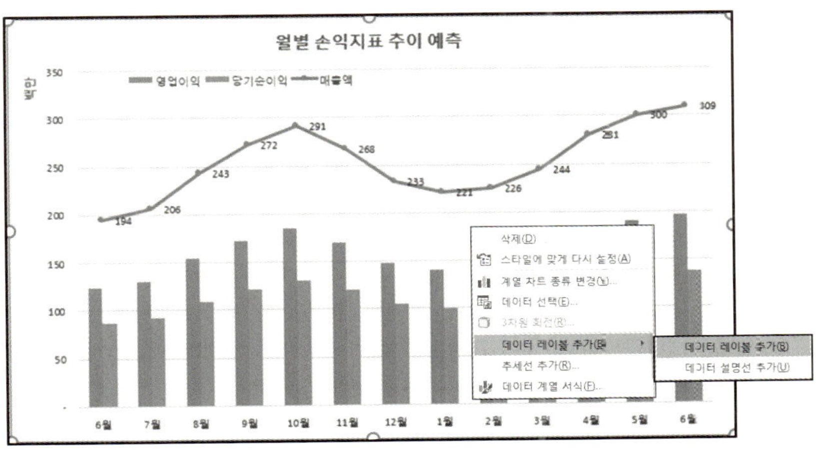

㉖ 마찬가지로, 막대형으로 표시되고 있는 '영업이익'과 '당기순이익' 차트에도 [데이터 레이블 추가]를 실행하여 해당 데이터 레이블을 표시해 본다.

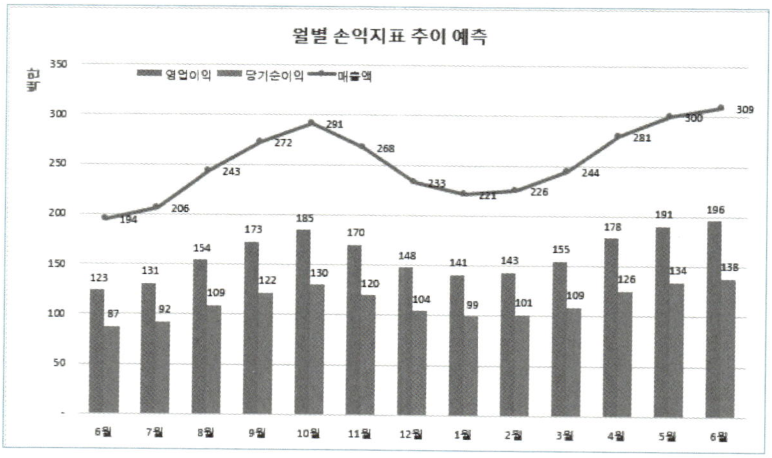


## 3. 주요 재무지표 대시보드(Dashboard)

### ▶ 기업 대시보드

**대시보드**(dashboard)는 자동차의 계기판이나 속도계처럼 자동차 운행에 관련된 주요 정보를 시각화하여 한눈에 보여줌으로써 운행에 관련된 의사결정을 빠르고 종합적으로 수행할 수 있도록 도와는 것이다. 기업에서도 경영활동과 관련된 각종 의사결정에 주요 경영정보를 요약하여 제공하는 하나의 방법으로 대시보드가 활용되고 있다. 특히 최근 각종 디자인 및 그래픽 기술이 발전하면서 기업 재무보고서에 다양한 주요 경영 및 경제지표들을 **시각화**하여 표현하는 도구로 사용되고 있다.

여기서는 지금까지 작성된 재무제표와 차트 정보를 대시보드로 만드는 과정을 살펴보기로 한다.

① 새 Worksheet를 생성하여 sheet 이름을 '**재무지표 대시보드**'라고 수정하고, 마지막 '미래 손익예측' sheet 다음으로 위치시킨다.

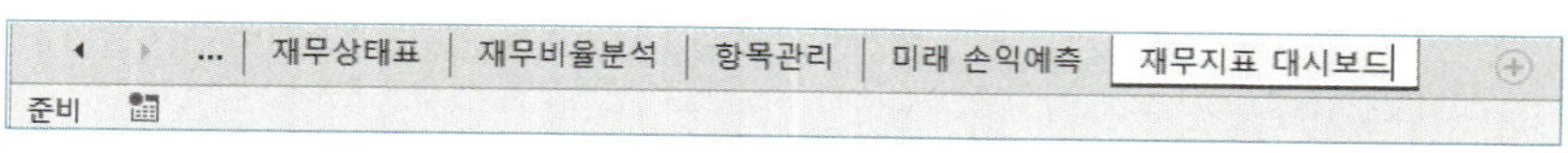


② '재무지표 대시보드' sheet에서 C1 셀에 '청송산업 재무지표 Dashboard'를 입력한다. C1:G1 셀 범위를 선택하고, [홈] 탭의 [맞춤]-[병합하고 가운데 맞춤]을 클릭한 후, [글꼴]-[글꼴]을 '견고딕', [글꼴 크기]를 '14'로, 그리고 [글꼴 색]을 '파랑'으로 지정한다.

③ Dashboard의 위쪽에 재무제표의 주요 지표를 요약하여 표시하기 위해, 먼저 표시할 주요 항목명을 나열한다.

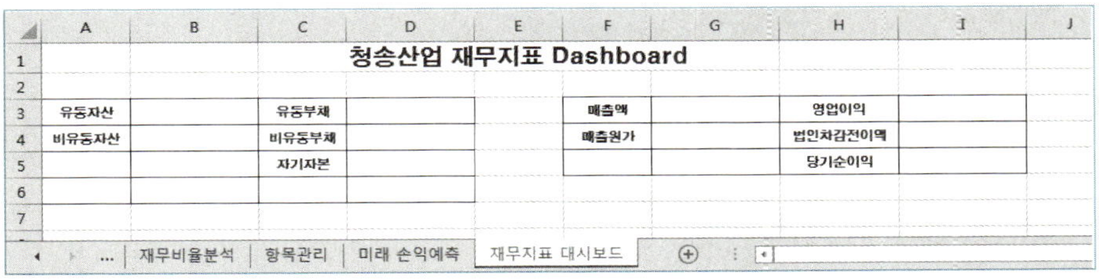


④ 각 항목에 해당하는 금액을 앞서 작성한 재무제표로부터 가져오기 위해 해당 셀에 각각 다음의 수식을 입력한다.

B3: '=SUM(재무상태표!D7:D14)'
B4: '=SUM(재무상태표!D15:D21)'
D3: '=SUM(재무상태표!D26:D29)'
D4: '=SUM(재무상태표!D30:D31)'
D5: '=SUM(재무상태표!D34:D36)'
B6: '=SUM(B3:B5)'
D6: '=SUM(D3:D5)'
G3: '=손익계산서!D6'
G4: '=손익계산서!D7'
I3: '=손익계산서!D18'
I4: '=손익계산서!D26'
I5: '=손익계산서!D28'

⑤ '재무비율분석' sheet를 선택하고, Ctrl 키를 누른 상태에서 작성해 두었던 3개 차트를 차례로 클릭하여 복사한다. 그리고 다시 '재무지표 대시보드' sheet로 들아와 A8 셀 영역에 붙여넣기

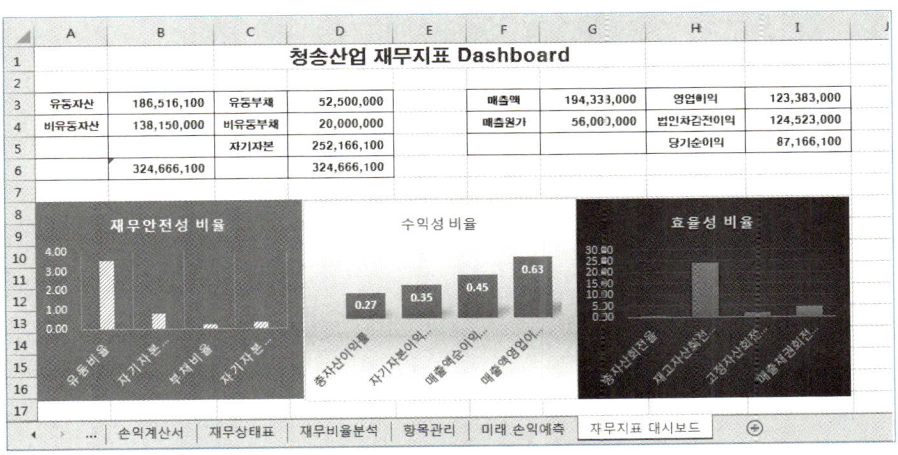

한다. 붙여넣기 한 차트들을 축소 조정하여 3개의 차트를 한 줄로 표시하되, 오른쪽 끝이 위의 표 오른쪽 끝과 일치하도록 크기를 설정한다. 이때 필요한 경우 각 차트의 글씨 크기도 축소하여 표시되도록 한다.

⑥ 다시 '미래 손익예측' sheet를 선택하고, 작성된 '월별 손익지표 추이 예측' 차트를 복사한다. 그리고 다시 '재무지표 대시보드' sheet로 돌아와 3개 재무비율 차트 아래 영역(A18)에 붙여넣기 한다.

붙여넣기 한 '월별 손익지표 추이 예측' 차트의 크기를 조정하여, 위의 3개 재무비율 차트의 오른쪽 끝과 일치하도록 한다. 단, 이 차트의 아래쪽 크기는 축소하여 전체 Dashboard가 한 화면에 표시되고 인쇄될 수 있도록 크기를 적절히 조정한다. 크기를 조정할 때 인쇄화면 표시(인쇄 미리보기)를 참조할 필요도 있다.

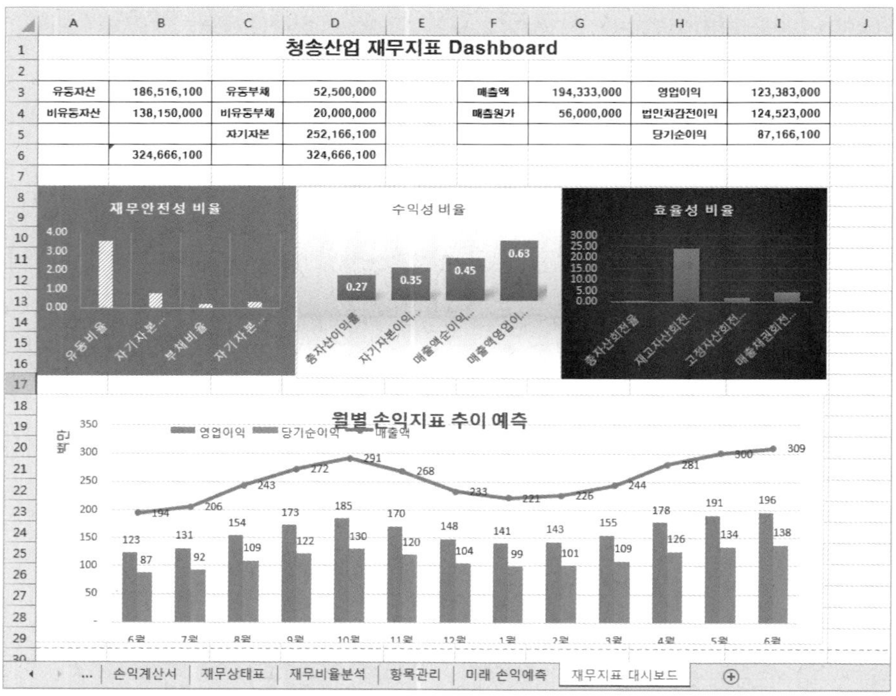


⑦ '월별 손익지표 추이 예측' 차트에서 '차트 영역'을 클릭하고, 오른쪽의 [차트 스타일] 아이콘을 선택하여 나타난 대화상자에서 [색]-[색상형]-[색 4]를 클릭한다. 해당 차트가 [색 4]의 색상 구성에 따라 변화 표시된다.

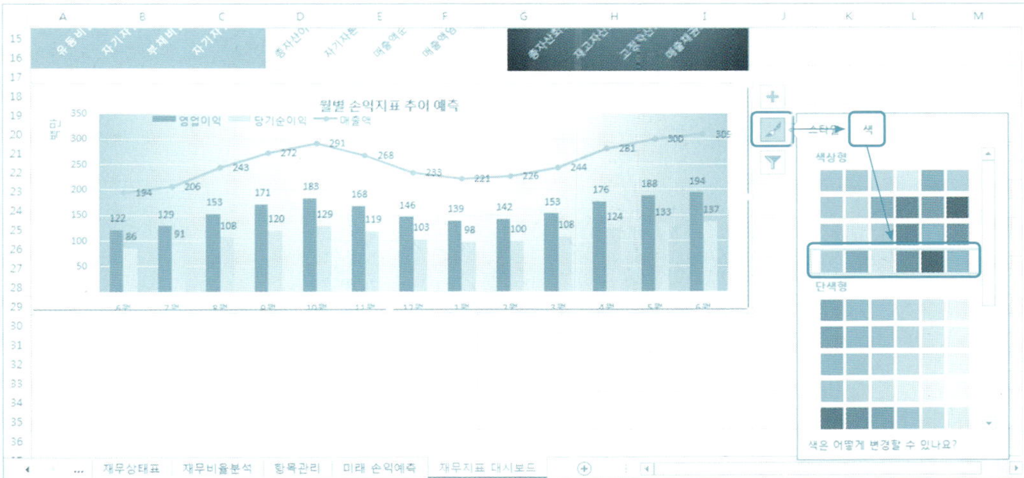

⑧ 다시 '월별 손익지표 추이 예측' 차트에서 '차트 영역'을 클릭하고, 오른쪽 마우스를 눌러 나타나는 [윤곽선] 상자를 선택한다. [윤곽선] 대화상자의 [테마 색]에서 '파랑'을 선택하고 아래 [두께]에서 '1½pt'를 선택한다.

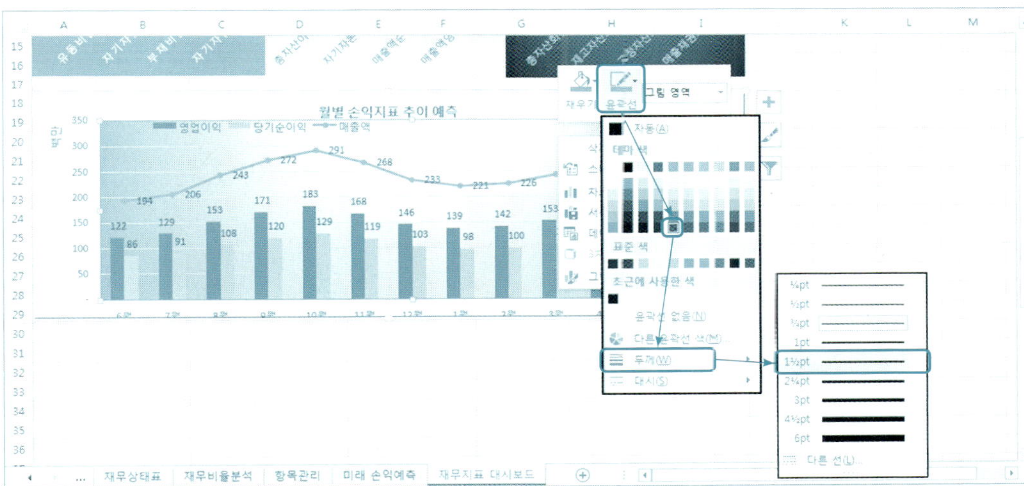

⑨ 다시 '월별 손익지표 추이 예측' 차트의 '그림 영역'을 클릭하고, 오른쪽 [그림영역 서식] 대화상자에서 [채우기]에 '그라데이션 채우기'를 선택한 후, 아래 [그라데이션 미리 설정]에서 '위쪽 스포트라이트 강조 6'을 선택한다.

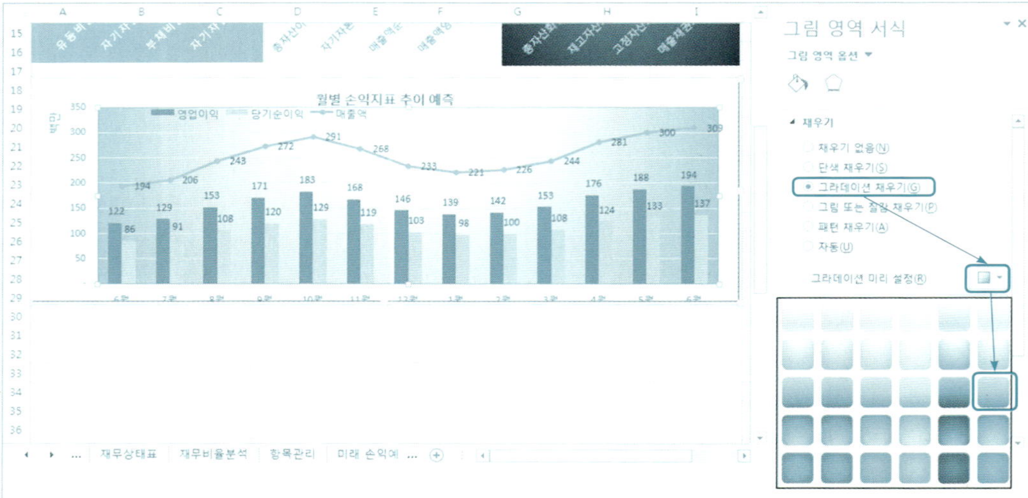


⑩ 이제 재무지표 Dashboard를 한 화면에서 보고, 인쇄할 수 있는 준비가 되었다.

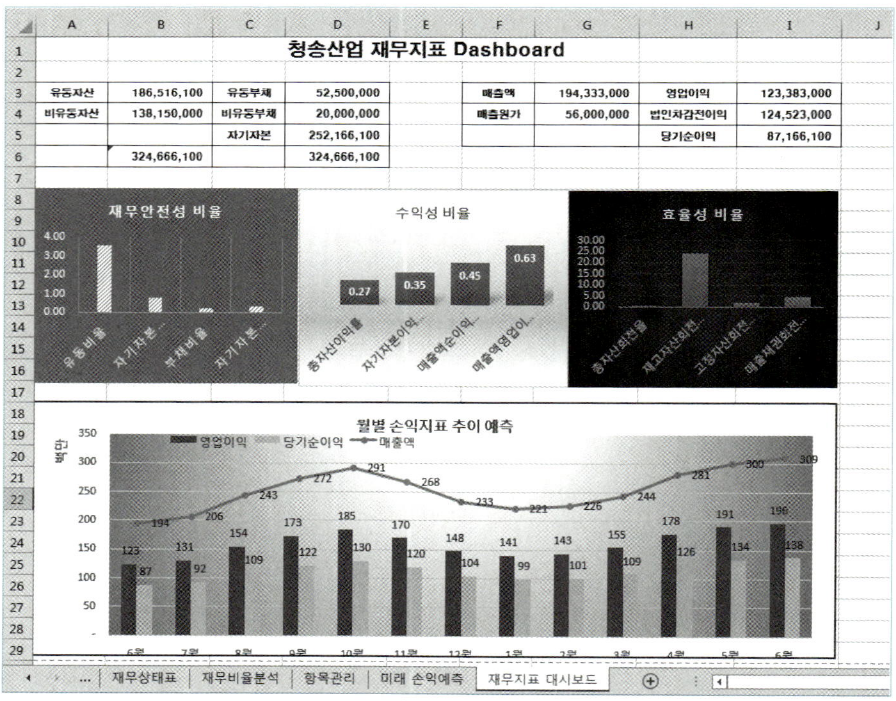


⑪ 지금까지 작업한 파일을 '홍길동_Part4'로 저장해 둔다.

Step 6

# 회계장부 및 보고서 최종 검토

지금까지 작성된 분개장, 매입매출장 및 재무제표와 각종 보고서 양식을 최종적으로 검토해 보고, 차후에 다른 거래 입력에 사용될 수 있도록 필요한 시트 보호 기능을 추가한다.

① 먼저 거래 입력양식의 완전성을 검토해 보기 위해 다음의 각 거래를 입력해 본다.

| | |
|---|---|
| 일반거래 | 2017/6/30 사무실용 비품 ₩2,000,000와 소모품 ₩300,000을 구입하고 대금은 현금으로 지급하다. |
| 매출거래 | 2017/6/30 사원 김광재가 거래처 한가지로부터 Laptop ₩4,000,000을 외상으로 구매하였다. |
| 수정분개 | 2017/6/30 사무실에서 사용하고 있는 컴퓨터설비에 대해 당월 감가상각비로 ₩1,400,000을 계상하기로 하였다. |

② 위의 첫 번째 거래는 매입/매출을 수반하지 않는 일반거러로 **분개장**에 다음과 같이 기입한다.

분 개 장

| | B | C | D | E | F | G |
|---|---|---|---|---|---|---|
| 3 | 거래 | 계정코드 | 계정명 | 적요 | 차변 | 대변 |
| 78 | | | | | | |
| 79 | 16 | 1320 | 비품 | 비품과 소모품 현금 구입 | 2,000,000 | |
| 80 | 16 | 1180 | 소모품 | 비품과 소모품 현금 구입 | 300,000 | |
| 81 | 16 | 1110 | 현금 | 비품과 소모품 현금 구입 | | 2,300,000 |

분개장 | 계정과목표 | 오류테이블 | 매입매출장 | 매입매출장 피벗테이블 | ...

※ 분개장 기입과 관련하여 오류메시지가 나타나지 않았다.

③ 위의 두 번째 거래는 매입거래이므로 '**매입매출장**'에 다음과 같이 기입한다.

| | A | B | C | D | E | F | G | H | I | J | K | L |
|---|---|---|---|---|---|---|---|---|---|---|---|---|
| 13 | 2017/6/25 | 4009 | 한병곤 | 한가지로 | Workstation | 매출 | 26,000,000 | | 26,000,000 | 현금 | 현금 | 1110 |
| 14 | 2017/6/29 | 4010 | 박시현 | 일등닷컴 | Notebook | 매출 | 3,333,000 | | 3,333,000 | 외상 | 외상매출금 | 1140 |
| 15 | 2017/6/30 | 4011 | 김광재 | 한가지로 | Notebook | 매입 | 4,000,000 | 4,000,000 | | 외상 | 외상매입금 | 2110 |

분개장 | 계정과목표 | 오류테이블 | 매입매출장 | 매입매출장 피벗테이블 | 시산표 | ...

※ 매입매출장 기입과 관련하여 오류메시지가 나타나지 않았다.

④ 위의 세 번째 거래는 결산정리사항으로 '**수정분개장**'에 다음과 같이 기입한다. 다만, 여기에서 유의할 점은 위의 ③에서 매입거래가 발생하였지만 아직 판매되지 않고 창고에 남아 있는 상태이기 때문에, 매입액만큼 매출원가를 늘려주고 추가로 남아 있는 만큼 기말상품 재고액을 늘려주는 수정분개가 추가로 수행되어야 한다.

| | A | B | C | D | E | F | G |
|---|---|---|---|---|---|---|---|
| 1 | | | | | 수정 분개장 | | |
| 2 | | | | | | | |
| 3 | 수정분개 날짜 | 수정분개 거래 | 수정분개 계정코드 | 수정분개 계정명 | 수정분개 적요 | 수정분개 차변 | 수정분개 대변 |
| 48 | | | | | | | |
| 49 | 2017/6/30 | 10 | 5410 | 감가상각비 | 컴퓨터설비 당월 감가상각비 계상 | 1,400,000 | |
| 50 | 2017/6/30 | 10 | 1521 | 설비감가상각누계액 | 컴퓨터설비 당월 감가상각비 계상 | | 1,400,000 |
| 51 | | | | | | | |
| 52 | | | | | | | |
| 53 | | | | | | | |
| 54 | 2017/6/30 | 11 | 5130 | 매출원가 | 매입 추가분 매출원가/기말상품 산입 | 4,000,000 | |
| 55 | 2017/6/30 | 11 | 1160 | 상품 | 매입 추가분 매출원가/기말상품 산입 | 4,000,000 | |
| 56 | 2017/6/30 | 11 | 5110 | 매입 | 매입 추가분 매출원가/기말상품 산입 | | 4,000,000 |
| 57 | 2017/6/30 | 11 | 5130 | 매출원가 | 매입 추가분 매출원가/기말상품 산입 | | 4,000,000 |
| 58 | | | | | | | |
| 59 | | | | | | | |

오류테이블 | 매입매출장 | 매입매출장 피벗테이블 | 시산표 | 수정분개장 | 정산표 | 재무...

※ 수정분개장 입력과 관련해서도 아무런 오류메시지가 나타나지 않았다.

⑤ 검토를 위해 추가 입력된 자료가 재무상태표와 손익계산서에 잘 반영되고 있는지를 살펴보자.

손익계산서에서는 당기매입액과 기말상품재고액이 각각 ₩4,000,000 증가된 금액으로 표시되고 있으며, 감가상각비도 ₩1,400,000 증가된 ₩3,350,000으로 수정되었다. 이로써 법인세차감전순이익이 변경되고 법인세비용이 감소됨으로써 당기순이익도 ₩87,166,100에서 ₩86,186,100으로 변경되었다.

| | A | B | C | D | E |
|---|---|---|---|---|---|
| 1 | 청송산업 | | | | |
| 2 | | 손익계산서 | | | |
| 3 | | 2017-06-01 부터 2017-06-30까지 | | | |
| 4 | | | | | |
| 5 | | | | | |
| 6 | 4110 | 매출액 | | 194,333,000 | |
| 7 | 5130 | 매출원가 | | 56,000,000 | |
| 8 | | 기초상품재고액 | | | |
| 9 | 5110 | 당기매입액 | 68,000,000 | | |
| 10 | | 기말상품재고액 | 12,000,000 | | |
| 11 | | 매출총이익 | | 138,333,000 | |
| 12 | | 판매비와 관리비 | | 16,350,000 | |
| 13 | 5260 | 소모품비 | 1,000,000 | | |
| 14 | 5210 | 급여 | 7,000,000 | | |
| 15 | 5230 | 임차료 | 2,000,000 | | |
| 16 | 5250 | 광고비 | 3,000,000 | | |
| 17 | 5410 | 감가상각비 | 3,350,000 | | |
| 18 | | 영업이익 | | 121,983,000 | |
| 19 | | 영업외수익 | | 3,340,000 | |
| 20 | 4210 | 수수료수익 | 1,800,000 | | |
| 21 | 4230 | 이자수익 | 1,500,000 | | |
| 22 | 4410 | 유형자산처분이익 | 40,000 | | |
| 23 | | 영업외비용 | | 2,200,000 | |
| 24 | 5510 | 이자비용 | 2,200,000 | | |
| 25 | 5710 | 재해손실 | - | | |
| 26 | | 법인세차감전순이익 | | 123,123,000 | |
| 27 | 5810 | 법인세 | | 36,936,900 | |
| 28 | | 당기순이익 | | 86,186,100 | |
| 29 | | | | | |
| 30 | | | | | |

정산표 | 재무지표 대시보드 (2) | 손익계산서 | 재무상태표

⑥ 재무상태표에서는 상품이 추가 매입액인 ₩4,000,000만큼 증가된 금액으로 변경되었고, 소모품, 비품이 각각 구입액만큼 증가 표시되고 있으며, 외상매입액도 ₩4,000,000만큼 증가된 금액으로 표시되고 있다. 다만 현금은 비품과 소모품 구입에 ₩2,300,000만큼 감소하였으

나. 현금으로 지급하는 법인세비용의 금액이 변경되었기 때문에 절감분 ₩420,000이 고려된 ₩1,880,000만큼만 감소된 ₩89,303,100으로 표시되고 있다. 또한 자산총계(₩327,686,100)와 부채 및 자본총계(₩327,686,100)도 정확히 일치하고 있음을 알 수 있다.

| | A | B | C | D | E | F | G |
|---|---|---|---|---|---|---|---|
| 1 | 청송산업 | | | | | | |
| 2 | | 재무상태표 | | | | | |
| 3 | | 2017-06-30 현재 | | | | | |
| 4 | | | | | | | |
| 5 | | | | | | | |
| 6 | | 자 산 | | | | | |
| 7 | 1110 | 현금 | | 89,303,100 | | | |
| 8 | 1120 | 당좌예금 | | 37,000,000 | | | |
| 9 | 1140 | 외상매출금 | | 45,333,000 | | | |
| 10 | 1150 | 받을어음 | | - | | | |
| 11 | 1160 | 상품 | | 12,000,000 | | | |
| 12 | 1170 | 원재료 | | - | | | |
| 13 | 1180 | 소모품 | | 2,300,000 | | | |
| 14 | 1190 | 선급비용 | | 3,000,000 | | | |
| 15 | 1220 | 장기대여금 | | 25,000,000 | | | |
| 16 | 1320 | 비품 | | 12,000,000 | | | |
| 17 | 1321 | 비품감가상각누계액 | - | 550,000 | | | |
| 18 | 1420 | 건물 | | 80,000,000 | | | |
| 19 | 1421 | 건물감가상각누계액 | - | 1,300,000 | | | |
| 20 | 1520 | 컴퓨터설비 | | 25,000,000 | | | |
| 21 | 1521 | 설비감가상각누계액 | - | 1,400,000 | | | |
| 22 | | [ 자산 총계 ] | | | 327,686,100 | | |
| 23 | | | | | | | |
| 24 | | | | | | | |
| 25 | | 부채와 자본 | | | | | |
| 26 | 2110 | 외상매입금 | | 14,000,000 | | | |
| 27 | 2120 | 지급어음 | | 15,000,000 | | | |
| 28 | 2140 | 단기차입금 | | 27,300,000 | | | |
| 29 | 2170 | 미지급이자 | | 200,000 | | | |
| 30 | 2310 | 사채 | | - | | | |
| 31 | 2330 | 장기차입금 | | 20,000,000 | | | |
| 32 | | [ 부채 총계 ] | | | 76,500,000 | | |
| 33 | | | | | | | |
| 34 | 3110 | 자본금 | | 165,000,000 | | | |
| 35 | 3210 | 주식발행초과금 | | - | | | |
| 36 | 3510 | 이익잉여금 | | 86,186,100 | | | |
| 37 | | [ 자본 총계 ] | | | 251,186,100 | | |
| 38 | | | | | | | |
| 39 | | [ 부채와 자본 총계 ] | | | 327,686,100 | | |
| 40 | | | | | | | |

◀ ▶ ... | 재무지표 대시보드 (2) | 손익계산서 | 재무상태표 | 재무비율분석

⑦ 따라서 이들 변경된 수치는 각 분개장에의 거래 입력이 수식에 의해 모두 정상적으로 기록되고 있으며, 기록 내용이 재무상태표와 손익계산서에 제대로 반영되고 있음을 의미하는 것이다.

⑧ 이들 변경된 수치는 재무비율분석이나 관련 차트에도 영향을 미치고 있으며, '미래 손익예측' 차트와 '재무제표 대시보드'에까지도 변경된 내용을 반영하여 자동으로 변경 표시되고 있음을 알 수 있다.

| | | | | |
|---|---|---|---|---|
| 4 | 재무안전성 | 유동비율 | = 유동자산 / 유동부채 | 3.55 |
| 5 | | 자기자본비율 | = 자기자본 / 총자산 | 0.78 |
| 6 | | 부채비율 | = 총부채 / 총자산 | 0.22 |
| 7 | | 자기자본대비부채비율 | = 총부채 / 자기자본 | 0.29 |
| 8 | | | | |
| 9 | 수익성 | 총자산이익률 | = 당기순이익 / 총자산 | 0.27 |
| 10 | | 자기자본이익률 | = 당기순이익 / 자기자본 | 0.35 |
| 11 | | 매출액순이익률 | = 당기순이익 / 매출액 | 0.45 |
| 12 | | 매출액영업이익률 | = 영업이익 / 매출액 | 0.63 |
| 13 | | | | |
| 14 | 효율성 | 총자산회전율 | = 매출액 / 총자산 | 0.60 |
| 15 | | 재고자산회전율 | = 매출액 / 재고자산 | 24.29 |
| 16 | | 고정자산회전율 | = 매출액 / 고정자산 | 1.72 |
| 17 | | 매출채권회전율 | = 매출액 / 평균매출채권 | 4.29 |

➡

| | | | |
|---|---|---|---|
| 재무안전성 | 유동비율 | = 유동자산 / 유동부채 | 3.34 |
| | 자기자본비율 | = 자기자본 / 총자산 | 0.77 |
| | 부채비율 | = 총부채 / 총자산 | 0.23 |
| | 자기자본대비부채비율 | = 총부채 / 자기자본 | 0.30 |
| | | | |
| 수익성 | 총자산이익률 | = 당기순이익 / 총자산 | 0.26 |
| | 자기자본이익률 | = 당기순이익 / 자기자본 | 0.34 |
| | 매출액순이익률 | = 당기순이익 / 매출액 | 0.44 |
| | 매출액영업이익률 | = 영업이익 / 매출액 | 0.63 |
| | | | |
| 효율성 | 총자산회전율 | = 매출액 / 총자산 | 0.59 |
| | 재고자산회전율 | = 매출액 / 재고자산 | 16.19 |
| | 고정자산회전율 | = 매출액 / 고정자산 | 1.71 |
| | 매출채권회전율 | = 매출액 / 평균매출채권 | 4.29 |

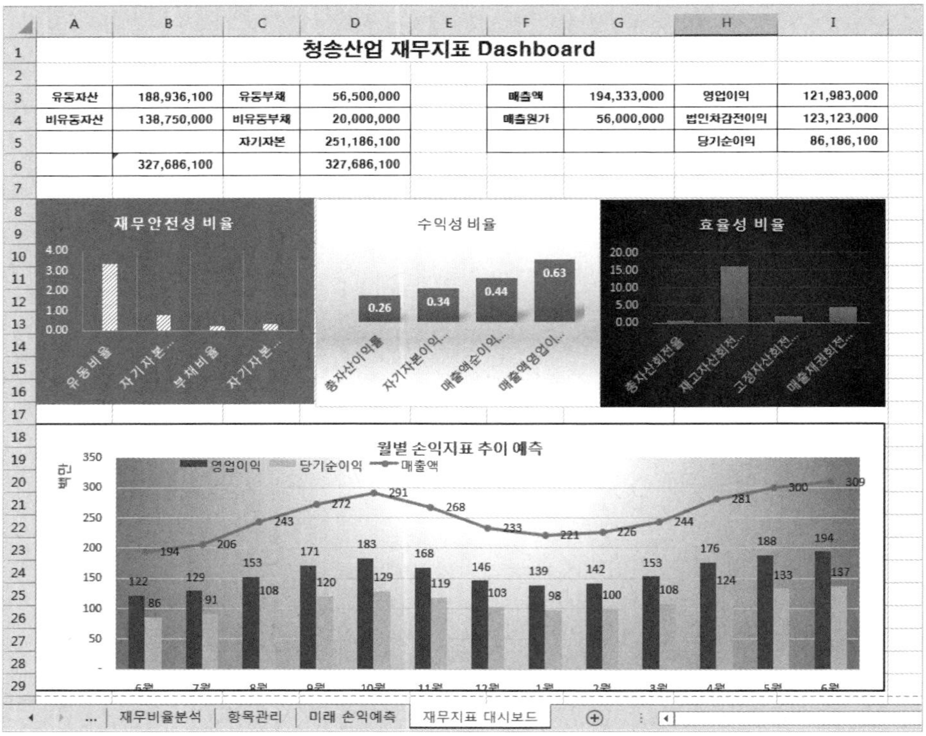


⑨ 지금까지 설계한 각종 장부와 보고서 서식들이 정상적으로 기능을 수행하고 있음을 확인하였으므로, 차후에 다른 거래 자료들의 입력에 사용하도록 양식과 수식을 보호해 두기로 한다.

먼저 '분개장' sheet를 선택하고 [홈] 탭의 [셀]-[서식]에서 **'시트 보호'**를 선택한다. [시트 보호] 대화상자에서 아래 [워크시트에서 허용할 내용]에 '잠기지 않은 셀 선택'이 체크표시 되어 있는지를 확인한 후에 [암호]를 '0000'으로 설정하고, 다시 암호를 확인 입력한 후 [확인]을 누른다.

마찬가지 방법으로 '매입매출장' sheet, '수정분개장' sheet에도 [시트 보호] 기능을 수행한다.

⑩ 지금까지 작업한 파일을 이젠 최종 파일명 '홍길동-재무회계프로그램'으로 저장한다.

# 찾아보기


**ㄱ**

가로막대형 55
가로테두리 353
가중치 26
간이세액표 253
간트차트 182
간편장부 165
감가상각누계액 76
개발도구 189, 208, 371
개인별 급여명세서 232, 244, 250
개체 그룹화 211
개체 맞춤 211
거래 442
검토 162
견적서 128
견적서 서식 129, 132
견적서 인쇄 142
결산 516
결산서 72
결산시점 443
결산절차 72, 516
결산정리분개 76
결산정리사항 72, 94, 517
경기불황 281
경기약불황 281
경기약호황 281
경기호황 281
경비 276
계산불능(#VALUE!) 19
계속여부선택 387
계속여부 프로시저 398
계열 차트 종류 변경 177
계절적 월별 경기지표 547
계정과목 477
계정과목정렬 499
계정코드 468, 477, 504
고정비 276
고정성배열법 88
고정자산회전율 541
공제합계 242
광고비 263
그라데이션 채우기 50
그래픽 이미지 62
그룹 211
그룹 상자 211
그림 또는 질감 채우기 62
그림 영역 50
그림 영역 서식 180
금액 비교 119
금액의 합계 369
금융비용 279
금융수익 279
급여기준 234
급여기초자료 234
급여대장 232, 234, 236, 243, 244, 249, 250, 251
기간별 대출금상환표 227
기간표시 109
기록 중지 347
기술통계 260, 263
기술통계법 261, 264
기울기 319
기장업무 165
기초상품재고액 85
기초자료 154, 282
기타수익과 비용 86
기타유동부채 278
기타유동자산 277
기타포괄손익 82, 87, 111
꺾은선그래프 124
꺾은선형 차트 313, 315

**ㄴ**

날짜 141
날짜의 숫자표시 314
내부수익률법 254, 256
내부수익률 256
노무비 276
누적 막대형 차트 45
누진세계 227

**ㄷ**

다른 이름으로 저장 409
다음 배율에 맞게 쌓기 64
다항식 319
다항식 추세선 320
단기차입금 278
단추 355
단추 수정 358
당기 법인세부채 278
당기순손실 527
당기순이익 81, 110, 533
대시보드 556
대차평형의 원리 76
대출금상환표 218, 220, 223, 225
더하기 346
데이터 계열 서식 61, 179, 554
데이터 레이블 46, 55
데이터 레이블 서식 58, 179
데이터 레이블 추가 58, 123
데이터 선택 47, 54, 122, 192, 194
데이터 요소 서식 64
데이터 유효성 검사 141, 152, 155, 174, 451, 478

데이터 표 287, 288, 289, 290
도구 상자 373, 392
도수분포표 260, 263
도형 356
돌출 표시 59
동적 매출차트 171, 174
동적 실적차트 188, 199
동적 차트 186, 191, 195, 196, 199

ㄹ

레이블 374, 392
리본 메뉴 사용자 지정 359

ㅁ

매도가능주식평가이익 87
매입 85
매입매출장 150, 152, 490, 505, 561
매입매출장 피벗테이블 501
매입장 422
매입채무 277
매출 79
매출액 274
매출액성장률 286
매출액순이익률 541
매출액영업이익률 541
매출원가 41, 42, 84, 85, 274, 421
매출원가율 286, 289
매출장 422
매출장부 367
매출집계 355
매출집계표 340, 344
매출차트 170, 174
매출채권 91, 277
매출채권회전율 541
매출총이익 85, 110
매크로 342, 357
매크로 기록 345
매크로 단추 363
매크로 버튼 341
매크로 이름 348, 378
매크로 지정 357, 379
매크로 코드 342, 354, 368, 387
머리글 461
명령단추 354, 376, 396
명령 선택 357
모듈 377, 398
모든 테두리 352
목록 155, 174
목표값 찾기 294, 297
문서화 445
미래 성과 예측 309
미래 손익예측 547
미래 신용도 274
미래예측 547
미리보기 145, 248
미지급비용 277
미지급이자 268
민감도분석 296, 308

ㅂ

바로 가기 키 356
반복문 383
반올림 24, 25
배부기준 5, 26
배부표 26
배열구조 35
백분율 59, 65
범례 121, 179
범례 서식 58
법인세 266, 267
법인세비용 279, 533
법인세 적용세율 266
법인세차감전순이익 110
변동비 276
보고식 재무상태표 88
보고용 재무상태표 93
보조장부 443
보조축 177
보호 161, 243
복식부기회계 442
부가가치세 140, 157
부분 절대셀 참조형식 37
부채비율 541
부채와자본총계 108
분개일기장 448
분개장 442, 447, 503, 505, 561
분개장 체크 457
분기별 추정손익계산서 296
분산분석 262
분양가액 계산표 226, 227
불황 292
비교차트 68
비실행코드 348
비용 527
빠른 실행도구 모음 357

ㅅ

사업계획서 274
사용자 정의 폼 371, 372, 391
상관분석 263, 264
상대셀 참조 11, 13, 20
상품매매거래 490
상품매매 거래입력 399
상품매매거래장 388, 390, 412
상품재고장 389, 409, 412
새 그룹 360
새탭 359, 360
선급비용 537
선택영역에서 만들기 499
선택하여 붙여넣기 350
선택해제 481
설명문 348
설명선 56
성과급 68
성과급제 4, 22, 33
세로축 120
세로테두리 353

세율구조도표 266, 267
셀 보호 기능 152
셀 연결 189
셀 연결 구조 115
셀 잠금 495
소수주주지분 102
속성 373, 375
손익계산서 41, 80, 82, 282, 525, 528, 530
수식 137, 157, 319
수식 보호하기 161
수식 표시 459, 485
수익 527
수익 – 비용 대응의 원리 82, 283
수익성 541
수익성 비율 545
수익성 지표 256
수정 358
수정분개 73, 94, 443, 517
수정분개장 516, 561
수정후 시산표 525
수정후 시산표 520
순서도 356
순현재가치 255
순현재가치법 254, 255
숨겨진 셀/빈 셀 194
숨기기 194
시각화 556
시나리오 관리자 291
시나리오분석 297, 309
시나리오 요약 293
시나리오 추가 291
시나리오 해법 281, 291
시뮬레이션 방법 286
시산표 74, 443, 505
시산표 양식 507
시산표 테스트 513
시작메뉴 379, 399
시장점유율 275
시트 보호 162, 164, 244, 480, 482, 495, 496, 513, 521, 564
시트 보호 해제 163, 483, 516
시트 보호 해제 암호 162
신용카드관리대장 422
실적 차이 검정 260
실적 추이 185
쌓기 64

ㅇ

아래쪽 테두리 353
약불황 292
약호황 292
양식 컨트롤 189, 208, 224, 355
연결관계 114
연결재무상태표 98, 101
연결재무제표 97
연결포괄손익계산서 98
열기준 35
열 너비 391
열 단위 289
열 입력 셀 289, 290
영업실적 4, 29, 33
영업실적금액표 17
영업실적표 5, 10
영업이익 34, 41, 44, 110
영업이익률 44
옆면 서식 50
예방통제 461
예비차트 188
예측 312, 317
예측값 317
예측구간 313
예측치 313, 321
오류 400, 453
오류검사 459, 460
오류메시지 155, 463, 471
오류테이블 464, 467
오류통제 486
오른쪽 테두리 353
오름차순 37, 137, 138, 187
옵션 359
옵션단추 210, 393
외상관리대장 422
왼쪽 테두리 353
요약 293
요약재무제표 114
원금상환분 219
원금 월말잔액 219
원금 월초잔액 219
원시기입장 448
위쪽 테두리 353
유가증권 87
유동비율 541
유동성배열법 88, 90, 102, 536
유동성장기부채 278
유통회사 29
유형자산 277
유효성 검사 141
유효성 검사 버튼 143, 156
응용통제 475
이동평균법 389, 410, 421
이름 152, 235, 371, 390, 499, 505
이름 관리자 131, 155, 371
이름 바꾸기 360
이름상자 131, 154, 242, 245, 371
이름 정의 155, 173
이벤트 프로시저 380
이자계산 315
이자지급액 268
이중축 차트 172, 177
인쇄 142
인쇄영역 248
인쇄옵션 142
일반거래 490, 503
일반통제 475
일일판매 363
일정계획표 182

입력 382, 403
입력 대화상자 367
입력순서 오류 480
입력오류 468, 471
입력통제 461, 467
입력통제기능 468
입력화면 367, 371
입력화면 설계 368

ㅈ

자기자본대비부채비율 541
자기자본비율 541
자기자본이익률 541
자동계산시스템 206
자동 매크로 341, 344, 345, 363
자동 작성 매크로 342
자동집계 362
자동차판매빈도 324
자동채우기 350
자동채우기 핸들 12, 15, 16, 22, 27, 38, 107, 219, 285, 345, 549
자동합계(Σ) 27, 39
자동합계 버튼 15, 343
자동화 130, 340
자본 279
자산총계 108
자재요청서 148
자재출고전표 147, 149
작성 기준 303
잠금 161, 243, 482, 496
잠금해제 481
잡손실 77
장기차입금과 사채 278
장부형식 442
재고관리 389, 412
재고관리대장 388
재고단가 421
재고자산 277
재고자산회전율 541
재료비 276
재무분석 124
재무비율 124
재무상태표 79, 80, 88, 89, 526, 529, 536
재무안전성 541
재무안전성 비율 544
재무제표 73, 442, 443
재무제표 분석 541
재무제표 양식 97
재무지표 대시보드 556
재무회계 442
재무회계프로그램 442
적용 212
전기이월 411
절대셀주소 284, 344
절대셀 참조 20, 40
절대셀 형식 219
절차 442
정기지급액 220
정렬 498
정산표 73, 74, 75, 443, 520
정확도 319
제거 361
제조간접비 276
조건문 412
조건부 서식 160, 465, 472
조건부 형식 465
주관적 판단 275
주기 113
중분류 106
지수 320
지역변수 382

ㅊ

차감지급액 242
차변계정 479
차변합계 510
차트 35, 119, 544
차트 도구 49
차트 스타일 53
차트 영역 48, 121
차트 영역 서식 180
차트 종류 변경 66, 554
차트 형식 45
참조 대상 155, 191
참조문 348
참조범위 172
참조셀 313, 314
참조셀 형식 315
참조형식 237, 288
찾기 함수 210
찾는 값 294
채우기 색 39
초기투자액 258
총계정원장 72, 442
총자산이익률 541
총자산회전율 541
총포괄이익 111
최대값 178, 316
최소값 316
추가 357
추세그래프 281
추세분석 119, 312
추세선 313, 319
추세선 추가 317, 319
추세 판단 547
추이분석 304
추이분석 차트 308
추정방법 275
추정 손익계산서 550
추정손익계산서 280, 283, 285, 301, 304
추정재무상태표 301, 304, 305
추정재무제표 274
추정 할인율 257
추진일정표 182
추천 차트 119

축 서식 49, 53, 56, 178, 316
축 옵션 121
충당부채 278
취득세 227
취소 381, 403

ㅋ

컨트롤 190, 374
컨트롤 서식 189, 212, 245
콤보상자 208, 245, 374, 395

ㅌ

탭 순서 376, 397
테두리 56
텍스트 나누기 8
텍스트 마법사 8
텍스트 상자 375, 393, 394, 395
통계분석 263
통계함수 260
통제기능 463
투명한 색 설정 62
투자안 평가 254
투자안 평가방법 255
투자 우선순위 254
투자자산 277
특근수당 240
특별상여금 30
특수기호 136
틀 고정 462

ㅍ

파이차트 34, 57
파일 359
판단문 412
판매가격 20
판매관리비 41, 274
판매금액 18, 52
판매단가 421
판매수당 34, 40, 60, 68
판매수당표 30
판매수량 18, 20, 421
판매실적 68
판매장려금 5, 22
편집기 6
평균성장률 275
포괄손익계산서 79, 83, 109
포괄이익 87
폼 실행 프로시저 377
표시기간 191
표시 단위 123
표시실적 191
표시 형식 410
표준화 442
품목리스트 130
프레임 393
프로시저 377, 412
피벗분석 327
피벗차트 324, 326
피벗테이블 294, 324, 325, 500
피벗테이블 분석 336

ㅎ

한글 자판 396
할부금 206
할부금계산표 208
할부금 자동계산시스템 206
할부조견표 223
할인율 256, 259
합계 14
합계란 369
합계 함수 15
항목관리 492
항목을 거꾸로 120
행/열 바꿈 13, 36
행/열 전환 47
행 입력 셀 290
현금 80
현금및현금성자산 90, 276
현금유입 259
현금출납장 422
현금흐름할인법 255
현재가치지수법 256
호황 291
화면표시 24
회계적 이익률법 255
회계프로그램 368
회귀분석 263, 265, 275
회귀식 263, 265, 275
회수기간법 255
효율성 541
효율성 비율 545
히스토그램 261, 264

기타

#N/A 138
#VALUE! 158, 160

2차원 묶은 세로 막대형 544
3차원 원형 57
8칸식 정산표 94

ActiveCell 349
ActiveSheet 349
ActiveWorkbook 349

Borders 353

Clear 349
column(0) 383
Ctrl+Enter 키 175

Delete 319, 350
Dim 문 383
Do While 385

edate 함수 198
End Sub 348, 378

End With 문 353
EnterKeyBehavior 376
Excel 매크로 사용 통합문서 387, 409
Excel 옵션 361

False 349
FALSE 470
frm 373
frm매출거래입력 373
frm상품매매거래입력화면 392
F - 검정 262

HLOOKUP 함수 137, 224, 239

IFERROR 470
If 문 412
IF 함수 266
IMEMode 396
INDEX 함수 210, 224, 238
indirect 함수 175
INT 함수 116
IRR 259
ISEVEN 함수 239

Loop 문 385

Macro 342
MATCH 함수 238
Me 382

NOW 133
NPV 분석 259

offset 함수 198

Paste 349
PasteSpecial 349, 350
PMT 함수 216, 224
Private 문 382
Public 문 382, 403

Range 349
RistRows 375
ROUND 함수 25, 116, 217, 224, 241
RowSource 375
R - 제곱 319, 321

Select 349
Select Case 문 412, 413
Style 376

Sub 348, 378
SUMIF 함수 508

TODAY 133
t - 검정 262

Unload Me 381, 403
UserForm1 372

Val 함수 383
vbYes 385
Visual Basic 347
Visual Basic Editor 342, 347
VLOOKUP 함수 137, 224, 235, 266, 453

What - If 분석 286, 287, 291
With 문 353, 383
WordArt 136, 247
WordArt 삽입 136

xlsm 354
X축 46

Y축 46

## 저자소개

### 정 용 기

- 전남대학교 경영대학 학장
- 한국전산회계학회 회장
- 광주지방국세청 국세심사위원
- 남화토건(주)/광주시환경공단/전남신용보증재단 사외이사
- 한국경영교육인증원 인증위원회 위원
- 현 전남대학교 경영학부 교수
  (사)한국산학협동연구원 원장

[주요 저서 및 논문]

- 회계정보시스템
- 아하!회계가 이거구나!
- PC업무활용
- Corporate Financial Disclosure Strategy in the Cyber World
- 회계정보의 멀티미디어형 표현방법에 관한 연구 등


사례중심

EXCEL 활용 회계실무

초판 인쇄 2018년 8월 25일
초판 발행 2018년 8월 31일

지은이 정용기
펴낸이 박노일

총괄기획 김중용 · 최준규
편 집 심성보

펴낸곳 pnc publishing and culture 피앤씨미디어
경기도 고양시 일산동구 강송로 153 310-1501
등록 제396-2012-000203호
전 화 070)7550-3758 팩 스 02)718-8554
홈페이지 www.pncmedia.co.kr 이메일 pnc@pncmedia.co.kr
ISBN 979-11-5730-570-4 93320




정 가 28,000원